PT 134 . A5 FOR

FORMEN UND FUNKTIONEN
DER ALLEGORIE

GERMANISTISCHE SYMPOSIEN
BERICHTSBÄNDE

Im Auftrag der Germanistischen Kommission der
Deutschen Forschungsgemeinschaft und in Ver-
bindung mit der »Deutschen Vierteljahrsschrift für
Literaturwissenschaft und Geistesgeschichte«

herausgegeben von
Albrecht Schöne

III

Formen und Funktionen der Allegorie

Symposion Wolfenbüttel 1978

Herausgegeben
von Walter Haug

Mit 40 Abbildungen

J.B. Metzlersche Verlagsbuchhandlung Stuttgart

CIP-Kurztitelaufnahme der Deutschen Bibliothek

Formen und Funktionen der Allegorie: Symposion
Wolfenbüttel 1978 / hrsg. von Walter Haug. —
Stuttgart: Metzler, 1979.
  (Germanistische Symposien-Berichtsbände; 3)
  ISBN 3-476-00418-X
NE: Haug, Walter [Hrsg.]

ISBN 3-476-00418-X

© J. B. Metzlersche Verlagsbuchhandlung und
Carl Ernst Poeschel Verlag GmbH in Stuttgart 1979
Satz und Druck: Gulde Druck, Tübingen
Printed in Germany
Gedruckt mit Unterstützung der Deutschen Forschungsgemeinschaft

Inhalt

Vorbemerkungen

Vom 7. bis 10. September 1978 fand in Wolfenbüttel ein Symposion über ›Formen und Funktionen der Allegorie‹ statt. Die Veranstaltung folgte – wie schon das Romantik-Symposion von Richard Brinkmann 1977 – jenem Modell, das Albrecht Schöne für sein Barock-Symposion 1974 entworfen hatte und das die Germanistische Kommission der Deutschen Forschungsgemeinschaft sich dann für die von ihr initiierte und getragene Symposienreihe zu eigen machte. Dieses Modell geht von dem Gedanken aus, daß in einer Zeit, in der der einzelne Wissenschaftler im Lehr- und Verwaltungsbetrieb der Massenuniversität isoliert und verbraucht zu werden droht, neue Freiräume für das internationale und interdisziplinäre Gespräch geschaffen werden müssen, ohne das eine wissenschaftliche Weiterentwicklung nicht denkbar ist. Im Blick auf dieses Ziel sind die Bedingungen für diese Symposien folgendermaßen formuliert worden: Die Themen werden öffentlich ausgeschrieben, die Bewerber legen Exposés vor, aufgrund derer ein Team von Kuratoren die Teilnehmer auswählt. Diese reichen schriftliche Vorlagen ein, die dann vervielfältigt und vor Beginn der Tagung an alle Teilnehmer versandt werden. Die Tagung selbst dient ausschließlich der Diskussion; sie wird protokolliert und in geraffter Form zusammen mit den Vorlagen veröffentlicht [1].

Für das Symposion über ›Formen und Funktionen der Allegorie‹ ist diesem Modell gemäß 1976 ein Kuratoren-Team gebildet worden, das aus den Herren Wilfried Barner, Wolfgang Harms, Burghart Wachinger und dem Unterzeichneten bestanden hat. Es wurde gemeinsam ein thematisches Konzept erarbeitet, das dann, nach seinen Aspekten aufgefächert und stichwortartig charakterisiert, in folgender Form in den Ausschreibungstext eingegangen ist:

1. Klassifikation und Funktion

Die Grundtypen allegorischen Darstellens (Allegorie und Allegorese) und ihre literarischen Entwicklungsmöglichkeiten: antike Ansätze – christliche Exegese in der Spannung zwischen radikaler und figuraler Allegorese – mehrfacher Schriftsinn. Die Literarisierung der Allegorese: metaphorische Einschmelzung – Dynamisierung – Erstarrung – Verflachung – Reaktivierung. Erzählen und Allegorisieren: Möglichkeiten des Gegenspiels zwischen fiktiver Handlung und Bedeutungssetzung (z.B. Joie de la curt im ›Erec‹, Minnegrotte im ›Tristan‹, Samaritergleichnis in Hartmanns ›Gregorius‹, Mummelsee-Allegorie im ›Simplicissimus‹, höfischer Barockroman).

2. Die allegorische Konstruktion

Typen und Bauformen allegorischer Konstruktion, Konsistenz und Brüchigkeit der Bildebene, Dynamisierung, Individualisierung, Konkretisierung (›allegorischer Naturalismus‹), Remythisierung des allegorischen Konstrukts in verschiedenen literarischen Gattungen. Allegorie als produktive Denkform, das ›allegorische Weltbild‹, Personifikation, Allegorie und Vision. Beispielhafte einzelne Positionen: Prudentius – Johannes de Hauvilla – Alanus von Lille – Hildegard von Bingen – Queste del Saint Graal – Rosenroman –

Dante – Minneburg – Calderón – barocke Festspiele usw. Strukturelle Verwandtschaft mit anderen Darstellungsweisen (z. B. Schäferdichtung).

3. Allegorie als Deutungshorizont

Realitäten der verschiedensten Art und die ihnen zugeordneten Möglichkeiten eines Durchblicks auf allegorische Horizonte: Halb- und außerbiblische Typologien – exegetische Etymologie – Formen der Selbstauslegung in der Emblematik – Übergänge zur Analogie, zum Exemplarischen, zur Sinnbildlichkeit. Allegorie und Typologie in Satire, Flugblatt, erbaulichem Traktat, in der Predigt (u. a. der Mystik), im barocken Trauerspiel usw. Das allegorische Buchtitelblatt als Verbindung zwischen Werk und Leser. Naturwissenschaft (Zoologie, Botanik, Mineralogie, Alchemie u. a.) und Allegorese.

4. Theorie und Kritik des Allegorischen

Theoretisches zur Leistung der Allegorie im Rahmen der Formen sinnbildhaften Sprechens. Gründe für das Hervortreten allegorischen Darstellens und Interpretierens in der geschichtlichen Entwicklung. Allegoriekritik: 11./12. Jahrhundert – Luther/Reformation – die Allegoriediskussion des 18. Jahrhunderts: Verdrängung des Allegorischen durch das Symbolische (z. B. Kant, Goethe). ›Rehabilitierung der Allegorie‹: Gründe, Argumentationsformen, Fruchtbarkeit für Kategorienbildung und Neubewertung in der Literaturwissenschaft.

Dieses thematische Konzept sollte die Tagung einerseits jener Vielfalt der Formen und Funktionen des Allegorischen und Symbolischen offenhalten, die insbesondere in den letzten Jahren durch intensive Forschung erschlossen worden sind. Beim Symposion selbst konnte es jedoch nicht in erster Linie darum gehen, weitere Materialien zur Bedeutungskunde einzubringen, die Diskussion sollte vielmehr dazu dienen, jene Fragen methodischer, poetologischer und allgemein ästhetischer Art zu erörtern, die die zunehmende Materialfülle nachdrücklich zum Bewußtsein gebracht hat. Es wurden deshalb vom Team der Kuratoren aus der großen Zahl der eingegangenen Bewerbungen diejenigen ausgewählt, die sich primär mit den Typen des Allegorischen, ihren Wandlungsformen und Entwicklungsmöglichkeiten, mit ihren literarischen und pragmatischen Funktionen und deren Reflex in der ästhetischen Theorie auseinanderzusetzen versprachen. Die Auswahl war nicht leicht, nicht zuletzt auch deshalb, weil sich die Angebote sehr ungleich über die Aspekte, die wir abgedeckt sehen wollten, verteilten und wir uns deshalb verschiedentlich gezwungen sahen, gute Exposés unberücksichtigt zu lassen, weil in dem betreffenden Bereich das Angebot zu dicht war, während auf der andern Seite empfindliche Lücken trotz vieler Bemühungen nicht geschlossen werden konnten. Ein Vergleich zwischen dem Konzept des Ausschreibungstextes und dem tatsächlichen Veranstaltungsprogramm macht augenfällig, wo und inwieweit das Konzept und seine Realisierung auseinanderklaffen. Einen gewissen Ausgleich konnten die Einleitungen der Kuratoren bieten, die die Möglichkeit hatten, die einzelnen Beiträge nicht nur verdeutlichend in die Perspektive des Gesamtkonzepts zu stellen, sondern auch auf Fragen und thematische Komplexe hinzulenken, die in den Vorlagen nicht berührt worden waren. Wie weit die Gespräche dann ausgegriffen haben und wie differenziert die Argumentation geführt wurde, dürften die Diskussionsberichte hinreichend dokumentieren. Insgesamt wird man, was das Ergebnis betrifft, hervorheben können, daß die Diskussion nicht auf einen simplifizierenden Konsens zulief, sondern im Gegenteil zu einer Demonstration der außerordentlich komplexen Problematik des Allegorischen wurde, wobei man sich immer wieder dazu herausgefordert sah, das begrifflich-methodische Instrumentarium weiter zu differenzieren und die Interpretationsprämissen zu überprüfen. Wenngleich die Diskussionsberichte hinter der lebendigen Aktualität des Gesprächs zurückbleiben müssen, so hoffe ich doch, daß sie etwas vom Geist dieser fruchtbaren Auseinandersetzung um die rhetorisch-ästhetischen und exegetisch-hermeneutischen Grundlagen des Allegorischen zu vermitteln vermögen.

Im vorliegenden Band zum Wolfenbütteler Symposion findet sich auch eine Arbeitsbibliographie zur Allegorieforschung. Diese Literaturliste ist dadurch zustande gekommen, daß wir die einzelnen Teilnehmer gebeten haben, ihre bibliographischen Materialien für eine gegenseitige Information zur Verfügung zu stellen. Die auf diese Weise kompilierte Bibliographie ist dann mit den Vorlagen den Teilnehmern zugesandt worden. Insofern sie damit in erster Linie jene Titel enthält, auf die die Teilnehmer sich bei ihrer Arbeit gestützt haben, trägt sie mit dazu bei, den Forschungshintergrund der Tagung deutlich zu machen. Da es bislang keine übergreifende Bibliographie zur Allegorie gibt, kann man sie zudem als einen ersten Baustein dazu ansehen, und sie mag deshalb bei aller Unausgewogenheit und Vorläufigkeit doch ein allgemeines Interesse verdienen.

Es bleibt mir zum Schluß, allen Teilnehmern sowohl für die sorgfältigen Vorarbeiten wie auch für den freundschaftlich-sachlichen Gesprächston während des Symposions zu danken. Nicht zuletzt aber mußte der Erfolg unserer Tagung von der guten Zusammenarbeit unter den Kuratoren und den Redaktoren abhängen: ihnen, die eine besondere Arbeitslast zu bewältigen hatten, gilt mein besonderer Dank.

Viel zu der guten ernst-heiteren Atmosphäre hat auch beigetragen, daß wir die Möglichkeit hatten, in dem renovierten und neueröffneten Venus-Saal des Wolfenbütteler Schlosses zu tagen und daß wir zudem an mehreren Abenden die großzügige Gastfreundschaft der Herzog August-Bibliothek erfahren durften. Dem Direktor des Braunschweiger Landesmuseums, Herrn Dr. Rolf Hagen, und insbesondere dem Direktor der Herzog August-Bibliothek, Herrn Prof. Dr. Paul Raabe, sei an dieser Stelle nochmals unser Dank ausgesprochen.

Ein glücklicher Zufall fügte es, daß das Herzog Anton Ulrich-Museum in Braunschweig zur Zeit unseres Symposions eine Ausstellung ›Die Sprache der Bilder. Realität und Bedeutung in der niederländischen Malerei des 17. Jahrhunderts‹ veranstaltete. Trotz des sehr dichten Tagungsprogramms war es möglich, einen gemeinsamen Besuch zu organisieren. Dabei konnte in Herrn Karl August Wirth, der uns freundlicherweise durch die Ausstellung führte, zugleich noch ein weiterer sachkundiger Gesprächspartner gewonnen werden.

Leider haben in Wolfenbüttel zwei Gelehrte gefehlt, an denen uns viel gelegen

war: Herr Hans Robert Jauß mußte wegen einer plötzlichen Erkrankung absa-
gen. Und Hugo Kuhns Hoffnung, an unserem Symposion noch teilnehmen zu
können, hat sich nicht mehr erfüllt. Die Sorge um ihn hat unsere Gespräche begleitet, doch ahnten wir nicht, daß wir kaum vier Wochen später für immer von
ihm Abschied nehmen müßten. Der Erinnerung an ihn gelte der letzte Gedanke
dieser Vorbemerkungen zu einem Symposion, das ihm in Fragestellungen und
Perspektiven viel verdankte.

WALTER HAUG

Anmerkung:

1 Mit dem hier vorliegenden III. Berichtsband beginnt für diese Germanistischen Symposien eine eigene Schriftenreihe, die im Auftrag der Germanistischen Kommission der
   Deutschen Forschungsgemeinschaft und in Verbindung mit der Deutschen Viertel-
   jahrsschrift für Literaturwissenschaft und Geistesgeschichte von Albrecht Schöne her-
   ausgegeben wird.
   Die ersten beiden Bände sind gesondert erschienen:
   [I] Stadt – Schule – Universität – Buchwesen und die deutsche Literatur im 17. Jahr-
        hundert. Vorlagen und Diskussion eines Barock-Symposions der Deutschen For-
        schungsgemeinschaft 1974 in Wolfenbüttel, hg. Albrecht Schöne, München 1976.
   [II] Romantik in Deutschland. Ein interdisziplinäres Symposion, hg. Richard Brink-
        mann (DVjs. Sonderbd.), Stuttgart 1978.

Einleitung zum ersten Tag

Von WALTER HAUG (Tübingen)

Vormittag

Die Allegorie – so ist einerseits behauptet worden – sei autoritär und doktrinär, sie zwinge Schablonen auf, nehme die Freiheit; höchstens, wenn sie sich selbst ironisiere, sei sie erträglich. Andererseits hat man der Allegorie Heiterkeit und Leichtigkeit zugesprochen: sie mache es einem möglich, sich aus dem Zwang anonymer Kräftefelder zu lösen, indem sie deren Kräfte extrapoliere und zum Bewußtsein bringe; die Allegorie befreie als geistiges Spiel, ja sie habe geradezu einen Hang zum Komödiantischen; es liege über ihr ein Hauch von Serenität.

Solche widersprüchlichen Urteile brauchen nicht oder nicht nur an der ästhetischen Neuorientierung und einem entsprechenden Geschmackswandel zu hängen, die in den letzten Jahrzehnten vor sich gegangen sind und die die Allegorie in besonderer Weise mit betroffen haben, sondern die beiden skizzierten Charakterisierungen können zeitlich durchaus nebeneinander stehen: die erste findet sich bei Angus Flechter 1964, die zweite bei Otto Seel 1965. Wenn man also nicht annehmen will, daß eine der beiden die Gegebenheiten völlig verkennt, so muß man damit rechnen, daß die Allegorie ihrem Wesen nach tatsächlich derart gegensätzliche Möglichkeiten in sich trägt: das ist ein Sachverhalt, der jedoch – wie ich meine – nur solange irritiert, als man Struktur und Funktion nicht auseinanderzuhalten weiß. Jedenfalls muß er ein weitgespanntes, interdisziplinäres Gespräch wie das, was wir hier vorhaben, geradezu herausfordern – wobei ich uns wünsche, daß nun, nachdem die Vorlagen so gut wie ausschließlich dem allegorischen Ernst entsprungen sind, die Diskussion auch etwas von der Serenität des Allegorischen spüren lasse.

Welches ist, so haben wir uns bei der Planung des Symposions gefragt, der beste Ansatzpunkt für diese außerordentlich komplexe Thematik? Bekanntlich ist die Goethesche ›Definition‹ von Symbol und Allegorie aus den ›Maximen und Reflexion‹ inzwischen zu einem fast unvermeidlichen Exordialtopos für Allegorie-Diskussionen geworden. Mag man dessen auch allmählich überdrüssig sein, so bietet dieser Topos als Aufhänger doch gewisse strategische Vorteile. Denn während er auf der einen Seite dokumentiert, wie sehr wir trotz allem noch im Banne dieser ›Definition‹ stehen, so erlaubt er es auf der andern, im Gegenzug sehr schnell den eigenen Standpunkt zu markieren. Zugleich stellt man sich damit in die Perspektive jener historischen Diskussion, die uns in den letzten Jahrzehnten – um gleich das Stichwort für das Kontrastklischee zu geben – die ›Rehabilitierung der Allegorie‹ brachte. Der Kontrast kennzeichnet – für ein schnelles Vorverständnis – eine Wende, die zweifellos epochalen Charakter besitzt: die Auseinandersetzung mit der Goetheschen ›Definition‹ vollzog sich bekanntlich im Rahmen eines Befreiungsaktes gegenüber einer klassizistischen Ästhetik, die sich auf Goethe berief und ihre Axiome gerade durch seine Symbol- und Allegoriedefinition schlagwortartig decken konnte. Dabei ist seit Hans Georg Gadamers ›Wahrheit und Methode‹ der Schaden zunehmend augenfälliger geworden, den Goethes ›Definition‹ angerichtet hat, der Schaden nicht nur im Hinblick auf jene Kunstepochen, deren Verständnis durch sie bzw. die Ästhetik, die sich hinter sie stellte, blockiert wurde, sondern auch für Goethes Position selbst, d. h. für die Beurteilung des tatsächlichen Stellenwertes, den die in Frage stehende ›Definition‹ in seiner Kunstauffassung besessen hat.

Die Relativierung der Geltung dieser ›Definition‹ hat es inzwischen ermöglicht, nicht nur einen neuen Zugang zu modernen, gegenklassizistischen literarischen und künstlerischen Formen überhaupt zu finden, sondern auch zu einer Neubewertung von historischen Stilen und Typen zu kommen, die man von der Symbolkunst und ihrer Erlebnisästhetik her bislang mißverstanden hatte oder an denen man vorbeigegangen war. Man denke z. B. an das Fiasko der Glunzschen ›Literarästhetik des Mittelalters‹ von 1937, das letztlich durch die Übertragung der Goetheschen Symbol- und Allegoriebegriffe auf das Mittelalter zustande kam[1], und halte dagegen, was seitdem insbesondere über die Allegorie-Diskussion für eine ästhetische Umwertung der älteren und mittleren deutschen Literatur geleistet worden ist. Dabei sollte man jedoch nicht übersehen, daß die mediävistische Literaturwissenschaft zur Zeit von Glunz, also 20 Jahre vor Gadamer, schon begonnen hatte, sich neu zu orientieren und die Allegorie auch als literarische Form mit spezifischen poetischen Möglichkeiten zu entdecken: Frühe Vorstöße waren Friedrich Rankes Aufsätze über ›Die Allegorie der Minnegrotte in Gottfrieds Tristan‹ und ›Zur Rolle der Minneallegorie in der deutschen Dichtung des ausgehenden Mittelalters‹, 1925 bzw. 1933. Ebenfalls 1925 legte Julius Schwietering seinen Versuch ›Typologisches in mittelalterlicher Dichtung‹ vor. 1936 erscheint dann ›The allegory of love‹ von C. S. Lewis, 1939 Erich Auerbachs folgenreicher Figura-Aufsatz, und im selben Jahr veröffentlicht Wolfgang Stammler seine ›Allegorischen Studien‹. Und zu diesem Zeitpunkt beginnt nun auch die Umorientierung bei den Theologen: Leonhard Goppelts ›Typos‹, ebenfalls 1939; 1941–43 Hugo Rahners ›Antenna Crucis‹, Spicq 1944, Bultmann 1949, Daniélou 1950 – wobei jedoch nicht vergessen werden darf, daß ›Die Sonne der Gerechtigkeit und der Schwarze‹ von F. J. Dölger 20 Jahre vor diesem Neueinsatz, bereits 1918, erschienen war. Genau dazwischen liegt übrigens – aber noch Jahrzehnte lang unbeachtet – Walter Benjamins ›Ursprung des deutschen Trauerspiels‹, 1928.

Das sind nur einige markante Daten aus einem sehr viel komplexeren Forschungsprozeß, bei dem insbesondere noch zu berücksichtigen wäre, daß die klassische Philologie sich eine gewisse Kontinuität im Umgang mit dem Allegorischen bewahrte, wohingegen die entsprechenden neuen Impulse in der Kunstgeschichte – wie die der Mediävistik – in die 30er Jahre zurückgehen: Erwin Panofskys ›Herkules am Scheideweg‹ ist 1930 erschienen.

Mögen aber auch bedeutsame Ansätze und Impulse der Allegoriediskussion weit ins zweite Viertel unseres Jahrhunderts zurückreichen, was unser Gespräch heute über die Sonderinteressen der einzelnen Disziplinen und über die Epochengrenzen hinweg möglich macht, ist jene fundamentale ästhetische Umorientierung, der Gadamer 1958 Ausdruck verliehen und die er wesentlich befördert hat. Erst im Zusammenhang dieser Umorientierung konnte die materialmäßige und theoretische Aufarbeitung des Allegorischen in der mittelalterlichen Literatur und Kunst mit ihren Ausläufern und ihren Verwandlungen in den folgenden Jahrhunderten in die allgemeine Diskussion um eine moderne Ästhetik eingebracht und in beiden Richtungen fruchtbar gemacht werden. Hier wäre nun jene große Zahl bedeutender Untersuchungen aufzulisten, die in den späteren 50er Jahren, parallel zu Gadamer, und in den 60er Jahren – nun schon in Auseinandersetzung mit ihm – erschienen sind; und dabei müßten auch die Namen einer ganzen Reihe von hier Anwesenden genannt werden, die mit wichtigen Beiträgen an diesem Umbruch mitgewirkt haben. Da wir alle spätestens seit den Vorbereitungen zu diesem Symposion im Geiste mit ihnen gelebt haben, brauche ich kaum im einzelnen darauf eingehen. Wesentlich ist mir, auf das Bewußtsein der entscheidenden Wende hinzuweisen, von der auch die gegenwärtige Situation der Allegorieforschung noch geprägt ist.

Im Blick auf diese Sachlage mag es sich denn rechtfertigen, die Vorlage von Herrn Kurz an den Anfang unseres Gesprächs zu stellen. Wenn sie einleitend auf der historischen Beschränktheit der Goetheschen Symbol- und Allegorie-›Definition‹ insistiert, so kann dies zum einen nochmals vergegenwärtigen, was die Befreiung von ihr bedeutet, und zum andern darauf vorausweisen, daß wir mit den Vorlagen von Herrn Sørensen und Herrn Titzmann am Ende auf ihre Problematik zurückkommen werden, wie wir ja am letzten Tag mit dem Beitrag von Herrn Jauß wiederum auch den Bogen von der Moderne zum Mittelalter zurückschlagen wollen. Die Verklammerung möge das Fernziel andeuten: nämlich gerade durch eine präzise historische Differenzierung hindurch ein neues ästhetisches Gesamtkonzept des Allegorischen zu erreichen. Daß es dabei nicht um alte oder neue Schablonen gehen kann, muß nach der disziplinierenden Bilanz, die Christel Meier in ihrem Forschungsbericht [2] gezogen hat, selbstverständlich sein.

Somit zur Vorlage von Herrn Kurz: Herr Kurz fordert im Gegenzug zur Goetheschen ›Definition‹, den Symbol- und Allegoriebegriff aus der Goetheschen Bindung an das Schauen, und das heißt letztlich an die Welt-Anschauung, zu lösen und auf eine formale Definition zurückzugehen, die die Allegorie als sprachlichen Akt faßt. Dabei ermöglicht es die Rückbesinnung der neueren Linguistik auf die antik-mittelalterliche Rhetorik, deren Definition, die bekannte *aliud verbis aliud sensu*-Formel Quintilians, kritisch wiederum heranzuziehen. Wenn hier die Allegorie als eine Form uneigentlichen Sprechens verstanden wird, so ist das Verhältnis zu den übrigen Tropen mitzubestimmen, insbesondere das problematische Verhältnis zur Metapher: »Worttropus« gegenüber »Texttropus«, um die Termini, die Herr Plett verwendet, aufzugreifen. Dabei scheint es möglich, die Aristotelische Definition der Allegorie als fortgesetzte Metapher heute linguistisch zu präzisieren, wie Herr Kurz anderweitig gezeigt hat [3]: nämlich durch die Unterscheidung zwischen der geschlossenen Metaphernkette der Allegorie und einer Reihe bloßer Metaphernisotopien.

Die Reduktion der Allegorie auf einen sprachlichen Akt bedeutet also die Ausschaltung dessen, was Herr Kurz den historisch beschränkten Allegoriebegriff, lies: die Goethesche ›Definition‹, nennt. Zugleich bleibt – und das dürfte nicht unwesentlich damit zusammenhängen – die *allegoria in factis*, d. h. die Allegorese im Rahmen der Heilsgeschichte außer Betracht. Und schließlich macht Herr Kurz eine letzte Einschränkung, indem er auch die Personifikation als nicht narrative Allegorie ausklammert, dies jedoch nicht, ohne anzumerken, daß auch für sie die Merkmalbestimmungen der narrativen Allegorie grundlegend seien.

Doch die Kurzsche Analyse bleibt nicht in ihrer formal-rhetorischen Definition stecken, sondern die Allegorie wird als Sprechakt im Kommunikationszusammenhang gesehen. Für diese pragmatische Einbindung kann dann jene Unterscheidung Bedeutung gewinnen, die Quintilian als Differenz zwischen der *permixta allegoria* und der *tota allegoria* gefaßt hat, also: allegorisches Sprechen mit explizit mitgegebener Bedeutung einerseits und allegorisches Sprechen ohne explizite Angabe des *sensus* andererseits. Ist in jedem Fall ein dem Sprecher und dem Rezipienten gemeinsamer Bezugshorizont für das Verständnis vorauszusetzen, so bedarf es insbesondere bei der *tota allegoria* einer Strategie, die den Rezipienten dazu bringt, die Übersetzung der ersten, literalen Ebene in die zweite, die Bedeutungsebene vorzunehmen. Herr Kurz hat die strategischen Möglichkeiten aufgelistet und den Prozeß der Rekonstruktion der zweiten Ebene in seinen Grundzügen skizziert. Die Verweisungsmöglichkeiten der Bildebene auf die Bedeutungsebene sind ebenso komplex wie die der Funktion der ersteren für die zweite. Herr Kurz spricht mit Bezug auf Northrop Frye – der mir freilich nicht sonderlich klärend erscheint – von einer Stufenleiter allegorischer Formen. Hier liegen wesentliche nicht zuletzt poetologische Probleme, die der Diskussion bedürfen. Jedenfalls gilt grundsätzlich, daß wir es bei der Allegorie mit einer Überlagerung von zwei Diskursen zu tun haben, zwischen denen gerade in pragmatischer Perspektive verschiedene Bezugs- und Spannungsverhältnisse möglich sind. Dies in Abgrenzung gegenüber dem Symbol, das Herr Kurz ebenfalls vom Sprechakt her faßt und als verweisendes Element innerhalb einer Erzählebene definiert, d. h. es mit den metaphorischen Formen des uneigentlichen Sprechens in Verbindung bringt.

Wenn Herr Kurz zum Schluß jedes Interpretieren als allegorische Auslegung verstanden wissen will, so erlaubt sich dies um so mehr, je weniger man die Beziehung zwischen dem zu Interpretierenden und der Interpretation auf eine plane allegorische Gleichung reduziert, sondern sie als spannungsreichen Prozeß in einem pragmatisch offenen Horizont begreift – doch diesen Aspekt sollten wir uns besser für die Benjamin-Diskussion aufheben.

Die zwei nächsten Vorlagen unseres Programms sind insofern zu derjenigen von Herrn Kurz zu stellen, als sie an Punkten einsetzen, an denen diese sich zurückhält. Herr Hellgardt greift das Problem der Differenzierung zwischen der *al-*

legoria in verbis und der *allegoria in factis* auf, und Herr Drux führt von der generellen pragmatischen Gebundenheit allegorischen Sprechens zu historisch konkreten Möglichkeiten weiter.

Herr Hellgardt setzt ein mit einem Vergleich zwischen der Konzeption uneigentlichen Sprechens bei Aristoteles und in der Augustinischen Zeichenlehre.
Eines der gängigen Oppositionspaare in der Allegorie-Diskussion beruht auf der
Auffassung, daß eine wesentliche Differenz bestehe zwischen der ästhe-
tisch-rhetorischen Allegorie, die als spontan, kreativ, wortorientiert bezeichnet
werden könne, und der hermeneutischen Allegorese, die als konventionell gebunden, dingorientiert und metaphysisch verankert anzusehen sei. Herr Hellgardt stellt dieser Opposition die These einer wesenhaften Identität von rhetorischer und hermeneutischer Allegorie entgegen. Das wird dann möglich, wenn
man bei der hermeneutischen Allegorese nicht vom Deutenden, sondern ebenfalls vom Sprechenden, d.h. von dem von Gott eingesetzten Wort aus denkt:
Wenn Gott in der Bibel spricht, so ist auch sein uneigentliches Sprechen kreativ
und wortorientiert, und das findet folgerichtig bei Augustinus seine ästhetische
Begründung in der Obscuritas-Lehre. Die Perspektiven lassen sich dann noch
weiter annähern, wenn man auch das profane uneigentliche Sprechen von der
antiken Theorie der göttlichen Inspiration des Dichters her sieht. Die Unterschiede zwischen ästhetisch-profaner Allegorie und hermeneutisch-christlicher
Allegorese beruhen, so schließt Herr Hellgardt, nicht auf unterschiedlichen
Formen des Allegorischen, sondern auf einer unterschiedlichen Bewertung der
Texte, mit denen man es jeweils zu tun hat. Für das Allegorische ist hingegen hier
wie dort entscheidend, daß die uneigentliche Bedeutung einem Wort über einen
sprachlichen Akt zugewiesen wird. In der christlichen Exegese ist diese Zuwei-
sung nach einem ganz bestimmten Prinzip aufzulösen, einem Prinzip, das im neutestamentlichen Liebesgebot gründet. Das göttliche Wort ist allegorisch auf dieses Gebot hin formuliert, und von ihm her ist es wiederum allegorisch zu entschlüsseln. Augustinus beschreibt die Methode, nach der dabei zu verfahren ist.
Was die Dinge selbst bereitstellen, sind nicht die Bedeutungen, sondern nur Eigenschaften, die ihre uneigentliche Verwendung in einem allegorischen Akt ermöglichen.

Daß diese Differenzierung als generelles theoretisches Postulat die Geschichte gegen sich hat, weiß Herr Hellgardt gut genug. Je mehr die allegorischen
Bedeutungen sich im Laufe der Zeit fixiert haben, um so mehr traten die Dinge
selbst mit ihren quasi-allegorischen Qualitäten in den Vordergrund: es kam zur
allegorischen Enzyklopädistik des Mittelalters. Und Herr Hellgardt muß dann
konsequenterweise schon den mittelalterlichen Allegorie-Theoretikern denselben Vorwurf machen, mit dem er die modernen Interpreten kritisiert, nämlich,
daß sie in nicht legitimer Weise eine Kluft zwischen rhetorischer Allegorie und
hermeneutischer Allegorese aufgerissen hätten. Wenn Herr Hellgardt recht hat
und diese Opposition fällt, dann ist damit, wenn ich die Konsequenzen etwas forcieren darf, jener Reihe von Oppositionen, die Christel Meiers Forschungsbericht schon in ihrer Bedeutung relativiert hat, gänzlich die Basis entzogen.

Zum Schluß versucht auch Herr Hellgardt eine Abgrenzung der Allegorie vom Symbol, aber im Gegensatz zu Herrn Kurz nicht aufgrund unterschiedlicher sprachlicher Akte; er sieht vielmehr das Symbolische in außersprachlichen Zusammenhängen, und zwar als ontologische Beziehung der Dinge in der Stufenordnung des Seins. Innerhalb dieser Ordnung ist das Seiende seinem Wesen nach in symbolischem Sinne verweishaft; auf sprachlicher Ebene hingegen fungiert es bloß als Zeichen in einem allegorisch-hermeneutischen Akt. Während also alle Formen des Allegorischen einheitlich auf ein sprachliches Prinzip zurückgeführt werden, wobei die Theorie der *allegoria in factis* sich als eine Art kurzgeschlossener Ausläufer darstellt, stehen wir mit dem ontologischen Symbolbegriff wieder in der gewohnten neuplatonischen Linie, die schließlich zu Goethe führt.

Herr D r u x geht, wie angedeutet, in einer andern Richtung über den Ansatz von Herrn Kurz hinaus: er überschreitet die generelle Pragmatik in konkrete historische Situationen hinein, dies mit dem Ziel, die sich wandelnden geschichtlichen Möglichkeiten allegorischen Sprechens im Rahmen einer historischen Metaphorik darzulegen. Der Paradefall, an dem er exemplifiziert: des Dichters Schiffahrt, scheint mir besonders glücklich gewählt. Denn es läßt sich an ihm ablesen, in welchem Maß und in welcher Weise der poetische Akt in allegorischer Darstellung als allegorischer sich selbst zu reflektieren vermag.

Quintilian, für den die Allegorie der kostbarste Tropus ist, sieht ihre höchste Funktion in der ethischen Unterweisung, und er stellt sie in dieser Funktion selbst allegorisch durch die volle Fahrt des Dichterschiffs auf hoher See dar.

Wenn Ovid in dem Beispiel aus den ›Tristien‹ seinen kleinen poetischen Teich der Briefgattung mit schwerer allegorischer Pathetik befährt, so widerlegt er damit seine eigene scheinbare Bescheidenheit, um zugleich gegen die klassizistische Stildiktatur anzugehen, die wiederum den allgemeinen diktatorischen Habitus des Kaisers mit meint. Die Allegorie begreift sich hier selbst in ihrer Konventionalität, sie reflektiert ihren eigenen pragmatischen Horizont, um dabei neben ästhetischem Vergnügen Emotionen zu vermitteln bzw. anzustoßen, die auf ein ganz bestimmtes Ziel gerichtet sind.

Alkuin stellt seine dichterische Schiffahrt neben die reale Geschichte von der Rettung des hl. Balthere aus der See und bindet beides schließlich in die Allegorie von der Meerfahrt des Lebens zurück.

Komplexer ist die allegorische Struktur der dichterischen Schiffahrt in Dantes ›Divina Commedia‹ zu Beginn des zweiten Gesangs des ›Paradiso‹. Dante scheint hier das Prinzip des mehrfachen Schriftsinns auf seine Dichtung angewendet zu haben: der Weg und das Wagnis des Dichters werden zum Weg und Wagnis der wenigen auserwählten Hörer, die vom Manna des göttlichen Wortes gekostet haben und denen es damit verheißen ist, das Paradies zu schauen.

Opitzens Dichterschiff schließlich zehrt von der Tradition der christlichen Schiffsallegorie. Der Hl. Geist als Wind und Gott als Steuermann sorgen für eine gute poetische Fahrt auf der Höhe der Wogen zum Zielhafen. Zugleich meint diese Fahrt eine Erneuerung der Dichtkunst aufgrund rhetorischer und dabei auch allegorischer Techniken, d. h. aufgrund eines poetischen Regelsystems, das dann weiterhin die neue Ordnung bedeutet, die die Dichtung gegen das Chaos der Zeit setzen will.

Es ergibt sich also: indem die Dichtung sich selbst allegorisch darstellt, wird sie als rhetorisches und insbesondere als allegorisches Verfahren thematisch und gerät im Hinblick auf dessen Sinn, Ziel und Möglichkeiten in die Reflexion. Des Dichters Schiffahrt ist eine Allegorie, über die wir in besonderer Weise Aufschluß erhalten über das Selbstverständnis, ja das Programm des jeweiligen allegorisch-poetischen Verfahrens in wechselnden historischen Situationen.

Es liegen uns somit zunächst drei Beiträge vor, die vom rhetorischen Allegoriebegriff ausgehen. Herr Kurz beschreibt ihre formalen Bedingungen und Möglichkeiten im Rahmen der Tropenlehre und zeigt ihre Verankerung in der Pragmatik auf. Zu dieser pragmatischen Perspektive liefert Herr Drux eine konkrete Beispielreihe von einem Thema her, das das Selbstverständnis des allegorisierenden Dichters mit in den Blick zu bringen vermag. Herr Hellgardt greift in einer anderen Richtung aus: er versucht, die heilsgeschichtliche Allegorese, die Herr Kurz ausgeklammert hat, mit einzubeziehen, nicht zuletzt, um auch die allegorische Bibelexegese da zu fassen, wo sie sich in ihrer ursprünglichen Lebendigkeit darbietet: da, wo sie als ein kongeniales, d. h. inspiriertes Aufschließen eines kreativen göttlichen Sprechaktes verstanden wird, dies im Gegensatz zu Erstarrung der Allegorese in der mehr oder weniger mechanischen Manipulation allegorischer Bedeutungen, die an den Eigenschaften der Dinge festgemacht sind. Daß die Rehabilitierung der Allegorie letztlich daran hängt, daß es gelingt, sie in ihren kreativen Möglichkeiten darzustellen, das demonstrieren diese beiden Vorlagen auf je verschiedene Weise. Es sollte uns in nicht geringem Maße gerade um dies gehen: um die poetischen Entfaltungsmöglichkeiten, die die simple *aliud verbis-aliud sensu*-Formel Quintilians in sich birgt.

Nachmittag

Allegorie und Allegorese gehören zusammen, jene ist ohne diese nicht zu denken. Eine Allegorie, die nicht als solche erkannt und entschlüsselt wird, verfehlt ihren Zweck, und andererseits käme niemand auf den Gedanken, etwas durch Allegorese entschlüsseln zu wollen, von dem er nicht annimmt, daß es ihm allegorisch verschlüsselt dargeboten wird. Wenn man in diesem Zueinander von Allegorie und Allegorese nach dem Ort des Ästhetischen fragt, so scheint die Antwort auf der Hand zu liegen: es gehört auf die Seite der Allegorie; diese ist ja schon ihrer formalen Definition nach eine genuin poetische Form.

Doch damit ist die Frage nach den ästhetischen Möglichkeiten der Allegorese keineswegs erledigt. Denn wenn die christliche Allegorese davon ausgeht, daß die Bibel ein Wortkunstwerk Gottes ist, ja daß Natur und Geschichte als Buch Gottes zu verstehen sind, so müßte ihm allein das Poetische zufallen, und der Mensch als bloß Rezipierender bliebe davon grundsätzlich ausgeschlossen. Das heißt, es geht letztlich um die Möglichkeit einer christlichen Ästhetik unter der

Voraussetzung, daß die dem Menschen zukommende Position diejenige der Allegorese ist.

Mit diesem Problemkomplex befaßt sich die Vorlage von Herrn Herzog. Seine Fragen lauten konkret: Gab es einen Weg, Exegese und Poesie zu verbinden? Hat das frühe Christentum einen solchen Weg gesucht und gefunden? War es möglich, die antike Poetik mit der christlichen Hermeneutik unter einem übergreifenden theoretischen Konzept zu vereinen?

Was die Theorie angeht, so hat Augustinus eine klare negative Entscheidung getroffen: die rhetorische Delectatio ist Gott als dem wahren Poeta vorbehalten, der Exeget hat auf poetische Mittel zu verzichten. Die Praxis sieht jedoch anders aus, ja, Herr Herzog macht plausibel, daß die Entscheidung Augustins als Reaktion auf eine bestehende rhetorische Exegese verstanden werden muß, die auf eine längere Tradition zurückgeht und über Juvencus, Prudentius und Arator das Mittelalter erreicht – um nur die drei Autoren herauszuheben, die Otfrid dann im Liutbert-Brief nennen wird. – Er kann überdies nachweisen, daß im Osten die Aristotelische Katharsislehre christlich rezipiert und umgedeutet worden ist, ferner, daß es hier zu einer eigentümlichen panegyrischen ›Posttypologie‹ gekommen ist. Und schließlich zeigt er auf, wie im Westen emotionale Elemente in die exegetische Bibelparaphrase eindringen, d.h. daß diese nicht nur die antike Rhetorik in sich aufnimmt, sondern sie übersteigt, ja sprengt.

Das überraschende Ergebnis: wir fassen hier, wenn auch mehr implizit als explizit, eine spätantik-mittelalterliche christliche Ästhetik. Man hatte sie bislang nicht für möglich gehalten, da man davon ausging, daß die antike Dichtungslehre, die biblische Hermeneutik und das Konzept des wirkenden Wortes prinzipiell nicht zu vereinen gewesen seien.

Die nächsten beiden Vorlagen, die Beiträge von Frau Meier und Herrn Kemper, gehen nicht von der Allegorese aus, um nach ihren poetischen Möglichkeiten zu fragen, sie setzen vielmehr bei der allegorischen Poesie an. Dabei zeigt es sich umgekehrt, daß das allegorische Konstrukt, das sich poetisch-frei gibt, nicht nur sekundär – was selbstverständlich ist – seine Auslegung miteinschließt, sondern als Konstrukt in gewisser Weise primär schon Allegorese sein kann.

Frau Meier stellt zwei Modelle allegorischen Konstruierens einander gegenüber, die durch die gängigen begrifflichen Oppositionspaare nicht zu differenzieren seien, es handle sich vielmehr darum, daß unter prinzipiell denselben Bedingungen unterschiedliche Möglichkeiten des allegorisch-poetischen Verfahrens zur Verfügung stünden. Frau Meier exemplifiziert an Hildegards ›Scivias‹ auf der einen und an Alans ›Anticlaudianus‹ auf der andern Seite. Hildegard bietet Konglomerate von Einzelelementen, von denen jedes auf seinen Sinn hin auszulegen ist, die aber unter sich ohne Kontinuität und Kohärenz sind. Charakteristisch ist zudem eine strenge Trennung von literaler und geistiger Ebene. Alanus dagegen entwirft eine geschlossene Handlung mit logischer Folge und innerer Kohärenz, wobei die literale Ebene und die Ebene der Bedeutung ineinanderspielen. Die Haltung der Rezipienten differiert entsprechend: Bei Hildegard ist der Rezipient auf Deutung angewiesen. Indem er sein Unvermögen gegenüber der visionären Bilderfolge erfährt, wird er veranlaßt, demütig zu akzeptieren, was er aus eigener Erkenntnis nicht zu durchdringen vermag. Bei Alanus dagegen treten die Kräfte, die die Handlung tragen, personifiziert und benannt auf; man weiß von vornherein, was wirkt und zu welchem Zweck und Ziel. Es geht somit bei ihm, anders als bei Hildegard, nicht um Überwältigung durch Offenbarung, sondern um ein schrittweises pädagogisches Einführen und Sich-Einüben in den Sinn.

Man kann nun diese treffende kontrastive Charakterisierung der beiden Typen von der Vorlage Herrn Kempers aus weiter vertiefen, wenn man seinen Gedanken aufnimmt, daß der Hildegardsche Typus nicht nur allegorisches Konstrukt, sondern zugleich, d. h. primär schon, auch Allegorese ist: eine Mischform, die Herr Kemper als »allegorische Allegorese« bezeichnet. Die Vision ist auf der Basis faktischer Erfahrung ein allegorisches Konstrukt, dessen literaler Bildsinn der Auslegung bedarf. Zugleich zehrt diese literale Ebene aber von biblischen Motivkomplexen, deren Umformulierung als Bibel-Allegorese verstanden werden muß. – Im übrigen könnte man fragen, ob nicht, wie Hildegard die biblische Heilsgeschichte, so Alan im ›Anticlaudianus‹ einen neuplatonisch-christlichen Mythos allegorisch umspielend auslegt. – Dieses allegorische Konstruieren in exegetischer Rückbindung, das für Hildegard charakteristisch ist, findet sich wieder bei Mechthild von Magdeburg, die in den ersten vier Büchern des ›Fließenden Lichts‹ allegorisch auf den vier Teilen des ›Hohen Liedes‹ aufbaut, und es, im Rückbezug gedeckt, weiterspielt. Herr Kemper betont das subjektive Element, das damit in die traditionelle Exegese einbricht, und er verfolgt dieses dann weiter bei den vergleichbaren, aber stärker subjektivierten allegorischen Allegoresen des Angelus Silesius. Bei seinem ersten Beispiel aus dem ›Geistlichen Jahr‹ wird eine Situation nach dem ›Hohen Lied‹ konstruiert, mit einem Literalsinn jedoch, der nur als Allegorese der betreffenden ›Hohen Lied‹-Stelle verständlich wird. Das ist im Prinzip noch die Position Hildegards und Mechthilds. Herr Kemper zeigt dann weiter, in welchem Maße bei Angelus Silesius die Bildsphäre zum allegorischen Hintergrund in Spannung tritt, in welchem Maße sie sich selbständig macht und eine autonome Symbolik zu entfalten beginnt, eine Symbolik die durch den allegorischen Rückbezug nur mehr äußerlich gedeckt wird. Der Übergang ist für das historische Ende der allegorischen Denk- und Darstellungsform von höchstem Interesse. Dabei kann man jedoch, wie Herr Kemper andeutet, die Perspektive auch umdrehen: Wenn die Münsteraner Schule darauf ausgerichtet ist, die Nachwirkungen der mittelalterlichen Allegorie und Allegorese bis ins 18. Jahrhundert nachzuzeichnen, so kann man andererseits darauf aufmerksam machen, daß über die allegorische Allegorese die neuzeitliche Adaptation des geistigen Wortsinns, seine Umwandlung ins Symbolische schon tief im Mittelalter einsetzte.

Nicht leicht in wenigen Worten zu referieren ist Herrn Ohlys materialreich -dichte Vorlage zur Typologie. Wir haben sie in unserem Programm an das Ende des ersten Diskussionstages gestellt, weil die Auflösung des starren Definitionsschemas, die wir uns von der Diskussion der vorausgehenden Vorlagen glauben erhoffen zu dürfen, die methodische Qualität der Studie von Herrn Ohly besonders sichtbar machen müßte. Unter systematischen Gesichtspunkten hätte man sie auch dem Vormittag zuweisen können.

Das Gegenüber von typologischer und allegorischer Exegese gehört zu jenen Oppositionen, hinter die Christel Meier in ihrem Forschungsbericht nachdrücklich Fragezeichen gesetzt hat. In Herrn Hellgardts Vorlage taucht der Begriff Typologie überhaupt nicht auf: mit der Ablehnung einer *allegoria in factis* muß auch dieser Begriff seine Berechtigung verlieren. Für Christel Meier bleibt als Rest der Opposition, die im Gefolge von Erich Auerbach und in der Neuen Theologie als so zentral herausgestellt worden war, ein mehr oder weniger starker Akzent auf der Historizität des Literalsinns.

Wie immer man diesen historischen Akzent vom Sprechakt her fassen mag – ich würde den Realitätscharakter dessen, was der Literalsinn meint, phänomenologisch als Index mit berücksichtigen –, die Opposition zwischen Typologese und Allegorese hat eine bedeutende geschichtliche Rolle gespielt, und schon deshalb sollte man sie nicht zu sehr einebnen. Die typologische Interpretation der Antiochener hat gegen die radikale Spiritualisierung der Allegorese durch die Alexandrinische Schule Front gemacht und durch ihren Einfluß auch im Westen dazu beigetragen, daß für das abendländische Christentum Geschichte und Welt, gegen alle spiritualistisch-aszetischen Strömungen, ihr Gewicht behalten haben[4].

Die typologische Interpretation läßt also gerade jenen sprachlichen Akt der allegorischen Bedeutungszuweisung unbeachtet, der insbesondere von Herrn Hellgardt so pointiert gefaßt worden ist, sie will vielmehr eine allegorische Beziehung zwischen Fakten herstellen. Die beiden Ebenen von Bild und Bedeutung erscheinen hier als die Bereiche von vorläufig vorwegnehmenden Fakten und erfüllenden Fakten. Den Sprung zwischen den Ebenen bildet die christliche Zeitenwende; der Autor, der die Beziehung als Faktum setzt, ist Gott als der Schöpfer der Natur und der Lenker der Geschichte.

Diese spezifisch christologische Typologie-Definition, die dem Ansatz entspricht, von dem Herr Ohly ausgeht, soll jedoch nicht einer erneuten puristischen Schematisierung dienen, sondern als Grundriß einer charakteristischen exegetischen Bewegung verstanden werden, der historisch in der verschiedensten Weise umspielt worden ist. So geht Herr Ohly der Frage nach, in welchem Maße sich Typen der Natur zu alttestamentlichen Typen stellen konnten; er zeigt auf, wie vorsichtig man lange Zeit bei natürlichen Gegenständen typologische Beziehungen hat anklingen lassen, ohne sie zu forcieren, bis es schließlich relativ spät zu den typologischen Großwerken gekommen ist.

Als Musterbeispiel für ein Heranziehen profaner mythologischer Figuren in einem typologischen Denkzusammenhang dient schließlich die Orpheus-Gestalt, an der noch einmal die ganze Differenziertheit in der Verwendung des typologischen Schemas demonstriert wird, von der bloßen Annäherung des Orpheus an den alttestamentlichen David-Typus bis hin zur dezidierten typologischen Deutung im ›Ovid moralisé‹, der dann übrigens bedenkenlos zweckentsprechend in das Konzept des griechischen Mythos eingreift. Es geht auch hier nicht darum, sich darüber zu streiten, ob das noch Typologie im strengen Sinne heißen kann, sondern darum, zu zeigen, wie sie als Denkform sich historisch wandelt und welche poetisch-exegetischen Möglichkeiten sie sich dabei erschließt.

Anmerkungen:

1 Vgl. die vernichtende Kritik von Ernst Robert Curtius: Zur Literarästhetik des Mittelalters I, ZfrPh 58 (1938), S. 1–50, die aber bezeichnenderweise am entscheidenden Punkt, an der Übertragung der klassizistischen Symbol- und Allegorie-Definition auf das Mittelalter, vorbeigeht.
2 Meier, 1976.
3 Kurz/Pelster.
4 Vgl. Auerbach, 1939.

Zu einer Hermeneutik der literarischen Allegorie

Von GERHARD KURZ (Düsseldorf)

»Deux erreurs: 1. prendre tout littéralement;
2. prendre tout spirituellement.«   Pascal

»Im Auslegen seid frisch und munter
Legt ihr's nicht aus, so legt was unter.«   Goethe

I.

Die Diskussion der Allegorie steht immer noch im Bann der Distinktionen Goethes aus den ›Maximen und Reflexionen‹:

Die Allegorie verwandelt die Erscheinung in einen Begriff, den Begriff in ein Bild, doch so, daß der Begriff im Bilde immer noch begränzt und vollständig zu halten und zu haben und an demselben auszusprechen sei.
Die Symbolik verwandelt die Erscheinung in Idee, die Idee in ein Bild, und so, daß die Idee im Bild immer unendlich wirksam und unerreichbar bleibt und, selbst in allen Sprachen ausgesprochen, doch unaussprechlich bliebe. [1]

Dieser rezeptionstheoretischen Beschreibung entspricht die produktionstheoretische:

Es ist ein großer Unterschied, ob der Dichter zum Allgemeinen das Besondere sucht oder im Besonderen das Allgemeine schaut. Aus jener Art entsteht Allegorie, wo das Besondere als Beispiel, als Exempel des Allgemeinen gilt, die letztere aber ist eigentlich die Natur der Poesie, sie spricht ein Besonderes aus, ohne ans Allgemeine zu denken oder darauf hinzuweisen. Wer nun dieses Besondere lebendig erfaßt, erhält zugleich das Allgemeine mit, ohne es gewahr zu werden, oder erst spät. [2]

Beide Reflexionen über den »großen Unterschied« von Symbol und Allegorie haben einen deutlich normativen Aspekt. Dieser richtete sich offensichtlich gegen den zeitgenössischen Sprachgebrauch, in dem gerade keine scharfe Trennung zwischen Symbol und Allegorie vollzogen wurde. [3] Vieles spricht auch dafür, daß Goethe mit diesen Distinktionen eine literaturpolitische Absicht verfolgte. Er warb dadurch um eine gerechtere Einschätzung und Kritik seines Werkes, zumal der ›Wanderjahre‹. [4] Er wollte sie mit ihren heiklen Novellen und dem Melusinemärchen sowohl gegen eine plan realistische Lektüre à la Pustkuchen als auch gegen eine allegorisierende Lektüre schützen, unter der er schon bei seinem ›Märchen‹ aus den ›Horen‹ gelitten hatte. [5]

Das Werben um eine symbolische Lektüre seiner Werke ist Goethe nicht ganz gelungen, wie man etwa an Hebbel sieht, der Goethe gar einen »Hang zum Allegorisieren« vorwarf. [6] Irritierend genug, ist es eine Person, also eine Personifikation, die sagt: »Bin die Verschwendung, bin die Poesie« (Knabe Lenker, ›Faust‹, 2. Teil, v. 5573).

Für eine literaturtheoretische Bewertung der Goetheschen Distinktionen wichtiger ist der Hinweis Hans-Georg Gadamers, daß es »offenkundig nicht so sehr eine ästhetische als eine Wirklichkeitserfahrung«[7] ist, deren verschiedene Weisen Goethe mit den Begriffen Symbol und Allegorie unterscheiden möchte. Ein schönes Beispiel dafür, wie Goethe symbolische Wirklichkeitserkenntnis versteht, steht in einem Brief an Zelter, Februar/März 1818:

> Ich stehe wieder auf meiner Zinne über dem rauschenden Brückenbogen, die tüchtigen Holzflöße, Stamm an Stamm, in zwei Gelenken, fahren mit Besonnenheit durch und glücklich hinab. Ein Mann versieht das Amt hinreichend, der zweite ist nur wie zur Gesellschaft. Die Scheite Brennholz dilettantisieren hinterdrein, einige kommen auch hinab wo Gott will, andere werden im Wirbel umgetrieben, andere interimistisch auf Kies und Sandbank aufgeschoben. Morgen wächst vielleicht das Wasser, hebt sie alle und führt sie Meilen weit zu ihrer Bestimmung, zum Feuerherd. Du siehst daß ich nicht nötig habe mich mit den Tagesblättern abzugeben, da die vollkommensten Symbole vor meinen eigenen Augen sich eräugnen.[8]

Die Goethesche Unterscheidung von Allegorie und Symbol als zwei Weisen von Wirklichkeitserkenntnis kann als repräsentatives Beispiel für die den zeitgenössischen Diskurs der Wirklichkeitsdeutung charakterisierende fundamentale Opposition von organisch-mechanisch, natürlich-künstlich, lebendig-erstarrt, anschaulich-unanschaulich, konkret-abstrakt, unaussprechlich-aussprechlich gelten.[9]

Bei Goethe entspricht die Opposition Symbol-Allegorie der Opposition Vernunft-Verstand, oder Idee-Begriff. Der Verstand hat es mit dem »Gewordenen, Erstarrten« zu tun, die Vernunft mit dem »Lebendigen, Werdenden«, wie er zu Eckermann (13. 2. 1829) sagt. Es ist im Geiste Goethes und dieses Diskurses, daß Hegel die Allegorie »frostig und kahl« nennt.[10] Gegenüber dem ›warmen‹ Symbol ist die Allegorie Form eines überwundenen Diskurses[11] und wurde daher – bis in unsere Zeit[12] – abgewertet.

Wichtig für diesen Zusammenhang ist die Opposition unaussprechlich-aussprechlich. Ihr liegt ein latenter Verdacht gegen die Sprache zugrunde. Symbolisch heißt für Goethe: beredte Anschauung an der Grenze der Sprache. Symbolisch angeschaut, spricht der Gegenstand zum Betrachter so, daß sich Sprache erübrigt. Unaussprechlichkeit ist Bedingung seiner beredten Anschaulichkeit.[13] Das Symbol ist eine Form der Welt-Anschauung. Bezeichnenderweise greift Goethe im Brief an Zelter auf die alte Schreibweise »sich eräugnen« zurück.

Was zu einer Reformulierung der Goetheschen Distinktionen in literaturtheoretischer Absicht nötigt, ist neben ihrer historischen Begrenztheit[14] vor allem die Bestimmung des Symbols und der Allegorie unter der Perspektive der Simultaneität des »Schauens« und nicht der Sukzessivität der Sprache. Unter Allegorie wurde daher vor allem die *personificatio* verstanden. Es sind platonische und neuplatonische Voraussetzungen, die nicht nur Goethes, sondern auch noch moderne, z. B. Theodor W. Adornos, ästhetische Begrifflichkeit leiten. Gemäß der »okularen« Orientierung[15] dieser Modelle ist das Kunstwerk ein »Gebilde«. Zugrunde liegt eine Ästhetik des Bildes, nicht der Sprache, nicht eines Textes, eine Ästhetik des Schauens, nicht des Sprechens und Verstehens. Aber um einen sprachlichen Begriff von Symbol und Allegorie muß es einer literaturwissenschaftlichen Begriffsbestimmung gehen. Außer Betracht soll in diesem Zusammenhang daher auch die *allegoria in factis* bleiben, die in der göttlichen Heilsökonomie festgelegte allegorische Bedeutung eines Ereignisses oder Dinges.[16]

II.

Von den beiden elementaren Formen, die im gegenwärtigen, gegenüber dem historischen eingeschränkten[17] Sprachgebrauch mit Allegorie bezeichnet werden, der narrativen und der personifizierenden Form, wird hier die narrative Form untersucht. Denn die Allegorie ist »essentially a narrative mode«.[18] Untersucht werden soll also die Allegorie als ein Redeakt. Ausgegangen wird dabei vom Begriff der Allegorie in der klassischen Rhetorik, der ein sprachlicher Begriff war. Dessen Merkmalsbestimmungen sind auch für die Beschreibung der Struktur der Personifikationsallegorie grundlegend.[19]

Als klassischer *locus* kann Quintilians Definition, Institutio oratoria, VIII, 6, 44, gelten[20]:

Ἀλληγορία, *quam inversionem interpretantur, aut aliud verbis aliud sensu ostendit, aut etiam interim contrarium. prius fit genus plerumque continuatis translationibus,* [...]

Helmut Rahn übersetzt:
Die Allegorie, die man im Lateinischen als inversio (Umkehrung) bezeichnet, stellt einen Wortlaut dar, der entweder einen anderen oder gar zuweilen den entgegengesetzten Sinn hat. Die erstere Art erfolgt meist in durchgeführten Metaphern, [...][21]

Quintilians Definition ist nicht ganz klar, Rahns Übersetzung nicht minder. Als Grundstruktur der Definition läßt sich herauslesen: *allegoria... ostendit... aliud verbis aliud sensu.* Die Allegorie sagt (stellt dar, zeigt, bringt zum Ausdruck) etwas durch »Worte«, etwas anderes durch den »Sinn«. Die Unterscheidung *verbis-sensu* entspricht der Unterscheidung wörtlich-nichtwörtlich, oder ausdrücklich-unausdrücklich, direkt-indirekt. Die Allegorie ist ein Tropus (VIII, 6, 1), bei dem etwas gesagt und etwas anderes gemeint wird (IX, 2, 45: *aliud dicit ac sentit*[22]). Die Allegorie sagt etwas direkt und etwas anderes indirekt, oder: sie sagt etwas und gibt etwas anderes zu verstehen[23]. Die Allegorie ist also ein indirekter Sprechakt. Es ist nicht so, daß in diesem Sprechakt einmal dies und dann auch noch das gesagt wird, sondern: es wird eines zu verstehen gegeben, *dadurch daß* etwas anderes gesagt wird. Es wird etwas gesagt und *durch dieses Gesagte* etwas anderes (als das, was das Gesagte meint) gemeint. Quintilians Formel läßt sich nur verkürzend übersetzen als: die Allegorie sagt etwas und meint etwas anderes[24], oder: sie »sagt nicht, was sie meint, und meint nicht, was sie sagt« [25].

Es gibt jedoch kein Sagen ohne Meinen[26]. Die Allegorie sagt sehr wohl, was sie meint – sie sagt es eben indirekt. Sie meint, was sie sagt (*verbis*), sie meint dadurch/darüber hinaus aber noch etwas anderes (*sensu*), auf das es vor allem ankommt. Der Verfasser einer Allegorie will das Gesagte so verstanden wissen, daß durch/in/vermittels der Bedeutung des Gesagten noch eine andere Bedeutung gesagt wird. Der allegorische Sinn ist der Hintersinn eines Vordersinns.

Zum indirekten Sprechakt Allegorie rechnet Quintilian auch die Ironie, bei der das *contrarium* dessen, was gesagt wird, gemeint ist (VIII, 6, 54)[27].

Quintilian leitet die Allegorie von der Metapher ab. Schon in der aristotelischen Substitutionstheorie der Metapher[28] war die Metapher ›eigentlich‹ als eine kleine Allegorie definiert worden. Als Übertragung eines »Nomens« von seinem »eigentlichen« Ort auf einen anderen, dem es nicht »eigen« ist, meint die Metapher etwas anderes, als sie »eigentlich« sagt.[29] Das übertragene Wort meint eigentlich ein anderes Wort. Die aristotelische Metapherntheorie und ihre sprachtheoretischen Voraussetzungen sind nicht haltbar.[30] Gleichwohl ist eine Diskussion des Zusammenhangs von Metapher und Allegorie aufschlußreich.

Die Form der Allegorie definiert Quintilian als einen Text, als eine Geschichte, einen Diskurs. Die Allegorie ist eine narrative Sequenz, eine Erzählung mit betonter Handlungsstruktur. Zeit ist ein konstitutives Element der Allegorie.[31] Genetisch definiert Quintilian die Allegorie als eine fortgesetzte (*continuata*) Metapher. Als eine Metapher, deren Elemente ausgesponnen werden. Die komprimierte Sinnfülle einer Metapher verlangt ja geradezu danach, fortgesponnen zu werden. Sie erweckt Fortsetzungserwartungen in Form immanenter Extrapolationen.[32] Die Form der Allegorie ist also eine Geschichte, eine Geschichte mit kohärentem, kontinuierlichem Zusammenhang.

Quintilian unterscheidet zwei Formen der Allegorie, die *permixta allegoria* und die *tota allegoria* (VIII, 6, 47). In der *permixta allegoria* wird explizit angegeben, was der allegorische Diskurs bedeutet:

> Es kommt ein Schiff geladen
> Bis an seinen höchsten Bord
> Es trägt Gotts Sohn vollr Gnaden,
> Des Vaters ewigs Wort.
>
> Das Schiff geht still im Triebe,
> Es trägt eine theure Last,
> Der Segel ist die Liebe,
> Der heilge Geist der Mast. [...]

Zugrunde liegt die Ankunft eines Schiffes als Metapher für die Geburt Christi. Diese wird ausgeführt, indem immanente Elemente der Metapher extrapoliert werden. Elemente des Schiffes werden auf Elemente der Geburts- und Verheißungsgeschichte Christi bezogen mit der Formel »ist«. Es wird explizit angegeben, was der *sensus* des allegorischen Diskurses ist.

Anders als Quintilian es tut, ist freilich die *permixta allegoria* von anderen Formen einer ausgesponnenen Metapher zu unterscheiden. Leicht lassen sich fortgesponnene Metaphern in einem Text denken, die keine Allegorien bilden, sondern Metaphernisotopien.[33] Bei der *permixta allegoria* liegt ein explizites Substitutionsverhältnis zweier (fast) systematisch ausgeführter Diskurse in einem vor, bei Metaphernisotopien werden auf derselben diskursiven Ebene wörtliche und metaphorische Elemente miteinander verknüpft, zwischen denen kein Substitutionsverhältnis vorliegt, sondern ein semantisch dissonantes Prädizierungsverhältnis, das in der textuellen Tiefenstruktur durch das aristotelische »dies ist das« (Rhetorik III, 10) bestimmt wird.

Im Unterschied zur *permixta allegoria* gibt es in der *tota allegoria* keine explizite Angabe des allegorischen *sensus*. Das Gesagte kann ausschließlich auf der wörtlichen Ebene (dem *sensus litteralis*) verstanden werden, d. h. auf der Ebene der Bedeutung, die ohne weiteres verstanden wird. Es ergibt sich ein kohärenter und sinnvoller Zusammenhang, ohne daß man an einen allegorischen Sinn denken müßte.[34] Das ›Hohelied‹ ist sinnvoll als Liebesdichtung verständlich, die ›Brüder Karamasow‹ als eine realistische Geschichte eines Verbrechens, die Geschichte der ›Animal Farm‹ als eine Tiergeschichte oder Anna Seghers' ›Überfahrt‹ als eine Liebesgeschichte. Der allegorische *sensus* ist Resultat einer systematischen Reinterpretation dieses Zusammenhangs, indem er mit Hilfe einer strukturellen Entsprechung, eines Prozesses analogischer und identifikatorischer Reflexion aller diskursiven Elemente, d. h. aller relevanten, erschlossen wird. Während die Metapher *metaphorisch* eindeutig ist – die »wörtliche« Bedeutung ist das Medium, durch welches sich die metaphorische Bedeutung hindurch vollzieht –, ist die Allegorie zweideutig (*duplex sententia*), insofern ihre Bedeutung auf der wörtlichen und der allegorischen Ebene liegt.[35]

Man kann also formulieren, daß die (*tota*) Allegorie aus zwei Geschichten besteht, von denen die eine direkt gesagt wird und die andere – die zweite – mittels der ersten/in der ersten zu verstehen gegeben wird.

III.

Die Allegorie ist also eine Form eines indirekten Sprechakts, einer indirekten Kommunikation.[36] Das Gelingen indirekter Sprechakte setzt besondere pragmatische Verständnisbedingungen voraus. Als indirekter Sprechakt verlangt auch die Allegorie ein stabiles und von Autor und Leser gemeinsam geteiltes, stillschweigendes Wissen. Dies muß ersetzen, was explizit nicht angegeben wird. Der Modus des Redens enthält – das teilen indirekte Sprechakte freilich mit direkten – eine Anweisung, wie zu verstehen sei. Der Verfasser einer Allegorie muß davon ausgehen können, daß diese Anweisung verstanden wird. Die weite Verbreitung allegorischer Werke im Mittel- und Spätmittelalter z. B. deuten auf die Existenz eines in seinen kulturellen Standards homogenen Publikums hin, das allegorische Literatur schätzte und verstand.[37]

Diese pragmatischen, nicht-expliziten Bedingungen indirekter Kommunikation erklären ein wichtiges Motiv allegorischer Rede: der Ausschluß unerwünschter Leser. Auf die subversive Bedeutung dieser diktionellen Strategie verweist schon die Etymologie: *allos* + *agoreuein*: anders als öffentlich sprechen.[38] Cicero hat es ganz deutlich ausgesprochen:

> *De re* [*publica*] *breviter ad te scribam; iam enim charta ipsa ne nos prodat pertimesco; itaque posthac, si erunt mihi plura ad te scribenda, ἀλληγορίαις obscurabo.* [39]

Diese Redestrategie kann ein Mittel sein, sich gegen Macht zu schützen, sie kann aber auch eingesetzt werden, um Wissen – und auch Macht selbst – zu schützen. Der erste Sinn ist dann für das exoterische Publikum bestimmt, der zweite für das esoterische der Wissenden und Eingeweihten. Die doppelte Rede der Allegorie wird z. B. im kultischen und theologischen Kontext motiviert von der Überzeugung, daß das Höchste nur indirekt artikuliert werden kann. So haben es z. B. Origenes und Clemens von Alexandrien postuliert[40], vor einem anderen bewußtseinsgeschichtlichen Hintergrund heißt es in Friedrich Schlegels ›Gespräch über die Poesie‹ von 1800: »Das Höchste kann man eben weil es unaussprechlich ist, nur allegorisch sagen.«[41]

Bei indirekten Redestrategien wie bei der Allegorie kommt es darauf an, die kommunikative Situation als ein Ganzes zu betrachten. Eine Allegorie liegt – »mit aller Vorsicht«[42] – dann vor, wenn der Autor eine zweite Bedeutung intendiert hat. Der Autor intendiert, daß der Leser erkennt, daß die erzählte Geschichte noch eine zweite Bedeutung hat und daß der Leser erkennt, daß diese zweite Bedeutung eine von ihm intendierte Bedeutung ist. Er will, daß der Leser die erzählte Geschichte so versteht, daß er damit auch noch etwas anderes hat sagen wollen.[43]

Vom Autor aus gesehen ist die Frage, ob eine Allegorie vorliegt oder nicht, einfach. Nicht so für den Leser. Welche semantischen und pragmatischen Voraussetzungen müssen gegeben sein, damit der Leser sich aufgefordert fühlt, die erzählte Geschichte als eine erste zu verstehen, aus der er eine zweite erschließen und rekonstruieren soll? Wie sieht dieser Rekonstruktionsprozeß aus? In der Analyse dieses Rekonstruktionsprozesses können vier Schritte unterschieden werden.[44]

1. Der Leser wird aufgefordert, sich nicht mit einem einfachen, wörtlichen Verständnis zufrieden zu geben, sondern eine zweite Bedeutung zu suchen. Diese Aufforderung kann geschehen durch

1.1 textuelle Aufforderungen,

1.1.1 durch explizite, textinterne Aufforderungen:

Durch Nennung z. B. im Titel: ›Andreas Hartknopf. Eine Allegorie‹ (Karl Philipp Moritz, 1786); Galater 4, 24: »Diese Worte bedeuten etwas« (*per allegoriam dicta*); Matthäus 13, 9: »Wer Ohren hat, der höre!«; Dante, Die göttliche Komödie, Inferno 9, v. 61–63: »O ihr mit unverdorbenen Verstande,/ Betrachtet doch die Lehre, die im Schleier/ Der dunklen Verse mag verborgen liegen.« (»[…] / mirate la dottrina che s'asconde / sotto 'l velame de li versi strani.«)

1.1.2 durch eine (angenommene) immanente Absurdität oder Widersprüchlichkeit oder Anstößigkeit im wörtlichen Verständnis. Hinter einer solchen Lektüre steht oft das Motiv einer Rettung eines kanonischen Textes, wie schon die Homer- und Hesiodallegorese zeigen.[45]

Origenes entnahm die Aufforderung, die Bibel allegorisch zu interpretieren, bestimmten Stellen, die nach seiner Meinung in einem einfachen Verständnis unlogisch, unwahrscheinlich und unmöglich sind[46], z.B. Lukas 10,4; Lukas 6,29 (unwahrscheinlich), Matthäus 5, 28–29 (unmöglich).[47]

Eine immanente Unwahrscheinlichkeit, die eine allegorische Deutung provoziert (und provoziert hat), ist die lachende Verweigerung der Antwort durch den Schutzmann auf die Frage nach dem »Weg« in Kafkas Geschichte ›Ein Kommentar‹ (alter Titel: ›Gib's auf!‹).

1.1.3 durch traditionelle Merkmale der Gattung Allegorie: Dominanz einer Handlungsstruktur; dramatische Handlungsformen wie Reise, Pilgerfahrt, Verfolgung, Kampf, Suche (queste); episodische und parataktische Struktur der Narration (daher haben Allegorien Schwierigkeiten mit ihrem Ende)[48]; Tendenz zu einem loseren, weniger mimetischen, dafür mehr schematisierten, »rituellen«[49] Aufbau der Narration; Lakonismus des Stils.[50] Diese Merkmale zwingen den Leser zu einer analytischeren Einstellung auf den Text.[51]

1.2 durch pragmatische (und textinterne) Aufforderungen und Hinweise.

Der Autor erzählt eine solche Geschichte, von der er aufgrund eines vorausgesetzten gemeinsam geteilten Wissens mit dem Leser erwarten kann, daß sie von ihm im Bezugsrahmen einer anderen Geschichte rezipiert wird. Diese Bezugsgeschichte liegt als ein »orbit«[52] um die erzählte und wird dadurch indirekt miterzählt. So drängte es sich für die zeitgenössischen Leser geradezu auf, ›Die Pest‹ von Albert Camus auf die Invasion der Deutschen zu beziehen, die Geschichte der ›Animal Farm‹ von George Orwell auf die Geschichte und stalinistische Nachgeschichte der russischen Oktoberrevolution. Oder Walter Benjamins Reisebild ›Möwen‹ in seinen ›Städtebildern‹, in dem die Auseinandersetzung zweier Möwenvölker geschildert wird, »eines die östlichen, eines die westlichen, linke und rechte«, auf die politische Geographie Ende der 20er Jahre und auf die ohnmächtige Situation des Intellektuellen.

Oder Werner Fincks Gedicht, vorgetragen in der »Katakombe« in der Nazizeit, auf seine Situation als gefährdeter und überwachter Kabarettist:

> Gang durch die Kuhherde
>
> Nächtlich auf der dunklen Weide
> Grasen viele große Kühe,
> Kauen,
> Schauen,
> Tun mir nichts zuleide,
> Während ich mich durch sie durch bemühe.
>
> Wenn sie wollten, könnten sie mich überrennen,
> Doch sie werden nicht dran denken,
> Da sie
> Quasi

Gar kein Denken kennen.
Außerdem sind sie nicht abzulenken.

Und so geh' ich lautlos durch die Herde
Auf dem Gras, daran sie kauen,
Eilig,
Weil ich
Plötzlich bange werde,
Daß sie meine schwache Position durchschauen. [53]

Die gewußte Geschichte, die allegorisch bedeutet wird, kann natürlich auch eine paradigmatische, kanonische Geschichte sein, deren Aktualisierbarkeit vorausgesetzt werden kann, z. B. deutet die Geschichte der Katze in Robert Musils ›Die Portugiesin‹ auf die Leidensgeschichte Christi.

2. Auf dieser Stufe werden mögliche alternative Interpretationen ausgeschlossen. Es wird z. B. unterstellt, daß kein Fehler oder ein Irrtum vorliegt, vgl. Augustin, De genesi ad litteram XI, 1,2: *dictum tamen esse dubitare fas non est. Hoc enim a fide narratoris et pollicitatione expositoris exigitur.*
Dabei werden

3. Annahmen über das Wissen und die Absichten des Autors gemacht. Der Satz »Wer Ohren hat, der höre!« wird nicht als völlig überflüssige Aufforderung verstanden und daher eine Verrücktheit des Autors vermutet, sondern es wird nach der allen kommunikativen Akten zugrunde liegenden Sinnvermutung gefolgt: er hätte dies nicht gesagt, es sei denn, er meint damit etwas Besonderes.
Es ist aufgrund der Kenntnis der Person Werner Fincks und ihrer politischen und künstlerischen Anschauungen unmöglich anzunehmen, daß er in der Nazizeit ein Gedicht über den Gang durch eine Kuhherde vorträgt, ohne damit eine allegorische, politische Bedeutung zu intendieren.
Er muß, schließen wir, eine allegorische Bedeutung (mit)gemeint haben, wenn er in dieser Situation/in diesem Kontext so etwas sagt. So sehr auch die kommunikative Situation ein allegorisches Verständnis fordert, so wenig freilich ist dieses garantiert. Wie jede indirekte Kommunikation ist die Allegorie in besonderem Maße der Gefahr ausgesetzt, nicht verstanden zu werden.

4. Die allegorische Bedeutung wird durch analogische und identifikatorische Reflexionen aus der sekundären Geschichte rekonstruiert. Im allgemeinen beachten wir dabei zwei Rekonstruktionsregeln:
a) Wir rekonstruieren eine vertikale Korrespondenz der relevanten Motive/Ereignisse und Akteure der ersten und zweiten Geschichte. »Napoleon the pig stands for an actual historical person, Stalin«, schreibt Gay Clifford. [54]
b) Wir rekonstruieren eine horizontale Analogie der relevanten Beziehungen zwischen den Motiven, Ereignissen und Akteuren der beiden Geschichten.
Man kann daher, um einen Wink von Schleiermacher aufzugreifen, die Allegorie als eine s y s t e m a t i s c h e Anspielung einer Geschichte auf eine andere de-

finieren [55], wenn die zweite Geschichte schon bekannt ist, oder als eine systematische Konstruktion einer zweiten Geschichte aus der ersten, wenn diese noch
nicht bekannt ist, wie z.B. im Gedicht Fincks oder in einer Reisegeschichte als
Allegorie des Lebens.

1.1 und 1.2 können unterschieden werden, werden aber wohl meist zusammen
vollzogen. Normalerweise wird 2. und 3. nicht vollzogen, wenn 1.1.1 gegeben ist.
Insgesamt aber können diese vier Schritte als die gattungstheoretisch elementaren Identifikations- und Rekonstruktionsschritte gelten.

IV.

Es ist nicht zutreffend, daß, wie nicht selten geschrieben wurde, die erste Geschichte gewissermaßen aus dem Bewußtsein verschwinde, ist die allegorische
zweite Geschichte einmal rekonstruiert. Dies hieße übersetzt: nur die allegorische zählt. Dieser Meinung entspricht es, wenn man wie Karl Philipp Moritz sagt,
die eigentliche Bedeutung liege »außer«[56] der ersten Geschichte. Die Inter-
pretationsanweisung der allegorischen Doppelrede heißt eher: verstehe mich
und verstehe durch mich auch noch etwas anderes. Die Untersuchung der Metaphorik des geistigen Schriftsinns durch Hans-Jörg Spitz zeigt den geradezu organischen Zusammenhang der Bedeutungen der ersten und zweiten Geschichte[57]. Freilich gibt es eine »Stufenleiter«[58] des Verweisungsverhältnisses
zwischen den beiden Geschichten – zwischen »dies bedeutet auch« und »dies
bedeutet nur« –, ebenso eine »Stufenleiter« allegorischer Formen. Wie immer
die allegorische Form realisiert ist, beide Geschichten illuminieren sich dabei
wechselseitig. Die erste Geschichte lenkt und konzentriert die Aufmerksamkeit
auf Züge der zweiten, allegorischen, die sonst nicht entdeckt worden wären. Sie
modelliert das Verständnis, die Bewertung und affektive Einstellung auf die allegorische Bedeutung durch die in ihrer narrativen Struktur angelegte Perspektive. Umgekehrt erhält die erste Geschichte durch die zweite eine tiefere Bedeutung, eine perspektivische Tiefendimension. Die hermeneutische Form der Allegorie als – prekäres – Gleichgewicht zwischen Erzählung und heuristischem
Modell[59] trifft sehr gut eine Bemerkung von Sulzer, wonach die »Allegorie«
die Sache »stärker und nachdrücklicher« sagt und ihr ein »größeres Licht« gibt.
»Sie hat bisweilen eine beynahe beweisende Kraft.«[60] Göran Hermerén vergleicht die beiden Geschichten der Allegorie zutreffend, meine ich, mit den zwei
Stimmen oder Melodien in einer kontrapunktischen Musik.[61]

Die Beziehung der beiden Geschichten in der Allegorie wird durch einen Vergleich der Allegorie mit dem Symbol erhellt. Eine Distinktion zwischen literarischer Allegorie und literarischem Symbol halte ich für unverzichtbar.[62]

Während die Allegorie eine erzählte G e s c h i c h t e mit einem Zweitsinn ist, ist
das Symbol e i n i n t e g r a l e s E l e m e n t in der erzählten Geschichte selbst. Symbol und Symbolisiertes partizipieren an derselben erzählten oder berichteten
Geschichte. Die symbolische Bedeutung beruht daher auf einer Kontiguitätsbe-

ziehung, sei sie metonymischer, metaphorischer oder synekdochischer Orientierung.[63] Sie ist Ergebnis einer symbolisierenden Lektüre, in der aus einem empirischen Element der erzählten Geschichte kommentierende und charakterisierende Hinweise extrapoliert werden. So ist das Kreuz ein Symbol des Christentums, von dessen Geschichte es ein reales und zentrales Element ist. Oder der Blumenstrauß Lenes in Fontanes ›Irrungen, Wirrungen‹, die Blutbuche in ›Cécile‹, der Stechlin-See im ›Stechlin‹, der Zustand der Räumlichkeiten und deren Architektur im ›Wilhelm Meister‹. Das Symbol ist ein Element in einer Geschichte, innerhalb deren es eine symbolische Verweisung erhält, die Allegorie eine Geschichte selbst, die ›hinter‹ einer anderen Geschichte liegt. Es können also auch Symbole in einer Allegorie vorkommen. Zwischen den beiden Geschichten in der Allegorie besteht, jedenfalls nach unserem Welt- und Wirklichkeitsverständnis, eine Diskontinuität. (Typologische Beziehungen müssen davon ausgenommen werden: hier gibt es eine Kontinuität beider Geschichten im Sinne einer Erfüllung.) Zwischen beiden Geschichten (*aliud-aliud*) muß über-setzt werden.[64]

V.

Als literarische Allegorie soll also eine intendierte Allegorie gelten. Der nicht zu Ende kommende Streit aber, ob etwas als allegorisch intendiert war oder nicht, wie z. B. in der Homer-Exegese[65], hat einen sachlichen Grund. Denn die Allegorie als eine Textform ist von der Allegorese als Interpretationsform nicht zu trennen. Die Allegorie ist eine Anweisung eines Textes zu seiner allegorischen Deutung. Das Modell allegorischer Interpretation ist das der Trennung von »Geist« und »Buchstaben«.[66] Nach diesem hermeneutischen Modell freilich, unterschiedlich streng, verfährt jede Interpretation, jeder Kommentar. Dies ist, nach Kant, unerläßlich, damit sich »mit der Sprache, als bloßem Buchstaben, Geist verbindet« (›Kritik der Urteilskraft‹, § 49). Insofern jede Interpretation danach fragt, was in dem, was gesagt wurde, wirklich gesagt wurde, verfährt sie allegorisch.[67] Der ständige »Verdacht eines ungesagten Hintergedankens«[68] provoziert allegorische Deutungen. Man ist sich oft nicht darüber klar, schreibt Northrop Frye, »daß jeder Kommentar allegorische Interpretation bedeutet«[69]. Es ist sinnvoll, die Intention des Autors als Kriterium für die Deutung eines Textes als Allegorie zu nehmen, aber hermeneutisch ebenso legitim und angemessen, »die allegorische Bedeutung auch als Möglichkeit« (Schelling)[70] des Textes zu unter-stellen.

22   Gerhard Kurz

Anmerkungen:

1 Der Einfachheit halber zitiert nach Sørensen (Hg.), 1972, S. 135.

2 Ebd., S. 134.

3 Vgl. die materialreiche Untersuchung von Sørensen, 1963. Bezeichnend ist F. Schlegels Sprachgebrauch, Sørensen, 1972, S. 158, Anm. 7.

4 Vor allem die frömmelnde und platt realistische Kritik Pustkuchens (vgl. dessen Parodie von ›Wilhelm Meisters Wanderjahren‹, die noch vor Goethes Werk selbst erschienen war, 1823–1828, und anfangs Goethe selbst zugeschrieben wurde) hatte in den Literaturzeitschriften eine heftige Debatte für und gegen Goethe ausgelöst, in der der Symbolbegriff und der Realismusbegriff eine wichtige Rolle spielten. Vgl. F. K. Gille: Wilhelm Meister im Urteil seiner Zeitgenossen, Assen 1971, S. 226 ff. – Den freundlichen Hinweis auf diese wahrscheinlichen Zusammenhänge verdanke ich Peter Pfaff.

5 Die allegorisierenden Auslegungen des Märchens durch seine Freunde hatte Goethe in einem Schema gesammelt. Es ist mitgeteilt bei J. Wahle: Auslegungen des Märchens, Goethe-Jb. 25 (1904), S. 37–44.

6 F. Hebbel: Sämtliche Werke, hg. R. M. Werner, Berlin 1901–1907, Tagebücher Bd. 4, Nr. 6276.

7 Gadamer, ³1972, S. 73.

8 Goethes Briefe, Bd. 3, hg. B. Morawe, Hamburg 1965, S. 421.

9 Zum organologischen Diskurs, in den die Unterscheidung von Symbol und Allegorie eingebettet ist, vgl. Culler, S. 264. Wissenschaftsgeschichtlich bildete sich der organologische Diskurs in Absetzung vom taxonomischen, vgl. M. Foucault: Die Ordnung der Dinge, Frankfurt a. M. 1971.

10 G. W. F. Hegel: Ästhetik, hg. F. Bassenge, Frankfurt a. M. o. J., Bd. 1, S. 387.

11 Von großer Bedeutung für die Wertung der Allegorie als einer historisch überholten Form ist die Akkommodationsdiskussion im 18. Jahrhundert. Vgl. z. B. J. S. Semler: Abfertigung der neuen Geister und alten Irrthümer in der Lohmannischen Begeisterung zu Kemberg [...], Halle 1760, S. 103: »Die steten allegorischen Vorstellungen und Bilder, selbst von der Seligkeit und künftigem Leben, zeigen die Schranken der Erkenntnis der damaligen Zeit, und die nöthige Herablassung zu dem größten Hauffen.«

12 Als ein Beispiel für viele für die Kontinuität dieses Diskurses: »Aber unüberwindbar bleibt für mich der trockene Aufbau der ganzen Allegorie, die nichts ist als Allegorie, alles sagt, was zu sagen ist, nirgends ins Tiefere geht und ins Tiefere zieht.« F. Kafka: Briefe an Felice und andere Korrespondenz aus der Verlobungszeit, hgg. E. Heller/J. Born, Frankfurt a. M. 1967, S. 596. Noch im Kreis der gelehrten Gesellschaft von ›Poetik und Hermeneutik‹ wird unterschieden zwischen »allegorischer Starre« und »mythischem Erzählfluß«, M. Fuhrmann (Hg.): Terror und Spiel. Probleme der Mythenrezeption, München 1971, S. 659.

13 Vgl. dazu besonders Christiaan L. Hart Nibbrig: Weltwärts nach innen. Zur Erkenntnistheorie von Goethes dichterischer Welt-Anschauung, Euph. 69 (1975), S. 1–17.

14 Vgl. Gadamer, ³1972, S. 76. Sie gilt zumal nicht für das Mittelalter, vgl. Pépin, 1970, S. 15 f.

15 Vgl. dazu Dietrich Böhler: Philosophische Hermeneutik und hermeneutische Methode, in: H. Hartung u. a. (Hgg.): Fruchtblätter. Freundesgabe f. A. Kelletat, Berlin 1977, S. 27 ff.

16 Zu Goethes Symbol- und Allegoriebegriff vgl. die affirmative Erörterung von Wilhelm Emrich: Philosophie und Dichtung, in: Alexander Schwan (Hg.): Denken im Schatten des Nihilismus. Fs. W. Weischedel z. 70. Geburtstag, Darmstadt 1975, S. 458 ff. Kriti-

scher Hayes; Hopster, S. 132 ff.; wichtig auch Sørensen, 1977. – Zur *allegoria in factis* vgl. vor allem Strubel.

17 Eine differenzierte Abgrenzung der historischen Formen der Allegorie bereitet Schwierigkeiten, vgl. Hollander, S. 3 ff.; Blank, 1970, S. 7 ff.; zu den verschiedenen Unterscheidungskriterien vgl. den guten Überblick bei Meier, 1976.

18 Clifford, S. 7.

19 Zugrunde liegt auch bei der Personifikationsallegorie das Bewußtsein einer Differenz zwischen ›Gesagtem‹ und ›Gemeintem‹, vgl. z. B. Lessing, in: Sørensen, 1972, S. 61; Hegel [s. Anm. 10], S. 312; Jauß, 1960, S. 185 u. ö.; ders., 1968, S. 146; Hermerén, S. 103 ff.; Hollander, S. 14.

20 Zu Quintilian vgl. Hahn, S. 59 ff. Ciceros Definition, Orator, Kap. 27, 94, stimmt mit der Quintilians überein.

21 Marcus Fabius Quintilianus: Ausbildung des Redners. Zwölf Bücher, hg. und übers. v. Helmut Rahn, Zweiter Teil, Buch VII–XII, Darmstadt 1975, S. 237.

22 Später hat Quintilian die Allegorie als *continua* μεταφορά als ein Schema vom Tropus unterschieden (IX, 2, 46) – ein Beispiel für die notorische Schwierigkeit der Rhetorik, zwischen Tropen und Figuren distinkt zu unterscheiden. .

23 Vgl. C. Ch. du Marsais: Des tropes, 1818, Nachdr. Genf 1967, S. 189: »L'allégorie présente un sens, et en fait entendre un autre: C'est ce qui arrive aussi dans les allusions.« Vgl. dazu Todorov, 1977, S. 94.

24 Vgl. z. B. Fletcher (1964), 1970, S. 2.

25 Via, S. 20.

26 Vgl. Gerhard Kurz: Warnung vor dem Wörtchen »Kode«, Linguistik u. Didaktik 26 (1976), S. 161 ff.

27 Genauer: das Gesagte wird als das contrarium gemeint, vgl. ebd., S. 163.

28 Vgl. vor allem Aristoteles: Poetik, Kap. 21 u. 22.

29 Vgl. noch die Übereinstimmung bei aller Differenz bei Weinrich, 1963, S. 340: »Eine Metapher, und das ist im Grunde die einzig mögliche Metapherndefinition, ist ein Wort in einem Kontext, durch den es so determiniert wird, daß es etwas anderes meint, als es bedeutet.«

30 Vgl. dazu Kurz/Pelster, S. 7 ff.

31 Vgl. De Man, 1969.

32 Vgl. Kurz/Pelster, S. 80.

33 Vgl. ebd., S. 80 ff. mit Beispielen.

34 Vgl. Paul Henle (Hg.): Language, thought and culture, 2. Aufl. Univ. of Michigan Press 1966, S. 182; Kurz/Pelster, S. 44.

35 Vgl. Koppe, S. 126.

36 Zur Linguistik indirekter Sprechakte vgl. Veronika Ehrich/Günter Saile: Über nicht-direkte Sprechakte, in: Dieter Wunderlich (Hg.): Linguistische Pragmatik, Frankfurt a. M. 1972, S. 255–287; John R. Searle: Indirect speech acts, in: P. Coles/J. L. Morgan (Hgg.): Speech Acts, New York 1975, S. 59–83.

37 Vgl. Clifford, S. 39.

38 Vgl. Fletcher (1964), 1970, S. 2, Anm. 1.

39 Cicero: Epistulae ad Atticum, II, 20, 3.

40 Vgl. Origenes: De principiis, IV, 3, 15: »Es gibt Dinge, deren Bedeutung im eigentlichen Sinn mit Worten menschlicher Sprache überhaupt nicht ausgedrückt werden kann, [...]« (Übersetzung von Herwig Görgemanns und Heinrich Karpp). Und Clemens: Stromates V, 4, 21, 4: »Alle Barbaren und Hellenen also, um es kurz zu sagen, welche theologisiert haben, haben die Urgründe der Dinge mit Verborgenheit über-

deckt und die Wahrheit durch Rätsel und Sinnbilder, Allegorien und Metaphern und auf anderen Wegen dieser Art überliefert.« (Übersetzung von Franz Overbeck.)

41 Sørensen, 1972, S. 158. Vgl. zur Tradition dieser Denkfigur: J. A. Culter: The literary microcosm. Theories of interpretation of the later neoplatonists, Leiden 1976.

42 Frye, S. 93.

43 Ebd.

44 Vgl. dazu die Analyse ironischer Äußerungen bei W. C. Booth: A rhetoric of irony, Chicago/London 1974, S. 8 ff., an die ich mich mit den nötigen Modifikationen anlehne.

45 Vgl. u. a. Pépin, 1958, S. 85 ff.

46 Origenes: De principiis, IV, 3, 2; vgl. auch Augustinus: De Genesi ad litteram XI, 1, 2; Confessiones V, 14, 24.

47 Vgl. Pépin, 1957, S. 398.

48 Clifford, S. 11 und 22 f.

49 Vgl. Fletcher (1964), 1970, S. 150: »Allegory is structured according to ritualistic necessity, as opposed to probability, and for that reason its basic forms differ from mimetic plots in being less diverse and more simple in contour.« Vgl. auch S. 171.

50 Killy, S. 97.

51 Fletcher (1964), 1970, S. 107.

52 Ebd., S. 220.

53 W. Fink: Alter Narr – was nun? München/Berlin 1972, S. 69 f.

54 Clifford, S. 45.

55 F. D. E. Schleiermacher: Hermeneutik, hg. H. Kimmerle, Heidelberg 1959, S. 84.

56 Sørensen, 1972, S. 115.

57 Spitz, 1972.

58 Frye, S. 94.

59 Überzogen ist die Formulierung Pfeiffers, die Allegorie habe eine Mittellage zwischen »theoretisch eindeutig« und »erzählerisch konsistent« inne, Pfeiffer, S. 581.

60 J. G. Sulzer: Allgemeine Theorie der schönen Künste, Leipzig 1773, Erster Theil, S. 39.

61 Hermerén, S. 120. Vgl. auch Frye, S. 93, der von einer »kontrapunktischen Kunstfertigkeit« bei der Allegorie spricht.

62 Gegen Versuche, das Symbol unter die Allegorie zu subsumieren, vgl. Brüggemann; Koppe, S. 125.

63 Vgl. dazu die Überlegungen bei Robert M. Browne: Typologie des signes littéraires, Poétique 7 (1971), S. 334–353.

64 Es gibt natürlich Mischformen zwischen Symbol und Allegorie, dann vor allem, wenn sich das symbolische Element mit Temporalität auflädt. Am Beispiel Baudelaires und Flauberts zeigt dies gut Culler, S. 266 ff. Es gibt aber schon frühere Beispiele, etwa in der Lyrik Hölderlins.

65 Vgl. die Diskussion in Fuhrmann [s. Anm. 12], S. 549 ff.

66 Vgl. Gerhard Ebeling: Geist und Buchstabe, RGG, Bd. 2, Tübingen ²1958, Sp. 1290 ff.; Grant.

67 Vgl. Herbert Anton: Mythologische Erotik in Kellers ›Sieben Legenden‹ und im ›Sinngedicht‹, Stuttgart 1970, S. 1 ff.: ›Deutung und allegorische Interpretation‹.

68 Jauß [s. Anm. 12], S. 624.

69 Frye, S. 93.

70 Sørensen, 1972, S. 179.

Erkenntnistheoretisch-ontologische Probleme
uneigentlicher Sprache in Rhetorik und Allegorese

Von ERNST HELLGARDT (München)

I.

»Weitaus das Wichtigste ist das Metaphorische. Denn dieses allein kann man nicht bei anderen lernen, sondern es ist das Zeichen von Begabung. Denn gut übertragen bedeutet, das Ähnliche erkennen zu können.«[1] Diese Feststellung der Poetik des Aristoteles und weitere in seiner Rhetorik enthaltene, die nicht allein der Metapher im späteren terminologischen Sinn gelten, sondern sich auf uneigentliches Sprechen in einem weiteren Sinn beziehen, können das Phänomen des Allegorischen, insbesondere auch das der hermeneutischen Allegorese, auf die es mir hier ankommt, in verschiedener Hinsicht erschließen. Metaphorisches Sprechen zeigt für Aristoteles eine originelle Erkenntnisleistung an. Zugleich leistet es Erkenntnisvermittlung besonderer, nämlich angenehmer Art. Erkenntnisvermittlung durch eigentliches Sprechen ist wohl gegenstandsadäquat, bleibt aber trocken und reizlos, da es sich des nächstliegenden Ausdrucks bedient. Es ist die rein auf die Sache bezogene Sprache der Wissenschaft, die auf den Hörer nicht viel Rücksicht nimmt. Gebraucht die Rede wiederum für den Hörer fremdartige, etwa fremd- oder fachsprachliche Ausdrücke, so wird sie für viele Hörer gar unverständlich, mag sie auch sachlich richtig sein. Die Mitte zwischen beidem wahrt das uneigentliche Sprechen, und dadurch erscheint es als angenehm, denn es meidet die nächstliegende, trockene Bezeichnung wie den unverständlichen Ausdruck und vermittelt doch Erkenntnis.[2] Insofern uneigentliches Sprechen angenehm ist, besitzt es eine besondere, ästhetische, genauer: poetische Kraft. Die Ästhetik des metaphorischen Sprechens ist ganz und gar nichtsensitiv, nämlich psychologisch und intellektuell begründet. Der psychisch begründete Reiz befördert Erkenntnis, um die es geht, wird nicht um seiner selbst willen erzeugt. Dabei sind das ästhetische und das intellektuelle Element des metaphorischen Sprechens unauflöslich miteinander verbunden.

Wodurch kommt nun ein metaphorisch-uneigentlicher Ausdruck zustande? Aristoteles sagt dazu: »Hernehmen muß man die Metaphern von verwandten und dabei doch nicht offen zutage liegenden Dingen, wie es ja auch in der Philosophie die Sache eines findigen Kopfes ist, das Ähnliche auch in weit auseinanderliegenden Dingen zu erkennen.« Als Beispiel führt er an, »ein Schiedsrichter und ein Altar seien dasselbe, weil zu beiden der, welcher Unrecht leidet, seine Zuflucht nimmt«.[3]

Um die Möglichkeit uneigentlichen Sprechens darzustellen, zergliedere ich das aristotelische Beispiel in einer vorläufigen, später zu präzisierenden Analyse. Wenn ich also den Schiedsrichter ›Altar‹ nenne, so setze ich formal gesehen ein sprachliches Zeichen für das andere ein. Von dieser Über-tragung hat der Ausdruck seinen Namen Meta-pher, lateinisch Trans-latio. Daß aber unter ›Altar‹ der Schiedsrichter verstanden werden kann, ist aufgrund einer Eigenschaft des mit ›Altar‹ gemeinten Dinges möglich, einer Eigenschaft, die es mit dem Schiedsrichter gemeinsam hat, nämlich daß der Unrecht Leidende seine Zuflucht zu ihm nehmen kann. Nicht das Wort ›Altar‹ bezeichnet demnach den Schiedsrichter, sondern das Ding ›Altar‹ bedeutet ihn aufgrund eines besonderen, mit ihm verbundenen Umstands, der auch auf den Schiedsrichter zutrifft.

Die Möglichkeit uneigentlichen Sprechens habe ich soeben an einem Beispiel aus der Rhetorik in genau derselben Weise begründet, wie es Augustin für die uneigentliche Sprache der Bibel tut, und zwar nicht etwa bloß, wo er ihren uneigentlich-literalen Sinn meint, an Stellen nämlich, wo die Bibel wie profanes Schrifttum rhetorische Mittel uneigentlichen Sprechens verwendet, sondern ganz genauso, wo der spezifisch christlich-spirituelle Sinn biblischer Sprache gemeint ist, das, was man auch den geistigen Sinn des Wortes nennt, der in der christlichen Exegese der Väterzeit und des Mittelalters nach den Schemata einer drei- oder vierfachen Bedeutung gestuft ist.

In seiner Schrift ›De doctrina christiana‹ entwickelt Augustin als Voraussetzung für die Bibelauslegung die Grundlinien einer umfassenden Zeichentheorie. Ich greife aus dem hier konzipierten begrifflichen Instrumentarium nur jenen Komplex heraus, der für die spirituelle Deutung der Bibel entscheidend ist. Augustin unterscheidet unter den im biblischen Text gegebenen Zeichen eigentliche, die *signa propria*, und übertragene, die *signa translata*. Die eigentlichen Zeichen dienen ausschließlich zur Bezeichnung der Dinge, um derentwillen sie in Geltung sind. Wenn ich ›Ochse‹ sage, meine ich damit ein bestimmtes Tier, wie es in meiner Sprachgemeinschaft gewöhnlich durch dieses Wort bezeichnet wird. Übertragen ist ein solches Zeichen aber dann gebraucht, wenn das Ding, das mit diesem Zeichen bezeichnet wird, selbst wieder als Bezeichnung von etwas anderem gemeint ist. So bezeichnet nach dem augustinischen Beispiel an einer Paulusstelle der Ochse einen Verkündiger des Evangeliums. Das Wort ›Ochse‹ ist hier im übertragenen Sinn gebraucht, und nicht es selbst, sondern das mit ihm bezeichnete Tier trägt die uneigentliche Bedeutung des Wortes.[4] Ganz genauso wie bei Augustin die übertragene Bedeutung des Bibelwortes ›Ochse‹ nicht von diesem Wort, sondern von dem mit ihm bezeichneten Ding getragen wird, verhält es sich also mit dem rhetorischen Beispielwort ›Altar‹ bei Aristoteles, dessen übertragene Bedeutung ›Schiedsrichter‹ nicht von dem Wort ›Altar‹, sondern von dem damit bezeichneten Ding getragen wird.

Es erscheint mir notwendig, diese Identität des Begriffs vom uneigentlichen Sprechen, wie er in Rhetorik und spiritueller Bibelexegese faktisch vorliegt, besonders herauszustellen. Hennig Brinkmann und Ulrich Krewitt haben eine wesentliche Unterschiedlichkeit des Begriffs in beiden Bereichen feststellen wollen, die ich auf keine Weise bestätigen kann. So heißt es bei Brinkmann: »Anders als bei der hermeneutischen Allegorie (der Lehre vom Spiritualsinn der Heiligen Schrift) kommt es [bei der rhetorischen Allegorie] nicht auf den Unterschied der

Bedeutung (also der Inhaltsseite), sondern auf Unterschiede der sprachlichen Gestaltung (also der Ausdrucksseite) an.« Und Krewitt sagt über Augustin: »Ein neues Verständnis jedoch liegt seiner Auffassung von den *signa translata* zugrunde, die er nicht mehr als Übertragung eines Wortes in einen anderen Zusammenhang (*in alienum locum*, Cicero, Quintilian) versteht, sondern die *res* selber werden signifikant.«[5]

Dieses Urteil teilt der rhetorischen Allegorie als wesenhaft ausschließlich den formalen Ersatz des eigentlichen Ausdrucks durch den uneigentlichen zu, während bei der hermeneutischen Allegorie das die uneigentliche Bedeutung tragende, hinter dem übertragenen Ausdruck stehende Ding das eigentliche Gewicht haben soll. Begründet zu sein scheint dies Urteil durch Beschreibungen des uneigentlichen Ausdrucks, bei denen die Rhetoriker gern allein auf das formale Erscheinungsbild uneigentlicher Sprache hinweisen – so die Belege Krewitts aus Cicero und Quintilian[6] –, während in der Theorie der hermeneutischen Allegorie mehr von den Dingen die Rede ist, welche aufgrund ihrer Eigenschaften den formalen Ersatz des eigentlichen durch den uneigentlichen Ausdruck ermöglichen. Die vorhin besprochenen Beispiele aus der Rhetorik des Aristoteles und aus Augustins Hermeneutik zeigen jedoch, daß es sich auch nahezu umgekehrt verhalten kann. Aristoteles bezog in die Analyse seines Beispiels die Bedeutung ermöglichende Eigenschaft als wesentlich ein: ›Altar‹ kann ein Schiedsrichter deswegen heißen, weil der Unrecht Leidende seine Zuflucht zu ihm nimmt. Dagegen erwähnt Augustin für sein Beispiel keine Eigenschaft des Ochsen, durch welche das ihn bezeichnende Wort den Verkündiger des Evangeliums bedeuten kann. Wohl hebt er hervor, daß die übertragene Bedeutung nicht auf dem Wort ›Ochse‹ ruht, sondern auf dem mit ihm bezeichneten Tier, aber er gibt nicht an, inwiefern das möglich ist. Er braucht es auch nicht, denn man weiß: es muß eine Eigenschaft des Ochsen sein, welche diese Bedeutungsübertragung ermöglicht. Entsprechende Freiheit bei der Beschreibung des Gemeinten sollte man freilich auch den Rhetorikern zubilligen, wo sie sich auf die formale Kennzeichnung des uneigentlichen Ausdrucks beschränken. Denn daß ein Ausdruck für den anderen eintreten könnte, ohne daß dabei Bedeutungsübertragung überhaupt durch eine Eigenschaft des im uneigentlichen Ausdruck bezeichneten Dinges ermöglicht wäre, ist auch für die rhetorische Allegorie undenkbar, so daß darauf nicht eigens hingewiesen werden muß.

Aus der strikten Entgegensetzung von rhetorischer und hermeneutischer Allegorie folgt bei Krewitt nun eine Reihe kontrastiver Charakterisierungen von weittragender Bedeutung, deren Zuteilung zur einen oder zur anderen Seite sich durchweg ebensowenig aus dem Wesen der Allegorie begründen läßt wie die vorangegangene Unterscheidung der Allegoriearten selbst. Da es in der rhetorischen Allegorie nicht um die Dinge selbst, sondern nur um Worte gehe, kann sie als willkürlich oder – positiv gewendet – als originell und spontan gelten. Die hermeneutische Allegorie dagegen bekommt aufgrund ihrer Dingorientiertheit einen metaphysischen Anstrich. Sie ist nicht willkürlich, sondern verbindlich, nicht originell oder spontan, sondern konventionell.[7] Die damit verteilten

Prädikate sind auf der einen Seite ästhetischer, auf der anderen erkenntnistheo-
retisch-ontologischer Natur. Wie zuvor das Wesen der Allegorie gespalten
wurde in eine formale und eine inhaltsbezogene Spielart, so jetzt in eine er-
kenntnistheoretisch-ontologisch gewichtige und eine ästhetisch-spielerische. Es
wurde aber am Anfang dieser Ausführungen mit Aristoteles gezeigt, daß im Wesen des Allegorischen beides unauflöslich enthalten ist: eine auf Erkenntnis bezogene und eine ästhetische Qualität. Bei der rhetorischen und bei der hermeneutischen Allegorie handelt es sich nicht um zwei wesensmäßig voneinander
verschiedene, auf einer unterschiedlichen Auffassung der Beziehung zwischen
res und *verbum* [8] beruhende Arten der Allegorie, sondern um Auffassungsweisen ein- und derselben Erscheinung, nämlich des Phänomens der Möglichkeit
uneigentlichen Sprechens. Seine erkenntnistheoretisch-ontologischen wie seine
ästhetischen Qualitäten werden sich rhetorisch und poetisch verwendet in Gerichtsrede und Dichtung grundsätzlich ebenso verbinden, wie in der hermeneutischen Erschließung des Allegorischen bei der Bibelauslegung.

Die Entfaltung der erkenntnistheoretisch-ontologischen Qualitäten und gewisse Probleme, die sie mit sich bringen, sollen hier für die hermeneutische Allegorie näher untersucht und bezeichnet werden.

II.

Zuvor sind jedoch einige Ausführungen angebracht, welche Mißverständnissen zuvorkommen mögen. Selbstverständlich können die eben getroffenen Feststellungen über die wesenhafte Identität von rhetorischer und hermeneutischer
Allegorie offenkundige Unterschiede zwischen beiden nicht verwischen. Es geht
nicht darum, Unterschiede zu leugnen, sondern darum, die Problematik einer
Begründung, die ihnen gegeben wurde, aufzuweisen und, wenn irgend möglich,
eine bessere Begründung zu finden.

Die Zulässigkeit und Erforderlichkeit spiritueller Bibelallegorese kann letztlich nicht aus einer besonderen Beschaffenheit des biblischen Textes selbst begründet werden, die sich in anderen Texten nicht finden ließe, sondern nur aus
einer bekenntnishaften Setzung, welche sich in freier Entscheidung und mit großer religiöser Kühnheit entschließt, dem biblischen Sprechen göttlich inspirierte,
eben ›spirituelle‹ allegorische Qualität zuzuschreiben. Das Recht zum spirituellen Verständnis der Schrift wird von Augustin eindringlich als ein Recht der
Freiheit gegenüber sklavischem Beharren jüdischer Auslegung beim buchstäblichen Sinn verteidigt. [9] Daß die Nötigung zur Setzung eines spirituellen Sinns im
biblischen Text selbst unmittelbar und in eigentlicher Sprache ausgesprochen ist,
spielt eine wichtige Rolle. Entscheidend ist aber, daß diese Nötigung angenommen wird. Auch das polemische Argument, im Unterschied zur heidnischen,
nach menschlicher Willkür erdichteten Poesie beruhe biblischer Bericht auf
göttlich gesetzten, historischen Fakten, so daß im einen Fall die Quelle der Auslegung nur menschliche Fiktion, im anderen aber göttlich gegebene Realität sei,

– auch dieses Argument setzt die bekenntnishafte Annahme einer göttlichen Gesetztheit der biblisch-historischen Fakten bereits voraus. Dieselbe Voraussetzung war z. B. auch für homerische Geschichte prinzipiell ebenso möglich wie sekundär aus dem Text der homerischen Dichtung begründbar. [10] Jean Pépin hat die Probleme ausführlich dargestellt, die sich aus dieser Sachlage in der Konkurrenz christlicher, jüdischer und heidnischer Allegorese schon im Altertum ergaben. [11]

Erst wenn also die Setzung spirituell-allegorischer Qualität des biblischen Textes einmal bekenntnishaft vollzogen ist, so ergeben sich aus ihr die Unterscheidungen profaner und sakraler Allegorik, die sich aus zwei wesenhaft verschiedenen Arten uneigentlichen Sprechens selbst nicht begründen lassen, sofern dieses aus seiner erkenntnisbefördernden und ästhetischen Kraft zu begreifen ist. In bekenntnishafter Setzung ist die Grundlage dafür gegeben, daß die rhetorische Allegorie als willkürlich, die hermeneutische als verbindlich bezeichnet werden kann. Aus solcher Setzung folgt auch die Möglichkeit, hermeneutische Allegorie konventionell zu nennen. Sie ist als Allegorese rezeptiv für alle Zeit auf die Deutung ein und desselben Textes, auf die Bibel, bezogen. Die aufzufindende Deutung spiritueller biblischer Allegorik muß dem Anspruch absoluter Gültigkeit genügen. Wo solche Deutung geleistet ist, begründet sie Konvention und Tradition. Spontaneität als intellektueller und ästhetischer Wert kann für die Bibelallegorese im Rahmen ihrer Konventionalität zum Problem werden. Neue Deutungen anstelle bewährter und gültiger können als redundant, wenn nicht sogar als problematisch erscheinen.

Rhetorische Allegorie ist in solcher Sicht als eine Weise nichtbiblisch uneigentlichen Sprechens frei und ästhetisch verpflichtet zur produktiven Schaffung stets neuer allegorischer Texte. Der Wahrheitsanspruch rhetorischer Allegorie kann aber im Verhältnis zur biblischen Allegorie bestenfalls ein relativer sein. Ästhetische Ansprüche treten in den Vordergrund. Konventionalität ist im Hinblick auf die Verpflichtung zur spontanen Kreativität ein ästhetisches Problem.

Und doch sind die eben der rhetorischen und hermeneutischen Allegorie zugeschriebenen Prädikate austauschbar. Kreativität, Spontaneität und auch Willkür biblischer Allegorie lassen sich der freien göttlichen Produktivität zuschreiben, die sich im Medium uneigentlicher Sprache der Bibel mitteilt. Solche Mitteilung hat auch hervorragend ästhetische Qualität. Daß es uneigentliche Sprache im Wort Gottes gibt, begründet Augustin nicht etwa ontologisch aus der verweishaften Beschaffenheit der im uneigentlichen Ausdruck biblischer Sprache bezeichneten Dinge. Er begründet diese Tatsache vielmehr ästhetisch. Es sei kein Zweifel, daß die Wahrheit viel lieber durch Gleichnisse erforscht als durch unmittelbare Mitteilung aufgenommen werde, und daß man an ihrem Auffinden viel mehr Freude habe, wenn es mit Schwierigkeiten verbunden sei. Aus diesem Grunde habe der Heilige Geist im biblischen Wort nicht nur im eigentlichen, sondern auch im übertragenen Sinn gesprochen. Daß diese Aussagen auf den spirituellen Sinn der Bibel zu beziehen sind und nicht etwa bloß auf ihren profanem Schrifttum vergleichbaren Gebrauch rhetorischer Figuren, zeigt das Bei-

spiel, an dem Augustin das Gemeinte erläutert. [12] Die göttliche Kreativität uneigentlichen biblischen Sprechens soll rezeptiv durch göttliche Erleuchtung vom
Exegeten ›kongenial‹ nachvollzogen werden, und zwar in ihrer erkenntnisver-
mittelnden wie in ihrer ästhetischen Qualität. Was schließlich die Verbindlichkeit der Allegorese betrifft, so steht der Exeget immer in der Gefahr, seiner Aufgabe nicht gewachsen zu sein. Augustin behauptet keineswegs durchweg den
Anspruch, die einzige und absolut gültige Auslegung in jedem Fall getroffen zu
haben; das würde vielmehr in die Nähe der Hybris führen. [13] Wo eine Auslegung aber unvollkommen oder nicht allein verbindlich ist, werden auch absoluter
Wahrheitsanspruch und Konventionsbildung nur bedingt möglich sein.

Nichtbiblisches uneigentliches Sprechen wiederum hat in Altertum und Mittelalter besonders in der Poesie immer wieder den Anspruch erhoben, göttlich
inspiriert zu sein. Seine Kreativität, Spontaneität, Willkür läßt sich, was Wahrheitsanspruch und ästhetische Qualität betrifft, in Analogie zu denselben Kräf-
ten biblischer Allegorie setzen. Erst und gerade daraus folgt die typische theologische oder philosophische Kritik an profaner Poesie. Auch die Komponente des
Konventionellen gilt für nichtbiblisch allegorisches Sprechen, und zwar wiederum sowohl rezeptiv, wenn es um das rechte Verständnis solchen Sprechens
und die aus ihm folgende Deutungstradition geht, als auch produktiv, wenn es
um die Verstehbarkeit geht, die in den verschiedenen Graden der Hermetik uneigentlichen Sprechens in verschiedenem Maße von der Konventionalität der
Formen uneigentlicher Sprache abhängt.

Weder die Dichterallegorie noch die hermeneutische hat also in Wahrheit nur
mit einer Hälfte der Komponenten existieren können, die zu ihrer Konstruktion
aus der Theorie des uneigentlichen Sprechens in seiner ästhetischen und erkenntnisbefördernden Qualität abzuleiten waren. Die Unterschiede, die zwischen beiden Allegoriearten bestehen, folgen nicht aus einer Wesensverschie-
denheit des jeweiligen uneigentlichen Sprechens, sondern aus freier, bekenntnishaft begründeter Bewertung der Texte, für welche eine spirituelle Qualität
oder ein Zweitsinn in Anspruch genommen oder bestritten wird.

III.

Für die nähere Untersuchung der erkenntnistheoretisch-ontologischen Qualität uneigentlicher Sprache ist jetzt die angekündigte, präzisierende Analyse des
aristotelischen Beispiels vom Schiedsricher und Altar nötig. Unter welchen Bedingungen wird, wenn ich im uneigentlichen Sinn ›Altar‹ sage, der Schiedsrichter
verstanden und nicht etwas anderes? Denn daß ich, indem ich das Ding ›Altar‹
bezeichne, diejenige seiner Eigenschaften meine, die es gerade mit dem Schiedsrichter und mit nichts anderem gemeinsam hat, ist dem bloßen uneigentlichen
Gebrauch des Wortes nicht zu entnehmen. Ich könnte ja auch eine andere Eigenschaft des Altars meinen, welche die intendierte Bedeutungsübertragung
nicht ermöglicht. Aufgrund ihrer Eigenschaften allein sind die Dinge noch ganz

und gar bedeutungslos. Ihre Eigenschaften machen sie bloß multivalent für Bedeutung. Selbst gemeinsame Eigenschaften stellen an sich noch keinen Bedeutungszusammenhang her. Sie begründen nur die prinzipielle Möglichkeit von Bedeutungsübertragung in uneigentlicher Rede. Aktualisiert und konkretisiert werden muß diese durch Signale außerhalb des uneigentlichen Ausdrucks und des durch ihn bezeichneten Dinges. Für das aristotelische Beispiel sind solche Signale mindestens in der Situation des Rechtsprozesses vorauszusetzen, darüber hinaus im Kontext der Klagerede, die der Unrecht Leidende vor dem Richter hält. Es ergibt sich also, daß nicht die Eigenschaften des im uneigentlichen Ausdruck bezeichneten Dinges aus sich heraus Bedeutung stiften. Das leisten vielmehr wesentlich Situations- und Textzusammenhang, in denen ein solcher Ausdruck gebraucht wird. Und die Erkenntnis, die hier vermittelt wird, ist nicht die, daß Richter und Altar eine bestimmte Eigenschaft gemeinsam haben. Dies wird vielmehr als bekannt vorausgesetzt. Situation und Kontext aktualisieren nur die vorausgesetzte, weder durch den uneigentlichen Ausdruck noch durch den Bedeutungsträger selbst vermittelte Kenntnis derjenigen seiner Eigenschaften, die seine Bedeutung erschließt. Eigentlich neu erkannt wird aber, daß in einem bestimmten Zusammenhang ›Altar‹ den Richter bedeutet. Die Eigenschaften des bezeichnenden Dinges leisten dabei nur den – allerdings unabdingbaren – Hilfsdienst, diese Erkenntnis zu begründen, sind aber nicht selbst Gegenstand der Erkenntnis, welche der uneigentliche Ausdruck hervorbringt.

Es beruht das uneigentliche Sprechen nicht auf dem eigentlichen Wesen der Dinge, sondern auf ihrem uneigentlichen, welches darin besteht, daß die Dinge nicht nur an sich selbst sind, was sie sind, sondern außerdem aufgrund ihrer einzelnen Eigenschaften zeichenhafte Seinsweise haben. Diese kommt ihnen jedoch nicht real und aktuell-unmittelbar, sondern bloß potentiell zu und wird ihnen je und je mental durch einen Akt des Denkens und Sprechens zugeteilt. Dabei wird nicht Erkenntnis aktuellen Seins vollzogen, sondern eine bestimmte Möglichkeit erkannt und realisiert, aufgrund seines potentiell zeichenhaften Seins ein Ding im uneigentlichen Ausdruck als Zeichen zu gebrauchen. Mag für die Ontologie die Summe der Eigenschaften eines Dinges in ihrem Zusammenhang das Wesen dieses Dinges ausmachen, so ist für das uneigentliche Sprechen diese Summe von Eigenschaften nicht das Wesen des Dinges, sondern ein Magazin voneinander isolierter Materialien, die durch den Akt der Bedeutungssetzung nach Maßgabe von Situation und Kontext unterschiedliche, nicht im eigentlichen Wesen des Dinges gründende Bedeutung zugesprochen bekommen können. Die so entstandene uneigentliche Rede hat ihre Grundlage nicht im Wesen der Dinge an sich, sondern in ihrem Wesen als mögliche Zeichen.

Das über die Erkenntnisleistung uneigentlicher Sprache allgemein an einem rhetorischen Beispiel Herausgestellte ist auf die Erkenntnisleistung christlicher Allegorese biblischer Texte, wie sie in Väterzeit und Mittelalter üblich war, zu übertragen. Entscheidend ist dabei die Rolle von Situation und Kontext einerseits, d. h. die Rolle des Zusammenhangs, in dem diese Bibeldeutung stattfindet, und andrerseits die Rolle der Dingeigenschaften, welche der Deutung dienen.

Die entscheidende Leistung Augustins bei der methodischen Grundlegung der Bibelauslegung und insbesondere auch der allegorischen besteht darin, daß er einen Grundsatz vorab formuliert und expliziert, welcher den Zusammenhang feststellt, auf den sich alle christliche Bibelauslegung methodisch beziehen soll. Dieser Grundsatz ist das christliche Liebesgebot, welches befiehlt, Gott zu lieben und den Nächsten wie sich selbst, wozu der Herr bemerkt: »An diesen zwei Geboten hängt das ganze Gesetz und die Propheten.«[14] Die Auslegung des Alten Testaments auf das Liebesgebot hin ist damit unmittelbar durch eine göttliche Festsetzung autorisiert. Das gleiche gilt für das Neue Testament, durch welches ja erfüllt wird, was im Alten Testament verheißen ist. Jeder, insbesondere auch jeder uneigentliche Ausdruck der Bibel ist also so auszulegen, daß er letztlich die Gültigkeit des Liebesgebots bezeugt.

Wichtig ist hier zunächst, daß das Liebesgebot als Grundsatz der Auslegung auf ein Herrenwort der Schrift selbst zurückgeführt wird. Daraus folgt die immanente Rechtfertigung der exegetischen Methode. Doch entscheidend ist letztlich, daß dieser Grundsatz in einem Akt freier Entscheidung angenommen und in die Tat umgesetzt wird. Und zwar von Anfang an explizit so, daß vor der Entwicklung des Zeichensystems und seiner Beziehung auf das Liebesgebot im ersten Buch ›De doctrina christiana‹ eine Sachenlehre aufgebaut wird, welche den *ordo amoris* bestimmt, auf den dann gemäß dem Liebesgebot alle Zeichen der Schrift auszulegen sein werden. Im *ordo amoris* erhält jedes Ding seinen relativen Rang, nach dem es um der Seligkeit willen gebraucht und geliebt werden darf – bis hinauf zu Gott selbst, dem allein die absolute Liebe um seiner selbst willen gebührt. Der *ordo amoris* bestimmt, gerechtfertigt durch das Liebesgebot der Schrift und des Herrn selbst, die Situation, in welcher der Christ überhaupt und insbesondere auch der christliche Exeget steht. Besonders im dritten Buch ›De doctrina christiana‹, wo es um die Auslegung ambivalenter Zeichen im biblischen Text geht, zu denen auch und vor allem die übertragenen Zeichen gehören, kommt Augustin wieder und wieder auf den Grundsatz des Liebesgebotes zurück, indem er zeigt, wie es die Situation des Exegeten im Sinne des *ordo amoris* bei der konkreten Auslegung definiert.

Aus dieser Situation ergibt sich also ursprünglich und wesenhaft die Deutung im übertragenen Ausdruck bezeichneter Dinge, sofern sie christlich gedeutet werden. Zur im Liebesgebot gegebenen allgemeinen und obersten methodischen Regel tritt dann eine weitere für die konkrete Auslegung des einzelnen Dinges hinzu, wie es je und je im übertragenen Ausdruck des biblischen Textes vorkommt. Da die Dinge aufgrund mannigfacher gemeinsamer Eigenschaften vieldeutig aufeinander beziehbar sind, sind Kriterien erforderlich, nach denen ihre jeweilige spezielle Bedeutung im Hinblick auf das Liebesgebot zu bestimmen ist. Die Fülle der Bedeutungsmöglichkeiten, welche aus den mannigfachen Eigenschaften der Dinge folgt, wird von Augustin als Problem, nicht als Chance der Allegorese behandelt. Die Kriterien der speziellen Bedeutung gibt der Kontext, in dem ein übertragenes Zeichen steht, an die Hand. Wo sie nicht unmittelbar aus dem gegebenen Kontext eindeutig zu ermitteln sind, ist nach anderen

Stellen zu suchen, die den Ausdruck übertragen und mit eindeutiger Bedeutungssetzung des Kontextes gebrauchen. Die hier ermittelte Bedeutung ist dann auf den Gebrauch des Ausdrucks in ambivalentem Kontext zu übertragen. Die bedeutungsetzende Rolle des Kontextes behandelt Augustin in dieser Weise mit zahlreichen Beispielen ausführlich im 25.–28. Kapitel des dritten Buches ›De doctrina christiana‹.

Diesem Zusammenhang ist unterzuordnen, was Augustin im zweiten Buch derselben Schrift über eine Sachkunde sagt, die der christliche Exeget als Hilfswissenschaft braucht. Freilich muß er die Eigenschaften der Dinge kennen, um einen übertragenen Ausdruck, der sie nennt, deuten zu können. Und so wird eine Kenntnis der Tiere, Steine, Pflanzen und anderer Dinge, unter denen Augustin besonders die Zahlen nennt, für den Bibelausleger nützlich sein.[15] Aber nicht, weil die Dinge aufgrund ihrer in der Sachkunde gelehrten Eigenschaften an sich Bedeutung hätten, soll man von ihnen wissen, sondern um die im Prinzip durch Situation und Kontext vorgegebene Bedeutung eines im uneigentlichen Ausdruck benannten Dinges konkretisieren zu können. Gedeutet wird nämlich nicht eigentlich das Ding, sondern der es benennende uneigentliche Ausdruck im Zusammenhang seines Kontextes und aus der Situation des christlichen Exegeten.

Man wird die Behauptung aufstellen dürfen, daß jede christliche Bibelallegorese nach den durch Augustin beschriebenen Prinzipien mehr oder weniger vollkommen tatsächlich praktiziert worden ist – unbeschadet der Möglichkeit einer bloß faktischen oder auch theoretisch bewußten, mehr oder weniger genauen Differenzierung, Präzisierung und Disziplinierung der Methode. Auch wird man sagen dürfen, daß innerhalb dieses methodischen Rahmens eine überzeitliche Gültigkeit der allegorischen Exegese in Kraft ist. Immanent problematisch wird christliche Allegorese aber in dem Maß, wie sie das Hauptgewicht vom bedeutungsetzenden Zusammenhang, in dem sie steht, auf den untergeordneten Aspekt der Bedeutung ermöglichenden Dingeigenschaften verlagert. Ich denke hier besonders an die allegorische Enzyklopädistik, die es im christlichen Schrifttum seit Eucherius von Lyon mit einer gewissen Kontinuität, jedoch mit eindeutigen Schwerpunkten im neunten und zwölften Jahrhundert, sowie im Spätmittelalter und in der frühen Neuzeit gibt.[16] Eine Enzyklopädie, die nicht vornehmlich von den Dingen selbst, sondern von deren möglichen Bedeutungen aufgrund ihrer Eigenschaften handelt, steht in der grundsätzlichen Gefährdung, daß in ihr mögliche Bedeutung für das Wesen der Dinge genommen wird. Worin und daß diese Gefahr tatsächlich besteht, dies ließe sich für Theorie und Praxis in aller Breite beispielsweise an einem Teilbereich der allegorischen Enzyklopädistik besonders deutlich darstellen, am Bereich der mittelalterlichen enzyklopädischen Erfassung von Zahlenallegorese.[17] Ich will und muß mich hier darauf beschränken, die gemeinte Problematik an einer signifikanten Äußerung Hugos von St. Victor aufzuweisen.

Die Verwechslung von potentieller Zeichenhaftigkeit der Dinge aufgrund ihrer Eigenschaften mit ihrem aktuellen Wesen wird bei Hugo greifbar als Verwechslung von übertragenem Zeichen und Ding. Der Philosoph, so sagt er, erkenne in anderen Schriften bloß die Bedeutung der *voces*; in der Heiligen Schrift aber sei die Bedeutung der *res* weit hervorragender. Denn die Bedeutung der *voces* sei konventionell, also willkürlich, die der *res* aber von der Natur vorgeschrieben, also notwendig. Die *significatio vocum* sei aus menschlicher Willkür entstanden, die *significatio rerum* sei natürlich und entstanden aus der Werktätigkeit des Schöpfers in dem Willen, durch die einen Dinge andere zu bezeichnen. [18]

Hier werden auf signifikante Weise die beiden klar zu trennenden Begriffe der *res* und des übertragenen Zeichens verwechselt, so als ob die *significatio rerum* auf dem Wesen der Dinge in ihrer geschöpflichen Beschaffenheit beruhe, statt auf dem geistigen Akt der Bedeutungssetzung im übertragenen Ausdruck. Wo aber in der Heiligen Schrift, auf die sich Hugo hier bezieht, ein Ding ein anderes bezeichnet, geschieht dies nicht real, sondern geistig im Medium der Sprache durch einen uneigentlichen Ausdruck des göttlich inspirierten biblischen Textes. Hugo verfällt tatsächlich jener Verwechslung, die Brinkmann und Krewitt der Theorie vom Unterschied zwischen hermeneutischer und rhetorischer Allegorie unterstellen, und so gleichen auch Hugos ontologisch wertende Kontrastierungen – natürlich und notwendig gegen konventionell und willkürlich – den entsprechenden Bewertungen, die Krewitt den beiden Allegoriearten kontrastiv zugeschrieben hat. Daß sich die Verwechslung bei Hugo nicht in einer Reflexion über allegorische Enzyklopädistik, sondern in einer Äußerung über den Sinn der Schrift findet, scheint mir eindeutig die Folge eines enzyklopädisch-ontologischen Denkens im Hinblick auf Bibelallegorese. Daher muß man diese Äußerung als Zeichen problematischen Verständnisses allegorischer Enzyklopädistik im Mittelalter werten. Hugos Bemerkung zeigt zugleich, daß unter dem Einfluß allegorischer Enzyklopädistik rückwirkend auch das Verständnis allegorischer Exegese problematisch werden konnte.

Die moderne Forschung zur Bedeutungskunde des Mittelalters in der Schule Friedrich Ohlys hat ihre besondere Aufmerksamkeit der allegorischen Enzyklopädistik des Mittelalters zugewandt. [19] Dabei gilt der allegorischen Beschreibung von Sinnträgern, die eine Beschreibung der Bedeutung ermöglichenden Eigenschaften der Sinnträger ist, das Hauptinteresse. Das einschlägige Material wird historisch gesichtet, systematisch geordnet und nach den Möglichkeiten der Bedeutungsfindung aufgrund der Sinnträgereigenschaften theoretisch beschrieben. Das in diesem Rahmen in imponierender Fülle bereits Erreichte verspricht weitere, bedeutende Fortschritte. Die bezeichnete Schwerpunktbildung dieser Forschung läßt jedoch vor allem die monumentale Geschlossenheit des erforschten Gegenstandes hervortreten, weniger die ihm immanente Problematik, in der er doch auch gestanden hat. Auch dieser Aspekt scheint mir im Interesse einer geistigen Auseinandersetzung mit dem Mittelalter der Vergegenwärtigung und näheren Erforschung wert.

IV.

Ich komme noch einmal auf Augustin zurück. Seine in der Schrift ›De doctrina christiana‹ entworfene Hermeneutik ist aus einem umfassenden Zeichensystem entwickelt, das die Deutung der sprachlichen Zeichen der Bibel in bezug auf die im *ordo amoris* vorausgesetzte Seinsordnung der Dinge ermöglichen soll. Zeichen jeder Art, auch und besonders übertragene Zeichen werden hier ausschließlich in ihrer Funktion, etwas zu bezeichnen, betrachtet, nicht als Dinge an sich, d. h. im Hinblick auf weitere Wesensmerkmale, die sie etwa haben können. Und umgekehrt: wenn mit dem Entwurf der Seinsordnung im *ordo amoris* von den Dingen die Rede war, so nur von ihrem Wesen an sich, nicht von ihrer möglichen Zeichenhaftigkeit. Gleich zu Anfang des ersten und zweiten Buches ›De doctrina christiana‹ schärft Augustin diese methodisch notwendige Unterscheidung nachdrücklich ein. [20] Er hat sie auch sonst in seinem Denken und in seinen Schriften festgehalten. Einerseits deutet er als christlicher Exeget die in der Schrift gegebenen Zeichen. Als christlicher Ontologe handelt er andrerseits vom Wesen der Dinge an sich und ebenso als christlicher Erkenntnistheoretiker von den Möglichkeiten und Weisen der Wahrheitserkenntnis nicht den Zeichen, sondern den Dingen gegenüber. Darin liegt keine Unklarheit oder gar Widersprüchlichkeit seines Denkens[21], sondern die methodisch notwendige Adäquatheit im Verhältnis zum jeweils behandelten Gegenstand. Augustin geht von der Überzeugung aus, daß über das Wesen der Dinge nichts Gültiges zu erfahren sein wird, wenn bei ontologischer Fragestellung von ihrer möglichen Zeichenqualität nicht abgesehen wird, und daß ebensowenig die Zeichenfunktionen eines Dinges zu klären sein werden, wenn sie bei Behandlung seiner Zeichenhaftigkeit nicht von seinen übrigen Wesensmerkmalen abgetrennt werden.

Als christlicher Ontologe machte sich Augustin in seinen philosophischen Frühschriften von ›Contra Academicos‹ bis ›De vera religione‹ das platonistische Weltbild zu eigen, das auch sein weiteres ontologisches Denken bestimmte. Dieses Weltbild erfaßt das Seiende als Stufenordnung des diesseitig Raumzeitlichen vom niedersten Materiellen über das Vegetative, Animalische, Vernünftige bis zum raum- und zeitlosen, absolut vernunfthaft Geistigen, dessen Gipfel Gott selber ist. Eine entsprechende Stufenordnung gilt für die Vorgänge des Erkennens zunächst auf der sinnlichen und psychischen Ebene, dann auf der des menschlichen und göttlichen Intellekts. Die Stufenordnung des Seins und Erkennens bildet ein System von Auf- und Abstiegspositionen, deren jede auf die jeweils höheren und tieferen verweist. Dieser Verweisungszusammenhang läßt sich auch als Zeichensystem verstehen. Seine Zeichen sind aber von grundlegend anderer Natur als die in ›De doctrina christiana‹ behandelten. Die ontologischen Zeichen sind substantielle *vestigia* des einen Seins im jeweils Seienden und zeigen einen aktuellen Zusammenhang an. Die in ›De doctrina christiana‹ behandelten Zeichen beruhen, sofern sie *signa translata* sind, auf akzidentellen *similitudines*, welche die Vielheit der Dinge in ihrer potentiellen vielfältigen Beziehbarkeit aufeinander erscheinen lassen. *Vestigium* ist der spezifisch ontologische, *similitudo* ein der Rhetorik entnommener Terminus technicus bei Augustin.

Es handelt sich auf den verschiedenen Stufen von Seiendem und Erkennen um ihrer Vollkommenheit oder Defizienz nach unterschiedliche Modi des Seins und der Erkenntnis. Ihr Sinnzusammenhang läßt sich dem der verschiedenen Teile eines Syllogismus vergleichen, wo aus dem einen das andere schlüssig, natürlich und gesetzmäßig folgt, ohne daß Interpretation der einzelnen Teile und ihres Zusammenhangs als bedeutungssetzender Akt möglich oder nötig wäre. Die in ›De doctrina christiana‹ behandelten Zeichen dagegen, auch die ohne Absicht »gegebenen« natürlichen (Rauch für Feuer usw.)[22], werden alle erst durch Deutung zu Zeichen. Vorher und an sich sind sie noch gar nicht Zeichen und im Vorfeld ihrer möglichen Zeichenfunktion völlig zusammenhang- und bedeutungslos.

So würde ich es für unangebracht halten, wollte man das in ›De doctrina christiana‹ gelehrte Zeichensystem in irgendeine Analogie zum ontologischen und erkenntnistheoretischen Aufstiegsschema setzen, indem man das augustinische Weltbild aufgrund seiner Verweisstruktur als symbolisch bezeichnet. Diese Bezeichnung erscheint mir dagegen sinnvoll, wenn man den Symbolbegriff aus dem Zusammenhang eines Systems eigentlicher und uneigentlicher Zeichen gänzlich herausnimmt und ihn rein ontologisch versteht. Damit bietet sich zugleich eine Möglichkeit an, den Symbol- und den Allegoriebegriff aus wesenhafter Verschiedenheit zu begründen.

Anmerkungen:

1 Aristoteles: Poetik 1459 a 16–17. Ich benutze Ausgabe und Übersetzung von W. H. Fyfe, London/Cambridge, Mass., 1965 (The Loeb Classical Library).
2 Aristoteles: Rhetorik 1410 b (Buch III, Kap. 10,2); vgl. 1403 b bis 1404 a (Buch III, Kap. 1,5–6), wo vom Bezug rhetorischen Sprechens auf den Hörer die Rede ist. – Ich benutze Ausgabe und Übersetzung von J. H. Freese, London/Cambridge, Mass., 1967 (The Loeb Classical Library).
3 Aristoteles: Rhetorik 1412 a (Buch III, Kap. 11,5).
4 Augustinus: De doctrina christiana II, 10,5. Ich benutze die Ausgabe von I. Martin, Turnholti 1962 (CCL 32).
5 Brinkmann, 1971, hier S. 315–316 (Zufügung in eckigen Klammern von mir). – Krewitt, 1971, S. 122.
6 Krewitt, 1971, verweist auf Cicero: De oratore III, 37, 149 und Quintilian: Institutionis oratoriae libri XII, I, 5,71. Die Stelle bei Cicero lautet: *Ergo utimur verbis aut eis quae propria sunt et certa quasi vocabula rerum paene una nata cum rebus ipsis; aut eis quae transferunter et quasi a l i e n o i n l o c o c o l l o c a n t u r.* Hier ist formal die sprachliche Erscheinung bezeichnet. Vgl. jedoch wenig später die Hervorhebung der Inhaltsseite: *Quod enim declarari vix verbo proprio potest, id translato cum est dictum, illustrat quod intellegi volumus eius rei quam alieno verbo posuimus s i m i l i t u d o.* Ebd. III, 38,155. – Ich benutze Ausgabe und Übersetzung von E. W. Sutton und R. Rackham, London/Cambridge, Mass., 1948 u. 1959 (The Loeb Classical Library). – Die Quintilianstelle, auf die Krewitt, 1971, verweist, lautet: *Propria sunt verba, cum id significant,*

in quod primo denominata sunt, translata cum alium natura intellectum, alium loco praebent. – Institutionis oratoriae libri XII, hg. u. übers. v. H. Rahn, Darmstadt 1972 u. 1975.

7 Krewitt, 1971, S. 123.

8 Ebd.

9 De doctrina christiana III, 5,9–913.

10 Vgl. Dörrie, 1974.

11 Pépin, 1958, Mythe, S. 393–474.

12 De doctrina christiana II, 6,7–8. Zu diesem Komplex ausführlich Pépin, 1958, Saint Augustin et la fonction.

13 Zu Äußerungen Augustins in diesem Sinne an zahlenexegetischen Beispielen Hellgardt, 1973, S. 172–173.

14 De doctrina christiana I, 26,27; vgl. Mt. 22,37–40.

15 De doctrina christiana II, 16,24–26.

16 Literatur zur allegorischen Enzyklopädistik verzeichnet Meier, 1974, hier S. 416, Anm. 130.

17 Ansätze dazu bei Hellgardt, 1976.

18 *Philosophus in aliis scripturis solam vocum novit significationem; sed in sacra pagina excellentior valde est rerum significatio quam vocum: quia hanc usus instituit, illam natura dictavit. Haec hominum vox est, illa Dei ad homines. Significatio vocum ex placito hominum: significatio rerum naturalis est, et ex operatione Creatoris volentis quasdam res per alias significari.* – Hugo von St. Victor: De scripturis et scriptoribus sacris, PL 175, 9–28, hier 20D–21A.

19 Einen Überblick über die Arbeit der Forschung zur mittelalterlichen Bedeutungskunde gibt F. Ohly, 1977, S. IX–XXXIV.

20 De doctrina christiana I, 2,2 und II, 1,1.

21 Vgl. U. Ernst: Rezension über J. Belkin und J. Meier: Bibliographie zu Otfrid von Weißenburg und zur altsächsischen Bibeldichtung, Annali Istituto Orientale di Napoli 20 (1977), S. 317–331. Hier werden S. 330 die entsprechenden Ausführungen meiner Anm. 13 erwähnten Arbeit als »Versuche, zwischen dem Philosophen und dem Exegeten Augustin einen Gegensatz zu konstruieren« mißverstanden und als »aus frühmittelalterlicher Sicht [...] verfehlt« kritisiert.

22 De doctrina christiana II, 1,1.

Des Dichters Schiffahrt

Struktur und Pragmatik einer poetologischen Allegorie

Von Rudolf Drux (Köln)

Das Schiff und die Schiffahrt haben in der abendländischen Literatur vielfache Bedeutungszuordnungen erfahren; als langlebigste hat sich das Staatsschiff erwiesen, das schon am Horizont der griechischen Lyriker auftaucht und heute noch seine Furchen durch die Gefilde politischer Leitartikel zieht. Daneben wurde das Schiff, vornehmlich in der christlichen Allegorese des Mittelalters und im Zeitalter des Barock, als Kirche Christi gedeutet, die sich im irdischen Wellental behaupten muß, das Leben des Menschen, sein »Wandel auf der Welt«, als Fahrt auf dem Meer beschrieben, sogar die Liebe als »Schifferei« geschildert, deren »Zielzweck süße Lüste« sind (Lohenstein). Aus antiken Zeugnissen (insbesondere der klassischen römischen Literatur), dann auch aus Texten mittelalterlicher und humanistischer Autoren kennen wir eine andere Verwendung des Schiffahrtsmotivs: als Allegorie für den dichterischen Produktionsprozeß. Das reichhaltige Material hat Ernst Robert Curtius gesichtet, und einige seiner Belege stellen im wesentlichen die Untersuchungsgrundlage dieser Studie dar. [1]

Mit den ›Schiffahrtsmetaphern‹ leitet Curtius ein Kapitel ein, mit dem er »der historischen Topik eine historische Metaphorik zur Seite [stellen]« will. Ohne hier in die Debatte um den Curtiusschen Topos-Begriff einzutreten, können einige Einwände, die gegen seine Definition der Topoi als »Klischees, die literarisch allgemein verwendbar sind«[2], erhoben wurden, auch gegen seine Konzeption einer historischen Metaphorik geltend gemacht werden. Wer sich nämlich mit der Feststellung begnügt, daß eine Metapher (bzw. Allegorie, s. S. 39) ein fester Bestandteil »der poetisch-rhetorischen Tradition« ist, der aufgrund seines topischen Charakters einem literarisch bewanderten Autor jederzeit zur Verfügung steht, verfährt geradezu unhistorisch, weil er die konkrete Ausprägung eines tradierten Stilmittels/sprachlichen Ausdrucks im jeweiligen Textzusammenhang außer acht läßt und ebensowenig die ästhetischen und geschichtlichen Voraussetzungen seiner Aktualisierung wie die mit seinem Einsatz verbundenen Wirkintentionen berücksichtigt.

Um Aufschluß über das sprachliche Erscheinungsbild einer Allegorie und ihre kommunikative Leistung zu erhalten, werde ich im folgenden exemplarisch fünf Text(abschnitt)e vergleichen, in denen die Schiffahrt des Dichters beschrieben wird und die verschiedenen historischen Stadien angehören. Bei den Einzelanalysen wird das methodische Vorgehen von der zentralen Fragestellung geleitet, inwiefern die Allegorie mit verändertem Kontext selbst strukturell variiert wird; wenn man nämlich die Schiffahrtsallegorie als ein kommunikativ wirksames und historisch vermitteltes Textelement (und nicht nur als Versatzstück eines euro-

päischen Tropenfundus) begreift, dann gilt es zu untersuchen, welche Beziehung
zwischen der Struktur der Allegorie und den Faktoren ihrer Verwendung
(Kommunikationsabsicht, Situationsbezug, Vorwissen, Leseerwartung), also ihrer Pragmatik besteht.

1. Die beiden grundlegenden Strukturen der rhetorischen Allegorie erhellt
eine Gegenüberstellung zweier Textpassagen aus Quintilians ›Institutio oratoria‹
und Ovids ›Tristia‹.

In der Vorrede zum zwölften Buch der ›Inst. or.‹ geht Quintilian auf Komplikationen bei der Fertigstellung seines Werkes ein; wo der Redner als moralische
Person zu charakterisieren ist, sieht er »den bei weitem schwersten Teil des Unternehmens erreicht«. Die Eskalation der Schwierigkeiten im Verlaufe seiner
Arbeit verdeutlicht er am Beispiel einer Schiffahrt. »Dem verlockenden Wind«,
dem sich bereits viele Vorgänger in der rhetorischen Lehre »anzuvertrauen gewagt hatten«, entspricht die anfängliche Mühelosigkeit bei der Darstellung der
fachlichen Grundlagen; die nur noch von wenigen vollzogene Behandlung der
Stillehre (*elocutio*) korrespondiert mit einem schon weit vom Ausgangshafen
entfernten Standort; die anstehende Aufgabe, die sittliche Unterweisung des
Redners, wird schließlich durch das Verweilen auf hoher See versinnbildlicht
(12, Prooem. 1–3).

Den rhetorischen Terminus für das Stilmittel, mit dem Quintilian seinen poetologischen Reflexionen Ausdruck verleiht, liefert er selbst im achten Buch seiner ›Anleitung‹, wenn er von der *allegoria* [...] *permixta* spricht: die Allegorie sei
»zumeist vermischt mit unmittelbar Gesagtem« (8,6,47). »Unmittelbar« (eigentlich)[3] sind im Proömium zum zwölften Buch die Gedanken über die
schriftstellerische Arbeit, als »übertragen« (uneigentlich) müssen hingegen die
Wörter verstanden werden, die etwas anderes bedeuten als mit ihnen gemeint
ist.[4] Die strukturelle Basis der Allegorie ist somit die Metapher (*translatio*),
deren Genese auf einer »Vertauschung der Wörter« beruht, einer Sprachoperation, die die Tropen insgesamt konstituiert. Die *differentia specifica* der Metapher ist die Wortsubstitution nach dem Maßstab der »Ähnlichkeit«. Von ihr unterscheidet sich die Allegorie dadurch, daß sie eine *translatio continuata* darstellt.[5] Als Ähnlichkeitskriterium zwischen der Erstellung eines literarischen
Werkes und einer Fahrt auf dem Meer – quasi ihr gemeinsames semantisches
Merkmal[6] – ließe sich eine zielgerichtete Fortbewegung ausmachen: dies ist
gemäß der antiken Metapherntheorie die notwendige Bedingung für eine *immutatio verborum*. Insofern zumindest je zwei Lexeme der beiden aufeinander bezogenen Bedeutungsbereiche über identische Seme verfügen, kann die Metapher als »fortgesetzt« bezeichnet werden.[7]

In Quintilians Proömium nun sind die »Übertragungen« ständig mit den »eigentlichen Wörtern« verflochten; dadurch gerät die Allegorie nie zum Puzzlespiel, zumal die Kolen als syntaktische Markierungen die Bedeutungsebenen
deutlich voneinander abgrenzen. Aufgrund dieser offensichtlich bisemantischen
Struktur gewährleistet die gemischte Allegorie eine hohe Informationssicher-

heit. Die Deutung des allegorischen Teils bereitet dem Leser keine Schwierigkeiten, da er immer wieder *expressis verbis* auf die Darstellungsebene verwiesen
wird; und die Erörterung läuft nicht Gefahr, sich in nur noch schwer rezipierba-
ren Abstraktionen zu verlieren, da die Übertragungen allgemein bekannte De-
notate referieren und zur Sinnfälligkeit der Darstellung beitragen. So kommt die
gemischte Allegorie den Intentionen eines Autors entgegen, dem es an Klarheit
seiner Ausführungen gelegen ist, der aber auch auf ihre ansprechende Präsentation achtet. Beiden Komponenten, die ja die Horazsche Programmatik eines
vergnüglichen Belehrens vereinigt (Ars 333 f.), wird die *allegoria permixta* gerecht, weil

[*hoc*] *in genere et species ex arcessitis verbis venit et intellectus ex propriis.* (8,6,48)

Daß Quintilian dem Proömium zum zwölften Buch einen großen Wert beimißt,
darf aus der Tatsache geschlossen werden, daß er die Redeweise wählt, die er in
seinen Ausführungen zur *elocutio* als die »bei weitem schönste« bezeichnet:

*illud vero longe speciosissimum genus orationis, in quo trium permixta est gratia, similitudi-
nis, allegoriae, translationis.* (8,6,49)

Und tatsächlich fügt Quintilian Lexeme aus dem Bereich der Schiffahrt zuerst
mittels der Vergleichspartikel *velut* in die Darstellung ein, deutlich damit einen
anderen Kontext signalisierend. Erst in (3) verzichtet er auf eine morphologische
Kennzeichnung der Vergleichsebene und überführt durch Lexemsubstitution
die *similitudo* in eine *allegoria*:

*iam cum eloquendi rationem novissime repertam paucissimisque temptatam ingressi sumus,
rarus, qui tam procul a portu recessisset, reperiebatur. postquam vero nobis ille, quem insti-
tuebamus, orator a dicendi magistris dimissus [...], quam in altum simus ablati sentire coe-
pimus.* (12, Prooem. 3)

Diese Allegorie mündet zum Abschluß des Proömiums in das für die Erweckung
des Leseinteresses[8] wichtige Argument der *rei novitas* ein:

ita nec antecedentem consequi possumus et longius eundum est, ut res feret. (12, Prooem. 4)

Die Neuartigkeit seines Unterfangens sucht Quintilian mit einem Hinweis aus
der Geschichte seines Fachs zu belegen: Keinem seiner republikanischen Kollegen, auch nicht dem forensisch und philosophisch versierten Cicero, sei es gelungen, was er, der staatlich besoldete Rhetorikprofessor, nun (ca. 95 n. Chr.) in der
Kaiserzeit, in der die Bedeutung des Forums reduziert und die Redekunst als
praxisferne Disziplin der Deklamatorenschulen im Verfall begriffen ist, zu unternehmen wagt: den Redner auf ein ethisches Fundament zu stellen. Um die
Größe dieses Vorhabens stilistisch adäquat wiederzugeben, ist der *tropus longe
speciosissimus* gerade das geeignete Ausdrucksmittel.

   2. Nicht wie bei Quintilian als gemischte, sondern als »reine Allegorie« begegnet dem Leser die poetologische Schiffahrt in den ›Tristien‹ des Ovid:

> *non ideo debet pelago se credere, siqua
> audet in exiguo ludere cumba lacu.* (2,329 f.)

Die Substitution der Lexeme kann hier insofern als vollständig bezeichnet werden, als das Meer für das Gebiet der großen Dichtung steht, der schmale Teich jenes *genus remissum* (Tr. 2,547) ersetzt, in dem Ovid seine Liebesgedichte verfaßte; und der Kahn, nicht geeignet zur Fahrt auf hoher See, bedeutet sein von ihm selbst gering veranschlagtes Talent. Diese Auslegung bestätigt der Autor in den folgenden Versen (331 f.), in denen er sich auf die *numeri leviores* und *parvi modi* beruft, denen er vielleicht noch genügen könnte, während »es reichen Talentes bedarf, des Kaisers ungeheure Taten zu schildern, damit nicht durch den Stoff erdrückt werde das Werk« (335 f.). Den gleichen Sachverhalt hatte Ovid bereits zuvor metaphorisch angesprochen:

> *arguor inmerito. tenuis mihi campus aratur;*
> *illud erat magnae fertilitatis opus.* (327 f.)

Was Ovid in doppelter Metaphorik und in eigentlicher Redeweise in seinem öffentlichen Brief aus Tomis am Schwarzen Meer Caesar Augustus mitteilt, i. e. seine mangelnde Begabung für eine der Gravität des Kaisers angemessene Dichtung, versteht er als entscheidendes Argument seiner Apologie. Die hohen Redundanzen verleihen dieser Textstelle einen suggestiven Charakter; spürbar wird das emotionale Engagement des Autors, der auf Anteilnahme an seiner Exilsituation zielt und den Adressaten zu überreden sucht.

In diesem Kontext nimmt die Allegorie zwei Aufgaben wahr: Ausgewiesen durch literarische Autoritäten, erscheint sie als Bestandteil einer Dichtung, die Augustus kanonisch verankerte;[9] mit ihrer Verwendung wird die thematische Berufung auf den Klassiker Vergil bereits stilistisch vorweggenommen.[10] Zum andern trägt die Allegorie dazu bei, die *epistula*, die laut der klassischen Rhetorik zu den *genera humiliora* zählt, ins Pathetische zu überhöhen. Sowohl durch die Häufung der Stilmittel als auch durch die Rekurrenz von Antonymen (*tenuis campus-fertilitas; lacus-pelagus; parvi modi-immanis materia*) ergibt sich eine vom *genus grande* kaum mehr unterscheidbare Tonlage, die den *parvi modi* nicht angemessen (*aptum*) erscheint. Sie verrät vielmehr, daß ein Dichter, der mit so kräftigen Figuren dem Schmerz über seine Relegation (8 n. Chr.) Ausdruck zu verleihen weiß, auch die Taten eines Augustus schildern könnte – was Ovid im Grunde selbst eingesteht, wenn er, an seine »großen« Werke, die ›Fasten‹ und ›Metamorphosen‹ erinnernd, sagt: *Saepe dedi nostrae grandia vela rati* (Tr. 2,548). Indem er aber mit der Sprache des *genus grande* auf der *materia humilis* als seinem eigentlichen Metier beharrt[11], unterläuft er im Ansatz die Gebote der *aptum*-Lehre, der Grundlage klassizistischer Dichtung; und mit der Reinheit des Stils wird dialektisch auch jener ethisch-politische Purismus des Kaisers, wie er sich in den restaurativen Ehegesetzen niederschlägt, eingetrübt. Hintergründig kann so die Funktion der Allegorie im pragmatischen Umfeld der Briefallegorie als Wirkmoment eines Plädoyers für die Autonomie des dichterischen *ingenium* vom staatlichen Dirigismus aufgefaßt werden.

3. Ein prägnantes Beispiel für eine modifizierte Struktur der Schiffahrts-Allegorie, das ihrer in spätantiker und frühmittelalterlicher Dichtung häufig nur for-

melhaften und bis in den Wortlaut mit literarischen Vorbildern identischen Verwendung entgegensteht, bietet der karolingische Autor Alkuin (Alchvine). In den schon zu seiner Yorker Zeit verfaßten ›Versus de sanctis Euboricensis ecclesiae‹ (780–82), die der Geschichte der englischen Kirche Bedas angelehnt sind[12], wendet sich Alkuin bei der Darstellung verschiedener Lokalpatrone auch dem hl. Balthere[13] zu. Nachdem er diesen in einer Invokation darum gebeten hat, daß er seinen »Kahn« vorbei an den »Ungeheuern des Meeres und durch klippenreiche Wogen« bis in den »sicheren Hafen« lenke[14], beginnt er die *narratio* mit der Beschreibung eines wellenumtosten Ortes. Auf die poetologische Allegorie folgt also die Schilderung des *locus undoso circumdatus undique ponto* (V. 1324), der als wirklich existent vorgestellt wird, als der historische Platz, an dem Balthere lebte und Wunder wirkte. Der allegorische Kontext Meer des Exordiums wird in das Naturbild[15] der Erzählung überführt. Auf dieser realen Ebene ist die wunderbare Begebenheit angesiedelt, die Balthere widerfuhr, als er vom abschüssigen Felsen ins Meer stürzte (V. 1365 ff.); »gestützt von den Fluten des Meeres«, erreichte er mit Christi Beistand trockenen Fußes und ohne Schaden ein »wellendurchstreifendes Schiff«:

Non in veste liquor, non soccis haeserat humor. (V. 1377)

Vergleicht man die Einleitung des Balthere-Abschnitts mit den anderen Heiligendarstellungen, so fällt auf, daß Alkuin nur hier die Schiffsallegorie zur Konkretisierung der Invokation verwendet; es liegt die Vermutung nahe, daß die Klippen- und Meereslandschaft, die die Baltheres Erlebnisse prägende Szenerie abgibt, Alkuin veranlaßte, diese Allegorie, die ihm aus der lateinischen, speziell patristischen Literatur hinreichend bekannt war, gerade an dieser Stelle des Werkes anzubringen. Diese Annahme wird durch die letzten Verse der Balthere-Episode bestätigt, die, wie in der epideiktischen Gattung des hagiographischen Epos nicht selten, in einem Gebet an den Heiligen ausklingt:

> *Nunc te sed petimus devoti, Balthere sancte,*
> *Ut sicut unda tuum portabat ab aequore corpus,*
> *Te sanum penitus revehens ad litora nota:*
> *Sic precibus nostras animas evadere fluctus*
> *Mundanos facias, portumque intrare salutis.* (V. 1382 ff.)

Im expliziten Vergleich (*ut sicut – sic*) setzt Alkuin das legendäre Geschehen auf den Wellen und die wundersame Errettung Baltheres in Beziehung zum Dasein der Seelen auf Erden und ihrem ewigen Heil. Wie in der exordialen Invokation und der *narratio* zieht er auch in der *peroratio* den semantischen Bereich des Meeres heran, wenn er in seiner Bitte den »irdischen Fluten« den »Hafen des Heils« gegenüberstellt, wobei er die Attribute, die die eigentliche Sprachebene anzeigen, das Adjektiv *mundanus* und den Genitiv *salutis*, durch ihre besonders betonte Position am Versanfang bzw. -ende hervorhebt. Indem Alkuin die Balthere-Episode semantisch so komponiert, daß Lexeme der Einleitungsallegorie mit denen des Schlußgebets übereinstimmen, die in ihrer »eigentlichen« Bedeutung Sinnkonstituenten der Geschichte Baltheres sind, befolgt er ganz konse-

quent das stilistische Gebot der metaphorischen Kongruenz. [16] Schon mit der
Invokation, in der das Meer im übertragenen Sinne verstanden wird, weist er auf
eine allegorische Deutung der Legende von der Wanderung auf den Wogen hin.
Diese wird durch die Schlußverse konkretisiert: der durch Christi Führung das
Meer sicher überwindende Heilige wird zum spirituellen Paradigma des sich
Gottes Lenkung überlassenden und so das irdische Dasein unversehrt durchlau-
fenden Menschen.

   4. Der schon bei Alkuin zu konstatierende Wechsel der Bedeutung eines lexikalischen Zusammenhangs kann geradezu als konstitutiv für die Einleitung des
zweiten Gesanges des ›Paradiso‹ aus der ›Divina Commedia‹ angesehen werden,
in der Dante das traditionelle Schiffahrts-Motiv in allegorischer Vielschichtigkeit variiert:

> O voi che siete in piccioletta barca,
>   Desiderosi d'ascoltar, seguiti
>   Dietro al mio legno che cantando varca,
> Tornate a riveder li vostri liti: (4)
>   Non vi mettete in pelago, ché forse,
>   Perdendo me, rimarreste smaritti.
> L'acqua ch'io prendo già mai non si corse: (7)
>   Minerva spira, e conducemi Apollo,
>   E nove Muse mi dimostran l'Orse.
> Voi altri pochi che drizzaste il collo   (10)
>   Per tempo al pan de li angeli, del quale
>   Vivesi qui, ma non sen vien satollo,
> Metter potete ben per l'alto sale   (13)
>   Vostro navigio, servando mio solco
>   Dinanzi all'acqua, che ritorna eguale.
> Que' gloriosi che passaro a Colco,   (16)
>   Non s'ammiraron come voi farete,
>   Quando Iasón vider fatto bifolco. [17]

Eine Betrachtung der verschiedenen Textpassagen, in denen das Wort Schiff
(oder ein Synonym) vorkommt, macht seine Polyvalenz deutlich. Daß das dichterische Werk überhaupt Gegenstand der ersten Terzinen ist, zeigen die Verben
ascoltare und *cantare* an, die Tätigkeiten der an der poetischen Kommunikation
Beteiligten benennen. Das Werk selbst substituiert Dante mit *mio legno che can-
tando varca*; die *piccioletta barca* im ersten Vers jedoch läßt sich nur ungenügend
als poetologische Metapher begreifen.
   Verständnishilfe bietet hier der Aufbau der Einleitung: denn genau nach der
ersten Hälfte, d. h. zu Beginn der vierten Terzine, erneuert Dante die Apostrophe und wiederholt das Pronomen *voi*, mit dem er sich jetzt aber an eine andere
Gruppe (*voi altri*) wendet, die von den zuerst Angeredeten paraphrastisch durch
einen Relativsatz unterschieden wird (V. 10 f.). Während der Dichter die »im
kleinen Kahne« zur Umkehr an heimische Gestade mahnt, ermuntert er die
»wenigen, die [...] gewandt das Haupt beizeiten nach dem Brot der Engel«, ihm
hinaus auf das hohe Meer zu folgen. Der Ausdruck *il pan de li angeli* für die

Himmelsspeise des Manna, mit dem Gott die Israeliten in der Wüste nährte, findet sich wörtlich im Alten Testament: *Et pluit illis manna ad manducandum et panem coeli dedit eis. Panem angelorum manducavit homo* (Ps. 78,24 f.). Es dürfte aber wohl kaum der Genuß einer physische Bedürfnisse befriedigenden Nahrung sein, worin sich die beiden angeredeten Gruppen unterscheiden; von daher muß die Speisung mit dem Himmelsbrot ebenfalls als Übertragung verstanden werden. Eine allegorische Deutung der Engelspeise gibt Augustinus im Kommentar der Psalmenstelle:

Qui vere cibus est angelorum, quos Dei Verbum incorruptibilis incorruptibiliter pascit; quod ut manducaret homo, caro factum est et habitavit in nobis. Qui enim panis per nubes evangelicas universo orbi pluit. (Enarr. in Psalmos, PL 36,994 f.)

Daß auch Dante den *cibus angelorum* als die durch das Wort Gottes gnadenvoll verliehene Weisheit interpretiert, geht z. B. aus seiner Pater-Noster-Paraphrase hervor:

> *Da' oggi a noi la cotidiana manna,*
> *Sanza la qual per questo aspro diserto*
> *A retro va chi più di gir s'affana.* (Purg. XI, 13 ff.)

Und schon am Anfang des ›Convivio‹ apostrophiert er die als selig, die des Engelbrots teilhaftig werden, sie von den *miseri* scheidend, die mit »gewöhnlicher Speise« ihren Hunger stillen:

Oh beati quelli pochi che seggiono a quella mensa dove lo pane de li angeli si manuca! e miseri quelli che con le pecore hanno comune cibo! (Conv. I, 1,7)

Eben diese Antithese (*miseri – beati*) strukturiert auch die Einleitungsterzinen: erst das Verständnis der Verse 11 und 12 ermöglicht es, die zuerst Angeredeten, deren »kleiner Kahn« zur Himmelsfahrt nicht ausreicht, als solche zu identifizieren, die nur über die Erkenntnisfähigkeiten menschlicher Vernunft verfügen und an der Weisheit Gottes nicht teilhaben. Im Kontext einer Allegorie, in der die dichterische Bewältigung des Aufstiegs zu den Himmeln als Schiffahrt auf das Meer hinaus beschrieben wird, ersetzt Dante die allegorische Wendung des ›Convivio‹ (*comune cibo*) durch den Ausdruck *piccioletta barca*, ein für die hohe See untüchtiges Gefährt.

Die Ausfahrt zu den Gefilden der Seligen unter der Leitung des *vates* ist also den Begnadeten vorbehalten; sie werden, wenn sie seinen Worten folgen, seine Reise durch die Himmel mitvollziehen können. Als psychische Reaktion auf die Schau des Paradieses prognostiziert ihnen der Dichter ein Staunen, das das der Argonauten übertrifft, »als sie Jason hinterm Pfluge sahen«. Die uneigentliche Redeweise der Einleitung zu Par. 2 findet damit in der sechsten Terzine ihre Fortsetzung und den exordialen Abschluß in einem Mythologem. Da die Fahrt über das Meer ebenso Bestandteil des Argonautenmythos wie der einleitenden Allegorie ist, bildet dieser über das rekurrente semantische Merkmal [+ seefahrend] mit der poetologischen und theologischen Allegorie eine Isotopieebene. Weil aber diejenigen, die das Meer durchqueren, nach des Dichters Ansicht verwundert sein werden, mußte Dante das mythologische Motiv des Staunens, das

Ovid mit den auf dem Lande befindlichen Kolchern verband (Met. 7,120), den Argonauten zuweisen. So erhält er als weiteres *tertium comparationis* das emogorie der dichterischen und himmlischen Schiffahrt gefügt wird.

Nach dieser kurzen Betrachtung des kunstvollen Gewebes der Eingangsallegorie möchte ich mich der dritten Terzine etwas genauer widmen, weil in ihr das Argument der Novität wiederbegegnet. Der *locus de re* [18] wird hier im Kontext der Schiffahrt metaphorisch realisiert: von noch nie zuvor befahrenen Gewässern ist die Rede, durch die das Schiff des Dichters zieht. Gemeint sein könnte damit die Darstellung des Himmelsfluges, der keine literarischen Vorgänger hat, während z. B. Szenen des ›Inferno‹ in den Hades- und Tartarusschilderungen Homers, Vergils u. a. Parallelen besitzen. Weiteres über die Art der Dichtung sagen die Verse 8 und 9, deren Prädikate (*spirare, condurre, dimonstrare*) aufgrund ihrer lexikalischen Bestimmung unschwer dem Bedeutungsbereich Seefahrt zuzuordnen sind; als ihre Subjekte (das Lexikon böte etwa Wind, Steuer, Kompaß u. a. an) fungieren jedoch mythische Figuren (Minerva, Apollo, Muse), deren Namen das ihnen im Mythos zugewiesene Wirkungsgebiet vertreten. Durch diese doppelte Uneigentlichkeit – in einer Allegorie werden einzelne Lexeme nochmals durch mythologische Appellative ersetzt – vermag Dante in knapper Form über den spezifischen Darstellungsmodus der folgenden Gesänge des ersten Himmelskreises (II,1–V,93) Auskunft zu geben. Wenn er Minerva sowie Apoll und die neun Musen als die seine Fahrt bestimmenden Gottheiten bezeichnet, so weist er metonymisch [19] auf die von ihm zu leistende künstlerische Bewältigung eines wissenschaftlichen Problems hin. In der Tat wird ja beim Flug durch die Mondsphäre die wissenschaftliche Debatte um die Mondflecken in der poetischen Fassung eines scholastischen Streitgesprächs zwischen dem Dichter und Beatrice fortgeführt und gegen Averroës entschieden, dessen materialistischer Erklärung Dante noch im ›Convivio‹ gefolgt war; [20] die spiritualistische Deutung des physikalischen Phänomens der Mondschatten indiziert seine strikte Hinwendung zur Thomistischen Metaphysik.

Das Exordialmotiv der Schiffahrt in seiner semantischen Vielschichtigkeit läßt schon Dantes Darstellungsweise im Keim erkennbar werden: wird doch mit ihm zugleich das dichterische Vorhaben (allegorisch) angesprochen, die Leserschaft gemäß ihrer geistig-moralischen Qualität zu einem bestimmten Rezeptionsverhalten (tropologisch) aufgefordert und die Verwunderung über das geschaute Paradies (anagogisch) vorausgesagt. Explizit hat Dante zum Gestaltungsprinzip des ›Paradiso‹ im Brief an Can Grande della Scala Stellung genommen: [21]

Ad evidentiam itaque dicendorum sciendum est, quod istius operis non est simplex sensus, immo dici potest polysemos [!], *hoc est plurium sensuum* [...].

Das poetische Verfahren der mehrfachen Sinngebung verleiht auch der traditionellen Schiffahrts-Allegorie hier ihre besondere Struktur, die eine historische Metaphorik nicht übersehen dürfte: als polysemes Textelement nimmt sie nicht nur die pragmatische Funktion einer methodischen und thematischen Einstim-

mung wahr, sondern ist selbst pragmatisch bedingt, d. h. nur aus der geistesgeschichtlich vermittelten Schreibweise des Autors heraus verständlich.

5. Das letzte Beispiel der poetologischen Allegorie, auf das ich hier eingehen
möchte, stammt aus der deutschen Literatur des frühen 17. Jahrhunderts, in der
dieses Darstellungsmittel seine letzte Verwendung[22] und eine erneute Einbindung in die reaktivierte klassische Rhetorik erfährt. Das weit ausladende, sich
über achtundvierzig Alexandriner erstreckende Exordium der ›Trostgedichte in
Widerwertigkeit deß Krieges‹ (1621) hat der schlesische Humanist Martin Opitz
so regelgerecht konstruiert, daß er manche Passagen in seinem 1624 erschienenen ›Buch von der Deutschen Poeterey‹ als mustergültig vorstellen konnte, und
zwar zur Demonstration einer *füglichen vnd artigen ordnung der erfundenen sachen*. [23] Daß die Stellen aus dem ersten Buch der ›Trostgedichte‹ neben Versen
von Vergil, Lukrez und Du Bartas als Muster für ein *Heroisch getichte* in einem
Kapitel über die ›invention oder erfindung / vnd Disposition oder abtheilung der
dinge von denen wir schreiben wollen‹ angeführt werden, deutet auf eine Bau-
konzeption nach den Gesetzen der Rhetorik hin.

Die vom reichhaltigen Angebot proömialer Topik zehrende Einleitung der
›Trostgedichte‹ schließt Opitz mit der Schiffahrt-Allegorie ab. Sie stellt den letzten Schritt eines Argumentationsganges dar, der von dem Stolz und der Skepsis
über ein neuartiges Unternehmen bis hin zur Überzeugung von seinem Gelingen
führt. Auch Opitz sucht den publikumswirksamen Topos *de re nova* auf; er konkretisiert ihn, indem er auf die kulturgeschichtliche Situation abhebt, nämlich
den zu seiner Zeit desolaten Zustand der deutschsprachigen Dichtung, dessen
Verbesserung er metaphorisch zum Ziel seiner schriftstellerischen Tätigkeit erklärt:

> Ich wil die Pierinnen /
> Die nie auff vnser Teutsch noch haben reden können /
> Sampt jhrem Helicon mit dieser meiner Hand
> Versetzen biß hieher in vnser Vaterland. (V. 29 ff.)[24]

Die Transplantation des Parnaß ersetzt Opitz durch eine weitere Metapher, um
seine Pionierleistung zu relativieren:

> Es wird in künfftig noch die Bahn / so ich gebrochen
> Der / so geschickter ist / nach mir zu bessern suchen
> Wann dieser harte Krieg wird werden hingelegt /
> Vnd die gewündschte Ruh zu Land' vnd See gehegt. (V. 33 ff.)

Die Minderung der eigenen Leistung, deren Absicht allerdings schon wegen der
Größe der Aufgabe auch bei einem möglichen Scheitern *lobens werth* erscheinen
muß (V. 40), gilt bekanntlich als effektvolles Mittel der *captatio benevolentiae*:
einem sich seiner Grenzen bewußten Autor sieht der Leser eher Mängel nach.
Den *locus de persona nostra* aktualisiert Opitz dabei mit deutlichem Bezug auf
die historische Lage als Argument der »affektierten Bescheidenheit«.[25] Sogar
ein Scheitern des Unternehmens wird erwogen (in der Gedankenfigur der *con-*

cessio), der momentane Zweifel (*dubitatio*) aber in der Figur der *correctio* zurückgewiesen:

> Doch nein; der / den ich mir erkoren anzuflehen /
> Wird seiner Gnaden Wind in meine Segel wehen /
>   So daß mein kühnes Schiff / das jetzund fertig steht /
>   Vnd auff die Höhe wil / nicht an den Boden geht.
> Wann dieser Stewermann das Ruder vns regieret /
> Wann dieser sanffte West wird auff der See gespüret /
>   Da kömpt man wol zu Port / es ist kein stürmen nicht /
>   Kein Kieß / kein harter Grund an dem das Schiff zerbricht. (V. 41 ff.)

Die Allegorie liefert also die Begründung, warum der Autor vom Gelingen seines Vorhabens überzeugt ist: der Hl. Geist wird den Dichter bei seiner Arbeit begleiten und ihr zum erfolgreichen Abschluß verhelfen. Durch den Hinweis auf die Invokation (V. 41), in der Opitz den Hl. Geist mit Namen anrief, sichert er diese Auslegung ab, wobei die Metapher »Gnaden Wind« als zusätzliches Übertragungssignal fungiert, da sie im Nominalkompositum beide Ebenen vereint.

Mit der Allegorie erreicht Opitz einen affektstarken Abschluß seines Exordiums, wozu auch die extensive Beanspruchung des Figurenarsenals (Parallelismen, Anaphern, Alliterationen usw.) beiträgt. Die so durch »ansehliche worte« geschaffene Stilebene des *genus grande*, mit dem auch das Metrum des Alexandriners und als Gattung das Epos gemäß der *aptum*-Lehre korrespondiert, entspricht der Gewichtigkeit des literarischen Gegenstandes, des Dreißigjährigen Krieges. Dem Chaos dieser Zeit begegnet Opitz mit einer klaren thematischen und poetologischen Konzeption, im Artifiziellen die Ordnung verfechtend, die die Realpolitik verweigert. Mit der musterhaften Anwendung der rhetorisch-poetischen Regeln bringt er einen Text hervor, der ihre Funktionsfähigkeit überregional und überkonfessionell beweist. Nicht zufällig nennt Opitz im paränetischen Epos der ›Trostgedichte‹ als das weitere Ziel seiner Arbeit die Inthronisation einer deutschsprachigen Dichtung, das er gerade mit einem für alle Religionen, Stände und Territorien des deutschen Reichs bedeutsamen Sujet sinnvoll verfolgen kann. Die Gewißheit, dieses Ziel zu erreichen, drückt er mit Überzeugung am Ende des Exordiums in einer Allegorie aus, die, mit den Mitteln der *inventio* gedanklich vorbereitet und mit den Elementen der *elocutio* sprachlich präsentiert, selbst zum Dokument der neuen Dichtungsweise gerät.

Auf der Grundlage der fünf analysierten Textstellen können nun abschließend einige zusammenfassende Sätze über die poetologische Schiffahrt formuliert werden, die das eingangs problematisierte Verhältnis von Struktur und Pragmatik einer Allegorie zu beschreiben versuchen:

Als konstant und über einen längeren Zeitraum aktualisierbar erweist sich die Beziehung der Bedeutungsbereiche Schiffahrt und Dichtung (Lexeme des Kontextes Schiffahrt substituieren Lexeme des Kontextes Dichtung); diese feste Zuordnung läßt überhaupt erst eine thematische Klassifizierung und die Zusammenstellung von Texten verschiedener Sprachen, Zeiten und Inhalte zu. Die spezifische Semantik der Schiffahrts-Allegorie, d.h. die metaphorische Präsentation poetologischer Probleme, prädestiniert diese für bestimmte kommunikative Aufgaben, die vor allem an den Stellen eines Werkes wahrgenommen werden, an denen sich am ehesten eine Kontaktaufnahme mit dem Leser über metaliterarische Erörterungen herstellen läßt, wie z. B. im Exordium eines Epos, zu Beginn eines Kapitels oder am Ende eines Darstellungszusammenhangs. Wenn Schriftsteller die durch die literarische Überlieferung vorgegebene Allegorie in ihr Werk eingebaut haben, so machten sie sich ihre pragmatische Funktion eines Informationsmittels über eigene schriftstellerische Absichten und Schwierigkeiten zunutze.

Andererseits erfährt aber die Allegorie der dichterischen Schiffahrt in den verschiedenen Texten und mit den veränderten Kontexten deutliche Modifikationen: als »gemischte Allegorie« verwendet sie Quintilian zur ansprechenden Information über seinen wissenschaftsgeschichtlichen Standort; in ihrer »reinen«, an den augusteischen Klassikern ausgerichteten Form stellt sie ein wirkungsvolles Mittel in Ovids Briefapologie dar; mit ihrer Hilfe verleiht Alkuin einer hagiographischen Episode Stringenz; polyfunktional verweist sie auf die semantische Vielschichtigkeit der Danteschen Canti; ihre hohe Rhetorizität deutet bei Opitz auf eine für den deutschen Sprachraum neue, an poetischen Normen orientierte Dichtungsweise hin. Insgesamt lassen sich die strukturellen Variationen derselben Allegorie nur pragmatisch erklären; sie resultieren aus den Intentionen der Autoren, die zu einem bestimmten Punkt der Zeit- und Geistesgeschichte relevant waren, ihren ästhetischen Vorstellungen und erkenntnistheoretischen Möglichkeiten. Die Untersuchung ihrer Pragmatik ist deshalb unabdingbar für die Darstellung der Allegorie im Rahmen einer historischen Metaphorik.

Anmerkungen:

1 Curtius, 1948, S. 136 ff. (Kap. 7, § 1).
2 Ebd., S. 77.
   Zur Diskussion um den Topos-Begriff vgl. Peter Jehn (Hg.): Toposforschung. Eine Dokumentation, Frankfurt a. M. 1972, und Lothar Bornscheuer: Topik. Zur Struktur der gesellschaftlichen Einbildungskraft, Frankfurt a. M. 1976; s. hier S. 50, Anm. 18.
3 Die Terminologie der Eigentlichkeit hat sich zwar zur Beschreibung komplexer semantischer Phänomene als ungeeignet erwiesen, erscheint mir aber bei der Untersuchung der ausgewählten Texte legitimerweise verwendbar; sie entstammt nämlich der von den römischen, mittelalterlichen und humanistischen Autoren anerkannten Sprachtheorie der Rhetorik, nach der Sprache als ein binäres System gilt, in dem die *verba* den *res* »eigentlich« (gemäß dem Gebot der *proprietas*) zugeordnet sind.
4 Vgl. Quintilians Definition der Allegorie: *allēgoría, quam inversionem interpretantur,* [...] *aliud verbis aliud sensu ostendit* [...] (Inst. or. 8,6,44).
5 So definiert Quintilian die Tropen insgesamt: *trópos est verbi vel sermonis a propria significatione in aliam cum virtute mutatio* (Inst. or. 8,6,1).
   Über die Metapher im besonderen sagt Cicero: *inlustrat id, quod intellegi volumus, eius rei, quam alieno verbo posuimus, similitudo* (De or. 3,38,155); und zur Allegorie führt

er aus: *illud, quod ex hoc genere* [*sc. translatione*] *profluit, non est in uno verbo translato, sed ex pluribus continuatis conectitur, ut aliud dicatur, aliud intellegendum sit* (De or. 3,41,166).

6 Linguisten verschiedener Provenienz haben in Anlehnung an die phonologischen Merkmale Roman Jakobsons die Bedeutung durch eine Matrix semantischer Merkmale (Seme) zu beschreiben gesucht. Die Seme sind Konstrukte relationaler Größen, die die Verwendung eines Lexems in seinen möglichen Kontexten illustrieren. Algirdas Julien Greimas: Sémantique structurale. Recherche de méthode, Paris 1966, hat die Bedeutung eines Textes mit der Rekurrenz von Semen erklärt: Wenn wenigstens zwei Lexeme über ein identisches (kontextuelles) Sem verfügen, so bilden sie eine Isotopie, d. h. ein rekurrentes Sem (Klassem) konstituiert eine für die Kohärenz des Textes relevante Bedeutungsebene. Die in der Metapher beabsichtigte Inkompatibilität der Lexeme bewirkt nach Greimas eine »komplexe Isotopie«, da eine weitere zu der im Text dominanten Bedeutungsebene etabliert wird. Vgl. hierzu W. Kallmeyer u. a.: Lektürekolleg zur Textlinguistik, Bd. 1: Einführung, Frankfurt a. M. 1974, S. 161 ff.

7 In Quintilians Allegorie können etwa folgende Lexemkorrelate festgestellt werden: *aura sollicitans-nota illa; a portu recedere-eloquendi rationem ingredi; altus pontus-oratoris institutio; vela inhibere-satis habere; ad portum pervenire-opus perficere.* Die identischen Seme als Generalisierungen über die Anschließbarkeit ihrer Lexeme sprachlich genau zu fassen, fällt zwar im einzelnen oft schwer; ein relativ gesichertes System von fixen Bedeutungszuordnungen, wie es die rhetorische Sprachtheorie vertritt, rechtfertigt aber den Rückgriff auf das analytische Instrumentarium der Merkmalsemantik.

8 Das *attentum parare* (bei Lausberg, S. 152 f., § 269, als »proömiale Suchformel« registriert) ist eine der Aufgaben (*officia*) des Exordiums, das dem Hörer/Leser den literarischen Gegenstand anempfehlen soll.

9 Wie Athanasios Kambylis: Die Dichterweihe und ihre Symbolik, Heidelberg 1965, S. 149–155, zeigt, wird »das Motiv der Selbstbescheidung im Bilde der Schiffahrt« von den Augusteern mehrfach aufgegriffen: Vergil: Georg. 2,41; Properz 3,3,22–24; 3,9,3–4 u. 35 f.; Horaz: Carm. 4,15,1 ff.

10 Tr. 2,533 ff. Ovid weist darauf hin, daß der von Augustus hochgeschätzte Vergil (*ille tuae felix Aeneidos auctor*) illegitime Liebe und Leidenschaft ungestraft besang.

11 Das Bekenntnis zur Liebeslyrik, das Ovid im ersten Gesang der ›Amores‹ in heiterer Form ablegte, wird in den ›Tristien‹ erneuert, nun aber ins Tragisch-Pathetische gewendet von einem Autor, den das *numen Augusti* traf; vgl. Helmut Rahn: Ovids elegische Epistel (1958), in: M. v. Albrecht/E. Zinn (Hgg.): Ovid, Darmstadt 1968 (WdF XCII), S. 476–501.

12 Vgl. Franz Brunhölzl: Geschichte der lateinischen Literatur des Mittelalters, Bd. I, München 1975, S. 268 f.

13 Balthere (Balter, Baltherus, Baldredus), northumbrischer Eremit und Priester, nach den Annalen von Lindisfarne 756 gestorben. Patronat am 6. März; s. AASS Martii I, Venedig 1735, S. 448.

14 ›Alcuini carmina‹, Poetae I, S. 198, V. 1318–1323.

15 Zur Unterscheidung eines nur vorgestellten Meeres mit metaphorischer Bedeutung von einer realen Meereslandschaft gebrauche ich den Begriff »Bild«; mit diesem bezeichne ich somit aus Gründen der terminologischen Klarheit nur die sprachliche Wiedergabe von Phänomenen der Natur und Welt, die ein Autor als wirklich vorhanden (und nicht als fiktive Gebilde) darstellt.

16 Quintilian z. B. gibt die Anweisung: *id quoque in primis est custodiendum, ut, quo ex genere coeperis translationis, hoc desinas* (Inst. or. 8,6,50).

17 Dante Alighieri: Divina Commedia, Paradiso II, 1–18, in: Opere, Ed. Naz. VII, La

Commedia secondo l'antica vulgata, a cura di Giorgio Petrocchi, 1967, 4. Bd., S. 21–23.

Parallelen zu den Motiven dieser Verse im Werk Dantes führt Hermann Gmelin: Dante Alighieri. Die Göttliche Komödie, Kommentar III. Teil, Das Paradies, Stuttgart 1957, S. 46–52, an.

Zur Tradition der Leseranrede in der ›Commedia‹ und zu ihren rezeptionsgeschichtlichen Implikationen vgl. Erich Auerbach: Dante's adresses to the reader, RPh 7/4 (1954), S. 268–278.

18 Für die literaturwissenschaftliche Arbeit erscheint mir eine heuristische Trennung der Begriffe ›Topos‹ und ›Argument‹ hilfreich; wenn nämlich unter ›Topos‹ das Strukturmuster möglicher Argumente (der ›Ort‹, den man für eine bestimmte Argumentation ›aufsucht‹), das ›Argument‹ dagegen als seine sprachliche Realisation verstanden wird, so impliziert die Analyse eines Topos auch die Frage nach den mit seiner Aktualisierung verbundenen Darstellungsintentionen und den sprachlich-stilistischen Mitteln seiner Konkretisation. Ist auch eine strikte Unterscheidung zwischen *locus* und *argumentum* in der historischen Rhetorik nicht durchgängig aufzuweisen, ist sie doch genuin rhetorisch, da sie die Grundlage rhetorischer Textherstellung, i. e. das Zusammenwirken von *inventio* (Aufbereitung der Gedanken) und *elocutio* (ihrer sprachlichen Fassung), begrifflich reflektiert.

19 Die Metonymie, die auf der syntagmatischen Beziehung zwischen Substituens und Substituendum beruht, gebraucht Dante mehrmals in diesen Versen zur Ausdrucksvariation; so sagt er *legno* (V. 3) statt *navigio*, *l'acqua* (V. 7) und *sale* (V. 13) statt *mare*.

20 Conv. II, 13,9; dort werden nach der Lehre des Averroës die Mondschatten mit der materiellen Dichte des Mondes begründet, während nach Albertus Magnus und Thomas von Aquin allein die göttlichen *principî formali* für die Beschaffenheit des Mondes maßgeblich sind.

21 Epistole, XIII, 20.

Am Beispiel der Psalmenstelle *In exitu Israel de Egypto* erläutert Dante die Exegese nach dem vierfachen Schriftsinn (vgl. auch Conv. II, 1,2–6).

Was die Diskussion in der Dante-Forschung um den Zusammenhang von ›Convivio‹ und der ›Epistola a Can Grande‹ angeht, so schließe ich mich hier der Erklärung von Leo Pollmann: Vom ›Convivio‹ zur ›Epistola a Can Grande‹, Cultura Neolatina 24 (1964), S. 39–52, an. Schon in Conv. II, 1 macht Dante keinen prinzipiellen Unterschied zwischen poetischer und theologischer Allegorie; beiden kommt eine »wörtliche und allegorische Auslegung« zu, wenn auch die Exegese der Hl. Schrift eine weitere Differenzierung des »geistigen Sinns« verlangt. Daß Dante in der ›Epistola a Can Grande‹ für die Interpretation des ›Paradiso‹ die Beachtung der *quattro sensi* empfiehlt, ergibt sich aus dem theologischen Charakter des Werks. Sein Sujet erfordert diesen explikatorischen Mehrwert, während den eher profanen Dichterworten des ›Convivio‹ eine zweifache Sinngebung genügt.

22 Die frühbarocke Dichtung in Deutschland bietet (von ganz wenigen Ausnahmen abgesehen) die letzten Belege für die Schiffahrt des Dichters; vgl. Windfuhr, 1966, S. 84. Nur hypothetisch vermag ich hier einige Gründe für ihr Aussterben anzugeben: die Emanzipation der Nationalliteraturen vom überlieferten Formenarsenal; eine seit dem 17. Jh. detailliertere Reflexion über komplexere poetische Probleme, die in den Elementen der Schiffahrt, zumeist Lexemen mit hoher Extension, nur unzureichend beschrieben werden konnten; vor allem die dominante Festlegung der Schiffahrt als Allegorie des Lebens.

23 Martin Opitz: Buch von der Deutschen Poeterey, nach der Edition v. W. Braune neu hg. R. Alewyn, Tübingen [2]1966, S. 17ff. u. S. 30.

24 Martin Opitz: Trostgedichte in Widerwertigkeit deß Krieges, in: M. O., Gesammelte
     Werke: Bd. I, hg. George Schulz-Behrend, Stuttgart 1968, S. 193 f.
25 Curtius, 1948, S. 91.
     Die Rhetorik stellt einem Autor mehrere Topoi zur Verfügung, die er befragen kann,
     wenn er die Gunst des Lesers gewinnen will. Opitz geht hier zurück auf den *locus a per-*
     sona nostra (s. Lausberg, S. 205, § 376) und erreicht, indem er seine eigene Person an
     der zu bewältigenden Aufgabe mißt, das Argument der Selbstwertminderung, das er
     mit der Metapher des »Bahnbrechens« sprachlich realisiert. Auch diese Metapher hat
     eine lange Tradition, s. Kambylis [s. Anm. 9], S. 155 ff. Zur Exordialtopik bei Opitz vgl.
     Drux, S. 57 ff.

Exegese – Erbauung – Delectatio

Beiträge zu einer christlichen Poetik der Spätantike

Von REINHART HERZOG (Bielefeld)

Fulgentius bemerkt in seinem Thebais-Kommentar über den *sensus mysticus* in der Poesie: *Sub blanditorio poeticae fictionis tegumento moralium seriem utiliter inserunt. Cum enim teste Horatio ›aut prodesse volunt aut delectare poetae aut simul et iocunda et idonea dicere vitae‹, non magis litterali sensu aut historiali facilitate hilares reperiuntur et iucundi quam mystica expositione figurarum moribus humanae vitae aedificandis utiles et idonei.* [1] Das gleiche Zwielicht, das die Identität des Autors bis heute schwer entscheidbar macht (müssen wir zwischen einem Mythographen und einem Bischof F. trennen?), geht auch von der Synthese dieses Textes aus. Diesem *opus caelatum* paganer und christlicher Poetologie lassen sich unschwer die Einzelsteine entnehmen – alles gute Bekannte: die horazische Formel, die Terminologie der Schriftsinne, endlich das Bild der *aedificatio.* Auch die Verschmelzung dieser Traditionen, in der Fulgentius jede, auch die pagane Poesie dem doppelten Schriftsinn unterwirft und das *prodesse* der *aedificatio* dem geistigen, die *delectatio* dem Literalsinn zuordnet, wird dem Mediävisten allenfalls als eine frühe Aszendenz des sogenannten *integumentum*-Konzepts, [2] wie es von Ulrich von Straßburg und Thomas von Aquin ausgearbeitet wurde, [3] Aufmerksamkeit erregen. Und doch trügt die musivische Glätte; sie verbirgt die erhebliche begriffliche Anstrengung, unter der die christlich-pagane Spätantike die entscheidenden, doch ganz heterogenen ästhetischen und hermeneutischen Konzepte ihrer Epoche, eine autonome Poetik, eine allegorische Interpretationslehre und das geistliche Konzept des wirkenden Wortes, vereinigte. Denn mag man zunächst der Poetologie des *prodesse* und *delectare* wie der exegetischen Systematik, jeder für sich, zum Ausgang der Spätantike eine hinreichende Abgeschliffenheit zubilligen, die sie zu austauschbaren Elementen prägte – die *delectatio* wird christianisiert, die Allegorese säkularisiert –, so stutzt man doch angesichts des Zuschnitts, den die Erbauungsvorstellung hier erhält: auf pagane Literatur, gar Poesie war sie bis dahin nicht übertragen worden. Und nun fällt ein Weiteres auf: nach den neueren, vornehmlich hagiographischen Forschungen zum Erbauungsbegriff würden wir eher seine Zuordnung zum wirkungsästhetischen Vorstellungsfeld Andacht, *imitatio, compassio, dulcedo,* also zu einer christianisierten *delectatio* erwarten, als zu dem hermeneutischen der säkularisierten Allegorese.

An diesem Punkt wird sichtbar, daß der Text des Fulgentius an ein Problem rührt, das in der Erforschung der christlichen Spätantike noch der Lösung harrt. Man kann es mit den Begriffen umschreiben, die Fulgentius scheinbar problemlos zusammenfügte; es betrifft das Verhältnis zwischen Allegorese und antiker

Poetologie, genauer: zwischen allegorischer Dichtung und poetischer delectatio. Daß die allegorische Dichtung zwischen Antike und Frühmittelalter bisher kaum je unter diesem Aspekt zur Untersuchung stand,[4] ist bereits bemerkt worden;[5] die Gründe verrät die Situation der Forschung:

1. Die in den letzten Jahrzehnten wieder ans Licht gehobenen oder nachgezeichneten theoretischen und praktischen Leistungen allegorischen Denkens, Verstehens und Gestaltens haben überwiegend – und nicht zum geringsten im Gegenzug zur sogenannten Erlebnispoetik – eine Untersuchung nach konstruktiven und intelligiblen Aspekten erfahren.[6]

2. Die Neuentdeckung der christlichen Allegorie wurde nicht von Klassischen Philologen, sondern vor allem von den mediävistischen Disziplinen geleistet; hiermit hängt die gelegentliche Neigung zusammen, ›mittelalterliche‹ Poetik, insbesondere der allegorischen Formen, nach einem scharf diskontinuierlichen Schnitt als eine Schwelle des ›Neuen‹ in die spätere Antike zu verlegen, etwa mit dem Œuvre des Prudentius. [7]

3. Mit einem solchen Schnitt wird oft die Mehrzahl allegorischer Dichtungen der Spätantike, die in einer hochemotionalen, auf Affekterregung durch Exegese abzielenden Rüstung auftreten, in die Sphäre einer ›rhetorischen‹ Antike, einer zukunftslos sich der christlichen Ausdrucksformen bemächtigenden autonomen Kunstübung verwiesen; in diesem Bezirk waltet noch unangefochten aber zumeist desinteressiert die Klassische Philologie mit den von E. R. Curtius ererbten Kontinuitätsbegriffen.[8] Und doch ist dies der lebendigste Bezirk der christlich-literarischen Allegoristik, der noch den intakten Buch- und Rezitationsmarkt und eine bis zu politischen Wirkungen reichende Verständlichkeit kennt.[9]

4. Zwar streben die hagiographischen Forschungen des letzten Jahrzehnts nach einem Konzept christlicher Wirkungsästhetik, das unter den Leitbegriff der ›Erbaulichkeit‹ gestellt wird (s. u. Anm. 72); doch scheinen von seinem Anwendungsfeld bisher keine Verbindungen zur poetischen Praxis der Allegorie zu bestehen; selbst wo die Rezeption der antiken Rhetorik in die christliche Poesie als Leistung erbaulicher Literatur dargestellt wird, werden ›exegetische‹ unvermittelt neben ›erbauliche‹ Erklärungsmodelle gestellt.[10]

Die Bemerkung des Fulgentius soll zum Anlaß genommen werden, im folgenden der Verbindung zwischen Praxis und Theorie des christlichen *delectare* und der christlich-exegetischen Dichtung in der Spätantike nachzugehen. Denn wenn auch auf diesem Felde, nach den Worten von H. R. Jauß, unsere Denkgewohnheit der »Trennung von *delectare* und *prodesse* als eine Episode in der Geschichte der Kunst« erscheint,[11] dann könnte der Nachweis einer engen spätantiken Verknüpfung zwischen der Darstellung des *sensus spiritalis* und der Affekterregung, der exegetischen und der kathartischen Poetik sowohl das Schicksal der antiken Poesie – ihre Rettung und Verwandlung – wie die Zukunft der spiritualisierenden Hermeneutik – ihre unabschätzbare Breitenwirkung in Politik, Predigt und einer lebendig bleibenden Poesie – erklären.

Befragt man zunächst die theoretischen Äußerungen der christlichen Poeten, so sieht man die poetische Verpflichtung zum *nitor sermonis*, zur *delectatio* zu Beginn der Spätantike noch nicht zu jener tralatizischen Formel erstarrt, in der sie (meist in Verbindung mit dem Horaz-Zitat) über Isidor das Mittelalter erreicht und erst seit dem 12. Jh. wieder zum Problem wird. Gegenüber dem literarisch kompetenten pagan-christlichen Publikum des 4. Jh.[12] wird sie noch in dem programmatisch-christlichen Johannespanegyrikus des Paulinus von Nola (Carm. 6,18f.) als etwas Selbstverständliches eingeräumt. In einen Konflikt mit den Darstellungserfordernissen biblischer Allegorese gerät die christliche Poesie zum ersten Mal bei Sedulius; aber man hat nicht den Eindruck, daß dieser Konflikt in seinen Konsequenzen dem Dichter und seinem kirchlichen Auftraggeber bewußt wurde. Vor allem: er wird nicht gegen eine ästhetisch freie Darstellung von Exegesen gelöst.[13] Sedulius ist die Poesie noch etwas Naturwüchsig-Autonomes; wer der Poesie *pro insita consuetudine vel natura* verfallen sei, dürfe nicht verdammt werden. Aber ihre sinnenfesselnde *suavitas* rechtfertigt er nur mehr als apologetisches Instrument: sie sei wichtig, damit der für poetische Schönheit Empfängliche, wenn er Christ geworden sei (*viam libertatis ingressum*) nicht durch die vertrauten Verlockungen zurückfalle.[14] Hieraus entspringt die erste das NT nach einzelnen allegorischen Perikopen in einem hochrhetorischen Manierismus darstellende Poesie, das ›Carmen Paschale‹, auf das noch zurückzukommen sein wird. Der Auftraggeber nötigte den Dichter, sie durch ein Prosawerk zu ersetzen. Die Deutungen dieser folgenreichen Ablehnung – sie begründete die mittelalterliche Tradition des sog. *opus geminum* [15] – reichen von einer Fiktion des Dichters bis zum Testimonium altkirchlicher Kunstfeindschaft. Es läßt sich jedoch an dem Prosawerk zeigen, daß hinter der Forderung ein exegetisches Bedürfnis stand, welches die poetische *lex artis* durchkreuzte: Sedulius weicht nämlich in der Neubearbeitung sowohl von der Auswahl einzelner Perikopen wie von der Darstellung jeweils einer Allegorese ab; er trägt nach, vervollständigt und inkorporiert sogar Vulgatatexte als Lemmata. Nicht aber wird die rhetorisch-manierierte Darstellung zurückgenommen; zu Recht konnte Sedulius diese Kunstprosa als ein bloßes *stilum vertere* bezeichnen. Und Arators allegorische Poetisierung der Apostelgeschichte im 6. Jh. hat diese erste, praktische Abgrenzung zwischen *delectatio* und Allegorese zum Abschluß geführt: einzelnen, unveränderten Vulgataperikopen steht die – Sedulius an Manierismus noch übertreffende – Poesie der allegorischen Auslegung gegenüber; hiermit hat – auch nach Arators eigener theoretischer Formulierung[16] – eine bemerkenswerte Zuordnung der poetischen Überhöhung zur Allegorese, der schmucklosen Prosa zum *sensus historialis* stattgefunden, wie sie in der gleichzeitig formulierten, zunächst so einleuchtend erscheinenden Synthese des Fulgentius keinen Platz findet.

Ein ähnliches Bild vermitteln allgemein die patristischen Äußerungen zum Verhältnis von Poesie und Exegese: auch sie streben zunächst einer pagane wie christliche Dichtung mit der Möglichkeit allegorischer Auslegung verbindenden Lösung zu, wie sie Fulgentius repräsentiert, nehmen zum Ende des 4. Jh. jedoch eine scharfe Differenzierung und Abgrenzung vor. Exemplarisch ist der Wandel in der Auffassung Augustins. Er beginnt in den Cassiciacum-Dialogen mit einer beträchtlichen Wertschätzung paganer Poesie als eines die Wahrheit verbergenden Kleides. [17] Augustin bewegt sich hier noch in den Bahnen der spätantiken, die paganen Klassiker allegorisierenden Grammatik, wie sie in einer seit Edgar de Bruyne dokumentierten Tradition das Mittelalter erreichte und erst seit Thomas von Aquin zu einer systematischen Durcharbeitung gelangte. Und sie wird von Augustin – im Austausch mit dem Poeten Licentius – auch auf eine mögliche christliche Poesie projiziert: auch der christliche Dichter könne mythologische Sujets (z. B. Pyramus und Thisbe) darstellen, wenn er die christlich-allegorische (in diesem Fall: moralische) Schlußauflösung anfüge. [18] Wir besitzen auch derartige christliche Poesie aus dem Anfang des 4. Jh., das ›Carmen de ave Phoenice‹; und wir besitzen, im Werk des Laktanz, das hervorragendste Beispiel christlicher Exegese der heidnischen klassischen Dichter. Nach 390 verändert sich diese Auffassung sehr rasch, nicht nur bei Augustin. [19] Licentius wird auf die hagiographische Poesie des Paulinus von Nola verwiesen, [20] vor allem aber definiert Augustin in seiner ›christlichen Ästhetik‹, in der Schrift ›De doctrina christiana‹, das Verhältnis der Exegese zur *delectatio* neu – nur dieser Aspekt innerhalb seiner Zeichenlehre ist hier von Belang. Erstmals wird nun die (pagane) Poesie [21] mit den biblischen Schriften konfrontiert und erfährt eine krasse Herabstufung in den Rängen des Zeichenhaften. Sie steht unter dem alle Spiritualität verkennenden *judaizare* – denn die Spiritualisierung kann gegenüber der Schrift erlernt und nachgeholt werden; die physische Allegorese paganer Poesie jedoch führt selbst nur auf das *vanum* der geschaffenen Elemente. *Quamobrem christiana libertas, quos invenit sub signis utilibus, interpretatis signis elevatos liberavit. Quos autem invenit sub signis inutilibus, non solum servilem operationem* (sc. die Allegorese dieser *signa*), *sed etiam ipsa signa frustravit removitque omnia.* [22] Im Gegenzug erhält nun die Schrift alle jene poetischen und (vor allem) rhetorischen Strukturen zugeschrieben, die einer autonomen Literatur, als der ›ägyptischen Kriegsgefangenen‹, geraubt werden. Diese ›Bibelästhetik‹ Augustins, zugleich die erste europäische Ästhetik der *obscuritas*, ist seit Henri-I. Marrou hinreichend untersucht worden – ein Desiderat ist freilich ihre Nachwirkung im Mittelalter [23] und vor allem im 17. und 18. Jh. [24] In diesem Zusammenhang ist die radikal veränderte Zuordnung von Poesie und Exegese hervorzuheben: Gott ist einzig Poet, einzig über eine Poetik der *delectatio* verfügend; [25] die Exegese wird zu einer intellektuellen, nicht produktiv-ästhetischen Leistung; sie hat sich allen Anspruchs auf Schmuck und Eingängigkeit, auf eine Kopie der göttlichen *delectatio*, [26] zu enthalten.

Angesichts der Neuartigkeit dieser Bibelästhetik wird oft übersehen, daß die *delectatio* für die Tätigkeit eines christlichen Autors – der in dieser Systematik, aber auch bei Hieronymus, [27] zum Exegeten schlechthin wird – ein unlösbares Problem geblieben ist. Es tritt sogleich im 4. Buch von ›De doctrina christiana‹ auf, das sich der ›Vermittlung der Schriftexegese‹ widmet, also keineswegs nur eine ›Predigtlehre‹ darstellt. [28] Christliche Exegese vermag zwar im systematischen Denken Augustins die rhetorischen Stilhöhen des *probare* und des *flectere* in die christlichen Vermittlungsmodi des dogmatisch-verkündenden *docere* und des *movere* als eines Aufrufs zum Handeln zu transformieren. Das mittlere *genus dicendi*, das *delectare*, aber führt in ›De doctr.‹ 4,25,55 zu einer kaum verhüllten Verlegenheit: es sei, so wird dort formuliert, den beiden anderen *genera* subsidiär, es habe keinen Zweck in sich selbst; an anderer Stelle wird es aus der Ecclesia wie aus dem platonischen Staat vertrieben. [29] *Appetant eum* (sc. stilum) *qui lingua gloriantur et se in panegyricis talibusque dictionibus iactant* (4,25,55) – warum aber rezipiert Augustin dieses *genus dicendi* überhaupt? Die Beispiele, die er von Cyprians ›Ad Donatum‹ an für das *delectare* anführt, zeigen hinlänglich, daß er es keineswegs global den Paganen zuweisen konnte; sie zeigen, mitsamt der Insistenz Augustins, daß er sich einer sehr lebendigen, die Exegese in die Rhetorik einformenden christlichen Literatur gegenübersah. Ganz offensichtlich ist die Wandlung in der Auffassung von allegorischer Dichtung und ihrer christlichen Möglichkeit – nach dem Austausch mit Licentius erwähnt Augustin christliche Poesie überhaupt nicht mehr; er geht auch an dem Werk des Prudentius kommentarlos vorbei – sowie die gewaltsame Abgrenzung von ästhetisch autonomer Exegese die Ursache der fehlenden Ausarbeitung einer christlichen Poetik in der Spätantike; und gewiß ist sie von der Distanzierung gegen die rhetorisierte Bibelexegese des 4. Jh. veranlaßt worden.

Das Ausmaß dieser Rhetorisierung, der Umfang dieser sehr homogenen Integration der biblischen Exegese in die griechisch-lateinische Literatur ist bisher kaum umrissen, eine auch nur summarische Darstellung fehlt. Es handelt sich um die folgenden, sämtlich nach 370 aufkommenden Usurpierungen der Schriftauslegung: a) historisch-panegyrische Applikationen, zuerst in dogmatischen Schriften des Ambrosius (Hunnenexegese von Hesek 38,9), [30] sodann in der bekannten Rom- und Theodosius-Panegyrik des Augustin, Prudentius und Orosius (nach der exegetischen Technik mit der Applikation frührepublikanischer Geschichte auf die Gegenwart bei Claudian vergleichbar), ferner die wenig beachteten ersten posttypologischen Geschichtsdeutungen bei Orosius (insbesondere in der – von Augustin zurückgewiesenen – Übertragung der ägyptischen Plagen auf die Chronologie seit den Christenverfolgungen). [31] b) politische Usurpation der Allegorese, insbesondere bei Ambrosius und seit der frühbyzantinischen Literatur. Sie beginnt mit dem Instrument der Prophetenexegese in der antiarianischen Polemik gegen die Kaiserin Justina, wird in der Auseinandersetzung mit Theodosius zu einer äußerst wirksamen Aktionsform gesteigert [32] und findet im zweiten Epikedium (auf Theodosius) mit der bibelexegetischen Festlegung der Thronfolger auf ein politisches Programm [33] ihre für die byzantinische Welt verbindliche Form. c) hagiographisch-politische Exegese zeitgeschichtlicher *miracula* als ›biblischer‹ *historia*: neben Sulpicius Severus in der hagiographischen Dichtung des Paulinus von Nola. [34] d) Freisetzung zur autonomen ästhetischen Form, zum allegorischen Kunstwerk: die breiteste und seit L. Méridier [35] nicht untersuchte Tradition liegt in den griechischen Enkomien und Epikedien Gregors von Nazianz, Gregors von Nyssa und des Johannes Chrysostomos vor; [36] ihre kunstvollste Ausarbeitung hat in der Spätantike die

Epistolographie des Paulinus von Nola[37] (zu ihr zählen auch die literarisch banalisierten Bibelexegesen in den Briefen und Proömien des Hieronymus) und die Enkomiastik des Ambrosius erreicht.[38]

Es ist zwar möglich, die Gesamtheit dieses Usurpations- und Integrationsphänomens unter der Vorstellung einer ersten posttypologischen Dynamik in der abendländischen Literatur zu begreifen (allerdings verschwimmen die Grenzen, etwa im Sinne der von Augustin gezogenen Linie: ist die hagiographisch-politische Deutung noch theologisch sinnvoller Ausdruck einer fortlaufenden nachbiblischen Heilsgeschichte?). Für die spezielle Erörterung des Verhältnisses poetischer und exegetischer Formen erscheint nicht eine globale Deutung, sondern die Einsicht in die ästhetischen Implikationen und Konsequenzen dieser Verschmelzung sinnvoll. In der Tat bringt sie eine Kette unverwechselbarer literarischer Formen hervor. Dem Widerspiel des Antityps zum Typ am nächsten, parasitär am nächsten, steht die Figur der Ü b e r b i e t u n g , ererbt aus der alten rhetorischen Form der Synkrisis (nicht zufällig einem Bestandteil des Enkomion). Sie pervertiert den (biblischen) Typ zur Folie, beschränkt ihn rigoros auf die *historia* und manipuliert diese endlich nach den Erfordernissen des panegyrischen Objekts.[39] Charakteristische Begleitform ist die lizenzerteilende K a u t e l ,[40] oft als Beteuerungsformel der prinzipiell unantastbaren Bibeltypologie. Die Reduktion der Schrift zur *historia* verstärkt ihrerseits erheblich die Ausformung dieser Folie in der *narratio*; man kann in der Epistolographie und den Enkomien von e k p h r a s t i s c h e r I n t e n s i t ä t als dem untrüglichen Anzeichen bevorstehender Exegese sprechen. Schließlich kann die Form der b e d e u t s a m e n E k p h r a s i s die Allegorese selbst ersetzen;[41] sie hat nun Verweisungscharakter angenommen und läßt die im Hörer vorausgesetzte spiritualisierende Applikation aufklingen. Die Ausarbeitung der *narratio* gestattet ferner die Aufnahme des gesamten rhetorischen Instrumentariums des *stilus medius*: insbesondere handelt es sich um die p r i n z i p i e l l e K a t a c h r e s e (ein System exegetischer Metaphernketten ohne Auflösung, aber auch ohne Kommunikationszweck durchzuhalten, ist z.B. das Ziel der Epistolographie des Paulinus) n o c h v o r d e r e x e g e t i s c h e n A u f l ö s u n g d e r *narratio*; die Distanz zwischen *narratio* und Deutung wird durch A n t i t h e s e n - H ä u f u n g , der musikalischen Form des cluster vergleichbar, akzentuiert.

Hieronymus, ein Mann von weiterem literarischen Horizont als Augustin, hat die Lebenskraft und insbesondere die antipagane Wirkungsmöglichkeit dieser Formen hoch eingeschätzt; er hat auch die Grenzen zwischen der gebotenen theologischen Zurückhaltung und wirksamer kirchlicher Literatur besonnener gesetzt – man sollte diese Besonnenheit nicht, wie es noch oft geschieht, einem Wechsel zwischen ›asketischen‹ und ›weltlichen‹ Phasen zuschreiben. Nur für drei Gattungen hat er strikt die *delectatio* abgelehnt und hierbei sein berühmtes Urteil über die *mei similes, qui post saeculares litteras ad scripturas venerunt*, gefällt: 1. für die Schrift-›Übersetzung‹ selbst, wenn sie völlig als Klassikercento (wie bei Proba) auftrat;[42] 2. für den exegetischen Schriftkommentar (als Prosa-Fachschrift);[43] 3. für die Predigt.[44] Gerade die enkomiastistische Überformung der Exegese hat er jedoch im Briefwechsel mit Paulinus von Nola – dessen (verlorenen) Theodosiuspanegyrikus lobend – emphatisch als einzige Möglichkeit einer gelungenen Kontrastliteratur begrüßt. Es spricht hier das klare Bewußtsein des spätantiken Literator, daß christliche Literatur nur bibelexegetisch ihren Sinn habe und erst in einer – noch ausstehenden – gelungenen Verbindung von Exegese und Literatur die römische Literatur zu ihrer eigentlichen Höhe gelange: *huic prudentiae et eloquentiae si accederet vel studium vel intelligentia scripturarum, viderem te breve arcem tenere nostrorum [...]; nasceretur nobis aliquod, quod docta Graecia non haberet [...]; nihilque Latinius tuis haberemus voluminibus.* [45]

Es ist vermutlich das Zerbrechen des weströmischen Reiches, das die lange Tradition jener um 370 beginnenden Reihe der *panegyrici talesque dictiones* (Augustin) für den lateinischen Westen abbrechen ließ und ihren Erfolg in der lateinischen und griechischen Literatur bis heute aus dem Bewußtsein der Latinisten und Mediävisten tilgte – im byzantinischen Osten ist diese Reihe, vornehmlich nach ihrem posttypologisch-politischen Aspekt, geschichtsmächtig geworden.[46] Erst ihre Existenz aber erklärt, warum die theoretischen Auseinandersetzungen seit dem Ende des 4. Jh. sich kaum mehr speziell mit christlicher Poesie, christlicher Poetik befassen, in der doch die Forschung zumeist die ästhetische Frucht, das literarisch Zukunftsweisende der Bibelallegorese erblickt.

Doch begründet diese Erinnerung an eine unbeachtete Literaturform, diese Erklärung einer ›fehlenden‹ christlichen Poetik in der Spätantike hinreichend auch die Formen und die Praxis einer *delectatio* in der christlich-exegetischen Poesie dieser Zeit? Von dem Problem dieser Praxis ging die Untersuchung aus. Nicht nur außerhalb des viel behandelten Prudentius findet sich ja poetisch ausgeformte Schriftdeutung; sie findet sich auch lange vor der Paganes und Christliches einschmelzenden, die Bibelexegese so erfolgreich usurpierenden spätantiken Klassik am Ende des 4. Jh., ja vor der Rezeption des origenistischen Schriftkommentars im Westen durch Hilarius von Poitiers. Als sich gegen 330 die Poesie der Schrift bemächtigt, um sie, vor dem Hintergrund einer Stiltheologie,[47] im Gewand der höchsten antiken Gattung ins Lateinische zu übersetzen, tut sie dies nicht etwa im Rückzug auf eine bloße Technik rhetorischen Paraphrasierens; sie erhält seit Juvencus die alte Abgrenzung der Poetik gegen die *veritas* des Historikers (in der epischen Tradition am Beispiel Lucans verdeutlicht und so noch Isidor geläufig[48]) aufrecht. Die Theorie der poetischen *figmenta* (christlich: *mendacia*)[49] wird nicht durch den Anspruch auf die *vera historia* der Schrift komplettiert, sondern durch die theologische, außerästhetisch formulierte Bedeutsamkeit des neuen Themas abgelöst.[50] Avitus und Dracontius werden die Unmöglichkeit, die Schrift nach ihrer *historia* erzählen zu wollen, hervorheben.[51] Aber schon Paulinus von Nola und Prudentius haben an programmatischer Stelle die Darstellung des *sensus spiritalis* als das Ziel ihrer Dichtung deklariert.[52]

Nach diesem Gang durch die spätantiken Bedingungen einer Begegnung von Poesie und Exegese – sie sind vielschichtiger als die plane Synthese des Fulgentius vermuten ließ – soll diese Poesie selbst in einem frühen specimen zu Worte kommen und zur Untersuchung stehen – es handelt sich bei dem folgenden Text sogar um die erste abendländische Begegnung von antiker Poesie und biblischem *sensus spiritalis*, die Darstellung des Weinwunders zu Kana im Werk des Juvencus (dem Mediävisten sei empfohlen, die entsprechende Partie aus Otfried, der Juvencus gut kannte, zum Vergleich heranzuziehen):

130 *Vina sed interea conuiuis deficiebant.*
     Tum mater Christum per talia dicta precatur:
     ›Cernis, laetitiae iam defecisse liquorem?
     Adsint, nate, bonis ex te data munera mensis.‹
     Olli respondit terrarum gloria Christus:
135 *›Festinas, genetrix; nondum me talia cogit*
     Ad uictus hominum tempus concedere dona.‹
     Mensarum tunc inde uocat laetata ministros
     Mater et imperiis nati parere iubebat.
     Sex illic fuerant saxis praepulchra cauatis
140 *Vascula, quae ternis aperirent ilia metretis*
     Haec iubet e fontis gremio conplere ministros.
     Praeceptis parent iuuenes undasque coronant
     Conpletis labiis lapidum; tum spuma per oras
     Conmixtas undis auras ad summa uolutat.
145 *Hinc iubet, ut summo tradant gustanda ministro.*
     Ille ubi percepit uenerandi dona saporis
     Nescius, in uini gratum transisse liquorem
     Egestas nuper puris de fontibus undas,
     Increpat ignarum sponsum, quod pulchra reseruans
150 *Deteriora prius per mensas uina dedisset.* [53]

Es nimmt nicht wunder, daß die eucharistische Spiritualisierung von Joh 2, die hier ihren ersten Poeten gefunden hat, gewöhnlich ganz übersehen wird und hinter dem zurücktritt, was man gemeinhin wortgetreue Paraphrase nennt. Aber so zart und unauffällig sie sich fühlbar macht – man vergleiche auf der anderen Seite die explizite Deutung Otfrieds, in der die Applikation der Verwandlung auf den *sensus spiritalis* selbst eine abschließende Phase bewußter allegorischer Poetik erreicht [54] – so umfassend hat sie den Text verwandelt. Das wird, ist einmal der Schlüssel dieser poetisierten Exegese aufgefunden, sogleich deutlich. In einem ersten Schritt wird das spirituelle Vorverständnis durch kaum merkliche p a-r a p h r a s t i s c h e S i g n a l e vermittelt; der *sensus spiritalis* wird also nicht durch Auflösung, sondern durch N u t z u n g d e s p e r i p h r a s t i s c h e n S p i e l r a u m s erreicht: *adsint, nate, bonis ex te data munera mensis* (133) sowie *nondum me t a l i a cogit ad victus hominum tempus concedere d o n a* (135 f.) enthüllt zusammen mit anderen Formulierungen (vgl. 4,455 f. ~ Mt 26,29 *regna patris in nova me rursus concedent surgere vina*: also das Weinstockgleichnis Joh 15,1 aufnehmend [55]) die sakramentale Identität dieses Weines mit dem Blute Christi. Ebenso kann nur die periphrastische Abundanz bei der Nennung des Wassers (als Quellwasser 141; *puris de fontibus* 148) einen Wink auf das zweite Sakrament des Kana-Wunders, die Taufe geben, das in späterer Exegese – in Verknüpfung mit Joh 19,34 – als Voraussetzung des ersten erscheint. [56]

Es ist allerdings notwendig, sich an diesem Punkt über den Begriff des ›Signals‹ zu verständigen, ihn zu korrigieren. Der Text zeigt nämlich, daß es Juvencus keineswegs nur auf eine Anleitung zur Auslegung ankommt, daß diese Dichtung keineswegs als eine Art unvollkommenes Puppenstadium expliziter exegetischer Poesie angesehen werden darf. Periphrastischer Spielraum ist in dieser Poesie nicht nur Indiz, sondern Manifestation; die Intensität der Paraphrase beweist eine emotional und mimetisch die Grenzen antiker Poesie sprengende Haltung, die es nicht erlaubt, diese Phänomene als den üblichen *ornatus* der *delectatio* von der neuartigen hermeneutischen Kommunikation einer Exegese an den Leser zu scheiden. Zur Erläuterung: Die paraphrastische Intensität führt zunächst zu luxurierenden Wiederholungen [57] (›Wein‹: 132,146; ›Wasser‹: 141,148), zu einer ästhetischen Steigerung (*praepulchra*: 139), des weiteren zu einem starken ekphrastischen Relief, wie es die Darstellung der Steinkrüge v. 139–144 aufweist. Ekphrasis – mit diesem Begriff eines traditionellen *ornatus* möchte man diese Intensität zunächst noch als mimetischen Kunstzweck fassen, bis eine ab v. 142 faßbare akribische Verlangsamung bis zur Zeitlupe unmittelbar vor dem spirituell entscheidenden Moment – eben dieses Formgesetz findet sich z. B. auch in den Hymnen des Prudentius (vgl. c. 3 und 5 [58]) und im ›Cento Probae‹ – die Mimesis überschreitet. Die Gegenstände ›verlebendigen‹ sich (Panofsky); das Wasser beginnt zu schäumen (Imitation eines Vergilverses, [59] den Juvencus 4,703 auch für Jesu Verscheiden benutzt hatte). Ähnlich werden biblische Paraphrasen in der altchristlichen Dichtung immer wieder im unmittelbaren Hof des spirituell Bedeutsamen überformt: der Jordan schäumt bei der Taufe Jesu auf; die Masten der Fischerboote erzittern; der Orion erscheint bei Jesu Wandeln auf dem See; [60] endlich kommt es seit Paulinus von Nola zu pararealistischen Überschüssen wie dem Nimbus Mariens und dem Wohlgeruch eines Engels, [61] und dem Übersprung von Andachtshandlungen auf die biblischen Figuren, so auf Elisabeth, die Mariens Bauch küßt. [62] Es leidet keinen Zweifel, daß diese spirituelle Poiesis nicht nur mimetisch nachantik, sondern ebenso nachantik in ihrer merklichen emotionalen Spannung des Dichters selbst ist, die erstmals bis zum Einreißen der antiken Distanz zwischen Autor und Werk führte. Merklich wird sie zunächst in kontextunabhängigen Epitheta (vgl. 134); [64] sie präformiert die gehörige Gefühlslage des Hörers (vgl. 146 *venerandi saporis*) wie der biblischen Figuren (vgl. 137: *laetata*). Vom *stupor attonitus* bis zur *miseratio* gibt sich eine diffuse Emotionalität in der frühen Bibeldichtung zu erkennen. Die allgegenwärtige ›Inbrunst‹ (›*ardor inexpletus*‹ Juv. 2,415) dieser Poesie gipfelt seit Proba im Eindringen des Dichters in das Werk an spirituellen Höhepunkten (als Transformierung der antiken *exclamatio* zum Gebet oder zum Mithandeln). [65]

Diese emotionale und transmimetische Intensität in der poetischen Darstellung des Spirituellen ist nicht auf Rhetorik reduzierbar; sie begegnet vor der Rezeption antiker Gattungen und rhetorischer Kunstformen in die altchristliche

Poesie. Aber es läßt sich gut erweisen, daß vor allem sie das Rezeptionsvehikel für die literarische Tradition der Antike gewesen ist, daß sie zur Eroberung des rhetorischen *ornatus* herausforderte. Man vergleiche die nächste poetische Darstellung des Weinwunders, nach etwa einem Jahrhundert:

> *Prima suae Dominus thalamis dignatus adesse*
> *Virtutis documenta dedit conuiuaque praesens*
> *Pascere, non pasci ueniens, mirabile! fusas*
> *In uinum conuertit aquas: amittere gaudent*
> 5 *Pallorem latices, mutauit laeta saporem*
> *Vnda suum largita merum, mensasque per omnes*
> *Dulcia non nato rubuerunt pocula musto.*
> *Impleuit sex ergo lacus hoc nectare Christus:*
> *Quippe ferax qui uitis erat uirtute colona*
> 10 *Omnia fructificans, cuius sub tegmine blando*
> *Mitis inocciduas enutrit pampinus uuas.* [66]

Noch herrscht grundsätzlich das paraphrastische Darstellungsprinzip, doch sind sowohl Deutung (ab 8; vgl. besonders: *ergo*) wie eine zusammenfassende Vorwegnahme (1–3) abgelöst und die *narratio* ist gänzlich auf das Wunder konzentriert; sie wird durch das Reizmittel der Antithese (2 f.) aufgezehrt – eben diese Rezeption des Sedulius riß das christliche Publikum der Spätantike hin (vgl. Cassiodors emphatischen Applaus im Psalmenkommentar für die antithetischen Stellen Pasch. carm. 1,368 ff. [67]). Das Verwandlungswunder selbst wird nach der Tradition der Metamorphose verarbeitet; rhetorisches Indiz dieser Verarbeitung ist seit Ovid die Litotes (hier v. 7). Bemerkenswert ist, daß nun r h e t o - r i s c h ü b e r f o r m t e *narratio* u n d s p i r i t u e l l e A u f l ö s u n g a u s e i n a n d e r - t r e t e n; vor v. 8 gibt es keine Juvencus vergleichbaren spirituellen Signale mehr, und andererseits enthüllt die Deutung ab v. 8 viel direkter – durch unmittelbaren Zugriff auf Joh 15,1 (v. 9 ff.) –, was bei Juvencus in der *narratio* verborgen blieb.

Diese Phase exegetischen Dichtens entspricht dem Auseinandertreten von extremen, ekphrastischem Realismus und Vergeistigung seit Prudentius, Sidonius und Arator; und sie erst war offensichtlich in der Lage, den poetischen Wechsel der beiden Bedeutungsebenen zum neuartigen Kompositionsprinzip zu erheben (so bei Prudentius), typologische Exegesen zu Gliederungsfunktionen in größeren Werken zu nutzen (so bei Marius Claudius Victorius [68]), bereits in der Spätantike ein System spiritueller ›Exkurse‹ zum Sinnträger einer größeren Dichtung aufzubauen (so bei Avitus [69]) und die (vor allem epische) Tradition der allegorischen Personifikation in die bibeltypologischen Responsionen zu integrieren (so bei Prudentius). Die Forschungen zur Allegorie haben die Leistungen dieser Phase – zu Unrecht – als die eigentlich neuartigen einer christlich-allegorischen Poetik hervorgehoben. Allerdings sind sie traditionsbestimmend geworden, traditionsbestimmend aber wurde auch das Auseinandertreten [70] narrativer *delectatio* und spiritueller *aedificatio*, wie sie das System des Fulgentius trennen wird.

Denn nun ist deutlich geworden, daß *aedificatio* und *delectatio* in der Praxis christlich-exegetischer Dichtung ursprünglich keineswegs getrennt und nach dem Schema des Fulgentius der Ebene der *historia (delectatio)* und der Ebene des *sensus spiritalis (aedificatio)* zugeordnet sind. Das Problem dieser Begriffssynthese, insbesondere der Ort der *aedificatio*, beginnt sich zu lösen. Denn längst wird der Leser bei der Interpretation des Juvencustextes die Beobachtung gemacht haben, daß eben die Spiritualisierung durch paraphrastische Intensität samt ihrer ästhetischen Implikation, der transmimetischen Emotionalität, genau das ›Erbauen‹ (*οἰκοδόμη; aedificatio*) umschreibt, wie es seit den Untersuchungen der Kunstgeschichte zum ›Andachtsbild‹[71] und der Hagiographie zur Vitenlegende[72] als genuin christliche Ästhetik herausgearbeitet wurde. Aber der Begriff des Erbaulichen wurde bisher stets partiell, nur für eng umgrenzte Gattungen bis zu einiger deskriptiver Deutlichkeit gebracht; auch wo er als ästhetischer Leitbegriff der christlichen Ausdruckswelt in der Spätantike und als Rezeptionsmedium für die antike Literatur verallgemeinert wurde[73], ist sein enges Verhältnis zur christlichen Bibelallegorese nicht gesehen worden. Der Grund liegt, wie sich zeigen wird, zum einen in einer Unterschätzung des Erbauungsbegriffes und der Unkenntnis seiner Begriffsgeschichte, zum andern in der fehlenden Berücksichtigung der griechisch-christlichen Literatur. Denn es läßt sich erweisen, daß in der alten Kirche gerade das Konzept literarischer *οἰκοδόμη* zu eben jener Einheit von narrativer *delectatio* und spiritueller *aedificatio* ausgearbeitet wurde, wie wir sie in der frühen exegetischen Dichtung des 4. Jh. praktiziert sahen. Und dieses Konzept gelang durch etwas, das weder die Klassische Philologie noch die Allegorieforschung der christlichen Spätantike zugetraut haben: durch eine Rezeption der aristotelischen Poetik.

Während die innerbiblische und frühkirchliche Geschichte des Begriffes ›Erbauung‹ bis zu Clemens Alexandrinus hinreichend bekannt ist,[74] hat der Mangel an Untersuchungen für die Spätantike zu einer gewissen Konfusion geführt und den Blick auf den poetologischen Rang des Erbauungskonzepts verstellt. Einerseits kennt die Geschichte der Bibelexegese den Terminus *aedificatio* als Bezeichnung für das System der Schriftsinne (seit Origenes[75]); dieser Tradition entstammen auch die im Mittelalter tralatizisch gewordenen Veranschaulichungen des mehrfachen Schriftsinnes (*fundamentum, tectum, parietes;* Edelsteinsymbolik).[76] Andererseits ist das ›Erbauen‹, durch Zeugnisse des lateinischen Westens seit dem 4. Jh. belegt,[77] als theologisch-literarische Kategorie der Wirkungsästhetik, insbesondere für die Hagiographie verwendet worden, ohne daß sie nach den spätantiken Texten tatsächlich auf Vorgänge der ästhetischen Erfahrung im Hörer/Leser verweise.[78]

Offensichtlich liegt es an der unzureichenden Begriffsgeschichte von ›Erbauung‹ nach den apostolischen Vätern, daß man sowohl die Verbindung zwischen der ›exegetischen‹ und der ›literarischen‹ wie auch besonders die Bindung beider an die soteriologischen und kerygmatischen Prozesse innerhalb der Gemeinde/Einzelseele, die das Bild ursprünglich veranschaulichte, vermißt.

Nun ist diese ursprüngliche Vorstellung, entgegen der Auffassung Pohlmanns, noch bei Origenes lebendig; und bei ihm – in den wenig beachteten Prophetenhomilien – findet sich auch die Ausarbeitung sowohl zum exegetischen wie zum wirkungsästhetischen Konzept. Im folgenden sei der Weg vom soteriologischen Bild bei Origenes bis zum literarisch exegetischen Programm mitsamt einer Theorie der erbaulichen Affekterregung bei Johannes Chrysostomos nach den wichtigen Stationen skizziert. 1. Mit ausdrücklichem Bezug auf die gemeindlich-eschatologische *aedificatio*-Lehre des ›Pastor Hermae‹ wird die Leistung des Auferbauens durch spirituelles Schriftverständnis in die moralische Wandlung des einzelnen Gläubigen transformiert; spirituelles und literales Verständnis korrelieren der Anwesenheit von Tugenden und Lastern. [79] 2. Das Bild gewinnt metaphorische Breite durch exegetische Allegation (vor allem an 1. Chron 29,1): die erforderlichen Baumaterialien sind χρυσός, ἄργυρον und λίθοι τίμιοι (schon bei Origenes zum Bild Edelsteine ~ Tugenden ausgeformt), schlecht und unverwertbar hingegen sind ξύλα, χόρτος und κάλαμος – was diese Metaphern bedeuten, wird noch nicht expliziert. [80] 3. Weiter zur negativen Seite wird das Bild durch Einführung der οἰκοδόμη διαβόλου (PG 13, 273A); sie allegiert Mt 16,17f. (Pforten der Hölle als Gegensatz zum Petersfelsen). 4. Wichtig für die spätere Wandlung zum literarischen Konzept wird die bisher übersehene, zuerst bei Origenes auftretende Bilderweiterung durch die καθαίρησις als notwendiger Voraussetzung der οἰκοδόμη: vor jedem (spirituellen) Fundament muß zunächst einmal altes Bauwerk eingerissen werden – nämlich die, zunächst noch ungedeutete, οἰκοδόμη διαβόλου. [81] Origenes versichert geradezu die Identität beider Phasen: *usque ad hodiernum diem est disperdere et aedificare.* [82] 5. In den griechischen Exzerpten aus den Jeremiashomilien werden die Metaphern zum ersten Mal über die Deutung auf Tugenden und Laster hinaus aufgelöst: das Gold bedeute ἀληθείας τὰ δόγματα, das Silber den λόγος σωτήριος; nur die Edelsteine bleiben noch Tugenden. [83] Dieser Übergang [84] zur antihäretischen Deutung wird dann in namentlicher Nennung Marcions und gnostischer Widersacher vollendet: die Gegner, indem sie ψευδώνυμόν τινα γνῶσιν verbreiteten, ᾠκοδόμησεν ἅδου πύλην (Mt 16,17f.). [85] 6. Den – entscheidenden – Schritt von der antihäretischen Lehre zur paganen Literatur als der ›schlechten‹ Erbauung vollzog zuerst Basilios in seinen Mönchskonstitutionen: die εὐτραπέλιαι sind das genaue Widerspiel der christlichen οἰκοδόμη. [86]
    7. Der Abschluß dieser Entwicklung wird von Basilios (›Ad iuvenes‹) und Johannes Chrysostomos (›De inani gloria‹) erreicht. Erhalten bleibt der zweifache Aspekt der *οἰκοδόμη*, Abreißen und Aufbauen – die systematische Energie liegt auf dem ersteren. Bei Basilios werden erstmals die seelischen Vorgänge im Hörer erfaßt; die καθαίρησις des Origenes wird nun als κάθαρσις ψυχῆς bezeichnet; [87] das Einreißen der Erbauung des Teufels beseitigt τὰς διὰ τῶν αἰσθήσεων ἡδονὰς, [88] präziser: die pagane Poesie. [89] Die eigentliche οἰκοδόμη bleibt die spirituelle Vermittlung der Schrift; und Chrysostomos ist es gelungen, die bei Basilios noch nebeneinanderstehenden apologetisch-literarischen und exegetischen Funktionen des Bildes zu verschmelzen: durch die Theo-

rie geistlicher πάϑος-Erregung. Kann das Einreißen der schlechten Seelen-Bauten nur als Reinigung von unerwünschten πάϑη verstanden werden, [90] so erkennt Chrysostomos, daß diese Vertreibung nur durch die Erregung neuer, erwünschter πάϑη möglich ist – und diese Erregung ist bereits der erste Schritt des Bauens (im Bilde des Chrysostomos: die Errichtung goldener Stadtmauern – das Gold behält also seinen fundamentalen Platz, den es bei Origenes vor Silber und Edelsteinen fand). Chrysostomos hat diese Lösung durch Rezeption aristotelischer Begrifflichkeit gefunden. Im einzelnen bewegt sich die Argumentation folgendermaßen: [91] Katharsis von der alten affektiven Verfallenheit an die ›Mythen‹ kann nur durch das Gefühl der Glaubhaftigkeit (aristotelisch: πιϑανόν) neuer (biblischer) Erzählzusammenhänge (διηγήματα) erzielt werden. [92] Man hat dem zu Bekehrenden (oder dem Kind) entsprechende biblische Sujets darzubieten – Chrysostomos schildert sie unbefangen aristotelisch ihrerseits als ›Mythen‹ im Sinne von Erzählungen, so in der Konfrontation von Argonautensage und Mord an Abel. Erst das πιϑανόν vermag durch die Erregung von φόβος (sowie αἰδώς) die kathartische Erschütterung zu vollenden; es gilt die Regel λέγε φοβερώτερα διηγήματα [93] – es ist die Forderung nach dem *attonitus stupor*, der den biblischen Szenen des Juvencus aufgeprägt ist. Chrysostomos verdeutlicht die affektive Erschütterung durch eine modellartige *narratio* von Jakob und Esau: neben dem Schrecken über die Verfluchung Esaus soll die Empörung über die Lüge Jakobs und schließlich Mitleid, ἔλεος über Esau erlebt werden – auch die *miseratio* der christlich-poetischen Erbaulichkeit begegnet sich hier in der aristotelischen Kategorie wieder. Es ist bezeichnend, daß sich mit dem ästhetischen Verständnis auch die Bildhaftigkeit der Erbauungsvorstellung wandelt. In der Schrift ›De inani gloria‹ ist das goldene Fundament der Glaubhaftigkeit – auch bei Augustin ist die *fides* das psychische Fundament der *aedificatio* – zu einer von Toren durchbrochenen Stadtmauer geworden; ausdrücklich deutet Chrysostomos die Pforten [94] als die Tore der Sinneswahrnehmungen. Man sieht, wie das architektonische Bild durch die Kombination mit der κάϑαρσις-Lehre porös wird: nur die Bildvermischung von Kehraus und Aufbau kann noch ausdrücken, was hier geschehen ist: die theoretische Verschmelzung von Allegorese und Affekt, die ein Auseinandertreten der Phasen, [95] ein Auseinandertreten von rhetorisch-ekphrastischer Realistik und hermeneutischer Enthüllung, von *delectare* und *docere* negiert. In dieser Verschmelzung ist die Schrifterklärung durch ein Konzept der gezielten seelischen Wirkungen ergänzt worden. Das Verständnis des *sensus interior* der Schrift, von Chrysostomos schlechtweg als φιλοσοφία bezeichnet, [96] wird erst die Verwandlung des Gläubigen in die Edelsteinbekrönung der Mauern vollbringen; möglich aber ist sie nur durch die Mitwirkung der *delectatio*: καταγλύκαινε τὰ διηγήματα! [97]

Es ist unwahrscheinlich, daß diese Erbauungsästhetik auf den griechischen Osten beschränkt ist; ich verweise vorderhand auf Augustins Scheidung in *purificatio* und *ascensio*, [98] auf seine Empfehlung der Affekterregung bei der Katechese (*severitate Dei, qua corda mortalium saluberrimo terrore quatiantur, caritas aedificanda est*) [99] und seine Empfehlung stilistischer Mühe zum Erreichen der caritas im Hörer (*stilo sonantiore et quasi tornatiore eloquio caritas scripturarum intimanda est*).[100]

Die Nachwirkung der aristotelischen Poetik war in der Spätantike bisher nur bei Simplikios faßbar. Daß es der Reflexion über christliches Erbauen als sinnvoll erscheinen konnte, das πιϑανόν ihrer διηγήματα darzustellen, und als erstrebenswert, in dieser Darstellung eine κάϑαρσις durch φόβος und ἔλεος zu erreichen – dies kann nicht nur die Allegorieforschung zu einer stärkeren Beachtung der emotionalen Voraussetzungen und Konnotationen der altchristlichen Texte führen; es kann auch zu einer Korrektur von der Vorstellung einer nur mit »denkwürdiger Verspätung«, in der Romantik erreichten christlichen Poetik, die für das Mittelalter »postulierbar, nicht eigenständig bezeugt« sei,[101] Anlaß geben. Die Leistung ästhetischer Erfahrung in der christlichen Spätantike weist sich nicht nur in dem Neueinsatz einer allegorischen Poesie des Unsichtbaren; man kann sie auch in dem Erbe einer aristotelischen Erbauung erkennen.

Anmerkungen:

1 Fabii Planciadis Fulgentii opera (hg. Helm), Leipzig 1898, S. 180.
2 Vgl. die Forschungsübersicht bei Meier, 1976, S. 9 ff. – Es würde diesem Bild entsprechen, wenn sich definitiv zeigen ließe, daß der Text pseudofulgentianisch ist und ins Hochmittelalter (Umkreis der ›Schule von Chartres‹) gehört.
3 Vgl. de Bruyne, 2, S. 302 ff.
4 Ausnahmen: G. Simon: Untersuchungen z. Topik der Widmungsbriefe der Geschichtsschreiber bis zum Ende des 12. Jh., Arch. f. Diplomatik 4 (1958), S. 52 ff., und 5–6 (1959/60), S. 73 ff., und F. Ohly, 1977, S. 93 ff., bes. S. 100 ff.
5 R. Schulmeister: Aedificatio und imitatio, Hamburg 1971, S. 55 f.; Zur Tradition der Trennung von *docere* und *delectare* Jauß, 1977, Ästhetische Erfahrung, S. 139.
6 J. Zumthors Bemerkung zum ›message poétique‹ (anläßlich der prudentianischen ›Psychomachie‹): »Le déchiffrage partira de l'intelligible pour aboutir à elle« (Essai de Poétique Méd., Paris 1972, S. 124) steht für viele; vgl. auch die kritischen Anmerkungen bei Meier, 1976, S. 3 ff.
7 Noch Jauß, 1977, Ästhetische Erfahrung, S. 106, zitiert zustimmend die Charakterisierung des christlich-allegorischen ›Neueinsatzes‹ durch Jean Paul. Vgl. zur Persistenz der romantischen Anschauung von der christlichen ›Schwelle‹ in der Ästhetik der Spätantike. R. Herzog, 1975, S. XXXIV f., und: Probleme d. heidnisch-christlichen Gattungskontinuität, in: Entretiens de la Fond. Hardt 23, 1977, S. 378 ff.
8 Auch die an der Spätantike interessierte Latinistik spart das Problem einer christlichen Rezeption der peripatetisch-horazischen Ästhetik aus; so bei M. Fuhrmann: Einführung in die antike Dichtungslehre, Darmstadt 1973.
9 Vgl. o. S. 56 f.
10 Vgl. R. Herzog, 1975, S. 121 f., und H. Kech: Hagiographie als christl. Unterhaltungsliteratur, Diss. Konstanz 1977.
11 Jauß, 1977, Ästhetische Erfahrung, S. 57.
12 Vgl. hierzu die Diskussion in den Entretiens de la Fondation Hardt 23, 1977, S. 412 ff.
13 Zum folgenden vgl. die ausführlichere Darstellung bei R. Herzog, 1975, S. XLI ff.
14 *Non repetat iniquae servitutis laqueos quibus antea fuerat inretitus.* – Die Zitate aus der Epist. ad Maced. 1 (hg. Huemer 5 f.).

15 Vgl. E. Walter: Opus geminum. Untersuchungen zu einem Formtyp in der mal. Literatur, Diss. Erlangen 1973.

16 Epist. ad Vigil 21 f.:
    Alternis reserabo modis quod littera pandit
    et res si qua mihi mystica corde datur.

17 Vgl. etwa De ord. 1,24; Contr. Acad. 3,11 und 39 ff.; hierzu K. Svoboda: L'esthétique de St. Augustin, Brünn 1933, S. 48.

18 De ord. 1,14.

19 Vgl. R. Herzog, 1975, S. 171 ff.

20 Aug., epist. 26 (und 23).

21 Zitiert wird an dieser Stelle (einmalig in De doctrina christiana) ein episches Adespoton (Ekphrasis Neptuns); angeschlossen wird der Topos *siliquae porcorum* (3,7,11).

22 De doctr. christ. 3,8,12. Augustin versäumt auch nicht, die Möglichkeit des einfach ästhetischen, nicht auslegenden Genusses der paganen Dichtung als die am niedrigsten stehende Haltung zu brandmarken: De doctr. christ. 3,7,11.

23 Vgl. wiederum de Bruyne, 2, S. 307 ff.; noch ungeklärt ist die Tradition, die zu Bocaccios ›Vita di Dante‹ (B. 14) führt.

24 Zur Neuzeit vgl. R. P. Lessenich: Dichtungsgeschmack und althebräische Bibelpoesie im 18. Jh., Köln/Graz 1967.

25 2,6,7 f.

26 4,8,22.

27 Siehe u. Anm. 45.

28 Schon die emphatische Distanzierung von der Zumutung, hier rhetorische *praecepta* zu erörtern (4,1,2), sollte zu differenzierterer Würdigung führen.

29 4,14,30.

30 De fide ad Grat. 2,16.

31 Vgl. Oros. 7,26 f. und R. Herzog: Orosius, in: Sprache und Gesch., hg. R. Koselleck, Stuttgart 1979 (im Druck).

32 Wie jüngst gezeigt wurde (F. Claus: La datation de l'Apologia David, in: Ambrosius Episcopus 2, Milano 1976, S. 168 ff.), hat die ›Apologia David altera‹ mit ihrer vom Kaiser zunächst selbst zu seiner Verteidigung allegierten Auslegung von 2. Sam. 11 (David – Bathseba) zur Kirchenbuße geführt; Ambrosius führt in diesem Fall das spirituelle Schriftverständnis gegen das literale ›Exempel‹ des sündigen biblischen Königs ins Feld; vgl. R. Herzog: Vergl. Bemerkungen z. theol. u. juristischen Applikation, ersch. in: Poetik & Hermeneutik 9 (1979).

33 Vgl. De obit. Theodos. 15 f. und (negativ) 39.

34 Vgl. R. Herzog: Probleme [s. Anm. 7] S. 404 ff.

35 L'Influence de la seconde sophistique sur l'œuvre de Grégoire de Nysse, Paris 1906.

36 Zu den Enkomien auf Basilios vgl. R. Herzog, 1971, S. 177 ff.

37 Bisher nicht untersucht; zum Verständnis des Gattungshintergrundes: K. Thraede: Grundzüge griechisch-römischer Brieftopik, München 1970.

38 Vgl. De obit. Valent. 9 ff., wo die Kirche mit den Worten des ›Hohen Liedes‹ in einen Dialog mit dem Kaiser tritt, ferner 59 ff.: Valentinians Vita und Karriere wird als ›Canticum‹-Exegese erzählt. Vgl. Y.-M. Duval: Formes profanes et formes bibliques dans les oraisons funèbres de St. Ambroise, Entr. de la Fond. Hardt 23, 1977, S. 255 ff.

39 Beispiele bei R. Herzog, 1971, S. 181 f.

40 Ein Beispiel: die Exegese des Geliebten aus dem ›Hohen Lied‹ auf Kaiser Valentinian (*habens in se imaginem Christi*) wird eingeleitet: *nec iniuriam* (›Blasphemie‹) *putes: charactere domini inscribuntur et servuli et nomine imperatoris signantur milites.*

41 Man hat diesen Zusammenhang zuerst in der Dichtung (so im Buch ›Cathemerinon‹ des Prudentius) vermutet; er ist jedoch in der hier besprochenen Literatur heimisch. Ein Beispiel: Hieronymus: Epist. 19,8 f.

42 Epist. 53,7.

43 Man dürfe nicht *proprios libros componere et super unaquaque materia testimoniis scripturarum hinc inde quaesitis eloquentiam iungere saecularem* (In Eph. prol. PL 26, Sp. 440B).

44 Ein Prediger verderbe den Wein der Schrift, wenn er *austeritatem scripturarum per quam potest audientes corripere vertit ad gratiam et ita loquitur, ut non corrigat sed delectet audientes* (PL 24, Sp. 38A).

45 Epist. 53,8–11. Diesem Programm gegenüber setzte sich die Stellungnahme Augustins durch; vgl. die beiden, noch in der Spätantike, aus unterschiedlichen Perspektiven vorgenommenen Abgrenzungen: 1. Ennodius: *properantes ad se de disciplinis saecularibus salutis opifex non refutat, sed ire ad illas quemquam de suo nitore* (!) *non patitur* (Epist. 9,9); 2. Isidor: *eloquia sacra exterius incompta verbis apparent, intrinsecus autem mysteriorum sapientia fulgent* (Sent. 3,13).

46 Einige Bemerkungen hierzu bei H. Hunger: Aspekte der gr. Rhetorik von Gorgias bis zum Untergang v. Byzanz, Öst. Akad. Wiss. Wien, Phil.-hist. Kl., 277, 3 (1972).

47 Vgl. hierzu R. Herzog, 1975, S. 179 ff.

48 Etym. 8, 308 f.

49 Vgl. Juv. praef. 16: *veterum gestis hominum mendacia nectunt.*

50 An diesem Punkt entstehen die ›heteronomen‹ Begriffe der christlich-poetischen Programme der Spätantike: Dichtung als Erlösung, Versifizierung als gutes Werk (Juvencus), säkulare Literatur als Sünde (Proba), ferner die zum MA traditionell gewordene (Un-)Gleichung metrische Korrektheit ~ Glaubensfestigkeit (zuerst Marius Claudius Victorius, dann Avitus).

51 ›De spir. hist. gest.‹ 3,333 ff.; ›De laud. dei‹ 3,741 f.

52 Vgl. Paul Nol. c. 22 (an Jovius), 154 ff.; Prud.: Cath. 3,26 ff.

53 Evang. 2, 130 ff.

54 Die Deutung des Wunders von Kana auf die Allegorese selbst findet sich zuerst bei Arator: Act. apost. 2,889 ff.

55 Vgl. ferner 2,731 ~ Mt 12,50.

56 Vgl. bei Juvencus den sehr unscheinbaren, gleichwohl das paraphrastisch Nötige überschreitenden Hinweis des *nuper* (148).

57 An dem Gegenphänomen der Verkürzung des Vorlagetextes zum Zwecke des spirituellen Signals erweist sich, daß die periphrastische Breite sich nicht in der Signalfunktion erschöpft; vgl. v. 140: wo das »zwei oder drei« der Vorlage auf das spirituell wichtige *ternis* verkürzt wird.

58 Vgl. R. Herzog, 1966, S. 72.

59 Aen. 5,761 f.

60 Vgl. ausführlich hierzu R. Herzog, 1975, S. 150 ff.

61 Ebd., S. 218.

62 Paul. Nol. c. 6, 162.

63 Vgl. ausführlich hierzu R. Herzog, 1975, S. 145 ff.

64 Sie können auch die Funktion haben, der andächtigen Stimmung fremde Partien der Vorlage zu eliminieren; so in v. 135: *genetrix* überformt das absprechende »Weib, was habe ich mit dir zu schaffen« (Joh 2,4).

65 Vgl. R. Herzog, 1975, S. 47 ff., S. 97 ff. Nachzutragen: Marius Claudius Victorius: Aleth. 1,462 ff. und Paul. Petric. 4, 437 ff.

66 Sedulius: Carm. pasch. 3, 1–11.

67 PL 70, Sp. 814B.

68 Vgl. die Buchschlüsse 1 und 2 und den Anfang von Buch 3 der Alethia; verwandt –
und Beweis für die Werkeinheit – ist die Komposition von Ps.-Hilarius ›Genesis‹ und
›De Evangelio‹.

69 Vgl. De spir. hist. gest. 2,292 ff.; 3,220 ff; 3,362 ff.; 4,493 ff. (postskriptural).

70 Mit ihm stellt sich das Problem, wie die deutende Auflösung der *historia,* also speziell
die Allegorese, ästhetisch zu behandeln sei – Augustin hat es präzise am Beispiel prophetischer Metaphernsprache und der sie auflösenden Allegorese zu theologischer
Begrifflichkeit umrissen (De doctr. christ. 2,6,7): den Hörer der Allegorese ergreift
eine deutliche Unlust: *quid est ergo quod si haec quisque dicat minus delectat audien-
tem?* – Die Lösung des hier zitierten Seduliustextes bleibt bis zum Ausgang der Spätantike sehr beliebt, ist aber nur sehr begrenzt möglich: die Einformung der spirituellen Auflösung selbst in eine Klassikerimitation. Durch das Vergilzitat (v. 11 ~ Georg.
1, 448) gewährt die imitative Kongruenz zwischen Bibel und Klassiker (auch in den
Kommentaren des Ambrosius und Hieronymus genutzt) dem Schrifttext die spirituell
erforderte z w e i t e Textfassung; die poetische Tradition leistet auch hier noch die
Darstellung des *sensus interior.* – Das Problem bleibt bis zum Frühmittelalter gegenwärtig (vgl. Avitus: De spir. hist. 5,15 ff. und Odo v. Cluny: Occupatio 2,248 u. 517 –
dort als Gegensatz zwischen der *theorematica camena* und den *mimiloqui, quasi thema
secuti*).

71 Seit E. Panofsky: Imago Pietatis, in: Fs. M. Friedländer, Berlin 1927, S. 261 ff.

72 Konsequent durchgeführt und verallgemeinert zuerst bei Th. Wolpers: Die engl. Heiligenlegende des MA.s, Tübingen 1964; in Detailuntersuchungen fortgesetzt bei H.
Kech [s. Anm. 10] und A. Gier: Der Sünder als Beispiel, Frankfurt 1977.

73 R. Herzog, 1975, S. LXXVI ff.

74 Vgl. H. Pohlmann: Art. ›Erbauung‹, RAC 5 (1962), Sp. 1043 ff., R. Vielhauer: Oiko-
dome, Heidelberg 1939, u. Schulmeister [s. Anm. 5].

75 Vgl. vor allem De princ., S. 312 f. (hg. Koetschau).

76 Hierzu Schulmeister [s. Anm. 5], S. 18 ff.; zur *aedificatio* als exegetischem Begriff vgl.
die Übersicht bei de Lubac, 1964, II, 2.

77 Wobei die kritische Übersicht bei Schulmeister [s. Anm. 5], S. 26 ff. zeigt, daß die patristischen und mittelalterlichen Belege kaum das tragen, was die hagiographische
Forschung gern als zunehmende Ästhetisierung von theologischen Konzepten (Kech
[s. Anm. 10]) kennzeichnet und an den legendarischen Texten – ähnlich wie die vorliegende Untersuchung für die Poesie – als rezeptive Sättigung genuin christlicher
Ausdrucksbedürfnisse (der Andacht) durch rhetorische Affektschemata beschrieben
hat. Die Einführung des Terminus Erbauung bei Wolpers [s. Anm. 72], S. 3 ff., zeigt
denn auch, daß nicht eine deutliche Vorstellung von der altchristlichen οἰκοδόμη,
sondern der Rückgriff auf die pietistische Erbauung die literaturwissenschaftliche
Renaissance dieses Konzepts in der Hagiographie vermittelt hat.

78 Nur ein in der hagiographischen Forschung vernachlässigter Text der lateinischen
Spätantike wendet sich den Wirkungen christlicher Literatur unter dem Aspekt der
aedificatio ausführlich zu: Augustinus: De doctr. christ. 1,35,39 ff. Augustin knüpft
hier die Exegese an deren Vermittlung und stellt den Grundsatz auf: *quisquis igitur
scripturas divinas intellexisse sibi videtur ita ut eo intellectu non aedificet caritatem dei et
proximi, nondum intellexit* (1,36,40). Es folgt eine Übertragung der paulinischen
Dreiheit Glaube, Liebe, Hoffnung auf die Vorgänge im hörenden Objekt dieser *aedificatio* (1,37,41 f.).

79 Vgl. PG 13, Sp. 764 A.

80 Vgl. PG 13, Sp. 445 B – C und 670 B.

81 Vgl. PG 13, Sp. 273A–C und 275B.
82 PG 13, Sp. 678C.
83 Vgl. PG 13, Sp. 568C–D.
84 Er wird PG 13, Sp. 1008A–B fühlbar; neben der Gnosis steht hier als Erbauung des Teufels noch πορνεία und ἄρνησις.
85 Vgl. PG 13, Sp. 1008B und 730A–C.
86 Vgl. PG 31, Sp. 1376A–B.
87 Ad iuv. 9,7.
88 Ad iuv. 9,7.
89 Ad iuv. 9,8.
90 Vgl. Ad iuv. 9,7.
91 Vgl. De inan. glor. 38 ff.
92 Vgl. De inan. glor. 39, 540.
93 De inan. glor. 52, 695.
94 Vielleicht im Anschluß an das Bild von den ›Pforten der Hölle‹ bei Origenes; doch überschreitet die den ganzen ersten Teil der Homilie ausfüllende Bildlichkeit von der Stadt, den Mauern, ja ihren Gesetzen weit die origenistischen Ansätze (als erste Erweiterung der Erbauungsmetapher zum Bild ist der Hinweis des Origenes auf das *refrigerium* seines spirituellen *aedificium* (~ Taufe), dessen Fenster (~ spirituelles Sehen) und dessen Mennigeanstrich (~ Christi Blut) PG 13, 569, zu nennen.
95 Hier eine einheitliche Bildebene zu finden, ist seit dem ›Pastor Hermae‹ bis zur ›Psychomachie‹ des Prudentius (beide: Kampf; dann Bau) ein Problem gewesen.
96 De inan. glor. 46, 630.
97 De inan. glor. 39, 500.
98 De doctr. christ. 2,7.
99 De catech. rud. 9.
100 De catech. rud. 12 f.
101 Jauß, 1977, Ästhetische Erfahrung, S. 142.

Zwei Modelle von Allegorie im 12. Jahrhundert: Das allegorische Verfahren Hildegards von Bingen und Alans von Lille

Von Christel Meier (Münster)

Hildegard von Bingen († 1179) stellt in den Prologen ihrer großen allegorischen Visionswerke ihr schriftstellerisches Tun dar als Empfang eines Diktats in Form einer Doppeloffenbarung von Vision und Audition und als Erfüllung des göttlichen Befehls: *scribe quae uides et audis*[1]. Die Niederschrift der wunderbaren Visionsinhalte (*mirabilia haec*, Prot. 23) erfolgt nicht – so ihr Zeugnis – nach menschlichem Können (Sprache, Invention, Disposition): *non secundum os hominis nec secundum intellectum humanae adinuentionis nec secundum uoluntatem humanae compositionis, sed secundum id quod ea in caelestibus desuper in mirabilibus Dei uides et audis* (Prot. 12 ff.). Gegen diese radikale Absage an die Kräfte und Instanzen (sowie Teile) menschlicher literarischer Kunst steht bei Hildegards jüngerem Zeitgenossen Alan von Lille († 1202) am Beginn seiner allegorischen Dichtung ›Anticlaudianus‹ ein nur durch das übliche Maß an Demutsformeln eingeschränktes freies Selbstbewußtsein des Dichters (*poeta*), der das Werk als sein *artificium* hervorbringt[2]. Der Inspirationsanruf an Apoll im spielerisch-leicht gehaltenen Versprolog – *fonte tuo sic, Phebe, tuum perfunde poetam* (Prol. 7) – wird erst in der Mitte des Werks unmittelbar vor dem Übergang auf die himmlischen Gegenstände durch das an Gott gerichtete Inspirationsgebet ergänzt[3]. Durch die Unterstellung unter die Muse Clio ist das Werk als Epos bezeichnet (Prol. 2).

Die Differenz der jeweils am Werkeingang signalisierten Autorsituationen und der damit zugleich evozierten unterschiedlichen Haltungen der anvisierten Rezipienten, die sich dann in der auffälligen und nicht vornehmlich inhaltsbedingten Verschiedenheit der Gesamtanlage der Werke vollends ausprägt, erscheint zunächst als reines Gattungsproblem (Vision – Epos). Daß diese Differenz jedoch auch und mehr durch die jeweils realisierte Art der Allegorie bestimmt ist – die zuletzt freilich nicht ganz ohne einen Gattungsbezug bleibt – soll das Folgende zeigen. Hildegards Visionswerke und Alans Acl können im 12. Jahrhundert, das nach einer Zeit gewisser Starre und Eintönigkeit die vielfältigen Möglichkeiten des Allegorischen neu entdeckt und in Fluß gebracht zeigt, als frühe Exponenten zweier zwar nicht rein, aber doch weitgehend verwirklichter Modellformen von Allegorie gelten. Die evidente Abweichung beider voneinander, die die Frage dieser Studie evoziert hat, sowie die vor allem von Alans Modell ausgehende breite Wirkung auf die spätere lateinische und volkssprachige allegorische Dichtung rechtfertigen diese Gegenüberstellung. Dabei geht es nicht um (theoretische) Allegoriekonzepte – Äußerungen der mittelalterlichen Autoren über Allegorieformen sind hier nur bedingt und sekundär brauch-

bar –[4], sondern um eine Beschreibung von Allegoriearten aus der jeweiligen
Werkpraxis: der gesamten Anlage der Allegorie, ihren Techniken, ihren Funktionen. Eine gelungene Isolierung solcher Arten könnte nicht nur entsprechend
rein ausgeprägte Werke, sondern vor allem die große Masse der Mischwerke in
ihren Anteilen, das heißt ihren Akzentuierungen, und deren Funktionen erkennen helfen.

Hildegards Visionswerke, von denen hier der ›Scivias‹ vor den andern als Paradigma herangezogen wird, und Alans Acl sind zweifellos *in toto* Allegorien. Sie
erfüllen dadurch die Grundbedingung allegorischer Darstellung, daß mit einer
erfundenen, konstruierten Konnotationenkette von Bildbereichen und Erzähl-
folgen eine geistige Bedeutung vermittelt wird. Das heißt, ihre Verschiedenheit
ist nicht von dem Gegensatz von Allegorese als Auslegung von etwas Vorgegebenem (Bibel-, Kosmos-, Auctores-Deutung) und Allegorie als geschlossenem
allegorischen Konstrukt her zu erfassen[5]. Der Sc besteht aus 26 einzelnen Visionsbildern mit jeweils nachfolgender allegorischer Deutung; die Fabel des Acl,
auf deren tieferen Sinn Alan im Prosaprolog hinweist[6], stellt eine vorwiegend
von Personifikationen getragene Handlung dar, die vom Fassen eines Plans über
seine Beratung, die schwierige Ausführung bis zu seiner endlichen vollkommenen Verwirklichung führt und die vom Autor durch eine Anzahl von Entschlüs-
selungssignalen auf ihre allegorische Bedeutung hin transparent gemacht wird.

Beide allegorischen Werke gehören ihrem Inhalt nach dem geistlichen Bereich an, da sie von der Sündenverfallenheit des Menschen und seiner Erlö-
sungsbedürftigkeit in geschichtlicher und tropologischer Perspektive handeln.
Ihrer Differenz wäre also nicht mit einem Gegensatz von ›geistlich‹ und ›weltlich‹
beizukommen[7]. Da beide Allegorien schließlich aus denselben Bestandteilen
zusammengesetzt sind wie Personifikationen, Raum als Landschaft, Architektur
und in seiner kosmischen Ausdehnung, Geschehen und Reden, greift auch ein
Kontrastpaar wie Personifikations- und Konstruktionsallegorie nicht genügend;
denn danach wären beide Werke Mischformen, deren Eigenart in solchem
Kombinationsmuster nicht zur Geltung käme[8]. Die Untersuchung der Differenz hat also anders anzusetzen.

I.

Auf der unteren Ebene einer Gegenüberstellung bietet sich mit dem Vorkommen gleicher Bestandteile (Personifikation, Raum, Geschehen, Rede) eine
Vergleichsbasis, von der zunächst auszugehen ist. Diese Bestandteile sind in sich
komplexer als die Elemente der Allegorie und die Sinnträgergattungen, die aus
der Bibelallegorese und mittelalterlichen Theorieentwürfen sich isolieren ließen[9]; mit ihnen könnte hier aber – wie später einsichtig wird – nur im Hinblick
auf Hildegards Allegorie sinnvoll operiert werden.

Die Personifikation wird schon durch die Zahlen ihres Vorkommens als wesentlicher Bestandteil beider Allegorien ausgewiesen. In den Visionen des Sc

treten mindestens 35 Personifikationen auf, davon 32 Tugenden; im Acl sind es
gut 40 Personifikationen, davon 30 Tugenden und Laster, wenn man die zusätzlich im Kampf aufmarschierenden Hilfstruppen jeder Haupttugend und jedes
Hauptlasters nicht einmal mitzählt. Die Tugenden des Sc werden nach einem
einheitlichen Beschreibungsschema vorgestellt. Gegenstand der *descriptio* und
späteren Auslegung sind Gewandung, Gebärden, Attribute und die Stellung im
Raum. Die Gewandung wird nach ihren Bestandteilen (Schleier oder Haar-
tracht, Tunika, Mantel, Schuhen, gelegentlich ergänzt durch Hemd, Unterkleid,
Gürtel), nach deren Farben und Mustern ausgefaltet. Die Tugendpersonifika-
tion ist also aus einer größeren Zahl von einzelnen Sinnträgern zusammengesetzt, der in der nachfolgenden Auslegung ein Mosaik von Bedeutungen entspricht. Die zentrale Signifikanz der Kräfte liegt in der Regel in der Tunika, die
das eigentliche *opus* der Kraft repräsentiert, um das die andern Bedeutungen –
mehr oder weniger eng verbunden – organisiert sind. Die übrigen Personifika-
tiónen des Werks sind entweder ebenso konzipiert, oder die Unterteilung der
Gestalt nach der Signifikanz wird noch strenger, indem ihre organische Gliederung nach Körperteilen und Gewandung verlassen und sie wie eine Säule in
Farbzonen aufgeteilt wird, die lediglich in ihren Begrenzungen sich noch an Kör-
perabschnitten orientieren[10]. Daß diese Gestalten auch schön sind, wird kaum
einmal erwähnt und hat für die detaillierte Signifikantendeutung keine Geltung,
wenngleich es im Hinblick auf die Häßlichkeit der Laster im ›Liber vitae merito-
rum‹ vorausgesetzt sein muß[11]. Die Personifikationen bilden also Signifikanz-
komplexe mit dem Zentrum bei der den Namen gebenden Bedeutung. Die Erscheinung der Tugenden – daran läßt Hildegard keinen Zweifel – hat reine Bedeutungsfunktion: *non quod ulla uirtus sit uiuens forma in semetipsa, sed solum-
modo praelucida sphaera a Deo fulgens in opere hominis; quia homo perficitur
cum uirtutibus, quoniam ipsae sunt opus operantis hominis in Deo* (III 3,166 ff.).
Die entsprechende Signifikanzbestimmtheit gilt für die ebenso aus einzelnen
Sinnträgern kombinierten Lastergestalten: *non autem quod ita in formis suis sint,
sed quod significationes eorum hoc modo manifestantur* (Pitra, S. 34).

Von anderer Art sind die Personifikationsbeschreibungen bei Alan. Hier wirken die Gestalten personhafter, sind sie nicht derart in Einzelbedeutungen zer-
gliederbar. Im Zentrum der *descriptio* steht ein Schönheitspreis, wie er durch
poetische Vorbilder und Lehre für die Einführung von Personen nahegelegt war.
Das Aussehen der Prudentia, der wichtigsten Personifikation des Acl, wird bei
ihrem ersten Auftritt derart nach Gestalt, Gewand und Attribut beschrieben (I
270 ff.). Für alle Teile des Körpers wird nacheinander von oben nach unten die
Schönheit der Bildung ausgesprochen: für Haar, Augenbrauen, Augen, Stirn,
Nase, Mund und Zähne, Gesichtsfarben, Kinn, Hals, Brüste, Arme, Hüften sowie weitere verborgene Reize und endlich für die Harmonie aller Glieder[12].
Aus diesem topischen Schönheitspreis führen nur wenige besondere Züge heraus. Die Körpergröße ist – wie bei der Philosophia des Boethius, an die sicher erinnert sein soll – markiert durch göttliche Polymorphie, das heißt hier durch den
Wechsel von normaler Menschengröße und einer Ausdehnung bis zum Him-

mel[13]. Die kurze Gewandbeschreibung ist wie bei den übrigen Personifikationen dieses Werks auf ein Kleidungsstück, die *vestis*, beschränkt, das nach Gewebeart, Farbe, Sitz und Bildmuster behandelt wird. Das besondere Muster, die Darstellung der *rerum species* (I 310), zielt wie seine altersbedingte Verblichenheit und einige Risse (wiederum in Analogie zur Philosophia des Boethius [14]) auf das Wesen der Prudentia. Ihr sprechendes Attribut ist die Waage. – Schon die Beschreibung der Natura in Alans früherem Werk ›De planctu naturae‹, die längste bei ihm überhaupt, ist nach diesem Muster gestaltet. Auch sie eröffnet ein ausführlicher Schönheitspreis (Sp. 432A–433A), ehe Diadem und Gewandung folgen, hier reicher, da sie den ganzen sichtbaren Kosmos abbilden und jedem Seinsbereich ein eigenes Kleidungsstück gegeben ist. Ihre Attribute sind Lehmtafel und Griffel, mit denen sie die – freilich in dem Material ständig wieder schwindenden – Bilder der Dinge (*varias rerum pictoriales imagines*, Sp. 439C) entwirft. – Bei den übrigen Tugendpersonifikationen des Acl kürzt Alan sein Beschreibungsverfahren so ab, daß er nach einer mehr oder weniger knappen Konstatierung der Schönheit nur die wenigen spezifischen Züge benennt (vor allem die Bilder des Kleides und die Attribute). Doch verändert das seine Beschreibungsart nicht grundsätzlich. Die überwiegende Zahl der Personifikationsmerkmale ist in ihrer Aussage für die Kräfte ohne weiteres verständlich, zumal bekannte, durch Konvention und Tradition sicher erschließbare Zeichen benutzt werden. Wo jedoch eine größere Zahl von Einzelzügen zur Kennzeichnung einer Personifikation erforderlich gewesen wäre – wie sie die Bildgewebe im Kleid der Künste und der Theologie enthalten –, werden diese nicht durch die Komposition von einzelnen Sinnträgern zu tatsächlichen Bildern repräsentiert (die der Leser oder schon der Autor Zug um Zug zu deuten hätte), sondern werden sie direkt benannt, so daß die Kleider-*descriptio* eine Quasideutung ohne Sinnträgerebene bringt. Das aus Nilpapyrus gewebte weiße Kleid der Grammatik zum Beispiel zeigt die Lehrinhalte dieser Kunst (II 411–475):

> *Vestibus hec inscripta manent, descripta resultant,*
> *Artis grammatice uirtus, natura, potestas,*
> *Ordo, materies, pars, finis, nomen et actor,*
> *Officium, species, genus, instrumenta, facultas* [...]
> (das wird im einzelnen ausgeführt).
>
> *Hec artis series seriatim picta propinat*
> *Delicias oculis et menti fercula donat,*
> *Nam pictor predoctus eam descripserat, immo*
> *Plus pictore potens, picturaque clamitat illum.*

Die Abweichung bei der Behandlung der Personifikationen ist an der Attribute-Zuteilung besonders deutlich erkennbar. Im Acl gehören der Prudentia die Waage, der Ratio drei bei ihrer Nennung erklärte Spiegel, der Concordia der blühende Ölbaumzweig, der Grammatik Rute und Messer, der Logik honigspendende Blume (rechts) und giftiger Skorpion (links), der Rhetorik Tuba und Horn, der Arithmetik die Pythagoras-Tafel, der Musik die Zither, der Geometrie die Meßrute, der Astronomie die Sphära und der Theologie Buch und

Zepter. Diese Attribute sind in ihrem Sinn leicht faßbar und halten sich innerhalb der Zeichenkonventionen[15]. Anders sind die Attribute im Sc beschaffen. Zum Beispiel trägt die Discretio auf der Schulter ein Kreuz mit dem Kruzifixus (das leicht hin- und herschwingt), in der Rechten einen fächerartigen hölzernen Gegenstand, aus dem Zweige mit Blüten wachsen, im Schoß hält sie eine Vielzahl von kleinen Edelsteinen; die Veritas hat eine weiße Taube auf der Schulter, einen monströsen Menschenkopf auf der Brust, eine Karte mit sieben Schriftzeilen (die jedoch für die Visionärin nicht lesbar sind) in den Händen und einige Menschen unter der Fußtrittgebärde des Siegers (III 6,911 ff., 792 ff.). Die Constantia endlich hat zwei kleine Fenster auf der Brust, über denen ein Hirsch so steht, daß er mit den Hinterbeinen auf das linke, mit den Vorderbeinen auf das rechte tritt (III 10,704 ff.). Bei allen diesen Attributen, die durch ihre Ungewöhnlichkeit, Unzugänglichkeit und die Tendenz zur Häufung sich auszeichnen, ist eine Auslegung in jedem Einzelzug erforderlich. Die sparsame Verwendung leicht verständlicher Attribute im Acl steht zu diesem Verfahren in Kontrast.

Die an den Personifikationen erkannten charakteristischen Züge beider Allegorien setzen sich ähnlich auch durch andere Bestandteilkomplexe fort. Raum erscheint in beiden als Landschaft, Architektur und kosmischer Raum. Landschaft begegnet im Acl dreimal: am Wohnsitz der Natura, der Fortuna und in der Schilderung des wieder erreichten goldenen Zeitalters. Der Ort der Natur (*locus locorum*, I 73) ist ein *locus amoenus* mit Blumen, Bäumen als Mauer, Quelle und Vogelsang, angereichert durch Züge des goldenen Zeitalters wie Eukrasie (also auch ewigem Frühling), vom Ackerbau unberührter Erde und ständigem üppigen Fruchttragen des Bodens und der Bäume. Als Ort der Konzentration irdischer Vollkommenheit bildet er den Himmel ab. Die Entfaltung dieses Merkmals sowie der landschaftlich-vegetabilen Charakteristika der goldenen Zeit zeigt am Schluß der Dichtung den ehemals fernen und eng begrenzten vollkommenen Ort sich über die ganze Erde erstrecken (I 55 ff., IX 391 ff.). – Ein Gegenbild zu dem reinen Lustort bietet der Landschaftsbezirk der Fortuna, der Macht der Unbeständigkeit, des Wechsels von Glück und Unglück. Er ist eine Kombination von *locus amoenus* und *locus terribilis*: reiches Fruchtbringen und Unfruchtbarkeit, Zephir und Boreas, Nachtigall und Unglücksvogel, heller, süßer, sanft fließender und dunkler, bitterer, tosender Fluß bestehen neben- und ineinander, wobei letztlich das unglückliche Element überwiegt[16]. Der Bezirk liegt auf einem Felsen im Meer, ist ständig umspült, einmal überschwemmt, einmal weit herausragend in die Lüfte. Die beschriebene Landschaft tritt plastisch hervor. Wie bei den Personifikationen folgt Alan dem Darstellungsprinzip der Verwendung von topischen Elementen aus dem epischen Repertoire; sie werden mit signifikanten Einzelzügen durchsetzt oder in Kombinationen verwandt, die die Bedeutungshaltigkeit signalisieren und die Richtung der Entschlüsselung zu finden helfen.

In Hildegards Visionen gibt es keine zusammenhängende Landschaft; hier sind einzelne Landschaftselemente, insbesondere der Berg, als Signifikanten in die Visionsbilder eingefügt, und sie erhalten ihre präzise Auslegung. Die Bedeutungsspanne des Berges, der hier als Beispiel genüge, ist breit, umfaßt Gutes und Schlechtes; sie reicht von *praesumptio* (des Antichrists) über *magnus casus hominis*, weltliche Macht bis zu Glaube, Gottesfurcht, Gottes ewigem Reich und Gott selbst[17]. Meist hat der Berg spezifische Eigenschaften, die die Gesamtbedeutung ergänzen und modifizieren. Der Berg DO 6, Zeichen für Gott selbst, ist als groß, hochaufragend, hart, weiß und von der Form eines feuerspeienden Vulkans beschrieben: *hoc designat quod [...] Deus est, magnus in potestate, excelsus in gloria, durus in severitate, altus in lenitate, quoniam omnia judicia sua in ardore aequitatis perficit* (956 CD). Die Kombination solcher Landschaftselemente mit Dingen ganz anderer Bereiche (hier steht auf dem Berg der Spiegel der *praescientia* Gottes) verhindert die Bildung einer natürlich-konzinnen Vorstellung, wie sie Alan zu erzeugen sich bemühte.

Analog zur Landschaft in beiden Allegorien stellt sich die Differenz der Behandlung der Architektur dar. Während Alan mit dem Palast der Natura und dem Haus der Fortuna wiederum die typische epische Beschreibung mit spezifischen signifikanten Zügen anreichert (etwa der besonderen Lage und der Ausmalung des Palasts[18] und der nach Lage, Erhaltungszustand und Materialien zweigeteilten *domus Fortunae*[19]), ist Hildegards Gerechtigkeits- und Heilsgebäude Sc III insgesamt und in allen Einzelteilen (z.B. Türmen, Säulen, besonderen Mauer- und Eckkonstruktionen) aus genau ausgewählten Sinnträgern zusammengesetzt, die in jedem Merkmal bedeutungshaltig sind[20]; in seiner Gesamtheit repräsentiert der Bau den Gang der Heilsgeschichte – eine komplexe Konzeption, organisiert von der Ebene der Signifikanz her, wie sie in das Werk Alans nicht passen würde.

Durch die über Landschaft und Gebäude hinausführenden allgemeinen Raumvorstellungen, in die auch der kosmische Raum eingeschlossen ist, setzt sich die Verschiedenheit beider Werke fort. In Hildegards Visionen bildet sich aus den Gegenständen und dem Geschehen zwischen ihnen ein ganz eigener Raum, der nichts mit der empirischen Welt zu tun hat. Alan knüpft dagegen eine – wenn auch notwendig vage – Verbindung zum eigenen Lebensraum. Der Ort der Natura ist eingeführt mit dem Bezug: *Est locus a nostro secretus climate longo / Tractu, nostrorum ridens fermenta locorum* (I 55 f.). Wie der Wohnsitz der Fortuna auf einem Fels im Meer ist er in der bekannten Welt angesiedelt. Ebenso führt die Himmelsreise der Prudentia von dieser Erde[21] durch die Lufträume (*aer, aether*), die Planetensphären, das Firmament bis zum höchsten Punkt des sichtbaren Kosmos. Daß dann gerade der Übergang in den himmlischen Bereich, dessen Raum und Wege – die Bewegung darin ist nur mit dem Pferd ›Gehör‹ möglich – paradox die irdischen Kategorien übertreffen, unterstreicht nur die prinzipielle Exaktheit der Anknüpfung an reale Raumvorstellungen[22]. Bei Hildegard ist dagegen Raum nur als Licht- und (innerer) Sichtraum existent. In ihm erscheinen Personen und Gegenstände sowie Lichtphänomene, die selbst den Raum und seine Verhältnisse konstituieren. Hildegard war sich dessen bewußt; sie beschreibt dies und nennt den Lichtraum, in dem ihr alles erscheint, *umbra viventis lucis*[23]. Während bei Alan die Größenverhältnisse konstant bleiben, indem sich alles wie in einem normalen Aktionsraum des Menschen abspielt und trotz der Hintergrundweitung der kosmischen Räume der Blick auf die Handelnden gerichtet bleibt, wechseln sie bei Hildegard vergleichbar der wechselnden Nah- und Fernblende einer Kamera. Auch die Größenverhältnisse der Gegenstände untereinander müssen hier nicht der normalen Raumerfahrung entsprechend harmonieren; ins Kosmische Ausgedehntes und wenige Zentimeter oder Meter Umschließendes kann unmittelbar verbunden werden. Raumverknüpfungen zwischen den Visionsbildern sind – abgesehen von dem nach einem Überblick Teil für Teil betrachteten Heilsgebäude – selten und können sich nur auf vorher innerhalb des Lichtraums erschienene Gegenstände beziehen, so daß die beschriebene ›Raumlogik‹ der Visionen gewahrt bleibt[24]. Wie die substantiellen Teile der Visionen haben auch Verhältnisse und Rückbezüge ihre spezifische Bedeutung.

Als weiterer die Gesamtallegorie jeweils wesentlich mit bestimmender Teilkomplex neben Personifikationen und Raum präsentiert sich Geschehen und Handlung. Alans Werk ist als fortlaufende, lückenlose Handlung nach dem *ordo naturalis* angelegt. Sie setzt sich zusammen aus mehreren narrativen Teilen: Beratung über Naturas Plan, die in den Entschluß der Ausführung mündet, Vorbereitungen der Himmelsreise durch den Wagenbau, Reise, Unterredung mit Gott, die die Erschaffung der neuen Seele bewirkt, Rückkehr zur Erde, Vollendung des neuen Menschen mit Körper und Seele, Gabenbeschenkung durch die Tugenden, Kampf und Sieg, mit dem das goldene Zeitalter wiederkehrt. In der Gesamthandlung, die ein echtes Kontinuum mit logisch und faktisch genauer Folge der Phasen darstellt, enthalten alle genannten größeren Abschnitte einen allegorischen Sinn, indem sie den gemeinten geistigen Prozeß mit illustrieren. Auch viele Einzelzüge der Handlung sind derart sinnbesetzt wie die Zähmung der Sinnenpferde durch die Ratio, die Ohnmacht der Prudentia am Eingang des Himmels sowie ihre Heilung durch den Trank aus der Hand der Fides, der Gebrauch eines Spiegels zur Betrachtung der himmlischen Dinge, endlich die Verteilung der einzelnen Tätigkeiten unter die Personifikationen (z. B. Zusammenbau des Wagens und Zusammenfügen von Körper und Seele durch Concordia)[25]. Dazwischen schieben sich jedoch kleinere Episoden, die allein der Räson der epischen Handlung dienen und nicht über sich hinausweisen: die herzliche Verabschiedung der Prudentia zur Reise mit den Wünschen der Tugenden für eine gute Rückkehr, mit Umarmungen und Küssen sowie Abschiedsreden (IV 231 f.), der entsprechende Empfang bei der Rückkehr (VII 1 ff.), das Agieren der Tugenden zwischen den Reden der Beratung, zum Beispiel mit Gebärden der Bescheidenheit oder des Ruhegebietens, und mancher Zug der Kampfhandlung, der allein den episch angemessenen Ablauf garantiert[26]. Die Unterscheidung solcher von kleineren allegorisch deutbaren Zügen ist nicht immer leicht, da der Erzähler alles darauf anlegt, jedem Geschehen epische Motivationen und damit eine Natürlichkeit der Begründungen und Folge innerhalb der *narratio* zu geben. Zum Beispiel erfüllt Prudentias Furcht vor Gottes, des höchsten Herrschers, Thron, ihr Kniebeugen, Kopfsenken und Zittern, das Gott durch Ermutigung und ihre Aufrichtung beendet, zuerst – wie das Hofzeremoniell in andern epischen Werken – die unmittelbaren Ansprüche der epischen Situation, enthält aber zudem als *erectio* des durch Sünde gebeugten Menschen eine für die theologische Aussage des Werkes wesentliche Signifikanz[27].

Eine teleologisch gerichtete Handlung in der Art des Acl vollzieht sich in Hildegards Visionen nicht, wohl aber gibt es Vorgänge, Geschehen, Gebärden. Ein echter Gegensatz von Statik hier und Dynamik dort besteht demnach nicht, zumal auch bei Alan die Handlung in beschreibenden Partien immer wieder ruht[28]. Neben Visionen, die ein im ganzen stehendes Bild präsentieren, das eventuell durch wechselnde Lichtphänomene belebt wird (Sc I 1, 6, II 2, III 1), werden menschliche Verrichtungen (Handeln auf dem Markt II 7, Käsezubereitung I 4, Kleiderwechsel III 4, 6, 9, gehende oder steigende Bewegung im Raum II 4, 7, III 4), Vorgänge wie Geburt und Tod (I 4), liturgische Handlungen (II 6), Gebärden (z. B. Bedecken des Gesichts mit dem Ärmel III 3) und großräumiges Geschehen im Kosmos (I 3, III 11, Fall des Menschen I 2, III 1, Luzifersturz als Sternenfall III 1) beschrieben. Jede Phase des Geschehens, jede Bewegung, jede Gebärde ist hier bedeutungshaltig und explizit ausgelegt.

In die allmählich sich abhebende Eigenart der Werke fügen sich hier wie dort die Reden sinnvoll ein. Während im Acl Reden gehalten werden, um Handlungsentscheidungen herbeizuführen (Beratung, Prudentias Bitte um Hilfe an die Theologie, ihr Gespräch mit Gott, Alectos Rede zur Mobilisierung der Laster usf.), und ihnen daher eine entsprechend auf die Situation zugeschnittene Logik und Rhetorik eignet, haben die Reden in Hildegards Visionen nahezu ausschließlich den Zweck der Selbstdarstellung der Redenden oder des Appells an die Menschen in der Welt, also auch an die Rezipienten[29].

II.

Das Fazit aus der Analyse einiger wichtiger Bestandteile der Allegorien Hildegards und Alans ist die Feststellung eines durchgängig divergierenden Verfahrens bei der Organisation der Allegorie. Damit festigt sich die Einsicht, daß bei der grundsätzlich gleichen Bedingung der allegorischen fiktiven Konstrukte, der verschlüsselten Vermittlung geistiger Konzeptionen, die Durchführung entgegengesetzte Wege nehmen kann. Das jeweilige Verfahren kann nun für beide Seiten modellhaft herausgehoben und von der engen stofflichen Bindung an die verglichenen Werke abstrahiert werden, ehe Funktionen und Traditionsbindungen, die die Allegorien nicht unerheblich mit geprägt haben, in den Blick genommen werden.

Hildegards Visionsbilder erwiesen sich als Zusammensetzungen einer Vielzahl von einzelnen Sinnträgern, von denen keiner für die Bedeutung funktionslos bleibt. Die Organisation der literalen Ebene geschieht von der Bedeutungsebene her. Das wird dort besonders augenfällig, wo – wie in Hildegards Spätwerk DO zunehmend – völlig disparate Dinge als Sinnträger zu einer Visionseinheit komponiert werden. Das Ensemble von Signifikanten zum Beispiel, das oberhalb des sog. Jenseitskosmos DO 5 erscheint, verdeutlicht dieses Prinzip: Über der fünfgeteilten Scheibe der Läuterungs- und Straforte steht eine rote Kugel, umgeben von einem saphirblauen Ring; an ihr setzen zwei Flügelpaare an, deren eines sich oberhalb mit den Spitzen trifft und deren anderes, nach unten gestreckt, die Scheibe seitwärts bis zur Hälfte umfaßt; den Raum zwischen Kugel und Scheibe füllt ein Gebäude, oberhalb der Kugel erstreckt sich eine Straße, an deren Ende ein weißer Stern steht; darüber, zwischen den oberen Flügelspitzen, erscheint eine strahlende Feuerkugel. Zusammen bilden diese Sinnträger einen Bedeutungskomplex, der in Opposition zu Gottes Strafeifer und den Höllenqualen die helfenden göttlichen Eigenschaften und Kräfte vereinigt (Sp. 911 f.). Entsprechend merkwürdige *res*-Kombinationen – bei Betrachtung nur der Literalebene – sind im Sc ein Berg mit kleinen Fenstern und daraus hervorblickenden Menschenköpfen, ein Turm als Rückenstütze einer Frauengestalt oder an sie herangetragenes Baumaterial, als sei sie ein Bauwerk, Tiere, die mit aus ihrem Maul gehenden Tauen an die fünf Spitzen eines Hügels gebunden sind usf. [30].

Das dahinterstehende Allegoriemodell ist also auf seiner unteren Ebene gekennzeichnet durch die Zusammensetzung ursprünglich disparater Dinge. Doch nicht nur die *res*, auch die ihnen zugesprochenen bedeutungstragenden Eigenschaften können abweichen von der Empirie [31]. Die Zusammenstellung im Raum und die Verknüpfung in der Zeit wird inkontingent gehalten, logisch einsehbare Konsequenz weitgehend vermieden. Zusammenfügung des Nicht-Zusammengehörigen, Diskontinuität und Inkohärenz sind die Prinzipien einer Organisation, die mit dem Einsatz des Unvorhersehbaren, Überraschenden, Fremden und Dunklen der Bilder die Qualität des Wunderbaren (*mirabilia haec*) erzeugt. Gemessen an der mit den Sinnen und der Ratio erfahrenen Welt herrscht hier Arationalität, ein Fehlen von Begründungen, das sich auch im sprachlichen Stakkato der stereotypen Verbindungen spiegelt: *vidi* [...], *deinde vidi* [...] usf. Mit diesen Organisationsprinzipien harmoniert die Gliederung der Visionen in Einzelbilder, die zum Teil noch weiter zerfallen in *litteraliter* unzusammenhängende Visionsteile (II 7, III 11). Wo über mehrere Visionen – wie im dritten Sciviasbuch oder im dritten Teil des DO – eine Kontingenz durch dieselbe Architektur, ihr Abschreiten von Teil zu Teil oder ihr Umschreiten von Gegenstand zu Gegenstand ihrer Umgebung, durchgehalten scheint, wurde in Wahrheit nur eine Großvision aufgeteilt; es liegt wiederum ein Einzelbild zugrunde [32].

Die von ihrer Literalebene her derart beschaffene Allegorie impliziert, um nicht völlig unverständlich zu bleiben, die Notwendigkeit einer beigefügten Auslegung und zugleich die strenge Trennung der literalen und der spirituellen Ebene; denn eine Vermischung würde die volle Wirksamkeit ihrer Organisationsprinzipien behindern. In Hildegards Visionen ist diese Trennung durch die Unterteilung in Beschreibung und Allegorese strikt gewahrt; so werden auch Personifikationen erst bei ihrer Deutung benannt, vorher heißen sie neutral *imagines*. Erst von der Deutungsebene erlangt nun das Inkohärente Kontingenz und Sinnhaftigkeit. Da die Allegorie von hier aus organisiert ist, sind alle in der Literalebene auftretenden Personen, Dinge, Qualitäten, Vorgänge, Ortsangaben u. a., also alle Elemente und deren Beziehungen zueinander restlos in Signifikate und Signifikatverbindungen auflösbar.

Dieses Verfahren der allegorischen Komposition führt konsequent zu einer besonderen Aufwertung der Eigenschaften und ihrer *res* und Bedeutung vermittelnden Funktion. Schon die ungewöhnlich zahlreichen Bezeichnungen zur Beschaffenheit der Visionsgegenstände wie Farben-, Form-, Konsistenz-, Oberflächenbeschreibung weisen in diese Richtung. Bemerkenswerter noch ist eine Entwicklung zum Spätwerk DO hin, dessen zehnte Vision eine Art Endpunkt markiert. Hatten im Sc überwiegend Menschengestalten und Dinge, wenngleich in zum Teil eigenartiger Zusammenstellung, die Bedeutungsgehalte in sich aufgenommen, reichen hier Linien und Farben sowie deren Änderungen aus, um Gott (in seinen Eigenschaften), die Weltzeit und die Ewigkeit zu bedeuten[33]. Die Eigenschaften sind also zum Teil selbständig geworden.

In nahezu jeder Beziehung kontrastiert dieser Allegorie das aus Alans Acl abstrahierbare Allegoriemodell. Der Acl präsentiert sich als geschlossene, zielgerichtete, einsinnige Handlung; in einer generellen Einführung in das Problem der Dichtung zu Beginn der *narratio* wird eine Lesererwartung gespannt (I 1–17), deren Erfüllung das Werk in seiner Gesamtheit nachkommt. Die Ausdehnung der Fabel ergibt sich daraus, daß zur Ausführung des anfangs von Natura gefaßten Plans Bedingungen erfüllt, Schwierigkeiten überwunden und Konflikte gelöst werden müssen. Erzähltechnisch ist das bewältigt mit verschiedenen Formen des Berichts in wechselnder Raffungsintensität von der knappsten Erwähnung bis zur ausgeführten Szene, mit Beschreibungen und Erzählerkommentaren unterschiedlicher Art[34]. Mehrere Handlungsblöcke wie Beratung, Reise, Kampf heben sich heraus (s. o.). Die Techniken der epischen Erzählung, Motive, Topoi (wie *locus amoenus*, Palastbeschreibung, Schönheitspreis) werden in den Dienst der Allegorie genommen. Von ihr her werden sie so überformt, insbesondere durch die gezielte Einfügung bestimmter bedeutungshaltiger Züge, daß sie zwar nicht in allem Einzelnen, doch insgesamt auf den Sinngehalt des Werks hinlenken, ihn mit tragen. Anders als bei Hildegards Visionen ist hier die Erzählung durch natürliche logische Folge, Kohärenz, zielgerichteten Ablauf, ein sicheres Erwartungs-Erfüllungs-Schema ausgezeichnet, sie ist im Ganzen und in allen Einzelteilen auf Zusammenhang und (rationale) Konsequenz hin angelegt. Personen und Erzähler handeln und sprechen, wie es von vernünftigen Menschen erwartet wird. Diese Kennzeichnung des Acl führt nun auf das Hauptproblem dieser Allegorie und ihrer Organisation. War bei Hildegard gerade die Unzugänglichkeit der Literalebene die Bedingung zum notwendigen Aufsteigen zur Bedeutungsebene, zwischen denen noch die zu vermittelnden Proprietäten anzusetzen waren, ist im Acl das Fehlen einer derartigen Ebenenschichtung zu konstatieren. Denn die Erzählebene kann weder als Literalebene bezeichnet werden, da sie von Anfang an mit Bedeutungen durchsetzt ist (Namen der Personifikationen usf.); noch ist sie Bedeutungsebene, weil sie nicht in theoretischen Strukturen ihren geistigen Gehalt darlegt, sondern narrativ angelegt mit allen Merkmalen einer Fabel-*narratio* und zudem mit manchen konkreten Einzelzügen und -dingen ausgestattet ist, die wie Sinnträger sonst einer echten Deutung bedürfen. Für diese eigenartige Zwischenlage der Erzählebene – als Ebenenmischung ist sie kaum zu fassen – gibt es bei Alan einen Begriff, der von seiner Bewußtheit dieses Organisationsproblems seiner Allegorie zeugen könnte. In ›De planctu naturae‹ wird dem fragenden Alan im Gespräch mit Natura von dieser die integumentale bzw. allegorische Dichtungsart der *poetae* erläutert. Der antike mythologische Apparat erscheint als legitime Verhüllungsform, sofern diese *falsitas exterior* tatsächlich einen *nucleus veritatis secrete* einschließt. Doch es gibt noch weitere Möglichkeiten der Gestaltung einer entsprechenden *narratio: Poetae tamen aliquando historiales eventus joculationibus fabulosis quadam eleganti fictura confoederant, ut ex diversorum competenti conjunctura, ipsius narrationis elegantior pictura resultet* (Sp. 451CD). Diese mögliche Mischung, deren Konstatierung schon wichtig genug ist, wird danach durch einen neuen Kontrast noch überboten, indem den Göttergeschichten als *nimia falsitas*, von der sich Natura abwendet[35], eine *vera narratio* entgegengestellt wird (Sp. 452A). Beispiel für eine solche wahre Erzählung sind die vorhergehenden Reden der Natura; mit ihrer Mittellage zwischen verhülltem, bildhaftem und offenem Sprechen sind sie der *narratio* des Acl sehr ähnlich (und bedürften im Hinblick auf unser Problem einmal einer genauen Analyse).

Wenn also die Erzählebene dieser Allegorie weder Literal- noch Signifikanzebene ist, hat das bestimmte Konsequenzen für ihre Anlage. Da die Bedeutungen nicht als explizite Allegorese folgen, sind sie in der *narratio* enthalten bzw. durch eine Vielzahl verschiedenartiger Entschlüsselungssignale in deren Fortgang zu erfassen. Wie die Fabel im engeren Sinn auf das Verstehen einer rational leicht faßbaren Konsequenz hin ausgerichtet ist, hat auch die ganze Allegorie eine Organisationsform, die mit einer langsamen Einführung von ihrem Beginn an und allmählichen Entfaltung auch des Sinngehalts Zugänglichkeit und Offenheit intendiert. Während im andern Allegoriemodell nur eine einzige Methode der Erschließung, eben die Sinnträger für Sinnträger deutende Allegorese, verwendet wird, sind hier mehr Deutungshilfen an die Hand gegeben, unter denen die strenge Allegorese eine nur seltene, sporadisch vorkommende Form ist, die zudem nicht mit den exegetischen Grundformen eines *id est* bzw. *quod significat* auftritt, sondern unauffälligere nutzt, zum Beispiel die Sinnträger und Bedeutung in einem Ausdruck zusammenfassende Genitivverbindung[36]. Im übrigen macht schon das Handeln und Reden der jeweils mit Namen genannten Personifikationen[37] sowie ihr Verhältnis zueinander die narrative Ebene unmittelbar auf geistige Aussage hin transparent. Planvoll eingesetzte Elemente der Beschreibungen mit bekanntem Zeichenwert (wie die Attributzuteilung erkennen ließ), offene Darstellung von Lehrinhalten (z.B. bei der Kleiderbeschreibung)[38] und verschiedene Formen direkter Kommentierung des Erzählers, sei es als Reflexion, Urteil, Belehrung, Vergleich oder Metapher, die in ihrem Enthüllungsgrad abgestuft sind, all dies wäre nach seiner Leistung innerhalb dieses Allegoriemodells einmal detailliert zu untersuchen. Während das Modell der Visionen Hildegards notwendig streng an die Außensicht gebunden ist, hat der autonome Erzähler in dieser *narratio* Einblick in alle Zusammenhänge, inneren Vorgänge, Entwicklungen des Geschehens. Damit ist eine *vera narratio* mit impliziter Deutung ermöglicht nach dem Prinzip des Halb-Verdeckens und Halb-Enthüllens, das zur völligen Sinnfindung lockt. An eine solche Allegorie ohne Ebenenschichtung (im Objekt), die ausgerichtet sein kann nach einer Vermögensstaffelung im Rezipienten (im Subjekt) [39], als hermeneutisches Hilfsmittel das Schema vom mehrfachen Schriftsinn heranzubringen ist ebenso verfehlt, wie es ein Vergleich der Behandlung von ebenfalls an der Bibelallegorese orientierten Sinnträgergattungen (statt komplexer Bestandteile) in beiden Allegorien hätte sein müssen (s. I.). Die Interpretationsansätze haben sich an der jeweiligen Organisationsform der Allegorie zu orientieren.

III.

Mit der Erfassung der Divergenz der Organisationsformen beider Allegoriemodelle ist die Möglichkeit gegeben, nach den Funktionen der Allegorien und ihrer intendierten Wirkung auf den Rezipienten zu fragen. Allerdings läßt sich dabei nicht eine generelle Bestimmung gewinnen wie für die Organisation, da Funktionen werk- und zeitgebunden sind und dieselbe Organisationsform unter andern Bedingungen andere Funktionen annehmen könnte. – In Hildegards Allegorie wird mit der hermetischen Verschlossenheit der zunächst für sich präsentierten Literalebene dem Rezipienten sein absolutes Unvermögen eines eigenen Begreifens und damit sein totales Angewiesensein auf eine autorisierte Deutung der Visionsbilder vermittelt. Die dadurch erzeugte Demutshaltung, die schon der Seherin selbst eignen muß (Prot. 55 ff. u. ö.), ist die angemessene für den Empfang der Sinneröffnung. Die Organisation der Allegorie zielt damit auf Überwältigung, auf bedingungslose Annahme des nicht mit menschlicher Einsicht verstehbaren Andersartigen. Die Notwendigkeit der Erklärung durch den göttlichen (bzw. den von Gott inspirierten) Interpreten heißt, daß sie dem Aufnehmenden nicht überlassen werden darf, da die Garantie der einen richtigen und vollständigen Deutung gewährleistet sein muß.

Wie in Hildegards Visionen für den Inhalt, die göttlichen Heilsgeheimnisse, die angemessene Form gefunden wurde, korrespondieren auch in Alans Allegorie inhaltliche Aussage und Organisationsform so genau, daß die Funktionen unschwer erkennbar sind. Die Erzählung von der Himmelsreise der Prudentia auf dem Wagen der Sieben Künste, den die Pferde der fünf Sinne ziehen und den Ratio lenkt, bis Theologie und Fides zuletzt den Erfolg dieser Reise zu Gott durch ihre Hilfe garantieren, erfordert für den vollkommenen Nachvollzug genau die Kräfte, die in Aktion begriffen sind: die Sinne, die Ratio, die weiterdrängende Prudentia sowie die Hilfe der Künste, der Theologie und des Glaubens. Der langsamen Einführung in die Allegorie durch ihre Organisationsform, die zudem auf das sensuelle und rationale Vermögen des Rezipienten eingerichtet ist, entspricht in der *narratio* die Schilderung von Vorbereitung und Aufstieg, die den Leser offenbar zur *imitatio* bewegen soll; denn Alan sagt an anderer Stelle direkt, daß dies der Weg des Menschen zu Gott sei: von den *naturalia* zu den *celestia*, durch die Freien Künste zur Theologie[40]. Die pädagogische Hinführung auf diesen Weg, die die Dichtung mit ihren Mitteln unternimmt (Ansprechen der Sinne durch die poetische Form und der Ratio durch die Anlage der Allegorie, *delectare* und *prodesse*), muß an einem Punkt enden, der mit Hilfe der allegorischen Aussage aber noch deutlich markiert werden kann: dem Übergang vom Irdischen zum Himmlischen, der andere Fähigkeiten als die des Dichters und andere Kräfte als die natürlichen des Menschen erfordert (V 40 ff., 265 ff.), für dessen Gelingen aber Hilfe zuteil werden kann. Der bis zu diesem Punkt gewiesene Weg kann – auch in seiner allegorischen Gestaltung – offenbar aus der Gewißheit seiner Zugänglichkeit der aufschließenden Suche des Menschen überlassen werden. Es stehen – mit einem Wort – eine göttliche Pädagogik der Überwältigung bei Hildegard und eine menschliche der schrittweisen Hinführung und Einübung bei Alan einander gegenüber; um Belehrung des Menschen über den Weg zum Heil geht es hier wie dort.

IV.

Die Differenz beider Allegorien setzt sich auch hinsichtlich des Gebrauchs der Tradition sinnvoll fort. Die Visionen mit dem Anspruch göttlicher Offenbarung gegenüber dem Erklärung dieser *mirabilia* benötigenden Menschen suchen jeden Anklang an Bekannt-Traditionelles sorgfältig zu vermeiden. Denn durch ein Wiedererkennen von schon Vertrautem wäre das Neue, Unerwartete – entscheidendes Charakteristikum dieser Allegorie – gestört, da ein Versuch der eigenen Deutung hier ansetzen könnte. Erst recht ausgeschlossen sind direkte Quellenberufungen – außer seltenen Bezügen auf die Bibel, die als Gottes Wort anerkannte ›Quelle‹ (z. B. Sc III 12); doch wird auch sie in der Regel erst in der Auslegung, nicht schon in der Visionsbeschreibung zitiert, da sie (mitsamt der jeweiligen Exegesetradition) vorzeitig eine Deutungshilfe geben könnte. Das Bemühen um Unabhängigkeit von Quellen geht so weit, daß mögliche Wortanklänge an verwandte Vorstellungen durch Synonymengebrauch umgangen werden.

Alans Allegorie ist dagegen auf den offenen Gebrauch der Tradition angelegt, ja sie rechnet mit den entsprechenden Kenntnissen der Leser und deren Einsatz zu ihrer Erschließung. Nicht nur der Gebrauch nach dem Sinngehalt des Werks modifizierter epischer Topoi (*locus amoenus* u. a.), auch die mehrfach eingesetzte Nennung von antiken Exempelgestalten des Mythos und der Geschichte (die nicht deutlich unterschieden werden[41]), von Begründern und hervorragenden Vertretern der Künste, von Dichtern der Antike und der eigenen Zeit[42] zählt auf ein solches Wissen, um hieraus den Verstehenshorizont zu erweitern. Zudem ist das Werk mit einer größeren Zahl von einzelnen Mythologemen durchsetzt, die als Variation der eigentlichen Namen leicht auflösbar sind (z.B. Jupiter: Gott, Olymp: Himmel) [43]. Aber nicht nur im Detail ist die Allegorie von solchen sinnweisenden Traditionselementen durchdrungen. Das Werk ist als Ganzes eine literarische Replik auf Claudians ›In Rufinum‹, und der Autor setzt dieses sowie weitere Bezüge auf diesen Dichter und auf des Prudentius ›Psychomachia‹, des Martianus Capella ›De nuptiis Mercurii et Philologiae‹, des Boethius ›Philosophiae consolatio‹, Bernhards Silvestris ›De mundi universitate‹ – um nur Wichtigstes zu nennen – und auf sein eigenes Werk ›De planctu naturae‹ gezielt ein, um aus dem vom Leser gezogenen Vergleich Deutungsvalenzen für sein Werk freizusetzen. In der topischen Determination des Werks wird das Potential des Tradierten mit neuen Intentionen und Akzenten der allegorischen Deutung unterstellt. Das ließe sich am Beispiel des Topos von der Wiederkehr des goldenen Zeitalters und seiner Formkraft für das ganze Werk gut nachweisen [44].

In dieser Gegenüberstellung einer demonstrierten Traditionsnutzung kann für Hildegards Visionen nur ein tendentielles, nicht auch ein tatsächliches Vermeiden von Überlieferungselementen gemeint sein. Die gewählte Allegorieform verlangte diese Isolierung. Die Visionen enthalten jedoch eine Fülle von durch die Überlieferung vorstrukturierten Traditionselementen aus dem Text- und Bildbereich, insbesondere der Schriftexegese, die zu großen neuen Bildkomplexen zusammengefaßt wurden [45]. Die weltliche, das heißt vor allem die antike Tradition, ist aus dem Umfeld dieser Visionen ausgeschaltet; besonders nahe stehen dagegen die biblischen Visionen (des Ezechiel und der Apokalypse) mit ihrer Allegorese und eventuellen Illustration sowie das frühchristliche Visionsbuch ›Hermae Pastor‹ [46]. – Im Rahmen unseres Vergleichs der Allegorieformen verspräche eine nähere Untersuchung des verschiedenartigen Gebrauchs derselben Quellen, etwa der Bibelallegorese oder der ›Psychomachia‹ des Prudentius, interessante Einsichten.

Die weitgehend differierenden Allegorien Hildegards und Alans haben ihre Gattungsausprägung in allegorischen Visionswerken und einem allegorischen Epos gefunden. Diese Gattungsdetermination war insofern nicht notwendig, als die Allegorien nicht grundsätzlich gattungsgebunden sind, ja auch vermischt vorkommen (s. u.); trotzdem ist diese Festlegung symptomatisch. Hildegard läßt mit ihrer Allegorie die verwandten gleichzeitigen Formen aus dem Umkreis der Bibelallegorese, die auch schon zum Teil selbständige Allegorien sind (Honorius Augustodunensis, Hugo von St. Victor) [47] hinter sich. Die damit gewonnene Unabhängigkeit der Gestaltung mit der freien Verfügung über traditionelle Elemente war durch die enge Bindung an den Anspruch göttlicher Herkunft des Mitgeteilten in der Nachfolge biblischer und frühchristlicher Propheten, das heißt durch die Visionsform, am ehesten gerechtfertigt. In der zeitgenössischen Visionstheorie ist die von Hildegard realisierte Form als eine von mehreren möglichen klar beschrieben. Richard von St. Victor sagt über die dritte, geistige, als *symbolica demonstratio* noch mit Bildern aus der Körperwelt operierende Art – sie ist auch in der Apokalypse gebraucht –: *animus per Spiritum sanctum illumi-*

natus formalibus rerum visibilium similitudinibus et imaginibus praesentatis quasi quibusdam figuris et signis ad invisibilium ducitur cognitionem [48]. Die nur scheinbare Identität der Visionsgegenstände mit Dingen der Realität und ihr reiner Bedeutungswert entsprechen dem Gebrauch der Sinnträger in Hildegards Visionen genau; die Rigorosität ihres Verfahrens, die von der Gesamtanlage bis zur sprachlichen Formung im absoluten *sermo humilis* alles einschließt, erfüllt die gewählte Gattungsform in einem hohen, fast extremen Maß [49].

Auch Alan hat Gattung und Allegorieform zu einem stabilen Gleichgewicht gebracht, indem er einen durch Vorgänger schon gewiesenen Weg konsequent weiterging. Im Vergleich mit seinen Vorbildern – Claudians mythologisch-allegorischen und -historischen Epen und den allegorisch-erzählenden Werken oder Werkteilen des Martianus Capella, Prudentius, Boethius und Bernhard Silvestris sowie der integumental verstandenen ›Aeneis‹ [50] – gewinnt der Acl eine Synthese des Epischen und Allegorischen, in der das erste ganz im Dienst des zweiten steht, ohne von seiner Eigenart, die auch von der Gesamtdisposition bis zur sprachlich und metrisch poetischen Form reicht, einzubüßen. Eine stilgeschichtliche Analyse und Einordnung könnte hier die auf Organisation und Funktionen der Allegorien gerichtete Interpretation ergänzen.

V.

Die Differenz der Allegoriemodelle ist trotz mancher modernerer Züge in Alans Acl nicht historisch begründbar – die Entstehung der untersuchten Werke, setzt man bei Hildegard den Abschluß des DO als Endpunkt an, liegt nur ein gutes Jahrzehnt auseinander. Der Unterschied der Allegorien ist auch – wie es in der jüngsten Forschung mit einer Ausspielung der narrativen gegenüber der minderwertigen ›expositorischen‹ Allegorie geschieht [51] – kein qualitativer. Vielmehr haben die Autoren divergierende Inhalte und Intentionen in verschiedenen angemessenen Formen realisiert. Endlich sind diese Modelle, die kaum die einzigen, aber wohl wesentliche Möglichkeiten der allegorischen Gestaltung zeigen, auch nicht an ein Jahrhundert gebunden; in mehr oder weniger reiner oder abgewandelter Form bis hin zu ihrer Kombination in Mischformen, unter die nicht nur genuine Verbindungen beider in einem Werk, sondern auch allegorisierende Kommentierungen des an sich einschichtigen Modells, etwa der ›Psychomachia‹ oder des Acl zählen [52], waren sie vor und nach dem 12. Jahrhundert vertreten.

Die reine, gleichgewichtige, stabile Form aber, die sie bei Alan und Hildegard angenommen haben, scheint auch eine zeitbedingte Komponente zu enthalten. Bei aller Verschiedenheit der allegorischen Darstellung gibt es Gemeinsames, das sich schon inhaltlich aus dem übrigen abhebt und ein Zeitinteresse spiegelt: das Kosmische. Bei beiden Autoren sind größere Teile der Allegorien der Darstellung des Kosmos gewidmet, bei Hildegard ebenso in Anlehnung an die wissenschaftlichen Vorstellungen ihrer Zeit vom Aufbau des Kosmos wie bei Alan;

Hildegards Allegorie wird hier zugänglicher und zusammenhängender, wenn sie auch an sich in derselben Art verfaßt und mit einer expliziten Deutung aller Einzelzüge versehen ist wie das übrige (Sc I 3, III 11, DO 2–4) [53]. In zwei nah verwandten Gestalten aus Hildegards und Alans Werken hat sich die Konvergenz klar ausgeprägt: in der kosmischen Weisheit DO 9 und der Natura des ›De planctu‹ und Acl. Hildegards Weisheit, die für die Erhaltung des Kosmos zuständig ist wie Alans Natura als *vicaria Dei*, trägt wie diese Kleider, die den gesamten sichtbaren Kosmos abbilden. Hier wie dort geht es um das Problem, daß unter allen Kreaturen allein der Mensch die Gesetze seiner Erschaffung nicht erfüllt hat, und ferner darum, wie eine Wiedergutmachung im kosmischen Rahmen geschehen könne [54]. Diese Gemeinsamkeit der Autoren ist nicht nur partiell-inhaltlicher Art, sie ist auf den gesamten Allegorieentwurf zu beziehen. Die Totalität des kosmischen Bezugsrahmens, die integrierende, zentrierende und stabilisierende Potenzen hat [55], mag im allegorischen Visionswerk Hildegards und im allegorischen Epos Alans Gleichgewicht und Homogenität bestärkt haben.

Anmerkungen:

 1 Hildegard von Bingen: Liber Scivias, hg. Angela Carlevaris – Adelgundis Führkötter, CCL CM 43 und 43 A, Turnhout 1978 (abgekürzt Sc, zitiert nach Buch, Vision, Zeilen), hier Protestificatio 10, 78 (den Herausgeberinnen danke ich für die Freundlichkeit, mir die Benutzung der neuen kritischen Ausgabe noch während der Drucklegung zu ermöglichen); weitere hier benutzte Ausgaben der Werke Hildegards: Liber divinorum operum, PL 197, Sp. 739–1038 (abgekürzt DO, zitiert nach Spalten); Joannes Baptista Pitra (Hg.), Sanctae Hildegardis Opera (Analecta Sacra VIII), Monte Cassino/Paris 1882 (Nachdr. Farnborough 1966) (zitiert: Pitra, Seite).
 2 Alain de Lille: Anticlaudianus, hg. R. Bossuat (Textes philosophiques du moyen âge 1), Paris 1955, Prosaprol. S. 55 f. und Versprol. 1 ff. (abgekürzt Acl, zitiert nach Buch, Versen); ders.: De planctu naturae, PL 210, Sp. 451–482.
 3 Acl V 265 ff.; der Epilog IX 410 ff. betont wieder die Arbeit des Poeten.
 4 Meier, 1976, S. 3 f. und passim; dies., 1977, Gemma, S. 27 ff.
 5 Die Unterscheidung ist entwickelt bei Blank, 1970, bes. S. 22 ff. – Es ist bemerkenswert, daß Hildegard und Alan auch Bibelallegorese geschrieben haben.
 6 Zur Diskussion dieser Passage Meier, 1977, Zum Problem d. alleg. Interpretation, S. 262 ff.
 7 Zu diesem Gegensatz vor allem Blank, 1970, S. 7 ff., bes. 27 f.; Kritik bei Meier, 1976, S. 24 ff. (mit weiterer Lit.).
 8 Zur Differenzierung von Personifikations- und Konstruktionsallegorie Blank, 1970, S. 54 ff., 91 ff.
 9 Zu den Sinnträgergattungen nach Hugo von St. Victor vgl. Heinz Meyer, 1975, Zahlenallegorese , S. 40 ff., ebendazu und zu Elementen in der Allegorese Meier, 1974, S. 390 ff., 410 ff.
10 Zu Erscheinung und Auslegung der Tugenden mit Beispielen Meier, 1972, S. 297 ff.; zur Untergliederung von Gestalten durch Farbzonen (heilsgeschichtlicher Bedeutung) ebd., S. 324 ff.
11 Zur signifikanten Häßlichkeit der Laster ebd., S. 303 ff.

12 Vgl. zu diesem Beschreibungsschema des Schönheitspreises in Beispielen und Theorie Matthäus von Vendôme und Galfred von Vinsauf: Edmond Faral (Hg.): Les arts poétiques du XIIe et du XIIIe siècle, Paris 1924 (Nachdr. 1962), S. 118 ff., S. 214 ff. (bes. v. 598 f.), dazu S. 80.

13 Acl I 300 ff.; vgl. Boethius: Philosophiae consolatio I 1, 2, hg. Ludovicus Bieler, CCL 94, Turnhout 1957, S. 2, 7 ff.

14 Acl I 311 ff.; Boethius, ebd., I 1, 3 f., S. 2, 14 f., 19 ff., dazu I 3, 7, S. 5, 18 ff.

15 Acl I 316 f., 450 ff., II 205 ff., 399 ff., III 25 ff., 164 f., 288 ff., 398, 477 ff., IV 11 ff., V 104 ff. und dazu 181 f.: *Quam probat esse deam uultus sceptrumque fatetur / Reginam* [...]. – Daß durch die Kleidung das Wesen einer Person bezeichnet wird, ist nicht der Allegorie vorbehalten, sondern allgemeiner epische Technik des Mittelalters; dazu jetzt Ingrid Hahn: Zur Theorie der Personerkenntnis in der deutschen Literatur des 12. bis 14. Jahrhunderts, PBB 99 (Tüb. 1977), S. 395–444, hier S. 404 ff.; theoretisch auch Johannes de Hauvilla: Architrenius II 158 ff., hg. Paul Gerhard Schmidt, München 1974, S. 149: *Arguit exterior animum status* etc.

16 Acl VII 405 ff.; die süße und bittere Quelle am Ort der Venus bei Claudianus: Epithalamium de nuptiis Honorii Augusti, hg. Theodor Birt: MGH Auct. ant. 10, S. 129 v. 69 ff. Zum Kontrast von *locus amoenus* und *terribilis* allgemein (mit Lit.) Garber, S. 240 ff. Nächstes Vorbild für Alans *locus amoenus* ist der Ort der Physis, Granusion, bei Bernhard Silvestris: De mundi universitate, hg. Carl Sigmund Barach/Johann Wrobel, Nachdr.: Frankfurt 1964, S. 52 f.

17 Sc I 1, 52 ff., 3, 323 ff.; III 1, 133 ff., 2, 112 ff., 11, 199 ff., 764 ff.

18 Acl. I 107 ff.: die Höhe des Berges, mit der Kußmetapher beschrieben (*nubibus oscula donat*), deutet auf die Verbindung von Himmel und Erde (Hochzeit) hin. Auf den Wandgemälden ist das *opus* der Natur in exemplarischen Gestalten bezeichnet, in seinem Gelingen durch Aristoteles, Plato, Seneca, Ptolemäus, Cicero, Vergil, Herkules, Odysseus, Kaiser Titus, Turnus und Hippolyt, in seinem Mißlingen durch Josephus Iscanus – *noster Ennius*, Walther von Châtillon – *Mevius*, Nero, Midas, Ajax, Paris und Davus.

19 Acl VIII 1 ff.: Das Haus liegt teils hoch auf dem Fels, teils unten an seinem Fuß, ist teils in bestem Zustand, bestehend aus denselben wertvollen Materialien wie der Palast der Natur, teils aber schon halb Ruine und aus billigen Stoffen gebaut; dies zielt auf das zwiespältige, unbeständige Wesen seiner Bewohnerin, für die schon eine feste ›Bleibe‹ paradox ist.

20 Z. B. die Säule des Wortes Gottes Sc III 4, 47 ff.: Sie steht nur eine Maßeinheit vor der Nordecke des Gebäudes und stößt von außen an seine Mauer; ihre Maße sind wegen der gewaltigen Größe nicht nennbar. Sie ist stahlfarben. Ihre drei schwertscharfen Kanten weisen nach Osten, Norden und Süden. Aus der Ostkante gehen Zweige hervor, Sitz der Patriarchen und Propheten, die zur Nordecke blicken. Zwischen Nord- und Ostkante ist die Säule gefurcht und rauh wie Baumrinde, aus der neue Triebe sprossen: Die Nordkante sendet einen Lichtglanz aus, den die Südkante reflektiert und in dem sich verschiedene Heiligengruppen zeigen. Die Südkante wölbt sich in der Mitte breit aus und wird nach oben und unten zu schmal (*secundum modum arcus, qui extenditur ad sagittas iaciendas*). Auf der Spitze der Säule sitzt in hellem Licht eine Taube mit einem goldenen Strahl im Schnabel, der die Säule erleuchtet. Alle diese hier gegenüber dem Visionstext schon gerafften Einzelzüge werden allegorisch gedeutet (III 4, 130 ff.) – wie alle andern Mauerteile des Gebäudes. Zum Gesamtgebäude unter dem Aspekt der Himmelsrichtungenallegorese Maurmann, S. 81 ff.; ferner Haug, 1977, Gebet und Hieroglyphe, S. 175 ff.

21 Acl IV 243 ff.: *Currus subtollitur, exit / Terras et tenuem currens euadit in auram. / Aeris aggrediens tractus Prudencia* [...].

22 Acl V 40 ff., 306 ff.; eine Ortsbeschreibung des Himmels, des Palasts Gottes, des Aufenthalts der Engel, der Heiligen, Christi und Marias ist streng vermieden.

23 Epistulae, Pitra, S. 332: *Lumen igitur quod video, locale non est, sed multo et multo nube quae solem portat, lucidior est; nec altitudinem, nec longitudinem, nec latitudinem in eo considerare valeo, et illud Umbra viventis lucis mihi nominatur. Et ut sol, luna et stellae in aquis apparent, ita scripturae, sermones, virtutes, et quaedam opera hominum formata mihi in illo resplendent.* Die ›Raumlosigkeit‹ dieses Raumes ist deutlich ausgesprochen.

24 Zum Beispiel wird im kosmisch weiten Raum eine weiße Blume sichtbar (Sc II 1, 52 ff.). – Zu Rückbezügen im Visionsraum vgl. Sc III 8, 50 ff. und I 4, 48 ff., Sc III 11, 99 ff. und II 3, 72 ff.

25 Acl IV 213 ff., VI 1 ff., 100 ff., 113 ff.; IV 70 ff., VII 56 ff.

26 Z. B. Acl I 207 ff., 436 ff., II 210 ff.; VIII 350 ff., IX 1 ff. usf.

27 Acl VI 284 ff.; dazu Wetherbee, 1972, S. 217; Meier, 1977, Zum Problem d. alleg. Interpretation, S. 291 f.

28 Zu diesem Gegensatz Blank, 1970, S. 89 ff., bes. 103; Jung, 1971, S. 20, 295 ff., 304 ff.; Meier, 1976, S. 49 f. (mit weiterer Lit.).

29 Acl I 214 ff., V 178 ff., VI 296 ff., VIII 176 ff. Zur Selbstdarstellung der Redenden dienen bei Hildegard nahezu alle Reden der Tugenden; Mahnreden an die Menschen halten z. B. die Weisheit Sc III 9, 134 ff. und Christus Sc III 10, 77 ff.

30 Sc I 1, 26 ff., II 4, 29 ff., II 3, 85 ff., III 11, 75 ff.; besonders augenfällig wird dieses Prinzip auch im dritten Teil des DO bei der Anordnung ganz verschiedenartiger Dinge um die Stadt.

31 Z. B. ein Vulkan von weißer Farbe DO 6 Sp. 955 B.

32 Sc III 2–10, DO 6–10; dasselbe gilt für die Kosmosbilder DO 1–4 bzw. 2–4.

33 DO 10 Sp. 997 f., gedeutet 999 ff.: Ein zuerst ganz weißer Kreis wird von einer dunklen Linie waagerecht halbiert; die untere Hälfte nimmt nun eine fahle, mit Schwarz durchmischte Farbe an, während die obere, durch eine rote Linie geviertelt, teils grün, teils rot wird. Dann füllt sich die untere fahle Hälfte mit vier Farbzonen: Wasserblau, Rot, reinem, leuchtendem Weiß und trüb-unruhigem Farbton. Auf der Mittellinie des Kreises sitzt die Personifikation der göttlichen Liebe. Dazu Meier, 1972, S. 321 ff., 340 ff.

34 Dazu gehört auch eine Erzählökonomie, nach der schon ausführlich Behandeltes bei erneutem Vorkommen abgekürzt wird (Rückkreise, Schönheitspreis bei mehrfacher Personifikationsbeschreibung usf.). Solche Elastizität paßt zum andern Allegoriemodell nicht; da alles neu und unerwartet, in seinem Verlauf unabsehbar ist, muß auch alles mit derselben Einläßlichkeit beschrieben werden.

35 Hier mag zusätzlich die Abgrenzung der vom Philosophen legitim zur Wahrheitsverhüllung verwendbaren Fabel durch Macrobius: Commentarii in somnium Scipionis, hg. J. Willis, Leipzig 1963, S. 6, 3 ff. eingewirkt haben; zur Stelle mit dem Kommentar Wilhelms von Conches: Dronke, S. 27 ff., 71 f.

36 Solche Deutungen: IV 288 ff., V 460 f., VI 264 ff., 462 ff. (*Frigus auaricie, fedeque libidinis estum, / Inuidieque sedet stimulum* [...]); zu solchen Formen der Auslegung in der Liturgieallegorese Suntrup, hier S. 117.

37 Eine Verzögerung der Namensnennung aus Gründen der epischen Spannung wäre – wie bei andern epischen Figuren – denkbar; sie hätte mit der Allegorie als solcher nichts zu tun.

38 Z. B. werden die drei Spiegel der Ratio durch Beschreibung dessen, was in ihnen sicht-

bar wird, erläutert (I 450 ff.); andere signifikante Züge werden bei einer Personifikation vom Autor gedeutet, bei einer andern bleibt das dem Leser überlassen. Zu Mager-
keit und Blässe der Logik sowie zu ihrem wirren Haar heißt es (III 12 ff.): *Vallat eam
macies, macie uallata profunde / Subridet et nudis cutis ossibus arida nubit. / Hic habitu,
gestu, macie, pallore figurat / Insompnes animi motus uigilemque Mineruam / Predicat
et secum uigiles uigilare lucernas. / Quodam litigio contendens, crinis in ima / Deuiat et
secum pugnans rixatur inepte. / Nec pecten castigat eum, non forcipis urget / Morsus,
tonsure non mordet apocopa crinem.* Solche Deutungen haben offenbar exemplarischen Charakter, denn entsprechend soll der Leser mit anderen nicht explizit erschlos-
senen Beschreibungen verfahren. Dieselbe Funktion hat die exemplarische Auslegung
des Risses in ihrem Kleid durch Natura in ›De planctu naturae‹ (Sp. 452 BC).

39 So verstehe ich die Staffelung von *auditus, sensus, intellectus* im Prosaprolog; s. auch
     Anm. 6.

40 Im entstehungszeitlich nahen Prolog von Alans Summe ›Quoniam homines‹ (hg. P.
     Glorieux, Archives d'histoire doctrinale et littéraire du moyen âge 28 [1953], S. 119)
     ist der Gedanke mehrfach – negativ gegen die falsch Handelnden – ausgedrückt, z. B.:
     *sicque liberalium artium non preconsulentes scientiam, non earum recta aurigatione de-
     ducti, dum ad ineffabilia conscendunt, in varios errores ineffabiliter ruinosi descendunt;
     [...] liberalium artium ponte introductorio in imperialem theologice facultatis regiam;*
     dazu Ochsenbein, S. 78 ff., hier S. 84.

41 Z. B. bewegen sich auf dem Rad der Fortuna (VIII 58 ff.) mit Krösus, Codrus, Cäsar,
     Pompejus, Sulla und Marius nur geschichtliche Gestalten, auf den Gemälden im Haus
     der Natur und in andern Aufzählungen mischt sich aber Mythologisches und Histori-
     sches; s. Anm. 18.

42 Wie die Wände im Palast der Natur mit Exempelgestalten sind die von den Künsten
     verfertigten Wagenteile mit den Hauptvertretern der Künste, ist das Kleid der Rheto-
     rik z. T. mit hervorragenden Rhetorikern, das der Concordia mit alttestamentlichen
     und antiken Freundespaaren, das des Glaubens mit Vorbildern in der *fides* geschmückt
     (II 486 ff., III 106 ff., 225 ff., 372 ff., 454 ff., 522 ff., IV 58 ff.; II 178 ff., VI 33 ff.). Es
     werden einander gegenübergestellt Noe und Deukalion (VI 399 ff.), Hippolyt und
     Elias/Josef (VII 110 ff.). – Die Patriarchen und Propheten – historische Gestalten in
     Hildegards Visionen (Sc I 5, III 4, DO 7) – fixieren dagegen jeweils den heilsgeschicht-
     lichen Ort.

43 Z. B. IV 82, 303 ff., V 94, 377, 407, VI 115, 163 f., 217, IX 394 f. Wie solche Mytholo-
     geme einzuschätzen und umzusetzen sind, sagt Alan anläßlich der Figuren des Ster-
     nenhimmels (V 7 ff., 26 ff.): *In stellis ibi preradiant celoque fruuntur / Quos uel fama
     deos facto, uel fabula uerbo / Effinxit, retinentque sibi sine munere nomen. / [...] Preterea
     uariis stellis inscribitur aula / Celi, quas uario titulauit nomine quondam / Musa poeta-
     rum, ueri sub ymagine ludens.* – Daß die *vera narratio* des Acl (wie des ›De planctu na-
     turae‹) in ihrem Zusammenhang und ihrer Resistenz gegen die völlige Auflösbarkeit in
     Einzelbedeutungen und geistige Strukturen eine Affinität zum mythischen Erzählen
     hat, kann hier nur am Rand vermerkt werden (s. auch Anm. 44). Zu Ansätzen eines
     ›neuen Mythos‹ bei Alan – der aber möglicherweise ebensogut als Qualität dieser Art
     der allegorischen *narratio* zu verstehen ist – Jauß, 1971, S. 193 f., 201 ff. (1977, Alteri-
     tät und Modernität, S. 291 f., 299 ff.); s. ferner Ruhe, S. 11 ff., bes. 25 f.

44 Eine solche Untersuchung führe ich an anderm Ort durch (mit erneuter Frage auch
     nach dem Verhältnis von Allegorie und Mythos). Dabei ist der Toposbegriff in der von
     Lothar Bornscheuer: Topik. Zur Struktur der gesellschaftlichen Einbildungskraft,
     Frankfurt 1976, S. 91 ff. neu geöffneten Weite (Habitualität und Potentialität) anzu-
     setzen.

45 Unter diesem Aspekt, der Traditionsgebundenheit, sind die Visionswerke Hildegards vornehmlich analysiert in Christel Meier: Text und Bild im überlieferten Werk Hildegards von Bingen. Mit der ersten vollständigen Veröffentlichung der Bilder des Heidelberger Scivias (Cod. Sal. X 16), Wiesbaden 1979 (im Druck).

46 Obgleich er diese Quellenbereiche auch nennt, akzentuiert Liebeschütz, S. 28 ff., 35, 49 schief, wenn er Hildegard an die ›zeitgenössische Schulpoesie‹ gebunden sieht.

47 Zu dem interessanten Wechselverhältnis von Bibelallegorese und allegorischer Fiktion bei Honorius Augustodunensis, z. B. seinem Hoheliedkommentar und dem ›Speculum Ecclesiae‹, Heinz Meyer, 1975, Mos Romanorum, bes. S. 47 ff. Dasselbe Phänomen ist bei Hugo von St. Victor besonders ausdrücklich in ›De arca Noe mystica‹ zu erkennen.

48 Richard von St. Victor: In apocalypsim Joannis libri septem, PL 196, Sp. 683–888, hier Sp. 686 D, 688 A; dazu Ebel, S. 184 (mit generellen Überlegungen zum Verhältnis von Vision und Allegorie); zur Vision ferner Ernst Benz: Die Vision. Erfahrungsformen und Bilderwelt, Stuttgart 1969.

49 Man vergleiche die wesentlich zugänglicheren erzählenden Visionstypen wie die Jenseitswanderung; dazu Ebel, S. 191.

50 Nach Anregungen von Servius, Macrobius und Fulgentius durchgeführt von Bernhard Silvestris: Commentum quod dicitur Bernardi Silvestris super sex libros Eneidos Virgilii, hgg. Julian Word Jones/Elizabeth Frances Jones, Lincoln/London 1977; übrigens wird auch hier nicht jeder Zug der Erzählung und der in ihr enthaltenen Gegenstände und Personen gedeutet.

51 So bei Pfeiffer, der im übrigen für die narrative Form und ihre Strukturgesetze wertvolle Beobachtungen macht.

52 Zu gemischten allegorischen Werken Beispiele bei Blank, 1970, S. 98 ff; zur angekündigten Deutung des Rosenromans bei Guillaume de Lorris: Jauß, 1971, S. 191 f. (1977, Alterität und Modernität, S. 289 f.); zum Verhältnis von allegorischer Fabel und Deutung in Anfang und Fortsetzung des ›Roman de la rose‹: Jung, 1976; zur Kommentierung des Acl: Jung, 1971, S. 89 ff.

53 Dazu Maurmann, S. 38 ff.; Dronke, S. 79 ff.

54 DO 9 Sp. 985 AB: *Viridis desuper tunicam habet, quae diversis margaritis ubique ornata apparet, quia etiam exteriores creaturas, scilicet in aere volantes, et in terra ambulantes, seu reptantes, ac in aquis natantes, quorum spiritus cum carne deficiunt, sapientia non abjicit, sed eas vegetat et retinet, [...] et etiam ips[a]e velut ornatus in margaritis ejusdem sapientiae existunt, cum naturam suam non excedunt ut homine multoties rectam sibi institutam viam transgrediente*; der Mensch stellt ihr dieselbe kostbare Bekleidung, wenn er mit Haltung und Werken die ihm gegebenen Gesetze erfüllt (Sp. 985 C). Vgl. Alan, De planctu naturae, Sp. 432 ff., bes. 435 C–439 A, 452 BC sowie Vorhaben und *opus* der Natura im Acl (z. B. I 187 ff.); s. auch Brinkmann, 1971, S. 333 ff.

55 Wie danach ein solches Gleichgewicht gefährdet und aufgegeben werden kann, indem durch offen-theoretische Didaxe oder durch ein vermehrtes Eindringen empirischen Materials sowie durch die Zentrierung auf Teilaspekte der Empirie, die größere Komplexität mitbringt, die Balance gestört wird, zeigt an dem von ihm verfolgten Weg der narrativen Allegorieform Pfeiffer; vgl. auch Clifford, S. 53 ff. zu Kohärenz, Fragmentarismus und System.

Allegorische Allegorese

Zur Bildlichkeit und Struktur mystischer Literatur
(Mechthild von Magdeburg und Angelus Silesius)

Von Hans-Georg Kemper (Bochum)

In den zehn allegorischen Visionen ihres ›Liber divinorum operum‹ sieht und deutet Hildegard von Bingen, die *prophetissa teutonica* des 12. Jahrhunderts, Aufbau und Ablauf von Kosmos und Heilsgeschichte. [1] Sie schaut durchweg zunächst ein Bild mit den von Gott geschaffenen *res* und *gesta*, und anschließend erfährt sie durch die Stimme Gottes deren zumeist moralische, aber auch typologische und anagogische Bedeutung. In Inhalt und Aufbau sind diese Visionen damit offenkundig an der Bibelallegorese orientiert, die den vorgegebenen biblischen Wortlaut auf die darin verhüllte geistliche Bedeutung hin nach dem – zumeist vierfachen – Schriftsinn auslegt. Zugleich aber – darauf hat man mit Recht verwiesen – sind die Visionen in ihrer literarischen Technik »zum Zweck der Darstellung von Heilswahrheiten ... komponiert, also der Illustrationsallegorie zuzurechnen« [2], der es – wie Friedrich Ohly formuliert – »um willkürliche dichterische Veranschaulichung einer Idee durch Personifizierung oder Verdinglichung« [3] geht. Im Unterschied zu anderen Mischformen – z.B. zu einer eigenständigen Qualitätenallegorese [4], zu etymologischen Verfahren [5] oder zur gegenseitigen Durchdringung von theologischer, rhetorischer und integumentaler Allegorietheorie einerseits sowie zur Interpretation auch dichterischer Werke nach den theologischen Schriftsinntheorien andererseits [6] – vollzieht sich in der allegorischen Vision (weniger in der allegorischen Predigt [7]) eine Annäherung von Bild- und Bedeutungsebene, die der Form der ›allegorischen Allegorese‹ die Funktion einer illustrierenden Auslegung der Schöpfungs- und Heilsordnung, einer Interpretation der Wirklichkeit im Medium einer jeweils zu analysierenden ›Bildlichkeit‹ zuweist. Und mit einer solchen – hier vorerst nur formelhaft angedeuteten – Funktion verdient, scheint mir, gerade diese Mischform das besondere Interesse des Literarhistorikers, weil sich in diesem Bereich des kirchlichen Zwecken dienenden Erbauungsschrifttums eine literarische Form entfaltet, deren Funktion – nicht zufällig besonders offenkundig innerhalb der oft der Häresie verdächtigten Mystik – in der Propagierung einer den Rahmen der kirchlichen Frömmigkeit und des biblisch-theologischen Weltbilds transzendierenden Gotteserfahrung und Weltanschauung besteht. Nur wenige Schritte – Stadien auf dem Weg des ›Säkularisierungsprozesses‹ – können im folgenden gekennzeichnet werden. [8]

Eine der Buchillustrationen zu Hildegards Visionen [9] veranschaulicht die Komplexität des Sachverhalts und der darin angelegten Möglichkeiten [vgl. Abb.]. Es handelt sich um die siebente Schau, welche die heilsgeschichtliche

Kosmostafel aus dem Kodex zu Lucca. (Nach der farbigen Abbildung in: Hildegard von Bingen, Welt und Mensch. Das Buch ›De operatione Dei‹. Aus dem Genter Kodex übers. u. erl. v. H. Schipperges, Otto Müller Verlag, Salzburg 1965, nach S. 256.)

Epoche der ›Vorbereitung auf Christus‹, also die Zeit vor und unter dem Gesetz, darstellen will. In der Mitte die viereckige Stadt Gottes[10], links daneben der riesige Felsen des unveränderlichen göttlichen Seins mit dem offenen Tor seiner Güte, das in die Stadt führt, darüber die Propheten, welche die Fleischwerdung Gottes verkünden, rechts oben in der Wolke neben den beiden menschenähnlichen Figuren die Schar der tugendhaften Gläubigen, die den Chor der gefallenen Engel auffüllen sollen. Von den beiden Figuren zwischen Propheten und Gläubigen bezeichnet die linke, leopardenähnliche die Zeit *ante legem*, also zwischen Sündenfall und Sintflut, die rechte mit dem Schwert und den Krähenfüßen die Zeit unter dem Gesetz. Insoweit sind die dargestellten Dinge und Personen Illustrationen heilsgeschichtlicher Sachverhalte. Aber sie sind bei aller Konstruiertheit auch der Gesamtanlage keine willkürliche Erdichtung. Die Vorstellung von Gott als Fels knüpft an biblisches Wortgut an[11], und die beiden Figuren dienen in der Deutung zugleich als Hinweis auf Kain und Abel, der leopardenähnliche Mensch versinnbildlicht darüberhinaus aber auch das naturhistorische Faktum der Wildheit und vitalen Kraft jener ersten Menschen nach dem Fall, ihre Vernunftlosigkeit, ihre moralische Verworfenheit und Heil-losigkeit. Die rechte Figur bedeutet auch Noah als Präfiguration Christi. Die Figuren stellen also vielschichtige historische Konkretionen der Heilsgeschichte dar, die sie zugleich exemplarisch illustrieren. Und als solche führen sie wiederum zur Versinnlichung des exegetischen Teils, in dem sich die Explikation des *sensus spiritualis* streckenweise in bildhaft gestaltete ›Historizität‹ verwandelt. Das in der Vision erfolgende Abrücken vom konkreten Bibelwortlaut ermöglicht gleichwohl ein hier noch als gottgegeben sanktioniertes allegorisches Erleben, das im Unterschied zur willkürlich-fiktionalen Dichterallegorie die Würde eines *sensus historicus* erhält, an den die Exegese gebunden bleibt. Diese durch ihre heilsgeschichtliche Sachhaltigkeit mitbedingte Aufwertung der Bildstruktur kann im Zusammenhang mit der Komplexität der in die Phänomene hineingelegten Bedeutungen von der allegorisierenden hin zur symbolisierenden Gestaltungsweise führen, bei der dann nichts anderes exegesiert werden kann, als was in der Bildebene sichtbar angelegt und *per analogiam* zu erschließen ist. Und schließlich vermag sich die Interpretation der heilsgeschichtlichen Fakten in den einzelnen von der Schriftsinntheorie anvisierten Bereichen in einer Bildstruktur zu vollziehen, die sich über die Verwendung von Dichterallegorien hinaus mit dem Gewicht visionärer Erfahrung als real durchlebt und nicht als fiktiv erweist.

Diese bei Hildegard überwiegend nur als Möglichkeiten erkennbaren Realisierungsweisen der Mischform, die alle eine Aufwertung der Illustrationsebene zur Deutungsebene anzeigen, sind im nachfolgenden Jahrhundert in Mechthilds von Magdeburg ›Fließendem Licht der Gottheit‹ bereits voll verwirklicht, in einem Buch, das nach Wolfgang Mohrs Urteil »vielleicht die kühnste erotische Dichtung« ist, »die wir aus dem Mittelalter besitzen«. [12] Vor einer solchen Ansicht versuchte das Vorwort der lateinischen Übersetzung dieser Schrift die Visionen der theologisch ungeschulten Begine zu bewahren, indem es – erstaunlich genug – das Verfahren der Bibelallegorese darauf angewandt sehen wollte. Der *modus agendi* des Buchs, heißt es da, sei *historicus et mysticus; finis vero, praesentis vitae ordinatio, et praeteritorum utilis recordatio, et prophetica insinuatio futurorum.* [13] Angesichts der kühnen Erotik einiger weniger Visionen sah sich also der Leser vor demselben Problem wie bei der Bibellektüre: dem des ›Wörtlichnehmens‹, das z. B. im Fall des ›Hohenliedes‹ in langer exegetischer Tradition zu dessen ›geistlicher‹ Auslegung geführt hatte. [14] Mechthild, die besonders im ersten Buch stark von der Erlebnis- und Bildwelt des ›Hohenliedes‹ geprägt ist, gehe, so hat man behauptet, »über das bisher Bekannte weit hinaus: Sie interpretiert nicht mehr das Hohelied, sie experimentiert es«. [15] Man würde aber gerade das Eigentümliche ihrer ›experimentierenden‹ Visionen verkennen, wenn man diese nicht zugleich als Interpretationen des ›Hohenliedes‹ und wesentlicher anderer heilsgeschichtlicher *res* und *facta* begreifen würde. Ihr im Medium der Vision selbst erfahrener und erlebter *sensus historicus*, der vielfach biblische Personen zum Leben erweckt und auf ihre eigene heilsgeschichtliche Funktion oder auf die Bedeutung allgemeiner Heilswahrheiten hin befragt, der zukünftige Ereignisse schildert oder – Verfahren der Dichterallegorie adaptierend – abstrakte Sachverhalte personifiziert und mit diesen ›Personen‹ als Realitäten kommuniziert: dieser *sensus historicus* ist zugleich – unbeschadet der nicht selten noch eigens erfolgenden geistlich-abstrakten Ausdeutung – der *sensus spiritualis* im Blick auf den *sensus literalis* der Schrift.

Dazu ein Beispiel:

Seele: ›O herre, wel ein armú sele dc ist und ellende, die hie in ertriche von diner minne maget ist! O wer hilfet mir clagen wie we ir ist, wan si weis es selbe nit des si enbirt, was dc ist.‹ Frowe brut, ir sprechent in der minne bůch úwerem lieben zů, dc er von vch vliehe. Berihet mich notliche, frowe, wie ist vch denne geschehen? wan ich wil lieber sterben, môhte es mir geschehen, in der luteren minne, denne ich got in der vinsteren wisheit heisse von mir gan. Wenne ich mit minem lieben můs notlichen spielen, so darf mich die wisheit kein vnderscheit leren. Swenne ich aber arbeite an anderen dingen mit minen fúnf sinnen, so nim ich vil gerne, dc si mir die helige masse bringe.

(Braut:) Hôr mich liep gespile. Ich was vrôliche wan trunken in der minne, darumbe sprach ich zartlich von sinnen. Swenne ich aber werde úbertrunken, so mag ich mines liebes nit gedenken, wan dú minne gebútet mir, dc si wil dc můs sin, und des sich got getrost, des genende ich mich; wande, nimet er mir den lip, so ist die sele sin.

> *Wilt du mit mir in die winzelle gan,*
> *So můstu grosse kosten han.*
> *Hastu tusend marche wert,*
> *Dc hastu (in) einer stunde verzert.*

Wilt du den win ungemenget trinken, so verzerest du jemer me als du hast, so mag dir der wirt nit volle schenken. So wirstu arm und naket und von allen den versmehet, die lieber sich frôwent in dem pfůle, denne si iren schaz in der hohen winzelle vertůn.

> *Du můst och das liden,*
> *Das dich dieeine niden,*
> *Die mit dir in die winzelle gant.*
> *O wie sere si dich etteswenne versmahent,*
> *Wan si so grosse koste nit getôrrent bestan.*
> *Si wellent das Wasser ze dem wine gemenget han.*

(Seele:) Liebe vro brut, in der tauerne wil ich gerne

Verzeren alles das ich han
Und lasse mich dur die kolen der minne ziehen
Und mit den brenden der smacheit sclahen,
Uf dc ich vil dike in die seligen winzelle müsse gan. [16]

Die Seele, die sich nach der Minne Gottes sehnt, sucht Rat bei der Braut des ›Hohenliedes‹. Sie bittet diese um die Exegese des vor allem im Bereich der Brautmystik bedeutsamen und schwer begreiflichen Schlußverses der ›Cantica Canticorum‹, in dem die Braut eine frühere Bitte variiert: »Flieh, mein Freund, und sei gleich einem Reh oder jungen Hirsche auf den Würzbergen!« (Hl 8, 14) [17] Die Braut gibt nun – nach einem vorbereitenden Verweis auf Bedeutung und Funktion des Leibes in der Minnebeziehung zu Gott [18] – eine Deutung des Verses, die mit der Allegorie von der Weinzelle an einen anderen Hoheliedvers anknüpft: »Er führt mich in den Weinkeller, und die Liebe ist sein Panier über mir« (Hl 2, 4). Und in spezifisch tropologischer Zuwendung an die betrübte Seele wird nun deren Ausgangsfrage mit dieser Allegorie beantwortet: Wer den Wein ungemengt trinken will und darf wie die Seele, die nach der übertrunkenen Minne verlangt, bekommt mehr als jene, die den Wein mit Wasser gepantscht trinken, aber er muß dann Zeiten der Entbehrung, des Leids, Neids und Spotts ertragen. Das auf die *unio* folgende Leid, so führt die Seele die Allegorie zustimmend fort, ist seinerseits *des wirtes win, den er selbe getrunken hat,* um – so muß man ergänzen – durch sein Erlösungs- und Versöhnungswerk die Minnebeziehung zwischen Braut und Bräutigam neu zu begründen und zu ermöglichen.

Aus Bestandteilen des Literalsinnes der Schrift formen Braut und Seele eine Illustrationsallegorie, die ihrerseits aber der spirituellen Exegese des biblischen *sensus literalis* dient. Doch dieser geistliche Sinn hatte unausgesprochen natürlich das Gespräch von Anfang an beherrscht, denn nur weil die Seele den Hoheliedtext auf ihr eigenes Verhältnis zu Christus bezog, konnte sie den Vers nicht begreifen, dessen Literalsinn ja keine Verständnisschwierigkeiten bietet. Obgleich Mechthild hier die Braut des ›Hohenliedes‹ und die Seele in der auch sonst von ihr bevorzugten Form des distanzierend-objektivierenden Dialogs agieren läßt, scheint sie sich selbst in hohem Maß mit beiden zu identifizieren. Sie versteht das ›Hohelied‹ spirituell im Rahmen der in der exegetischen Tradition vorgegebenen Braut-Christus-Relation, erlebt letztere aber neu in einem ihr eigenen *sensus historicus*, den auch der Prolog des Buches erwähnt. Das ›Hohelied‹ gewinnt damit für sie seinen ursprünglichen Charakter als Liebeslied zurück. Dies trägt, scheint mir, auch zu jener spontan anmutenden Aussageweise in poetischen Bildern und Versen bei, die Julius Schwietering und Wolfgang Mohr zu der Annahme veranlaßten, in diesem Werk seien wir »nicht nur Grundformen religiöser Dichtung, sondern dichterischen Ursprüngen überhaupt nahe« [19]. Es ist aufschlußreich, die allegorische Grundstruktur eines Werkes aufzudecken, das zu jenem Typ von Erlebnisdichtung gerechnet wird, mit dessen Hochschätzung in der Forschung zugleich die Abwertung der angeblich rational konstruierenden ›allegorisierenden‹ Literatur einherging. [20]

Die ›allegorische Allegorese‹ nimmt in Mechthilds Werk mannigfache Formen an. Bevor ich sie als kompositorische Grundstruktur zumindest der Urfassung des ›Fließenden Lichtes‹ plausibel zu machen suche, verweise ich noch auf zwei Beispiele, die sich bereits an der Grenze dessen bewegen, was sich sinnvoll mit Hilfe dieses Bilddeutungstyps erschließen läßt. Sie können seine Struktur präzisieren helfen.

Von bôser priester vegefûr.

Des ist lang dc ich ein vegfûr sach, dc was gelich eim fûrigen wasser und es sot als ein fûrig gloggenspise, und es was oben mit einem vinstern nebel bezogen. In dem wasser swebten geistliche vische, die waren glich menschlichen bilden. Dis waren der armen pfaffen selen, die in diser welt hatten geswebet in der girekeit aller wollust und hatten hie gebrant in der verwassenen vnkúschikeit, die si also sere verblendet, dc si nit gûtes môgent gewinnen. Vf dem wasser fûrent vischere, die hatten weder schif noch netze, mere si vischeten mit iren fûrigen klawen, wan si och geiste und tufel waren. Als si si brahten vf das lant, so zugen si inen geistlich bitterliche di hût abe und warfent si in einen siedenden kessel alzehant; darin stiessen si si mit fûrigen gablen. Als si den nach irem willen volgere warent, so vrassen si si in iren sneblen. So hûben sich die tûfele vf das wasser aber, und taten si dur ire zagel und vischeten si und vrassen si und dôˌweten si aber. [21]

In dieser Vision vom Fegefeuer böser Priester sieht sie menschenähnliche geistliche Fische schmoren. Sie deutet diese selbst als Priesterseelen, die von Fischern – alias Teufeln und Geistern – gefangen und dann einem ungeistlichen Kannibalismus überantwortet werden. Diese Illustrationsallegorie für den abstrakten, kirchlicher Lehre entsprechenden Sachverhalt künftiger Strafe bei unmoralischem Lebenswandel gewinnt Prägnanz erst durch den Rückbezug auf den biblischen *sensus historicus*: auf jene Berufungsgeschichte, in der Jesus am Galiläischen Meer zu seinen ersten Jüngern sagte: »Kommt, folgt mir nach, ich will euch zu Menschenfischern machen« (Mark 1, 17). Die Teufelsfischer in Mechthilds Vision sind die realistisch – und nicht nur unverbindlich-illustrativ – gemeinte Antizipation der eschatologischen Strafe für die Verfehlung des metaphorisch gegebenen Auftrags Christi an die Priester, und insofern ist auch diese Vision anagogisch-tropologische Exegese eines Bibelverses im Sinne einer ›Oppositionen-Allegorese‹. Der Bildbereich enthält eine eigene Deutungsebene, die aber im Konkret-Anschaulichen des Mechthildschen *sensus historicus* verbleibt und daher auch bezeichnenderweise im Verlauf der Allegorie verschwindet. Ohne Bezug auf den biblischen Kontext wäre diese Vision in sich verständlich und daher kaum noch als allegorische Allegorese oder auch als Allegorie zu bezeichnen – denn ihr fehlte dann weitgehend die allegorische Ausdeutbarkeit der Einzelteile –, sondern als bildliche oder – wie Angelus Silesius seine Darstellung der »vier letzten Dinge« zutreffend nennt – als »sinnliche Beschreibung« [22] zu charakterisieren.

In der pine lobe so erschinet er dir. Von zwein guldin kôpfen der pine und des trostes.

Ich sundigú, tregú, ich solte zû einer stunt betten, do tet got als ob er mir enkeinerleie gnade wôlte geben. Do wolte ich mich betrüben jâmerlich vmb mine vleischlich sûche, die mich duhte ein hindernisse geistlicher gebruchunge. Eya nein, sprach min sele, gedenke noch aller trúwe und lob dinen herren alsust. Gloria in excelsis deo. In dem lobe erschein ein gros lieht miner sele und mit dem liehte wisete sich got in grosser ere und unzallicher clarheit. Do hůp vnser herre zwene guldin kópffe in sinen henden, die waren bede vol lebendiges wines. In der linggen hant waz der rote win der pine, und in der vordren hant der ȗberhere trost. Do sprach vnser herre: Solich sint die disen win trinkent, wand alleine ich bede schenke von gotlicher liebi, so ist doch der wisse edeler in im selber und aller edlest sint die, die beide trinkent wissen und roten. [23]

In diesem Beispiel erscheint der wegen der Gottesferne betrübten Seele Gott als Gestalt in einem Licht, dessen unsinnliche Klarheit die Mystikerin zum Unsagbarkeitstopos greifen läßt. Die beiden mit lebendigem Wein gefüllten Kelche in Gottes Händen deutet Mechthild sofort als Wein der Pein und des überhren Trostes. Gott vervollständigt diese Erklärung, indem er jene als die edelsten bezeichnet, die beiderlei Wein trinken. Im Vollzug dieser visionär geschauten Allegorie wird der Seele jener tropologische Trost zuteil, dessen sie bedarf. Aber der Sinn, der in der Allegorie steckt, ist durch die Allegorese innerhalb der Vision noch keineswegs erschöpft. So sind die Kelche, die hier als Illustration für abstrakte Sachverhalte gelten, zugleich kirchliche Realsymbole. Die Ecclesia empfing im goldenen Kelch das Blut aus der Seitenwunde Jesu als Zeichen für ihre Passion in der Zeit bis zur Wiederkehr des Erlösers, und sie empfing als Zeichen für die Erfüllung dieser Verheißung den Wein des überhren Trostes durch die Abendmahlsstiftung Christi, in der sie selbst als Spenderin des Kelchs eingesetzt wurde. [24] Dieses Symbolgut klingt hier mit an, und man könnte daher diese Vision als ›Symbol-Allegorese‹ bezeichnen, bei der die Kenntnis des Symbolgehalts vorausgesetzt wird, sein Inhalt also unausgesprochen bleibt, bei der aber seine tropologische Bedeutung für die Einzelseele – dem *sensus moralis* der Schriftsinntheorie entsprechend – bewußt gemacht wird. Daß Mechthild diese Symbolbedeutung mitdenkt, zeigt auch die große, unmittelbar vorausgehende Vision, welche die Kirche zum Gegenstand hat, in der Johannes der Täufer die heilige Messe feiert. [25]

Damit kommt die Bedeutung der Werkstruktur in den Blick. Es ist bislang die *opinio communis* der Forschung, daß der Aufbau von Mechthilds Buch in der Fassung der Einsiedler Handschrift bestenfalls »Fragmente einer inneren Biographie« zu erkennen gibt [26], daß ihr Buch also »auf kein System zu bringen« sei [27]. Dies gilt aber, scheint mir, nicht für die ersten vier – der insgesamt sieben – Bücher; diese vier hat die Begine wahrscheinlich selbst zusammengestellt. [28] In ihnen verwirklicht sich ein Aufbauprinzip in vierfacher Hinsicht. Zu seiner Erkenntnis hat Mechthild selbst einen Fingerzeig gegeben. *Ich vragete minen herren*, berichtet sie noch zu Beginn des sechsten Buches, *wie ich mich sȏlte halten an der jungesten zit mines endes.* Der Herr antwortet: *Du solt dich halten, minne und gerunge, rȗwe und vorhte, wan dise vier ding waren ein beginne dines lebendes, darvmbe mȗssen si och din ende wesen.* [29] Diese auch in den ersten vier Büchern mehrfach in Variationen und Synonymen auftauchenden Begriffe [30] lassen sich als Leitprinzipien für die thematische Gestaltung der ersten vier Bücher wiedererkennen. Sie kennzeichnen zunächst die Stadien der Minnebeziehung in der geistlichen Autobiographie der Begine, und in dieser ihrer

Funktion zur Bezeichnung eines individuellen Brautschaftsverhältnisses gehören *dise vier ding* im Sinne des Zitierten zum Bestandteil aller vier Bücher.[31]

Zugleich bilden diese Phänomene aber unverkennbar unterschiedliche Schwerpunkte in den einzelnen Büchern. Die existenzielle Gefährdung der »sinkenden Minne« und das Sich-Versagen Gottes als die in Leid und Furcht zur vollkommenen Minne hinzugehörende Erfahrung werden erst im Verlauf der Bücher zunehmend thematisiert.[32] Das erste Buch handelt schwerpunktmäßig von der sich voraussetzungslos ereignenden Liebe zwischen Seele und Gott oder Christus. Das zweite Buch vertieft dann die Bedeutung des Phänomens der *gerunge*, indem es die nach Minne verlangende Seele mit der für sie neuen Erfahrung konfrontiert, *dc got der minnenden sele vrömbde si* [33] und ihr Begehren in die Schranken verweist: *Ich kum zů dir nach miner lust, wenne ich wil* [34]. Das dritte Buch behandelt die *rúwe* im Zusammenhang mit dem Komplex des Sündigens und des Leidens an und in der Welt. Es schildert zu Beginn – als Verheißung für den reuigen Sünder, als zu erringendes oder zu verlierendes Heilsgut – die feudalistische, allegorisch ausgemalte Ordnung des himmlischen Hofstaats, in der Mitte die *imitatio Christi* durch die *compassio* der Seele und abschließend warnend den Teufel und die Leiden in Fegefeuer und Hölle. Dies leitet – nach dem räumlichen Durchschreiten der Heils o r d n u n g über zur *vorhte* des vierten Buchs, das die Heils g e s c h i c h t e in einzelnen Stationen von der geistlichen Autobiographie der Visionärin am Beginn bis zur apokalyptischen Vision vom Ende des ihr nahestehenden Predigerordens, vom Erscheinen des Antichrist und seiner Widersacher Elias und Enoch behandelt. Je mehr die Minne gefährdet erscheint und nachzulassen droht, desto wichtiger werden für die Seele Heilsordnung und Heilsgeschichte. In der thematischen Gestaltung und Reihenfolge wird also das Bemühen erkennbar, das subjektive Erleben in einen objektiven Rahmen einzubinden und mit letzterem – dies wäre der zweite der erwähnten vier Aspekte – zugleich das Minneverhältnis zwischen Gott und Seele exemplarisch und repräsentativ zu gestalten. Der *sensus historicus* Mechthildscher visionärer Erfahrung darf so eine Autorität für sich beanspruchen, wie sie analog auch den als solche erkennbaren vier Minnestationen oder -phasen des ›Hohenliedes‹ zukommt, die sich an denselben Leitthemen zu orientieren scheinen, so daß Mechthilds Bücher und Visionen zugleich als variierende Interpretationen des Minnewegs der ›Cantica Canticorum‹ aufgefaßt werden können.[35]

Der Minneweg wird nun drittens inhaltlich dadurch angereichert, daß unter den einzelnen Leitthemen auch jeweils Gottes Liebesverhältnis zu Maria und zur Kirche insgesamt dargestellt wird. So dessen – protologische – Vollkommenheit in Buch I[36], die Zeit des Ausharrens der ›Ecclesia‹ – und in ihr – in Buch II[37], das Problem der Tugend- und Sündhaftigkeit Marias[38] und der Priester als Repräsentanten der Kirche[39] im dritten Buch und der ekklesiologische Endkampf um die Seelen im vierten Buch. Gerade in dieser Anreicherung wird nun aber erkennbar, daß diese Minne-Stationen zugleich schwerpunktmäßig den Klassifikationen des Schriftsinns zu entsprechen suchen. Buch I, in dem sich die meisten Anknüpfungen an das ›Hohelied‹ nachweisen lassen [40], würde danach den bei Mechthild – in ihrem Bezug zur Bibel bereits spirituellen – *sensus historicus* darstellen, der sich in der Minnevollkommenheit gleichsam selbst genügt. Die *gerunge* indessen erfordert die allegorisch-ekklesiologische Sinnbegründung in der Zeit zwischen Inkarnation und Wiederkehr des Erlösers, die *rúwe* in Buch III die tropologische Zuwendung, die *vorhte* im vierten Buch die anagogisch--eschatologische Heilsperspektive. Wenn auch die vorrangige Orientierung der Komposition an den Minnestationen erkennbar bleibt und die Schriftsinnbereiche ebenfalls mit Hilfe des auf visionärer Anschauung beruhenden *sensus historicus* vergegenwärtigt werden, so wird darin zugleich das Bemühen ersichtlich, dieses Erleben in der objektiv gegebenen Heilsordnung zu verankern und als deren Exegese zu verstehen. Die Kompliziertheit dieser Struktur, die jedes Einzelstück in einen Bedeutungskontext stellt, dessen Valeurs und Konnotationen es auf sich allein gestellt nicht immer für sich beanspruchen könnte, macht den Tatbestand einsichtig, daß Mechthild bei der späteren Fortsetzung ihres Buches an diese einmal durchgeführte Einteilung nicht mehr anknüpfen konnte, dies aber auch nicht mehr brauchte. Mit subjektiv erlebter und gestalteter Minne als Medium objektiver Exegese von Heilswahrheiten hat Mechthild in der Gesamtstruktur ihres Werkes zu verwirklichen versucht, was terminologisch am zutreffendsten als ›allegorische Allegorese‹ zu bezeichnen ist. In der Spannung dieser Struktur spiegelt sich die Spannung ihrer Epoche, in der sich die machtvolle Tradition reiner Exegese dem Anspruch subjektiver Aneignung und Umformung ausgesetzt sah.

Auf andere Weise spiegeln sich die Disharmonien des 17. Jahrhunderts im Werk und auch in der Biographie des Angelus Silesius. – Gegenüber einer Bedeutungsforschung, welche die Zeichenlehre der mittelalterlichen Theologie als ihren Hauptgegenstandsbereich auch »bis in das Barock und in die neuere Naturtheologie«, ja bis ins 18. Jahrhundert hinein als nur allmählich versandenden Strom fließen sieht [41], vermag die Position Schefflers exemplarisch zu verdeutlichen, welchen – in ihrer ganzen Vielfalt in Zukunft erst noch genauer zu erfassenden und zu analysierenden – Komplikationen und Wandlungen in Form und Funktion die traditionelle Allegorese – auch in ihrer Verbindung mit allegorischen Formen – infolge der Spaltung der einen christlichen Wahrheit seit der Reformation ausgesetzt war.

Die adäquate Schriftauslegung wurde zum vielleicht wichtigsten Streitpunkt zwischen den Konfessionen. Mit dem »geystlichen synn«, erklärt Luther, »gaht die schrifft unter und macht man nymmer mehr grund gute Theologen. Es muß der eynige rechte hewbt synn, den die buchstaben geben, alleine thun. Der heylig geyst ist der aller eynfeltigst schreyber und rether, der ynn hymmell und erden ist, drumb auch seyne wortt nit mehr denn eynen einfeltigsten synn haben kunnden, wilchen wir den schrifftlichen odder buchstabischen tzungen synn nennen.« [42] Dem Votum des Reformators entsprechend ließ auch die lutherische Orthodoxie in ihrem dogmatischen Lehrgebäude neben dem *sensus literalis* ei-

nen *sensus scripturae mysticus* nur in den wenigen Fällen gelten, wo sich dieser
aus dem Literalsinn der Schrift selbst ergab, wenn also z. B. im Neuen Testament
Stellen des Alten Testaments figural auf Christus gedeutet wurden. [43] Dies war
mit dem hermeneutischen Prinzip vereinbar, wonach die Schrift für Luther
»durch sich selber sei die allergewisseste, die leichtest zugängliche, die allerver-
ständlichste, die, die sich selber auslegt, die alle Worte aller bewährt, urteilt und
erleuchtet«[44]. Zwar bestätigte auf der Gegenseite das Tridentinum in vollem
Umfang Tradition und Kirche als Erklärerin der Schrift und warnte vor dem ket-
zerischen Versuch, »die Heilige Schrift im Vertrauen auf eigene Klugheit nach
seinem eigenen Sinn zu drehen«[45]. Daß das protestantische Schriftprinzip
aber auch und gerade dort Wirkung zeigte, wo innerhalb des Katholizismus die
traditionelle Allegorese scheinbar bruchlos fortgeführt wurde, läßt das Vorwort
zu dem monumentalen, zuerst 1570 erschienenen Wörterbuch des spanischen
Benediktiners Hieronymus Lauretus erkennen, in dem er die mehr als tausend-
jährige Tradition geistlicher Bibelinterpretation – nach alphabetischen Sach-
gruppen geordnet – »an die Neuzeit bis ins 18. Jahrhundert« weitergab, wie F. Ohly
in seiner Einleitung zur Neuausgabe dieser ›Silva Allegoriarum‹ ohne Um-
schweife erklärt. [46] Trotz seines enzyklopädischen Interesses läßt Lauretus
allzu willkürliche Deutungen außer Betracht und erhebt seinerseits den Literalsinn der Schrift zum sichersten Fundament der Allegorese: *Illaque est optima allegoria, quae per alium locum Scripturae comprobari potest*. [47] Gewiß wurde
die katholische Gegenpropaganda nicht müde, die Ungesichertheit und Unzulänglichkeit der protestantischen Schriftexegese anzuprangern [48], aber ihre eigene Berufung auf Tradition und Kirche diente im Wettstreit zumeist der besseren Erklärung des biblischen *sensus literalis*: der Gegner sollte auf seinem eigenen Felde geschlagen werden. Soweit ich bisher sehe, haben Tradition und Praxis
des vierfachen Schriftsinns als Argument für die Überlegenheit katholischer
Schriftauslegung in der konfessionspolemischen Literatur keine nennenswerte
Rolle gespielt. [49]

Das gilt auch für ›Johannes Scheffler als Streittheologen‹[50]. In der öffentlichen Rechtfertigung für seinen 1653 erfolgten Glaubenswechsel vom Luthertum
zum Katholizismus[51] nennt Scheffler – durchaus zeittypisch – als einen der
wichtigsten Gründe neben der »newigkeit der Lehr« Luthers »die nach jhrem eigenwilligen Kopff vnd vorgefaster Meinung außgelegte Schrifft / durch die von
GOtt vngelerte vnd vngesandte Praediger«[52], aber wichtiger als die Beschwö-
rung der exegetischen Tradition ist ihm hier und später die Unterscheidung zwischen heiliger Schrift und lebendigem Wort Gottes, das er mit dem Geist Gottes
identifiziert. [53] Dieser gegen den »papierenen Papst« des Luthertums gekehr-
te, lebendige, im Katholizismus beheimatete Geist garantiert für Scheffler die
Einheit von richtiger Lehre und *praxis pietatis*. Aus der lutherischen Rechtfertigungslehre ergibt sich nämlich für ihn die »verkehrte und höchst verdambliche
Lehre, Daß einem Christen=Menschen vnmöglich sey, die Gebott GOttes zu
halten«, woraus folgt, daß er auch nicht in Christi »Fueßstapffen tretten, wandeln wie er gewandelt, vnd seinem Tugendreichen Bilde in Heyligkeit und Ge-

rechtigkeit ähnlich werden« könne und daß man überhaupt im Luthertum »ins
Gemein keine Tuget übet, noch wie man sie üben soll, vnderwisen wird.«[54]
Gerade die in der *imitatio Christi* zu bewährende Tugendhaftigkeit der Gläubigen als Voraussetzung der *certitudo salutis* ist nicht nur ein weiterer Hauptstreit-
punkt unter den Konfessionen, sondern zugleich wichtigstes Thema einer weitverzweigten erbaulichen Literatur und Poesie[55], und insofern stellt die so wi-
dersprüchlich erscheinende Kontamination von Konfessionspolemik und Mystik
bei Scheffler die exemplarische Variante einer im 17. Jahrhundert intensiv dis-
kutierten Problematik dar. Auch die Mystik nämlich ist für ihn bedeutsam unter
dem seit Tauler, Seuse und Thomas a Kempis bestimmenden, von Luther aufge-
hobenen [56], aber alsbald – besonders auch im Kreis um Frankenberg – er-
neuerten Aspekt der verinnerlichten Ethik [57] als Voraussetzung der
Gottesgemeinschaft und Heilsgewißheit.[58] Im Argumentationszusammen-
hang seiner Rechtfertigungsschrift resultiert die »freventliche Verwerffung der
ihnen, (den Lehrern insgemein) gantz vnerkandten geheimen mit Gott gemein-
schafft=Kunst (Theologiae Mysticae) welche doch der Christen höchste Weißheit ist, vnd von den Heyligen Eremiten, vilen Vättern vnd Jungfrawen gantz in-
niglich ist geübet vnd herrlich gelehret worden«[59], als notwendige Folge der
falschen Lehre und der durch sie hervorgerufenen Vernachlässigung eines heiligen Lebenswandels.

Die Akzentuierung der ›Lebendigkeit‹ von Wort und Geist und das Insistieren
auf der Tugendübung lassen auch in den poetischen Schriften Schefflers einen
›Wort‹-Aktivismus erwarten, der das überlieferte Wort in dem intensiven Bemühen um Heilsgewinnung einem verwandelnden Aneignungsprozeß unterwirft. –
Das noch immer nicht zureichend geklärte Nebeneinander von zwei qualitativ –
inhaltlich und formal – so unterschiedlichen Werken wie dem berühmten ›Cherubinischen Wandersmann‹ und den kaum beachteten ›Geistlichen Hirtenliedern‹ –
beide Schriften erschienen in erster Auflage 1657, also vier Jahre nach Schefflers
Konversion[60] – läßt sich als Ausdruck eines zeittypischen Konflikts begreifen, in
den ein Mystiker geraten mußte, der sein persönliches Heil in der von der ange-
stammten Kirche befehdeten »geheimen mit Gott gemeinschafft=Kunst« sah, der
den Schutz einer kirchlichen Gemeinschaft brauchte, der diese daher stärken
wollte und doch im Blick auf sein Ziel bereits über sie hinauszustreben sich genö-
tigt sah. Beide zum großen Teil thematisch am Ablauf des »geistlichen Jahres«
orientierten Werke gehören zum Umkreis der in Luthertum und Katholizismus in
verschiedenen Textsorten – Postillen, Prosaparaphrasen, Liedern, Epigrammen,
Sprüchen oder Gebeten – weit verbreiteten Perikopenliteratur[61].

Das Buch ›Heilige Seelenlust oder Geistliche Hirtenlieder der in ihren Jesum
verliebten Psyche‹ knüpft darüberhinaus an die Tradition der Brautmystik, an
die seit dem 15. Jahrhundert beliebte Technik des Kontrafazierens[62] sowie an
die ebenfalls dem Kirchenjahr in der Gliederung folgenden Gesangbuchsamm-
lungen an. Die Lieder sind in der Verbindung von Melodie und Text auf gefühls-
und bildhafte Ausführlichkeit, Allgemeinverständlichkeit und zumindest inten-
tional – wie Scheffler sagt – auf »offentlichen Kirchen=Brauch«[63] hin ange-

legt. Wie sie dabei die im »geistlichen Jahr« akzentuierten wesentlichen Heilswahrheiten bildlich exegesieren, mögen einige Beispiele illustrieren.

> Das Ein und achtzigste.
> Sie heisset jhren Lieben von jhr fliehen.
> (Melodie)
>
> 1.
> Fleuch mein Geliebter auff die Höhe,
> Fleuch jmmer hin und warte nicht;
> Fleuch gleichsam wie ein junges Rehe,
> Das von der Ebne sich entbricht:
> Je mehr du fleuchst und lauffst von mir,
> Je stärker zeuchst du mich nach dir.
>
> 2.
> Mein Hertz ist an dein Hertz gebunden
> Mit deiner ewgen Liebe Band;
> Drumb wird von jhme bald empfunden
> Wo sich das deine hingewandt:
> Fleuch jmmer fleuch, es ist dein fliehn
> Nichts anders als mich nach dir ziehn.
>
> 3.
> Fleuch über alle Berg und Hügel,
> Fleuch in die Wüste weit und breit;
> Entlehne dir deß Adlers Flügel;
> Fleuch mit deß Winds Geschwindigkeit:
> Fleuch ausser aller Creatur
> Jch fehle schon nicht deiner Spur.
>
> 4.
> Jch hoff, es wird mir noch gelingen,
> Daß du mich über Ort und Zeit
> Mit deinem Ziehn zur Ruh wirst bringen,
> Und in die Schoß der Ewigkeit:
> Drumb fleuch nur fort, ich folge dir
> So stark du fleuchst und lauffst von mir.[64]

Man hat im Blick auf den zyklischen Charakter und die durchgehaltene literarische Einkleidung von liebender Psyche und geliebtem Bräutigam bei der ›Heiligen Seelenlust‹ von »lyrischer Gattungsallegorie« gesprochen.[65] Doch auch
der einzelne Liedtext läßt sich als Allegorie charakterisieren: als Veranschaulichung von Heilswahrheiten, hier der Himmelfahrt Christi. Aber darüberhinaus
ist der Illustrationsteil trotz der Poetisierung und strophischen Konstruiertheit
Medium eines nacherlebenden *sensus historicus*, ist aus Elementen und Motiven
des Literalsinnes der Schrift und hier hauptsächlich des ›Hohenliedes‹ geformte
und damit implizit das ›Hohelied‹ typologisch auf Christus und tropologisch auf
sein Verhältnis zur Seele beziehende Allegorese der Himmelfahrt. An keiner
Stelle durchbricht jedoch der Text die Form des »inneren Zwiegesprächs«, um
etwa im Sinne eines *id est* die Bedeutung eines im Bild – allegorisch – Gesagten

abstrakt zu formulieren. Vielmehr wird die in langer schriftexegetischer Tradition gefundene Bedeutung des Hoheliedschlusses durch die beiden refrainartigen Schlußverse der Strophen in den »buchstabischen Zungen=Sinn« hineingenommen. Die Psyche spricht wie (und als) die Braut des Hohenliedes. Der weitgehend durchgehaltene und erkennbare Bezug der Lieder zu den Stationen des »geistlichen Jahres« legitimiert ihre Charakterisierung als ›allegorische Allegorese‹. Indessen spricht sich das heilsgeschichtlich Bedeutsame in den Liedern unmittelbar aus, sie haben daher auch stärker als die kompositorischen Einheiten anderer Perikopendichtungen einen geschlossenen, eigenständigen Charakter.[66]

Die reiche Überlieferung theologischer Schriftinterpretation und kirchlicher Realsymbolik findet breite Aufnahme in die Texte, aber sie wird dort gleichsam eingeschmolzen und ›rückübersetzt‹ in einen Literalsinn als Ausdruck eines unmittelbaren Liebesgeschehens zwischen der Psyche und ihrem Bräutigam. Besonders Christus selbst, dessen trinitätstheologische und insbesondere kosmologische sowie soteriologische Funktionen im Zusammenhang mit der Zweinaturenlehre zum Verlust seiner personalen Einheitlichkeit zu führen drohten[67], wird im Stand der Erniedrigung und Erhöhung gleichermaßen als konkrete Person geschaut: Die *res gestae* des Neuen Testaments und die Person des geliebten Erlösers sind Gegenstand sinnlich-affektiver Teilnahme und Zuneigung:

> JEsu wie süss' ist deine Liebe!
> Wie Honig-flüssend ist dein Kuß!
> Der hätte gnug und Überfluß,
> Wer nur in deiner Liebe bliebe!
> Wie süss' ist es bey dir zu seyn,
> Und kosten deiner Brüste Wein![68]

Die durch die Melodie[69], durch mehrere *figurae patheticae* wie Apostrophe, Exclamatio, Anapher[70], ferner durch Amplifikation und ausgeprägte Onomatopöie, durch erotische Motivik und noch vier weitere Strophen für modernes Empfinden bis zur Geschmacklosigkeit ausgekostete ›Süßigkeit‹ dieses Liedes erweist sich im zeitgenössischen Kontext als rhetorisch eindrucksvolle Kontamination aller fünf[71] sich in der Wirkung bedingender und steigernder Sinnesvermögen. Die Intensität der Vergegenwärtigung der Liebes-Wirkung fügt selbst – so in der Metapher »deiner Brüste Wein« – kirchliche Symbole, die uns bei Mechthild als tropologisch gedeuteter Gegenstand einer Vision begegneten, in das physiognomische Bild des Bräutigams ein. Unter dem Schutz der sanktionierten Auslegungstradition, in deren Kenntnis dieses Bild unanstößig auf seine Heilsbedeutsamkeit hin exegesiert werden kann, erinnert der Wortlaut doch zugleich an das neupythagoräische Attribut der Androgynität als Symbol für die Vollkommenheit des geschlechtslos-paradiesischen, in Christus wiederhergestellten Menschen, wie sie der Mystik seit alters und auch im 17. Jahrhundert vertraut ist.[72] Dies bedeutet im vorliegenden Zusammenhang unter anderem, daß die Bildebene als Ebene des religiösen Mit- und Nachvollzugs ein solches Gewicht, eine solche ›Eigentlichkeit‹ gewinnt, daß sie den für eine Allegorie typischen Charakter zeigend-illustrierender ›Uneigentlichkeit‹ transzendiert und damit die Voraussetzungen zur Ermöglichung symbolischer Aussage schafft, daß in der Bildebene aber gerade deshalb potentiell Häretisches formuliert werden kann, weil der Rahmen des Kirchenjahres gegebenenfalls für eine orthodoxe Allegorese zu bürgen vermag.

Ein letztes Beispiel für Komplexität und Variationsreichtum des *mixtum compositum* der verschiedenen Aussageweisen von Symbol, Allegorie und Allegorese in der ›Heiligen Seelenlust‹:

> Das Drey und zwantzigste.
> Sie jauchzet über der Geburt Christi.
>
> 1.
> Jtz wird die Welt recht new gebohrn,
> Jtz ist die Maien=Zeit;
> Jtz thauet auff was war erfrorn,
> Und durch den Fall verschneit:
> Jtz sausen die Winde
> Erquiklich und linde,
> Jtz singen die Lüffte,
> Jtz thönen die Grüffte,
> Jtz hüpfft und springet Berg und Thal.
>
> 2.
> Jtz ist der Himmel auffgethan,
> Jtz hat er wahres Licht;
> Jtz schauet uns Gott wieder an
> Mit gnädgem Angesicht;
> Jtz scheinet die Sonne
> Der ewigen Wonne;
> Jtz lachen die Felder,
> Jtz jauchtzen die Wälder,
> Jtz ist man voller Fröligkeit.
>
> 3.
> Jtz grünt der wahre Lebens=Baum,
> Jtz blüht die Lilgen=Blum!
> Jtz kriegt ein ieder Platz und Raum
> Zu seinem Eigenthum:
> Jtz wandelt beym Leue
> Das Lamm ohne Scheue;
> Jtz sind wir versöhnet
> Und wieder belehnet,
> Jtz ist der Vater unser Freind.
>
> 4.
> Jtz ist die Welt voll Herrligkeit
> Und voller Ruhm und Preiß;
> Jtz ist die wahre guldne Zeit
> Wie vor im Paradeiß:
> Drumb lasset uns singen
> Mit jauchtzen und klingen,

Frolokken und freuen
Erthönen und schreyen,
Gott in der Höh sey Lob und Ehr.

5.
JEsu du Heiland aller Welt,
Dir dank ich Tag und Nacht,
Daß du dich hast zu uns gesellt,
Und dieses Jubel bracht:
Du hast uns befreiet,
Die Erde verneuet,
Den Himmel gesenket,
Dich selbsten geschenket;
Dir JEsu sey Lob Ehr und Preiß. [73]

Der Tradition der Jahreszeitenallegorese folgend wird hier, so scheint es, der
›weltliche‹ Frühling zum Bildspender für den ›Frühling‹ des »geistlichen
Jahrs«.[74] Die affektiv, zumeist anaphorisch-asyndetisch evozierten Bild- und
Motivreihen lassen sich im Sinne der Rhetorik-Theorie als *metaphora continua*
und damit als Allegorie im zeitgenössischen Sinne begreifen.[75] Da sie zugleich
die Heilsbedeutung der Geburt Christi innerhalb der durchgehaltenen Metaphernkette ›auslegen‹ und dabei sogar – besonders in den Strophen drei und vier
– anagogische und typologische Deutungen als traditionelles Allegoresegut[76]
einfließen lassen, könnte das Ganze wiederum unter der Bezeichnung ›allegorische Allegorese‹ firmieren. Und doch ist die beharrlich vergegenwärtigte Frühlingswelt mehr als nur Bildspender für einzelne soteriologische Sachverhalte.
Weder sind alle Bilder und Motive jeweils auf einen von diesen zu beziehen –
vielmehr verselbständigen sich die Motive vor allem in den beiden ersten Strophen zu zusammenhängenden Bildreihen –, noch ist im Gedichtablauf innerhalb
der Frühlingsmotivik die am mehrfach gebrauchten Adjektiv »wahr« erkennbare Kontrafaktur-Intention streng durchgehalten.

Und inhaltlich erhalten die metaphorische Aussage von der durch die Inkarnation Christi »new gebornen welt« und die nachfolgenden Bilder von der einsetzenden »Maien-Zeit« den Charakter einer ›eigentlichen‹ Aussage, wenn man
sich die vor allem im Hermetismus verbreitete und besonders eindrücklich von
Jacob Böhme vertretene Auffassung von der zunächst durch Luzifers, dann aber
auch durch Adams Schuld und Fall ihrer ursprünglich guten Licht-›Qualität‹ be-
raubten Schöpfung Gottes in Erinnerung ruft. »Siehe«, erläutert Böhme in der
›Aurora‹, »als Lucifer mit seinem Heere das Zorn=Feuer in der Natur GOttes
erweckte, daß sich GOtt in der Natur in dem Loco Lucifers erzürnete, so kriegte
die äusserste Geburt in der Natur eine andere Qualität, gantz grimmig, herbe,
kalt, hitzig, bitter und sauer. Der wallende Geist, welcher zuvorhin in der Natur
hatte fein sanft qualificiret, der ward in seiner äussersten Geburt gantz erheblich
und schrecklich, welchen man ietzunder in der äussersten Geburt den Wind oder
das Element Luft heisset, von wegen seiner Erhebung.«[77] Deshalb also »sau-
sen die Winde / Erquiklich und linde«, deshalb »singen die Lüffte« im Gedicht
des Angelus Silesius, weil mit dem Fleischwerden des ›Wortes‹, mit seinem Ein-

gehen in die sichtbare »Schöpfung der äussern Welt« – diese ist nach Böhme bereits »durch die Bewegung des Innern als ein Aushauchen erboren worden durch das ewig=sprechende Wort«[78] – die Schöpfung in ihre ursprüngliche ›Qualität‹ zurückversetzt wird, die auch durch Adams »falsche und unrechte Imagination der Begierde vom Bösen und Guten zu essen«, wodurch er »den Grimm in der Erden erwecket«[79], zusätzlich verschlechtert worden war. Im Kontext dieser Lehre, die Scheffler zweifellos gekannt hat[80] und die zum Verständnis dieses Gedichts und seiner Motivik beizutragen vermag, wird eine Trennung zwischen ›eigentlicher‹ und ›uneigentlicher‹ Ebene als Ausdruck eines geistlich-abstrakten und eines ›bildlichen‹ Sinnes fragwürdig. Die ›Natur‹ ist hier nicht allegorischer Bildspender für die Erlösung des Menschen – diese erfolgt genau genommen erst im Ostergeschehen –, sondern sie partizipiert wie der Mensch an der Inkarnation, die freilich – im Sinne Böhmes verstanden als Eingehen des »Wortes« in die »äußerste Geburt« – eine Unterscheidung von »Wort« und Schöpfung, Göttlichem und Natur kaum noch zu erlauben scheint. Wenn die »Maien-Zeit« aber zum Ausdruck einer Vereinigung von Göttlichem und Irdischem wird, in der sich »die Erde verneuet« und der »Himmel gesenket« hat, dann ist ein wichtiger Schritt in Richtung auf die Möglichkeit symbolischer Aussage getan, dann kann in der dichterischen Imagination der »Maien-Zeit« schließlich mehr und anderes anklingen und unaussprechlich erahnbar werden, als mit dem Wortlaut gegeben ist.

Freilich, bis zu Goethes ›Maifest‹[81] ist es nicht nur im Blick auf den historischen Abstand ein weiter Weg.[82] Im Unterschied zu dessen unsagbaren Konnotationen wird bei Angelus Silesius der Gehalt konkret genug ausgesprochen. So wird man den Text bestenfalls als Symbol-Allegorese bezeichnen können im Sinne einer rückversichernden theologisch-kirchlichen Explikation des im Sinnlichen anschaubaren Gehalts. Aber unzweideutig wird das Gedicht durch diesen Rückbezug keineswegs. Neben den – vor allem in den Passionsliedern – konkret-personhaft geschauten Jesus tritt hier die Inkarnation Christi als Erneuerung der göttlichen Schöpferkraft in der Natur, anstelle der Person wird hier also Christus als naturgesetzlich wirksame Kraft gefeiert.[83] Das ist eine vor allem in Hermetismus und Spiritualismus keineswegs ungewöhnliche Vorstellung, die im Rahmen des Säkularisierungsprozesses von hoher Bedeutung ist, insofern sich Christus im Rahmen dieser Anschauungen in die Natur hinein aufzulösen beginnt und diese damit auch, indem sie ›betrachtet‹ wird, seine soteriologische Funktion übernehmen kann.[84] Das zunehmende Interesse an Natur und ›Welt‹ soll – das ist ein wichtiges Motiv jener eher kirchlich gesinnten Spiritualisten, die sich als Anhänger dieser Gedanken erweisen – durch christologische Fundierung legitimiert und aufgefangen werden, und doch werden dadurch Christologie und Pneumatologie zugleich ›verweltlicht‹.

Die durch keine Dogmatik innerhalb der großen etablierten Konfessionen geschützte Divergenz im Christus-Bild scheint sich für Angelus Silesius offenbar unter einem wichtigen Aspekt aufzuheben: unter dem der sinnlichen Anschauung des Wirkens Christi in der »äußersten Geburt« seiner Inkarnation. Im Unterschied zur visionären Erfahrungsweise der mittelalterlichen Brautmystik ist die artistisch konstruierte, auf kollektive Wirkung bedachte und emotional geprägte ›Realistik‹ der ›Heiligen Seelenlust‹ unbeschadet der Einbeziehung auch anderer Sinneswahrnehmungen von einer Imagination bestimmt, die sich nicht im ›myein‹, sondern im ›Betrachten‹ des Gegenständlichen die Heilsvorgänge zu erschließen sucht. Jacob Böhme, für den die Bereiche der Sinne und Gedanken als Ausflüsse des »Gemüts« in enger Verbindung standen, maß der Imagination eine entscheidende ontologische Funktion in seiner Welt-Anschauung bei: Der sich sehnende und eine Vorstellung oder einen »Gedanken« fassende Wille »imaginiert«, d. h. er »faßt sich in ein Bild ein‹; oder, wie Böhmes Wortgebrauch auch lautet: er imaginiert in den betreffenden Punkt (hinein)«[85]. Als ausfließendes »Sehnen« schlägt der Wille in und mittels der Imagination in sich einfassendes, affektbestimmtes, aber auch zielgerichtetes Begehren um. Eine solche, schon vor Böhme im Hermetismus, aber z. T. auch in kirchenoffizieller Literatur in verwandter Weise heimische Auffassung, welche die Literatur der Aufklärung – insbesondere deren ›malende Poesie‹ – und der Goethezeit nachhaltig beeinflußt hat[86], liegt auch der ›Heiligen Seelenlust‹ zugrunde – jedenfalls erhält deren drastischer ›sinnlicher Realismus‹ von hier aus einen im Blick auf die Intention plausiblen Sinn: Die Anschauung treibt den Willen über die Identifikation zur *imitatio* des in der Imagination gefaßten Objekts. In diesem Vorgang liegt zugleich die Interdependenz von bewegend-lebendigem ›Wort‹ und Tugendübung beschlossen, die – wie wir bereits in der Begründung für Schefflers Konversion sahen – sein wichtigstes theologisch-mystisches Anliegen war.

Darüberhinaus ermöglicht die Intensität dieser Schau ein ›geistiges‹ Erfassen der Objekte durch den Betrachter. Doch dies hat mit der Tradition der mittelalterlichen spirituellen Bedeutungslehre kaum noch etwas gemein, denn das ›Abstrakte‹, das sich dem insistierenden Blick enthüllt, ist doch nur ein vergeistigtes Sinnliches, ist ein Stück Schöpfung im vor-materiellen Zustand – so wie für die ›Psyche‹ der irdische Jesus nur die in Erscheinung getretene ›materialisierte‹ ›Widerspiegelung‹ der vor und nach der Inkarnation unsichtbaren Person Christi ist. Die auch in anderen Sinnzusammenhängen und Lebensbereichen beobachtbare eminente Aufwertung des Wirklichen im reduzierten Sinne des sinnlich Wahrnehmbaren, Empirischen der Konkreta und *res gestae* in diesem faktensammelnden Säkulum[87] tendiert wie übrigens auch der zeittypische Bilddeutungstyp des Emblems eher zu einer *per analogiam* zu erschließenden Bedeutung, für welche Gestalt und Struktur des sinnlich vergegenwärtigten Gegenstandes maßgebend bleibt.[88]

In der sinnlich-geistigen ›Betrachtung‹ beginnen die ursprünglich getrennten Funktionsbereiche von Allegorie und Allegorese zusammenzuschmelzen. In dem Maße, in dem der Bildbereich an ›Eigentlichkeit‹ und Aussagekraft gewinnt, verliert die Allegorese die Funktion, die das ›geistige Wort‹ im Mittelalter als Scopus und Auslegungsinstanz besaß. Der Bildteil reichert sich – z. T. durch Adaption des Allegoreseguts selbst – mit Sinnpotentialitäten und ›Bedeutungsüberschüssen‹ an, welche die theologisch-dogmatische Bedeutung des Heilsereignisses, an das die Lieder jeweils gebunden sind, tendenziell zu überschreiten vermögen. So erweisen sich die ›Geistlichen Hirtenlieder‹ als ein zeittypisches Gebilde, das die Bindung an die Kirche in der äußeren Form und Gliederung stark betont und unter dem Schutz dieser Bindung gleichwohl in der Bildstruktur jenen Spielraum für die »geheime mit Gott gemeinschafft=Kunst« gewinnt, deren der ›schauende‹ Mystiker bedarf. Die Homologie von Biographie, Konfessionspolemik und poetischem Werk Schefflers wird, scheint mir, in dieser Konstruktion greifbar.

Von den hier erörterten Aspekten her rücken auch ›Heilige Seelenlust‹ und ›Cherubinischer Wandersmann‹ enger, als man bisher angenommen hat, zusammen, wenngleich die inhaltlichen, formalen und funktionalen Unterschiede unübersehbar bleiben. In der Epigrammatik des ›Cherubinischen Wandersmanns‹[89] wird die *unio mystica* eher unter dem Aspekt des meditativ-intellektuellen »Einleuchtens« gefaßt und deren Herstellung und Darstellung in der Spannung zwischen bildhaft-uneigentlicher und rational-diskursiver gedanklicher Explikation gesucht.[90] Diesem Ziel dient neben der Form des Epigramms[91] selbst diejenige der epigrammatisch verkürzten Bibelallegorese, z.B.

> Auß dem Hohen Lied.
> Der König führt die Braut in Keller selbst hinein,
> Daß sie ihr mag erwöhln den allerbesten Wein.
> So machts GOtt auch mit dir, wann du bist seine Braut,
> Er hat nichts, in sich selbst, daß Er dir nicht vertraut.[92]

Oder die Form der zitathaft verkürzten Adaption von Illustrationsallegorien, wie z.B.

> Die glükseelige Ertrinkung
> Wenn du dein Schiffelein aufs Meer der GOttheit bringst:
> Glükseelig bistu dann, so du darinn Ertrinkst. [93]

Diesem Ziel dienen aber vor allem aneinanderhängende Epigrammketten, welche die Heilsereignisse u.a. mit Hilfe von metaphorisch verkürztem Allegoresegut exegesieren.[94] Dazu ein relativ kurzes Exempel: Zunächst die spirituelle Deutung der Gottesgeburt auf die Sohnschaft des Menschen schlechthin in zwei Epigrammen:

> Wer nicht von Gott geschieden kan werden.
> Wen Gott zu seinem Sohn geboren hat auff erden,
> Der Mensch kan nimmermehr von Gott geschieden werden.

> Der punct der Seeligkeit.
> Der Punct der Seeligkeit besteht in dem allein:
> Daß man muß wesentlich auß Gott gebohren sein.[95]

Dann die paradoxe Umkehrung der Geburt des Jungfrauenkinds im Menschen als Zeichen des eigenen Geborenseins aus Gott:

> In wem der Sohn Gottes gebohrn ist.
> Wem alle ding ein ding und lauter Friede sind,
> In dem ist wahrlich schon gebohrn daß Jungfraun Kind. [96]

Und schließlich die tropologische Lehre über die mystische Bedingung ständiger Gottessohnschaft:

> Kennzeichen deß Sohns Gottes.
> Wer stäts in Gotte bleibt, verliebt, gelassen ist:
> Der Mensch wird allermeist für Gottes Sohn erkiest. [97]

Im Sinne der rhetorisch-poetischen Allegorie-Theorie wird die Vorstellung von der Geburt des Gottessohns durchweg uneigentlich und damit im Sinne einer *metaphora continua* verwendet, vom gedanklichen Kontext her aber als ›eigentlich‹ ausgewiesen. Gleichwohl hält die Metapher die Uneigentlichkeit der Aussage bewußt, und zwar nicht als – aber in der Funktion einer – *allegoria facti et verbi*: Sie verweist auf das heilsgeschichtliche Faktum als Realgrund menschlicher Gottessohnschaft und zugleich auf den Sachverhalt der *unio mystica*, der sich gar nicht ›eigentlich‹ bezeichnen läßt. Dies letztere ist das Grundproblem mystischer Sprache, soweit sie dieses unsagbare Phänomen zu beschreiben oder zu benennen sucht. [98] Es gilt daher *mutatis mutandis* auch für die erotischen brautmystischen Visionen Mechthilds und legt deren allegorisches Verständnis nahe, selbst wenn sie unmittelbar Erlebtes erzählt. Die demgegenüber rational konstruierte und bis zur Paradoxie gespannte Uneigentlichkeit des Schefflerschen Sprechens hält die heilsgeschichtliche Tiefendimension der Geburt Christi in aller Einzelexegese bewußt und macht damit einerseits diese als das theologisch Eigentliche im Uneigentlichen ein-sichtig, andererseits aber formuliert sie die vom historischen Faktum abstrahierende, ontologisierend generalisierende Gottessohnschaft als das Eigentliche; ›Christus‹ verwandelt sich in ein von der Prädestination wie von der eigenen Tugendleistung abhängiges Prinzip der Gottessohnschaft, wodurch zugleich kalvinistische und katholische Divergenzen über die Erlangung des Heils in einer beide Positionen verfälschenden Mischung aus *syllogismus practicus* [99] und tätiger Tugend synthetisiert zu werden scheinen. Im metaphorischen Sprach-Spiel werden also auch hier Häresien formulierbar, indem sie zugleich im orthodoxen Verständnis als Metaphern auf anerkannt Dogmatisches hin interpretierend entschärft werden können. Der intensiv geführte Streit in der Scheffler-Forschung um ein ›ketzerisches‹ oder katholisch-rechtgläubiges Verständnis seines poetischen Werks oder einzelner Partien daraus könnte sich versachlichen, wenn er von der Einsicht profitieren würde, daß Scheffler gerade mit Hilfe der poetischen Gestaltung – und hier insbesondere mit Variationen der ›allegorischen Allegorese‹ – semantische Freiräume – und damit dogmatischen Spielraum für die Artikulation mystischer Vergottungssehnsucht – herzustellen vermag, die auch schon für die Zeitgenossen Schefflers das Problem und den Vorzug der Verschiedenverstehbarkeit eröffneten.

Die *metaphora continua* ermöglicht also mystische Transzendierung der kirchlichen Lehrverkündigung bei gleichzeitiger dogmatischer Rückversicherung; aber darüberhinaus braucht die metaphorische die diskursive sprachliche Ebene auch für den mystischen Progreß selbst als jeweils neu zu transzendierenden Kontrapost: Immer wieder zielt die epigrammatische Kürze der Formulierung hin auf meditative Versenkung, welche die Sprachebene, aber auch den Raum kirchlicher Gemeinschaft auf dem Weg des Wandersmanns in die cherubinische Welt der eigenen Seele und durch sie hindurch in das Übernichts jenseits von Nichts und Etwas hinter sich lassen will. [100] Und doch bleibt die Seele an den geistlichen Körper gebunden, zu dem sie im Stande der *gerunge*, der *rûwe* und *vorhte* zurückkehren muß. Deshalb beginnt – wie es scheint – auch der ›Cherubinische Wandersmann‹ wie das ›Fließende Licht der Gottheit‹ mit der ›Minne‹ und orientiert sich im Aufbau ab Buch III wie die ›Geistlichen Hirtenlieder‹ am Ablauf des »geistlichen Jahres«. [101] Der Weg dessen, der wieder ein Wanderer wird, vollzieht sich also als Rückweg in den sichtbaren Leib Christi, in die Vorläufigkeit, Zeitlichkeit, Vergänglichkeit und damit in die Uneigentlichkeit der Kirche, die als *ecclesia militans* auch des Mystikers bedarf, um im Zustand der ›Eigentlichkeit‹ zur *ecclesia triumphans* zu werden. Die kurz vor seinem Tod verfaßte ›Sinnliche Beschreibung der vier letzten Dinge‹ ist nicht zufällig das letzte Werk Schefflers. [102] In der Eigentlichkeit seiner Deskription löst sich in der Parusieerwartung und im Bewußtsein des eigenen bevorstehenden Übergangs in die mystische Eigentlichkeit die Verschränkung der ›allegorischen Allegorese‹ auf. Auch hier korrespondiert die Biographie mit der Gesamtstruktur des Werkes.

Die ›allegorische Allegorese‹ aber als Bilddeutungstyp, der hier in seiner Funktion als subjektivierende und dogmenüberschreitende Aneignung von Heilswahrheiten illustriert wurde, erweist sich, scheint mir, auch darüberhinaus als lebenskräftig, solange die Literatur der christlich-orthodoxen Weltanschauung in mühsamem Ringen Spielräume für eine eigene poetisch-fiktionale Darstellung und Auslegung von Wirklichkeit abgewinnen mußte, um schließlich die Funktion religiöser Sinngebung und Weltdeutung selbst zu übernehmen. Die Möglichkeit symbolischer Aussage und der Impetus zu einer transzendentalen Progression sind in dieser Mischform angelegt, und die eigentliche Stunde dieser Aussageweisen schlägt gerade in jenen Epochen, die sowohl die Dichterallegorie als auch die Bibelallegorese als repräsentative Explikationsweisen eines spezifisch mittelalterlichen Weltbildes überwunden hatten. Die ›allegorische Allegorese‹ ist ein Beispiel dafür, daß die aus dem Säkularisierungsprozeß erwachsende Neuzeit im Bereich der den »geistigen Sinn des Wortes« adaptierenden und umformenden Literatur bereits tief im Mittelalter beginnt. [103]

Anmerkungen:

1 PL 197, Sp. 739–1038. Hildegard von Bingen: Welt und Mensch. Das Buch ›De operatione Dei‹. Aus dem Genter Kodex übers. u. erl. v. H. Schipperges, Salzburg 1965. –

Zu Hildgard vgl. im vorliegenden Zusammenhang bes. Liebeschütz, 1964, S. 18 ff., 30 ff., 45 ff., 114 ff. – H. Schipperges: Die Engel im Weltbild Hildegards von Bingen, in: Verbum et signum II, Fs. Friedrich Ohly, München 1975, S. 99–117, bes. S. 102 ff. Beide Arbeiten beziehen gegensätzliche Positionen in einer wegen möglicher Mißverständnisse dringend zu diskutierenden Frage, die sich aus der Beziehung zwischen ›significans‹ und ›significatum‹ ergibt: Besteht ein radikaler »Schnitt« zwischen dem sinnlich-anschaulichen »Bezeichnenden« und dem entmythologisiert-abstrakten »Bezeichneten« (so Liebeschütz), der allen Remythisierungstendenzen durch allegorische Bildlichkeit einen Riegel vorschieben würde, oder ist (so Schipperges am Beispiel der Engel) das in den Visionen Sichtbare nur ›Ausdruck‹ von an sich Unsichtbarem, aber im Unterschied zu abstrakten Sachverhalten gleichwohl personhaft Lebendigem (oder gibt es bei Hildegard beides?)? Diese Frage betrifft – über Hildegard hinaus – das Verhältnis von ›significans‹ und ›significatum‹ sowohl in der Dichterallegorie als auch in der Bibelallegorese, und sie ist bedeutsam, weil sie – verkürzt auf die stichwortartige Alternative Ent- oder Remythologisierung im ersteren Falle (Schipperges zitiert nicht zufällig kritisch Bultmann!) ein möglicherweise zu modernes und im anderen ein in jahrhundertelangen Kämpfen überwundenes mythisches Denken in das allegorisierende Verfahren des seit dem 12. Jahrhundert zunehmend von der Scholastik geprägten christlichen Weltbilds hineinprojiziert. Wichtig ist die Frage auch im Blick auf die Unterscheidung von ›mittelalterlicher‹ und ›neuzeitlicher‹ Verstehensweise und Handhabung des geistigen Wort-Sinns. – Vgl. zu diesem Problem auch Jauß, 1960, S. 180 ff., 197 ff. – Ders., 1971, S. 188 ff., 195 ff. – Zum Aspekt der »Realitätsgewißheit« der Visionen und allegorischen Bilder vgl. C. Albrecht: Das mystische Erkennen. Gnoseologie und philosophische Relevanz der mystischen Relation, Bremen 1958, S. 58 ff., 70 ff., 76 ff. Zum Realitätscharakter allegorischer Personen vgl. Gruenter, 1957, Bemerkungen zum Problem der Allegorischen, S. 12 ff., 15 ff. – Blank, 1970, S. 58 ff., 68 ff., 110 f., 238 ff. – Zu dem mit diesem Problem gegebenen Verhältnis von Symbol und Allegorie vgl. über die genannte Literatur hinaus de Lubac, 1959, Exégèse médiévale, Tome II, S. 384 ff. – C. S. Lewis, ²1938, S. 44 ff. – Jantsch, S. 316 ff., 362 ff. – Krewitt, 1971, S. 466 ff. (ebd., S. 468 f. zahlreiche weitere Hinweise auf vorwiegend theologische Literatur zum Problemkomplex). Dazu ergänzend Sørensen, 1963, S. 15 ff. – Zum Problem der ›Mischformen‹ im Bereich von Allegorie und Allegorese vgl. den Forschungsbericht von Meier, 1976. Zur Mischform der »allegorisch gedeuteten Vision« am Beispiel Hildegards ebd., S. 56 ff. – Zur »Bedeutung von Vision und Unio in der Frauenmystik des Mittelalters« vgl. F.-W. Wentzlaff-Eggebert: Deutsche Mystik zwischen Mittelalter und Neuzeit. Einheit und Wandlung ihrer Erscheinungsformen. 3. erw. Aufl., Berlin 1969, S. 22 ff., 25 ff. (zu Hildegard), 47 ff. (zu Mechthild von Magdeburg). Eine ausführliche Bibliographie zur Mystik (vom Mittelalter bis zu Novalis) ebd., S. 272–339 u. S. 363–397. – Zur Entstehung insbesondere der Frauenmystik vgl. H. Grundmann: Die geschichtlichen Grundlagen der deutschen Mystik, in: Altdeutsche und altniederländische Mystik, hg. K. Ruh, Darmstadt 1964, S. 72–99. – Zum unterschiedlichen Charakter der Mystik in den einzelnen Orden (besonders bei Zisterziensern, Benediktinern – Hildegard war Benediktinerin –, Dominikanern und Franziskanern – bei Mechthild lassen sich Beziehungen zu allen vier Orden nachweisen) vgl. K. Ruh: Zur Grundlegung einer Geschichte franziskanischer Mystik, ebd., S. 240–274.

2 Meier, 1976, S. 56.

3 F. Ohly, 1958/59, S. 9 = 1977, S. 13.

4 Vgl. dazu Meier, 1974, S. 399 f., 414 f., 430 ff.

5 Vgl. dazu Grubmüller, 1975, S. 220 ff. – Haubrichs, 1975, bes. S. 236 ff., 247 ff.

6 Vgl. dazu Brinkmann, 1971, S. 317 ff. – Ders., 1975, S. 26 ff., 37 ff. – Meier, 1976, S. 18 ff., 24 ff.

7 Als Paradebeispiel gelten mit Recht die allegorischen Predigten Bertholds von Regensburg: Vollständige Ausgabe seiner Predigten mit Anmerkungen v. Franz Pfeiffer. Mit einem Vorwort v. K. Ruh, 2 Bde., Berlin 1965. Vgl. dazu Meier, 1976, S. 55.

8 Andere Stationen dieses Prozesses verfolgt Verf.: Gottebenbildlichkeit und Naturnachahmung. Studien zur Naturpoesie der Aufklärung und zu ihren problemgeschichtlichen Voraussetzungen seit der Scholastik, Tübingen 1976 (Mskr.).

9 Sie dürfte – nach freundlicher Auskunft von Frau Christel Meier, Münster – zwischen 1340 und 1350 entstanden sein.

10 Vgl. Apk 21, 16 f. – Der Text der siebten Schau bei Hildegard von Bingen [s. Anm. 1], S. 250–263.

11 Vgl. Hl 2, 14 u. Jer 49, 16. Vgl. auch den Ausspruch Mechthilds von Magdeburg: *O du hoher stein, du bist so wol durgraben, in dir mag nieman nisten denne tuben vnd nahtegal*. Offenbarungen der Schwester Mechthild von Magdeburg oder Das fließende Licht der Gottheit. Aus der einzigen Handschrift des Stiftes Einsiedeln hg. P. Gall Morell, Nachdr. d. Ausg. Regensburg 1869, Darmstadt 1976, S. 9. Dazu ferner Mechthilds auch an entsprechende Visionen Hildegards aus ›Scivias‹ erinnernde Stein- oder Bergvision ebd., S. 96 f. (IV, 3 = Buch IV, Kap. 3). Vgl. dazu die Belege in M. Schmidts Ausgabe: Mechthild von Magdeburg: Das fließende Licht der Gottheit. Eingef. v. M. S. Mit einer Studie von Hans Urs von Balthasar, Einsiedeln/Zürich/Köln 1955, S. 430 [s. Anm. 89].

12 W. Mohr: Darbietungsformen der Mystik bei Mechthild von Magdeburg, in: Märchen, Mythos, Dichtung. Fs. F. von der Leyen, München 1963, S. 375–399. Hier S. 393. – Zur Analyse des »sermo mysticus erotisch-sexueller Bildsprache«, der »erotisch-sexuellen Allegorie« bzw. der »gewagten Übernahme profan-erotischer Bildlichkeit« als »Ausdrucksmöglichkeit für das Unsagbare überhaupt« vgl. (mit weiterer Literatur) A. M. Haas: Die Struktur der mystischen Erfahrung nach Mechthild von Magdeburg, Freiburger Zs. f. Philos. u. Theol. 22 (1975), S. 3–34, hier S. 10 ff., 20 ff. In der Interpretation der mystischen Erfahrungs- und Erkenntnisstruktur Mechthilds (»Vereinigung der Seele mit Gott« – »Entfremdung« – »dialektische Versöhnung beider im Konzept der sinkenden Demut und Liebe«: ebd., S. 7; vgl. den Abschnitt »sinkende Liebe«, S. 14 ff.) stimmt Haas mit der Deutung Mechthilds durch H. U. v. Balthasar überein: Mechthilds kirchlicher Auftrag, in: Ausg. Schmidt [s. Anm. 11], S. 19–45. Vgl. bes. den Abschnitt »Die stürzende Liebe«, ebd., S. 34 ff. Neben diesen katholisch-theologischen Analysen sei auf die umfangreiche und gründliche philologische Untersuchung des Wortfelds ›Minne‹ bei Mechthild verwiesen: H. Taigel: ›Minne‹ bei Mechthild von Magdeburg und bei Hadewijch, Diss. Tübingen 1955 [Masch.], S. 146 ff. Zum Problembereich der »sinkenden Liebe« vgl. die den Sachverhalt stark systematisierende und mit der biographischen Entwicklung Mechthilds m. E. unzulässig parallelisierende Darstellung von M. Schmidt: Studien zum Leidproblem bei Mechthild von Magdeburg im Fließenden Licht der Gottheit, Diss. Freiburg 1952 [Masch.].

13 Prologus Fratris Henrici Lectoris de Ordine Fratrum Praedicatorum, in: Sanctae Mechtildis Virginis ordinis Sancti Benedicti Liber Specialis Gratiae. Accedit Sororis Mechtildis Ejusdem Ordinis Lux Divinitatis Opus ad Codicum Fidem nunc Primum Integre editum. Apud H. Oudin Fratres. Pictavii Parisiis 1877 (= Revelationes Gertrudianae ac Mechtildianae II), S. 435–437, hier S. 436.

14 Vgl. dazu F. Ohly, 1958, S. 17 ff., 45 f., 121 ff., 136 ff., 205 ff., 217 ff., 251 ff., 277 f. – Ders., 1954/55, S. 183 ff.

15 Haas [s. Anm. 12], S. 9.
16 Offenbarungen [s. Anm. 11], S. 63 f. (III, 3). Mit H. Stierling: Studien zu Mechthild
     von Magdeburg, Göttinger Diss., Nürnberg 1907, S. 92, und M. Schmidt [s. Anm. 11],
     S. 409, wird – dem lateinischen Text folgend – die in der Ausgabe von Morell als Dia-
     logpartner eingeführte ›Minne‹ emendiert (Offenbarungen, S. 63, Z. 12). Außerdem
     werden in Übereinstimmung mit den genannten Zeugen – in derselben Zeile *liten* in
     lieben und – in Zeile 19 – *messe* in *masse* nach dem Wortlaut der Einsiedler Handschrift
     verwandelt.
17 *Fuge, dilecte mi, et assimilare capreae hinnuloque cervorum super montes aromatum.*
     Vgl. Hl 2, 16 f.: *Dilectus meus mihi, et ego illi, qui pascitur inter lilia, donec aspiret dies,*
     et inclinentur umbrae. Revertere; similis esto, dilecte mi, capreae hinnuloque cervorum
     super montes Bether. Vgl. dazu ferner die korrespondierende Aussage des Bräutigams
     (Hl. 4, 5 f.): *Duo ubera tua, sicut duo hinnuli capreae gemelli, qui pascuntur in liliis;*
     donec aspiret dies, et inclinentur umbrae, vadam ad montem myrrhae, et ad collem thu-
     ris. Schließlich nochmals die refrainartige Responsion der Braut (Hl. 6, 1 f.): *Dilectus*
     meus descendit in hortum suum ad areolam aromatum, ut pascatur in hortis, et lilia col-
     ligat. Ego dilecto meo, et dilectus meus mihi, qui pascitur inter lilia.
18 Die Stelle ist – möglicherweise auch aufgrund von Überlieferungs- und Übersetz-
     zungsfehlern – nicht eindeutig entschlüsselbar. Daß man in der exegetischen Tradi-
     tion das *fuge, dilecte mi* auf den Leib Christi – im Zusammenhang mit seiner Auferste-
     hung und Himmelfahrt – bezog, mag Willirams Paraphrase bezeugen. Hier erklärt die
     Uox Ecclesiae ad Christum, ihr Auftrag zur Verkündigung des Evangeliums könne sie
     liberius úber ál kúndan, wenn Christus zum Vater zurückgekehrt sei. *Uóne dánnan*
     skêide uón mír per assumptam humanitatem, unte skêine mír îemítton dîne hélfa per
     diuinitatem [...]; Willirams deutsche Paraphrase des Hohenliedes. Mit Einleitung und
     Glossar hg. J. Seemüller, Straßburg/London 1878, S. 67.
         Die Braut bei Mechthild könnte an dieser Stelle sowohl den Leib Christi als auch
     den eigenen Leib meinen, dessen Verhältnis zur Seele – zumal im Zusammenhang mit
     der »unio mystica« – bereits mehrere dieser Passage vorausgehende Visionen zu be-
     stimmen suchen. Vgl. bes. Offenbarungen [s. Anm. 11], S. 49 ff. (II, 25). Hier erklärt
     Gott der sich nach seiner Minne verzehrenden Seele u. a.: *Min gőtlichú wisheit ist so*
     sere uber dich, / Dc ich alle min gabe an dir also ordene, / Als du si an dinem armen libe
     maht getragen. [...] Ich kan dich nit so kleine beriben, / Ich tů dir vnmassen we an dinem
     libe. / Sőlte ich mich dir ze allen ziten geben nach diner ger, / So můste ich meiner sůs-
     sen herbergen / In dem ertrich an dir enbern; / Wan tusent lichamen mőchten nit / Einer
     minnenden sele irre ger volle wern. / Darumbe, je hoher minne, je heliger marterer.
     (Ebd., S. 50) Das Problem der – zeitweiligen – Gottesferne findet für Mechthild also
     zumindest *eine* Erklärung in der göttlichen Schonung des Leibes; dieser droht durch
     allzu lange Abwesenheit der Seele in der Ekstase der Vernichtung anheimzufallen, an-
     dererseits wird er während der auch um seinetwillen erfolgenden Abstinenz Gottes
     durch die sich verzehrende Sehnsucht der Seele erst recht krank: [...] *so ist es mir / Herre*
     alles nach dir, / Und min vleisch mir entfallet, min blůt vertrukent, / Min gebein kellet, min
     adern krempfent / Und min herze smilzet nach diner minne, / Und min sele brennet mit ei-
     nes hungerigen lőwen stimme (ebd., S. 51).
         Von daher ergibt sich, wenn man die Interpretation ausschließt, mit dem »Gelieb-
     ten« meine die Braut bereits ihren Leib selbst, eine zweifache Verstehensmöglichkeit
     der ersten Sätze der Braut: Sie sprach das *fuge* zum Bräutigam »nach dem Vermögen
     der Sinne«, also mit Rücksicht auf diese und das begrenzte *capax* des Leibes im Blick
     auf das göttliche *infinitum*, wobei sie aber tröstend hinzufügt, daß sie, wenn die göttli-
     che Minne sie mit aller Macht heimsucht, alle Rücksicht auf den Leib fahren läßt,

denn wenn Gott sie durch seine Minne von i h r e m Leib trennt, gehört die Seele wenigstens endgültig und ganz ihm. Oder sie erklärt das *fuge* im Sinne des für die nachfolgende Allegorie und für das ganze dritte Buch bedeutsamen Motivs der »sinkenden Liebe«: Sie war fröhlich, aber nicht trunken in der Minne, der Zustand der »Übertrunkenheit« verwehrt den zur Minne gehörenden Aspekt des sehnenden Gedenkens an den Geliebten, und worauf Gott zeitweise verzichtet, dazu entschließt sich auch die Seele; wenn er ihr s e i n e n Leib vorenthält, so ist sie gerade dann in Gedanken ganz bei ihm (vgl. dazu auch die Deutung dieser Stelle bei Angelus Silesius: oben, S. 101.).

In beiden Fällen zeigt sich der Versuch zu einer vertiefenden Weiterführung jener Deutung dieses Schlußverses, wie sie etwa auch im St. Trudperter Hohen Lied angelegt ist: *Nu verne(m)ent: diz buoch uiench ane mit ainime chunichlicken mandunge. iz endet sich mit aineme ellentlichen amere. iz uiench ane mit ainime chunichlichen sange. nu get ez uz mit inniklicheme wainenne. iz uiench ane mit ainime g(o)tlichen chosse. nu scaident siu sich mit ainer durnahtiger minne. wan iz ist ain lere der minnichlichen gotes erkennusse.* Das St. Trudperter Hohe Lied. Kritische Ausg. v. H. Menhardt, Halle (Saale) 1934, S. 286. – Zum Motiv des entflohenen Bräutigams vgl. auch Offenbarungen [s. Anm. 11], S. 103 (IV, 12). Zum von Gott gesetzten Maß in der Liebe ebd., S. 131 ff. (V. 3).

19 Diese Auffassung Schwieterings zitiert zustimmend Mohr [s. Anm. 12], S. 376.

20 Vgl. zu diesem Problem – zugleich als Repräsentanten für die zunächst noch folgenlos gebliebene forschungsgeschichtliche Wende – Benjamin, 1963, S. 174 ff. – Ferner Gadamer, ²1965, S. 66 ff.

21 Offenbarungen [s. Anm. 11], S. 141.

22 Vgl. unten, Anm. 102.

23 Offenbarungen [s. Anm. 11], S. 34 f. (II, 7).

24 Vgl. dazu – neben der schon zitierten »Tavernen-Allegorie« – bes. Offenbarungen [s. Anm. 11], S. 46 f. (II, 24).

25 Vgl. Offenbarungen [s. Anm. 11], S. 30 ff. (II, 4).

26 So Mohr [s. Anm. 12], S. 378. Ferner H. Tillmann: Studien zum Dialog bei Mechthild von Magdeburg, Diss. Marburg 1933, S. 1 ff., 86. – Vgl. auch H. Neumann: Beiträge zur Textgeschichte des ›Fließenden Lichts der Gottheit‹ und zur Lebensgeschichte Mechthilds von Magdeburg, in: Altdeutsche und altniederländische Mystik [s. Anm. 1], S. 175–239. Neumann spricht sogar vom »elementaren Bedürfnis der Mystikerin, das Tagebuch ihrer Seele als historische Autobiographie mit Zahlen zu verfestigen«. Ebd., S. 199. Vgl. ferner v. Balthasar [s. Anm. 12], S. 25. – Haas [s. Anm. 12], S. 3 f.

Gegenüber dieser Deutung, die vor allem Neumann mit Scharfsinn vorgetragen hat und aufgrund derer er sich legitimiert fühlte, aus autobiographischen Hinweisen wie z. B. aus Zahlen über das Alter der Begine deren Lebensweg und -daten zu rekonstruieren, scheint mir Zurückhaltung angebracht. Ganz offensichtlich teilt Mechthild die Vorliebe des Mittelalters für die Zahlensymbolik und -allegorese. Das zeigt sich nicht nur an den zahlreichen kleineren Stücken, in denen die Zahlen schon in der jeweiligen Überschrift eine Rolle spielen, sondern eben auch an den autobiographischen Hinweisen. Mechthilds Bemerkung z. B., sie sei im 12. Jahr vom Heiligen Geist gegrüßt worden (Offenbarungen [s. Anm. 11], S. 91, IV, 2), erinnert an das erste Auftreten des 12jährigen Jesus (Luk 2, 41 ff.). Dieser Gruß, erklärt sie an derselben Stelle weiter, kam alle Tage, und: *Dis geschach vber ein und drissig jar.* Genau dies aber sind die Lebensjahre des irdischen Jesus, der nach biblischem Zeugnis bei seinem öffentlichen Auftreten 30 Jahre alt war (Luk 3, 23) und noch ein Passah erlebte. Daß Mechthild diese Lebensdaten Jesu kannte und ihnen Bedeutung für die geistliche Biographie beimaß, zeigt sie zu Beginn des 6. Buches: Jesus verzichtete um der Minne willen *mere denne drissig jar* auf seinen himmlischen Aufenthalt: *Woltestu hie an gedenken, wie môhtestu also gebúrlich wesen! Du mûstest ím gegen drissig jaren zem tage eine stunde geben.* Offenbarungen [s. Anm. 11], S. 175 (VI, 1). Vgl. ebd., S. 179 (VI, 4), 185 (VI, 10), 221 (VII, 2), 249 (VII, 36).

Aber auch der Aufbau des Werkes, das aus sieben Büchern besteht und das man *ze nún malen lesen* soll (ebd., S. 3), folgt der Faszination der Zahlensymbolik. Vgl. zu dieser und zu den genannten Zahlen Taeger, S. 241 ff. – Ferner Heinz Meyer, 1975, Die Zahlenallegorese, S. 109 ff., 133 (zur Sieben), 141 f. (zur Neun). – Buch I hat, so scheint es, nicht zufällig 46 Kapitel – in 46 Tagen wurde z. B. der Tempel Salomos und Christi erbaut (Joh. 2,20 f.). Vgl. dazu F. Ohly, 1958, S. 88. Ferner Heinz Meyer, 1975, Die Zahlenallegorese, S. 162 f. Buch II (= 26 Kapitel) und Buch III (= 24 Kapitel; vgl. Apk. 4,4; zur Zahl 24 Taeger u. Heinz Meyer, S. 153) enthalten 50 Kapitel. Zur Zahl 50 vgl. Taeger, S. 61 f., F. Ohly, 1958, S. 88, Heinz Meyer, S. 164 ff. – Zur Zahl 28 – soviel Kapitel enthält Buch IV – vgl. bes. Taeger, S. 203 ff., 216 ff., 220 ff., Heinz Meyer, S. 155. Ohne konkreten Bezug zum jeweiligen Inhalt enthalten solche zahlensymbolischen Hinweise freilich immer etwas Unverbindlich-Spekulatives. Außerdem muß man bei der Kapitelzählung mit späteren redaktionellen Eingriffen rechnen. – Ich beschränke mich hier auf einen Hinweis auf die ersten vier Bücher, weil ich diese für Mechthilds ›Urschrift‹ halte. Dazu das Folgende.

27 So v. Balthasar [s. Anm. 12], S. 45. Ähnlich Stierling [s. Anm. 16], S. 17 f., 26. Ferner Neumann, für den »der Einsiedler Text keiner auch nur irgendwie faßbaren Ordnung gehorcht« [s. Anm. 26], S. 219. Für Haas entziehen sich »Mechthilds Aufzeichnungen« sogar »durch ihren empirischen Duktus jeder gattungstypologischen Zu- oder Einordnung« [s. Anm. 12], S. 5.

28 Neumann spricht zwar aufgrund einiger – keineswegs zwingender – Indizien davon, »daß die Bücher I–V des Mechthildschen Werkes in der heutigen Reihenfolge, Einteilung und Überschriftung eine alte Einheit bildeten, die in den Jahren 1265–70 als ihr ganzes visionäres Opus galt« ([s. Anm. 26], S. 182; vgl. ebd., S. 188 ff.), hält es jedoch unter Hinweis auf die Notiz im Schlußkapitel von Buch IV – *Dis bûch ist begonnen in der minne, es sol och enden in der minne* (Offenbarungen [s. Anm. 11], S. 127) – für wahrscheinlich, »hier den Schluß eines größeren Arbeitsabschnittes zu vermuten, der etwa die späteren Bücher I–IV umfaßte« (ebd., S. 189 f.). Vgl. ebd., S. 216: »Die engere Zusammengehörigkeit der frühesten Bücher I–IV läßt sich auch noch am Wortschatz erkennen und an bestimmten Bildkomplexen, die in den spätern Büchern nicht mehr auftreten [...]«, ebd., S. 217: »Die Kapitelordnung innerhalb der Bücher I–IV ... muß schon erfolgt sein, als das Corpus der ersten fünf Bücher zusammengestellt wurde.«

Unterstützt durch Zahlensymbolik (*Von fúnferleie craft der minne* heißt es in der Überschrift) thematisiert der Schluß von Buch IV auch Leiden und Sterben Christi *durch die valschheit der welte* (Offenbarungen [s. Anm. 11], S. 127). Die Bedeutung der Zahl fünf bezieht sich u. a. auf »die Passion Christi, auf die christliche Lebensführung der Gläubigen und auf das körperlich-sinnliche Wesen des Menschen«: Heinz Meyer, 1975, Die Zahlenallegorese, S. 127. Damit scheint Mechthild am Ende ihres Buches auch auf die im Zusammenhang mit dem Schlußvers des ›Hohenliedes‹ erörterte, für sie zentrale Leib-Seele-Minne-Problematik anzuspielen. Eine kompositorische Analogie zum Hohenlied läßt sich unschwer an der Vierzahl der Bücher von Mechthilds »Urschrift« erkennen, denn in der traditionellen Exegese wurde das Hohelied ebenfalls in vier Abschnitte gegliedert: nach den Refrainschlüssen *Adiuro vos, filiae Jerusalem* (Hl. 2, 7; 5, 7 (8); 8, 4) wie bei Rupert von Deutz oder Wilhelm v. St. Thierry oder nach den Weltheilsepochen *ante legem, sub lege, sub gratia* und *sub Antichristo* wie bei Honorius Augustodunensis (Hl. 2, 17; 6, 9; 7, 10). Vgl. dazu F. Ohly, 1958, S. 258. Die Vierzahl war beherrschend als »Kennzahl des Hohenliedes« (ebd., S. 257). Sie entspricht der Zahl der Evangelien. Zur Bedeutung der Vier vgl. Heinz Meyer, 1975, Die Zahlenallegorese, S. 123: »Fast alle Bedeutungen der Vierzahl orientieren sich an bestimmten Sinnzentren: Die Vier ist Zeichen der Schöpfung (Kosmos), der Offenbarung (Schrift und Schriftsinn), der Erlösung (figura crucis) und der Haupttugenden. Die viergeteilte geschaffene Welt, die vier Evangelien und der vierfache Schriftsinn, die vier Kreuzesarme und die vier Kardinaltugenden bilden die Mittelpunkte, um die sich die einzelnen Auslegungen gruppieren.« – Die vier Abschnitte des Hohenliedes bedeuteten vor allem im Bereich der Mystik die »Erfahrung des vierfachen Kommens und Gehens Christi in der liebenden Seele«: F. Ohly, 1958, S. 258. – Bei Mechthild indessen läßt sich – wie zu zeigen sein wird – eine andere, an der Thematik des Hl.-Schlußverses orientierte vierfache Gliederung erkennen, bei der die Bücher ihrer Schrift mit vier Abschnitten des ›Hohenliedes‹ inhaltlich korrespondieren.

29 Offenbarungen [s. Anm. 11], S. 181 (VI, 6). – Im »alphabetischen Register der hauptsächlichsten metaphorischen Ausdrücke aus Mechthild von Magdeburgs Werk vollzählig« fehlen die genannten Begriffe (mitsamt Synonymen) außer dem Begriff *minne*: Grete Lüers: Die Sprache der deutschen Mystik des Mittelalters im Werke der Mechthild von Magdeburg. Nachdr. d. Ausgabe München 1926, Darmstadt 1966, S. 119 ff.

30 Buch I: z. B. S. 7 (I, 4) *minne und gerunge*; ebenso S. 10 (I, 19), S. 13 (I, 24), S. 15 (I, 28); S. 13 f. *minne, gerunge* (= *nach Got jamerig*), *pine* (semantisch und der Sache nach eng zum Bereich der *rúwe* gehörend); S. 18 f. (I, 44) *minne, rúwe und pine, gerunge (mich lustet din)*; S. 23 f. (I, 46) *cappellan* als *vorhte*, die erste Jungfrau als *minne*, die *dritte juncfrowe das ist rúwe, die ist gekleidet mit den wintrúbelin und ist gekrônet mit der vrôde* (vgl. die Tavernenallegorie!), der *schenken* als *begerunge*.

   Buch II: z. B. S. 31 ff. (II, 4) *rúwe, minne, gerunge (brunekeit der sinne), helige vorhte*; S. 36 (II, 11) *vôrhtende minne*; S. 36 (II, 13) *minne, angest und vorhte, sunden*; S. 41 (II, 20) *fúrine und notliche minne, rúwe, gerunge (sússer jamer)*.

   Buch III: z. B. S. 55 (III, 1) *minne und gerunge*; S. 65 (III, 4) *missekomen*; S. 66 f. (III, 5) *notliche liebe, vil sere*; S. 75 f. (III, 13) *grúwelich vorhte, heilige gerunge, Die minne sunder muter der demútekeit / Und sunder vatter des heligen vorhten, / Die ist vor allen tugenden verweiset*; S. 76 f. (III, 15) *Werlich gast du mir vor mit demútigem jamer und mit heligen vorhten, so mús ich dir volgen als die hohe flút der tieffen múlen. Gast du mir aber gegen mit blúnder gerunge der vliessender minne, so mús ich dich gemússen und mit miner gotlichen nature berúren als min einige kuniginne [...] Dú warheit zúgete mich, die vorhte schalt mich, die schame geiselte mich, die rúwe vertúmete mich, die gerunge zog mich, die minne fúrte mich [...]*.

   Buch IV: z. B. S. 9⅟ f. (IV, 2) *[...] da bi zwenzig iaren nie die zit wart ich were múde, siech und krank aller st von rúwen und von leide, danach von gúter gerunge und von geistlicher Arbeit, u   darzú manig swere siechtag von nature. Hiezu kam dú gewaltige minne und besch   nich so sere mit disen wundern, dc ich es nit getorste verswigen.*

   Buch V: z. B. S. 128 (V, 1) *Von drierlei rúwe [...] (ruwe der schulde, der bússe, der minne)*; S. 132 (V, 4) *wan die minne hat masse an ir ordenunge. Hette si nit masse, eya sússer got, wie manig rein herze in sússer wunne bréche! Swenne die sele mit der minne zuge und mit maniger girikeit irs jagenden herzen nach gotte uf den hohen berg der gewaltigen minne und der schônen bekanntnisse komen ist, so tút si als der bilgeri, der berge ufgestigen hat mit grosser gerunge, so stiget er anderhalp nider mit grosser vorhte, dc er sich nit vberwerfe*. S. 164 (V, 32) *Jamer, vorhte und stete herzeleit han ich getragen heimelich von kinde vm ein gůt ende.*

31 Vgl. die Belege in Anm. 30.

32 Zum Motiv der »stürzenden« oder »sinkenden« Minne vgl. die in Anm. 12 genannten Studien.

33 Offenbarungen [s. Anm. 11], S. 27.

34 Ebd., S. 51.

35 Das ›Hohelied‹ läßt sich von dem – wie wir sahen – für Mechthild so bedeutsamen Motiv des Fliehens des Geliebten in vier Abschnitte gliedern, die jeweils durch die leitmotivische Variation dieses Themas abgeschlossen wird (vgl. dazu Anm. 17). Der erste Abschnitt reicht bis Vers 2, 17. In der Lutherbibel haben die beiden Kapitel die Überschrift: »Innige Liebe des Freundes und der Freundin« (Kap. 1) und »Sehnsucht der Freundin nach dem Freund« (Kap. 2). Dieser Abschnitt entspricht inhaltlich Buch I bei Mechthild. Der zweite (Hl. 3, 1–4, 6 bzw. 5, 1) beginnt analog mit dem Motiv des Suchens, Nicht-Findens, Findens und Festhaltenwollens, des seine Unverfügbarkeit und Freiheit praktizierenden, sich entfernenden (Hl. 4, 6) und schließlich wiederkehrenden Geliebten (5, 1). Der Bezug zu Buch II der ›Offenbarungen‹ scheint mir deutlich zu sein. Zu Abschnitt III (Hl. 5, 2–6, 2/3) lautet die Überschrift in der Lutherbibel: »Die Freundin hört die Stimme des Freundes, klagt über die Trennung von ihm und rühmt seine Schönheit«. Dieser Teil endet mit der Antwort der Braut auf entsprechende Fragen nach dem Verbleib ihres Bräutigams: »Mein Freund ist hinabgegangen in seinen Garten [...]« In diesem Abschnitt, in dem es die Braut u. a. versäumt, ihrem Geliebten rechtzeitig die Tür zu öffnen, in dem sie bei der Suche nach ihm von den Hütern wund geschlagen wird und »vor Liebe krank liegt« (Hl. 5, 6 ff.), läßt sich das Leitthema von Mechthilds drittem Buch unschwer wiederfinden. Der letzte Teil (Hl. 6, 3/4–8, 14) beginnt (in 6, 3 nach der Vulgatazählung) mit der Aussage über die zugleich schöne und schreckliche Braut (*suavis et decora sicut Jerusalem; terribilis ut castrorum acies ordinata*) (der Heerscharen-Vergleich auch in Hl. 6, 9/10). Die Braut soll zum Tanz des Kriegsreigens zurückkehren (6, 12 f.). Die Macht der Liebe wird mit der Stärke des Todes, der Hölle und dem Wasser- und Flammen-Inferno verglichen (Hl. 8, 6 f.). Freilich: der Bezug dieses Teils zu Mechthilds *vorhte* ist für das dem Verfahren der Allegorese fernstehende moderne Bewußtsein vermutlich am wenigsten plausibel.

36 Vgl. Offenbarungen [s. Anm. 11], S. 11 ff. (I, 22).

37 Ebd., S. 29 ff. (II, 3–8).

38 Ebd., S. 65 f. (III, 4).

39 Ebd., S. 68 (III, 8).

40 Vgl. die – keineswegs vollständigen – Belege in der Ausgabe von Schmidt [s. Anm. 11], S. 422 ff.

41 Vgl. F. Ohly: Einleitung, in: Ders., 1977, S. IX–XXXIV. Hier S. XI. Vgl. ebd., S. XXXI ff. und die dort genannte Literatur. »Eine heute – bei den bildungspolitischen Gegebenheiten – und eine in den Sachen liegende echt wissenschaftliche Chance hat die Mediävistik, wo sie das Mittelalter als bis an sein endgültiges Ende im 18. Jahrhundert reichend darstellt.« Ebd., S. XXXIII.

42 M. Luther: Auf das überchristlich, übergeistlich und überkünstlich Buch Bocks Emsers zu Leipzig Antwort. Darin auch Murnarrs seines Gesellen gedacht wird (1521). WA Bd. 7, S. 614–688. Hier S. 650. Vgl. ebd., S. 651 f. – Vgl. ders.: Assertio omnium articulorum M. Lutheri per bullam Leonis X. novissimam damnatorum (1520). Ebd., S. 91–151, bes. S. 96 ff.

43 Z. B. 4. Mos. 21, 9 u. Joh. 3, 14; 2. Mos. 12, 46 u. Joh. 19, 36. – Vgl. dazu Quellen-

sammlung und Interpretation von C. H. Ratschow: Lutherische Dogmatik zwischen Reformation und Aufklärung, Teil I, Gütersloh 1964, S. 69–137, bes. S. 78 ff., 94 ff. Noch bei Hollaz (Examen theologicum acroamaticum, 1707) wird ein mehrfacher Schriftsinn als *absurdus* verworfen: *Si sacra scriptura multos, eosque in uno loco, in una propositione, diversos sustineret sensus; nullum firmum ex ea peteretur argumentum; esset tuba incertum reddens sonum, adeoque inutilis, 1. Kor. 14, 7, non foret constans fidei morumque regula:* Ebd., S. 96.

Zur Ablehnung des vierfachen Schriftsinns durch Melanchthon vgl. auch H.-H. Krummacher: Der junge Gryphius und die Tradition. Studien zu den Perikopensonetten und Passionsliedern, München 1976, S. 217 ff. – Zum reduzierten Fortwirken spiritueller Schriftauslegung im Luthertum – auch als Vorbedingung für die Rezeption der Emblematik – ebd., S. 222 ff. Vgl. dazu ferner Jöns, S. 33 ff. Einige Hinweise über »Zusammenhänge« des Emblems »mit mittelalterlicher Symbolik« bei Schöne, 1968, S. 45 ff. Ebd., S. 32 f. zur Emblematik als »Spielart der Allegorie«. Schöne konstatiert mit Recht das besondere »Interesse am sensus tropologicus« und damit dessen Fortwirken in der Emblematik (S. 48). Dasselbe ließe sich für die Schriftallegorese im Bereich des Luthertums in der Predigt nachweisen. – Den Nachweis einer spezifisch protestantischen Emblem-Verwendung versucht Greschat.

Mit dem nötigen Vorbehalt gegenüber derart pauschalen Aussagen und angesichts erst noch zu leistender Untersuchungen auf diesem Gebiet scheint sich doch abzuzeichnen, daß sich die mittelalterliche Allegoresetradition im 16. und 17. Jahrhundert kontinuierlicher in der Tradition der *liber naturae*-Exegese als bei der Deutung der *sacra scriptura* fortsetzt. Mögliche Interdependenzen zwischen diesen beiden Tendenzen, die nahezuliegen scheinen, wären ebenfalls genauer zu erforschen.

44 [...] *ut sit ipsa per sese certissima, facillima, apertissima, sui ipsius interpres, omnium omnia probans, iudicans et illuminans* [...]: Assertio [s. Anm. 42], S. 97. – Vgl. dazu auch die Quellensammlung von E. Hirsch: Hilfsbuch zum Studium der Dogmatik. Die Dogmatik der Reformatoren und der altevangelischen Lehrer quellenmäßig belegt und verdeutscht, Berlin ⁴1964, S. 84 ff.

45 Enchiridion Symbolorum Definitionum et Declarationum de Rebus Fidei et Morum, hg. H. Denzinger/A. Schönmetzer, Editio XXXII, Friburgi Brisgoviae 1963, S. 366 (Nr. 1507): *Praeterea ad coercenda petulantia ingenia decernit, ut nemo, suae prudentiae innixus, in rebus fidei et morum, ad aedificationem doctrinae christianae pertinentium, sacram Scripturam ad suos sensus contorquens, contra eum sensum, quem tenuit et tenet sancta mater Ecclesia, cuius est indicare de vero sensu et interpretatione Scripturarum sanctarum, aut etiam contra unanimem consensum Patrum ipsam Scripturam sacram interpretari audeat, etiamsi huiusmodi interpretationes nullo umquam tempore in lucem edendae forent* [...] – Dazu Luthers Argument: *Si autem scripturas non licebit secundum proprium spiritum intelligere, multo minus licebit Augustinum proprium spiritum intelligere: quis enim nos certos faciet, an recte Augustinum intelligas?* Assertio [s. Anm. 42], S. 96.

46 F. Ohly, 1977, S. 161.

47 Hieronymus Lauretus: Sylva, seu potius Hortus Floridvs Allegoriarum Totius Sacrae Scripturae Mysticos ejus Sensos, & magna etiam ex parte literales complectens, syncerae Theologiae candidatis perutilis ac necessarius, qui loco integrae Bibliothecae cuilibet Sacrarum literarum studioso servire poterit. Coloniae Agrippinae 1681, Bl. 6 r.

48 Vereinzelte Hinweise dazu bei K. Scholder: Ursprünge und Probleme der Bibelkritik im 17. Jahrhundert. Ein Beitrag zur Entstehung der historisch-kritischen Theologie, München 1966, bes. S. 15 ff. Weitere Hinweise in der in Anm. 8 genannten Studie. –

Das umfangreiche konfessionspolemische Schrifttum des 16. und 17. Jahrhunderts harrt immer noch einer umfassenden kritischen Sichtung und Würdigung.

49 Das schließt nicht aus, daß sie innerhalb des Katholizismus – in einem erst noch zu erschließenden Ausmaß – weiter gepflegt worden ist. Dabei fragt sich, inwieweit die Allegorese – auch in der lexikalischen Form wie bei Lauretus – auch oder sogar vorwiegend dem Verständnis der kirchlichen Tradition und nicht mehr der Bibelexegese selbst diente.

50 Vgl. dazu E. O. Reichert: Johannes Scheffler als Streittheologe. Dargestellt an den konfessionspolemischen Traktaten der ›Ecclesiologia‹, Gütersloh 1967, S. 135 ff., 164 f.

51 Zu den näheren Umständen und zur unterschiedlichen Interpretation dieses Vorgangs in der Forschung vgl. H. L. Held: Angelus Silesius. Die Geschichte seines Lebens und seiner Werke. Urkunden. 2., erw. u. verb. Aufl., München 1924, S. 41 ff. (= Angelus Silesius, Sämtliche poetische Werke in drei Bänden, hg. u. eingel. v. H. L. Held, Bd. 1). – G. Ellinger: Angelus Silesius. Ein Lebensbild, Breslau 1927, S. 80 ff. – .Reichert [s. Anm. 50], S. 49 ff.

52 Johannis Schefflers von Breßlaw / Philosophiae & Medicinae Doctoris, Gewesenen Fürstlichen Württembergischen Oelßnischen Leib= und Hoff-Medici, Gründtliche Vrsachen vnd Motiven, Warumb er Von dem Lutherthumb abgetretten / Vnd sich zu der Catholischen Kyrchen bekennet hat. Der ander Truck / mit beygefüegten 16 Religions=Fragen. Ingolstadt 1653, S. A iij. Wiederabgedruckt in: Angelus Silesius, Sämtliche poetische Werke (Ausg. Held [s. Anm. 51], Bd. 1, S. 235–256, hier S. 238.

53 Daß Luther der Geist Gottes gefehlt habe, wie aus dessen unerleuchteter Schriftauslegung und seinem »unschamhaftigen Verhalten« hervorgehe, ist für Scheffler der an dritter Stelle genannte Grund: Gründtliche Vrsachen [s. Anm. 52], S. A iij. Sämtliche poetische Werke [s. Anm. 51], S. 238. Vgl. zu den späteren konfessionspolemischen Traktaten Reichert [s. Anm. 50], S. 167 ff.

54 Gründtliche Vrsachen [s. Anm. 52], S. Aiij–Aiijb. Ausg. Held [s. Anm. 51], S. 238–241.

55 Zum letzteren Aspekt W. Mauser: Dichtung, Religion und Gesellschaft im 17. Jahrhundert. Die ›Sonnete‹ des Andreas Gryphius, München 1976. Für Mauser ist »die enge Verbindung von Poesie und Tugendlehre« »das auffallendste Merkmal der Dichtung des 17. Jahrhunderts«: Ebd., S. 219 f., vgl. S. 23 und bes. S. 195 ff.

56 Die Passivität als oberste und oft erst nach langer – ethischer – Anstrengung von wenigen Auserwählten erlangte Stufe der Mystik verbindet Luther von der Rechtfertigungslehre her »mit dem Glaubensleben überhaupt und daher mit allen wahren Glaubenden«, und insofern »beraubt seine besondere Art von Demokratisierung der Mystik die ›Hochmystik‹ eines ihrer vornehmlichen Merkmale«. So H. A. Oberman: Simul gemitus et raptus: Luther und die Mystik, in: Kirche, Mystik, Heiligung und das Natürliche bei Luther. Vortr. d. Dritten Internationalen Kongresses für Lutherforschung, hg. I. Asheim, Göttingen 1967, S. 20–59, hier S. 54.

57 Vgl. dazu Reichert [s. Anm. 50], S. 29 ff., 37, 51.

58 Im Protestantismus sind die »guten Werke« bekanntlich erst Folge des »glaubst du, so hast du«. Die eminenten dogmatischen und seelsorgerlichen Schwierigkeiten, die sowohl dem Luthertum als auch dem Calvinismus aus dieser Lehre erwuchsen und die sich sowohl in der Erbauungsliteratur – man denke an die dogmatische Schwierigkeit bei Johann Arndt, das »imitatio Christi«-Ideal zu begründen – als auch in der Glaubens- und Lebenspraxis – man denke an den *syllogismus practicus* bei den Calvinisten – auswirken, hat W. Mauser in seiner gelehrten und für die Barockforschung zweifellos wegweisenden Studie leider viel zu wenig berücksichtigt. Vgl. zu diesem Problem-

komplex den Abschnitt »Der synergistische Streit« (mit weiterer Literatur) bei
A. Adam: Lehrbuch der Dogmengeschichte, Bd. 2: Mittelalter und Reformationszeit, Gütersloh 1968, S. 366 ff.

59 Gründtliche Vrsachen [s. Anm. 52], S. B ib (vgl. ebd., S. B iiijb), Ausg. Held [s. Anm.
52], S. 242 (vgl. ebd., S. 247).

60 Ellinger nimmt ein zeitliches Nacheinander in der Entstehung beider Werke an: Der
in manchem häretisch anmutende ›Cherubinische Wandersmann‹ soll demnach weitgehend vor der Konversion, die fromm erscheinenden ›Geistlichen Hirtenlieder‹ sollen als Ausdruck und Beweis seines neu gewonnenen katholischen Glaubens hauptsächlich nach 1653 entstanden sein: G. E.: Einleitung, in: Angelus Silesius: Heilige
Seelenlust oder Geistliche Hirtenlieder der in ihren Jesum verliebten Psyche, 1657
(1668), hg. G. E., Halle a. S. 1901, S. III–XXXVII, hier S. XXIII ff. Vgl. dazu Reichert
[s. Anm. 50], S. 63 ff. Aber wenn es Scheffler mit der ›Heiligen Seelenlust‹ um den
Beweis seiner neuen Rechtgläubigkeit ging, warum veröffentlichte er auch die erst in
der zweiten Auflage ›Cherubinischer Wandersmann‹ genannten ›Geistreichen Sinn-
und Schlußreime‹ im selben Jahr, ohne die dogmatisch verdächtigen Epigramme vor
allem aus den beiden ersten Büchern zu eliminieren? Und warum arbeitete er an beiden so unterschiedlich anmutenden Werken in den folgenden Jahren weiter und erweiterte sie je um ein weiteres Buch (2. Aufl. der ›Heiligen Seelenlust‹ 1668, des
›Cherubinischen Wandersmanns‹ 1675)? Ungeachtet aller gattungsspezifischen und
qualitativen Unterschiede gehörten sie für Scheffler offenbar zusammen und standen
für ihn nicht unmittelbar im Widerspruch zu seiner intensiv geführten Konfessionspolemik.

61 Vgl. dazu die materialreiche Darstellung von Krummacher [s. Anm. 43]. Die Perikopenliteratur ist »Gegenstand und Spiegel der Dichtungs- und Frömmigkeitsge-
schichte des 16. und 17. Jahrhunderts«: Ebd., S. 164. Der Frage, ob sie nicht gerade
deshalb auch zum Spiegel für den Säkularisierungsprozeß im 17. Jahrhundert wird, ist
Krummacher – von Gryphius abgesehen – nicht nachgegangen. Das von ihm mit großer Gelehrsamkeit ausgebreitete Material müßte daraufhin neu untersucht werden.
Die ›Heilige Seelenlust‹ zeigt, daß sich eine solche Untersuchung lohnen könnte. –
Zur Verschlingung der »passionierten Seelengeschichte der verliebten Psyche« »mit
dem im Kirchenjahr liturgisch formierten Heilsgeschehen« vgl. die einleitenden Hinweise bei L. Gnädinger: ›Rosenwunden‹. Des Angelus Silesius ›Die Psyche begehrt
ein Bienelein auff den Wunden JEsu zu seyn‹ (Heilige Seelenlust II, 52), in: Deutsche
Barocklyrik. Gedichtinterpretationen von Spee bis Haller, hg. M. Bircher/A. M.
Haas, Bern und München 1973, S. 97–133, hier S. 98.

62 Zur Problematik von Begriff und Sache der Kontrafaktur vgl. bes. M. Curschmann:
Typen inhaltsbezogener formaler Nachbildung eines spätmittelalterlichen Liedes im
15. und 16. Jahrhundert. Hans Heseloher: ›Von uppiglichen Dingen‹, in: Werk – Typ
– Situation. Studien zu poetologischen Bedingungen in der älteren deutschen Litera-
tur, hgg. I. Glier/G. Hahn/W. Haug/B. Wachinger, Stuttgart 1969, S. 305–325. Zur
Verbindung von Kontrafaktur und Allegorese (im Sinne allegorischer oder morali-
scher Ausdeutung der weltlichen Vorlage), ebd., S. 315. – Zur Pastoraldichtung im
17. Jahrhundert vgl. Garber, 1974, S. 1 f., 141 ff. – Zu den ›weltlichen‹ Vorlagen für
Scheffler und zu seinem kontrafazierenden Verfahren vgl. Ellingers Einleitung [s.
Anm. 60], S. IV ff., XI ff.

63 Heilige Seelenlust (Ausg. Ellinger [s. Anm. 60]), S. 5.

64 Ebd., Buch III, S. 113.

65 Windfuhr, 1966, S. 94.

66 In der künstlerisch-eigenständigen Gestaltung werden sie allerdings z. B. von Gry-

phius übertroffen. Zu dessen Perikopensonetten vgl. Krummacher [s. Anm. 43], S. 37 ff., 91 ff., 136 ff., 151 ff. Nach Ansicht Krummachers, die ich – wie an anderer Stelle zu erläutern sein wird – nur mit Einschränkung teilen kann, stehen diese Sonette »ganz im Raum der kirchlichen, lutherischen geistlichen Literatur« (ebd., S. 303). Vgl. ebd., S. 15 ff., 477 ff.

67 Vgl. dazu u. a. A. Gilg: Weg und Bedeutung der altkirchlichen Christologie. 2. Aufl. München 1961, bes. S. 55 ff. – H. M. Barth: Die christliche Gotteslehre. Hauptprobleme ihrer Geschichte, Gütersloh 1974, bes. S. 24 ff., 45 ff., 54 ff., 67 ff. – Reichhaltiges Material zu den christologischen Streitigkeiten des 16. und 17. Jahrhunderts innerhalb des Luthertums und zwischen den Konfessionen bei J. G. Walch: Historische und theologische Einleitung in die Religions-Streitigkeiten der Evangelisch-Lutherischen Kirchen. Von der Reformation an bis auf ietzige Zeiten. 5 Bde., Jena 1730 ff. – Ders.: Historische und Theologische Einleitung in die Religions-Streitigkeiten, Welche sonderlich ausser der Evangelisch-Lutherischen Kirche entstanden. 5 Bde., 3. Aufl., Jena 1733 ff. – Vgl. ferner N. Hunnius: Diaskepsis Theologica de fundamentali dissensu doctrinae Evangelicae-Lutheranae, et Calvinianae, seu reformatae. Editio secunda. Wittebergae 1663, z. B. S. 322 ff. (Arianismus), 329 ff. (Sabellianismus), 338 ff. (Pelagianismus), 348 ff. (Manichäismus). Ferner Ratschow [s. Anm. 43], Teil II, Gütersloh 1966, S. 82 ff., 123 ff. – Je nach theologischem Interessen- und Funktionsbereich schwankt die Christologie besonders der Lutheraner im 17. Jahrhundert darüberhinaus zwischen einer die Lehre von Gott und dem Heiligen Geist zurückdrängenden Bevorzugung der Soteriologie und – in der Auseinandersetzung mit den von der Orthodoxie für »atheistisch« gehaltenen Strömungen – mit einer weitgehenden Preisgabe der Christologie zugunsten der »natürlichen Theologie« und der Physikotheologie. Vgl. dazu W. Philipp: Das Werden der Aufklärung in theologiegeschichtlicher Sicht, Göttingen 1957, S. 107 ff. Dagegen H.-M. Barth: Atheismus und Orthodoxie. Analysen und Modelle christlicher Apologetik im 17. Jahrhundert, Göttingen 1971, S. 316 ff. – Zur Problematik des Zusammenhangs von Physikotheologie und Allegoresetradition vgl. Ketelsen, S. 59 ff.

Die problematische Einheit von irdischem Jesus und erhöhtem Christus zeigt sich auch am Ablauf des Kirchenjahres: Dessen erster Teil von Weihnachten bis Ostern gilt dem *status exinanitionis*, der zweite von Ostern bis Trinitatis dem *status exaltationis* (der dritte Teil dem christlichen Leben, häufig thematisiert im Zusammenhang mit der *imitatio Christi*, die sich am irdischen Jesus zu orientieren pflegt, der vierte schließlich der Vorbereitung auf das selige Ende und auf die Wiederkehr des erhöhten Christus): Krummacher [s. Anm. 43], S. 58. – Aufschlußreich in diesem Zusammenhang ist der unter Berufung auf Origenes erfolgende Vergleich des mehrfachen Schriftsinns mit den zwei Naturen Christi bei Hieronymus Lauretus [s. Anm. 47], S. 5 r: *Carnis namque aspectus in eo patebat omnibus, paucis vero electis dabatur divinitatis agnitio*.

68 Heilige Seelenlust (Ausg. Ellinger [s. Anm. 60], Buch III, S. 118 f.: »Das Sechs und achtzigste. Sie singet von der Süssigkeit seiner Liebe«.

69 Zur Vertonung dieser Texte vgl. das Beispiel bei Gnädinger [s. Anm. 61], S. 100 ff. – Zur Bedeutung der Musik in der geistlichen Literatur vgl. Krummacher [s. Anm. 43], S. 115 ff. Ebd., S. 118 zu Melanchthons Auffassung, »daß das Ohr unter allen Sinnen der wirksamste Weg zur Seele sei«.

70 Zur Lehre von den Affekten im 16. und 17. Jahrhundert vgl. E. Rotermund: Affekt und Artistik. Studien zur Leidenschaftsdarstellung und zum Argumentationsverfahren bei Hofmann von Hofmannswaldau, München 1972, bes. S. 13 ff., Mauser [s. Anm. 55], S. 221 ff., ferner W. Schneiders: Naturrecht und Liebesethik. Zur Ge-

schichte der praktischen Philosophie im Hinblick auf Thomasius, Hildesheim/New York 1971, bes. S. 183 ff., 201 ff. – Zur weiteren Entwicklung G. Sauder: Empfindsamkeit, Bd. I, Voraussetzungen und Elemente, Stuttgart 1974, S. 73 ff., 106 ff., 133 ff. u. ö.

71 Der Tastsinn kommt noch ausführlicher zu Beginn der zweiten Strophe ins Sinnen-Spiel: »Wie süss' ist es in deinen Armen / Empfinden deines Geistes Gunst! / Und von der heissen Liebes-Brunst / Bey dir du heilge Glutt erwarmen! / Wie süss' ist es bey dir allein / Du süsser Bräutgam JEsu seyn!«

72 Vgl. dazu Ch. Janentzky: Mystik und Rationalismus, München/Leipzig 1922, S. 28 f. (Die Kenntnis dieser Studie verdanke ich Herrn Günther Förster, Tübingen.) – M.-L. Wolfskehl: Die Jesusminne in der Lyrik des deutschen Barock, Diss. Gießen 1934, S. 60 ff., 77. – Auch für Jacob Böhme verkörpert Christus die androgyne Ganzheit des Menschen. Vgl. dazu H. Grunsky: Jacob Böhme, Stuttgart 1956, S. 186, 281 (vgl. ebd., S. 276 f.).

In der Auseinandersetzung mit seinen protestantischen Gegnern, die ihn der Kenntnis Böhmes bezichtigt hatten, bekennt sich Scheffler ausdrücklich zu einer solchen Lektüre: »Jacob Böhmen hab ich so wenig vor einen Propheten gehalten als Luthern, daß ich aber etliche seiner Schrifften gelesen, weil einem in Holland allerley unterhanden komt, ist wahr und ich danke GOtt darvor, denn sie seind grosse Ursache gewest, daß ich zur Erkändtnüß der Wahrheit kommen und mich zur Catholischen Kirchen begeben habe.« Angelus Silesius (Ausg. Held [s. Anm. 51]), S. 133. Der Satz ist doppelsinnig. Man kann daraus auf Ablehnung oder Anerkennung Böhmes schließen. Vermutlich wollte Scheffler der Orthodoxie keine weitere Munition liefern (und schließlich war Böhme auch für die katholische Kirche ein Häretiker), andererseits sich aber – denn dies besagt der Satz auf jeden Fall – zu einer für die Entwicklung seiner Welt-Anschauung bedeutsamen Position bekennen. (Der Einfluß Böhmes auf Frankenberg, mit dem Scheffler bekanntlich bis zu dessen Tod befreundet war, steht außer Zweifel.)

Von der Brust Christi handelt auch Lied II, 55 der ›Heiligen Seelenlust‹ – ich zitiere die Strophen II und III: »Ach wer giebet mir zur Stund! / Daß ich meiner Seelen Mund / An dein' offne Brust ansetze, / Und mich da erquik' und letze! / Ach wer führet mich zu dir / Oder aber dich zu mir! – Ach wie lauter rein und helle / Jst dein Außfluß, deine Quelle! / Ach wie voller Trost und Lust / Spritzet deine milde Brust!« Heilige Seelenlust (Ausg. Ellinger [s. Anm. 60]), S. 82 f. Scheffler vermag – das wird an diesem Beispiel deutlich – durch zitathaft verkürzte Repetition früherer Textpassagen eine Reihe von Motiven wie die Brüste Christi außer durch traditionelle Allegoresegehalte auch durch die sinnlichen Valeurs der vorangegangenen Passagen semantisch anzureichern.

Vgl. in diesem Zusammenhang Mechthilds berühmte Vision von den fließenden und nährenden Brüsten Marias: Offenbarungen [s. Anm. 11], S. 11 ff. (I, 22).

73 Heilige Seelenlust (Ausg. Ellinger [s. Anm. 60]), Buch I, S. 38 f.

74 Zur Jahreszeiten-Allegorese vgl. den materialreichen Aufsatz von Maurmann-Bronder. Zur Bedeutung von Cant. 2, 10 f. für die Jahreszeitenallegorese ebd., S. 75 ff. Belege für den Frühlingsbeginn durch die Geburt Christi ebd., S. 80 f. [s. Anm. 55]. Zur Korrespondenz der vier Phasen der Heilszeit mit den liturgischen Hauptzeiten ebd., S. 98. Zu den »halkyonischen Tagen« im Winter vgl. auch Harms, 1975. Zum Übergang zur symbolischen Darstellung ebd., S. 513.

75 Zur Allegorie als der dem Vergleich ähnlichen, in einer Bildebene fortgeführten Metapher vgl. Windfuhr, 1966, S. 82 ff.

76 Zum Baum des Lebens als Zeichen der Zeitlosigkeit, des Frühlings und der Erinne-

rung an den Schöpfungsbeginn – Christus erneuert die Frühlingswelt des Paradieses – vgl. Maurmann-Bronder, S. 85. Vgl. in diesem Zusammenhang auch die berühmte große Baumallegorie bei Jacob Böhme: Aurora, oder Morgenröthe im Aufgang, Stuttgart 1955, S. 3 ff. (= Sämtliche Schriften. Faks.-Neudruck der Ausg. v. 1730 in 11 Bdn. Neu hg. W.-E. Peuckert, Bd. 1).

77 Jacob Böhme [s. Anm. 76], S. 240. Ich kann auf die schwierige Gedankenwelt Böhmes hier nicht näher eingehen. In der Studie von Grunsky wird sie als eindrucksvolles System dargestellt (vgl. Anm. 72). Allerdings verzichtet Grunsky um der Klarheit seiner Darstellung und des Böhmeschen Systems willen weitgehend auf eine Einbeziehung der komplexen Traditionsströme, in deren Kontext Böhme seine Weltanschauung formt. Zum Hermetismus vgl. neben den materialreichen, aber analyseschwachen Studien von W.-E. Peuckert (Pansophie. Ein Versuch zur Geschichte der weißen und schwarzen Magie. 2., überarb. u. erw. Aufl. Berlin 1956. – Gabalia. Ein Versuch zur Geschichte der magia naturalis im 16. bis 18. Jahrhundert. Berlin 1967. – Das Rosenkreutz. Mit einer Einleitung hg. R. Ch. Zimmermann. 2., neugefaßte Aufl. Berlin 1973) vor allem R. Ch. Zimmermann: Das Weltbild des jungen Goethe. Studien zur hermetischen Tradition des deutschen 18. Jahrhunderts. Bd. 1: Elemente und Fundamente, München 1969.

78 J. Böhme: Mysterium Magnum, oder Erklärung über Das Erste Buch Mosis (1623). Anfang bis Capitel 43, Stuttgart 1958, S. 54 (= Sämtliche Schriften [s. Anm. 76], Bd. 7).

79 Ebd., S. 55.

80 Vgl. seine in Anm. 72 zitierte Äußerung.

81 Goethes Werke, Hamburger Ausg. Bd. 1, S. 30.

82 Vgl. dazu Sørensen, 1972. Zu Goethe ebd., S. 126 ff. Vgl. ferner Sørensens in Anm. 1 genannte Studie.

83 H. Althaus zitiert folgenden Satz von Paula König (Die mystische Lehre des Angelus Silesius in religionsphilosophischer und psychologischer Deutung, Diss. München 1941, S. 8): »Wie Eckhart scheitert Scheffler aber auch an der Stelle, an der es gälte, Schöpfung und Sohnesgeburt auseinander zu halten.« Althaus bemerkt dazu: »In diesem Satz liegt das eigentliche Problem der katholischen Schefflerforschung, die alle spiritualistisch verstandene ›Sohnesgeburt‹ in ihrer radikalsten Konsequenz letztlich als ein S c h e i t e r n, als ein Abgleiten von der orthodoxen Lehrmeinung ansehen muß und im Grunde weder Eckhart noch Scheffler davon freisprechen kann.« H. A.: Johann Schefflers ›Cherubinischer Wandersmann‹: Mystik und Dichtung, Gießen 1956, S. 13. Das ist wohl richtig, aber damit gewinnt das auch von Althaus nicht gelöste Problem der Vereinbarkeit des Häretischen und des dogmatisch Legitimen im Werk Schefflers und insbesondere in der bislang für so katholisch-rechtgläubig gehaltenen ›Heiligen Seelenlust‹ an Brisanz. Inwiefern die poetische Form in den Werken ein Miteinander von orthodoxen und häretischen Auffassungen ermöglichen konnte und vielleicht sollte, hat Althaus sich nicht gefragt. Für ihn stellt im Gegenteil die »Begegnung von religiösem Bekennen und poetischer Gestaltung« das »Grundproblem« des ›Cherubinischen Wandersmanns‹ dar, und im Anschluß an Günther Müller erblickt er in Mystik und Epigrammatik bei Scheffler »eine Gegnerschaft zweier innerer Haltungen« (ebd., S. 34), wodurch im Grunde die Reinheit des mystischen Erlebens »veräußerlicht« und verfälscht werde.

84 Vgl. dazu die in Anm. 8 genannte Studie.

85 Grunsky [s. Anm. 72], S. 113. Vgl. ebd., S. 111–125. Zur biblischen und »barocken« Bedeutung des Wortes »schauen« sowie zu dessen Zusammenhang mit den Kategorien Ordnung und Tugend im 17. Jahrhundert vgl. Mauser [s. Anm. 55], S. 57 ff., 63 f.

86 Vgl. dazu die in Anm. 8 genannte Studie.

87 Vgl. zu diesem Aspekt W. Brückner: Loci Communes als Denkform. Literarische Bildung und Volkstradition zwischen Humanismus und Historismus, Daphnis 4 (1975), S. 1–12.

88 Von der »Priorität des Bildes« durch die strukturelle Anordnung des Emblems spricht Schöne, 1968, S. 26. Vgl. ebd., S. 32: »Der auslegende Text des Emblems ... entdeckt die allgemeine Bedeutung des im Bilde dargestellten Besonderen und weist den Leser auf sie hin.« – Daß aber – im Bereich der bildlichen Darstellung allgemein – selbst noch den so realistisch anmutenden holländischen Genrebildern »vielfach eine sinnbildliche Bedeutung zukommt« (D. Frey: Zur Deutung des Kunstwerks, in: Ders.: Bausteine zu einer Philosophie der Kunst, hg. G. Frey. Mit einem Geleitwort v. W. Frodl. Darmstadt 1976, S. 83–112, hier S. 90. Zum ikonologischen Problembereich insgesamt vgl. ders.: Kunst und Sinnbild. Ebd., S. 113–211) und daß sogar ein Verfechter des neuen Weltbildes wie Kepler sich an der Explikation eines geistlichen Sinnes aus dem ›Buch der Natur‹ nicht nur im Rahmen der Astronomie, sondern mit der Ermittlung des *sensus anagogicus* und *tropologicus* auch mittels der Astrologie beteiligen konnte (vgl. dazu Hübner, S. 229 ff., bes. S. 258 ff.), spricht nicht prinzipiell gegen das Gesagte, verweist aber auf seine Differenzierungsbedürftigkeit angesichts einer schwer überschaubaren Fülle verschiedenartiger und gesondert zu analysierender Positionen.

Die reiche Verwendung von Naturmotiven in der ›Heiligen Seelenlust‹ wird im übrigen auch gleichsam äußerlich durch die Kontrafaktur der Schäferpoesie nahegelegt. Daß aber auch der traditionelle *locus amoenus* im 17. Jahrhundert – vor allem bei den Pegnitzschäfern – durch Elemente der heimatlichen Landschaft in Richtung auf eine realistisch geschaute Topographie hin erweitert wird, hat Garber nachgewiesen.

89 Vgl. dazu B. von Wiese: Die Antithetik in den Alexandrinern des Angelus Silesius, in: Die deutsche Barockforschung. Dokumentation einer Epoche, hg. R. Alewyn, Köln/Berlin ²1966, S. 260–283. – E. Spoerri: Der Cherubinische Wandersmann als Kunstwerk, Zürich 1947. Althaus [s. Anm. 83]. – H. Föllmi: Czepko und Scheffler. Studien zu Angelus Silesius' ›Cherubinischem Wandersmann‹ und Daniel Czepkos ›Sexcenta Monodisticha Sapientum‹, Diss. Zürich 1968.

90 Schefflers Beziehungen zur mystischen Tradition sind in mehreren Studien gründlich erforscht. Vgl. dazu das Kapitel ›Probleme der Angelus-Silesius-Forschung‹ bei Reichert [s. Anm. 50], S. 1–67. Dazu ergänzend: J. Bruckner: Angelus Silesius und Nikolaus von Kues: Kusanisches im ›Cherubinischen Wandersmann‹, Euph. 64 (1970), S. 143–166. Ferner die Quellennachweise bei Gnädinger [s. Anm. 61].

91 Zu anderen Formen wie den 10 Sonetten am Ende des 5. Buches vgl. Althaus [s. Anm. 83], S. 63 ff. Zu den »mystisch-spiritualistischen Formeln« Föllmi [s. Anm. 89], S. 9 ff. Zu den Quatrains ebd., S. 49 ff.

92 Angelus Silesius: Cherubinischer Wandersmann (Geistreiche Sinn- und Schlußreime). Abdruck der ersten Ausg. v. 1657. Mit Hinzufügung des sechsten Buches nach der zweiten Ausgabe von 1675, hg. G. Ellinger, Halle a. S. 1895, S. 98 (IV, 88).

93 Ebd., S. 103 (IV, 139).

94 Zur »Gruppenbildung« in »Spruchgruppen« vgl. Spoerri [s. Anm. 89], S. 69 ff.

95 Cherubinischer Wandersmann [s. Anm. 92], S. 109 (IV, 204 f.).

96 Ebd.

97 Ebd.

98 Vgl. dazu J. Quint: Mystik und Sprache. Ihr Verhältnis zueinander insbesondere in der spekulativen Mystik Meister Eckeharts, DVjs. 27 (1953), S. 48–76. Wiederabgedr. in: Altdeutsche und altniederländische Mystik [s. Anm. 1], S. 113–153. Ders.: Die

Sprache Meister Eckeharts als Ausdruck seiner mystischen Geisteswelt, DVjs. 6 (1928), S. 671–701. – H. Kunisch: Die mittelalterliche Mystik und die deutsche Sprache. Probleme und Aufgaben, in: Deutsche Kultur im Leben der Völker. Mitteilungen der Akad. zur wissenschaftlichen Erforschung und zur Pflege des Deutschtums. 1940, S. 25–33. Ders.: Spätes Mittelalter, in: Maurer-Stroh (Hgg.): Deutsche Wortgeschichte, Bd. 1, ²1959, S. 205–268. Vgl. ferner den 1. Teil der Studie von Lüers [s. Anm. 29].

99 Zum kalvinistischen *syllogismus practicus* vgl. Adam [s. Anm. 58], S. 396f.

100 Vgl. dazu M. Nambara: Die Idee des absoluten Nichts in der deutschen Mystik und seine Entsprechungen im Buddhismus, Arch. f. Begriffsgesch. 6, (1960), S. 143–277, S. 204ff., 249ff. (zu Böhme), 270ff. (zu Angelus Silesius).

101 Ähnlich wie das ›Fließende Licht der Gottheit‹ hält man den ›Cherubinischen Wandersmann‹ für »eine vertauschbare Zusammenreihung der verschiedenartigsten Sprüche« (so Althaus [s. Anm. 83], S. 8). Das »unsystematische Werk« kann sich Spoerri im Blick auf die unterschiedliche Länge der Bücher nur von den »Pulsschlägen von Schefflers Schaffenskraft« her erklären: »Fast sind wir versucht, ihre Zahlen als Fieberkurve des Ergriffenen zu lesen: Nach starkem Einsatz werden die Stöße immer schwächer, vor allem in den seraphischen Tönen des III. und IV. Buches.« Spoerri [s. Anm. 89], S. 68.

Was Spoerri seraphisch erscheint, beurteilt Althaus als Flucht »in die Geborgenheit der katholischen Heilslehre«: Scheffler »hat eine neue Glaubensgewißheit erlangt und schüttet nun frisch und unbekümmert den neugewonnenen Motivschatz in stolzer Entdeckerfreude aus« [s. Anm. 83], S. 46. Warum aber hat Scheffler dann die beiden ersten Bücher nicht von der »katholischen Heilslehre« her überarbeitet? Im übrigen finden sich – aus dieser Sicht – auch in den Büchern III, IV und V keineswegs nur kirchentreue Epigramme. Die im Unterschied zu Ellinger (vgl. Anm. 60) von Althaus vertretene Auffassung, die »geradezu sich aufdrängende chronologische Nähe« von ›Heiliger Seelenlust‹ und ›Cherubinischem Wandersmann‹ (ebd., S. 18) lasse sich auch durch die mit Buch III des ›Cherubinischen Wandersmanns‹ einsetzenden Veränderungen begründen (von diesem Buch ab sei das Werk offenbar erst nach der Konversion entstanden), ist nicht beweiskräftiger als Ellingers These. Unabhängig von entstehungsgeschichtlichen Faktoren ist die kompositorische Einheit vom Autor sanktioniert und bedarf auch als solche einer Erklärung.

102 Angelus Silesius: Sinnliche Beschreibung der vier letzten Dinge. Ausg. Held [s. Anm. 51], Bd. 3, S. 275–357. Reicherts Ansicht über dieses Werk halte ich für ein Fehlurteil, weil dort nicht steht, was Reichert darin zu finden glaubt: »Dieses späte Werk Schefflers ist – um es zugespitzt zu sagen – der Schlußpunkt unter ein Programm, das die Bekämpfung und endlich die Ausrottung des Luthertums zum Gegenstand hat.« [s. Anm. 50], S. 65. Die ›sinnliche Beschreibung‹ gebe Antwort auf die Frage: »Was sollte nun aber mit denen geschehen, die der Einladung, zur alleinseligmachenden Kirche zurückzukehren, nicht gefolgt sind?« (Ebd.) Die als Beleg für seine Thesen gedachten Zitate aus Schefflers Werk, welche die »Ausbrüche eines wilden Fanatismus«, »der von den Streitschriften kaum übertroffen wird«, dokumentieren sollen (ebd., S. 66), »besingen« nicht, wie der protestantische Theologe Reichert glaubt, »die Höllenqualen der Ketzer« (ebd.), sondern diejenigen der Sünder allgemein, die sich also auch in der katholischen Kirche finden. Geschildert werden also nicht spezielle »Strafen«, die »sich Schefflers Phantasie für die verstockten Lutheraner ausgedacht hat« (ebd.). »Den richtigen Eindruck«, erklärt Reichert vielsagend – als Begründung für den Verzicht auf weitere Zitate –, »erhält man ohnehin nur bei der eigenen Lektüre.« (Ebd.) Wenn indessen konfessionelle Optik das Vorverständnis be-

herrscht, dann hat der »richtige Eindruck« offenbar Mühe, sich im Vollzug des hermeneutischen Zirkels durchzusetzen.

103   Man könnte – trotz der besonderen Lizenzen, die man Schlußpassagen und -sätzen zubilligen mag – auf Globalhinweise dieser Art verzichten, wenn nicht ausgerechnet sie offenbar nicht ungern mit der Bürde wissenschaftlicher Selbstlegitimation befrachtet würden. Vgl. dazu u. a. Anm. 41.

Nachtrag:

Erst nach Abschluß des Symposions in Wolfenbüttel stieß ich auf eine Äußerung, die meine Vermutung (vgl. oben, S. 99) bestätigt, daß die Lehre vom mehrfachen Schriftsinn in der katholischen Konfessionspolemik nicht als stichhaltiges Argument gegenüber der protestantischen Schriftauslegung ins Feld geführt wurde. Sie stammt aus der Feder Robert Bellarmins, des wohl bedeutendsten katholischen Kontroverstheologen des 16./17. Jahrhunderts. Zwar gibt er zu, daß es den »geistlichen« neben dem »buchstäblichen Sinn« gibt, und zwar als »allgorischen, tropologischen, anagogischen«. Nach einer Erläuterung der jeweiligen Bedeutung fügt er indessen hinzu: »Aber obgleich die Sache sich so verhält, ist doch nicht in jedem alttestamentlichen, oder neutestamentlichen Ausspruch ein geistlicher Sinn. Denn jene Worte ›liebe den Herrn, deinen Gott aus deinem ganzen Herzen (Mos. 5.6, Matth. 22.)‹ und ähnliche Vorschriften haben blos einen Sinn, nemlich den buchstäblichen, wie Cassianus (Collat. 8 c.3.) richtig bemerkt. Bei dieser Bewandtnis kommen wir und die Gegner darin überein, man müsse blos aus dem buchstäblichen Sinn wirksame Beweise schöpfen. Denn derjenige Sinn, welcher unmittelbar den Worten entnommen wird, ist zuverläßig der Sinn des h. Geistes. Aber die mystischen und geistlichen Sinne sind verschieden, dienen wohl zur Erbauung, wenn sie nicht gegen den Glauben oder die guten Sitten laufen, können aber nicht mit Sicherheit als Ausflüsse des h. Geistes betrachtet werden. Deßhalb verlacht der h. Augustin (Epist. 48 ad Vincentium) mit Recht die Donatisten, welche jene Worte ›Sag mir an, wo du weidest, wo du ruhest am Mittage‹ mystisch erklärten und daraus schloßen, die Kirche Christi sei blos in Afrika geblieben. Auch Hieronymus (Comment. cap. 13. Matthaei) lehrt, man könne die Glaubenslehren aus den mystischen Sinnen nicht kräftig darthun.« R. Bellarmin: Erste Streitschrift. Über das Wort Gottes, in: R. B.: Streitschriften über die Kampfpunkte des christlichen Glaubens, übers. v. Ph. Gumposch, Bd. I., Augsburg 1842, S. 317 f.

Typologische Figuren aus Natur und Mythus

Von Friedrich Ohly (Münster)

Die Prägung der Geschichtsbetrachtung unter der Denkform der Typologie[1], ihr Aufkommen und ihre mächtige Ausbreitung, ihr Nachwirken bis in das 19. Jahrhundert, das nach ihrem Ableben sie wissenschaftlich-historisch anging[2] (ihre gelehrt-theologische Erneuerung in diesem Jahrhundert war noch nicht abzusehen), ist eines der großartigsten Zeugnisse für eine Neudeutung der Welt als Geschichte durch die sinn- und stilgebende Anverwandlung des Gewesenen an das Neue aus der gestaltenden Sehkraft einer Gegenwart, die sich im endgültigen Vollbesitz der Wahrheit über Sinn und Ziel aller Geschichte – hier als Heilsgeschichte aus der Sicht nach Christus – glaubt. An Vordeutungen des Alten Testaments auf kommend Höheres und Zurückdeutungen des Neuen Testaments auf in jenem durch Vorausbildungen Verheißenes, das in gesteigerten Ausbildungen sich als nun erfüllt darstellt, anknüpfend, hat die christliche Schriftauslegung Dinge, Gestalten, Geschehnisse und Einrichtungen des Alten Testaments zunehmend und schließlich so gut wie ohne Rest als präfigurierende Typen ausgelegt, die in Dingen, Gestalten, Geschehnissen und Einrichtungen des Neuen Testaments als ihren Antitypen ihre gesteigerte Wiederkehr im Sinne überhöhender Erfüllungen gefunden hätten. Mit Macht ergriffen von der schöpferischen Geistesbewegung einer mit Phantasie geführten und mit Konsequenz verfolgten Suche nach Wiederfindungen des Neuen in der Anlage des Alten, um auch den nichtprophetischen, geschichtlichen Aussagen des Alten Testaments eine sie in Prophetien verwandelnde, der Gegenwart zugewandte, das Endgültige im Vorläufigen angezeigt erweisende Dimension zu geben, vollbrachte die Theologie der Väterzeit und vor allem noch einmal des hohen Mittelalters mit der stilsicheren Epochen eigenen Kraft das Werk eines nahezu totalen Sichhineinprojizierens in das Gewesene, um es dank seiner Vorläuferschaft ans Gegenwärtige zu binden und dieses aus jenem als einer Offenbarung des in Gottes Heilswillen von Anbeginn her Vorgesehenen noch tiefer zu legitimieren. Vom Stand des erlangten Heils her über die Weltalter und die Weltreiche hin die Heilsgeschichte überschauend, in Jahrtausenden Gewesenes auf seine Erfüllung in der letzten und höchsten Weltzeit hin betrachtend, lassen die in ihr Lebenden kein Schaudern im Gedanken an die unergründliche Langsamkeit der Offenbarung Gottes in der Zeit vom Sündenfall bis zur Erlösung hören. Die Kraft der Gegenwart, das Vergangene sich anzueignen, ordnet die alten Zeiten ohne Zögern auf das Heute hin, als hätten sie, ohne Schwere in sich, im Hindeuten auf das ungekannt Kommende ihrem geschichtlichen Sinn erst endgültig genügt. Die Einholung der Geschichte des Alten Testaments ins Christentum auf dem Weg ihrer am Ende vollständigen Typologese geschah auf einer nach Jesus auch von Paulus angezeigten theologisch legitimen Bahn, in deren Verfolgung auch die über Christus hinausführende Ausweitung des Geltungsraums der antitypisch steigernden Spiegelung der alttestamentlichen Typen bis in die Geschichte der Kirche und ihrer Heiligen und in die Eschatologie hinein theologisch zu vertreten war und auch mehr als nur exzeptionell betrieben wurde. Gab es nur die Wortoffenbarung Gottes durch die Bibel, war der Schatz an Typen mit der Ausschöpfung des Alten Testamentes voll gehoben. Man darf aber neben der biblischen die ›natürliche‹ Theologie nicht übersehen. Die patristische Lehre von Gottes Doppeloffenbarung durch sein Werk und durch sein Wort, das Buch der Natur (der Schöpfung) und das Buch der Schrift, hat das 12. Jahrhundert allenthalben neu belebt. Die von Adam bis Moses dem Menschen allein gegebene Erstoffenbarung Gottes im Buch der Natur, dessen Erkenntnis der Sündenfall verdunkelt und die Erlösung wieder erleuchtet hatte, war als *lex naturae* durch das geschriebene Gesetz und die Propheten nicht aufgehoben, sondern erweitert worden zu der nun doppelten Bezeugung Gottes im *liber naturae* und *liber scripturae*. Sein Alter, seine Unvergänglichkeit und Unverbesserbarkeit garantieren dem *liber creaturarum* – wie er oft auch heißt – einen Offenbarungsrang, der die Natur als die Gestalt des Erscheinenseins des von Gott Gedachten zu lesen und zu verstehen gibt. Der Grundsatz *liber librum explicat*, wonach die beiden Bücher Gottes, sein Werk und sein Wort, sich wechselseitig zu erklären haben, stützt die Einbeziehung der Natur in die Welt der Offenbarungen vor Christus, aus der die auf ihn vorausweisenden Figuren gegriffen werden können. Mit dann realprophetischem Charakter stützen die Typen aus der Natur die Typen aus der Schrift. Die Natur und das Alte Testament gemeinsam weisen in das eine Ziel ihrer beider typologischen Erfüllung[3].

Eine typologische Deutung von Natürlichem wie Gestirnen, Tieren, Pflanzen, Steinen und Elementen des Naturraums hat die Schriftauslegung in Kommentar und Predigt oder Dichtung von jeher geübt. Zu dem biblisch durch Nennung oder Vorkommen in der Metaphernsprache etwa der Psalmen bezeugten Kreatürlichen tritt das aus der Naturgeschichte der Antike stammende Wissen von der geschaffenen Welt als gleichberechtigter Gegenstand der auch typologischen Auslegung hinzu, wenngleich die Beisteuer aus Plinius und dem Physiologus (um diese nur zu nennen) zur Naturallegorese an Fülle dem in der Bibel Vorgegebenen nicht gleichkommt. Der Löwe und das Einhorn, die Perle und der Diamant, die Lilie und die Mandragora, der Berg, die Quelle und die Sonne mögen hier für vieles stehen, das an Natürlichem der Typologese zur Verfügung stand und diese Auslegung erfuhr. Aus der in verschiedenartigen Quellen wie Kommentar und Predigt, Bibeldichtung oder Hymnus reich bezeugten und auch in der Forschung gut dokumentierten Typologese allein der Sonne, des Mondes und der Sterne[4] stehe hier nur ein Beispiel, das zugleich bezeugt, wie die Figur aus der Natur mit der aus der heidnischen Antike sich verbinden konnte. Die römische Setzung von Christi Geburtstag auf den 25. Dezember, den Tag der Geburt des Sol Invictus, im 3. Jahrhundert machte Weihnachten zum christlichen Sonnenfest, das man Sol novus nannte, weshalb Maximus von Turin seine Weihnachtspredigt mit einem hymnischen Preis auf den Sol novus endet[5]. Das heidnische Fest der

Wiederkunft der Sonne deutet Maximus typologisch um zum Fest der Geburt Christi, des *sol novus*, des *sol noster novus*. Wer neue Sonne sagt, kennt eine alte: »Alt heiße ich die Sonne dieser Welt, die untergeht, durch Wände ausgeschlossen und verdunkelt wird durch Wolken [...]« [6]. Der Predigtschluß rühmt Christus, den Sol novus, dem der Propheten Dämmerung und des Täufers Morgenlicht vorausgingen, aus dem die Strahlen, die Apostel, kamen. »Er also ist die neue Sonne, die das Verschlossene durchdringt, die Hölle entriegelt, die Herzen durchforscht« [7]. Die alte Sonne bringt den Untergang, die neue ist der Herr der Ewigkeit. Sie ging hervor als Gottes Sohn. Hinter der Sonne der Natur als Typus der Sonne aus Gott steht ungenannt gewiß der Sol Invictus, der antike Gott, nach dem man noch, zusammen mit den Juden und den Heiden, das Weihnachtsfest Sol novus nannte. Hieran knüpft die Predigt über den Sol novus, Christus, an [8]. Als man später das Reich und die Kultur durch die Translatio imperii et studii aus dem Osten in den Westen übertragen sah, ergab sich das großartige Konzept des neu im Westen aufgegangenen Sol novus. In einem typologischen Sinn setzt Gottfried von Straßburg Helena, der alten Sonne aus Mykene, Isolde als die *niuwe sunne* aus Irland entgegen, die statt im Osten im Westen aufgegangen war [9]. Dahinter steht eine literarische Tradition St. Gallens, die in dem aus Irland gekommenen Klostergründer den *Sol novus* aus dem Westen sah [10]. Ins Unglaubliche steigerte dies Konzept in St. Gallen Notker Balbulus, nach dem Gott schon bei der Erschaffung der Sonne vorsah, daß im sechsten Weltalter im Westen Beda als die neue Sonne aufzugehen habe: *Quem naturarum dispositor Deus, qui quarta die mundanae creationis solem ab oriente produxit, in sexta aetate saeculi novum solem ab occidente ad illuminationem totius orbis direxit* [11]. Beda war die zum Aufgang aus dem Westen von Gott erwählte Sonne. Da kam Gottfrieds genialer Einfall, nun typologisch Helena, der Sonne von Mykene, Isolde aus Irland als die neue Sonne entgegenzuführen. Beda, der *sol novus*, ging auf *ad illuminationem totius orbis;* Isolde, *diu niuwe sunne [...] si erliuhtet elliu riche.*

Die durch den Gebrauch der Väter legitimierte christologische oder ekklesiologische Auslegung von Typen aus der Natur [12] gewinnt an Autorität, wenn diese nicht in Einzelstellung, sondern im Verband mit Typen aus anderen Bereichen stehen. In der ersten Hälfte des 12. Jahrhunderts haben die Predigten des Honorius Augustodunensis wie in der heidnischen Geschichte Roms [13] auch in der Naturgeschichte Christliches präfiguriert gefunden, so daß Typen aus der Natur wie gleichberechtigt neben die des Alten Testamentes treten [14]. Die Weihnachtspredigt zeigt an Beispielen, wie Christi Geburt bei den Patriarchen präfiguriert, durch die Propheten prophezeit und durch die Tiere vorgebildet war. Für die Tiere wird das Einhorn vorgeführt und die Geschichte seines Fangs auf Christus ausgelegt [15]. Die Wahl von Szenen wie des Einhornfangs (nicht Dingen allein) aus der Naturgeschichte erleichtert ihre Verwendung als Figuren im Sinne typologischer Geschehnisdeutung. Die zunächst zögernde, später auch konsequente Einbeziehung von Typen aus der Naturgeschichte in die typologischen Zyklen hat Honorius damit angebahnt [16]. Den anreichernden Hineinwuchs außerbiblischer Typen aus der Natur oder der Profangeschichte in das herkömmliche System der wechselseitigen Erhellung biblischer Typen und Antitypen bezeugen typologische Zyklen nicht erst, wie man meinte, spät, sondern schon im 12. Jahrhundert. Wurden Typen aus der Naturgeschichte in die Text und Bild verbindenden Zyklen auch für das Auge aufgenommen, besiegelte das ihre Gültigkeit, zumal im Rahmen der Typologischem vorbehaltenen Gattung, noch einmal neu. Als Handreichung zur Ausmalung von Kirchen mit dem Ziel einer Überwindung der profanisierenden Verwilderung ihres Bilderschmucks schrieb im Sinne Bernhards von Clairvaux ein englischer Zisterzienser gegen 1200 seinen ›Pictor in carmine‹, einen Zyklus, der die Zuordnung von 508 Typen zu 138 Antitypen jeweils mit Hexametern erläutert, insgesamt dreieinhalbtausend Versen[17]. Den von der Verkündigung an Maria über das Leben Jesu, die Geschichte der Apostel, der Ketzer und des Antichrist bis zum Jüngsten Gericht geführten Antitypen, die sich also auf das Weltalter nach Christus miterstrecken, was man zur Blütezeit der Weltchroniken noch als biblisch angeregt betrachten mochte, entsprechen in der Regel Typen aus dem Alten Testament, jedoch nicht ohne Ausnahmen verschiedener Art. Eine Reihe von Typen kommen aus der Naturgeschichte und sind durch ein *de natura rerum* zum Teil als solche auch bezeichnet[18]. Der Verkündigung an Maria sind achtzehn alttestamentliche und drei naturgeschichtliche Präfigurationen beigegeben: Ohne es zu verletzen, geht die Sonne durch das Glas; das Einhorn lagert sich und schläft im Schoß der Jungfrau; durch den Kristall gegangen, weckt der Strahl der Sonne des Feuers Funken auf[19]. Der Morgenstern vor Sonnenaufgang präfiguriert die Geburt des Täufers[20]. Der ›Pictor in carmine‹ ist ein Textbuch ohne Bilder und die Zahl der Typen aus der Natur blieb klein; ein Anfang aber ist gemacht. Der am Ende des 13. Jahrhunderts in Österreich entstandene typologische Textzyklus ›Rota in medio rotae‹[21] geht aus vom ›Pictor in carmine‹, wird jedoch straffer und begrifflich strenger aufgebaut, wodurch das in mancher Hinsicht Großzügige des englischen Buchs der Anregungen für Maler hier nun fehlt. Immerhin geht das typologische *argumentum a natura rerum* in ihm nicht verloren. Aus der Naturgeschichte werden das Einhorn zur Verkündigung, der Elephant zum Judaskuß, zur Kreuzigung und zur Auferstehung die Phönix- und Löwentypen des Pictor übernommen und (in der Redaktion C, nach 1300) ergänzt durch den Goldregenpfeifer (Caradrius), den Pelikan und den Panther als Typen Christi[22], so daß im Rota-Zyklus unter 274 biblischen Typen acht aus der Naturgeschichte sich eingeflochten finden. Im typologischen Bildzyklus des Brüsseler Peterborough-Psalters (zwischen 1299 und 1321) entsprechen 85 alttestamentlichen Typen 38 neutestamentliche Antitypen. Wie auf der einen Seite Antitypen auch in die Kirchengeschichte reichen, verweisen auf Christus anderseits auch zwei Typen aus der Naturgeschichte. Zur Auferstehung gehört als Typus neben Daniel, der aufsteigt aus der Löwengrube, die Physiologusgeschichte vom Löwen, der sein Junges anbläst, daß es lebe. Als Typus ist auch der blutbefleckte Kampfelefant dem ungläubigen Thomas zugeordnet [23]. In dem mit 350 Handschriften fünfmal so häufig wie die ›Biblia pauperum‹ verbreiteten ›Speculum humanae salvationis‹ um 1324, in dessen Antitypen auch das Marienleben und die Endzeit eingeschlossen sind, wurden die Typen aus dem Alten Testament ergänzt um solche aus der Naturgeschichte und der Profangeschichte [24]. Die Natursage vom Straußen Salomos, der die Flasche, in die sein Junges eingeschlossen war, durch Anwendung des aus einem Wurm gepreßten Bluts zerbrach, präfiguriert das Christus am Kreuz abgepreßte Blut, welches das Glas der Hölle aufbrach und den Menschen frei hervorgehen ließ. Der Duft der Zypresse und die Blüte des Weinstocks vertreiben die Schlangen wie Maria alles niedrige Begehren von sich vertreibt [25]. Die Typen aus der Pflanzenwelt erfüllen sich in Marias Unbefleckheit.

Der Aufnahme von Typen aus der Natur in die nach früheren Anbahnungen im 12. Jahrhundert zu Großformen gediehenen typologischen Zyklen stand nie Entschiedenes entgegen. Bis in das 14. Jahrhundert hinein wurde sie jedoch mit zögernder Zurückhaltung geübt, so daß die Grundbestände von Typen aus dem Alten Testament durch ihre Einbeziehung – und ähnlich die von Typen aus den jüdischen Apokryphen oder der Profangeschichte, die eben nicht zur Rede stehen – nur mit Maß bereichert wurden. Ihre Heranziehung lag offenbar im Rahmen des als legitim Empfundenen – ein Bedürfnis nach ihrer Rechtfertigung ist nicht zu spüren –, blieb jedoch vorerst eher eine Randerscheinung. Das änderte sich mit einem Schlag, als drei Jahrzehnte nach dem ›Speculum humanae salvationis‹ die ›Concordantia caritatis‹ (auch ›Liber figurarum‹) des Zisterzienserabtes Ulrich von Lilienfeld († 1358) auf den Plan trat. Der jeder Bildseite eine Seite Prosa beigebende, nach den Festtagen des Kirchenjahrs (gesondert *De tempore* und *De sanctis*) angeordnete, noch unedierte große Zyklus [26] hat das System der typologischen Entsprechungen nach beiden Seiten hin erweitert. Auf der Seite der Antitypen sind im Werkteil zu den Heiligenfesten zum ersten Mal die Heiligenleben einbezogen. Den alttestamentlichen Typen wurde die gleiche Zahl von Typen aus der Naturgeschichte beigegeben. Den 238 Antitypen aus der Bibel und der Legende entsprechen außer vier Prophetenbildern (nach Art der Armenbibel) jeweils zwei Typen aus dem Alten Testament und ebenso zwei Typen aus der Naturgeschichte [27]. Die neun Bilder auf jedem Blatt führen von unten in die Höhe, so daß bei dem Hinaufgehen des Auges die heilsgeschichtliche Folge von Gottes Offenbarungen durchlaufen wird. Über zwei Szenen aus der Naturgeschichte (Buch der Schöpfung) stehen zwei Szenen aus dem Alten Testament (Präfigurationen der Zeit *sub lege*) und darüber vier Propheten (Wortprophetie) und dann, von ihnen eingerahmt, der Antitypus [28].

Als das Marienleben durch das ›Speculum humanae salvationis‹ in einem typologischen Zyklus Daseinsrecht erhielt, war Maria als ein Ziel der Prophetie, in dem Präfigurationen aus dem Alten Testament erfüllt gefunden wurden, nicht nur dem Hymnus längst vertraut. Eine ausgebreitete mariologische Typologie zumal des späteren Mittelalters [29] war vorgegeben, als der Wiener Dominikaner und Theologieprofessor Franz von Retz um 1420 mit dem ›Defensorium inviolatae virginitatis beatae Mariae‹ einen rein auf Maria gerichteten, in der Art der Text- und Bild-Verbindung auf die Emblematik vorausweisenden und aus der Gattung der typologischen Großwerke nun schon herauswachsenden Zyklus von sechzig Vorausverkündigungen der jungfräulichen Geburt des Gottessohnes schuf, in dem die Figuren aus der Natur entschieden die Oberhand gewannen[30]. Die sechzig Beispiele für wunderbare Überschreitungen des von der Natur Erwarteten zur Glaubhaftmachung der Jungfrauengeburt Marias stammen aus dem Alten Testament (5 Szenen), aus Sage, Mythus, Geschichte und Legende (21 Szenen) und aus der Naturgeschichte mit 34 Szenen. Das Allegorisches gelegentlich signalisierende ›wenn-dann‹-Gefüge, hier stilisiert zu einem suggestiven ›wenn-warum dann nicht?‹-Gefüge, prägt die Doppelverse zu den Bildern, um das an Maria Unbegreifliche als von unbegreiflich Wahrem aus der Natur und der Geschichte schon dem Glauben nahegelegt zu zeigen.»Wenn die Muschel aus dem Tau des Himmels empfangene Perlen an den Tag bringt, warum soll die Jungfrau dann nicht aus dem Tau des Heiligen Geistes gebären?«[31] Daß der ›Defensorium‹-Zyklus zu den Ehren des Altarbildes der Zisterzienser zu Stams in Tirol (1426)[32] und anderer Anwendungen in der kirchlichen Kunst gelangte, unterstreicht – wie die Herkunft aller typologischen Zyklen aus der Hand von Ordensmännern, ihre oft starke Verbreitung und ihre weiten Ausstrahlungen in die Künste –, daß die aus der Bibel herausführenden Erweiterungen der Typen- und Antitypenbestände von der Kirche nicht als anstößig empfunden wurden. Noch dem Meistersang sind Typen aus der Natur geläufig, auch aus dem ›Defensorium‹[33]. Aus der Antike nahm Franz von Retz neben Geschichten aus Valerius Maximus als erster auch Mythen aus Ovids ›Metamorphosen‹ in seinen Zyklus auf. Danae empfängt Perseus in dem Goldregen des Zeus über den Versen *Si Dana auri pluvia pregnans a Iove claret, Cur spiritu sancto gravida virgo non generaret?*[34] Selbst in das Stamser Altarbild und in das Ottobeurener Marien-Tafelbild (um 1450/60) konnte Danaes jungfräuliche Empfängnis als Marientypus aufgenommen werden, da ihre typologische Deutung auf Maria, die im Goldregen des Heiligen Geistes Gottes Sohn empfing, seit 1328 nicht mehr unbekannt war[35]. Des Wiener Dominikaner-Theologen Einbeziehung des antiken Mythus in das aus der Tradition der typologischen Bildzyklen schon herausführende ›Defensorium‹ fügt den bisher in andere Richtungen gegangenen Erweiterungen der Typen- und Antitypenfelder (das der profanen Geschichte bleibt hier ausgeklammert) eine Überraschung nur für den allein aus der Gattung des typologischen Zyklus Kommenden hinzu. Denn der Weg zur Typologese der antiken Mythen war von weit her bereits gebahnt.

Der von der Stoa gestützte und auf das Pauluswort von der Wahrnehmung des unsichtbaren Gottes durch das Sichtbare des Geschaffenen (Rom 1, 20) neben anderem gegründete Glaube schon der frühen Kirche an die Erstoffenbarung Gottes in seinem Buch der Schöpfung hatte zur Suche nach Gott in den Kreaturen angehalten und im Rahmen der Naturallegorese auch ihrer Typologese eine Bahn gewiesen. Im gleichen Wort von der Unentschuldbarkeit der Heiden, die Gott, den sie erkannt hätten, verwürfen, sprechend (Rom 1, 20ff.), berührt Paulus die von der Kirche verschieden beantwortete Frage nach Gegebenheit, Art und Maß einer vorchristlichen Offenbarung Gottes an die Heiden. Das Staunen über die Größe, Zweckmäßigkeit und Schönheit der Weltordnung hatte die antike Philosophie auf die Existenz der schöpferischen Urkraft Gottes in seinem die Welt als Gebäude oder Gedicht, als Weltenharmonie oder Skulptur durchprägenden Künstlertum geführt – das zweite Buch von Ciceros ›De natura deorum‹ sei hier nur genannt –, so daß eine Konvergenz von heidnischer und christlicher Gotteserkenntnis aus dem Schöpfungswerk gegeben war. Als viel problematischer stellte sich die Frage nach einer inspirierten Wortoffenbarung Gottes auch durch den Mund von Heiden und nach einer Ereignisprophetie auch durch Geschehnisse aus ihrer Traditionswelt dar. Eine positive Antwort schuf die Möglichkeit, Überlieferungen wie die des alttestamentlichen so auch des antiken Mythus in das christliche Vorgehen der aufdeckenden Sichtbarmachung von Sinnbeziehungen zwischen Vorchristlichem und Christlichem, von Altem und Neuem auch im Sinne einer Typologese mit einzubeziehen. Geleitet vom Konzept des *logos spermatikos*, wonach in der Antike die Funken leuchteten und die Samen der biblischen Wahrheit lagen, wiesen Justinus und Clemens von Alexandrien in dieser Richtung einen Weg. Die Heiden besaßen den Samen der ganzen Wahrheit in einer partiellen Teilhabe an ihr, sei es als vermeintliche Schüler des Moses und der Propheten, sei es weil alte Weise aus ihrer Welt durch Inspiration von Gott geheiligt waren. Gott gab, wie den Juden das Gesetz, den Griechen ihre Philosophie, und beide Wege wiesen hin zum Heil in Christus[36]. Eine begrenzte Zahl von Gott erwählter Heiden der alten Zeit hat Augustinus als Vorläufer des Christentums und Glieder einer vorchristlichen Kirche anerkannt[37]. Das komplex Verschiedenartige und Schwierige der theologischen Beurteilung einer Voroffenbarung (und gar Heilseinräumung) an die Heiden ist hier nicht zu verfolgen. Angesichts der Breite des Felds von Möglichkeiten der Begegnung von Antike und Christentum, wo zwischen krasser Abwehr alles Heidnischen oder einer Herleitung des Großen der paganen Welt aus der jüdischen des Alten Testaments, einem unreflektierten Synkretismus oder Euhemerismus und den literarischen Möglichkeiten der Kontrastimitation und literarischen Replik, einer rhetorischen Synkrisis oder eines weisen Symphronimus[38], kaum eine denkbare Spielart unvertreten ist, fehlt die Sicherheit, in jedem Fall entschieden auszumachen, wo christlich umdeutende Anverwandlungen paganer Formen und ikonographischer Themen der antiken Tradition an biblische Überlieferungen mit der Intention vorliegen, jene in eine biblisch fundierte Bild- und Denkwelt sinnvoll und gewaltlos einzugliedern, wie es bei einer Typologese zu erwarten ist. Nicht jede Allegorese, die einen heidnischen Autor über die christliche Schwelle der von ihm gesuchten Wahrheit führen soll – vor der er hatte stehen bleiben müssen, wie die Juden und Heiden außen an den Kathedralportalen stehen –, ist typologischer Natur. Nicht jeder in einem punktuellen Stakkato auch Christologisches oder Ekklesiologisches einflechtende Kommentar ist schon als typologisch zu verstehen, wenn nicht ereignis- oder gestalthafte Ganzheiten zueinander in eine Sinnbeziehung treten, die möglichst auch durch semantische Signale als typologisch ausgewiesen wird.

Gibt es eine gottgewollte Voroffenbarung auch durch auserwählte Heiden –

anders hätten die Sibylle, Platon und Aristoteles an der Domfassade von Siena unter den Propheten keinen Platz –[39], kann deren figuraler Charakter im Sinne der üblichen Umsetzung eines Typus in den Antitypus durch die Hinzufügung nur eines *verus* oder *novus* oder *noster* zu dem Namen nach dem Muster *verus Adam* oder *Salomo noster* oder *Sol novus* zur Bezeichnung Christi als Antitypus signalisiert werden. Im 12. Jahrhundert – der ›Ovide moralisé‹ und Berchorius waren noch nicht in Sicht – hat die Ostersequenz ›Morte Christi celebrata‹ Orpheus so als Typus Christi hingestellt. Samson trug die Tore Gazas auf den Berg (Jud 16, 3) und Christus (*Agnus noster*) brach die Höllenpforte auf. Wie die eherne Schlange Israel in der Wüste rettete und Orpheus die Geliebte aus der Unterwelt ans Licht führte, hob Christus (*noster Orpheus*) seine Braut, die Kirche, aus der Hölle in den Himmel:

7a *Samson ille Gazam vastat*
   Et in monte crucis astat
       Secum ferens spolia,

7b *Agnus noster portas fregit*
   Infernales et subegit
       Regna mortis fortia.

8a *Israelem in Aegypto*
   Pharaone circumscripto
       Serpens salvat aeneus,

8b *Sponsam suam in inferno*
   Regno locans et superno
       Noster traxit Orpheus. [40]

Die Orpheus-Christustypologie ist hier feierlich und Orpheus als mit wohlbekannten biblischen Erlösertypen gleichrangig sanktioniert. Im typologischen Sinn nennt Tertullian den Schöpfergott *verus Prometheus* [41]. Im 5. Jahrhundert preist ein Hymnus auf den Ostermorgen Christus als die wahre Sonne und den wahren Apollo, der den höllischen Drachen überwand: *Salve, o Apollo vere, Paean inclite, pulsor draconis inferi!* [42] Christus lehrt als *Plato verus* von dem Lehrstuhl seines Kreuzes [43] die in ihm erschienene Philosophie [44]. Der Heiland der Heiden, Aesculapius, wurde in Christus als dem *verus (solus) medicus* überwunden [45]. Statiuskommentare haben den Helden des Schlußteils der Thebais, Theseus, den athenischen Befreier Thebens, als Typus Christi, des Erlösers zu Gerechtigkeit und Frieden, aufgefaßt [46].

An dem Mythus von Orpheus, den die Ostersequenz von St. Martial als Typus Christi feierlich heraushob, an dem Leben und der Lehre dieser bildkräftig unsterblichen Gestalt – und sie sei unser Beispiel – ist das Christentum der Spätantike und der Folgezeiten nicht vorbeigegangen [47]. Seit den Kirchenvätern und den Philosophen der späteren Antike kaum noch einmal abgerissen und seit dem 13. Jahrhundert zu einer Blüte im 15. und 16. Jahrhundert hinausgeführt, verlief das Nachleben des Orpheus auf sehr verschiedenen Bahnen, wenn er als Theologe oder Philosoph, als Sänger oder Instrumentenspieler, als Dichter oder als Prophet, als Bändiger der Natur und Stifter der Kultur, als Herr über die Unterwelt und großer Liebender, als der von Frauen Zerrissene, als Seefahrer und Entdecker oder in welcher als Urbild musterhaften Rolle sonst vergegenwärtigt wurde. Allein, ob christliche Theologen Orpheus als Monotheisten oder Trinitarier für sich in Anspruch nahmen, ihn als einen Schüler des Moses und wie einen Bruder Davids ansahen oder gar als Figura Christi gelten ließen, hing ab von

theologischen Grundentscheidungen, die vorchristliche Gottesoffenbarungen
sei es durch die Heiden akzeptierten, sei es als aus der kanonischen Offenbarung
Gottes an die Juden in die Antike abgeleitet tolerierten, oder jede außerbiblische Offenbarung über den Gott des Alten und des Neuen Testamentes leugne-
ten und den Heiden Orpheus damit außer Sicht zu rücken hatten. Die Fülle des
im Orpheusmythus repräsentierten übermenschlich Menschenmöglichen und
der in den orphischen Schriften dokumentierten Geisteswelt, das Nebeneinander der Orpheusüberlieferung in der Dichtung und in den Künsten, in der Philosophie und in der Theologie, bei Mythographen und Dichterexegeten, und alles
dies in den durch Geistesgrößen, Schulen und Epochen in Gang gesetzten Strömungen der Nachlebensgeschichte, ist zu bedenken, um klar zu sehen, daß eine
typologische Einschätzung des Orpheus für keinen Überlieferungsstrang und
keine Phase der Geschichte verbindlich zu werden und den Charakter des Ex-
zeptionellen nie ganz abzulegen vermochte. Die typologische Sicht auf Orpheus
ist eine Möglichkeit in einem Feld von Möglichkeiten, und der Reiz des Umgangs
mit Geschichte liegt eben darin, daß sie keine Vorschrift duldet, was als ihr möglich zugelassen sei. Was für Orpheus gilt, gilt auch für die typologische Sicht auf
Herakles und Odysseus, auf Apollo und Dionysos und weitere Gestalten der Antike, die hier außer Betracht gelassen werden.

   Wo die frühe Kunst des Christentums zur Darstellung biblischer Gegenstände
allenthalben auf antike Bildmuster und Formmittel zurückgriff, gibt es auf die
Frage, ob über die aus der Bildtradition zu antiken Mythen empfangenen formalen Anregungen zur Inszenierung biblischer Themen hinaus auch sinnstiftende
Inbezugsetzungen von mythischer Vorlage und biblischer Nachgestalt gegeben
seien, keine leichte Antwort, wo die Bildzeugnisse und ihr Situationszusammen-
hang darüber schweigen und keine Texte dazu sprechen oder die Forschung,
etwa zur späteren Bibelillustration, die mit der Bucheinheit von Text und Bild
gegebenen Erkenntnismöglichkeiten noch nicht ausgeschöpft hat. Die in Fresko
und Skulptur erhaltenen Orpheusbilder auf den Wänden christlicher Katakomben und Sarkophage des 3. bis 5. Jahrhunderts hat, soweit sie als christliche Bild-
aussagen überhaupt zu sichern sind, die frühchristliche Archäologie dahin gedeutet, daß sie als Bilder Christi und zumal des Guten Hirten oder Davids zu verstehen sind, den auch die Juden in Gestalt des Orpheus wiedergaben[48]. Da die
Orpheusbilder der Katakomben und Sarkophage sowie in Boden- und Wand-
mosaiken von Kirchen ohne antitypische Bildpendants dastehen, ist ihr typologischer Charakter auch nur im Sinne einer bildlichen Ineinssehung von Orpheus-
Christus aus ihnen selbst heraus nicht gesichert, zumal wenn früher als Christus-
bilder verstandene ›Orpheus‹-Darstellungen als Davidbilder zu verstehen wären[49]. Die Einreihung von Orpheusbildern unter solche des Alten Testamentes in den Katakomben, das Bild des gekreuzigten Orpheus-Bacchus auf einer
spätantiken Gemme[50], an christliche Vorstellungen angleichende Abände-
rungen der Orpheusikonographie und theologische Aussagen erlauben gleichwohl kaum einen Zweifel daran, daß Orpheus für Christus als Bildgestalt und als
in ihn eingegangener Typus stehen konnte. Doch vor der Orpheus-Christustypo-

logie soll hier die Beziehung zwischen Orpheus und einer anderen biblischen Figur zunächst betrachtet werden.

Sieht Hieronymus in David den *Simonides noster*, zeigt das *noster* nicht einen christlichen Antitypus an. Es signalisiert gleichwohl eine der typologischen verwandte Gedankenbewegung der vergleichenden Abschätzung des Sängers der Heiden und des Sängers der Juden, hier nun aber innerhalb der heilsgeschichtlich gleichen ›alten‹ Epoche vor dem Zeitensprung in Christus, zur Sichtbarmachung der Superiorität des eigen Alten über das fremde Alte, der Juden über die Griechen. Die Behauptung der Superiorität des Alttestamentlichen gegenüber dem Antiken relativiert dessen Wert vom Gleichzeitigen her in einem andern, aber ein ähnliches Ergebnis bewirkenden Sinn wie die Typologie, die das Antike vom Neuen her abwertet. Wie der Anspruch auf die Priorität des Jüdischen vor dem Großen der Antike[51] schafft die Behauptung seiner Superiorität ein Gefälle zu den Heiden, so daß Hieronymus David über die versammelten Dichter der Antike setzt: *David, Simonides noster, Pindar et Alcaeus, Flaccus quoque, Catullus et Serenus, Christum lyra personat et in decacordo psalterio ab inferis exscitat resurgentem*[52]. Denkt Hieronymus bei David etwa mit an Orpheus, wenn er jenen auf der Leier Christus preisen und auf der Harfe die Auferstehung *ab inferis* bewirken sieht? David und Orpheus sah die christliche Tradition so oft und vielfältig zusammen, daß auch ihre stille Ineinssehung zu erwägen ist. Neben dem Herausstellen der Priorität und der Superiorität der Juden den alten Heiden gegenüber gab es auch eine diesen gewogenere, nicht unbedingt abwertend vergleichende, fast symphronistisch geartete Zusammenschau, die den Gedanken an etwas wie eine epochale Bruderschaft herausgehobener Gestalten des antiken Mythus und des Alten Testaments als nicht zu gewagt erscheinen läßt[53].

David und Orpheus darf man in diesem Sinn betrachten[54]. Eine alte jüdische Tradition der angleichenden Zusammenschau von Orpheus und David[55] hat das Christentum übernommen. Die besänftigende Heilkraft der Musik besprechend, stellt Cassiodor den Mythen von Orpheus und den Sirenen Davids Heilung Sauls vom bösen Geist entgegen[56]. Ein von Cassiodor im Jahr 507 verfaßter Brief Theoderichs an Boethius[57] über die seelenverwandelnde Macht der Musik beschreibt die von Orpheus und Amphion, Musaeus und den Sirenen, von Rednern und von Dichtern mit den Möglichkeiten ihrer natürlichen Stimme allein bewirkten Wunder, um der von Orpheus aus der Kraft der Natur mit seinem Gesang (ohne Lyra) geleisteten Zähmung der wilden Herzen unter den Heiden die von David mit Hilfe des »vom Himmel gefallenen Psalteriums« an Saul bewirkte Befreiung vom Geist des Teufels als Steigerung gegenüberzustellen. Der irdischen Stimme im Mythus entspricht in Davids über dem Schallkörper mit Saiten bespannter Kithara ein Chor von Stimmen, dem Ohr eine Wohltat wie dem Auge ein Diadem mit Edelsteinen. Der Psalter ist »vom Himmel«, weil die dem Himmel vom Schöpfer eingeschaffenen Harmonien als Verheißungen der ewigen Freude nur durch das als konkave Kithara dem Himmel abgeschaute Instrument dem Ohr vermittelt werden. Cassiodor macht eine der typologischen verwandte Steigerung zwischen Orpheus und David, der irdischen

Stimme und dem die Weltmusik zu hören gebenden Instrument, der Erde und dem Himmel, sichtbar. In der Regel hebt die vergleichende Zusammenschau von Orpheus und David diesen über jenen nicht hinaus. Des Georgios Pisides, Diakons der Hagia Sophia (610–638), Gott als hymnischer Preis des Schöpfers dargebrachte Hexaemerondichtung spricht zu Gott: »Dein die gottverkündende Leier schlagender Orpheus, David, nannte den Himmel ein Pergament.« [58] An betonter Stelle, in den ersten Worten seines Psalmenkommentars, umschreibt Euthymios Zigabenos (um 1120) den Namen Davids, der den Psalter schrieb, mit »Gottes Sohn«, dann »Gottes Vater«, danach mit »erster Vater der Völker nach Abraham« und danach gleich mit »unser Orpheus« (ὁ καθ᾽ ἡμᾶς Ὀρφεύς), ehe er eine Reihe weiterer Prädikate Davids anschließt, die auf seine Weisheit und ihre höchste Vollendung durch den Einklang (*symphonia*) in der Musik Davids führen [59]. Das Nebeneinander von Orpheus und David in der verbreiteten ›Ecloga Theoduli‹ verdeutlichen deren Kommentare [60]. Wie Cassiodor führen musiktheoretische Traktate vom 9. bis zum 15. Jahrhundert und Oviderklärungen bis ins 17. Jahrhundert hinein Orpheus und David unentwegt zusammen [61]. Baudri von Bourgueil (1046–1130) trägt Bischof Odo von Ostia seine Freundschaft an. Er verheißt ihm bescheiden, als zweiter Orpheus und als David literarische Genüsse ihm auftischen zu wollen [62]. Im 12. Jahrhundert vergleicht der gelehrte Johannes Tzetzes, kaiserlicher Sekretär in Byzanz, Verfasser auch von Allegorien zu Homer, Eurydikes Befreiung von ihrem Schmerz durch den Gesang des Orpheus mit Davids Bannung des Dämons in König Saul [63]. Wie die Harfen Davids und des Orpheus im ›Ovide moralisé‹ in eins gesehen werden [64], hört noch John Lydgate († 1450) beider *hevenly and celestiall* Melodien alles Schwere hinwegnehmen [65]. Das vom Judentum bis in die Neuzeit geradezu topische Zusammensehen von Orpheus und David hat seine ikonographische Entsprechung in der bis zur Ununterscheidbarkeit führenden Angleichung der Orpheus- und der Davidbilder, die dazu führt, daß auch der Nimbus Davids, des alttestamentlichen Heiligen, auf Orpheus übertragen wird [66].

Die selten wertabtönende, in der Regel symphronistische Zusammenschau von Orpheus und David – die entsprechend auch an Bruderpaaren wie Herkules und Samson, Deukalion und Noah, Phaeton und Elias wie manch anderen vorzuführen wäre; es gibt auch ein Geflecht der Verschwägerung, wenn David etwa auch noch mit Achilles, Odysseus, Paris und anderen so verwandt ist – steht hier als Beispiel dafür, wie ein in der Tradition herausragender Typus Christi (David) mit einer Gestalt des antiken Mythus (Orpheus) so verbunden gesehen wurde, daß diese (sie trägt hier schon einen Nimbus) als für ein Einrücken auch in die Funktion des Typus Christi prädestiniert erscheinen kann. Wo Orpheus zur Figura Christi wird, ergibt sich eine Dreieckskonstellation der Art, daß ein Typus aus dem antiken Mythus und ein Typus aus dem Alten Testament gemeinsam auf den Antitypus Christus führen [67]. Der Weg unserer Darbietung mag den historischen Gang der Herausbildung einer Orpheus-Christustypologie nicht spiegeln, wird aber eine ihr Zustandekommen und Bestehen erleichternde Bedingung sichtbar gemacht haben, die analog für andere Mythen in Betracht kommt.

Eine ähnliche Erleichterung konnte die Angleichung der mythischen Geschichte an das Geschehen um Christus bringen wie im Fall, wo von der durch Ovid und Vergil kanonisch gewordenen Version des Mythus entscheidend abgegangen wurde. Wenn die in der früheren Antike herrschende und erst im Mittelalter mit den Orpheusdichtungen des 11. Jahrhunderts überraschend wieder aufgekommene Tradition, wonach Orpheus Eurydike aus der Unterwelt mit Erfolg zum Licht ins Leben führte, ohne sie durch ein Zurückschauen wieder zu verlieren, ihr Aufleben im Mittelalter der Zusammenschau von Orpheus und Christus, der den Gang in die Unterwelt zur Befreiung seiner Braut (Eurydike) nicht vergeblich tun durfte, nicht schon verdankte [68], so war sie die Bedingung für den typologischen Vergleich des mythischen Descensus mit der Höllenfahrt des Erlösers, wie ihn der *Orpheus noster* in der Ostersequenz bezeugt [69].

Wie eine Station auf dem Weg zum Typus Christi beschaffen sein konnte, zeigt im 12. Jahrhundert Abt Wolbero von St. Pantaleon in Köln, der, zu antithetisch typologischen Konzepten neigend, im Epilog seiner Auslegung der ›Cantica canticorum‹ [70] dem alten Lied der Antike und des Alten Testaments das neue Lied Christi so entgegenstellt, daß in der alten Zeit noch eine antithetische und eine präfigurierende Stufe unterschieden werden. Das alte Lied sang Adam als ein Werk des Teufels und des Todes, als eine Tragödie oder eine Elegie; es sangen als Lied des Todes auch die in den Untergang im Meer der Welt verlockenden Sirenen. Das neue Lied sang Christus (der *novus homo*) als ein Werk des Heiles und des Lebens, ein Lied des Friedens und der Freude, als eine Musik. Den Übergang vom alten zum neuen Lied als Umsprung der Qualität vom Tod zum Leben, von der irrational und ohne Trost bewegenden Elegie zur rational geführten und durch Schönheit wunderbar bewegenden Musik führt Wolbero über die Zwischenstufe von Sängern aus dem Alten Testament und der Antike (*ex divina et humana scriptura*). Davids Harfenspiel besänftigte den bösen Geist in König Saul. Der Gesang des Orpheus zähmte Löwen und Tiger und Amphions Saitenspiel bewegte Felsen, so wie das *novum canticum* die harten und gegen ihr Heil wütenden Herzen mit Vernunft durch Wort und Sinn zu einem in Reinheit ehrenvollen Leben bis zur Freude in der ewigen Seligkeit bewegt [71]. Wolberos ›Vergleich‹ des neuen Liedes Christi mit dem Spiel von David, Amphion und Orpheus hat einen typologischen Charakter, zumal seine Erörterungen über das typologische Verhältnis von *figura* und *veritas* ein Vergleichen beider im Hinblick auf das Ungleiche im Gleichen anregen und er es praktiziert [72]. Sein Heranziehen von David, Orpheus und Amphion in einem Atem als *similitudo ex divina et humana scriptura* und als Bedeutungsträger (*quod significat*) ist mehr als ein Vergleich im Sinne eines Stilmittels. Sie hat in der Gruppe mit David als bekanntem Typus Christi zumindest eine typologische Einfärbung. Wenn Christus nicht wie Orpheus und Amphion Tiere und Felsen, sondern wie David der Menschen Herz zum Heil bewegt, ist zu bedenken, daß die Mythenallegorese die Bewegung der Tiere und Felsen als die Bewegung der menschlichen Herzen deutet und Wolbero anscheinend davon weiß. Im Prolog zum dritten Buch stellt er als Sänger (*psaltes, cantor*) seines Werks in Demutsformeln seine Unfähigkeit heraus, wie David, Orpheus und Amphion die Herzen der Empfängerinnen seiner Hoheliedauslegung auf dem Nonnenwerth zu bewegen[73]. Der alttestamentlichen (*divina*) und der antiken (*humana*) Überlieferung eine wie gleichrangige Zeugniskraft zubilligend, hat Wolbero sich doch gehütet, eine uneingeschränkt typologische Terminologie wie die von Figur und Wahrheit auf die Beziehung zwischen Orpheus und Christus anzuwenden[74]. Noch vorsichtiger verfuhr der Bischof Amadeus von Lausanne († 1159). Im Eingang einer Marienpredigt zur Inkarnation zeigt er das Wunder der Gottmenschheit Christi anhand der unglaublichen Harmonie von Gottes Gesang zum Spiel auf der Kithara seines Menschenleibes, die die Steine aufweckte, die Bäume bewegte und die Menschen aus dem Fleisch befreiend in die Höhe führte. Ohne daß sein Name fiele, sieht Amadeus Christus hier als Antityp des Orpheus, dessen Gesang die Steine des Judentums aufweckte, die Waldbäume des Heidentums zur Bekehrung hin bewegte, die wilden Tiere der Unkultiviertheit zähmte und die Menschen aus ihrem Menschsein in den Rang der Götter überführte. Amadeus spielt für Kenner des Mythus auf Orpheus – ohne ihn zu nennen – an und gibt sich am Ende, als seien seine Gedanken nur bei David: »Und so war es gut, daß David, dessen Stimmen bis an den Rand der Erde hallen, das Amt des Sängers übernahm, da aus seinem Samen der große Vorsänger (*praecentor*) geboren werden sollte.« Aus Christus singt wie David Orpheus[74a].

Ein Jahrtausend vor Wolbero eröffnete Clemens von Alexandrien das auf die Bekehrung der Heiden gerichtete Werk ›Protreptikos‹[75] mit einem großen Kapitel über das alte Lied der Griechen und das neue Lied in Christus, das den Mythus und die Wahrheit, den Helikon/Kithäron und den Berg Gottes Sion, das Theater und das Welttheater, den Sänger Eunomos und »meinen Eunomos« (»meinen Sänger«, »mein Lied«), das vergängliche und das von Ewigkeit her gesungene Lied, die Stimme in der Welt und die Weltenharmonie so konfrontiert, daß eine antithetische Typologie gegeben ist, deren Steigerung das Alte so weit übersteigt, daß es vom Neuen aufgehoben wird so wie der Tod aus Eva durch Maria, ihren Antitypus[76]. Der zunächst entschiedenen Absage an Orpheus als einen zauberischen Verführer zu dem an die Erde verknechtenden Glauben an die Götter (I 3, 1), dem er den neuen Sänger der Freiheit zum Himmel entgegenstellt, läßt Clemens bald eine heilsgeschichtliche Einordnung des Orpheus folgen, die ihm seinen Platz in einer dreistufigen Typologie bestimmt. Dem einzig wahren, neuen, die Welt durchwaltenden, erlösenden Lied, das Gott auf dem Instrument des Menschensohnes spielt, vermochte »die thrakische, der des Jubal nahestehende Musik« nicht zu entsprechen wie Davids von Gott eingegebene Musik, die über Orpheus hinaus zum Lied in Christus hingeführt hat (I 5, 2ff.). Orpheus und Jubal, der biblische *pater canentium cithara et organo* (Gen 4, 21), stehen niedriger als David, über welchem Christus steht[77]. Trotz dem Gefälle von David zu Orpheus hat dieser neben Jubal doch einen Platz im biblischen Ranggefüge. Clemens hebt ihn später noch einmal höher mit dem Bericht von einem Widerruf des Orpheus, der nach Einsicht in seinen Irrglauben wenn auch spät das wahrhaft heilige Wort gesungen und damit bezeugt habe, wie die Funken des göttlichen Logos bei den Griechen unverborgen aufgeleuchtet seien, wenn sie auch nicht zum Ziel hätten führen können[78]. Hundert Jahre später konnte Eusebius im Panegyrikus auf Konstantin ohne jeden Anflug von Polemik Orpheus und Christus im Vergleich betrachten. Bei der Inkarnation den Leib zum Instrument (dem ὄργανον) seiner sichtbaren Erscheinung machend, wählte der körperlose Logos sich ihn so zur Wohnung, daß er, wie ein Sonnenstrahl durch Berührung eines Körpers keinen Schaden leidet, in ihm als Erlöser nichts verlor. Die Wortbedeutung von ὄργανον σώματος: »Instrument des Leibes« auf die des Musikinstruments hinüberspielend, macht Eusebius Christus zu dem μουσικὸς ἀνήρ, der auf der Lyra seines Leibes spielend seine göttliche Kunst beweist. Damit ist der Gedanke an Orpheus aufgerufen. Der Gesang und das Saitenspiel des Orpheus haben – so der Griechen für wahr geglaubter μῦθος – die Wildheit der Tiere besänftigt und Bäume von ihrem Ort bewegt. »Der allweise und allharmonische Logos Gottes aber hat, auf die von vielen Übeln befallenen Menschenherzen alle Heilungsarten anwendend, das von seiner Weisheit selbst geschaffene Musikinstrument, sein Menschsein, in die Hand genommen und auf ihm für die vernunftbegabten, nicht die unbeseelten Lebewesen Lieder und Beschwörungen angestimmt und die Wildheit der Griechen und Nichtgriechen, die ungezähmten und tierischen Leiden der Seele mit den Heilmitteln der göttlichen Lehre vertrieben und ist den leidenden, das Göttliche im Geschaffenen und den Körpern suchenden Seelen als ein vollkommener Arzt mit einem vertrauten und angemessenen Heilmittel im Menschen als Gott erschienen.«[79] Der Sänger-Heiland Christus hat den mit Lied und Spiel nur die Natur bewegenden Orpheus so überstiegen, daß dieser als Typus seinen Antitypus fand[80].

Die hier zustande gekommene Orpheus-Christustypologie hat sich zunächst und für lange Zeit nicht durchgesetzt. Wolbero stellt acht Jahrhunderte später das neue Lied dem alten ohne sichtbare Anregung durch Clemens oder Eusebius gegenüber. Wo mit Radbert von Corbie und der Ostersequenz von St. Martial[81] sich sonst eine typologische Sicht auf Orpheus wieder angebahnt erweist, wird an ein anderes Motiv des Mythus, den Abstieg des Orpheus in die Unterwelt zur Heraufführung Eurydikes, also ohne Bezug auf David, angeknüpft. Der berühmte, im Mittelalter viel kommentierte Gesang der Philosophie über Orpheus und Eurydike in des Boethius ›Trost der Philosophie‹ konnte den Mythus mit dem endgültigen Verlust Eurydikes – Orpheus Eurydicen suam Vidit, perdidit, occidit – nicht anders als tropologisch-anagogisch deuten[82]. Er steht gleichwohl in einem noch unbemerkten werkinternen und daher ohne Wirkung gebliebenen typologischen Kontext[83].

Zum entscheidenden Durchbruch gelangte die Orpheus-Christustypologie jedoch erst im späteren Mittelalter im Rahmen der Allegorese von Ovids ›Metamorphosen‹. Wie die Kirche das Alte Testament, bei dessen Buchstabenverstehen die Juden stehen blieben, mit der Eröffnung des sensus spiritualis um christliche Bedeutungsdimensionen erweiterte, so holte die christliche Antikenallegorese das von den Heiden ›Versäumte‹ nach, die antike Mythologie aus ihrem Schlaf im Buchstaben zum Tag ihrer signifikativen Durchsichtigkeit zu wekken, so daß die im Mythus verborgenen Geheimnisse der moralischen und auch spezifisch christlichen Wahrheiten ans Licht gehoben aus ihm erschienen. Die heidnische und die christliche Mythenallegorese[84] sind dabei dadurch unterschieden, daß die heidnische Auslegung der Mythen auf Überzeitliches wie Moralisches, Philosophisches oder Natürliches in der christlichen – nicht ablösend, sondern hinzutretend – durch die Hereingabe der Kategorie der heilsgeschichtlichen Zeit[85] derart ergänzt werden konnte, daß einer auch typologisch-›historischen‹ Mythenallegorese nichts im Wege stand. Aufs Ganze gesehen gibt die mittelalterliche Mythenallegorese der Tropologese (*moralisatio*) und der Auslegung auf die Natur vor der heilsgeschichtlichen Allegorese einen klaren Vorzug. Das liegt auf der Linie schon der paganen Mythenallegorese, hat eine nicht so ausgeprägte Entsprechung freilich auch im Ganzen der Bibelexegese, mag aber auch noch auf einer Scheu beruhen, die Antike auf die volle Höhe des Alten Testaments zu heben, so daß ihre Mythen wie die des Volkes Gottes durchgehend auf Christus hin gedeutet werden könnten. Gleichwohl lag auf dem Wege einer Parallelführung von Bibel- und Antikenallegorese die Konsequenz, die Bahn auch einer typologischen Mythenallegorese zu eröffnen, wie sie vom 13. bis an das 17. Jahrhundert heran lebendig genug bezeugt ist[86]. Die Heranziehung der Ovidallegorese verdeutlicht, wie für das mittelalterliche Nachleben der bedeutendsten zumindest mythischen Dichtungen der Antike ernst zu machen ist mit der Einsicht, daß, so wenig wie die Heilige Schrift – es sei denn in der Liturgie – ein von ihrer unaufhörlichen Exegese abgelöstes Leben führte, antike Autoren wie Vergil, Ovid, Boethius und später Theodul, ein ›Klassiker‹ der Schule, weithin mit den sie auslegenden Kommentaren, also jeweils, in welcher Richtung auch immer, gedeutet lebten und damit eine von ihren Autoren, die sie nicht als Integumenta[87] hatten in die Welt gehen lassen, ungeahnte Sinnvermittlung zu erfüllen hatten[88]. Wie die Bücher des Alten Testaments gerieten Werke der Antike, meist mit Verspätung, in den epochalen Sog eines unwiderstehlichen Verlangens, ihre ›Oberfläche‹ zur Findung des in seinen Tiefenschichten verborgen liegenden Sinnes zu durchdringen. Gab es einen typologischen Sinnhorizont, auf welchen Geschehnisse des Alten Testaments zu projizieren waren, ergab es sich als denkbar, daß mit Mythen der Antike analog verfahren wurde. Das dem Entgegenstehende, daß den antiken Texten wenn überhaupt ein nur begrenzter Offenbarungswert zugesprochen wurde und sie als fiktive *fabulae* von den biblischen *historiae* abgesondert wurden, hielt als Hindernis nicht auf die Dauer stand. Auf schmalen und nicht unangefochtenen Bahnen gab es eben doch eine christologische Ovidallegorese. Und daß die Exegese der ›Ecloga Theoduli‹, deren Parallelisierung antiker Mythen (Pseustis) und alttestamentlicher Historien (Alithia) auf der Unterscheidung von *fabula* und *historia* basierte, eben diese wieder verwischte, indem sie beide unterschiedslos christologisch allegorisierte, dokumentiert noch einmal die Möglichkeit der Überwindung theologischer Skrupel[89].

Nachdem Figurenpaare wie Orpheus und David Konkordanzen zwischen Antike und Altem Testament zu Gehör gebracht hatten, neben Theodul auch die Gattung der Weltchronik das Ihre dazu beitrug, die Geschichte des Alten Testaments und der Antike ineinander zu verschränken[90], schließlich auch heidnische Gestalten des Alten Testaments als Typen Christi zu fungieren vermochten[91], kam einer Ovids ›Metamorphosen‹ und das Alte Testament wie gleichartig behandelnden Betrachtung dies entgegen, daß die ›Metamorphosen‹ wie das Alte Testament mit der Schöpfung beginnen und bis zu Augustus führen. Des Baudri von Bourgueil Beschreibung eines universalgeschichtlichen Bildzyklus (um 1100) führt die Geschichte des Alten Testaments und der antiken Mythologie (im Anschluß an Ovids ›Metamorphosen‹) im Parallelgang bis in die Geschichte Roms[92]. *Ab origine mundi* (Met. I, 3) bis zum Friedensreich, in dem Christus geboren wurde, gehend, konnten die Metamorphosen es nahelegen, ihre ›Geschichten‹ als eine Parallele zur Geschichte des Gottesvolkes zu typologisieren, zumal sie mit einem Turmbau der Giganten (zu Babel) und einer Sintflut auch im Geschehen Übereinstimmendes bringen[93]. Die moralisierende und naturalisierende Ovidallegorese des Johannes de Virgilio (zur Zeit Dantes) hat allein die letzte Metamorphose, Caesars apotheotische Verwandlung in einen Stern, den dann Augustus sah, auf Christus hin gedeutet und dem Metamorphosenwerk Ovids im Ganzen damit die Rolle eines Typus zugewiesen, insofern seine *transmutationes* durch den Antitypus der *uera et sancta conversio* Christi, der sich in einen Menschen verwandelte, um den Menschen in Gott zu verwandeln, überwunden wurden[94]. In der Geschichte des Fortlebens Ovids im Mittelalter[95] wurden die von Alfons dem Weisen die »Bibel der Heiden« genannten ›Metamorphosen‹ zur christlichen »Bibel der Dichter«[96] erst durch das Riesenwerk des altfrz. ›Ovide moralisé‹ mit seinen 72 000 Versen[97]. Das große, nicht ohne schöpferische Phantasie geführte Unternehmen aus dem frühen 14. Jahrhundert hat der heilsgeschichtlichen Allegorese der Zeit von der Schöpfung bis zu Christus (*Des le premier comencement Du mont jusqu'a l'avenement Jhesu Christ*)[98], welche, in den fiktiven Fabulae (*mençoignables fables*) Ovids erzählt, einer sinnfindenden Aufdeckung ihres Wahrheitsgehaltes harrten (*Qui le sens en porrait savoir, La veritez seroit aperte, Qui sous les fables gist couverte* I, 44 ff.), eine breite Bahn gebrochen. Der Mythus von Orpheus und Eurydike – auf mehr ist hier nicht einzugehen – wird im zehnten Buch erzählt und allegorisiert[99]. Nach einer historischen (196–219) und einer moralischen (220–443) folgt eine allegorische Auslegung dahin (444–591), daß Gottes Gottheit mit der Menschheit sich vermählte, damit sie die Herrin der Herrlichkeit des Himmelreiches werde. Als Schlange bewirkte der Teufel den Sündenfall Eurydikes, das heißt Evas. Gott, klagend um die verlorene, von ihm zur Braut erwählte Seele, vom Himmel niederfahrend zur Erde und zur Hölle, um sie aus der Gefangenschaft zu befreien, kann sie nur erlösen, wenn sie, in Liebe und rechtem Glauben, sich nicht zurückwendet zu Welt und Hölle und so einer Gefangenschaft ohne Wiederkehr verfällt. Einmal abgestiegen zur Hölle, wird Gott später keinen, der in Sünde stirbt, erlösen. Ihm schlug das Höllentor für immer zu. Die Frau ist geneigt, zurückzufallen, während die Männer leichter Gott gefal-

len. Der Dichter folgt ohne Scheu der Not, die Schuld an dem Verlust der geliebten Seele (Eurydike) nicht Gott (dem Orpheus) zusprechen zu können, und läßt
darum die zu Befreiende, nicht den Befreier, das Gebot des Nichtzurückschau-
ens[100] übertreten. Er macht Eurydike zu einer neuen Eva, die wieder von der
Welt nicht läßt. Orpheus erlag der übergroßen Liebe zur Geliebten. Die von ihm
zur Braut Erwählte erliegt ihrer Verfallenheit an die Welt. Gott erlöst keinen,
der nicht die Kraft zu ihm besitzt, und muß zusehen, wie die Geliebte sich zurückwendet, womit er unwiderruflich sie verliert. Die Klage des Orpheus um Eurydike zur Harfe ist die Klage des Gekreuzigten über die nicht Erlösbaren, aber
auch die Predigt des Glaubens an Gott durch die Apostel, vor allem Petrus
(2540–2577). Die 366 Verse lange Allegorese der siebensaitigen Harfe
(2578–2944) ist ein Höhepunkt in der vom frühen Christentum bis zum Barock
lebendigen Geschichte der Auslegung der Instrumente Davids und des Orpheus,
die hier nicht zu verfolgen ist. Die Harfe des Orpheus-Christus ist die Harfe auch
Davids, die den Unfrieden Sauls befriedete. Es wird unter der Hand gesprochen
auch von der Kunst des Dichters und des Sängers: *Ces fables ordoneement Veuil
espondre et premierement Dou poete, dou harpeour, Orpheüs, le bon chanteour*
(2494 ff.). Er bedarf der Eingebung des Instruments, der Harfe Apolls, zu einem
Klagelied, das Schuld erleichtert, Welt befriedet, *Au son de la harpe apoline,
C'est d'ispiration divine, Qui la visite et qui l'espire* (405 ff.). Schon im Mittelalter
wird Orpheus zum Symbol des Dichters als Erlöser[101]. Es kamen die Bäume,
die Vögel und das Wild, zu lauschen: Einsiedler, Kontemplative und fromme
Laien[102]. Der Gesang des Orpheus war die Predigt des *Premier Testament*
(3330) zur Ehre Gottes, der mit den Menschen zu kämpfen hatte, bis Christus
zwischen Gott und Mensch den Frieden brachte. Der Dichter mochte sich als
neuer Orpheus fühlen. Orpheus gibt er hier allein das Wort, um ihn von einer
Bekehrung seiner Harfe vom Gesang über Krieg und Streit zu dem über Liebe
und Versöhnung sprechen zu lassen. Die ›Wende der Leier‹ dürfte für ihn in der
christlichen (auch typologischen) Auslegung des antiken Testamentes liegen:

> 3323 *Jadis soloie reciter,*
> *Dist Orpheüs, li bons harperres,*
> *Les controverses et les guerres*
> *Des diex et des jaians. Or vueil*
> *Torner ma lire en autre fueil,*
> *Si chanterai lor acointance,*
> *Lor amour et lor bienvueillance.* [103]

Der ›Ovide moralisé‹ hat auf die letzte Fassung des ›Ovidius moralizatus‹ des Petrus Berchorius (um 1350) – er bildet das 15. Buch von dessen ›Reductorium
morale‹ – noch eingewirkt, so offenbar auch bei der die Heilsgeschichte raffen-
den Allegorese des Mythus von Orpheus und Eurydike:

> *Dic allegorice quod orpheus filius solis est Christus filius Dei patris: qui a principio euridi-
> cen id est animam humanam per caritatem et amorem duxit: ipsamque per specialem praero-
> gativam a principio sibi coniunxit. Veruntamen serpens diabolus ipsam nouam nuptam id est
> de nouo creatam: dum flores colligere id est de pomo vetito appeteret per temptationem mo-*

mordit et per peccatum occidit: et finaliter ad infernum transmisit. Quod videns orpheus Christus in infernum personaliter voluit descendere et sic vxorem suam id est humanam naturam rehabuit: ipsamque de regno tenebrarum ereptam: ad superos secum duxit dicens illud canticorum. II. Surge propera amica mea veni (Cant. 2, 13)[104].

Die zwischen 1300 und 1350 in der Dichterallegorese zu Ovids ›Metamorphosen‹ nun fest durchgesetzte Orpheus-Christustypologie (und analog der Typuscharakter auch anderer Götter und Heroen) hat trotz humanistischer Kritik bis in das 17. Jahrhundert sich behauptet und ist gelegentlich auch später noch bezeugt. Zu leisten bleibt noch die Heranziehung der Bildüberlieferung zu den Ovidauslegungen[105], insofern der mythologische Typus und der christliche Antitypus im Bild nebeneinander stehen können[106] und sich mit eigenen Mitteln wechselseitig deuten.

Den ›Metamorphosen‹ waren im Mittelalter von Ovid nicht denkbare Verwandlungen beschieden. Der Begriff der typologischen Verwandlung ist der Zeit bekannt[107]. Durch den mit zauberischer Sicherheit geführten Akt der Aneignung durch Bannung verwandelt die allegorische Auslegung, die für ihre Zwecke auch vor Änderungen der mythischen Fabel nicht zurückschreckt, das Werk des Dichters in ein ungeahntes, ein Wiedererkennen erst einmal fast ausschließendes Sein, in dessen geistiger Gestalt die mythische Grundfigur in Trümmern doch so durchscheint, daß sie nicht vernichtet, sondern im Neuen aufgehoben ist. Ovids ›Metamorphosen‹ verwandelten Menschen in Natur, in Inseln, Steine, Tiere, Pflanzen, Quellen, sahen nur wenige Apotheosen. Dagegen sieht Giovanni del Virgilio Christus Mensch werden, um den Menschen Gott werden zu lassen, und hebt der Dichter des ›Ovide moralisé‹ Gestalten des Mythus wie *Orpheüs-Jhesucrist* in die Nähe Gottes, um sie am Verkünden der Erlösung teilnehmen zu lassen. Weniger hochgegriffen, und doch beim Dichterkampf im Kunstgriff typologische Überlegenheit dokumentierend, ist Dantes stolzes Schweigegebot an Lukan und Ovid, wo seine Doppelmetamorphose des Räubers Brunelleschi in die Form einer Schlange und der Schlange in die Form des Brunelleschi die klassischen Dichter von Einweg-Metamorphosen bei voller Achtung in die Flucht schlägt:

> Verstumme nun, Lucan, statt uns zu fabeln
> vom elenden Sabell und von Nassidius
> und lausche lieber, was sich hier ereignet.

> Von Cadmus und von Arethusa schweige
> nun auch Ovid, wenn er in Schlang, in Quelle
> den Mann, das Weib vertauscht, ich neid's ihm nicht;

> denn beiderseits lebendig zwei Naturen
> hat er doch so noch nie gewandelt, daß
> die Formen beide ihren Stoff vertauschen.[108]

Bei der typologischen Verwandlung der Metamorphosen wird die mythologische Figur ihrem Antitypus, dieser aber auch seiner Vorausverkündigung derart anverwandelt, daß eine Doppelgestalt wie Orpheus-Christus sich ergibt.

Anmerkungen:

1 Dieser Beitrag baut auf meinen letzten Arbeiten zur Typologie, in denen die Gegebenheit einer auch halbbiblischen und außerbiblischen Typologie aus den Quellen
evident gemacht wurde (F. Ohly, 1977, S. 312–400), auf und setzt sie nun voraus. Der
Gegenstand dieses Aufsatzes wird für die Typologie der Mythen wie der Natur wei-
terverfolgt in meinem Beitrag ›Skizzen zur Typologie im späteren Mittelalter‹ zur
Festschrift für Kurt Ruh, Tübingen 1979, S. 251–310, wo die Fundierung der typologischen Naturexegese auf die Lehre vom Buch der Natur aus einem späteren Theologen dokumentiert wird. Im Raum beschränkt, verzichte ich auch hier auf eine Auseinandersetzung mit neueren Strömungen der außertheologischen Typologieforschung
zumal der angelsächsischen Länder und mit dem bei uns schon peinlich wuchernden
Konzept der ›Postfiguration‹, zu dem W. Schröder (1977, S. 83 f.) schon ein treffendes
Wort gesagt hat. Auch daß W. Schröder, auf die Dissertationen seiner Schüler Hoefer
(1971) und Jentzmik (1973) bauend, jüngst noch (1977) alle Versuche, mit einer
nicht innerbiblischen Typologie zu rechnen, als illegitim hinstellt (»eigenmächtige
Grenzüberschreitungen«, »Manipulationen«), lasse ich auf sich beruhen, um lieber
den Quellen das Wort zu geben. Typologie allein »im strengen Sinne« tolerierend, das
heißt »biblische Historizität, heilsgeschichtliche Steigerung sowie explizite sprachliche (oder bildliche) Vermittlung« als Minimalerfordernis verlangend, muß W. Schröder dekretieren: »Sollen diese Kriterien gelten, verboten und verbieten sich außerbiblische Typologien« (S. 77, vgl. S. 73). In der Annahme, die Anwendung der typologischen Denkform auf Nichtbiblisches sei »im Mittelalter weder theoretisch gerechtfertigt noch praktisch geübt« gewesen (S. 82), kann er weder Auerbachs richtige Feststellung, es seien »schon sehr früh [...] auch profane und heidnische Stoffe figural gedeutet« worden, akzeptieren (S. 69), noch »erwogene ›Typologien‹ wie Odysseus als
figura Christi« gelten lassen (S. 82). Hier nur ein Wort: Der Historiker kann nicht erwarten, daß in der über lange Epochen bis an unsere Zeit heran gehenden Geschichte
der Typologie von einer orthodoxen Definition des Typologiebegriffes her nicht Zu-
lässiges mit Konstanz nicht vorgekommen sei. (Wo bliebe die Dogmengeschichte
ohne Neuerer und Ketzer.) Er sollte elastisch genug sein, die historische Lebendigkeit
einer Denkform (keines Dogmas) anzuerkennen, und nicht starrer sein wollen, als es
das Zeugnis der Geschichte ist. Der Betrachter geschichtlicher Befunde hat keinen
Grund, den theologischen Systematiker an Strenge der Begriffsauslegung zu überbie-
ten. Die Geschichte ist stärker als das Definierte, die Künste haben auch ihre eigene
Theologie. Beim Ausmaß der Allegorese antiker Texte zumal im hohen Mittelalter
(Krewitt, 1977) müßte es wunder nehmen, wenn die typologische allein ganz ausgespart geblieben wäre.

2 Das zweibändige Werk von Patrick Fairbairn: The typology of Scripture, erschien zuerst 1845–47.

3 Eine Publikation über die Weltmetapher ›Buch der Natur‹ wird von mir vorbereitet.

4 Zur typologischen Auslegung der Sonne: Dölger, 1920; ders.: Das Sonnengleichnis
in einer Weihnachtspredigt des Bischofs Zeno von Verona. Christus als wahre und
ewige Sonne, Antike und Christentum 6 (1950), S. 1–56; ders.: Die Sonne der Gerechtigkeit und der Schwarze. Eine religionsgeschichtliche Studie zum Taufgelöbnis,
Münster ²1971; Rahner, 1966, S. 89–158 (Sonne und Mond); ders., 1964, S. 91–176
(Mysterium Lunae); Y. Bodin: Saint Jérôme et l'église, Paris 1966, S. 23 ff. Weitere
Belege zu Sonne, Mond und Sternen bei Maurmann, 1976, S. 134 f. (mit Literatur);
Suntrup, S. 502 f. (Register zu Christus *oriens, sol justitiae, sol salutis;* Hartmann,
1975, Allegorisches Wörterbuch, S. 431–436 (mit Literatur).

5 Rahner, 1966, S. 133–140, 353.

6 Maximus von Turin, Sermo 62, 2; CCL 23, 262, 34 ff.

7 CCL 23, 262, 57 ff.

8 Die Predigt setzt ein: *Bene quodammodo sanctam hanc diem natalis domini solem nouum uulgus appellat, et tanta id sui auctoritate confirmat, ut Iudaei etiam atque gentiles in hac voce consentiant.* Dies meint kaum, daß Juden und Heiden den christlichen Festnamen übernommen hätten. Das typologisch signifikante ›unser‹ des *sol noster nouus* hätte sonst kaum einen Sinn. Wie das Heidentum noch im Schwange war, zeigt die Schelte des Maxismus über solche, die nach der Christgeburt auch das heidnische Janusfest noch feierten und so nach dem Himmelsmahl noch Götzenspeise nähmen oder Gemeinschaft mit den Juden trieben; Sermo 63, CCL 23, 266 f. Eine Schelte gegen das Feiern heidnischer Feste vor und nach Weihnachten auch in Sermo 98, CCL 23, 390 ff., vgl. Sermo 101, 1, CCL 23, 402. – Wo Maximus die Geburt Christi an Epiphanien feiert, spricht er von der ›wahren‹ Sonne: *Hodie uerus sol ortus est mundo, hodie in tenebris saeculi lumen egressus est. Deus factus est homo, ut homo deus fieret* […] Sermo 45, 1; CCL 23, 182.

9 Tristan v. 8272–8286; zu ›Isolde als Antitypus zu Helena‹ Rolf Keuchen: Typologische Strukturen im Tristan, Diss. Köln 1975, S. 167–173.

10 Theodor Siegrist: Herrscherbild und Weltsicht bei Notker Balbulus. Untersuchungen zu den Gesta Karoli, Zürich 1963, S. 137 f.

11 Notker Balbulus, Notitia de illustribus viris, in: E. Dümmler: Das Formelbuch des Bischofs Salomo III. von Konstanz, Leipzig 1857, S. 67; dazu Siegrist [s. Anm. 10], S. 135 f.

12 Die theologische Typologieforschung kam auf das Konzept der figuralen Funktion von Typen aus der Naturgeschichte anscheinend nur einmal und auch hier nur scheinbar. Fairbairn [s. Anm. 2] (³1857), Bd. 1, S. 94: »The whole of the argument […] respecting the typical character of God's earlier dispensations admits of confirmation and support from the existence of typical forms in nature, which present in this respect a striking analogy between the natural and the religious department of God's working.« Der Exkurs ›Typical Forms in Nature‹ (S. 379 ff.) entwickelt dann mit Hilfe christlicher Biologen seiner Tage die Analogie zwischen der entwicklungsgeschichtlichen Herausbildung des Menschen aus seiner in den Wirbeltieren angelegten Idee und dem heilsgeschichtlichen Fortschreiten des Menschen vom ersten Adam bis zum zweiten Adam im Gottmenschen. Gott hat die Naturgeschichte und die Heilsgeschichte in langwährenden analogischen Parallelführungen der hinhaltenden Offenbarung seines Endwillens über viele Entwicklungsstufen zum Gipfel der Pyramide des Seins im Menschen als dem höchsten Wirbeltier und in Christus als dem mit Gott vereinten höchsten Menschen führen lassen. Dahinter steht der umstürzende Wandel der Vorstellung von Gottes Buch der Natur (der Schöpfung), dessen kreatürliche Buchstaben nicht mehr unmittelbar auf Christus hin zu lesen waren, es – mit dem Beginn des Historismus – als ein Buch der sukzessiven Offenbarung Gottes in der G e-s c h i c h t e der Natur gelesen wurde, was Fairbairn denn auch dokumentiert (S. 380): »For, as geology has now learned to read with sufficient accuracy the stony records of the past, to be able to tell of successive creations of vertebrate animals, from fish, the first and lowest, up to man, the last and highest; so here also we have a kind of typical history – the animal productions of nature during those earlier geological periods bore, as the imperfect, a prospective reference to man, as the complete and ultimate form of animal existence. They were the types, and he is the antitype in the mundane system.« Welcher Historiker steigt aus dem Denkstil seiner Zeit?

13 Heinz Meyer, 1975, Mos Romanorum; F. Ohly, 1977, S. 370 f.

146   Friedrich Ohly

14 Schmidtke, 1968, S. 82; P. Bloch, 1969, S. 134 f.; P. Bloch, 1972, Sp. 398.

15 De nativitate Domini; PL 172, 819 AB: *Haec quoque a patriarchis praefigurabatur, dum* [...] *Hanc omnes prophetae multis modis praedixerunt. Hanc etiam ipsae bestiae futuram figuris expresserunt. Unicornis dicitur bestia* [...] *Per bestiam hanc Christus exprimitur* [...]; vgl. in der Osterpredigt, 935 B: *Horum figura est nobis expressa in animalium natura;* zu Himmelfahrt 958 A; zu Pfingsten 962 ff.: *De septem naturis columbae.* Honorius hat auch Mythologisches in die Predigt aufgenommen, etwa die Szene von Odysseus und den Sirenen eingehend moralisiert; PL 172, 855 C–857 A, hier 855 CD: *Volo vobis de libris gentilium breviter recitare* [...] *Haec sunt, carissimi, mystica, quamvis per inimicos Christi scripta.*

16 Die Geschichte der Verwendung des Einhornfangs im Verband typologischer Bildzyklen hat Einhorn, S. 191 ff. und 199 ff. reich belegt.

17 M. R. James: Pictor in carmine, Archaeologia or Miscellaneous Tracts relating to Antiquity 94 (1951), 141–166; Röhrig, S. 12–29 (Beschreibung des Werks), S. 56–77 (Text des Prologs und der Szenenliste: tabula), S. 77–82 (Proben aus dem Versteil).

18 Zu den außerbiblischen Typen (auch anderer Art) im ›Pictor‹ Röhrig, S. 22 ff.

19 Röhrig, S. 58, tabula 1, 19 ff.

20 Röhrig, S. 58, tabula 5, 3; die vier den Morgenstern auf Johannes als den Vorläufer der Sonne Christus auslegenden Hexameterpaare S. 78 mit dem Quellenvermerk *De natura rerum.* Dieser steht auch S. 79 bei den drei Hexameterpaaren zur typologischen Deutung der Dreieinheit von Körper, Licht und Wärme der Sonne auf die Offenbarung der Trinität (S. 61, tabula 28, 4). Weitere naturkundliche Präfigurationen: zum Judaskuß (Der Elephant fällt in die Hand der Jäger, fällt man den Baum, an den er sich gelehnt; S. 69, tabula 89, 2), zur Kreuztragung (das Schiff segelt mit Mast und Rahe, einem Kreuz; S. 70, tabula 99, 9), zur Kreuzigung (der Phönix sammelt duftendes Holz, sich darauf zu verbrennen; S. 71, tabula 101, 16). Typen der Auferstehung sind der vom Gebrüll des Vaters zum Leben erwachende junge Löwe und der auf seinem Scheiterhaufen neu werdende Phönix (S. 72, tabula 110, 7 f.). Die vier vom Evangelium erfüllten Himmelsrichtungen verweisen auf die vier Evangelisten (S. 73, tabula 116, 9), der Nord- und der Südpol auf die ganze Welt der durch Petrus und Paulus verbundenen Juden und Heiden (S. 75, tabula 129, 9). Zur Rechten und Linken beim Jüngsten Gericht: fiel der Baum nach Norden oder Süden, bleibt er so liegen (S. 76, tabula 138, 6). Zur Auferstehung der Toten nach dem Weltbrand: *Argumentum resurrectionis a natura rerum, quod de semine prodeant herbe et arbusta* (S. 76, tabula 137, 4). Ein Typus aus der Architektur: Der Eckstein fügt zwei Wände zusammen, zu Christus kamen die Juden und die Heiden (S. 68, tabula 83, 2).

21 Zu ihm Röhrig, S. 29–53, 83–113.

22 Röhrig, S. 85, Tabelle 1, 8; S. 96, Tabelle 42, 3; S. 46, 99, 101, Tabelle 53, 11–13; 59, 7–9. Abaelards Lied auf den Phönix feiert an ihm *Christi mysteria* der Auferstehung und der Himmelfahrt, weshalb dieser Vogel *Similitudine Christi plenissima Transcendit bestias et volatilia* (Analecta hymnica 48, 176 f.).

23 Luca Freeman Sandler: The Peterborough Psalter in Brussels and other Fenland manuscripts, London 1974, S. 115 mit Abb. 50 auf S. 29; S. 115 mit Abb. 58 auf S. 31:

    Post biduum catulus spiranteque patre leones,
    Surgit sic dominus patre iubente levat.
    Bello sanguineus acuit color hos elephantes.
    Sic sanguis Christi discipulosque movet.

24 J. Lutz – P. Perdrizet: Speculum humanae salvationis, 2 Bde., Mühlhausen 1907, 1909; L. H. D. van Looveren: Speculum humanae salvationis, LCI 4 (1972), Sp. 182–185 (mit Literatur): Willibrord Neumüller (Kommentarteil): Speculum humanae

salvationis. Vollständige Faksimile-Ausgabe des Codex Cremifanensis 243 des Benediktinerstifts Kremsmünster, Graz 1972. Franziskanischen Ursprung der Armenbibel und des Speculum vertritt M. Thomas: Zur kulturgeschichtlichen Einordnung der Armenbibel mit ›Speculum humanae salvationis‹ unter Berücksichtigung einer Darstellung des ›Liber figurarum‹ in der Joachim von Fiore-Handschrift der Sächsischen Landesbibliothek Dresden (Mscr. Dresden A 121), ArchK 52 (1970), S. 192–225.

25 Zur Tradition dieser Naturgeschichten und dem Weg ihres Hineinkommens in den typologischen Zyklus Paul Perdrizet: Étude sur le Speculum humanae salvationis, Paris 1908, S. 98–104. Die Sage vom Brechen des Glases durch Wurm- oder Drachenblut steht der von Diamant und Bocksblut nah, die seit Hieronymus auch typologisch gedeutet worden ist; F. Ohly, 1976, Diamant, S. 135 (Register s. v. Typologie). Das Register im 2. Teil von Meier, 1977, Gemma, wird die Belege zur Typologie aus der Edelsteinallegorese vorführen.

Als Beispiel einer halbbiblischen Tiertypologese in einem Bibelkommentar mögen die zwei Bären stehen, die Elisäus in Gottes Namen gegen die ihn verspottende Schar von Kindern losgab; IV Reg. 2, 23 *egressique sunt duo ursi de saltu et laceraverunt ex eis quadraginta duo pueros*. Im Psalmenkommentar (zu Ps. 40, 1) deutet Gerhoh von Reichersberg Elisäus auf Christus und die Bären auf Titus und Vespasian: *Sic et Christus [...] irrisus a parvulis jussit exire duos ursos, hoc est diabolum et angelos ejus, vel Vespasianum et Titum, a quibus quadraginta duo interfecti sunt, quia post resurrectionem anno quadragesimo secundo destructi sunt qui, hoc annorum numero dato, sibi ad poenitentiam non poenituerunt*; in Ps. IV; PL 193, 1467 C; vgl. 1577 C zu Ps. 46, 1: *Eliseus Christum, pueri designant Judaeos [...] Duo ursi de saltu quadraginta* (es fehlt duo) *pueros devoraverunt, quia post quadraginta annos duo* (es muß heißen *duo annos*) *reges Titus et Vespasianus de gentilitate Judaicum populum pueriliter sapientem occiderunt*. Die Bindung an Elisäus-Christus erleichterte die Deutung der Bären auf die Zerstörung Jerusalems ›zweiundvierzig Jahre nach der Auferstehung‹. – Zur seltenen typologischen Auslegung von Tierfabeln Grubmüller, 1977, S. 104, 106, 423, 436. Odo von Cheritona, Parabolae Nr. 9 (Henne und Küken), Nr. 10 (Pelikan); Fabulae Nr. 1 (Pelikan); Léopold Hervieux: Les fabulistes latins, vol. 4, Paris 1899, S. 268f., 405. – Namenexegese und Pflanzentypologese verbindet reizvoll Walahfrieds (†849) Grußadresse an Florus von Lyon, die – einst und jetzt, dort und hier, die Götter und Gott, Natur und Schrift vergleichend – den Namen der ›neuen Blüte‹ Florus auslegt:

> At de *flore* novo, quo vos penes ortus odorem
>   Prodit ubique sui, haec loca rumor alit
> *Flora* venit quondam, dum singula quaeque deorum
>   Sunt allata, iugis prata tymumque gerens.
> Huic *Floro* melius sententia christicolarum
>   Attribuit quicquid dogmate et ore viret.
> Nam hic *Florus* florem sequitur de germine Jesse
>   Et tradit quod amans attulit ille homini.

Carmen VIII, 17ff.; MG Poetae II, 357; Haubrichs, 1975, S. 231–266, hier S. 243.

26 Alfred A. Schmid: Concordantia caritatis, RDK 3 (1954), Sp. 833–854 (mit Literatur); L. H. D. van Looveren: Concordantia caritatis, LCI 1 (1968), Sp. 459–461 (mit Literatur). Die von der Akademischen Druck- und Verlagsanstalt Graz vorbereitete Faksimile-Ausgabe der Lilienfelder Handschrift (Codex 151) ist ab 1980 in Lieferungen zu erwarten.

27 Schmid [s. Anm. 26], Sp. 835–851, listet alle Bildthemen der 156 Blätter des Temporale der Concordantia caritatis auf, leider nicht auch die der 82 Blätter zu den Heiligenfesten. Vorangegangen waren die ›Concordantiae‹ des Christan von Lilienfeld (†
nach 1330), die biblischen Typen und Antitypen auch schon Naturdinge beigegeben
haben; F. J. Worstbrock, VL 1 (²1978), Sp. 1207. – Ähnlich verbindet noch Paul Flemings Klagegedicht auf die Passion (1632) mit Jesu Sterben Präfigurationen aus der
Natur, dem Alten Testament und hier noch der Antike. J. M. Lappenberg (Hg.): Paul
Flemings Deutsche Gedichte, 1. Bd., Stuttgart 1865 (Neudr. Darmstadt 1965), S. 24:

> O wahrer Pelican, der seine toten Jungen
> durch sein selbst Blut belebt. Uns ist durch dich gelungen,
> du eherne Schlange du, du edle Medicin,
> die Leviathans Gift und Bisse nimmet hin.
> O mehr als Jonathan, o treuer als Orestes,
> Treu über alle Treu', hier suchst du unser Bestes
> und tust dir höchstes Leid.

28 Sechs Abbildungen bei Schmid [s. Anm. 26] (danach zwei bei F. Ohly, 1977, Tafel
XXII); eine weitere Abbildung bei van Looveren [s. Anm. 26].

Der Zwang, etwa 470 Szenen aus der Naturgeschichte aufzutreiben, die alt- und
neutestamentlichen zu entsprechen hatten, rief wie Ungereimtes und Absurdes – die
Unwetterquelle in der Bretagne (Iwein!) steht neben Jakob und Rahel und Christus
und der Samariterin (Nr. 54) – auch Sinnreiches und seit dem Physiologus Bewährtes
auf den Plan. Auf einem Blatt mit Bildern der Öffnung eines Körpers zum Heil der
Menschheit wird die schon patristische Zuordnung der Erschaffung Evas zum Lan-
zenstich des Longinus durch die Heranziehung von Diamant und Bocksblut als Typus
aus der Natur (Christi Blut bricht den Diamant der Schuld) nicht ohne Sinn ergänzt
(Nr. 98; F. Ohly, 1976, Diamant, S. 76). Die Eidechse nimmt die Farbe an, die sie betrachtet, so wie die Juden der Feuersäule folgten und Nikodemus im Gespräch mit Jesus an ihn glaubte (Nr. 121). Stimmig ist das Blatt 102 des Temporale. In der Natur:
Pferde verweigern die Nahrung beim Tod ihres Herrn; ein toter Delphin wird von allen Delphinen beklagt; im Alten Testament: Drei Freunde trösten Hiob; Ruben sucht
Joseph im Brunnen; der Antitypus: Die Frauen am Grabe. Der Naturtypus ›Der
kampfbereite Löwe verliert durch das Grunzen eines Schweins den Mut‹ präfiguriert
die Verleugnung Petri (Nr. 83).

29 Salzer, Guldan.

30 Friedrich Zoepfl: Defensorium, RDK 3 (1954), Sp. 1206–1218 (mit Literatur); E. M.
Vetter: Mariologische Tafelbilder des 15. Jahrhunderts und das Defensorium des
Franz von Retz, Diss. Heidelberg 1954 [masch.]; E. M. Vetter: Defensorium, LCI 1
(1968), Sp. 499–503; Klaus Grubmüller: ›Franz von Retz‹, VL 2. Aufl. (im Druck).

31 *Si concha coeli rore perlis fecunda claret, Cur rorante pneumate virgo non generaret?*
So im Regensburger Defensorium-Holzschnittzyklus von 1471; G. M. Häfele: Franz
von Retz. Ein Beitrag zur Gelehrtengeschichte des Dominikanerordens und der Wiener Universität am Ausgange des Mittelalters, Innsbruck/Wien/München 1918, S.
371.

Die Typologisches anzeigende Formel ›Wenn die Heiden [...], warum dann nicht
ich (wir Christen)?‹ gebrauchen christliche Dichter zur Begründung ihres Werks nach
heidnischen Vorgängern. So Sedulius im ›Carmen Paschale‹:

> *Cum sua gentiles studeant figmenta poetae*
> *Grandisonis pompare modis, tragicoque boatu,*
> *Ridiculove Getae, seu qualibet arte canendi*

20 *Saeva nefandarum renovent contagia rerum*
   Et scelerum monumenta canant, rituque magistro
   Plurima Niliacis tradent mendacia biblis:
   Cur ego Davidicis assuetus cantibus odas
   Chordarum resonare decem, sanctoque verenter
   Stare choro, et placidis coelestia psallere verbis,
   Clara salutiferi taceam miracula Christi?
   Cum possim manifesta loqui, Dominumque tonantem [...]

Der gleichen Form bedient Otfried von Weißenburg sich im Eingang seiner ahd. Evangeliendichtung nach einer Rückschau auf die Dichtung der Griechen und Römer:

I 1,31 *Nu es fílu manno inthíhit, in sína zungun scríbit,*
      joh ílit, er gigáhe, thaz sínaz io gihóhe:
      Wánana sculun Fránkon éinon thaz biwánkon,
      ni sie in frénkisgon bigínnen, sie gotes lób singen?

32 Zoepfl, [s. Anm. 30], Abb. 1; Farbtafel in: 700 Jahre Stift Stams 1273–1973, Stams 1973, Abb. 31, dazu S. 45; Alfons Huber: Franz von Retz und sein Defensorium im Brixener Kreuzgang und auf der Stamser Tafel. Der Schlern 42 (1968), S. 64–70.

33 Clarence William Friedman: Prefigurations in Meistersang: Types from the Bible and nature (The Catholic Univ. of America. Studies in German 18), Washington 1943, im Kap. 4 ›Prefigurations of Mary‹, S. 71–94, bes. S. 90 ff. Schon Friedman (S. 49 f.) wies auf Hugos von St. Viktor Lehre von dem von Gottes Finger geschriebenen Buch der Welt (PL 176, 814) und das mit dem 12. Jahrhundert beginnende Hineinwachsen von Typen aus der Natur und der Geschichte in die typologische Praxis hin, ohne Gehör im Fach zu finden; Ausnahme: Karl Stackmann: Der Spruchdichter Heinrich von Mügeln, Heidelberg 1958, S. 112, 115. Charles E. Raven: The natural religion and Christian theology. Second series, Cambridge 1953, S. 19, sieht noch bei John Ray († 1705) die Vorliebe, »to catch glimpses and foreshadowings of the way of Christ in the order of nature or the records of secular history«.

34 Mit Abbildung aus dem Defensorium-Blockbuch von 1471 im Danae-Artikel, RDK 3 (1954), Sp. 1029. Josef Fink: Danae und der Gottessohn, Römische Quartalschrift f. christliche Altertumskunde u. Kirchengesch. 57 (1962), S. 109–115, führt die Frage, ob eine frühe ikonographisch weitgehende Durchdringung des Motivs von Danae mit dem göttlichen Kind und Maria mit dem Jesuskind typologisch und nicht als bloße Übernahme einer vorgebildeten Form zu deuten ist, nicht zu einer Entscheidung.

35 Die Danae-Tradition bei W. S. Heckscher: ›Recorded from Dark Recollection‹, in: Essays in Honour of E. Panofsky, New York 1961, 1. Bd., S. 187–200, bes. 196 ff. Die anderen Defensorium-Typen aus dem Mythus sind Circes Verwandlung der Gefährten des Odysseus in Tiere (Abbildung aus der Münchener Defensorium-Handschrift von 1459 unter Circe, RDK 3 (1954), Sp. 780), die Einschläferung der Gefährten des Odysseus durch die Sirenen, die Verwandlung der Gefährten des Diomedes in Vögel und Europas Küssen des Jupiter als Stier. Die Herkunft dieser Typen aus Ovid hat Franz von Retz kaschiert, indem er jeweils Augustin als Quelle nennt.

36 Jean Daniélou: Message évangélique et culture hellénistique au IIe et IIIe siècles (Bibl. de Théologie 2), Tournai 1961, S. 41–67, entwirft das Bild »de la double préparation au Christ« durch Moses und die Propheten wie durch die alte, inspirierte Philosophie der Heiden.
   Des Clemens von Alexandrien Bekehrungsrede an Heiden (Protreptikos, Sources chrétiennes 2, Paris 1949) geht von der Verdammung des Götterglaubens über zum

Aufweis der in Dichtung, Philosophie und Prophetie der Griechen geschlagenen Funken der Wahrheit, die mit Christus im Licht des Logos die Welt erleuchtet. Clemens glaubt wie an die Abhängigkeit Platos von den Juden (VI 70, 1) auch an eine eigene Inspiration der Griechen durch Gott. Die Lehre der Pythagoräer sieht er aufgeschrieben εἰς ἐπίγνωσιν θεοῦ ἐπιπνοίᾳ θεοῦ (VI 72,5). Plato sprach von Gott her (θεόθεν X 104, 1), der Stoiker Kleanthes kannte eine ›wahre Theologie‹ (θεολογία ἀληθινή VI 72, 1). Die Prophetin Sibylle sang als erste, von Gott inspiriert (ἐνθέως σφόδρα VIII 77, 2 f.), das Lied des Heils. Neben Gottes Offenbarung durch die Juden gab es deren Spuren auch bei Griechen: ἐναύσματά τινα τοῦ λόγου τοῦ θείου λαβόντες Ἕλληνες ὀλίγα ἄττα τῆς ἀληθείας ἐφθέγξαντο (VII 74, 7). Im Samen ihrer Ahnung lag ein Keim der Wahrheit (II 24, 2). Die Macht der Wahrheit ›in Funken‹ bekundend, konnten sie doch nicht das Telos finden, von dem Clemens als dem »Neuen«, dem »Meinen«, dem »wirklich Wahren« spricht. Antikes konnte präfigurieren, was sich im Antityp vollenden sollte. »Mein« Eunomos, sein »neues« Lied, »mein« Sänger der »neuen« Harmonie, der Logos Christus, überwand das Lied des Lokrers Eunomos, des Thrakers Orpheus, des Amphion und Arion (I 1, 1–2, 4). Der heilige Berg Gottes Zion löst mit seinem Licht der Wahrheit ab den Helikon und den Kithairon (I 2, 2 f.). »Hier ist der von Gott geliebte Berg, nicht wie der Kithairon der Schauplatz von Tragödien, sondern den Dramen der Wahrheit geweiht, ein nüchterner Berg [...]« (XII 119, 1 f.). Während bei Odysseus mit dem »ans Holz gebunden« Typologisches nur leise anklingt (XII 118, 4), ist der Vergleich zwischen der Tragödie auf dem Berg Kithairon und der Logosfeier auf dem Berg Gottes ausgezogen (XII 119, 1 f.). Heilige Nüchternheit überwand das trunkene Rasen. Bewußt spricht Clemens zu den Heiden ihre Sprache (XII 119, 1), doch wenn er auf dem Höhepunkt des Werkes die Erfahrung Christi mit der Sprache von Eleusis feiert, hat dies tiefere Bedeutung: »O wahrhaft heilige Mysterien! O ungemischtes Licht! Fackeln leuchten mir zur Schau des Himmels und des Gottes; heilig werde ich, eingeweiht; der Herr ist Hierophant, vorleuchtend siegelt er den Mysten und führt ihn dem Vater zu, den, der geglaubt, daß er ihn ewiglich behüte. Dies ist die bakchische Begeisterung meiner Mysterien. Willst du, so laß dich einweihen! Mit den Engeln wirst du tanzen um den ›ungeborenen und unvergänglichen‹ (Timaios 52 A), den wirklich einen Gott, und mit uns wird Gottes Logos Hymnen singen« (XII 120, 1 f.). Clemens steigert noch mit einer Rede Christi, die mit einem Homerzitat beginnt: »Hört es, unzählige Scharen!« (Ilias XVII 220; Hektor an die Troer) und schließt mit Mt. 11, 28 ff.: »Kommt her zu mir alle, die ihr mühselig und beladen seid [...]« (XII, 120, 2–5). Clemens könnte nicht die Sprache von Eleusis sprechen, wenn sie nicht das Neue in sich angelegt enthielte. G. E. Mylonas: Eleusis and the Eleusinian mysteries, Princeton 1961, S. 305: »Clement would have never dared to commit the sacrilege of calling Christ an Hierophant, if the high priest of Eleusis was, or was rumored to be the perpetrator of immoral acts, as suggested by Asterios.« – Wenigstens die Frage sei hier noch gestellt, wie Szenen antiker Autoren christlich dadurch gedeutet werden, daß Theologen der Väterzeit und des Mittelalters, wo sie Gott oder Christus außerbiblische Reden in den Mund legen, kein Bedenken tragen, die göttlichen Personen auch antike Autoren zitieren zu lassen. Beispiel: F. Ohly, 1958, S. 192 f.

37 Johannes Beumer: Die Idee einer vorchristlichen Kirche bei Augustinus. Münchener theol. Zs. 3 (1952), S. 161–175, hier S. 165, 169, 172 f. und Anm. 48, 49. Zum Topos der Abhängigkeit der Griechen vom Geist der Juden K. Thraede: Art. ›Erfinder‹ II (geistesgeschichtlich), RAC 5 (1962), Sp. 1243 ff., 1249 ff.

38 Einen symphronistischen Charakter hat die Zusammenschau, in der etwa Alanus ab Insulis Deukalion neben Noah (beide überstanden in der Arche eine Sintflut und er-

hielten das Menschengeschlecht am Leben) sowie Hippolytus neben Elias und Joseph stellt. Anticlaudianus, hg. R. Bossuat, Paris 1955, VI 402f. [...] *nec uiueret alter Deucalion alterque Noe concluderet arcam.* VII 115f. *Ypolitus redit ad uitam, redit alter in orbem Helyas ueteremque Joseph nouus alter adequat.* Der Aspekt des Symphronismus ist der des Wiederfindens von Gleichem bei den Völkern in ihrer Geschichte. Er kann der typologischen Sehweise vorausgehen oder historisch folgen wie bei Goethes Bilderzyklen in der Pädagogischen Provinz von ›Wilhelm Meisters Wanderjahren‹ (Kap. II, 2), wo sinnvoll zugeordnete Nebenbilder die biblischen Hauptbilder begleiten, so »daß in den Sockeln und Friesen nicht sowohl synchronistische als symphronistische Handlungen und Begebenheiten aufgeführt sind, indem unter allen Völkern gleichbedeutende und Gleiches deutende Nachrichten vorkommen. So erblickt Ihr hier, wenn in dem Hauptfelde Abraham von seinen Göttern in der Gestalt schöner Jünglinge besucht wird, den Apoll unter den Hirten Admets oben in der Friese; woraus wir lernen können, daß wenn die Götter den Menschen erscheinen, sie gewöhnlich unerkannt unter ihnen wandeln«. Dazu und zu den symphronistischen Bildgruppen auf der Terrasse des Läuterungsberges in Dantes Purgatorio F. Ohly, Goethes Ehrfurchten – ein ordo caritatis, Euph. 55 (1961), S. 430ff. Der auf das in Überlieferungen historisch verschiedenen Charakters Gleichsinnige Bedachte bedarf einer Souveränität des von dem Eigenen abhebenden Geltenlassens von Geschichtlichem, die das wie auch immer (und sei es durch Typologese) auf Aneignung der Antike ausgehende Mittelalter in seiner christlichen Vorentschiedenheit selten leisten konnte. Zu Dantes Zyklus auch R. Herzog, 1971, S. 157ff. und die daran angeschlossene Diskussion S. 599 (Jauß), S. 605f. (Fuhrmann).

39 F. Ohly, 1977, S. 196f.; zum heidnischen Bildprogramm des Fußbodens in Siena S. 205–212.

40 Analecta hymnica 8, S. 33, Nr. 30, aus der Handschrift Paris 1139 aus St. Martial in Limoges, 12./13. Jh. Hinweis bei Josef Szövérffy: Die Annalen der lateinischen Hymnendichtung, Bd. 2, Berlin 1965, S. 18. Man denkt an die Worte des österlichen Exultet vom *verus ille agnus* Christus, der *ab inferis victor ascendit.* Text des Exultet bei B. Fischer: Ambrosius der Verfasser des österlichen Exultet? Arch. f. Liturgiewiss. 2 (1952), S. 61–74, hier S. 62. Die Menge nachgewiesener Belege bei Szövérffy: Klassische Anspielungen und antike Elemente in mittelalterlichen Hymnen, ArchK 44 (1962), S. 148–192, bedarf noch einer über »Christianisierung klassischer Mythologie« (S. 155) oder »klassische Metaphern« (S. 160) hinausgehend differenzierenden Interpretation. Ich verweise nur auf Christus als *verus Phoebus* (S. 156; AH 48, 89) und die Gleichsetzung von Christus und Maria mit Apollo und Diana: *Christo Phoebo Cynthia Dat nativitatem* oder zur Himmelfahrt Mariae *nubit Cynthia Phoebo* (S. 159f.; AH 20, 43 und 52, 60), da die Diana-Mariatypologie über Berchorius hinaus (Ovidius Moralizatus [s. Anm. 104], S. 97) bis in das 17. Jahrhundert fortlebt. Zu Diana als Maria bei Jacob Balde U. Herzog, S. 113, mit Verweis auf Cornelius a Lapide: *vera et verax Christianorum Diana est B. Virgo*; Eckhart Schäfer: Deutscher Horaz. Conrad Celtis, Georg Fabricius, Paul Melissus, Jacob Balde. Die Nachwirkung des Horaz in der neulateinischen Dichtung Deutschlands, Wiesbaden 1976, S. 218–232 das Kapitel ›Maria als Transfiguration horazischer Göttinnen und Frauen‹; Jürgen Galle: Die lateinische Lyrik Jakob Baldes und die Geschichte ihrer Übertragungen, Münster 1973, S. 72ff. Phöbus und Diana als Sonne und Mond umkleiden die Madonna auf einem Karton von 1528 zur Ausmalung einer Kirche in Arezzo; Guldan, S. 151.

Ein böhmisches Marienbild des späten Mittelalters mischt Marientypen des Alten Testaments und der Naturgeschichte (die Sonnenstrahlen gehen durch das ganz bleibende Glas) und schließt mit der Verkündigung des Friedens auf Erden bei Christi Geburt durch die Leier des Orpheus und den Gesang der Engel, wobei an des mythischen Sängers die wilden Tiere und die übrige Natur befriedenden Gesang zu denken ist (Analecta hymnica 1, S. 115, Nr. 91):

> 9. *Sonet vox lyrica*
> *Lyra Orpheica*
> *Voxque angelica*
> *Nuntiet in terra*
> *Hominibus pacem.*

Szövérffy, S. 163, sieht hier nur eine Umschreibung für Hymnus oder Loblied, was nicht auszuschließen ist.

41 Apologeticum 18,2: [...] *Deum unicum esse, qui universa condiderit, qui hominem de humo struxerit (hic enim est verus Prometheus, qui saeculum certis temporum dispositionibus et exitibus ordinavit)* [...]; Dölger [s. Anm. 4], Antike und Christentum. Kultur- und religionsgeschichtliche Studien, Bd. 3, Münster ²1975, S. 225. Vgl. Adv. Marcionem I 1, 247: *Verus Prometheus Deus omnipotens blasphemiis lancinatur.* Bis an die Neuzeit heran ist Tertullian freilich der einzige einigermaßen sichere Zeuge für eine typologische Angleichung von Christus und Prometheus. Raymond Trousson: Le thème de Prométhée dans la littérature européenne. Bd. 1, Genf 1964, S. 57–82 ›Prometheus Christus?‹ Zur Mytheninterpretation des Laktanz P. G. van der Nat: Zu den Voraussetzungen der christlichen lateinischen Literatur: Die Zeugnisse von Minucius Felix und Laktanz, in: Christianisme et formes littéraires de l'antiquité tardive en occident (Entretiens sur l'antiquité classique 23), Genf 1977, S. 191–226, hier S. 217 ff.

42 Dölger, Sol salutis [s. Anm. 4], S. 378 f.; Carminum S. Paulini Nolani episcopi appendix. Carmen II 51–60; CSEL 30, 349. Zur Apollo-Christusstrophe auch Dölger, Antike und Christentum 3, S. 226 f.; Carl Schneider: Geistesgeschichte des antiken Christentums, 2. Bd., München 1954, S. 287 f. im Kapitel ›Angleichung und Übernahme‹; Szövérffy [s. Anm. 40], S. 157 f. Vgl. Dölger: Antike und Christentum 3, S. 228, zu Tertullians *O Jovem christianum!* und des Hieronymus *Jam et Aegyptius Serapis factus est Christianus*, sowie S. 229 zu Arnobius dem Jüngeren (Mitte des 5. Jh.s), der zu Ps. 44, 6 *Sagittae tuae acutae* Amor mit seinen Pfeilen den Pfeile schießenden Christus gegenüberstellt: *Ita ergo hic noster* (Amor) *exprimet sagittas acutas potentissimas in amore regni coelorum* [...] (PG 53, 388 A).

Nicht jedes derartige *noster* ist typologisch zu verstehen. Tertullians und Späterer Rede vom *Seneca noster* machte den heidnischen Philosophen zu einem der Ihren als einen geheimen Christen. Humanisten wie Salutati meinten mit *Maro noster* und *Naso noster* auf ihre Art wieder ihnen nahestehende Dichter. In der Art wiederum, wie Ambrosius und Aelred von Rievaulx Ciceros De officiis durch einen literarischen Antitypus überwanden (F. Ohly, 1977, S. 338–360), setzte Wilhelm von St. Thierry den Briefen Senecas an Lucilius seine Briefe an die Brüder von Mont-Dieu entgegen. J.-M. Déchanet: *Seneca noster.* Des Lettres à Lucilius à la Lettre aux Frères du Mont-Dieu, in: Mélanges de Ghellinck. Bd. 2, Gembloux 1951, S. 753–766. Zu David als *Simonides noster* bei Hieronymus, s. o. S. 135.

43 F. Ohly, 1977, S. 331. Mehr Belege dieser Art bei Jean Leclercq: Études sur le vocabulaire monastique du moyen âge (Studia Anselmiana philosophica theologica 48), Rom 1961, S. 39–67; Kolb, 1967, S. 476 ff.

44 H. Rochais: ›Ipsa philosophia Christus‹, Med. St. 13 (1951), S. 244–246. Schon der von manchen als Feind der Philosophie betrachtete Tertullian nennt das Christentum die *melior philosophia*, die *sapientia de schola caeli* oder *plena atque perfecta sapientia*;

J.-C. Fredquille: Tertullien et la conversion de la culture antique, Paris 1972, S. 351 ff. ›Le cristianisme *melior philosophia‹*. – Der Autor der Vita S. Maximini verwirft im Prolog die Weltweisheit der Alten, die in Physica, Ethica und Logica die Gottesweisheit nicht erfaßten. Wer in Pythagoras die Physik, in Sokrates die Ethik und in Plato das Wissen vom Göttlichen auf seiner Höhe sähe, erlangte nicht *nostram philosophiam*, die *noster verus Philosophus*, die *vera Dei sapientia quae Christus est*, gelehrt hat. Die Philosophie der Christen wird nicht in Pythagoras, Sokrates und Plato, sondern in den drei Büchern Salomos präfiguriert. *Nobis autem talia respuentibus adest vera Physica in historica narratione, vera Logica in fidei et spei et caritatis contemplatione, vera Ethica in praeceptorum Divinorum executione. Quam Dominus Philosophiam diligens, praemisit typicum Salomonem qui in tribus monumenti sui Libris eamdem philosophiam sectandam nobis reliquit, dum in Ecclesiaste naturalium vim rerum, et in Proverbiis instituit disciplinam morum, in Canticis autem canticorum sub velamine allegoriarum docuit quaerendas atque rimandas causas rerum Divinarum.* Die christliche Theologie als kirchliche *philosophia spiritualis* sieht der Legendenautor lieber als in Pythagoras, Sokrates und Plato im Prediger, den Sprüchen und dem Hohenlied Salomos vorgebildet, die das Mittelalter seit Isidor als Physica, Ethica und Logica zu charakterisieren Jahrhunderte nicht müde wurde. Vita s. Maximini abbatis Miciacensis, prologus autoris; J. Mabillon (Hg.): Acta sanctorum ord. s. Benedicti, I. Neudruck Metz 1935, S. 581 ff.; zu Isidor F. Ohly, 1958, S. 62.

45 Arthur Stanley Pease: Medical allusions in the works of St. Jerome. Harvard Studies in Classical Phil. 25 (1914), S. 73–85, Belege S. 74 f.

46 G. Padoan: Il mito di Teseo e il cristianesimo di Stazio, Lettere Italiane 11 (1959), S. 432–457, hier S. 440–444. Eines der frühen Danteerklärer, Guidos von Pisa, Allegorese des Mythus von Theseus und dem Minotaurus versteht den Minotaurus als den Teufel und Theseus als Christus: *Per Theseum autem, ducem scilicet Athenarum, accipe Christum et per nominis interpretationem et officii dignitatem* (S. 443). Nach einer gründlichen Untersuchung verlangt die Namenetymologese in der Antikenallegorese von Fulgentius bis zu Salutati (und darüber hinaus), der überreich von ihr Gebrauch macht, da das etymologische Argument (hier *nominis interpretatio*) ein überaus bedeutender Ansatzpunkt der Exegese ist. Wie der Name Josuahs (griech. Jesus) ihn als Typus Jesu stützte (z.B. Hieronymus, Ep. 53, 8; CSEL 54, 456), so half die Herleitung des Namens Theseus von *thesis* und *eu* als ›bona positio‹ im Sinne von Luc. 2, 34 *Ecce positus est hic in ruinam* (des Minotaurus) *et in resurrectionem multorum in Israel* zu einer analogen Theseusdeutung. Auch vom Amt her (*officii dignitas*) bedeutet Theseus Christus – *dux autem Theseus dicitur Athenarum, et bene Christum ducem eternitatis significat* – aufgrund der Herleitung des Namens Athen von *athánatos* ›unsterblich, ewig‹. Mit der häufig Typologisches anzeigenden *sicut-sic*-Form (Jesus gebraucht sie selbst Mt. 12, 40 f.; Ohly, 1977, S. 374 f.) heißt es von Theseus-Christus: *sic genus humanum ab eius* (des Teufels) *dominio liberavit, sicut liberavit Theseus populum Athenarum.* Das Ganze eines größeren Ereigniszusammenhangs um Theseus verweist auf den analogen heilsgeschichtlichen Geschehenskomplex der Erlösung durch Christus mit der Höllenfahrt und der Auffahrt in den Himmel. Padoan, S. 444.

47 Literatur zu Orpheus im frühen Christentum und im Mittelalter reihe ich hier chronologisch: André Boulanger: Orphée. Rapports de l'orphisme et du christianisme, Paris 1925; Odo Casel: Älteste christliche Kunst und Christusmysterium, Jb. f. Liturgiewiss. 12 (1932), S. 1–86, hier S. 60–63 (Orpheus als der Gute Hirte); Pius Parsch: Das Orpheussymbol, Bibel und Liturgie 7 (1933), S. 185–193; Henri Leclercq: Orphée, Dictionnaire d'archéologie chrétienne et de liturgie XII/2 (1936), Sp. 2735–2755; Hugo Buchthal: The Miniatures of the Paris Psalter. A Study in Middle Byzantine painting

(Studies of the Warburg Institute 2), London 1938 (Neudruck Nendeln 1968), S. 13–17; A. Pézard: Le ›Convivio‹ di Dante. Sa lettre, son esprit, in: Annales de l'Université de Lyon, 3ᵉ série, 9, Paris 1940, S. 15–26: L'allégorie d'Orphée (zu Orpheus bei Dante auch Pépin, 1970, S. 109 f., 114); B. Cabanas: El mito de Orfeo en la literatura española. Madrid 1948; André Boutemy: Une version médiévale inconnue de la légende d'Orphée, in: Hommages à Joseph Bidez et à Franz Cumont (Collection Latomus 2), Brüssel o.J. (1951), S. 43–70; Cecil M. Bowra: Orpheus Bakchikos, Classical Quarterly 46 (1952) (zur Gemme mit dem gekreuzigten Orpheus, nicht eingesehen); D. P. Walker: Orpheus the theologian and Renaissance platonists, JWCI 16 (1953), S. 100–120; D. P. Walker: The ›Prisca Theologia‹ in France, ebd. 17 (1954), S. 204–259; G. Fredén: Orpheus and the Goddess of Nature, Göteborg 1958 (zum literarischen Fortleben der Orphica); August Buck: Der Orpheusmythus in der italienischen Renaissance, Krefeld 1961; Peter Dronke: The return of Eurydice, Classica et Mediaevalia 23 (1962), S. 198–215; Klaus Heitmann: Orpheus im Mittelalter. ArchK 45 (1963), S. 253–294; ders.: Typen der Deformierung antiker Typen im Mittelalter. Am Beispiel der Orpheussage, Rom. Jb. 14 (1963), S. 45–77; Kurt Goldammer: Christus-Orpheus. Der μουσικὸς ἀνήρ als unerkanntes Motiv in der ravennatischen Mosaikikonographie, Zs. f. Kirchengesch. 74 (1963), S. 217–243; dazu berichtigend G. Bovini: Osservazioni in merito all'infondatezza del restauro del Kibel nel completamento dell'imagine di Cristo in trono nei mosaici di S. Apollinare Nuovo di Ravenna, in: Polychronion. Fs. Franz Dölger, hg. P. Wirth, Heidelberg 1966, S. 117–120; Gregorio Penco: Christus-Orpheus. Echi di un tema letterario negli scrittori monastici, Aevum 41 (1967), S. 516–517; Julius Wilhelm: Orpheus bei Dante, in: Medium Aevum Romanicum. Fs. Hans Rheinfelder, München 1963, S. 397–406; Françoise Joukovsky: Orphée et ses disciples dans la poésie française et néolatine du XVIᵉ siècle (Publications romanes et françaises 109), Genf 1970; John Block Friedman: Orpheus in the Middle Ages, Cambridge, Mass., 1970; L. Pressouyre: Orpheus, LCI 3 (1971), Sp. 356–358; Henri Stern: Orphée dans l'art occidental. Un problème esthétique, Paris 1973 (nicht gesehen); ders., Orphée dans l'art paléochrétien, Cahiers archéologiques 23 (1974), 1–16; Ursula Liepmann: Ein Orpheusmosaik im Kestner-Museum zu Hannover, Niederdt. Beitr. z. Kunstgesch. 13 (1974), S. 9–36, bes. S. 17 (Das Mosaik der 2. Hälfte des 4. Jh.s mit Orpheus, dem Sänger mit der Kithara unter den Tieren, stammt aus einer Klosterkirche in Nordsyrien); Bräkling-Gersuny: Orpheus, der Logosträger. Eine Untersuchung zum Nachleben des antiken Mythos in der französischen Literatur des 16. Jahrhunderts (Freiburger Schriften z. rom. Philol. 13), München 1975. W. N. Schumacher: Hirt und ›Guter Hirt‹. Studien zum Hirtenbild in der römischen Kunst vom zweiten bis zum Anfang des vierten Jahrhunderts unter besonderer Berücksichtigung der Mosaiken in der Südhalle von Aquileja (Römische Quartalschrift, Suppl. 34), Rom/Freiburg/Wien 1977, S. 333 (Register).

48 Zum Fortleben mythologischer Bildmuster Kurt Weitzmann: The Survival of mythological representations in early Christian and Byzantine art, Dumbarton Oaks Papers 14 (1960), S. 43–68; Marion Lawrence: Three pagan themes in Christian art, in: Millard Meiss (Hg.): De artibus opuscula XL. Essays in Honor of Erwin Panofsky, vol. 1, New York 1961, S. 323–334, hier S. 323 zu Orpheus-Christus oder -David; behandelt werden Formkonvergenzen und Bedeutungsadaptationen zwischen heidnischen und christlichen Bildthemen wie dem Todesschlaf (Endymion-Jonas), der Gottesgeburt (Dionysus-Christus), der Himmelfahrt (Elias/Helios-Christus). Zu Orpheus Friedmann [s. Anm. 47], S. 38–85: ›Orpheus-Christus in the art of late antiquity‹. Zu Orpheus in Doura-Europos und Helios in Beth Alpha Marcel Simon: Verus Israel, Paris

1948, S. 44 f.; Henri Stern: The Orpheus in the Synagogue of Doura-Europos, JWCI 21 (1958), S. 1–6; ders., 1974 [s. Anm. 47]; zu Orpheusmosaiken ders.: La mosaïque d'Orphée de Blanzy-les-Fismes, Gallia 13 (1955), S. 41–77; Goldammers [s. Anm. 47] Versuch, ein Orpheus-Christus- (oder -David-)Mosaik des 6. Jahrhunderts in Ravenna zu rekonstruieren, zeigt kundige Phantasie, will aber nicht schlagend überzeugen; A. Grabar: The Golden Age of Justinian, New York 1967, S. 112 und Abb. 119; John Block Friedman: Syncretism and allegory in the Jerusalem Orpheus mosaic, Traditio 23 (1967), S. 1–13; Henri Stern: Un nouvel Orphée-David dans une mosaïque du VIᵉ siècle, Comptes rendus de l'Académie des Inscriptions et Belles Lettres 1970, S. 63–79; E. Kitzinger: World map and Fortune's wheel: A medieval mosaic floor in Turin, Proceedings of the American Philosophical Society 117 (1973), S. 344–373, hier S. 344, vermutet zum Orpheusbild im Kirchenfußboden »a motivation that is not always entirely clear to the modern observer«. Zu Orpheus mit der Leier in Steinintarsien auf der Nordseite des Altarpodests im Trierer Dom aus unserem Jahrzehnt F. Ohly: Settimane di studio del Centro italiano di studi sull'alto medioevo 23: Simboli e Simbologia nell'Alto Medioevo, Spoleto 1976, S. 478. Liepmann [s. Anm. 47]; zur älteren Forschung Leclercq [s. Anm. 47]. Zur Darstellung des Orpheus-Christus und Orpheus-David unter den Tieren, an der sich auch die Darstellung Adams und Gottes unter den Tieren des Paradieses orientiert, J. M. C. Toynbee: Animals in Roman life and art, London 1973, S. 289 ff., S. 297 mit Abb. Ob die Verehrung des Christusbildes neben dem des Orpheus oder griechischer Philosophen, ob die Kontinuität der Kultorte beim Glaubenswechsel von Synkretismus, Pragmatismus, souveräner Aneignung oder von Typologischem zeugen, ist schwer auszumachen, wo Texte fehlen und formale Kriterien für die Bestimmung von Typologischem den christlichen Archäologen nicht zur Hand sind. Zu den Befunden schon Julius Schlosser: Heidnische Elemente in der christlichen Kunst des Altertums (1894), in: J. S.: Präludien. Vorträge und Aufsätze, Berlin 1927, S. 9–43.

49 Zu Orpheus-David in den Bilddenkmälern Buchthal [s. Anm. 47], S. 13–17; die Arbeiten von Stern [s. Anm. 47 und 48]; Goldammer [s. Anm. 47], S. 225 f., 232 ff.

50 Bowra [s. Anm. 47], nach Bräkling-Gersuny [s. Anm. 47], S. 142; Friedman [s. Anm. 47], S. 58 f. mit Abb. 8, S. 64 f.

51 Der Behauptung der Priorität von Alttestamentlichem vor Antikem entspricht in christlicher Zeit der Versuch des Nachweises der Nachäffung von Christlichem in heidnischen Kulten, so nach Justinus in den Mithrasmysterien, für welche von ihren Priestern auch Prophetien des Alten Testaments als Weissagungsbeweis in Anspruch genommen wurden. Ernst Benz: Die heilige Höhle in der alten Christenheit und in der östlich-orthodoxen Kirche, Eranos-Jb. 22 (1954), S. 365–432, hier S. 374 ff. »Die Vorstellung von der Geburtshöhle war bei Justin so vorherrschend, daß er die Höhlengeburt Christi bereits apologetisch der Felsengeburt des Mithras und seiner Verehrung in einer Höhle gegenüberstellen konnte und diese Züge des Mithras-Mythus als dämonische Imitation des wahren, echten Erlösers und seiner echten Höhlengeburt verstehen konnte« (S. 378). Zur Art, wie Justinus die Übereinstimmungen der griechischen Mythen von Perseus, Dionysos, Herakles, Asklepios und Mithras mit dem Christusleben als gezielte Verfälschungen messianischer Weissagungen darstellt, Pierre Prigent: Justin et l'Ancien Testament, Paris 1964, S. 162–169.

52 Hieronymus: Epistula 53,8; CSEL 54, 461. Hieronymus beschreibt zuvor als unerhörtes Wunder, mit welcher Unruhe – eben in eine Stadt gekommen, strebten sie nach draußen – es die alten Philosophen zur Weisheitssuche in die fernsten Länder trieb, Pythagoras nach Memphis, Plato nach Ägypten, Apollonius bis nach Indien und

Äthiopien, und wendet mit einem *Quid loquar de saeculi hominibus?* sich zu Paulus, der keine Reise vergeblich tat, schon nicht die erste nach Jerusalem zu Petrus, um als Lehrer und Prediger der Völker, als Stimme Christi aus dem Hl. Geist, die Weisheit nicht der Welt, sondern des Kreuzes zu verkünden, »die der weise Plato nicht kannte, der beredte Demosthenes nicht wußte«. Die *vera sapientia* des Paulus und die Macht ihrer Verkündigung stellt die der alten Philosophen in den Schatten, denen Hieronymus aber wie Vergil die Würde der Präfiguration vorenthält (Ep. 53, 1–4 und 8; CSEL 54, 442–450, 456f.). – Beda deutet die Suche der Sponsa nach dem Geliebten (Cant. 3, 1–4) als die weltdurchschweifende Suche des Heidentums nach dem Weg der Wahrheit im Verlangen und Nichtbesitzen Gottes. So kam es, daß die Philosophen *pro tanta indagine veritatis ac sapientiae tot lustravere terras, tanta condidere volumina*. Die Unruhe des Umgetriebenseins von der Suche des wahren Gottes zog die Königin von Saba zu dem Tempel Salomos. Mit Inbrunst zu dem Unbekannten betend, rang ihre inständige Suche Gott das Finden ab (*et cui inspiraverat ut quaereret, donavit ut inveniret*) In cant. 3, 1–4; PL 91, 1118 A–1120 C. Vgl. Haimo von Auxerre (Ps.-Cassiodor), In cant. 3, 1; PL 70, 1067 D: *Multi enim philosophorum Deum ignorantes studio tamen summo illum requirebant, per creaturam Creatorem cognoscere volentes, sicut Plato, qui in Timaeo multa de anima disputavit, et sicut Aristoteles, Socrates et caeteri, qui omne vitae suae tempus in studiis causa exquirendae veritatis expendebant. ›Quaesivi illum, et non inveni‹; non enim per mundanam sapientiam Deus cognosci potuit.*

53 Eine »homogénéisation« von Altem Testament und Mythus in einer »théologie syncrétique« im Sinne einer »compénétration de l'histoire sainte et de la mythologie grecque«, einen »goût du comparatisme« bemerkt Pépin, 1958, S. 236f., schon bei Philo von Alexandrien.

54 Zu Orpheus-David in der Literatur Stern [s. Anm. 47], S. 12, 14; Friedman [s. Anm. 47, 1970], S. 148–155; Joukovsky [s. Anm. 47], S. 45, 98, 101, 128, 138; Bräkling-Gersuny [s. Anm. 47], S. 54–66 (zu Guidon Lefèvre de Boderie). Heitmann [s. Anm. 47, Orpheus], S. 284f.; Heitmann [s. Anm. 47, Typen], S. 58.

55 Stern [s. Anm. 48, 1970]; ders. [s. Anm. 47, 1974], S. 12.

56 Cassiodori Senatoris Institutiones, ed. R. A. B. Mynors, Oxford 1937, cap. II 5, 9 De musica (S. 148): *Nam ut Orphei lyram, Syrenarum cantus tamquam fabulosa taceamus, quid de David dicimus, qui ab spiritibus immundis Saulem disciplina saluberrimae modulationis eripuit, novoque modo per auditum sanitatem contulit regi, quam medici non poterant herbarum potestatibus operari?* Cassiodor bringt Krankenheilungen durch Musik in Zusammenhang mit der von Gott geschaffenen Weltenharmonie. Friedman [s. Anm. 47], S. 149; sein Verweis auf Cassiodors Kommentar zu Ps. 49 (S. 233, Anm. 4) führt in die Irre.

57 Cassiodor: Variae II 40; CCL 96, Turnhout 1973, S. 87–91; Hinweis bei Parsch, 1933 [s. Anm. 47], S. 190. Weitere Belege aus dem frühen Christentum, auch aus Byzanz, bei Charles de Tolnay: Music of the Universe. The Journal of the Walters Art Gallery 6 (1943), S. 82–104, hier S. 96; Kurt Weitzmann: Greek mythology in Byzantine art, Princeton 1951, S. 58; Heitmann [s. Anm. 47, Orpheus], S. 285.

58 Georgios Pisides: Hexaemeron 90f.; PG 92, 1438 A; Stern [s. Anm. 47], S. 12; Friedman [s. Anm. 47], S. 149.

59 Euthymios Zigabenos: In psalmos, prooemium; PG 128, 41 A (nicht 31 wie bei Stern [s. Anm. 47], S. 14, Anm. 47). David heißt ›Gottes Sohn‹ und ›Gottes Vater‹ nach IV Reg. 19, 34 und Mt. 1, 1.

60 Ein anonymer Erklärer des 15. Jahrhunderts faßt zusammen: *Concordancia est in hoc*

*quod sicut Orpheus citharizavit in inferno, sic David coram Saule; et sicut Orpheus
mitigavit deos infernales, sic David malignum spiritum Saulis.* Paris lat. 8115 fol. 36 v
nach Heitmann [s. Anm. 47, Orpheus], S. 284, dazu Anm. 202: »Ähnlich in fast allen
von uns eingesehenen Theodulkommentaren.«

61 Die Nachweise bei Heitmann [s. Anm. 47, Orpheus], S. 284 f.

62 Phyllis Abrahams (Hg.): Les œuvres poétiques de Baudri de Bourgueil (1046–1130).
Paris 1926, Nr. 244, v. 24 und 37: *Inter cantores Orpheus alter ero* [...] *Percutiet lyricum
psalter David decacordum.* Friedman [s. Anm. 47], S. 158. Auch an andere ver-
schwendet Baudri den Orpheusnamen als kleine Münze. Nr. 2, 23: *In te dulcisoni mo-
dulatio subsistit Orphei*; Nr. 38, 12: *Orpheus alter eris* (zu einem Jungen vor dem
Stimmbruch); Nr. 161, 66: *Venisti nobis Orpheus aut melior*; wenn Baudri Odo besingt, *Tunc Orpheus nostram nequeat superare camenam* (Nr. 232, 41). – Gottfried
von Straßburg hört im Minnesänger Reinmar von Hagenau *Orphees zunge* singen
(Tristan v. 4790). Wie der Neulateiner Johannes Secundus versteht Ronsard sich als
ein ›zweiter Orpheus‹. Als ein ›neuer Orpheus‹ wird nicht nur Des Masures zu seiner
Zeit begrüßt. Joukovsky [s. Anm. 47], S. 20, 68, 106, 108.

63 Johannes Tzetzes: Historiarum Variarum Chiliades, hg. T. Kießling, Leipzig 1826,
S. 73 (II 54, 843–857); Friedman [s. Anm. 47], S. 149, 233 f.

64 S. Anm. 97, X 2925–2931; Friedman [s. Anm. 47], S. 149.

65 Friedman [s. Anm. 47], S. 151. Mit Vorsicht (*si de poeticis aliquid misceri placet*) stellt
Jean Gerson Orpheus zu David; Œuvres complètes VIII, Paris 1971, S. 337, im ›Col-
lectorium super Magnificat‹, wo Gerson antike und alttestamentliche Harfenspieler
zusammenstellt. Wie der Typus den Antitypus prägen kann, zeigt Jesus als Harfenspieler nach dem Vorbild Davids. Konrad von Helmsdorf: Der Spiegel des menschlichen Heils, hg. Axel Lindquist (DTM 31), Berlin 1924: Wie David *mitt der harpfen
sůzzekait* (1313) Sauls Leid vertrieb, ist auch sein Antitypus Jesus ein Harfenspieler,
den, wie jenen Saul, Judas verriet, *den sůzzen harpfer gůt, Der alle herzen frőlich tůt*
(1323 f.).

66 Orpheus trägt den Nimbus schon im spätantiken Mosaik von Ptolemais; Friedman [s.
Anm. 47], S. 235, Anm. 11. Abbildungen von Orpheus mit dem Nimbus bei Buchthal
[s. Anm. 47], Abb. 24; Friedman, Abb. 20 f.; Stern [s. Anm. 47], Abb. 17–19. Zu Orpheus mit dem Nimbus auch Weitzmann [s. Anm. 57], S. 67 f.

67 Das Konzept einer Typologie »triangulaire« ergab sich Marcel Simon (Hercule et le
christianisme, Paris-Strasbourg 1955, S. 175) anhand der Konstellation Herkules –
Samson – Christus. De Lubac, 1959–1964, II/2, S. 225, hat es bei der Vorführung
neuer Belege für die Herkules-Christus-Typologie als »ingénieusement« gefunden
übernommen. An ihm orientiert sich J. R. Smeets, wo er Szenen der altfrz. Versbibel
des Jehan Malkaraume (13. Jh.?) als von entsprechenden Szenen der Metamorphosen Ovids geprägt erweist: La *Bible* de Jehan et Ovide le Grant, Neoph. 58 (1974),
S. 22–33; Le monologue de la *Roine* dans la *Bible* de Malkaraume, in: Mél. Lein Ge-
schiere, Amsterdam 1975, S. 11–24. Zu Herkules-Samson auch Klinck, S. 175–179.
– Zur Davidtypologie Jean Daniélou: Art. ›David‹, RAC 3 (1957), Sp. 598–602, zu
Orpheus Sp. 602.

68 Dies die Annahme von Dronke [s. Anm. 47], S. 206 ff.

69 Oben S. 133. Dronke [s. Anm. 47], S. 209 f. bemerkt, daß, anders als in der Ikonographie, Orpheus als Typus Christi in der Literatur nicht weit verbreitet, aber auch bis zu
Calderón nicht untergegangen sei. Er ediert (S. 210 ff.) eine unbekannte Sequenz des
11. Jh.s, die auch den Triumph des Orpheus über die Unterwelt bezeugt (v. 62 ff.): *In-
gemuit Eurydicen atque solam fidicen rettulit Eyridicen.*

70 PL 195, Sp. 1271 D–1278 A. Zu Wolberos Werk F. Ohly, 1958, S. 271–276, zu Orpheus hier S. 271 f.; Penco [s. Anm. 47], S. 516.

71 1274 C im Anschluß an das zu dem *vetus canticum* der Sirenen Ausgeführte: *Porro ex alia parte ea similitudo est, quae nobis ostenditur ex divina et humana scriptura. Ex divina quidem qua scribitur David cithara sua furorem Saulis mitigasse; ex humana vero qua scribitur Orpheus cantu suo lenisse tigres et leones et Amphion sono testudinis saxa movisse, quod significat novi cantici hanc esse virtutem* [...]

72 Wolbero fordert beim typologischen Vergleichen (*comparatio inter veritatem et figuram*) das *dissimile* im Gleichen (*similitudinem, quam poscimus inter significans et significatum*, womit *figura* und *veritas* gemeint sind) wahrzunehmen (1065 AB).

73 1127 D, 1129 A. Für das Nebeneinander von *divina et humana scriptura* im Sinne von Altem Testament und Überlieferung der Antike scheint es eine durchgehende Tradition zu geben. Calderón nennt in einem Auto sacramental zusammen [...] *la voz de la Escritura   Divina en los Profetas   Y humana en los poetas*. Curtius (S. 251) findet dies Konkordanzsystem entfaltet in Calderóns ›El Divino Orfeo‹: »Die Heilige Schrift der Bibel (*divinas letras*) und die Weisheit der Antike (*humanas letras*) sind verwandt durch ›Konsonanz‹, wenn auch getrennt in der Religion. Wie oft stimmen Propheten und Poeten überein, wenn verhüllte Wahrheiten berührt werden!« Zur Mythenallegorese in Spanien T. Heydenreich: Culteranismo und theologische Poetik. Die ›Collusión de letras humanas y divinas‹ (1637/1644) des Aragoniers Gaspar Buesso de Arnal zur Verteidigung Góngoras (Analecta Romanica 40), Frankfurt 1977, S. 219–231; zu Herkules und Samson S. 220; Orpheus-Christus S. 223 (Calderóns Orpheus ist nicht behandelt).

74 Eine Überhöhung der Orpheusmythe bezeugt schon das 9. Jahrhundert. Als Paschasius Radbertus seinem zum Tod Adalhards von Corbie (826) geschriebenen Klagetrost im Sinne des *opus geminatum* mit einer Vers-Egloga »eine christliche Überhöhung des antiken Hirtendialoges« beigab, beschwor er in Prosa und Hexametern die Erinnerung an Orpheus und Eurydike. Radbert-Orpheus auf der Suche nach Adalhard-Eurydike ist glücklicher als der in *fabula* und *fictio* nach der Geliebten in der Unterwelt Verlangende, da er den Gesuchten über den Sternen in dem Himmel weiß. Die Klage des Orpheus machte Wälder gehen und Flüsse stehen, führte den Löwen und die Hinde, Hase und Hund zusammen, brachte aber keinen Trost. Doch seines Liedes Macht sang schließlich aus der Unterwelt ihm die Geliebte frei. Orpheus steht für die Kraft der Liebe, mit der Radbert für den Toten betet, wissend, daß die Hölle sich nur Christus öffnet. Peter von Moos: Consolatio. Studien zur mittellateinischen Trostliteratur über den Tod und zum Problem der christlichen Trauer. Darstellungsband (MMS 3/1), München 1971, S. 139 f. – Paschasius Radbertus: De vita s. Adalhardi 84; PL 120, 1550 A: *Neque igitur juxta quod fabulae ferunt Treicium fecisse vatem, gemimus apud inferos conjugis mortem: sed super astra tollimus Patris nomen, quo te solemniter conscendisse fatemur. Ergo etsi felix fuit ille, qui ficte potuit lucidum boni fontem visere, et felix qui potuit vincula gravis terrae solvere; feliciores sumus nos, qui possumus post te patrem talia et tam sancta vota dirigere. Fingitur enim ille praefatus vates flebilibus modis flendo post conjugem* [...]; vgl. 1556 A.

74a Amédée de Lausanne: Huit homélies mariales, hgg. G. Bavaud/Jean Deshusses/Antoine Dumas (Sources chrétiennes 72), Paris 1960, hier Homilie 4, 8–24 (S. 110 f.): *Factus est ergo Dei Filius hominis filius, ut in unitate personae Deus esset et homo; Deus ex substantia Patris ante saecula genitus, et homo ex substantia matris in saeculo natus. Exsultavit itaque gigas geminae substantiae, modulatis vocibus et tinnulis suavissimis in cithara corporis nostri decantare, et in carnis organo compacto dulcissimos sonos edere, tanquam ineffabili concordia resonare; ut lapides suscitaret, ligna commoveret, feras traheret, homines abstractos a carne educeret in sublimi. Nam suavitate mirificae cantilenae suscitavit de lapidibus filios Abrahae, et ligna silvarum, id est corda gentilium ad fidem commovit. Feras quoque, id est feros motus et incultam barbariem moraliter composuit, et homines ab hominibus eductos in numerum deorum instituit. Bene autem David, cuius voces resonant in extrema terrae, cantoris officio perfunctus est, quia de semine eius iste praecentor erat nasciturus.* Der Übersetzer Dumas überschreibt den Abschnitt richtig »Le nouvel Orphée« (S. 111); vgl. Penco [s. Anm. 47], S. 516.

75 Clément d'Alexandrie: Le Protreptique. Introduction, Traduction et Notes, par Claude Montdésert (Sources chrétiennes 2), Paris ²1949.

76 Zur antithetischen Typologie am Beispiel Eva – Maria: Guldan. Als früheste Zeugen einer Orpheus auf Christus beziehenden Betrachtung sind Clemens von Alexandrien und Eusebius (oben S. 138 f.) seit je herangezogen worden, so schon bei Ferdinand Piper: Mythologie der christlichen Kunst von der ältesten Zeit bis ins 16. Jahrhundert. 1. Bd., 1. Teil, Weimar 1847 (Neudruck Osnabrück 1972), S. 124 ff., in dem für die nicht innerbiblische Typologie einst vergeblich wegweisenden, noch heute wichtigen Kapitel ›Die historisch-mythologischen Vorstellungen von typischer Bedeutung‹ (S. 64–157). Die Literatur zu Orpheus im Christentum [s. Anm. 47] hat Clemens und Eusebius kaum einmal übergangen. Unter dem Aspekt der Möglichkeiten des Mythus im frühen Christentum behandelt die Rahmenkapitel des ›Protreptikos‹ ausführlich R. Herzog, 1971, S. 164–174; zur Typologie ist die Diskussion über Herzogs Beitrag (ebd., S. 593–609) heranzuziehen. Dem von Herzog der Form nach als »mythischer Kontrapost« Bezeichneten möchte ich mit dem Begriff »antithetische Typologie« den theologischen Charakter des Argumentationszusammenhangs bei Clemens mehr bewahren.

77 Pannenberg in der Diskussion zu R. Herzog, 1971, S. 595: »Die Typologie kann eine mehrstufige Struktur haben [...]. Innerhalb der Klammer einer übergreifenden typologischen Beziehung können untergeordnete Beziehungen bestehen [...]. Die Überbietung des Orpheus und Jubal durch David wird noch einmal übertroffen durch das ›neue Lied‹ Christi.« Die bei den Juden schon für das 1. Jahrhundert v. Chr. bezeugte Zuordnung von Orpheus und David bringt Clemens als erster bei den Christen; zu den jüdischen Zeugnissen Stern [s. Anm. 48], S. 70. Die Zusammenschau von Orpheus und David ist auch für den Islam mehrfach belegt (S. 77). Zur Typologie bei Clemens auch W. den Boer: Hermeneutic problems in early Christian literature, Vigiliae Christianae 1 (1947), S. 150–167. Zum typologischen Gebrauch von τύπος die Ausgabe von Stählin IV, 762 f. (Register). Zur Deutung der Lyra und Kithara bei Clemens, der dem Christen im Siegelring eine Leier zu tragen empfiehlt, Leo Eizenhöfer: Die Siegelbildvorschläge des Clemens von Alexandrien und die älteste christliche Literatur, Jb. f. Antike und Christentum 3 (1960), S. 51–69, hier S. 66 f. Zum griechischen Wortschatz der allegorischen Deutungsvermittlung Grant, S. 120–142 ›Greek exegetical terminology‹, hier S. 137 ff. zu *typos* und *physiologia*.

78 Im Kapitel über die Dichter als Zeugen der Wahrheit im Anschluß an Aratos, Hesiod, Euripides und Sophokles, der kühn die Wahrheit auf die Bühne brachte; VII 74, 3–7. In des Clemens ›Stromata‹ (hg. Stählin II) ist Orpheus Dichter und ein zwischen Moses und Paulus Wahres verkündender ›Theologe‹ (V 8, 49, 3 f. und 12, 78, 4 f.). Die bei Clemens noch nicht systematisch ausgebildete Typologie ist in den ›Stromata‹ noch stärker angelegt als im ›Protreptikos‹. Die auch von Späteren zur Anzeige von Typologischem gebrauchte Satzform ›Wenn (bei den Heiden) ..., warum dann nicht viel mehr (bei den Christen) ...‹ gebraucht er schon hier: »Wenn demnach diese Leute ihre menschlichen Lehren im Verborgenen hielten und die Uneingeweihten von der

Teilnahme an ihnen ausschlossen, um wieviel mehr war es dann nicht geboten, die heilige und heilbringende Betrachtung der wirklichen Wahrheiten zuzudecken« (V 9, 58, 4 f.). Eine Lehre vom ›neuen Lied‹ entwickelt auch Augustin. Er sagt zu Ps. 39, 4: *Dicebas forte hymnos diis alienis, ueteres hymnos; quia uetus homo dicebat, non nouus homo; fiat nouus homo, dicat canticum nouum; innouatus amet noua quibus renouatur.* En. in ps. 39, 4; CCL 38, 427, 2 ff. Wie Clemens einen Schauplatzwechsel beim Übergang zum neuen Lied gegeben sieht, führt Augustinus wenig später (zu Ps. 39, 9) nach dem Grundsatz *Demus pro spectaculis spectacula* vom Zirkus und Amphitheater weg zu den Schauspielen der Wunder Gottes; Petri Gang über das Wasser überwand den Seiltänzer im Theater (432 f.). Henri Rondet: Le thème du cantique nouveau dans l'œuvre de saint Augustin, in: L'homme devant Dieu. Mél. Henri de Lubac, vol. 1, Paris 1963, S. 341–356, hier S. 348 f.

79 Eusebius: De laudibus Constantini 14; PG 20, 1409 CD; hg. I. A. Heikel (Die griechischen christlichen Schriftsteller 7), Leipzig 1902, S. 242.

80 Zu weiteren Orpheusstellen bei Eusebius Goldammer [s. Anm. 47], S. 227 f.; Orpheus als Präfiguration Christi bei Friedmann [s. Anm. 47], S. 57.

81 Siehe Anm. 40 und 74.

82 Boethius: Philosophiae consolatio III, m. 12, 1–58; hg. C. Bieler, CCL 94, Turnhout 1957, S. 63 f. Die Literatur über Orpheus im Christentum [s. Anm. 47] hat Boethius kaum einmal übergangen. Ich nenne nur Friedmann [s. Anm. 47], S. 90–117, mit breiter Heranziehung der Boethiuskommentare. Pierre Courcelle: La Consolation de Philosophie dans la tradition littéraire, Paris 1967, zu den Consolatiokommentaren S. 241–332, 408–418. Der Hoheliedkommentar des Thomas Cisterciensis (nach 1170) übernimmt die Deutung des Orpheusmythus durch Boethius; PL 206, 703 B. Der große Boethiuskommentar des Dionysius Cartusianus deutet das Orpheus-Metrum III 12 tropologisch, weil es anders unsinnig wäre: *Philosophia [...] fabulam istam induxit ac retulit propter mysticum sensum, quia ad litteram recitatio ista ridiculosa irrationabilisque consistit*; Opera omnia, Bd. 26, Tornaci 1906, S. 426–432, hier 430 B. Zu solchen Begründungen Meier, 1976, S. 17, 40.

83 Das dritte Buch der Consolatio endet mit dem Orpheus-Metrum. Jenseits der Buchgrenze kommt eine Art typologischer Steigerung, indem Philosophia als ›Geleiterin zum wahren Licht‹ (*veri praevia luminis*) der Seele den Weg zum Ort der ›wahren Seligkeit‹ (*vera beatitudo*) weist: »Auch Flügel, mit denen sie sich in die Höhe hebe, hefte ich deiner Seele an, damit du, die Wirren hinter dir lassend, unversehrt, in meinem Geleit, auf meinem Pfad, meinem Gefährt ins Vaterland heimkehrest« (IV, 1). Die Prosa der Philosophie geht über zum Gedicht vom Seelenflug durch die Sphären des Kosmos in das hehre Licht (*verendum lumen*), wo der Herr der Könige der Welt regiert. (In einem Euripidesfragment bei Clemens sind die Sirenen Seelengeleiterinnen: »Und jetzt werden mir goldene Flügel am Rücken und der Sirenen liebliche Sohlen mir angelegt, und ich steige empor zu den Höhen des Äthers, um mich zu Zeus zu gesellen [...]« Und Clemens schließt an: »Ich aber bete, daß das Pneuma Christi mich beflügeln möge zum Flug nach meinem jerusalem« nach Rahner, 1966, S. 302, 307.) Wieder in der Heimat als dem Ort der Erinnerung an das Vergessene, mag die Seele zurückschauen auf die Nacht der verlassenen Erde, den Verbannungsort für Tyrannen (Boethius liegt gefangen). Der Forderung nach Geschichtlichkeit von Typus und Antitypus – Philosophia (Orpheus) geleitet die Seele (Eurydike) in das Licht des Himmels – genügen der Orpheusmythus als *fabula* und die Philosophiae consolatio als Vision allein, wenn auch einer erdichteten Geschichte die Geschichtlichkeit nicht abgesprochen wird. Als Ich-Bericht des historischen Boethius mochte die Consolatio um so eher dem entsprechen, als nach der Austreibung der ›dichterischen Musen‹

(*poeticae Musae*) im Werkeingang die Philosophie mit ihren Musen (*meae Musae*) dem zu Tröstenden sich naht (I 1, 7–11), so daß zwischen Dichtung und Philosophie ein aufsteigender Schritt gesetzt ist. Die Verjagung der Musen, Buhlerinnen und Sirenen, die süßes Gift, keine Arznei zu geben haben, klingt an typologische Ablösungen an: *Sed abite potius, Sirenes usque in exitium dulces, meisque eum Musis curandum sanandumque relinquite.* Zur Unterscheidung der dichterischen und der philosophischen Musen bei Boethius Pierre Courcelle: L'interprétation evhémériste des Sirènes-courtisanes jusqu'au XIIe siècle, in: Gesellschaft – Kultur – Literatur. Fs. Luitpold Wallach, Stuttgart 1975, S. 33–48, hier S. 41 (mit Literatur).

84 Pépin, 1958.

85 Jean Pépin: Le temps et le mythe, Les études philosophiques 17 (1962), S. 55–68, hier S. 57 ff. ›Le mythe et le type‹ (ohne Beispiele). Vgl. den Boer, 1973, S. 15–27, hier S. 18. Zum Diskussionsstand der Forschung über ›historische‹ und ›ahistorische‹ Allegorie mit Perspektiven Meier, 1976, S. 36–41. Der typologischen Mythenallegorese ist Pépin nicht nachgegangen. Doch (1958, S. 266, 274 f.) zu Clemens von Alexandrien: »Fidèle à la ligne générale de sa dialectique, qui s'interdit d'élever des barrières entre les religions des Gentils et le christianisme, mais tâche toujours à montrer dans celles-là la préparation ininterrompue, et comme la préformation de celui-ci, dans celui-ci l'accomplissement et la récapitulation de celles-là, Clément refuse donc d'opposer l'allégorisme païen et l'allégorisme chrétien.« Die im Heidentum gefundene Methode gewinnt (könnte man mittelalterlich sagen) an Wert und Würde durch ihre unumgängliche Notwendigkeit, wo nicht Menschenweisheit, sondern Gott zur Rede steht. Der höhere Gegenstand ihrer Anwendung gibt der Methode eine neue Qualität, so daß sie mehr als nur aus der Antike fortlebt.

86 Nicht nur die christliche Herkulestradition vor Augen (Simon, Hercule et le christianisme, Paris/Straßburg 1955), schreibt Marcel Simon: Les dieux antiques dans la pensée chrétienne, ZRGG 6 (1954), S. 97–114, hier S. 110: »A partir du moment où l'antiquité classique fut considérée comme une sorte de réplique de l'histoire biblique, à égalité avec elle, et où l'on se habitua à voir dans l'une et l'autre une sorte d'acheminement vers la révélation chrétienne, il était naturel que l'on désirât étendre les méthodes de l'exégèse typologique à la mythologie, puisqu'aussi bien celle-ci renfermait une révélation au moins fragmentaire.« S. 111 (zum 16. Jahrhundert): »La mythologie est alors interprétée typologiquement, au même titre que la Bible; on cherche dans l'une comme dans l'autre ›l'ombre des choses à venir‹, et l'on décèle dans les figures divines des préfigurations du Christ.«

87 Zum Integumentum Meier, 1977, Gemma, S. 41 ff.; 1976, S. 10 ff., jeweils mit der Literatur; zu Mythenallegorese und Integumentum auch Klinck, S. 151–160, zur Mythenallegorese im Theodulkommentar des Bernhard von Utrecht, S. 169–184.

88 Heitmann [s. Anm. 47, Orpheus], S. 254, sieht in den Kommentaren »ein kapitales Stück mittelalterlichen Mythen- und Antikenverständnisses [...]«. Text und Kommentare sind für alle der hier in Frage kommenden antiken Mythenerzähler als untrennbare Einheit zu verstehen.« S. 291 die Klage, »daß man in der Nachlebenforschung auch heute noch die antiken Autoren grundsätzlich ohne Berücksichtigung ihrer mittelalterlichen Kommentatoren zu lesen pflegt«, mit der Feststellung, »daß Teubnertexte und das von der klassischen Philologie erarbeitete Mythenverständnis allein keine ausreichenden Grundlagen« für eine Mittelalterforschung sind.

89 Klinck, S. 169 ff. zu Bernhard von Utrecht, zur Gegenüberstellung von Orpheus und David S. 174, 181 f. Bernhard von Utrecht (11. Jh.) läßt die dialogische Parallelisierung von Mythus und Bibel als solche außer acht. »*fabulae* und *historiae* sind gleichermaßen nur der moralischen Auslegung offen. Die Ebene des heilsgeschichtlichen

Sinns bleibt den *historiae* vorbehalten; ihr steht bei den *fabulae* die euhemeristische Erklärung gegenüber.« Franz Josef Worstbrock, in: VL 1 (²1978), Sp. 776 ff. Im Utrechter anonymen Theodulkommentar eines Deutschen dagegen werden wie die *historiae* des Alten Testamentes auch die *fabulae* aus der Antike christologisch ausgelegt. Árpád P. Orbán: Anonymi Teutonici commentum in Theoduli eclogam e codice Utrecht, U. B. 292 editum, Vivarium 11 (1973), 1–42; 12 (1974) 133–145; 13 (1975), 77–88; 14 (1976), 50–61; 15 (1977), 143–158 (Rest noch nicht erschienen). Christologisch werden gedeutet S. 20 f., 52 Jupiter; S. 23 f. Cicrops; S. 31 Deukalion; S. 41: *Item allegorice per Peonem intelligitur Xpistus Iesus verus medicus salutis* [...]; S. 144 Aeneas; S. 158 Herkules. Ein Beispiel: Jupiter-Amphitryon und Alkmene, S. 153: *Allegorice Iupiter est Deus, qui descendit de celis et genuit filium per nuntium Ietham, i. Gabrielem archangelum, qui nunciavit Alcmene, i. Marie, de adventu viri dicens ›Ave gratia plena‹* (Luc. 1, 28) *etcetera. Et sic Iupiter mutans se in Amphitrionem, i. assumens humanam naturam, accessit uxorem Amphitrionis i. uxorem ipsius Ioseph, scilicet Mariam, et genuit filium ab ea, scilicet Xpistum Iesum.* Den Nachstellungen Junos (der Juden) entkam Christus als Herakles, der die Schlangen mit seinen beiden Händen, dem Alten und dem Neuen Testament, überwand. – Zu den von der Orpheusstrophe in Theoduls Ekloge inspirierten Orpheusbildern auf einer Londoner Bronzeschale Josepha Weitzmann-Fiedler: Romanische Bronzeschalen mit mythologischen Darstellungen. Ihre Beziehungen zur mittelalterlichen Schulliteratur und ihre Zweckbestimmung. Zs. f. Kunstgesch. 10 (1956), S. 109–152, hier S. 128–132. Die Herleitung der antiken aus jüdischen Mythen in der Messiade des Eupolemius (11./12. Jh.) stammt aus einer Theoduls Zusammenstellung jüdischer und antiker Mythen nahestehenden Quelle. Max Manitius: Mittelalterliche Umdeutung antiker Sagenstoffe, Zs. f. vergleichende Literaturgesch. N.F. 15 (1903), S. 151–158. Zur Gegenüberstellung biblischer und griechischer Mythen bei Eupolemius und zur Geschichte solcher Parallelisierungen Karl Manitius (Hg.): Eupolemius. Das Bibelgedicht (MGH Die dt. Geschichtsquellen 9), Weimar 1973, S. 18 f.

90 Der symphronistischen entspricht eine synchronistische Zusammenschau der vorchristlichen Geschichte des Alten Testaments und der Antike in der Gattung der Weltchronik, die etwa an die Geschichte des Moses die des Trojanischen Kriegs anschließt und die jüdische mit der antiken auch Mythen einschließenden Geschichte ähnlich auch sonst verschränkt. J. R. Smeets: La *Bible* de Jehan et Ovide le Grant, Neoph. 58 (1974), S. 22–33, hier S. 29 f. Wie bei den Kirchenvätern wird Orpheus von der Chronistik als historische Figur in die Zeit Josuahs und Gideons, der alttestamentlichen Richter eingeordnet; Heitmann [s. Anm. 47, Orpheus], S. 263. Das Vorbild der Verschränkung von Altem Testament, Profangeschichte und Mythologie gaben die Kapitel V, 38 f. der Etymologien Isidors ›De saeculis et aetatibus. De descriptione temporum‹. Die Verschränkung von Altem Testament, Mythologie und Naturgeschichte bestimmt die Anlage der großen von der Schöpfung bis zu den Eltern Marias führenden Weltchronik Alfons' des Weisen, wo im Buch der Richter hinter der Geschichte Gideons sechs Kapitel über den ›Philosophen‹ Orpheus und Eurydike nach Ovids Metamorphosen eingefügt sind. Alfonso el Sabio, General Estoria, hgg. Antonio G. Solalinde/Lloyd A. Kasten/Victor R. B. Oelschläger, Bd. II/1, Madrid 1957, cap. 210–215, S. 320–324. Biblische und heidnische Heroen stehen zusammen in der Bilderchronik der Collection Sir Sydney Carlyle Cockerell. Seznec, Abb. 2 neben S. 14; vgl. S. 16–20 zur Weltchronistik seit Eusebius. Bekannt ist das Nebeneinander von Sibyllen und Propheten (S. 19). Der Pariser Psalter des 10. Jahrhunderts zeigt Halbgötter und Nymphen in der Geschichte Davids; Götter und Helden finden sich in Handschriften Gregors von Nazianz (S. 142).

91 Honorius Augustodunensis, Speculum ecclesiae; PL 172, 1071 A: *Hic rex* (Mardo-
chaeus), *quamvis gentilis, typum Christi gessit, qui verus rex regum genitus, de radice
Jesse surrexit*; Meyer, 1975, S. 54.

92 Die Gegenüberstellung alt- und neutestamentlicher Bildzyklen auf den Langhaussei-
ten von Kirchen ist typologisch zu verstehen. So auch in Ingelheim, wo noch der pro-
fangeschichtliche Bildzyklus im Kaiserpalast dann selbständig hinzutritt. Im Schlaf-
gemach der Adele von Blois, das Baudri von Bourgueil beschreibt, zeigen die Decke
die Sternbilder und der Fußboden eine *mappa mundi*, die Bildzyklen der Wandteppi-
che die Geschichte von der Schöpfung auf der einen Schmalwand bis zur Gegenwart
(der Eroberung Englands) auf der anderen, während auf den Langseiten die Geschichte des Alten Testamentes und der griechischen Mythologie sich gegenüberstehen, die *historiae* und die *fabulae*, die in die römische Geschichte überleiten. Im
Bild-Universum dieses Raumes – eines Vorläufers der Text- und Bild-Universen des
Hugo von St. Victor und des Adamus Scotus im 12. Jahrhundert –, dem freilich die
neutestamentliche Geschichte fehlt, führen das Alte Testament und die antike Mythologie gemeinsam auf das Königtum, dort David und Salomo, hier hundert römische Königsnamen. Die Juden und die Griechen führen in einem Parallellauf auf das
römische Reich. Die Helden Israels und des Mythus (darunter Orpheus) folgen sich in
ihrer Reihe jeweils chronologisch, ohne daß symphronistische Querpaarungen sich
ergäben. Julius von Schlosser: Quellenbuch zur Kunstgeschichte des abendländischen
Mittelalters. Ausgewählte Texte des 4. bis 15. Jahrhunderts, Wien 1896, S. 218–231.
Kritische Ausgabe: Abrahams [s. Anm. 62], S. 196–253; hier v. 93–140 Schöpfung, Paradies und Sintflut; v. 141–168 Noah bis Salomo; v. 169–206 Mythologie nach Ovids
Metamorphosen. Roms Könige; v. 207–572 Eroberung Englands. Schlacht von Has-
tings; v. 583–718 Himmel; v. 719–984 Mappa mundi. Zur Einordnung in die Tradition
der Bildbeschreibung Frey-Sallmann, S. 22, 28. Eine Beziehung zwischen der Beschreibung des die Natur- und Weltgeschichte enzyklopädisch umgreifenden Bildzyklus (zwischen 1099 und 1102) und dem etwas älteren Bildteppich von Bayeux ist nicht gesichert; Abrahams, S. 244–247; Frank Stenton (u. a.): The Bayeux Tapestry, London
1957, S. 33, 47.

93 Der ›Ovide moralisé en prose‹ des 15. Jahrhunderts (hg. C. de Boer, Amsterdam
1954) bemerkt zur Übereinstimmung zwischen dem Auftürmen von Bergen durch die
Titanen und dem Turmbau zu Babel *La fable et la Divinité s'accordent* (cap. I, 27, S.
53) sowie zwischen den Sintflutgeschichten der Bibel und des Mythus (im Kapitel I,
38 *Comment l'istoire s'accorde avecque la dite fable*): *Et sur ce s'accordent assez la Divine Escripture et la fable* (S. 60). Die Geschichte des Alten Testaments wird mit der
Mythologie darüber hinaus verschränkt, z. B. durch die Einschiebung der Geschichte
der Söhne Noahs, des Ninus und der Sodomiter zwischen der Sintflut mit Deukalion
und dem Phoebusmythus (S. 61–64).

94 Concetto Marchesi: Le allegorie Ovidiane di Giovanni del Virgilio. Studj Romanzi 6
(1909), S. 85–135, hier S. 113, in der dem Verskommentar des Johannes de Virgilio
beigegebenen Prosaerklärung eines andern Autors: *Decima et ultima mutatio totius
Ouidii est de Cesare Iulio conuerso in sydus uel deificatio [...] Ideo habet fabula quod
conuersus sit in sydus. Sed quod apparuerit sydus Agusto sacrificanti, hoc bene fuit ue-
rum: unde ipse cogitauit quod esset sydus patris sui, et ita fecit dici per totum mundum.
Sed catholici tenent quod fuerit sydus annuntiationis Christi quod apparuit Magis et duxit eos usque in orientem. Nam Christus uera conuersione et sancta conuertit se in hominem ut lauaret et purgaret nostra crimina: quibus purgatis nos a simili conuerteremur in
deum: hoc est participaremus diuinitatem. Nam participatione omnes beati dei sunt.*

95 Zur Ovidrezeption Simone Viarre: La survie d'Ovide dans la littérature scientifique

des XIIe et XIIIe siècle (Publications du Centre d'Études Supérieures de Civilisation Médiévale 4), Poitiers 1966 (mit der älteren Literatur); Karl Stackmann: Ovid im deutschen Mittelalter, arcadia 1 (1966), S. 231–254; W. Stroh: Ovid im Urteil der Nachwelt. Eine Testimoniensammlung, Darmstadt 1969. Materialreich der Abschnitt über den vermeintlichen Autor des ›Ovide moralisé‹ von Gaston Paris: Chrétien Legouais et autres traducteurs ou imitateurs d'Ovide, in: Histoire littéraire de la France. Bd. 29, Paris 1885 (Neudruck Nendeln 1971), S. 455–525. – Zur Christianisierung Ovids G. Pansa: Ovidio nel medioevo e nella tradizione popolare, Sulmona 1924, S. 43–64 (Ovidio cristiano, moralista, profeta e santo); F. Ghisalberti: L'Ovidius Moralizatus di Pierre Bersuire, Studj Romanzi 23 (1933), 5–136, hier S. 8–14. – Zur Ovidallegorese Born. Überblick über die Ovidexegese des Mittelalters bei Y. F.-A. Giraud: La Fable de Daphne. Essai sur un type de métamorphose végétale dans la littérature et dans les arts jusqu'à la fin du XVIIe siècle, Genf 1968, S. 94–126 (Les métamorphoses moralisées au moyen âge); Demats, S. 61–105 ›Les fables antiques dans l'Ovide moralisé‹ (zum Charakter und den Quellen der mythographischen Erweiterungen im Ovide moralisé); S. 107–177 zur Ovidallegorese des Mittelalters; die typologische wird nur beiläufig gestreift (S. 110f.). H. Dörrie: Der heroische Brief. Bestandsaufnahme, Geschichte, Kritik einer humanistisch-barocken Literaturgattung, Berlin 1968, handelt vom produktiven Nachleben der ›Epistulae Heroidum‹ Ovids, so auch der Geltung ihrer Exempla neben denen des Alten Testaments (S. 342 ff.) und ihrer Aufnahme in den ›Ovide moralisé‹ und in die Weltchroniken (S. 347 ff.). Zur Hoheliedliebe als einer gesteigerten *ars amandi* F. Ohly, 1958, S. 178, 187 f. P. F. Ganz: *Archani celestis non ignorans*. Ein unbekannter Ovidkommentar, in: Verbum et Signum, hgg. Hans Fromm/Wolfgang Harms/Uwe Ruberg, Fs. F. Ohly, I, München 1975, S. 195–208. Zu den mittelalterlichen Kommentaren zu Ovids ›Fasti‹ F. Ohly: Sage und Legende in der Kaiserchronik, Münster 1940 (Neudruck Darmstadt 1968), S. 91 ff. (mit Literatur). H. Kugler (Hg.): Ambrosius Metzger. Metamorphosis des Ovid (Texte des späten Mittelalters und der frühen Neuzeit 31), Berlin 1978.

96 König Alfons der Weise (1221–1284) sagt in seiner General Estoria 6, 26 über die Metamorphosen (oft: Ovidius major): »und es ist der Ovidius major nichts anderes als die Theologie und Bibel bei den Heiden«; Stroh [s. Anm. 95], S. 23 f. Eine Ausgabe des Ovidius moralizatus vom Jahr 1493 trägt den Titel ›Bibel der Dichter‹; Paris [s. Anm. 95], S. 524; Giraud [s. Anm. 95], S. 97, Anm. 2.

97 C. de Boer (Hg.): Ovide moralisé. Poème du commencement du quatorzième siècle. 5 Bde., Amsterdam 1915–1938 (Neudruck Wiesbaden 1966–1968); zum kürzenden Ovide moralisé en prose oben Anm. 93. Zum Ovide moralisé zuletzt Meier, 1976, S. 16 f. Der ›Ovide moralisé‹ wäre vor 1284 anzusetzen, wenn die ›General e Grande Estoria‹ von Alfons X. dem Weisen ihn benutzt hat; Giraud [s. Anm. 95], S. 99, 113; vgl. Dörrie [s. Anm. 95], S. 348 »vor 1305«.

98 I, 37 ff.; Bd. I, S. 61.

99 Bd. 4, Amsterdam 1936 (Wiesbaden 1967), enthält Buch X–XIII. Meine Versangaben beziehen sich auf Buch X. Den Metamorphosen X, 1–161 entsprechen die Verse 1–195, 578–752; dazu die Auslegung 196–577, 2494–3424. Zum Tod des Orpheus (Met. XI, 1–84) XI, 1–302.

100 Anders als die Allegorese läßt die Erzählung nach Ovid keinen Zweifel daran, daß Orpheus es ist, der das Gebot verletzt: 133–140, 578–591; XI 2494–2502.

101 Walter Rehm: Orpheus. Der Dichter und die Toten. Selbstdeutung und Totenkult bei

Novalis – Hölderlin – Rilke, Düsseldorf 1950; Walter Muschg: Tragische Literaturgeschichte, Bern ³1957, S. 26–29 u.ö. (Register).

102 2945–3008. Auf die Urkirche bezogen, hat der Harfner ihr die frommen Bäume zu-
geführt, während das Wild und lasterhafte Vögel gegen die junge Kirche stritten
(3009–3046). Eine eingeschobene große Baumallegorese (3047–3304) deutet die
immergrünen auf die Jungfräulichen, die nur Laub tragenden auf die keine oder nur
Scheinfrucht Bringenden (die Pappel ist der Heuchler); die Blüte, Laub und Früchte
tragenden Bäume sind die heiligmäßig Tugendhaften oder die Emporkömmlinge und
Betrüger; die Zypresse bedeutet die Reumütigen, die Süßkirsche ist Christus.

103 Zum Tod des Orpheus deutet ihn das XI. Buch noch einmal auf Christus: *So com je dis
en l'autre livre,   Orpheüs denote à delivre   Jhesu Christ, parole devine,   Le douctour
de bone doctrine,   Qui par sa predicacion   Avoit de mainte nacion   La gent atraite et
converti* (XI 177 ff.). Vgl. XI 280 ff. zum Gang in die Unterwelt: *D'enfer traist et de-
speëcha   Le fil Dieu, s'amie et s'espouse,   C'est l'ame sainte et glorieuse,   Pour qui
vault estre à mort livrez.*

    Der ›Ovide moralisé en prose‹ [s. Anm. 93, cap. X, 7, S. 264] rafft die Orpheus-
Christus-Typologie in wenige Sätze: [...] *est assavoir que par Orpheüs et sa harpe peut
on entendre les personnes de Nostre Seigneur Jhesucrist, filz de Dieu le Père tout puis-
sant selon sa divinité et de la glorieuse Vierge Marie selon humanité. Lequel joua de sa
harpe si melodieusement qu'il tira d'enfer les sainctes ames des saincts pères, qui par le
peché d'Adam et Eve y estoient descendues. Et par les arbres, qui par le dit Orpheüs et à
la doulceur de son chant semblablement s'asemblèrent en la plaine peut on entendre les
saincts apostres et disciples de Nostre Seigneur Jhesucrist, qui pan leur saincte doctrine
plantèrent la saincte foy catholique en terre.* Es folgt zunächst die Harfenallegorese.
Vgl. Kap. XI, 2 (S. 268 f.) über der Juden Verweigerung der Annahme der Heilslehre
durch *Orpheüs-Jhesucrist.*

104 Petrus Berchorius, Reductorium morale, Liber XV, cap. 2–15: ›Ovidius Moralizatus‹
naar de Parijse druk van 1509 [...] Werkmateriaal (2) uitgegeven door het Instituut
voor Laat Latijn der Rijksuniversiteit Utrecht, 1962, S. 147. Zu Gleichartigkeiten
von Bibel- und Dichterallegorese in den differenzierend dargelegten exegetischen
Prinzipien des Berchorius Meier, 1976, S. 12–16. Zu Orpheus bei Berchorius Heitmann [s. Anm. 47, Orpheus], S. 286; [s. Anm. 47, Typen], S. 63; Friedman [s. Anm.
47], S. 126–130. Das 1. Kapitel des Reductorium morale XV erschien auch in dem
Utrechter Werkmaterial, 1960; das 2. Kapitel durch Maria S. van der Bijl: Petrus
Berchorius Reductorium morale, liber XV: Ovidius moralizatus, cap. 2, Vivarium 9
(1971), S. 25–48. Auf Christus sind gedeutet Deukalion (S. 26), Apollo (S. 31), Cupido (S. 32), *Febus noster, Christus* (S. 33), Jupiter (S. 38, 46), Merkur (S. 44). Auszüge bei Ghisalberti [s. Anm. 95].

105 Illustrationen des Ovide moralisé bei Friedman [s. Anm. 47], Abb. 28–34; Joukovsky
[s. Anm. 47], Abb. S. 38, 59, dazu S. 74, Anm. 26. Die Pariser illustrierte Handschrift
von Ovids Metamorphosen in französisch (B. N. cod. fr. 871, 14. Jh.) zeigt (f. 196ᵛ)
Orpheus, eine Psalterium-Harfe spielend. »Die Handschrift ist ein sprechendes
Zeugnis für die [...] ›halbbiblische Typologie‹, in der die Mythologie der Antike als Prä-
figuration biblischer Heilsereignisse aufgefaßt wird«; Einhorn, S. 135 und Abb. 46.
Der typologischen Ovidexegese »entspricht die Bildaussage der Pariser Handschrift.
Orpheus besänftigt die Tiere durch Musik – der Schöpfer mit dem Kreuznimbus des
Logos erweckt die Tiere zum Leben – Adam gibt den Tieren Namen und führt das
Werk weiter, das von Christus vollendet werden wird. Christus ist also der ›neue Or-
pheus‹ und der ›zweite Adam‹« (S. 135). Zu den Paradiesdarstellungen mit dem
Schöpfer oder mit Adam nach der Bildformel des Orpheus unter den Tieren, so daß

man »nicht nur von einem ›Orpheus-Adam unter den Tieren‹, sondern sogar von einem Orpheus-Gottschöpfer-Adam sprechen« kann, Einhorn, S. 134 f. Auf f. 1 der Pariser Handschrift ist die Verleihung des Feuers an die Menschen durch Prometheus neben die Erschaffung Evas aus Adam durch den Schöpfer gestellt, wobei die Bilder wie in typologischen Zyklen ikonographisch harmonieren; Einhorn, Abb. 135. – Zur Handschrift des ›Ovide moralisé‹ Bibliothèque de l'Arsenal 5069 (14. Jh.) E. Mâle: L'art religieuse du XIIIᵉ siècle en France, Paris 1902, S. 384: »Au milieu de miniatures consacrées à l'histoire de Médée, d'Esculape ou d'Achille, apparaissent soudain une Crucifixion, une Annonciation, une Descente aux Limbes. Le commentaire rimé qui accompagne chaque récit d'Ovide explique et justifie la présence des sujets chrétiens. Nous apprenons ainsi qu'Esculape, qui mourut pour avoir ressuscité des morts, est une figure de Jesus-Christ; Jupiter, changé en taureau, et portant sur son dos Europe, c'est encore Jésus-Christ, c'est le bœuf du sacrifice qui a accepté le fardeau de tous les péchés du monde. Thésée, qui abandonne Ariane pour Phèdre, préfigure le choix que fit Jésus entre l'Eglise et la Synagogue. Thétis, qui apporte à son fils Achille les armes avec lesquelles il triomphera d'Hector, n'est autre que la Vierge Marie qui donnera au Fils de Dieu un corps, ou, comme disent les théologiens, l'humanité dont il doit se revêtir pour les théologiens, l'humanité dont il doit se revêtir pour vaincre l'ennemi [...] La mythologie tout entière devient prophétique et comme sibylline.«

106 An der Fassade von San Marco in Venedig stehen das antike Herkulesrelief und das ikonographisch vorsichtig abgewandelte Relief des Herkules-Erlösers aus dem 13. Jahrhundert nebeneinander. Erwin Panofsky – Fritz Saxl: Classical mythology in mediaeval art, Metropolitan Museum Studies 4 (1932/33), S. 228–280, hier S. 228 und Abb. 4 f.

107 Die Matthäussequenz des Gottschalk von Limburg († 1098) spricht zur typologischen Entsprechung von Moses und Matthäus, von Genesis und Liber generationis, von einer *mutatio* des Alten in das Neue. Analecta hymnica 50, 367: *Haec est mutatio, quam operatur excelsi principis dextera. Legem qui dederat nunc evangelizatur a legis transgressore.* F. Ohly, 1977, S. 391. Honorius, PL 172, 553 A: *Ritus Synagogae transivit in religionem Ecclesiae, et sacrificia populi carnalis mutata sunt in observantiam populi spiritualis christiani.*

108 Inf. 25, 94 ff. in der Übersetzung von Karl Voßler; F. Munari: Ovid im Mittelalter, Zürich/Stuttgart 1960, S. 30 f.

Diskussionsbericht

Von GISELA VOLLMANN-PROFE (Tübingen)

Vormittag

Herr K u r z resümierte seine Theorie der sprachlichen Struktur der Allegorie (Allegorie = zwei Reden in einer) und ergänzte sie durch Bemerkungen zu *personificatio* und *allegoria in factis*. Er schlage vor, im Anschluß an Jauß und andere die *personificatio* als solche noch nicht als Allegorie zu verstehen, sondern unter dem Titel der Prosopopöie abzuhandeln, und erst dann von Personifikationsallegorie zu sprechen, wenn ein Unterschied zwischen Gesagtem und Gemeintem feststellbar sei. Zur *allegoria in factis* sei anzumerken, daß die forschungsübliche Trennung zwischen dieser und der *allegoria in verbis* doch vielleicht kritisch betrachtet werden müsse. Schon Augustin[1] weise darauf hin, daß ihn nur Zeitmangel daran gehindert habe, die *allegoria in factis* als eine *allegoria in verbis* zu formulieren; beide Formen würden von ihm unter dem gemeinsamen semiotischen Titel als *signa translata* behandelt. Bei Thomas von Aquin[2] entspräche dann die *allegoria in factis* dem, was wir heute unter Allegorie verstünden, die *allegoria in verbis* dagegen metaphorischen Prozeduren. Im Grunde reduziere sich der Unterschied zwischen den beiden Formen auf den unterschiedlichen Status des literalen Sinns, den Bernhardus Silvestris[3] folgendermaßen umschrieben habe: bei der *allegoria in factis* handle es sich um eine *oratio sub historica narratione*, im anderen Fall um eine solche *sub fabulosa narratione*. Es erscheine also sinnvoll, von einem allgemeinen Allegoriebegriff auszugehen, wobei der jeweilige Status des Literalsinnes als »Indexwert« (Haug) in das Modell einbezogen werden könne. Seine These laute folglich: Es gibt keinen hermeneutischen Unterschied zwischen der Allegorie der Poeten und der der Theologen.

Herr D r u x verwies auf zwei theoretische Aspekte, die seiner konkreten Analyse zugrunde lägen: Zum einen habe er, mit dem Blick auf die Toposforschung nach Curtius, zeigen wollen, wie sich eine Allegorie – bei aller selbstverständlich vorhandenen semantischen Konstanz – in unterschiedlichen geschichtlichen Zusammenhängen wandle, u. zw. bis in strukturelle Einzelheiten hinein. Er habe also das Verhältnis zwischen traditionell vorgegebenem Strukturmuster und jeweiliger historischer Modifikation als ein dialektisches evident machen wollen. Ein zweiter Punkt betreffe die Entscheidung gerade für die Schiffahrtsallegorie. Diese sei gewählt worden als besonders gutes Beispiel dafür, daß der pragmatische Einsatz von Allegorie nicht nur ein geistesgeschichtlicher, sondern ebenso ein zeitgeschichtlicher wie ästhetischer usw. sein könne, daß sich also die pragmatische Verankerung der Allegorie sehr weit fassen lasse.

Die Diskussion begann mit Fragen zur Vorlage von Herrn Kurz. Herr Cramer erhob Bedenken gegen die Bemerkung im Schlußteil der Vorlage, alles Interpretieren sei letztlich allegorisch. Eine solche Ausweitung des Allegorie-Begriffs sei unter hermeneutischen Gesichtspunkten wenig hilfreich. Herr Kurz präzisierte: Wenn auch bei jeder Art von Interpretation »der Geruch von Allegorie« nicht fern liege, so sei im Zusammenhang der Gattungsbestimmung am ausgeführten Sequenzcharakter des Textes Allegorie durchaus festzuhalten. Die in der Vorlage vorgenommene Abgrenzung des Metaphorischen von der Allegorie diene ja gerade einer spezifischen Verwendung des Allegorie-Begriffs: während sich in der Allegorie zwei Diskurse überlagern, die in systematischem Bezug zu einander stehen, verbleibe die Metapher in ein und derselben Ebene. Eben diese Differenzierung erschien Herrn Drux problematisch. Ausgehend von der antiken Rhetorik müsse man feststellen, daß der übertragene Sprechakt im Falle der Metapher und der Allegorie der gleiche sei, weshalb die antike Rhetorik konsequenterweise auch nur einen q u a n t i t a t i v e n Unterschied zwischen Allegorie und Metapher kenne: Allegorie als *metaphora continuata*. Dem wurde entgegengehalten (Kurz), daß diese Definition eine Unzulänglichkeit des antiken, auf Aristoteles zurückgehenden Metaphernbegriffes überdecke. Die Antike verstehe die Metapher immer als sprachliche Defizienzform; sie erscheine stets als Akt des Entlehnens, der Enteignung, und werde modellhaft erklärt als Ersetzung eines Wortes durch ein anderes, wobei es entscheidend sei, daß das andere Wort keine zusätzliche Information hinzubringe. Dies aber gehe am Wesen der Metapher vorbei, das gerade in der eigentümlich schillernden Interaktion zwischen zwei Wörtern, in der Verschmelzung der semantischen Positionen bestehe. Daher müsse auch eine Theorie der Metapher, die dieses Phänomen angemessen beschreiben wolle, eine syntagmatische und gerade keine substitutionstheoretische sein. An dieser Forderung hielt Herr Kurz auch fest nach dem Einwand von Herrn Plett, der meinte, daß man – angesichts der intensiven Bemühungen der Linguistik um die Systematisierung der tropischen Figuren – nicht umhin könne, die Metapher als Substitutionsfigur zu verstehen mit den beiden Elementen Substituens und Substituendum. Diese Elemente könnten in der Ausführung entweder beide vorhanden sein, oder es könne eines fehlen. Übertragen auf die Allegorie als *metaphora continuata* bedeute dies: *allegoria permixta* oder *allegoria pura*. Unterschiedliche Auffassungen in der modernen Linguistik resultierten aus der Definition der Metapher als Substitutionsfigur nach dem Prinzip der Ähnlichkeit. Ähnlichkeit könne sehr weit oder sehr eng gefaßt werden: Von der totalen Ähnlichkeit = Merkmalsgleichheit bis hin zur totalen Unähnlichkeit des Ironiepols. Im Falle eines sehr diffusen Ähnlichkeitsbegriffes, der hinreichen könne bis zur Kontrarietät, ergäben sich dann entsprechende Allegoriedefinitionen, in denen nicht nur die Metapher als Substitutionselement erscheinen könne, sondern auch Synekdochen ,Metonymien usw. – Der Begriff der Ähnlichkeit führte weiter zum Problem der Pragmatik, von der er nicht zu trennen sei (Plett), denn: »Wer setzt die Ähnlichkeit?« Es sei dies das Problem des individuellen Setzers als Autor und des Interpreten, das Problem der hermetischen oder zugänglichen Allegorie einerseits und der Entkodierungsmodalitäten und ihrer Habitualisierung andererseits. Von hier aus könne man auch weiter fragen, wie sich in der ontologischen Konzeption von Ähnlichkeit so etwas fassen lasse wie der Begriff von Geschichtlichkeit oder Geschichtslosigkeit. Semiotisch betrachtet sei dies ein semantischer Gesichtspunkt, der aber ohne die Komponente des Produzenten und Rezipienten nicht geklärt werden könne. – Die Forderung nach Einbeziehung der pragmatischen Komponente bildete auch einen Aspekt des Vorbehalts von Herrn Hess gegen das Kurzsche Modell. Hess wies darauf hin, daß es eine Divergenz der Geschichte der Pragmatik und der Geschichte der Theorie gebe, die sich bis zur völligen Gegenläufigkeit zuspitzen könne. Ferner sei der Aspekt der Rezipienten zu berücksichtigen, denen das Problem der Anwendungsbereiche durchaus nicht immer so gegenwärtig sei, daß sie entscheiden könnten, ob es sich um Metapher, Allegorie oder ein wie auch immer zu definierendes Phänomen handle. Schließlich sei zu fragen, was ein Modell wie das Kurzsche leiste, wenn es bestimmte Erscheinungen aus der Begriffsgeschichte des Allegorischen aussortiere, ohne zu berücksichtigen, daß die Freisetzung des Begriffs der Allegorie selbst auch zur Begriffsgeschichte des Allegorischen gehöre. Werde hier nicht um der Freisetzung des Begriffsmodells willen die Enthistorisierung der Begriffe in Kauf genommen? Herr Kurz widersprach: Sein Ansatz sei ein metatheoretischer. Und er habe von historischen Modifikationen zunächst einmal abgesehen, um eine Begriffsdefinition zu geben, die möglichst allgemein sollte gelten können. Freilich müsse sich ein solcher Ansatz auch in der Interpretation von historischen Allegorien bewähren. Seine Theorie leiste dies aber, da die historische Variabilität implizit in der Analyse der Bedingungen der Identifizierung und Interpretation von Allegorien enthalten sei. Demgegenüber gab Herr Helmich zu bedenken, daß ein solches Begriffsmodell gerade in seinem Anspruch auf Stimmigkeit dazu führe, etwas zu vereinheitlichen, was historisch betrachtet nicht zu vereinheitlichen sei. So sei es im Sinn einer modernen Zeichenlehre zwar »richtig«, etwa im Hinblick auf heidnische und christliche allegorische Texte gleichermaßen von zwei Reden in einer zu sprechen, aber Wesentliches gehe dabei verloren. Der für die mittelalterlichen Bibelallegoristen entscheidende Punkt – in dem auch die zeitgenössischen Theoretiker übereinstimmten – sei eben, daß es sich für sie im einen Fall um Wahrheit, im anderen um literal Falsches gehandelt habe. – In eine ähnliche Richtung ging auch der Einwand von Herrn Ohly speziell gegen die Hellgardtsche Vorlage. Herr Ohly meinte, nur eine absolute Formalisierung und eine rein strukturelle Betrachtung könnten dazu führen, daß man schließlich bei Aristoteles und Augustin das Gleiche vorfinde. Ein solches – in seiner Stimmigkeit nicht eigentlich bestrittenes – Modell »stehe doch gegen die Geschichte«. Selbst wenn Augustin richtig sage, daß die Dinge an sich zunächst keine Bedeutung hätten und der Betrachter diese erst aus seiner Gesamtposition heraus entfalte, so sei die geschichtliche Wirklichkeit doch die, daß immer wieder gesprochen werde von der Bedeutung der Dinge. Bereits ein Blick auf den von Hellgardt ins Zentrum gestellten Augustin zeige, daß die historische Wirklichkeit weniger konsequent sei als das Hellgardtsche Modell. Neben ›De doctrina christiana‹ gebe es das Konzept des ›Liber naturae‹, nach dem jede Art von Kreatur zu den Menschen spreche und das dazu zwinge, an den Dingen selbst und ihren Eigenschaften anzuknüpfen, – wie es Augustin in seinen exegetischen Schriften denn auch tue. Herr Hellgardt entgegnete, daß der Ausgangspunkt seiner Überlegungen zunächst ein ganz subjektiver gewesen sei. Er habe anhand theoretischer Äußerungen über Allegorie und auch unter Berücksichtigung der allegorischen Praxis Grundtatsachen so darstellen wollen, wie sie sich ihm erschlossen hätten. Die immanente historische Problematik habe sich ihm ergeben aus dem Nebeneinander von theoretischen Äußerungen, die er habe nachvollziehen können, und solchen, wo dies nicht der Fall gewesen sei. Von dem Verstehbaren, Einsichtigen aus habe er Fragen an das Nichteinsichtige gerichtet und vielleicht auch Kritik erhoben; dies aber stets im Sinne einer auf Verständigung zielenden Auseinandersetzung. Der Vorwurf des Formalismus beruhe wohl auf einem Mißverständnis. Er habe nicht in erster Linie formale Befindlichkeiten untersuchen wollen, sondern im Beschreiben des Formalen Inhaltliches fassen: den Erkenntnisprozeß, der beim allegorischen Verfahren geleistet werde. Herr Haug meinte, der Formalismusvorwurf beziehe sich wohl darauf, daß Herr Hellgardt davon absehe, daß in den Dingen selbst Verweise liegen könnten, die der Mensch aufzudecken habe, daß er also keinen entscheidenden Unterschied sehe zwischen der *allegoria in factis* und der *allegoria in verbis.* Von hier aus stelle sich dann auch die Frage nach der historischen Rückbindung und das Problem der Einbeziehung der Typologie in sein Modell. Herr Hellgardt meinte, eben darauf habe er antworten wollen: Die Frage, ob den Dingen selbst Bedeutung zukomme, sei zu verneinen. Dies könne gar nicht der Fall sein, da das, was sei, nicht bedeute, und das, was bedeute, allein in seinem Sinn als Bedeutung existent sei. Dies sei kein Formalismus, sondern die notwendige Unterscheidung zwischen zwei *modi* des Seienden. Bedeutung aber werde gesetzt in einem freien geistigen Akt aus der Entscheidung des Deutenden; hier liege auch die Antwort auf die Frage nach der möglichen Einbeziehung der Typologie. Was das ›Buch der Natur‹ anlange, so sei die Natur als Buch eben vertextete Natur. Wenn man also das Buch der Natur deute, deute man einen Text, und dies sei im literalen und im übertragenen Sinn möglich. Hier aber liege ein gravierender Unterschied; deute man literal, so deute man den Sinn der Dinge, deute man aber den übertragenen Sinn, so schließe man die Bedeutung der Dinge auf. – Die folgenden Diskussionsbeiträge versuchten von unterschiedlichen Ansatzpunkten aus eine Verbindung herzustellen zwischen der Theorie der Modelle von Kurz und Hellgardt und der Forderung nach historischer Konkretisierung. Während Herr Ohly eine solche Verbindung verwirklicht sah in der Vorlage von Herrn Drux, nahm Herr Barner die dort eingangs versuchte funktionale Bestimmung der *allegoria permixta* zum Ausgangspunkt weiterer Überlegungen. Er bezeichnete die *allegoria permixta* als eines jener interessanten Zwischenphänomene, die man zwar relativ gut beschreiben könne, bei denen man sich aber frage, warum, in welchen Situationen, unter welchen historischen Bedingungen sie aufträten. Die *allegoria permixta* erscheine bereits in der frühen griechischen Lyrik, und in diesem Fall sei man natürlich versucht zu sagen, es handle sich um ein Phänomen, das typisch sei für eine historische Frühsituation, in der die Form des Wahrnehmens, der Weltdeutung, des allegorischen Gestaltens erst gefunden werden müsse. Wie verhalte sich dazu dann aber ihr Gebrauch in Hoch- und Spätzeiten, etwa die von Herrn Drux angeführte Hochschätzung der *allegoria permixta* in der kaiserzeitlichen Rhetorik? Jedenfalls biete die *allegoria permixta*, angesiedelt in einem Zwischenbereich zwischen Abstraktion und close reading, eine Möglichkeit, die gewünschte historische Konkretisierung zu erreichen. – Auf den Extremfall historischer Konkretisierung verwies Herr Wiedemann. Er meinte, ausgehend von Josef Derbolav,[4] daß der individuelle Aspekt von Metapher und Allegorie in der Diskussion präsent gehalten werden müsse. Jedes Wort habe eine metaphorische Aura, die individuell verschieden sei. Diese Sphäre des Individuellen bleibe bestehen, auch wenn das Wort als Konsenszeichen natürlich einer Überformung auf das Allgemeine hin unterliege. Dies gelte auch für Metapher und Allegorie, die sich in besonderer Weise auf den Bereich des Allgemeinen zubewegten, u. zw. die Metapher weniger, die Allegorie mehr. Die dichterische Metapher scheine nun seit etwa zweihundert Jahren so beschaffen zu sein, daß sie aus dem individuellen Bereich Dinge heraufhole und der Allgemeinheit anbiete; dies führe dann zu der bekannten Dunkelheit. – Herr Cormeau meinte, die Diskussion habe die Notwendigkeit gezeigt, auch den Realitätsbegriff zu reflektieren. Denn wenn man vom (eigentlichen oder uneigentlichen) Sprechen über Realität ausgehe und diese dabei als hartes Gegenüber betrachte, dann vernachlässige man die Konstituierung dessen, was Realität sei. Die Debatte sehe sich hier mit Begriffen konfrontiert, die jenseits der Grenzen lägen, in denen sich die Hermeneutik von rein sprachlichen Äußerungen oder von Textprodukten bewege. Wenn Metapher und Allegorie auf Konventionen aufruhten, dann seien diese zwar zum großen Teil Sprachkonventionen, zu einem wichtigen Prozentsatz aber auch vorsprachliche Konventionen. Es sei ja auch die Konstitution dessen, was als Realität oder als nicht real gelte, gesellschaftlich vermittelt. Wenn bei der Reflexion über die Bedeutung der Dinge am dezidiertesten Herr Hellgardt die Meinung vertreten habe, diese Bedeutung sei durch freie geistige Setzung konstituiert, so vernachlässige er, daß ja auch die Dinge jeweils gesetzt seien, z. B. im christlichen Schöpfungskontext für eine Gesellschaft, für die eben der Schöpfungsbericht das konstituiere, was Realität sei. Hier aber erreiche man bereits einen vorsprachlichen Bereich insofern, als eben Realität schon gesetzt werde auf der Handlungsebene der Gemeinschaft, die sich dann sprachlich darüber verständige. Erst nach einer genaueren Reflexion dieses Grenzbereichs könne man mit dem Hellgardtschen Versuch, die Allegorie von einem übergeordneten Standpunkt aus zu beurteilen, vielleicht weiter kommen. Dies insofern, als gerade über den Realitätsbegriff die historische Dimension einbezogen werde, weil eben – idealtypisch betrachtet – für verschiedene Gesellschaften Verschiedenes Realität gewesen sei. – Herrn Kurz' abschließende Bemerkung zielte aus anderer Perspektive in eine ähnliche Richtung. Er warnte vor einem hermeneutischen Mißverständnis, das sich in der scharfen ontologischen Unterscheidung von Struktur und Funktion verberge.

Man könne ja nur heuristisch und im Blick auf methodische Zwecke unterscheiden zwischen Struktur und Funktion. Hermeneutisch aber sei für uns Struktur nicht faßbar, ohne daß wir sie im Hinblick auf Funktion immer schon beschrieben hätten. Struktur e r s c h e i n e uns nur unabhängig von unseren interpretatorischen Aktivitäten. Daß die Dinge s e i e n (Hellgardt), sei nur ein Ausdruck dafür, daß wir sie immer schon interpretiert hätten, und daß die ihnen dabei zugesprochene Bedeutung so große Geltung erlangt habe, daß es scheine, als gehöre sie den Dingen an. Die Anerkennung der Relativität einer solchen Geltung aber sei nach Kant und Nietzsche unumgänglich.

Nachmittag

Frau M e i e r sagte einleitend, sie wolle manche Punkte ihrer Vorlage noch etwas stärker akzentuieren und dabei auch schon einige am Rande der Diskussion aufgetauchte Fragen beantworten. 1. Zur Gegenüberstellung der Modelle. Diese sei natürlich nicht interessant, wenn man Hildegards Modell nur in Anlehnung an die Bibelallegorese sehe; dieses Konstrukt sei vielmehr zu betrachten als Möglichkeit, etwas in einer Dichtung plötzlich hermetisch abzuschließen durch Allegorie und dann durch einen Interpreten eröffnen zu lassen. Unter dem Aspekt Allegorie/Allegorese sei es bei den Modellen darauf angekommen zu zeigen, daß die Sonderung so einfach nicht sei. So fänden sich z. B. bei Alan allegoretische Einsprengsel, die aber zur ursprünglichen Form gehörten, während andererseits Hildegard eine Allegorie schreibe in der Form einer Allegorese. 2. In der Vorlage kaum zur Wirkung gekommen sei die Geschichte der sehr unterschiedlichen Rezeption der Modelle. Diese Unterschiedlichkeit sei aber nicht, wie Herr Schilling vermutet habe, ein Hinweis darauf, daß die Werke von vornherein für verschiedene Zielgruppen bestimmt gewesen seien. Die unterschiedliche emotionale Konditionierung des Publikums, auf die die Werke zielten, weise wohl nicht auf Unterschiede des kulturellen Umfelds, weder was die Autoren, noch was das anvisierte Publikum angehe, sondern auf eine weit differierende Haltung der Schreibenden, die letztlich durch die Gewichtung der Gegenstände bedingt sei. Wenn man die beiden Modelle noch einmal allgemeiner begründen wolle, könne man vielleicht einen Hinweis von Herrn Ohly aufgreifen, der zu bedenken gegeben habe, ob bei Hildegard nicht eine ganz spezielle Form der Mystik vorliege, während Alan eher in Richtung Scholastik gehe. Jedenfalls sei interessant, daß der ›Anticlaudian‹ eine sehr lebhafte Rezeption erfahren habe, während Hildegards Werk kaum rezipiert worden sei. 3. Zur *allegoria permixta*. Die Interpretation verzichte bewußt auf die Einbeziehung mittelalterlicher oder antiker Theorien. Man könne Alans Werk natürlich als *allegoria permixta* verstehen; für einzelne Passagen erscheine das auch als sinnvoll, für die Gesamtinterpretation hingegen führe wohl eher ein Ansatz weiter, der von Alans Begriff der *vera narratio* ausgehe. 4. Der leider sehr knappe Hinweis auf die Verbindung zur Kosmosdeutung sei wichtig für die Frage, wie sich Allegorie in der frühen

Neuzeit verwandle. Es sei ja zu überlegen, ob Allegorie ursprünglich oder in ihrer ureigensten Form nicht an ein bestimmtes Weltmodell, nämlich an eine Gesamtkosmosdeutung, gebunden sei, wie wir sie für das 12. Jh. noch voraussetzen dürfen.

Im Zentrum der Nachmittagsdiskussion stand zunächst der Begriff der Typologie. Dabei bildete das problematische Verhältnis Typologie – Allegorie einen ersten Schwerpunkt. Den größten Raum aber nahm die Frage ein, ob und wie Typologie in einem speziellen Sinn abgegrenzt werden könne von allgemeineren »typologischen Formen geschichtsordnenden[5] Denkens« (Herzog). Herr Kleinschmidt verwies darauf, daß die Verquickung von Allegorie und Typologie zwar theoretische Hintergründe habe – wenn man die antike und mittelalterliche Theorie als solche bezeichnen wolle –, daß sie von der Funktionalisierung in Texten her aber doch problematisch sei. Bei der Typologie nämlich bestehe das texttheoretisch Wichtige darin, daß tatsächlich Geschichten parallelisiert würden. M. a. W., die neugestaltete Geschichte beziehe sich auf eine schon vorliegende, im Traditionsbestand auch der Rezipienten bereits präsente Geschichte. Die Allegorie hingegen parallelisiere ja in diesem Sinn nicht Geschichten, sondern sie entwerfe, auch wenn sie traditionelle Elemente enthalte, doch eine jeweils in sich neue, relativ autonome Fiktion. Dies sei etwas grundsätzlich Verschiedenes, und man könne also wohl die Typologie doch nicht so sehr der Allegorie zuschlagen, wie dies bisher in der Forschungsdiskussion geschehen sei. Auch Herr Kurz verwies, am Beispiel von Sulzers ›Summa Allegoriae‹, auf den historischen Aspekt der Verknüpfung von Allegorie und Typologie, betonte aber ebenfalls die Unterschiede: Bei der Typologie sei wohl nicht zu verzichten auf das Moment der Steigerung, dies aber entferne sie von der Allegorie. Ferner sei die Typologie bestimmt durch Kontinuität zwischen den beiden Geschichten, bei der Allegorie herrsche dagegen durchaus Diskontinuität zwischen den zwei Reden. Eine weitere Differenz bestehe darin, daß bei der Typologie vom Antitypus aus auf den Typus verwiesen werde; es handle sich also um eine Deutung *ex post*. Bei der Allegorie werde dagegen der Sinn von der ersten Ebene aus konstituiert. Herr Herzog meinte, daß in der Forschungsdiskussion die Frage nach dem Verhältnis Typologie – Allegorie deshalb nicht klar genug gestellt worden sei, weil bisher vor allem die Bibeltypologie im Vordergrund gestanden habe. Da hier aber im Antityp gewöhnlich das Moment der Steigerung und Spiritualisierung enthalten sei, entstehe gleichsam doch ein uneigentlich zu lesender Text und damit die Verbindung zur Allegorie. Was aber geschehe, wenn das Moment der Steigerung fehle, wenn z. B. in augusteischer Zeit ein bestimmtes Reformprogramm gestützt werde auf eine geschichtliche, vielleicht auch mythische Gegenwirklichkeit?, wenn Romulus und Augustus in Beziehung zueinander gesetzt würden? Die alten Texte würden dabei u. U. neu erzählt und komplettiert im Blick auf die Gegenwart. Könne man in solchen Fällen weiterkommen mit einer Theorie der Metapher oder Allegorie, die von Aristoteles ausgehe? Es gebe doch wohl Phänomene der Identität und des Komplettierens von Geschichte, die nicht mit zwei Bedeutungsebenen arbeiteten. Am Beispiel: Weder die alten Texte von Romulus noch die Gegenwart seien uneigentlich verstanden worden. Die Frage, was unter dem Aspekt ›Eigentlich-Uneigentlich‹ geschehe, erhebe sich z. B. auch im Falle des paganen griechischen Mythos, wenn er in eine geistlich verstandene Spannung gestellt werde zu einem christlichen Sakrament, wenn z. B. die Jugendgeschichte Achills, sein Eintauchen in den Styx und die daraus resultierende Unsterblichkeit auf die Taufe hin ausgelegt werde. Es handle sich hier ja um etwas grundsätzlich anderes als etwa an der Kernstelle urchristlicher Typologie bei Paulus. [6] Dort werde deutlich, daß Typologie im urchristlichen Verständnis zunächst nicht das Herausgreifen und Identifizieren zweier geschichtlicher Wirklichkeiten meine, sondern ein abschließendes und damit steigerndes Zu -Ende-Kommen von Geschichte. Was geschehe nun, wenn sich die Typologie im Verlauf von Bewegungen öffne gegenüber anderen Materien und Stoffen? [7] Wie verändere sich dann die Struktur der Typologie, wie solle man diese Öffnung verstehen? Müsse man nicht doch mit dem Deutungsmuster von Säkularisation rechnen? Eine Interpretation der Vorgänge sei unumgänglich, ganz gleich, ob man sie nun als Erweiterung, Dekadenz oder schließlich als Postfiguration bezeichne. – Herr Ohly bemerkte zur Postfiguration, diese Begriffsschöpfung von Albrecht Schöne sei zwar forschungsgeschichtlich verständlich, habe aber in der Folge, nicht zuletzt in der Mediävistik, zu grenzenloser Verwirrung [8] geführt, und sie sei durchaus entbehrlich. Denn die von Schöne als Posttypologien bezeichneten Erscheinungen ließen sich voll abdecken mit dem Begriff der *imitatio*. [9] Dies gelte auch für das von Herrn Herzog angeführte Romulus-Beispiel, denn auch hier fehle wohl, wie in den von Schöne untersuchten Fällen, das für die Typologie zentrale Element der Steigerung. Herr Wiedemann wandte ein, ob nicht gerade ein solcher, wesentlich durch das Element der Steigerung definierter Begriff von Typologie säkulare Phänomene mit einbeziehen müsse. Wenn z. B. Ludwig XIV. mit Alexander verglichen werde, dann stehe dahinter doch wohl das Modell von Ankündigung und Erfüllung. Ähnlich sei es in Lohensteins ›Arminius‹, wo sich ganze säkulare typologische Reihen fänden. Die Beispiele ließen sich leicht vermehren, geschichtsphilosophische Aspekte seien hinzuzunehmen, und dann müsse man doch wohl von säkularer Typologie sprechen. Herr Ohly meinte, daß es selbstverständlich im halb- und auch im außerbiblischen Raum Beziehungen typologischer Art gebe (vgl. sein Beispiel Helena—Isolde). Soweit aber der heilsgeschichtliche Bezugsrahmen fehle, würde er persönlich zögern, von eigentlicher Typologie zu sprechen; freilich sei da manches in das Ermessen gestellt. – Herr Hofmann forderte dazu auf, die ›postfiguralen‹ Bezüge von Herrschern, zeitgenössischen Ereignissen usw. auf Biblisches weniger quasitheologisch, sondern vielmehr aus der Sicht des kritischen Historikers zu betrachten und auf ihre Funktion hin zu befragen. Handle es sich hier nicht einfach um Versuche der Legitimation, der Verschleierung, der Propaganda? [10] Herr Harms meinte, eine solche Betrachtungsweise sei zu einseitig und modern. Er begründete dies mit dem Hinweis auf Beispiele aus dem 17. Jh. Hier werde Typologie gebraucht in Streitschriften, in durchaus aggressiven Zusammenhängen also. Durch den heilsgeschichtlichen Hintergrund des typologischen

Bezugs werde die Politik der Gegenwart mit Argumenten versorgt, etwa, wenn Gustav Adolf als neuer Judas Makkabäus erscheine. Es sei aber falsch, wenn man dies nur als Profanierung betrachte. Dahinter stehe der Anspruch, daß hier ein heiliger Krieg geführt werde. Wenn der analytische Historiker hier von Propagandapsychologie spreche, müsse dies, im Hinblick auf die Überlegungen der damaligen Operateure, nicht falsch sein. Es erkläre aber nicht die ungeheure Wirkung dieser Flugblätter, die nur verständlich werde durch die anhaltende Wirksamkeit einer heilsgeschichtlich begründeten typologischen Argumentation. Neben der Typologie gebe es in dieser Zeit freilich auch die systematische und in breiter Form durchgehaltene Beschränkung auf die reine *imitatio* im Zusammenhang der Politik. Vielleicht könne man also sagen, daß im 17. Jh. im historisch-politischen Bereich dort, wo es um größere Ereigniszusammenhänge gehe, die Typologie genutzt werde, daß aber in der schon individuelleren, auf das Einzelleben beschränkten Sphäre das Orientierung stiftende Exempel und damit die *imitatio* eher am Platz sei. Der Begriff Säkularisierung greife aber in jedem Fall zu kurz. – Herr Ohly unterstrich dies. Tatsächlich spräche man in vielen Fällen statt von Säkularisierung besser von Sakralisierung der politischen Gegebenheiten. – Herr Steinhagen verwies auf eine Möglichkeit, den Begriff der säkularen Typologie mit neuer Begründung beizubehalten. Sei *imitatio* nicht eine Form der Typologie unter veränderten geschichtlichen Voraussetzungen – nämlich unter den Bedingungen der nicht erfüllten christlichen Naherwartung des Heils? In der Situation dieser Enttäuschung sei eben der Auftrag der *imitatio* an die Menschen ergangen. Wenn dabei das Moment der Steigerung zu fehlen scheine, sei zu überlegen, ob nicht die *imitatio Christi* (u. zw. die *imitatio vitae*, nicht die *imitatio passionis*), wenn sie allgemein befolgt werde, tatsächlich das Moment der Steigerung enthalte. Wenn alle Menschen Christus nachfolgten, dann wäre dies der Anbruch des Reiches Gottes auf Erden. Eine solche Nachfolge müsse doch in der Tat als Steigerung begriffen werden gegenüber der *imitatio* des einzelnen. Dieser könne ja auch scheitern, während es im anderen Fall kein Scheitern mehr geben dürfe. – Herr Kemper schlug die Brücke zwischen der Typologie-Diskussion und seinen Überlegungen, indem er, vom Opitz-Beispiel der Druxschen Vorlage ausgehend, zu bedenken gab, ob nicht in Texten wie diesem ein weiterer Aspekt des Typologie-Problems enthalten sei. Vielleicht solle durch Form und Kontext, in denen bei Opitz die auf den Dichter bezogene Schiffahrtsallegorie geboten werde, ein auf Christus beziehbarer Typ dieser Allegorie mit ins Spiel gebracht werden. Müsse man nicht die Frage nach der Geschichte von Allegorie auch auf die Pragmatik solcher Allegorien in jeweils historischen Situationen ausdehnen und damit rechnen, daß zwischen religiösem und weltlichem Bereich ein Austausch bestehe, daß der eine dem anderen pointiert gegenübergestellt werde? Als Gedankenhypothese sei, auch wenn solche Überlegungen den konkreten Opitz-Text (wie Herr Drux einwandte) überforderten, zu erwägen, ob nicht in dieser Weise Typologie mit Hilfe von Allegorie möglich sei. Dies wäre dann eine weitere Möglichkeit eines differenzierten Einsatzes von Allegorie. Auch die Texte aus Herders ›Unterhaltungen‹[11] und Spees ›Trutznachtigall‹[12], auf die Herr Kemper in Weiterführung der in seiner Vorlage skizzierten Entwicklungslinie einging, böten hierfür Beispiele. Herder gebe eine Allegorese des biblischen Schöpfungsberichtes, den er als mythische Darstellung des aufgehenden Tages deute. Diese Interpretation ermögliche ein unmittelbares Miterleben dieses Schöpfungsmorgens, der gleichsam sinnlich vor Augen gestellt werde und der gleichwohl hier noch Allegorese des Schöpfungsmorgens sein solle. Hierauf treffe genau der Goethesche Begriff zu: die Sache, ohne die Sache zu sein und doch die Sache. Im zweiten Beispiel, Spee, werde Jesus als Person unmittelbar gegenwärtig imaginiert. Das Phänomen des Schauens werde nachdrücklich betont; vielleicht könne man dies zusammensehen mit dem Begriff der Erbauung. Das Schauen habe ja als Instrument der Erbauung eine zentrale Rolle gespielt gerade auch in Zusammenhängen, auf die Goethe dann zurückgreife. Daran schließe sich die Frage, ob nicht der Goethesche, nach Kurz am Schauen orientierte Symbolbegriff eine sehr lange Tradition aufgreife, und ob nicht in der allegorischen Allegorese aus der Deutung sich so etwas wie ein moderner Symbolbegriff schon herausdestilliere.

Die anschließende Diskussion konzentrierte sich im wesentlichen auf zwei Themen: die mehr oder weniger unmittelbaren ›Quellen‹ für Goethes Symboldenken und die Tradition im weitesten Sinne, in der solches Denken stehen könne. – Herr Harms fragte, ob der Goethesche Symbolbegriff nicht außerästhetisch vorgeformt sein könne im Bereich der Naturwissenschaften. Er verwies dazu auf das Titelblatt eines physikalischen Werkes aus dem frühen 17. Jh., das den Verfasser in der *contemplatio*-Gebärde zeige, eine personifizierte Natura betrachtend, das Ganze unter einer Sonne, die wohl zugleich die Sonne und Gott meine. Herr Kemper bejahte die Frage nach der Nähe des Goetheschen Symbolbegriffs zu den Naturwissenschaften und erklärte diese aus gemeinsamen Traditionen. Ausgehend von Herrn Hofmanns Hinweis auf die Umkehrung des typologischen Verhältnisses im Rahmen natürlicher Religion meinte er, daß hier im 17. Jh. etwas weiterwirke, was zurückzuführen sei auf die Rezeption hermetischer Literatur in der Renaissance. Diese Tradition habe sehr stark hineingewirkt in das 17. und 18. Jh. Das Beispiel von der Sonne führe ins Zentrum hermetischer Vorstellungen; an ihm lasse sich auch der Einfluß dieses Denkens im Bereich der Naturwissenschaften gut zeigen. Im Rahmen dieses hermetischen Weltbildes habe man, im Anschluß an den biblischen Bericht über Moses' Einführung in die ägyptische Weisheit, in dieser Weisheit die ältere gesehen, zu der man zurückkehren müsse. Und hier habe es sich wesentlich um eine Gott-Sonnenverehrung gehandelt, die sich mit plotinischen Elementen vermischen konnte. Vorstellungen dieser Art hätten sich im natuwissenschaftlichen Bereich stark ausgewirkt, und Herder z. B. habe stets versucht, die wissenschaftlichen Erkenntnisse seiner Zeit auf dieses Weltbild zu applizieren. – Herr Drux fragte nach der Art des Einflusses der hermetischen Literatur auf Goethe: Handle es sich im wesentlichen um Übernahme von Stoffen und Motiven, oder sei der Einfluß weiterreichend? Herr Kemper meinte dazu, Goethe habe hermetische Anschauungen nicht nur als Versatzstücke für seine Poesie benutzt, sondern sie seien für ihn wie für Herder Grundlage seiner Weltanschauung gewesen. – Herr Tietzmann wandte sich gegen die Annahme eines quasi-okkultistischen Weltbildes bei Goethe. Man müsse unterscheiden zwischen der Übernahme inhaltlicher Thesen solch eher okkultistischer Provenienz und der Übernahme von Denkformen dieses Modells. Das letztere lasse sich tatsächlich nachweisen etwa im Symbolbegriff; in Goethes persönlicher Naturphilosophie aber seien keine Elemente okkultistischer Herkunft belegbar. Herr Kemper entgegnete, die Vorstellung des Okkultistischen müsse gerade ferngehalten werden. Von Thomasius bis Herder habe man sich bemüht, den Hermetismus von seinen okkultistischen Neigungen zu befreien; die zeitgenössischen naturwissenschaftlichen Erkenntnisse seien diesen Bestrebungen sehr entgegengekommen. So habe sich z. B. das heliozentrische Weltbild leichter mit hermetischen als mit genuin christlichen Vorstellungen verbinden lassen.

Herr Hess regte an, die Geschichte der Begriffe *consideratio* und *contemplatio* zur Erhellung des weiteren Hintergrundes von Goethes Symboldenken heranzuziehen. Im 17./18. Jh. meinten beide Begriffe durchaus Verschiedenes: *Consideratio* werde, etwa im Bereich der gesamten Jesuiten-Literatur, gebraucht zur Bezeichnung allegorischen Sehens und geistlichen Betrachtens. *Contemplatio* dagegen sei zu verstehen als ein ontologisch begründeter Begriff der Betrachtung, aber eben auch der Objekts- und Realitätsbetrachtung ganz im Sinne Goethes. Sei eine Ablösung der *contemplatio*-Ebene von der *consideratio*-Ebene in diesem Sinn bereits für das Mittelalter anzunehmen? Frau Meier bejahte dies und verwies dazu auf neuplatonische Strömungen im Mittelalter, wo Begriffe wie *symbolica contemplatio* u. ä. ein Betrachten der Dinge auf ein generelles Verweisen hin bezeichneten, im Unterschied zum Aufzeigen konkreter Bedeutungen in der Allegorie/Allegorese. Herr Hellgardt ergänzte, es handle sich hier um zwei grundsätzliche Möglichkeiten, die in mehr oder weniger großer Kontinuität und Dichte immer nebeneinander hergelaufen seien, – die eine in der Exegese, die andere hauptsächlich in der ontologischen Philosophie gepflegt. Gegenüber dem von Hellgardt betonten Nebeneinander unterstrich Frau Meier die Verbindung beider Möglichkeiten: Die *contemplatio* habe immer auch zur Begründung der *consideratio* gedient, die nur so zu den Einzelbedeutungen komme. Herr Barner verwies auf die Priorität der aus platonisch-platonistischer Tradition stammenden *contemplatio*, die dann der *consideratio* gleichsam als legitimierender Überbau gedient habe. Barner betonte noch einmal die Konstanz dieser Tradition, in der das Schauen – schon das Wort ϑεωϱεῖν in seiner Nähe zu ϑεός zeige dies an – ein Betrachten der Schöpfung Gottes meine, das verstanden werde als sukzessive Annäherung an die höchste Tätigkeit dieses Gottes selbst. Während Herr Neumeister unter Hinweis auf Joachim Ritter [13] die Ablösung der ϑεωϱία durch ein Denken skizzierte, das sich den Phänomenen nur noch um ihrer selbst willen zuwende und schließlich zur rein naturwissenschaftlichen Betrachtungsweise führe, umriß Herr Kemper in großen Zügen die weitere Entwicklung der platonistischen Sichtweise vom Mittelalter bis in die Goethezeit am Beispiel des neuplatonisch inspirierten Hierarchiedenkens bei Bonaventura, Fénelons berühmter

Himmelsstiege, der Physikotheologie und schließlich deren Überwindung im Sturm und Drang. – Herr Haug verwies darauf, daß die Frage immer noch offen sei, wie sich denn die ontologische Symbolik aus neuplatonischer Tradition verhalte zu Allegorie/Allegorese. Bilde diese ontologische Symbolik den Hintergrund für die Einzelallegorese oder handle es sich um zwei getrennte Phänomene, die man nicht ohne weiteres zusammenbringen dürfe? Im Mittelalter werde jedenfalls die platonische Tradition insofern gebrochen, als die reine Stufenfolge, die reine Kontinuität in Zweifel gezogen werde. Dies geschehe in dem entscheidenden, später wieder verlorengegangenen Begriff der ›unähnlichen Ähnlichkeit‹. Das Mittelalter betone immer wieder, es gebe keinen kontinuierlichen Übergang zwischen den einzelnen Seinsstufen, sondern Gott sei das ganz Andere, das Dunkel gegenüber den irdischen Lichtern. Natürlich schlage auch im Mittelalter die neuplatonische Tradition immer wieder durch, z. B. bei Suger. Im Gegensatz zu diesem betone etwa Eriugena die Unvereinbarkeit, wenn er sage, es sei besser, am Häßlichen die Unähnlichkeit des Seienden gegenüber dem absoluten Sein zu zeigen, als über das Schöne, Gute, Wahre den direkten Weg zum absoluten Schönen, Guten, Wahren zu suchen. Dies bedeute aber, daß der kontinuierliche Weg vom Irdischen zum Absoluten im Christentum allein nicht genüge. Der von Hans Urs von Balthasar [14] gegen die christliche Ästhetik erhobene Vorwurf, daß sie das Christentum kosmisch platonisiere, sei also für das Mittelalter nicht gerechtfertigt. Hier gebe es immer die Gegenposition, die Affirmation durch das Negative. In dem Maße aber, in dem man annehme, daß das Negative den Menschen weiter bringe in der Erkenntnis Gottes als das Positive, in dem Maß entferne man sich von der platonischen Tradition und nähere sich dem zeichenhaften Wesen der Dinge. Insofern diese dem absoluten Sein gerade nicht ähnlich seien, insofern seien sie Zeichen für die Unähnlichkeit und insofern liege hier das gebrochene Denken vor, das die Allegorie/Allegorese bestimme.

Die Frage nach der Entstehung einer christlichen Ästhetik, ihren konstitutiven Elementen und deren möglicher Herkunft bildete den Schlußteil der Diskussion. Herr Moser ging aus von dem in der Herzogschen Vorlage zentralen Begriff der Paraphrase und verwies darauf, daß im 16. Jh., nach dem Tridentinum, die Paraphrasierung biblischer Geschichten auf breiter Ebene stattgefunden und auf die verschiedensten Bevölkerungsschichten eingewirkt habe. Angesichts der großen Bedeutung, die der Paraphrase im Rahmen christlichen Erzählens zukomme, und der Verschiedenartigkeit ihrer Ausformungsmöglichkeiten sei eine systematische Differenzierung unumgänglich. Gebe es Ansätze dazu schon in der Theorie der Antike? Herr Herzog griff die Frage auf und gab sie als Anregung an die Teilnehmer weiter. Es sei zu überlegen, wie weit eine solche Theorie der Paraphrase auch Erkenntnisse zeitigen könne, die für die Allegorieforschung von Bedeutung seien. Die Situation in der Antike sei dadurch gekennzeichnet, daß hier der christlichen Allegorie zunächst etwas ganz Andersartiges entgegenstehe: das Massiv einer mimetisch-kathartischen Poetik, d. h. einer auf Darstellung und *imitatio* der Wirklichkeit unter Affekterregung zielenden autonomen Kunst. Im Rahmen einer solchen Kunstauffassung könne Paraphrase nur etwas den mimetischen bzw. kathartischen Endzwecken Untergeordnetes sein. In diesen Zusammenhängen fänden sich in der antiken Rhetorik denn auch Elemente einer Paraphrasentheorie. Eigentümlich im Übergang zur Spätantike sei es, daß christliche Schriftsteller, wenn sie den Bibeltext weitererzählten und damit etwas Spirituelles aussagen wollten, sich eben dieser Paraphrasentheorie bedienten, sich selbst als Paraphrasten verstanden und sich mit dem antiken poetologischen Vokabular auch gerechtfertigt hätten gegenüber der Kirche. – Herr Ohly griff das für Herrn Herzog wesentliche Moment der Erbauung auf und meinte, es liege zwar nahe, gerade an diesen Begriff anzuknüpfen, da er besonders gut erforscht sei; dennoch müsse man im Zusammenhang der christlichen Ästhetik nicht nur darauf, sondern auch auf die Bedeutung der Metaphorik überhaupt achten. Spitz [15] habe gezeigt, daß es eine ganze Reihe von Metaphern gebe, die in der christlichen Literarästhetik große Bedeutung gewonnen hätten; *aedificatio* sei nur eine Möglichkeit unter anderen. – Herr Kurz gab zu bedenken, ob bei dem von Herzog angenommenen Rekurs auf die aristotelische Poetik neben der Affektenlehre nicht noch ein anderes Moment eine Rolle gespielt habe. Angeregt von Spensers Bezeichnung der Allegorie als »pleasing analysis« frage er sich, ob sich die aristotelische Poetik nicht auch deswegen empfohlen habe, weil dort die Überlegenheit der Poesie damit begründet werde, daß sie Zusammenhänge auf angenehme Weise erkennen lasse. Genau dies sei ja – nach Herzog – das Ziel der christlichen Autoren: *aedificatio* verbunden mit *delectatio*. – Herr Herzog betonte noch einmal die Wichtigkeit der Aszendenz der spätantiken Gedanken über Allegorese und deren Verbindung mit delectatio zur aristotelischen Poetik. Gerade durch die Annahme einer Nachwirkung von Aristoteles werde dort, wo man bisher immer nur einen Sprung gesehen habe, eine Verbindung hergestellt zwischen der die Wirklichkeit imitierenden Darstellungsweise einer autonomen Kunst auf der einen Seite und einer doppelten Welt und deren Darstellung, einem Hinter-die-Dinge-Gehen auf der anderen Seite. Der Begriff der Erbauung spiele dabei durchaus eine zentrale Rolle; er biete sich geradezu an als Kernbegriff einer möglichen christlichen Ästhetik. Er sei bereits im Alten Testament da, er erscheine im urchristlich-theologischen Kontext ohne jede ästhetische Komponente, er wachse hinein in ästhetische Überlegungen, die Poetikkonzeptionen der Antike mit aufnähmen, und er sei zugleich ein Kernbegriff allegorischer Systeme selbst. Wenn man also daran festhalten wolle, Begriffe zur Kennzeichnung von Ästhetiken zu verwenden, dann eigne sich dieser Begriff in ganz besonderer Weise. Andere im literarästhetischen Zusammenhang erscheinende Metaphern könnten ja in einem Hof darum herum angeordnet werden.

Anmerkungen:

1 Aurelius Augustinus: De doctrina christiana; hier II, 3, 4 und II, 10, 15–12, 17.
2 Thomas von Aquin: Summa theologiae I, qu. 1, art. 10.
3 Bernhardus Silvestris: Kommentar zu Martianus Capella; die hier interessierende Pas-

sage aus dem bisher nicht vollständig veröffentlichen Kommentar ist abgedruckt bei Edouard Jeauneau: ›Lectio philosophorum‹, Recherches sur l'École de Chartres, Amsterdam 1973, hier S. 40.

4 J. Derbolav.

5 Herr Schilling meldete in diesem Zusammenhang Bedenken an gegen den Ohlyschen Begriff der Naturtypologie. Typologie habe es ja zunächst einmal mit menschlicher Geschichte zu tun, und die von Ohly vorgenommene Ausweitung des Begriffs verwische vielleicht doch die Grenzen zur Dingallegorese. Herr Ohly entgegnete, seine Verwendung des Begriffs entspringe nicht etwa einer prinzipiellen Forderung, sondern sei der Versuch, den historischen Befund angemessen zu beschreiben. Denn es gebe neben den im exegetischen Bereich selbstverständlich vorhandenen Naturallegoresen eben auch die Erscheinung, daß Naturdinge in ausgesprochen typologische Zusammenhänge gestellt würden.

6 1. Kor 10, 1–12.

7 Herr Moser gab zu bedenken, ob nicht der gleichsam umgekehrte Vorgang dort vorliege, wo biblische Stoffe als Elemente weltlicher Erzählungen auftauchten, wie z. B. der Jonasstoff in E. M. Arndts Märchen ›Peters Meerfahrt‹. Könne man so etwas mit dem Begriff Säkularisation fassen? Herr Ohly meinte, daß man, ohne der exzessiv gehandhabten finnischen Methode das Wort reden zu wollen, doch davon ausgehen könne, daß es gewisse erzählerische Konstanten gebe. So überrasche es durchaus nicht, auch biblische Elemente im Märchen wiederzufinden; da müsse nicht bewußte Säkularisation im Spiele sein. – Herr Welzig fragte, ob Beziehungen zwischen biblischen und mythologischen Gestalten, wenn sie sehr spät aufträten, wie z. B. die noch im 17./18. Jh. reich belegte Christus/Orpheus-Parallele, wirklich als Typologie anzusprechen seien und nicht vielmehr als Formen bloßer Applikation. Herr Ohly sah zu einer solchen Annahme keinen Grund; er verwies auf das Beispiel Calderons, wo etwa im Orpheus-Auto geradezu eine Identifikation Orpheus-Christus stattfinde.

8 Als extremes Beispiel solcher Begriffsverwirrung führte Herr Ohly die Schulmeistersche Formulierung »imitative Posttypologie« an. (Rolf Schulmeister: Aedificatio und Imitatio. Studien zur internationalen Poetik der Legende und Kunstlegende, Hamburg 1971.)

9 Herr Moser, der den Ohlyschen Ausführungen im Prinzip zustimmte, warnte gleichwohl vor einer unkritischen Verwendung des Begriffs der *imitatio*. Man müsse die Geschichte dieses Begriffs im Blick behalten, der im 13. Jh., etwa bei den einflußreichen Franziskanern, stark in die Kritik geraten und durch das Konzept des ›*sequi vestigia eius*‹ ersetzt worden sei. – Herr Hofmann verwies darauf, daß in diesem Zusammenhang ja auch der von Sölle geprägte Begriff der Realisation zur Verfügung stehe. (Dorothee Sölle: Realisation. Studien zum Verhältnis von Theologie und Dichtung nach der Aufklärung [Theologie u. Praxis 6], Darmstadt/Neuwied 1973.)

10 Herr Hoffmann wies in diesem Zusammenhang darauf hin, daß die Parallelisierung von heidnischen und christlichen Mythen sich schließlich auch gegen die Kirche ausgewirkt habe. Aus dem 17. Jh. gebe es Beispiele dafür, daß man, genau mit dem Material des sogenannten typologischen Vergleichens argumentierend, die Gleichwertigkeit christlicher und vorchristlicher Erscheinungen nachzuweisen gesucht habe.

11 Johann Gottfried Herder: Unterhaltungen und Briefe über die ältesten Urkunden. 1771/72, in: J. G. H.: Sämmtliche Werke, hg. Bernhard Suphan, Bd. 6, Berlin 1883, S. 131–192, hier S. 145.

12 Friedrich von Spee: Trutznachtigall, mit Einleitung und kritischem Apparat hg. Gustave Otto Arlt, Halle/Saale 1936, hier S. 101 = Neudr. d. dt. Lit. des XVI. und XVII. Jh.s, 292–301.

13 Joachim Ritter: Landschaft, in: Ders.: Subjektivität, Frankfurt a.M. 1974 (Bibl. Suhrk. 379), S. 141–163.

14 Hans Urs von Balthasar: Herrlichkeit. Eine theologische Ästhetik, Einsiedeln 1961–69.

15 Spitz, 1972.

Einleitung zum zweiten Tag

Von BURGHART WACHINGER (Tübingen)

Vormittag

Nachdem die Vorlagen und Diskussionen des ersten Tages überwiegend direkt auf allgemeine und grundsätzliche Fragen aus dem Umfeld der Allegorie zielten, auf Verständigung über Grundbegriffe, auf Versuche, diese neu zu begründen und auf ontologische oder ästhetische Grundpositionen zurückzubeziehen, soll die Arbeit vom zweiten Tag an stärker von einer historischen Beispielreihe bestimmt sein. Denn nur in der Analyse von konkreten Einzeltexten, spezifischen Gattungstraditionen und historischen Situationen läßt sich die ganze Vielfalt der literarischen Möglichkeiten allegorischer und allegorieverwandter Gestaltungsweisen wenigstens ansatzweise entfalten. Angefangen hat diese Reihe genaugenommen schon in einigen Vorlagen des ersten Tags, und sie wird sich in ungefähr chronologischer Folge bis zum letzten Tag fortsetzen. Innerhalb dieser Reihe aber haben wir versucht, Gruppen zu bilden, die zugleich zu systematischen Fragen anregen. So kreisen die Themen des heutigen Vormittags um das Problem Allegorie und Erzählung, die des Nachmittags um verschiedene Aspekte des Themas Allegorie und Zeitgeschichte. Mit Begriffen wie »Verhaltensentwurf«, »Wertsystem« (bei Cormeau) oder »programmatisch-normatives Erzählen« versus »allegorisches Zeigen der Norm-Systeme« (bei Kuhn) werden allerdings auch in den ersten Vorlagen schon Fragen nach dem Verhältnis zur gesellschaftlichen Wirklichkeit der Produzenten und Rezipienten angeschnitten, die in den Nachmittagsbeiträgen mehr in den Mittelpunkt rücken werden.

Allegorie und Erzählung – die Frage ist selbstverständlich nicht auf den höfischen Roman des Mittelalters zu beschränken (allein aus der deutschen Literatur des Mittelalters wären Bîspel, Fabel und Märe ein mindestens ebenso wichtiger Beispielbereich), aber sie ist gewiß beim höfischen Roman, dem drei Beiträge gelten, ganz besonders spannend. Seit Hugo Kuhns ›Erec‹-Aufsatz von 1948 weiß man, daß im höfischen Roman Chrétien-Hartmannscher Prägung die Anordnung und Abfolge der Einzelaventiuren in einer Gesamtstruktur der Handlung wesentliches Mittel zur Sinngebung des Ganzen ist (in der terminologischen Zuspitzung von Walter Haug, 1971: Symbolstruktur des höfischen Romans). Innerhalb des als Modell so vorzüglich geeigneten ›Erec‹-Romans aber ist die Schlußepisode ›Joie de la curt‹, die strukturell isoliert und hervorgehoben ist, eine verdichtende Spiegelung des Ganzen und damit eine Verdeutlichung des Gesamtsinnes. Kuhn hatte sie geradezu »allegorisch« genannt, genauer: »nicht erzählte Allegorie, sondern allegorische Erzählung: Aventiure, aber mit feinstem Takt ins Allegorische gewendet.«[1] Marianne Wünsch hatte dann die Frage nach dem Verhältnis von Allegorie und Sinnstruktur aufgegriffen und eine

Linie von ›Joie de la curt‹ über die Minnegrotte in Gottfrieds ›Tristan‹ zu den spätmittelalterlichen Minneallegorien zu ziehen versucht. [2] Hier setzen nun die Beiträge von Herrn Cormeau und Herrn Kuhn nochmals an.

Herr Cormeau fragt, ob und wie weit der höfische Roman auf allegorische Entschlüsselung hin angelegt ist. Um diese Frage zu klären, verfolgt er noch einmal sehr genau den Gang der Handlung in der Episode von ›Joie de la curt‹, zeichnet das Zusammen- und Gegeneinanderspielen von Aktionsmustern, Szeneriebeschreibungen, Artikulationen der subjektiven Einstellung der Akteure und Erzählerkommentaren nach und versucht zu zeigen, wie aus der Sukzession der Erzählung (bei ihm »Diachronie«) ein simultan erfahrbares (»synchrones«) Bedeutungsgefüge wird. Herr Cormeau unterscheidet zwei Aspekte von Bedeutung (einmal spricht er auch von zwei Bedeutungs e b e n e n, was aber wohl nicht terminologisch im Sinn der Allegorieforschung gemeint ist): Der eine Aspekt von Bedeutung ist unmittelbar an die erzählte Aktion gebunden. »Handlungskern ist die Konfrontation mit einem Gegenspieler, die der Held siegreich besteht.« Dieses Aktionsmuster, das im Roman mehrfach vorkommt und mit verschiedenen Bedeutungen gefüllt sein kann, zielt im Zweikampf der hervorgehobenen Schlußepisode auf die Wiederherstellung der höfischen Freude durch Erecs Sieg, der zugleich ein Sieg der richtigen Minneauffassung ist. Auf den Begriff gebracht: durch die erzählte Handlung wird ein Wertsystem von individuellen und sozialen Tugenden demonstriert, das im Rahmen der fiktiven Welt des Romans als vollständiges ethisches Inventar gilt, wenn es auch nur eine Selektion aus den Möglichkeiten der Zeit darstellt. Der zweite Aspekt von Bedeutung entsteht durch das Verhältnis von Handlung und subjektiver Einstellung der Akteure zur Handlung. Dieser Bedeutungsaspekt, der prinzipiell dem ganzen Roman zukommt, wird durch verschiedene erzählerische Mittel in der Schlußepisode in den Vordergrund gespielt. Unter diesem Aspekt stehen sich im Schlußkampf verschiedene Einstellungen zur Norm gegenüber: Bei Erec freier Wille zur Normerfüllung mit harmonischer Entsprechung von Subjekt und Norm, bei Mabonagrin dagegen unfrei-legalistische Wertbindung. Herr Cormeau mißt diesem Aspekt von Bedeutung besonderen Rang zu, da der höfische Roman hier eigenen Erkenntniswert habe, indem »der poetische Verhaltensentwurf die Wertaspekte des Handelns in einer Differenziertheit und Klarheit erfaßt, die theologischen Konzepten nicht nachsteht, sie in der im narrativen Vollzug erreichten harmonischen Zuordnung objektiver und subjektiver Momente sogar übertrifft«. Beiden Bedeutungsaspekten, dem Wertekanon an sich wie der Zuordnung des handelnden Subjekts zu dieser Norm, kommt nach Cormeau aber nur ein paradigmatischer Charakter zu. Die Bedeutung liegt in dem erzählten Handeln selbst, nicht in etwas anderem.

Herr Cormeau versucht also, aus der Romanhandlung ein Bedeutungsgefüge zu abstrahieren, aber er möchte dieses nicht »allegorisch« nennen. In dem strikten Sinn, den Cormeau mit der Formulierung »allegorische Entschlüsselung« voraussetzt, wird vermutlich kaum jemand in dieser Runde den ›Erec‹ oder auch nur seine Schlußaventiure »allegorisch« nennen wollen. Aber es bleibt dann

doch zu fragen, wie die Sonderstellung der Schlußaventiure und wie die besonderen Bedeutungssignale, von denen zumindest die merkwürdige Verwendung des
Abstraktums *joie de la curt* (*des hoves vreude*) als Name für eine bestimmte gefährliche Aventiure oder für ihren Kampfpreis unleugbar ein der Allegorie verwandtes Verfahren darstellt, es bleibt die Frage, wie dies alles denn sonst zu erfassen und zu benennen sei. Herr Kuhn ist in diesem Punkt zurückhaltender:
zwar ist er gegenüber seinen schon relativ vorsichtigen Formulierungen von
1948 jetzt noch vorsichtiger geworden; aber wenn er jetzt sagt, daß bei ›Joie de la
curt‹ nur die Verbindung von besonderen Signalen mit einer besonderen Rolle
des Helden »es vielleicht erlaubt, von Allegorie zu sprechen«, so läßt er die
letzte terminologische Klärung bewußt, ich möchte fast sagen: listig, offen.

Der Beitrag von Herrn K u h n stellt, ausgehend von der Episode ›Joie de la
curt‹, generell die Frage nach dem Verhältnis von erzählter Allegorie und Erzählstruktur. Die Unterscheidung »von geschehnishaftem Erzählen, welchen
›Sinn‹ dies immer haben mag, und bedeutungshaftem Zeigen« scheint ihm nicht
auszureichen, da auch der moderne Strukturbegriff eine zweite Dimension des
erzählten Geschehens impliziere. Der Unterschied bestehe nur darin, daß bei
der Allegorie die Beziehung zwischen Wort (Erzählung) und Bedeutung durch
»ein System von in der Regel schon vorhandenen Dogmen oder Normen oder
Ideen« reguliert werde, während der Sinn einer Erzählstruktur offener ist (weshalb die Theorien darüber so stark divergieren können).

An drei mittelhochdeutschen Beispielen versucht nun Herr Kuhn, das Problem zu verdeutlichen und verschiedene Möglichkeiten der Kontamination von
programmatisch-sinnhaftem Erzählen und allegorischem Erzählen zu demonstrieren.

1. Chrétiens und Hartmanns ›Erec‹ gehört zum weltliterarischen Strukturtypus von *descensus* und *ascensus*, hier in einer mit der Hilfe des Partners verbundenen Variante und mit variierender Doppelung nach einer Krise. Dieser Strukturtypus ist aber von Chrétien und Hartmann benutzt worden zu einem programmatischen Erzählen von Minne. Auch die Schlußaventiure ›Joie de la curt‹
bleibt im Rahmen des erzählten Wegs. Aber besondere erzählerische Signale,
der Begriff *joie de la curt* z. B., und die Tatsache, daß die Helden um eine Nuance
aus der Erzählstruktur heraustreten und zu ihrer erzählten Handlungsrolle eine
zeigende Rolle erhalten (nicht als Personifikationen in einer Allegorie, aber als
Sprecher der implizierten Programmatik), erlauben es allenfalls doch, von Allegorie oder allegorischen Zügen zu sprechen.

2. Gottfried gibt demgegenüber seiner Minnegrotte-Episode eine ausdrückliche Allegorese. Aber der Sinn der Episode wird nach Herrn Kuhn nicht nur von
der Allegorese bestimmt, sondern auch von ihrer Position im programmatischen
Erzählungsablauf. Auch im ›Tristan‹ wird ein weltliterarischer Strukturtypus
(die Brautwerbung) nach einer speziellen Variante (dem deutschen Brautwer-
bungs-Staatsroman) zum programmatischen Erzählen von Minne genutzt. Der
Kurzschluß zwischen Werbungshelfer und Braut führt zur Dreieckskonstellation
Marke – Isold – Tristan und damit zu einer Legitimitätsproblematik der Minne;

diese wird in den Ehebruchsepisoden durchgespielt und in absteigender Linie bis zum *elend* des Waldlebens geführt. Und genau diesen Tiefpunkt des programmatischen Wegs hat Gottfried zur positiven Minne-Allegorie umgedreht, um auf diese Weise dialektisch den positiven Gegenwert zur Selbstzerstörung durch Minne zu zeigen. Das dem gesamten Erzählprogramm immanente Normensystem wird auch in der Minnegrottenepisode nicht reflektiert, sondern als Allegorie gezeigt. Das Paar ist hier nicht mehr einfach das erzählte Paar, es steht aber auch nicht eigentlich für etwas anderes, sondern es ist, wie Herr Kuhn es pointiert ausdrückt, »in seine eigene Personifikation transzendiert«.

3. Das dritte und für mich schwierigste Beispiel von Herrn Kuhn ist das frühmittelhochdeutsche Gedicht ›Die Hochzeit‹, Brautwerbungserzählung, die in zwei Allegoresen einmal auf »Leben und Tod« des Menschen und einmal auf die Heilsgeschichte gedeutet wird. Die Brautwerbungserzählung enthält aber einerseits bereits Elemente der Deutung in sich, so daß sie nicht als Erzählung in sich verstanden werden kann, andererseits enthält sie gegenüber der nachfolgenden Deutung einen Erzählungsüberschuß, insbesondere bei Szenerie und Werbungsentschluß. Nach Herrn Kuhn wird nun in diesem Überschuß geradezu das Brautwerbungsschema zitiert, und zwar nicht nur das Erzählmuster als solches, sondern auch sein programmatischer Sinn: Minne als Staatsräson. Die Werbung Gottes um die Menschen ziele aus einer »Staatsräson des göttlichen Weltenherrn« auf die Partnerschaft mit jedem Gläubigen, damit Gott und gläubiger Mensch zusammen *minnen daz reht* ihrer Partnerschaft. Darüber hinaus – so verstehe ich Herrn Kuhns zweite Beobachtung zur frühmittelhochdeutschen ›Hochzeit‹ – hat die Brautwerbungserzählung die Bedeutung eines Motivs, das zwischen der individuellen und der heilsgeschichtlichen Partnerschaft Gottes mit den Menschen vermittelt.

Die drei Beispiele von Herrn Kuhn zeigen drei verschiedene Möglichkeiten, wie allegorische Verfahren und Traditionen mit den Verfahren programmatischen Erzählens unter Verwendung weltliterarischer Erzählmuster sich begegnen und durchdringen können. Terminologische Fixierungen scheint Herr Kuhn dabei geradezu bewußt zu meiden, um das Problem als ganzes offen zu halten und dem ›Sinn‹ des jeweiligen Textes möglichst nahe zu kommen. Zum Schluß kehrt Herr Kuhn zu der Frage zurück, die auch Wünsch beschäftigt hatte und auf die auch Herrn Cormeaus Beitrag zielt: Wie verhalten sich die in Erzählung und Allegorie angesprochenen Normen oder Normsysteme zu außerliterarischen Normen, wie wirken sie auf den Rezipienten? Gegen die von Wünsch gewählte Formulierung eines »normativen Verhaltensmodells«, das Angebot zur »Identifikation« sei, setzt Herr Kuhn die Vorstellung von »Geschehens-Mustern«, die Normen-Programme überhaupt erst denk- und darstellbar machen. Auch die erzählte Allegorie sei letztlich nur ein Sonderfall solcher auf Normendiskussion zielenden »Geschehens-Muster«.

Der Beitrag von Herrn Haubrichs setzt zunächst ganz außerhalb des heutigen Themas Allegorie und Erzählung an: bei Problemen der Allegorese von Träumen und Visionen. In die Diskussion über diesen Beitrag werden darum vielleicht auch die Vorlagen von Frau Meier und Herrn Kemper einbezogen werden müssen. In seinem ersten Abschnitt verfolgt Herr Haubrichs die wichtigsten Versuche, *somnia* und *visiones* zu klassifizieren. Heidnisch-antike und christliche Traumtheorien kennen vielfältig variierende Einteilungen, bei denen im wesentlichen drei Arten von Kriterien, die Herr Haubrichs inhaltlich-semantisch, struktural-syntagmatisch und funktional-pragmatisch nennt, jeweils verschieden kombiniert sind. Dabei dienen die verschiedenen Einteilungen letztlich alle ähnlichen Zwecken: sie versuchen, dem Erkennen des möglichen Wahrheitsgehalts schon durch die Klassifizierung vorzuarbeiten. Nur ist das Interesse der paganen Tradition eher auf Mantik, das des Christentums eher auf Unterscheidung zwischen göttlichen Offenbarungen und bloßen *phantasmata* aus körperlichen Ursachen oder aus Eingebungen des Teufels gerichtet. Ausführlicher geht Herr Haubrichs auf die Klassifizierungen Augustins und Richards von St. Viktor ein; bei beiden findet sich u. a. die schon bei Artemidoros belegte Unterscheidung von allegorischen und theorematischen (d. h. unmittelbar schauenden, nicht in Bildern verschlüsselten) Träumen und Visionen; zumindest bei Richard von St. Viktor kommt dabei der höhere Rang der theorematischen Vision zu, die als *pura et nuda revelatio* bildlose mystische Schau ist, die freilich wieder nur durch Bilder mitteilbar wird. In seinem zweiten und dritten Abschnitt zeigt Herr Haubrichs parallel für die theoretische Diskussion und für die literarische Praxis der Legenden, Apokalypsen und Visionen, daß bei allegorischen Träumen und Visionen vor allem zwei Kriterien zur Sicherstellung eines authentischen Offenbarungscharakters angewendet wurden: das fromme Leben des Visionärs oder Träumers und die folgende Auslegung durch einen weisen oder ebenfalls heiligen Interpreten. Problematisch wurde der Status der Gesichte aber dann, wenn sich deren Aussage nicht auf das Diesseits (etwa das künftige Leben des Heiligen) bezog, sondern das Jenseits in diesseitigen Bildern geschaut wurde. Nach Augustin und Gregor d. Gr. konnte dann nur die Tatsache der gemachten Erfahrung *ad litteram* verstanden werden, während alle Bilder nur den Rang von Metaphern hatten. Wohl aber war es möglich, daß bereits als inspiriert anerkannte Visionen sekundär nach den Regeln allegorischer Bibelexegese erläutert wurden und daß damit ihre Authentizität nochmals bestätigt wurde. Herr Haubrichs führt das am Beispiel der ›Expositio visionum sanctorum martyrum Mariani et Jacobi‹ vor.

Der vierte und letzte Abschnitt bringt neben einer Zusammenfassung und nochmaligen Systematisierung einen Vergleich mit den Träumen im Epos. Dort sei der Traum »Motor der erzählerischen Spannung« und die Mehrdeutigkeit der allegorischen Form daher erwünscht. In den Legenden und der mit ihnen verbundenen christlichen Traum- und Visionstheorie dagegen sei die Ambivalenz eine Not.

Dies scheint mir nun der Punkt zu sein, von dem aus sich eine Brücke schlagen läßt von der Hauptthematik von Herrn Haubrichs – Offenbarungsgehalt von allegorischen Träumen in frühen Legenden – zu den dominanten Themen des heutigen Vormittags, insbesondere natürlich zu dem Beitrag von Herrn Speckenbach, der ja ebenfalls teilweise von allegorischen Träumen und Traumallegoresen im Erzählungszusammenhang handelt. Freilich, damit diese Brücke begehbar wird, wäre zu fragen, wieweit nicht auch in den frühen Legenden narrative Bedingungen den Wahrheitsanspruch der Träume mitregulieren. Ich könnte mir z. B. denken, daß die Authentizitätsproblematik für die theologische Theorie, die ja Richtlinien für die Praxis geben mußte, wie bei Traumoffenbarungen Orthodoxie und Kirchentreue sicherzustellen sei (Herr Haubrichs deutet kirchenpolitisch-dogmatische Hintergründe für die Traumtheorie der karolingischen Hoftheologie an) – ich könnte mir also denken, daß das Authentizitätsproblem für die Theorie sich sehr viel schärfer stellte als für die erzählende Gattung Legende, die vom Wissen um die Heiligkeit ihrer Helden ausgehen durfte. Weiter könnte man, wenn man die Brücke begehen will, vielleicht sozusagen als Zwischenpfeiler einige der vieldiskutierten allegorischen Träume der mittelalterlichen Epik einbringen: Karls Träume in der ›Chanson de Roland‹ und im ›Rolandslied‹, das Traumgespräch des ›Jüngeren Atliieds‹ oder Herzeloydes Traum im ›Parzival‹, über den zuletzt Herr Speckenbach gehandelt hat. [3]

In seinem Beitrag zu diesem Symposion untersucht Herr Speckenbach zunächst die Handlungs- und Traumallegoresen der ›Gral-Queste‹ im Werkzusammenhang. Die expliziten Allegoresen finden sich konzentriert im ersten Teil der ›Gral-Queste‹; sie sind nach Inhalt und Wirkung den einzelnen Figuren genau zugeordnet und spiegeln deren je verschiedene Bindung an Gott. Ihre Hauptfunktion aber ist es, »den Leser wie auch die Figuren des Romans in die Besonderheit der Gralsuche einzuführen«, zu verdeutlichen, daß die in der höfischen Artuswelt geltenden Handlungsmuster in der mit der Gralsuche angebrochenen Epoche nicht ausreichen, ja daß das gleiche Verhalten, das in der weltlichen Ritterschaft des ›Lancelot‹-Teils des Romanzyklus zu Sieg und Befreiungstat geführt hat, in der jetzt geforderten geistlichen Ritterschaft Niederlage bringt und Sünde bedeutet.

Im zweiten Abschnitt geht Herr Speckenbach auf die Allegorese-Verfahren vor dem Hintergrund der verschiedenen Traditionen ein. Während die mantische Traumallegorese eine lange epische Tradition hat, ist die den handelnden Figuren nachträglich gegebene Handlungsallegorese zumindest für den volkssprachlichen Roman ein Novum. Die Verfahren der Deutung sind in beiden Fällen aber die gleichen und entsprechen genau denen der Bibelallegorese mit Wort-für-Wort-Auslegungen der einzelnen Signifikanten, die z. T. auch ihre bibelexegetische Tradition haben. Ziel der Auslegung sind Heilswahrheiten, in der Regel handelt es sich um tropologische Deutungen, daneben gibt es bei den drei Gralfindern Galaad, Parzival und Bohort auch heilsgeschichtliche Allegorese.

Im dritten Teil schließlich fragt Herr Speckenbach, ausgehend von der spezifischen Verwendung der Ecclesia-Synagoge-Antithetik, nach dem in den Allegoresen ausgedrückten geistigen Sinn. Er sieht ihn in einem »Dualismus von Gott und Teufel, Ecclesia und Synagoge, Ritter Christi und Diener des Erzfeindes«, der auf Augustins ›De civitate Dei‹ zurückgehe. *Superbia* und geschlechtliche Begierden seien die Hauptkennzeichen der weltlichen Ritterschaft wie der *civi-*

tas terrena bei Augustin. Durch die Allegoresen gelinge es dem Autor, »den Romanfiguren wie dem Leser bewußt zu machen, daß auch sie Teil der großen Auseinandersetzung [zwischen Gott und Satan, *civitas Dei* und *civitas terrena*] sind, die bis zum Ende der Zeiten dauern wird«.

Herr Speckenbach hat uns mit der ›Gral-Queste‹ ein faszinierendes Beispiel präsentiert, das zum kontrastiven Vergleich mit den anderen heute vormittag präsentierten Beispielen geradezu herausfordert. Innerhalb der ›Queste‹ hat er manche Motive, die zum Thema Allegorie gehören könnten (wie z. B. das Schiff Salomons), als zu problematisch wohlweislich im Hintergrund gelassen, aus dem auch ich sie nicht hervorzerren möchte. Die Beschränkung auf die expliziten Allegoresen bietet die Chance, daß zunächst einmal ein fester Punkt gewonnen werden kann oder, wie Herr Speckenbach es dem Autor als Absicht unterstellt, daß eine Einübung in ein neues Verständnis erfolgen kann, das dann bei der späteren Romanhandlung nicht mehr expliziert zu werden braucht. Freilich stecken auch innerhalb der explizierten Allegoresen Probleme, über die mit Herrn Speckenbach zu diskutieren sich lohnt. Das interessanteste, für das Gesamtverständnis der ›Gral-Queste‹ wie für unsere Diskussion über Allegorie im Roman wichtigste Problem liegt für mich in den heilsgeschichtlichen Allegoresen. Die überwiegenden tropologischen Allegoresen sind demgegenüber weniger schwierig, da man (wenn auch mit gewissen Vorbehalten, die Herr Cormeau angedeutet hat [vgl. seine Vorlage u. S. 201]) annehmen kann, daß das textimmanente Wertsystem, hier die moralisch-religiösen Normen eines geistlichen Rittertums, die innerhalb des Romans gezeigt und in den Allegoresen thematisiert werden, eine Entsprechung im Wertsystem des Lesers hat oder erhalten soll. Wie aber sieht die Entsprechung bei den heilsgeschichtlichen Allegoresen aus? Wenn die Ankunft des prophezeiten Gralserlösers Galaad in Analogie zur Ankunft Christi gesehen wird, [4] so ist die Frage, wie die romanimmanente fiktiv-legendarische, aber exakt aufs Jahr 487 nach Christus datierte Erfüllung der Zeit, wie auch die nicht in Allegoresen explizierten anderen heilsgeschichtlichen Analogien der Romanhandlung für einen Leser des 13. Jahrhunderts eigentlich zu verstehen und mit seinem Geschichtsbild zu vermitteln waren. Um eine vorbildhafte *imitatio Christi* – eine der Möglichkeiten der Legende – kann es sich hier nicht handeln. Und Herrn Speckenbachs Verweis auf allegorische Geschichtsdeutung bei Otto von Freising scheint mir das Problem des allegorischen Bezugs zwischen fiktiver christlicher Heilsgeschichte des Grals und realer Heilsgeschichte Gottes noch nicht zu lösen.

Ich bin, man möge verzeihen, hier schon in die Einzelargumentation geraten, die erst der Diskussion vorbehalten sein sollte. Aber die Andeutung dieser Frage schien mir nötig, um auf den Problemzusammenhang zu lenken, der zwischen dieser Arbeit und den übrigen Beiträgen des Vormittags zweifellos besteht: auf die Frage, was geschieht, wenn die spezifische Sinnvermittlung von Allegorie und ein Erzählen, das auf andere Weise Sinn vermittelt, kombiniert werden.

Nachmittag

Die Vorlagen des Nachmittags kreisen um das Thema Allegorie und Geschichte. Dabei bleiben manche Fragen ausgeklammert, die man unter dieser sehr allgemeinen Überschrift auch subsumieren könnte, einer Überschrift, die ja für das ganze Symposion gelten könnte. So geht es in dieser Gruppe von Vorlagen z. B. nicht so sehr um Fragen eines allegorischen Geschichtsbilds oder um Fragen einer Weltgeschichte der Allegorie (mit Anfängen in der Spätantike oder schon bei Alkaios und einem hypothetischen Ende). Es geht vielmehr konkreter um Bezüge zwischen Allegorie und Geschichte, zwischen allegorischen Denk- und Gestaltungsweisen und historischer Realität innerhalb einzelner Epochen vom 13. bis 17. Jahrhundert, wobei die Einbrüche der Reformation, von denen in einigen Vorlagen des dritten Tags die Rede sein wird, noch weitgehend ausgeklammert sind. Insofern scheinen mir die Vorlagen der Herren Cramer, Helmich, Neumeister und Plett zusammenzugehören. Im einzelnen freilich sind ihre Fragestellungen recht verschieden, und der Begriff Geschichte wird jeweils verschieden akzentuiert.

Herr Cramer fragt, warum in einer bestimmten Geschichtsperiode das Interesse an allegorischer Dichtung größer ist als in anderen Perioden, konkreter: Warum zeigt die volkssprachliche weltliche Literatur gerade im Spätmittelalter eine so auffällige Vorliebe für allegorische Dichtungsformen, nachdem sich zuvor im höfischen Roman und im Minnesang Gattungen etabliert hatten, die der Allegorie gegenüber zurückhaltend waren? Mit Recht skeptisch gegenüber geistesgeschichtlichen Parallelen zur Nominalismusproblematik der spätmittelalterlichen Philosophie, fragt Herr Cramer lieber anhand von zwei Beispielkomplexen nach der praktischen zeitgenössischen Funktion allegorischer Texte.

1. Die Schachallegoresen in der Tradition des Jacobus de Cessolis zielen, anders als die Schachallegorese in den ›Gesta Romanorum‹, nicht unmittelbar darauf, den Glauben zu erbauen (*allegoria fidem aedificat*), sondern sie entwerfen ein Bild gesellschaftlicher Hierarchien, ein Bild, das der Realität in mancher Hinsicht sehr viel näher kommt als die sonst ungebrochen dominierende Dreiständelehre, das aber anderseits in manchen durch die Regeln des Schachspiels bedingten Differenzierungen und in seiner Betonung der Möglichkeiten des *povels* (des niederen Volkes) auch zur Realität in Widerspruch geraten kann. Herrn Cramers These: In einer Zeit immer stärkerer politischer, territorialer und sozialer Ausdifferenzierung habe ein Mangel an differenzierteren Ordnungskonzepten bestanden, und in dieser Zeit sei der Griff nach einem Bild erfolgt, das in sich über eine Ordnung verfügte, die der Wirklichkeit normativ vorgehalten wurde: *allegoria aedificat societatem*.

2. Zu demselben Resultat kommt Herr Cramer bei der Minneallegorie; auch hier bieten Bildkomplexe wie ›Kloster der Minne‹ Ordnungssysteme an, da das Thema Minne nicht mehr aus sich selbst heraus organisiert werden könne. Der Minnesang sei unmittelbar gebunden gewesen an die gesellschaftliche Wirklichkeit des Hofes, wobei sich die gruppenstabilisierenden Regeln des Festes, der

Normendiskussion und der Selbstdarstellung sozusagen von selbst einspielen konnten. In seiner spätmittelalterlichen Krise aber habe der Adel insgesamt Literatur gezielt zur Gruppenselbstdarstellung benutzt; und so habe er auch die für die eigene Gruppe als auszeichnend empfundenen Normen der höfischen Liebe in die Kunstfigur der Allegorie retten müssen, um sie nach außen zur Schau stellen zu können.

Man wird über viele Einzelheiten von Herrn Cramers Konzeption diskutieren müssen, wichtig scheinen mir aber vor allem der Frageansatz als solcher und der Kern seiner Antwort: Allegorie als Angebot von Ordnungsgedanken, die der Wirklichkeit vorgehalten werden können.

In den beiden nächsten Vorlagen, die sich mit dem allegorischen Theater des 15. bis 17. Jahrhunderts in Frankreich und Spanien befassen, wird das Problem Allegorie und Geschichte unter einer anderen Fragestellung behandelt. Geschichte heißt hier zunächst Zeitgeschichte, heißt politische und soziale Realität. Es geht um die Frage, wie traditionell allegorische Gattungen, die primär eher auf überzeitliche Wahrheiten verweisen, die gegenwärtig-vergängliche, aber konkret bedrängende Welt, die preisens- oder beklagenswerte Aktualität in sich aufnehmen. Die Art der Verarbeitung zeitgeschichtlicher Realitätselemente aber wird dann gattungs- und geistesgeschichtlich gedeutet.

Herr Helmich legt den Akzent auf die Gattungsgeschichte. Er untersucht ein klar abgegrenztes Textcorpus, die Moralités politiques, eine Untergruppe der Gattung Moralité, die er im 1. Band seiner Untersuchungen zur Allegorie im französischen Theater noch ausgeklammert hatte.[5] Während die geistliche Moralité das allgemeine Menschenleben in Auseinandersetzung mit guten und bösen Mächten zeigt und Historisch-Individuelles praktisch nicht kennt, wendet sich die Moralité politique der Zeit- und Sozialkritik und der politischen und kirchenpolitischen Propaganda und Polemik zu, ist also in ihrer Thematik von vornherein mehr auf die geschichtliche Welt gerichtet. Aber diese wird zunächst primär unter dem Aspekt überzeitlicher Normen gesehen, die Ständevertreter und Kollektivpersonifikationen erscheinen formal als Verkörperungen statischer Entitäten. In wechselndem Ausmaß, aber im Lauf der Gattungsentwicklung deutlich zunehmend, dringen jedoch Elemente des Aktualitätsbezugs in die allegorische Tradition ein; sie reichen von der bloßen undeutlichen Anspielung bis zum Aufbrechen der allegorischen Handlung durch mimetische Partien. Durch diesen gattungsgeschichtlichen Prozeß werde die allegorische Dichtweise ihrer Möglichkeiten als Erkenntnisinstrument beraubt und werde schließlich in konventionelle Erstarrung und ästhetische Unverbindlichkeit abgedrängt.

Vom geistesgeschichtlichen Kontext her führt Herr Neumeister in seinen Gegenstand ein, in die virtuose allegorische Kombinatorik spanischer Fronleichnamsspiele des 17. Jahrhunderts. Diese Stücke, die oft von aktuellen politischen oder höfischen Anlässen ausgehen, aber über eine allegorische Handlung immer auf das geistliche Thema des Fronleichnamsfestes, auf die Eucharistie führen, stellt Herr Neumeister 1. in den Zusammenhang ähnlicher Erscheinungen der Zeit: der kontrafakturartigen *collusión de letras humanas y divinas* oder

der bildlichen Darstellung von Fürstlichkeiten *a lo divino*; 2. referiert er die Äußerungen der Autoren über das Verhältnis von Thema und Realisierung, wie sie sich in Vorreden oder Vorspielen finden; 3. beschreibt Herr Neumeister die Techniken, mit denen allegorische Bezüge zwischen Aktualität und Glaubenswahrheit, allegorische Identifikationen zwischen König und Christus hergestellt werden; und 4. schließlich deutet er Stellenwert und Technik der Allegorie im *auto sacramental de circunstancias* im Kontrast zu anderen allegorischen Formen, insbesondere zu dem nächst verwandten Typus erzählender oder dramatischer Allegorien in der Nachfolge der ›Psychomachie‹ des Prudentius. Wenn ich Herrn Neumeister recht verstehe, müssen jene die Spannung zwischen Eigengesetzlichkeit der Erzählung und Eigengesetzlichkeit der Bedeutung in sich selbst austragen, das *auto sacramental* aber ist an die Okkasionalität des höfischen Anlasses einerseits und an die Darstellung des Sakraments (das es natürlich nur demonstriert, nicht vollzieht) andererseits gebunden, und es kann gerade deshalb in dem Zwischenfeld zwischen beiden Realitäten freier spielen. Mir als Altgermanisten drängt sich dabei der Vergleich mit dem Verfahren Walthers von der Vogelweide auf, der im Spruch von der Magdeburger Weihnachtsfeier des Stauferkönigs Philipp trinitarische und marianische Analogien und politisch-aktuelle Dimensionen nur anklingen läßt, ohne die Art der Bezüge zu explizieren. Die zentrale Frage aber, auf die auch ein solcher Vergleich zulaufen müßte, scheint mir zu sein, wieweit im *auto sacramental* durch das allegorische Ineinspielen von Bühnenrollen, göttlichen Personen und Persönlichkeiten des spanischen Königshauses (sei es im punktuellen Ornament sprachlicher Ambivalenz, sei es im konsistenten allegorischen Bezug zwischen verschiedenen Sinnebenen), wieweit und in welchem genauen Sinn dadurch dem irdischen König ein »Seinszuwachs« oder gar, wie Herr Neumeister einmal sagt, eine »Apotheose« zuteil wird.

Hatte Herr Cramer nach den geschichtlichen Bedingungen für eine wuchernde Blüte allegorischen Dichtens gefragt und hatten die Herren Helmich und Neumeister die Verarbeitung zeitgeschichtlichen Materials in allegorischer Dichtung als zeitspezifisches Phänomen untersucht, so wählt Herr Plett einen dritten Ansatz: Er fragt nach den Theorien und Diskussionen über Allegorie in einer bestimmten Epoche und nach deren geschichtlichen Bedingungen und Wirkungen. Er ordnet und interpretiert die in der englischen Renaissance vorhandenen Allegoriekonzepte unter drei Perspektiven, der produktionsästhetischen, der rezeptionsästhetischen und einer, die er sozialästhetisch nennt und die einen besonderen Aspekt der beiden anderen hervorhebt.

Die produktionsästhetischen Konzepte werden im wesentlichen durch die Rhetoriken vertreten; sie zeigen eine klassizistisch beharrende Orientierung an Quintilian und nehmen von neuen Stilidealen (Manierismus, *argutezza*) nicht oder nur zögernd Kenntnis, geben auch zur Allegorie als textkonstituierender Form kaum mehr als den Hinweis, daß die Allegorie nicht nur ein Satz-, sondern auch ein Texttropus sei. (Der an sich wichtige und diskutierenswerte Hinweis auf Entsprechungen zwischen rhetorischer *ars memoriae* und dem spezifischen Bilddenken allegorischer Dichtung, den Herr Plett in diesem Zusammenhang gibt, betrifft wohl weniger die expliziten Allegoriekonzepte und ist vielleicht auch nicht auf die Renaissance einzuschränken.)

Deutlicher zeitspezifische Allegoriekonzepte zeigen sich unter rezeptionsästhetischer Perspektive: Die Hinweise der Rhetoriken auf die Wirkung folgen natürlich der sonstigen klassizistischen Tendenz dieser Tradition. Differenzierter ist die exegetische Tradition und die Poetik. So sehr die Konzepte der Allegorese von Bibel und klassischer Dichtung aus mittelalterlichen Wurzeln genährt sind, so wird doch die Systematik der Schriftsinne in der Bibelexegese reduziert und in der Klassikerexegese nach neuen Kriterien ausdifferenziert. Dabei wird die Allegorese in den Dienst einer Verteidigung von Dichtung und humanistischen Studien gegen puritanische Angriffe gestellt: Dichtung als *prima philosophia* in schöner Verkleidung, deren innerste Wahrheit freilich nur den Gebildeten zugänglich ist.

Damit ist bereits die dritte, die sozialästhetische Perspektive angesprochen. Bei dieser Perspektive geht es Herrn Plett aber vor allem um Allegorie als *courtly figure*, um den Zusammenhang von Allegorie und höfischer Kultur. Allegorie als *figure of faire semblant* konnte der Zeit als Richtschnur nicht nur für Hofpoesie, sondern fürs Hofleben überhaupt gelten. An der Kehrseite des schönen Scheins, dem falschen Schein, der *figure of false semblant,* setzte die Kritik an der Hofkultur an, die dann folgerichtig für eine nichttropische, nichtallegorische Redeweise eintrat, für das *genus humile*.

Insgesamt hat Herr Plett demonstriert, daß auch die jeweils dominanten theoretischen Konzepte von Allegorie und Allegorese nicht unabhängig von Zeitströmungen und historisch-sozialen Bedingungen sind, und so ergänzt er in willkommener Weise die verschiedenen Ansätze zum Problem Allegorie und Geschichte, denen die Diskussion dieses Nachmittags gelten soll.

Anmerkungen:

1 Kuhn, 1948, S. 139 bzw. S. 145.
2 Wünsch, 1972.
3 Speckenbach, 1976, S. 181–192.
4 Die französische Einschränkung »in einer Ähnlichkeit keineswegs von gleichem Rang« (*de semblance ne mie de hautece*) wird im Deutschen kaum verständlich wiedergegeben *und nit von hohem reht.*
5 Vgl. Helmich, 1976, S. 25–27.

Joie de la curt
Bedeutungssetzung und ethische Erkenntnis

Von CHRISTOPH CORMEAU (München)

Die *Joie de la curt*-Episode in Hartmanns ›Erec‹[1] ist ohne Zweifel eine der am stärksten bedeutungsgesättigten Szenen des ganzen Romans. Sie kann vorzüglich zum Exempel dienen für die Frage, ob und in welchem Maß der höfische Roman auf allegorische Entschlüsselung hin angelegt ist. Der Vorschlag, die Szene in diesem Zusammenhang zu erörtern, knüpft an kein historisches oder gegenwärtiges theoretisches Konzept von Allegorie an, sondern an eine Forschungskonvention. Seit Hugo Kuhn 1948 diesen Abschnitt als »allegorische Erzählung«[2] bezeichnete, wird der Begriff mit größerem oder geringerem Nachdruck wiederholt.[3] Ich will hier Begriff und theoretische Implikationen zunächst beiseitelassen und nur methodisch möglichst genau noch einmal nachzeichnen, welche Bedeutungsschichten in der Episode sich entfalten und wie sie miteinander verknüpft sind. Die sukzessive Entfaltung von Sinn im narrativen Fortschreiten erscheint mir dabei so wichtig, daß ich zuerst dem Verlauf folgen will, obwohl mich dieses Vorgehen zwingt, weithin Bekanntes zu wiederholen.[4]

Nur zwei Bemerkungen scheinen mir vorab nötig. Einmal will ich der zu analysierenden Inhaltsaspekte wegen an die moralphilosophische Grundanschauung erinnern, daß die subjektiven und objektiven Wertmomente (Intention, Normentsprechung) auf einer Handlung aufruhen, Ethos also nicht abtrennbar ist von der Konkretion im Akt, aber auch wieder über den einzelnen Akt hinausweist. Zum anderen gehe ich bei der Analyse der Episode von folgenden gattungspoetischen Voraussetzungen[5] aus: Der höfische Roman führt den Protagonisten (und seine Partnerin) einen linearen Stationenweg, der im wesentlichen aus einer Reihe von Episoden besteht, die nach dem märchenhaft einfachen Dreischritt von Konfrontation, Domination und Attribution gebaut, durch Erzählerhandeln und Wertbesetzung mit dem Mittel von Analogiebezügen zwischen den Stationen aber der fortschreitenden Identitätsentwicklung des Helden dienstbar gemacht sind.[6] Alle anderen Akteure (mit Ausnahme des Artushofs) und Szenerien sind dem finalen Weg des Helden funktional zugeordnet, sind also als Gegenspieler oder Helfer eingeführt und als Schauplatz einer Konfrontation oder eines förderlichen Zwischen- oder Endstatus angelegt und nur soweit vorgezeigt.

I.

Ihrer Funktion im Gesamtablauf nach ist die Episode die letzte additiv-steigernde Fortsetzung der Rehabilitierung des Helden im zweiten Aventiureweg, ehe die Ruhelage des Ziels erreicht wird. Sie wird in derselben Weise angereiht, in der die Stationen des zweiten Teils verknüpft sind: Zufall führt an einen Ort[7], der Ort ist gleichbedeutend mit einer neuen Konfliktkonstellation. An einer Wegscheide wählen die drei Weggefährten ohne Absicht den Weg nach Brandigan (*baz gebuwen* statt *rehte strâze*, v. 7816f.). Der Verknüpfung nach setzt die Episode die Linie der Aventiuren fort, deren Sinn und Notwendigkeit wie vorher so auch hier durch die Art des Konflikts und seinen Ausgang definiert wird.

Zusätzliche Bedingungen aber bezeichnen Besonderheit in der Anreihung: Als letzte Aventiure ist die Episode isoliert im sonst in symmetrischen Doppelungen aufgebauten zweiten Aventiureweg.[8] Selbst wenn dieser Umstand einer nicht oder wenig reflektierenden Rezeption verborgen blieb, ihm entsprechen noch andere leicht wahrnehmbare Signale. Das Problem der Minne Erecs und Enites, was auch immer es beinhaltet, der Anlaß zum Aventiureaufbruch, ist in der vorausliegenden Versöhnung schon gelöst. Das intendierte Ziel der Reise (im Kontrast zu Erecs gewollter Ziellosigkeit v. 3113, 5284f.) ist der Artushof, objektive und subjektive Trennung von der Gesellschaft soll nach der Absicht der Figuren zu Ende gehen, der ganze Roman soll offensichtlich sein Ziel erreichen. Die beiden formalen Koordinaten, die schon an der Anbindung der Szene abzulesen sind, die narrative Sequenz und die Hervorhebung, bestimmen durchgängig die Episode und in ihrem dialektischen Wechselspiel konstituiert sich deren Aussage.

Der neue Schauplatz wird, nach spannungssteigerndem Erzählereinwurf wegen der noch nicht preisgegebenen Funktion (v. 7826ff.), durch eine Lage- und Architekturbeschreibung – der einzig ausführlichen im ganzen Roman – hervorgehoben (v. 7831ff.) mit uneingeschränkt positiven Attributen. Dem Anblick entspricht die subjektive Reaktion von Erecs Gefallen (v. 7818f.) und ebenso der Name *Joie de la curt*. Die Qualität dieser Szenerie macht ein Blick auf den Beginn der *Pesme Aventure* im ›Iwein‹ deutlich, wo von einem gleichen Ensemble Burg mit Stadt nicht mehr gesagt wird, als daß sie zum Nachtlager taugen (›Iwein‹ v. 6080ff.). In Opposition zu Szenerie und Namen aber enthüllt sich Brandigan als Fortsetzung der Aventiurereihe, als unvermutete Herausforderung durch eine Konstellation, der gegenüber es wieder nur die Depravierung vor dem selbstgesetzten Anspruch oder das Alles-aufs-Spiel-Setzen im Kampf auf Leben und Tod gibt. Wieder sind die Umstände der Gefahr erst Dritten bekannt, die den Protagonisten informieren, vor allem Guivreiz, der Erec mit zunehmend deutlicheren Hinweisen auf die Gefahr warnt, und den Städtern, in deren Verhalten – erst Freude und Tanz (v. 8062f.), dann betroffenes Mitleid mit Erec und Enite (v. 8076ff.) – sich im Kleinen die Opposition von Ort und *costume* spiegelt. Der Ort ist traditionell Ziel aventiuresuchender Ritter, allerdings immer zum Schaden der Fremden. Guivreiz' warnende Erzählung erregt nur den Aventiurewillen des Helden (v. 8046). Guivreiz' Widerstand wie die Klage der Stadtbewohner dienen natürlich vor allem zur Spannungssteigerung und zur Aufwertung des Risikos; dabei entspricht der ausgedrückten Negativerwartung der Mitakteure nach dem bisherigen Verlauf des Romans wohl proportional eine Positiverwartung der Hörer, die der Erzähler auch durch seine Bemerkungen über Erec (z.B. v. 8115 ff.) nachdrücklich unterstützt. In Erecs herausfordernd fröhlichem Singen (v. 8157 ff.) potenziert sich die Spannung.

Der Widerspruch zwischen Szenerie und Handlungskonstellation wiederholt sich auf Brandigan: Höfische Begrüßung, Prunk des Palas, Schönheit und kostbare Kleidung der achtzig Frauen stehen in Kontrast zu deren Trauer und der Betroffenheit des Hausherrn Ivreins (v. 8179, 8390 ff.). Die Hervorhebung durch deskriptive Anreicherung bis hin zum rhetorischen Schönheitenkatalog (v. 8261 ff.) verändert sich vor dem Hintergrund der Aventiuredrohung zur Bezeichnung eines disharmonischen, wertwidrigen Zustands, den Erec als Herausforderung erkennt und annimmt (v. 8351). Trotz aller Voraussetzungen ist *Joie de la curt* nicht Wirklichkeit, sondern muß erst geschaffen werden, der Gegenspieler und seine *costume* widerstreiten dem im Namen enthaltenen Programm (v. 8080 ff.). Die auf höfische Daseinsharmonie hin angelegte Szenerie aber setzt für einen Sieg im Kampf einen Preis aus, der über die Sicherung seines und seiner Frau Leben, die Grundkonstante aller Aventiuren, weit hinausgeht und einen exemplarischen Zustand meint.

Im Gespräch mit dem Burgherrn (v. 8374 ff.) scheint die Entwicklung der Aussage zurückzufallen, nur das Risiko der Auseinandersetzung wird durch Schilderung der Umstände und Exempelfiguren weiter aufgebaut. Doch aus dieser generell aventiuretypischen Präzisierung der Aufgabe und der Opposition von Held und Gegenspieler springt die Aussage auf die abstrakte Selbstdeutungsebene: Erec bezeichnet nun selbst (v. 8521 ff.) die Konstellation als Ziel seiner Suche, *sælden wec* und providentielle Bestimmung, wo Einsatz und Preis im Verhältnis von Pfennig zu tausend Pfund stehen. Das ist paradox, denn das *lützel*, der *phenninc* ist alles, Erecs Leben, der Preis dagegen nur die weitbekannte Ehre Mabonagrins. Selbst wenn man das die Ironie streifende understatement abzieht (die vom Erzähler angeschlagenen Tonlagen genau zu verfolgen, muß ich mir versagen), bleibt hier durch die in der Beschreibung von Brandigan aufgebaute Erwartung ein Bedeutungsüberschuß, der das übliche Schema des Ehre-Messens im Kampf weit übersteigt, wie etwa der Vergleich mit dem Iders-Kampf zeigen könnte. Das liegt nicht zuletzt daran, daß mit dem Wert Ehre der gesamte Status von Charakter und Bewußtsein der Kontrahenten in die Waagschale geworfen wird und in dieser Hinsicht ist nun – das muß hier schon im Vorgriff gesagt werden – Erec soviel überlegen, wie er Mabonagrin an Ehre zuschreibt.

Die Szenenfolge von Nachtlager und morgendlicher Bereitung zum Kampf ist ganz darauf angelegt, das Risiko der Aventiure noch einmal zu konkretisieren, durch die umsichtige Vorbereitung Erecs, die absolut negative Erwartung der Städter und schließlich den grauenerregenden Anblick der aufgespießten Köpfe der glücklosen Vorgänger. Der Baumgarten mit all seinen wunderbaren Eigenschaften, die ein müheloses Leben garantieren, schließt sich einerseits mit den vorausgehenden Beschreibungen von ganz Brandigan zusammen, in der Totale am Anfang war er als Teil enthalten, die hermetische Abtrennung aber schneidet diesen Kernbereich heraus. Dieser Widerspruch auf der Beschreibungsebene ist dem vorher notierten Bruch in der *Joie de la curt* äquivalent. Durch die Zuordnung des Innen und Außen zu Gegenspieler und Held ist die lokale Opposition in das aktionale Schema eingebunden, der Wert, um den gekämpft wird, hat offensichtlich mit dieser Abschließung zu tun, weil der eventuelle Sieg durch das Horn (v. 8795) veröffentlicht werden soll.

Mit dem prächtigen Zelt im Zentrum des Gartens[9] erreicht die Beschreibung den letzten Punkt. Das Begrüßungsritual wird durch Mabonagrin sofort zur Konfrontation verwandelt, auch wenn Erec den Reizdialog humorvoll friedfertig führt. Vom folgenden Zweikampf ist hier nur wichtig, daß das Motiv der Stärkung durch die Minne symmetrisch beiden Kämpfern zugeschrieben wird (v. 9171 ff.), ein Signal, daß mit Sieg und Niederlage auch über beider Minneverhalten gerichtet wird. Daß Erec gerade noch (v. 9217) den Sieg an sich reißt, ist schematypisch und spannungsnotwendig. Nun wird auch die Opposition zwischen Deskription von Brandigan und Zustand dort eindeutig bezeichnet (v. 9601 f.) und nach dem Sieg als aufgehoben erklärt: *daz des hoves vreude wære widere gewunnen* (v. 9759 f.). Diese Aussage konkretisiert die folgende Festinszenierung, nur die Trauer der achtzig Witwen kann erst am Artushof gemildert werden.

Die szenische Ausgestaltung gibt der Aventiureaktion Entscheidungscharakter, nur in dieser Episode wird gleichzeitig mit dem Aufbau der Konfliktsituation das Ergebnis schon so vorbereitet, daß schließlich ein endgültiger Zustand erreicht ist, der das Erprobungsmuster künftig überflüssig macht, die zirkuläre Struktur der sich erneuernden Prüfungen ist aufgehoben. Die Einfügung der Aventiurehandlung in eine sich vom Aufenthalt bei Guivreiz bis zum Artushof verdichtende Deskription höfischer Freude markiert Erecs Rolle des handlungsmächtigen Garanten.

Vorläufig versuchte ich, die Bedeutungssetzung handlungsbezogen allein aus dem Widerspiel von Aktionsmuster und Szenerie zu beschreiben, soweit das überhaupt möglich ist. Durch den wertenden und kommentierenden Erzähler wird die Handlung als Folge subjektiver Einstellungen und Motivationen des Protagonisten (und des Gegenspielers) vorgestellt. Schon der Dialog mit Guivreiz beim Anblick von Brandigan, als Erec Guivreiz drängt, seine vagen Andeutungen zu präzisieren, ist Gelegenheit, die innere Einstellung des Helden ins Spiel zu bringen, seinen freien Willen, einer Norm zu entsprechen (v. 7915, 7912), sein Vermeiden jeder als *vorhte* (v. 7945) oder *zageheit* (v. 7983) auslegbaren Reaktion und seinen überlegenen Gleichmut (v. 7936, 8043 ff.) Er ist nicht gewillt, sich vernunftlos auf eine absolut aussichtslose Situation einzulassen (v. 7949 ff.), er will selbst urteilen und danach handeln. [10] Die entschlossene Tapferkeit (v. 8119 ff., 8424 ff.), gegründet auf das Vertrauen in die gottgewollte Schicksalhaftigkeit (v. 8147), wird vom Erzähler als habituelle Eigenschaft Erecs hervorgehoben; hier setzt Hartmann Vergleiche ein (*adamas* [11]). Die Aspekte von Freiheit und bewußtem Urteil charakterisieren diese Tapferkeit als ethische Qualität, die erst an dieser Stelle im Roman voll ausgebildet ist. In diesen Zusammenhang gehört auch die schon erwähnte Interpretation der Aventiure als Ziel der Suche und große Chance (v. 8521 ff.) durch Erec selbst. Daß diese Haltung keine blinde Überhebung ist, erläutert der Erzähler mit dem Begriff der *rehten vorhte*, die nicht *zagelich* ist (v. 8619 ff.). Die zuversichtliche Gelassenheit steigert sich bis zum Kampfbeginn (vgl. den Wortwechsel mit Mabonagrin v. 9027 ff.).

Korrespondierend zum Aktionsmuster der Aventiure steht die Einstellung zum Kampf im Vordergrund. Es ist klar, daß diese Charakterisierung des Helden nicht als bloße auktoriale Attribuierung wirkt, da sie ja in Kenntnis des ganzen vorausgehenden Romans zu lesen ist. Mabonagrin dagegen offenbart im Gespräch nach dem Kampf, daß seine Einstellung sich mit der *costume*, die das Handlungsschema antreibt, nicht mehr deckt, die Niederlage, die ihn von seinem gegebenen Wort befreit, bedauert er nur halb (v. 9454 f., 9582, 9588 f., 9599), was nun umgekehrt die äußere und innere Handlungsfreiheit Erecs unterstreicht. So bezeichnet der Erzähler mit den Mitteln des Gesprächs Haltungen als bewußte und bewährte Einstellungen, die Handeln motivieren. Hier aber ist das Abheben episodenimmanenter Bedeutungsschichten [12] an seine Grenze gekommen. Schon die Ergänzung der Charakterisierung Erecs durch die Minnehaltung, wie sie vor allem in dem wertenden Dialog der beiden Kontrahenten nach dem Kampf zur Sprache kommt, kann nur noch aus der Präsenz des ganzen Romans bezeichnet werden.

Auch diese Bedeutungsschicht, die nun den diachronen Weg hier synchron in eine Wertskala umsetzt und daraus den Aussagekern der Episode entwickelt, wird vom Erzähler durch Rückbezüge aufgebaut. Eine erste Analogiebeziehung sehe ich im Motiv der Schönheit der auf Brandigan versammelten Frauen. Der Preis der Schönsten war im ersten Teil Enite zugefallen. Die Motivkorrespondenz ist deshalb aussagekräftig, weil hier Erec nun die soziale Funktion von schönen Frauen, höfische Freude zu verursachen, reflektiert (v. 8295 ff.), was jetzt Distanz zu seinem Verhalten in Karnant impliziert. Den Grund für seine Gelassenheit offenbart Erec selbst, als er Enite tröstet (v. 8863 ff.): Seine Tapferkeit ist so groß durch ihre *guote minne* (v. 8870), diese Beziehung macht ihn geradezu *sicsælic* (v. 8879), Minne ist nun die Möglichkeit zur höchsten Leistung, nicht mehr Anlaß zur Untätigkeit. Was sich auszuschließen schien, ist hier dialektisch ineinsgesetzt, denn Kampf ist dann auch nötig, die rechte Minne unter Beweis zu stellen.

Der Zweikampf selbst wird nach der zweiten Tjost in eine Minnemetaphorik gekleidet (v. 9106 ff.), doch hierin sehe ich nun keinen oder allenfalls einen beiläufigen Bezug auf die Gesamtthematik, sondern in erster Linie rhetorische Ornamentierung zur Dehnung und Intensivierung der Schilderung. [13] Durch die Gegenwart der Freundin Mabonagrins und die Gegenwärtigkeit Enites in Erecs Gedanken sind die Minnepartner in die Konfrontation einbezogen. [14] Die Frauen entdecken ihre nahe Verwandtschaft über Imain, den Herzog von Tulmein, wieder eine zeichenhafte Verbindung zur entscheidenden Situation im ersten Teil.[15] Die ganze Bedeutung des Kampfes wird in dem Gespräch der Kontrahenten danach offengelegt. Erecs Frage an Mabonagrin zielt, da er die näheren Umstände schon vorher durch Guivreiz und Ivreins erfahren hat[16], nur auf den einen Punkt, Mabonagrins Abschließung (v. 9420 ff.), d. h. die Relation von Minne und Gesellschaft. Mabonagrins Minne ist ganz und ausschließlich seiner Partnerin zugewandt (v. 9508 f., 9522), die aber drängt ihn in die eifersüchtige Abschließung (v. 9555), sogar gegen seinen Willen; die Folge ist die Pervertierung des Freudenhofs Brandigan.

Die Ausgangskausalität für den Konflikt stellt für den Leser zwei Relationen her: Erecs Verhalten in Karnant und die Folgen für seinen Hof gleichen dem Verhalten Mabonagrins, nur ging dort der Anstoß in symmetrischer Umkehrung von Erec, nicht von der Partnerin aus.[17] Diese Relation unterstreicht Erec, indem er seine durch die überwundene Situation erweiterte Erfahrung als Argument verwendet, er kennt nun die wahren Wünsche einer Frau besser (v. 9425 ff.). Diese diachrone Relation in der Person Erecs erscheint synchron in der Konfrontation von Held und Gegenspieler, genauer an dieser Stelle von Sieger und Besiegtem, kurz – Erec hat Mabonagrins und seine frühere Minneauffassung im Sieg widerlegt, den er durch seine neue Minneauffassung erreichte.[18] Deshalb wird soviel Gewicht auf die Abhängigkeit der Kämpfer von der stärkenden Wirung der Minne gelegt (v. 9171 ff.).[19] Deshalb kann Erec so zuversichtlich aus der Überlegenheit ihrer neuen Minneauffassung und der daher notwendigen Durchsetzungskraft Enite vor dem Kampf trösten (v. 8864 ff.).

Das Ergebnis des Kampfes ist die Wiederherstellung von *Joie de la curt* durch die Öffnung des Baumgartens (v. 9601 ff.), ist die Restitution des schon in der Deskription als gestört bezeichneten Zustands, der des berufenen Erlösers harrte (v. 9756 ff.). Die höfische Freude ist nicht eigentlich der Kampfpreis, sondern Indikator für eine subjektive Verfassung, die diese Wirkung ermöglicht. Das zugrundeliegende märchenhafte Handlungsschema ist hier völlig ethisiert, die Domination des Gegenspielers führt nicht zur Attribution eines fehlenden Wertobjekts, sondern der Wertaspekt bleibt als moralischer am Handeln der beiden Subjekte haften. In der Konfrontation werden komplexe Haltungen aneinander gemessen und die Dominanz Erecs beweist die Überlegenheit seiner Haltung. Der Kampfpreis ist eigentlich das Gelingen dieses Beweises. Da Erecs Einstellung durch die Rückverweise als different von seiner früheren und als durch die Erfahrung des Wegs erworbene erscheint, die subjektive Diachronie aber als Wiederholung durch die Identifikation mit dem Gegenspieler synchron gemacht wird, bleibt die Bedeutungssetzung auf der Handlungsebene, die als vom Subjekt kausal motivierte vorgestellt wird. Die Deskription des Schauplatzes, die in Opposition zum Handlungsschema aufgebaut wird, definiert einerseits die Konfliktkonstellation mit[20], nimmt andrerseits die schließlich erfolgende Lösung vorweg und ist ein Teil der vom Aufenthalt bei Guivreiz bis zum Artushof sich steigernden Inszenierung des Endstatus.

II.

Ich fasse das Ergebnis meiner Analyse zusammen. Die Episode konstituiert ihren Sinn im Grund wie jede Aventiureepisode. Handlungskern ist die Konfrontation mit einem Gegenspieler, die der Held siegreich besteht. Dieses Aktionsmuster ist mit wechselnden Bedeutungen gefüllt (Verteidigung gegen räuberischen Angriff, Restitution der Ehre, Befreiung eines Gefangenen, Beweis der größeren Schönheit der Dame oder der adäquateren Minneauffassung), die zunächst gleichrangig und in gleicher Weise konstruiert sind. Durch die Erzählstrategie und ein von vornherein unterlegtes Wertungsmuster werden subjektive Antriebe und Haltungen auf die Aktion projiziert, Kampf und Erfolg werden zur Konkretion von Ethos und Bewußtsein des Helden vor allem durch die abgestuft eingesetzten Mittel von Dialog oder Gedankenmonolog, in denen sich der Protagonist selbst expliziert, aber auch durch die im Gegenspieler überwundenen kontrastierenden Negativpositionen. Durch die binnenhistorische Sequenz von Episoden werden in einer Kontrast- und Akkumulationstechnik die Bedeutungsdimensionen der Aktion entwickelt und ergänzt, die subjektiv-ethischen Aspekte und der Bewußtseinsgrad können zunehmend in den Vordergrund gespielt werden.

Die *Joie de la curt*-Episode unterscheidet sich von den übrigen Aventiuren des Romans durch die intensivere Inanspruchnahme dieser binnenhistorischen ›zweiten‹ Bedeutungsebene. Diese Bedeutungsschicht ist aber genauso wie die erste an die Aktion geheftet, von Handlung nicht abzutrennen (die andernfalls zur sinnlosen Wiederholung einer bewaffneten Rauferei wird). Die fiktionale Realität konstituiert Aktion nicht ohne Sinn, ist aber nicht allegorisch, und auch *Joie de la curt* ist nicht Allegorie, sondern nur komprimierte Vergegenwärtigung synchroner und diachroner Bedeutungssetzung. Dabei ist impliziert, daß dem subjektiven Ethos gerade von Hartmann neu gesetzte religiöse Akzente attribuiert werden, sie bilden aber weder eine in sich konsistente Schicht, noch ist die Aktion auf diese Ebene transformierbar. [21] Wo es dennoch versucht wird, sehe ich nur allegorisierende Rezeption, nicht Offenlegen allegorischer Dimensionen des Textes.

Daß die direkte Bedeutungssetzung in der Handlung eine sehr komplexe Aussage vermittelt, kann eine mehr begriffliche Qualifikation einiger Inhaltsaspekte zeigen. Ich halte das Problembewußtsein im Roman für so entwickelt, daß ich ihm Erkenntniswert, d. h. das Bewußtmachen bisher so nicht thematisierter Problemaspekte, zusprechen möchte.

Die in der *Joie de la curt*-Episode komprimierte Aussage enthält einmal ein Wertsystem. [22] Um die zwei Leitwerte Minne und ritterliche Selbstbehauptung, die ihrerseits als unlösbare dialektische Einheit vorgestellt werden (v. 8863 ff.), ist ein Bündel von individuellen und sozialen Tugenden angeordnet. Diese bekannte Inhaltsseite vollständig zu wiederholen, kann ich mir hier ersparen. Der Wertkanon gilt als ethische Voraussetzung erfüllten Daseins (*vreude*, *sælde*) bis in den Bereich, wo sich menschliche Leistung und gottgegebene

Gnade ergänzend durchdringen müssen (vgl. das von Erec ausgedrückte Bewußtsein v. 8560, 8589, 8856, 9047). Der Kanon gilt im Roman auch als vollständiges ethisches Inventar; allerdings ist dabei impliziert, daß die fiktionale Welt ihrerseits der historischen Realität als Selektion gegenübersteht. Das Repertoire der Fiktion bezieht sich zwar auf Realität, ist aber nach eigener Gesetzlichkeit und Intention ausgewählt.[23] Vollständigkeit und Geschlossenheit des Normsystems sind nur in bezug auf die fiktionale Realität zu konstatieren. Folgt man dem Modell der soziologischen Systemtheorie, die die Sinnsetzungen in sozialen Gruppen generell als Selektionen aus der prinzipiell unüberschaubar vielgestaltigen Realität versteht und Sinnsubstituenten grundsätzlicher Art wie Liebe und Macht als Reduktionsleistungen der sozialen Orientierung auffaßt[24], dann ist Begrenzung der Möglichkeiten keine spezifische Eigenschaft fiktionaler Welten, sondern der Sinnbildung generell eigen. Die analoge Konstitutionsweise wahrt die Beziehbarkeit und Beispielhaftigkeit in der Fiktion entwickelter Wertsetzungen.

Doch wichtiger als die objektive Seite des Verhaltensentwurfs sind die personal-subjektiven Aspekte und die Relation beider Seiten, die in dieser Deutlichkeit erstmals im höfischen Roman thematisiert werden. Dabei beziehe ich die Unterscheidungen von einem allgemeinen Modell ethischen Handelns; im narrativen Vollzug sind die Momente nicht auseinandergerissen, wohl aber unterschieden und synchron entwickelt: die Normen aus dem Anspruch an den handelnden Helden, das moralische Subjekt aus der Auseinandersetzung mit den Normen im Akt. Der Weg der Handlung ist für den Protagonisten ein Fortschreiten des Bewußtwerdens, oder genau genommen wenigstens des bewußt Artikulierens der aus Norm und Situation erwachsenden ethischen Ansprüche. In der *Joie de la curt*-Episode wird schließlich in den Reflexionen Erecs über die soziale Funktion der Schönheit, über seine Verpflichtung zum Engagement, in seiner Minneauffassung, die er Mabonagrin expliziert, am deutlichsten die subjektive Motivation des Handelns entwickelt: Erecs Einsicht in Norm und Situation, sein freier Wille und seine Intention zur Normerfüllung. So kontrastiert seine freie Annahme einer selbsterkannten Verpflichtung mit der legalistischen Wortbindung Mabonagrins, die diesem zur Last geworden ist. Im Unterschied zur unbewußt direkten Handlungsweise in Tulmein, die eher auf die Gratifikationen, die im Erfolg liegen (Ehre, Vorteil), ausgerichtet war, ist Erec jetzt mehr auf die Erfüllung ethischer Norm um ihrer selbst willen bedacht, so daß er sogar – wenigstens verbal – das Scheitern am Gegner einbeziehen kann (v. 8046f.). Daß der Handlungsduktus des Romans tatsächlich kein Scheitern zuläßt, ist eine andere Sache.

Eine weitere entfaltete Kategorie sehe ich darin, daß die im Werthorizont des Romans wichtigsten ethischen Einstellungen, das Minneverhältnis und die einsatzbereite Tapferkeit, am Ende der Episodenreihe als wiederholt bewährte erscheinen. Was der Held in vergleichbaren Situationen immer wieder und immer deutlicher zur Anwendung bringt, erscheint schließlich als dauerhaft angeeignet. Die harmonische Entsprechung von Subjekt und Norm wird zum Habitus, zur

Tugend. So lassen sich bezeichnenderweise sowohl das *unmaze*-Motiv (v. 7012 ff.) beim zweiten Zusammentreffen mit Guivreiz, wie die *rehtiu vorhte* (v. 8626), die Besorgnis des Tapferen angesichts des erkannten Risikos, zwanglos als unbewußter oder bewußter Reflex auf die philosophische Tugenddefinition aus der Tradition von Aristoteles und Boethius lesen, die Tugend als die ausgewogene Mitte zwischen einem Zuviel und einem Zuwenig definiert.

Erecs heiter überlegene Gelassenheit bis hin zum schonenden Versteckspiel seinem Gastgeber Ivreins gegenüber (v. 8443 ff.) ist das Bild symmetrischer Entsprechung von Normhorizont und aktueller wie habitueller Verfassung des Subjekts, ein Bild deshalb, weil der narrative Vollzug ethischen Handelns einheitlich bleibt, auch wenn mir die aufgezählten Kategorien darin unterschieden scheinen. Auf dem Rücken der Aktion im Aventiuremuster entwickelt der Roman Wertsystem und eigenverantwortliche Einübung in das Ethos. Im Rahmen der selektiven fiktionalen Welt ist das durchaus ein »Sozialmodell« [25]. Von hier aus wäre nach der Funktion und der Verständigungsleistung des höfischen Romans zu fragen, und es wären sozialgeschichtlich argumentierende Deutungsvorschläge zu diskutieren, und von hier aus könnte schließlich die in geistesgeschichtlicher Beschränkung festgefahrene Diskussion des ›Tugendsystems‹ fruchtbar weitergeführt werden. Beide Aspekte sollen hier beiseitebleiben.

Wichtiger erscheint mir im Rahmen der Überlegungen über die Funktion direkten und indirekten Sprechens der Erkenntniswert dieses Verhaltensentwurfs. Dieses Prädikat will nicht ein neues anspruchsvolles Etikett für die ohnehin nicht bestrittene Qualität des ›Erec‹ finden, sondern ein Hinweis auf die Stellung des skizzierten ethischen Konzepts innerhalb gleichzeitiger anderer Konzepte verbindlicheren Anspruchs sein. Der poetische Verhaltensentwurf ist nicht als Umsetzung oder Reproduktion zu verstehen, sondern die Ausfaltung der Aspekte moralischen Handelns ist ein genuin eigenes Problemverständnis. [26]

Diese Behauptung bedürfte eines weit ausgreifenden Beweises, den ich hier schuldig bleiben muß; ich kann nur einige unmethodische und vorläufige Beobachtungen vorlegen. Die Eigenart der erzählenden Entwicklung ist, neben der im fiktionalen Rahmen erreichbaren Vollständigkeit des Norminventars, die Ausgewogenheit der objektiven und subjektiven Aspekte ethischen Handelns. Gerade darin hat die zeitgenössische Moralphilosophie und -theologie, soweit mein Einblick ein Urteil erlaubt, kein vergleichbares Konzept an die Seite zu stellen. Die aszetische Tradition, die ich wenig kenne, ist auf das spirituell-monastische Leben und die darin hochgeschätzte Weltabwendung eingestellt, mit der romanesken weltzugewandten Laienmoral also kaum zu vergleichen. Die theologische Spekulation kämpft aber gerade bis zur Hochscholastik um die adäquate Zueinanderordnung der unterschiedlich klar entwickelten Kategorien. Die juristische Kasuistik und die an sie angelehnte Bußpraxis sind auf die negative Seite, die Verfehlung, bezogen und aus dem Zwang zur Eindeutigkeit extrem auf die materiale Seite des Handelns ausgerichtet bis hin zur Erfolgshaftung in für personal ethisches Denken absurden Spezifikationen. Das ist Folge wohl jeder Straf- und Bußtaxonomie, verstärkt durch den ontologischen Denkansatz mittelalterlicher Theologie, bleibt aber auch nicht ohne Wirkung auf die Moraltheologie im engeren Sinn.[27] Diese hat zwar in der *consensus*-Lehre schon eine lange Tradition in der Bestimmung der subjektiven Schuld. Mit der Differenzierung der Terminologie aber wachsen die Schwierigkeiten der Zuordnung.[28] Abälards vehementes Plädoyer für die Personalität der Moral – er definiert die *intentio* als einzigen Grund des moralischen Wertes – deckt eine Verständnisschwäche in der Zuordnung der subjektiven und objektiven Gründe auf, die erst die weitere Diskussion bis zu Thomas von Aquin beheben kann, indem sie dem Willen und der Absicht des Subjekts Geltung gibt, ohne die objektive (und das heißt auch soziale) Norm aufzuheben. Das Problem, das der Roman thematisiert, könnte man gerade umschreiben als die Integration von sozialen Normen und den freien und bewußten Akten des Protagonisten.

In der theologischen Diskussion um die Tugend überlagert das theologische Interesse an der Heilswirksamkeit und der Gnadenbedingtheit der Tugend die praktische Frage des Erwerbens dauerhafter Einstellungen durch Handeln, obwohl aus der aristotelischen Tradition der Begriff des *habitus* weitergegeben wird.[29] Nur Abälard und seine Schule und Alanus zeigen wirksames Interesse an der natürlichen politischen Tugend und beeinflussen mit ihren mehr philosophischen Definitionen die theologische Spekulation. Die ontologische Ausrichtung macht erst die Aufspaltung zwischen *habitus* und *usus* notwendig, ehe die Vermittlung mit der praktischen Konkretion wie im Roman gelingen kann.

Das Interesse an diesem Seitenblick auf die Theologie liegt nicht darin, eine Übereinstimmung der Inhalte festzustellen; ein solcher Versuch, das ist gegen Antonín Hrubý zu betonen, verkennt den, trotz Hartmanns Zufügung religiöser Aspekte, genuin säkularen Inhalt des Ethos und mißachtet die Grenze zwischen fiktionaler und realer Welt.[30] Wenn diese Grenze aber gewahrt wird, liegen Übereinstimmungen vor allem in den allgemeingültigen Aspekten des Ethischen. Das Interesse liegt vielmehr darin, zu zeigen, daß der poetische Verhaltensentwurf die Wertaspekte des Handelns in einer Differenziertheit und Klarheit erfaßt, die theologischen Konzepten nicht nachsteht, sie in der im narrativen Vollzug erreichten harmonischen Zuordnung objektiver und subjektiver Momente sogar übertrifft. Der höfische Roman löst – scheinbar selbstverständlich – Probleme, die die theoretische Spekulation mit ihrem überkommenen Begriffsinventar, das aber durch Lücken, Relationsprobleme und aus theologischen Systemzwängen hochgespielten Randfragen inhomogen ist, noch nicht in gleicher Weise beherrscht. Darauf zielt das Prädikat vom Erkenntniswert. Es impliziert die Prämisse, daß eine Bild- und Handlungslogik dem Begriffsverstehen ebenbürtig ist.

Die These vom Erkenntniswert aber löst die Aussage des Romans vom Ideologieverdacht, der sich an den selektierten höfischen Wertkanon knüpft, weil diesem Wertkanon dann nur ein paradigmatischer Charakter zukommt. Wenn aber der Roman ein beispielhaftes ethisches Konzept vorführt, dann setzt das voraus, daß das erzählte Handeln selbst gemeint ist, daß es nicht etwas anderes bedeutet. Das schließt nicht die Übertragung auf andere. auch religiöse Wertsetzungen aus, die eventuell durch Konnotationen im Text sogar angeregt werden. Doch eine solche Übertragung ist eher ein Phänomen der Rezeption als eine Aussage des Textes.

Anmerkungen:

1 Da Hartmann den Umfang der Szene gegenüber seiner Vorlage verdoppelte, kann hier nicht zugleich vergleichend auf Chrétien geblickt werden.
2 Kuhn, 1959, S. 145.
3 Die Literatur ist nun bei Elfriede Neubuhr: Bibliographie zu Hartmann von Aue, Berlin 1977, leicht zu überblicken.
4 Daß meine Thesen den zahlreichen Arbeiten zum ›Erec‹ und zu dieser Episode verpflichtet sind, will ich hier vorab betonen, um Verweise im einzelnen auf die wichtigsten Punkte zu beschränken.
5 Zur Diskussion darüber verweise ich nur auf Kuhn und Haug, 1971; dazu Kurt Ruh: Höfische Epik des deutschen Mittelalters I. Von den Anfängen bis zu Hartmann von Aue (Grundlagen der Germanistik 7), Berlin 1967; Chr. Cormeau: ›Wigalois‹ und ›Diu Crône‹. Zwei Kapitel zu einer Gattungsgeschichte des nachklassischen Aventiureromans (MTU 57), München 1977, S. 9–19.
6 Zur Applikation von A. J. Greimas' Theorie der Narrativik auf den höfischen Roman und zur unumgänglichen Kritik grundsätzlich Rainer Warning: Formen narrativer Identitätskonstitution, in: O. Marquard/K. Stierle (Hgg.): Konstitutionsformen der Identität (Poetik u. Hermeneutik 8), München 1979, S. 77–93.
7 Das ist gegen Wünsch, 1972, S. 516, festzuhalten.
8 Kuhn, 1959, S. 142.
9 Vgl. Reinitzer, S. 632 ff.
10 Vgl. Wünsch, 1972, S. 515.
11 Vgl. Reinitzer, S. 608 f.
12 Mein mehr erzähltechnisch-struktureller Gebrauch des Begriffs unterscheidet sich von Wünschs, 1972, S. 517, Verwendung im Sinn logisch qualifizierter Abhängigkeit.
13 Anders Kuhn, 1959, S. 144, und Wünsch, 1972, S. 515.
14 Vgl. Ruh [s. Anm. 5], S. 134.
15 Vgl. ebd., S. 134; Kuhn, 1959, S. 146.
16 Damit mag Hartmann gegenüber Chrétien an Spannung verlieren, wie Ruh [s. Anm. 5], S. 136, urteilt, er gewinnt aber eine Verdeutlichung des Problems in seinem Sinn.
17 Vgl. Kuhn, 1959, S. 145; Ruh [s. Anm. 5], S. 134.
18 Vgl. Ruh [s. Anm. 5], S. 135; Wünsch, 1972, S. 517.
19 Vgl. schon Ernst Scheunemann: Artushof und Abenteuer. Zeichnung höfischen Daseins in Hartmanns Erec, Breslau 1937, S. 84.
20 Sie darf nicht ohne das kontrastierende Handlungsschema gelesen werden. Deshalb halte ich trotz der Beschränkung märchenhaft-wunderbarer Motive auf diese Szene dafür, daß die Handlung hier nicht die ›normale Realität‹ des Romans verläßt (gegen Wünsch, 1972, S. 514; Kuhn, 1959, S. 144: »Die Reise Erecs und Enites führt hier an ihrem Ende aus dem Realen heraus, [...]«.
21 Wenn Tax, 1973, S. 297, in der Konfrontation mit Mabonagrin den »Kampf des Guten wider das Böse, des Gottesreiches gegen die Macht des Teufels« sieht, geht gerade der Sinn, die richtige Minneauffassung zu bestätigen, in der universellen Allegorie unter.
22 Vgl. Wünsch, 1972, S. 517.

23 Vgl. dazu Wolfgang Iser: Die Wirklichkeit der Fiktion, in: R. Warning (Hg.): Rezeptionsästhetik (UTB 303), München 1975, S. 277–321; ders.: Der Akt des Lesens. Theorie ästhetischer Wirkung (UTB 636), München 1976.

24 Niklas Luhmann: Sinn als Grundbegriff der Soziologie, in: J. Habermas/N. Luhmann: Theorie der Gesellschaft oder Sozialtechnologie (Theoriediskussion), Frankfurt 1971, S. 25–100.

25 Wünsch, 1972, S. 516f., 533.

26 In dieser Einschätzung stimme ich überein mit Antonín Hrubý: Moralphilosophie und Moraltheologie in Hartmanns ›Erec‹, in: H. Scholler (Hg.): The epic in medieval society. Aesthetic and moral values, Tübingen 1977, S. 193–213. Hrubý betrachtet, trotz seiner erklärten Vorsicht gegenüber terminologischen Entsprechungen (S. 209), das Problem aber zu sehr unter dem Aspekt möglicher Abhängigkeiten. Er sucht deshalb Begriffsentsprechungen im Roman, während ich aus grundsätzlichen methodischen Erwägungen von der Priorität des erzählten Handelns ausgehe.

27 Michael Müller: Ethik und Recht in der Lehre von der Verantwortlichkeit, Regensburg 1932; Stefan Kuttner: Kanonistische Schuldlehre von Gratian bis auf die Dekretalen Gregors IX., Rom 1935.

28 Odon Lottin: Psychologie et morale aux XIIᵉ et XIIIᵉ siècles, Bd. II, Louvain-Gembloux 1948, S. 421–465; Bd. IV, 1956, S. 309–486; Arthur M. Landgraf: Dogmengeschichte der Frühscholastik I–IV, Regensburg 1952–55; Robert Blomme: La doctrine du péché dans les écoles théologiques de la première moitié du XIIᵉ siècle, Louvain 1958; David E. Luscombe: The school of Peter Abelard. The influence of Abelard's thought into early scholastic period, Cambridge 1969.

29 Odon Lottin: Psychologie et morale aux XIIᵉ et XIIIᵉ siècles, Bd. III, Louvain-Gembloux 1952, S. 99–150; Bd. VI, 1960, S. 27–106; ders.: Etudes de morale, histoire et doctrine, Gembloux 1961, S. 67–129. Zur relativ getrennten Tradition antiker Morallehre im praktischen Unterricht Philippe Delhaye: Moralphilosophischer Unterricht im 12. Jahrhundert, in: G. Eifler (Hg.): Ritterliches Tugendsystem (WdF 56), Darmstadt 1970, S. 301–340.

30 Hrubý [s. Anm. 26] setzt Fiktion und Realität unbedenklich ineins und sieht sich deshalb gezwungen, die Heilsverdienstlichkeit und die Gnadenhaftigkeit christlicher Ethik im Roman wiederzufinden (S. 207, 210f.).

Allegorie und Erzählstruktur

Von Hugo Kuhn † (München)

Beide Begriffe meines Themas nach ihrem historischen und systematischen Umfang zu erfassen, oder auch nur meinen Versuch definitorisch in ihre unabsehbare Diskussion hineinzustellen, ist mir jetzt unmöglich. Was ich hier tun kann, ist nur: aus meinem eigenen Umgang mit Texten und weiter herum Gesehenem und Gelesenem einen Anstoß zu vermitteln, der mir zum Thema zu gehören scheint.

1. Es hat mich zeitlebens gewundert, daß nicht nur mein 1948 veröffentlichtes Strukturschema von Hartmanns ›Erec‹ fast unbesehen akzeptiert (und bis in Verfremdungen verwendet) wurde, sondern damit auch der Schlußpunkt der *Joie de la court* als allegorische Zusammenfassung des Erzählten. Ich selbst war mir sowohl der Richtigkeit wie vor allem der historischen und systematischen Bedeutung oder Geltung dieses Schemas nie so sicher, und bei meinen andauernden Skrupeln spielte gerade der behauptete Übergang der Erzählung in eine ebenso erzählte – und nicht gedeutete! – Allegorie, als eine Art Schlüssel für die Struktur, die größte Rolle. Das Problem ist sowohl speziell (Wünsch, 1972) wie allgemein in der Allegorieforschung gegenwärtig (Meier, 1976), aber die Grenzen zwischen Erzählstruktur und erzählter Allegorie sind weiterhin ganz unklar – alles, was im hohen Mittelalter erzählt wird, k a n n in Handlungen, Zahlen, Dekor, Metaphorik usw. auch symbolisch und schon damit auch allegorisch verstanden und belegt werden, wie viele Beispiele aus der jüngeren Forschung zeigen.

Die einfachste Grenzziehung, die sozusagen naiv durch die Jahrhunderte seit der Antike galt, hat auch Christel Meier im Umfeld der Allegorieforschung angedeutet (1977, S. 287), und auch ich habe sie benutzt, indem ich zum Strukturbegriff nur auf die bekannten ›narrativen‹ Mechanismen (Schemaerwartung und -brechung, Befriedigung und Überraschung in Typen wie dem Märchen oder dem Kriminalroman) hingewiesen habe [1]: die Unterscheidung nämlich von geschehnishaftem Erzählen, welchen ›Sinn‹ immer das haben mag, und bedeutungshaftem Zeigen, auch in erzählter Allegorie. Dann aber wären allegorische Deutungen etwa des Dichters Vergil insofern sekundär; und die Vorstellung, daß im Mittelalter das ›Wort‹, daß ›Natur‹ und ›Geschichte‹ auch beim Erzählen von vornherein in einem Kosmos allegorisch ›bedeutender‹ Beziehungen schwebe, stünde am Rande der Spekulation; auf jeden Fall enthielte dann die Allegorieforschung einen immanenten Widerspruch, wenn sie auch das von vornherein nicht s o gedeutet Erzählte als von vornherein allegorisch Gedeutetes aufsuchte. [2]

Die Schwierigkeit des Verhältnisses wird erst dann offenbar, wenn der Strukturbegriff ins Spiel kommt – den ja gerade auch die Allegorieforschung implizit oder explizit voraussetzt. Spricht man z.B. einer Erzählung eine Struktur zu, so unterstellt man dem erzählten Geschehen, nicht anders als beim allegorischen Zeigen, eine zweite Dimension. Der Unterschied ist nur, daß die allegorische Dimension aus einem System von in der Regel schon vorhandenen Dogmen oder Normen oder Ideen die Beziehung zwischen ›Wort‹ und ›Bedeutung‹ reguliert, während es in der heutigen Strukturalismus-Diskussion zwar eine (wissenschaftslogische) ›Technik‹ der Feststellung ihrer zweiten Dimension gibt[3], ihr ›Sinn‹ oder ihre Geltung aber – wenn man sich nicht auf eine Funktionsbeschreibung beschränkt – in immer divergentere Theorien entschwindet: als mythische oder ›narrative‹ Selbstbewegung oder in Determinanten der Struktur von außen, etwa tiefenpsychologische oder gesellschaftliche, was alles sich oft eklektisch vermischt – um nur zu meinem Thema vorkommende Beispiele zu nennen. In diesem Zusammenhang hat Wünsch die Allegorie der *Joie de la court* in eins gesetzt mit dem ›Sinn‹ der ›Erec‹-Struktur: als funktionell identisches »normatives Verhaltensmodell«, Angebot zur »Identifikation«.

2. Hier aber fängt mein Problem erst an! Meinem ›Erec‹-Schema liegt eine Art Strukturmechanismus zugrunde, den ich aus Ernst Scheunemanns Entdeckung der erzählten Bewegung zwischen »Artushof und Abenteuer« entwickelt hatte[4]: das Schema von *descensus – ascensus*, nach einer ›Krise‹ variiert verdoppelt. Das ist ein weltliterarisches Motiv, ein Topos, ein Strukturtyp – wie immer man es nennen will –, auch in einfachsten Formen (als Mythos z.B. von der Unterweltfahrt, der Überwindung des Todes, oder im Märchen z.B. als Durchgang durch die Tierverwandlung, das Hexenhaus, die fremde Dienstbarkeit, auch Hölle und Tod) oft verbunden mit der Hilfe des Partners, Frau oder Mann, für Held und Heldin, und mit ihrer Neubestätigung über eine ›Krise‹ hinweg.

Im Rahmen dieser letzteren Variante erzählen Chrétien und, ihn bewußt nachbildend, Hartmann das zeitgenössische Thema der Minne, und man kann annehmen, daß dieser e r z ä h l t e   W e g Erecs zu und noch einmal mit Enite, samt »Artushof und Abenteuer«, all seinen halbmythischen Wundern und seinen Realismen, seinem stilisierten aristokratischen Kolorit – wie immer wir seine Quellen und seinen zeitgenössischen Horizont (= ›Produktions‹- und ›Rezeptions-Erwartung‹) verstehen – zugleich für die Autoren der W e g   z u m   E r z ä h - l e n   d e r   M i n n e war: bewußt aus anderen Möglichkeiten des Erzählens der Minne ausgewählt in geradezu programmatischer Absicht. Von diesem Erzählen her ist die *Joie de la court* aber nichts anderes als die letzte Aventiure, die Zielstation dieses Wegs – dahinter bleibt das Erzählen stehen: in Nantes (Chrétien) oder in Karnant (Hartmann). Auch die besonderen Wunder und die besondere Beurteilung dieser Zielstation sowohl durch den Erzähler wie im Munde des Helden selbst fallen aus diesem erzählten Weg nicht heraus!

Wer nun in der *Joie de la court* trotz all dem eine Allegorie sehen will, kann sich nur auf Nuancen der eben erwähnten besonderen Signale der Ziel-Aventiure[5] berufen. Das Programmatische, wenn man will: Thesenhafte oder gar Symbolische, des erzählten Wegs Erecs und Enites war bis dahin so ins Erzählen integriert, so implizit erzählt, daß da, trotz vieler metaphorischer und sogar begrifflicher Stichworte in den Texten, erst der nachmittelalterliche Interpret mit der Reflexion von Begriffen eingriff, eingreifen mußte – wie unzureichend, zeigen all die jeweils zeitgebundenen Mißverständnisse bis hin zu den jüngsten Begriffen etwa für Enites sozialen Aufstieg oder für das *verligen* und seine ›Schuld‹. Die *Joie de la court* nun haben beide Autoren ausdrücklich auf den Begriff gebracht – aber auch hier keineswegs in der Weise neuzeitlichen Denkens, sondern indem sie auf die Normen der erzählten Minne zeigten, die Helden direkt auf ihre Normen zeigen ließen. Diese Normen selbst bleiben wiederum mittelalterlich impliziert in Normen-Systemen: Chrétiens *l'enors* (v. 6117; 6312), Hartmanns *bi den liuten* ... (v. 9438) benennen charakteristischerweise das Normen-System ganz verschieden, und Hartmann hat seine konkretistische Wendung noch in den religiösen Normbereich hinein verdeutlicht mit dem Stichwort des *erbarmens*. Die Helden treten damit, wenn auch nur um eine Nuance, insofern aus der Erzählstruktur heraus, als sie zu ihrer erzählten Rolle hinzu eine ausdrücklich zeigende erhalten – keineswegs etwa als Personifikationen in einer erzählten Allegorie, aber als Darsteller und als Sprecher für die erzählerisch implizierte Programmatik. Und weil ›Kommentare‹ jeder Art in mittelalterlichen Erzählungen auch sonst vorkommen, ist es hier überhaupt nur die Verbindung der besonderen Signale mit dieser besonderen Rolle, die es vielleicht erlaubt, von Allegorie zu sprechen.

Wenn ich dem das ›Waldleben‹ in Gottfrieds ›Tristan‹ gegenüberstelle, so springen, wie auch Wünsch deutlich macht, auf den ersten Blick die Unterschiede in die Augen: Gottfried gibt dieser erzählten Episode eine ausdrückliche Allegorese der Grotte mit [6] und gibt auch den erzählten Teilen des Waldlebens solche Signale ihrer Irrealität mit, die sie deutlich als erzählte Allegorie in definiertem Sinn kennzeichnen. Erstaunlicher ist aber, daß die Episode auch bei ihm die gleiche Stelle und die gleichen äußeren Kennzeichen des programmatischen Stellenwerts im erzählten Weg Tristans und Isolds haben wie z. B. bei Eilhart: als End- und Ziel-Aventiure der Serie von Ehebruchs-Schwänken im Dreieck Marke-Isold-Tristan, die in absteigender Linie schließlich auf die Isolierung und das *elend* des Paares im Waldleben zulaufen. (Auf die Fragen der Fortsetzung mit der neuen Dreieckskonstellation Isold-Tristan-Isold II kann ich hier nicht eingehen.) Gottfried hat diese Stelle und diesen Stellenwert ›nur‹ radikal ins Gegenteil umgewertet, indem er die erzählte negative Episode ganz bewußt zur positiven Minneallegorie umdrehte. (Ein Verweis auf die umfangreiche Forschung, die das in vielen Details analysiert, muß hier genügen.)

Diese Ambivalenz wurde ermöglicht durch die Dialektik, die den erzählten Weg Tristans zu und mit Isolde programmatisch charakterisiert, und zwar in allen uns überlieferten Fassungen. Er ist nicht eine Art tragische Kontrafaktur zu Chrétiens harmonisierendem Ausgleich zwischen Minne und Gesellschaft. Die Gesellschaft – Tristans Heimat, Marke und sein Hof, Irland, später die Heimatlosigkeit Tristans – stellt allerdings die Kontraste bereit für die Dialektik d i e s e s erzählten Minne-Wegs: Selbsterhöhung und Selbstzerstörung durch die Macht der Minne. Genau das erzählen die Ehebruchs-Sequenzen seit dem Minnetrank (und weiter die Fortsetzung bis zur Vereinigung erst im Tod). Entstehung und Begründung dieser Dialektik aber wird erzählt im Schema der Brautwerbung: von Tristans Geburt bis zum Minnetrank.

Die hohe, ferne und gefährliche Brautwerbung ist als weltliterarischer Typ statuiert besonders seit Frings-Braun [7]. Ihr normaler Weg führt ein Paar bis zur Hochzeit, oft im ›doppelten Cursus‹. Aber die Motivationen und Stationen – die Höhe, Ferne und Gefährlichkeit der Braut, die Fähigkeiten, Listen und Wunder bei ihrer Gewinnung und Wiedergewinnung – variieren so stark, daß der Typ eher wie eine Handlungshülse wirkt, denn als Handlungsstruktur. Im Deutschen gibt es allerdings (neben vielen sonstigen Varianten) seit dem 12. Jahrhundert eine Serie von Brautwerbungserzählungen, die in der Anfangsmotivierung und vielen Details erstaunlich übereinstimmen. In den Königsgeschichten der sog. Spielmannsepen wie in einer Gruppe heroischer Erzählungen sucht ein Fürst eine ebenbürtige Fürstin: als *consors regni* und zur Sicherung der legitimen Nachfolge, und die erzählte Brautwerbung, meist als Entführung, variiert oft ein gleiches Schema: die ›Minne‹ als eine Art Staatsräson des dynastischen Prinzips! Gerade sie aber wird im Ziel dieser Erzählungen wiederum erstaunlich oft abgebogen: Im ›Oswald‹ und im ›Orendel‹ zur Königs-Heiligkeit in der keuschen Ehe, im ›Salman und Morolf‹ zur Parodie, in ›Ortnit‹ zum Tod des Fürsten, für Kudrun zur Treueprobe – eigentlich nur der ›Rother‹ und der Hildeteil der ›Kudrun‹ kommen zum vorausgesetzten Zielpunkt (nur Beispiele!). Die Brünhild-Werbung im ›Nibelungenlied‹ aber bricht das Schema in einer auch weltliterarisch sehr seltenen Variante: als Werbungshelfer Gunthers wird Siegfried einer direkten Verbindung mit Brünhild bezichtigt, was zu seinem und aller Beteiligten tragischen Untergang führt.

Dieselbe Variante nun trägt, nur aufs Direkteste konkretisiert, die Dialektik des Minnewegs für Tristan und Isold bis zum Tod. [8] Tristan, zunächst als legitimer Erbe und Nachfolger seines Onkels Marke eingesetzt (der deswegen ehelos bleiben will!), wird veranlaßt, als prokuratorischer Werber die dem König aufgedrängte gefährliche Brautwerbung um Isold zu unternehmen. Als solcher erwirbt er jedes ›Recht‹ des königlichen Werbers im Schema auf die Braut – anstelle des Königs selbst. Aber nur der irische Zaubertrank, der das bis dahin beziehungslose Königspaar Marke und Isold bei der Hochzeit ›binden‹ sollte, stürzt Werber und Braut in die ehebrecherische Konstellation des Dreiecks Marke-Isold-Tristan, die von da an als Minneweg Tristans und Isolds erzählt wird: Die legitime Brautwerbungs-Ehe des Königs wird insofern illegitim, als sowohl die Rechte auf und Legitimationen für die Braut Tristan allein zukommen, als auch der Zaubertrank aus konsequentem Versehen s i e bindet, nicht König und Königin. Die ehebrecherisch illegitime ›Minne‹ der beiden aber wird insofern legitim, als sie die Brautwerbungsminne auf sie überträgt im Widerspruch zu deren ›normalem‹ Ziel. Welche Schwierigkeit diese Dialektik für die Erzähler bringt, bestätigt jede erhaltene Fassung mit ihren ambivalenten Beschreibungen und

Wertungen. Aber auch Gottfried hat sie nicht auf den Begriff gebracht – er hat diese Dialektik zwar von den Prologen an als ›Programm‹ seiner Minne-Erzählung hervorgehoben und kommentiert, aber immer als das immanente Normen-System seiner erzählten Minne. Und eben dieses Normen-System reflektiert auch sein ›Waldleben‹ nicht in unserem Sinn, sondern es zeigt es – als Allegorie! In der trans-real ›idealen Wahrheit‹ auch aller späteren Minne-Allegorien ›lebt‹ das Paar s e i n e Minne – gerade auch deren Dialektik zitiert es selbst mit den klassischen Liebestod-Mythen herein! Das macht die Erzählung wie die Kommentare Gottfrieds für uns so schwierig: Indem hier das Paar – im *elend* des ›Programmes‹ der Erzählstruktur! – die ideale Wahrheit seiner Minne ›leben‹ darf, ›lebt‹ es nicht mehr als das erzählte Paar, sondern als das in seine eigene Personifikation transzendierte – bei der Entdeckung ruhen sie denn auch auf dem kristallenen Bett ›der‹ Minne wie die Figuren eines Grabmals auf ihrem Sarkophag! (Zu einer präzisen Textanalyse unter diesem Aspekt fehlen mir hier Raum und Zeit.)

Es wirken also – und zwar etwa in demselben Zeitraum, in dem auch die Allegorie wirkt – beim Erzählen 1. weltliterarische serielle Muster (Strukturmuster verschiedener ›Wege‹ zur Partnerschaft der Geschlechter, z.B. *descensus* – *ascensus*, Brautwerbung) so, daß sie 2. für spezifische Gruppen, Zeiten usw. charakteristische Themen (z.B. Minne) durch bewegliches Aufgreifen, Variieren, Brechen solcher Muster je ›programmatisch‹ zu erzählen ermöglichen; und solche ›Programme‹ können 3. im Erzählzusammenhang auch mit allegorischen Mitteln als gezeigte Norm-Systeme verdichtet werden. Die *Joie de la court* deutet das für Chrétiens Minneprogramm in der Ziel-Episode nur vorsichtig an; im ›Waldleben‹ setzt Gottfried für die programmatische Minne-Dialektik der ›Tristan‹-Konzeption die zeitgenössische Allegorie-Struktur in die Ziel-Episode der ersten Ehebruchs-Serie s o ein, daß deren Wertung im Sinn der Erzählstruktur bewußt dialektisch als Gegenwert gezeigt wird. (Auf die systematischen und historischen Nuancen dieser Allegorie einzugehen, muß ich weiterhin den Kennern überlassen.)

Meine Ausgangsfrage nach dem Verhältnis von Allegorie und Erzählstruktur kann nun so präzisiert werden: Wie verhält sich dieses programmatisch-normative Erzählen zum allegorischen Zeigen der Norm-Systeme? Oder – was auch das Verhältnis gegenwärtiger Interpretationsinteressen zur Gegenwartsliteratur beleuchten könnte –: wie verhält sich die Symbolik, Metaphorik, Inszenierung usw. solch programmatischen Erzählens zur Allegorie?

In dieser Hinsicht kann ein letztes extremstes Beispiel aus dem Umkreis der Brautwerbungsmotive noch einen Schritt weiterführen: die geistliche Allegorie ›Die Hochzeit‹ in der Millstätter Sammelhandschrift. In einer der frühesten strukturalistischen Arbeiten zum Brautwerbungsschema (noch ohne die heutige Terminologie)[9] heißt es dazu (S. 135 u.ö.): »Was hier, in der geistlichen Allegorie, als Brautfahrtschema erkennbar ist«, hat »den Sprung in die Realität [...] noch nicht getan.« Die den gegenwärtigen Stand der Allegorieforschung reflektierende jüngste Würdigung des lange getadelten Gedichts[10] sagt dagegen zur literarischen »Einordnung des Gedichts« (S. 73): »Ich möchte für eine Kategorie plädieren, die, gleich unter welchem Namen, auf jeden Fall das Nebeneinander, die Gleichzeitigkeit und das Ineinanderspielen geistlicher und weltlicher Dichtung wiedergibt«, und konkretisiert das als »geistliche Kontrafaktur [...] zu weltlicher Heldendichtung« (S. 71) und »Brautwerbung und Hochzeit« als »archetypische(s) literarische(s) Motiv« (S. 73). Ich glaube, man kann über beide Urteile zum Verhältnis von Allegorie und Erzählstruktur durch zwei, bisher vernachlässigte, Beobachtungen am Text noch hinauskommen (vgl. zum Zusammenhang meinen Exkurs u. S. 213 ff.).

Zunächst: das *spell* (B) füllt in die erzählte Brautwerbung so viele Stichworte für die folgende Auslegung (C und D), daß es kaum noch als erzählte Braut-Allegorie, geschweige denn als Brautwerbungs-Erzählung in sich verstanden werden kann. Gerade die Szenerie aber (Berg, Wirt, Abgrund, Tal) und der Brautwerbungsentschluß selbst (v. 208–215) bleiben davon ausgespart. Peter Ganz erklärt überzeugend, daß auch für die Inszenierung »eine Deutung ganz offensichtlich impliziert« ist, »die Deutungen« aber »sind zu bekannt und ergeben sich von selbst« (S. 68). Und für die Brautwerbung, für die »trotz aller Bemühungen [...] bis jetzt keine direkte Quelle [...] bekannt geworden« ist, verweist er auf einen zeitgenössischen Hintergrund, der »letzthin« wohl zurückgeht »auf Auslegungen der Parabel von der Königlichen Hochzeit (Matth. 22, 2–14) [...] die mit dem Hohen Lied in Verbindung gebracht wurden« (S. 62). Die Formel aber (v. 210 ff.): Gott will als *der guot chneht / gehiuwen umbe daz reht, daz er einen erben verliezze, den nieman sines riches bestiezze* [...], zu der kein Kommentator etwas bemerkt, die auch das Gedicht weder trinitarisch noch heilsgeschichtlich explizit aufgreift, ist andrerseits die ausdrückliche Einsatzformulierung für unser Brautwerbungsschema (s. o. S. 209 f.). Und das hier ausdrücklich auf die Brautwerbung bezogene *reht* ist das *reht* auch der – für ›Die Hochzeit‹ wie für das Gedicht ›Vom rehte‹ programmatischen – Formel *minnen daz reht*! Weil ich die, noch immer schwebende, lange Diskussion der Interpretation und des Zusammenhanges der beiden, in der Millstätter Handschrift nacheinander überlieferten Gedichte hier unmöglich referieren kann, stelle ich einen für hier interessanten Vorschlag unvermittelt hin.

›Vom rehte‹ setzt die Formel *minnen daz reht* leitmotivisch vor allem für drei Beispiele irdischer Partnerschaften: Herr und Knecht, Herrin und Magd, die Ehe. Das gemeinte *reht* für sie ist Gott: als das ›dritte Recht‹. Die Formel sagt also etwa: Jedes irdische Recht, jedes irdische Leben überhaupt ist nur dann ›recht‹ gelebt, wenn der Mensch als Partner seiner Mitmenschen den geistlichen Sinn seines Lebens lebt – in der *minne* zu Gott als dem ›dritten Partner‹ (auch in der Ehe!). Und: dann sind alle irdischen Sozialrechte der Partner vor Gott und am Ziel ihres Lebens gleichberechtigt! In der ›Hochzeit‹ ist Gott der Partner jedes irdischen Gläubigen, mit seinen Heilsgütern und seiner Heilsgeschichte ›wirbt‹ er um die Menschen, damit er und sie zusammen *minnen daz reht* der Partnerschaft (v. 101 ff. u. ö.). Gerade die Partnerschaft der Brautwerbung enthält hier also, trotz ihres bekannten Allegorese-›Hintergrunds‹, doch soviel

›Überschuß‹ an erzählter irdischer Brautwerbung, daß sie wie ein Zitat im allegorischen Zusammenhang wirkt – Zitat nicht nur des Erzählmusters Brautwerbung
schlechthin, sondern der ›Minne‹ als Staatsräson des göttlichen Welten-Herrn
(s. o. S. 209).

Denselben Eindruck verstärkt eine zweite Beobachtung. Ganz hat schon richtig gesehen, daß »nach der allegorischen Interpretation (Z. 325–811)« eine
»weitere« folgt, die »die Parabel« »als Ganzes in den Zusammenhang der Erlösungsgeschichte stellt« (S. 64). Nicht beachtet wurden bisher, soweit ich sehe, die
Verse 787–790: *Nu han wir alle erchunnot / umbe daz leben unde umbe den tot: /
nu mugen wir wol mit eren / an die gotes muotir cheren*. Sie benennen an der
Nahtstelle präzise die Themen oder Programme der beiden Auslegungen (C und
D). Für C: den ›Sinn‹ des irdischen Lebens jedes Menschen als Partner der göttlichen Heilsgüter, für D: Maria als d i e Partnerin der nun folgenden Erlösungsgeschichte und, z. T., -Allegorese. Aber die gerade für sie traditionelle Braut-Alle-
gorese wird dann nicht expliziert, Maria wird sozusagen nur als ihr Stichwort zitiert! Wie in der ersten Auslegung real ›Leben und Tod‹, so ist in der zweiten die
›historische‹ Erlösungsgeschichte nicht das direkt in seinem allegorischen Sinn
aufgehende ›Wort‹ – beide sind der reale Gegenstand des Gedichts, für dessen so
dringlich zu vermittelnden Sinn, nämlich Gott als Partner auf die jenseitige *wirtschaft* hin (v. 311 ff.), die (mehrfache) *bezeichenunge* der Allegorese mit Vorliebe eingesetzt wird. Die Brautwerbung wäre dann ein Beides vermittelndes,
zwischen Beidem schwebendes Motiv.

Im Verlauf meiner Argumentation bin ich, wie man leicht bemerkt, terminologisch immer vorsichtiger, wenn man will, immer unpräziser geworden: Gegenüber der Allegorie als Zeigen von Normen können Erzählstrukturen nicht einfach als erzähltes Geschehen abgesetzt werden (wie o. S. 206), was ich an meinen
Beispielen zu präzisieren hatte: Die jeweilige Auswahl und Verwendung weltliterarischer Erzählmuster auf programmatisch variante Erzähltexte hin bleibt –
wie immer man die Thesen oder Normen solcher Programmatik auf Begriffe
bringen will und gebracht hat – ein rätselhafter Vorgang unter jedem Betracht.
Ich bezweifle, daß das so erzählte Geschehen zur ›Identifikation‹ des Hörers mit
ihm, auch mit seinen Normen, Thesen usw., auffordern wollte oder konnte – wie
interessant und kompliziert immer die Literaturgeschichte in Hinsicht des implizierten Lesers auch ist! Die weltliterarischen Weg-Ziel-Muster für Partnerschaft
der Geschlechter (hier: *descensus – ascensus* oder Brautwerbung) können auch
für die, in ihren Rahmen investierten, zeitgenössischen Normen-Programme von
erzählten ›Minne‹-Wegen und -Zielen nur wie ›Geschehens‹-Muster produktiv
rezipiert worden sein.

Geschehens-Muster: noch so ein Wort – aber es könnte direkt in die heutige
Diskussion über adäquate, methodisch nicht zu kurz greifende Struktur-Begriffe
hineinführen. Das ist ein neues Thema. Deshalb hier zum Schluß nur noch ein
Hinweis, der zu meinem Thema zurückführt. Ein theologischer Exkurs könnte
zeigen, daß auch der ›normativste‹ Typ von Erzählung, die Parabel – ausdrückli-
ches Geschehens-Muster mit seinem sog. Sitz im Leben: – die ›Identifikation‹

des Hörers geradezu abweist, indem sie vorhandene Normen irritiert, um verborgene ›denkbar‹ zu machen, die auch jede ›wahre‹ *imitatio Christi* ausmachen. In diesem weitesten religiösen Gebrauchsfeld ist auch die erzählte Allegorie nur ein Sonderfall – religiös auch sie um so ›besser‹, je mehr von solcher Ambivalenz aller Normen sie offenhält!

Exkurs:
Versuch einer Gliederung der ›Hochzeit‹

Text nach: Werner Schröder (Hg.), Kleinere deutsche Gedichte des 11. und 12. Jahrhunderts. Nach der Auswahl von Albert Waag neu hg. (ATB 71/72) 1972, Nr. IX, S. 132–170.

Die älteren Vorschläge und Erläuterungen, besonders durch Carl von Kraus, verzeichnet der Stellenkommentar von Waags Ausgabe ²1916.

Die von mir am linken Rand beigefügten Buchstaben und Zahlen versuchen, die wörtlichen Entsprechungen zwischen dem *spell* (B) und den zwei Auslegungen (C und D), sowie zweimal *bezeichenunge* im Prolog (A) und einmal (vorgreifend) im *spell* selbst (B) zu präzisieren; die Zahlen geben deren Reihenfolge je in C und D gesondert an (also nicht die des *spell*!).

GESAMTGLIEDERUNG

A: 1– 144   Prolog: Vom Erkennen und Verkünden des ›Sinns‹
B: 145– 324   *spell:* Der Herr auf dem Berg und seine *chnehte*, Werbung um die Braut im Tal
C: 325– 786   Erste Auslegung: Vom ›Leben und Tod‹ (s. v. 787/8)
D: 787–1061   Zweite Auslegung: Maria und die Heilsgeschichte (s. v. 789/90)
E: 1062–1089   Schluß

A. PROLOG: VOM ERKENNEN UND VERKÜNDEN DES ›SINNS‹
1–6 Thema: *spell – chunchrîche – zeichen – sin*

7–58 Der Sinn und das Gold:
	9	Goldschmied
	15	Die Frau und das Gold
(A1)	27	Das Gold im ›Mist‹ (Luc. 15, 10)
(A1)	43	Auslegung: *Swer den wîstuom treit unde er in nieman seit* […]

59–82 Das Zeugnis des Sinns: die Bibel
	65	*An den buochen daz geschriben stat,*
		wie disiu werlt zergat.
		die heimuote, die wir hie han,
		die muozzen wir verlan.
		Ez wirt allez verwandelot (Luc. 21, 33 Parall.)
	73	richtige – falsche Werke

83–90 *Tunchil* […] *ubir alle heidenschaft*

91–144 *Swer die touffe hat enphangen* […]
	95	*der solt haben ein reht*
		also wilen habete ein guot chneht
		unde ein erlich maget.

100   *die niwen (ê) [...].*
         Diu maget und der guote chneht
         die wurben umbe daz reht.

103–124 Die Unbekehrten

103   *Er ist ein guot chneht*
         der da minnet daz reht.
         der ist niht guot chneht
(A2)   *der da habet unreht,*
(A2)   109   *der bezeichent den hunt, der da wuotet*

125–144 Der Kämpfer *wider sînen viant*

125   *er ist ein guot chneht*
         der da minnet das reht.
135   *wigant*
138   *rehter degen*
144   *chomen ze sinem hertuome.*

B. DAS SPELL

145–195 Der *wirt* auf dem hohen Berg und seine *chnehte*

146   *meregarte*
         apgrunde
         gebirge
151   *ein wirt*
156   *Dar zoch sich bi alten zîten*
         ein herre mit sinen louten [...]
159   *der habete vil chnehte [...]*
(D7)   163   *(sumeliche) die wurben niht rehte*
166   *undir dem gebirge*
         ein vil michil sorge
         ein tieffir charchœre
         der stuont alle wile lœre
         des habeten entrische loute vergezzen,
         der waz mit wurmen besezzen
         dar undir swief der herre
         sine ungetriwe chnehte verre [...]
191   *andere loute*

194–207 Die *maget* im Tal

194 ff.   *tief tal*
          lussam
          diet
          maget
(D3)   198   *edelez chunne*
(D4)   204   *varwe also lieht*
208–215 Der Werbungsbeschluß

208   *Do chom im do in sinen muot*
         daz im diu maget wœre guot.
         do wolde do der guote chneht
         gehiwen umbe daz reht,
         daz er einen erben verliezze,
         den nieman sines riches bestiezze,

der mohte sin ein chunich ane sorgen
ubir die telir unde ubir die berge.

216–258 Der Bote, die Herrichtung der Braut

(C5; D6)	216	*einen boten habete er al gar*
(C6)	222	*ir vriunt*
(C4)	226	*daz vingerlin*
(B1)	231	*huote*
	233	*ir eren*
(B1)		*huote:* der gute Mensch
	245	*einen boten habte er al gar*
	251	(die Braut) *vlizzete sich ir wœte*

259–284 Abholung: Gesandtschaft, Kleidung der Braut

(C7)	270	*die allertiurist*
	(279	Bad der Braut? *watet* konjiziert zu *badet*
		mit Verweis auf 603?)
(C13)	280	*ir gewœte daz wizze*
(C9)	282	*guldine spangen*
(C10)	283	*guldine wiere*

285–306 Heimholung der Braut

(C2)	285 ff.	*diu maget und der herre*
(D1)	297	*da si fur an der vare*
(D2)	299	*liehtir tagesterne*
	302	*chindische loute*
(D5)	305	*hoy, wie si do sungen*

307–318 Empfang

(D7)	307	*heime waren loute* (?)
(D8)	316	*hermuowede loute* (Matth. 26, 29)

319–324 Die *wirtschaft*

(C1)	320	*wirtschaft*
	322	*ze sinen broutlouften*

C. Erste Auslegung ›Leben und Tod‹ (s. v. 787 f.)

325–378 Prolog

(C1)	331	*wirtschaft* = Gottes Herrschaft
	339–378	Geburt und Taufe
(C2; C12)	339	*Daz der broutegom dar chom*
		unde die brout zuo im nam,
		daz bezeichent aller meist
		den heiligen geist, [11]
		der in daz mennisch chumet.
		da ez mit weinen ende genimit,
		da mit wirt es gelebente in got [...].
(C3)	347	*ere* = Taufe?
(C4)	353	*vingerlin* = Taufkleid (auch bei Auferstehung!)
(C5)	359	*bote al gare* = Priester bei Taufe?
(C6)	375	*vriunde an dem rate* = Taufpate?

379–481 Gesandtschaft etc.: Lebensweg zum himmlischen Jerusalem
(C7)   381 ff.   [...] *die tiuristen loute*
                          sande nach der broute,
                          daz bezeichent den tach
              407 ff.   Arbeiter im Weinberg (Matth. 20, 1–10)
              431 ff.   Das himmlische Jerusalem (Apg. 21, 12 ff. u. a.)

482–569 Die fünf Sinne als die ›Instrumente‹ des irdischen Heilslebens
(C8)   482 ff.   *daz alle die loute*
                          gahoten vor der broute
                          also solten wir alle geliche
                          gahen in daz selbe himilriche
              486 ff.   *der riche* (Matth. 25, 35; Matth. 5, 3 ff.)
              510 ff.   Gleichnis von den fünf Talenten
                          (Matth. 25, 14 ff.) = die fünf Sinne

570–708 Verjüngung des Adlers
              573   *cherigen daz hus* (Matth. 12, 44 Parall.)
              580   *tuon sam der edil are*
(vgl. 271?)   602 f.   *daz bezeichent daz*
                          daz diu brout so wol gebadet wart,
                          do si vuor an die vart.
              618 ff.   die drei Beichten
(C9)   693   *spange* = die goldene Beichte
(C10)   696   *golt* = dto.
(C11)   698   *wiere = ware minne*

709–786 Jüngstes Gericht
(C12)   711 ff.   *da der ware broutegoum da chumet*
                          unde sine gemahelen zuo im nimet
                          (Luc. 21, 25 ff.)
              741 ff.   Jüngstes Gericht (Matth. 24, 7)
(C13)   777   *daz wizze gewæte*

D. Maria und die Heilsgeschichte

787–790 Prolog
              787 ff.   *Nu han wir alle erchunnot*
                          umbe daz leben unde umbe den tot,
                          nu mugen wir wol mit eren
                          an die gotes muotir cheren

791–806 Marias Adel
(D1)   791   *daz die brout da four in der vare*
(D2)   793   *tagesterne*
(D3)   797   *edlez chunne*
(D4)   799   *siu liehter schein*
(D5)   801 ff.   *Daz si so wol sungen:*
                          der gotes man [...].

807–1061 Heilsgeschichte
(D6)   807 ff.   *heimwarte liute = funf werlt alle,*
              810   *die da waren in der helle* (Luc. 14, 36)
(D7)   812 ff.   Höllensturz

	819 ff.	Pelikan
	879 ff.	Bote: *der angil* (Verkündigung)
	893 ff.	Leidensgeschichte
	897	*diemuotin*
	899 ff.	Palmsonntag
	909 ff.	Leidensankündigung
	913 ff.	der Größte im Himmelreich (Matth. 23, 12 Parall.)
	919 ff.	Fußwaschung
	946 ff.	Amt der Apostel (Matth. 28, 19 Parall.)
	958 ff.	Kreuz = Paradiesbaum
	986 ff.	Descensus
(D8)	1052 ff.	*hermuowede loute* = Apostel

E. Schluss

1062–1065 Prolog

> *nimmir mere*
> *dehein broutlouft so here,*
> *wan disiu nimmir zergat [...].*

1066–1079 ›Wir‹

1066 ff.
> *geistliche (?) loute*
> *gezalt ze der selben broute.*
> *wir solten sin meister*
> *[...] diu gesegenten chint*
> *unde ouf uns jene wartunde sint,*
> *[...]*
> *[...] unz an den suontach. (?)*

1076 ff.
> *swer daz reht begat*
> *daz ze der selben broute (?) bestat [...]*

1080–1089 Schlußgebet (Vaterunser)

1084
> *unsir vatir*

1086 ff.
> *sit er uns ze sinen chinden hat genomen*

1088
> *wan wir von im haben den atem.*

Anmerkungen:

1 Hugo Kuhn: Tristan, Nibelungenlied, Artusstruktur, SB Bayer. Akad. Wiss., phil.-hist. Kl., Jg. 1973, H. 5, S. 36 ff.
2 Einer der Aspekte in Jantschs lange verkanntem Buch. Siehe jetzt Meier, 1976, S. 8 u. ö.
3 Siehe zuletzt Michael Titzmann: Strukturale Textanalyse. Theorie und Praxis der Interpretation (UTB 582), München 1977.
4 Ernst Scheunemann: Artushof und Abenteuer, Breslau 1937, Nachdr. Darmstadt 1973.
5 Siehe Wünsch, 1972, S. 515.
6 Zu ihren geistlichen und weltlichen Parallelen s. zuletzt kurz Peter Ganz in der Einleitung zur Neuausgabe von Bechsteins Tristan (Dt. Klass. d. Mittelalters 4), Wiesbaden 1978, S. XLII f.

7 Theodor Frings / Max Braun: Brautwerbung, 1. Teil, SB Sächs. Akad. Wiss., phil.-
  hist. Kl., Bd. 96, 2. H. 1947. Weiteres Material: Friedmar Geißler: Brautwerbung in
  der Weltliteratur, Halle 1955.
8 Ob die – z. T. abweichenden – Schema-Elemente hier sich so eng mit denen des ›Nibe-
  lungenlieds‹ berühren, wie ich es vermutet habe in: Tristan, Nibelungenlied, Artusstruktur [s. Anm. 1], kann dabei durchaus offen bleiben.
9 Michael Curschmann: Der Münchener Oswald und die deutsche spielmännische Epik.
  Mit einem Exkurs zur Kultgeschichte und Dichtungstradition (MTU 6), München
  1964.
10 Ganz.
11 Der heilige Geist ›ist‹ nicht, wie man aus dieser Stelle geschlossen hat, der Bräutigam
  überhaupt, sondern ›bezeichnet‹ die ›Ankunft‹ Gottes in den Menschen mit der Geburt
  des Kindes, d. h. mit dem Anfang seines irdischen Lebens. (Zu erwägen bleibt von
  Kraus' Konjektur *atem* statt *ende* 344.)

Handlungs- und Traumallegorese in der ›Gral-Queste‹

Von Klaus Speckenbach (Münster)

I.

In der ›Gral-Queste‹, dem zweiten Teil des ›Prosa-Lancelot-Gral-Zyklus‹[1], wird eine Reihe von Ereignissen und Träumen erzählt, die als Ganzes oder auch nur zum Teil im weiteren Verlauf der Handlung von geistlich lebenden Männern oder Frauen, meist Eremiten, allegorisch ausgedeutet werden[2]. Diese Handlungs- und Traumallegoresen finden sich in einer relativ dichten Folge im ersten Teil der ›Gral-Queste‹, bevor Galaad, Parzifal und Bohort zusammen mit Parzifals Schwester in dem Schiff Salomos fahren. Fast alle größeren Erzähleinheiten in diesem Abschnitt stehen mit den Allegoresen in Verbindung. Nur eine fügt der Autor später, unmittelbar vor dem Opfertod von Parzifals Schwester mit einem speziellen Sinn ein.

Insgesamt sind die Allegoresen den einzelnen Figuren mit Bedacht zugeordnet, und ihr Sinn ist auf deren jeweilige Lebenssituation ausgerichtet. Die ersten drei beziehen sich auf Galaad und seine Erlöserfunktion. In den Auslegungen zweier Abenteuer, nämlich die Vertreibung des Teufels bei der Öffnung eines Sarges und die Befreiung der Megedburg aus der Gewalt von sieben Brüdern[3], wird Galaad mit Christus verglichen. Er ist ein neuer Erlöser, freilich nicht in typologischer Erfüllung Christi – das wäre ein Sakrileg –, sondern in seiner Nachfolge[4]. In dem Abenteuer mit Meliant sendet Gott Galaad aus, um den jungen Ritter aus der Todesgefahr in seinem Kampf mit zwei schwarzen Rittern, seinen beiden Sünden, zu erretten[5]. Es ist auffällig, daß Galaad die spezielle Bedeutung seines dritten Abenteuers, die Befreiung der Megedburg, nicht selbst erfährt, sie wird vielmehr Gawan vorgetragen im Zusammenhang einer ersten seelsorgerischen Bemühung, ihn zur Einsicht in sein sündhaftes Leben zu führen. In allen anderen Fällen richten sich die Auslegungen nur an die Figuren, die an den Ereignissen bzw. Träumen beteiligt gewesen sind.

Die religiöse Unterweisung Gawans ist allerdings vergeblich gewesen, er gelangt nicht zu der Erkenntnis, daß an das Rittertum in der Gralsuche andere Maßstäbe angelegt werden, als ihm vertraut sind. Er steht damit nicht allein, sondern kann als Prototyp der Artusritter verstanden werden. Es ist daher konsequent, wenn im fortgeschrittenen Verlauf der Dichtung Gawan und auch Hector Träume haben, deren allegorischer Sinn es ist, ihr und der anderen Artusritter gänzliches Versagen in der Suche nach dem Gral zu verdeutlichen[6]. Die Träume sind aufeinander bezogen, ohne sich ganz zu entsprechen. Gawans Traum von den 150 Stieren, den Rittern der Artusrunde, sagt voraus, daß sich von allen Suchern nur drei, nämlich Galaad, Parzifal und Bohort bewähren und

den heiligen Gral erkennen werden. In Hectors Traum dagegen wird der Blick
nur auf Hector selbst und seinen Bruder Lancelot gerichtet. Da dieser sich demü-
tigt und nicht länger hoch zu Roß sitzt, sagt der Traum für ihn eine eingeschränkte Schau des Grals voraus (216, 10ff.; 349, 5ff.), während Hector seine
Zurückweisung zu erwarten hat (217, 18ff.; 355, 12ff.) [7], denn ihm wie Gawan
fehlen *reynikeit* (*charitez*, G 160, 25), *warheit* und *abstinencia* (219, 8f.).

Zwischen den Extremen des von Anfang an Erwählten und von Anfang an
Verworfenen, zwischen Galaad und Gawan, stehen Lancelot als der reuige Sünder und Parzifal und Bohort, die beide erst nach schweren Versuchungen würdig
sind, Gefährten Galaads zu werden. Drei Allegoresen richten sich auf Lancelot
und sind in längere Beichtgespräche oder predigthafte Unterweisungen eingefügt [8]. Sie folgen nicht wie bei Galaad unmittelbar aufeinander, sondern werden durch die Versuchungen Parzifals unterbrochen. Damit entsteht ein zeitliches Nacheinander und wird der längere Prozeß des Sünders zur Reue und allmählichen Besserung veranschaulicht. Die Deutung des Wortes, das eine
Stimme Lancelot nachrief, als er am steinernen Kreuz bei der Erscheinung des
Grals versagte [9], zeigt ihn verhärteter als andere Sünder. Dagegen wird Lancelot in der Auslegung seines Traums [10] und der des Turniers zwischen den
schwarzen und weißen Rittern [11] nicht ohne Hoffnung angesehen. Das wird
u. a. dadurch deutlich, daß er in der Lage ist, gegen alle Regel die Rede Gottes in
seinem Traum selbst zu deuten, daß nämlich der Schatz, den Gott zurückfordert,
seine Seele meine (189, 2ff.). Diese Einsicht bewahrt Lancelot aber nicht vor
neuen Fehlentscheidungen, indem er etwa in dem Turnier den schwarzen, d. h.
den irdischen (G 143, 6), in Todsünden befangenen Rittern gegen die geistlichen
hilft. Er wird deshalb aber nicht verdammt, sondern von Eremiten erneut auf den
rechten Weg gebracht (191, 16ff.; 196, 16ff., dazu G 144, 18f.; 197, 7ff.). Hectors Traum sagt später dann ja auch voraus, daß Lancelot den Gral von Ferne
wenigstens erblicken wird.

Lancelot hatte sich in dem Turnier zwischen Gut und Böse, zwischen geistli-
chen und Artusrittern zu entscheiden und durfte nicht wie in rein weltlichen
Abenteuern der schwächeren Seite helfen. Deshalb wird seine Trauer über die
Niederlage und den vermeintlichen Ehrverlust in einem zweiten Traum von Gott
gerügt und als Zuwendung zum Teufel verstanden [12]. Ganz ähnlich ist Parzifals
Lage in den Versuchungen, er muß zwischen Gott und dem Teufel wählen [13].

Die erste Versuchung besteht er innerhalb eines Traumes [14], indem er ablehnt, Gefolgsmann einer älteren, auf einem Drachen reitenden Frau zu werden.
Damit verpflichtet er sich zwar nicht der durch sie bezeichneten Synagoge und
dem Teufel [15], es ist aber auch noch keine Entscheidung für die Kirche und
Christus, die jüngere Frau auf dem Löwen, gefallen. Diese aber muß getroffen
werden, als der Versucher ein zweites Mal in der Gestalt einer schönen Frau
kommt [16]. Sie gibt sich als Entrechtete und Vertriebene aus, erinnert Parzifal
an seine eidliche Verpflichtung, Schutzlosen zu helfen, und fordert damit seine
Ritterlichkeit heraus (144, 1ff.). Parzifal erkennt nicht, daß die Vertriebene der
von Gott in die Hölle gestürzte Luzifer ist (151, 17ff.) und daß er verspricht, in

dessen Krieg gegen die Ritter Jesu Christi einzugreifen[17]. Und auch was sich Parzifal im Schatten des Zeltes als amouröse Szene darstellt, durchschaut er nicht in seiner allegorischen Bedeutung, nämlich der Hinwendung zur sündigen Welt, der Abkehr von Christus als der Sonne (153, 4 ff.). Keine aktive Willensentscheidung, sondern gnädige Fügung veranlaßt Parzifal, sich zu bekreuzigen und damit die ganze Versuchung zu beenden (147, 12 ff.).

Bohorts Versuchungen werden im Anschluß an Gawans und Hectors Träume erzählt, sie ähneln denen Parzifals im hohen Maße. Auch er hat zwischen der Kirche und ihrer älteren Schwester, der Synagoge (hier mit dem Teufel gleichgesetzt), zu wählen. Ohne Zögern tritt er als ein Ritter Jesu Christi (252, 17 f.) für die enterbte Kirche im Zweikampf ein[18]. Seine Lage verkompliziert sich dadurch, daß der Versucher in der Gestalt eines falschen Priesters ihm einen Traum, der sich auf Synagoge und Ecclesia bezieht, falsch auf die Liebe einer schönen Dame deutet[19]. Aber Bohort widersteht auch dieser Versuchung, selbst als die Verführerin droht, sich zu Tode zu stürzen (247, 4 ff.). – In einem weiteren Traum war Bohort warnend auf eine zusätzliche Prüfung vorbereitet worden[20]. Als dann die Hilfe für seinen Bruder Lyonel und die Bewahrung der Keuschheit einer Jungfrau und eines Ritters alternativ zur Wahl stehen, entscheidet sich Bohort richtig gegen seinen Bruder (239, 1 ff.). Als faules und wurmstichiges Holz (254, 3 f., 6) wird mit Lyonel nach Gawan und Hector ein weiterer Artusritter in seiner Sündhaftigkeit von der Gemeinschaft der geistlichen Ritter fern gehalten.

Im Unterschied zur sonst geübten Praxis werden die allegorischen Deutungen von Bohorts Abenteuern und Träumen nicht jeweils im Anschluß an diese, sondern summarisch als Abschluß einer ganzen Reihe erzählt. Sie verlieren dadurch an Intensität, und man gewinnt den Eindruck, daß sie unnötig geworden sind. Und tatsächlich enthält die weitere Erzählung zwar noch wiederholt einen allegorischen Sinn (die Forschung hat sich vor allem mit dem Schiff Salomos und dem Gral beschäftigt[21]), aber keine längeren Auslegungen dieses Sinnes. Nur noch einmal verwendet der Dichter die Allegorese und nun gleichsam abschließend. Ihre Bedeutung richtet sich nicht mehr auf einen Einzelnen und seine spezielle Lebenssituation, sondern verdeutlicht Aspekte der christlichen Lehre. Nach der gemeinsamen Schiffahrt sehen Galaad, Parzifal, Bohort und Parzifals Schwester den weißen Hirsch in der schützenden Begleitung der vier Löwen, wie vor ihnen schon früher Lancelot und Mordred[22]; anders aber als diese können sie ihnen in ihre *wonung* (321, 17), eine Kapelle, folgen und ihre Wandlung miterleben[23]. Der Hirsch wird während der Messe zum thronenden Christus, die Löwen zu den vier Evangelistensinnbildern[24]; gemeinsam erheben sie sich und durchdringen ein Glasfenster, ohne es zu zerstören. Eine Stimme bezieht dieses Ereignis ausdrücklich auf die unbefleckte Empfängnis Marias (322, 14 f.)[25]. Mit diesem Geschehen hat Gott den Gefährten einen Teil seiner Geheimnisse offenbart, es weist voraus auf die größere Offenbarung durch die Schau des heiligen Grals, zu der Galaad, Parzifal und Bohort erwählt sind (323, 7 ff.). Die Erwähnung der Keuschheit Marias aber lenkt den Blick auf den Opfertod von Parzifals Schwester, der nur heilende Wirkung hat, weil auch sie keusch ist (328, 11 ff.) [26].

Überblickt man die verschiedenen Handlungs- und Traumallegoresen, so zeigt sich ihre sehr planvolle Verwendung in der Dichtung [27]. Sie sind verschiedenen Menschen zugeordnet und spiegeln deren Bindung an Gott. Nachdem Galaads unangefochtene Christusähnlichkeit verdeutlicht wurde, folgt Lancelots Versagen vor dem Gral; danach wird mit Parzifal wieder ein Beispiel christlicher Bewährung dank göttlicher Gnade vor Augen geführt. Und wieder folgen Modelle des gestörten Glaubens: mit Lancelot das Auf und Ab von Wollen und Mißlingen, mit Gawan und Hector die Verstocktheit und das gänzliche Verkennen des göttlichen Willens. Schließlich zeigt Bohort noch einmal das Bestehen schwerster Prüfungen in der Sicherheit christlichen Gottvertrauens [28]. Auf die besondere Stellung der letzten Allegorese und ihre vorausweisende Funktion wurde schon hingewiesen.

Allegorese ist per se auf Lehre bezogen, daher ist es nicht verwunderlich, sie in der ›Gral-Queste‹ wiederholt in Verbindung mit predigthafter Belehrung, vor allem für Lancelot und Gawan, aber auch für Meliant und Bohort anzutreffen [29]. Dabei werden wiederholt Geschichten der Bibel als Beispiel und Beleg herangezogen. So etwa das Gleichnis von dem anvertrauten Gut (Mt 25, 14 ff), durch das Gawan wie Lancelot gemahnt werden, den ihnen von Gott anvertrauten Schatz zu bewahren und zu mehren [30]; ferner das Gleichnis vom Hochzeitsfest des reichen Mannes (Mt 22, 1 ff.), das Hectors Lage kennzeichnet: er kommt ohne rechte Vorbereitung hoch zu Roß zur Gralsburg und wird nicht eingelassen [31]; und auch die Erzählung von dem unfruchtbaren Feigenbaum, den Christus verflucht (Mt 21, 18 ff.) und dem Lancelot in seiner sündigen Liebe zu Ginover entspricht [32]. Inhaltliche und bildliche Bezüge verbinden die Allegoresen untereinander [33], wobei besonders in den Versuchungen von Parzifal und Bohort das Auftreten der jüngeren und älteren Frau als Ecclesia und Synagoge und die Verlockung zur unkeuschen Liebe auffällt [34].

Alle bisher genannten Funktionen der Allegoresen werden durch eine übertroffen, die dazu dient, den Leser wie auch die Figuren des Romans in die Besonderheit der Gralsuche einzuführen [35]. Wenn Galaad das Sargabenteuer besteht oder die Megedburg befreit, liest man davon wie von den gewöhnlichen Abenteuern, die Artusritter zu bestehen haben. Lancelot z. B. hatte wiederholt einen Sarg geöffnet, so auf Dolorose Garde, bei einem Kloster auf dem Weg nach Gorre und auf Corbenic [36]. Diese Abenteuer zeigen, wenn sie bestanden werden, die außergewöhnlichen Fähigkeiten des Ritters und oft seine Erwähltheit zur besonderen Geltung in der Tafelrunde [37]. Die Hilfe für bedrängte Burgen gehört zu den hervorragenden Pflichten eines Ritters, Hector tut sich da u. a. hervor [38] und Lancelot auch, indem er einer Frauenburg im Turnier gegen eine Megedburg beisteht [39]. Lancelot hilft hier den Frauen, weil ihre Seite zu verlieren droht (II 34, 30), aber auch im liebenden Gedächtnis an seine *frauwe*, die Königin (II 35, 13 f.). Turnierhilfe für die Schwächeren, wie Lancelot sie für die schwarzen Ritter leistet, ist ähnlich vorweggenommen in der Unterstützung von König Bandemagus gegen die von Norgales (II 280, 21 ff.) oder die Hilfe Bohorts und Lancelots gegen Gawan und Gaheries in einem Turnier am Artushof (II 429, 6 ff.) [40]. Daß der Artusritter verpflichtet ist, der schutzlosen Frau zu ihrem Recht zu verhelfen, ist von dem Versucher gegen Parzifal listig ausgenutzt worden. Bohort leistet diesen Rechtskampf ohne Zögern für die Ecclesia. Dem entspricht seine frühere Hilfe für zwei von ihrem Oheim enterbte Schwestern (II 44, 13 ff.) und sein Einstehen für die Frau von Galnoie (II 342, 24 ff.) [41]. Wenn Meliant am Kreuzweg entgegen der schriftlichen Warnung den Weg nach links zu besonders gefährlichen Abenteuern wählt, entscheidet er sich nicht anders als vor ihm Hector, dem gerade durch die Nichtbefolgung die Befreiung von Orgale de Gridel gelingt [42]. Und auch Lancelot wählt einen Weg durch einen Wald, vor dem eine Inschrift warnt – und auch er löst einen Bann [43].

Fast alle Abenteuer, die in der ›Gral-Queste‹ allegorisiert werden, sind ähnlich schon vorher in den zwei ersten Bänden des ›Lancelot‹ erzählt worden, sie haben aber hier nur einen buchstäblichen Sinn. Wenn nun diese Abenteuer in der ›Gral-Queste‹ wieder aufgenommen werden, so erwartet der Leser zunächst nichts anderes als eine als Muster schon vertraute Geschehensfolge – und auch die Figuren erwarten nichts anderes von ihren Abenteuern. Erst die auf den spirituellen Sinn zielende Allegorese täuscht diese Erwartung wiederholt und bewirkt nach und nach durch die ständige Brechung eine neue Einstellung des Lesers [44]. Er vermutet schließlich selbst hinter der erzählten Handlung einen zusätzlichen Sinn, so daß die Allegoresen allmählich überflüssig werden. Von hier aus erklärt sich, wieso es kommt, daß der Leser solange auf die Auslegung von Bohorts Erlebnissen warten und sie dann summarisch gleichsam bestätigend für das schon Vermutete zur Kenntnis nehmen kann. Ja, der Erzähler kann sogar Bohorts Traum von den beiden Vögeln durch den Versucher falsch auslegen lassen und dies erst in einem späteren Zusammenhang richtigstellen, ohne daß der Leser hoffnungslos in Verwirrung gerät [45]. Es wird aber auch verständlich, warum der letzte Teil der Dichtung keine Handlungs- und Traumallegoresen enthält: sie werden nicht mehr benötigt, weil der Leser von sich aus dem Geschehen der Gralsuche einen spirituellen Sinn zuordnet. Daß das allerdings im Gegensatz zu der Eindeutigkeit der Allegoresen zu verschiedenen Interpretationen führt, zeigt die Forschung nur zu deutlich [46]. Diese Vieldeutigkeit als dichterisch zu werten und die Allegoresen als unpoetisch abzutun, scheint mir im hohen Grade ungerecht und aus einem neuzeitlichen Dichtungsverständnis entsprungen zu sein [47].

Wie sehr auch von den handelnden Romanfiguren die Abenteuer mißverstanden werden können, zeigt die Belehrung für Meliant nach seiner Verwundung durch einen der schwarzen Ritter. Die zwei Wege an dem Kreuz nach rechts oder links waren nicht als Wege ritterlicher Bewährung zu verstehen. *Den zu der rechten solt ir verstan den weg zu unserm herren Jhesu Cristo, da die ritter gottes sint schuldig zu volgen nacht und tag [...]. Der zu der lincken hant sollent ir verstan den weg des sunders* (58,5 ff.). Die fehlende Beichte vor dem Ritterschlag macht Meliant für den Teufel versuchbar. *Und also betrog dich din wone, wann die schrifft meynt von geistlicher ritterschafft, so meint du und verstundest es von werltlicher ritterschafft. Und durch das kamest du in hoffart, und da mit vielt du in dótlich súnde* (58, 15 ff.). Was sich für Meliant als besonders hohe Ritteraufgabe darstellte, ist in Wirklichkeit eine schwere Versündigung, die ihm beinahe Leben und Heil gekostet hätte.

Um den neuen religiösen Aspekt des Romans zu verdeutlichen, nutzt der Autor eine Methode der Bibelexegese, eben die Allegorese. Im Falle von Meliants Abenteuer wird die innerhalb der Bibelallegorese vertraute Auslegung des Weges, von rechts, links und schwarz für die Deutung genutzt[48], indem sie bei einem höfischen Handlungsmuster angewandt wird, wodurch sich eben der höfische Charakter einschränkt oder gar auflöst. Der Autor geht von dem bekannten Literalsinn der Ritterabenteuer aus, deutet sie aber nach der Schriftallegorese und wertet sie damit neu entsprechend seinen geistlichen Absichten. Dadurch erfährt Meliant (und auch der Leser), daß sich in der Gralsuche eine Ritterschaft in einem spirituellen Sinn zu bewähren hat[49]. Je vollkommener ein geistlicher Ritter ist, desto unnötiger werden die Hilfen durch die Allegoresen. Galaad erfährt die Deutung seines dritten Abenteuers gar nicht mehr, Parzifal und Bohort kennen zwar nicht die einzelne Bedeutung ihrer Erlebnisse, aber sie ahnen, daß es sich um einen übertragenen Sinn handelt[50]. Nach ihren bestandenen Versuchungen bedürfen sie ebensowenig wie Galaad dieser Unterrichtung (abgesehen von der einen Ausnahme mit der Deutung des weißen Hirsches).

Nach einer schweren Verwundung durch einen der schwarzen Ritter findet Meliant Pflege in einem Kloster. Als ein Mönch dabei erfährt, daß die Gralsuche begonnen habe, versteht er die tiefere Bedeutung von Meliants Niederlage. Sie müsse, stellt der Mönch fest, durch seine Sünden verursacht sein (57, 2 ff.). Und nach einiger Nachforschung findet er auch heraus, daß Meliant ungebeichtet den Ritterschlag erhalten habe. Die Tatsache also der Gralsuche, die mit dem Erscheinen Galaads am Artushof begonnen hat, ist die bedeutsame Wende und führt zu der neuen Bewertung der Abenteuer und zu den neuen Anforderungen an die Ritter[51]. Deshalb wird die Frage nach der Sünde bei der früheren Wegwahl Hectors und Lancelots gar nicht gestellt, sondern nur darauf gesehen, ob der Ritter tüchtig genug ist, das Abenteuer zu bestehen. Meliant aber handelt so, als ob die Gralsuche noch nicht angehoben habe, obwohl er sich Galaad angeschlossen hat, der kein anderes Ziel kennt[52]. Wegen der fehlenden Beichte vor dem Ritterschlag wird Meliant verführbar zu Hoffart und Begierde; die tödliche Sündenlast der *ordensritter*[53] führt zu ihrer Turnierniederlage, wie ja auch der Traum Gawans das Scheitern der Artusritter ausdrückt (212, 8 ff.)[54]. Sie behandeln die Suche nach dem Gral als rein weltliches Abenteuer und verkennen dabei, daß es einzig um die Gnade Gottes und seine Geheimnisse geht[55]. Aus der unterschiedlichen Einstellung der Ritter zum Gral und den notwendigen geistlichen Vorbereitungen für die Suche ergibt sich der Gegensatz von der weltlichen und geistlichen Ritterschaft[56]. *Wann dieße suchung ist von hymelischen dingen und nit von irdenischen* [...]. *Und also ist es von den jhenen die da sint komen*

in diße suchung unreyne und betrogen vol irdenischer sunden, also das sie nit kön-
den wedder weg nach straßen finden, und ryten als doren durch die fremden lant
(172, 12ff.)[57]. Der Wechsel vom irdischen zum himmlischen Rittertum gelingt nur durch die Beichte. *Durch die pfort die man nennet bicht, anders enkan*
nÿmand komen zu unserm herren Jhesum Cristum (223, 12f., vgl. 222, 10). Die
vorher Sünder waren, *die werden verwandelt von irdenischen dingen in die hy-*
melwerck und laßen ir sunden und ir unreynikeit und komen zu bicht und zu be-
kentniß und sint ritter unsers herren (223, 7ff.)[58]. Ein geistlicher Ritter muß
sich nicht nur von Sünde durch die Beichte befreien, er muß sich auch von den
Wertvorstellungen der Welt lösen und entsprechend Mt 10, 37 von den natürlichen menschlichen Bindungen, wie Bohort in der Hilfe für die Jungfrau und den
Ritter gezeigt hat (255, 1ff.). Ja, er muß Vater und Mutter, Frau und Kinder verlassen, wenn er den Gral finden will (101, 8f., vgl. 24, 4ff.).

II.

Die bisherige Betrachtung hat gezeigt, daß die Handlungsallegoresen in der
›Gral-Queste‹ sich auf höfische Handlungsmuster beziehen. Dieses Verfahren,
das Otto von Freising entsprechend bei der allegorischen Auslegung von histori-
schen Ereignissen benutzte[59], ist für die ersten Jahrzehnte des 13. Jahrhunderts in der deutschen Dichtung durchaus neuartig und offenbar durch die
›Gral-Queste‹ eingeführt worden. Und auch für die französische Literatur ist die
Verwendung von Handlungsallegoresen in ›La Queste del Saint Graal‹ ein Novum, allerdings nicht so vollständig wie für die deutsche[60]. Denn schon im
›Perlesvaus‹ gibt es die geistliche Auslegung von höfischen Handlungen an zwei
Stellen[61]. Einmal wird eine lange Abenteuerfolge Gawans summarisch von
einem Geistlichen ausgelegt und ein zweites Mal – nicht ganz so ausführlich – die
Abenteuer von Perlesvaus. Wie in der ›Queste‹ ist es das Bestreben, dadurch
dem profanen Geschehen einen geistlichen Sinn zuzuordnen. Aber im Unterschied zu der planvollen Kennzeichnung von Person und Lebenssituation durch
die fein abgestuften Handlungsallegoresen in der ›Queste‹ leisten dies die Auslegungen im ›Perlesvaus‹ nicht. Und auch die Funktion der Spiritualisierung des
Geschehens durch die reiche Entfaltung der Allegoresen gelingt im Vergleich
zur ›Queste‹ nur punktuell, da diese eben nur zweimal für eine Folge von Ereignissen eingesetzt werden[62].

Das Allegorisieren von Träumen mit Hilfe der Verfahren der Bibelexegese ist
schon früher in Dichtungen, etwa in der ›Chanson de Roland‹[63], verwendet
worden. Der prophetische, in einer Bildsprache verschlüsselte, mantische Traum
bietet sich diesem Vorgehen an; dennoch fehlen zunächst Auslegungen in Form
von Allegoresen, erst im ›Prosa-Lancelot‹ werden solche greifbar[64]. Die meisten mit Allegoresen versehenen Träume der ›Gral-Queste‹ gehören zu den
sinnbildlichen, die Zukunft voraussagenden Träumen[65], nur einmal dient der
Traum ausschließlich der Warnung durch Gott (193, 1ff.). Von diesen Traum-

formen muß man den deutlich fingierten, seiner Mantik weitgehend entleerten Traum unterscheiden, der oftmals den weiten Rahmen für die Allegorien in den Jenseitswanderungen abgibt[66]. Diese Traumallegorien kommen im ›Lancelot‹ nicht vor.

Wenn in der ›Gral-Queste‹ bestimmte Ereignisse allegorisch ausgelegt werden, handelt es sich um eine Rückschau auf schon Geschehenes, das nun in einem neuen Licht betrachtet wird; wenn die die Zukunft voraussagenden Träume gedeutet werden, kann auch eine solche Rückschau vorliegen, wenn die Deutung – wie bei Bohorts Träumen z. T. – erst nach der Erfüllung der Träume erfolgt[67]. In der Regel aber erfährt der Träumer den allegorischen Sinn seines Traumes vor den Ereignissen, auf die er sich bezieht. Das kann dann dazu führen, daß Gawan und Hector etwa beschließen, die Gralsuche abzubrechen (219, 20 ff.), während Lancelot sich bemüht, der Forderung, die Gott im Traum erhob, gerecht zu werden (188, 20 ff.). *Und er enkerte sich nit als vil zu der wollust der welt, als er vor hett gethon* (189, 11 f.).

Abgesehen von den rück- und vordeutenden Funktionen der Handlungs- und Traumallegoresen werden sie in der Allegorisierung völlig gleichartig behandelt. Längst nicht alle Elemente der Ereignisse und Träume werden ausgelegt. So erfährt man nicht die Bedeutung von rechts und links in Bohorts Traum, nicht, wer der Mann auf dem Sitz in der Kapelle ist, der die Lilien trennt (234, 1 ff.; 254, 3 ff.), nicht, was die Krone in Meliants Abenteuer bedeutet (53, 10 f.), und auch nicht, wer der Herr der älteren Schwester, der Synagoge, ist (231, 2 f.). Im Falle von Lancelots Versagen am steinernen Kreuz bei der Erscheinung des Grals wird nur das verurteilende Wort an Lancelot zum Schluß allegorisch gedeutet (79, 9 ff.; 87, 17 ff.). Es ist daher die Frage, ob man diese Auslegung überhaupt zur Handlungsallegorese zählen kann. Ich habe mich dazu entschlossen, da in der Erklärung des ganzen Abenteuers durch den Eremiten die Allegorese dieses Wortes die entscheidende Rolle spielt[68].

Die Handlungs- und Traumallegoresen in der ›Gral-Queste‹ sind aufs stärkste durch die hermeneutische Bibelallegorese geprägt. Wie dort dient die Wort-für-Wort-Auslegung auch in der ›Queste‹ der Texterklärung. Dabei wird die Vielzahl der Einzelbedeutungen durch die jeweilige didaktische und künstlerische Absicht in einem bestimmten Kontext zu einem einheitlichen Ganzen zusammengefaßt. Z. B. bezeichnet die Sonne Christus, das runde Zelt die sündige Welt, die schöne Frau den Versucher selbst (153, 6 ff.). Diese Einzelbedeutungen werden in der Versuchung Parzifals zu einer Szene verknüpft. Sein Schlaf, seine Mahlzeit und die beabsichtigte Liebesverbindung mit der schönen Frau in dem Zelt zeigen Parzifal im Schatten fern der Sonne, d. h. in seiner durch den Versucher bewirkten Trennung von Christus, seine Bekreuzigung das Bekenntnis und die Rückkehr zu ihm im letzten Augenblick. Wie in den Allegoresen der Bibel knüpfen die in der ›Queste‹ an einzelne Proprietäten der Bedeutungsträger an, so an die Rundheit des Zeltes (Hs. a 153, 6 f.; G 114, 2 f.), an die Wärme der Sonne (153, 20) oder an die ›Verjüngung‹ des Hirsches beim Abwurf des Geweihs (324, 1 f.). Überraschend ist zunächst, daß nicht nur die Signifikanten in der ›Queste‹ zu einem Teil denen der Bibelallegorese entsprechen, sondern auch die durch sie bedeuteten Signifikate. Daß etwa der Hirsch, der Löwe oder die Sonne Christus bezeichnen (323, 13 ff.; 135, 14; 153, 19), die Schwärze den Sünder oder den Teufel (59, 4, 11; 195, 20 f.), der Drache wiederum den Teufel (138, 11 f.), die Lilien die Keuschheit (234, 4 f.; 254, 7 ff.), findet sich häufig wieder in Auslegungen der Bibel und in anderem geistlichen Schrifttum [69]. In anderen Fällen sind die Signifikanten aus der Welt des höfischen Abenteuers oder einem allgemeineren menschlichen Erfahrungsbereich gewählt, sie werden aber auch auf Wahrheiten des christlichen Glaubens gedeutet, z. B. die Megedburg auf die Hölle [70], die sieben Brüder auf die Todsünden (69, 18 ff.), die Stimme aus dem Grab auf die Rede des Pilatus (50, 9 ff.), die schmutzigen und mageren Stiere auf die sündigen und reuelosen Artusritter (212, 20 ff.) [71]. Ob nun die Signifikanten aus der Bibel stammen oder aus dem Zusammenhang der Erzählung gewählt werden, ausnahmslos geht es um die Heilswahrheiten. Weder in der Form noch in den Aussagen unterscheiden sich die Allegoresen der ›Gral-Queste‹ von denen der Schriftexegese. Das heißt aber, daß die Auslegungsweisen, die ursprünglich ganz auf die Bibel beschränkt waren, über die Verwendung in Predigt und Bibeldichtung nun Aufnahme in der fiktiven weltlichen Dichtung gefunden haben, aber nicht primär mit Zielen, die der profanen Erzählung dienen wie bei den etwas späteren Minneallegorien, sondern solchen, die aus dem höfischen Roman eine geistliche Dichtung machen wollen [72].

Da schon innerhalb der Bibelauslegung die einzelnen Formen der Allegoresen nicht streng geschieden sind [73], ist es verständlich, wenn auch die der ›Gral-Queste‹ Mischformen zeigen. Meist drücken sie einen tropologischen Sinn aus, so stets bei Lancelot, Gawan und Hector etwa durch das Turnier der weißen und schwarzen Ritter (195, 13 ff.) oder Gawans und Hectors Träume (212, 8 ff.). Daneben zeigt sich auch eine heilsgeschichtliche Ausrichtung, also allegoria im engeren Sinn, im Hinblick auf Galaad, Parzifal und Bohort, z. B. bei der Deutung des Sargabenteuers (48, 9 ff.) und der Befreiung der Megedburg (69, 17 ff.). Wenn Ecclesia auf dem Löwen und Synagoge auf dem Drachen Parzifal im Traum erscheinen und er sich zwischen beiden entscheiden muß (135, 13 ff.), wird die Vermischung der Sinne besonders deutlich. *die frauw die du sehet den trachen ryten bedútet die alte ee* [74]*, und der trach der sie trug das ist die schrifft die boßlich wirt verstanden und bößlich wirt behalten, das sint die glißner und die keczer und die úbelteter und die dötlichen súnder, und das ist der fynt selber und ist schlangen und lintwörm* [...]*.* (137, 18 ff.). Neben dem tropologischen Aspekt bei Ketzern, Heuchlern und Sündern wird an dem Drachen auch der allegorische herausgestellt, in dem er den Teufel in dem Gegenüber zu Christus (dem Löwen) bedeutet; gleichzeitig aber wird er auch mit dem ersten Sündenfall der Menschen und dem Jüngsten Gericht in Verbindung gebracht (138, 2 ff.; 136, 16 ff.) und nimmt damit einen allegorisch-eschatologischen Sinn an. – Eine weitere Mischung zeigt sich im Hinblick auf die Personifikationen. Sie stehen als Verkörperung von Meliants Hoffart und unrechtem Begehren (59, 11) und der sieben Todsünden (69, 20) gewiß in der Tradition der ›Psychomachie‹ des Pruden-

tius [75], wie ihr Auftreten in Kämpfen bestätigt, wo sie unbefangen den Romanfiguren gegenübergestellt werden [76]. Die Personifikationen gewinnen im Roman keine größere Geltung [77]. Sie werden problemlos in die Allegorietradi-
tion der Bibelauslegung eingeordnet und entsprechend wie andere Bedeutungsträger behandelt. Das gilt auch für die Personifikation von Ecclesia und Synagoge, die in Wort und Bild eine lange Geschichte haben.

III.

Die Tradition der Beurteilung von Ecclesia und Synagoge ist sehr wechselvoll
verlaufen. Schon früh findet sich die Personifikation der Ecclesia in den Briefen
des Paulus (2 Kor 11, 2; Eph 5, 25; Gal 4, 21 ff.) angelegt, während für Synagoge
Prudentius' Paraphrasen der Klagelieder wichtig geworden sind [78]. Was zunächst begrifflich die *concordia Veteris et Novi Testamenti* bezeichnete, wird
noch in der Spätantike bei einigen Autoren als Gegensatz verstanden: Synagoge
gilt als uneinsichtig, sie wird vertrieben oder verdammt, Ecclesia ist die Trium-
phierende [79]. Die ›Altercatio Ecclesiae et Synagogae‹ des Ps.-Augustinus ist
ein besonders deutliches, wenn auch extremes Beispiel für diese Position [80].
Sie wird zum Ausdruck einer Judenfeindlichkeit, die durch die Kreuzzüge noch
gesteigert wird [81]. Die beiden Frauengestalten bezeichnen dann nicht mehr das
Alte und Neue Testament, sondern das Christentum und das Judentum, d. h. die
fortdauernde Gemeinschaft der ungläubigen Juden, denen nicht nur der Tod
Jesu angelastet wird, sondern auch jegliche Form von Unglauben, Ketzerei und
Heuchelei [82]. Häufiger, wie auch im ›Ludus de Antichristo‹, ist Synagoge der
Wegbereiter für den Antichrist, sie verfällt ihm und erkennt ihn als Messias an.
In einer Version (so im ›Ludus‹) bekehrt sie sich am Ende der Zeiten zu Christus,
in anderen aber verfällt sie ganz der Verdammnis [83]. In dem Skizzenbuch des
Petrus de Funes (um 1197) windet sich ein Drache um ihren Kopf, in dem Pas-
sionsfenster der Kathedrale von Chartres ist Synagoge durch einen Pfeil des Teufels auf immer geblendet [84] und im ›Liber floridus‹ steht die verstoßene Synagoge vor dem geöffneten Höllenrachen, der wie ein Drachenkopf aussieht [84a].

In den dialogischen Auseinandersetzungen kann der Streit u. a. um eine Erbschaft oder um die Rivalität um einen Bräutigam gehen [85], zwei Motive, die
miteinander verbunden in der ›Gral-Queste‹ eine bedeutsame Rolle innerhalb
der Allegoresen spielen. Bohort kämpft für eine jüngere Frau, die durch ihre ältere Schwester wie in der ›Altercatio‹ um ihr Erbe gebracht werden soll (231,
18 f.). Dieses Erbe hat zunächst der älteren Frau gehört, König Amans gab es ihr
mit aller Macht im Lande, weil er sie lieb hatte (231, 9 ff.). Die Jüngere berichtet
Bohort: *Als lang als sie was by yme, da bracht sie böß gewonheit, da nit inne was
keyn gerechtikeyt, und det zu viel groß unrecht an manchen enden. Da der konig
das gesach, da stieß er sie ußer synem lande und gab mir in mynen gewalt alles das
er hette* (231, 12 ff.) [86]. Als aber König Amans gestorben war, versucht die ältere Schwester der jüngeren alles wieder abzunehmen (231, 15 ff.; vgl. 235,

17 ff.). Bohort kämpft gegen Priaden den Schwarzen und siegt für die gerechte Sache, die ältere Schwester flieht. In der allegorischen Deutung dieser Ereignisse wird nicht erklärt, wen Bohorts Gegner bezeichnen soll. Da dieser mächtige Kämpfer als Herr der älteren Frau erwähnt wird (231, 2 f.), könnte mit ihm der Teufel gemeint sein. König Amans bedeutet, wie sein Name schon anzeigt, Christus (252, 3), und um seinetwillen hat Bohort der jüngeren Schwester, der heiligen Kirche, geholfen gegen die Ältere (252, 9 ff.), *das ist die alt ee, der vint, der da alwegen krieget wiedder die heiligen kirchen und wiedder den heiligen glauben* (252, 13 ff.)[87].

In der Allegorese von Parzifals Traum wird eine fast entsprechende Vorstellung ausgedrückt. Zwar bezeichnet die ältere Frau, *die alt ee* (137, 18), nicht selbst den Teufel, das geschieht vielmehr durch den Drachen (137, 19 ff.), aber der Unterschied ist nicht wesentlich. In dem Traum erklärt die ältere Frau Parzifal: *ee ir enpfingent das lehen von uwerm herren, da warent ir myn* (131, 7 f.), die Deutung stellt jedoch fest: *ee dann du enpfingt den tauff und ee du cristen wúrt, da werest du in des tůfels pflege,* dann aber *hett du verleuckent des fyndes [...] und da hett du manschafft gethan dynem heylant* (139, 2 ff.). Synagoge und Teufel sind auch hier nahezu identisch, eine Beobachtung, die nicht entsprechend für Ecclesia und Christus gilt. Denn die jüngere Frau auf dem Löwen bedeutet den neuen Glauben, der auf Christus gegründet ist (135, 13 ff.). Der französische Text macht deutlich, daß auch nach der Aussage von Parzifals Traum Synagoge von Christus zurückgewiesen worden ist: *Cele dame a qui tu veis le serpent chevauchier, ce est la Synagogue, la premiere Loi, qui fu ariere mise, si tost come Jhesucrist ot aporté avant la Novele Loi* (G 103, 4 ff.)[88].

Aus allem geht deutlich hervor, daß die ›Queste‹ ein Beispiel ist für die antithetische Konfrontierung von Ecclesia und Synagoge. Beide liegen in einem Kampf um ein Erbe, das Christus der Ecclesia, seiner Braut, zugesprochen hat, während Synagoge verstoßen worden ist[89]. Hinter diesem Kampf steht die Auseinandersetzung von Gott und Teufel, wie sich ja auch Löwe und Drache nicht nur im Traum gegenüberstehen. Sie kämpfen sinnbildlich auf der Felseninsel, und Parzifal nimmt für das edlere Tier (130, 19), den Löwen, Partei (125, 6 ff.)[90]. Dieser ständige Kampf geht um den Menschen, seit er erschaffen ist (152, 3 ff.); die Versuchung Adams und Evas wiederholt sich ständig. Die Schlange, die Eva verführte, ist der Drache, auf dem die Synagoge ritt (138, 1 ff.), ist die Frau, die Parzifal beinahe zu Fall gebracht hätte (152, 13 ff.). *Und du weist es selber wol,* sagt Christus in der Gestalt des Geistlichen zu Parzifal (vgl. 155, 1 ff.), *und wiß sicherlich das númmer keyn stund wirt, er krieg wiedder den ritter Jhesum Cristum* [91] *und wiedder die guten lúte und diener, da unser herre got ist inne geherbergt* (152, 16 ff.)[92]. Lancelot ist ein vollkommener Mensch gewesen, bis ihn der Teufel durch die Königin verführte, *und also traff dich* [Lancelot] *der fynt mit eim bogen, und traff dich also herticlichen das er dich macht strucheln* (170, 11 f.). Er, der ein Ritter Gottes werden sollte, *scheit von synem herren wann er synen solt* [seine Vollkommenheit] *hatt und geet helffen synen fynden wiedder yn* (89, 18 f.; vgl. 89, 15 ff.). Ebenso hat Gawan seine Ritterschaft nicht erfüllt: [...] *ir hant uwer ritterschafft úbel behalten. Wann ir hant viel gedienet dem fynde* [...]. (69, 4 f.). Wie man sieht, geht der Kampf nicht nur um den Menschen, er wird auch durch ihn geführt. Ist einer sündig geworden wie Gawan oder Lancelot, dann kämpft er gegen den Herrn für den Teufel. Gott tadelt Lancelot im Traum: *Du bist nit myn frunt gewest und hast allwegen wiedder mich gekrieget* (178, 1 f.). Umgekehrt können die Ritter Jesu auch ihm in dieser Auseinandersetzung helfen, so Bohort im Kampf gegen Priaden: *Wann ir warent ein ritter Jhesu Cristi, darumb ir sint zu dem rechten komen, zu beschútten die heilige kirch, gesehen in einer bedrubten frauwen wyse* (252, 17 ff.), so in seiner Hilfe für die Jungfrau und den Ritter, die *unsers herren gottes lúte* (255, 18) sind, die er erlöste. Auf die Seite Gottes gelangt der Mensch durch die Taufe (139, 2 ff.) und dann durch die stets wiederholte Beichte, *wann mit der bicht vertribet man den fynt* (222, 11 f.), *anders enkan nÿmand komen zu unserm herren Jhesum Cristum* (223, 13). Die Hauptsünden sind verdeutlicht mit der Hoffart Satans bei seiner Überhebung gegen Gott (151, 19 ff.) und der in anderen Zusammenhängen mit Unkeuschheit verbundenen Begierde Adams und Evas nach der verbotenen Frucht (152, 9 ff.); um ihnen zu begegnen, werden in der ›Gral-Queste‹ besonders mönchisch-asketische Tugenden gepriesen [93].

Durch die Allegoresen von Parzifals Traum und Bohorts Kampf für die Kirche wird die große heilsgeschichtliche Auseinandersetzung zwischen Gott und Teufel dargestellt, der Mensch ist ihr Streitobjekt und zugleich aktiv Handelnder, der sich für die eine oder andere Seite entscheiden muß. Ein drittes gibt es nicht. Die *concordia* zwischen den Schwestern Ecclesia und Synagoge ist verloren; der Gegensatz verschärft dadurch, daß Synagoge gleichgesetzt ist mit dem Teufel. Das zeigt sich auch darin, daß sie als Wegbereiter des Antichrist verstanden werden kann, der schon lange vor seiner endzeitlichen Erscheinung in vielerlei Gestalt in der Welt wirkt. Damit gewinnt die Allegorese an dieser Stelle einen eschatologischen Sinn.

In der Auslegung seines Traums erfährt Parzifal, daß die Frau auf dem Löwen ihn vor dem verräterischen Kampf *geyn dem verforchtigsten kempffer von der welt* (136, 15 f.) warnen wollte. *Das ist der durch den Enoch und Helyas* [...] *waren genomen von der welt und wurden gefúrt in den hymele und koment nit herwiedder vor dem jungsten tag, dann koment sie zu stryten widder den der also sere ist verforcht* [...] *das ist der kempffer gein dem du must striten* (136, 16 ff.). Nach weit verbreiteter mittelalterlicher Überzeugung wurden Enochs und Elias' Rückkehr auf die Erde für die Endzeit erwartet, damit sie gegen den Antichrist kämpfen könnten [94]. Diese Endzeit ist noch nicht angebrochen, noch haben Parzifal und andere Ritter Christi sich im Kampf gegen den Antichrist, der hier mit dem Teufel gleichgesetzt ist, zu bewähren. Noch ist die Weltherrschaft des Antichrist nicht errichtet, aber seine Helfer und späteren Begleiter (manchmal in der Gestalt von Pseudopriestern) sind schon tätig: die Heuchler und Häretiker [95]. Der Drache, der die Synagoge trägt, bedeutet u. a. *die schrifft die boßlich wirt verstanden und bößlich wirt behalten, das sind die glißner und die keczer* [...] (137, 19 f.) [96]. Und Bohort wird von dem falschen Priester versucht (G 177, 22 f.).

Die nahe Beziehung von Teufel und Antichrist ist in der Ikonographie wiederholt belegt, im ›Hortus Deliciarum‹ hält Satan den Antichrist als ›Lieblingssünder‹ auf dem Schoß [97], z. T. ist er wie der Teufel mit einem Drachen dargestellt, so auf einer Tafel im ›Liber floridus‹, wo der Antichrist wie ein Herrscher auf dem wie ein Drache gebildeten Leviathan zu sehen ist [98]. Derartige Vorstellungen können angeregt haben, daß Synagoge in der ›Queste‹ auf dem Drachen als Reittier reitet, was sonst für sie nicht belegt ist [99]. Man könnte auch bei dem endzeitlichen Charakter der Thematik an einen Einfluß von Apoc 17, 3 ff. denken, wonach die Hure Babylon als Weib auf einem nicht näher benannten Tier mit sieben Häuptern und zehn Hörnern geschaut wird, zumal der Autor der ›Queste‹ Christus kurz vor seiner Deutung von Parzifals Traum unter Anspielung auf Apoc 19, 12 beschreibt (132, 12 ff.). In den Kommentaren zur Apokalypse wird dieses Tier u. a. als Diabolus oder auch Antichristus gedeutet [99a]. Auch für Ecclesia ist der Löwe ein ungewöhnliches Reittier. Sonst ist häufig ein Tetramorph nachgewiesen, ein Tier mit den vier Köpfen der Evangelistensinnbilder Mensch, Löwe, Stier und Adler [100]. Hierbei herrscht oft die Löwenform vor, so daß dadurch die einfache Tiergestalt in der ›Queste‹ angeregt sein kann [101]. So einmalig die Wahl der Reittiere Löwe und Drache auch ist, sie drückt den Sinnzusammenhang der Gegenüberstellung von Gott und Teufel auf vorzügliche Weise aus.

Die dualistische Zuordnung von Gott und Teufel, Ecclesia und Synagoge, Ritter Christi und Diener des Erzfeindes geht ganz offensichtlich auf Augustin zurück, der dieses Gegeneinander in seiner ›Civitas Dei‹ dargestellt hat. Im 12. Jahrhundert griff der Zisterzienser Otto von Freising diese Lehre auf, um sie zur Grundlage seiner ›Chronica sive Historia de duabus Civitatibus‹ zu machen. *Cum enim duae sint civitates, una temporalis, alia eterna, una mundialis, alia caelestis, una diaboli, alia Christi* [...] erklärt Otto im Anschluß an Augustin [102]. Hatte sich ursprünglich der Weltstaat in Babylon und der Gottesstaat in Jerusalem manifestiert, so ist mit der Erscheinung Christi, besonders seit Konstantin und Theodosius die äußere Bedrängung zurückgegangen, denn in der als Weltherrschaft durchgesetzten Christenheit sind beide *civitates* verbunden. Kennzeichen dieser Vermischung sind innere Streitigkeiten auf Anstiftung des Teufels (Chronica V, Prolog). Augustin spricht von den zwei Staaten nur in einem übertragenen Sinn, es handelt sich nicht um staatliche Gebilde, sondern um zwei Gruppen von Menschen, die sich zu Gott oder dem Teufel bekennen. Sie treten über den ganzen Zeitraum der Welt vermischt auf (De civ. XV, 1; XI, 1). Die Verschiedenheit der Engel, d. h. die Erhebung Luzifers muß man als Ursprung beider Staaten verstehen (De civ. XI, 1). Der Zustand der *civitates* ist durch zweierlei Liebe bestimmt, die Selbstliebe, die mit erhobenem Haupt auf den eigenen Ruhm aus ist, und die Gottesliebe (De civ. XIV, 28; Chronica VII, 9). Neben der *superbia* ist der irdische Staat besonders durch die geschlechtlichen Begierden gekennzeichnet (De civ. XIV, 16). Otto von Freising hebt die Veränderbarkeit der *civitas terrena* hervor und den Vernichtungswillen, der die Menschen aufeinandertreibt (Chronica VI, Prolog). Dem verblendeten Aufstieg folgt notwendig der Absturz (ebd., III, 45). Die letzte große Verwirklichung des Welt-staates ist die Herrschaft des Antichrist, die durch Häresien, Heucheleien und Betrug vorbereitet und verwirklicht wird (ebd., VIII, 1). Enoch und Elias wer-den gegen den Antichrist kämpfen und sterben, bevor Christus Gericht hält (De civ. XX, 30; Chronica VIII, 5). Dann werden die ganz reinen Wesen Gott schauen und erkennen (Chronica VIII, 33 f.). Bevor aber dieses eintritt, werden die Mönche, Eremiten und Bruderschaften durch ihr schon auf Erden himmli-sches und reines, d. h. asketisches Leben den Untergang der Welt aufhalten (Chronica VII, 35).

Mir scheint, es ist offenkundig, daß die ›Gral-Queste‹ dieses dualistische Schema Augustins aufnimmt, um die Welt der vorbildlichen Ritter und die der sündigen voneinander abzuheben; wichtigstes Hilfsmittel hierzu sind die Allego-resen und die damit verbundenen Belehrungen. Wenig Übereinstimmung zeigt die ›Queste‹ mit der Zweistaatenlehre für die erste Phase nach Otto von Freising. In der ›Queste‹ wird ein Rittertum dargestellt ohne die gegensätzliche Zuord-nung zu zwei Staaten, wie es ja hier durchweg um das Individuum in seiner Be-ziehung zu Gott geht. Wie mit Christi Erscheinen die vermischte Christenheit mit Teilhabern aus beiden *civitates* entstand, so bewirkt auch Galaads Auftreten eine vermischte Ritterschaft, von der sehr bald deutlich wird, ob sie sich Gott oder dem Teufel zuwendet. Alle Diener des Bösen versagen vor dem Gral, sie wenden sich wie Gawan und Lyonel nur selbstzerstörerisch gegeneinander (vgl. 127, 5 ff.) [103]; auf der anderen Seite ist es allein die *gottes mynne* (58, 12; s. 255, 2), die Galaad befähigt, das Sargabenteuer zu bestehen. Die Keuschheit wird zu der einen Probe der Ritter Gottes, die andere ist Demut, die nicht stolz das Haupt erheben läßt. Ein Eremit wirft Lancelot vor: *du gingest mit offgeha-bem heubt als ein lewe und gedachtest in dynem herczen das du soltest nÿmand lo-ben* […] (170, 18 ff., vgl. 167, 18; 213, 13 f.). Wie bei Otto von Freising werden in der ›Gral-Queste‹ die asketischen Ideale verherrlicht, die Ritter Christi kämpfen gegen den Teufel in all seinen Erscheinungen und verhindern damit, daß der Böse zum letzten Triumph kommt. Wie bei Augustin und Otto der Zeitablauf ei-nen ständigen Kampf der *civitates* gegeneinander zeigt, so wird auch in der ›Que-ste‹ diese beständige Auseinandersetzung, die seit dem Engelsturz besteht, ins-besondere durch die Allegoresen dargestellt. Ihre Lehren wollen gerade zur Er-kenntnis dieses Zustandes führen und zum Bekenntnis zu Christus. Wer dem Teufel erlegen ist, hat, wie an Lancelot gezeigt wird, die Möglichkeit der Reue, er kann sich durch die Beichte Jesus wieder zuwenden.

In der ›Gral-Queste‹ sind zwei verschiedene Ritterschaften durch die Über-tragung der Zwei-Staaten-Lehre Augustins einander dualistisch entgegenge-stellt [104]. Sie spiegeln damit in ihrem Bereich den Geschichtsablauf vom An-fang bis zum Ende der Zeiten [105]. Es ist wichtig zu sehen, daß keine klar abge-grenzten Bereiche für die weltlichen und himmlischen Ritter bestehen. Lancelot, Bohort und Parzifal sind längere Zeit hindurch Artusritter, Galaad ist es nur kurz, aber er nimmt den Gefährlichen Sitz der Tafelrunde ein und erweist sich so als ihr bester Ritter (10, 6 ff.); sie alle aber gehören nach Lancelots Umkehr zu

den Rittern Christi. Verschiedene Stellen zeigen, daß das Rittertum in der Welt
als solches nicht böse ist. Bohort selbst nennt sich einen *ritter von abenture* (249,
14), für Lancelot heißt es ausdrücklich, daß er nicht von der Ritterschaft, sondern nur von der Liebe zur Königin lassen müsse (92, 16 ff.) [106], um Gott lieb
zu sein. Auch Gawans Traum verdeutlicht, daß die Ritter der Tafelrunde ursprünglich demütig und brüderlich waren (G 156, 5 ff.; 212, 13 ff.) [107]. Da nun
aber fast alle Artusritter der qualitativ neuen Aufgabe der Gralsuche ohne tiefe-
res Verstehen gegenüberstehen, den geistlichen Sinn dieser Aventiure nicht erfassen und die hohen Anforderungen nicht erfüllen können und wollen – von
Gawan heißt es, *das er kein büß möcht liden* (70, 14) –, versündigen sie sich und
gehören zum Reich des Teufels, *wann zu den zyten waren die lút alle ungleubig in
dem konigrich Gayles und waren als gar ubelmessig* (127, 5 ff.; vgl. 251,
11 f.) [108]. Erst Hoffart, Unkeuschheit und fehlende Beichte [109] lassen den
Artusritter als einen irdischen Ritter im negativen Sinne erkenntlich werden,
d. h. als Diener des Teufels [110]. Die Allegoresen des Turniers wie auch der
Träume Gawans und Hectors, die sich ja alle auf die Gralsuche beziehen, machen deutlich, daß zwar nicht prinzipiell, wohl aber praktisch der Artusritter dem
geistlichen antithetisch gegenübergestellt ist. Der Autor legt alles darauf an, die
Gleichung Artusritter gleich Teufelsritter entstehen zu lassen [111]. Die Vielzahl
solcher Belege im Verlauf der Dichtung bestimmt die Wirkung des Werks, sie
trägt wesentlich dazu bei, daß sich sein Charakter entschieden von den anderen
Teilen des Zyklus abhebt. Weil aber den beiden gegensätzlichen Ritterschaften
der Gegensatz von Gott und Teufel zugrunde liegt, wird man auch nicht – anders
als bei Lancelot und Galaad [112] – von ihrer typologischen oder gradualisti-
schen Zuordnung sprechen können.

Die Untersuchung hat gezeigt, daß die Handlungs- und Traumallegorese in
der ›Gral-Queste‹ von der Bibelallegorese in Form und Inhalt abhängig ist. Meist
liegt eine Wort-für-Wort-Auslegung vor, die einen tropologischen, aber auch allegorischen Sinn herausstellt. Die Signifikanten stammen aus der reichen Tradition der Schriftexegese, aber auch aus dem Erzählzusammenhang selbst, das Bedeutete betrifft ausnahmslos die christlichen Glaubenswahrheiten. Mit Recht
hat man festgestellt, daß bei der Verwendung von Allegorese in der Dichtung
nicht die Tatsache der Auslegung interessant sei, sondern ihre poetische Funktion [113]. Gerade in dieser Hinsicht stellt die ›Gral-Queste‹ ein glänzendes Beispiel dar. Der erste Teil der Dichtung erfährt durch die Allegoresen seine Struktur in dem regelmäßigen Wechsel von Handlung und Traum einerseits und deren
Auslegungen andererseits. Diese sind eingeordnet in Beichtgespräch und religiöse Unterweisung, sie bedeuten Verharren, Einkehr und Besinnung auf den
Sinn des ritterlichen Lebens. Diese Belehrungen sind metaphorisch untereinander verbunden und machen allesamt deutlich: der Sinn liegt in der gläubigen
Zuwendung zu Christus. Solche theologische Wahrheit bedarf natürlich nicht
notwendig der Allegoresen, ihre Verwendung erschöpft sich daher auch nicht in
der reinen Lehre. Es ist vielmehr besonders wichtig, daß Ereignisse und Träume
aus dem vertrauten ritterlichen Leben erzählt werden. Erst die zunächst ganz

unerwartete Auslegung der höfischen Handlungsmuster durch Eremiten verursacht einen Bruch der Erwartung und oft eine schockartige Erkenntnis sowohl für die Romanfiguren wie für den Leser: die Gralsuche erfordert ein ganz besonderes, neuartiges Rittertum, dessen Qualitäten sich vorwiegend aus einer mönchisch-asketischen Gesinnung herleiten. Wie die höfischen Handlungsmuster durch die Auslegung einen neuen Sinn erhalten, so erfährt auch das Rittertum der Tafelrunde eine neue Bewertung, da es bei der Suche nach dem Gral schuldhaft versagt. Dieser moralische Aspekt wird in den Allegoresen eingeordnet in die heilsgeschichtliche Auseinandersetzung des christlichen Glaubens mit dem Unglauben in all seinen Spielarten, dargestellt durch die Personifikation der Ecclesia und Synagoge. Und dieser Gegensatz ist nur zu verstehen auf dem Hintergrund des Urgegensatzes von Gott und Satan. Die Allegoresen vor allem von Parzifals Traum und Bohorts Kampf für die Kirche zeigen, daß der Mensch aufgerufen ist, sich in diesem Konflikt für Gott oder den abgefallenen Teufel zu entscheiden, eine Entscheidung, die der Autor der ›Queste‹ entsprechend der Augustinischen Lehre von der *civitas Dei* und *civitas terrena* bewertet. Durch die Allegoresen gelingt es dem Autor, den Romanfiguren wie dem Leser bewußt zu machen, daß auch sie Teil der großen Auseinandersetzung sind, die bis zum Ende der Zeiten dauern wird. Durch die allmähliche Entfaltung der Allegoresen wird schrittweise der höfische Roman zu einer geistlichen Dichtung umgewandelt.

Anmerkungen:

1 Den mhd. ›Prosa-Lancelot-Gral-Zyklus‹ zitiere ich nach der Ausgabe von Reinhold Kluge: Lancelot, nach der Heidelberger Pergamenthandschrift Pal. Germ. 147, 3 Bde. (DTM 42/47/63), Berlin 1948/1963/1974. Die ›Gral-Queste‹ steht im 3. Band und wird nach Seiten- und Zeilenangaben zitiert. Den mhd. Text korrigierend wird gelegentlich die französische Version (zitiert unter dem Sigel G) herangezogen: La Queste del Saint Graal, hg. Albert Pauphilet (Les Classiques Français du Moyen Age 33), Paris ²1949 [= ³1965].

2 Für mein Thema sind vor allem die Arbeiten von Tuve und Todorov 1969 (dt. 1972) wichtig. Tuve, S. 417, 425, nennt die ›Gral-Queste‹ den einzigen künstlerischen Roman mit christlicher Allegorie im strengen Sinne. Todorov verwendet Methoden der strukturellen Linguistik, ohne auf Wesen und Erforschung der Bibelallegorese einzugehen. Wenn er feststellt (S. 132 f.), daß in der ›Queste‹ Signifikate wieder Signifikanten für neue Signifikate sein können, ist das praktisch die Definition von Bibelallegoresen: der Literalsinn kann zusätzlich noch einen spirituellen Sinn bezeichnen, ohne den buchstäblichen aufzugeben. – Für die ›Queste‹-Forschung ist immer noch Pauphilet grundlegend (hier S. 12 zur Datierung: um 1220). Zum Begriff Allegorie und Allegorese s. Meier 1976, S. 8, 23 f. Zu den Eremiten vgl. Pierre Jonin: Des premiers ermites à ceux de la ›Queste del Saint Graal‹, in: Ann. de la Faculté des Lettres et Sciences Humaines d'Aix 44 (1968), S. 293–350, bes. S. 326 ff.

3 Das Sargabenteuer: 45, 15 ff., Deutung: 48, 3 ff.; die Befreiung der Megedburg: 60, 15 ff., Deutung: 69, 17 ff.

4 G 38, 21; Tuve, S. 430 f., spricht wenig glücklich von Galaad als den in die Zukunft weisenden Typ Christi. Zum Typologiebegriff s. Uwe Ruberg: Rez. von Voß in: AfdA 83 (1972), S. 172–179, hier S. 177 ff.; Locke, S. 35, 38; Hennessy, S. 190 f.; Hans-Günther Jantzen: Untersuchungen zur Entstehung des altfranzösischen Prosaro-mans, Diss. Heidelberg 1966, S. 59 f., 75, 124.

5 52, 13 ff., Deutung: 57, 11 ff.; vgl. die Rettung Parzifals 116, 13 ff.

6 Gawans Traum: 203, 8 ff., Deutung: 212, 8 ff.; Hectors Traum: 204, 6 ff., Deutung: 215, 10 ff. Die Auslegung wird verknüpft mit der Erklärung einer Hand, die mit Zügel und Kerze Gawan und Hector erschienen ist (205, 12 ff.; 218, 8 ff.).

7 So auch Frederic Whitehead: Lancelot's redemption, in: Mél. Maurice Delbouille II, Gembloux 1964, S. 729–739.

8 Auf die Verbindung von Allegorese und lehrhafter Ermahnung weist auch Haug, 1977, Gebet und Hieroglyphe, S. 174, für das ›Himmlische Jerusalem‹ hin, vgl. ebd., S. 178 f.

9 73, 7 ff., Deutung: 87, 17 ff. Das Wort lautet: *Viel herter dann ein stein und viel bitterer dann ein galle [fuz, G 61, 17] und vil nacketer dann ein aspe [figuiers, G 61, 17, Feÿ-gennbaůmb, Hs. a]* (79, 9 f.); vgl. Jonin [s. Anm. 2], S. 342 ff.

10 Der Traum von Lancelot und seinem Geschlecht: 177, 8 ff., Deutung: 181, 21 ff. Der Eremit benutzt zur Auslegung einen inhaltsgleichen Traum König Morderas' (183, 7 ff.), der von Josephe zum Christentum bekehrt worden war. Dieses Verfahren, Träume nicht nur aus sich selbst zu deuten, findet sich schon im 1. Teil des ›Lancelot‹, wo verschiedene Zeichen und Prophetien mit in die Auslegung einbezogen werden (Nachweise bei Speckenbach, 1976, S. 180 mit Anm. 74).

11 190, 13 ff., Deutung: 195, 13 ff.

12 192, 7 ff.; Traum: 193, 1 ff., Deutung: 197, 4 ff.

13 Zur Rolle der irdischen Nahrung in der Versuchung s. Boletta, S. 384 ff.

14 129, 6 ff., Deutung: 135, 13 ff.

15 137, 18 ff.; G 103, 4 ff.; genauer o. S. 229 ff.

16 140, 4 ff., Deutung: 151, 6 ff.

17 152, 17 ff.; *car il ne sera ja hore que ele ne gait les chevaliers Jhesucrist* (G 113, 26 f.).

18 230, 1 ff.; 235, 1 ff., Deutung: 252, 1 ff. Die Allegorese des kahlen Baums mit dem sich für seine Jungen opfernden Vogel (229, 8 ff.; 250, 19 ff.) ist nur lose mit der Handlung verbunden. Bohort sollte erkennen, daß Christus auch für ihn gestorben war und daß er daher seinen eigenen Tod nicht zu fürchten brauche (251, 1 f.; 251, 22 f.). Der kahle Baum bedeutet die sündige Welt, vgl. die kahle Arbor mala im ›Liber floridus‹ des Lamberti S. Avdomari Canonici, hg. Albertus Derolez, Kommentar v. Aegidius I. Strubbe / Albertus Derolez, Gent 1968, die die Synagoge bezeichnet (fol. 232ʳ, S. 463); vgl. Lottlisa Behling: Ecclesia als Arbor bona, Zs. f. Kunstwiss. 13 (1959), S. 139–154, hier S. 149.

19 Traum: 233, 7 ff., falsche Deutung: 244, 2 ff., richtige Deutung: 253, 6 ff., s. G 185, 27 ff.

20 233, 19 ff., Deutung: 254, 2 ff.

21 Myrrha Lot-Borodine: Les grands secrets du S. Graal dans la *Queste*, in: Lumière du Graal, hg. René Nelli, Paris 1951, S. 151–174, bes. S. 169 ff.; dies., 1919, S. 51 ff.; dies.: Les deux conquérants du Graal: Perceval et Galaad, ebd., S. 65–121, hier S. 102; Pauphilet, S. 144 ff.; Jean Frappier: The Vulgate Cycle, in: Arthurian literature in the Middle Ages, hg. Roger Sherman Loomis, Oxford 1959, S. 295–318, hier S. 304, 306 f.; Hennessy, S. 196 ff.; Locke, S. 22 ff., 69 ff., 82 ff.; Loomis, S. 185 ff.; Quinn, 1965, bes. S. 211 ff.; Fanni Bogdanow: The romance of the Grail, Manche-ster/New York 1966, S. 8 ff., 198, 203 ff.; Todorov, 1969, S. 139 ff.; Kurt Ruh: Der

Gralsheld in der ›Queste del Saint Graal‹, in: Wolfram-Studien [1], Berlin 1970, S. 240–263, hier S. 253 f., 257 ff.; Henri de Briel/Manuel Herrmann: King Arthur's knights and the myths of the Round Table, Paris 1972, S. 96 ff.

22 II 535, 11 ff.; 587, 1 ff.; 696, 24 ff.

23 321, 9 ff., Deutung: 323, 13 ff.

24 Diese Verbindung von Christus als Hirsch mit den Evangelistensinnbildern ist mir sonst nicht bekannt geworden, wohl aber nach Apoc 4, 6 ff. und 5, 6 das Lamm umgeben von den Evangelisten; s. Victor H. Elbern: Der eucharistische Kelch im frühen Mittelalter, II. Ikonographie und Symbolik. Zs. f. Kunstwiss. 17 (1963), S. 117–188, hier S. 150; Forstner, S. 338 ff.; Ursula Nilgen: Art. ›Evangelistensymbole‹, RDK 6, München 1973, Sp. 517–572, hier Sp. 520 ff.

25 Vgl. II 292, 9 f., s. Salzer, S. 71 ff.

26 Zu Parzifals Schwester als Antithese zur höfischen Dame s. Quinn, 1975, S. 207 ff.; Locke, S. 76 ff.

27 Todorov, 1969, S. 128 f., hebt das strukturelle Schema im Wechsel von Erzählung und Interpretation hervor, wobei er nicht nur Allegoresen (der Begriff kommt nicht vor), sondern auch die Erzählungen aus der Zeit Josephs von Arimathia mit einbezieht (S. 129 f., vgl. dagegen S. 140).Vgl. Jantzen [s. Anm. 4], S. 75.

28 Vgl. Todorov, 1969, S. 135 ff.; Ruh [s. Anm. 21], S. 250 ff.

29 81, 11 ff.; 181, 13 ff.; 194, 13 ff.; 68, 3 ff.; 220, 8 ff.; 57, 12 ff.; 250, 16 ff.

30 69, 3 f.; 89, 2 ff; mit Bezug auf 82, 10 ff.; 189, 2 ff. mit Bezug auf 178, 2 ff.; vgl. 128, 6.

31 204, 16 ff.; 217, 18 ff., die Funktion der Hochzeitskleider fehlt hier, vgl. aber 172, 17 ff.; zur Kleiderallegorese s. ferner 215, 21 ff.

32 91, 3 ff.; vgl. 220, 10 f.; 229, 10; 251, 10 ff. mit Bezug auf Jud 12.

33 Z.B. Sünde bzw. Sünder als harter Stein: 48, 16 ff.; 88, 6 f., 16 ff.; süßer Regen als Gnade des Hl. Geistes: 88, 8 ff.; 216, 14 ff.; Lilien bezeichnen die Keuschheit: 70, 6 f.; 254, 7 ff. mit Bezug auf 234, 4 f., vgl. 359, 12 ff.; geneigter Kopf für Demut: 167, 16 ff.; 170, 16 ff.; 213, 12 ff., vgl. 217, 6 ff.; 215, 18 ff.; der Sündenschlaf: 84, 11 ff.; 145, 19 f.; faules Holz für Sündhaftigkeit: 90, 17 [Hs. a, s. G 69, 28], 191, 11 f.; 254, 3 ff.; der schwarze Ritter bzw. Priester für Sünde und Teufel: 53, 14 f.; 59, 11; 195, 20 ff.; 231, 2; 232, 2; 242, 2 f.; vgl. 140, 4 ff.

34 135, 13 ff.; 252, 1 ff.; 146, 14 ff.; 245, 18 ff.

35 Hierzu Tuve, S. 425 ff., bes. S. 426, 429, 433.

36 I 165, 13 ff.; 615, 14 ff.; II 289, 18 ff.

37 Das gilt auch noch für Galaads Beginn am Artushof, vgl. 10, 5 ff.; 14, 15 ff.

38 I 370, 9 ff.; 380, 12 ff.; vgl. auch II 209, 13 ff.

39 II 34, 8 ff. Daß Lancelot der Frauenburg, Galaad aber einer (anderen) Megedburg hilft, ist sicher als Hinweis auf ihre jeweilige Einstellung zur weltlichen Liebe zu verstehen.

40 Vgl. ferner Lancelots und Mordreds Turnierkampf für den König von Norgales und gegen die Artusritter (II 602, 12 ff.), s. auch III 267, 13 ff. (Galaad hilft der schwächeren Seite und bringt Gawan die vorhergesagte Verwundung bei, s. 269, 5 ff.); 403, 10 ff.

41 Vgl. ferner I 410, 22 ff.; 438, 31 ff.; 528, 10 ff.; II 65, 13 ff.; 81, 20 ff.; 92, 24 ff.; 197, 16 ff.; III 525, 5 ff.; vgl. De Briel/Herrmann [s. Anm. 21], S. 156 ff.

42 II 128, 130 (= The Vulgate Version of the Arthurian Romances, hg. H. Oskar Sommer, IV, Washington 1911, S. 341, 349 ff.).

43 II 313, 3 ff.; 369, 2 ff., vgl. links ohne Bedeutung II 614, 11 ff.; 658, 17 f.; 541, 13; vgl. Ruberg, 1965, S. 68 f.; Deitmaring, S. 287 ff.; Harms, 1970, S. 265; De Briel/Herrmann [s. Anm. 21], S. 96 ff.

44 Ähnlich: Tuve, S. 426, 434 f. Vgl. Jauß, 1971, S. 190 zum ›Dit des quatre filles de Dieu‹.

45 Todorov, 1969, S. 132, macht mit Recht darauf aufmerksam, daß die zwei Deutungen durch die prinzipielle Offenheit der allegorischen Bibeldeutung ermöglicht wird. Vgl. Hennessy, S. 196; Tuve, S. 434 f.

46 Pauphilet, S. 172 f.; ders.: Au sujet du Graal, R 66 (1940/41), S. 289–321; 481–504, hier S. 498 ff.; Etienne Gilson: La mystique de la grâce dans la Queste del Saint Graal, R 51 (1925), S. 321–347; Myrrha Lot-Borodine: Autour du Saint Graal I, R 56 (1930), S. 526–557; dies. 1951 [s. Anm. 21], S. 169 ff.; Carman, 1946; Hennessy, S. 190 f.; Locke, S. 85 f.; Quinn, 1965, S. 211 ff.

47 A. E. Waite: The Holy Grail. The Galahad quest in the arthurian literature, New York 1961, S. 23; Boletta, S. 387; vgl. Wolff, S. 126, 136 f.; abgewogener: Pauphilet, S. 171 ff.; Hennessy, S. 193, 196.

48 Deitmaring, bes. S. 287 ff.; Harms, 1970, S. 250 und Register unter Zwei-Wege-Lehre; Meier, 1972, S. 251 ff.; Suntrup, S. 206 ff.

49 So auch Loomis, S. 176; Tuve, S. 52 ff.; Erich Köhler: Ideal und Wirklichkeit in der höfischen Epik (Beih. z. ZfrPh 97), Tübingen ²1970, S. 187. »[...] der Ritter muß sich, um der Gnade teilhaftig zu werden, nicht bloß läutern, sondern er muß auch ein ganz anderer werden.« (ebd. S. 200).

50 131, 15 ff.; 147, 16 f.; 150, 6 ff.; 151, 1 ff.; 248, 7 ff. Selbst Lancelot zeigt im Gegensatz zu Gawan begrenzte Einsichten: 80, 3 ff.; 178, 14 ff.

51 Ausdrücklich ist für die Gralsuche die Begleitung von Frauen verboten und die Beichte vorher geboten (24, 4 ff.). Nicht irdische Abenteuer (*wúnderliche sachen*, 24, 9 [s. Hs. a und G 19, 20]), sondern die Liebe zu Gott soll Antrieb sein (24, 9; vgl. 219, 18 ff.); s. Pauphilet, S. 15, 17, und Ruh [s. Anm. 21], S. 246 f., 260.

52 Parzifal, auf die Felseninsel verschlagen, weiß dagegen sogleich, daß er dort kein irdisches Rittertum aus eigener Tüchtigkeit zu bewähren habe, sondern Taten zeigen müsse, die nur mit Gottes Hilfe gelingen können (125, 2 ff., s. auch 156, 4 ff.; 157, 6 ff.; 362, 4 ff.).

53 195, 13, 15, 18, vgl. mit *chevalier terrien* (G 143, 26, 28 f., 32).

54 Merkmal für die Artusritter wird das vergebliche Suchen nach Abenteuern und das Totschlagen der eigenen Gefährten (65, 13 ff.; 200, 14 ff.; 209, 8 ff.; 219, 13 ff.; 222, 6 ff.; 358, 2 ff., 15 f.; 388, 7 ff.). Nachdem der Gral von den Erwählten gefunden worden ist, entschwindet er wegen der Sünden der Artuswelt aus dem Königreich Logres ins heilige Land (376, 9 ff.).

55 369, 15 ff., vgl. 323, 9 ff.; 156, 6 ff., s. Gilson [s. Anm. 46], S. 336.

56 Als Bezeichnung stehen sich gegenüber *geistliche* und *werltliche ritterschafft* (58, 18 f.; vgl. 24, 10 f.; 156, 14 ff.; 175, 3 f.; 223, 4 ff.). Beinamen Galaads: *gûter ritter* (24, 10 f.; 44, 2; 102, 11; 141, 15; 142, 6 u. ö.), *heiliger ritter* (59, 10), *erwelter ritter* (70, 5), *Chevalier Desirré* (G 7, 25 f., vgl. 9, 12), *warer ritter* (102, 15; 172, 3). Für den geistlichen Ritter werden vor allem folgende Wendungen gebraucht: *geistlicher ritter* (195, 13, 16, 20; vgl. 346, 3), *hymelischer ritter* (223, 20; 226, 14; 228, 20 f.), *werlich ritter* (195, 16; 323, 10; 359, 9; 365, 18; vgl. 250, 18; 255, 11), *ritter gottes* (58, 6; 89, 13; 133, 9; 196, 16; 367, 17), *ritter unsers herren* (223, 9; 359, 9), *ritter Jhesu Cristi* (152, 18 [s. G 113, 27]; 250, 18 f.; 252, 18; vgl. 139, 5), *gottes diener* (184, 9; 196, 16; vgl. 69, 1 f.; 89, 13 f.; 133, 6, 9; 169, 17; 171, 7), *diener Jhesu Cristi* (36, 13; 42, 8; 46, 8 f.; 171, 9; 255, 16; 367, 17 f.; 369, 3; 375, 18; vgl. 133, 9; 141, 4; 224, 10 f.; 356, 3; 369, 15) (für mhd. *diener* steht afrz. *serjanz*), *gût kinder* Jesu (369, 15; 372, 17). Für den weltlichen Ritter kommen u. a. vor: *ordensritter* (195, 13, 15, 18, = *chevalier terrien*, G 143, 26, 28 f., 32), *rittersunder* (253,3), *sundenparthye* (196,6), *böser ritter* (77,21; 159,1),

böser diener (66, 4; 68, 19; 89, 15; vgl. 82, 10; 83, 3 f.; 84, 4 f.; 89, 16, 20), *diener des tufels* (171, 10; G 54, 13 f. = Hs. a 69, 1; vgl. 69, 5; 217, 11; 224, 2; 356, 4). Diese Wendungen stehen sich konträr gegenüber. Schwieriger ist das Verständnis von *irdenische ritterschafft*. Da *irdenisch* sowohl als Gegensatz zu *hymelisch* (172, 12 ff., vgl. 156, 5; 223, 7 ff.; 361, 18 f.; 362, 7), aber auch für ›sterblich, menschlich‹ im wertneutralen Sinn gebraucht wird (s. 51, 5; 61, 12; 154, 19; 324, 8), ist eine Entscheidung nur aus dem Kontext zu gewinnen. Im allgemeinen meint *irdenische ritterschafft* neutral die Ritterschaft von Menschen, der Gedanke der Sündhaftigkeit ist nicht angesprochen (125, 2 f.; 159, 9 f.; 194, 15 [Hs. a] = G 143, 7; 362, 5; vgl. 89, 8; 156, 15; 195, 4; G 163, 4; G 252, 25). Wenn Galaad über alle *irdische ritterschafft* (187, 2) gesetzt wird, wenn er in Lancelots Traum *über alle die welt und uber all irdische ritterschafft* (187, 6) fliegt, dann kann die Überlegenheit über die sündigen Ritter als auch die Auszeichnung seinen guten Vorfahren gegenüber im allgemein menschlichen Sinn gemeint sein.

57 Törichtes Verhalten zeigt sich auch in dem Bestreben, die bisher üblichen Siege zu erstreben – und sei es auch durch den Tod des Gegners (vgl. 69, 8 f.; 219, 18 ff.). Lancelot und Bohort z. B. versuchen das Töten zu vermeiden (179, 13 ff.; 258, 12 ff.; 342, 18 f., vgl. 316, 11 ff.).

58 Es fällt auf, daß ausschließlich geistliche Tugenden Grundlage dieses Rittertums sind, *geistlicher ritter* kann nahezu synonym für den Gläubigen stehen. Christus ist in den Tod gegangen, *umb zu erlösen syn ritter von dem dot der hellen* (223, 11 f.); bezeichnenderweise hat die französische Hs. Q [s. Anm. 42, VI, 1913] *pecheors* (S. 117, 18); vgl. *rittersunder* (253, 3) gegen *crestien pecheor* (G 185, 21 f.); *gût kinder* Jesu (369, 15; 372, 17).

59 Otto von Freising: Chronica sive Historia de duabus Civitatibus, hgg. Adolf Hofmeister / Walther Lammers, übers. v. Adolf Schmidt (Freiherr-vom-Stein-Gedächtnisausgabe 16), Darmstadt 1960, VIII, 20. Zu dem Historiker Otto von Freising vgl. von Moos, S. 121 ff.

60 Die Beziehungen der deutschen Übersetzung zu den französischen Versionen und die Frage einer niederländischen Zwischenstufe sind noch ungeklärt. Bei Abweichungen zeigen in aller Regel die französischen Hss. (G stellvertretend benutzt) den besseren Text. Wichtige Abweichungen sind an entsprechender Stelle vermerkt. Übersetzungshilfen für das romanistische Umfeld verdanke ich meiner Frau, Inna Speckenbach.

61 Le Haut Livre du Graal. Perlesvaus, hgg. William A. Nitze / T. Atkinson Jenkins, 2 Bde., Chicago 1932/37, I 2153 ff.; 5974 ff. Zur Datierung: II S. 85 ff., ferner: William A. Nitze: Probleme des arthurischen Romans, in: Der arthurische Roman, hg. Kurt Wais (WdF 157), Darmstadt 1970, S. 94–111, hier S. 107 f.; ders.: Perlesvaus, in: Arthurian literature [s. Anm. 21], S. 263–273, hier S. 265, 268 ff.; Carman, 1936. Gerade durch die Arbeiten Nitzes und Carmans ist die neuere Forschung weitgehend zur Übereinstimmung gelangt, den ›Perlesvaus‹ früh (vor und um 1212) zu datieren. Die ›Queste‹ setzt den ›Perlesvaus‹ voraus und nicht umgekehrt; dagegen Loomis, S. 134, und Janzten [s. Anm. 4], S. 52 ff., 106 ff. Zahlreiche Motive der Allegoresen der ›Queste‹ lassen sich in einfacherer Form und weniger subtil im ›Perlesvaus‹ nachweisen, dazu Carman, 1946, der freilich weit über die Allegoresen spekulativ hinausgeht und nicht immer überzeugt (s. Tuve, S. 400 ff.).

62 Loomis, S. 276, spricht von einem leichten Fall von Schizophrenie, vgl. S. 100 ff.; Schlauch, S. 448 ff.; Jantzen [s. Anm. 4], S. 52 ff., 75, 112 f.; Tuve, S. 353 ff., 399 f.

63 Steinmeyer macht diese Frage zum Gegenstand seiner Untersuchung, vgl. Speckenbach, 1975, S. 469 f.; ders., 1976, S. 179 f.

64 I 222, 13 ff.; 247, 20 ff.; 483, 1 f.; 499, 20 ff., s. Speckenbach, 1976, S. 180 f. Vgl. die Allegoresen von ›Nebukadnezars Traum‹ bei Rûmslant von Sachsen und Wizlav von Rügen, Helmut de Boor (Hg.): Die deutsche Literatur, Texte und Zeugnisse I, 1, München 1965, S. 558–560.

65 129, 6 ff. (Parzifal); 177, 8 ff. (Lancelot); 203, 8 ff. (Gawan); 204, 6 ff. (Hector); 233, 7 ff.; 233, 20 ff. (Bohort).

66 Zur Jenseitswanderung s. Konrad Burdach: Die Entstehung des mittelalterlichen Romans, in: K. B.: Vorspiel I, 1 (DVjs, Buchreihe 1), Halle 1925, S. 118 ff.; Theiss, S. 101 ff.; Jauß, 1960, S. 191; ders.: 1970, Ernst und Scherz, S. 438, 444 f.; Ebel, bes. S. 210 ff.; Blank, 1970, S. 139 ff.; zu der Verbindung von Mantik und dem divinatorischen Charakter des Traums s. Joachim Kamphausen: Traum und Vision in der lateinischen Poesie der Karolingerzeit (Lateinische Sprache und Literatur d. Mittelalters 4), Frankfurt a. M./Bern 1975, S. 25 ff., 73, 90, 99 ff., 178; Speckenbach, 1976, S. 170 ff.

67 Träume: 233, 7 ff.; Erfüllungen: 235, 1 ff.; Deutungen: 253, 6 ff. Nur die Voraussage, aus der beschützten Jungfrau und dem Ritter werden große Geschlechter entstehen (255, 9 ff.), liegt vor der möglichen Bewahrheitung, sie wird allerdings nicht mehr erzählt.

68 Ich weiche bewußt von der Terminologie bei Blank, 1970, S. 95 ff., ab, da in der ›Queste‹ andere Verhältnisse herrschen als in den untersuchten Minneallegorien. Weder handelt es sich in der ›Queste‹ um statische »Konstruktionsallegorie« (Typ: Gottfrieds Minnegrotte), noch um »Handlungsallegorien«, die sich als Personifikationsallegorien durch sich selbst deuten (Typ: Hadamars ›Jagd‹).

69 Auf Nachweise wird hier verzichtet, s. Pauphilet, S. 106 ff.; Fechter, S. 117 ff.; Schwab, S. 13 ff.; Meier, 1972, S. 251 ff., 270 ff., 280 ff.; ferner die einschlägigen Artikel bei Molsdorf (Register), Schmidtke, 1968, Forstner, Lurker, 1973, im RDK und LCI.

70 Vgl. entsprechend die Burg des Schwarzen Eremiten im ›Perlesvaus‹ [s. Anm. 61], I 2180 ff.

71 Dieser Traum Gawans könnte angeregt sein von dem Pharaos von den sieben fetten und sieben mageren Kühen (Gen 41, 1 ff.).

72 Pauphilet, S. 3, spricht von einer Art apokryphem Evangelium Galaads; vgl. Locke, S. 57 f.; Hennessy, S. 192 (der Autor spiele Gott, er schaffe eine Szene, um sie dann zu deuten); vgl. Jauß, 1968, S. 150, 152 ff.; ders., 1971, S. 190 f.

73 Meier, 1976, bes. S. 53 ff.

74 G 103, 5: *ce est la Synagogue, la premiere Loi.*

75 Vgl. Jauß, 1960.

76 Hierzu Jauß, 1968, S. 218 mit Verweisen auf Bernhard von Clairvaux und Alanus ab Insulis. Es ist auffällig, wie die sieben Brüder auf der Ebene des Buchstabensinns ganz wie wirkliche Romanfiguren behandelt werden: Gawan hätte ihr Leben wie Galaad schonen sollen (69, 8 ff.), obwohl sie im spirituellen Sinn die Todsünden bedeuten, die natürlich keinerlei Schonung verdient haben. Diese verschiedenen Ebenen unterscheidet Hennessy, S. 192, nicht, wenn er sie hier von einem sinnlosen Vorwurf für Gawan spricht.

77 Siehe Pauphilet, S. 114, 117 f.; Locke, S. 67.

78 Seiferth, S. 47 ff., mit Verweis auf PL 59, Sp. 1044 A; W. Greisenegger: Art. ›Ecclesia und Synagoge‹, LCI I, Sp. 569–578, hier Sp. 569; Albrecht Oepke: Das neue Gottesvolk in Schrifttum, Schauspiel, bildender Kunst und Weltgestaltung, Gütersloh 1950, S. 302 ff.

79 Seiferth, S. 33 ff.; Eckert, S. 68 ff.; F. Ohly, 1977, S. 315 ff.

80 PL 42, Sp. 1131–1140. Pflaum, S. 252 ff.; Eckert, S. 83; Seiferth, S. 56 ff.

81 Oepke [s. Anm. 78], S. 281 ff., 334; Eckert, S. 72 ff.; Seiferth, S. 101 ff.

82 Bernhard Blumenkranz: Juden und Judentum in der mittelalterlichen Kunst (Franz Delitsch-Vorlesungen 1963), Stuttgart 1965, S. 26 f., 34 ff., 45, 57.

83 Oepke [s. Anm. 78], S. 320; Eckert, S. 78 ff.; Seiferth, S. 115 ff., bes. S. 127 f., 132; Blumenkranz [s. Anm. 82], S. 45; Greisenegger [s. Anm. 78], Sp. 570 ff.

84 Adolf Weis: Art. ›Ekklesia und Synagoge‹, RDK 4, Sp. 1189–1215, hier Sp. 1203; Guldan, S. 113 f.; Greisenegger [s. Anm. 78], Sp. 576 f.; vgl. Oepke [s. Anm. 78], S. 334.

84a [S. Anm. 18], fol. 253ʳ, S. 507.

85 Pflaum, S. 246 f.; Oepke [s. Anm. 78], S. 311; Guldan, S. 220; Eckert, S. 75 (mit Verweis auf Beda).

86 Vgl. 136, 7 f. Diese Erzählung entspricht weitgehend der, die der Teufel in Gestalt der schönen Frau von seiner Enterbung gibt (144, 1 ff.). Sein *unrecht* ist die Überheblichkeit, die *superbia* (144, 7 f.; 151, 19 ff.).

87 Entsprechend wird der Traum (233, 7 ff.) von dem schwarzen und dem weißen, schwanenähnlichen Vogel gedeutet: der schwarze ist im Anschluß an Cant 1, 5 f. die trauernde Kirche (G 185, 27), der weiße, inwendig aber schwarze der Heuchler und Teufel (253, 11 ff.). Für die trauernde Kirche wird in einigen Hss. auch Christus genannt (253, 7), womit die Konfrontierung von Gott und Teufel verdeutlicht wird, ein gewisser Widerspruch zur Deutung des Kampfes aber entsteht. Nicht häufig ist diese Deutung des Schwans belegt, s. jedoch Hugo de Folieto: De bestiis et aliis rebus, I 53, PL 177, Sp. 51 B: *Cygnus plumam habet niveam, sed carnem nigram. Moraliter olor niveus in plumis designat effectum simulationis, qua caro nigra tegitur, quia peccatum carnis simulatione velatur.* Vgl. Ps.-Hrabanus Maurus: Allegoriae in Universam Sacram Scripturam, PL 112, Sp. 894 B; Thomas Cantimpratensis: Liber de Natura Rerum, 1, hg. H. Boese, Berlin / New York 1973, 5, 26, 8 f.; Bartholomaeus Anglicus: De rerum proprietatibus, 1601, Nachdr. Frankfurt a. M. 1964, XII 11, S. 532.

88 In der Allegorese des Sargabenteuers wird der Körper auf das Judentum gedeutet, das blind gegenüber der Ankunft Christi war; s. auch den Vergleich Lancelots mit dem unfruchtbaren Feigenbaum und den Bezug auf die Härte Jerusalems, d. h. des Judentums (91, 7 ff.). Vgl. die Behandlung von Ecclesia und Synagoge im ›Perlesvaus‹ [s. Anm. 61], I 2171; 2188, dazu die Anm. von Nitze, II S. 259, und Schlauch.

89 253, 7 ff. zitiert die Rede der Braut (Cant 1, 5 f.), 233, 9 f. bezieht sich auf Cant 5, 11.

90 Pflaum, S. 287 f., spricht im Hinblick auf diese Auseinandersetzung von einer »bernhardinischen Psychomachie« und möchte unter Ecclesia und Synagoge Symbole für Gnade und Sünde verstehen. Für Pauphilet, S. 46, ist die Seele das Schlachtfeld für Gott und Satan, s. ebd., S. 115 f.

91 G 113, 27: *les chevaliers Jhesucrist.*

92 Vgl. 137, 1 ff.; II 80, 7 ff.

93 161, 16 ff.; 175, 8 ff.; 218, 14 ff.; 226, 12 ff.; 227, 8 ff.

94 Aurelius Augustinus: Der Gottesstaat, dt. v. Carl Johann Perl, 3 Bde., Salzburg 1951 / 1952 / 1953, XX, 30; Otto von Freising [s. Anm. 59], VIII, 5; Altdeutsche Predigten, hg. Anton E. Schönbach, 3 Bde., 1886–1891, Nachdr. Darmstadt 1964, II 13, 40 ff.; III 168, 15 ff.; Herrade de Landsberg: Hortus Deliciarum (Publié aux Frais de la Société pour la Conservation des Monuments Historiques d'Alsace), hgg. A. Straub / G. Keller, Straßburg 1899, fol. 241ᵛ, Pl. LXII; weitere Nachweise bei Paul Steigleder: Das Spiel vom Antichrist (Bonner Beitr. z. dt. Philologie 6), Würzburg-Aumühle 1938, S. 40 ff.; K. Wessel: Art. ›Elias‹, RDK 4 [s. Anm. 84], Sp. 1141–1163, hier Sp. 1154; Seiferth, S. 121 ff.

95 Horst Dieter Rauh: Das Bild des Antichrist im Mittelalter: Von Tyconius zum Deutschen Symbolismus (Beitr. z. Gesch. d. Philosophie und Theologie des Mittelalters NF
9), Münster 1973, S. 108 ff., 217 ff., 529 f., 534.

96 Vgl. 253, 9 ff.; 83, 3 ff.; 47, 9; 167, 18 ff.

97 Herrade de Landsberg: Hortus Deliciarum [s. Anm. 94], fol. 255ʳ, Pl. LXXIII; s. Oswald Erich: Art. ›Antichrist‹, RDK 1, Sp. 720–729, hier Sp. 721 ff.; R. Chadraba: Art.
›Antichrist‹, LCI I, Sp. 119–122, hier Sp. 120.

98 [S. Anm. 18], fol. 26ᵛ, S. 126.

99 Wir kennen Darstellungen der Synagoge auf einem Bock, Schwein, Kamel oder Esel,
s. z. B. im ›Hortus Deliciarum‹ [s. Anm. 94], Pl. XXXVIII; Guldan, S. 153; Greisenegger [s. Anm. 78], Sp. 576.

99a Richard von St. Viktor, PL 196, Sp. 834 BC; Hugo von St. Cher: Commentarius seu
Postillae in universa Biblia, Lugduni 1645, Bd. 7, Bl. 413ʳb. Rupert von Deutz (PL
169, Sp. 1132 A) setzt das Tier mit dem Drachen in Apoc 12, 3 gleich, und Berengau-
dus (PL 17, Sp. 911 B, vgl. Sp. 910 C) versteht unter dem Weib die *civitas diaboli*.

100 Greisenegger [s. Anm. 78], Sp. 576 f.

101 Pflaum, S. 288 (vgl. auch Oepke [s. Anm. 78], S. 337), deutet das Reittier der Ecclesia
auf Abb. S. 289 (Münchener Staatsbibliothek, cod. lat. 15701) als Löwen, es handelt
sich aber um einen Tetramorph. Vielleicht hängt die Wahl der vier Löwen als Begleiter des Hirsches mit einem solchen Verkennen des Tetramorphs zusammen (322,
9 ff.; 324, 6 ff.). Vgl. Nilgen [s. Anm. 24], Sp. 520 ff. Zum Bildtyp Maria über dem
Löwen (14. Jh.) vgl. Peter Bloch: Nachwirkungen des Alten Bundes in der christlichen Kunst, in: Monumenta Judaica, hg. Konrad Schilling, Köln 1963, Sp. 735–781,
hier Sp. 738 ff.

102 Otto von Freising [s. Anm. 59], I, Prolog, S. 10, 14 f.; vgl. Augustin [s. Anm. 94],
XVII, 16; s. Rauh [s. Anm. 95], S. 313 ff., 121 ff.

103 Dieses Gegeneinander der Gefährten ist auch ein wichtiger Zug im ›Tod des König
Artus‹. Man gewinnt den Eindruck, daß die Selbstzerstörung der Artuswelt ohne die
Gegenwart des Grals auf ein apokalyptisches Ende zusteuert (vgl. Köhler [s. Anm.
49], S. 200; Ruberg [s. Anm. 4], S. 178), erst ganz zum Schluß wird dieser Eindruck
durch das asketische Leben Lancelots, Bohorts, Hectors und Ginovers abgeschwächt.
König Artus sieht seinen Abstieg im Traum unter dem Bild des Rades der Fortuna (III
725, 1 ff.), gerade mit dem Glücksrad macht auch Otto von Freising [s. Anm. 59], VI,
9, den immer neuen Abstieg der *civitas terrena* deutlich. Vgl. jetzt auch Ruberg, 1978,
S. 225.

104 Dagegen Alexander Micha: Études sur le Lancelot en prose II, R 82 (1961), S.
357–378, hier S. 377. Micha meint (S. 372), die Diskreditierung der höfischen Liebe
und des weltlichen Rittertums durch die Eremiten müsse nicht Ansicht des Autors
sein, da keine Verurteilung durch Freunde geschehe. Aber viel gewichtiger ist die
Verurteilung durch Gott (z. B. 193, 3 ff.; 347, 9 ff.), ferner durch einen Knappen (77,
8 ff.; 158, 9 ff.); schließlich wird die volle Schau des Grals verweigert (349, 11 ff.).

105 Voß hat nachdrücklich auf den Dualismus in der ›Queste‹ hingewiesen (vgl. S. 9,
20 ff., 36 ff., 82 ff.), den er nicht als Ausdruck des Ringens zwischen Gott und Satan
seit dessen Erhebung ansieht, sondern als Zeichen einer weltanschaulichen Krise (S.
38, 66 ff., 96 f.). Dazu Wolfgang Harms: Rez. in: Leuvense Bijdragen 59 (1970), S.
162–164, bes. S. 163; Ruberg [s. Anm. 4], S. 176 f. Im Hinblick auf die sozialen Veränderungen in Frankreich vgl. Jantzen [s. Anm. 4], S. 12 ff., 48 f., 63, 130, 147, 151.

106 Auch 169, 9 ff.; 159, 9 f.; vgl. 69, 4 f.

107 Es handelt sich nur um wenige Belege, die die Grundstimmung der ›Queste‹ nicht beeinflussen. Oft verweisen sie auf eine Ritterschaft vor der Gralsuche. Umgekehrt gibt

es einige wenige Belege im 1. Teil des ›Lancelot‹, die Welt und Himmel gegenüberstellen, Ruberg, 1965, S. 34 f., macht darauf aufmerksam. Auch sie vermögen die höfische Atmosphäre nicht zu brechen. Sie geben erste Vorausweisungen auf das Thema
der ›Gral-Queste‹ – wie die Allegoresen von Artus' und Galahots Träumen und z. T.
die Ritterlehre (I 119, 5 ff.; vgl. die Schildallegorese I 123, 6 ff. und III 223, 9 f.).
Hierzu Roger Sherman Loomis: The development of arthurian romance, London
1963, S. 96.

108 Q [s. Anm. 42 und 58], VI, S. 68, 37: *gales*, MS: *logres*. Andere Deutungen in der
deutschen Forschung erklären sich z. T. durch die späte Ediierung der ›Gral-Queste‹,
s. außer Harms [s. Anm. 105] und Ruberg [s. Anm. 4], dens., 1963, S. 144 ff.; Wang,
1975, S. 32 ff.; Hans-Hugo Steinhoff: Artusritter und Gralheld: Zur Bewertung des
höfischen Rittertums im Prosa-Lancelot, in: The epic in medieval society, aesthetic
and moral values, hg. Harald Scholler, Tübingen 1977, S. 272–289, hier S. 280 ff.,
288, 285 (wohl die höfische Liebe, aber nicht das Rittertum sei verurteilt).

109 Zur Bedeutung der Beichte s. 24, 5 f.; 57, 14 ff.; 68, 17 ff.; 77, 9; 85, 4 ff.; 170, 8; 174,
1 ff.; 181, 9, 13; 209, 3; 222, 8 ff.; 223, 12 ff.; 224, 12; 227, 14.

110 Vgl. Jean Frappier: Le Graal et la chevalerie, R 75 (1954), S. 165–210, hier S. 197;
De Briel/Herrmann [s. Anm. 21], S. 26, 56. Nicht Fähigkeiten der weltlichen Ritterschaft sind für Galaad wichtig, sondern seine Auserwähltheit als geistlicher Ritter
(362, 4 ff.).

111 Pflaum, S. 280, spricht von einer Verdammung der höfischen Welt.

112 Voß, S. 25 mit Nachweisen für die ältere Forschung; Ruh [s. Anm. 21], S. 249; Ruberg, 1963, S. 152 ff.; ders. [s. Anm. 4], S. 175 ff.; Steinhoff [s. Anm. 108], S. 281 f.

113 Jauß, 1971, S. 190; Haug, 1977, Gebet und Hieroglyphe, S. 178 f.

Offenbarung und Allegorese.
Formen und Funktionen von Vision und Traum in frühen Legenden

Von Wolfgang Haubrichs (Saarbrücken)

Eine zusammenfassende Darstellung der reichhaltigen Visions- und Traumliteratur der Spätantike und des Mittelalters liegt nicht vor. Vieles ist nicht ediert.[1] Die zahlreichen und vielseitigen theoretischen und theologischen Reflexionen einzelner Autoren zu Traum und Vision sind ebensowenig wie die biblische Traumexegese der Kommentarliteratur systematisch aufgearbeitet.[2] Über die sprachliche Konstruktion der Visions- und Traumtexte findet man nur verstreute Bemerkungen. Ebenso zu ihrer Funktion. Unter den einzelnen Gattungen haben nur die Apokalypsen und Jenseitsvisionen, die sich früh in der Überlieferung verselbständigen, neuerdings auch die mittellateinische Traumpoesie, stärkere Beachtung gefunden.[3] Die gewaltige Zahl von Visionen und Träumen in instrumentalisierten Zusammenhängen, vor allem in Legenden und Mirakeln, ist nicht einmal annähernd gesichtet.[4] Nahezu unerforscht ist die stereotype, die topische Bilder-, Symbol- und Vorstellungswelt dieser Texte.[5]

Diese Defizite der Forschung lassen sich hier nur benennen, nicht beseitigen. Was an diesem Ort geschehen kann, ist nicht mehr als die vorläufige Konstruktion eines Netzes von Beziehungen der Gattungstradition, in dem sich differenziert erscheinende Formen und Funktionen auffangen und begreifen lassen. Dieses Netzwerk, sofern es erstellt werden kann, wird bis auf weiteres auf eine feinere historische Ordnung und Verknüpfung verzichten müssen. Vieles an Form, vieles an Funktion wird vorläufig durch die Maschen dieses Netzwerks fallen. Darauf kann hier nur en passant geachtet werden. Ich konzentriere das Augenmerk meiner Untersuchungen auf wenige Knoten des Netzwerks, auf einige lange Zeit historisch neutrale Schaltstellen des Beziehungsgefüges, nämlich die Wechselwirkungen von impliziter Zeichenhaftigkeit, Symbolstruktur der Träume bzw. der Visionen und expliziter allegorischer Formung der Texte, auf die Rückbezüglichkeit von Offenbarungspotential und Exegesebedürftigkeit innerhalb der Gattungstradition.

Traum und Vision: wir sind gewohnt, den einen Typus dem Schlaf zuzuordnen, den anderen einer besonderen Qualität des Wachseins, der Ekstase, zuzuschreiben. Weite Strecken der Spätantike und des Mittelalters hätten diese Differenzierung aufgrund materialer Kriterien nicht mitvollzogen. Im frühen Christentum werden *visio* und *somnium* sowohl für Gesichte im Schlaf als auch in der Ekstase gebraucht: Tertullian hält den Traum im Schlafe für eine Art natürlicher Ekstase.[6] Der Sprachgebrauch des Mittelalters differenziert ebenfalls weitgehend nicht: Hrotsvith von Gandersheim gebraucht schwankend *visio* und *somnium* als Begriffe für das gleiche Phänomen.[7] Die semantische Differenz beider Begriffe liegt vielmehr im perspektivischen Ansehen des Phänomens. Bei Tertullian kennzeichnet *visio* »den mantischen Vorgang vom eigentlichen Erkenntnisakt her, insofern im Traum ein Akt des Sehens und Erkennens erfolgt«. [8] Wenn Macrobius in seiner Klassifizierung der Träume *somnium* und *visio* zu differenzieren trachtet, so nach ihrer inneren Form: *visio* ist das litteral verständliche klare Gesicht des Zukünftigen, *somnium* verschlüsselt das kommende Geschehen. [9] Die Perspektiven wechseln, die Einheit des Phänomens dominiert: sie liegt in der gleichartigen Zuordnung von *somnium* und *visio* zum Vorgang des *excessus mentis* begründet. Legendarische und selbständige Visionstexte leiten ihre Berichte ein: *quadam nocte mente raptus* [...], *in somno raptus* [...] und ähnlich. Die ›Vita Aldegundis‹ beschreibt wiederum, wie die Heilige im Wachzustand *per visum in sublime rapta* wurde. Eine andere Passage dieser Legende konfrontiert Gesichte im Schlaf und in der Ekstase einerseits mit Erscheinungen im Zustand des *vigilare* andererseits. [10] Die ›Vita Anscarii‹ erzählt, daß ihr Held, *subito in excessu mentis raptus, audivit vocem,* [...] *sic vigilans.* Die Präkognitionen dieses Heiligen werden von seinem Biographen grundsätzlich gleich bewertet, ob sie nun *sive per somnium, sive per intimam revelationem in mente, sive per excessum ipsi cognita fuerint.* [11] Wenn sich im Laufe der Zeit, seit dem späten achten Jahrhundert, die Stimmen mehren, welche die Erkenntnisleistung der *visio* höher bewerten als die des *somnium*, so ändert dies doch nichts an der grundsätzlichen materialen Gleichrangigkeit, sondern ist aus der spezifisch christlichen Diskussion um die Herkunft der Träume zu begreifen, welche wohl *veritas* enthalten konnten, aber auch gelegentlich als *falsa, illusiones, phantasmata* teuflischer Herkunft entlarvt werden mußten. Mangels geeigneter Kriterien zur Unterscheidung von ›falschen‹ und ›wahren‹ Träumen gerieten die verschlüsselten *somnia* ins Zwielicht. Dieser Prozeß ruht jedoch auf den Klassifizierungsversuchen der Spätantike und der Problematik ihrer Rezeption durch die christlichen Patres auf.

1. Die Klassifizierung der somnia:

Es existieren drei prinzipielle Möglichkeiten, um jene Texte, die unter *somnium* und *visio* gefaßt werden können, zu differenzieren. Man kann sie einteilen nach:

a) inhaltlich-semantischen Kriterien;
b) struktural-syntagmatischen Kriterien;
c) funktional-pragmatischen Kriterien.

Inhaltliche Kriterien erzeugen solche Gattungsbegriffe wie Bekehrungstraum, Berufungsvision, Jenseitsvision; oder, wenn man die Perspektive der Handlungsprospektivität anwendet, die Opposition von ›agnostisch‹ und ›prognostisch‹ (z. B. Prophetie, Orakel). Strukturale Kriterien erzeugen die Opposition von ›allegorisch‹ und ›theorematisch‹, je nachdem ob die Konstruktion des Gesichts die Wahrheit, die Zukunft verhüllt, *sub integumento* vorzeigt, oder sie offen ankündigt. Funktionale Kriterien sind in der Frage *unde veniunt somnia?* (so Honorius Augustodunensis) impliziert: sind sie mantischer oder psychosomatischer Herkunft, sind sie Täuschung, Trug oder Offenbarung? Funktionale Kriterien vermögen aber auch deutungsbedürftige Faktenberichte von Deutung voraussetzenden literarischen Konstrukten zu scheiden.

Die beiden wichtigsten Traditionsstränge der Traumtheorie vom Altertum ins Mittelalter, der szientistisch-pagane und der offenbarungsorientierte christliche, bedienten sich der unterschiedlichen Möglichkeiten zur Klassifizierung in durchaus verschiedener Weise. Der einflußreiche Kommentar des Macrobius zu Ciceros ›Somnium Scipionis‹[12] geht vom »prinzipiellen aristotelischen Antagonismus zwischen prognostischen und agnostischen Träumen aus und gibt dann eine verfeinerte Distinktion der Träume im Hinblick auf ihre materielle Konkretion«[13]. Er kommt so unter Hinzunahme struktraler Kategorien zu einer Fünfteilung. In die Klasse der agnostischen, im Sinne des Kriteriums der Handlungsprospektivität irrelevanten Gesichte gehören die beiden ersten Sorten: 1. die *insomnia*, Träume psychosomatischer Herkunft (z.B. Alpträume, Erstickungsträume, Wunschträume), welche »die Sorgen und Wünsche des einzelnen Menschen im Schlaf weiterführen oder aus körperlichen Reizen entstehen«;[14] 2. die *visus* oder *phantasmata*, nebelhaft undeutliche Erscheinungen, Trugbilder zwischen Tag und Traum. In die Klasse der prognostischen, im Sinne des Kriteriums der Handlungsprospektivität relevanten Gesichte gehören die drei übrigen Sorten: 3. die *oracula*, offene Ankündigungen, Verbote oder Handlungsanweisungen durch eine heilige, charismatische oder autoritative Person; 4. die *visiones*, exakte Vorwegnahmen des zukünftigen Geschehens; 5. die eigentlichen *somnia*, das sind Symbolträume, welche die Wirklichkeit in Figuren verhüllen und ihre Bedeutung nur der kundigen Interpretation preisgeben. Die grundsätzlich semantische Differenzierung der Erscheinungen in der Traumtheorie des Macrobius, die auf einen verlorenen Homerkommentar des Neuplatonikers Porphyrios zurückgeht, wird noch durch die völlig parallele, nach funktionalen Kriterien vorgenommene Teilung in divinatorisch, mantisch irrelevante und relevante Phänomene verstärkt: *his duobus modis ad nullam noscendi futuri opem receptis, tribus ceteris in ingenium divinationis instruimur*.

Die christliche Traumtheorie der Spätantike, als deren Repräsentant Augustin genommen werden darf[15], geht dagegen vom Interesse am Offenbarungscharakter der Gesichte aus und verwendet zu prinzipieller Differenzierung strukturale Kriterien. Er konnte dabei an die biblische Tradition von Num. 12, 6–8 anknüpfen, wo zwei Arten von Offenbarung unterschieden werden:[16]

1. *ore* [...] *ad os loqui* (Bsp. Mose)
2. *per enigmata et figuras* [...] *videre,* das in V.6 gleichgesetzt wird mit *in visione apparere* [...] *vel per somnium loqui* [...].

Aber auch die praxisorientierte Traumdeutungstheorie des Artemidoros lehrte: »Träume... sind lediglich zweifacher Art, entweder theorematisch oder allegorisch. Die ersteren, die fast immer sehr bald wahr werden, sind vollkommen einfach und bedürfen keiner Deutung; was wir im Traum sehen, ist genau das, was

geschehen wird. Die letzteren bedürfen der Erklärung, denn was wir in ihnen sehen (oder hören), spielt mehr oder weniger dunkel an auf etwas anders.«[17]
Die Dreiteilung der prognostischen, divinatorisch relevanten Gesichte – Augustin benutzt bezeichnenderweise den Begriff *verus* für relevant – aus Macrobius
(oder des Chalcidius Timaios-Kommentar) kennt auch der afrikanische Kirchenlehrer, aber er setzt sie in eine Zweiteilung von theorematischen und allegorischen Träumen um, wie die sprachliche Formulierung seiner Rezeption verrät:[18]

> [...] *ipsa autem vera* [*somnia*]
> *aliquando futuris omnino similia*
> *vel aperte dicta,*
> *aliquando obscuris significationibus et quasi figuratis*
> *locutionibus praenuntiata* [...]

Diese Reflexion setzt freilich eine Klassifizierung nach inspirierten und nichtin-
spirierten Träumen bereits voraus. In der Tat findet sich auch diese Differenzierung explizit bei Augustin. Besonders in seinen ›Confessiones‹ (Buch 10, Kap.
30) setzte er die von »seelischen und organischen Vorgängen« abhängigen
Träume deutlich von den divinatorischen Gesichten ab[19]. Aber die Unterscheidung nach psychosomatischen oder mantischen Ursachen spielt für ihn
keine große Rolle mehr. Die christliche Problematik der Herkunft der Träume
lag für ihn wie bereits für Tertullian, Prudentius, Cassian und andere bei der Bestimmung des Ursprungs der inspirierten Träume, bei der Unterscheidung der
traumerregenden *spiritus* nach bösen und guten. An die Stelle der paganen
Zweiteilung der Träume aufgrund funktionaler Kriterien trat eine christliche
Dreiteilung in bezeichnender Abstufung: *ex deo, ex diabolo, ex nobis.* [20] In der
Sechsteilung der Erscheinungen bei Gregor dem Großen verlagert sich das Interesse ganz auf die Herkunft, dem ältere strukturale Kriterien eingeordnet werden. Zwei Sorten entstammen rein körperlichen Reizen (*ventris plenitudo, ventris inanitas*), eine den *inlusiones* des Teufels oder der Dämonen, eine Mischform
verarbeitet *inlusiones* und die psychischen Belastungen des Tages (*cogitatio*),
eine Spezies kommt aus der Offenbarung (*revelatio*), die letzte vereinigt wiederum als Mischform *cogitatio* und *revelatio*. Das System arbeitet also mit den
psychosomatischen Kategorien des *venter* und der *cogitatio*, sowie mit den mantischen Kategorien *inlusio* und *revelatio*. Die Dämonen und Gott bedienen sich
dabei der *cogitatio* des Menschen; wo *revelatio* und *cogitatio* zusammenwirken,
entstehen deutungsbedürftige Träume.[21] Christliche Skepsis gegenüber den
Gesichten, Angst vor der diabolischen *inlusio*, den *phantasmata* des Teufels[22],
und dennoch stets präsentes Offenbarungsinteresse haben die Rezeption der
spätantiken christlichen Traumtheorie fortan bestimmt. Augustin vermutet, ein
platonisches Motiv aufnehmend, daß die Seele in der Nacht, da ihr rationaler
Teil schlafe, unkontrollierten Bildphantasien und dämonischen Versuchungen
ausgeliefert sei[23]. Die um 800 geschriebene Legende des Wulfram von Sens
berichtet aber auch von einem Trug des Teufels am hellichten Tage[24]; ebenso
Otloh von St. Emmeram im elften Jahrhundert in seinem ›Liber visionum‹[25].
Unde veniant, perfecte non cognoscimus – dieses Wort Bernhards von Clairvaux

repräsentiert die tiefe Skepsis großer Teile der monastischen und klerikalen Intelligenz gegenüber dem Traum[26]. Seine vehementen Mahnungen zeigen aber auch »mit greifbarer Deutlichkeit, wie weit der Glaube an die prophetische Kraft des Traumes unter seinen Zeitgenossen verbreitet gewesen sein muß«[27].

Den praktischen Diszernierungsbedürfnissen wird auch Augustins geistvolle Erkenntnistheorie des Traumes dienstbar gemacht. An 2. Kor. 12, 2–4, das man traditionell in der Bibelexegese mit des Paulus Vision vor Damaskus in Beziehung setzte, entwickelt Augustin seine Lehre von drei Bewußtseinsarten, die gestuft auch in Träumen und Visionen unterschieden werden können[28]: sensuelle Perzeption (*visio corporalis*), geistige Imagination (*visio spiritualis*) und mentale Erkenntnis abstrakter Wesenheiten durch den Verstand (*visio intellectualis*). Augustin erläutert die drei Schichten des Erkennens von Erscheinungen und Gesichten an der biblischen Geschichte vom Menetekel (Dan. 5, 5–28): Die schreibenden Finger auf der getünchten Wand sind der unmittelbaren Sinnesempfindung zugänglich; das Bild der Schriftzeichen bleibt als geistige Einprägung in der Erinnerung haften und ist als Leistung der Imagination reproduzierbar; die Deutung Daniels *spiritu prophetico mente inlustrata* ist *visio intellectualis*. Ins Gebiet der Imagination, der *visio spiritualis*, gehören Träume und Visionen. »Die prophetische und revelatorische Leistung« der Interpretation »wird dem von Gott erleuchteten Verstand zugeschrieben«[29] – ganz im Einklang mit der Schrift, wo es von Daniel heißt: *spiritus amplior et prudentia intellegentiaque, interpretatio somniorum et ostensio secretorum ac solutio ligatorum inventae sunt in eo* (Dan. 5, 12).

Hier lag also ein System vor, das auch gegenüber den nicht theorematischen, den allegorischen Gesichten zu einer Vermittlung von imaginativer Leistung der Seele und interpretatorischer Leistung des Verstandes hätte führen können. Es ist bezeichnend, wie dieser Entwurf einer Erkenntnistheorie des Traumes von der karolingischen Hoftheologie des späten achten Jahrhunderts in den ›Libri Carolini‹ in durchaus aufklärerischer Absicht (Polemik gegen die Argumentation mit Träumen durch die Teilnehmer des 2. ökumenischen Konzils von Nizäa) reduziert wird:[30] *Visio* und *somnium* werden so gegeneinander abgesetzt, daß man die Unterscheidung des Macrobius zwischen theorematischer und allegorischer Form zu erkennen glaubt. *Visio* ist die *veracior revelatio*. In Anlehnung an Gregor wird dann abgehandelt, daß es falsche und wahre Träume gibt, die von Dämonen bzw. Engeln verursacht werden können. Ihre *veritas*, die von einer Deutungsleistung abhängig ist, kann aber mit menschlichen Kategorien nicht ermittelt werden: *somnia ea sunt, quae plerumque falluntur – veniunt ergo nonnunquam ex revelatione, multoties vero aut ex cogitatione aut ex temptatione aut ex aliquibus his similibus –, visiones vero dicunt quasdam veraciores revelationes, quarum tria sunt genera, corporale videlicet et spiritale sive etiam intellectuale*. Die augustinische Lehre von den Erkenntnisschichten ist zu einer Gattungslehre der theorematischen Visionen verengt worden.

Richard von St. Viktor († 1173) hat im zwölften Jahrhundert die augustinische Lehre von den *genera visionis* in eine vierfältige Lehre der Visionsmodi weiterentwickelt[31]. Er unterscheidet zwischen körperlicher und geistiger Schau. Die *visio corporalis* kann bedeutungslos sein, sie kann aber auch *typica significatione plena* sein (Bsp.: der brennende Dornbusch des Mose). Auch die *visio spiritualis* kennt zwei Modi: die Imagination vermag dem Sensuellen, Körperlichen verwandte Figuren zu schaffen; sie konstruiert in Analogie zu sinnlich erfaßbaren Gegenständen und führt über die Analogie zur Erkenntnis des Unkörperlichen und Unsichtbaren, der geistigen Wesenheiten. Solcherart sind die Gesichte der Apokalypse des Johannes. Sie nehmen Rücksicht auf die Imperfektibilität der menschlichen Erkenntnisleistung. So läßt sich allegorische Schau (*symbolica demonstratio*) motivieren, ja in ihrer Notwendigkeit begreifen. Freilich liegt der höherrangige *modus visionis* in der *anagogica demonstratio* (Augustins *visio intellectualis*), der »völlig unsinnlichen, von der Vermittlung durch Bilder und Vorstellungen freien mystischen Schau«, die bei Hugo von St. Viktor die *pura et nuda revelatio* genannt wird[32]. Das führt in der emanzipierten Mystik zu einer Abwertung der Allegorie, des Bildes als Hilfsmittel der visionären Erfahrung – etwa bei Meister Ekkehart, Gertrud von Helfta – zugunsten der unmittelbaren und wohl auch unmitteilbaren Schau geistiger Wesenheiten. Die Bilder bleiben jedoch das Instrument der Mitteilung *per analogiam*; sie sind das Alphabet, mit dem die göttliche Wirklichkeit für den Menschen zu buchstabieren ist[33].

2. *Kriterien der Offenbarung:*

Als eine der Konstanten gibt sich im Rahmen der profilierten Skepsis gegenüber den allegorischen Gesichten (*somnium* im Sinne des Macrobius), im Rahmen der Praxisorientierung und Praxisreduzierung der überlieferten Traumtheorien dennoch das faszinierte Interesse an der Offenbarungsleistung der Visionsallegorie zu erkennen, das durch die in den Heiligen Schriften autoritativ vermittelte Variationsbreite der Traum- und Visionsstrukturen gestützt wurde. Jenseits der radikalen Negation der karolingischen Hoftheologen konzentrierte sich das Frageinteresse dabei immer von neuem auf die Kriterien zur Unterscheidung von wahren und falschen Gesichten.

Daß man ein geeignetes Leben führen mußte, um mit revelatorischen Träumen bedacht zu werden, das hat man schon in der antiken Traumtheorie und Biographie hervorgehoben. Nur besondere, auserwählte Menschen haben solche Träume[34]. Prudentius glaubt nach platonischem und stoischem Vorgang, daß die Träume durch das Leben, das man führt, verdient werden. Unfromme haben Alpträume, Fromme Offenbarungsträume. Nach seinem einschlägigen ›Hymnus ante somnum‹ empfing der Verfasser der neutestamentlichen Apokalypse seine Offenbarungen im Traum: *tali sopore iustus / mentem relaxat heros / ut spiritu sagaci / caelum peragret omne*. Josef und Johannes sind Beispiele dafür, daß man »auf Grund sittlicher Reinheit der Gnade prophetischer Traumoffenbarungen bzw. der richtigen Traumausdeutung gewürdigt« wird[35]. Auch in den Bemerkungen Isidors zum Traum, die vor allem der Erkenntnis und Abwehr böser, von Dämonen stammender Gesichte gewidmet sind, wird die Beziehung zwischen moralischer Qualifikation des Träumers und Trauminhalt akzentuiert[36]. In der ottonischen ›Vita Aldegundis‹ wird Visionsapologetik mit diesem Argument getrieben: »Niemand brauche sich diesen Visionen gegenüber ungläubig oder gleichgültig zu verhalten; so gut wie ein schlechter Mensch durch die bösen Geister heimgesucht werde, so gut könne ein dem Dienste Gottes ganz ergebenes Mädchen durch Engels- und andere Visionen ausgezeichnet werden, im Schlafen wie im Wachen [...]« [37]. Auch für Hrotsvith von Gandersheim wird nur dessen Psyche »zu einem Ort der göttlichen Offenbarung«, bei dem »besondere innere Voraussetzungen gegeben sind« [38]. In der ›Vita Hathumodi‹ werden psychosomatische Ursachen von visionären Träumen trotz starker Indizien gerade deshalb abgewiesen, weil das Verhalten der Heiligen dagegen spricht[39]. Otloh von St. Emmeram weiß, daß Gott gewisse *sanctos homines* im Schlaf *admonendo visitare* kann[40]. Für Rupert von Deutz steht der wahre, gottgesandte Traum, der Offenbarungstraum, nur auserwählten Persönlichkeiten zu, die ein besonderes, enges Verhältnis zu Gott und Kirche haben[41]. Die enge Bindung zwischen Offenbarungsbefähigung und Heiligung in der praxisorientierten Traumtheorie von christlicher Spätantike und Mittelalter erklärt die Frequenz von Träumen und Visionen in der Hagiographie.

Joseph, Daniel und der Verfasser der neutestamentlichen Apokalypse sind autoritative *exempla* dafür, daß auch die Gabe der richtigen Deutung der visionären Allegorie der besonderen Qualifikation durch Gott entspringt[42]. Je mehr Wert in christlicher Traumtheorie auf die Offenbarungsleistung gelegt wurde, um so wichtiger wurde für die Wertung der verschlüsselten Gesichte die relevante Deutung als Differenzierungskriterium der *somnia vera* und der *somnia falsa*. Indirekt müssen auch die ›Libri Carolini‹ zugeben, daß die Interpretation das eigentliche Kriterium zur Bewertung der *somnia* ist. Die Exegese legitimiert sich aus der Existenz autoritativer biblischer Visions- und Traumallegorie und legitimiert wiederum selbst die Anerkennung außerbiblischer *integumenta*. Deutung und Anerkennung erstellen einen literarischen Kommunikationszusammenhang, in dem die habitualisierte Vermittlungsleistung des *interpretator* schließlich Sproßformen wie literarische oder falsifizierende Traum- und Visionsallegorie provozieren kann. Schon Chalcidius definierte mit Philo den allegorischen Traum in seinem Timaioskommentar als *visum quod ex divina virtute legatur*. Die Deutungsleistung ist göttlichen Ursprungs, wie auch Augustin zugibt[43]. Träumer und Deuter können auseinandertreten. Der unqualifizierte Träumer – so Richard von St. Viktor – fällt wie Nebukadnezar (Dan. 2, 1ff.) in Furcht und Schrecken durch den *excessus mentis*, der Eingeweihte, der Priester zumal, erfaßt die Bedeutung der Gesichte[44]. Rupert von Deutz konstatiert, daß der übernatürliche, revelatorische Traum durchweg allegorisch ist. Um den darin verborgenen Willen Gottes zu erkennen, bedarf es dann einer fähigen Interpretation entweder durch den Träumenden selbst oder durch einen berufenen Traumdeuter. So nähert sich die Traumdeutung auf diesem Niveau der Exegese der inspirierten heiligen Texte.[45]

In der Praxis der Apokalypsen, Visionstexte, Legenden war die Einschaltung des Interpreten in die Erschließung der *signa* und *imagines* längst schematisiert[46]. Die Apokalypse des Johannes kennt den *angelus interpres*. Der aedifikatorische Effekt des Textes kann in diesem Falle geradezu aus der Verbindung von visionärem Mysterium, das dem Menschen per se verschlossen ist, und revelatorischer Leistung göttlichen Ursprungs entstehen.[47] Auch Petrus erfährt die Bedeutung des zu Joppe empfangenen Gesichts (Apg. 10/11) im Ereignis *a Domino*. [48] Augustin kann die Bedeutung der *regula*, des Richtscheits (= *regula fidei*) in einem Traum seiner Mutter erst dann als Vorschau seiner *conversio* begreifen, nachdem er sich zu Christus bekehrt hat[49]. Im ›Pastor Hermae‹, dessen reichhaltige Überlieferung von seiner wenig erforschten Wirkung im Mittelalter eine Ahnung vermittelt, scheitert die direkte Verkündigung am menschlichen Fassungsvermögen.[50] Die »schrecklichen Worte, wie sie kein Mensch zu ertragen vermag«, werden in der Allegorie verhüllt[51]. Neben einem Hirten-Engel als Interpreten[52] tritt eine allegorische Personifikation der Kirche als Deuterin wiederum ekklesiologischer Allegorien auf[53]. »Beide in den Visionen des Hermas auftretenden Interpreten sind von einer außerordentlichen Beredsamkeit; sie halten ganze Vorlesungen über Inhalte der christlichen Lehre und der christlichen Ethik.«[54]

Die ›Vita Columbani Abbatis‹ des Jonas von Bobbio (7. Jh.) berichtet in Buch I, Kap. 2, von einem Berufungstraum, den die Mutter des Heiligen vor dessen Geburt hatte [55]: [...]*per intempestam noctem sopore depressa vidit e sinu suo rutilantem solem et nimio fulgore micantem procedere et mundo magnum lumen praebere*. Die *intempesta nox*, die unheimliche, totenstille Nacht, ist Vergil (Aeneis XII 846) entlehnt, wo sie die Mutter der Furien genannt wird. In christlicher Interpretation verstärkt sie bei Jonas die Aura des Numinosen, in die der Traum der Mutter eingebettet wird. Am nächsten Morgen befragt sie die *doctrina sollertes* und *periti*. Sie erhält zur Antwort, daß sie einen *vir egregiae indolis* in ihrem Leib beherberge. Heißt es nicht bei Matthäus (13, 43): *iusti fulgebunt sicut sol?* Und im Gebet der Deborah (Richt. 5, 31): *Qui autem diligunt te, sicut sol in ortu suo splendet, sic rutilent?* Im Traum der Mutter des Kolumban zeigte sich der Glanz der Heiligen, die aus dem Schoß der Mutter Kirche kommen. *Ut sol vel luna astraque omnia noctem diemque suo nitore nobilitant, ita sanctorum merita sacerdotum ecclesiae monumenta roborant*.

An den Eltern der heiligen Lioba, einer Gefährtin des Bonifatius, vollzog sich das Wunder der Sarah.[56] Sie waren *steriles et infecundi*, jedoch eines Tages *mater eius per somnium vidit, se quasi signum aecclesiae quod vulgo cloccum vocant in sinu suo habere idque inmissa manu tinniens extrahere*. Am nächsten Tag eröffnet sie ihren Traum ihrer alten Amme. Diese antwortet *prophetico spiritu:* ›*Adhuc* [...] *ex utero tuo videbimus filiam, quam ut Domino iam nunc voveas, oportet. Et sicut Anna Samuel omnibus diebus suis in templo Dei serviturum obtulit, ita hanc ab infantia sacris litteris eruditam in sancta virginitate quamdiu vixerit illi servire concedas.*‹ Die Deutung wird hier gar nicht mehr explizit vorgenommen, die prophetische *conclusio* wird unvermittelt berichtet. Der Vergleichspunkt, der die Deutung des Traumes ermöglicht, scheint in der dienenden Funktion des *signum ecclesiae*, der Glocke, gegenüber der Kirche zu liegen; Dienerin der Kirche wird auch die künftige Heilige sein.

Die Heilige, im Kloster erzogen, hat, während sie *per dies singulos animum ad caelestia roboraret*, einen Alptraum, der sich als Berufungsvision entpuppt: [57] *quadam nocte per somnium vidit quasi purpureum filum de ore suo descendere. Quod apprehensum manu cum extrahere conaretur, prolixius coepit extendi, et velut ex interioribus viscerum procederet, paulatim crescebat in maius et augmenta sui capiebat. Cum autem exuberante materia colligendo manum impleret et filum nihilominus ex ore dependeret, globum ex eo rotundo scemate volvendo formavit. In cuius confectione cum nimis laboriose desudaret, prae angustia somno soluta est; coepitque intra se tacita cogitare, cupiens somnii cognoscere discretionem.* Die Heilige weiß, daß dies keine ursachenlose Vision ist, will heißen, keine bloß psychosomatisch bedingte Erscheinung, sondern daß sie ein latentes Geheimnis birgt. Nun gab es im gleichen Kloster eine Schwester schon reiferen Alters, von der man durch lange Erprobung wußte, daß sie über den *prophetiae spiritum* verfügte. Die Interpretin lehnt die Deutung des Traumes als Alptraum ab und hebt seinen Offenbarungscharakter hervor: *Vera quidem visio est et bona futura portendens.* Ihre Argumente für die *veritas* des Traums sind: erstens, die *congruentia* des Inhalts mit der *sanctitas* und *sapientia* der Träumenden; zweitens die Deutbarkeit der allegorischen Konstruktion: *Filum enim quod per os eius ex visceribus prodiit doctrina sapientiae est vocis ministerio ex illius corde procedens. Quod autem manum implevit, hoc significat, quod omnia quae ore docuerit operibus exaequabit. Porro globus, qui volvendo conficitur et rotunditate sui volubilis est, mysterium exprimit verbi divini, quod per os actusque praedicantium volvitur et nunc per activam vitam in imis versatur, nunc per contemplativam in sublimia erigitur, nunc se per conpassionem proximi humiliat, nunc per dilectionem Dei exaltat. His quidem indiciis Deus magistram tuam verbo et exemplo multis profuturam ostendit, effectus autem eorum procul ab hoc loco in aliis nationibus erit, quo eam proficisci oportet.*

Die Linie einschlägiger Legendentexte läßt sich hier nicht ausziehen. Die Gestalt des Interpreten jedenfalls, der aus Kenntnis der *doctrina* oder durch den *spiritus propheticus* deutet, ist in der Hagiographie eine feste Legitimierungsinstanz der Träume und Gesichte geworden. Ja, am Beispiel des Traumes der Mutter der Lioba läßt sich zeigen, wie die Autorität der Offenbarungsinterpretation so sehr in den Vordergrund tritt, daß die Analogie zwischen Zeichen und Bedeutetem in der Vermittlung des Sinns übergangen werden kann.

3. Die Not der Allegorie:

Der Offenbarungscharakter auch der allegorischen, nichttheorematischen Vision konnte durch Exegese sichergestellt werden, sofern er sich auf die Fakten und Ereignisse der diesseitigen Welt bezog. Die Verschlüsselung des Wirklichen konnte unter dem Begriff der Analogie verstanden werden. Welcher Status aber kam den Repräsentationen der Gesichte zu, wenn sie sich auf die jenseitige Welt bezogen? Die Geheimnisse der diesseitigen Welt waren enthüllbar, weil diese ihrer Struktur nach nicht *mysterium*, sondern sinnliche Erfahrung war. Die jenseitige Welt war aber konstitutiv als *mysterium* zu denken. Ihr gegenüber fungierte nicht die Interpretation als Enthüllung, sondern gerade die Allegorie, welche das Unfaßbare in die Welt des Sinnlichen übersetzte. In den Visionen des Jenseits besaß Allegorie eine andere Qualität. Wo dies bewußt war, konnte die Schilderung des Jenseits durch Visionäre nicht *ad litteram* verstanden werden [58]. Augustin behauptet im ›Gottesstaat‹ und bei einer Erörterung der bekannten Vision des *tertium caelum* durch Paulus (2. Kor. 12, 2–4), daß den Beschreibungen des Jenseits generell nur der »Schein des Körperlichen«anhafte. Wahr und historisch ist in den Visionen die Tatsache der Jenseitswanderung, die sprachliche Veranschaulichung besitzt nur einen metaphorischen Status. Auch Gregor der Große, der den Wert oder Unwert eines erschauten goldenen Hauses im Jenseits, das materielle Wertungen nicht kennt, diskutiert, kommt zu der Auffassung, daß die konkretisierenden Darstellungen des Jenseits als Zeichen, nicht als Wirklichkeit aufzufassen sind [59]. Diese Auffassung erlaubt es, die Realität der gemachten Erfahrungen festzuhalten, ohne den allegorischen Charakter der vermittelnden Texte zu verkennen.

Sie erlaubt es auch, die Verbindung von realistischen Details und Symbolen in den afrikanischen legendarischen Visionen des dritten und vierten Jahrhunderts sowohl im katholischen als auch im donatistischen Milieu zu verstehen [60]. Die Vision der Märtyrerin Perpetua verwendet biblische Symbole (Jakobsleiter, Drachen), Elemente der religiösen Erfahrung aus Liturgie, Psalmenlesung, Gebet und Predigt, monastische Allegorien (der Kampf mit dem Ägypter), mischt frühchristliche Zeichen (der gute Hirte) und Bruchstücke des antiken Mythos (Tantalusqualen) [61]; die in derselben Legende berichtete Paradiesvision des Märtyrers Saturus kennt den himmlischen Garten und einen Himmelspalast, wo er zusammen mit Perpetua andere Märtyrer und den Herrn selbst trifft. Die Märtyrer der ›Passio SS. Montani, Lucii et sociorum‹ sehen wie Perpetua das ›Zeichen Jakobs‹ (Himmelsleiter), weiter ein Kind, dessen Antlitz unsagbar hell strahlt und ihnen eine Krone verheißt, einen Jüngling, der in jeder Hand eine Schale Milch trägt, um ihren Durst zu stillen, den lichtüberfluteten Ort, an dem ihre Kleider weiß werden. [62] Der Märtyrer Marianus erblickt das weißgekleidete, nur über eine mächtige Leiter zu erreichende himmlische Gericht, und die himmlische Paradiesesaue mit einer Quelle, die den Durst stillt. Sein Leidensgenosse Jacobus schaut einen jungen Mann in einer Tunika, die so von Licht überrieselt ist, daß die Augen den Anblick nicht ertragen können. »Seine Füße berührten die Erde nicht, und sein Haupt ragte über die Wolken.« Dem Jacobus und seinem Genossen wirft er zwei purpurne Gürtel zu. Ein andermal sieht er das Gastmahl der Heiligen, die bereits im Martyrium vorausgegangen sind. Einer von ihnen trägt einen Kranz von Rosen um den Hals, in der rechten Hand eine grüne Palme. Während des Martyriums erscheinen ihnen weißgekleidete Jünglinge auf schneeweißen Pferden [63]. Maximianus kämpft in einer Vision mit den Dienern des heidnischen Imperators. Dem Sieger reicht ein *iuvenis mirae claritudinis* eine Krone [64]. Marculus sieht, wie ihm *tria munera de aeternis thesauris Domini* überreicht werden, ein Kelch aus glänzendem Silber, eine goldene Krone und eine Palme. Sein Biograph erläutert die Vision aus dem offenbaren Verständnis der frühchristlichen Symbolwelt: den Kelch trinkt er in der Passion, durch die er sich die Märtyrerkrone und Siegespalme erwirbt [65]...

Die Symbole, die allegorischen Konstrukte erstellen das Mysterium und enthüllen es zugleich. Indem sie deutbar werden, machen sie die Realität des unirdisch Wirklichen faßbar. Der habgierige Bischof erscheint nach der merowingischen › Visio Baronti‹ im Jenseits in der Gestalt des Bettlers. [66] Nach dem *ius talionis* büßt in der karolingischen › Visio Wettini‹ eine Schar habgieriger Mönche, die den Rachen nicht voll bekamen, für ihr Laster in einem Turm voll Rauch. Der Rauch scheint die Nichtigkeit der irdischen Güter zu repräsentieren [67]. Die Todesvision eines Mönchs aus dem 7./8. Jh. beschreibt, wie sich Dämonen und Engel um die Seele des Visionärs streiten; dazwischen mengen sich seine personifizierten Sünden und rufen: *Ego sum cupiditas tua* [...] *Ego sum vana gloria* [...] [68]. Diese Personifikationen waren gewiß Zeichen, Veranschaulichungen des Unsinnlichen, aber für den gläubigen Visionär waren sie als abstrakte Wesenheiten doch ebenso real wie Engel und Dämonen. Sinnlich anschaubar wird dem Visionär Furseus (8. Jh.) auf seiner Jenseitsreise das kosmische Unheil, welches die Sündhaftigkeit der Menschen heraufbeschwört. Er sieht vier Feuer, »die die Welt in Brand stecken, nachdem in der Taufe alle Sünden vergeben sind«. Es sind die Feuer der Lüge, Sorglosigkeit, Begierde und Widerspenstigkeit [69]. Im › Pastor Hermae‹ drückt der Lebens- und Paradiesesbaum die Fähigkeit der *ecclesia* zur steten Regeneration aus [70]. Auch in der hochmittelalterlichen › Visio Tundali‹ wird die Kirche im Bilde des Baumes gefaßt, der im himmlischen Garten neben dem Zelt der Dreieinigkeit wächst [71]. Selbst in die politischen Visionsfälschungen, die im allgemeinen leicht aufschließbare Konstruktionen bevorzugen, kann die Allegorie gelegentlich eindringen. Jener Gelehrte, der um 890 für Erzbischof Fulco von Reims die › Visio Karoli tertii‹ schmiedete – es war wahrscheinlich Remigius von Auxerre –, hat die doppelte Chance der Jenseitsallegorie, die Botschaft zugleich mit der Aura des Numinosen zu umgeben als auch sie in symbolischer Handlung sinnlich und präsent werden zu lassen, erkannt und genutzt, indem er seine Konstruktion mit Elementen eines antiken Mythos auffüllte. Die pseudorealistischen Details der Jenseitsreise werden der Vision des Drycthelm entnommen, die der Autor in Bedas Kirchengeschichte finden konnte; die Hölle ist jedoch als Labyrinth aufgefaßt, durch das eine Engelsgestalt quasi als Ariadne den königlichen Visionär mit Hilfe eines leuchtenden Fadens geleitet. Der Knäuel des Lichtfadens, ein *globus*, wird alsbald zum Zeichen der *gratia dei*, mit welcher ein bestimmter westfränkischer Kronprätendent in der Schau des Visionärs prognostisch investiert wird. [72]

Kann die Wechselbeziehung zwischen geglaubter Faktizität der Schau und Veranschaulichung des Arkanum im Zeichen nach dem Verständnis *ad litteram* auch nicht aufgelöst werden, da sich sonst das Mysterium seines Wesens begeben müßte, so läßt doch die analoge Verfaßtheit von inspirierter Vision und inspiriertem Schrifttext (z. B. atl. Prophetenvisionen und ntl. Apokalypse) in einer zweiten, überbauenden Phase des Verständnisses die doktrinäre, nach den Regeln der allegorischen Bibelexegese verfahrende Aufschließung des Sinns zu. Visionsexegese betrieben schon die afrikanischen Zeitgenossen der Märtyrervisionäre, so Cyprian und der Autor der ›Miracula Sancti Stephani‹. [73] Das bedeutendste Zeugnis ist jedoch eine weithin unbekannte ›Expositio visionum SS. martyrum Mariani et Jacobi‹, die sich auf einen der oben genannten afrikanischen Passionstexte in der Nachfolge der Perpetuaakten bezieht und aller Wahrscheinlichkeit nach von einem Zeitgenossen des Verfassers der Passio geschrieben wurde. [74]

Die Visionen der Märtyrer sind diesem Exegeten voller Geheimnisse – *neque hoc a mysterio vacat*, lautet die Einleitungsformel der serialisierten Interpretationen. In ihnen hat Gott geoffenbart, was er an heilsförmiger Handlung an anderen nur schweigend vollzog: *Cuncta igitur haec arcana mysteria, quae omnipotens Deus quotidie per electos suos occulta dispensatione tribuit, huic uni praecipue aperta visione monstravit, ut quod in caeteris occulte agitur, hic etiam videre mereretur.* In der Reihenfolge der gedeuteten Visionen erstellte er dabei in stetem Einbezug paralleler Schriftstellen ein Lehrgebäude, das von der ethischen Heilsleistung des Märtyrers bis zur engelsgleichen *beatitudo* des ewigen Lebens führt. Nicht ohne Bedeutung ist es, daß Marianus an erster Stelle eine Vision des himmlischen Gerichts hat, fällt dort doch das Urteil über Leben und Verhalten des Menschen. Die Stufen aber, die zum Gericht hinaufführen, bedeuten die Tugenden des Märtyrers, *quia multis virtutum gradibus ad perfectionis summam conscenditur: et sic demum ex divina gratia ad martyrii celsitudinem pervenitur.* Wenn Marianus berichtet, daß der Weg alsdann über eine Wiese führte: *quid per pratum, quod ager dicitur, nisi mundus hic designatur?* Durch die Welt muß der Märtyrer hindurch, um aus einer Quelle zu trinken, was nichts anderes heißt als *gustare calicem passionis.* Sagt nicht David (Ps. 115,13): ›*calicem salutaris accipiam, et nomen Domini invocabo*‹. Der Exeget ruft in Erkenntnis der typologischen Beziehung zwischen Prophetenwort und Märtyrervision aus: *et notandum quam pulchra similitudine visio cum Propheta concordat. Ille quidem calicem accepit et nomen Domini invocavit; iste martyr phialam bibit et Deo gratias egit. Fons autem ille unde phialam implevit, aquas perspicuas emanabat, et per Psalmistam dicitur: Pretiosa in conspectu Domini mors sanctorum ejus* (Ps. 115,15). Vom exemplarischen Heilsweg des Märtyrers gelangt der Interpret deutend zur Kirche, die von den Heiligen gebildet wird. Jakobus sah einen Jüngling, dessen Haupt über die Wolken reichte, dessen Füße aber die Erde nicht berührten. Dieser Jüngling ist Christus: *Christus vero caput est corporis sui quod est Ecclesia. Et caput extulerat super nubes, quia per majestatem divinitatis, qua unum semper cum Patre est, cum ipsa assumptae humanitatis substantia in coelo cum eo aequaliter regnat. Sed licet caput super nubes elevetur, corpus tamen in terris conspicitur; quia sancti omnes, qui corpus sunt Redemptoris, donec hanc carnem portant, per conditionem mortalitatis in terra commorantur, quamvis per libertatem spiritus in coelo jam habitare probentur, dicentes cum Paulo: ›Nostra autem conversatio in caelis est‹* (Phil. 3, 20). *Unde recte cum corpus illius in terra videri dicitur, non tamen terram tangere perhibetur, quia sancti viri in terra quidem conversari videntur, sed terrenis actibus ex desiderio non implicantur, et dum totis nisibus ad alta se erigunt, pedes mentium a terra suspendunt.* Auch mit den leuchtend weißen Kleidern, welche der Jüngling anhat, ist die Kirche der Heiligen gemeint. Die Kleider haben verschiedene Färbung, das signalisiert die Vielzahl der Tugenden, in denen sich die *sancti viri* auszeichnen. Von der Ekklesiologie kommt der Interpret zur Eschatologie, die im geschauten Gastmahl der Heiligen abgebildet ist. Der Kranz von Rosen, den einer von ihnen um den Hals trägt, bezeichnet *aeternae vitae beatitudo*, die jeden, der sie erlangt, *ineffabili gaudio ex omni parte circumfluit. Sicut enim in monili nec finis, nec initium reperitur, sic vita aeterna nec initio inchoatur, nec fine concluditur.* Der grüne Palmzweig, den der Märtyrer trägt, ist nach Ps. 91, 13 und Apok. 7, 9 Zeichen seiner jenseitigen Würde. Wenn die Märtyrer aber während der Passion Jünglinge auf weißen Pferden sahen, so erblickten sie unzweifelhaft *sanctos angelos ad suscipiendas beatorum martyrum animas praeparatos.* Sah nicht auch Johannes (Apok. 19,14) Engel auf weißen Pferden sitzen? *Equus namque aptum bellis est animal. Qui vero a saecularibus bellis victores redeunt, albis equis curru subjugatis triumphos ad capitolia ducunt. In equis itaque fortitudo pugnantium, in candore autem gloria innuitur triumphantium. Bene ergo angeli in albis equis visi sunt, qua illos qui in praelio Christi decertabant, ad coelestem arcem post victoriam cum triumpho gloriae deducturi erant.*

Es ist fraglich, ob das zitierte, aus apokalyptischer Stimmung der afrikanischen Christenheit erwachsene Dokument jemals eine größere Wirkung hatte. Jenseits seiner Zeitbezogenheit repräsentiert es jedoch die latente Notwendigkeit einer Verbindung von Heilsmysterium und Allegorie in visionärer Darstellung, eine Verbindung, die – wie auch die hochmittelalterlichen Beispiele lehren – zu ihrer Legitimation im Sinne der Orthodoxie schließlich der Interpretation nach den Verfahren der Bibelallegorese bedurfte.

4. Perspektiven:

Auf den vorstehenden Seiten war wenig von der allegorischen Syntax der untersuchten Visionen und Träume, wenig von ihrer inneren Konstruktion die Rede. Das ist kein Zufall und entspricht nicht nur dem Interessenstandpunkt des Bearbeiters. Es scheint – das sei mit aller Vorsicht und unter Berücksichtigung der mangelnden Erschließung des legendarischen Materials gesagt –, als ob die Originalität der legendarischen Allegoriekonstrukte gerade nicht in ihrem inneren Bau läge. Ganz anders als die oft ausgedehnten Konstruktionen der selbständigen Jenseitsvisionen und der didaktisch-revelatorischen Apokalypsen sind sie meist von prägnanter Kürze, hängen ihr Gebäude gewissermaßen wie eine Zeltkonstruktion an einem oder wenigen Pfeilern, plakativen Symbolen auf, die zum Mittelpunkt des Offenbarungsgeschehens werden. Die Besonderheit der legendarischen Visions- und Traumformen liegt in der Art der Instrumentalisierung des Genres. Funktionale Kriterien müssen daher bei einer Analyse dieser Texte, die uns immerhin einen sonst seltenen, wenn auch zu kurzen Durchblick auf die pragmatische Einbettung von Allegorie gestattet, notwendigerweise in den Vordergrund treten.

Vision ist in den Legenden stets Zeugnis der Begnadung des Heiligen und seiner göttlichen Erwähltheit und Führung. Deshalb steht eine große Zahl der Visionen in den Kapiteln der Legende, welche die Jugend des Heiligen bzw. seine *conversio* berichten. Nicht interne, sprachliche Verfaßtheit der Konstruktion interessiert die Legende, sondern was sie an Offenbarung des Zukünftigen leistet. Das mag auch für die *somnia* der Dichtung gelten, jedoch in einem anderen Sinne. In der erzählenden Dichtung, im Epos ist das, was im nichtfiktionalen Genre der Legende als narratives Nebenergebnis anfällt, die Vorausdeutung, eine der wesentlichen Funktionen des Gesichts. Im Epos wird der Traum zu einem Motor der erzählerischen Spannung: die seiner allegorischen Form eigene Mehrdeutigkeit ist daher erwünscht, die Interpretation kann fehlen. [75] In der Legende ist die Ambivalenz eine Not, die Interpretation eine Notwendigkeit.

In der Legende und in der mit ihr zusammenhängenden Visions- und Traumtheorie zeigt sich eine Bevorzugung der theorematischen Vision, ja sogar des *oraculum*, zugleich ein tief verwurzeltes Mißtrauen gegen die allegorische Vision. Auch diese latente Opposition gegen die Allegorie bei der quantitativ bedeutendsten literarischen Gattung des Mittelalters sollte in der Allegoriediskussion notiert und bedacht werden. Warum aber – so läßt sich weiter fragen – gibt es dennoch in einer nicht zu vernachlässigenden Anzahl von Fällen allegorische Konstruktionen in legendarischen Visions- und Traumformen?

Gewiß wird dabei eine Rolle spielen, daß eine gewisse Anzahl der legendarischen *somnia* auf echten Träumen oder Visionen von Heiligen beruhen, die allegorischen Konstrukten ähneln. Aber wollte man sich mit dieser Antwort zufriedengeben, hätte man das Problem doch nur verschoben: warum wurden bei einem allgemeinen Mißtrauen gegen allegorische Gesichte solche in Konkurrenz zu theorematischen Gesichten als Zeugnisse göttlicher Begnadung anerkannt? Warum fielen sie nicht durch den kulturellen Filter des Heiligkeitsverständnisses? Es sind zweifellos die verpflichtenden biblischen Exempla gewesen, die das verhinderten.

Das Nebeneinander von theorematischen und allegorischen Formen in den Heiligen Schriften zwang die Exegese und die Praxis der Visionsliteratur zur Erarbeitung eines theoretischen Modells, in dem beide Offenbarungsleistungen zu vereinbaren waren. In einer intellektuell hochstehenden Form ist es von Augustin in ›De genesi ad litteram‹ entwickelt und im 12. Jh. von den Viktorinern neu interpretiert worden; die Einwirkung eines *spiritus* (*bonus* oder *malignus*) führt zu einer *visio spiritualis*, zum *somnium*; die Differenzierung der Herkunft bzw. die Offenbarungsleistung des *somnium* wird aber erst durch die von Gott inspirierte *visio intellectualis*, die Interpretation erreicht. Die niedere Form der *visio* als imaginativer Leistung der Seele, und die höhere Form der *visio* als inspirierter Leistung des Verstandes sind miteinander vermittelt. Motiviert wird die Existenz der niederen Form der *visio* mit der Unvollkommenheit des menschlichen Geistes, der der Bilder als analogischer Sprache bedarf. In der Praxis der Visionsliteratur wird dieses Erklärungsmodell auf die narrative Notwendigkeit der *interpres*-Figur und der moralischen Qualifikation des Visionärs oder Träumenden, der Offenbarungen empfängt, reduziert.

Ist die Allegorie einmal als Zeugnis der Unvollkommenheit etabliert, so erklärt sich umgekehrt die Existenz von theorematischen Gesichten beim *homo sanctus et perfectus*, ebenso wie die Verwendung von allegorischen Konstruktionen bei legendarischen Nebenpersonen (z. B. Mutter), bei der *conversio* und im Epos, das es nicht mit Heiligen zu tun hat. [76] Wie bereits oben verdeutlicht, hängt aber auch die im Laufe des frühen Mittelalters sich gattungsartig verselbständigende Jenseitsvision an der analogischen Konstruktion der unbekannten, unfaßbaren Wirklichkeit durch Bilder. Diese Art von Mimesis des unerfahrenen Wirklichen kann allegorisches Verständnis, aber auch pseudorealistisches Mißverständnis produzieren. Die Not der Allegorie – verstanden im Sinne von notvoll und notwendig zugleich – erzeugt somit im Laufe des Mittelalters ein Dreiersystem von Visions- bzw. Traumformen, das sich folgendermaßen skizzieren läßt:

instrumentalisierte Formen

1. theorematisch (zur Darstellung des   2. symbolisch-allegorisch (zur Darstellung
perfektiblen Menschen)   des imperfekten Menschen)

selbständige Form

3. analogisch-allegorisch
(zur Darstellung des Jenseits)

Gerade das Mißtrauen gegenüber der Allegorie hat paradoxerweise auf dem Gebiete der Visionsliteratur die Allegorisierung verstärkt, indem sie zu intensiver exegetischer und theoretischer Reflexion führte. Im literarisch-kommunikativen Zusammenhang von theoretischer Modellbildung und praktisch orientierter Erbauungsliteratur sowie deren profanen Konkurrenten entstehen allmählich stabile und tradierbare Erscheinungsformen der Vision. So sind denn auch die spätantiken, oben skizzierten, später – soweit ich sehe – nicht mehr gewagten Versuche zu systematischer, lehrhafter Exegese legendarischer Visionen und die nahezu zwanghafte Allegorisierung einiger theorematischer Visionen als Überdeterminationen einer formalen Entwicklung zu verstehen, die über ein legitimierendes und den differierenden Möglichkeiten ihren Platz anweisendes Modell, das zu gleicher Zeit Augustin entwickelte, noch nicht verfügte.

Anmerkungen:

1 Einen Überblick, der vor allem an Phänomenologie und Psychologie der Vision interessiert ist, gibt E. Benz: Die Vision. Erfahrungsformen und Bilderwelt, Stuttgart 1969.

Zu den Visionen im AT und NT vgl. E. Pax: Art. ›Vision‹, LThK 10 (²1965), Sp. 811f.; J. Lindblom: Gesichte und Offenbarungen. Vorstellungen von göttlichen Weisungen und übernatürlichen Erscheinungen im ältesten Christentum, Lund 1968, S. 32ff.; A. Wikenhäuser: Die Traumgesichte des NT in religiös-gesichtlicher Sicht, in: Pisciculi, Fs. F. J. Dölger, 1939, S. 320–333. Als heuristisches Instrument immer noch unentbehrlich ist L. Dufresnoy: Recueil des dissertations anciennes et nouvelles sur les apparitions, les visions et les songes, mehrere Bde., Avignon 1751ff.

Zum Traum vgl. für die Antike B. Büchsenschütz: Traum und Traumdeutung im Alterthume, Berlin 1868; F. Fürbringer: De somniis in Romanorum poetarum carminibus narratis, Diss. Jena 1912; J. B. Stearns: Studies of the dream as a technical device in Latin epic and drama, Diss. Princeton 1927; L. Binswanger: Wandlungen in der Auffassung und Deutung des Traumes von den Griechen bis zur Gegenwart, Berlin 1928; J. G. Wetzel: Quomodo poetae epici et Graeci et Romani somnia descripserint, Diss. Berlin 1931; Th. Hopfner: Art. ›Traumdeutung‹, RE II, 6, 2 (1937), Sp. 2233–2245; J. Hundt: Der Traumglaube bei Homer, Greifswald 1935; H. R. Steiner: Der Traum in der Aeneis (= Noctes Romanae 5), Bern 1952; P. Antin: Autour du songe de saint Jérôme, Revue des Études Latines 41 (1963), S. 350–377; A. Brelich: Le rôle des rêves dans la conception religieux des Grecs, in: Le rêve et les sociétés humaines, Paris 1967, S. 282–289; H. J. Rose: Der Traum des Pompeius, in: W. Rutz (Hg.): Lucan (= WdF 235), Darmstadt 1970, S. 477–485; W. Rutz: Die Träume des Pompeius in Lucans Pharsalia, ebd., S. 509–524; H. Cancik: Ein Traum des Pompeius, ebd., S. 546–552.

Für die Traumauffassung des Mittelalters vgl. R. Mentz: Die Träume in den altfrz. Karls- und Artusepen, Marburg 1888; E. Langlois: Origines et sources du Roman de la Rose (Bibl. des Ecoles Françaises d'Athènes et de Rome 58), Paris 1891, S. 55–59; W. Baake: Die Verwendung des Traummotivs in der englischen Dichtung, Halle 1906; P. Diepgen: Traum und Traumdeutung als medizinisch-naturwissenschaftliches Problem im Mittelalter, Berlin 1912; E. Jones: Der Alptraum in seiner Beziehung zu gewissen Formen des mittelalterlichen Aberglaubens, Leipzig/Wien 1970; A. H. Krappe: The dreams of Charlemagne in the Chanson de Roland, PMLA 36 (1921), S. 134–141; W. Schmitz: Traum und Vision in der erzählenden Dichtung des deutschen Mittelalters, Münster 1934; R. Bowen: The dreams of Charlemagne, Med. Aev. 23 (1954), S. 39–40; M. Reichenmüller: Bisher unbekannte Traumerzählungen Alexanders von Telese, Dt. Arch. 19 (1963), S. 339–352; F. X. Newman: Somnium. Medieval theories of dreaming and the form of vision poetry, Diss. Princeton 1963 [Masch.]; ders.: The structure of vision in ›Apocalypsis Goliae‹, Med. St. 29 (1967), S. 113–123; ders.: Saint Augustine's three visions and the structure of the ›Commedia‹, MLN 82 (1967), S. 56–78; Steinmeyer; H. Braet: Le second rêve de Charlemagne dans la Chanson de Roland, Romanica Gandensia 12 (1969), S. 5–19; K. Forstner: Das Traumgedicht Baudris von Bourgueil, Mlat. Jb. 6 (1970), S. 45–57; T. Hunt: Träume und die Überlieferungsgeschichte des afz. Rolandsliedes, ZfrPh 90 (1974), S. 241–246; G. Schmieder: Traumstruktur und Umsetzung der Handlung. Zur Problematik des Ausgangs von ›Ruodlieb‹ XVII 85–XVIII 32, Mlat. Jb. 10 (1975), S. 62–73; H. J. Kamphausen: Traum und Vision in der lateinischen Poesie der Karolingerzeit, Bern 1975; Speckenbach, 1976. Zum vielbehandelten Falkentraum des Nibelungenliedes vgl. ferner F. R. Schröder: Kriemhilds Falkentraum, PBB 78 (Tüb. 1956), S. 319–348; E. Ploss: Byzantinische Traumsymbolik und Kriemhilds Falkentraum, GRM 39 (1958), S. 218–226. Zu den kaum edierten Traumbüchern der Antike und des Mittelalters vgl. M. Steinschneider: Das Traumbuch Daniels und die oneirokritische Literatur des Mittelalters, Serapeum 24 (1863), S. 193–201, S. 209–216; F. S. Krauss: Artemidoros aus

Daldis. Symbolik der Träume, übers. und mit Anmerkungen begleitet, Wien 1881; H. Vidal: La Clef des Songes d'Artémidore d'Ephèse, Paris 1921; Graffunder: Daniels Traumdeutungen, ZfdA 48 (1906), S. 516–531; M. Förster: Die Kleinliteratur des Aberglaubens im Altenglischen, ASNS 110 (1903), S. 356 ff.; Beiträge zur mittelalterlichen Volkskunde, ASNS 120 (1908), S. 302–305; 125 (1910), S. 39–44; 127 (1911), S. 31–84; 128 (1912), S. 288 f. mit Anm. 5; 134 (1916), S. 264–293; ders.: Die altenglischen Traumlunare, Englische Studien 60 (1925/26), S. 58–93; O. Gotthardt: Über die Traumbücher des Mittelalters, Progr. Eisleben 1912; F. Drexl: Achmets Traumbuch, Diss. Freising 1909; ders.: Das Traumbuch des Patriarchen Nikephoros, in: Beiträge zur Geschichte des christlichen Altertums und der byzantinischen Literatur, Fg. A. Ehrhard, Bonn 1922, S. 94–118; M. Helin: La clef des songes, Paris 1925; W. Suchier: Altfranzösische Traumbücher, Zs. f. Französische Sprache und Literatur 67 (1956/57), S. 129–167; A. Önnerfors: Zur Überlieferungsgeschichte des sog. Somniale Danielis, Eranos 58 (1960), S. 142–158; S. Collin-Roset: Le Liber Thesauri occulti de pascalis Romanus. Un traité d'interprétation des songes du XIIe siécle, Archives d'Histoire Doctrinale et Littéraire du Moyen Age 38 (1963), S. 111–198; dies.: L'emploi des clefs des songes dans la littérature médiévale, Bull. phil. et hist. du com. des trav. hist. et scient. 1967, S. 851–866; H. J. Kamphausen, S. 17 f.; Speckenbach, 1976, S. 172 ff. Zu Belegen aus volkssprachlicher Dichtung für eine Benutzung von Traumbüchern vgl. Steinmeyer, S. 14 f.

2 Lindblom [s. Anm. 1], S. 25 ff., 32 ff.; J. H. Waszink: Die sog. Fünfteilung der Träume bei Chalcidius und ihre Quellen, Mnemosyne, 3. Ser. Bd. 9 (1941), S. 65–85; A. Önnerfors: Traumerzählung und Traumtheorie beim älteren Plinius, Rhein. Museum f. Philol. NF 119 (1976), S. 352–365; P. Courcelle: La postérité chrétienne du songe de Scipion, Revue des Etudes Latines 36 (1958), S. 205–234; Th. Delforge: Songe de Scipion et Vision de Saint Benoît, Revue Bénédictine 69 (1959), S. 351–354; Ch. Dahlberg: Macrobius and the unity of the Roman de la Rose, StPh 58 (1961), S. 573–582; M. Dulaey: Le rêve dans la vie et la pensée de Saint Augustin, Paris 1973, S. 15 ff., 33 ff.; Steinmeyer, S. 11 ff.; A. C. Spearing: Medieval dream-poetry, Cambridge Univ. Press London/New York/Melbourne 1976; Newman, 1963 [s. Anm. 1]; Kamphausen [s. Anm. 1], S. 30 ff.; R. A. Pratt: Some latin sources of the Nonnes Preest on dreams, Spec. 52 (1977), S. 538–570; Ebel.

3 Es ist bezeichnend, daß Ebel, S. 196 ff., in ihrer Skizze einer Formgeschichte der Vision im romanischen Mittelalter nur Jenseitsvisionen berücksichtigt und folglich die Visionsthematik auf »die Enthüllung der jenseitigen Verhältnisse« verkürzt. Vgl. zur Johannesapokalypse Lindblom [s. Anm. 1], S. 206 ff.; zur apokryphen Apokalypsenliteratur vgl. E. Hennecke: Neutestamentliche Apokryphen in deutscher Übersetzung, Tübingen ³1959 (mit Lit.); zur traditionsbildenden Jenseitsvision der ›Visio S. Pauli‹ H. Brandes: Visio Sancti Pauli, Halle 1885; P. Meyer: La descente de Saint Paul en enfer. Poème français composé en Angleterre, R 24 (1895), S. 357–375; Th. Silverstein: Visio S. Pauli, London 1935; Kamphausen [s. Anm. 1], S. 72 f.; zu den späteren Jenseitsvisionen P. Courcelle: Les pères devant les enfers virgiliens, Arch. d'Histoire Doctrinale et Littéraire du Moyen Age 30 (1955), S. 5–74; Th. Wright: St. Patrick's Purgatory. An essay on the legends of purgatory, hell and paradise current during the Middle Ages, London 1844; C. Fritzsche: Die lateinischen Visionen des Mittelalters bis zur Mitte des 12. Jh.s. Ein Beitrag zur Culturgeschichte, RF 2 (1886), S. 247–279; 3 (1887), S. 337–369; E. Peters: Zur Geschichte der lateinischen Visionslegenden, RF 8 (1896), S. 361–364; P. Toldo: Leben und Wunder der Heiligen VI: Himmlische Visionen, Berlin 1904; E. Peters: Quellen und Charakter der Paradiesvorstellungen in der deutschen Dichtung vom 9. bis 12. Jh., Breslau 1915; H. Diels: Himmels- und Höllen-

fahrten von Homer bis Dante, Neue Jb. f. d. klassische Altertum, Gesch. u. dt. Lit. 49
(1922), S. 239–253; S. J. D. Seymour: Studies in the Vision of Tundal, Proceedings of
the Royal Irish Academy 37 (1924/27), S. 87–106; K. Burdach: Vorspiel. Gesammelte
Schriften zur Gesch. d. dt. Geistes, Bd. I, 1, Halle 1925, S. 117 ff.; S. J. D. Seymour:
Irish visions of the Other World, London 1930; P. Saintyves: En marge de la légende
dorée. Songes, miracles et survivances, S. 91 ff.; A. Rüegg: Die Jenseitsvorstellungen
vor Dante und die übrigen literarischen Voraussetzungen der ›Divina Commedia‹. Ein
quellenkritischer Kommentar, Bd. 1, Einsiedeln/Köln 1945; H. R. Patch: The Other
World according to descriptions in medieval literature (Smith College Studies in Modern Languages NS 1), Cambridge, Mass., 1950; C. J. Holdsworth: Visions and visio-
naries in the Middle Ages, History NS 48 (1963), S. 141–153; Dulaey [s. Anm. 2], S.
205 ff.; D. A. Traill: Walahfrid Strabo's Visio Wettini. Text, translation and commentary, Bern 1974; H. Spilling: Die Visio Tnugdali, München 1975; Kamphausen [s.
Anm. 1], S. 72 ff.; Reinhold R. Grimm; R. Krebs: Zu den Tundalusvisionen des Marcus
und Alber, Mlat. Jb. 12 (1977), S. 164–198. Zu den politischen Jenseitsvisionen vgl.
W. Levison: Die Politik in den Jenseitsvisionen des frühen Mittelalters, in: Ders.: Aus
rheinischer und fränkischer Frühzeit, Düsseldorf 1948, S. 229–246; E. Dünninger: Politische und geschichtliche Elemente in mittelalterlichen Jenseitsvisionen bis zum Ende
des 13. Jhs., Diss. Würzburg 1962; Kamphausen [s. Anm. 1], S. 85, 185 ff. Zur mittellateinischen Traumpoesie vgl. vor allem Newman, 1963 u. 1967 [s. Anm. 1]; Forstner [s.
Anm. 1]; Kamphausen [s. Anm. 1]; Spearing [s. Anm. 2].

4 Zur Funktion von Legenden vgl. A. Marignan: Études sur la civilisation française, Bd.
1: La société mérovingienne, Paris 1899, S. XXX, Anm. 1. L. Zoepf: Das Heiligenleben
im 10. Jh., Leipzig/Berlin 1908, S. 166–174; W. Schmitz [s. Anm. 1], S. 15 ff.; H. Günter: Psychologie der Legende, Freiburg 1949, S. 286 ff.; W. Lammers: Ansgar. Visionäre Erlebnisform und Missionsauftrag, in: Speculum Historiale. Fs. J. Spörl, München
1965, S. 541–558; Ebel, S. 199, Kamphausen [s. Anm. 1], S. 60 ff. Vgl. zur paränetischen Verwendung von Gesichten mit dem Ziel der *correctio viventium* Ebel, S. 199;
Kamphausen [s. Anm. 1], S. 181 ff.; B. Hauréau: Mémoires de l'Institut National de
France. Acad. des Inscriptions et Belles Lettres 28, 2 (1876), S. 240–263.

5 Vgl. Krebs [s. Anm. 3], S. 164. Die Untersuchung der Bilder und Symbolsprache der
Visionen und Träume vermöchte einen nicht geringen Beitrag zur mittelalterlichen
Bedeutungsgeschichte zu liefern.

6 Dulaey [s. Anm. 2], S. 49 ff., bes. S. 51. Zum Ekstase-Problem bei biblischen Visionen
vgl. F. Pfister: Ekstasis, in: Pisciculi [s. Anm. 1], S. 178–191.

7 B. Beutner: Der Traum des Abraham, Mlat. Jb. 9 (1973), S. 23.

8 Kamphausen [s. Anm. 1], S. 35.

9 I. Willis (Hg.): Ambrosii Theodosii Macrobii commentarii in somnium Scipionis, Leip-
zig 1963, S. 10–12. Auch Paschalis Romanus, c. 13 f., hg. S. Collin-Roset: [s. Anm. 1],
S. 160 f., betont in Anlehnung an Macrobius die Deutungsbedürftigkeit des *somnium*.
Explizit nennt er die *visio* […] *hystoria*, das *sompnium* identifiziert er mit *allegoria*.
Denn: *In sompnio* […] *a rebus aliis allegorice et per figuras res futuras significantes, res
eventure cernuntur.*

10 PL 132, Sp. 861. Vgl. auch Otloh von St. Emmeram: Liber visionum (PL 146, 341): *Visiones autem dico, non solum eas quas per somnia quieta vel per inquieta videmus, cum
scilicet rapti in spiritu aliquas perturbationes seu flagella pati non senserimus, sed etiam
eas quas vigilantes plerique vel in extremis positi cernere solent.* Die ›Libri Carolini‹ (III,
26; MGH Concilia II, Suppl. 160) wenden sich gegen die geläufige, unterschiedslose
Verwendung von *somnium* und *visio*. Die *visio* ist die *veracior revelatio*. Thietmar von
Merseburg (11. Jh.) versichert bei einer berichteten Erscheinung *non esse somnium,*

sed veram affirmans visionem. Vgl. zur weiteren Tradition dieser Kritik Dünninger [s. Anm. 3], S. 76. Auch Thomas von Aquin hält den Traum für weniger wertvoll als die Vision. Dazu Dulaey [s. Anm. 2], S. 54, 229. Es wäre jedoch jeweils zu prüfen, inwieweit hier die strukturale Unterscheidung des Macrobius zugrunde liegt oder die materiale Differenzierung nach Wach- und Schlafzustand.

11 MGH SS II 722, 719 f., Vgl. dazu Lammers [s. Anm. 4], passim; Kamphausen [s. Anm. 1], S. 205 ff. Die ›inneren Enthüllungen im Geiste‹ werden vom Biographen Ansgars mit Acta 8, 29 kommentiert. Zur biblischen Grundlage des ekstatischen *excessus mentis* vgl. Lindblom [s. Anm. 1], S. 32 ff. »Bei den ekstatischen Entrückungen ist es der Pneumamensch, der entrückt wird, während der Körper auf Erden bleibt« [ebd., S. 41]. Auch Udalrich von Augsburg überlegt laut seinem Biographen nach dem Erwachen, ob er seine Gesichte während der Nacht »im Leibe oder außer dem Leibe« gehabt habe (deutlich nach Augustin: De gen. ad litt. XII, 3). Vgl. Zoepf [s. Anm. 4], S. 169.

12 Willis [s. Anm. 4]; dazu vgl. J. H. Waszink: Die sog. Fünfteilung der Träume bei Chalcidius und ihre Quellen, Mnemosyne, 3. Ser. Bd. 9 (1941), S. 65–85; K. Mras: Macrobius' Kommentar zu Ciceros Somnium. Ein Beitrag zur Geistesgeschichte des 5. Jhs. n. Chr., SB Preuß. Akad. Wiss. 1933, phil.-hist. Kl., S. 237 f.; Forstner [s. Anm. 1], S. 52; Beutner [s. Anm. 7], S. 23; Kamphausen [s. Anm. 1], S. 22 f.; Speckenbach, 1976, S. 171 f. Zur Rezeption des Macrobius vgl. z. B. ›Vita Popponis‹ c. 13, AA SS Januar III, S. 263; Paschalis Romanus, VII ff., hg. Collin-Roset [s. Anm. 1], S. 155 f.

13 Kamphausen [s. Anm. 1], S. 22 f.

14 Forstner [s. Anm. 1], S. 52.

15 Vgl. dazu grundsätzlich Dulaey [s. Anm. 2], S. 69 ff.

16 De gen. ad litt. XII, 28; hg. J. Zycha (CSEL 28, 1), Wien 1894, S. 422. Vgl. Spearing [s. Anm. 2], S. 11 ff. Augustin rechnet dabei die unmittelbare Offenbarung zur später noch zu besprechenden *visio intellectualis*.

17 Rose [s. Anm. 1], S. 478 f.

18 De gen. ad. litt. XII, 18 [s. Anm. 16], S. 406. Vgl. Dulaey [s. Anm. 2], S. 90 ff.

19 Forstner [s. Anm. 1], S. 52 f. Ebd. Hinweise auf die Rezeption bei Honorius Augustodunensis und Wilhelm von Conches.

20 Vgl. Dulaey [s. Anm. 2], S. 55 f., 63 ff., 89, 113 ff.; Kamphausen [Anm. 1], S. 29. Der Einteilung entspricht die Differenzierung der *somnia* in *vera, falsa, dubia* in einem christlich interpolierten Gedicht des Ausonius; vgl. W. Schetter: Das Gedicht des Ausonius über die Träume, Rhein. Museum f. Philol. NF 104 (1961), S. 366–378. Auch Honorius Augustodunensis führt die Dreiteilung der Träume, an biblischen Beispielen exemplifiziert, unter der Überschrift *Unde veniunt somnia?* in seinem ›Elucidarium‹ (III, 9; PL 172, 1163) auf.

21 Kamphausen [s. Anm. 1], S. 45 ff.; Forstner [s. Anm. 1], S. 51; Speckenbach, 1976, S. 175 f. Zur Rezeption Gregors vgl. weiter Vita Popponis c. 13, AASS Januar III, S. 262 f.; Alanus ab Insulis: Sententiae, PL 210, Sp. 256.

22 Tertullian hält die meisten Träume für dämonischen Ursprungs: vgl. Kamphausen [s. Anm. 1], S. 29. Augustin betont die Schwierigkeiten, die Urheber der Visionen nach *maligni* und *boni spiritus* zu unterscheiden: De gen. ad litt. XII, 13 f., hg. J. Zycha [s. Anm. 16], S. 398; ebd., XII 17 ff., S. 403 ff. In einer frühen monastischen Abendhymne wird ebenso wie in des Prudentius ›Hymnus ante somnum‹ vor den *illusiones diabolicae* gewarnt. Vgl. weiter Dulaey [s. Anm. 2], S. 36 f., 93 ff., 129 ff.; Benz [s. Anm. 1], S. 278 ff.; Schetter [s. Anm. 20], S. 369 f. mit Anm. 7; Steinmeyer, S. 13 f.; Dünninger [s. Anm. 3], S. 76.

23 Dulaey [s. Anm. 2], S. 105 f.

24 MGH SS rer. Mer. V 668. Vgl. dazu H. Achterberg: Interpretatio Christiana. Verkleidete Glaubensgestalten der Germanen auf deutschem Boden, Leipzig 1930, S. 28 f.

25 PL 146, Sp. 385 ff.

26 Liber de modo bene vivendi, c. 68, PL 184, Sp. 1300 f.

27 Steinmeyer, S. 13 f.

28 De gen. ad. litt. XII, 1 ff. [s. Anm. 16], S. 379 ff. Vgl. dazu Kamphausen [s. Anm. 1], S. 36 ff. Zur Rezeption bei Alkuin, Ambrosius Autpertus, in den ›Libri Carolini‹, bei Rupert von Deutz u. a. vgl. ebd., S. 44 f. mit Anm. 110–112; Ebel, S. 184; Newman, 1967: Saint Augustine's three visions [s. Anm. 1], S. 56 ff.

29 Kamphausen [s. Anm. 1], S. 41.

30 Kamphausen [s. Anm. 1], S. 49 ff.

31 In Apoc. Ioh., PL 196, Sp. 683 ff. Vgl. Ebel, S. 184 ff.

32 Ebel, S. 186.

33 Benz [s. Anm. 1], S. 311 ff.; vgl. Forstner [s. Anm. 1], S. 51 f. Klar hat die Notwendigkeit der analogischen Darstellung von Offenbarungsinhalten ausgesprochen der Autor der ›Vita Henrici II‹ (c. 33, MGH SS IV 811), indem er Augustin mit der rhetorischen Definition der Allegorie kombinierte: *Haec vero tametsi corporaliter gesta referantur, necesse tamen est, ut virtute spirituali completa intelligantur. Res etenim spirituales per corporales exprimuntur imagines, cumque aliud foris agitur aut dicitur, aliud intus geri significatur.* Vgl. dazu Kamphausen [s. Anm. 1], S. 178.

34 Dulaey [s. Anm. 2], S. 22.

35 Schetter [s. Anm. 20], S. 372, Anm. 14; Dulaey [s. Anm. 2], S. 63 ff.

36 Kamphausen [s. Anm. 1], S. 48 f.

37 PL 132, Sp. 861.

38 Beutner [s. Anm. 7], S. 30.

39 Zoepf [s. Anm. 4], S. 169. In Visionstexten wird oft auch explizit durch die Beschreibung des pneumatischen Zustandes des Visionärs dem Verdacht psychosomatischer Abläufe vorgebeugt. Außer in der ›Visio Wettini‹ ist das sehr deutlich in der Vision des Mönchs von Eynsham (1196) bei Matthäus von Paris, hg. H. R. Luard, London 1874, Bd. 2, S. 423: Erstes Indiz des Pneumatikers ist, daß er lange Zeit keine Speisen zu sich nahm (obwohl man ja gerade in solchem Falle mit Gregor auf Herkunft der Gesichte *ex ventris inanitate* plädieren könnte); *solo spiritu vivebat, mortisque simulacrum videbatur.* Während der Vision befindet sich der Mönch in einem Zustand des Scheintodes, was auf den *excessus mentis* deutet. Schließlich ereignet sich die Vision zu heiliger Zeit, an der Vigil des Karfreitags.

40 Liber visionum, PL 146, Sp. 342.

41 PL 167, Sp. 1502.

42 Vgl. Benz [s. Anm. 1], S. 104 ff.

43 Dulaey [s. Anm. 2], S. 92 f. Nach De gen. ad litt. XII, 9 [s. Anm. 16], S. 391 f., qualifiziert erst die Deutungsleistung die Vision: […] *maxime propheta, qui utroque praecellit, ut et videat in spiritu corporalium rerum significativas similitudines et eas vivacitate mentis intellegat, sicut Danihelis excellentia temtata est et probata qui regi et somnium, quod viderat, dixit et, quid significaret, aperuit, et ipsae quippe imagines corporales in spiritus eius expressae sunt et earum intellectus revelatus in mente.*

44 De eruditione interioris hominis, c. 2, PL 196, Sp. 1233.

45 In Num. comm., PL 167, Sp. 871. Vgl. Steinmeyer, S. 12. Die Deutung sowohl allegorischer als auch sogar theorematischer Gesichte wird bereits mit Methoden, die denen der Auslegung nach dem mehrfachen Schriftsinn ähneln, von den afrikanischen ›Miracula S. Stephani‹ aus der Zeit Augustins geübt. Vgl. Dulaey [s. Anm. 2], S. 188 ff.

46 Vgl. Spilling [s. Anm. 3], S. 205 ff.

47 Vgl. für biblische Beispiele Lindblom [s. Anm. 1], S. 56.

48 Lindblom [s. Anm. 1], S. 54 ff. Die Vision des Petrus wird Augustin zum Exempel dafür, daß eine *visio spiritualis*, die dem Geist sinnenhafte Bilder darbietet, des deutenden und inspirierten Intellekts bedarf, um ihren Offenbarungsgehalt zu erschließen:
De gen. ad litt. XII 11 [s. Anm. 16], S. 394 f.; XII 14, S. 399 f.

49 Vgl. Dulaey [s. Anm. 2], S. 158 ff.

50 Vgl. M. Dibelius: Der Hirt des Hermas (Handbuch zum Neuen Testament, Ergän-
zungsbd. 4), Tübingen 1923, S. 418; S. Giet: Hermas et les pasteurs, Paris 1963, S.
55 ff.

51 Dibelius [s. Anm. 50], S. 439. Zur Diskussion um die allegorischen Konstruktionen des
›Pastor Hermae‹ vgl. K. D. Macmillan: The Shepherd of Hermas. Apocalypse or alle-
gory?, The Princeton Theol. Review 9 (1911), S. 61–94; R. von Deemter: Der Hirt des
Hermas. Apokalypse oder Allegorie?, Amsterdam 1929; A. V. Ström: Der Hirt des
Hermas. Allegorie oder Wirklichkeit? Uppsala 1936.

52 Zur Rolle des Führer-Interpreten, seiner antiken Herkunft und seiner Weiterbildung
in der Visionsliteratur des Mittelalters vgl. Dibelius [s. Anm. 50], S. 494 ff.; Dulaey [s.
Anm. 2], S. 156; Kamphausen [s. Anm. 1], S. 75 f.

53 Dibelius [s. Anm. 50], S. 450, 454 ff. Die Personifikation der *ecclesia* ihrerseits erläutert eine ausgeführte allegorische Turmkonstruktion als Bild der Kirche. Vgl. Giet [s.
Anm. 50], S. 113 ff.; zur Ekklesiologie in Visionen allgemein Benz [s. Anm. 1], S.
591 ff.

54 Benz [s. Anm. 1], S. 150 ff. Zu den detaillierten Deutungsleistungen der Hildegard von
Bingen vgl. Meier, 1976, S. 56 f.

55 MGH SS rer. Mer. IV 67,14–16. Eine Parallelstelle aus der ›Vita I s. Brendani abb.
Cluain Ferta‹ weist auf K. U. Jaeschke: Kolumban von Luxeuil und sein Wirken im
alamannischen Raum, in: Mönchtum, Episkopat und Adel zur Gründungszeit des Klosters Reichenau (Vortr. und Forschungen 20), Sigmaringen 1974, S. 82 f., Anm. 42.

56 MGH SS XV 124.

57 MGH SS XV 125. Vgl. Benz [s. Anm. 1], S. 110 f.

58 Vgl. Ebel, S. 181 ff. Die Meinung von Spilling [s. Anm. 3], S. 38, »außerbiblische Visionen« seien »grundsätzlich *ad litteram* verstanden worden«, ist nachweislich [vgl.
Anm. 45] falsch. Zuzugeben ist, daß der zutiefst figurale Charakter von Jenseitsvisionen
in populärer Visionsliteratur oft in Vergessenheit geriet, so daß nicht nur die Erfahrung
des Visionärs, sondern auch seine Beschreibung für real gehalten wurde. Die von Spilling (S. 37 f.) angeführte Meinung des Dominikaners Antoninus Pierozzi in seiner
›Summa Historialis‹ (um 1440), welche akzentuiert, daß die ›Visio Tundali‹ nicht wörtlich verstanden werden dürfe, da der menschliche Verstand über *spiritualia* nur *per similitudinem* sprechen könne, nimmt eine alte Tradition wieder auf (vgl. Anm. 33).

59 Ebel, S. 186; Kamphausen [s. Anm. 1], S. 43.

60 Vgl. zur afrikanischen Visionsliteratur F. Refoulé: Rêves et vie spirituelle chez Evagre
le Pontique, Vie Spirituelle, Suppl. 1961, S. 470–516; P. Courcelle: Les confessions
de Saint Augustin dans la tradition littéraire. Antécédents et postérité, Paris 1963, S.
127–136; Dulaey [s. Anm. 2], S. 41 ff., 144 ff., 159 f.

61 P. Franchi de Cavalieri: La Passio SS. Perpetuae et Felicitatis (Römische Quartalschrift, 5. Supplementheft), Rom 1896; R. Knopf: Ausgewählte Märtyrerakten, Tübingen ³1929, S. 35–44; C. J. M. J. van Beek: Passio Sanctarum Perpetuae et Felicitatis, Bd. 1, Noviomagi 1936; A. Hamman: Das Heldentum der frühen Märtyrer,
Aschaffenburg 1958, S. 66–80. Vgl. zu Einzelproblemen der Visionsmotive J. A. Robinson: The passion of Saint Perpetua (Texts and Studies. Contributions to Biblical and

Patristic Literature 1, 2), Cambridge 1891; Saintyves [s. Anm. 3], S. 134 ff.; Benz [s. Anm. 1], S. 248 ff.; A. Dietrich: Nekyia. Beitr. z. Erklärung d. neuentdeckten Petrusapokalypse, Leipzig 1893, S. 99 f.; A. de Waal: Der leidende Dinocrates in der Vision der hl. Perpetua, Römische Quartalschrift 17 (1903), S. 339–347; F. J. Dölger: Antike Parallelen zum leidenden Dinocrates in der Passio Perpetuae, Antike und Christentum 2 (1930), S. 1–40; ders.: Der Kampf mit dem Ägypter in der Perpetua-Vision. Das Martyrium als Kampf mit dem Teufel, ebd. 3 (1932), S. 177–188. Vgl. zum ÄgypterMotiv speziell noch die ›Historia Monachorum‹, PL 21, Sp. 411; ›Vita Antonii‹, PG 26, 849; H. Leclercq: ›Démon‹, DACL 4, 1 (1960), Sp. 578–582. Zum Motiv der Jakobsleiter in Visionen vgl. Benz [s. Anm. 1], S. 172 ff. Zur Weiterwirkung in der christlichen Ikonographie vgl. J. Fontaine, Recherches de sciences religieuses 50 (1974), S. 298.

62 P. Franchi de Cavalieri: Gli Atti dei ss. Montano, Lucio e compagni. Recensione del testo ed introduzione sulle sue relazioni con la Passio S. Perpetuae (Römische Quartalschrift, Supplementheft 8), Rom 1898; ders.: Nuove osservazioni critiche ed exegetiche sul festo della ›Passio Sanctorum Montani et Lucii‹, Studi e Testi 22 (1909), S. 1–31; Knopf [s. Anm. 61], S. 74–82; Hamman [s. Anm. 61], S. 138–151.

63 P. Franchi de Cavalieri: Passio SS. Mariani et Iacobi (Studi e Testi 3), Rom 1900; Knopf [s. Anm. 61], S. 67–74; Hamman [s. Anm. 61], S. 127–137. Vgl. Dulaey [s. Anm. 2], S. 46. Zur Tradition des Gastmahls der Heiligen in Visionen vgl. Fritzsche [s. Anm. 3], S. 343.

64 Passio SS. Martyrum Isaac et Maximiani, PL 8, Sp. 770.

65 Passio S. Marculi, PL 8, Sp. 763.

66 MGH SS rer. Mer. V 391; vgl. Dünninger [s. Anm. 3], S. 41.

67 Fritzsche [s. Anm. 3], S. 337 ff.

68 Jauß, 1960, S. 189.

69 Benz [s. Anm. 1], S. 506 f.

70 Benz [s. Anm. 1], S. 380.

71 Fritzsche [s. Anm. 3], S. 367.

72 Levison [s. Anm. 3], S. 243–245; Fritzsche [s. Anm. 3], S. 344 f.; Dünninger [s. Anm. 3], S. 32. Vgl. demnächst zur Verarbeitung des Labyrinthmotivs in der ›Visio Caroli III‹ W. Haubrichs: Error inextricabilis. Form und Funktion des Labyrinths in mittelalterlichen Handschriften. Zur Einkleidung von Jenseitsschilderungen der Karolingerzeit in die Sprache und Motive des antiken Mythos vgl. Kamphausen [s. Anm. 1], S. 119 f.

73 Benz [s. Anm. 1], S. 133 f.; vgl. o. Anm. 45.

74 Expositio visionum SS. Mariani et Iacobi, PL 144, Sp. 1031–1036. Bei Migne wird der Text Petrus Damiani zugeschrieben. Schon F. Dressler: Petrus Damiani, Leben und Werk, Rom 1954, S. 236, zweifelt an der Autorschaft. Eine genaue Textanalyse müßte diese Zweifel verstärken: die Auslegung der *arcana* des Martyriums und der Jenseitsvisionen der Märtyrer ist ganz auf die Wirklichkeit der Verfolgungen bezogen, in denen Gott *quotidie* (!) an vielen Leidenden seine Heilshandlungen nur *occulte* vollzieht, in Marianus und Jacobus sie jedoch exemplarisch offenlegt.

75 Zur Funktion der in der Legende dysfunktionalen Ambivalenz der Allegorie in der Dichtung vgl. Speckenbach, 1976, S. 181.

76 Speckenbach, 1976, S. 192 belegt auch das aus Legende und Theorie bekannte Erschrecken des unerfahrenen, unkundigen Träumers für den Roman. Ebenso die Figur des *interpres*.

Allegorie und Zeitgeschichte
Thesen zur Begründung des Interesses an der Allegorie im Spätmittelalter

Von Thomas Cramer (Aachen)

I.

Im vergangenen Jahrzehnt hat sich eine große Zahl germanistischer Arbeiten um die Allegorie bemüht. Der Akzent liegt hierbei auf Problemen der Klassifikation, der definitorischen Abgrenzung, der gattungsmäßigen Einordnung allegorischer Texte. Wo – selten genug – die Frage gestellt wurde, warum die literarische Allegorie gerade im Spätmittelalter eine derartige Blüte erlebt, suchte man die Antwort in geistes- bzw. philosophiegeschichtlichen Begründungen, machte den Nominalismus verantwortlich[1], oder gar Nominalismus und Realismus jeweils für verschiedene Typen der Allegorie[2]. Die Stringenz solcher geistesgeschichtlichen Analogien soll nicht geleugnet werden: in der Tat stellt die Opposition von *nomen* und *res* die grundsätzliche Denkvoraussetzung dar für das »Geschäft der Allegorie«: »allgemeine abstrakte Zustände oder Eigenschaften als ein Subjekt aufzufassen«[3]. In diesem Sinne hat schon Plato die Denkvoraussetzungen für die antike Form der Allegorie geschaffen[4]. Insofern können auch Nominalismus und Realismus als eine Voraussetzung für die spätmittelalterliche Allegorie angesehen werden, keinesfalls aber als Grund für deren Entstehung und deren Beliebtheit bei den Zeitgenossen. Eine Begründung für die massenweise Verfertigung von Allegorien und eine Beschreibung der Bedürfnisse und Geschmacksvoraussetzungen, die für deren weite Verbreitung verantwortlich sind, kann nur die Geschichte liefern. Die Frage nach den Zusammenhängen von spätmittelalterlicher Allegorie und Geschichte – und das bedeutet gleichzeitig die Frage nach der praktischen, zeitgenössischen Funktion allegorischer Texte – ist bislang nicht gestellt, geschweige beantwortet worden.

So wesentlich eine derartige Fragestellung ist, Antworten sind grundsätzlich nicht mit Sicherheit zu geben. Weder erteilt eine spätmittelalterliche Allegorie genaue Auskunft über ihre Wirkungsabsichten, noch verfügen wir, soweit dies bis jetzt zu übersehen ist, über Zeugnisse des mittelalterlichen Rezipienteninteresses an allegorischen Dichtungen, sieht man einmal von dem quantitativen Indiz der Verbreitung ab. Mithin bedarf es bei der Frage nach den Zusammenhängen von Geschichte und Allegorie der Rückschlüsse aus den Texten selbst auf die Geschichte, der Feststellung analoger Strukturen und Vorgänge. Diese methodische Voraussetzung ist zugleich methodische Schwäche: ein solches Verfahren vermag Folgerungen lediglich plausibel, nicht aber beweiskräftig zu machen.

II.

Die feingesponnenen Differenzierungen, welche die Forschung in den letzten Jahren in bezug auf die Allegorie erbracht hat und die letztlich alle poetologischer Natur sind, könnten aus dem Blick geraten lassen, daß wir es im Spätmittelalter, was die historische und geistesgeschichtliche Genese angeht, mit zwei grundsätzlich verschiedenen Arten allegorischer Texte zu tun haben, die in der Literaturgeschichtsschreibung nicht immer hinreichend säuberlich geschieden worden sind[5]. Bei allen, mir wohl bewußten, Nuancierungsmöglichkeiten und den häufig anzutreffenden Überlagerungen sollte man von der grundsätzlichen Scheidung zweier Arten bildlichen Sprechens nicht abgehen, ob man sie nun mit C. S. Lewis[6] »Allegorie« und »Symbolismus« oder anders nennt. Auch an der unterschiedlichen geistesgeschichtlichen Genese beider Arten der literarischen Bildersprache sollte, auch hier wieder bei allen Überlagerungen und Anverwandlungen, grundsätzlich nicht gezweifelt werden.

Zum einen findet man die aus der jüngeren, christlich-exegetischen Tradition stammenden Allegoresen, die Techniken der allegorischen Textauslegung übertragen auf vorfindliche Gegenstände der Natur oder der Kultur als *allegoria facti*. Im Bereich der weltlichen Texte des Spätmittelalters gehören in erster Linie die Schachallegoresen in diese Tradition.

Ihrer Herkunft nach älter sind, zum anderen, die aus der Spätantike stammenden, christlich anverwandelten und von der weltlichen Dichtung des Spätmittelalters wieder aufgenommenen synthetischen Allegorien, deren Substanz in der künstlichen Verbildlichung bzw. Personifizierung einer abstrakten Idee besteht. Zu ihnen zählen vor allem die Minneallegorien, aber auch etwa in Romane eingestreute Aventiure-Allegorien. Gottfrieds Minnegrotte ist in der deutschen Dichtung das erste Beispiel eines solchen synthetischen Bildes, das, in Kombination beider Verfahren, dann seinerseits wieder der Allegorese unterliegt.

Beide Arten allegorischer Dichtung unterscheiden sich nicht nur grundsätzlich in ihren Vorgehensweisen, sondern bei aller historischen Gleichzeitigkeit, auch in ihren Wirkungsabsichten und Funktionszusammenhängen.

III.

Die allegorische Auslegung von Texten und Gegenständen kann im Spätmittelalter bereits auf eine jahrhundertelange Tradition zurückblicken. Seit Otfrieds ›Evangelienbuch‹ ist sie in volkssprachlichen deutschen Texten vertreten und gewinnt durch Erbauungsschrifttum und besonders durch die Predigt seit der Mitte des 13. Jahrhunderts Breiten- oder sogar Massenwirkung[7]. Angesichts dieser Tradition hat das Auftauchen von Schachallegoresen seit Ende des 13. Jahrhunderts nichts grundsätzlich Erstaunliches. Man kann, im Gegensatz zur Minneallegorie, nicht einmal von einem quantitativ auffälligen Phänomen sprechen; vielmehr nehmen sich die Schachallegoresen im Kontext der vorausgehenden und fortbestehenden geistlichen Allegoresen allenfalls durch ihren Umfang bemerkenswert aus. So ist es auch kein Zufall, daß der Begründer der Schachallegorese, Jacobus de Cessolis, und seine beiden ersten deutschen Bearbeiter, Heinrich von Beringen und Konrad Ammenhausen, geistlichen Standes und mit der Technik der Auslegung *allegorice* wohlvertraut sind[8]. Dennoch wäre es, bei aller Traditionsbindung, falsch, die Schachallegoresen mit den üblichen geistlichen Allegoresen schlichtweg zu identifizieren: Die allegorische Auslegung hatte durch die christlichen Jahrhunderte hindurch ein einheitliches, klar definiertes und unveränderliches Ziel: *allegoria fidem aedificat*[9], eine Formel, deren Wiederholungen in unzähligen Variationen zu finden sind: *Transivimus allegoriarum umbras, aedificata est fides,*[10] *allegoria rectam fidem informat*[11] usf.[12] Die Praxis der geistlichen Literatur und der Predigt hält sich streng an diese theoretische Zweckbestimmung. Auch das Schachspiel ist, wie alle anderen Gegenstände, solcher geistlichen Allegorese zugänglich. Die Schachallegorese der ›Gesta Romanorum‹ liefert einen Beleg dafür, wie das Spiel, seine Regeln, seine Figuren der Auslegung *ad fidem aedificandam* dienen, was am Beispiel des Turms illustriert sei:

soli autem rochi, cum sint inclusi, nullam habent progrediendi virtutem, nisi eis per nobiles aut populares via fuerit expedita, et vadit recto semper tramite et nunquam ad angulum, sive antecedat sive revertatur, et quando vadit lateraliter, ex altera parte capit alium et fit fur. Carissimi, sic pauper verus nihil habet, nisi unum transitum paupertatis sue, per quam recto tramite incedit ad omnium pauperum dominum Ihesum Christum, et fit regina juxta regem regum. Sed si murmurans de statu suo lateraliter retrocedat, fit fur et rapit quicquid potest. [13]

Daß diese Art der Schachallegorese als ›ursprünglich‹ anzusehen ist, darf so lange nicht behauptet werden, wie die Datierungsfrage der ›Gesta Romanorum‹ nicht geklärt ist; jedenfalls aber ist das Verfahren das gewöhnliche, durch Theorie und Tradition wohlbegründet.

Demgegenüber ist auch dem oberflächlichen Blick evident, daß die deutschen Schachzabelbücher ganz offenbar einen weitgehenden, fast beunruhigenden Bruch mit dieser Tradition darstellen: sie sind das erste Beispiel einer konsequent durchgeführten *allegoria facti*, in der die Erweckung bzw. Festigung des Glaubens nicht mehr unmittelbares Ziel ist. Keine Textstelle in den deutschen Schachallegorien ist so zu verstehen, als solle aus dem gedeuteten Bild direkt christliche Heilslehre hervortreten. Nicht mehr Aufdeckung von Glaubenswahrheiten ist der Zweck, sondern Analyse und Ordnung der gesellschaftlichen Hierarchien. Im Hintergrund steht die Glaubenswahrheit nur noch mittelbar, insofern auch für die Schachallegoreten der Aufbau der menschlichen Gesellschaft unzweifelhaft göttlichen Willen widerspiegelt.

Das soziale Bild, das die Schachallegorien zeichnen, ist von erstaunlicher Differenziertheit und mindestens partieller Realitätsnähe[14]. Ungeachtet der ungebrochenen Dominanz der Dreiständelehre zu Ende des 13. Jahrhunderts (und lange darüber hinaus), die unter anderm auch die volkssprachigen Spruchdichter nahezu ausnahmslos dokumentieren, wird hier das Bild einer Gesellschaft ent-

worfen, die sich nicht nur in Hochadel, Ritter, Beamte, Kaufleute, Handwerker
und Bauern auffächert, sondern auch wie selbstverständlich mit sozialer Mobili-
tät der *venden* rechnet:

> *der vend sol immer vür sich gân*
> *und sol der verte niht verzagen,*
> *ob er mit manheit müg bejagen,*
> *daz man in zuo der wirde nem,*
> *diu dâ den edeln iht gezem [...]* [15]

Die Fülle der aktuellen kommunal- und staatspolitischen Beziehungen ist bemerkenswert. So wird etwa gegen die gerade erst virulent werdende Frage der
Zunftvertretung im Rat Stellung genommen.

> *der wercman sol mich 'merken eben.*
> *er sol sîn hantwerc trîben*
> *und lâze daz belîben,*
> *daz er den rât mit ihte suoch.* [16]

Die nicht minder akute Frage der Vorteile von Wahlkönigtum oder Erbkönig-
tum wird erörtert:

> *wan das mêre teil der künge kint*
> *das rîche erbent, wan si sint*
> *under den sünen zem êrst geborn;*
> *âne krieg und âne zorn*
> *vallet ie das rîche*
> *an das eltste sicherlîche.*
> *das ist wâger und nützer vil,*
> *als ich ûch bescheiden wil,*
> *wan swâ man die künge wellet:*
> *vil dike es sô gevellet,*
> *das die, die einen küng wellen sont*
> *alle niemer überein kont,* [17]

Ich versage mir ein ausführliches Referat über den sozialen Status der Figuren
und ihre Beziehungen zueinander zugunsten der Frage, wie es zur Zeichnung eines so differenzierten Bildes kommen kann, das in der zeitgenössischen Sozialtheorie keinerlei auch nur andeutungsweise vergleichbares Pendant hat.

Die sich zunächst als naheliegend anbietende Vermutung, hier werde auf dem
Wege über die Allegorese eine Nachzeichnung sozialer Wirklichkeit versucht,
erweist sich bei näherem Zusehen als nicht haltbar: zu zahlreich sind die Textstellen, deren Aussagen mit historischer Realität nichts zu tun haben können. So
deutet Heinrich von Beringen die sechs Sorten Spielsteine des Schachspiels als
sechs das Reich tragende Gruppen:

> *daz rîch sol sehserleie liut*
> *haben, sol ez volkomen sîn.*
> *ein künic und ouch ein künigin,*
> *wîs rihter und ouch ritter;*
> *daz rîch daz würd ouch schitter,*

> *het ez der guoten phleger nit;*
> *wonet dem rîch kein povel mit,*
> *sô wær es an im selb enwiht*
> *und het ouch rîches namen niht.* [18]

Die in der geschichtlichen Wirklichkeit wie in der Sozialtheorie doch gewiß nicht bedeutungslosen Geistlichen werden hier wie im ganzen Schachzabelbuch überhaupt nicht erwähnt.

Gelegentlich begegnet man geradezu einer Umkehrung der tatsächlichen Verhältnisse. Anläßlich der Allegorese des siebten *venden* wird behauptet, die Ritter hätten die Aufgabe, Exekutive des Stadthüters (also eines *venden*!) zu sein:

> *Xerxes uns disem venden bat*
> *vor dem ritter geben die stat*
> *und tuot uns daz dâ bî erkant,*
> *daz dem hüetær des ritters hant*
> *sol helfen, daz man sîn gebot*
> *fürhte und niht hab für spot.* [19]

Überhaupt wird von Macht und Bedeutung des *povels*, also der *venden* insgesamt, ein Bild gezeichnet, das weder im Bewußtsein der Oberschichten noch in der politischen Realität eine Entsprechung hat. Mochte der Adlige allenfalls mit der Helmbreht-Warnung an den *venden: hüete dich vor hovesit* [20] einverstanden sein, so dürfte die Feststellung *Sît in des povels handen stât der edeln leben* [21] kaum im Bereich des Akzeptablen gelegen haben; und vollends abseitig angesichts der wirklichen Verhältnisse muß eine Behauptung klingen wie die Konrads von Ammenhausen:

> *Swie kleine nu der vende sî,*
> *sô ist er doch alsô vrî,*
> *das er dem küng spricht schach und mat*
> *[...]*
> *hie bî sol man das verstân,*
> *das arme lûte nieman versmahen sol;*
> *man bedarf ir ze allen zîten wol.*
> *ouch wissent, das man geschriben vint,*
> *das mange ze herren worden sind,*
> *die doch niht warn von hôher art* [22]

Die wenigen angeführten Beispiele mögen genügen, um zu demonstrieren: das soziale Bild der Schachzabelbücher als Ergebnis einer Allegorese ist bei aller Detailliertheit kein Abbild wirklicher Verhältnisse.

Ganz gewiß war es auch nicht die Absicht der Allegoreten des Schachspiels, hinterlistige Utopien in ihren Ausdeutungen zu verstecken. Im Gegenteil rühren solche Aussagen nicht von einer besonders differenzierten gesellschaftstheoretischen Einsicht der Verfasser her, sondern sind unwillkürlich hervorgebracht durch die Differenziertheit des auszulegenden Bildes, des Schachspiels.

Ausgangspunkt ist nicht die Struktur des vorfindlichen sozialen Gefüges, sondern die Gesetzmäßigkeit des Ausgangsbildes, die Regel des Spiels. Sie überträgt sich in der Allegorese auf das Bild der Gesellschaft, prägt sich ihm auf. Daraus ergibt sich ein Effekt, welcher der Allegorie *fidei causa* notwendigerweise fremd sein muß: das Ausgangsbild wirkt normativ, *allegoria aedificat societatem*.

Zumindest Heinrich von Beringen läßt keinen Zweifel daran, daß er sein Werk in diesem normativen Sinne verstanden wissen will:

> *ich mein nâch vrömder meisterschaft,*
> *ob ich ez kan getihten,*
> *wie sich iur leben rihten*
> *an siten sol in alliu ort,*
> *wie ir den sældenrîchen hort*
> *bewarn sült iegelichem ambt.* [23]

Er versichert mehrfach, er habe, nachdem er die entsprechenden Allegoresen durchgeführt hat, den einzelnen sozialen Gruppen ihre Ordnung gegeben:

> *Ir edeln, ich hân iuwerm leben*
> *sit und ouch ordenunge geben* [24]

> *sît mir mîn herze nu geriet,*
> *daz ich der ganzen povelî leben*
> *gehiez ouch ordenung ze geben* [25]

Diese Aussagen führen mitten in die Frage nach der historischen Begründung für das Entstehen und die Verbreitung solcher Allegoresen. Heinrichs Formulierungen setzen voraus, daß sich die Spielallegorese nicht an einem bereits vorhandenen gesellschaftlichen Ordnungssystem orientieren kann. Die Gesellschaft h a t keine Ordnung, zu deren didaktischer Verdeutlichung die Allegorese dient; gerade umgekehrt g i b t ihr die Allegorese erst Ordnung. Da weder die Theologie noch die Sozialtheorie (vorausgesetzt es gäbe eine solche unabhängig von der Theologie) noch die empirische Analyse der Wirklichkeit ausreichende Ordnungssysteme zur Verfügung stellen, wird die Regel des auszulegenden Bildes zur Norm erhoben. Dies aber kann nur dann der Fall sein, wenn das Ziel der Allegorese selbst solcher Normen entbehrt. Hier manifestiert sich noch einmal der grundsätzliche Unterschied zur Tradition der christlichen Allegorese: die den G l a u b e n konstituierende Allegorese bezieht ihre Orientierung selbstverständlich aus ihrem Zielpunkt, eben den unbefragt gültigen Normen der Glaubenswahrheit, der sich die Gesetzmäßigkeit des Bildes in jedem Falle unterzuordnen hat. In der Schachallegorese emanzipiert sich die Eigengesetzlichkeit des Bildes zur Norm, eben weil dem Zielpunkt der Allegorese, der Gesellschaft, eine solche Gesetzmäßigkeit fehlt. In diesem Zusammenhang bekommen Heinrichs von Beringen Aussagen über die Gegenwartsverhältnisse, die sich zunächst wie topische Zeitklagen ausnehmen, ihr eigentliches Gewicht:

> *wir fliehen die gerehtikeit.*
> *hiut lât nieman durch dheinen eit,*
> *ez sîn hêrren oder stet;*
> *nieman tregt wâpen, als man tet,*
> *verrætnüsse sint nu diu swert;*

triu, stætikeit sint nu unwert;
dhein teidinc belîbet ganz. [26]

Eine sich zu Ende des 13. Jahrhunderts politisch, territorial und sozial immer stärker differenzierende Gesellschaft sieht sich mit ihrem allenthalben manifesten Bedürfnis nach normgebenden Ordnungsschemata, die den gewandelten Verhältnissen Rechnung tragen, von kirchlichen, politischen und wissenschaftlichen Instanzen weitgehend im Stich gelassen. Diese verharren auf längst durch die Wirklichkeit überholten theoretischen Konzeptionen wie der Dreiständelehre oder bedrohen moderne, differenzierte Sozialgebilde durch militärische Machtpolitik. In dieser Situation erfolgt der Griff nach dem Schachspiel als einem Bildkomplex, der in sich selbst über eine Ordnung verfügt, die der Wirklichkeit abhanden gekommen ist. In Umkehrung der Verfahrensweisen der christlichen Allegorese erhält das Ausgangsbild normative Kraft; die ursprünglich dienende Allegorese wird zur normativen Allegorese, weil die Wirklichkeit der Zulieferung von Normen bedürftig ist. Ohne Rücksicht auf tradierte Verhältnisse werden die vorgegebenen Gesetzmäßigkeiten des Schachspiels einer orientierungslosen Gesellschaft ersatzweise angeboten. Hier liegen historische Gründe für die Wahl des Bildes wie für die Beliebtheit der Schachallegoresen gerade im 14. Jahrhundert.

IV.

Es liegt auf der Hand, daß die Mehrzahl der Minneallegorien anderen Konstitutionsbedingungen unterliegt und mithin auch in anderen Funktionszusammenhängen gesehen werden muß. Die Minneallegorie ist schon in ihren Aufbauprinzipien der Schachallegorie entgegengesetzt: nicht die Gesetzmäßigkeit des Bildes bestimmt die Struktur der durch Allegorese zu gewinnenden Idee, vielmehr prägt umgekehrt die Idee dem Bild ihre Struktur auf. In dieser Hinsicht steht paradoxerweise trotz ihres außerchristlichen Ursprungs und ihrer nicht in der christlich-allegorischen Tradition begründeten Verfahrensweise die Minneallegorie substantiell der christlichen Allegorie näher als die Schachallegorese.

Insofern freilich die Allegorie als Sonderform didaktischer Dichtung anzusehen ist, wäre eine Begründung für das massenhafte Auftreten von literarischen Allegorien im Spätmittelalter in größeren Zusammenhängen zu geben und wäre in das durch die historische Entwicklung zunehmende Bedürfnis nach Belehrung durch Literatur einzuordnen. Hier bieten sich naheliegende Erklärungen, warum, wie schon Ranke beobachtet hat[27], die Allegorisierung zunächst gerade bei jenen Phänomenen auftritt, deren historische Funktion fragwürdig geworden ist: Minne und Aventiure. Man praktiziert nicht mehr Minnesang, sondern redet theoretisch über Minne, und in dieser Hinsicht ist Minneallegorie nur eine spezielle Form der Minnedidaxe überhaupt.

Es wäre jedoch sicher zu kurz gegriffen, wollte man jede »Konstruktions-« und »Personifikationsallegorie« [28] einfach als didaktischen Kniff, als bloßen

modus dicendi, als rhetorisches Mittel zur Verdeutlichung abtun, sich also letzt-
lich Hegels abwertender Kritik anschließen, die Subjektivität der allegorischen
Figur sei »weder ihrem Inhalt noch ihrer Gestalt nach wahrhaft an ihr selbst ein
Subjekt oder Individuum, sondern bleibt die Abstraktion einer allgemeinen
Vorstellung, welche nur die leere Form der Subjektivität erhält, und gleichsam
nur ein grammatisches Subjekt zu nennen ist«.[29]

In der Tat bedienen sich mehrere neuere Arbeiten eines erweiterten Allegoriebegriffs, den sie letztlich Walter Benjamin verdanken[30], wenngleich sich
nicht alle zu dieser Verpflichtung bekennen. Rainer Gruenter hat schon 1957 in
einem wichtigen Aufsatz gezeigt[31], daß es heißt, die Substanz der allegorischen Personen zu unterschätzen, wenn man sie als bloße »ausgehöhlte Subjekte« ansieht. Vielmehr gewinnen die allegorischen Figuren als Personen eine eigene Realität, die zwar nicht identisch ist mit der Wirklichkeit »natürlicher« Personen, sich aber in einem eigentümlich schillernden Bereich zwischen ›Bedeutung‹ und ›Gestalt‹ befindet[32].

Stellt man mithin fest, daß diese Figuren nicht nur ein Eigenleben gewinnen,
sondern auch ihre eigene, herausgehobene Welt bewohnen, folgt daraus, daß sie
die Grenzlinie zwischen Sinnbild und mythologischer Figur überschreiten.

Dieser Schluß ist in mehreren Fällen sehr entschieden gezogen worden. Schon
Johan Huizinga spricht in bezug auf die Gestalten Minne, Vilainie, Cortoisie usf.
von »halbgeglaubten Mythologemen«,[34] und ist in der Identifizierung allegorischer Figuren mit den aus Begriffsabstraktionen hergeleiteten spätantiken
Göttergestalten oder mit christlichen Heiligen sogar noch entschiedener: »Welchen Gradunterschied hat es damals in der Wirklichkeit der Vorstellung zwischen den Heiligen und den rein sinnbildlichen Figuren gegeben? [...] Man kann
allen Ernstes im Zweifel sein, ob nicht Fortune und Faux Semblant ebenso lebendig waren wie die heilige Barbara und der heilige Christophorus. Einen wesentlichen Unterschied zwischen der Allegorie des Mittelalters und der Mythologie der Renaissance gibt es eigentlich nicht.«[35]

Differenzierter in den Unterscheidungen zwischen Personifikation, Mytholo-
gem und Mythos verfährt Hans Robert Jauß in seiner Untersuchung des »post-
allegorischen Mythos des Hochmittelalters«[36]. Es ist bei aller Affinität der
Minneallegorie zum Mythos jedoch unschwer erkennbar, daß eine schlichte
Identifikation von allegorischer und mythologischer Figur über das Ziel hinaus-
schießen und damit, wie zu zeigen sein wird, die Besonderheit und historische
Funktion der Minneallegorie verkennen würde. Nicht nur sind die allegorischen
Personifikationen der Minneallegorie im Gegensatz zu mythologischen Figuren
nur beschränkt interaktionsfähig und gleichsam nur zur Besichtigung ausge-
stellt[37], vor allem wirken sie nicht handelnd aus ihrer Welt hinaus in die Welt
des »Irdischen« hinein und entbehren somit eines konstitutiven Elements der
Mythologie. Hier mögen übrigens gewisse Unterschiede der französischen Min-
neallegorie zur deutschen liegen[38], die ja auch die Einbeziehung der antiken
Götter (außer gelegentlich einer nomenklatorischen Identifikation von Frau
Minne und Frau Venus) so gut wie gar nicht kennt. Es wäre jedoch eine unzuläs-

sige Einengung, wollte man die allegorische Person auf ein genau definiertes Verhältnis zum Mythologem festlegen. Macht es nicht gerade das Wesen der literarischen allegorischen Personifikation aus, daß sie sich in einem Spielraum zwischen Mythos, Hypostase und Dekoration bewegt? [39] Mit anderen Worten: Man könnte im Hinblick auf den zeitgenössischen Rezipienten von einem gewissen Ermessensspielraum sprechen, wie ernst er die allegorische Figur nehmen will, das heißt, welche Bedeutung ihr als möglichem Mythologem zukommen soll. Dies impliziert nichts anderes als die Frage nach der ›Verwendung‹ der Allegorie und damit nach den historischen Ursachen von solcherart Allegorisierung.

Sie sind schwerlich zu verstehen ohne einen Blick zurück auf die Funktion des Minnesangs. Dieser hatte als Standesdichtung und als ästhetisches Spiel gruppenbildende und gruppenstabilisierende Funktion insofern, als mit der Unterwerfung unter seine Spielregeln und in der Beteiligung am Spiel in den einzelnen Angehörigen des Adels, des Hofes das Bewußtsein einer kulturellen Gemeinsamkeit in gemeinsamen Repräsentationsformen, gewiß auch einer elitären Eigenständigkeit entsteht. Erst kürzlich hat Hugo Kuhn nachdrücklich auf den »Fest«-Charakter solcher Selbstdarstellungsformen hingewiesen. [40] Indem Minnesang nur bei der Verpflichtung auf das Mit-Spielen existieren kann, hat er bei aller Fiktionalität eine enge und unabdingbare Bindung an die gesellschaftliche Wirklichkeit des Hofes. Diese Wirklichkeitsbindung geht in dem Maße verloren, wie die einzelnen Gruppenangehörigen eines solchen Vehikels zur Bildung von Gruppen- und Selbstbewußtsein nicht mehr bedürfen, d. h. wie Tradition solche Selbststilisierungsversuche überflüssig macht bzw. wie sie durch andere, möglicherweise effektivere Arten der Selbstdarstellung ersetzt werden. Im gleichen Maße schwindet auch die Bereitschaft der Gruppenangehörigen, sich entsprechenden Spielregeln zu unterwerfen. Dieser Zustand ist in Frankreich nach dem ersten, in Deutschland spätestens nach dem zweiten Drittel des 13. Jahrhunderts erreicht.

In dem Augenblick, wo die Spielelemente des Minnesangs ihre Bindung an gesellschaftliche Wirklichkeit verlieren, sind sie gleichsam freigesetzt für ein Eigenleben; sie bekommen die Möglichkeit, im Rahmen der literarischen Fiktion ihre eigene Wirklichkeit zu gewinnen. Maze, Triuwe, Staete, Zuht sind nun keine an Gesellschaft gebundenen Regeln mehr, sondern können sich zu ›Subjekten‹ emanzipieren.

Gleichzeitig ist damit ein in der gesellschaftlichen Wirklichkeit nicht mehr praktizierbares Spiel in neuer Form dem Adel zur Verfügung gestellt. »Ist doch die Einsicht ins Vergängliche der Dinge und jene Sorge, sie ins Ewige zu retten, im Allegorischen eins der stärksten Motive.« [41]

Dieser Vorgang meint also nicht, daß die so entstandenen Texte für die ursprünglich die Minneidee tragende Schicht bedeutungslos geworden wären. Ganz im Gegenteil hat sich die literarische Verwirklichung dieser Idee in der Allegorie den veränderten Bedingungen dieser Gesellschaft angepaßt. In dem Maße, wie der Adel in die vielberufene spätmittelalterliche ›Krise‹ gerät, wächst

sein Bedürfnis nach äußerer Selbstdarstellung in den bunten Formen, die Huizinga beschrieben hat. Schon Ulrich von Lichtenstein, der sich selbst als Venus
verkleidet, die mythologische Figur, Hypostase der Minne und Dekoration in einem bedeutet, ist ein beredtes Zeugnis dafür. Daher heißt es wohl auch die historische Funktion der Minneallegorie unterschätzen, wenn Gruenter sie als Bestandteil einer vitalen Lust des Spätmittelalters am »Schau-Spiel«[42] erklärt.
Die allegorischen Figuren haben ihre feste, bewußtseinsbildende Aufgabe in der
Kultur einer sozialen Gruppe, die ihre ideologischen Grundlagen um so stärker
nach außen darstellen, ja theatralisieren muß, je stärker deren Verbindlichkeit
durch den Wandel der Geschichte in Frage gestellt wird. Mit der Minneallegorie
steht ein System zur Verfügung, in dem die Minne selbst auf die Dauer nur noch
zum fast beiläufigen Anlaß wird, die für die eigene Gruppe als auszeichnend
empfundenen Normen dekorativ anschaulich zu machen.

Horst Wenzel hat in anderem Zusammenhang gezeigt[43], daß der Selbstdarstellung des Adels im Spätmittelalter etwas grundsätzlich Literarisches eignet,
insofern sich die Zeitgenossen über die instrumentale Funktion dieser Darstellungsweisen niemals im unklaren sind, daß also eine Verwechslung von Fiktion
und Realität bei aller literarischen Selbststilisierung nicht stattfindet und daß
Wirklichkeit durch Literatur allenfalls interpretiert, nie aber überformt wird.
Genau dies ist auch das Verhältnis der Minneallegorie zur historischen Wirklichkeit. Sie ist eben nicht Mythologie in der Weise, daß sie der Wirklichkeit ihre
Gesetze aufzuprägen vermöchte, und kein Autor von Minneallegorien hat wohl
ernsthaft im Sinn, über die allegorische Personifikation eine Minnedoktrin zu
vermitteln, die in der Wirklichkeit gelebt werden sollte. Die Minneallegorie ist
im Gegenteil Mittel der äußeren Zurschaustellung von Normen, die vom Adel
als gruppenspezifisch und verbindend empfunden werden, die aber in der Wirklichkeit des Spätmittelalters so viel an Leben eingebüßt haben, daß sie eben der
Veranschaulichung als Kunstfiguren bedürfen, um als Ausweis eines Gruppen-
bewußtseins dienen zu können.

Das Überschreiten der Grenze zum Mythologem wird damit nicht zu einem
Phänomen der Literatur an und für sich, sondern ist ausschließlich davon abhängig, in welchem Funktionszusammenhang mit der Realität der zeitgenössische
Rezipient die Kunstfigur zu bringen gewillt ist. Auch hier gilt, freilich nicht im
utopischen, sondern im konservierenden Sinne: *allegoria aedificat societatem*.

Nach dem bisher Dargelegten könnte es scheinen, als sei die der Minneallegorie zugrunde liegende Minneidee ähnlich stabil wie die von der christlichen Allegorese aufgebaute Glaubenswahrheit[44]. Tatsächlich ist dies jedoch keineswegs der Fall. Schon die den Minnesang konstituierenden Begriffe sind viel zu
unscharf, und sein Spielsystem ist viel zu ungenau definiert, als daß von hier aus
eine Gesetzmäßigkeit der Allegorie abzuleiten wäre. Hinzu kommt, daß zur
Zeit, da Minneallegorien entstehen, diese Begriffe bereits viel an Substanz verloren haben.

In dieser Situation der Orientierungslosigkeit ist nun die gleiche Tendenz zu
beobachten, die zur Konstitution der Schachallegoresen geführt hat, und in die-

sem Punkt treffen sich beide Weisen der allegorischen Darstellung: Mangels eines immanenten Orientierungssystems sucht man sich einen bildlichen Rahmen, der durch seine Eigengesetzlichkeit der Allegorie Struktur und Ordnung gibt. Die befremdliche Wahl von Bildkomplexen wie ›Kloster der Minne‹, ›Minneorden‹, ›Minnefalkner‹, ›Jagd‹ erklärt sich aus der ordnunggebenden Eigenschaft der einbezogenen Institutionen oder Vorgänge, die die Minneallegorie normativ wenn schon nicht inhaltlich so doch strukturell zu bestimmen vermögen. Die Notwendigkeit, der Minne ihr Gesetz von außen verordnen zu müssen, sie also nach der Regel etwa des Klosters, nicht des Hofes, antreten zu lassen, ist ein charakteristisches Zeichen dafür, wie sehr ein Phänomen, das doch – in Frankreich wenigstens – einmal Minnehöfen sein Gesetz aufprägen konnte, an Lebenskraft verloren hat.

Schachallegorese und Minneallegorie erweisen sich so bei aller Verschiedenheit der Herkunft, der Inhalte und der Funktionsabsicht als gemeinsam im Bedürfnis nach ordnungschaffenden Systemen begründet in einer Zeit, der durch die Umbrüche von Gesellschaft und Geschichte die immanente Ordnung abhanden gekommen ist.

Anmerkungen:

1 Ranke, 1971, S. 36–45; Stammler, 1939, S. 3 f.
2 Blank, 1970.
3 G.W.F. Hegel: Vorlesungen über die Ästhetik I. Sämtl. Werke, hg. H. Glockner, Stuttgart 1927, Bd. 12, S. 528.
4 De Lubac, 1959, Bd. 2, S. 374 ff. u. ö.
5 Beispielsweise beginnt Ehrismann sein Kapitel über die Minneallegorie mit dieser Vermengung: »Die Minneallegorie. Die Allegorie, von Anfang an eine der christlichen Denkweise eigene Form, war auch in der deutschen geistlichen Literatur ein wichtiges Hilfsmittel zur Darstellung christlicher Anschauung.« Gustav Ehrismann: Literaturgeschichte, Schlußband S. 495. Eine genaue, auch historische Scheidung beider Allegorietypen bei Blank, 1970, S. 204.
6 C. S. Lewis, 1948, S. 44 u. ö.
7 Vgl. z. B. Bertholds von Regensburg Predigten von den sieben Planeten (hg. Pfeifer I, S. 48 ff.) oder vom Wagen (hg. Pfeifer I, S. 157 ff.). Viele Beispiele für Jahreszeitenallegorese bei Maurmann-Bronder.
8 Zur Schachallegorese vgl. grundsätzlich A. Kiefer: Das Schachspiel in Literatur und Kunst, München 1950, und Kliewer. Die Texte zitiere ich nach folgenden Ausgaben: Das Schachzabelbuch Kunrats von Ammenhausen, hg. Ferdinand Vetter, Frauenfeld 1892. Das Schachgedicht Heinrichs von Beringen, hg. Paul Zimmermann, Tübingen 1883.
9 Gregor d. G.: In evangelio, PL 76, Sp. 1302A.
10 Bernhard von Clairvaux, PL 158, Sp. 628B.
11 Hugo von St. Victor: De sacramentis, PL 176, Sp. 185D.
12 Zahlreiche weitere Belege bei de Lubac, Bd. 2, S. 530 ff.
13 Gesta romanorum, hg. H. Oesterley, Berlin 1872, S. 549.
14 Nicht zugänglich war mir Malich.

15 Heinrich von Beringen, v. 10572–76.
16 Heinrich von Beringen, v. 9609–12.
17 Konrad von Ammenhausen, v. 2933–44.
18 Heinrich von Beringen, v. 9923–9931.
19 Heinrich von Beringen, v. 8148–53.
20 Heinrich von Beringen, v. 4351.
21 Heinrich von Beringen, v. 9572f.
22 Konrad von Ammenhausen, v. 18881–91.
23 Heinrich von Beringen, v. 30–35.
24 Heinrich von Beringen, v. 3872f.
25 Heinrich von Beringen, v. 3877–79.
26 Heinrich von Beringen, v. 3077–83.
27 Ranke, 1971, S. 37 u.ö.
28 Blank, 1970.
29 Hegel, [s. Anm. 3].
30 Benjamin, 1972, S. 174–268.
31 Gruenter, 1957, Bemerkungen.
32 Vgl. ebd., S. 17ff.
33 Für die Stellung der Allegorie zwischen Bedeutungsträger und Mythologem vgl. v. a.
    Benjamin, 1972, S. 183ff.
34 Huizinga, 1965, S. 158.
35 Ebd., S. 300f.
36 Jauß, 1971, S. 188.
37 Vgl. Harald Weinrich, Diskussion zu Jauß, 1971, S. 617.
38 Vgl. Eberhard Lämmert, Diskussion zu Jauß, ebd., S. 622.
39 C. S. Lewis, 1948, S. 75, sieht diese Trias als Stationen einer historischen Entwicklung
    an: die Gottheit sänke danach zur Allegorie, die Allegorie zur Dekoration ab. Dies
    mag für die antiken Götter zutreffen. Für die mittelalterliche Allegorie bezeichnen die
    drei Begriffe jedoch eher mögliche Perspektiven der Funktion.
40 Hugo Kuhn: Determinanten des Minnesangs, LiLi 26 (1977), S. 83–94.
41 Benjamin, 1972, S. 253.
42 Gruenter, 1957, Bemerkungen, S. 21.
43 Horst Wenzel: Höfische Geschichte, Habilitationsschrift Aachen, 1976 [Masch.].
44 So Jauß, 1971, S. 196.

Allegorie und Geschichte
Literarästhetische Implikationen von Sozialkritik, Propaganda und Panegyrik in der Moralité

Von Werner Helmich (Regensburg)

Um die Wende vom 14. zum 15. Jahrhundert greifen Allegorie und Personifikation im französischen Sprachraum auch auf das Theater über und gewinnen hier durch die im Vergleich mit der epischen Literatur beträchtlich verstärkte sinnliche Präsenz ihrer Bildebene vor den Augen der Zuschauer eine neue ästhetische Qualität. Von der Allegorisierung betroffen sind, wenn auch in ungleichem Ausmaß, die meisten dramatischen Gattungen der Zeit: Mystère, Moralité, Sottie, Farce und Monologue dramatique. Der Moralité kommt in dieser Hinsicht aber zweifellos eine Sonderstellung zu; sie ist unbestreitbar die Zentralgattung des spätmittelalterlichen allegorischen Theaters[1]. Die ganz im Dienst der geistlich-moralischen Unterweisung des Zuschauers stehende allegorische Moralité religieuse des 15. Jahrhunderts, die mit gutem Grund gemeinhin als die repräsentativste Untergruppe der Gattung aufgefaßt wird – ihr gehören unter anderem die drei umfangreichsten Stücke ›Bien advisé, Mal advisé‹, ›L'Homme pecheur‹ und ›L'Homme juste et l'Homme mondain‹ an –, zeigt Repräsentanten des allgemeinen Menschenwesens in Auseinandersetzung mit guten und bösen Mächten auf dem Weg zum Seelenheil oder zur Verdammnis. Die Handlung dieser Stücke bildet nicht die historisch bestimmte Welt der Einzeldinge und Individuen nach, sondern führt dem Publikum stark konventionalisierte Bilder einer der Zeitlichkeit enthobenen, im platonischen Sinn realeren Welt moralischer Entitäten vor Augen. Die Geschichte als solche bleibt aus der allegorischen Handlung ausgespart. Die wenigen ursprünglich historischen Gestalten, die in der religiösen Moralité überhaupt als *dramatis personae* erscheinen – Aristoteles im ›Pelerinage de vie humaine‹, Hippokrates, Galen, Avicenna und Averroës in der ›Condamnacion des bancquetz‹, dazu in mehreren Stücken die Jungfrau Maria –, haben ihren menschlich-individuellen Charakter abgestreift und sind zu zeitlosen, überpersönlichen Wissensinstanzen oder zur jenseits der irdischen Geschichtlichkeit angesiedelten metaphysischen Person geworden; Jesus tritt ausschließlich in seiner göttlichen Natur auf, nicht als ein der Vergänglichkeit unterworfener Mensch. Die Enthistorisierung der religiösen Moralité wird dort besonders augenfällig, wo ein historisches Ereignis – und das ist selten genug der Fall – als Handlungsvorlage dient. So wird in der ›Moralité […] laquelle demonstre comment Jhesucrist est mis en prison‹ und in der ›Moralité des Blasphemateurs du nom de Dieu‹ das historische Ereignis des Kreuzestodes Christi im Unterschied zur Darstellungsweise der Mystères nicht etwa mimetisch nachgestaltet, sondern in ein Bild (die allegorische Gefangenschaft) transponiert bzw. zur Chiffre eines jederzeit wiederholbaren Vorgangs verallgemeinert. Historisch-

Individuelles findet sich in nennenswertem Umfang nur in den Exempelreihen für die Macht der überpersönlichen Instanzen und metaphysischen Personen; es wird hier aber nur genannt, nicht in dramatische Handlung umgesetzt[2].

Es liegt nahe, einmal nachzuprüfen, inwieweit sich dieses Ergebnis auf die übrigen allegorischen Moralités übertragen läßt. Dabei handelt es sich um eine recht heterogene Gruppe von Stücken, deren Gemeinsamkeit darin besteht, daß sie den Menschen weniger in seiner metaphysischen Bestimmung denn als Gesellschaftswesen zeigen und dementsprechend den Zuschauer ştärker in seiner innerweltlichen Entscheidung als in seiner Stellung zur Transzendenz beeinflussen wollen. Die hier summarisch beschriebene didaktische Intention kann nun freilich in den einzelnen Stücken in sehr verschiedener Gestalt erscheinen: als Zeit- und Sozialkritik, politische oder kirchenpolitische, seit den zwanziger Jahren des 16. Jahrhunderts auch konfessionelle Propaganda mit oft stark polemischem Unterton, aber auch Panegyrisches kommt vereinzelt vor. In der französischsprachigen Forschung hat sich in relativ weiter Bedeutung die Sammelbezeichnung Moralités politiques eingebürgert, für eine wenig genau definierbare Untergruppe auch der Terminus Moralités polémiques (Emile Picot). Die Gattungsabgrenzung zwischen Moralité politique, Farce moralisée und Sottie ist in Einzelfällen strittig, wobei die Selbstbezeichnungen der Texte nur wenig Entscheidungshilfe geben[3]. Wir werden uns im folgenden weitgehend an den von Halina Lewicka getroffenen Zuordnungen orientieren, ohne an dieser Stelle näher auf die grundsätzliche Gattungsproblematik eingehen zu können. Die Zugehörigkeit der vier erhaltenen politischen Bergeries, ›L'Aliance de Foy et Loyalté‹, ›Le Petit, le Grant‹, ›L'Aigneau de France‹ und ›Mieulx-que-devant‹, zur Moralité steht außer Frage. Die Textlage hat sich in den letzten Jahren erfreulicherweise so weit gebessert, daß wir uns bei unserer Untersuchung weitgehend auf allgemein zugängliche Ausgaben stützen können[4]. Hier zunächst in alphabetischer Reihenfolge die Titel der analysierten Stücke mit der jeweils benutzten Edition:

›L'Age d'or, l'Age d'argent, l'Age d'airain et l'Age de fer‹, Ms. La Vallière, Nr. 17.
›L'Aigneau de France‹, Bergerie de l'aigneau de France à cinq personnages [1485] (TLF 96), hg. H. Lewicka, Genève/Paris 1961.
›L'Aliance de Foy et Loyalté‹, Nativités et moralités liégeoises du moyen âge, publiées avec une introduction et des notes d'après le ms. 617 du Musée Condé à Chantilly (Oise) par Gustave Cohen (Mémoires de l'Acad. royale de Belgique. Lettres II/12, 1), Bruxelles 1953, S. 249–259.
›Bien mondain, Honneur spirituel, Pouvoir temporel et la Femme‹, Rec. du British Museum, Nr. LV.
›Chascun, Plusieurs, le Temps qui court et le Monde‹, Ms. La Vallière, Nr. 43.
›Le Concil de Basle‹, hg. Jonathan Beck, Leiden 1978.
›La Croix Faubin‹, hg. D. W. Tappan/S. M. Carrington, R 91 (1970), S. 169–188.
›L'Eglise et le Commun‹, Ms. La Vallière, Nr. 14.
›L'Eglise, Noblesse et Povreté qui font la lesive‹, Ms. La Vallière, Nr. 23.
›Envye, Estat et Simplese‹, Ms. La Vallière, Nr. 11.
›Les trois Estatz reformez par Rayson‹, Rec. Trepperel, Nr. XX.

›Excellance, Science, Paris et Peuple‹, B.N. fr. 1661, fol. 85ʳ–99ᵛ.

›Heressye, Frere Symonye, Force, Scandalle, Procés et l'Eglise‹, Ms. La Vallière, Nr. 57.

›Lyon marchant‹ von Barthélemy Aneau, Moralités françaises, Nr. 18.

›La Maladie de Chrestienté‹ von Mathieu Malingre, Moralités françaises, Nr. 12.

›Marchandise et Mestier, Pou d'acquest, le Temps qui court et Grosse Despense‹, Rec. du British Museum, Nr. LIX.

›Mars et Justice‹, hg. Fritz Holl, Schwabach 1906.

›Mestier, Marchandise, le Berger, le Temps et les Gens‹, Ms. La Vallière, Nr. 73.

›Mieulx-que-devant‹, Rec. du British Museum, Nr. LVII.

›Le Ministre de l'Eglise, Noblesse, le Laboureur et le Commun‹, Ms. La Vallière, Nr. 24.

›La Mort du duc Philippe‹ von Georges Chastellain, Œuvres, hg. Kervyn de Lettenhove, Bruxelles 1865, Bd. VII, S. 237–280 (dramatischer Charakter unsicher).

›Le Nouveau Monde‹, Moralités françaises, Nr. 16.

›La Paix de Peronne‹ von Georges Chastellain, Œuvres, hg. Kervyn de Lettenhove, Bruxelles 1865, Bd. VII, S. 423–452 (dramatischer Charakter unsicher).

›Le Pape malade‹, Moralités françaises, Nr. 14.

›Le Petit, le Grant, Justice, Conseill et Paris‹, hg. Louis Bonkain, Louvain (Univ. cath., Mémoire de Licence) 1969 [Masch.].

›Le Peuple françois, le Peuple ytalique, l'Homme obstiné, Pugnicion divine, Symonie, Ypocrisie et les Demerites communes‹ von Pierre Gringore, Œuvres complètes, hg. Ch. d'Héricault/A. de Montaiglon, Paris 1858–77, Bd. I, S. 244–269.

›Pouvre Peuple‹, hg. W. Helmich, Philologica romanica. Erhard Lommatzsch gewidmet, München 1975, S. 145–243.

›Povre Commun‹ von Michault Taillevent, hg. J. H. Watkins, FSt 8 (1954), S. 207–232.

›Satyre pour les habitans d'Auxerre‹ von Roger Collerye, Sotties [5], Bd. II, S. 347–372.

›Science et Annerye‹, Ms. La Vallière, Nr. 50.

›Les Theologastres‹, Moralités françaises, Nr. 11.

›Tout, Rien et Chascun‹, Rec. du British Museum, Nr. LVI.

›La Verité cachee‹, Moralités françaises, Nr. 12.

Ein verstärkter Bezug zur äußeren Wirklichkeit wird in den politischen Moralités schon dadurch erreicht, daß im Vergleich zu den religiösen Stücken die metaphysischen Personen zurücktreten und anstelle von allgemeinen, sozial meist nicht näher charakterisierten Repräsentanten des Menschen oft Personifikationen von konkreten Völkern, Ständen und anderen gesellschaftlichen Gruppierungen erscheinen. Da treten etwa le Peuple françois und le Peuple ytalique auf, dazu in großer Anzahl Vertreter der drei Stände unter verschiedenen Bezeichnungen: als Clergé, Chevalerie und Labour, Eglise, Noblesse und Povreté oder le Ministre de l'Eglise, Noblesse, le Laboureur und Commun. Die Trias der Stände wird nicht selten auf den sozialen Grundgegensatz von arm und reich (le Petit / le Grant, Pouvre Peuple / Pluseurs) reduziert, der dann bis zum Schluß die Handlung der Stücke entscheidend prägt, während er in der religiösen Moralité stets von einer moralischen Opposition überlagert wird. Mehrfach fällt die Hauptrolle der Personifikation des einfachen Volkes zu (so in ›Povre Commun‹, ›L'Eglise et le Commun‹ und ›Excellance, Science‹), wobei der dritte Stand im gleichen Stück auch mehrfach repräsentiert sein kann: durch le Pain und le Vin, d.h. Bauern und Weinbauern (›La Croix Faubin‹), Handwerker und Kaufleute (›Mestier, Marchandise‹ und ›Marchandise et Mestier‹), Plat Pays und Peuple pensif

(›Mieulx-que-devant‹). Viele dieser Stücke verstehen sich denn auch als Sprachrohr der kleinen Leute und kritisieren Adel und hohe Geistlichkeit[6]. Die Kritik hat bei aller Schärfe meist einen resignativen Unterton und nähert sich damit den Zeitklagen, wie sie besonders häufig von Repräsentanten des Bauernstandes und des städtischen Kleingewerbes vorgebracht werden. Die Klagen betreffen etwa die allgemeine Verarmung und materielle Not, die hohen Steuern und Abgaben, die Schwierigkeiten, alte Schulden zurückzuzahlen, vor allem aber immer wieder die Horden marodierender *gens d'armes*, die die Landbevölkerung um ihre letzten Habseligkeiten bringen[7] – ein Reflex der Söldnerentlassungen Philipps des Guten und der englischen Regierung nach dem Frieden von Arras (1435): die brotlos gewordenen Soldaten schließen sich zu Banden zusammen und plündern viele Jahre lang die französischen Provinzen. Auch die in ›Excellance, Science‹ enthaltenen Klagen über die Verwüstung und Entvölkerung von Paris beziehen sich auf Historisches, bleiben aber relativ allgemein. Ähnliches gilt von einem Teil der konfessionspolemischen Stücke, ob sie nun von katholischer oder protestantischer Seite stammen. In ihrer Kritik an Kirche und Gesellschaft sind die auch anderweitig angeprangerten Mißstände der Reformationszeit zwar präsent, werden aber nur selten als spezifisch historische Phänomene greifbar. Ein charakteristisches Beispiel bietet die durch scharfe antikatholische Polemik hervorstechende Moralité ›La Maladie de Chrestienté‹ aus der Feder des ehemaligen Dominikaners und späteren radikalen Reformers Mathieu Malingre. Wenn wir auch annehmen dürfen, daß der Verfasser, der gegen den Ablaßhandel, die Unkeuschheit der Priester, den Reichtum der hohen Geistlichkeit und andere konkrete Mißstände zu Felde zieht und auch mit politischer Kritik nicht spart, die Fehler der Kirche in der Gegenwart als besonders gravierend ansieht, so erscheinen sie in seinen Attacken doch als zeitlich nicht näher bestimmt[8].

Vereinzelt finden sich aber auch konkretere Anspielungen auf geschichtliche Ereignisse, die zur Datierung der Texte herangezogen werden können, so etwa ein Hinweis auf das Jahr 1439 (›Mestier, Marchandise‹, fol. 403^v), eine offenbar doppelsinnige Verwendung des Wortes *retailles* (›Fetzen, Lumpen‹) als Anspielung auf die im gleichen Jahr von den Generalständen von Orléans beschlossene Erhebung einer dauernden *taille royale* [9] (›Marchandise et Mestier‹, fol. A iii^v), eine Bemerkung über die 1448 eingeführten *francs archiers* (ebd.), die Erwähnung der *folle noise* von 1487 (›Mieulx-que-devant‹, fol. A^v), ein Hinweis auf die französische Bibelübersetzung von Lefèvre d'Etaples, die in den Jahren 1523–28 erscheint (›Science et Annerye‹, fol. 284^r), Anspielungen auf den sogenannten Damenfrieden von Cambrai (1529), die Vermählung des französischen Königs Franz I. mit Eleonore von Österreich (1530) und seine Begegnung mit Heinrich VIII. im Januar 1528 (›Satyre d'Auxerre‹, v. 5, 165–170, 248–250) oder eine namentliche Verspottung des Papstes Klemens VII. (1523–34) als *Clement dement* und Antichrist (›La Verité cachee‹, fol. B^v, B ii^r, E vi^r f.).

Die bisher genannten historischen Elemente bleiben im wesentlichen auf den dramatischen Dialog beschränkt. Daneben gibt es aber in einer ganzen Reihe von Moralités Ansätze zu einer stärkeren Integration der Geschichte in die allegorische Form. Den Anfang macht bereits die wohl noch aus dem 14. Jahrhundert stammende Bergerie ›L'Aliance de Foy et Loyalté‹ mit einer kurzen historisch-politischen Allegorese (v. 177–203). Die Schäferin Loyalté erklärt, sie wage sich aus Angst vor den umherstreunenden Wölfen (*por les leu*) mit ihrer Herde nicht mehr auf die Weide. Darauf Foy:

> 183 *Et appellés vos ces louviaux,*
> *qui sont gens d'arme, Loyalté?*

Loyalté bestätigt diese Deutung durch eine, jetzt unverhüllte, Klage über Kriegswirren und Plünderungen. Damit wird, soweit wir sehen, erstmals im französischen Theater eine allegorische Fiktion – die im vorliegenden Fall dem bukolischen Motivbereich entstammt – nicht auf ihren moralischen, sondern auf ihren (wenn auch vorerst noch vagen) historisch-politischen Sinn hin entschlüsselt. Produktionsästhetisch formuliert: eine der geschichtlich bestimmten sozialen Realität angehörende Erscheinung wird vom Autor, aus welchen Gründen auch immer, in ein allegorisches Bild umgesetzt. Hier zeichnet sich im Keim eine neue Funktion der Allegorie ab.

Eine konsequente Fortführung dieser Tendenzen bildet die Allegorisierung konkreter historischer Fakten. Sie begegnet in mehreren politischen Moralités des 15. und 16. Jahrhunderts, die wir in chronologischer Reihenfolge betrachten. Wir beginnen mit den thematisch eng verwandten Stücken ›Le Concil de Basle‹ und ›Povre Commun‹. Im Mittelpunkt beider steht ein wichtiges Ereignis der Kirchengeschichte, das Basler Konzil von 1431–49. Das Stück ›Le Concil de Basle‹ (1434), früher fälschlich Georges Chastellain zugeschrieben und erst seit kurzem in einer kritischen Edition zugänglich, verwendet das konventionelle Handlungsschema eines allegorischen Prozesses zur Durchsetzung aktueller politischer Ziele[10]; der Herausgeber sieht in ihm das erste Propagandastück der französischen Bühne. Für unsere Fragestellung besonders bedeutsam ist die Tatsache, daß an der dramatischen Handlung eine Personifikation des betreffenden Konzils, eines einmaligen, datierbaren Ereignisses also, teilnimmt, die damit nicht mehr den Charakter einer überhistorischen Wesenheit hat. Nur wenig später entsteht die ›Moralité de Povre Commun‹ (1435), die in der gleichen geschichtlichen Situation den Friedenserwartungen des französischen Volkes Ausdruck gibt. Schon die *Complainte* von Povre Commun über die Unbilden des Krieges enthält, etwa in den Versen

> 102 *Qu'i soit vray, j'ay tant de souffrance*
> *Et par especïal en France*
> *Puis XX ans encha enduré,*

konkrete zeitliche Angaben, die darauf verweisen, daß hier ein bestimmter Krieg gemeint ist und daß damit die Titelgestalt selbst sich in die Zeitgeschichte stellt. Noch stärker historisiert ist im gleichen Stück die Figur des Envoy du Consille, im Text unmißverständlich charakterisiert als *Envoy du Saint et Digne / Consille qui se tient a Balle* (v. 445 f.). Hier haben wir mit Sicherheit keine zeitlose Instanz mehr vor uns, sondern eine historisch fixierte Gestalt, zu der überdies wohl eine geschichtliche Persönlichkeit, Hugues de Lusignan, Modell gestanden hat[11]. Damit ist freilich noch nicht darüber entschieden, ob l'Envoy du Consille selbst als individuelle Figur aufzufassen ist oder in bloßer Anlehnung an ein individuelles Vorbild den Anteil des Konzils am Zustandekommen des Friedensvertrags von Arras verkörpert und daher zumindest formal den Charakter einer Personifikation hat.

Ähnliche Unsicherheiten bestehen auch bei der Interpretation anderer Figuren in der politischen Moralité. So findet sich zum Beispiel in dem um 1440 anzusetzenden Stück ›Mestier, Marchandise‹ eine nicht näher bestimmte Kollektivpersonifikation mit der Bezeichnung les Gens, die, wie der Text zeigt, weitgehend auf sprachlichen Wendungen wie *c'est la faute des gens, les gens m'ont faict tel que je suis* u. ä. beruht. Petit de Julleville indessen sieht in ihr eine Verkörperung der Empörerkoalition der Herzöge von Bourbon, Alençon und der Bretagne, der sogenannten Praguerie (1440), und schreibt ihr damit einen präzisen historischen Hintergrund zu [12]. In der Tat enthält das Stück wohl einen verschlüsselten Hinweis auf die Praguerie, nämlich den doppeldeutigen Satz: *Y pleust a Blays, le temps est rouge* (fol. 404^r), der im harmlosen Ton einer volkstümlichen Wetterregel auf das von den Empörern in Blois veranstaltete Treffen anspielen dürfte, in dem der Verfasser offenbar ein Anzeichen für einen Krieg sieht. Für Petit de Jullevilles Interpretation der Figur les Gens reichen die von ihm beigebrachten Indizien unseres Erachtens aber kaum aus. Auch für eine Figur der Moralité ›Marchandise et Mestier‹ (um 1450) sucht Petit de Julleville eine historische, in diesem Fall sogar eine individuelle Identifizierung, und zwar für die als Parallelgestalt zu Pou d'acquest (›geringes Einkommen‹) auftretende Grosse Despense (›große Ausgabe, Verschwendung‹). Während Pou d'acquest die im Titel genannten Repräsentanten von Handel und Gewerbe auf der Bühne begleitet und damit nach den allegorischen Konventionen der Gattung zweifelsfrei als Verkörperung der gegenwärtigen Notlage dieser beiden Wirtschaftszweige charakterisiert ist, stellt Petit de Julleville für Grosse Despense, deren dramatische Funktion darin besteht, Marchandise und Mestier ihrer letzten Habe zu berauben, in Frageform die Hypothese auf, es handle sich hier entweder um eine Personifikation des *budget royal* oder gar um eine Verkörperung der damals auf dem Gipfel ihrer Macht stehenden Agnès Sorel[13], also um eine zur Verschlüsselung einer historischen Person gebrauchte Scheinpersonifikation. Wenn die ohne Belege vorgetragene individualisierende Deutung auch nicht als zwingend erscheint, so ist sie doch angesichts der zahlreichen hermetischen Anspielungen des Textes auf Zeitereignisse von oft nur lokaler Bedeutung nicht von vornherein auszuschließen. Sollte sie sich bestätigen lassen, so hätten wir bereits hier einen Typus allegorischer Verschlüsselung vor uns, der in einigen späteren Stücken eine große Bedeutung erlangt.

Ein für die nationale Integration Frankreichs überaus bedeutsames Geschehen dieser Zeit, die Zurückdrängung der Engländer vom französischen Festland, bildet den historischen Hintergrund der Bergerie ›Le Petit, le Grant‹ (um 1480), die allegorische, pastorale und mythologische Elemente miteinander verbindet. Die beiden Hirten le Petit und le Grant klagen über die schlechten Zeiten. Schuld an ihrer Not ist nach ihrer Auffassung ein wilder Rosenstrauch (*esglantier* oder *englantier*), der sich in Frankreich eingenistet und die *fontaine de Justice* zum Versiegen gebracht hat. Auf die Frage, woher der Strauch gekommen sei, berichtet Conseill in allegorischer Form die Vorgeschichte:

> 531 *Il a des ans* [14] *cinquante et six,*
> *voyre sans faute bien soissante*
> *que Hersan* [15]*, grant mere a ma tente,*
> *disoit avoir veu mainteffoiz*
> *que en les pastiz des Franczois*
> *ce n'estoit d'englenter nouvelle,*
> *quant une malle pastorelle,*
> *qui se nommoit Folle Allïance,*
> *l'y planta pour la grant bobance*
> *des estas que bergiers menoient*
> *quant leurs aignelles gouvernoient* [etc.].

Nachdem frühere Abwehrversuche an den Machenschaften der Hirtin Division gescheitert waren, gelingt es jetzt, unter der Leitung von Conseill den schädlichen Strauch auszureißen und so die Quelle wieder fließen zu lassen. Nur eine kleine Wurzel, über deren Gefährlichkeit man sich nicht einig ist, bleibt in der französischen Erde – *envers le souleil qui cousche* (v. 1011). Zum Hüter der Quelle wird der trojanische Held Paris eingesetzt. Der historisch-politische Sinn dieser Allegorie liegt auf der Hand [16]. Das Einpflanzen des Rosenstrauchs versinnbildlicht die Besetzung Frankreichs durch die Engländer: am 1. Dezember 1420 zieht Heinrich IV. aus dem Hause Lancaster, dessen Wappen eine rote Rose zeigt, in Paris ein; beim *esglantier* handelt es sich somit um eine historisch entschlüsselbare heraldische Allegorie, die durch eine kleine Änderung des Wortkörpers in eine zusätzliche pseudoetymologische Beziehung zu England gebracht wird [17]. Die historische Zeit wird auffälligerweise auch hier unverschlüsselt angegeben (v. 531 f.), allerdings nur in relativen Zahlen von der Abfassungszeit des Textes aus. Die *Folle Alliance*, die die Besetzung Frankreichs erst ermöglicht, bezieht sich wohl auf die Tatsache, daß im Mai 1420 der burgundische Herzog Philipp der Gute sich mit den Engländern gegen den Dauphin, den späteren König Karl VII., verbündet, um den Tod seines Vaters Johann Ohnefurcht zu rächen. Die *faulce et malle bergiere* Division (v. 552–554) verkörpert offenbar die langjährige Uneinigkeit der französischen Territorialmächte gegenüber den Invasoren, das dramatisch realisierte Ausreißen des *esglantier* die Etappen der Rückeroberung des französischen Territoriums: nach dem Friedensschluß zwischen Karl VII. und Philipp dem Guten befreit Arthur de Richemont mit seinen Truppen im Jahr 1436 Paris, 1450 folgt die Normandie, 1452–53 die Guyenne. Die noch im Boden verbliebene Wurzel interpretiert der Herausgeber als einen Hinweis auf den noch lange schwelenden Konflikt zwischen dem französischen König und Burgund wegen der Ermordung Johanns,

während wir aufgrund der lokalen Angabe *vers le souleil qui cousche* und unter
der Voraussetzung einer gewissen inneren Stimmigkeit der *esglantier*-Allegorie,
die sich ansonsten im Stück stets direkt auf die Besatzungsmacht der Engländer,
nicht auf innerfranzösische Streitigkeiten bezieht, eher dazu neigen, darin konkret einen Ausdruck der Furcht vor einem neuen englischen Einfall – etwa von
dem verbliebenen Brückenkopf Calais aus – in die westlichen Küstenprovinzen
zu sehen[18]; der historische Charakter der Interpretation wird aber von diesem
kleinen Dissens nicht berührt. Die mythologische Gestalt des Paris wird schon im
Text (v. 1232–1234, 1292) immer stärker zur Personifikation der Stadt Paris, für
die damit eine politische Führungsrolle beansprucht wird. Wenn schließlich dieselbe Figur das Bibelzitat *Erit unum* [19] *ovile / et unus pastor* (v. 1514f.) politisch auf die Notwendigkeit einer starken Zentralgewalt in Frankreich hin interpretiert (v. 1515–1521, ähnlich im Epilog v. 1687f.), so wird vollends deutlich,
daß das Stück ganz im Dienst der Ideologie des von Ludwig XI. auch organisatorisch durchgesetzten königlichen Zentralismus steht. Ist schon aus diesem Grund
die politische Geschichte als Bedeutungssubstrat durchgängig präsent, so wird
sie doch von der dramatischen Handlung nicht in ihren besonderen, individuellen Aspekten nachgebildet, sondern in eine Sphäre moralischer Allgemeingültigkeit transponiert. Eine gewisse Eigendynamik der Bildebene bleibt erhalten;
die allegorische Handlung und die sie tragenden Personifikationen erschöpfen
sich nicht ganz in ihrer Verweisungsfunktion auf die historische Realität.

Größere interpretatorische Probleme bietet die jüngste der vier politischen
Bergeries, ›L'Aigneau de France‹ (1485). Ihr Inhalt ist schnell berichtet: Drei
Hirten, die das *aigneau de France* gegen die Wölfe schützen sollen, werden von
Dame Picque attackiert, die selbst die Bewachung des Lammes übernehmen
möchte. Remede, von den Hirten zu Hilfe gerufen, kann nichts gegen Picque unternehmen, die von nun an bei den Hirten bleibt und ihre Einigkeit verhindert.
Wie ist eine solche Handlung zu verstehen? Die Herausgeberin Halina Lewicka
tritt für eine historisch-aktuelle, weitgehend sogar individualisierende Deutung
ein. Danach sind allein la Picque (›Krieg, Zwietracht‹) und Remede (aufgefaßt
als Verkörperung der *Raison publique*) echte Personifikationen von Überindivi-
duellem. Das Lamm dagegen steht für den minderjährigen König Karl VIII.
während der Régence seiner Schwester Anne de Beaujeu, die Hirten in doppelter Funktion sowohl für das französische Volk in seinem Wunsch nach Frieden
als auch für die drei Vertreter des Königs im Thronrat, Ludwig von Orléans, Johann von Bourbon und Peter von Bourbon, wobei die Identifizierung mit den
genannten historischen Personen das größere Gewicht hat. Kompliziert wird das
Entschlüsselungsmodell noch dadurch, daß Ludwig und Johann, die in zeitgenössischen Dokumenten eines Entführungsversuchs am König bzw. der politischen Illoyalität bezichtigt werden, zugleich mit den von den Hirten gefürchteten
Wölfen gleichgesetzt werden. Lewicka stützt ihre Interpretation, deren innere
Widersprüche ihr durchaus bewußt sind, durch eine Reihe eindrucksvoller Text-
belege, die hier nicht im einzelnen referiert werden können[20]. Problematisch
an dieser mit großer historischer Sachkenntnis vorgetragenen aktualistischen

Deutung ist vor allem die Annahme einer doppelseitigen Ambivalenz im Verhältnis zwischen der allegorischen Fiktion und der historischen Realität. Uns ist im gesamten allegorischen Theater der Zeit keine Parallele zu dem hier angenommenen Fall begegnet, daß dramatische Figuren eines Stücks zugleich zwei einander ausschließende Identifizierungsmöglichkeiten in der sozialen Wirklichkeit zulassen und daß umgekehrt historische Personen in demselben Stück nebeneinander durch zwei gegensätzliche dramatische Funktionen verkörpert werden. Wenn wir auch selbst keinen in jeder Hinsicht befriedigenden Lösungsvorschlag bieten können, so soll doch die Interpretationsrichtung angedeutet werden, die am ehesten eine Auflösung oder wenigstens eine Milderung des Dilemmas erwarten läßt, nämlich die stärkere Betonung der überindividuellen Komponente der Hirten als Repräsentanten der drei Stände, wofür etwa v. 120 f. und 238 als Belege herangezogen werden können. Auch beim Lamm und seinen Feinden scheint eine weniger individualisierende, aber gleichwohl historische Deutung auf das nach kurzer innerer Ruhe von neuer Uneinigkeit bedrohte französische Königtum durchaus möglich. Die unbestreitbaren Hinweise auf historische Gestalten und aktuelle Ereignisse lassen sich als zeitkritische Anspielungen ohne weiteres in eine solche allgemeinere Interpretation integrieren, ohne das Stück, das ja noch zwischen 1502 und 1520 in der Offizin Jean Trepperels nachgedruckt worden ist, auf seinen bloßen Aktualitätswert einzuengen.

Die Bedeutung der Moralité als Träger politischer Propaganda nimmt, wenn man nach den erhaltenen Stücken urteilen darf, im 16. Jahrhundert noch zu. Der König und die Städte, die Sorbonne und ihre Gegner, Katholiken und Reformer der verschiedensten Couleur benutzen die Gattung als Medium, um für ihre Ziele zu werben. Folgen wir weiterhin der Chronologie. Die 1508 von Studenten der Sorbonne aufgeführte Moralité ›Le Nouveau Monde‹, die in einem komplizierten Handlungsgefüge darstellt, wie Pragmatique aufgrund eines Urteilsspruchs der Universität nach vielen Wirren ihre Töchter Election und Nomination mit Benefice grant und Benefice petit verheiratet und die Ansprüche des Königs (Quelc'un) und des Papstes (Pere sainct) mitsamt ihren Helfern und Günstlingen (l'Ambitieulx, Legat, Vouloir extraordinaire, Provision apostolique und Collation ordinaire) zurückweist, ist ein auf unmittelbare politische Wirkung hin geschriebenes Kampfstück gegen die von Ludwig XI. im Jahr 1461 verfügte Aufhebung der Pragmatischen Sanktion von Bourges (1438), an der die theologische Fakultät vor allem wegen der dort geregelten Vergabe der Benefizien durch freie kanonische Wahl festzuhalten wünscht [21]. Die im Stück auftretenden Personifikationen verkörpern zwar meist allgemeine, aber mit der Pragmatischen Sanktion, also einem datierbaren, einmaligen Rechtsakt, zusammenhängende Begriffe. Die Repräsentanten von König und Papst sind kaum individualisiert; allerdings läßt sich etwa die Szene, in der Quelc'un und Pere sainct die Figur Pragmatique niederschlagen, auf die historisch festlegbare Aufhebung der Pragmatischen Sanktion und damit auch personell auf Ludwig XI. und Papst Pius II. hin entschlüsseln. Auch in anderen Passagen sind historische Fakten erkennbar, aber stets in der für die allegorische Darstellung charakteristischen Verallgemeinerung. Der eigentliche Adressat des Stücks ist wohl Ludwig XII., von dem die Universität die Wiedereinsetzung der alten Regelung erhofft.

Ludwig XII. bedient sich seinerseits des allegorischen Theaters zur propagandistischen Unterstützung seiner Maßnahmen gegen den Papst im Zusammenhang mit den territorialen Auseinandersetzungen in Italien. Pierre Gringore, der diese Aufgabe unternimmt, geht dabei in der Historisierung der Allegorie einen Schritt weiter als der Verfasser des vorher behandelten Stücks, indem er in der Figur des Homme obstiné in seiner Moralité ›Le Peuple françois, le Peuple ytalique‹ (1512) – wie auch der Mere sotte in der ›Sottie du Prince des sotz‹[22] – Ludwigs Gegner, Papst Julius II., also eine Person der Zeitgeschichte, karikierend in der allegorischen Handlung auftreten läßt. Julius ist unter anderem durch Anspielungen auf seinen Familiennamen Della Rovere (*Le Chesne umbrage le Lyon*, S. 267)[23] und seinen jüdischen Arzt Bonnet (*Felon, pervers par conseil judaïcque*, S. 251) eindeutig als individuelles Bedeutungssubstrat des Homme obstiné identifizierbar. Die direkte polemische Intention steht offensichtlich einer stärkeren Verallgemeinerung, wie sie die Gattungstradition der allegorischen Moralité eigentlich fordert, entgegen. Vergleichbare Tendenzen zeigen sich auch in der konfessionellen Polemik. Das antikatholische Kampfstück ›Les Theologastres‹ (ca. 1523–29), das in einer nach dem Motivschema der allegorischen Krankenheilung aufgebauten Handlung vehement für die Reinigung des biblischen Textes von scholastischer Gelehrsamkeit eintritt und dementsprechend scharf gegen die Sorbonne polemisiert, läßt als Verkünder der evangelischen Wahrheit le Mercure d'Allemaigne auftreten, in dem man nach seinem Namen und seiner dramatischen Funktion einen wenig individualisierten Repräsentanten gemäßigt reformatorischer Ideen vermutet. Überraschenderweise antwortet er jedoch auf die Frage nach seiner Identität: *Je suis Berquin*, worauf Theologastres ihn mit anderen Reformern in eine Reihe stellt:

> *Erasme et toy,*
> *Fabri, Luther en bonne foy,*
> *N'estes que garçons heretiques* (fol. B iii^r).

Danach wäre der Name Mercure d'Allemaigne nur eine bildliche Bezeichnung für Louis de Berquin, den 1529 auf Druck der Sorbonne hin als Ketzer verbrannten Übersetzer des Erasmus, der auch anderweitig im Text erwähnt wird (fol. A iii^r) und von einigen Forschern sogar als Verfasser des vorliegenden Stücks angesehen worden ist[24]. Dürfen wir die zitierte Selbstidentifikation mit Berquin wörtlich auffassen, so ist hier erstmalig die bisher stets beachtete Konvention der wenigstens formalen allegorischen Verschlüsselung einer historischen Person aufgegeben: die allegorische Textur wird durch ein unverhüllt mimetisches Element zumindest kurzfristig unterbrochen.

Eine andere Möglichkeit, Allegorie und Geschichte miteinander zu verbinden, realisiert Barthélemy Aneau in der 1541 in Lyon aufgeführten Moralité ›Lyon marchant‹[25]. Wie der sprechende Untertitel ›Satyre françoise sur la comparaison de Paris, Rohan, Lyon, Orleans et sur les choses memorables depuys l'an mil cinq cens vingt-quatre, soubz allegories et enigmes par personnages mysticques‹ ankündigt, enthält das Stück neben einem allegorischen Städtewettstreit eine Reihe von Dialogen über das politische Geschehen in Europa zwischen 1524 und 1541, so unter anderem über den Tod des Dauphin, die militärische Bedrohung Frankreichs durch Karl V., die Niederlage Franz' I. bei Pavia, die englische Reformation und die Türkengefahr. Wiedergegeben wird dies alles aber nicht direkt, sondern eben *soubz allegories et enigmes par personnages mysticques*, d. h. in allegorisch, mythologisch und heraldisch verrätselten Bildern, die der Autor in zahlreichen Randglossen historisch erklärt. Dabei spielen pseudoetymologische Wortspiele und Homonymenambiguität eine entscheidende Rolle. So erscheint beispielsweise die Handelsstadt (*cité marchande*) Lyon als aufrecht gehender Löwe, die an Bedeutung über Rouen aufgestiegene Hauptstadt Paris als der trojanische Held Paris auf einem melierten Pferd (*Paris monté sur un cheval Roan*), Orléans als der römische Kaiser Aurelian, Europa als die Geliebte des Zeus, der französische Thronfolger als Delphin und Franz I. als der mythische Dichter Arion *chevauchant un daulphin*. Saulnier nimmt auch bei den Figuren Androdus und Ganymedes eine historisch-individuelle Entschlüsselbarkeit an [26]. Der Autor scheut keinen Kalauer: er verbildlicht die Stadt Gent durch einen Handschuh (*gant*), Griechenland als Fett (*gresse*) und die Befestigung von Calais durch das Wortspiel [*les Anglois*] *font fort cas laidz* (fol. B ii^r). Die allegorische Form hat ihren Eigenwert als Grundlage einer in sich geschlossenen Handlungsfiktion weitgehend eingebüßt, sie dient nur noch einer heute eher albern anmutenden, in der Tradition der Grands Rhétoriqueurs aber hochgeschätzten poetischen Verrätselung der historischen Realität [27]. ›Lyon marchant‹ weist in bezug auf die Stadt Lyon wie auch auf Franz I. deutliche panegyrische Züge auf und nähert sich insofern Texten wie ›La Mort du duc Philippe‹ und ›La Paix de Peronne‹, in denen ebenfalls historische Personen, nämlich die burgundischen Herzöge Philipp der Gute und Karl der Kühne, ganz äußerlich in eine allegorische Bildwelt eingepaßt werden. Dies stützt die auch an Gringores Moralité belegbare These, daß die hier zu beobachtenden Veränderungen der allegorischen Form mit ihrer Übernahme in einen neuen Anwendungsbereich, die rhetorische Ausschmückung des Herrscherlobs, in Zusammenhang stehen.

Einen gewissen Endpunkt der bisher skizzierten Entwicklung bezeichnet schließlich das protestantische Pamphlet ›Le Pape malade‹ (1561) von Thrasibule Phenice, wohl einem Pseudonym für Conrad Badius. Es zeigt zunächst in einer allegorischen Szene den sterbenden Papst – gemeint ist offensichtlich das Papsttum als Institution, nicht ein individueller Papst – mit seiner Gefolgschaft Prestrise, Moinerie und Satan. Die historischen Elemente beschränken sich hier auf einige Bemerkungen zur Ausbreitung der Reformation. Dagegen treten im zweiten Teil, der einen abrupten Schauplatzwechsel nach Brasilien bringt, in rein mimetischem Handlungszusammenhang Figuren auf, die, wenn auch äußerlich mit typisierenden Bezeichnungen versehen, nach übereinstimmender Forschungsmeinung für historische Personen stehen. Die zentrale Rolle hat l'Outrecuidé = Villegaignon (Colas Durand), ein ehemaliger Malteserritter, der nach seiner Konversion zum Calvinismus bei der Gründung einer reformierten Kolonie in Brasilien gescheitert und daraufhin wieder zum Katholizismus zurückgekehrt ist; er unterhält sich mit seinem Diener über seine bisherige Tätigkeit und nennt sich dabei unverschlüsselt bei seinem individuellen Namen. Dazu treten unter den Bezeichnungen l'Ambitieulx, l'Affamé, l'Hypocrite und le Zelateur karikierte Doktoren der Sorbonne[28]. Nach diesem mimetischen Einschub führt die Handlung wieder in den allegorischen Bereich zurück: in einem wenig dramatischen Schlußdialog verkündet Verité zur Freude von Eglise den baldigen Untergang des Papsttums. Im ›Pape malade‹ wird also nicht nur wie in einigen oben betrachteten Stücken eine Figur mit mehr oder weniger individuell identifizierbarem historischem Hintergrund in die allegorische Handlung integriert, sondern das für die Gattung konstitutive Prinzip der durchgängig allegorischen Handlung selbst aufgegeben: in den allegorischen Rahmen ist ein historisch-mimetischer Mittelteil eingelagert, der bereits mehr als die Hälfte des Gesamtumfangs ausmacht. Mit dieser hybriden Darstellungsweise nähert sich das Stück, das noch keine Akt- und Szeneneinteilung aufweist, in seiner Vorrede aber schon deutliche Einflüsse der Renaissancepoetik zeigt, jenen Tragédies, Comédies oder Tragi-Comédies der Spätrenaissance, die in eine im Prinzip historische Handlung noch einzelne, erst im 17. Jahrhundert allmählich aufgegebene, allegorische Elemente einbeziehen, um bestimmte nicht individualisierbare geschichtliche Kräfte in ihre Darstellung zu integrieren. Als Beispiele für diesen neuen Typus genannt seien etwa Jean-François de Chantelouves ›Tragédie de feu Gaspar de Colligni‹ (1575), in der neben historischen Personen noch le Peuple erscheint, ›La Guisade‹ (1589) von Pierre Matthieu, die in eine historische Handlung aus den Religionskriegen drei Ständepersonifikationen einbezieht, oder Antoine Lancels ›Miroir de l'Union belgique‹ (1604), wo l'Union belgique, la Religion und la Feinte Paix in mimetischem Kontext auftreten.

Die um 1565–68 zu datierende Moralité ›Mars et Justice‹ geht in bezug auf unsere Fragestellung nicht über das in älteren Stücken Erreichte hinaus und ist daher nur am Rand zu erwähnen. Zwar ist auch ihr Bedeutungssubstrat durchgängig historisch – das Stück reflektiert die innenpolitische Situation zu Beginn der Religionskriege, als die Hugenotten sich mit anderen unterprivilegierten Schichten zu einer politischen Organisation zusammenschließen –; aber die allegorische Handlung und die sie tragenden Figuren, wenig individualisierte Repräsentanten sozialer Gruppen und personifizierte Institutionen, zeigen weitaus geringere Spuren einer historisierenden Umgestaltung als etwa die des ›Lyon marchant‹ oder des ›Pape malade‹.

Versucht man nun, die Einzelbeobachtungen zusammenzufassen und zu interpretieren, so ergibt sich etwa folgendes Bild: Durch die gemeinsame Intention einer im weitesten Sinn gesellschaftlichen Beeinflussung des Zuschauers, die der dramatischen Allegorie einen neuen Themenbereich erschließt, dringt in einem von Stück zu Stück verschiedenen, in der Gesamtentwicklung der Gattung aber zunehmenden Maß die Fülle der Geschichtlichkeit in die Moralité ein. Dies wiederum bleibt nicht ohne Rückwirkung auf die allegorische Form. Die Ständever-

treter und Kollektivpersonifikationen erscheinen zwar formal noch als Verkörperungen statischer Entitäten, werden aber durch die ihnen inhärenten sozialkri-
tischen und aktuellen Bezüge im Ansatz doch historisch relativiert. Besonders
deutlich zeigt sich diese Tendenz in den Propagandastücken, die einzelne historische Ereignisse und Individuen in allegorische Bilder umsetzen: ihr Bedeutungssubstrat ist nicht mehr statisch und allgemein, sondern historisch kontingent und
partikulär. Das Eindringen der Geschichte zersetzt allmählich die in der religiösen Moralité bis weit ins 16. Jahrhundert hinein gültige Auffassung der Personifikationen als Bilder von Entitäten, d. h. den platonisierenden mittelalterlichen
Wesenheitenrealismus als Grundlage der allegorisch-personifizierenden Darstellung. Ihrer ontologischen Voraussetzungen beraubt, wird die Allegorie immer stärker zum konventionellen poetischen Ausdrucksmittel formalisiert, das
zu beliebigen Zwecken eingesetzt werden kann: zur gefahrlosen Einkleidung
von Sozialkritik, zur politischen und konfessionellen Propaganda, zur gefälligen
rhetorischen Ausgestaltung des Herrscherlobs und anderem. Sichtbar wird die
Formalisierung auch an der relativ großen Zahl der Stücke, deren allegorische
Handlung weitgehend auf Wortspielen beruht, wobei es sich im Unterschied zur
religiösen Moralité, in der sich dieser Handlungstypus ebenfalls nachweisen
läßt[29], oft um reine Homonymenambiguität mit komischer Wirkung handelt,
wie sie sich ansonsten vor allem in der Sottie und der Farce moralisée findet[30].
Die Häufigkeit dieser Art von Wortspielhandlung, die die allegorische Ambiguität der religiösen Moralité in spielerischer, manchmal fast parodistisch anmuten-
der Form weiterführt, ist ein Indiz für den Zerfall einer Sprachauffassung, die
zwischen Wort und Sache, d. h. in unserem Zusammenhang zwischen dem Namen einer Personifikation und dem (als ontologisch real gedachten) Begriff, den
er bezeichnet, einen ursprünglichen, ›naturgegebenen‹ Konnex annimmt. Ist
diese Voraussetzung nicht mehr gegeben, so wird die allegorische Ambiguität
von einem Mittel der Wesenserkenntnis zum poetischen Spielmaterial. Durch
die Verstärkung der historischen Elemente wird schließlich die moralische Je-
derzeitigkeit der allegorischen Handlung mit der Vielfalt ihrer weiteren latenten
Sinnebenen aufgehoben, ihre Bedeutung – vor allem bei den propagandistischen
Stücken – immer stärker auf die Geschichte reduziert. Aus dem überzeitlichen,
rein allegorischen Menschheitsdrama der religiösen Moralité wird so allmählich
ein historisches Stück, in dem sich zum Teil allegorische und mimetische Züge
vermengen.

Die verschiedenen hier skizzierten Veränderungen zeigen einen tiefgreifenden Funktionswandel der Allegorie beim Übergang von der religiösen zur politischen und konfessionspolemischen Moralité an. Sobald die Allegorie ihr ureige-
nes Gebiet, die sinnliche Wiedergabe abstrakter Relationen aus der Welt der
zeitlosen Entitäten, die auf keine andere Weise dargestellt werden können,
überschreitet und Vorgänge aus der historischen Wirklichkeit verbildlicht, verliert sie ihren erkenntnistheoretischen Sonderstatus und gerät in Kollision mit
der ihr auf diesem Terrain überlegenen mimetischen Darstellungsweise, von der
sie schließlich in eine Sphäre ästhetischer Unverbindlichkeit abgedrängt wird.

Die Allegorie überlebt zwar den Zerfall ihrer ontologischen und dichtungstheoretischen Grundlagen, aber nur als konventionell erstarrte poetische Form – in
einem Zustand, der in der französischen Epik und Lyrik schon einige Zeit früher
eingetreten sein dürfte als im Theater.

Anmerkungen:

1 Wir können hier die Frage außer acht lassen, inwieweit man auch nicht allegorische
   Stücke – vgl. etwa in Louis Petit de Julleville: Répertoire du théâtre comique en France
   au moyen âge, Paris 1886, Neudr. Genève 1968, die Stücke Nr. 12, 25, 26, 29, 32, 43,
   47, 56 und 61 – der Gattung zuordnen darf. Auf jeden Fall empfiehlt es sich nicht, sich
   bei der Gattungsdefinition allzu eng an den oft widersprüchlichen und bis zu einem gewissen Grad willkürlichen Gattungsangaben der alten Texte zu orientieren.
2 Näheres zu diesem Abschnitt bei Helmich, bes. S. 19–28, 95f., 99–109, 230f. und
   259–274.
3 Mehrere Stücke, die nach heutiger Auffassung unzweifelhaft der Moralité zuzurechnen sind, tragen im Erstdruck die Bezeichnung *farce*, die vielfach keine feste Gattungs-
   zuordnung impliziert, sondern für ›Stück, dramatische Aufführung‹ allgemein steht.
   Aber auch unterschiedliche Bezeichnungen für ein und dasselbe Stück kommen vor. So
   trägt etwa die ›Sottie du Monde‹ im Original den Titel *seconde moralité*, während es im
   Incipit heißt: [...] *fut continuee la dicte sottie* (Recueil général des sotties [SATF 73], hg.
   E. Picot, Paris 1902–12, Bd. II, S. 323–346).
4 Wenn kritische Ausgaben fehlen, wird meist nach folgenden im Faksimilenachdruck
   vorliegenden Sammlungen zitiert: Le Recueil Trepperel. Fac-similé des trente-cinq
   pièces de l'original, hg. Eugénie Droz, Genève o.J. [1967]; Le Recueil du British Museum. Fac-similé des soixante-quatre pièces de l'original, hg. H. Lewicka, Genève
   1970; Manuscrit La Vallière. Fac-similé intégral du manuscrit 24341 de la Bibliothèque Nationale de Paris, hg. W. Helmich, Genève 1972; Moralités françaises. Réim-
   pression fac-similé de vingt-deux pièces allégoriques imprimées aux XVᵉ et XVIᵉ siècles, hg. W. Helmich, Genève, im Druck. Rückgriffe auf die veralteten Sammelausga-
   ben von Le Roux de Lincy (1837), Viollet-le-Duc (1854–57) und Fournier (1872) sind
   dadurch entbehrlich geworden.
5 Picot hat das Stück mit fragwürdigen Argumenten und aufgrund einer unannehmbar
   weiten Gattungsdefinition der Sottie zugerechnet (vgl. Sotties, Bd. II, S. 348).
6 Vgl. dazu etwa ›Le Petit, le Grant‹, v. 753–846, ›Bien mondain‹, bes. den Epilog fol. A
   iiiiᵛ, ›Les trois Estatz reformez‹, passim (hier entscheidet Rayson, Chevalerie trage von
   allen Ständen die größte Schuld), ›Le Ministre de l'Eglise‹, fol. 115ᵛ–116ᵛ, oder
   ›L'Eglise, Noblesse et Povreté‹, passim. In anderen Stücken, so in ›L'Age d'or‹, fol.
   80ᵛf., oder ›La Maladie de Chrestienté‹, fol. Eʳ–E viiʳ, wird die Kritik in etwa gleichem
   Maß auf die verschiedenen Stände, Gruppen und Institutionen verteilt.
7 Hier nur eine kleine Auswahl von Belegen. Besonders ergiebig ›La Croix Faubin‹, v.
   23–37, 100–102, 165–178, 229–238, 302–347 etc. (bezeichnend übrigens, daß hier
   immer wieder die auf rekonkretisierten Redewendungen beruhenden Personifikationen l'Un et l'Autre für die Not verantwortlich gemacht werden, nicht etwa konkrete
   politische Mißstände: die allegorische Form selbst scheint einer stärkeren Historisierung entgegenzustehen); ferner ›Mestier, Marchandise‹, passim, ›Mieulx-que-devant‹,
   fol. A iiʳ–Bᵛ, B iiᵛ, ›Pouvre Peuple‹, v. 102–119, 664–676, 1201–1240, 1262–1287,
   ›Les trois Estatz reformez‹, fol. a iiᵛ, a iiiiʳ, ›Satyre d'Auxerre‹, v. 97–118 (Klage über

die Bäcker, sie machten ihre Brote kleiner), 181–226. – Zu den Bauernklagen vgl. H. Lewicka: Skargi chłopskie we francuskich moralitetach politycznych, Kwartalnik Neofilologiczny 1 (1954), S. 5–20.

8 Ähnlich ›Science et Annerye‹, fol. 281ᵛ ff., ›Heressye, Frere Symonye‹, ›L'Eglise et le Commun‹ und ›La Verité cachee‹, bes. fol. A iiiiʳ–B iiᵛ, D viʳ–E iiiʳ.

9 Vgl. L. Petit de Julleville: La comédie et les mœurs en France au moyen âge, Paris 1886, S. 132.

10 Der unbekannte Autor vertritt die Position des konziliaren französischen Klerus gegen Papst Eugen IV., vor allem seinen Wunsch, zwischen England und Frankreich einen Friedensschluß herbeizuführen. Vgl. dazu die Einleitung J. Becks in seiner oben zitierten Ausgabe.

Vgl. J. H. Watkins: A fifteenth-century morality play: MichaultTaillevent's ›Moralité de Povre Commun‹, FSt 8 (1954), S. 207–232, hier S. 207f.

12 Petit de Julleville [s. Anm. 9], S. 126.

13 Ebd., S. 132f.

14 Das Wort fehlt in der Ed. Bonkain; hier nach dem Ms. ergänzt.

15 Der Hg. liest *Heisan*.

16 Zum Folgenden vgl. die Einleitung der Edition, S. 146–151.

17 Vgl. dazu etwa v. 435–438:

> *Il [sc. l'englantier] ne deust pas estre norry*
> *de la sceve de ceste terre*
> *et vaulcist mieulx en Engleterre*
> *cent foiz a cause de son nom.*

Das Zitat zeigt auch, daß die sprachphilosophischen Voraussetzungen des aus der allegorischen Tradition wohlbekannten etymologischen Deutungsverfahrens, nämlich die Annahme, daß das Wort etwas vom Wesen der Sache, die es bezeichnet, wiedergebe und somit erkenntnistheoretisch relevant sei, hier noch nicht ganz verblaßt sind.

18 Immerhin landet noch im Jahr 1475 Edward IV. mit einem starken Heer in Calais, um erneut englische Ansprüche auf den französischen Thron durchzusetzen.

19 In der Ed. Bonkain fälschlich *unus*.

20 Vgl. dazu die Einleitung der Edition, S. 11–15.

21 Näheres bei Fritz Holl: Das politische und religiöse Tendenzdrama des 16. Jahrhunderts in Frankreich (Münchener Beitr. z. rom. u. engl. Philol. 26), Erlangen/Leipzig 1903, S. 20f., und Gerard Dirk Jonker: Le protestantisme et le théâtre de langue française au XVIᵉ siècle, Groningen/Batavia 1939, S. 8f.

22 Siehe dazu Charles Oulmont: Pierre Gringore (Bibl. du XVᵉ siècle 14), Paris 1911, S. 271–287, und Walter Dittmann: Pierre Gringore als Dramatiker. Ein Beitrag zur Geschichte des französischen Theaters (Romanische Studien 21), Berlin 1923, S. 131–211.

23 Le Chesne = la Rovere; der Löwe ist das Wappentier Venedigs.

24 Zu diesem Problem vgl. Jonker [s. Anm. 21], S. 59.

25 Vgl. Verdun-Louis Saulnier: Le théâtre de Barthélemy Aneau, in: Mél. d'histoire du théâtre du moyen âge et de la Renaissance offerts à Gustave Cohen, Paris 1950, S. 147–158.

26 Ebd., S. 155.

27 Dazu neuerdings Paul Zumthor: Le masque et la lumière. La poétique des Grands Rhétoriqueurs, Paris 1978, S. 78–94.

28 Zu den Möglichkeiten einer historischen Identifizierung vgl. Holl [s. Anm. 21], S. 146.

29 Helmich, S. 217–224.

30 So dramatisiert etwa ›Marchandise et Mestier‹ die sprachliche Wendung *passer le*

temps en chagrin (›die Zeit in Kummer verbringen‹) als den (vergeblichen) Versuch, die Personifikation le Temps durch ein mit Chagrinleder bespanntes Sieb zu seihen (fol. A^r–A ii^r); ›Chascun, Plusieurs‹ und ›Mestier, Marchandise‹ verbildlichen die Formel *le temps qui court* (etwa ›heutzutage‹) dadurch, daß sie die personifizierte Zeit immer wieder über die Bühne laufen lassen; die Handlung von ›Tout, Rien et Chascun‹ beruht fast ausschließlich auf wörtlich ausgespielten Redensarten vom Typus *tout et chascun s'en vont a rien* (fol. A iiii^v); in ›Mars et Justice‹ muß Justice den Frieden, hier in Gestalt der Personifikation la Paix, ganz wörtlich ›teuer erkaufen‹ (v. 455–480) etc.

Die Verbindung von Allegorie und Geschichte im spanischen Fronleichnamsspiel des 17. Jahrhunderts

Von Sebastian Neumeister (Siegen)

> Die wunderbarsten poetischen Sätze sind solche, die mit einer großen physischen Bestimmtheit und Deutlichkeit etwas physisch Unmögliches beschreibend hinstellen: Sie sind wahrhaftige Schöpfungen durch das Wort.
>
> Hugo von Hofmannsthal, Tagebücher

I.

Kunst und Literatur im Spanien des 17. Jahrhunderts stehen im Zeichen der erfolgreichen Selbstbesinnung des Katholizismus nach dem Schock der Reformation, einer Konsolidierung, die im europäischen Maßstab ihren Ausdruck in den Beschlüssen des Konzils von Trient gefunden hat. Es hat Forscher gegeben, die, wie etwa Werner Weisbach oder Eugenio d'Ors, das Barock schlechthin als Kunst der Gegenreformation definiert haben: *barocchus tridentinus, sive jesuiticus.* Doch auch wenn man eine Abhängigkeit gerade der lateinischen Länder von den Umbrüchen im Norden Europas nicht in diesem Ausmaße postulieren und, etwa mit dem französischen Erasmus-Forscher Marcel Bataillon, eher von einer internen katholischen Reformbewegung als von einer Reaktion auf Luther sprechen will, behält die *propaganda fidei* ihr dominierendes Gewicht. Dies gilt in mehrfacher Hinsicht, im Bereich der poetischen und ikonographischen Metaphorik ebenso wie in dem ihrer Verwendung für kirchliche und politische Zwecke. Was zunächst die Bildlichkeit betrifft, so ist in Spanien, auf das wir uns hier beschränken müssen, die Tendenz unverkennbar, im Einklang mit den Beschlüssen des Tridentinums die mit der Ästhetik der italienischen Renaissance eingedrungene ›heidnische‹ Bildlichkeit zu reduzieren und, wenn möglich, ganz durch eine genuin christliche Metaphorik zu ersetzen. Während, wie Jean Seznec gezeigt hat[1], die Konzilsväter ihr Ziel, Kunst und Literatur ganz zu rechristianisieren, im allgemeinen nicht zu erreichen vermochten, sondern ganz im Gegenteil vielfältigen Formen des Kompromisses zwischen ästhetischer Tradition und kirchlichem Dogma zum Leben verhalfen, konnten sie in Spanien, dem Lande der Gegenreformation par excellence, beachtliche Erfolge verbuchen, in der Abwehr und Umdeutung des Renaissance-Erbes ebenso wie in der Neukonstruktion einer christlichen Metaphorik. Dem soll an einem Sonderfall des spanischen Fronleichnamsspieles im 17. Jahrhundert nachgegangen werden.

In einem seiner Gedichte bezeichnet Góngora Ferdinand den Katholischen von Aragón, den Lieblingskönig der spanischen Geschichtsschreibung des 17. Jahrhunderts, als katholischen Mars (»aquel católico Marte«) und seine Gemahlin als christliche Bellona (»su cristiana Bellona«)[2] – eine Überanstrengung der Mythologie, wie sie für die Panegyrik des spanischen Goldenen Zeitalters symptomatisch ist. Die Mischung und Aneinanderbindung heidnischer und christlicher Elemente ist bei Góngora vorrangig als ein ästhetischer Effekt, nicht als eine politische Aussage anzusehen und zählt zum gängigen Vokabular des europäischen Barock. Gleichwohl ist sie bedeutsam. Sie steht in unmittelbarer Nachbarschaft zu einer Tendenz, die zur gleichen Zeit in Italien und verstärkt dann in Spanien zur Herausbildung einer weitverbreiteten allegorischen Technik führt: der – wie der Titel eines zeitgenössischen Traktats lautet – ›Collusión de letras humanas y divinas‹[3], der Kontrafaktur von vorgegebenen Themen und Texten. Das Verfahren, italienisch *spiritualizzamento*, spanisch *divinización*, *moralización* oder Deutung *a lo divino* genannt, entsteht schon im zweiten Drittel des 16. Jahrhunderts und hat im Bereich der Hochliteratur z. B. die Dichtungen Petrarcas zum Gegenstand. Die volkssprachlichen Werke Petrarcas werden bekanntlich erst hundert Jahre nach ihrem Entstehen überhaupt gedruckt und die Wirkung des ›Canzoniere‹ erreicht erst zweihundert Jahre später, eben im 16. Jahrhundert, ihren Höhepunkt. Die Spiritualisierung Petrarcas ist als eine Reaktion auf diese Wirkung und als Versuch der ›Vereinnahmung‹ von dessen an religiöse Inbrunst grenzendem Laura-Kult zu verstehen. In Spanien sind, aus einer Fülle von Beispielen für die Allegorese volkstümlicher und gelehrter Dichtung, vor allem zwei Texte hervorzuheben: Die Spiritualisierung, die 1575 Sebastián de Córdoba den Pastoraldichtungen der für die spanische Lyrik bahnbrechenden Petrarkisten Boscán und Garcilaso de la Vega angedeihen läßt (›Las obras de Boscán y Garcilaso trasladadas en materias cristianas‹)[4] und die Auslegung, die 1625 Lope de Vega zur Verherrlichung des eucharistischen Sakramentes mit Petrarcas ›Trionfi‹ vornimmt (›Triumphos divinos‹)[5].

Das Werk Lope de Vegas ist in dreifacher Hinsicht bemerkenswert. Zum einen stellt es einen späten Höhepunkt des allegorischen Epos dar, das in dieser Form keine Zukunft mehr hat. Zum anderen steht es in Parallele zu ähnlichen Techniken der bildenden Kunst. Bester Ausdruck dieser Parallelität ist eine Gobelin-Serie von Rubens, die dieser zur gleichen Zeit im Auftrag der spanischen Statthalterin der südlichen Niederlande unter dem Titel ›Triumph der Eucharistie‹ anfertigt[6]. Wenngleich die These sich nicht halten läßt, Rubens sei durch das Epos Lope de Vegas direkt inspiriert worden [7], so ist doch gerade wegen dieser nicht gegebenen Abhängigkeit die Gleichartigkeit in Thema und Ausführung erstaunlich. Schließlich – drittens – stellen die ›Triumphos divinos‹ aus der Feder eines der größten Bühnenautoren der Weltliteratur trotz ihrer Zugehörigkeit zur Gattung des Epos ein hervorragendes Beispiel allegorischer Theatralisierung noch der abstraktesten Themen dar, wie sie für das Barock typisch ist[8]. Sie ist zwar in den Passions-, Mysterien- und Fronleichnamsspielen schon zuvor und seit dem Mittelalter praktiziert worden, doch erst im spanischen *auto sacra-*

mental des 17. Jahrhunderts, vor allem bei Calderón, erhält sie eine Form, die in dieser Ausprägung unüberboten bleibt.

Auch das spanische *auto sacramental* entwickelt sich aus mittelalterlichen Formen des allegorischen Theaters. Es entsteht abseits der Auseinandersetzung mit der Renaissance und ist insofern, anders als die bisher genannten Werke, keine Spiritualisierung weltlicher Stoffe[9]. Es nimmt seinen Ausgang von Darstellungen des Alten und Neuen Testaments, die aus Anlaß hoher kirchlicher Feiertage inner- und außerhalb der Kirche inszeniert wurden, und erhält seit 1264, mit der Einführung des Fronleichnamsfestes durch die Päpste Urban IV., Clemens V. und schließlich Johannes XXII., seine funktionelle Basis, wobei letzterem Papst das Verdienst zukommt, die Fronleichnamsprozession eingeführt zu haben. Die ersten spanischen Fronleichnamsprozessionen finden in der ersten Hälfte des 14. Jahrhunderts in Katalonien statt (Gerona 1314 [?], Barcelona 1322, Valencia 1355), in Kastilien und Andalusien erst hundert Jahre später[10]. Auch die Entwicklung des *auto sacramental* zu einer fest umrissenen Form des allegorischen Theaters aus der Verbindung des Weihnachtsspieles (*auto al nacimiento*) und der –figural gedeuteten – Darstellung des Alten und Neuen Testamentes (*auto historial*) mit der Feier der Eucharistie datiert erst aus dem 16. Jahrhundert: Frauke Gewecke bezeichnet in ihren ›Thematischen Untersuchungen zu dem vor-calderonianischen auto sacramental‹ eine 1520 in Burgos gedruckte ›Farsa sacramental‹ von López de Yangas als das »erste überlieferte *auto sacramental*«[11].

Friedrich Schlegel bemerkt einmal: »Alle höchsten Wahrheiten jeder Art sind durchaus trivial und eben darum ist nichts notwendiger als sie immer neu, und womöglich immer paradoxer auszudrücken, damit es nicht vergessen wird, daß sie noch da sind, und daß sie nie eigentlich ganz ausgesprochen werden können.« (›Über die Unverständlichkeit‹.) Ganz ähnlich argumentiert, um die immer gleiche Grundstruktur des *auto sacramental* zu rechtfertigen, Calderón:

Habrá quien haga fastidioso reparo de ver que en los más de estos Autos están introducidos unos mismos personajes como son: la Fe, la Gracia, la Culpa, la Naturaleza, el Judaísmo, la Gentilidad, etcétera. A que se satisface, o se procura satisfacer, con que siendo siempre uno mismo el asunto, es fuerza caminar a su fin con unos mismos medios mayormente si se entra en consideración de que estos mismos medios, tantas veces repetidos, siempre van a diferente fin en su argumento, con que, a mi corto juicio, más se le debe dar estimación que culpa a este reparo, [...].[12]

(Jemand mag Langeweile bei der Feststellung empfinden, daß in den meisten dieser Autos immer dieselben Personen vorkommen: Der Glaube, die Gnade, die Schuld, die Natur, das Judentum, das Heidentum etc. Dem ist entgegenzuhalten oder soll entgegengehalten werden, daß, da der Gegenstand immer derselbe ist, er zwangsläufig immer mit denselben Mitteln dargestellt werden muß, besonders, wenn man bedenkt, daß diese selben, so viele Male wiederholten Mittel in der Realisierung immer einem anderen Ziele dienen, so daß nach meinem beschränkten Urteil diese Langeweile eher Hochachtung als Vorwürfe verdient, [...]).

Die Unterscheidung von *asunto* und *argumento* ist wesentlich für die Definition des *auto sacramental*, sie beschreibt seine allegorische Technik. Der *asunto* ist die Eucharistie, die leibliche Gegenwart Christi im Abendmahl, deren Feier das Fronleichnamsfest immer erneut gilt. Das *argumento*, das Thema, ist die dramatisch-konkrete Darstellung dieses Sakraments mit allegorischen Mitteln, insbesondere durch Personifikationen. In den Vorspielen zu seinen *autos sacramentales* und in diesen selbst hat Calderón den Weg vom *asunto*, vom Gegenstand, zu seiner Verwirklichung auf der Bühne, im *argumento*, mehrfach beschrieben. Dabei schält sich als Abfolge der Vierschritt *asunto > argumento > concepto > cuerpo* heraus, dem im Bereich der künstlerischen Gestaltung, d.h. unterhalb der Ebene des *asunto* einsetzend, ungefähr der Vierschritt *fantasía > argumento > metáfora > realidad* entspricht, wobei wie schon bei Aristoteles für *metáfora* häufig auch *alegoría* steht[13]. Das Ergebnis ist die sichtbare Darstellung des Unsichtbaren:

> Alegoría:
> »[...] dando cuerpo al concepto
> aun lo no visible animo.« [14]

Am schönsten formuliert finden wir das in einer Passage des mythologischen Fronleichnamsspiels ›Der wahre Gott Pan‹ (›El verdadero Dios Pan‹):

> Pan: [...]
> La alegoría no es más
> que un espejo que traslada
> lo que es con lo que no es;
> y está toda su elegancia
> en que salga parecida
> tanta la copia en la tabla,
> que el que está mirando a una
> piense que está viendo a entrambas.
> Corre ahora la paridad
> entre lo vivo y la estampa [...].[15]

> (Der Gott Pan: [...]
> Die Allegorie ist nichts als
> ein Spiegel, der vermittelt:
> das, was ist, mit dem, was nicht ist;
> und ihre ganze Eleganz besteht darin,
> daß so ähnlich
> das Abbild in der Scheibe erscheint,
> daß, wer eines sieht,
> beides zu sehen vermeint.
> Es besteht nun Parität
> zwischen Original und Bild [...]).

II.

Das spanische Fronleichnamsspiel des 16. und 17. Jahrhunderts dient der Festigung des katholischen Glaubens, allerdings, wie schon angedeutet und anders als man vermuten würde, ohne einen ausgeprägt gegenreformatorischen Akzent. Es ist, wie Marcel Bataillon festgestellt hat, das Ergebnis »d'une transaction entre la coutume déjà invétérée de célébrer le Corpus par des représentations théâtrales et les exigences de la réforme catholique qui, au temps du Concile de Trente, prétendit ramener la fête à l'esprit de son institution.«[16] Zwar ließe sich für die Ausbildung des Fronleichnamsspiels unter Umständen sogar ein Dekret des Tridentinum anführen[17], doch die Forschung hat zu Recht festgestellt, daß sich die Gattung zum einen nur in Spanien, nicht aber auch z. B. im Frankreich der Religionskriege oder in Deutschland entfaltet hat, und daß sich zum anderen in den Fronleichnamsspielen zu wenig Anspielungen auf die Häretiker finden, um von einer ausgeprägt gegenreformatorischen Gattung sprechen zu können. Ein solcher Impuls wird erst im letzten Drittel des 16. Jahrhunderts, besonders nach 1575, spürbar; vor allem in der Gestalt der rechtmäßigen römisch-katholischen Kirche, die sich als *iglesia militante* und *iglesia triunfante* gegen die starrsinnige Synagoge und das immerhin bekehrungsfähige Heidentum behauptet.[18]

Die Nutzung des Fronleichnamsspiels für politische Zwecke ist ganz ähnlich zu beurteilen, auch wenn sich das Verhältnis des *auto sacramental* zur Politik als einer außerhalb seines Aufgabenbereiches liegenden Sphäre schwieriger gestalten mußte. Glaube und Politik sind selbstverständlich bis zum Ende des 17. Jahrhunderts und zum Teil ja weit darüber hinaus nicht zu trennen. Doch gestaltet sich ihre Verbindung in Spanien, dem Lande der Reconquista, der Inquisition und der Conquistadores, besonders eng. Politische Theorie, öffentliches Leben, bildende Kunst und Literatur legen davon gleichermaßen Zeugnis ab. So vergleicht etwa Balthasar Gracián, der Verfasser der bedeutendsten spanischen Barockästhetik und des von Schopenhauer übersetzten ›Oráculo manual‹, am Ende seiner panegyrischen Biographie des Königs Ferdinand von Aragón (1479–1516), desselben, den Góngora mit dem Epitheton ›aquel católico Marte‹ belegt, das Haus Habsburg mit den Engeln, deren in den neun Engelchören differenzierte Eigenschaften er in den Taten dieses von Gott den Spaniern geschickten Königshauses wiederfindet[19]. Gracián, der, wie zahlreiche politische Traktate der Zeit zeigen, mit dieser Technik keineswegs allein steht[20], wagt den Vergleich zwischen dem spanischen Herrscherhaus und den himmlischen Heerscharen im Bewußtsein von dessen Angemessenheit. Die Bezeichnungen der poetologischen Analyse versagen vor einer geheimen Identität der Erscheinungen, die nach dem Verständnis der Zeit in einem unendlichen Spiel von Ähnlichkeiten, von Analogien und Sympathien Ausdruck findet. ›Wissenschaftliche‹ Darstellungen wie etwa die von Pater Juan Eusebio Nieremberg, Verfasser eines Fürstenspiegels und anderer politologischer Schriften, vorgelegte ›Curiosa y oculta filosofía de la simpatía y antipatía de las cosas‹ (1629 u. ö.)

bestätigen auch für das Spanien des 17. Jahrhunderts, was Michel Foucault im Blick vor allem auf Frankreich konstatiert: »Bis zum Ende des 16. Jahrhunderts hat die Ähnlichkeit im Denken (*savoir*) der abendländischen Kultur eine tragende Rolle gespielt. Sie hat zu einem großen Teil die Exegese und Interpretation der Texte geleitet, das Spiel der Symbole organisiert, die Erkenntnis der sichtbaren und unsichtbaren Dinge gestattet und die Kunst ihrer Repräsentation bestimmt.«[21]

Berücksichtigt man diese Phänomenologie und die daraus abgeleitete Epistemologie des Barocks, so fällt es z.B. nicht schwer, die zeitgenössische Mode der Bildnisse *a lo divino* einzuordnen[22]. Sie, die in die Richtung der hier zu behandelnden Stücke weist, muß vielmehr ebenfalls unter dem Aspekt einer möglichen substantiellen Identität von Erscheinung und Bedeutung, von Sein und Anspruch gesehen werden. Den Anforderungen dieser Mode entsprechend werden im 16. und 17. Jahrhundert bei der Darstellung bedeutender Personen wie in der Dichtung in zunehmendem Maße christliche Attribute an die Stelle der seit der Renaissance üblichen mythologischen gesetzt. Mochte Diane de Poitiers, die Geliebte Heinrichs II. von Frankreich, um 1550 noch geschmeichelt sein, sich von einem unbekannten Maler aus der Schule von Fontainebleau als Jagdgöttin Diana dargestellt zu sehen, so widerfährt der spanischen Königin ein halbes Jahrhundert später die für unsere Begriffe fast schon blasphemische Ehre, kurz vor der Geburt des spanischen Thronfolgers, des späteren Philipp IV., auf einer Darstellung der Verkündigung des Malers Pantoja de la Cruz als Maria figurieren zu dürfen, während der Erzengel die Züge ihrer erstgeborenen Tochter Anna trägt[23]. Ähnliche Fälle der Grenzüberschreitung zur Vita Christi hin sind bekanntlich schon auf den Stifteraltären des Spätmittelalters zu finden. Sie dokumentieren den Zusammenhang, der zwischen Gegenwart und Neuem Testament, zwischen Geschichte und Heilsgeschichte kühn gesetzt und gesehen wird. Was sie in unserem Zusammenhang bemerkenswert macht und neben die *autos sacramentales* rückt, ist allerdings nicht so sehr die ikonographische Vermischung der Sphären wie der ideologische Anspruch, der hinter dieser ›pittura metafisica‹ avant la lettre steht, hinter dieser Darstellung *a lo divino*. Wenn schon im 16. Jahrhundert die Heilige Jungfrau mit den Zügen Isabellas der Katholischen oder eher diese in der Gestalt Mariae dargestellt werden kann[24], so verbirgt sich dahinter eine Umwendung der Renaissance-Mythologeme ins Christliche, der ein sehr ernstzunehmender apotheotischer Anspruch des spanischen Königtums zugrunde liegt. Ihn verraten auch Fronleichnamsspiele, die ein aktuelles politisch-dynastisches Ereignis zum Gegenstand haben.

III.

Im Vorspiel (*Loa*) zu dem Fronleichnamsspiel ›La segunda esposa y triunfar muriendo‹ (1649; ›Die zweite Gemahlin und im Tod triumphieren‹) läßt Calderón, auch darin einer literarischen Mode der Zeit folgend, einen Hirten und eine

Bäuerin auftreten. Dem Anlaß des Tages entsprechend (»denn heute schenkt sich das Himmelsbrot/den Menschen«[25]), unterhalten sie sich zunächst recht gelehrt über das Geheimnis (*misterio*) der Leibwerdung Christi, um dann auf die Feierlichkeiten selbst zu sprechen zu kommen:

> Labradora:
> [...] decidme, aquellas torres,
> o triunfales carros, que
> el aire ocupan disformes,
> ¿ para qué fin aquí están?
>
> Pastor:
> A fin de hacer las mejores
> fiestas que pudo la idea
> inventar.
>
> Labradora:
> ¿ Qué son?
>
> Pastor:
> Sermones
> puestos en verso, en idea
> representable, cuestiones
> de la Sacra Teología
> que no alcanzan mis razones
> a explicar ni comprender,
> y el regocijo dispone
> en aplauso deste día.
>
> (Bäuerin:
> [...] sagt mir, jene Türme
> oder Triumphwagen,
> die die Luft unförmig erfüllen,
> zu welchem Zweck stehen sie hier?
>
> Hirte:
> Um die besten
> Festlichkeiten zu feiern,
> welche die Idee erfinden konnte.
>
> Bäuerin:
> Worin bestehen sie?
>
> Hirte:
> In Predigten,
> in Verse gesetzt, in
> darstellbare Idee, Fragen
> der Heiligen Theologie,
> die zu erklären und zu verstehen
> meine Vernunftgründe nicht ausreichen
> und die der Jubel bereitet
> zur Feier des Tages.)

Dies ist eine der zahlreichen Definitionen des *auto sacramental*, wie sie uns Calderón in seinen Fronleichnamsspielen immer wieder gibt. Calderón beschreibt mit großer Klarheit die der Gattung eigene allegorische Technik (»Sermones/puestos en verso, en idea/ representable«). Sie ist notwendig, um dem *asunto*, dem Gegenstand des Fronleichnamsspiels (»cuestiones de la Sacra Teología/ que no alcanzan mis razones/ a explicar ni comprender«) gerecht zu werden. Dann jedoch gehen der Hirt und die Bäuerin auf das konkrete Thema des Fronleichnamsspiels ein, in dessen Vorspiel sie auftreten:

> Labradora:
> Dime mas, aunque perdones:
> ¿sobre qué idea las de hoy
> se fundan o se componen?
>
> Pastor:
> De la una solo he sabido.
> Que dando el Rey a sus nobles
> vasallos segunda Reina,
> que el reino mil siglos goce,
> en metáfora de boda,
> el ingenio lo dispone;
> y sin salir del asunto,
> por ir en todo conforme,
> le intitula la Segunda
> Esposa.
>
> (Bäuerin:
> Sag' mir mehr und entschuldige:
> Das heutige Fest, auf welche Idee
> gründet es sich, worin besteht es?
>
> Hirte:
> Ich hab' nur von einer gehört:
> Daß, da der König seinen edlen
> Untertanen eine zweite Königin gibt,
> deren das Reich tausend Jahrhunderte sich freuen möge,
> in einer Hochzeitsallegorie
> das Dichter-Ingenium dies darstellt
> und, ohne vom Gegenstand abzuweichen,
> um in allem übereinzustimmen,
> sie die Zweite Gattin nennt.)

Das allegorische System des Fronleichnamsspiels, wie es Calderón zur höchsten Vollendung entwickelt hat, wird hier in seiner Abfolge sichtbar gemacht: ohne Abweichung (»sin salir«) und in Übereinstimmung (»conforme«) mit dem alleinigen Gegenstand (»asunto«) des *auto sacramental*, der Feier der Eucharistie, wird diese mit den Mitteln (»idea«) der dichterischen Gestaltungskraft (»ingenio«) in allegorischer Form, als Hochzeit (»metáfora de bodas«), dargestellt (»dispone«).

Fronleichnamsspiele, deren Thema (*argumento*) sich einem historischen Anlaß verdankt, sind keine Ausnahmeerscheinungen in der Geschichte der Gattung, sondern der Forschung als Gelegenheitsdichtung (*autos sacramentales de circunstancias*) durchaus geläufig. Sie können den verschiedensten Ereignissen, Gestalten und Institutionen der spanischen Zeitgeschichte gelten, der Inquisition, der Geldentwertung, einer Überschwemmung, dem feierlichen Einzug einer Fürstin oder dem Treueschwur für den Kronprinzen[26]. Ein Meister dieser Gattung ist Calderón. Wir besitzen von ihm, der für die Abfassung von Fronleichnamsspielen in der Hauptstadt Madrid Jahrzehnte hindurch das Monopol besaß, z. B. *autos sacramentales* über das Königsschloß zu Madrid, über das heilige Jahr 1650, über eine königliche Jagd, über die zum katholischen Glauben bekehrte Königin Christine von Schweden und über eine Generalamnestie[27]. Calderón folgt mit dieser thematischen Vielfalt, die in ihrer Beliebigkeit wohl nicht zufällig an die Emblematik erinnert, offensichtlich der Spiritualisierungsmode der Zeit.

Auch die Gestaltung einer aktuellen Hochzeit *a lo divino* ist keine *idea* Calderóns, vielmehr kennen wir eine ganze Reihe von Fronleichnamsspielen, die aus Anlaß einer Fürstenhochzeit entstanden sind:

an., ›Farsa sacramental de la bodas de España‹ (1570)
an., ›Los desposorios de la Infanta, moralizado á lo divino‹ (1585)[28]
Lope de Vega, ›Las bodas entre el alma y el amor divino‹ (1599)
Calderón de la Barca, ›La segunda esposa y triunfar muriendo‹ (1649)
Calderón de la Barca, ›El lirio y la azucena‹ (1660)

Wie nun verträgt sich in diesen Stücken die politische Aktualität mit dem Dogma der Eucharistie, die Einmaligkeit der historischen Konstellation mit der zyklischen Wiederkehr des kirchlichen Festes, die gerade dem Barockzeitalter stets gegenwärtige Vergänglichkeit des Individuums mit der Ewigkeit des Sakraments?

Die Handlung der ›Farsa sacramental de la bodas de España‹, die zum Fronleichnamsfest 1570 in Toledo aufgeführt wurde, ist klar und übersichtlich[29]. Europa will ihre geliebte Tochter España verheiraten. Die Zeit präsentiert ihr als Kandidaten den Krieg, die Ignoranz, den Hunger und den Jammer (›Tristeza‹). Die falschen Genera des Spanischen (dreimal weiblich) stören dabei nicht. Den Sieg trägt jedoch die durch den Glauben eingeführte, im Spanischen männliche göttliche Liebe davon, worauf sich die ersten Prätendenten in ihr Gegenteil verwandeln, Krieg in Frieden, Ignoranz in Klugheit, Hunger in Überfluß und Jammer in Freude:

> Fee:
> Que en virtud del Sacramento,
> Los oficios mundanales
> Dejen su terrestre asiento,
> Y para los celestiales
> Recobrarán nuevo aliento.[30]
>
> (Der Glaube:
> Kraft des Sakramentes
> mögen die Pflichten der Welt

ihren irdischen Aufenthalt verlassen
und für die himmlischen Freuden
werden sie neuen Atem erlangen.)

Die für ein Hochzeitsspiel eher befremdlichen Allegorien, die für den zeitgenössischen Zuschauer zunächst nur Anspielungen auf die katastrophale Aktualität
waren[31], transzendieren also in der Schlußmetamorphose ebendiese bedrük-
kende Wirklichkeit. Das Stück endet mit dem Zeigen der Hostie. Die Apotheose
wird jedoch ihrerseits – und das ist das eigentliche Ziel der Handlung – wieder
zur Zeitgeschichte in Beziehung gesetzt: Wenige Tage später, am 12. November
1570, vermählt sich der verwitwete Philipp II. mit Anna von Österreich und das
Wort der göttlichen Liebe »Folgt mir, denn ich bin Spanier«[32] erhält seinen
durchaus konkreten Sinn[33].

Lope de Vega und Calderón verwenden in ihren Hochzeitsstücken diese hier
schon früh entwickelte Technik der allegorischen Aktualisierung in einer noch
direkteren Form: als *allegoria permixta* [34]. So identifiziert Lope de Vega in seiner *representación moral*, die im Jahre 1599, wenige Tage nach der Vermählung
Philipps III. von Spanien mit der Erzherzogin Margarethe von Österreich, aufgeführt wurde, diese mit der menschlichen Seele und jenen mit Christus:

> Fama: […]
> Dicen que al Alma contrita,
> piedra preciosa en la tierra,
> o perla que en Austria habita,
> y el nácar del cuerpo encierra,
> se ha llamado Margarita.
>
> Custodio:
> Y Filipo el Rey Amor,
> por la Fe y felicidad
> de su reino y su valor.[35]
>
> (Fama: […]
> Man sagt, daß die zerknirschte Seele,
> Edelstein auf Erden
> oder Perle, die in Österreich wohnt
> und die das Perlmutt des Körpers einschließt,
> sich Margarethe nennt.
>
> Wächter:
> Und der Liebeskönig sich Philipp,
> wegen des Glaubens und Glücks
> seines Reiches und seines Werts.)

Die allegorische Identifikation geht also einmal vom Namen aus (spanisch: *margarita* = Perle), einmal von den dem König *ex officio* zugeschriebenen Qualitäten. Christus wird am Kreuze gezeigt, der Evangelist Johannes tritt zusammen
mit mehreren allegorischen Figuren auf und am Ende sieht man wiederum die
Hostie. Zuvor jedoch hat Lope de Vega Johannes den Täufer zum Oberquar-

tiermeister des Königs gemacht und Jerusalem mit Valencia, dem Ort der Trauung identifiziert:

> El Amor viene a casarse
> con el Alma Margarita.
> Valencia eres hoy, bendita
> puede tu tierra llamarse;
>
> pues será privilegiada
> del Amor Filipo santo,
> y por bien y favor tanto
> de toda España envidiada.
>
> Aquel Segundo que fue
> y es de los tres el segundo,
> murió en ti, y dejó en el mundo
> su cuerpo en pan, ley y Fe.
>
> Y hoy desta Alma enamorado,
> con el mismo, que es su Amor,
> la casa por el valor
> del deudo humano y sagrado.[36]

> (Die Liebe kommt heute, um sich zu vermählen mit der
> Seele Margarethe.
> Du bist Valencia heute, gesegnet
> kann Deine Erde sich nennen;
>
> Denn sie wird privilegiert sein
> durch die Liebe, den heiligen Philipp,
> und ob solchen Schatzes und solcher Gunst
> von ganz Spanien beneidet.
>
> Jener Zweite, denn er war
> und ist von den Dreien der Zweite,
> starb in Dir, und er ließ zurück in der Welt
> seinen Körper in Brot, Gesetz und Glaube.
>
> Und heute, verliebt in diese Seele,
> mit demselben, der ihr Geliebter ist,
> vermählt er sie wegen des Wertes
> des menschlichen und heiligen Verwandten.)

Schon an diesen beiden Zitaten wird erkennbar, wie Lope de Vega das eigentliche Thema (*asunto*) des Fronleichnamsspiels, den in der Feier der Eucharistie siegreich endenden Kampf um die menschliche Seele, den Bosheit, Neid und Sünde hier erfolglos gegen die Kräfte des Lichts führen, vollkommen und gleichsam ohne Skrupel mit dem aktuellen Anlaß verquickt – ein Phänomen, das ohne Kenntnis der Spiritualisierungsästhetik des Barock und ihrer pragmatischen Funktion nicht angemessen beurteilt werden kann.

Die kühnste und geistreichste Ausprägung dieser Ästhetik bietet, wie nicht anders zu erwarten, Calderón. Um dies zu zeigen, soll nicht das zweite, relativ leicht verständliche Hochzeitsstück von Calderón gewählt werden, ›El lirio y la azucena‹, eine Allegorie auf die Vermählung Ludwigs XIV. mit der Infantin Maria Teresa von Navarra, der französischen Lilie mit der Narzisse von Navarra (daher auch, in Anspielung auf den Pyrenäenfrieden von 1659, der Untertitel: ›La paz universal‹), sondern das erste, kompliziertere Stück, ›La segunda esposa y triunfar muriendo‹. Das »monstruo de ingenio«, das Wunder an *ingenium*, wie Calderón schon von den Spaniern des 17. Jahrhunderts genannt wurde, läßt in diesem, 1649 anläßlich der Vermählung Philipps des IV. mit der österreichischen Prinzessin Maria Anna aufgeführten Fronleichnamsspiel, zwar König und Königin schlicht als »Rey« und »Esposa« (Gattin) figurieren, gestaltet jedoch zugleich die heilsgeschichtlichen und dogmatischen Bezüge ungemein reich und differenziert. Nicht nur endet auch hier der Kampf, den die sechs auf Christus selbst zurückgeführten Sakramente (Taufe, Firmung, Buße, Kommunion, Priestertum, Ehe) mit Sünde und Tod um den Menschen führen, im obligatorischen Triumph, sondern Calderón verbindet ihn auch sinnreich mit der bildhaften Darstellung des Dogmas, etwa im doppelten Auftreten, am Anfang und am Ende, der genannten Sakramente. Die Beziehungen zwischen Anlaß und Dogma werden dabei sorgfältig motiviert und überdies in der Handlung selbst mit Autoritäten belegt, so etwa, wenn die Vorbereitungen der Hochzeit mit auf der Bühne verlesenen Texten aus den Evangelien und Kirchenvätern beschrieben werden[37]. Auch die Identifizierung des Königs mit Christus wird inmitten der übrigen Personifikationen nicht gescheut, sondern im Gegenteil ausführlich, z. B. historisch und heraldisch abgesichert:

> Placer:
> Un Rey
> tan Humano y tan Divino,
> que siendo Austral a dar vino
> al clima occidental Ley
> tan de Gracia, que la da
> de balde su condición.
>
> Muerte:
> ¿ Que señas tiene?
>
> Placer:
> El León
> coronado de Judá
> es su empresa, y como viene
> a dar Vida, y lo mostró
> en Magdalo, dél tomó
> el Castillo, y así tiene
> su Alcázar, para más fama
> illustrados los blasones
> de Castillos y Leones.
>
> Pecado:
> ¿ Dinos ya cómo se llama?
>
> Placer:
> Si es León, ¿ no consideras

que ya su nombre anticipo
en sus señas, pues Philipo
es ser domador de fieras? [38]

(Das Vergnügen:
Ein König,
so menschlich und so göttlich,
daß er als Südländer kam,
dem Westen ein Gesetz zu geben
so voller Gnade,
daß er es umsonst gewährt.

Der Tod:
Welches sind seine Zeichen?

Das Vergnügen:
Der gekrönte Löwe
von Judäa
ist seine Emprese,
und da er kommt,
das Leben zu spenden, und dies zeigte
in Magdala, übernahm er von dort
die Burg, und es führt so
sein Schloß zu größerem Ruhm
die Wappen verziert
mit Burgen und Löwen.

Die Sünde:
Sage uns noch, wie er sich nennt.

Das Vergnügen:
Wenn es ein Löwe ist, meinst du nicht,
daß ich seinen Namen
in seinen Zeichen vorwegnehme, da Philipp
Bezwinger der wilden Tiere bedeutet.)

Die Anspielungen auf die Vita Christi wie auf das spanische Königshaus, die sich in dieser Beschreibung verbergen, sind, wie man sieht, zahlreich. Wortspiel (»Austral« für Österreich) und Etymologie (Philipo – Tierbändiger, statt: Pferdeliebhaber) werden dafür ebenso eingesetzt wie Geschichte (»Castillo« – Burg; für: Kastilien) und Heilsgeschichte (»un Rey/tan Humano y tan Divino«; »El León/coronado de Judá« – beides für Christus). Angesichts einer so perfekten Motivationstechnik kann auch die Art nicht verwundern, wie die Braut in das allegorische Geschehen des Fronleichnamsspiels eingebunden wird, als Kirche, zu der sie als zweite Frau nach der ersten, zur Synagoge erklärten, gemacht wird[39], wie als Maria – eine Gleichsetzung, die Calderón ihr aufgrund ihres Namens Maria Anna ebenso angedeihen lassen kann wie aufgrund der durch das Trinitätsdogma möglichen Verflechtungen (»Du Gottes Tochter, Mutter und Braut«, wie es im Text eines Marienliedes heißt[40]).

Die in den Fronleichnamsspielen Calderóns angelegte Vielfalt der Bezüge, die mit immer neuen Einfällen auch dramatisch konkretisiert wird, kann hier nicht

weiter verfolgt oder gar vollständig dargestellt werden. Die bisherigen Andeutungen können vielmehr nur Beispiele für die Technik sein, mit der im spanischen *auto sacramental de circunstancias* des 17. Jahrhunderts *asunto* und *argumento*, Eucharistie und Politik verbunden werden. Wie schon die Zitate aus dem
Vorspiel von ›La segunda esposa y triunfar muriendo‹ gezeigt haben, zeichnen
sich die Fronleichnamsspiele, sofern sie einem aktuellen Anlaß gelten, durch
eine Eigenschaft aus, die Hans-Georg Gadamer in Anlehnung an einen Begriff
der neueren Logik *Okkasionalität* genannt hat:

> Okkasionalität besagt, daß die Bedeutung sich aus der Gelegenheit, in der sie gemeint
> wird, inhaltlich fortbestimmt, so daß sie mehr enthält als ohne diese Gelegenheit. So ent-
> hält das Porträt eine Beziehung auf den Dargestellten, in die man es nicht erst rückt, son-
> dern die in der Darstellung selber ausdrücklich gemeint ist und sie als Porträt charakteri-
> siert. Es bleibt dabei entscheidend, daß die gekennzeichnete Okkasionalität im Anspruch
> des Werkes selber gelegen ist und ihm nicht etwa von seinem Interpreten erst aufgenötigt
> wird. [41]

Gelegenheit und Bedeutung werden im *auto sacramental de circunstancias* vereint. Der städtische, kirchliche oder königliche Auftrag, dem wir diese Stücke
verdanken, verleiht ihnen Anspruch und Gewicht [42]. Das entzieht einer Beurteilung den Boden, die in den am aktuellen Anlaß orientierten Fronleichnamsspiel nur den Zwitter sieht, eine, wie der berühmte spanische Philologe Marcelino Menéndez y Pelayo am Ende des 19. Jahrhunderts formuliert, »hybride und
monstruöse Gattung, in der mit ungeschickter Mischung, die nur für Zuschauer
mit so robustem Glauben etwas anderes als Respektlosigkeit und Skandal sein
konnte, das Heilige mit dem Profanen in ein und derselben allegorischen Handlung sich vermengte«. [43]

Die Kontrafaktur des aktuellen Anlasses, an der hier Anstoß genommen wird,
erinnert zwar an die scheinbar assoziative Beliebigkeit der Empresen- und Emblemliteratur, doch sie verzichtet auf deren – im übrigen durchaus motivierte –
kombinatorische Freiheiten. Denn während dort die »profane Welt in allegorischer Betrachtung sowohl im Rang erhoben wie entwertet« wird (Walter Benjamin [44]), als Verweis auf höhere Bedeutung einerseits wie als eben dadurch
auch zurückstehende Profanität, hat das *auto sacramental* im katholischen
Dogma seinen Fixpunkt. Es muß in sich auch nicht die strukturellen Spannungen
austragen, die K. Ludwig Pfeiffer in seiner, wie er sie nennt, »funktionsge-
schichtlichen« Analyse der Allegorie aus prudentianischer Tradition zwischen
Erzählung und Theorie, zwischen allegorischer Fiktion und ethischem Dogma
konstatiert [45]. Denn die narrative – oder dramatische – Fiktion, die in den allegorischen Dichtungen im Gefolge der ›Psychomachia‹ als Wiederherstellung des
im Mittelalter der Personifikation geopferten Erzählzusammenhangs (μῦθος) [46] den ideologischen Anspruch erst eigentlich konkretisiert, zählt im
Fronleichnamsspiel sichtbar zur literarischen Form, welche die Lehre, die aus
der Handlung zu ziehen ist, nie übertönen kann. Der Gegenstand des Fronleichnamsspiels ist kein künstlicher, erst zu erstellender, sondern die aller Fiktion

vorausliegende Glaubenswahrheit, auf die hin die Wirklichkeit ausgerichtet ist, ohne je mit ihr in Konkurrenz treten zu können.

Wenn die Allegorie als eine literarische Form dabei gleichwohl nicht der Eindeutigkeit des Dogmas weichen muß, dann aus zwei Gründen. Zum einen kann es sich im Allegorieverständnis des spanischen Barock bei jeder Art von Literatur immer nur um eine *allegoria in verbis* handeln, um Tropen, Metaphern, Parabeln, Vergleiche ohne die ontologische Gewalt, die allein der *allegoria in factis* zukommt, der den Dingen, Personen und Ereignissen von Gott selbst und allein mitgegebenen Symbolkraft, wie sie sich dem Kundigen insbesondere als allegorischer, tropologischer und anagogischer Sinn jenseits des historischen und wörtlichen offenbart[47]. Das Fronleichnamsspiel gehört mit seiner allegorischen Technik eindeutig in den Bereich der Poesie und der Rhetorik, es vermag das Sakrament der Eucharistie nur sinnbildlich darzustellen, nicht jedoch zum Beispiel die Messe am Fronleichnamstag in ihrer von Gott gestifteten Heilskraft zu ersetzen. Zum anderen aber bieten die Kontrafaktur aktueller Ereignisse und Personen wie auch das Bildnis *a lo divino* gerade in ihrer typisch barocken Ambiguität von Porträt und Modell, von Geschichte und Überzeitlichkeit eine Chance, die der nach dem Vorbild der ›Psychomachia‹ konstruierten Allegorie verwehrt bleiben muß. Während Prudentius und seine Erben zur Darstellung von Ideen die Technik der Personifikation einsetzen müssen, also ein *signifiant* für ein *signifié*, fallen im Bildnis des Barock bei der Darstellung fürstlicher Häupter, aber auch im Selbstporträt des Künstlers, etwa Rembrandts[48], und in der Darstellung politischer Tagesereignisse, Person und Personifikation gleichsam zusammen: die Idee erscheint in der Person und idealisiert sie in ihrer individuellen Einmaligkeit. Im Falle des Fronleichnamsspiels kommt als Drittes hinzu, daß es der Feier dient, dem Fest der Eucharistie, dessen Sinn ja gerade die Vergegenwärtigung des Zeitlosen im Sakrament ist[49]. Die allegorische Anspielung auf Zeitgenossen, die in den hier betrachteten Stücken bis zur Identifizierung mit den höchsten Werten des katholischen Dogmas, ja sogar mit Christus selbst geführt wird, verschafft den Dargestellten einen »Seinszuwachs« (Gadamer[50]), wie er in der Realität nicht zu erlangen ist. Die *allegoria in verbis* der Literatur erreicht im *auto sacramental* die Grenze, die sie – allerdings unüberschreitbar – von der göttlichen *allegoria in factis* trennt.

Anmerkungen:

1 Seznec, S. 229 ff.
2 Luis de Góngora: Obras poéticas, hg. R. Foulché-Delbosc, New York 1921, Bd. I, S. 90.
3 Vgl. Titus Heydenreich: Culteranismo und theologische Poetik (Analecta romanica 40), Frankfurt a. M. 1977.
4 Hg. Glen R. Gale, Madrid 1971. Zur Gattung allgemein vgl. Wardropper, 1958.
5 Vgl. dazu Müller-Bochat, 1957, sowie – zu einer weiteren Petrarca-Kontrafaktur – Lentzen.
6 Vgl. dazu: Peter Paul Rubens (Katalog der Kölner Rubens-Ausstellung 1977), Köln

1977, S. 355–379, und die dort, S. 368, angegebene Literatur. Außerdem Julian Gállego: La alegoría en Rubens, Goya 140/141 (1977), S. 118–131, und Neumeister, S.
247–256.

7 Vgl. Victor H. Elbern: Der Eucharistische Triumph, Kölner Domblatt 14/15 (1958),
S. 121–134.

8 Vgl. Emilio Orozco Díaz: El Teatro y la teatralidad del Barroco, Barcelona 1969.

9 Dennoch gibt es – insbesondere bei Calderón – eine ganze Reihe bedeutender Fronleichnamsspiele, in denen bukolische und mythologische Motive spiritualisiert werden.

10 Gewecke, S. 18, Anm. 1.

11 Ebd., S. 77 ff. Zur Gattung des *auto sacramental* allgemein vgl. vor allem Bataillon,
Flecniakoska, A. A. Parker und Wardropper, 1967.

12 Pedro Calderón de la Barca: Autos sacramentales (Clásicos Castellanos 74), hg. A.
Valbuena Prat, Madrid 1967, Bd. II, S. 4.

13 Vgl. dazu Gerhard Kurz: Zu einer Hermeneutik der literarischen Allegorie, oben S.
12 ff., und – für Calderón – A. A. Parker, S. 72 ff. Gewecke, S. 11, Anm. 2 und 4, gibt –
wenig praktikabel – *asunto* mit »Motiv« und *argumento* mit »Thema« wieder.

14 Pedro Calderón de la Barca: El Sacro Parnaso, Loa (zitiert nach A. A. Parker, S. 79).
Vgl. Römer I, 20, das möglicherweise davon herrührende Augustinus-Wort *de corpo-
ralibus temporalibusque rebus aeterna et spiritualia capiamus* (De doctr. christ. I, 4),
aber auch das von Erasmus gebrauchte Bild von der Jakobsleiter (zitiert bei Erich
Kleinschmidt: Denkform im geschichtlichen Prozeß, hier S. 401, Anm. 47).

15 Ders.: Obras completas, Madrid 1967, Bd. III (Autos sacramentales, hg. A. Valbuena
Prat), S. 1242 b. Belege für den Vergleich Spiegel/Allegorie aus dem deutschen
Sprachraum bei Kleinschmidt [s. Anm. 14], S. 400, Anm. 31.

16 Bataillon, S. 204. Zur glaubensstärkenden Funktion speziell der Allegorie vgl. de Lubac (1959–1964), Bd. 1, Kap. VIII, 4 (L'édification de la foi), zur bislang oft vernach-
lässigten Frage nach den Funktionen der Allegorie allgemein Meier, 1977, Gemma, S.
65–69.

17 13. Sitzung am 11. Oktober 1551, caput V: *De cultu et veneratione huic sanctissimo sa-
cramento exhibenda* (nach Gewecke, S. 44).

18 Vgl. Gewecke, S. 36 ff. und 218 ff.

19 El Político Don Fernando el Católico (Biblioteca Anaya 14), hg. E. Correa Calderón,
Salamanca/Madrid 1961, S. 66. Zur Theorie der neun bzw. – vor Thomas von Aquin –
zehn Engelchöre vgl. Wolfgang Babilas: Untersuchungen zu den Sermones subalpini,
München 1968, S. 173–213.

20 Vgl. Angel Ferrari: Fernando el Católico en Baltasar Gracián, Madrid 1945, S. 322 f.,
Anm. 531.

21 Foucault (dt.), S. 46; vgl. ebd., passim.

22 Vgl. dazu Emilio Orozco (Díaz): Lo profano y lo divino en el retrato del Manierismo y
del Barroco, in: Ders.: Mística, Plástica y Barroco (colección goliárdica 12), Madrid
1977, S. 143–229, sowie die dort, Anm. 5, 6 und 7, angegebenen Arbeiten desselben
Autors.

23 Musée du Louvre, Paris, bzw. Kunsthistorisches Museum, Wien.

24 Vgl. Orozco [s. Anm. 22], S. 170.

25 Calderón de la Barca [s. Anm. 15], S. 425–427 (Loa), ebenso im folgenden.

26 Vgl. Gewecke, S. 225 ff. und 263 ff.

27 El nuevo Palacio del Retiro (1634); El Año Santo de Roma (1650); El valle de la Zar-
zuela (1655?); La Protestación de la Fe (1656); El Indulto General (1680). Vgl. dazu
und zu weiteren Gelegenheitsstücken die Inhaltsangaben bei Engelbert Günthner:
Calderon und seine Werke, Freiburg i. Br. 1888.

28 Vgl. Gewecke, S. 233, Anm. 1. Das Stück gilt als verloren.

29 Abgedruckt in Eduardo González Pedroso (Hg.): Autos sacramentales desde su origen hasta fines del siglo XVII (Biblioteca de Autores Españoles 58), Madrid 1952, S. 71–75.

30 Ebd., S. 75.

31 Vgl. ebd., S. 74 b, Anm. 2.

32 »Seguidme, qu'español soy« (ebd., S. 75 b).

33 Die Rückführung der dramatischen Fiktion auf eine konkrete und identifizierbare Aktualität läßt einmal mehr die Wirklichkeitsauffassung des Barock sichtbar werden, in der Sinnbild und Realität eins sind (vgl. dazu Neumeister, S. 237–239).

34 Vgl. Kurz [s. Anm. 13], hier S. 15 f.

35 Las bodas entre el alma y el amor divino, in: Lope de Vega: Obras (Biblioteca de Autores Españoles 157), hg. Marcelino Menéndez y Pelayo, Madrid 1963, Bd. VI, S. 27 b.

36 Ebd., S. 35 a.

37 Z. B. Calderón de la Barca [s. Anm. 15], S. 434 a.

38 Ebd., S. 433 b.

39 Ebd., S. 429 b u. ö.

40 »Maria zu lieben ist allzeit mein Sinn« (Katholisches Kirchengesangbuch).

41 Gadamer, 1960, S. 137 f. Vom okkasionellen Anspruch der hier behandelten, auf die Herrscherperson und also nicht wie im Porträt auf ein ›beliebiges‹ Individuum bezogenen Stücke ist auch dann noch auszugehen, wenn die Allegorie kurzerhand umgewidmet wird, wie dies 1701, anläßlich des Regierungsantritts von Philipp V. von Spanien, mit Calderóns zweiten, ursprünglich für Philipp IV. bestimmten Hochzeitsstück ›El lirio y la azucena‹ geschah (vgl. Calderón de la Barca [s. Anm. 15], S. 915–939).

42 Die Fronleichnamsspiele werden zwar von den Städten in Auftrag gegeben, die jedoch ihrerseits unter dem Zwang stehen, bei Anlässen, die das Königshaus oder die Kirche allgemein betreffen (Heiliges Jahr), einen angemessenen Aufwand zu treiben.

43 M. Menéndez y Pelayo, in: Lope de Vega [s. Anm. 35], S. XXVIII. Die gleiche, durch eine klassizistische Kunstauffassung bedingte Verkennung der Gattung findet sich schon bei Grillparzer: »Es ist wirklich beinahe gotteslästerlich, wie Calderón in seinen *Autos sacramentales* die göttlichen Personen und Handlungen mit der Schmeichelei für das regierende Haus zusammenwirft.« Grillparzers Werke in 16 Teilen, Bd. 13 (Studien III), V.: Zur spanischen Literatur, Nr. 182 (1860; vgl. auch Nr. 183 [1864] betr. El Indulto General).

44 Benjamin, 1963, S. 193.

45 Pfeiffer, S. 580–582. Vgl. Jauß, 1960.

46 Jauß, 1971, S. 189.

47 Vgl. Strubel, besonders die Zitate von Bonaventura und Thomas von Aquin (S. 954 u. 355 f.).

48 Christian Tümpel: Rembrandt in Selbstzeugnissen, Reinbek 1977, S. 124 ff. Vgl. auch Conrad Wiedemann: Bestrittene Individualität, unten S. 574 ff.

49 Zur Zeitstruktur des Festes vgl. Gadamer, 1960, S. 117 f., und ders.: Die Aktualität des Schönen, Stuttgart 1977, S. 52–56. Außerdem die einschlägigen Arbeiten von K. Kerényi: Vom Wesen des Festes (1938), in: Ders.: Die Religion der Griechen und Römer, Darmstadt/München/Zürich 1963; R. Caillois: Théorie de la fête (1939), in: Ders.: L'homme et le sacré, Paris 1963; J. Pieper: Über das Phänomen des Festes, Opladen 1963, in: Ders.: Zustimmung zur Welt, München 1963; H. G. Cox: The Feast of Fools, Harvard 1969; G. H. Martin: Fest und Alltag, Stuttgart 1973; J. Duvignaud: Fêtes et Civilisations, Paris/Genf 1973; A. Simon: Les signes et les songes, Paris 1976.

50 Gadamer, 1960, S. 141, vgl. S. 133 ff.

Konzepte des Allegorischen in der englischen Renaissance

Von Heinrich F. Plett (Essen)

Eine Theorie des Allegorischen in der englischen Renaissance muß von mehreren Prämissen ausgehen, nämlich: 1. daß Allegorie ein historisches Phänomen darstellt und als solches dem Wandel unterliegt; 2. daß Allegorie kein einheitliches, sondern ein vieldimensionales Konzept mit unterschiedlichen historischen Wurzeln bildet; 3. daß Allegorie in Wechselwirkung zu der Produktion und Analyse von Texten steht; und 4. daß Allegorie nicht nur als eine texttheoretische, sondern auch als eine soziokulturelle Kategorie zu werten ist. Aus einer solchen Aufzählung geht hervor, daß der Gegenstand recht komplex ist. Seine Behandlung stößt daher auf verschiedene Schwierigkeiten. Diese beginnen schon mit der Beschaffung und Sichtung des Quellenmaterials. Hier gilt es zu berücksichtigen, daß für eine historische Rekonstruktion der englischen Renaissanceallegorie nicht nur rhetorische und poetologische Zeugnisse, sondern auch solche der Philosophie, Pädagogik und Theologie heranzuziehen sind. Will man weiterhin historische Abhängigkeiten und Wechselwirkungen herausarbeiten, so muß man die Übernahme tradierter Allegorievorstellungen im Auge behalten. Endlich besteht eine wesentliche Aufgabe darin, die ermittelten Theoriekonzepte zur Literatur und Kultur des 16./17. Jahrhunderts in Beziehung zu setzen. Auf diese Weise erscheint die Allegorie nicht als eine isolierte texttheoretische Kategorie, sondern als eine prägende gesellschaftliche Erscheinungsform dieser Zeit. Derartiges aufzuweisen, bildet eines der Ziele der nachfolgenden Untersuchungen.

Die Allegorie hat seit jeher einem zweifachen Zweck gedient: Texte herzustellen und Texte zu analysieren. In der letzteren Eigenschaft ist sie auch unter dem Terminus ›Allegorese‹ bekannt. Als textgenetische Kategorie ist sie vorwiegend in Rhetoriken, als textanalytische Kategorie primär in Poetiken und theologisch orientierten Werken anzutreffen. In der englischen Renaissance tritt ferner eine Dimension hinzu, die den Namen ›sozialästhetisch‹ tragen soll. Akzeptiert man diese Unterscheidungen, so liegt es nahe, die Allegorie unter einem dreifachen Blickwinkel zu betrachten: dem produktionsästhetischen, dem rezeptionsästhetischen und dem sozialästhetischen. Die Bezeichnungen ›produktionsästhetisch‹ und ›rezeptionsästhetisch‹ sind deswegen gewählt, weil es im folgenden weniger um Texte schlechthin als um literarische Texte geht. Die Nomenklatur ›sozialästhetisch‹ erfaßt einen besonderen Aspekt der beiden anderen Perspektiven. Alle drei zusammen ergeben erst eine Annäherung an ein Gesamtbild des Allegorischen in der englischen Renaissance.

Vorarbeiten zum Thema existieren nicht in großer Zahl. Die beiden Klassiker der Allegorieforschung, C. S. Lewis' ›The Allegory of Love‹ (1936) und Rosemond Tuves ›Allegorical Imagery‹ (1966), widmen sich in erster Linie literarischen Manifestationen von Allegorie. Sie gehören in die gleiche Rubrik wie die zahlreichen Arbeiten zur Allegorie Spensers. Unter den Abhandlungen zur Theorie des Allegorischen sind die Darstellungen von Joshua McClennen, Michael Murrin und John M. Steadman die wichtigsten.[1] Ihre Fragestellungen und Ergebnisse finden Eingang in die nachfolgenden Erörterungen.

1. Die produktionsästhetische Perspektive: Allegorie als rhetorische Vertextungskategorie

Seit dem Altertum hat die Allegorie in der Rhetorik ihren festen Platz. Dieser ist der Bereich der *elocutio*, der rhetorischen Stillehre. Nicht anders verhält es sich mit der englischen Renaissance-Rhetorik. Die bedeutendste elisabethanische Stillehre, Henry Peachams ›The Garden of Eloqvence‹, bietet in der 2. Auflage von 1593 folgende Definition an:

> Allegoria, called of Quintilian, Inuersio, is a Trope of a sentence, or forme of speech which expresseth one thing in words, and another in sense. In a Metaphore there is a translation of one word onely, in an Allegorie of many, and for that cause an Allegorie is called a continued Metaphore.[2]

Die beiden Definitionssätze stellen fast exakte Übersetzungen aus Quintilians ›Institutio Oratoria‹ (VIII, vi, 44; IX, ii, 46, cf. VII, vi, 44) dar. Der elisabethanische Autor versäumt nicht, auf seine Quelle hinzuweisen, verbürgt doch die klassische Autorität die Gültigkeit seiner Aussage. Die Aussage selbst gliedert sich in zwei Abschnitte. Der erste Abschnitt stellt heraus, daß die Allegorie eine besondere Form des *improprie*-Sprechens bildet; das heißt: dasjenige Sprachzeichen, welches für einen Gegenstand die ›unmittelbare‹ (*proprie-*) Bezeichnung darstellt, wird durch ein solches des ›mittelbaren‹ Sinnbezugs ersetzt. Das Resultat ist eine semantische Substitutionsfigur oder ein Tropus. Der Modus der Substitution ist ein Wesensmerkmal von rhetorischer Sekundarität (wie z.B. auch die Operationsweisen der Addition, der Subtraktion und der Permutation).[3] Insofern besitzt der Tropus den Status eines sekundären Sprachzeichens. Der zweite Abschnitt der Aussage Peachams identifiziert die Allegorie mit einer fortgesetzten Metapher. Das bedeutet, daß sie nicht wie die Metapher durch die Ersetzung eines einzelnen Wortes, sondern durch den Umtausch mehrerer erzeugt wird. Als Grenze einer solchen sekundären Zeichenkette gibt Peacham den Satz an, indem er die Allegorie unter die »Tropes of Sentences« einreiht. Die Allegorie besagt im Kontext dieser Stiltheorie folglich eine satzsemantische Substitutionsfigur oder einen Satztropus.

Damit verbleibt Peacham im Rahmen seines antiken Vorbildes Quintilian. Nicht viel anders bietet sich das Bild in weiteren Rhetoriken des 16. und 17. Jahrhunderts dar. William Dugards ›Rhetorices Elementa‹ (1648) geben Quintilian (›Institutio Oratoria‹ VIII, vi, 44) mit der Allegoriedefinition *cùm aliud verbis, aliud sensu proponitur* beinahe wörtlich wieder.[4] Die gleiche Formel taucht in wechselnden Varianten bei Richard Sherry, George Puttenham, Angel

Day und John Smith auf [5] – also in einem Zeitraum von etwas mehr als einhundert Jahren. Ebenfalls rekurriert die Auffassung von der Allegorie als einer fortgesetzten Metapher, nur erscheinen hier einige Differenzen über die Länge der allegorischen Zeichenkette. Während Peacham die Allegorie auf den Satz beschränkt, sind andere Autoren auch geneigt, diese Grenze zu überschreiten. Stellvertretend für weitere sei Thomas Wilsons ›The Arte of Rhetorique‹ (1553) zitiert, wo es heißt: »An Allegorie is none other thyng, but a Metaphore vsed throughout a whole sentence, or Oration«. [6] Demnach bildet die Allegorie nicht nur einen Satz-, sondern auch einen Texttropus. Das Faktum, daß sich diese Ansicht konstant wiederholt, zeugt von der großen Beharrungstendenz der elisabethanischen Rhetorik. Garant dieser Kontinuität ist im Falle der Allegorie die Rhetorik Quintilians. Die *imitatio* dieses klassischen Autors geht so weit, daß man sogar seine Illustrationsbeispiele übernimmt, z. B. die bekannte Horazode I, xiv: *O navis, referent* ... Sherry und Peacham scheuen sich nicht, sie ins Englische zu übersetzen und sie samt Erläuterungen in ihre Handbücher aufzunehmen.

Gibt es demnach keine rhetorische Entwicklung, und steht also die Tradition der Schaffung eines differenzierteren Allegoriebegriffs im Wege, wie McClennen behauptet? Einige zusätzliche Betrachtungen scheinen in der Tat für diese These zu sprechen. Folgende Merkmale des Allegorischen, die sich in verschiedenen englischen Zeugnissen finden, sind sämtlich auf klassische Quellen zurückzuführen:

a)

Es gibt zwei Arten von Allegorie: die ›gemischte‹ und die ›reine‹ oder ›vollkommene‹ Allegorie. [7] Die ›gemischte‹ Allegorie enthält ein oder mehrere *proprie*-Signale; bei der ›reinen‹ Allegorie fehlen solche. Durch die *proprie*-Signale gewinnt die Allegorie an Deutlichkeit; die Sinnebene des ›eigentlichen‹ Sprechens wird leichter rekonstruierbar. Eine derartige Hilfe fehlt dem anderen Allegorietypus; diesem droht daher ständig die Gefahr der Obskurität. Gemeinsam ist beiden Arten das Gebot der Kohärenz: »An Allegory is the continuall prosecuting of a Metaphor, [...] and that proportionably through the whole sentence, or through many sentences [...].« [8] Eine semantisch konsistente Texterstreckung sichert der Allegorie ein hohes Maß an Verständlichkeit.

b)

Als Satz- oder Texttropus definiert die Allegorie zunächst nur die quantitative Verlängerung der Metapher über das Einzelwort hinaus. So betrachtet, repräsentiert die Allegorie eine Satz- oder Textmetapher, deren linguistisches Merkmal die Ähnlichkeitsrelation zwischen *proprie*- und *improprie*-Ebene bildet. Neben diesen engeren Allegoriebegriff tritt indes ein allgemeinerer. Er erscheint in einem Satz wie dem folgenden: *Continuare tropos Allegoria adsolet.* [9] Demzufolge ist die Allegorie eine wortübergreifende Extensionsbezeichnung für alle Tropen. Der vielgelesene Rhetoriker Ch. Butler verfährt daher völlig konsequent, wenn er in seinen ›Rhetoricae Libri Duo‹ (1598) die Allegorie nicht als eigenständigen Tropus aufführt, sondern sie als Merkmal der Ausdehnung (*tropi affectio*) den von ihm benannten Grundtropen Metonymie, Ironie, Metapher

und Synekdoche zuweist.[10] Aus demselben Grund kann die Poetik Puttenhams Rätsel, Sprichwort, Ironie, Hyperbel, Periphrase und Synekdoche unter
die »Soldaten der Figur Allegorie« einreihen.[11] Und wenn Edmund Spenser
von seinem Epos ›The Faerie Queene‹ als »a continued allegory or darke conceit« redet, so meint er damit ebenfalls diesen allgemeinen Allegoriebegriff.

c)
Spensers »darke conceit« wirft die Frage nach der Wirkmächtigkeit des Allegorischen auf. Hier steht ein positives einem negativen Konzept gegenüber. Das
erste lautet so:

And as a Metaphor may be compared to a star in respect of beauty, brightnesse and di-
rection, so an Allegory may be likened to a constellation, or a company of many stars.[12]

Demnach verkörpert die Allegorie einen hohen ästhetischen Wert. Sie bereitet
zugleich ein sinnliches und ein intellektuelles Vergnügen. Das liegt an ihrem an-
schaulichen Darstellungsvermögen, das dem geistigen Auge »lively images«
(Peacham) vorführt. Ihre rhetorische Energie vermag selbst die Leidenschaften
zu wecken.[13] Allerdings vertreibt eine Überintellektualisierung das ästhetische Ergötzen. Das geschieht dann, wenn das Verhältnis von literaler und allegorischer Ebene undurchsichtig wird. Peacham, der jeder rhetorischen Figur eine
Rubrik ›The Caution‹ beigibt, warnt:

In speaking by Allegories strange similitudes and vnknowne translatiõs ought to be
auoyded, lest the Allegorie which should be pleasant, become peeuish and altogether
vnprofitable: also vnlikenesse of the comparisons do make the Allegorie absurd.[14]

In solchen Worten werden längst bekannte Vorsichtsregeln aufgestellt. Das *ob-
scurum*, das seit dem Altertum das stilistische *vitium* schlechthin darstellt, wird
hier als negative, als verfehlte rhetorische Wirkung beschworen. Nichts ist in dieser Kritik zu bemerken von neuen manieristischen Ansätzen, die den Wahrneh-
mungsprozeß durch *argutezza* verfremden wollen. Von Sherry bis Smith befinden wir uns über hundert Jahre im Gefolge einer klassizistisch orientierten Rhetorik, die bei aller Betonung von *ornatus* und *varietas* in der *perspicuitas* und *evi-
dentia* ihre höchsten Ideale erblickt.

Die englischen Renaissance-Rhetoriken sind durchweg Regelrhetoriken mit
dem primären Ziel der Herstellung von Texten. Sie dienten, soweit sie lateinisch
verfaßt waren, nahezu ausschließlich dem Schul- und Universitätsgebrauch. Die
englischsprachigen Rhetoriken hatten als Adressaten ein weiteres Publikum, das
des Lateinischen weniger mächtig war oder sich doch vor die Notwendigkeit gestellt sah, die Landessprache bei öffentlichen Anlässen zu gebrauchen: Geistliche, Politiker, Staatsbeamte, Advokaten, Kaufleute. Unübersehbar ist, daß die
Stiltheorien sich noch am ehesten als Regelbücher für die dichterische Produktion anboten. Das Beispiel Puttenham, dessen Poetik nach dem Vorbild Mintur-
nos und Scaligers im dritten Buch eine Stiltheorie (›Of Ornament‹) enthält, liefert dafür ein deutliches Argument. Angesichts ihres Zielpublikums, ihrer Inten-

tionen und ihrer klassischen Quellen bleibt es verständlich, daß die englischen Renaissance-Rhetoriken keine grundlegend neue Allegoriekonzeption entwikkeln konnten. Am Ende der Epoche faßt Smiths ›The Mysterie of Rhetorique Vnvail'd‹ (1657) die wesentlichen Gesichtspunkte zusammen. Zehn Jahre später lehnt Thomas Sprat in seiner ›History of the Royal-Society of London‹ (1667) Tropen und Metaphern und damit implizit auch die Allegorie auf das entschiedenste ab und verlangt statt dessen »a close, naked, natural way of speaking, positive expressions, clear senses, a native easiness, bringing all things as near the Mathematical plainness as they can [...]«. [15] Eine von mathematischen und naturwissenschaftlichen Prinzipien geprägte Sprachauffassung verträgt sich nicht mit der Polysemie und Künstlichkeit allegorischen Redens. *Amplificatio* und *varietas* werden ersetzt durch das Ideal einer exakten Korrespondenz von *res* und *verba*. Die Klarheit siegt über die Ornamentik des Sprachstils.

Die Sprachkritik Sprats betrifft nicht nur die rhetorische Stilauffassung, sondern auch die von dieser beeinflußte Literatur. Ebenso ist die Allegorie nicht bloß ein vereinzelter Tropus, sondern ein Konstituens ganzer Texte. Die Rhetoriken selbst nehmen von einer solchen Möglichkeit nur zögernd Notiz. Sie erwähnen die Textsorten Sprichwort und Rätsel und sprechen auch manchmal davon, daß die Allegorie sich durch eine ganze Rede hinziehen kann. Viel mehr sagen sie jedoch nicht; das verwehrt ihnen die von der Antike ererbte Texttypologie von judizialer, deliberativer und demonstrativer Rede. Beredter als die theoretischen Äußerungen sind indes die praktischen Beispiele, die sie anführen. Hier nun zeigt sich, daß außer klassischen und biblischen Textfragmenten auch solche der elisabethanischen Literatur Berücksichtigung finden. Der ramistische Rhetoriker Abraham Fraunce, Mitglied des Sidney-Kreises, nennt außer Exzerpten aus Homer, Vergil, Tasso und Du Bartas unter der Rubrik »Allegories« auch Auszüge aus der ›Arcadia‹ des elisabethanischen Dichterfürsten, und seine Nachahmer Hoskins, Blount und Smith folgen ihm darin nach. [16] Handelt es sich in solchen Zitierungen nur um kurze allegorische Passus aus einem umfangreichen Romanwerk, so geht Alexander Gill im rhetorischen Teil seiner Grammatik ›Logonomia Anglica‹ einen Schritt weiter, indem er ein ganzes Epos, Spensers ›The Faerie Queene‹, als Muster für das allegorische Verfahren hinstellt: *Sed & totum Spenseri poema allegoria est, quâ ethicen fabulis edocet.* [17] Spenser selbst schildert Arthur, den Protagonisten seines Epos, als Verkörperung der Magnificence, des Inbegriffs aller Tugenden, die er – wiederum *per allegoriam* – einzeln in einer Reihe ritterlich-höfischer Gestalten expliziert. Da die Ritter Abenteuer bestehen, wird die Allegorie notwendiges Ingrediens von erzählter Handlung. Im Gegensatz zur narrativen Allegorie Spensers steht die deskriptive Allegorie in Phineas Fletchers ›The Purple Island‹, einem Lehrepos auf die menschliche Physiologie. Hier dominiert das Statische. Beide Allegorietypen können ›rein‹ oder ›gemischt‹ sein. Im letzten Fall spart der Autor häufig das *proprie*-Signal und damit die Aufklärung über den allegorischen Hintersinn ein wenig auf, um dadurch Spannung zu erzeugen. In einem aufschlußreichen Artikel bezeichnet Mark L. Caldwell diese Erscheinung treffend als eine ›dramatische Allegorie‹, geht aber in der Annahme fehl, dieser Typus entstamme nicht rhetorischen Wurzeln. [18]

Es ist hier nicht der Ort, eine allegorische Analyse von Spensers ›The Faerie Queene‹ zu veranstalten, wie dies Paul J. Alpers, Edwin Greenlaw, A. C. Hamilton, John Erskine Hankins, I. G. MacCaffrey, Pauline M. Parker und andere versucht haben. Vielmehr soll auf die rhetorische Ursache für einen bestimmten Allegorietypus hingewiesen werden, der bei Spenser und Fletcher keine geringe Rolle spielt. Dazu müssen wir uns von der rhetorischen Stiltheorie zur rhetorischen Gedächtnislehre (*memoria*) wenden. Eine Untersuchung dieser Mnemotechnik gelangt zu dem Schluß, daß hier Strukturformen auftreten, die dem Allegorischen in wesentlichen Zügen entsprechen. Wie wir seit den Arbeiten von Herwig Blum und Frances A. Yates wissen [19], unterscheiden Antike und Renaissance gleichermaßen zwischen einem natürlichen und einem künstlichen Gedächtnis. Das künstliche Gedächtnis (*memoria artificialis*) beruht auf einem Konstrukt von Örtern (*loci*) und Bildern (*imagines*), die in ihnen aufgestellt werden. Die Merkörter besitzen eine ordnende, die Bilder eine versinnlichende Funktion: sie visualisieren Abstrakta in Gestalt von Konkreta. Auf diese Weise kann ein allgemeiner Sachverhalt in einer allegorischen Bildsequenz veranschaulicht und damit merkfähig gemacht werden. Wilson [20] erwähnt als Beispiel die unglaubwürdige Situation, daß sein Freund gleichzeitig des Diebstahls, des Ehebruchs, der Ausschweifung, des Totschlags und des Verrats bezichtigt sei. Er hält diesen Sachverhalt in seinem Gedächtnis fest, indem er in seinem Schlafzimmer fünf markante Orte kennzeichnet und an diesen mythologische oder historische Verkörperungen der einzelnen Anklagepunkte deponiert. So stellt er an der Tür den mythologischen Dieb Cacus auf, plaziert in das Fenster Venus, steckt den berühmten Schlemmer Apius in eine Fruchtpresse, legt auf die Bettstatt Richard III. oder einen anderen notorischen Mörder und versetzt in den Kamin den schwarzen Schmied, der als ein berüchtigter Verräter galt. Eine solche mnemonische Sequenz besitzt den Status der Allegorie. Ihre tropische Besonderheit, die Verbindung von Ort und Bild, ist in der englischen Literatur der Renaissance keine Seltenheit. Fletchers ›Purple Island‹ bildet einen solchen allegorischen Merkort, in dem die Details der dort aufbewahrten Bilder verschlüsselte Auskunft über die menschliche Physiognomie und Psyche erteilen. Man kann in der Geschichte der englischen Literatur zurückgehen bis zu Stephen Hawes' ›The Pastime of Pleasure‹, wo die sieben freien Künste als edle Frauengestalten in allegorischen Räumen erscheinen, oder gar bis zu Geoffrey Chaucers Troja in ›Troilus and Criseyde‹. [21] Yates geht in ihrem Buch noch weiter; sie erklärt Dantes ›Divina Commedia‹ als eine aus Merkörtern und Merkbildern bestehende mnemonische Dichtung. Die Tradition setzt sich fort bis zu Spensers Haus der Alma und John Bunyans ›House of the Interpreter‹ in ›The Pilgrim's Progress‹, wo Christian mit sinnbildlichen Lehrgehalten konfrontiert wird, die sich seinem Gedächtnis einprägen sollen. Das Besondere dieser Allegorien ist jedesmal die Ort-Bild-Kombination.

In Spensers ›House of Temperance‹ (F.Q. II, ix) befinden sich drei Zimmer, in denen sich die personifizierten Seelenkräfte Phantasie, Verstand und Gedächtnis aufhalten. Die Verkörperung der Erinnerungsfähigkeit bewohnt einen Raum, der zahlreiche alte wurmstichige Bücher und Handschriften enthält:

> Amidst them all he in a chaire was set,
> Tossing and turning them withouten end;
> But for he was vnhable them to fet,
> A litle boy did on him still attend,
> To reach, when euer he for ought did send;
> And oft when things were lost, or laid amis,
> That boy them sought, and vnto him did lend.
> Therefore he Anamnestes cleped is,
> And that old man Eumnestes, by their propertis. (F.Q. II, ix, 58)

Was an diesen Gedächtnisbildern auffällt, ist die Eigenschaft, daß sie nicht statisch, sondern dynamisch bewegt sind. Die Mnemotechnik spricht von Aktionsbildern (*imagines agentes*) und schreibt solchen eine besonders gute Merkfähigkeit zu. Dieser Bildtyp schlägt sich sprachlich als Handlungsallegorie nieder. Ihr bevorzugtes literarisches Genus ist das erzählerische: Epos und Roman. Eine weitere mnemonische Regel, die besagt, daß ein Bild um so leichter memorierbar ist, je abstruser es ausfällt, läßt sich am besten anhand von Bunyans Roman ›The Pilgrim's Progress‹ illustrieren. Dort schildert der Ich-Erzähler, wie Christian folgendes im ›House of the Interpreter‹ erlebt:

> Then I saw in my Dream, that the Interpreter took Christian by the hand, and led him into a place, where was a Fire burning against a Wall, and one standing by it always, casting much Water upon it to quench it: Yet did the Fire burn higher and hotter.
> Then said Christian, What means this?
> The Interpreter answered, This fire is the work of Grace that is wrought in the heart; he that casts Water upon it, to extinguish and put it out, is the Devil: but in that thou seest the fire, notwithstanding, burn higher and hotter, thou shalt also see the reason of that: So he had him about the back side of the Wall, where he saw a Man with a Vessel of Oyl in his hand, of the which he did also continually cast, but secretly, into the fire. Then said Christian, What means this? The Interpreter answered, This is Christ, who continually with the Oyl of his Grace, maintains work already begun in the heart; by the means of which, notwithstanding what the Devil can do, the souls of his people prove gracious still. And in that thou sawest, that the Man stood behind the Wall to maintain the fire; this is to teach thee, that it is hard for the tempted to see how this work of Grace is maintained in the soul. [22]

Die Beispiele Spensers und Bunyans stimmen darin überein, daß sie Handlungsallegorien darstellen. Spensers Allegorie versinnlicht einen psychischen Vorgang: das Sich-Erinnern, Bunyans Allegorie ein christliches Paradoxon: den trotz der Anfechtung des Bösen errungenen Sieg der Gnade. Beide Textabschnitte sind ferner dadurch unterschieden, daß der erste eine deutliche, der letzte eine undeutliche Allegorie repräsentiert. Spensers Allegorie erklärt sich durch die sprechenden Namen gleichsam selbst, während Bunyans Allegorie zu ihrer Enthüllung eines Interpreten bedarf. Ihre Struktur ist die eines Emblems. [23]

Auf einer weitere Darlegung von Memoria-Regeln und ihrer Relevanz für die allegorische Bildstruktur sei an dieser Stelle verzichtet. [24] Auffällig ist, daß gegen Ende des 16. Jahrhunderts die Zahl der Mnemotechniken ständig wächst und in der ersten Hälfte des 17. Jahrhunderts ihren Höhepunkt erreicht. In dem Maße, wie sich die Memoria aus dem Verband der ›ciceronianischen‹ Fünf-Teile-Rhetorik löst und sich verselbständigt, nimmt ihr Regel- und Beispielapparat zu, dringt sie in die philosophischen Schriften (G. Bruno, R. Fludd) ein und verschwistert sich mit den gleichzeitig kulminierenden Textformen von Emblem und Meditation. Fast überall ist ihr Einfluß auf die Literatur nachweisbar, nicht nur bei Spenser, Fletcher und Bunyan, sondern auch bei John Donne, George Herbert und Christopher Harvey. Für die Allegorie bedeutet dies, daß sie nicht mehr nur eine tropische Sprachform, sondern zugleich eine Modalität des imaginativen Denkens darstellt. Als solche ist sie eine besondere Art von Wirklichkeitskonstitution. Die Kritik am mnemonischen Bildkonzept blieb nicht aus. Ihre Wurzel sind theologischer (puritanischer) und rationalistischer Herkunft. Mit dem Rückgang der mnemonischen Bildrhetorik schwindet auch die von dieser inspirierten Allegorie.

2. Die rezeptionsästhetische Perspektive: Allegorie als apologetischer Topos und interpretatives Verfahen

Die Gestalt des Interpreten in der zitierten Episode aus Bunyans Roman lenkt den Blick auf die Allegorie als Problem der Rezeption. Die Rhetorik der englischen Renaissance ist zwar vorwiegend mit der Frage der Textherstellung beschäftigt, doch läßt sie, wie die zahlreichen Äußerungen zur Wirkung bezeugen, den Empfänger keineswegs außer acht. Die Maßstäbe, die sie für die publikumsorientierte Darstellung aufstellt, sind durchgängig die Klarheit und die Angemessenheit. Die ›dunkle‹ Allegorie ist ihr – besonders auf dem Sektor der Stilistik – verpönt. Anders verhält es sich mit der exegetischen Tradition der Klassiker (Homer)- und der Bibelauslegung. Dieser gilt die Allegorese als ein interpretatives Verfahren, der zu entschlüsselnde Text als ein vieldimensionales semantisches Gebilde, das den ›eigentlichen‹ Sinn der Aussage grundsätzlich verschleiert. Smiths ›Mysterie of Rhetorique Vnvail'd‹ (1657) zeichnet sich dadurch aus, daß es außer dem klassischen auch den ›dunklen‹ Allegorietypus der Bibelexegese enthält:

A Scriptural Allegory is such as contains an abstruse and hidden sentence, and other then the native signification of the words will bear; and it is, when under a dark and hidden saying, the literal sense contains another, to wit, a spiritual or mysticall meaning. [25]

Die »Schriftallegorie« wird wiederum nach Deutlichkeitsgraden untergliedert in eine »natürliche« (»natural«) Allegorie, deren Interpretation die Schrift selbst bietet, und eine »abgeleitete« (»inferr'd«) Allegorie, die vom Leser aus dem Text erschlossen wird. Letztere zerfällt weiter in eine solche, wo der allegorische Sinn »sich anbietet« (»is offered«), und in eine solche, wo er gleichsam »erzwungen« (»inforc'd«) und »gewaltsam entrissen« (»wrested«) erscheint. Von dem zweiten Typus heißt es:

> An Allegory inforc'd and wrested, is such as is left destitute of a probable ground or foundation in the literal sense; either it differs too much from the thing, from which it is taken, or it is agreeable to another and thwart object, or otherwise it is too far remote from the Analogie of the Scriptures: [...].[26]

Eine »forcierte« Allegorie liegt demnach, allgemein gesprochen, dann vor, wenn eine zu große Diskrepanz zwischen *improprie*- und *proprie*-Ebene herrscht. Es besteht kaum ein Zweifel, daß dieser Art des Allegorischen nicht die Sympathie des Verfassers gehört. Er befindet sich damit in einer Entwicklungslinie, die für die Renaissance charakteristisch ist.

Bekanntlich unterscheidet die Bibelexegese seit der Patristik einen vierfachen Schriftsinn, der geradezu kanonische Gültigkeit erlangt hat. Dieses Viererparadigma setzt sich zusammen aus dem *sensus litteralis* (historischer Sinn), dem *sensus allegoricus* (typologischer bzw. analoger Sinn), dem *sensus moralis* bzw. *tropologicus* (psychologischer Sinn) und dem *sensus anagogicus* (mystischer Sinn). Es sichert dem Text der Hl. Schrift eine mehrfach differenzierte Bedeutung und bewirkt durch dessen Adaptierfähigkeit an wechselnde historische Umstände gleichzeitig seine verhältnismäßig hohe Geschichtsresistenz.[27] In der englischen Renaissance setzt eine Strömung ein, das Viererparadigma zugunsten der Propagierung eines einzigen, des literalen Textsinnes zu kritisieren, wobei ›literal‹ nicht unbedingt mit ›historisch‹ identisch ist, sondern auch allegorische Bedeutungsschichten umfassen kann.[28] Zwischen diesen beiden Extrempositionen erstreckt sich ein weites Spektrum von Auffassungen, deren gezielte Absicht, die Allegorese beizubehalten, mit dem Bestreben einhergeht, diese insgesamt zu reduzieren und nur plausible, durch den Text selbst signalisierte *improprie*-Lesarten zuzulassen. Unter diesen steht an erster Stelle die moralische Allegorie, d. h. die Identifikation von Konkreta und Abstrakta (Jerusalem = Seele des Menschen), während die typologische Exegese, d. h. die Erklärung des Alten Testaments mit Hilfe des Neuen (Isaak = Typos Christi), den zweiten Rang einnimmt.[29] Insgesamt macht sich eine Tendenz zur interpretativen Bisemie bemerkbar; d. h. die verschiedenen allegorischen Sinne werden zu einem einzigen zusammengefaßt. Smiths erwähnte Darstellung der biblischen Allegorie nimmt insofern eine Sonderstellung ein, als sie nicht dem Kriterium religiöser Relevanz, sondern dem Prinzip einer abgestuften Deutlichkeit folgt. Die Rhetorik beeinflußt die Theologie.

Das exegetische Verfahren der Theologen findet seine Parallele in dem entsprechenden Vorgehen der Poetologen. Sir John Haringtons Vorwort zu seiner Übersetzung von Ariostos ›Orlando Furioso‹ (1591) enthält dazu die folgenden Ausführungen:

> The ancient Poets haue indeed wrapped as it were in their writings diuers and sundry meanings, which they call the senses or mysteries thereof. First of all for the litterall sence (as it were the vtmost barke or ryne) they set downe in manner of an historie the acts and notable exploits of some persons worthy memorie: then in the same fiction, as a second

ryne and somewhat more fine, as it were nearer to the pith and marrow, they place the Morall sence profitable for the actiue life of man, approuing vertuous actions and condemning the contrarie. Manie times also vnder the selfsame words they comprehend some true vnderstanding of naturall Philosophie, or sometimes of politike gouernement, and now and then of diuinitie: and these same sences that comprehend so excellent knowledge we call the Allegorie, which Plutarch defineth to be when one thing is told, and by that another is vnderstood. [30]

Der Autor demonstriert anschließend dieses interpretative Verfahren anhand eines klassischen Mythologems: Perseus, Sohn des Zeus, soll Gorgon (d. h. die Gorgo Medusa) getötet haben und darauf zum Himmel aufgefahren sein. Diese Handlungsstruktur impliziert folgende Sinnschichten:

1. den historischen Sinn: Perseus, der Abkömmling eines kretischen oder Athener Königs, erschlug in jenem Land Gorgon, einen Tyrannen, und wurde von den Menschen für diese Tat in den Himmel erhoben;
2. den moralischen Sinn: Die Tugend (= Perseus) überwindet Sünde und Laster (= Gorgon) und wird dafür belohnt;
3. den allegorischen Sinn, der dreifach untergliedert ist, in:
   a) den natürlichen Sinn: Der Geist besiegt die Körperlichkeit und erhebt sich zur Kontemplation der ewigen Dinge;
   b) den übernatürlichen (›himmlischen‹) Sinn: Die himmlische Wesensart trennt sich von der irdischen und kehrt in den Himmel zurück;
   c) den theologischen Sinn: Die Engelnatur, die Tochter des Schöpfergottes, überwindet die körperliche Substanz und steigt zum Himmel empor.

Harington schließt mit der Bemerkung: »The like infinite Allegories I could pike out of other Poeticall fictions, saue that I would auoid tediousness.« [31] Er setzt diese Behauptung in die Tat um, indem er das von ihm übersetzte Epos fortlaufend allegorisiert. Am Ende der Übersetzung befindet sich ›A BRIEFE AND SVMMARIE ALLEGORIE OF ORLANDO FVRIOSO, NOT VNPLEASANT NOR VNPROFITABLE for those that haue read the former Poeme‹. Haringtons theoretische und praktische Überlegungen zur literarischen Allegorie sind die ausführlichsten, die das elisabethanische Zeitalter kennt. Von ihnen wollen wir daher ausgehen, wenn nachfolgend deren Form, Verbreitung, Funktion und Motivation zur Diskussion steht.

Ein Vergleich von Haringtons Sinnschichten mit der Konzeption der biblischen Hermeneutik zeigt, daß er statt des Vier-Ebenen-Modells ein Drei-Ebenen-Modell bevorzugt. Der literale Sinn wird historisch interpretiert; das demonstriert das Beispiel einer euhemeristischen Mytheninterpretation. [32] Der moralische Sinn hat die gleiche Gestalt wie bei der Bibelexegese. Es fehlt das Konzept der Typologie. Dafür erscheint der allegorische Sinn (nicht identisch mit dem *sensus allegoricus*) mannigfach gegliedert. Während in Haringtons Beispielanalyse kaum größere Nuancen zutage treten, geht aus seinen theoretischen Ausführungen hervor, daß die Allegorie nicht nur den bekannten anagogischen Sinn, sondern darüber hinaus eine naturphilosophische und eine politische Textbedeutung umfaßt. Das besagt nicht nur eine veränderte, sondern auch eine erweiterte Auslegung des Allegoriebegriffs. In Haringtons Konzeption der Texthermeneutik bezieht er sich nahezu auf jede Form von semantischer Tiefenstruktur.

Die These, daß die Allegorie für die englische (und europäische) Renaissance ein hermeneutisches Prinzip von geradezu universalen Dimensionen darstellt, läßt sich anhand ungezählter Beispiele belegen. Aus der Fülle der Illustrationen sei das Exempel der Mytheninterpretation herausgegriffen. Es bedarf keines besonderen Hinweises darauf, daß die mythologischen Handbücher von Giovanni Boccaccio, Vincenzo Cartari und Natale Conti, die sich in England großer Beliebtheit erfreuen, viele Varianten der allegorischen Entschlüsselung anbieten. Sie folgen damit einer Praxis, die seit der Antike ununterbrochen gepflegt wird. In dieser Tradition steht auch Francis Bacons mythologische Abhandlung ›De sapientia veterum‹, die er 1609 der Universität Cambridge widmet. Ihr Vorwort drückt seine Überzeugung aus, daß den antiken Mythen der allegorische Sinn von Anfang an mitgegeben sei:

Fateor certe ingenue et libenter, me in hanc sententiam propendere, ut non paucis antiquorum poëtarum fabulis mysterium et allegoriam jam ab origine subesse putem [...] [33]

Bacons eigene Deutung signalisiert schon durch die Kapitelüberschriften, welcher allegorische Aspekt den einzelnen Mythen vorrangig zugeordnet wird: der politische (›II. Typhon, sive Rebellis‹), der moralische (›IV. Narcissus, sive Philautia‹) oder der naturphilosophische (›XVII. Cupido, sive Atomus‹). Auch Haringtons Beispiel, der Perseusmythos, kommt bei Bacon vor. Nur wird er hier mit ›Krieg‹ (VII) identifiziert – ein Indiz dafür, wie variabel das allegorische Bedeutungspotential realisiert werden kann. In dieser Hinsicht bilden nach zeitgenössischer Auffassung vor allem die ›Metamorphosen‹ Ovids eine geradezu unerschöpfliche Fundgrube unterschiedlicher Lesarten. Die englischen Übersetzer Arthur Golding und George Sandys machen nachdrücklich darauf aufmerksam, wohl wissend, daß sie damit eine alte Tradition, die der alexandrinischen Gelehrten, fortsetzen. [34] Haringtons Allegorese des ›Orlando Furioso‹ bildet daher kein Novum, sondern zeichnet sich bloß durch eine Verlagerung des Anwendungsgebietes aus; nicht die Bibel oder der klassische Mythos ist das Ziel, sondern ein mittelalterlicher Romanzenstoff.

Angesichts der hermeneutischen Ubiquität des Allegorischen verwundert es nicht, daß die Mythenallegorese die Grundlage von Henry Reynolds' poetologischer Abhandlung ›Mythomystes‹ (1632) bildet. [35] Eher ist es verwunderlich, daß der Naturphilosoph Bacon die ›parabolische‹ (d.h. allegorische) Dichtung über die Gattungen der ›narrativen‹ und ›repräsentativen‹ Poesie erhebt und diese mit Hilfe der Mythen von Pan, Perseus und Dionysos illustriert. [36] Was bringt diesen empirisch-kritischen Denker dazu, einer höchst spekulativen, manchmal sogar unglaubwürdigen Konzeption anzuhängen? Es sollen an dieser Stelle keine Mutmaßungen über dieses erstaunliche Faktum angestellt werden; vielmehr soll unsere Aufmerksamkeit den Funktionen gelten, die man dem allegorischen Prinzip zuschrieb. Hier nun zeigt sich eine außerordentlich einheitliche Auffassung, die sich in folgenden Punkten resümieren läßt:

1. Die Alten haben ihre tiefsten Weisheiten unter dem Schleier von allegorischen Darstellungen verhüllt, um sie den Augen des *profanum vulgus* zu entziehen.

2. Solche Formen des Allegorischen, die verhüllenden Charakter besitzen, sind etwa die Hieroglyphen der Ägypter, die Orphischen Hymnen, die Mythen des Homer. Allgemein gesprochen: Die Kunst des Verbergens ist ein besonderes Wesensmerkmal von Dichtung.

3. Verborgen werden die Geheimnisse von Religion, Philosophie und Wissenschaft. Als Träger solcher Geheimnisse besitzt die Poesie den Status einer *prisca theologia* oder *prima philosophia* oder sogar *prima scientia*.

4. Wenn Dichtung nach den Worten des Horaz zugleich ergötzen und nützen soll, so erfüllt ersteres die Schale oder Oberfläche der Poesie. Letzteres, das *prodesse*, tritt erst dann ein, wenn die Schale entfernt ist und der allegorische Wesenskern hervortritt.

5. Während der ästhetische Genuß vielen Lesern zugänglich ist, bleibt es einigen wenigen vorbehalten, zum wesentlichen Gehalt, der ›Lehre‹ des dichterischen Textes, vorzudringen. Diese wenigen sind die Gebildeten. Das Publikum der allegorischen Dichtung ist folglich ein elitäres.

Zusammenfassend läßt sich von der allegorischen Literaturkonzeption behaupten: Die Dichtung erscheint als eine Art Geheimwissenschaft, der Autor als Mystagoge und Prophet, der Leser als Eingeweihter. Die frühen humanistischen Anfänge solcher Ideen liegen bei Albertino Mussato, Francesco Petrarca und Boccaccio.[37] In England sind Harington, Spenser, Bacon und Reynolds nur einige unter vielen Repräsentanten der gleichen Richtung.

In diesem Zusammenhang scheint es geboten, auf eine spezifische Motivation einzugehen, welche die allegorische Dichtungstheorie in einigen elisabethanischen Poetiken erfährt. Schon im Jahre 1531 hatte Sir Thomas Elyot in seinem Fürstenspiegel ›The Book named The Governor‹ eine »defence of poets« vorgebracht:

> For the name of a poet, whereat now (specially in this realm) men have such indignation that they use only poets and poetry in the contempt of eloquence, was in ancient time in high estimation: insomuch that all wisdom was supposed to be therein included, and poetry was the first philosophy that ever was known: whereby men from their childhood were brought to the reason how to live well, learning thereby not only manners and natural affections, but also the wonderful works of nature, mixing serious matter with things that were pleasant; [...].[38]

Ein konkreter Anlaß dieser Apologie ist nicht bekannt. Es handelt sich wohl um eine typisch humanistische Rechtfertigung der *studia humanitatis*, in die ihr Verfasser auch die Rhetorik einbezieht. Wie die italienischen Theoretiker erklärt Elyot die Poesie als *prima philosophia*. Ihre besondere Wirksamkeit liegt in der Verbindung von Ethik und Ästhetik. Dadurch gewinnt die Dichtung eine äußerst wichtige pädagogische Bedeutung, besitzt sie doch vor allen anderen Künsten den Vorzug, den Menschen auf vergnügliche Art zum Guten anleiten zu können. Ein solcher Tatbestand läßt nach Elyot alle diejenigen Kritiker verstummen, die seit Platon der Poesie zweierlei vorwerfen: Lüge und Unmoral.

Trotzdem werden in der zweiten Hälfte des 16. Jahrhunderts zunehmend polemische Stimmen laut, welche die Poesie, insbesondere das Drama, und die übrigen Künste als verlogen, amoralisch und gänzlich unnütz befehden. Ihr Ursprung ist puritanischer Art. Aus der Fülle der Invektiven seien nur zwei erwähnt, Stephen Gossons ›The School of Abuse‹ (1579), die von ihrem Autor ironischerweise Sir Philip Sidney gewidmet wurde, und Philip Stubbes' ›The Anatomy of Abuses‹ (1583). Die Reaktion der Literaten nimmt die Form einer Verteidigungsschrift an; so künden es die Titel von Thomas Lodges ›Defence of Poetry‹ (1579), Sidneys ›An Apologie for Poetrie‹ (ca. 1583, gedruckt 1595), Haringtons ›Brief Apologie‹ (1591) und Thomas Heywoods ›An Apology for Actors‹ (1612). Auch manche andere poetologische Äußerung, z.B. in Thomas Nashs Traktaten oder in Vorworten zu literarischen Veröffentlichungen, gehört in diesen apologetischen Kontext. Lodges ›Defence‹, als unmittelbare Replik auf Gossons Schmähschrift verfaßt, bildet den Anfang der ausführlicheren Stellungnahmen. Der Autor greift Elyots Konzeption der Literatur als *prima philosophia* wieder auf, mit dem Unterschied jedoch, daß er stärker das allegorische Moment heraushebt. Seinem Kontrahenten hält er vor:

> Did you neuer reade (my ouer wittie frend) that vnder the persons of beastes many abuses were dissiphered? haue you not reason to waye that whatsoeuer ether Virgil did write of his gnatt or Ouid of his fley was all couertly to declare abuse? [...] For wot thou that in the person of Saturne our decaying yeares are signified; in the picture of angry Iuno our affections are dissiphered; in the person of Minerua is our vnderstanding signified, both in respect of warre as policie. [39]

Die in diesem Zitat genannten Beispieltypen: Fabeln, Mythen und Werke klassischer Autoren kehren bei Nash, Harington und anderen wieder. Es entwickelt sich eine regelrechte apologetische Topik, in deren Zentrum die Gleichsetzung von Dichtung und Allegorie steht. Zu ihren festen Bestandteilen zählen die folgenden Grundgedanken: [40]

1. Die poetische Wahrheit ist eine verborgene (d.h. allegorische). Sie läßt sich daher nicht an der Realität der Erscheinungen messen.

2. Der Literalsinn ist sekundär. Er hat lediglich die Funktion eines verhüllenden Schleiers oder einer ästhetisch-schönen Verkleidung philosophischer Gehalte.

3. Die Ethik dominiert die Ästhetik. Das *delectare* ist in erster Linie Mittel zum Zweck des *prodesse*.

Aus einem solchen Literaturverständnis heraus läßt sich jede Unwahrscheinlichkeit oder Amoralität der Darstellung in eine oder mehrere allegorische Deutungen auflösen. Selbst die erotische Poesie und die Komödie, beides bevorzugte Angriffsziele der Puritaner, sind auf diese Weise legitimiert. Mit den Fragen der ›dunklen‹ Allegorie und der Plausibilität von allegorischen Sinnsubstituten setzen sich die Apologeten allerdings kaum auseinander. Auch dringt ihnen nicht ins Bewußtsein, daß sie mit der Instrumentalisierung der Poesie als eines Vehikels der Philosophie (im weitesten Sinne) eines preisgeben: die Autonomie des Ästhetischen.

Obgleich Sidney in seiner Poetik durchaus noch einige Argumentationsformen der apologetischen Tradition beibehält, bezieht er doch grundsätzlich neue Positionen, die zur Ablösung der allegorischen Dichtungskonzeption führen. Drei Faktoren sind dafür maßgebend: der Nachahmungsgedanke, die Praxis der *exempla* und der affektrhetorische Wirkungsbegriff. Sidney definiert Dichtung als »an art of imitation«, d. h. »a representing, counterfeiting, or figuring forth – to speak metaphorically, a speaking picture«. [41] Was nachgeahmt wird, ist eine Idee oder ein Gedankenbild (»foreconceit«), das der Dichter von seinem Gegenstand entwirft. Allerdings besitzt – anders als in der allegorischen Kunstvorstellung – diese Idee keinen Eigenwert; vielmehr zeigt sich ihre Wesenheit erst in der vollendeten Kunstgestalt. Das ist der Sinn von »speaking picture«: Das Kunstwerk repräsentiert ein sinnlich-anschauliches Ganzes – und gibt gleichzeitig den Blick auf die Idee frei, die es modelliert (»figure forth«). Mit dieser Argumentation setzt Sidney das Ästhetische an der Literatur wieder in seine Rechte ein, ohne jedoch die philosophische Komponente zu unterdrücken. Als zweiter Gesichtspunkt ist festzuhalten, daß die ›Apologie‹ dem Literalsinn und damit dem Konkreten in der Literatur wieder größeres Gewicht beimißt. Dies geschieht dadurch, daß an die Stelle des allegorischen Modells von Sinnebenen, die es aufzudecken gilt, das einzelne *exemplum* tritt, das der Rezipient nachahmen soll. In den Worten des Autors: »to bestow a Cyrus upon the world to make many Cyruses.« [42] Mit dem Postulat des Exemplarischen verbunden ist schließlich das dritte relevante Merkmal von Sidneys Poetik: ein emotionales Wirkungskonzept, das aus der Rhetorik abgeleitet ist. War den Allegorikern daran gelegen, das *docere* mit Hilfe des *delectare* zu verwirklichen, so ist Sidney bestrebt, das *movere*, die wirkmächtigste rhetorische Effektkategorie, zum Ausgangs- und Zielpunkt seiner Literaturtheorie zu machen. Demnach ist Voraussetzung jeder dichterischen Wirkung, daß der Autor von dem darzustellenden Gegenstand selbst bewegt, d. h. emotional affiziert ist. Nur so wird das *exemplum* anschaulich und lebendig. [43] Nur auf diese Weise wird endlich das Telos von Dichtung überhaupt erreicht: das Publikum zum guten Handeln zu bewegen. Bloßes Erkennen (*gnosis*) des Guten genügt also nicht; hinzukommen muß – und darin geht Sidney über die Apologeten hinaus – die Umsetzung der Erkenntnis in konkrete Aktion (*praxis*).

In Sidneys Poetik manifestiert sich demzufolge eine deutliche Abkehr vom Allegorischen. Ihre Kennzeichen sind, überspitzt gesprochen: Nachahmung statt Verschleierung, Ästhetik statt (bloßer) Ethik, Konkretheit statt Abstraktion, Emotionalität statt (bloßer) Belehrung, Handeln statt (bloßer) Erkenntnis. Die parenthetischen Ausdrücke dieser Reihe zeigen an, daß Sidney nicht einfach alle Kategorien der allegorischen Dichtungstheorie eliminiert, sondern ihnen lediglich einen neuen, untergeordneten Stellenwert zuweist. Insofern spiegelt die Argumentation der ›Apologie‹ selbst einen poetologischen Umbruch. Man geht wohl nicht fehl, wenn man das Neue, das sich bei Sidney findet, als Ansätze einer autonomen Wirkungsästhetik bezeichnet. Einzelne Bestandteile einer solchen kommen auch bei anderen Autoren vor; doch erreichen diese bei weitem nicht die Geschlossenheit von Sidneys Konzeption. [44] Angesichts dieses Tatbestandes verwundert es daher nicht, daß die allegorische Dichtungsauffassung auch nach Sidney weiterlebt. Bei Harington, der Sidneys Poetik kannte und benutzte, offenbart sich in aller Deutlichkeit, wie gering das Verständnis eines Zeitgenossen für die Neuerungen der ›Apologie‹ war: Er verwendet das Allegorie- und das Imitatio-Konzept unreflektiert in ein und demselben Kontext. [45] Endgültige Klarheit und gleichzeitig das Ende der allegorischen Dichtungstheorie bringt erst das beginnende Zeitalter des Rationalismus und Neoklassizismus. In ihm wird auch die Konzeption der Bibelsinne radikal in Frage gestellt. Die Renaissance hingegen ist eine Zeit des Übergangs. Das Nebeneinander von Altem und Neuem ist für sie charakteristisch.

3. Die sozialästhetische Perspektive: Allegorie als Ausdruck höfischer Kultur und ihre Kritiker

Der besondere geschichtlich-gesellschaftliche Stellenwert der Allegorie für die englische Renaissance wird durch George Puttenhams ›The Arte of English Poesie‹ (1589) erhellt. Dort heißt es im dritten Buch über die »Courtly figure *Allegoria*«:

> The vse of this figure is so large, and his vertue of so great efficacie as it is supposed no man can pleasantly vtter and perswade without it, but in effect is sure neuer or very seldome to thriue and prosper in the world, that cannot skilfully put in vre, in somuch as not onely euery common Courtier, but also the grauest Counsellour, yea and the most noble and wisest Prince of them all are many times enforced to vse it, by example (say they) of the great Emperour who had it vsually in his mouth to say, *Qui nescit dissimulare nescit regnare*. Of this figure therefore which for his duplicitie we call the figure of [false semblant or dissimulation] we will speake first as of the chief ringleader and captaine of all other figures, either in the Poeticall or oratorie science. [46]

Im letzten Kapitel seiner Poetik kommt Puttenham erneut auf die Allegorie zu sprechen, diesmal im Zusammenhang mit der Frage, ob sich der höfische Dichter wie der Höfling verstellen soll:

> [...] or perhaps / rather that he could dissemble his conceits as well as his countenances, so as he neuer speake as he thinkes, or thinke as he speaks, and that in any matter of importance his words and his meaning very seldome meete: for so as I remember it was concluded by vs setting foorth the figure *Allegoria*, which therefore not impertinently we call the Courtier or figure of faire semblant, or is it not perchance more requisite our courtly Poet do dissemble not onely his countenances & cōceits, but also all his ordinary actions of behauiour, or the most part of thē, whereby the better to winne his purposes & good aduantages [...]? [47]

Es zeigt sich, daß die Allegorie im Rahmen einer Poetik, die die Dichtung als

Hofpoesie und den Dichter als Hofpoeten ansieht, eine ganz andere Funktion besitzt als in der Rhetorik, der theologisch-poetologischen Hermeneutik oder der apologetischen Literaturkonzeption. Zwar zählt auch Puttenham die bekannten Stilmerkmale der Allegorie auf, doch geht er zugleich weit über diesen formalrhetorischen Standpunkt hinaus. Ihm ist die Allegorie die Grundform höfischer Kommunikation schlechthin. Die Wesensverwandtschaft von Sprachform und sozialkommunikativer Rolle scheint ihm so eng, daß er Allegorie und Höfling gleichsetzt. Das Gemeinsame beider ist die Verstellung. Diese kann sowohl positiv als auch negativ sein. Daraus resultiert die wechselnde Identifikation von Allegorie mit »figure of faire semblant« und »figure of false semblant«. Unabhängig von dieser Distinktion ist für Puttenham die Allegorie das wichtigste Stilmittel in Rede- und Dichtkunst.

Wie konnte es zu einer Identifikation von Allegorie und Höfling kommen? Die Gründe dafür sind kulturhistorischer Art. Bekanntlich wurden zur Regierungszeit Elisabeths I. die klassische Bildung und die Künste zunehmend gefördert. Die aufgeklärte Monarchin, die selbst an Universitätsdisputationen teilnahm und die ›Ars Poetica‹ des Horaz ins Englische übersetzte, zeigte nicht nur eine Vorliebe für das Drama, sondern besaß auch einen ausgeprägten Sinn für höfisch-zeremonielle Darstellungen. Solche kamen vor allem bei der königlichen Visite (»royal progress«) und beim Einzug der Königin in eine Stadt (»royal entry«) vor. Der Zuschauer hatte dann Gelegenheit, Triumphbögen, tableaux vivants, Embleme, Festzüge (pageants), Pantomimen und Kurzdramen mythologischer, biblischer oder historischer Art zu bewundern. [48] Fast immer lag ein allegorischer Sinn zugrunde, der von einem Spruchband, einem Presenter oder dem darstellenden Schauspieler erschlossen wurde. Elisabeth selbst liebte es, in mythologischen Rollen zu posieren. Sie erlaubte es daher auch, daß Spenser ihr sein allegorisches Epos widmete, wo sie gleich in drei Rollen auftrat: als Gloriana, als Belphoebe und als Mercilla. Ihren Höhepunkt erreichte die allegorische Mode unter den frühen Stuarts. Berühmtheit erlangte die Royal Entry von 1604, als James I. anläßlich der Krönungsfeierlichkeiten in London seinen Einzug hielt. Aus diesem Grund wurde ein grandioses Spektakel veranstaltet, an dem Dichter, Architekten, Maler und Musiker mitwirkten. Die szenischen, bildlichen und verbalen Manifestationen, die es dabei gab, enthielten mannigfache allegorische Sinnbezüge. Ben Jonson, der an der Ausgestaltung des ersten und siebten Triumphbogens beteiligt war, warnt allerdings vor exzessiver Deutlichkeit:

> Neither was it becomming, or could it stand with the dignitie of these shewes [...] to require a Truch-man [= Interpreter], or (with the ignorant Painter) one to write, This is a dog; or, This is a Hare: but so to be presented, as vpon the view, they might, without cloud, or obscuritie, declare themselues to the sharpe and learned: And for the multitude, no doubt but their grounded iudgements did gaze, said it was fine, and were satisfied. [49]

Der gleiche Jonson verfaßte im Auftrag des Königshauses und adliger Familien zahlreiche Maskenspiele. [50] In ihnen findet die höfisch-allegorische Gesellschaftsstruktur ihren reinsten Ausdruck. Die Maskenspiele bilden Gesamtkunstwerke aus Bühnenarchitektur, Musik, Poesie und Tanz, an denen der König und seine Höflinge in der Rolle von mythologischen und allegorischen Figuren teilnahmen. Durch die Identifikation von Rolle und Sein stilisiert sich die Aristokratie zum Kunstwerk, wird sie selbst zum Gleichnis. Sie verwandelt sich in eine »tropische Hofgesellschaft« (M. Windfuhr). Ihr Wesenszug ist das Hyperbolische.

Zusammen mit dem Entstehen einer höfischen Kultur bildet sich in England eine Doktrin heraus, die Puttenhams Bezeichnung der Allegorie als »the figure of faire semblant« erklärt. Sie entsteht auf der Grundlage der Rezeption von Schriften wie Baldassare Castigliones ›Il Libro del Cortegiano‹ (1528), Giovanni della Casas ›Galateo‹ (1558) und Stefano Guazzos ›La Civile Conversazione‹ (1574). Später kommen andere Werke hinzu. Das einflußreichste solcher courtesy books ist in England Castigliones ›Cortegiano‹ in der Übersetzung von Sir Thomas Hoby (1561). In diesem Buch erscheint als Wesensmerkmal des Höflings die Verstellung. Die Verstellung besteht darin, daß er seine Kunst zu verbergen sucht:

> Therefore that may bee saide to be a verie arte, that appeareth not to be arte, neither ought a man to put more diligence in any thing than in covering it: for in case it be open, it looseth credite cleane and maketh a man litle set by.

> And for all hee be skilfull and doth well understand it, yet will I have him to dissemble the studie and paines that a man must needes take in all thinges that are well done. [51]

Künstlich ist alles am Höfling: Kleidung, Sprache, Verhalten; dennoch darf die Kunstfertigkeit nicht sichtbar werden, sonst verliert sie an Wirkung. Daher ist es die wesentlichste Aufgabe, dem rhetorischen Grundsatz des *celare artem* zu folgen. Auf diese Weise wandelt sich Kunst zur zweiten Natur; sie erweckt die Illusion einer kunstlosen Natürlichkeit. Die Italiener gebrauchen dafür den Ausdruck *sprezzatura*. Das Deutsche kennt die Formel vom »schönen Schein« und kommt damit Puttenham am nächsten. Beides hebt auf die besondere Eigenart des Ästhetischen ab, die für die höfische Existenz charakteristisch ist: weder bloße Natur noch pure Artifizialität zu sein, sondern ein empfindliches Gleichgewicht zwischen beidem. Darin besteht das Auszeichnende, aber auch die potentielle Gefährdung dieser Kulturform. Geht nämlich dieses Gleichgewicht verloren, so bleibt auf der einen Seite die formlose Substanz, d. h. ein Rückfall ins Chaos (Repräsentant: Shakespeares Caliban), auf der anderen Seite aber die substanzlose Form, d. h. die inhaltsleere *affectatio* (Repräsentant: Shakespeares Osrick).

Angewandt auf das Literarische, besagt das Ideal des »faire semblant« den Vorrang der tropischen Diktion, konkreter: der Allegorie (im weiteren Sinne). Die Allegorie als Modus kunstvollen Redens schlechthin veredelt die krude Natürlichkeit der Alltagssprache; angemessen gebraucht, vermeidet sie Affektiertheit und Dunkelheit – so steht es auch in den Rhetoriken der Zeit. Angestrebt ist eine kunstvoll-natürliche Balance zwischen der Direktheit der *natura* und der Indirektheit der *ars*. Dies ist auch die Auffassung des Höflings und Dichters Sidney, dessen Sonettzyklus ›Astrophel and Stella‹ dafür beredte Beispiele bietet. Im dritten Sonett verschmäht es der höfische Sprecher, seine angebetete Dame mit »new found Tropes« und »strange similies« zu feiern; stattdessen folgt er dem Grundsatz, nur das »kopieren« zu wollen, »what in her Nature writes« – das ist der Zustand des *celare artem*. Auf der anderen Seite kann der Sprecher in Sonett 45 nicht die Liebe von Stella gewinnen, weil er unumwunden seine Zuneigung erklärt; durch den Erfolg einer fiktiven Erzählung (*fable*) belehrt, geht er daher dazu über, seine Leidenschaft unter der Gestalt einer Tragödie zu verbergen:

> Then thinke my deare, that you in me do reed
> Of Lover's ruine some sad Tragedie:
> I am not I, pitie the tale of me.[52]

– das ist der Zustand des *celare naturam*. Das letzte Beispiel zeigt die Überwindung der Natur im Kunstwerk, das erste die der Kunst im »schönen Schein« der (zweiten) Natur. Sidneys und Puttenhams Bemühungen gelten zwar der Kunst; höher schätzen beide jedoch das Ziel der *altera natura*. Nicht zufällig schließt Puttenham seine Poetik mit der Bemerkung, daß er demjenigen Dichter die Krone reicht, der seine Kunst zu verbergen weiß.[53] Und Sidney seinerseits entwirft das Konzept eines Schauspieler-Dichters, dessen proteushafte Maskerade sein Werk vielfach durchzieht.[54] Allgemeiner gesprochen, besagen die bisher angestellten Überlegungen: Das *celare artem* bildet die Voraussetzung für die höchstmögliche Verwirklichung von höfischer Literatur und Kultur. Verstehen wir Puttenham recht, so kann das sprachliche Medium der Allegorie bzw. der tropischen Diktion einen Gradmesser für die Erfüllung dieser Norm darstellen.

Der soziale Orientierungspunkt dieser Vorstellungen ist der königliche Hof; aber ihre Repräsentanz umfaßt auch das gebildete Bürgertum, das die Vertreter der zweiten englischen Humanistengeneration stellt. Der Ungebildete bleibt von der allegorischen Bedeutung letztlich ausgeschlossen. Das zeigt die zeitgenössische Charakterisierung des aufnehmenden Publikums recht deutlich. Jonsons Kommentar zum Royal Entry von 1604 interessiert sich nur für die »Scharfsinnigen und Gelehrten«; für die »Menge« hat er nur Verachtung übrig. Harington, der zum Thema ›Allegorie‹ die differenziertesten Gedanken vorträgt, kombiniert mit dem Sinnebenen- ein Rezipientenmodell.[55] Demzufolge wissen die weniger Gebildeten nur die »historie« und den Vers, die Empfänglicheren schon den moralischen Sinn, die Intelligentesten hingegen erst die Allegorie des literarischen Textes zu würdigen. Es bedarf manchmal eines großen Aufwandes an Gelehrsamkeit, um die verschlüsselten Geheimnisse von Allegorien zu ergründen. Die Bildungsvoraussetzungen dazu besitzt eine gesellschaftliche Elite, die über fundierte Kenntnisse der antik-christlichen Kulturtradition verfügt. Das Ideal ist die Personalunion von Höfling und Gelehrtem, wie sie Henry Peacham in seinem ›Complete Gentleman‹ (1622) beschreibt:

Since learning, then, is an essential part of nobility, as unto which we are beholden for whatsoever dependeth on the culture of the mind, it followeth that who is nobly born and a scholar withal deserveth double honor, being both εὐγενής and πολυμαθής.[56]

Als Verkörperung dieser »Geisteskultur« wird schon zu seinen Lebzeiten der Höfling und Humanist Sir Philip Sidney gepriesen. Ihren reinsten dichterischen Ausdruck erhält sie in Spensers allegorischem Epos ›The Faerie Queene‹, dessen Aufgabe sein Verfasser darin erblickt, »to fashion a gentleman or noble person in vertuous and gentle discipline«. Das gleiche ethisch-pädagogische Anliegen vertreten auch Elyot, Castiglione und Peacham, so daß es nicht abwegig erscheint, die ›Faerie Queene‹ als poetische Variante eines courtesy book zu lesen.

Wenn Puttenham die Allegorie wegen ihres Doppelsinnes (»duplicitie«) auch »the figure of false semblant« nennt, so offenbart sich darin die negative Seite der Hofkultur. Der »falsche Schein« umfaßt zunächst verschiedene Erscheinungsformen einer moralisch verwerflichen Verstellungskunst: Lüge, Betrug, Heuchelei, Hochstapelei, Intrigantentum und anderes. Puttenham selbst macht mit einem ganzen Katalog solcher Laster bekannt; nur die künstlerische »dissimulation« nimmt er aus.[57] Damit führt er die Tradition der literarischen Hofkritik fort, wie sie sich seit John Skeltons Satiren im England der Tudors eingebürgert hat.[58] Weniger Beachtung als die ethische hat bislang die sprachlich-ästhetische Komponente dieser Kritik erfahren. Sie äußert sich vornehmlich in der vehementen Ablehnung manierierten Redens und Schreibens. Sidney gebraucht bei der Erörterung stilistischer Verstöße das Bild einer »honey-flowing matron eloquence apparelled, or rather disguised, in a courtesan-like painted affectation« und verurteilt vor allem den Sprachgebrauch von Höflingen, Gelehrten, Predigern und Schriftstellern.[59] Im Zentrum der Kritik stehen nicht nur Figuren und Tropen, sondern auch die Technik der *amplificatio* und die Benutzung von Commonplace Books, mithin allgemein die dekorative Verzierung der Rede, wie sie von der Rhetorik gelehrt wird. Da aber Sprache der Spiegel der Seele ist, kann hier keine Trennung von Ästhetik und Moral stattfinden. Rhetorikkritik impliziert Sittenkritik. Der affektiert redende Höfling verrät einen schlechten Charakter. Polonius' taktischer Rat an Reynaldo »By indirections find directions out« (›Hamlet‹ II, i, 63) ist daher die Perversion des höfischen »schönen Scheins« – sowohl in rhetorischer wie in ethischer Hinsicht. Die Antithese dazu ist ein radikal anderes Stilkonzept. Es ersetzt die künstlich-tropisierte Diktion durch das Postulat einer einfach-natürlichen Sprache. James VI. von Schottland, der als James I. den englischen Thron besteigen sollte, gibt in seinem 1599 erschienenen Fürstenspiegel ›Basilikon Doron‹ seinem Sohn Henry den Rat:

In both your speaking and your gesture, vse a naturall and plaine forme, not fairded with artifice: for (as the French-men say) Rien contre-faict fin: but eschew all affectate formes in both. In your language be plaine, honest, naturall, comely, cleane, short, and sententious, eschewing both the extremities, aswell in not vsing any rusticall corrupt leide, as booke-language, and pen and inke-horne termes: and least of all mignard and effoeminate tearmes. But let the greatest part of your eloquence consist in a naturall, cleare, and sensible forme of the deliuerie of your minde, builded euer vpon certaine and good grounds;

[...]. Vse also the like forme in your gesture, neither looking sillily, like a stupid pedant; nor vnsetledly, with an vncouth morgue, like a new-come-ouer Cavalier: but let your behauiour be naturall, graue, and according to the fashion of the countrey. [60]

Diese Zeilen zeugen von Antirhetorik und das heißt auch Antitropik und Antiallegorik. Sie resultiert aus der Umkehrung der Stilhierarchie: Der figurenarme niedrige Stil verdrängt den hohen. Auf der politischen Ebene entspricht dem die propagierte Neuorientierung ständischen Denkens: Nicht soll der Hof für das Land, sondern das Land für den Hof als Vorbild dienen. Die Losung lautet ›Natürlichkeit‹; das bedeutet: Klarheit, Kürze, Schlichtheit, Ehrlichkeit, Aufrichtigkeit.

Sind also mit derartigen Äußerungen die Französische Revolution und die Romantik vorweggenommen? Keineswegs. Der gleiche Autor James fordert von den Dichtern »lebendige Erfindungen« (»quicke inuentions«), »poetische Blumen« (»poeticke flowers«) und »schöne und angemessene Vergleiche« (»faire and pertinent comparisons«), d. h. die Anwendung rhetorischer Verfahren. [61] Zur Regierungszeit desselben Herrschers erreichte auch die Mode des Maskenspiels ihren Höhepunkt. Handelt es sich daher in der Hof- und Rhetorikkritik von James um eine weitere effektvolle höfische Pose? Fest steht, daß die Antirhetorik selbst aus rhetorischen Quellen gespeist ist. Die »inkhorn«-Kontroverse bildet sogar ein Lieblingsthema der englischen Humanisten. [62] Es ist zu vermuten, daß James' Kritik an Hofrhetorik und Hofethik aus solchen humanistischen, und das bedeutet zugleich: bürgerlichen Quellen gespeist ist. James hätte sich ohne weiteres mit dem Satz »I thinke better of a naturall Art, then an artificiall Nature« identifizieren können. Er hätte es aber gewiß abgelehnt, die Rolle des Sprechers, eines Landsmanns in Nicholas Bretons Dialog ›The Court and Country‹ (1618), anzunehmen. [63] Dazu hätte es einer größeren sozialen und politischen Umwälzung bedurft. Solange diese nicht stattfand, konnte sich die Identifikation von König und Bauer nur im Spiel ereignen: als Maskerade, als Allegorie. Höfische Existenz und tropische Form bleiben untrennbar miteinander verbunden.

Ein Fazit aus den vorangegangenen Ausführungen kommt zu folgenden Resultaten:

1. Das produktionsästhetische Allegoriekonzept besitzt zwei rhetorische Wurzeln: die Stiltheorie und die Mnemotechnik. Als stilrhetorische Kategorie repräsentiert die Allegorie einen Satz- oder Texttropus, der nach dem Verfahren der Ähnlichkeitssubstitution konstituiert wird. Im Rahmen der rhetorischen Gedächtnislehre bildet sie eine Weise des imaginativen Denkens, das sich in einer Ort-Bild-Kombination konkretisiert. Beide allegorischen Operationsweisen durchlaufen im 16./17. Jahrhundert eine Entwicklung, die stilrhetorische allerdings nur im Sinne einer größeren Ausdifferenzierung. Die Kritik an ihnen entstammt naturwissenschaftlichen und (im Falle der Mnemotechnik) auch theologischen und rationalistischen Wurzeln. Sie impliziert das Ideal der Äquivalenz von Worten und Dingen und den Abbau phantastischer Bildvorstellungen.

2. Das rezeptionsästhetische Allegoriekonzept wird aus den Quellen der Bibelexegese und der allegorischen Klassikerinterpretation genährt. Beide Traditionen spielen in der englischen Renaissance eine bedeutende Rolle. Dabei wird das System der vier Bibelsinne nicht selten zu einem mono- oder bisemen Auslegungsmodus vereinfacht. Hingegen erlangt die außerbiblische Allegorese in Haringtons ›Orlando‹-Übersetzung und Spensers ›Faerie Queene‹ einen selten gekannten Grad an Differenziertheit. Gleichzeitig erhält die Allegorie in den Dichtungsapologien einen signifikanten Stellenwert. Gegenüber den puritanischen Anklagen, die Poesie bestehe lediglich aus Lüge und Unmoral, wird hier geltend gemacht, die Dichtung sei eine nur wenigen zugängliche *prima philosophia* – ihr wesentlicher Inhalt eine moralische Lehre, die Form lediglich eine schöne Verkleidung. Die allegorische Literaturtheorie wird abgelöst durch Sidneys Ansatz zu einer autonomen Wirkungsästhetik. Ihre Konstituenten: Mimesis, *exemplum* und Pathos sind richtungsweisend für den Beginn des englischen Neoklassizismus.

3. Das sozialästhetische Allegoriekonzept identifiziert Allegorie und Höfling (Puttenham). Das bedeutet: die Hofkultur der englischen Renaissance ist eine tropische. Ihre Manifestation erfährt sie in zahlreichen Erscheinungsformen: Emblem, tableau vivant, pageant, Triumphbogen, Maskenspiel. Die ideologische Grundlegung schaffen courtesy books wie Castigliones ›Cortegiano‹. Demnach bildet die *sprezzatura*, die intendierte Natürlichkeit der Kunst, das Leitideal des wahren Höflings. Die Auswirkungen solcher Vorstellungen zeigen sich in der Poetik: bei Sidney im Konzept des Schauspieler-Dichters, bei Puttenham in der besonderen Hervorhebung des poetischen *celare artem*. Das Gleichgewicht zwischen bloßer Kunst und bloßer Natur, welches die Allegorie verkörpert, wird allerdings durch den »falschen Schein« der Affektiertheit zerstört. Daraus resultiert Rhetorikkritik, zugleich aber auch Sittenkritik. Das Gegenkonzept sieht eine Rückkehr zur nicht-tropischen, d. h. unallegorischen Diktion des *genus humile* vor. Die Antirhetorik des Ideals der Natürlichkeit verläßt indes nicht den Rahmen der rhetorischen Argumentation. Sie leitet keine kulturelle oder soziale Revolution ein.

Ein Rückblick auf den Gang der gesamten Erörterung lehrt, daß sich die drei Allegoriekonzepte mannigfach überschneiden. Das illustriert besonders Spensers ›Faerie Queene‹. Produktionsästhetisch betrachtet, stellt sie einen rhetorischen Texttropus dar. Ihre semantische Komplexität verdankt sie indes einem Verfahren der Textauslegung, der Klassiker- und Bibelallegorese. Ihr sozialer Ort endlich ist der Hof und das von diesem begründete Kulturmodell; hier entfaltet sie ihre spezifische gesellschaftlich-erzieherische Wirksamkeit. In diesem dreifachen Sinne bildet die ›Faerie Queene‹ die literarische Summe der allegorischen Erfahrungen der englischen Renaissance. Ihre Nachfolger sind entweder Epigonen oder Opponenten.

Anmerkungen:

1 Vgl. außer den Arbeiten von McClennen, Murrin und Steadman, Kap. 4 u. 5, noch Rosemond Tuve: Elizabethan and Metaphysical Imagery, Chicago 1961 ([1]1947) und Lee A. Sonnino: A Handbook to Sixteenth-Century Rhetoric, London 1968, S. 120–122.

2 Henry Peacham: The Garden of Eloqvence, London 1593, S. 25 (Nachdr., hg. W. G. Crane, Gainesville, Fla., 1954).

3 Vgl. Heinrich F. Plett: Die Rhetorik der Figuren: Zur Systematik, Pragmatik und Ästhetik der Elocutio, in: Heinrich F. Plett (Hg.): Rhetorik: Kritische Positionen zum Stand der Forschung (Kritische Information 50), München 1977, S. 125–165, hier S. 127–141.

4 William Dugard: Rhetorices Elementa, London 1648, S. 41 (Nachdr.: R. C. Alston [Hg.]: English Linguistics 1500–1800, 365, Menston 1972).

5 Richard Sherry: A treatise of Schemes & Tropes, London 1550, sig. C. vii. r (Nachdr., hg. H. W. Hildebrandt, Gainesville, Fla., 1961, S. 45): »[...] an inuersion of wordes, where it is one in wordes, and another in sentence or meanynge.« – George Puttenham: The Arte of English Poesie (1589), hg. Gladys Doidge Willcock/Alice Walker, Cambridge 1970 ([1]1936), S. 186: »[...] *Allegoria,* which is when we speake one thing and thinke another.« – Angel Day: The English Secretary, London 1599, Teil II, S. 79 (Nachdr., hg. Robert O. Evans, Gainesville, Fla., 1967): »*Allegoria,* a kinde of inuerting or change of sence, as when we shew one thing in wordes & signifie another in meaning.« – John Smith: The Mysterie of Rhetorique Vnvail'd, London 1657, S. 59 (Nachdr.: Bernhard Fabian/Edgar Mertner/Karl Schneider/Marvin Spevack [Hgg.]: Anglistica & Americana 124, Hildesheim/New York 1973): »It is an inversion when one thing is propounded in the words, and another in the sense.«

6 Thomas Wilson: The Arte of Rhetorique, London 1553, Fol. 93v (Nachdr.: The English Experience, 206, Amsterdam/New York 1969). – Vgl. John Hoskins: Directions for Speech and Style, hg. Hoyt H. Hudson (Princeton Studies in English, 12), Princeton, N. J., 1935, S. 9: »An Allegory is the continual following of a metaphor.« – Alexander Gill: Logonomia Anglica (1621), hg. Otto L. Jiriczek (Quellen und Forschungen, 90), Straßburg 1903, S. 104: *Allegoria enim nihil aliud est, quàm continuata Metaphora.* – Smith [s. Anm. 5], S. 60: »It is the continual prosecution of a Metaphor, and that proportionably through the whole sentence, or through divers sentences.«

7 Vgl. Peacham [s. Anm. 2], S. 26–27; Puttenham [s. Anm. 5], S. 187–188; Smith [s. Anm. 5], S. 62–63; Henry Peacham: The Garden of Eloquence, London 1577, sig. D.ij.r (Nachdr.: Menston 1971). Antike Quelle: Quintilian: Institutio Oratoria VIII,vi,47.

8 Thomas Blount: The Academie of Eloquence, London 1654, S. 2 (Nachdr.: R. C. Alston [Hg.]: English Linguistics 1500–1800, 296, Menston 1971). – Vgl. Hoskins [s. Anm. 6], S. 9 (»proportionable«); Smith [s. Anm. 5], S. 60 (»proportionably«). – Abraham Fraunce: The Arcadian Rhetorike (1588), hg. Ethel Seaton, Oxford 1950, S. 3–4 formuliert den Sachverhalt so: »The excellencie of tropes is then most apparant, when either manie be fitlie included in one word, or one so continued in manie, as that with what thing it begin, with the same it also end: and then it is called an Allegorie or Inuersion.« – Vgl. auch Anm. 14.

9 Thomas Farnaby: Index Rhetoricvs, London 1625, S. 21 (Nachdr.: R. C. Alston [Hg.]: English Linguistics 1500–1800, 240, Menston 1970). Der Satz wird von Smith [s. Anm. 5], S. 60 zitiert. Kritik übt an dieser allgemeinen Definition Gerardus Ioannes Vossius: Commentariorvm Rhetoricorvm, sive Oratoriarvm Institvtionvm Libri sex, Leyden [3]1630, S. 193 (Nachdr.: Scriptor Reprints, Kronberg/Ts. 1974).

10   Charles Butler: Rhetoricae Libri Dvo, Oxford 1598, sig. A.2.r ff. Vossius [s. Anm. 9], S. 193–194 teilt – mit Ausnahme der Ironie – die Auffassung Butlers (vgl. hingegen Quintilian: Institutio Oratoria VIII, vi, 54 ff.).

11   Puttenham [s. Anm. 5], S. 191. – Antike Grundlage: Quintilian: Institutio Oratoria VIII, vi, 44 ff. – Erasmus von Rotterdam: On Copia of Words and Ideas, übers. v. Donald B. King/David H. Rix, Milwaukee, Wis., 1963, S. 30 (I, xviii) nennt Sprichwort und Rätsel; Wilson [s. Anm. 6], Fol. 94r die englischen Sprichwörter John Heywoods; Julius Caesar Scaliger: Poetices libri septem, [Genf] 1561, S. 130 (III, liii) Fabel und Sprichwort; Gill [s. Anm. 6], S. 130 Sprichwort und Rätsel; Sherry [s. Anm. 5], S. 45–46 Rätsel, Sprichwort, Ironie und ihre verschiedenen Unterarten. – Vgl. Murrin, Kap. 3.

12   Smith [s. Anm. 5], S. 60. – Vgl. Peacham [s. Anm. 2], S. 27.

13   Puttenham [s. Anm. 5], S. 154.

14   Peacham [s. Anm. 2], S. 25. – Vgl. Quintilian: Institutio Oratoria VIII, vi, 52, 53. – Ben Jonson erwähnt in ›Timber, or Discoveries‹ (1641), in: Joel E. Spingarn (Hg.): Critical essays of the seventeenth century, 3 Bde., Bloomington 1957 (¹1908/09), Bd. I, S. 17–64, hier S. 40, zwei Arten der mißglückten Allegorie: »Quintilian warnes us that in no kind of Translation, or Metaphore, or Allegory, wee make a turne from what wee began; As, if wee fetch the originall of our Metaphore from sea and billowes, wee end not in flames and ashes: It is a most fowle inconsequence. [s. Anm. 8] Neither must wee draw out our Allegory too long, lest either wee make our selves obscure, or fall into affectation, which is childish.«

15   Thomas Sprat: The History of the Royal-Society of London, in: Spingarn [s. Anm. 14], Bd. II, S. 112–119, hier S. 118. – Zum Thema vgl. A. C. Howell: Res et Verba: Words and Things, ELH 13 (1946), S. 131–142; Robert Adolph: The rise of modern prose style, Cambridge,Mass./London 1968.

16   Fraunce [s. Anm. 8], S. 20–21; Hoskins [s. Anm. 6], S. 9; Blount [s. Anm. 8], S. 2–3; Smith [s. Anm. 5], S. 62.

17   Gill [s. Anm. 6], S. 105. Er führt auch ein Beispiel (Sonett 31) von Samuel Daniel an (S. 104).

18   Caldwell, S. 594–598.

19   Herwig Blum: Die antike Mnemotechnik (Spudasmata 15), Hildesheim/New York 1969; Frances A. Yates: The Art of Memory, London 1966. – Die englische Entwicklung behandelt D. Newton-De-Molina: A critical select history of the classical arts of memory and their interpretation, with special reference to English arts of memory, 1509–1620, Ph. D. thesis, Cambridge University 1971–72 (Nr. 7655).

20   Wilson [s. Anm. 6], Fol. 115r. – Zwischen Allegorie (als Sprachfigur) und Personifikation (Etho- bzw. Prosopopoiie) wird nachfolgend nicht immer scharf unterschieden (vgl. J. Bullokar: An English Expositor, London 1616, s.v. ›Allegoricall‹).

21   Zu englischen Beispielen vgl. Walter J. Ong: Memory as Art, in: Walter J. Ong (Hg.): Rhetoric, romance, and technology, Ithaca/London 1971, S. 104–112; Richard Howard Abrams: Memory and making in the poetics of Renaissance England, Ph. D. diss., State University of New York at Buffalo 1971; Susan Schibanoff: Prudence and artificial memory in Chaucer's ›Troilus‹, ELH 42 (1975), S. 507–517.

22   John Bunyan: The Pilgrim's Progress, hgg. James B. Wharey/Roger Sharrock, Oxford 1960 (¹1928), S. 32–33.

23   Vgl. Freeman, Kap. VIII: John Bunyan: The end of the tradition (S. 204–228), und David J. Alpaugh: Emblem and interpretation in ›The Pilgrim's Progress‹, ELH 33 (1966), S. 299–314 (mit weiterer Literatur). – Die Verschwisterung von Emblematik und Memoria zeigt deutlich E. M.s ›Ashrea: or, The Grove of Beatitudes, Represented

in Emblemes: and, by the Art of Memory, to be Read on our Blessed Saviour Crucifi'd‹, London 1665 (Nachdr.: John Horden [Hg.]: English Emblem Books, 18, Menston 1970).

24 Ein gutes Kompendium bietet Cosmas Rossellius: Thesaurus Artificiosae Memoriae, Venedig 1579.

25 Smith [s. Anm. 5], S. 63.

26 Ebd., S. 66.

27 Vgl. Auerbach, 1939; Bloom, Bloomfield, 1971/72; Caplan, Dobschütz, Harris, de Lubac, 1959–1964; F. Ohly, 1958/59.

28 Vgl. McClennen, S. 21–36. Aufschlußreich für die neue Einstellung ist die Diskussion bei William Whitaker (hg. Cannon). Die Skepsis gegenüber einer übertriebenen Allegorese provoziert William Tyndale zu scharfen Attacken: »Beware of allegories; for there is not a more handsome or apt thing to beguile withal than an allegory; nor a more subtle and pestilent thing in the world to persuade a false matter, than an allegory« (zit. bei McClennen, S. 24).

29 Vgl. Francis Bacon: Of the Proficience and Advancement of Learning Divine and Humane, in: James Spedding/Robert Leslie Ellis/Douglas Denon Heath (Hgg.): The works of Francis Bacon, 14 Bde., Stuttgart-Bad Cannstatt 1963 (^{1}1857–1874), Bd. III, S. 487: »[…] and therefore as the literal sense is as it were the main stream or river; so the moral sense chiefly, and sometimes the allegorical or typical, are they whereof the church hath most use.«

30 Sir John Harington: A Preface, or rather a Briefe Apologie of Poetrie (1591), in: G. Gregory Smith (Hg.): Elizabethan critical essays, 2 Bde., London 1959 (^{1}1904), Bd. II, S. 194–222, hier S. 201–202.

31 Ebd., S. 203. Haringtons ›Orlando‹-Interpretation berücksichtigt vier Bedeutungsschichten: »Morall«, »Historie«, »Allegorie«, »Allusion«. Im Vorwort zu seiner Harington-Edition (Oxford 1972) weist Robert McNulty auf das Vorbild der allegorischen Kommentare von Bononome und Fornari hin.

32 Vgl. dazu Seznec, Kap. I: The historical tradition.

33 Francis Bacon: De Sapientia Veterum, in: Works [s. Anm. 29], Bd. VI, S. 626. Zu Bacons Mytheninterpretation vgl. Charles W. Lemmi: The classical deities in Bacon: A study in mythological symbolism, Baltimore 1933.

34 Zur Ovid-Allegorese in England vgl. Douglas Bush: Mythology and the Renaissance tradition in English poetry, New York 1963 (^{1}1932), Kap. I, II, IV, XIII. Zur Tradition s. Born.

35 Henry Reynolds: Mythomystes, in: Spingarn [s. Anm. 14], Bd. I, S. 141–179. Cinquemani hebt hervor, daß die naturphilosophische (physikalische) Allegorese bei Reynolds im Mittelpunkt steht: »It is made clear in ›Mythomystes‹ that the poet, a sort of natural philosopher, ought to redirect his interest to the scientific truths embodied in myth« (S. 1049).

36 McClennen, S. 18. – Zur Problematik vgl. S. Warhaft: The anomaly of Bacon's allegorizing, Publications of the Michigan Academy of Science, Arts and Letters, 43 (1957), 327–333.

37 Vgl. August Buck: Italienische Dichtungslehren vom Mittelalter bis zum Ausgang der Renaissance (Beih. z. ZfrPh 94), Tübingen 1952, S. 67–87.

38 Sir Thomas Elyot: The Book named The Governor, hg. S. E. Lehmberg, London/New York 1962 (^{1}1907), S. 46–47. Vgl. Wilson [s. Anm. 6], fol. 104r–v.

39 Thomas Lodge: A Defence of Poetry, in: Smith [s. Anm. 30], Bd. I, S. 61–86, hier S. 65–66. Zur puritanischen Literatur- und Theaterpolemik s. Russell Fraser: The war against poetry, Princeton, N.J., 1970.

40 Zu einigen dichtungsapologetischen Topoi vgl. Heinrich F. Plett: Rhetorik der Affekte: Englische Wirkungsästhetik im Zeitalter der Renaissance, Studien z. Englischen Philol. NF 18 (1975), S. 122–129.

41 Sir Philip Sidney: An Apology for Poetry or The Defence of Poesy, hg. Geoffrey Shepherd, London 1965, S. 101. Zur Interpretation der Sidney-Stelle s. Herbert Mainusch: Dichtung als Nachahmung: Ein Beitrag zum Verständnis der Renaissancepoetik, GRM 41 (1960), S. 122–138, hier S. 131–132.

42 Sidney [s. Anm. 41], S. 101. – D. L. Clark beschreibt in Rhetoric and Poetry in the Renaissance, New York 1922, S. 131–161, die allmähliche Verdrängung der Allegorie durch das exemplum.

43 Sidney [s. Anm. 41], S. 138 nennt das zugrundeliegende Stilprinzip energia. Zum Terminus und seine Relevanz für die Renaissance s. Neil Rudenstine: Sidney's poetic development, Cambridge, Mass., 1967, Kap. X und Plett [s. Anm. 40], passim.

44 Vgl. etwa die Mimesis-Diskussion bei Puttenham [s. Anm. 5], S. 3–4 oder Jonson, in: Spingarn [s. Anm. 14], Bd. I, S. 50 ff.; die Erörterung der exempla bei Thomas Heywood in seiner Apology for Actors, hg. W. Cartwright (Shakespeare Society of London Publications, 6), London 1841, S. 55 ff.; und das Pathos-Konzept bei John Rainolds (s. Plett [s. Anm. 40], S. 132–133).

45 Harington, in: Smith [s. Anm. 30], Bd. II, S. 206. Das Verhältnis Haringtons zu Sidney behandelt T. G. A. Nelson: Sir John Harington as a critic of Sir Philip Sidney, StPh 67 (1970), S. 41–56. Die Beziehung von Imitatio und Allegorie erörtert Steadman, 1974, Kap. IV, V.

46 Puttenham [s. Anm. 5], S. 186.

47 Ebd., S. 299–300. Die Beziehungen von Puttenhams Poetik zum höfischen Verhaltenskode werden zutreffend dargestellt von Daniel Javitch: Poetry and court conduct: Puttenham's ›Arte of English Poesie‹ in the light of Castiglione's ›Cortegiano‹, MLN 87 (1972), S. 865–882, und Poetry and courtliness in Renaissance England, Princeton, N. J., 1978.

48 Vgl. John Nichols: The progresses and public processions of Queen Elizabeth, 3 Bde., London 1823; Robert Withington: English pageantry, 2 Bde., Cambridge, Mass., 1918–20; George R. Kernodle: From art to theatre, Chicago 1944; Alice V. Griffin: Pageantry on the Shakespearean stage, New Haven, Conn., 1951. Die mythische Allegorisierung Elisabeths I. und anderer europäischer Renaissance-Herrscher behandelt instruktiv Frances A. Yates' Buch: Astraea: The imperial theme in the sixteenth century, London/Boston 1975.

49 Ben Jonson [Works], hgg. C. H. Herford/Percy u. Evelyn Simpson, 11 Bde., Oxford 1925–52, Bd. VII, S. 91. An anderer Stelle verdeutlicht Jonson einen Monolog der Electra durch einen allegorischen Kommentar: »Besides the reference to antiquitie, this speech might be vnderstood by Allegorie of the Towne here, that had beene so ruined by sicknesse, etc.« (S. 107).

50 Vgl. zum Maskenspiel allgemein: Enid Welsford: The court masque, Cambridge 1927; zu Ben Jonson u. a.: Allan Gilbert: The symbolic persons in the masques of Ben Jonson, Durham 1948.

51 Baldassare Castiglione: The Book of the Courtier. Translated by Sir Thomas Hoby, London/New York 1959 (¹1928), S. 46, 100. – Zum Thema Kunst und Natur vgl. E. W. Tayler: Nature and art in Renaissance literature, New York 1964.

52 Sir Philip Sidney: The Poems, hg. William A. Ringler, Oxford 1962, S. 166 (3. Sonett), 187 (45. Sonett). Mit dem Rollenspiel in ›Astrophel and Stella‹ befaßt sich R. B. Young: English Petrarke: A study of Sidney's ›Astrophel and Stella‹, in: B. C. Nangle (Hg.): Three studies in the Renaissance: Sidney, Jonson, Milton (Yale Studies in Eng-

lish 138), New Haven 1958, S. 1–88. Das *sprezzatura*-Konzept bei Sidney illustriert Kenneth Myrick: Sir Philip Sidney as a literary craftsman, Lincoln, Nebr., ²1965 (¹1935), Kap. VIII.

53 Puttenham [s. Anm. 5], S. 307; vgl. S. 302.
54 Sidney [s. Anm. 41], S. 137–38, 139 (zum Höfling). Der antike *locus classicus* ist Cicero: De Oratore II, xlv, 189 ff. Das Wesensmerkmal des Schauspieler-Dichters ist die Ironie. Vgl. auch Anm. 52.
55 Harington, in: Smith [s. Anm. 30], Bd. II, S. 203.
56 Henry Peacham: The Complete Gentleman [u. a. m.], hg. Virgil B. Heltzel, Ithaca, N. Y., 1962, S. 28; vgl. S. 91–92 (Dichtung als »first philosophy«). Zum Renaissance-Ideal der Personalunion von Höfling, Gelehrtem – und Soldaten vergleiche man auch die bekannte ›Hamlet‹-Stelle: »The courtier's, soldier's, scholar's, eye, tongue, sword« (III, i, 154).
57 Puttenham [s. Anm. 5], S. 300–302. Vgl. Thomas Gainsford: The Rich Cabinet, London 1616 (Nachdr.: The English Experience, 458, Amsterdam/New York 1972), S. 18v–19r: »The Courtier that is all for shew and complement, is the onely professor of humanitie, master of curtesie, vaine promiser, idle protester, seruant of folly, and scholler of deceit: for in one word; he neither performeth, what hee commonly sweares, nor remembers in absence, what hee hath formerly protested: so that his oaths and words are like smoake and aire: and his deeds and actions meerly shadowes, and farre from substance.« – Vgl. zu Puttenham: Fletcher, S. 328–331.
58 Vgl. Claus Uhlig: Hofkritik im England des Mittelalters und der Renaissance: Studien zu einem Gemeinplatz der europäischen Moralistik (Quellen und Forschungen, NF 56), Berlin/New York 1973, Kap. VII–IX.
59 Sidney [s. Anm. 41], S. 138–39. Vgl. Plett [s. Anm. 40], Kap. IV.
60 James I.: The Workes, London 1616, S. 183–84 (Nachdr.: Bernhard Fabian/Edgar Mertner/Karl Schneider/Marvin Spevack [Hgg.]: Anglistica & Americana, 85, Hildesheim/New York 1971). Vgl. S. 496–97.
61 Ebd., S. 185.
62 Vgl. dazu neuerdings Alvin Vos: Humanistic standards of diction in the Inkhorn Controversy, StPh 73 (1976), S. 376–396.
63 Nicholas Breton: The works in verse and prose, hg. Alexander B. Grosart, 2 Bde., [Blackburn] 1879, Bd. II, Teil u: »The Court and Country«, S. 9. Bezeichnenderweise verabschiedet sich der Höfling mit den Worten: »And since I see thou art like a Milstone that will not easily bee stirred, I will leaue thee to thy folly, till I finde thee in a better humour, for I see the Musique of thy minde hangeth all vpon the base string. Farewell.« (S. 14)

Diskussionsbericht

Von HANS-JOACHIM ZIEGELER (Tübingen)

Vormittag

Die Probleme, die mit den Vorlagen der Herren Cormeau, Kuhn, Speckenbach und Haubrichs angesprochen waren, führten am Vormittag des zweiten Tages zu einer Diskussion über das Verhältnis von Sinnkonstituierung in der Erzählung und von Sinnkonstituierung in der (literarischen) Allegorie sowie über die Rolle, die dem Rezipienten entsprechender Texte dabei zukommt. Es ging – mit anderen Worten – um den Versuch, die inner- wie außerliterarischen Funktionen von Textpartien, welche möglicherweise als Allegorien/Allegoresen zu bezeichnen wären, in ihrer historischen wie systematischen Ausfaltung näher zu bestimmen.

In der Diskussion der Vorlagen von Herrn Cormeau und Herrn Kuhn wurde die Vielschichtigkeit des genannten Problems deutlich in dem Bemühen, von verschiedenen Seiten her den Übergang von Erzählung zu Allegorie präziser zu beschreiben. Notwendig spielte in diesem Zusammenhang die Frage eine zentrale Rolle, wie die dabei entstehenden literarischen Formen zu definieren seien. Wie sehr die Grenzen hier verfließen, ist an folgenden Details zu beobachten: War Kuhn in der Abgrenzung von Allegorie- und Erzählstrukturen im Verlauf seiner »Argumentation … terminologisch immer vorsichtiger geworden« (s. Vorlage o. S. 212), so hatte sich Cormeaus Ergebnis, die ›Joie de la curt‹-Episode in Hartmanns ›Erec‹ als nicht allegorisch zu bezeichnen, entgegen seiner »ursprünglichen Intention« eingestellt. Ihm sei, so führte er aus, ein Allegoriebegriff immer fragwürdiger geworden, der den zweifellos vorhandenen allegorischen Zügen in der Episode eine Funktion zugesprochen hätte für die ebenfalls ohne Zweifel vorhandene Normexplikation auf der Sinnebene. Dies habe ihn veranlaßt, die nach seiner Ansicht tatsächliche Genese von Sinn in der Aventiure im einzelnen nachzuzeichnen. Zwar sei von der Handlungsebene (auf welcher »sich lediglich zwei Männer verprügeln«) die Sinnebene strikt abzuheben; dies berechtige aber nicht dazu, der Sinnebene allegorische Qualitäten zu verleihen. Hingegen sehe er in »ihr eher Analogie zu den ethischen Wertdimensionen realen Handelns, die dem realen Handeln auch immer als etwas Überlagerndes aufsitzen, aber von Allegorie verschieden scheinen«.

Das mit diesem Votum und der Vorlage aufgeworfene Problem wurde unter zwei Aspekten diskutiert: ob nicht – erstens – entgegen Cormeaus Intention einige der von ihm gebrauchten Termini eher allegorische Phänomene vermuten ließen und ob nicht – zweitens – der Text Merkmale aufweise, die auf allegorische Entschlüsselung einzelner Partien resp. der letzten Aventiure und mit ihr

des gesamten Romans hindeuteten. Daß beide Aspekte sich nicht deutlich voneinander trennen lassen, zeigte die Diskussion in nahezu jedem Beitrag.

So fragte Herr Moser, ob man z. B. jene Szene der ›Joie de la curt‹-Episode, in
der Erec allen Warnungen vor der Gefahr des Abenteuers zum Trotz sein Gottvertrauen erkläre und *ein vil vrölichez liet* singe, auf welches die umherstehende
Menge mit einem Murmeln antworte, ob man diese Szene (›Erec‹, v. 8141ff.) so
ausgesprochen »säkular« interpretieren könne, wie dies Herr Cormeau getan
habe: »In Erecs herausfordernd fröhlichem Singen potenziert sich die Spannung« (s. Vorlage o. S. 196), hier zeige sich »entschlossene Tapferkeit, gegründet auf das Vertrauen in die gottgewollte Schicksalhaftigkeit« (s. Vorlage o. S.
197). In zahlreichen Legenden werde nämlich ein weites Sinnfeld der Allegorese
durch vokale Äußerungen (Singen, Sprechen, Murmeln, bis hin zum Verstummen) aufgebaut, die im einzelnen sehr festgelegte Bedeutung haben – Singen
etwa sei, auch in mißlichen Situationen des Protagonisten, »Qualität eines zu
Gott gewandten Menschen«, während der Sündige verstumme. Die Verbindung
von Singen, Murmeln und Gottvertrauen in dieser Szene des ›Erec‹ könne folglich nicht mehr als zufällig angesehen werden; hier sei von früheren Rezipienten
wohl doch mehr verstanden worden, als man heute geneigt sei anzunehmen.

Herr Cormeau gab zu, daß es einige Textpartien wie die eben beschriebene im
›Erec‹ gebe. Es handele sich dabei aber um »Motivdetails«, die zwar »allegorische Bedeutungsmöglichkeiten transportieren«, aber – wie etwa auch märchenhafte Details – keine »konsistente Schicht« ergäben. Als »konsistente Schichten« seien demgegenüber Handlungs- und Sinnebene zu bezeichnen, die im höfischen Roman durch die »offen regieführende Erzählerfigur« konstituiert würden. Der Erzähler »spiele« mit den angesprochenen »Bedeutungsfeldern«, lasse
sie oft sogar gegeneinander laufen, dementiere damit den von ihnen intendierten
Sinn, um so »das von ihm intendierte Dritte aus kontrastierenden Bedeutungsfeldern zu generieren«.

Auch Herr Ohly war der Meinung, daß man bei dem von Moser angeführten
Beispiel nicht von Allegorie sprechen könne. Das Singen könne, wie öfters in
mittelhochdeutscher Dichtung so auch im erwähnten Zusammenhang der ›Joie
de la curt‹-Episode, »für einen Grad der äußersten Heiterkeit und Freude« stehen und gehöre wohl deshalb eher zum Bereich der »Gebärde«. Der Gebärde sei
zwar auch »etwas ausgesprochen Zeichenhaftes zu eigen«, man sollte sie aber
der Allegorie nur dann zuordnen, wenn sie, wie z. T. in biblischen Texten, Gegenstand einer Exegese resp. Allegorese sei. Im dichterischen Kontext wie dem
Artusroman aber, »dem die Mehrdimensionalität der Bedeutungen eigentlich
nicht zu eigen ist«, sollte man die Gebärden als Signale verstehen, die das »Auf-
merken« auf bestimmte Momente richten und so die Rezeption im Erinnern innerhalb des Werkes steuern.

Mit dem Begriff der Erinnerung beschrieb Herr Ohly ein gegenüber Herrn
Cormeau anders akzentuiertes Verständnis von Rezeption. Cormeaus Begriff
der Diachronie lege nahe, daß die Rezeption ihr Textverständnis primär vom aktuellen Vorgang des Lesens/Hörens her ableite. Man gehe aber doch beim

Verstehen eines Textes eher von einer »Überschau über das ganze Werk« aus, dabei lasse die Erinnerung an ein bestimmtes Moment ein anderes ganz neu verstehen; man könne dies im ›Erec‹ zeigen an den erwähnten »Gebärden«, z. B. Enites Umgang mit den Pferden. [1] Folglich sei es auch nicht notwendig, in diesem Zusammenhang von Allegorie zu sprechen. Herr Ohly stimmte demnach Cormeaus Interpretation des ›Erec‹ insofern uneingeschränkt zu, als sie auf den Begriff der Allegorie verzichte; er schlug aber vor, konsequenterweise auch von anderen Termini Cormeaus (Bedeutungsebene, Bedeutungsdimension, Bedeutungsschicht) abzusehen, die – da aus der Allegorieforschung stammend – dem Ergebnis eigentlich entgegenstünden.

Herr Cormeau akzeptierte Ohlys einschränkende Bemerkungen; es wäre treffender gewesen, terminologisch weniger besetzte Begriffe zu verwenden für die von Herrn Ohly explizierte Eigenheit eines Erzähltextes, speziell der Großform, »sich selbst der Kontext zu sein«, d. h. Kontextbezüge in einem gegen Schluß hin natürlich zunehmenden Maße aufzubauen. In der abschließenden Aventiure des ›Erec‹ aktiviere der Erzähler durch gezielte Verweissignale zusätzlich eine Fülle von Kontextbezügen. Auf diese eindringliche Präsentation von Kontextbezügen habe er mit dem kritisierten Begriff »zweite Bedeutungsebene« verweisen wollen.

Vom Sonderstatus der ›Joie de la curt‹-Episode ging auch Herr Haug aus. Der Gedanke an ein allegorisches Moment in dieser Aventiure, der von Hugo Kuhn stamme, dessen Auswirkungen in der Forschung aber Kuhn selbst in seiner Vorlage eher skeptisch verwundert konstatiere, sei ja unmittelbar einleuchtend deshalb gewesen, weil die Aventiure innerhalb des bekannten strukturalen Systems der Aventiuren des ›Erec‹-Romans in spezifischer Weise sich auf die entscheidende Krisenepisode beziehe. Die Entsprechungen Erecs in jener und Mabonagrins in dieser Situation, die Tatsache, daß Erecs Sieg über Mabonagrin die *Joie de la curt* wiederherstelle und damit bedeute, daß Erecs ursprüngliche Situation überwunden sei, ließen daran denken, daß hier »das Thema ins Bild« gebracht sei und die Erzählung in eine Allegorie der Thematik des Romans hinüberspiele. Über den »literalen Sinn« der linear-kausalen Verknüpfung hinaus wachse also allen Episoden eine zweite Bedeutung aus dem »System von Korrespondenzen und Oppositionen zu«. Folglich enthülle sich der Sinn dieses Romans in der R e f l e x i o n auf das System, und die Sonderstellung der ›Joie de la curt‹-Episode beruhe darauf, daß hier am Ende des Romans das System als Ganzes durchsichtig werde. Es gebe so »eine Art inneren Sinnhorizont« durch dieses System, »in dem der Roman seine Bedeutung enthüllt«.

Wie aber sei, so fragte Herr Haug weiter, terminologisch zu fassen, daß es demnach einen zweiten Sinn gebe, der durch die Reflexion auf das System erst entstehe und damit – entgegen Cormeaus Meinung – wohl nicht im Erzählvorgang selbst liege, »sondern in einem Akt, der den Erzählvorgang eben ü b e r - s t e i g t und das Erzählen in diesem Episodensystem reflektiert. Der Aufbau eines inneren Sinnhorizontes, Durchsichtigwerdens des Erzählens selbst und seiner Strukturen«, Durchsichtigwerden, »das erst eigentlich den Sinn gibt« – das sei auch, so wolle er »kühn« versuchen, die Linien weiterzuführen, »nicht ganz unähnlich dem«, was Herr Reiss an ›Cristinas Heimreise‹ gezeigt habe.

Mit dem ergänzenden Hinweis, daß es in der Kunstgeschichte vergleichbare Erscheinungen gebe, daß etwa durch die Kontrastierung und Parallelisierung von Szenen in Erzählzyklen oder Bildprogrammen Bedeutungsebenen hervorgebracht würden, »die nicht allegorisch abgesichert sind«, stellte Herr Hoffmann das in Herrn Haugs Frage angeschnittene terminologische Dilemma als ein allgemeines Problem der historischen Wissenschaften heraus.[2]

Herr Cormeau hingegen hielt an seinem an Gesichtspunkten der Narrativik entwickelten Standpunkt fest, daß sich bereits im Erzählvorgang der Aventiure, trotz Wiederholung des üblichen Aventiuremusters in der ›Joie de la curt‹-Episode, ein Status der »Besonderheit« zeige. Dieser Status, zuvor von ihm mit »Kontexteigenschaft des Romans für sich selbst« bezeichnet, aktiviere auch auf dem geringeren Reflexionsniveau einer Rezeption, die »einfach dem Text in seiner Sukzession folge«, »so viel an Bedeutung«, daß man nicht unbedingt eine »bewußte Reflexion des Systems« voraussetzen müsse. Bei aller hohen Bewußtheit, die man Autoren wie Publikum des höfischen Romans unterstellen könne, glaube er doch, daß man mitunter zu leicht »unsere sekundäre literaturwissenschaftliche Reflexion« verwechsle mit der von ihm beschriebenen »primären Reflexion« beim Vorgang des Hörens oder Lesens (wie Herr Ohly sagte). Unbeschadet dieser Differenzierung habe er natürlich keinen Grund, Abstriche an der Existenz des von Herrn Haug so bezeichneten »inneren Sinnhorizontes« zu machen; dies habe die Forschung auch zur Genüge bewiesen.

Die in den bisherigen Beiträgen stets aufscheinende Frage, welcher Art ein bestimmtes Textphänomen sei, das zwar einen Sonderstatus im Text habe, aber nicht allegorisch sei, stellte Herr Titzmann als Ausdruck eines grundsätzlichen theoretischen Problems heraus. Das werde zum einen deutlich daran, daß man die Vielfalt »von Phänomenen der Bedeutungskonstruktion« noch gar nicht aufgearbeitet habe und so auch im Grunde über keine Terminologie zur Bezeichnung der Phänomene verfüge. Es zeige sich zum andern in der Erscheinung, daß in der Geschichte der poetologischen Theorie als Vokabular für diese Phänomene lediglich die Begriffe Allegorie und Symbol bereitstünden, welche somit die Gesamtheit der möglichen Formen der Bedeutungskonstruktion in Texten abzudecken hätten. Beide Begriffe seien in der daraus entstehenden begrifflichen Extension zu weit geworden und fungierten nur noch als Hilfsbegriffe, »um solche Stellen zu bezeichnen, wo ganz ersichtlich irgendeine sekundäre, nicht-normalsprachliche, nicht-wörtliche Bedeutung vom Text aufgebaut wird«. Diese Situation sei verantwortlich für die Entstehung der Schwierigkeiten, die man »mit dem Begriff der Allegorie und seiner Abgrenzung« habe – und es sei folglich auch sehr einleuchtend, daß sich der Allegoriebegriff im Falle des ›Erec‹ angeboten habe.

Herr Ohly wies gegenüber dieser eher resignativen Bestandsaufnahme der Beschreibungsprobleme auf die implizit bereits zuvor von ihm erörterte Möglichkeit einer Definition hin: die literarische Allegorie habe in der Regel eine feste Bedeutung, auf die verwiesen werde, während anderes »Zeichenhaftes« im Text, wie etwa die Gebärde, »eine Aura von Verstehensmöglichkeiten« eröffne, ohne daß explizite Antworten gegeben würden. Demnach sei etwa die ausgesprochene Deutung jedes einzelnen Waffenrequisits bei der Investitur Lancelots für das Artus-Rittertum[3] als ein Textbeispiel zu betrachten, welches das Merkmal biete, das einer Allegorie in der Regel zukomme.

Auf das mit diesem Beispiel aus dem ›Prosa-Lancelot‹-Zyklus angesprochene Verhältnis von Erzählung und Allegorese ging Herr Cramer ein. Die Diskussion wandte sich mit seinem Beitrag den Problemen zu, die mit der Frage nach den Ursachen von Allegorie gegeben sind. Methodisch näherte man sich der Beantwortung dieser Frage, indem – auf mehreren Ebenen – versucht wurde, die Wirkungen bzw. Funktionen von Allegorie zu beschreiben und von daher auf die Ursachen zurückzuschließen. Dabei stand in der Diskussion der Vorlagen von Herrn Speckenbach und Herrn Haubrichs zunächst das Problem der eher innerliterarischen Funktionen von Allegorie im Vordergrund.

So akzeptierte Herr Cramer das von Herrn Speckenbach herausgearbeitete Ergebnis, in der ›Gral-Queste‹ des ›Prosa-Lancelot‹ werde versucht, die höfischen Handlungsmuster umzudeuten, wobei am Ende ein neuer Sinn entstehe. Er meldete jedoch Zweifel an, ob der Autor die Allegoresen bewußt und instrumental so eingesetzt habe, daß durch eine Umdeutung ein nur noch scheinbar höfischer Roman entstanden sei. Die Geschichte des höfischen Romans zeige vielmehr, daß die dort entwickelten Verhaltensnormen des feudal-höfischen Bereichs bereits früher in zunehmendem Maße bedrängt worden seien von »christlich-ethischen Kategorien«. Die Integration beider Bereiche sei zwar zunächst gelungen (wie sich etwa am ›Erec‹ zeigen lasse); die Divergenz beider werde aber in zunehmendem Maße deutlich. Je mehr nun die christlich-ethischen Kategorien handlungssteuernd wirkten, um so weniger sei »das bloße feudal-ritterliche Abenteuermuster unmittelbar akzeptabel gewesen« – es habe nur noch uneigentlich verstanden werden können. Man könne also davon ausgehen, daß das Bedürfnis, die Handlungsmuster des höfischen Romans dadurch zu legitimieren, daß man sie als Allegorien verstand, »durch vorgegebene Notwendigkeiten des Erzählens und Reagierens auf vorgegebene Handlungsmuster der Gattung« hervorgerufen worden sei und nicht so sehr durch einen bewußten Einsatz von Allegoresen durch den Autor. Zudem belege z. B. der Roman ›Wilhelm von Österreich‹, daß durch die Deutung des Abenteuermusters *per allegoriam* ein solcher Text keineswegs zwingend als ein im Grunde gar nicht mehr ritterlichhöfischer Roman zu verstehen sei.

Demgegenüber hielt Herr Speckenbach an der Meinung fest, daß – im Unterschied zum ›Wilhelm von Österreich‹, in dem nur eine einzige Allegorie (beim Eintritt des Helden ins Abenteuer) aufgebaut werde – in der ›Gral-Queste‹ des ›Prosa-Lancelot‹ sowohl die große Anzahl der Allegoresen als auch ihre dichte, breit ausgeführte und auf den Helden abgestimmte Folge nicht erklärbar sei, ohne dem Autor eine Absicht zu unterstellen, und das Ergebnis sei eben, wie auch Herr Cramer zugegeben habe, kein höfischer Roman mehr.

Den Kontrast der beiden erwähnten Texte in bezug auf den funktionalen Einsatz von Allegorese im Rahmen einer Erzählung verdeutlichte Herr Wachinger am Verhältnis des von Herrn Kuhn behandelten ›Tristan‹-Romans zur ›Gral-Queste‹. Auch in Gottfrieds ›Tristan‹ sei nur in einem Punkt der Handlung, der Minnegrotten-Episode, Allegorie konzentriert, welche von diesem Punkt aus die gesamte Handlung durch ein Überhöhen ins Allegorische deute. In der ›Gral-Queste‹ verdeutlichten dagegen Zahl und Intensität der Allegoresen die immanente Geschichtswende, um die es gehe.

Etwas skeptischer beurteilte Herr Harms diese Möglichkeit der Differenzierung. Man habe es ja im gesamten ›Lancelot‹-Zyklus mit einem sehr unterschiedlichen Grad der »Dosierung« von Allegorese zu tun – im ersten Teil des Zyklus vermittle (ähnlich dem ›Tristan‹) die eine bereits angesprochene Waffenallegorese den Maßstab des *miles christianus*, der aber im Verlauf des Romans durch erzählerischen Aufwand geradezu in Vergessenheit gerate. Es gebe keine weiteren Allegorien, und das rein weltliche Abenteuermuster dominiere. Erst im zweiten Teil werde dann mit der von Herrn Speckenbach beschriebenen Bündelung von Allegoresen auf den aufgestellten Maßstab zurückgegriffen und jene immanente Geschichtswende herbeigeführt. Dabei sei allerdings daran zu erinnern, ergänzte Herr Speckenbach, daß der geistliche Ritter der Ritterlehre wirklich für die Kirche zu kämpfen, der geistliche Ritter als Gralsuchender dagegen eher mönchisch-asketische Ziele zu verfolgen habe.

Die Kombination von Allegoresen und gewissermaßen »überschlagenden erzählerischen Momenten« weise, so führte Herr Kleinschmidt den Gedanken von Herrn Harms fort, darauf hin, daß man nicht notwendig davon ausgehen könne, eine Erzählung werde durch den Einsatz von Allegoresen geistlich überformt. Es könne eben sehr gut das durchbrechen, was mitunter als »rhetorischer Allegorieeinsatz« herausgestellt worden sei. Dieses »künstliche Erzählelement« sei im Mittelalter natürlich stark theologisch geprägt und zeitige die von Herrn Speckenbach aufgewiesenen Folgen; in späteren Zeiten könne es aber, wie Maximilians I. ›Theuerdank‹ beweise, auch ein bewußt allegorisches Grundmuster geben, das »sicher nicht mehr als geistlich zu deuten« sei, wie zweifelsohne noch in der ›Gral-Queste‹.

Herr Speckenbach führte das Ergebnis der geistlichen Überformung dieses Textes durch Allegoresen zu einem nicht mehr höfischen Roman nicht so sehr wie Herr Cramer oder Herr Kleinschmidt auf das in der Gattung angelegte, jeweils neu zu akzentuierende Verhältnis von Erzählung und Allegorie zurück, sondern hob in seiner Beurteilung vor allem auf den Einfluß der Predigt ab. Das für sie charakteristische Nebeneinander von *fabula* und (einer häufig allegorischen) *interpretatio* finde sich in der ›Gral-Queste‹ wieder, mit dem bezeichnenden Unterschied, daß die *fabula* hier aus den Predigtteilen herausgenommen sei und sich als Handlung des Romans vorweg ereigne. Vergleichbarer Einfluß der Predigt sei ihm nur noch aus späterer Zeit im ›Liber consolationis‹ des Albertanus von Brescia und aus der mittelhochdeutschen Übersetzung der ›Gesta Romanorum‹ vom Ende des 14. Jahrhunderts bekannt. Der ›Prosa-Lancelot‹ stehe mit den beschriebenen Funktionen der Allegoresen folglich relativ singulär in der literarischen Landschaft.

Frau Meier wies allerdings auch auf mögliche frühere Vorbilder hin, die in der *auctores*- Allegorese des 12. Jahrhunderts, vor allem von Vergils ›Aeneis‹, und in der Existenz des allegorischen Epos, z. B. Alans ›Anticlaudian‹, zu sehen seien. Man habe freilich dabei die unterschiedlichen Funktionen der Allegorese im volkssprachlichen und gelehrt-lateinischen Rahmen zu berücksichtigen (Spekkenbach).

Die Interpretation resp. die Strukturierung von Erzählung durch Allegorese stand als Problem auch im Mittelpunkt der Diskussion der Vorlage von Herrn Haubrichs, wobei Konsens darüber herrschte, daß bei der Beurteilung dieses Problems die spezifische Form der »Erzählung«, ihre Konkretisation in bestimmten Gattungen und deren Funktionsbestimmung mit einzubeziehen seien, wenn auch die Akzentuierungen jeweils verschieden vorgenommen wurden.

So begründete Herr Haubrichs seine Ansicht, das Authentizitätsproblem spiele bei der Einbettung der (u. U. allegorischen) Vision in die Legende eine ebenso große Rolle wie in der Visionstheorie, damit, daß die drei Grundfunktionen der Legende die narrativen Gesetzmäßigkeiten zwar nicht aufhöben, aber überdeckten. Als Grundfunktionen der Legende betrachtete er ihre Aufgabe, Beweisschrift zu sein (sie müsse die *sanctitas* ihres Helden beweisen), ihre liturgische Funktion (sie diene, z. B. in ausgesprochen liturgischem Kontext, der *memoria* des Heiligen) und ihre Funktion als Exemplum (sie enthalte Identifikationsangebote für die Gläubigen). Man könne folglich, wie er es in seiner Vorlage getan habe, von einer Wechselwirkung der Theorie mit der literarischen Praxis sprechen. Das latente Mißtrauen gegen die allegorische Konstruktion einerseits und die Notwendigkeit andererseits, bei der Beschreibung des Jenseits auf allegorische Konstrukte zurückzugreifen sowie den Offenbarungscharakter von allegorischen Visionen der heiligen Schriften anzuerkennen, habe in der frühen Legende die von ihm beschriebenen Folgen für die Gattung gehabt: die theorematischen Visionen, welche »direkt anschaubar sind«, werden in allen Legenden in zunehmendem Maße den Heiligen zugeteilt, sofern diese schon den Status der *perfectio* erreicht haben; die allegorischen Visionen dagegen kommen verstärkt den Randpersonen zu; die Jenseitsvisionen schließlich treten im Verlauf der hagiographischen Geschichte aus den Legenden heraus, kommen im Gegensatz zur Frühzeit kaum noch vor.

Für ein der Praxis der Visionsliteratur vergleichbares Theoriebewußtsein verwies Frau Meier auf das Werk Hildegards von Bingen. Hier verdeutliche an den entsprechenden Stellen stets ein Gespräch der Seherin mit dem (göttlichen) Interpreten das Problem, daß auch die Allegorie das Jenseitige oder die Mysterien (z. B. die Trinität) nicht erfassen könne, selbst wenn dann gedeutet werde. Dies sei geeignet, die Beobachtung von Herrn Haubrichs zu bestätigen, daß man der Jenseitsvision Skepsis entgegengebracht habe.

Herr Haubrichs verwies darauf, daß die hier wie in den Legenden (s. Vorlage o. S. 251) sichtbar werdende Institutionalisierung der Interpretenfigur im Zusammenhang mit Vision und Traum eine Parallele im Epos habe, wobei allerdings zu prüfen sei, ob dies – wie bei der ›Gral-Queste‹ vorauszusetzen – im Zuge einer Sakralisierung des Epos geschehe. Außerdem sei – ergänzte Herr Wachinger – in diesem Falle zu klären, welchen Begriff von Epos man ansetze; der Traum in Heldenepik und Heldenlied etwa sei ja sicher nicht in der unterstellten geistlichen Perspektive zu sehen.

Von den spezifischen Problemen der einzelnen epischen Gattungen einmal abgesehen könne man jedoch ausgehen – so die Meinung von Herrn Speckenbach – von einer weitgehenden Entsprechung der von Herrn Haubrichs für die Legende beschriebenen Traumtypen mit den in der weltlichen Epik auftretenden Träumen, wenn auch in das Schema vielleicht die falschen, täuschenden und die sinnlichen Träume (Alp-, Wunschträume) noch zu integrieren seien. Man habe aber zu beachten, daß sich die Verteilung der Traumtypen in der weltlichen Literatur anders darstelle als von Herrn Haubrichs für die Legende aufgezeigt worden sei. Es herrsche nämlich der zweite (symbolisch-allegorische) Typ vor, da offenbar die ihm innewohnenden Möglichkeiten zur Verschlüsselung im narrativen Fortschreiten genutzt werden. Der dritte (analogisch-allegorische) Traumtyp, der für die Legenden zwar schon sehr früh zu belegen sei, dann aber kaum noch vorkomme, trete in der weltlichen Literatur erst auffällig spät, im 13. Jahrhundert, auf. Er gebe aber in gleicher Weise wie in der Legende das Signal, daß über weite Strecken ein fiktiver Zusammenhang erzählt werden solle (wie etwa im ›Rosenroman‹, der ja insgesamt ein Traum sein soll) und erhalte so eine ganz andere Funktion als der kurze, mantisch bestimmte Traum.

Daraus sei ersichtlich, daß die literarischen Gattungen bestimmend für die Verteilung der Traumtypen seien. Die Beziehung zwischen Legende und Epos könne man also nicht – wie Herr Haubrichs kurz erwogen hatte – damit erklären, daß im Epos der symbolisch-allegorische Traum zugunsten des theorematischen Traums deswegen bevorzugt werde, »weil er in der Legende bereits den *imperfecti* zugeteilt ist und weltliche Helden im allgemeinen nicht mit dem Status eines *sanctus* auftreten können«. Zum einen seien die Figuren, die in weltlicher Epik träumen, durchaus nicht als *imperfecti* zu bezeichnen; es handele sich in der Regel um vollkommene und höchste Repräsentanten der weltlichen Ebene, Königinnen und Könige z. B.; einen Traum bei Unwürdigen gebe es nur in Ausnahmen. Zum andern sei die Seltenheit der theorematischen Träume in der weltlichen Epik doch wohl eben eher zu erklären damit, daß man die erzählerischen Möglichkeiten der verschlüsselnden, oft dunklen oder ambivalenten Vorausdeutung des mantischen Traums gebrauchen könne, während die Legende notwendig auf Eindeutigkeit in der Demonstration der Erwählung des Heiligen angelegt sei.

Herr Haubrichs stimmte diesem Votum zu, gab aber zu bedenken, ob man nicht von monokausalen Erklärungen absehen sollte und »außer der narrativen Notwendigkeit der Ambivalenz«, die primär für das Vorherrschen von symbolisch-allegorischen Träumen im Epos verantwortlich sei, auch die von ihm als »kühne Hypothese« erwogene Erklärung für das Fehlen allegorischer Träume und Visionen in der Legende bzw. für ihre Existenz in der weltlichen Epik in die Betrachtung einbeziehen sollte.

Die Erklärungsmöglichkeiten, die bis zu diesem Stand der Diskussion auf die Frage nach den Entstehungsbedingungen resp. Ursachen von Allegorie angeboten wurden, gaben das Stichwort für Herrn Cramer, über den engeren Gegenstand der Vorlage von Herrn Haubrichs hinaus noch einmal allgemein die Frage zu stellen, warum es überhaupt Allegorie gebe, und daran Möglichkeiten der Begründung zu entwickeln. Diese Frage sei relativ leicht zu beantworten in den Fällen, in denen es sich um Jenseitsvisionen handele – das Jenseits sei eben nur im Bild darstellbar. Schwieriger werde es bei den innerweltlichen Träumen, z. B. bei den Zukunftsvisionen. An dem von Herrn Haubrichs dargestellten Beispiel der Mutter der hl. Lioba (s. Vorlage o. S. 250 f.) verdeutlichte Herr Cramer das Problem. Es sei doch zu fragen, warum diese Mutter nicht »einen ordentlichen Literalsinn« träumen könne, die Zukunft nicht so träume, wie sie sich tatsächlich einstellt. Warum inszeniere die Legende den Traum als Allegorie, die dann erst von der Amme gedeutet werden muß?

Herr Cramer sah drei Möglichkeiten der Beantwortung. Es könne sich – erstens – handeln um einen narrativen Kunstgriff, der den Vorgang mit der Darstellung von Bild und Deutung stärker hervorhebt. Zweitens sei vielleicht auf eine höhere Dignität des Vorgangs gezielt, die sich daraus ergibt, daß er überhaupt allegorisch deutbar wird. Möglicherweise könne sich so, zumindest assoziativ, eine biblische Analogie herstellen. Drittens könne u. U. ein autonomes Interesse an Allegorie vorausgesetzt werden – man verwende Allegorien auch dort, wo sie zu vermeiden wären. Vielleicht zeige sich hierin das Phänomen, das Herr Haubrichs mit dem Begriff des Mißtrauens gegenüber der Allegorie bezeichnet habe, auf eine eigenartige, fast paradoxe Weise – man vermeide die reine Allegorie und gebe ihr durch die Einbettung in einen Traum »eine quasirealistische Begründung«; damit sei eine Möglichkeit gegeben, das Fiktionale der Allegorie zu überspielen, indem man das Ganze in den Rahmen eines Traums einbette.

Herr Haubrichs sah keine Möglichkeit, die von Herrn Cramer erwogenen allgemeinen Erklärungen ohne weiteres für den engeren Bereich der Legende zu akzeptieren. Man könne eben am Beispiel dieser Gattung von einem Interesse an Allegorie kaum sprechen, da die Mehrzahl der Träume gerade nicht allegorisch, sondern theorematisch sei. Die Minderzahl der allegorischen Träume sei dazu noch, wie erläutert, auf die Randfiguren konzentriert oder auf den Heiligen, wenn er den Status der *perfectio* noch nicht erreicht habe. In dem hierin sichtbar werdenden »Zweifel am Offenbarungscharakter der Allegorie«, der sich freilich nicht logisch deduzieren, sondern nur in einer statistisch verifizierbaren Verteilung der Traumtypen nachvollziehen lasse, sehe er die Ursache für die (reduzierte) Existenz von Allegorie in Legenden bzw. ihre Zuteilung an bestimmte Figuren der Handlung. Mit dem in der Legende selbst und in ihrer Theorie erörterten Zweifel am Offenbarungscharakter sei für ihn auch nicht die anzustrebende Dignität eines Vorgangs oder ein autonomes Interesse an Allegorie zu vereinbaren; den narrativen Kunstgriff, der ja auch Spannung erzeuge, sehe er schließlich, wie bereits zuvor angedeutet, auch eher im Epos als in der Legende lokalisiert (vgl. S. 349).

Gegenüber diesen vorsichtigen Bedenken griff Herr Herzog noch einmal zurück auf das von Herrn Cramer aufgeworfene allgemeine Problem der Entstehungsbedingungen von Allegorie, legte den Akzent seines Beitrages aber auf die – ebenfalls bereits bei Cramer und zuvor mehrfach zur Sprache gekommene – Korrelation von Allegorie und Fiktionalität resp. Realität. An der Gattung Legende könne dieses Problem exemplarisch verdeutlicht werden. Die ambivalente Haltung dieser Gattung gegenüber der Allegorese, die Herr Haubrichs am Beispiel der Visionen in den Legenden beschrieben habe, gelte nicht nur für den Sonderbereich des Visionären, sondern für die Gattung insgesamt. Diese Gattung nämlich sei »diejenige narrative Form im christlichen Bereich, die einzig sehr nah Biblisches wiederholen kann in einer möglicherweise fortlaufenden Heilsgeschichte, die sich in dem Sanctus noch einmal konkretisieren kann«. Folglich habe es sich für die Legende – insbesondere für ihre Anfänge, die drei großen Viten des 4. Jahrhunderts (›Vita Antonii‹ des Athanasius, Viten des Hieronymus, ›Vita Martini‹ des Sulpicius Severus) – in besonderem Maße ergeben, zur Möglichkeit von Allegorese, speziell der Bibelallegorese, Stellung zu nehmen. Dies wiederum habe sich in jener tiefen Ambivalenz geäußert, die in zwei möglichen narrativen Konkretisationen sichtbar werde. Die erste Möglichkeit sei »anti-allegorisch«, denn hier bestehe der Anspruch *facta*, und zwar *vera facta* eines Sanctus zu berichten, »die als solche nicht biblisch vorgeformt sind, sondern eine weiterlaufende Heilsgeschichte Gottes mit den Menschen repräsentieren«. Diese *facta* seien also aus e i g e n e m Recht erzählt und nicht in biblische Typen eingeformt, was folglich Fragen nach der Glaubwürdigkeit des Erzählten entstehen lasse, die sich in Beteuerungen eben der Glaubwürdigkeit äußerten, und auf das beidem zugrunde liegende Problem der Fiktionalität verwiesen. Die andere Möglichkeit – repräsentiert bei Sulpicius Severus – forme die *facta* des Sanctus, als *facta* Gottes in der weiterlaufenden Heilsgeschichte, ein in Allegorese der Schrift, d. h. »der Sanctus wiederholt Typen«. Die in diesen beiden Möglichkeiten angedeutete Ambivalenz werde – z. B. zwischen Hieronymus und Athanasius – diskutiert als Spannung zwischen *veritas* und *fictio*. Die Anhänger jener *veritas*, die im »nicht bibeltypologisch gebundenen weiterlaufenden Geschehen Gottes mit den Menschen« berichtet werden soll, die Anhänger von »Fiktionalität«, wenn man so wolle, seien Anti-Allegoriker. Hingegen seien die »Anhänger der *veritas*, die auf die Schrift gründet, Anhänger der Allegorese«. Zum ersten Mal komme also hier »in präzisem Zusammenhang mit dem Problem der Allegorese das Problem der Fiktionalität ins Spiel«, das es als Problem bei narrativen Formen in der Antike zumindest in diesem Ausmaß nicht gegeben habe (Ausnahme: Geschichtsschreibung). Dem sei aus historischer Perspektive als weitere Frage hinzuzufügen, ob nicht – in ähnlicher Weise wie das »Auseinandertreten von Bedeutungsebenen« eine Phase sei zwischen Zeiten, in denen mimetisches Darstellen vorherrsche, – ob nicht Probleme der Fiktionalität und *veritas* »für die Narrativität auch nur eine Phase darstellen, die sehr eng mit der Phase der vorherrschenden Allegorese verknüpft« sei.

Herr Haubrichs ergänzte diesen Beitrag noch mit dem Hinweis, daß die Spannung zwischen *veritas* und *fictio* bei Gregor dem Großen radikal gelöst worden sei dadurch, daß die äußere Wahrheit eindeutig der – als innere Wahrheit deklarierten – Fiktion und deren Effekt untergeordnet worden sei. Es komme nicht darauf an, ob das, was z. B. an Wundern berichtet werde, stimme, sondern wenn es so sein k ö n n t e, wenn es dem Beleg der Heiligkeit diene, dürfe man um dieses Effektes willen Wunder e r f i n d e n oder biblische Mirakula übertragen.

Hatte sich in den Beiträgen von Herrn Haubrichs und Herrn Herzog gezeigt, daß das Vertrauen in »die Wahrheit der Fiktion« (Wachinger) eine Möglichkeit gewesen war, in der Frühzeit der Entstehung des Fiktionalitätsproblems das Verhältnis von Fiktionalität und Allegorese zu regeln, so wies Herr Haug im Anschluß an Todorov [4] und am Beispiel der ›Gral-Queste‹ daraufhin, wie dieses Verhältnis an einem Endpunkt der Entwicklung auch mit der Zerstörung der Fiktion in der Zerstörung des Erzählens durch die Allegorese gelöst habe werden können.

Die ›Queste‹ nehme ja, wie zuvor schon mehrfach erörtert, eine Sonderstellung in bezug auf das Verhältnis von Erzählung und Allegorese ein. Es gebe zwar eine Reihe von Handlungs- und Traum-Allegoresen, die für den Rezipienten wie für die handelnden Figuren relativ plausibel seien, zu erinnern sei z. B. an die Frau auf dem Drachen gegenüber der Frau auf dem Löwen, beide seien zufolge dieser ihnen beigegebenen Attribute unschwer als Synagoge resp. Ecclesia zu erkennen. Eine Reihe von Ausdeutungen trete aber in einen merkwürdigen Widerspruch zur vorausgegangenen Handlung – wenn sich z. B. eine Frau als Schutzflehende an Parzival wende, dann sei nach der epischen Tradition zu erwarten, daß er ihr helfe; dies aber sei falsch, denn die Schutzflehende erweise sich als Luzifer.

Diese epischen Elemente seien demnach weder für den Handelnden selbst noch für den Rezipienten durchschaubar, erst durch die von rückwärts vermittelte Bedeutung erhielten sie ihren Sinn und würden verständlich. In dem Maße, in dem durch die nachträgliche Allegorese die Handlung erst gedeutet werde, in dem Maße stelle sich das traditionelle Erzählen selbst in Frage. Die Handlung könne sich nicht mehr aus ihrer linearen Motivation entwickeln, sondern bestehe aus einer inkohärenten Folge von Episoden, denen erst durch nachträgliche Deutung für den Rezipienten Sinn zugeteilt werde. Dabei enthülle sich aber, wie Herr Speckenbach gezeigt habe, »ein allegoretisches Gesamtkonzept, das das Geschehen einbinde in den großen Kampf zwischen Gott und Teufel, in dem die einzelnen Figuren nur noch bestimmte Rollen spielen«. Hier werde also am Verhältnis von Allegorie und Fiktionalität sowohl der Übergang der ›Queste‹ ins Legendarische deutlich als auch der Unterschied zum Typus des großen allegorischen Konstrukts. Herr Haug glaubte in bezug auf das letztere eher Unterschiede als Anklänge sehen zu können wie zuvor Frau Meier und Herr Speckenbach. Die Personifikationen im ›Anticlaudian‹ und ähnlichen großen allegorischen Epen müßten ja »über die Handlung so etwas wie Individualität und Leben gewinnen«, während bei der ›Queste‹ den bekannten höfischen Figuren »durch die Allegorese sozusagen der epische Boden unter den Füßen weggezogen werde«. Es blieben nur noch Rollen übrig, von denen her sich das epische Verhalten der Figuren rückblickend erkläre, und »mit der Welt des höfischen Romans werde zugleich der Typus des höfischen Erzählens im Grunde zerstört«. Der Konflikt von Fiktionalität und Allegorese führe dazu, daß »Erzählen … nicht mehr möglich« sei.

Was Herr Haug hier, etwas überscharf wie er sagte, pointiert hatte, relativierte Herr Speckenbach ein wenig. Schließlich werde in der ›Queste‹ ja erzählt, der Literalsinn behalte durchaus seine Funktion; die erzählten Episoden erhielten nur zusätzlich eine entscheidende neue Bedeutung und insofern sei die »Zerstörung des Erzählens« noch nicht realisiert, wenn auch tendenziell angelegt.

Mit den Beiträgen von Herrn Wiedemann und Herrn Drux wurde der hier diskutierte Problemkomplex zwar noch nicht endgültig verlassen; sie lenkten aber bereits über auf das Thema der eher außerliterarischen Funktionen von Allegorie und ihre Einbindung in historische Situationen, das im Mittelpunkt der Diskussion des Nachmittags stand. Beide gingen wie Herr Cramer noch einmal auf die besondere Affinität der Allegorie zum Traum ein, für die Herr Drux die spezifische Ausdrucksqualität des Traums verantwortlich machte und die in ihrer Mischung aus »Fiktion und Verdichtetem« – im Hinblick auf die Rezeption – möglicherweise durch die Allegorie aufgefangen werde. Herr Haubrichs konnte dies für die Legende – man habe die Antwort wohl grundsätzlich nach Gattungen zu spezifizieren – nur zum Teil bestätigen. Aufgrund der Visionstheorie, die nach dem Offenbarungscharakter in bezug auf die zentrale Figur der Legende, den Heiligen, frage, werde das Irrationale, u.U. Negative des Traums nur bedingt berücksichtigt, etwa in Fragen, die sich die Träumenden selbst stellen, ob der Urheber ihrer möglicherweise überheblichen Träume im Leib, unter Dämonen oder gar im Teufel zu suchen sei.

In diesem Zusammenhang sah auch Herr Wiedemann den Ansatz für seine Beurteilung des Traums als Redesituation. Die Legitimation dessen, was im Traum verkündet werde, werde entweder in die Verantwortung des Höchsten gestellt, dann werde von Vision oder Eingebung gesprochen, sei sie hingegen in die »Unverantwortlichkeit der reinen Individualität« gestellt, dann entstehe fast »Allotria«, dann könnten, da es sich ja um Phantasmata handelte, die »Gesetze der äußeren Welt« verletzt werden, etwa in der literarischen Form der Satire. Welche dieser beiden Möglichkeiten des Traums in der historischen Redesituation verwirklicht werde, sei für die Erkenntnis der jeweiligen Epoche sehr aufschlußreich, und man habe zu fragen, wann welcher Typ aus welchen Gründen vermehrt auftrete.

Die Probe aufs Exempel dieser Forschungsstrategie machte Herr Barner. Angesichts der Beiträge von Herrn Haubrichs und Herrn Speckenbach (und wohl auch allgemein verbreiteter literarhistorischer Vorstellungen) habe man u.U. für das Mittelalter mit einer absoluten Dominanz der sakralen Visions- bzw.

Traumallegorie zu rechnen. Um so interessanter sei, daß z. B. im spanischen Barock bei Quevedo oder bei seinem deutschen Fortsetzer Moscherosch Traumallegorien »in einer vollkommen anderen, nämlich mit einer sehr dezidiert zeitkritischen, gesellschaftskritischen, auch hofkritischen Funktion« auftauchten. Bei Quevedo habe man diesen scheinbar unmittelbaren Einsatz der Traumallegorie in kritischer, auch satirischer Funktion zwar zutreffend, aber wohl nicht für alle anderen Fälle ausreichend mit einem Rückgriff auf antike Vorbilder, insbesondere Lukian zu erklären versucht; entsprechend sei zu fragen, ob man wirklich für diesen Typus der »Funktionalisierung allegorischen Darstellens« im deutschsprachigen Bereich nicht anders als mit der Vorstellung »eines Sprungs über das Mittelalter« zurechtkomme, ob es nicht zumindest Vorformen satirisch zeitkritischer Traumallegorie im Mittelalter gegeben habe oder wie die Traditionszusammenhänge sonst zu deuten seien.

Darauf wurde zunächst von Herrn Kleinschmidt eine Reihe von Beispielen mittelalterlicher Zeitkritiken im Gewand der Vision genannt (›Visio Wettini‹, ›Visio Pauperculae‹ [5] in der Karolingerzeit; Höllenvisionen für Friedrich II. und Rudolf von Habsburg), die teils mit, teils ohne allegoretische *claves* überliefert seien. Dabei habe man allerdings zumindest für die karolingischen Visionen zu beachten, daß sie – da aus den Jenseitsvisionen abgeleitet – zwar politische Inhalte transportierten, aber in der sakralen Sphäre verblieben und sich kaum zur Form der Satire erhöben (Haubrichs). Eine andere Spielart der Verbindung von Sakralem und Zeitkritik finde man im Visionswerk Hildegards von Bingen, in dem »Zeitkritik mit einer Zukunftsvoraussicht für die Endzeit« verbunden werde (Meier). Verbindungen gebe es schließlich zu satirischen, auch eindeutig allegorischen Formen im Tierepos (Speckenbach), so z. B. im Ysengrimus, oder, im Zusammenhang mit der Bauernerhebung in England in der zweiten Hälfte des 14. Jahrhunderts, in einem Ebertraum in John Gowers ›Vox clamantis‹, der allegorische, aber noch nicht satirisch genutzte Züge enthalte. [6]

Einen weiteren Aspekt im Zusammenhang der Diskussion um die Möglichkeiten, Allegorie in bestimmter Hinsicht zu funktionalisieren, erörterte Herr Ohly. Er ging dabei aus von der Frage, wer der Empfänger der Allegorese sei, auf wen hin sie gerichtet sei, und verdeutlichte seine Auffassung an drei Textbeispielen. Bei einem Bibelkommentar oder einer Predigt seien eindeutig Leser oder Hörer dieses Textes gemeint, wobei man in diesem Fall genauer von der christlichen Gemeinde sprechen könne. Ebenfalls auf Hörer oder Leser des Werkes ziele die Minnegrotten-Tropologese im ›Tristan‹ Gottfrieds von Straßburg – der Leser solle den unikalen Charakter der Liebe von Tristan und Isold verstehen lernen; die Figuren des Romans selbst »bedürfen keiner Belehrung«, auf sie ziele die Allegorese nicht. Im ›Lancelot‹-Roman dagegen sei es doch wohl so, daß die Allegorese – er denke insbesondere an die Waffenallegorese für Lancelot – »eine Art von pädagogischer Funktion im Hinblick auf die Handelnden im Roman habe«. Wenn die Auslegung ihre Wirkung im Handeln der Romanfigur getan habe, verliere sie folglich an Allgemeingültigkeit, d. h. die Allegorese habe

»ihre erste Funktion innerhalb des Werkes und weise nicht, wie in den beiden anderen Fällen, von vornherein aus dem Werk« hinaus.

Das Stichwort der »pädagogischen Funktion« griffen Herr Speckenbach und Herr Hellgardt auf. Herr Speckenbach teilte im Prinzip Herrn Ohlys Meinung in bezug auf den ›Lancelot‹-Roman, meinte aber doch in diesem Fall lieber von »seelsorgerischer Funktion« sprechen zu müssen und verwies darauf, daß die Notwendigkeit, den Erzählzusammenhang richtig zu verstehen, Leser und Romanfigur gleichzeitig einen Lernprozeß durchmachen ließe.

Herr Hellgardt hingegen wies auf das Pädagogische als ein »ausgehend von Aristoteles ganz wesentliches Konstituens des Allegorischen« hin. Man könne so vom Aspekt des Pädagogischen her zwei der zuvor erörterten Fragen beantworten: Allegorie werde nicht eingesetzt aus einem autonomen Interesse an Allegorie oder mit dem Ziel einer allegorischen Überhöhung, sondern »weil das uneigentliche Sprechen, indem es nicht die übliche Bezeichnung wählt, Aufmerksamkeit erregt und dadurch wiederum pädagogisch ist«. Wie sich das Pädagogische dann auspräge, sei – wie Herr Ohly gezeigt habe – von Text zu Text verschieden. Unter Umständen sei von hierher auch die Zuteilung allegorischer Visionen an *imperfecti* zu begründen – für jemanden, der den Status des *perfectus* erreicht habe, sei Pädagogik sozusagen überflüssig, während sie für den *imperfectus* sinnvoll und wichtig sei. Bestimmte Gegenstände – Aristoteles erörtere es am Beispiel der Geometrie – brauchen den *perfecti*, ›Fachleuten‹, auch nicht in der uneigentlichen Sprache der Allegorie nahegebracht zu werden, während etwa die »Stufungen der Erkenntnismöglichkeit des Wahren« sich für uneigentliches Sprechen anbieten und auch u. U. notwendig nur erreichbar sind über das Pädagogische in der Allegorie (vgl. S. 343 f.).

Dem Problem der pädagogischen Funktion von Allegorie nicht unähnlich war das von Herrn von Bormann angeschnittene Problem der Beziehung von Allegorie zu gesellschaftlichen Normen. Er ging damit noch einmal ein auf die Vorlagen von Herrn Kuhn und Herrn Cormeau, in denen diesbezüglich unterschiedliche Voten abgegeben seien. – Bei Herrn Kuhn sei Allegorie definiert als das »Zeigen von Normen« (s. Vorlage o. S. 210, 212), während Allegorie bei Herrn Cormeau unvereinbar sei mit der »Vergegenwärtigung von Bedeutungssetzung« (s. Vorlage o. S. 200). Herr Cormeau suchte den Widerspruch mit einem nach seiner Meinung jeweils abweichenden Normbegriff zu erläutern – bei Herrn Kuhn meine »Zeigen von Norm« Präsentation, Versprachlichung eines Wertes, wobei die (u. U. allegorische) Erzählung einen Wert nicht »setze«, sondern überhaupt erst diskutierbar mache (Wachinger). Bei ihm – Herrn Cormeau – selbst dagegen heiße »Norm« »Handlungsnorm, konkrete Wertsetzung, Anweisung für wertvolles Handeln«. Der Wert werde auf der Fiktionsebene »verwirklicht«, und zwar in paradigmatischer, exemplehafter Funktion. Das erfordere natürlich vom Rezipienten ein »beinahe modernes Fiktionsbewußtsein«, was für Autoren wie Rezipienten des klassischen höfischen Romans aber vorauszusetzen sei. Dies mache auch notwendig, bei der Beurteilung der Texte ihre je verschiedene Fiktionsqualität, ihr Verhältnis zur Realität – im mittelalterlichen wie modernen Sinn – mitzureflektieren.

Das hier angesprochene Erzählerbewußtsein war Anlaß für Herrn Reiß, eine Bemerkung aufzugreifen, die Herr Haug zuvor in bezug auf die Selbstreflexion des Erzählers im höfischen Roman gemacht hatte (s. o. S. 339), welche dem in ›Cristinas Heimreise‹ sichtbar werdenden Problembewußtsein »nicht unähnlich sei«. Herr Reiß glaubte, die Richtigkeit der Beobachtung vorausgesetzt, in bezug auf die mittelalterliche Literatur hier einen Akt von Profilierung des erkennenden Subjekts beobachten zu können, den man nicht eigentlich erwarte, der sich aber für ihn in überraschender Weise wiederfinde in Herrn Kuhns Formulierung von der Irritation von Normen (s. Vorlage, o. S. 212) oder einer Bemerkung in der Vorlage von Herrn Hellgardt (s. Vorlage, o. S. 31), der im Akt der Bedeutungssetzung beim uneigentlichen Sprechen die autonome Verfügbarkeit über Material und Bedeutung nach Maßgabe von Kontext und Situation gesehen habe. Eine so verstandene Allegorie biete dem Leser das Normensystem folglich nicht an, damit es im Nachvollzug übernommen werden solle, sondern um es in den Reflexionsprozeß einzubeziehen und zur Diskussion zu stellen. Hier zeige sich in Umrissen eine Vorstellung von »produktiver Allegorie«, die mit den üblichen Definitionen nicht ohne weiteres in Einklang zu bringen und die man, wenn überhaupt, erst in späterer Zeit als im Mittelalter zu lokalisieren gewohnt sei.

Herr Speckenbach schränkte die vorgetragene Hypothese wieder ein, insofern im Mittelalter die Vieldeutigkeit zwar theoretisch erwogen, im rein praktisch erzählerischen Vollzug aber nur äußerst selten realisiert werde – zu denken sei vielleicht an Majordos Traum im ›Tristan‹. [7] In der Diskussion um das Verhältnis von Allegorie und gesetzter Norm waren noch einmal die Probleme, die am Vormittag diskutiert wurden, in nuce enthalten (auch in ihrer gelegentlichen begrifflichen Unschärfe). Einen neuen Akzent setzte Herr Helmich, indem er darauf hinwies, daß die Allegorie in den Texten, die bisher anhand der Vorlagen diskutiert worden seien, zumindest rein quantitativ, ein eher »randständiges Problem« darstellte. Das sei wahrscheinlich mit der Vorliebe der Forschung für die Zeit des Hochmittelalters zu erklären, gebe aber noch keine Hinweise zur Erklärung für die wesentlich größere Bedeutung der Allegorie im Spätmittelalter. Man könne zwar auch in der französischen Literatur, wie etwa im ›Lancelot‹-Roman, eine mit der Reallegorisierung verbundene Wieder-Verchristlichung höfischer, z. T. sogar allegorisch-höfischer Momente beobachten. Er frage sich aber, ob dies zur Erklärung des Phänomens ausreiche. Damit war die Diskussion erneut auf das Problem der Ursachen von Allegorie verwiesen.

Nachmittag

In der Diskussion des Nachmittags, die den Vorlagen der Herren Cramer, Neumeister, Helmich und Plett galt, suchte man das zuletzt angesprochene Problem noch einmal über eine Analyse der Funktionen von Allegorie zu klären.

Dabei wurde die von Herrn Helmich gestellte Frage zunächst und grundsätzlich von Herrn Steinhagen aufgegriffen. Er vertrat die Ansicht, daß Fragen und Probleme dieser Art sich »zureichend wohl nur erklären ließen, wenn man die Frage nach den realgeschichtlichen Ursachen, nach der realgeschichtlichen Vermittlung der ästhetischen Phänomene« miteinbeziehe. Die Diskussion habe sich bisher überwiegend auf der geistes- oder formgeschichtlichen Ebene bewegt, habe aber eben gezeigt, daß die formulierten Probleme solange nicht zu klären seien, wie man die realgeschichtliche Perspektive vernachlässige.

Die Form, in der dieses Votum abgegeben wurde, war symptomatisch für die Diskussion des Nachmittags – sie spiegelte ein Forschungsdefizit (Barner/Neumeister) in der konkreten Funktionsanalyse von Texten, das auch in anderen Diskussionsbeiträgen des öfteren als Frage oder als »offenes Problem« formuliert wurde.

So erklärte Herr Cramer, es habe ihn nach Abfassen seiner Vorlage in zunehmendem Maße die Frage beschäftigt, wie die allegorische Figur der höfischen Repräsentation dienstbar zu machen gewesen sei.

Herr Neumeister zielte in die gleiche Richtung und bekundete zusätzlich sein Interesse an einer Klärung der Frage nach der Rezeption der von ihm analysierten oder ähnlicher Texte. Er verdeutlichte das Problem mit dem Hinweis auf die spätere Rezeption der spanischen Fronleichnamsspiele. So habe etwa die Rezeption des 19. und auch noch des 20. Jahrhunderts das Aufeinandertreffen zweier scheinbar getrennter Bereiche, die ontologischen Gleichungen, die möglicherweise zwischen dem König und Christus hergestellt worden seien, als Schock empfunden. Man habe also zu fragen, ob diese Stücke »als künstliche Gebäude empfunden« oder inwiefern sie »geglaubt« worden seien und könne einer Lösung vielleicht näherkommen, wenn man in Betracht ziehe, daß die Stücke von Städten oder vom Hof selbst in Auftrag gegeben worden seien. Man habe also mit einer bestimmten Intention und folglich auch einem bestimmten Anspruch der Spiele zu rechnen.

Auch Herr Plett formulierte »offene Fragen«. Es sei noch zu klären, warum der (englische) Hof »ein ganzes Spektrum von Kunstformen, die allegorische Ansprüche stellten«, »usurpierte«. Sie hätten z.T. der Selbstüberhöhung, Selbststilisierung gedient, vielleicht seien sie auch in ideologischer Funktion zur Überdeckung einer möglicherweise schlechten Realität verwendet worden, wofür in England manches spreche. – Es sei auch zu fragen, ob nur der Hof und nicht auch das Bürgertum diese Selbstdarstellung rezipiert habe und in welchen literarischen Formen sich das Bürgertum selbst artikuliert habe: gab es eigenständige Ausdrucksformen des Bürgertums oder wurde versucht, die Gegensätze zwischen oben und unten zu überbrücken, indem das Bürgertum seinerseits die höfischen Ausdrucksformen, vor allem das tropische Reden »usurpierte«?

Nicht alle der hier angeschnittenen Probleme wurden in extenso diskutiert, aber der Versuch von Herrn Barner, der Diskussion dadurch eine Perspektive zu geben, daß er die bisherigen Fragestellungen zusammenfaßte und die Aufmerksamkeit auf die Historizität der von Herrn Steinhagen aufgeführten Phänomene lenkte, erwies sich unter bestimmten Voraussetzungen als gangbar: Man solle versuchen, diese Phänomene, insofern sie höfisch auftreten, bildungsgeschichtlich in bezug auf ihre Rezeption zu klären.

Man habe folglich zu analysieren, für wen geschrieben werde, wer die Texte verstehe und ob man u. U. bei verschiedenen Gattungen auch mit unterschiedlichen Adressaten zu rechnen habe. – Herr Barner zeigte am Beispiel der Stuttgarter Hoffeste, die bekanntlich nach dem Muster der Trionfi gestaltet seien, daß man bezüglich des Verstehens des in diesen Spielen verwendeten allegorischen Apparats mit ganz unterschiedlichen Voraussetzungen beim Publikum zu rechnen habe. Nach der Ausführlichkeit der Verstehenshilfen zu urteilen, sei von einem dreifach gestaffelten Publikum – Herzog, Hofgesellschaft, »Bürgertum« – auszugehen. Das Problem, das sich hinter der Existenz solcher Verstehenshilfen (»Handbuch«, Spruchbänder) verberge, habe Herr Plett mit dem Begriff der Usurpation beschrieben, d. h. an Höfen, an denen die ganz konkrete antike oder humanistische Bildung als Voraussetzungen für das Verstehen gefehlt habe, sei die Existenz solcher Feste als legitimistischer Akt zu erklären. An anderen Höfen, an denen diese Voraussetzungen gegeben waren, stelle sich das Problem wieder anders. Der Begriff ›höfisch‹ trage als Erklärung in diesem Zusammenhang also nicht sehr weit, und man müsse bei den Texten, die von den Herren Cramer, Neumeister, Helmich und Plett untersucht worden seien, stets von neuem fragen, welche Aussagen man über das Verstehen der allegorischen Strukturen beim jeweiligen Publikum machen könne.

Am Beispiel des Dramas ›Julius redivivus‹ von Nicodemus Frischlin bestätigte Herr Elschenbroich die These von Herrn Barner, daß der Begriff ›höfisch‹ als Hinweis auf die realgeschichtlichen Bedingungen von Texten allgemein und besonders von Allegorie nur wenig tauge. Dieses Spiel habe offenbar in verschiedenen Fassungen für verschiedene Publika existiert. Es sei zwar für die Hochzeit am Hofe geschrieben, aber zuerst an der Universität und dann erst am Hof, schließlich in der Übersetzung von Frischlins Bruder für das ›Volk‹ der Stadt aufgeführt worden. Ferner weiche der dem Hof vorgelegte handschriftliche Entwurf stark von der schließlich gedruckten Fassung ab; das könne auf Zensur, aber auch auf Rücksichtnahme auf die unterschiedlichen Bildungsvoraussetzungen an der Universität, am Hof und in der Stadt zurückgeführt werden. Schließlich existiere eine Festbeschreibung des Bruders, die von einem dreiaktigen Stück spreche, obwohl es im Druck fünf Akte habe. Die günstige Quellenlage gestatte hier noch weitere Untersuchungen in der von Herrn Barner angedeuteten Richtung.

In ähnlicher Weise plädierte auch Herr Hess für eine differenzierte Analyse des Publikums und dessen Möglichkeit, Allegorie zu rezipieren. Dabei biete es sich an, die Rezeptions- und die Funktionsschichten aufzulösen und in ihrer Wechselseitigkeit zueinander in Beziehung zu bringen. – So sei es angebracht, nach Regionen zu unterscheiden, ob es sich um einen geistlichen oder weltlichen Hof handele, dem eine Schule oder Universität angegliedert war, oder um eine Universitätsstadt, die vielleicht Beziehungen zum geistlichen Hof habe. Denn das allegorische Wissen, zu dem hier erzogen werde, werde zu den verschiedensten Anlässen, »von der Wiege bis zur Bahre« öffentlich aktiviert, in deutsch- resp. lateinischsprachiger Literatur dokumentiert und damit noch einmal demselben bzw. einem breiteren Leserkreis zugänglich gemacht. Ferner habe man offenbar beim Ausschmücken der Stadt zu bestimmten Anlässen innerhalb dieser allegorischen Darbietungsformen ständisch differenziert – die Hauptstraßen z. B. seien mit den offiziellen allegorischen Bildsystemen, die äußersten Seitengassen mit emblematischen Bildern der Schulkinder ausgestattet worden –. Im 18. Jahrhundert ahme das Stadtbürgertum diese höfischen Formen sogar nach, stelle sich zwar auch selbst damit dar, unterordne sich aber gleichzeitig der Gewalt des einziehenden Fürsten; an die Stelle höfischer Ordnungsprinzipien seien so bürgerliche Unterordnungsprinzipien getreten.

Skeptischer war Herr Cramer; er sah keine Möglichkeit, das allegoriespezifische Vorwissen des u. U. höfischen Publikums im Mittelalter rekonstruieren zu können. Er glaube freilich, daß ein solches Vorwissen gar nicht erforderlich sei, da die Allegorie auch dann sinnvoll rezipierbar sei, wenn sie als Ausweis einer bestimmten Rezeptionsattitude diene.

Herr Helmich wiederum sah, angesichts der von ihm untersuchten Texte, Möglichkeiten, die literarischen Gattungen nach verschiedenen Funktionen zu differenzieren. Die Allegorie in den panegyrischen Stücken habe primär dem sich selbst feiernden burgundischen oder französischen Hof gedient, in den propagandistischen Stücken sei sie von beiden Seiten für interkonfessionelle Propaganda und zur Sozialkritik eingesetzt worden. Die Bildkonventionen dürfte nicht nur der Hof, sondern auch das relativ niedrige Publikum verstanden haben, für das die Stücke ja geschrieben seien. Belege dafür seien die Texte selbst, in denen es z. B. sehr viel Ekphrasis gebe, was sie für modernes Verständnis als sehr episch erscheinen lasse. Außerdem ließen sich aus Aufführungsbeschreibungen Rückschlüsse auf die soziologische Zusammensetzung des Publikums ziehen, was K. Schoell untersucht habe. [8] Im 16. Jahrhundert gebe es schließlich einige Drukke, die eine Exegese gleich mitlieferten, was aber auch als Indiz für ein nicht mehr vorhandenes Vorwissen oder dafür gewertet werden könne, daß die Stücke nicht mehr für eine Aufführung, sondern zum Lesen gedacht gewesen seien.

Auch Herr Neumeister differenzierte die Verstehensmechanismen nach allegorischen Genera. Für die Fronleichnamsspiele gebe es eine relativ einfache Erklärung – da die Stücke erstens am kirchlichen Ritus des Fronleichnamstages orientiert, zweitens sehr weit verbreitet gewesen seien und drittens in den Text Erklärungen eingebaut seien, die die Beziehungen der Figuren untereinander und ihre jeweilige Bedeutung erläuterten.

Eine dieser Erklärungen beschrieb Herr Ohly und führte gleichzeitig vor, mit welchen literarischen Techniken – in diesem Fall der Namensetymologie – die Allegorien fundiert worden seien. In Calderóns Spiel ›Der wahre Gott Pan‹ werde Pan mit Christus identifiziert, und zwar über die Etymologie von spanisch »pan« für Brot, was als Gegenstand des Spiels an Fronleichnam sinnvoll erscheine. Über ein Wort des Propheten Jeremias (Jer 11, 19) *mittamus lignum in pa-*

nem eius [9] werde *panem* auf Gott bezogen und Pans Tod am Holz auf Christi Passion und Tod hin stilisiert. Dies alles sei für das Publikum ausformuliert, was für die Rezeption natürlich entscheidend sei.

Nach diesem Exkurs griff Herr Neumeister nochmals die Frage nach den Möglichkeiten der Publikumsdifferenzierung bei den höfischen Festen auf. Das sei bei diesem Genus schwieriger zu beantworten als bei den Fronleichnamsspielen. Es gebe den extremen Fall von allegorischen Details in den italienischen Trionfi, die dem Publikum technisch-optisch gar nicht mehr zugänglich gewesen seien. Man müsse sich natürlich die Frage nach der Funktion einer solchen Allegorie stellen – die Warburg-Schule habe in einer längeren Diskussion eine neuplatonische Interpretation dieses Phänomens gegeben –, d. h. es komme auf die Idee, nicht auf die Realisierung der Bedeutung an. Dies aber sei eindeutig eine Ausnahme; es gebe im übrigen Möglichkeiten des Verständnisses über optische Signale oder von Gattungskonventionen her, die man kenne. Schließlich gebe es auch in spanischen Barockpoetiken ausdrückliche Bemerkungen, daß das niedrige Publikum gewisse Dinge nicht zu verstehen brauche und nur die Gebildeten die ganze Breite der Anspielungen verstehen könnten. Im Sinne einer Ästhetik, die in solcher Weise den Effekt der Dunkelheit in die Darstellungsart einbeziehe, seien auch analoge Erscheinungen im Drama Lohensteins zu verstehen, der – wie Martino gezeigt habe [10] – seine Stücke für einen ganz restringierten Personenkreis, das höfische Beamtentum, geschrieben und eine Rezeption über diese Gruppe hinaus vermutlich gar nicht intendiert habe.

Für die englische Literatur in dem von ihm behandelten Zeitraum verwies Herr Plett auf seine Vorlage, in der er das hierarchische Rezeptionsmodell in der Poetik der Vorrede zur Übersetzung des ›Orlando furioso‹ von Sir John Harrington erwähnt habe. – Literarisch dargestellt sei diese Form von Verstehen allegorischer Darstellung in der Werbeszene von Sidneys ›Arcadia‹, in der es dem Prinzen Musidorus gelinge, mittels höfisch-allegorischer Techniken die Prinzessin Pamela aus der Gewalt der aus den niedrigen Schichten stammenden Mopsa zu befreien, die nicht imstande sei, seine Verkleidung und sein »verkleidetes Sprechen« in der Form der Imprese zu durchschauen. – In Castigliones ›Cortegiano‹ schließlich werde eine ausdrückliche Korrespondenz höfischen Verhaltens und höfischer Poetik hergestellt; der Rezipient sei als Höfling folglich auch darauf eingestellt, solche Form von Kommunikation zu verstehen, im Gegensatz zum Nicht-Höfling, der einem niedrigeren Stande angehöre.

Vielschichtiger sei das Problem der Usurpation höfischer Verhaltensmodelle durch das Bürgertum. Das könne ein literarisches Beispiel veranschaulichen: In Thomas Deloneys bürgerlichem Roman ›Jack of Newberrie‹ werde Kritik am Hof, speziell an Kardinal Wolsey *per allegoriam*, also im höfischen Code geübt, um überhaupt erst einmal Gehör zu finden. Ein weiteres Beispiel sei in den von Gilden und Zünften in Auftrag gegebenen Triumphbögen für den Einzug Jakobs I. in London zu sehen, auf denen in »elaborierten« Allegorien die Vorstellungen der Gilden vom neuen König artikuliert werden. Auf der anderen Seite verfasse Ben Jonson, Sohn eines Maurers, im Auftrag des Hofes Maskenspiele, zu denen Bürgerliche erst dann Zutritt erhielten, als sie dem finanziell schwach gestellten Hof mit Eintrittspreisen diese Spiele finanzieren halfen. Daraus könne bereits gefolgert werden, daß sich das Publikum der höfischen Darstellung weit mehr als auf dem Kontinent aus einem im England dieser Zeit bereits existierenden Bildungsbürgertum rekrutiere. In diesem Rahmen sei auch die gentleman-Diskussion der Zeit zu sehen, in der es um den Vorrang von Geburts- oder Bildungsadel gehe. Die letztere Version setze sich bekanntlich durch, was ebenfalls für das starke Vordringen bürgerlichen Denkens in England spreche. Shakespeare freilich stelle in seinen Dramen ein eher konservatives Modell in dieser Hinsicht dar, zu denken wäre etwa an die Karikatur der Handwerker im ›Sommernachtstraum‹, als diese sich anschicken, die Diktion des Hofes zu imitieren.

Das eigentliche Problem bei der Rezeptionsanalyse, die bisher ausschließlich unter bildungsgeschichtlichem Aspekt gestanden habe, war nach Meinung von Herrn Moser die Schwierigkeit, sich auf einer Verständigungsebene zu bewegen, die derjenigen der Rezipienten in der Tat entspreche. So gesehen könne auch von kirchengeschichtlicher Seite ein Beitrag zur Lösung des Rezeptionsproblems gegeben werden.

An den von Herrn Neumeister untersuchten *autos sacramentales* etwa sei zu zeigen, wie diese Spiele sich aus der Sicht jesuitischer Anthropologie und Erziehungslehre beurteilen lassen. Zunächst ein kleines Beispiel: das Fehlen des gegenreformatorischen, besser kontroverstheologischen Akzents sei gut von der Forderung des Ignatius von Loyala her zu begründen, der stets gefordert habe, den kontroverstheologischen Akzent zugunsten einer Darstellung der eigenen Position beiseite zu lassen. Auch die unter dem Stichwort »Usurpation« bisher beschriebene Identifizierung von Mitgliedern des Königshauses mit Christus oder Maria (s. Vorlage o. S. 298) sei aus dieser Sicht anders zu beurteilen. Auf der Grundlage einer Setzung in den Konstitutionen der Gesellschaft Jesu, der Forderung nach *familiaritas cum deo*, entstehe im 17. Jahrhundert so etwas wie ein christlicher Familiarismus, der dazu führe, daß die Jesuiten jeden als zur christlichen Familie im engeren Sinne zugehörig betrachteten, was etwa auch zu ganz merkwürdigen Ausprägungen im Kult der Heiligen Anna und Joachim geführt habe. Wenn also z.B. an den Jesuitenhöfen, wie öfters im Bereich der habsburgischen Monarchie, eine Herrscherfigur mit der Gestalt Christi oder der Maria identifiziert werde, so sei das kaum als Herrschaftsanspruch, sondern als bekenntnishafte Zuordnung zum hochgesetzten Ideal zu interpretieren.

Herr Neumeister akzeptierte das, gab aber zu bedenken, ob die Vielzahl der Bilder, die christliche und fürstliche Attribute mengen – man habe in dem Zusammenhang schon von einer »Mode« gesprochen –, alle auf jesuitischen Einfluß zurückzuführen seien. Zudem sei kaum auszuschließen, daß diese Art von Familienbildern eben doch in dem Maße ein Legitimationsdefizit zu füllen suchten, in welchem die staatliche Ordnung »absurd« geworden sei[11] und einer Legitimation bedurft habe. So gesehen könne er auch weiterhin Gadamers, zugegebenermaßen gefährliches Wort vom »Seinszuwachs«, den der König sich auf diese Weise zu verschaffen suche, akzeptieren.

Herr Moser sah gegenüber diesen Zweifeln in dem 1570 zum ersten Male in Leuven erschienenen Buche van Meulens eine Instanz, die theologisch stets auf dem neuesten Stand – bis 1770 in der Rezension von Paquot – gehalten worden sei und auf Volks- wie Hofkunst in breitestem Umfang Einfluß geübt habe. Dies wiederum schränkte Herr Wirth ein: der Einfluß des Buches sei ganz überwiegend in literarischen Diskussionen festzustellen, man überschätze ihn aber, wenn man annehme, es habe normierend auf die Masse der Bilder eingewirkt. Es habe höchstens wenige einzelne Fälle gegeben, in denen Bilder aus diesem Grunde nicht akzeptiert und zurückgewiesen worden seien. – Im Zusammenhang mit dem politischen Familienkult im Spanien des 17. Jahrhunderts verwies Herr Hoffmann schließlich auf Velasquez' ›Las Meninas‹ und auf eine in dieser Hinsicht weiterführende Arbeit von Jan A. Emmens.[12]

Die Diskussion, die bisher, dem Votum von Herrn Barner folgend, die Frage nach den Ursachen von Allegorie in zahlreichen Einzelbeiträgen zur Rezeption resp. Funktion allegorischer Gattungen in bestimmten historischen Situationen zu beantworten gesucht hatte, war außerstande, die ausgebreiteten Details zu einem geschlossenen Bild zu integrieren, wenn sich auch in manchen Übereinstimmungen erste Konturen abzeichneten. Mit einiger Folgerichtigkeit wandte sich daher die Diskussion dem Stichwort zu, das Herr Cramer in seiner Vorlage als Antwort auf die Frage nach den Ursachen von Allegorie gegeben hatte. Das Stichwort »Ordnungsangebot« versuchte, die Funktion von Allegorien in deutschsprachiger Literatur des Spätmittelalters zu benennen und damit gleichzeitig eine Antwort auf die verschiedentlich gestellte Frage nach den Ursachen der »Allegoriefreudigkeit« des Spätmittelalters zu geben.

Es gab zunächst eine Reihe kritischer Einwände, die sich mit der Frage befaßten, wieweit die von Herrn Cramer entwickelten Kategorien trügen in bezug auf die von ihm gewählten Texte, für Literaturen mit verwandten Phänomenen, für seine implizit enthaltene Interpretation der realhistorischen Situation, schließlich für die Übertragung der Funktionsbeschreibung auf andere Zeiten und Kulturen.

Herr Elschenbroich fragte, ob man die Verbindlichkeit des Ordnungsangebots in den von Herrn Cramer herangezogenen Schachallegoresen nicht einzuschränken habe angesichts der Tatsache, daß die Verfasser der Allegoresen Geistliche seien und gerade die Geistlichkeit in dem anhand des Schachspiels entwickelten differenzierten ständischen Schema nicht vorkomme. Man habe also doch wohl eher mit einer gewissen Unverbindlichkeit zu rechnen, die wohl auch durch den Spielcharakter des Schachs gegeben sei.

Auch Herrn Speckenbach wunderte, daß man ein den christlichen Ordo ersetzendes neues Ordnungsangebot mache, das im unterhaltenden Charakter der Schachbücher beinahe untergehe. Außerdem bestätige sich Herrn Cramers Analyse der *venden*-Figuren nicht an den anderen Schachfiguren, hier werde das hypostasierte neue Modell gar nicht sichtbar.

In ähnliche Richtung zielte auch Herr Schilling, der darauf abhob, daß in Schachauslegungen, die nicht in der Tradition des Jacobus de Cessolis stünden (z. B.

›Gesta Romanorum‹, eine Passage im ›Willehalm‹ des Ulrich von dem Türlin, kleinere lateinische Gedichte des späten 12. Jahrhunderts), das Spiel andere Auslegungen erfahre, etwa geistlicher Art oder als Bild des Krieges. Auch die *venden* seien in allen Beispielen nicht differenziert. Man müsse daher wohl Abstriche an der Aussage machen, daß das Bild eine Norm setze, an der sich die Wirklichkeit orientiere.

Herr Ohly weitete den Rahmen der Betrachtung noch ein wenig mehr aus, indem er darauf hinwies, daß das, was Herr Cramer mit dem Satz *allegoria aedificat societatem* (s. Vorlage o. S. 274) als eigentlich Neues bezeichne, so neu nicht sei, wenn man statt Allegorie von Tropologie spräche; d.h. im tropologischen Schriftsinn sei schon immer »Anweisung zum Handeln auch in der Sozietät« angelegt gewesen. – Die Ausdeutung des Schachspiels auf diese Sozietät hin biete Anknüpfungsmöglichkeiten an zwei Traditionsstränge; zum einen erinnere die Allegorese der Bewegungen innerhalb des Spiels an die Vorbilder der Allegorese von Musikinstrumenten und ihrer Handhabung bzw. im Rahmen der Architektur-Allegorese der Handhabung von Baumaschinen. Zum andern erinnere diese Ausdeutung des Schachspiels an die Auslegungen welthafter Ganzheiten wie etwa der Arche Noah, des Tempels oder der Stiftshütte bei Adamus Scotus um 1180, in welcher die Stände in einem Kosmos um die Stiftshütte angelegt seien und wo »in dem Raum, der den Laien in diesem bildlichen Sozialgefüge zugewiesen ist, gehandelt wird in der Erfüllung neutestamentlicher sozialer Gebote«. Es wäre nun interessant zu wissen, ob die Staatsmetaphorik der Schachallegorese ebenso nachfolgebildend gewesen sei; für das Verständnis des Staates insgesamt sei es wichtig zu wissen, ob er als Gebäude, Schiff oder Körper oder eben als (Schach-)Spiel verstanden worden sei.

Diese Frage von Herrn Ohly wurde nicht beantwortet; immerhin wies Herr Hoffmann im Anschluß an eine Überlegung von Topitsch darauf hin, daß das Schachspiel selbst bereits ein soziomorphes Modell sei,[13] das seinerseits bereits eine bestehende Gesellschaftsordnung spiegele, zu einem bestimmten Zeitpunkt als Bild aufgegriffen und in der Diskrepanz zur eigenen Wirklichkeit potenziert werde. Weiterhin sei in der Ikonographie das Schachmotiv im Rahmen der Ständesatire eng mit der Todesallegorie verknüpft; das deute auf eine Relativierung der von Herrn Cramer herausgestellten positiven Perspektive.

Herr Cramer stellte in seiner Antwort zu den angeschnittenen Problemen als Grundtenor heraus, daß man stets vom jeweiligen Verwendungszusammenhang her zu argumentieren habe; das Fehlen des geistlichen Standes etwa sei letztlich nur zu klären, wenn man die Rezipienten kenne. Vorerst bleibe als Erklärung, daß man sich über den ästhetisch-literarischen Charakter dieser Ordnungsangebote durchaus im klaren gewesen sei, auch wenn diese sich als soziale Ordnungsangebote ausgegeben hätten. Insofern entwickele das Schachspiel auch nur in bezug auf die von ihm herausgestellte spezifische Auslegung einen normativen Charakter, was andere Auslegungen nicht berühre. Entsprechendes gelte für die sekundären Ordnungsschemata im Bereich der Minneallegorie, auch sie entwickele nach seiner Meinung nur in diesem Rahmen die von ihm beschriebenen

Funktionen. Dies sei eben ein anderer Verwendungszusammenhang als im Bereich geistlicher Allegorie, aus welcher z.B. die Vorstellung des Minne- resp.
Seelenklosters komme, auf die Herr Schilling und Herr Ohly aufmerksam gemacht hatten.

Mit dem Hinweis auf die Umstrukturierung von Verwendungszusammenhän-
gen in anderem sozialen Kontext begegnete Herr Cramer auch den geäußerten
Zweifeln an der für das 14. Jahrhundert als Voraussetzung seiner These anzusetzenden Auflösung des alten Ordnungsgefüges. Herr Speckenbach und Herr
Schilling hatten eingewendet, Jacobus de Cessolis wie seine deutschen Übersetz-
zer seien ohne die Predigttradition nicht denkbar, das heißt, entweder habe man
auch für das 13. Jahrhundert schon von einer Orientierungslosigkeit zu sprechen, oder man müsse zugestehen, daß sie – wie etwa auch die politische Lyrik
bis hin zum Bauernkrieg – auf christliche Ordnungsvorstellungen zurückgriffen
und das traditionelle Ordnungssystem wiederherstellen und nicht eine neue
Ordnung aufbauen wollten.

Demgegenüber wies Herr Cramer darauf hin, daß die deutschen Bearbeiter
des Jacobus sich nicht in so großer Nähe zur geistlichen Auslegung des Schachspiels befänden wie dieser selbst, hier seien also neue Akzente zu sehen, nicht zuletzt vielleicht bedingt durch die Ungleichzeitigkeit der historischen Entwicklung in Deutschland und Oberitalien. Pauschalerklärungen für die spätmittelalterliche Allegorie könne es also nicht geben und habe er nicht geben wollen. Entscheidend aber sei doch, daß man das Interesse an Allegorie historisch zu begründen suche, und insofern könne man im Interesse am Didaktischen (wie am
Vormittag herausgestellt) einen gemeinsamen Nenner für die Blüte der geistlichen Allegorie im 14. Jahrhundert und den von ihm herausgestellten Phänomenen sehen. Dieses Interesse sei aber historisch zu begründen und habe u.U. seine
Ursachen in den doch auch im 13. Jahrhundert aufzufindenden verunsichernden
Elementen infolge der sozialgeschichtlichen Veränderungen, die man natürlich
nur über regionale Untersuchungen genauer fassen könne. Ein konsistentes Be-
schreibungssystem könne so vorerst nicht erstellt werden, und man müsse folglich auch vorsichtig sein, der von ihm beschriebenen Literatur ideologischen
oder utopischen Charakter generell zuzuschreiben (wie dies Herr Hoffmann erwogen hatte) – das sei eine Möglichkeit, letztlich aber nur vom jeweiligen Verwendungszusammenhang her zu entscheiden.

Nachdem Herr Helmich das Stichwort »Ordnungsangebot« mit gewissen Modifikationen – es könne als konservativ-bewahrendes Angebot oder auch als
»Entwurf nach vorn« auftreten – für die von ihm behandelten Texte akzeptiert
hatte, versuchte Herr von Bormann, das Interesse an Allegorie aufgrund des ihr
offenbar innewohnenden konservativen Grundzuges mit Zeiten zu korrelieren,
in denen gesellschaftliche Rekonstruktionsversuche vorherrschten, wie es im
Barockzeitalter, in der Romantik, zur Zeit des Wilhelminismus und womöglich
auch jetzt, da man im Zuge der ›Rehabilitierung der Allegorie‹ Colloquien über
sie veranstalte, gegeben sei. Nachdem das Stichwort schließlich auch bei Herrn
Neumeister angeklungen war und Herr Hillen eindringlich auf Parallelen zwi-

schen dem deutschen Barock und entsprechenden Passagen über die englische Renaissance in der Vorlage von Herrn Plett hingewiesen hatte, war man sich trotz aller Detailkritik einig, daß das Stichwort »Ordnungsangebot« als mögliche Funktion von Allegorie »nicht verloren gehen sollte« (Haug). Diese Funktion setze zwar nicht erst mit der Schachallegorese ein, sondern sei im Grunde auch in den frühmittelhochdeutschen Siebenzahl-Gedichten oder mit vergleichbaren, z. T. recht dürren Entsprechungssystemen gegeben, und es gebe ebensogut die Gegenmöglichkeit, in der ein solches Ordnungssystem eine »progressive Dynamik« entwickeln könne (Beispiel sei der Prolog des St. Trudperter Hohen Liedes, wie Herr Ohly gezeigt habe [14]); aber diese Funktion solle möglichst weiter im Gespräch bleiben.

Herr Wirth ging noch einmal darauf ein, bezog aber gleichzeitig Stellung zur vorhergegangenen Diskussion über die Möglichkeiten, die Rezeption von Allegorie näher zu bestimmen. Das Allegorische sei im höfischen Kontext für Repräsentation wie für Ordnungsangebot geeignet. Man habe freilich zu fragen, von wem beides ausgehe. Die Beispiele des Devisenwesens und des höfischen Festes zeigten, daß ein jeweils ganz unterschiedliches Repertoire von allegorischen Modellen und Figuren zum Tragen komme, das aber beides vom Fürsten, von dem, der verherrlicht werden soll, initiiert wird.

Ganz anders stelle sich das Problem des Allegorischen im Bereich der fürstlichen Einzüge, weil hier »zur Repräsentation in einem nicht immer ganz leicht trennbaren Verhältnis der Erwartungshorizont der Bewohner« trete, die ihre Erwartungen an den Fürsten artikulieren in Gestalt von Personifikationen oder Exempla aus der Geschichte, die an den Ehrenpforten angebracht werden, durch die der neue Herrscher einziehe.

Man müsse also von Fall zu Fall »sehr genau unterscheiden zwischen den verschiedenen Genera des Allegorischen, die wer für wen und zu welchem Ende ins Bild bringt«.

Herr Wirth, der betonte, daß er ausschließlich von der bildenden Kunst her argumentiert habe, gab dieses in mancher Beziehung bescheidene, aber deswegen auch ehrliche Ergebnis der Nachmittagsdiskussion als Aufforderung an die Philologen weiter.

Anmerkungen:

1 Tax, 1963.
2 Vgl. z. B. Schapiro, 1970.
3 Lancelot I, 119, 5 ff.
4 Todorov, 1972, bes. S. 143 f.
5 Vgl. Wattenbach-Levison: Deutschlands Geschichtsquellen im Mittelalter. Vorzeit und Karolinger, III. Heft, bearb. v. Heinz Löwe, Weimar 1957, S. 317 f. u. 321 f.
6 Vgl. Speckenbach, 1975, S. 448 Anm. 31.
7 ›Tristan‹, v. 13 512 ff.; vgl. Speckenbach, 1975, S. 471 ff.

8 Konrad Schoell: Das komische Theater des französischen Mittelalters. Wirklichkeit und Spiel (Freiburger Schriften z. rom. Philol. 30), München 1975.

9 Das Zitat erscheint in folgendem Zusammenhang: *Et ego quasi agnus mansuetus, qui portatur ad victimam; et non cognovi quia cogitaverunt super me consilia, dicentes: Mittamus lignum in panem eius, et eradamus eum de terra viventium, et nomen eius non memoretur amplius.*

10 Alberto Martino: Daniel Caspar von Lohenstein. Geschichte seiner Rezeption, Bd. 1, 1661–1800, Tübingen 1978.

11 Vgl. Pépin, 1957.

12 Jan A. Emmens: Les ›Ménines‹ de Vélazquez. Miroir des princes pour Philippe IV, Nederlands Kunsthistorisch Jaarboek 12 (1961), S. 51–79.

13 Ernst Topitsch: Vom Ursprung und Ende der Metaphysik, Wien 1958, S. 33–95 u. passim.

14 F. Ohly, 1952/53.

Einleitung zum dritten Tag

Von WOLFGANG HARMS (Hamburg)

Vormittag

Gestern konzentrierte sich die Diskussion auf das Allegorische im jeweils besonderen Verwendungszusammenhang in unterschiedlichem historischen Kontext. Zum Besonderen eines solchen historischen Orts kann die Interessenlage des Autors oder seiner Adressaten gehören, kann aber auch ein Prämissenwandel des Allegorischen zählen: eine Veränderung im Kenntnisstand, im Vertrauen auf ein Weltbild, in der persuasiven Kraft des Allegorischen überhaupt. Solche Veränderungen betreffen meist nur Teile des Publikums, so daß auch für einen engeren Zeitraum kaum generelle Angaben über das Funktionieren von Allegorie und Allegorese möglich sind. Dennoch sollten wir die Tatsache zu nutzen versuchen, daß die Beiträge des dritten Tages Gegenstände eines begrenzten Zeitraums behandeln: der frühen Neuzeit, der eineinhalb Jahrhunderte nach der Reformation, einer Zeit konfessioneller Auseinandersetzungen. Von dorther ist es erleichtert, Formen und Funktionen des Allegorischen von dem historischen Ort her zu verstehen, den sie voraussetzen, auf dessen Wissens- und Erwartungsmöglichkeiten sie zugeschnitten sein dürften, für dessen historisches Profil sie selbst als Indikator gelten dürften.

Folgte man traditionellen Auffassungen der deutschen Literaturgeschichtsschreibung, die von protestantischen Positionen des 19. Jahrhunderts dominiert werden, dann stellte sich diese frühe Neuzeit als eine Zeit des Umbruchs dar, der Diskontinuität, des radikalen Neubeginns, der Zeit der Kluft, der Zäsur, die von Luther und der Reformation gesetzt worden sei. Als Folge einer solchen Metaphorik des radikalen Schnitts und des Neuansatzes und der damit verbundenen Absage an Altes, Konventionelles ist manches Werk besonders des süddeutsch-katholischen Raumes aus nachreformatorischer Zeit abgewertet worden und damit in Vergessenheit geraten. In diesem Sog des Wertens und Abwertens geriet auch das Allegorische unter die Phänomene, die als starr und daher nicht wertträchtig galten und daher als Anzeichen einer vergessenswerten Literatur angesehen werden konnten. Wo wirklich einmal Allegorie als geschichtliches Phänomen behandelt wurde, reichten einige Dicta Luthers aus, um die dem allgemeinen literaturgeschichtlichen Befund entsprechende Annahme zu belegen, daß von dem Reformator auch der Geschichte der Allegorie eine Zäsur gesetzt worden sei. Einer Diskontinuität in der allgemeinen literarischen Entwicklung seit der Reformation entspräche danach eine Diskontinuität der Allegorieeinschätzung und -wirkung ·zumindest in lutherisch-protestantischem Bereich.

Mit Kontinuität und Diskontinuität werden wir uns heute zu beschäftigen haben, nicht nur im engeren allegorischen Bereich, sondern in Hinblick auf umfassende kulturelle und weitere soziale Umschichtungen und Konkurrenzphänomene. Die vorliegenden Beiträge scheinen mir insgesamt zu rechtfertigen, daß wir für Formen und Funktionen der Allegorie in der frühen Neuzeit von der Ungleichartigkeit des Gleichzeitigen ausgehen dürfen, daß wir uns also nicht eigens dabei aufzuhalten brauchen, ob denn die Allegorie dieser Zeit vorwiegend oder ganz dominierend eine Kontinuität der Mittelalterfortwirkung oder ein Absetzen vom Mittelalter bekunde; für beide Ansichten wird man aus den unterschiedlichsten Sachbereichen eindrucksvolle Belege zeigen können. Zwar bezeugen die Arsenale, aus denen die frühe Neuzeit ihr Wissen und damit unter anderem auch ihre Kenntnisvoraussetzungen für das Dekodieren von Allegorien gewann, ein erhebliches Beharrungsvermögen (man denke etwa an die Druckgeschichte der ›Etymologien‹ Isidors oder an die Entstehungsgeschichte von Beyerlincks ›Theatrum magnum‹), aber die so vermittelte Tradition ist als ein Angebot von Potentialität zu verstehen, als etwas je nach spezieller historischer Situation unterschiedlich Nutzbares. Unter dem Thema ›Erneuerung als selektive Tradition‹ stellte Wolfgang Brückner kürzlich in jenem allgemeinen konfessionell bestimmten Grundlagenbereich, der auch einige Voraussetzungen des Funktionierens allegorischen Sprechens bestimmen könnte, vier Zonen fest, in denen in allen Konfessionen Deutschlands eine feste Kontinuität nachweisbar sei: im äußeren Erscheinungsbild von Gottesdienst und Kirchengebäude; in den ästhetischen und ikonographischen Traditionssträngen der populären Bildwelt in der druckgraphischen Massenkunst; in der Pflege bestimmter Literaturgattungen für Belehrung und Unterhaltung (z. B. Schwank, Prodigienliteratur und, ausdrücklich auch für das 17. Jahrhundert, Fabel); schließlich in der Neuausgabe und Neubearbeitung mittelalterlicher Gebrauchsliteratur, besonders in Form von Exemplasammlungen[1]. Dieses alles gehört in unterschiedlichem Ausmaße zum Sockelbereich dessen, was ein allegorisches Formulieren und Dekodieren zur Voraussetzung hat, und wird daher zu beachten sein, wenn wir über die möglichen Leistungen auf seiten des Allegorie-Adressaten sprechen und dabei die intellektuelle oder in schlichterem Sinne die kommunikative Leistung der Allegorie bestimmen wollen. Es ist nicht ein Resultat einer Zwei-Kulturen-Lehre, wie sie erst im späteren 18. Jahrhundert die Naturwissenschaften von den Geisteswissenschaften trennt, sondern ein Indiz für die Möglichkeit, daß die Leistung des Allegorischen durch ein und dieselbe Person unterschiedlich eingeschätzt werde, wenn Galileo Galilei 1613 in einem Brief an Benedetto Castelli schreibt, die Bibel sei zwar eine wichtige Quelle auch für den Naturwissenschaftler, doch reichten ihre Aussagen im *sensus litteralis* nicht aus, eigne Empirie in der Natur zu ersetzen, auch erreiche die spirituelle Bibeldeutung wichtige Einsichten, doch dienten diese nicht der *scientia*, sondern sie seien – durchaus positiv gemeint – dem *populo* von Nutzen.

Neben dieser Einschätzung des Allegorischen aus der Sicht eines Autors, der als Bahnbrecher mehr die Möglichkeiten künftiger Leser als die Konventionen seiner eignen Zeit repräsentiert, sind die Ergebnisse neuerer Forschungen Hans

Blumenbergs zu halten, in denen sichtbar wird, welche mühsamen Ablösungsprozesse es auch in der naturwissenschaftlichen Avantgarde der frühen Neuzeit gab, aus bildgebundenen Denkgewohnheiten auszubrechen. Hier wirkte sich der Wille, Neuentdecktes mit alter Konvention zu vereinbaren, das Neue als Bestätigung des Alten, nicht als seine Negierung zu verstehen, entscheidend aus. Und so mag hinter scheinbar ungebrochen traditionsbewußtem Einsatz von Allegorien bisweilen ein Als-ob stehen, daß sie nämlich eingesetzt werden, als ob noch auf seiten des Autors wie des intendierten Publikums eine gemeinsame Tradition des Wissens von Inhalten und vor allem des Vertrauens auf die wahrheitserschließende Leistung der Allegorie und der Allegorese unversehrt vorhanden wären. Probleme der Individualität oder gar der Spannung zwischen Individualität und Öffentlichkeit wären in diesem Zusammenhang für eine Funktionsgeschichte der Allegorie wichtig, doch werden wir nicht beiläufig leisten können, was eine spezielle Geschichte dieser Begriffe bisher für die frühe Neuzeit nicht hinreichend geleistet hat.

Unter den Beiträgen des heutigen Tages sind jene besonders materialbezogen, die ihren Gegenstandsbereich überhaupt erst der Allegoriediskussion zuzuführen haben. Es trifft sich günstig, daß auf diesen Gebieten eine Visualisierung des Gegenstandes möglich ist; hiervon werden einige Beiträger während ihren kurzen Einführungen Gebrauch machen. Ich nehme an, daß in diesen Einführungen von den Referenten die Gelegenheit genutzt wird, Ergänzungen zu meinen Hinweisen auf dringliche Diskussionsaufgaben nachzufügen, zumal ich keine Gesamtwürdigungen der vorliegenden Referate zu unternehmen versuche.

Die Beiträge der Herren Reinitzer und Kleinschmidt zeigen uns, wie wenig monolith wir die Verwendung des Allegorischen in den einzelnen Zeitabschnitten und innerhalb der einzelnen Konfessionen in der frühen Neuzeit einzuschätzen haben. An dem von Herrn R e i n i t z e r neu in die Diskussion gebrachten Autor Hermann Heinrich Frey lassen sich Möglichkeiten und Unmöglichkeiten lutherischen Allegorieverständnisses auf die Probe stellen: Während an der Universität Wittenberg zur selben Zeit die frühe Orthodoxie ungestört eine Traditionsbindung befestigt (bei dem Zoologen Sperling herrscht dort wie später bei dem Theologen Franzius ein spirituell-exegetisches Interesse an der Tierwelt vor), hat Frey in seinem Tierbuch die unmittelbare Konfrontation mit dem konfessionellen Gegner durchzustehen. Wenn Herr Reinitzer zeigt, daß Frey katholische Exegetentradition zugleich aufnimmt und kritisiert, so führt uns dieses unmittelbar in Fragen der aktuellen Leistung des Allegorischen und heraus aus jenen Zonen, in denen gelten mag, daß Allegorie hier und da auch aus bloßem Beharrungsvermögen, aus Mangel an brisanter Herausforderung, aufgrund eines Versäumnisses in der Rezeption neuer Artikulationsmöglichkeiten tradiert und konserviert worden ist. Wenn wir hier sehen, wie Frey Luthers christologisches, von Augustin geprägtes exegetisches Interesse mit der mittelalterlichen enzyklopädischen Bestiarientradition verknüpft, läßt es den Wunsch aufkommen, Melanchthons ähnlich vermittelnde Wirkung im Bereich von Schule und Universität in die Diskussion miteinzubeziehen.

Mit Überschichtungen von konventionellem Wissen und Denken einerseits und Neuansätzen andererseits rechnet Herr Kleinschmidt für das 16. und 17. Jahrhundert generell. Er versteht die Aufnahme allegorischer Formen durch volkssprachige Dichtung als einen emanzipatorischen Prozeß seit dem 13. Jahrhundert. Auch im Zusammenhang mit eher wissenschaftlicher Literatur (wie z. B. Freys Werk) wäre eine solche Tendenz, die nicht geradlinig verläuft, zu erwägen. Bildungssoziologisch wichtig ist die Feststellung, daß »der Kreis kompetenter Ausleger« in der frühen Neuzeit klein war, daß andererseits »der inventarielle Charakter der allegorischen Aussage« eine wichtige Voraussetzung für die stets erneuerte Funktionalisierung wurde. Unsere Diskussion über die Leistung des Allegorischen sollte sich nicht scheuen, auch in die pragmatischen Niederungen der Verwendbarkeit hinabzusteigen. Gerade dort werden die scheinbar widersprüchlichen Eigentümlichkeiten der Allegorie erfaßbar, die Herr Kleinschmidt beschreibt: Der »esoterische Grundaspekt der Allegorie«, der bei einem unterschiedlich leistungsfähigen Publikum sich mit unterschiedlichen Intentionen verbinden läßt, der den Sinnverweis und die »appellative Signalfunktion« nicht als Alternative erscheinen läßt, sondern als Möglichkeiten nebeneinander zu stellen vermag. Die Eigenleistung des Publikums kann die Allegorie zu einer bedingt offenen Form werden lassen, und daneben kann ein unselbständiges oder vom Autor zu Unselbständigkeit gezwungenes Publikum kompetenzlos autoritätsabhängig gehalten werden. Wieweit dieses Auswirkungen auf eine Individualisierung und damit eventuell Auflösung des Allegorisierens hat, wird uns generell beschäftigen müssen. Besondere Probleme im naturwissenschaftlichen Bereich, auch einschließlich der Fabel, werden wir heute nachmittag spezieller besprechen können. Auf eine Form des unmittelbaren Umsetzens allegorischer – rhetorischer oder hermeneutischer – Möglichkeiten, auf die argumentative Verwendung im Flugblatt, weist Herr Kleinschmidt so hin, daß wir manche der hier von mir nicht referierten Aspekte seiner Arbeit mit dem von Herrn Schilling vorgestellten Gegenstandsbereich verbinden können.

Das illustrierte Flugblatt des 16./17. Jahrhunderts ist ein Medium, das auf schnelle, kräftige Wirkung abzielt, auch relativ weite Verbreitung erreicht; aber den intendierten oder den tatsächlichen Adressatenkreis werden wir nicht mit einer wie auch immer gearteten Öffentlichkeit gleichsetzen können. Zu den Faktoren, die die Distribution lenken können, kann auch die Allegorie gehören. Hier berühren sich Probleme dieses Gegenstands mit denen von Herrn Moser: in beiden Bereichen kann mit erheblichem inhaltlichen Wissen als Voraussetzung allegorischer Dekodierung und mit erheblicher Einübung (oder Akzeptierung) des Verfahrens der Allegorese gerechnet werden. In dieser Weise werden Bildkonventionen genutzt, um – oft in einer Verbindung mit einfallsreicher, von der historischen Situation hervorgerufener Kombinatorik – eine meist propagandistisch analysierende Aussage zu einer historischen Situation zu machen. Diese allegorischen Flugblätter zeigen uns also die Allegorie als bewegungsstimulierenden, insofern nicht restaurativen Faktor, auch wenn der Staatsgedanke und der Kaiser nirgendwo unmittelbar auf diesen Blättern attackiert werden. Aussagen zu historisch-politischen Blättern, die bei Herrn Schilling im Mittelpunkt stehen, sind zu sondern von Aussagen zu religiös-erbaulichen Flugblättern, auf denen die Funktion der Allegorie noch ähnlicher dem ist, was Herr Moser für die Liedkatechese bemerkt. Herr Schilling stellt uns die Frage, wie denn Persuasion und Diskriminierung zu überzeugender Argumentation gelangen, wenn konventionelle allegorische Bildlichkeit mit aktuellem Anlaß verbunden werden oder wenn ein und derselbe allegorische Bildkomplex von Katholiken wie von protestantischen Gegnern jeweils zum entsprechenden Zweck, dem Nachweis der moralischen und religiösen Untauglichkeit des Gegners, eingesetzt werden. Vielleicht ist hier das allegorische Element in der Verbindung von Text und Bild als Nachbarphänomen zu sehen zu ähnlich legitimierend-argumentationsstützenden Verfahrensweisen des engeren Kontexts, z. B. das – oft gezielt veränderte – Bibelzitat, die Exempelfigur, die Etymologie.

Herr W e l z i g weist uns auf einen Gegenstandsbereich hin, in dem Werbung und Würde im Rahmen der allegorischen Selbstdarstellung eines Buches eine eigentümliche Verbindung eingehen. Es ist methodisch konsequent, daß das Titelblatt nicht von den übrigen Rahmentexten eines Buches wie der hier zugrunde gelegten Predigtsammlung isoliert wird. Zöge man breiter gestreute Materialien heran, z. B. auch aus anderen Literaturgattungen, ließen sich auch einige Rückschlüsse auf Besonderheiten der Gattungen, z. B. auf den von ihnen intendierten Leserkreis, versuchen. Die von Herrn Welzig beobachtete »Mantelmetaphorik« könnte dann auch wohl in einigen Fällen als gezieltere Verflechtung von Vorstellungen des Sammelns und denen des Aufdeckens des Schriftsinns beschrieben werden. Gerade auch angesichts der Verquickung von überzeitlichen Bildtraditionen und sehr persönlicher Bindung an Namen und Beruf des Adressaten, wie Herr Welzig sie durchleuchtet, stellt sich die Frage, wieweit man Regeln für das Funktionieren solcher Titelblätter annehmen sollte oder wieweit derzeit eine Kasuistik für die Titelblattanalyse angemessener sei. Es stellen sich uns Fragen wie diese: wieweit durch allegorische Bildkonvention dem Buch eine respektgebietende Legitimierung mitgegeben werde, oder ob es auch andere Formen der Autoritätsversicherung auf Titelblättern gebe; ob die allegorischen Elemente eher einer werbenden oder lehrhaft-autoritären Behandlung des Lesers dienen; oder ob die allegorischen Elemente im »Informationsverbund« der Rahmentexte zu funktionsarmem Dekor verblassen können. Wenn einigen vielgliedrigen allegorischen Titelblättern vom Autor oder Verleger eine detaillierte Allegorese beigegeben wird, so ist zwar sicher, daß ein solches Blatt eine Selbstdarstellung des Werkes vor dem vermuteten Interessenhorizont des Publikums versucht, doch ist nicht gesagt, ob dem Deutungsvermögen des Publikums nichts mehr zugetraut werden könne; eine Allegorese an exponierter, werbender Stelle ist immer auch ein Indiz für ein Interesse an Allegorie. Geht es bei Herrn Welzigs Gegenstand auch um Konditionierung des Lesers, ging es bei Herrn Schillings Gegenstand um den Einsatz der Allegorie gegenüber einem durch Parteilichkeit weitgehend schon konditionierten Betrachter und Leser, haben wir es bei der Diskussion über die Beiträge von Herrn Reinitzer und Herrn Kleinschmidt zunächst mit grundsätzlicheren Fragen der Allegoriefunktion im Zeitalter konfessioneller Spannungen zu tun.

Nachmittag

Ich danke Herrn Wirth dafür, daß er uns konzentriert auf Gegenstände und Probleme aufmerksam machte, durch die die Braunschweiger Ausstellung »Die Sprache der Bilder« mit unserem Kolloquium verbunden ist. Wir haben uns angesichts der Bilder in Braunschweig ja nebenher auf die Probe stellen können, wie es denn sei, wenn man zum dekodierenden Sehen angeleitet wird oder wenn man sich mit einem nur partiell hinreichenden Wissen an solche Dekodierungsversuche heranwagt. Unterschiede in der Ergiebigkeit solcher Verfahren dürften uns zu denken geben, auch wenn wir diese frische Erfahrung an andere historische Situationen und andere Gegenstände herantragen. Herr Moser hat für seine Gegenstände und deren Publikum Ähnliches zu erwägen gehabt. Wenn der Katechet die angemessenen Signale gibt, sieht es anders aus, als wenn er seinem Publikum zu viel Selbständigkeit zumutet. Herrn M o s e r s Beitrag konfrontiert uns mit Gegenständen und Fragen, die ein eigenes Interesse beanspruchen können und für viele von uns ein unbekannter Gegenstand sind; sie geben uns zugleich die Gelegenheit, etwas zu klären, was über die spezielle Sache hinaus bereits mehrfach postulatartig hier ins Gespräch gebracht worden ist, nämlich welche Leistungen Autor und Adressat allegorischer Bildlichkeit erfüllen müssen, damit eine umfassende Autorintention, wie sie in diesen Fällen ja vorliegt, durchgesetzt werden, also die Übermittlung einer bestimmten und nicht nur einer ungefähren Botschaft überhaupt gelingen könne. Der Verständnishorizont des Rezipienten ist sicherlich durch eignes Primärinteresse mit vorgeprägt, aber hier handelt es sich auch darum, wie ein solcher Verständnishorizont durch weitere Signale oder andere Formen von Anleitung doch präziser gefaßt werden könnte, damit alles der Intention des Autors gemäß ablaufen kann. Da wir hier von festen Autorintentionen auszugehen haben, sieht Herr Moser es mit Recht als Problem an, wie denn hier mit einer Multivalenz der bedeutungstragenden Dinge oder Zeichen zu rechnen sei. Denn es würde der Autorintention dieser festen Art konträr sein, wenn ein größerer Spielraum der Deutung auf seiten des Rezipienten zu Ergebnisunsicherheit führen könnte. Herrn Mosers Beispiel scheint mir auch deswegen so ergiebig zu sein, weil ein sonst häufiges Dilemma uns hier nicht zu plagen braucht: Herr Moser kann uns Informationen darüber geben, ob eine Allegoriestrategie aufgegangen ist oder nicht, oder mit anderen Worten gesagt: ob eben das, was hier Katecheten versucht haben, von ihrem Publikum angenommen und verstanden worden ist oder vielleicht nur angenommen worden ist im Sinne eines unkontrollierten Unverständnisses. Der Volkskundler verfügt hierzu über die gute Gegenprobe angesichts von zersungenen oder umgedeuteten Textvariationen. Sie zeigen uns, wie ein Erfolg und wie ein Mißerfolg auf dem Gebiet der Liedkatechese aussieht.

Die Fabel berührt sich mit der Allegorie, insofern sie einen indirekten Aussagemodus mit einer didaktischen Zielsetzung verbindet, doch kommt es relativ selten zu präziseren Überlagerungen beider literarischer Formen. Herrn Elschenbroichs Beitrag führt uns in diesen Grenzbereich hinein, der nicht für die Gattung Fabel insgesamt typisch ist. Daher sollten wir wohl von einer Gattungsdiskussion absehen, um eher Affinitäten des Deutens und des Fundierens und Legitimierens der Aussage in Fabel und Allegorie zu erörtern. Es wäre zu fragen, ob eine allegorische Deutung einen grundsätzlich andersartigen Autoritätsanspruch erhebt als eine Deutung nicht-allegorischer Art. Herr Elschenbroich konfrontiert uns mit dem Problem, daß Implikationen des Einzelfalls, subjektive Voraussetzungen oder politische Tageskonstellationen, zu den Voraussetzungen für das zählen können, was dann als sinnhaltig oder sinntragend nachgewiesen werden kann; nicht-objektive Elemente können demnach in hier behandelten Beispielen zum Funktionieren allegorischer Formen mit beitragen.

Man könnte die Frage einbeziehen, wie es denn in der Literaturwissenschaft zu der Annahme habe kommen können, daß die Fabel während der Barockzeit in Vergessenheit geraten sei. Danach könnte Mathesius als einer der letzten Verfasser von Fabeln erscheinen, bevor jenes angebliche Vergessen oder Geringschätzen eingesetzt habe. Von der Volkskunde haben wir aber die verläßliche Information, daß die Fabel immer gelesen oder auf andere Weise verwendet wurde, daß nämlich nur ihr Kontext sich zeitweilig geändert habe: so konnte sie im 17. Jahrhundert am Ort des Predigtmärleins, als Fabel im Predigtzusammenhang lebendig bleiben. Dann könnte man fragen, ob Mathesius geradezu als ein Vorbereiter verstanden werden könnte, der eine Verbindung von Fabel und exegetisch orientierter Allegorie beispielhaft vorgeführt habe. Mit dem Einblick in Prozesse der Annäherung zweier literarischer Formen, wie Fabel und Allegorie, stellt sich auch das Problem, worin das Abnutzen oder Untauglichwerden einer Form oder Gattung begründet sein könnte und inwiefern Affinitäten zu anderen Formen zu einer regenerierenden Verwandlung beitragen könnten.

Dichterische Deutung von natürlichen Gegenständen in Tierfabel und Tierallegorie werden durch Frau Kuechens Referat als Nachbarphänomene von naturkundlicher Sachliteratur und bildkünstlerischer Naturerfassung erkennbar, die beide nur scheinbar ihr Ziel allein in deskriptiver oder in abbildender Erfassung natürlicher Gegenstände haben. Es erweist sich, daß auch noch vom 16. bis frühen 18. Jahrhundert das Verhältnis von sprachlicher Benennung, graphischer Erfassung und literarischer Deskription jeweils von Deutungsintentionen mitbestimmt ist. Frau Kuechen zeigt, daß von diesen drei Möglichkeiten der Erfassung eines natürlichen Gegenstandes nicht immer deckungsgleiche Identifizierungen erzielt werden, daß vielmehr Mängel in der Übereinstimmung beim Identifizieren der Realität Ausgangspunkt für unterschiedliche Deutungen werden können. Mit einer Formulierung aus der Diskussion des ersten Tages ließe sich dann fragen: Wer legt denn eigentlich fest, was ähnlich sei? Oder wer legt fest, was das Realsubstrat dessen ist, was nachher zur Deutung führen kann, was eine Deutung zu fundieren vermag? Frau Kuechen beobachtet, daß mit einer gewissen

Wahrscheinlichkeit der Grad der Affinität der realen Ähnlichkeiten eine wichtige Voraussetzung dafür ist, daß bestimmte Realia mit bestimmten Bedeutungsinhalten verbunden werden. Im weiteren Zusammenhang damit fällt auf, daß Ähnlichkeiten in der sprachlichen Benennung, im phänotypischen Bereich und in den Bedeutungsinhalten die Zuordnungen und Überschneidungen auch einzeln hervorrufen können. Wenn Ähnlichkeiten im Realbereich Ähnlichkeiten im Bedeutungsbereich bewirken und auch in umgekehrter Richtung eine solche Wirkung nicht auszuschließen ist, wird auch fraglich, ob Realität und Bedeutung hier so klar unterschieden werden können, wie es moderne Sehweise mit den Kategorien des Nichtfiktiven und des Fiktiven z. B. für naturkundliche deskriptive Literatur glaubt annehmen zu können. Für die graphische Erfassung von Realität gilt Entsprechendes wie für die literarisch-deskriptive: sie kann zugleich auch unter dem Ziel einer deutenden Erfassung der Natur stehen. Frau Kuechens Beitrag stellt uns über die von ihr aus Naturkunde, bildender Kunst und Dichtung gewählten Beispiele hinausführend vor die Frage, ob denn nicht vielleicht auch der Bedeutungsbereich eingeschlossen ist in das, was von großen Teilen spätmittelalterlicher naturkundlicher Literatur bis hin zur Physikotheologie des 18. Jahrhunderts als Realität angesehen worden ist. Wie anders ist es sonst zu erklären, wenn ein Empiriker wie Konrad Gesner, der seine Agenten durch ganz Europa reisen läßt, um immer wieder Anschauungsmaterial vor Augen zu bekommen, dann seine Leser doch in ebenso großem Umfang darüber informiert, was es jemals an Deutungen zu den von ihm beschriebenen Tieren oder anderen natürlichen Dingen in der Antike, der Patristik oder in neuester Zeit gegeben hat? Die Erfassungsintensität, die dem Realbereich gewidmet ist, hat eine Entsprechung in der Intensität, die für das aufgewandt wird, was wir vielleicht voreilig als fiktive Elemente dieser Beschreibungsliteratur bezeichnen würden. Hier scheint mir das Realitätsproblem jeder Deutung von Natur und damit auch das Realitätenproblem der Allegorie gut faßlich uns vor Augen geführt worden zu sein.

Daß Emblematik thematisiert wird – und damit gehe ich zur Vorlage von Herrn Hoffmann über –, scheint mir dem Forschungsstand zu entsprechen und gerade bei einem Allegorie-Kolloquium am Platze zu sein. Bisher litt die Emblemforschung immer wieder darunter, daß sie als eine Hilfsdisziplin betrieben wurde für die Metaphernforschung, für die Detailinterpretation bildlicher Darstellungen und für anderes, scheinbar Übergeordnetes, so als sei die Emblematik selbst es nicht wert, um ihrer selbst willen Gegenstand der Forschung zu werden. Herr Hoffmann rückt den Vater der Emblematik oder den ersten Verfasser eines Emblembuches, das als solches bezeichnet wird, in den Mittelpunkt seiner mehrgliedrigen Fragestellung. Dabei macht er den Versuch, für den Bologneser Juristen Alciato den besonderen Ort in der Geistesgeschichte und in der weiteren historischen Konstellation zu bestimmen und von dorther Eigentümlichkeiten des ersten Emblembuchs und vielleicht auch der früheren Emblematik überhaupt zu erfassen. Neben der Analyse der Prämissen und Ziele einzelner Embleme wird auch die Frage nach einer eventuellen Programmatik des gesamten Werks gestellt. Hinter diesem Versuch steht die Absicht, etwa im Sinne von

Norbert Elias fachübergreifend nach konkurrierenden Interessenlagen und damit nach Stationen eines Prozesses der Zivilisation zu fragen. Ich nehme an, daß Herr von Bormann solche Fragen als seinem Beitrag benachbart verstehen wird.

Herr von Bormann versucht eine gewisse Periodisierung zu erreichen, die nicht nur chronologisch bestimmt sein soll, sondern in Relation gebracht wird zu bestimmten Kultur- und Zivilisationserscheinungen, z. B. gegenüber den einzelnen Ständen in Renaissance und Barock. Das auch von Herrn von Bormann angebotene Stichwort des Bürgerlichen könnte dazu führen, auf Herrn Kleinschmidts Überlegungen noch einmal zurückzukommen und u. a. zu fragen, ob die frühere Emblematik, die man vielleicht als die humanistische oder Renaissance-Emblematik bezeichnen könnte, spezifisch von einem Bürgertum geprägt worden sei, das immer auch als ein gelehrtes Bürgertum verstanden werden müßte. Beide Beiträger deuten in ihren Formulierungen an, daß mit jeder Epochenbeschreibung und -gliederung gewisse Verwischungen des historischen Einzelfalles eintreten, so daß von Einzelfällen her sich immer wieder Gegenargumente gegen die Schlüssigkeit von epochebezogenen Charakterisierungen angeführt werden könnten. Von beiden Beiträgen – und in besonderem Maße von Herrn von Bormann, der Forschungspositionen anderer größeren Raum widmet – wird die Frage nach dem Leser gestellt und damit auf das Problem hingewiesen, ob wir es beim Emblem mit einer offenen Form oder mit einer geschlossenen Form zu tun haben, wieweit überhaupt dem Leser ein Spielraum zum Mitarbeiten, insbesondere fürs Mitdeuten, gegeben worden sei. Ich halte es für nachweisbar, daß eine nennenswerte Gruppierung von Emblembüchern einen Leser intendiert, der bereit und in der Lage ist, auf Andeutungen sprachlicher und graphischer Art hin den weiteren Deutungsprozeß für jedes einzelne Emblem weitgehend selbständig zu Ende zu führen. Damit stellt sich die Frage, wieweit Emblematik zu objektiv gültigen Einsichten zu führen vermag und wieweit sie in ihren Prämissen und ihrem Umgang mit dem Leser der Allegorie gleicht. Auch in dieser Hinsicht böte es sich an, bei der Behandlung der beiden speziellen Beiträge zur Emblematik auch auf Herrn Kleinschmidts Beitrag zurückzukommen.

Anmerkungen:

1 Siehe Wolfgang Brückners Beitrag in dem Tagungsband: Der Übergang zur Neuzeit und die Wirkung von Traditionen, Veröffentlichungen der Joachim-Jungius-Gesellschaft der Wissenschaften, Bd. 32, Göttingen 1978; s. dort auch meine Einleitung.

Zur Herkunft und zum Gebrauch der Allegorie im ›Biblisch Thierbuch‹ des Hermann Heinrich Frey

Ein Beitrag zur Tradition evangelisch-lutherischer Schriftauffassung

Von Heimo Reinitzer (Hamburg)

Johann Heinrich Ursinus[1] benennt in seinem ›Animalium Biblicorum Nomenclator‹[2] drei Gelehrte, deren Darstellung von Tieren, wie sie in der Bibel beschrieben werden, besondere Erwähnung verdient: Wolfgang Franz[3] und Samuel Bochart,[4] zuallererst aber Hermann Heinrich Frey,[5] *qui anno 1595. tribus libris edidit operosum commentarium, in vernaculâ nostrâ, titulo* Θηρο-ορνιϑο-ιχϑυοβιβλια *Biblisches Thier- Vogel- und Fischbuch.* [6]

Sowohl Franzens ›Historia Animalium Sacra‹, die 1712 zum letzten Mal ediert wurde,[7] als auch das umfangreiche ›Hierozoikon‹ Bocharts, das sich im Reisegepäck der königlich dänischen Jemen-Expedition von 1761 befand[8] und das noch am Ende des 18. Jahrhunderts eine Neuauflage erfuhr,[9] übertreffen Freys Enzyklopädie biblischer Tiere an Bedeutung und Wirkung. Das Werk des Schweinfurter Predigers, das nur ein einziges Mal gedruckt wurde, kann jedoch als der Beginn evangelisch-theologischer Naturkunde gelten, die bis in die Physiko-Theologie der Frühaufklärung wirkt,[10] deren Bedeutung erst mit einer endgültig vom religiösen Interesse gelösten Naturerforschung und mit dem Aufkommen der historisch-kritischen Bibelexegese endet.

An jedes literarische Denkmal, insbesondere aber an den Begründer einer Gattungstradition, stellen sich stets zwei prinzipielle Fragen: Die eine betrifft die Wirkungsgeschichte, die andere die Vorgeschichte, die Tradition eines Werkes. Die folgenden Ausführungen gelten vor allem dem zweiten Aspekt und konzentrieren sich dabei auf die Betrachtung evangelischer Schriftauffassung, wie Frey sie von Luther übernimmt und ihr im ›Biblisch Thierbuch‹ Funktion verleiht. Die Überlegungen sollen ausgehen vom theologischen, zeitbedingten Zweck des Denkmals, um von dort her die Besonderheit evangelischer Allegorese gegenüber der katholischen Tradition in Verbindung mit der Aussage des Textes in den Blick zu nehmen.

Als Hermann Heinrich Frey 1577 als evangelischer Prediger in die seit 1542 reformierte Freie Reichsstadt Schweinfurt berufen wurde, war gerade zu der Zeit die Gegenreformation im Begriff, sich im Bistum Würzburg unter Julius Echter von Mespelbronn[11] vehement durchzusetzen. 1578 wurde das Würzburger Priesterseminar neu errichtet, 1582 mit der Gründung der Universität im jesuitischen Geist begonnen. 1585/87 war die Rekatholisierung fast vollständig gelungen, die lutherischen Geistlichen bekehrt oder vertrieben, wobei allein Schweinfurt ihnen als Ort der Zuflucht offenstand. In dieser Zeit ärgster Bedrohung der evangelischen Glaubensbewegung und angesichts der Konfrontation mit einer aggressiv sich erneuernden Römischen Kirche schreibt der Schweinfurter Magister und Pfarrer sein dreiteiliges Buch über Tiere, die in der Bibel genannt werden, über Tiere des Landes, der Luft und des Wassers. Es drängt sich die Frage auf, ob die Wahl des Themas eine Flucht des Gelehrten vor der spannungs- und problemgeladenen Realität in die diffizile Exegese eines Textes bedeutet, ob Mittelalterrezeption der Gegenwartsbewältigung vorgezogen wird und ob die Betrachtung der Tierreiche das seelsorgerliche Engagement für den Mitmenschen ersetzt.

Der Titel des Buches läßt zunächst nicht viel anderes erwarten: »ΘΗΡΟΒΙ-ΒΛΙΑ: Biblisch Thierbuch/ Darinne alle vierfůssige/ zahme/ wilde/ gifftige und kriechende Thier/ Vogel vnd Fisch (deren in der Bibel meldung geschicht) sampt jren Eigenschafften vnnd anhangenden nutzlichen Historien beschrieben sind.«

Doch dann heißt es – das deskriptive Verfahren ergänzend – weiter: »Mit der alten vnd newen Kirchenlehrer Außlegungen fleissig erkleret/ vnnd auff die Drey *Hierarchias*, den Geistlichen/ Weltlichen vnnd Haußstand Lehr/ straff vnnd Trostweise gerichtet.«

Gestützt auf ältere und jüngere Traditionen deutet Frey demnach Tiere und deren Eigenschaften auf Bereiche des Menschen aus, die er hierarchisch geordnet nennt. Damit ist ein Gedanke aufgenommen, der für den Altprotestantismus von großer Bedeutung ist und auf Luthers Schrift ›Vom Abendmahl Christi, Bekenntnis‹ von 1528 gründet. [12] In Abwehr des pelagianischen Irrtums über die Freiheit des Willens, dessen Negierung wenige Jahre zuvor zur entscheidenden Kontroverse mit Erasmus geführt hatte, [13] nennt Luther die unmittelbar von Gott eingesetzten »heiligen orden und rechte stiffte«, das Priesteramt, den Ehestand und die weltliche Obrigkeit. [14] Da der Mensch von der Erbsünde allein durch Christi Menschwerdung, Tod, Auferstehung und himmlisches Regiment befreit werden könne, sei jeder Versuch, außerhalb jener göttlichen Ordnung durch eigenwillige Anstrengung zur Seligkeit zu gelangen, »eine ŏffentliche, grewliche lesterung und verleugnis der einigen hůlffe und gnade unsers einigen heilands und mittelers Jhesu Christi.« [15] In polemischer Absicht zählt Luther dabei zu den nutz- und gottlosen Bemühungen »alle orden, Regel, Klŏster, stifft und was von menschen uber und ausser der schrifft ist erfunden und eingesetzt, mit gelůbden und pflichten verfasset.« [16] Verschärft wird die antikatholische Tendenz der lutherischen Ständelehre durch Einführung des Hierarchiebegriffes seit 1539, [17] durch den die göttliche Legitimation der Reformation abgehoben wird vom Unrecht des Papstes, der die göttlichen Hierarchien leugnet und dadurch zum Antichrist, zum rechtlosen »Beerwolf« wird. [18]

Freys Ausrichtung der Naturexegese auf die hierarchisch strukturierte menschliche Ordnung gibt die Tendenz des Tierbuches an: Sie läßt sich erkennen als antikatholische Lehrschrift und Beispielsammlung, die Vergangenheit zwar rezipiert, dadurch jedoch einer bedrohlichen Gegenwart resistiert.

Offengelegt wird diese polemische, zeitbezogene Funktion der Naturdeutung darüber hinaus besonders in der Vorrede zum ›Biblisch Vogelbuch‹, die sich an

Bürger wendet, die nach Schweinfurt geflohen sind, weil sie in der Gegenreformation »vmb des Euangelij willen«[19] verfolgt und aus Wohnsitz und Amt im Bistum Würzburg vertrieben worden sind.[20] Unter Berufung auf Hiob 5, 7[21] hält Frey die Menschen aufgrund ihrer angeborenen und begangenen Sünden als die Ursache für das ihnen zugefügte Leid und die Verfolgung, der sie ausgesetzt sind, aber – nach Klag 3, 52 – kommt die Verfolgung auch grundlos über die frommen Unschuldigen, wie auch den Vogel dessen Feinde jagen »one vrsachen«.[22] So dediziert Frey sein Buch jenen, die »der Vogel Gesång von der Christen Creutz/ Verachtung/ Verjagung/ wol erfahren vnnd practiciret haben«,[23] weil Gott nach Verheißung Jes 31, 5 allen Verfolgten Schutz gewährt, wie er auch Jerusalem beschirmt gleich einem Vogel, der seine Flügel ausbreitet.[24]

Die in Naturbild und Naturvergleich angelegte, über allgemeine Lehrinhalte hinausweisende, auf die aktuelle Konfrontation zwischen Jesuiten und Lutheranern gerichtete Tendenz in der Vorrede des Vogelbuches, der antikatholische Aspekt im Terminus der drei Hierarchien, die derart sich äußernde religionspolitische Tendenz des Biblischen Tierbuches bleibt zu bedenken, wenn im folgenden die Art der Naturbetrachtung und Naturdeutung Freys charakterisiert und zur Tradition in Bezug gesetzt wird.

In der ersten Vorrede des Tierbuches, die sich an Bürgermeister und Rat der Stadt Schweinfurt wendet, verteidigt Frey seine Sammlung gegen zwei Vorwürfe.[25] Der eine betrifft die Anlage des Buches und die Systematisierung der verschiedenen Tiergattungen, die nicht den Erkenntnissen der Naturwissenschaften entspricht. Der Prediger erklärt kurz sein geistliches Interesse, das nicht identisch sei mit dem der *physici*, weshalb er dann eine Unterscheidung von reinen und unreinen, Opfer- und eßbaren Tieren, von Hausvieh und Wild vornimmt. Der zweite Einwand, dem Frey entgegnet, ist gewichtiger und er wird ausführlich diskutiert: »Einem andern möchten die weitgesuchte vnd vnterweilen vngereimte *Allegoriae* oder heimliche deutungen misfallen.« Zunächst nennt Frey seine Quellen für die Auslegungen, seltsamen Allegorien und für die vorbildlichen oder abschreckenden Beispielerzählungen, vor allem Origenes, Hieronymus, Hesychius, Hugo Cardinalis und Nicolaus von Lyra, wobei merkwürdigerweise Ambrosius und Augustinus ungenannt bleiben – trotz häufiger Zitierung. Dann wendet der evangelische Prediger sich der Kritik zu und erklärt, er kenne die Einwände der Kirchenlehrer, insbesondere natürlich Luthers gegen das allegorische Auslegungsverfahren: So etwa halte Basilius der Große die Deutungen für abergläubisches Altweibergeschwätz, für *somnia & aniles fabulas*,[26] Epiphanius von Salamis bevorzuge den Literalsinn für die Erklärung der Heiligen Schrift, deren Aussage nur durch genaue Sachkenntnis in Erfahrung zu bringen sei;[27] Doch wird das strenge Wort der *patres* relativiert: »An vielen orten gedenckt Lutherus der *Allegorien* das sie eine grosse finsternüs vnnd jrrthumb in die heilige Schrifft eingeführet haben/ aber gleichwol verwirfft er nicht alle/ sondern nur welche aus eignem Kopff gesponnen/ keinen grund inn Gottes Wort haben/ vnd nirgend zu dienen.«[28] Mit dieser einschränkenden Zustimmung

Luthers zum Gebrauch allegorischer Redeweise hält Frey seine Sammlung für ausreichend gesichert gegen Kritik, die ohnehin dort nicht gerechtfertigt gewesen wäre, wo in der Bibel selbst Tiere in Bild oder Gleichnis angeführt würden. »Wo aber bey dem Thier keine *Allegoria* im Text ist/ wird dennoch zuuor hierinnen der rechte natürliche verstand/ die Principal tugend oder vntugend erzehlet/ vñ hernach allererst der alten Speculation vnd heimliche deutung/ so doch weder dē *articulis fidei* noch *moribus* entgegen/ obs schon vnterweilen ein *inepta catachresis* ist/ hinzugesetzt/ das sich der gütige Leser nit zubeklagen hat.«[29]

So treffend Frey sich gegen den Einwand zu behaupten weiß, die Tiere seines Buches seien falsch geordnet, so ungeschickt und wenig überzeugend verteidigt er sich gegen die Kritik an seiner Zusammenstellung allegorischer Deutungen, die er überliefert, auch wenn er ihren zweifelhaften Wert eingesteht. In dem unsicheren Abwägen von Argumentationen, die für oder gegen allegorisierende Exegese sprechen, wird eine Problematik sichtbar, deren Spannung Frey sich nicht zu entziehen und die er nicht zu lösen vermag. Ihre Ursache liegt in Luthers Stellungnahme zur Allegorie und im altprotestantischen Schriftverständnis.

In der von Frey zitierten Genesisvorlesung Luthers beendet dieser seine Darstellung und Erklärung des gewaltigen Mosaischen Schöpfungsberichtes mit dem Unfähigkeitstopos, seine Worte reichten nicht aus, die Größe des Werkes angemessen zu beschreiben. Daran angeschlossen sind umfangreiche Überlegungen zum allegorischen Welt- und Wortverständnis. Luther lehnt die Allegorese ab, die er freilich in seiner Jugend häufig benutzt habe – verleitet durch Origenes, Hieronymus und Augustinus.[30] Diese biographische Notiz stimmt mit einer Bemerkung in den ›Tischreden‹ überein: »Weil ich jung war, da war ich gelertt, vnd sonderlich, ehe ich in die *theologia* kam, da gieng ich mitt *allegoriis, tropologiis, analogiis* vmb vnd machte lauter kunst; wens jtzt einer hette, er hilts vor eitell heiltumb. Ich weiß, das ein lauter dreck ist, den nuhn hab ichs faren lassen, vnd diß ist mein letzte vnd beste kunst: *Tradere scripturam simplici sensu,* denn *literalis sensus*, der thuts, da ist leben, trost, krafft, lehr vnd kunst inen. Das ander ist narren werck, wie wol es hoch gleist.«[31] Es wäre verfehlt, Luthers Äußerung, für die es weitere, zum Teil in derb-polternder Sprache formulierte Parallelen gibt,[32] zu bewerten als Zeichen eines Bruches mit der im Mittelalter geübten Praxis der Auslegung nach dem vierfachen Schriftsinn, als Beleg für eine Neubesinnung auf das unmittelbar dem Buchstaben und Wort verpflichtete Textverständnis,[33] oder gar für einen Hinweis auf den Beginn historisch-kritischer Bibelexegese.[34] Zum einen ist die Bevorzugung des *sensus litteralis* und die Kritik an der Annahme bzw. Überbewertung weiterer *sensus*-Ebenen keine Erkenntnisleistung der Reformation, sondern mittelalterliche Praxis einer nie zum allgemein gültigen oder übergreifenden System ausgebauten biblischen Hermeneutik, als deren Vertreter sich in diesem Sinn z.B. die Antiochenische Schule, die Viktoriner, Nikolaus von Lyra u.a. nennen lassen.[35] Auch wenn Luther die Allegorese verurteilt[36] und gegen ihren Gebrauch bei Sebastian Müntzer, den Wiedertäufern,[37] Erasmus von Rotterdam[38] u.a. polemisiert,[39] verzichtet er andererseits niemals auf das ihm suspekte Deutungsverfahren. Das Nebeneinander von Kritik an Auslegungen nach dem *sensus spiritualis* und von eigener spiritueller Deutung kann so weit gehen, daß Luther im selben Augenblick, wo er die Allegorie als unnützes Zeug und Possenspiel verwirft, allegorisiert bzw. den Literalsinn als unzureichend abwertet: *Primum conantur, ut Evangelium in suum sensum trahant, sua opera, suas ceremonias, sua studia, illo stabiliant et populo commendent, sicut quaedam pontifica decreta et hominum opiniones tentant, quae Evangelio vim et verum sensum auferunt. At permanet Evangelium constans in suo sensu, nec sinit esse transformari, quod et conati sunt plurimi sensibus suis allegoricis, tropologicis, anagogicis, et similibus nugis, ut taceam ea, quae manifeste depravarunt in carnem et sensum hominum, quo dominetur per leges et opera sua in populo Christi, sicut pharisaei voluerunt per Johannem. Nam nihil esset tyrannidis Ecclesiasticae in Ecclesia, si Johannis vox, idest, Evangelium, praevaleret et hominum traditiones non essent.* [40]

Die negative Einschätzung der Allegorie verringert wohl, verhindert aber nicht deren Anwendbarkeit in der Exegese, wofür vielmehr eine Reihe von mehr oder weniger gewichtigen, stets aber pragmatisch fundierten Gründen spricht: Luther verurteilt die Allegorie nicht völlig, da sie in der Heiligen Schrift selbst belegt sei und sowohl von Christus wie von den Aposteln gebraucht werde. [41] Geradezu gefordert sei allegorisches Deuten dort, wo der Literalsinn des Textes anstößig, unverständlich oder vom Kontext her ausgeschlossen sei. [42] Bildliche Auslegungen wären zudem geeignet, die Heilige Schrift dem ungelehrten Volk näher zu bringen, [43] sie dienten der Ausschmückung der Rede, [44] trösteten und stärkten Seele und Gewissen. [45] Der Ausruf Luthers, er hasse die Allegorie und rate jedem, der sie verwende, sich ihrer mit Überlegung zu bedienen, [46] negiert diese ebensowenig wie seine Erklärung, seine eigene spirituelle Exegese sei Anweisung zur richtigen Allegorese, [47] die den falschen Deutungen des Origenes und Hieronymus widerspreche. [48] Die Methode der allegorischen Schrifterklärung ist bei dem Reformator kein zu verschiedenen Zeiten unterschiedlich stark hervorbrechendes Relikt einer insgesamt immer stärker zurückgedrängten Tradition, [49] sondern vielmehr ein fester Bestandteil seiner Bibelexegese. Die hermeneutischen Überlegungen Luthers sind charakterisiert nicht durch eine Beseitigung, sondern durch eine inhaltliche Neubestimmung der Allegorie, nicht durch deren Auflösung, sondern durch deren theologische Radikalisierung:

Im Bemühen um das richtige und wahre Verständnis der Heiligen Schrift haben katholische Kirche und Martin Luther zwei voneinander verschiedene methodische Wege eingeschlagen und für einzig gangbar erklärt. Im Dekret ›De modo interpretandi sanctam Scripturam‹ verwahrte sich das Konzil von Trient gegen eine eigensinnige, subjektive Auslegung der Schrift und setzte als Kriterium der Wahrheitssicherung ausdrücklich die Interpretationsentscheidung der *sancta mater Ecclesia* fest. [50] In die Objekt-Subjekt-Relation von deutbarem Text und ausdeutendem Leser bezog die römische Kirche die Tradition der Schriftexegese mit ein als intersubjektives, auf der Entscheidung mehrerer basierendes Moment der Verstehensobjektivierung. Der Tradition war damit der

Status einer Offenbarungsquelle nicht nur neben der Bibel, sondern auch für diese zugestanden, sie war zwar nicht Gottes Wort, aber enthielt dieses, indem sie es – durch ihre Autorität legitimiert – richtig vermittelte und dem Verständnis des Lesers zugänglich machte.[51] Luther erkannte nicht ohne Grund, daß die Lehrautorität der Kirche keine ausreichende Sicherheit für die richtige Erkenntnis der Wahrheit bot. Der Irrtum im Verstehensprozeß war weder durch Kumulation exegetischer Äußerungen, noch durch die ›Unfehlbarkeit‹ päpstlicher Auslegungsentscheidungen ausgeschlossen,[52] da das hermeneutische Dilemma des rechten Textverständnisses nicht nur gegenüber der Bibel, sondern auch allen anderen Texten, also der gesamten exegetischen Tradition gegenüber bestand. Die Suche nach sicherer Wahrheit mußte auf diesem Weg ein infiniter Prozeß werden.[53] Um dieser Gefahr einerseits, andererseits dem Vorwurf der eigenwilligen, häretischen Textauslegung zu entgehen, mußte Luther versuchen, den Gegenstand der Erkenntnis zu isolieren und den Vorgang des Erkennens unter Ausschaltung eines mißverstehenden Objekts zu objektivieren. Insoweit wurde Grundlage aller Exegese die Heilige Schrift allein, die in sich klar und der Selbstauslegung fähig war.[54] Als Trägerin und alleiniger Vermittlerin göttlichen Wortes kam ihr ein besonderer Status gegenüber allen anderen Textzeugnissen zu, die den Charakter menschlicher Rede trugen. Ihr wahrer, göttlicher Sinn war nur zu erfassen aus einer theologisch begründeten Parteilichkeit, aus einem objektive Erkenntnis ermöglichenden, von Gott inspirierten Bewußtsein.

Ohne die Tiefe der theoretischen Konsequenzen auch nur annähernd zu erfassen, kann für die beiden Pole im Spannungsfeld des Verstehens in Luthers Hermeneutik simplifizierend gesagt werden: Das Wesen der Heiligen Schrift liegt in der Spiritualität ihres Buchstabens, der geistige Sinn als Basis ihres Wortes kann nur erfaßt werden durch den, der von eben ihrem Geist erfüllt ist oder ergriffen werden kann. Das spirituelle Wort der Bibel bedarf eines geistlichen Verstehens, das der Besonderheit der Heiligen Schrift gerecht wird nur durch unmittelbaren Zugriff auf das Wort und auf die damit gemeinte Sache selbst.[55] Die Theorie des vierfachen Schriftsinnes ist damit nicht einem säkularen Vertrauen auf eine buchstäbliche, historisch-wahre Wirklichkeits- und Schrifterkenntnis geopfert, sondern ist in ihrer theologischen Konsequenz weitergedacht und verschärft. Geist und Wort existieren in bezug auf die Bibel nicht neben- bzw. übereinander, sondern das Wort selbst ist Geist.[56] Luthers gegen Origenes und Hieronymus[57] gerichtetes Schriftverständnis, das von Augustin her besonders durch Gedanken des Faber Stapulensis geprägt ist,[58] geht aus von einem einheitlichen, spirituellen, Sinn des Gotteswortes, von einem Zentrum, einer Mitte, einem *fundamentum scripturae*.[59] Diese Schriftmitte ist der Fleisch gewordene, als Mensch seine Gottheit verbergende, gekreuzigte, gestorbene und auferstandene Christus, auf ihn bezieht sich der *sensus litteralis* der Schrift, von daher verliert jede andere Sinnebene ihre Bedeutung.[60] Luthers Alternative zur mittelalterlichen, katholischen Lehre vom vierfachen Schriftsinn ist eine christologische, auf Christus konzentrierte Sinngebung des Buchstabens. Für den Umgang mit der Allegorie bedeutet dies eine Unterscheidung von richtigen und willkürli-

chen, »aus eignem Kopff« [61] gesponnenen Deutungen, oder – nach der Terminologie Martin Bucers – von *certae allegoriae* und *pseudo-allegoriae*. [62] Vor diesem Hintergrund ist Luthers Allegoriekritik zu verstehen: »*In allegoriis, cum es-
sem monachus, fui artifex. Omnia allegorisabam. Post per epistolam ad Romanos
veni ad cognitionem aliquam Christi. Ibi videbam allegorias non esse, quid Christus significaret, sed quid Christus esset. Antea allegorisabam etiam cloacam et
omnia, sed post cogitabam in historiis,* wie schwer es gewesen sey, *quod Josua tali
ratione cum hostibus pugnat.* Wenn ich da wer gewest, het ich fur furcht in die ho-
sen geschissen. Das war nit *allegoria, sed spiritus et fides, cum 300 viris tantam
cladem hostibus inferre etc. Hieronymus et Origenes* haben dazu geholffen, Got
vergebe in, das man nur *allegorias* suchet. *In toto Origene non est verbum unum
de Christo.*« [63]

Die Allegorie, wie Luther sie versteht, soll Christus nicht deuten wollen, sondern bedeuten, sie soll nicht über Christus hinausgehen, sondern auf ihn zu. [64]
Die christologische Aufschließung des Wortes ist dabei kein mechanischer Vorgang, sondern Glaubensereignis und nur dem vollziehbar, der dem Wort Gottes
ganz und auch gegen den Einspruch der Vernunft vertraut. [65] Der Glaube allein erwirkt die Gnade Gottes und die Rechtfertigung des gottlosen Sünders. Die
fides Christi ist Werk Gottes wie Christus selbst *opus dei pro nobis* ist. In der
Verbindung von Mensch-Glaube-Wort-Christus liegt die Begründung für die
geistlich-tropologische Deutbarkeit der Schrift, die für Luther so gewichtig ist,
daß er die moralische Bezugsetzung des Wortes zum Gläubigen als das eigentliche exegetische Anliegen empfindet. [66] Der moralisch-tropologische Sinn
kann so als der *sensus primarius scripturae* benannt werden. [67]

Wie es im Mittelalter nicht gelungen ist, eine einheitliche oder gar verbindliche
Theorie des vierfachen Schriftsinnes zu entwickeln, so wenig ist es Luther möglich oder wünschenswert gewesen, ein geschlossenes System (geistlicher)
Schriftdeutung auszuformulieren. Nach anfänglich unkritischem Gebrauch der
traditionellen Allegorese wendet sich Luther etwa seit 1517, besonders aber seit
1524/25 von dieser exegetischen Methode immer mehr ab, ohne sie jemals konsequent zu meiden. [68] Gleichzeitig konzentriert er die vier *sensus*-Ebenen auf
eine einzige, indem er den spirituellen als den eigentlichen Sinn der Schrift allem
Bibelverständnis zugrunde legt und das biblische Wort auf Christus bezieht. Die
Identifizierung von literaler und spiritueller Bedeutungsebene sorgt dabei für einige terminologische Verwirrung, so daß Kritik (traditioneller) und Gebrauch
(christologischer) Allegorie unmittelbar nebeneinander stehen. [69] Der ›Eti-
kettenwechsel‹ ist keine Äußerlichkeit, sondern Zeichen einer stringenten Theo-
logisierung der *sensus*-Lehre, in deren Folge die bunte Vielfältigkeit bildlicher
Auslegungen, wie sie sich in der Tradition herausgebildet hat, weitgehend vereinfacht und auf eine Dimension beschränkt wird.

Als Hermann Heinrich Frey seine Enzyklopädie biblischer Tiere anlegt, kann
er sich ganz auf die hermeneutischen Überlegungen Luthers stützen, die den Intentionen seiner Sammlung voll entsprechen. Ist doch für den Reformator die
ganze Schöpfung ein schönes Buch und eine Bibel, in der sich Gott beschrieben

und abgemalt hat,[70] sind die erschaffenen Dinge (wie die Worte[71]) Masken, hinter denen sich Gott verbirgt, *larvae dei* und »Gottes Mummerei«.[72] Da die Schöpfung durch das Wort erfolgte, das Wort aber Christus ist, ist Christus auch in der Schöpfung.[73] Unter der Voraussetzung, daß der *deus absconditus* sich, seine Kraft, Weisheit, Güte und seinen Zorn durch sein Geschöpf zu erkennen gebe, daß er das Tier zum Nutzen, zur Warnung, zum Exempel des Menschen erschaffen habe,[74] colligiert Frey die biblischen Tiere, beschreibt ihre Eigenschaften, nennt ihre Verwendungsmöglichkeiten und bezieht – gestützt auf die Tradition – die *proprietates* der Tiere auf die hierarchische Ordnung des Menschen. Das widersprüchliche und spannungsgeladen erscheinende Nebeneinander von Ablehnung und praktischer Anwendung der Allegorese, wie es sich in der Einleitung zum Tierbuch darstellt, ist – ganz im Sinne Luthers – aufgelöst. Wo Allegorien zur Deutung herangezogen werden,[75] überwiegt der tropologisch-moralische Sinn, stimmen sie mit dem Glauben überein, sind sie ausgerichtet auf Christus, die Kirche, den Glauben und das Predigtamt,[76] wobei die traditionelle Exegese nicht beseitigt, sondern in gezielter Selektion aufgeführt wird. Dieser Vorgang soll an einem kleinen Beispiel gezeigt und im Vergleich mit der ein Vierteljahrhundert früher entstandenen, Frey aber unbekannt gebliebenen, ›Silva Allegoriarum‹ des spanischen Benediktiners Hieronymus Lauretus verdeutlicht werden.[77]

   Im vierten Teil seines Tierbuches stellt Frey die wilden, reißenden und schädlichen Tiere nebeneinander und nennt unter ihnen auch das Einhorn, das als Pferd mit Hirschkopf, Elefantenfüßen, Schweineschwanz und mit einem vier Fuß langen, schwarzen Horn vorgestellt wird. Nach Hiob 39, 9 ff. ist das Tier ein Beispiel für Gottes Majestät, Weisheit und Stärke, »darumb sich niemand gegen GOtt erheben/ stoltzieren vnd prangen sol/ weil sie das geringste bey diesem Thier zu tun/ nicht vermögen.« [78] Wegen der Feindschaft des Einhorn-gleichen Rhinozerosses mit dem Elefanten, der im Kampf an seiner ungeschütztesten Stelle des Körpers angegriffen und zerrissen wird, belehrt Gott durch das Tier den Menschen, wie er seinen Feind, den Teufel, dort angreifen soll, wo er am schwächsten ist, oder wie er sich mit dem Fels des Heils, Jesus Christus, hüten soll vor dem Bösen, der den Menschen dort trifft, wo er schwach und überwindlich ist.[79] Im geistlichen Stand folgen dann Auslegungen auf die Heiden, die nicht in den Stall der christlichen Kirche getrieben werden können, auf die stolze jüdische Synagoge, die Christus nicht dient.[80] Der Sohn des Einhorns bezeichnet Christus, der seine göttliche Natur abstreifte und Mensch geworden ist, der die Sünden und Laster straft, aber auch die Macht seines Vaters verherrlicht.[81] Das Tier bedeutet schließlich auch die christliche Kirche,[82] die Verfolger der Gläubigen oder die Juden, die sich auf das Gesetz wie auf ein hartes Horn stützen.[83] Im weltlichen Stand verzeichnet Frey zwar auch zwei Auslegungen auf Christus bzw. die Christgläubigen,[84] »nach dem Buchstaben« benennt das Einhorn aber vielmehr die Könige und Fürsten, die das Königreich Israel oder dessen zehn Stämme regierten, oder Könige, Fürsten und Regenten im allgemeinen. Hier zitiert Frey Luthers Auffassung, nach der die mächtigen Hohepriester Einhörner sind, deren Herrschaft durch die Römer (in Auslegung von Jes 34, 2 ff.) ein Ende gesetzt wurde. [85]

Vergleicht man nun die Deutungen des Einhorns, die Frey zusammenstellt, mit der Allegoriensammlung des Hieronymus Lauretus, wird man unschwer eine große Zahl von Übereinstimmungen feststellen können: *Rhinoceros* bzw. *unicornis* bezeichnen Christus, die Heiden, die herrschsüchtigen Regenten, den Teufel, die schlechten Fürsten, die Juden. Der Sohn des Einhorns ist Christus, vom Stamme Juda, der sich auf das Gesetz wie auf ein einziges Horn stützt. [86] Das gleiche, gemeinsame Auslegungsziel ergibt sich für Frey und Lauretus zwar nicht aufgrund gleicher Auslegungswege oder durch den Rückgriff auf die selben Quellen. Auch überwiegt bei dem evangelischen Prediger die lehrhafte Tendenz. Die Parallelität oder Identität im Skopus katholischer wie protestantischer Exegese bleibt dennoch unübersehbar. Dies wird besonders deutlich, wenn Frey alte und neue Kirchenlehrer gleichberechtigt nebeneinanderstellt und ausdrücklich vermerkt: »Osiander legts aus/ mit etlichen alten Lehrern.« [87] Mit der Bedeutung, die Philippus Presbyter dem Einhorn zuweist »stimt fast Lutherus darmit vberein«. [88] Unter den zitierten Autoritäten des alten Glaubens erscheinen bei Frey nicht nur Augustinus, Basilius und Ambrosius, [89] sondern auch die von Luther unablässig bekämpften Väter heimlicher Deutungen, Hieronymus und Origenes. [90] Es wäre verfehlt, Frey deshalb als einen Vorläufer synkretistischer Gedanken bezeichnen zu wollen, wie sie seit dem Beginn des 17. Jahrhunderts aufgrund des *consensus quinquesaecularis* besonders von Georg Calixt und der Helmstedter Schule angestellt wurden. [91] Das Bemühen um konfessionelle Wiedervereinigung, das an dem Primat der Heiligen Schrift festhielt, zugleich aber die altkirchliche Tradition als Instanz richtiger Bibelexegese akzeptierte, ist für den Schweinfurter Prediger mitten im Wirkungsbereich der Gegenreformation wohl undenkbar. Die eingangs hervorgehobene polemische Tendenz, das antikatholische Engagement des Werkes schließen eine synkretistische Deutung von Freys Tiersammlung aus. Dies um so mehr, als es zwischen katholischer und evangelischer Enzyklopädie nicht nur Gemeinsamkeiten, sondern auch spezifische Unterschiede gibt. So verzeichnet der spanische Benediktiner s. v. *unicornis* zwei Auslegungen, die Frey meidet. *In malam partem* soll das Einhorn nicht nur den Teufel, die Juden etc., sondern auch den Apostel Paulus bezeichnen. Dies hält der lutherische Pfarrherr offenbar für ebensowenig glaubwürdig und dem Glauben gemäß wie die Deutung *in bonam partem* auf die Heiligen der Kirche, [92] von denen er sich nicht vorstellen konnte, daß Gott sie in seiner und durch seine Schöpfung abbilden wollte. Wird einerseits durch den Verzicht auf mögliche, bei Lauretus verzeichnete, Deutungen die *analogia fidei* nach evangelischem Verständnis gewahrt, erweitert Frey andererseits den Katalog der Einhorn-Bedeutungen, indem er der traditionellen Exegese des Tieres auf Könige, Fürsten und hohe Häupter das Zitat eines neuen Kirchenlehrers hinzufügt: »*Osiander* legts aus/ mit etlichen alten Lehrern/ vom Jůngsten Tag vnd letzten Gericht/ da Christus alle Blutgirige Verfolger seiner Kirchen/ sonderlich aber den Rômischen Antichrist mit seinen Einhôrnern/ Weltlichen Fůrsten vnd Her-

ren/ so jhn schützen/ richten vnd verdammen wird/ Denn die Rõmische Rott vnd
Bãpstlicher anhang in der heiligen Blut gantz ersoffen ist: Kõnig vnd Fũrsten/ die
deß Antichrists grawsame *Decret* ins werck setzen/ sein die Einhõrner.«[93]
Vollzieht sich einerseits die Rezeption der Tradition nicht ohne Reduktionen,
wird andererseits durch die Selektion und inhaltliche Neubestimmung herge-
brachter Inhalte die Dignität und Autorität der Geschichte konfundiert mit dem
kritischen und aggressiven Anspruch der Gegenwart. Sind in diesem Prozeß die
von Luther vielgeschmähten *patres ecclesiae*, Hieronymus und Origenes, für
Frey schon zu Quellen evangelischer Wahrheit geworden, da beide das Einhorn
auf Christus hin auslegen, so werden nun die alten Lehrer gemeinsam mit Osiander[94] Träger antipapistischer Polemik und antikatholischer Zeitkritik. Zu
eben diesem Zweck führt Frey auch die Auslegung des Hugo Cardinalis zu Ps 77,
69 über das Einhorn an, [95] dessen *proprietas*, seinen Feind, den Elefanten, an
seinem unbewehrten Bauch zu durchbohren, Anlaß für die folgende Allegorese
wird: Der Prälat soll sein Horn mit Weisheit gebrauchen, wie sie seinem Amte
geziemt und mit ihm der Gefräßigkeit der Reichen wehren. Freilich vernachlässigt die Geistlichkeit ihre Pflichten: »Die Bischoff vnd Prælaten sein nicht mehr
Einhõrner/ sondern Zweyhõrner/ denn der Teuffel hat jhnen das ander Horn
gemacht/ nemlich/ die gewalt in zeitlichen vnd jrrdischen dingen/ welche deß
andern Horns Ampt verhindert/ etc.«[96] Die Deutung Hugos, die Frey hier zitiert und ins Deutsche überträgt, ist zweifellos erdacht *proprio spiritu et ingenio,
sine Scripturae autoritate*. [97] Dieser Mangel verliert jedoch seine Bedeutung,
da die Kritik des mittelalterlichen Autors aktualisierbar erscheint: In die Gegenwart projiziert, gewinnt seine Aussage einen polemischen Gehalt, der gut in
die antikatholische Tendenz des Tierbuches paßt. Von der Zweckbestimmung
her rechtfertigt sich für den evangelischen Pfarrer eben auch jene Auslegungsart,
die er andernorts mit Luther als Unart der katholischen Exegeten kritisiert.

Es mag vielleicht gerade an der antikatholischen Tendenz der Auslegungen
und des Tierbuchs insgesamt gelegen haben, daß dem umfangreichen Werk
Freys kein (verlegerischer) Erfolg beschieden war, auch wenn anzunehmen ist,
daß die Enzyklopädie zu ihrer Zeit recht verbreitet war. [98] Zeitgebundene
Aussagen verlieren durch den Fortgang der Geschichte ihren Wert und haben ihren Platz daher in kurzlebigeren Gattungen, wie etwa im Flugblatt. Zukunftwei-
send war daher auch nicht Freys Auslegung der Tierreiche auf die hierarchisch
geordnete menschliche Gesellschaft, da Luthers Begriff von den Hierarchien
allzu stark geprägt war durch seine Kontroverse mit der katholischen Hierar-
chienlehre. Bedeutsam aber bleibt, daß Frey als erster evangelischer Theologe
den Versuch unternommen hat, die mittelalterliche Tradition des Tierbuchs, die
man mit dem ›Physiologus‹ der ersten nachchristlichen Jahrhunderte beginnen
lassen kann, [99] und die darin enthaltene Tierallegorese mit Luthers Schriftverständnis zu konfrontieren und zu verknüpfen. Damit hat Frey Geschichte nicht
abgeschnitten, sondern sich ihrer bemächtigt und sie – in freilich veränderter
Form – verfügbar gemacht für die Praxis evangelischer Predigt. Die Idee des geistigen Wortsinns ist dadurch in der gesamten Christenheit lebendig geblieben, im

täglichen Umgang mit der Heiligen Schrift ebenso wie in der hermeneutischen Theorie. Auf dieser Ebene formuliert die ›Philologia Sacra‹ des Salomon Glassius, [100] die 1796 zum letzten Mal gedruckt wurde, [101] den Grundgedanken christlicher und damit auch evangelischer Schriftexegese: *Scripturae sacrosanctae sensus duplex est: Literalis & spiritualis seu mysticus.* [102]

Anmerkungen:

1 Lutherischer Theologe (* 1608, † 1667), seit 1632 Rektor des ersten evangelischen Gymnasiums in Mainz, Prediger in Weingarten und Speyer, seit 1655 in Regensburg, zuletzt dort Superintendent. Für die biblische Naturkunde bedeutend: Arboretum biblicum, In quo Arbores & Frutices passim in S. Literis occurentes, ut & Plantae, Herbae ac Aromata, Notis Philologicis, Philosophicis, Theologicis, exponuntur, & illustrantur; [...] [3. Aufl.] Nürnberg 1699; Arboreti Biblici Continuatio: Sive Historiae Plantarum Biblicae, Libri tres. I. De Sacra Phytologia, II. Herbarius Sacer, III. Hortus Aromaticus. Editio Nova, [...] Nürnberg 1699 (1. Aufl. 1663, Titelaufl. 1672).

2 Johann Heinrich Ursinus: Sacrorum et Philologicorum Miscellaneorum libri sex [...] Nürnberg 1666, hier lib. IV, S. 97–175.

3 Lutherischer Theologe (* 1564, † 1628), 1587 Magister in Wittenberg, kurze Zeit Anhänger Calvins; 1598 Promotion, 1601 Propst in Kemberg, seit 1605 Professor in Wittenberg, Propst der Schloßkirche. Vgl. bes. seine Historia animalium sacra, in qua plerorumque animalium praecipuae proprietates in gratiam studiosorum theologiae [...] breviter accomodantur [...] Wittenberg 1612.

4 Reformierter Prediger (* 1599, † 1667), Studium in Sedan, Saumur, London, Arabistik-Studium in Leiden, Pastor in Caen. Vgl. bes. sein Hierozoicon sive bipertitum opus de animalibus S. Scripturae [...] 2 Bde., London 1663.

5 Lutherischer Prediger in Stuttgart und Schweinfurt (* 1549, † 1599), vgl. meine Einleitung zu Hermann Heinrich Frey: Therobiblia. Biblisch Thier-, Vogel- und Fischbuch (Leipzig 1595). Mit Vorwort und Registern hg. Heimo Reinitzer: Naturalis Historia Bibliae, Bd. 1, Graz 1978.

6 Ursinus [s. Anm. 2], S. 97.

7 5 Auflagen besitzt allein die HAB Wolfenbüttel: Wittenberg 1624, 1633, 1642; Amsterdam 1643; Frankfurt 1671.

8 Vgl. Johann David Michaelis: Literarischer Briefwechsel, Zweiter Theil, hg. Joh. Gottlieb Buhle, Leipzig 1795, S. 300: Für den Teilnehmer an der Expedition ist es notwendig, daß er »gewisse Bücher mit Fleisse gelesen habe, oder auf der langen und verdrießlichen See=Reise zum Zeitvertreibe und Unterrichte zugleich lese: nämlich B o c h a r t , C e l s i u s , und die besten morgenlandischen Reisebeschreibungen«. Und ebd., S. 302: »Zu der Ausrüstung zur Reise gehort eine kleine, aus wenigen Büchern bestehende, Bibliothek *Bocharti Hierozoicon*, und *Celsii Hierobotanicon*, müssen so zu reden, seine Handbücher seyn, und von ihm auf der See=Reise durchgelesen werden.« Zur Expedition vgl. Thorkild Hansen: Reise nach Arabien. Die Geschichte der königlich dänischen Jemen-Expedition 1761–1767, Hamburg 1965.

9 Hg. E. F. C. Rosenmüller, Leipzig 1793–1796.

10 Vgl. Wolfgang Philipp: Das Werden der Aufklärung in theologiegeschichtlicher Sicht, Leipzig 1957, und Ketelsen.

11 * 1544, † 1617, seit 1573 Bischof von Würzburg.

12 WA 26, S. 241–509, hier bes. Teil 3, S. 499ff. Vgl. Wilhelm Maurer: Luthers Lehre

von den drei Hierarchien und ihr mittelalterlicher Hintergrund, SB Bayer. Akad. Wiss., phil.-hist. Klasse, Jg. 1970, H. 4, München 1970. Reinhard Schwarz: Luthers Lehre von den drei Ständen und die drei Dimensionen der Ethik, Lutherjb. 45 (1978), S. 15–34.

13 Vgl. De libero arbitrio ΔΙΑΤΡΙΒΗ sive collatio [1525], in: Desiderii Erasmi Roterodami opera omnia [...] Hg. J. Clericus, 10 Bde., Leiden 1703–1706, Neudr. London 1961–1962, hier Bd. 9, S. 1215–1248. Luther antwortet mit De servo arbitrio. 1525, in: WA 18, S. 551–787.

14 WA 26, S. 504, 30 ff.

15 Ebd., S. 504, 16 f.

16 Ebd., S. 503, 36 und S. 504, 10 f. Maurer [s. Anm. 12], S. 3.

17 WA 39/II, S. 35 und 42, 3. WA 50, S. 652.

18 WA 39/II, S. 42, 11–16. Maurer [s. Anm. 12], S. 39 f.

19 Frey [s. Anm. 5], S. XV.

20 Vgl. Christian Heinrich Sixt: Hermann Heinrich Frey, Superintendent in Schweinfurt. Ein Beitrag zur Kirchen- und Städtegeschichte des sechzehnten Jahrhunderts, Nürnberg 1870, S. 111–126.

21 Luther übersetzt: »Sondern der Mensch wird zu vnglück geborn/ wie die Vögel schweben empor zufliegen.« Vgl. die Ausg. Wittenberg 1545, hg. Hans Volz unter Mitarbeit von Heinz Blanke. Textredaktion [von] Friedrich Kur, Darmstadt ²1973.

22 Frey [s. Anm. 5], S. XVIII.

23 Ebd., S. XXI.

24 Ebd., S. XX.

25 Ebd., S. VIII.

26 Frey zitiert aus den 9 Homilien über das Hexaemeron des Basilius des Großen (* 330, † 379), dessen Kommentar nur dem Wortsinn des biblischen Berichtes gilt. Vgl. Hom. III die Kritik an der Allegorisierung und Personifizierung der unter- und oberhimmlischen Wasser, PG 29, Sp. 73D–76A.

27 Epiphanius von Salamis († 304) stellte 374–377 einen Arzneikasten (Πανάριον) zusammen, der für den von giftigen Schlangen, den Häretikern, Gebissenen durch Gegengifte Heilung bringen soll. Frey zitiert aus dem Abschnitt ΚΑΤΑ ΑΠΟΣΤΟΛΙΚΩΝ die Kritik am Gebrauch der Allegorie bei Origenes. Vgl. Epiphanius: Panarion haer. 61, 6,4 (hg. Karl Holl, GCS Epiph. II, Leipzig 1922, S. 386, bzw. PG 41, Sp. 1047B). Die selbe Stelle zitiert auch der Melanchthon-Schüler und spätere Calvinist Victorin Strigel (* 1524, † 1569): Tertia Pars Locorum Theologicorum Viri Clariss. D. Vict. Strigelii. Edita in usum ventutis scholasticae, A Christophero Pezelio [...] Neustadt a. d. Weinstr. 1583, S. 356 f.

28 Frey [s. Anm. 5], S. IX. Dem Zitat folgt der lateinische Text aus Luthers Genesisvorlesung von 1535/45, wobei das letzte Wort weggelassen ist, vgl. WA 42, S. 367, 37–368, 2: *Nos autem cum damnamus Allegorias, de iis loquimur, quae proprio spiritu et ingenio, sine Scripturae autoritate finguntur. Nam aliae, quae ad fidei analogiam referuntur, non solum ornant doctrinam, sed etiam consolantur conscientias.*

29 Frey [s. Anm. 5], S. IX.

30 *Reliquum autem est, ut etiam aliquid dicamus de Allegoria, Quanquam saepe testatus sim, Allegoriis me non valde delectari, quibus tamen Iuvenis ita capiebar, ut iudicarem, omnia in Allegorias vertenda esse, inductus exemplis Origenis et Hieronymi, quos tanquam summos Theologos admirabar; Quanquam Augustinus quoque non raro Allegoriis utitur,* WA 42, S. 367, 7–11.

31 WA Tischreden 5, Nr. 5285. Abgesehen von der psychologisierenden Arbeit Wernles unterrichten über den Gebrauch der Allegorese bei Luther grundlegend: Karl Holl:

Luthers Bedeutung für den Fortschritt der Auslegungskunst, 1920, in: Ders.: Gesammelte Aufsätze zur Kirchengeschichte, Bd. I: Luther, Tübingen 1932, S. 544–582. Gerhard Ebeling: Evangelische Evangelienauslegung. Eine Untersuchung zu Luthers Hermeneutik, München 1942. Heinrich Bornkamm: Luther und das Alte Testament, Tübingen 1948. Karin Bornkamm: Luthers Auslegungen des Galaterbriefs von 1519 und 1531. Ein Vergleich (Arbeiten z. Kirchengesch., Bd. 35), Berlin 1963. Bertil Albrektson: Luther och den allegoriska tolkningen av Gamla Testamentet, Svensk exegetisk Årsbok 32 (1967), S. 5–20. John R. Pilch: Luther's hermeneutical »Shift«, Harvard Theological Review 63 (1970), S. 445–448. Darrell R. Reinke: From allegory to metaphor: More notes on Luther's hermeneutical shift, Harvard Theological Review 66 (1973), S. 386–395. George L. Scheper: Reformation attitudes toward allegory and the Song of Songs, PMLA 89 (1974), S. 551–562.

32 Die Allegorie ist wegen ihrer Unzuverlässigkeit stets Dirne, nie Eheweib, WA Tischreden 1, Nr. 1219: *Allegoriae sunt scortum,* sind fein gebutzt vnd halten doch nicht glauben, *id est, nihil probant, non sunt uxores.*

33 So noch Karl August Meissinger: Luthers Exegese in der Frühzeit. Leipzig 1911, S. 36.

34 Vgl. Gerhard Ebeling: Die Bedeutung der historisch-kritischen Methode für die protestantische Theologie und Kirche, Zs. f. Theol. u. Kirche 47 (1950), S. 1–46.

35 Vgl. Anm. 26 und 27. H. Freytag: Quae sunt per allegoriam dicta, 1975, S. 36 f. und 42 f., Meier, 1976, bes. S. 39. Der Literalsinn wird nicht mißachtet und oft als einzig berechtigt erklärt bei Joachim von Fiore, vgl. Gert Wendelborn: Die Hermeneutik des kalabresischen Abtes Joachim von Fiore, Communio Viatorum 17 (1974), S. 63–92.

36 Luthers erste Polemik gegen eine Auslegungsmethode nach dem vierfachen Schriftsinn findet sich nach Holl [s. Anm. 31], S. 554 in einer Predigt über das 8. Gebot aus dem Jahre 1518, WA 1, S. 507, 33–39: *Unde de eis conqueritur B. Hieronymus, quod arbitrio suo trahunt repugnantem scripturam, et iam proverbium factum est, scripturam habere caereum nasum. Hoc effecerunt insuli illi et inepti somniatores, ludentes in sensu literali, allegorico, morali, anagogico, et vocantes doctores Scholastici, et hoc propriissimo veroque nomine: Scholastici enim sunt, id est ludicri et lusores, immo et illusores tam sui quam aliorum, qui neque quid sit litera neque quid spiritus cognoverunt.* Vgl. auch Friedrich Beisser: Claritas scripturae bei Martin Luther (Forschungen z. Kirchen- und Dogmengesch., Bd. 18), Göttingen 1966, hier S. 41 f. Das Bild der wächsernen Nase auch WA 46, S. 465, 1–8, vgl. Ebeling [s. Anm. 31], S. 49.

37 *Ac nostro seculo indoctum Anabaptistarum vulgus immodico studio Allegoriarum non minus, quam Monachi, tenetur. Ideo obscuriores quoque libros, ut Apocalypsin Iohannis, figmentum inane sub Esdrae nomine, duobus posterioribus libris explicatum, tantopere amant. Ibi enim licentia est fingendi quaevis. Muntzerum quoque, sediciosum illum Spiritum, meminimus in Allegorias omnia vertere. Sed revera, qui sine iudicio aut fingit Allegorias, aut ab aliis fictas sequitur, non decipitur solum, sed etiam laeditur gravissime, sicut ostendunt exempla,* WA 42, S. 367, 19–26.

38 *Notum autem est, quam de corvo Allegoriam finxerint doctores. Quia enim corvi gaudent cadaveribus, iudicaverunt, similitudinem esse hominum carnalium, qui delectantur carnalibus voluptatibus, et eis indulgent, sicut Epicurei. Bona quidem sententia, sed non sufficiens, quia tantum moralis et philosophica est, quales fere ad Origenis exemplum Erasmus solitus est fingere,* WA 42, S. 372, 24–28. Luther tadelt an Erasmus die an Origenes geschulte Hermeneutik ebenso wie die Art der gelehrten, emotionlosen Auslegung, die dem Text als Zeugnis der Vergangenheit gegenübersteht, Holl [s. Anm. 31], S. 550–552. Zur Theorie der Exegese bei Erasmus vgl. John William Ald-

ridge: The hermeneutic of Erasmus, Theol. Diss. Basel 1963, Winterthur 1966. Marvin Anderson: Erasmus the exegete, Concordia theological monthly 40 (1969), S. 722–733. R. Stupperich: Erasmus und Melanchthon in ihrem Verhältnis zu den Kirchenvätern, Vox Theologica 39 (1969), S. 80–92.

39 Luthers Kritik an der Allegorese traf keine nur gelehrte, aber sonst wenig beachtete Deutungsmethode. Die Theorie des vierfachen Schriftsinnes wurde erklärt und verteidigt in vielen Vulgata-Vorreden, ebenso in der Einleitung zur Bibel-Übersetzung des Johann Eck. Vgl. dazu Maurice E. Schild: Abendländische Bibelvorreden bis zur Lutherbibel (Quellen u. Forschungen z. Reformationsgesch., Bd. 39), Gütersloh 1970, hier S. 113, 136, 147 u. ö. Jürgen Quack: Evangelische Bibelvorreden von der Reformation bis zur Aufklärung (Quellen u. Forschungen z. Reformationsgesch., Bd. 43), Gütersloh 1975, hier S. 36 f.

40 WA 7, S. 533, 5–17. Ebeling [s. Anm. 31], S. 49.

41 *Porro sic accipienda haec sunt, ne tamen Allegorias in genere omnes damnemus. Nam et Christum et Apostolos Allegoriis interdum videmus usos esse. Sed hae eiusmodi sunt, ut sint ›Analogia fidei‹, secundum regulam Pauli Rom. 12. iubentis, ut Prophetia seu doctrina fidei analogia sit,* WA 42, S. 367, 32–36. Vgl. auch WA 7, S. 651, 25 ff., Holl [s. Anm. 31], S. 554.

42 *In nulla enim scriptura, nedum divina, figuras captare licet pro mera libidine, sed vitari debent et simplici purae primariaequae verborum significationi nitendum est, donec ipsa circumstantia aut evidens absurdidas cognat figuram agnoscere,* WA 8, S. 63, 27–30. *Ipsa enim consequentia verborum, absurditas rerum, pugnantia intelligentiarum, tum ipsiusmet interpretatio cogunt eum de pane spirituali loqui,* WA 10/2, S. 206, 17–19. Vgl. weiterhin WA 5, S. 541, 12–17; WA 17/1, 273, 21–24; WA 43, S. 382, 23 f.; WA 44, S. 731, 38. Holl [s. Anm. 31], S. 553 f., Beisser [s. Anm. 36], S. 53.

43 *Sed possunt* [= allegoriae] *pro ornamentis ac amplificationibus adhiberi interdum ad docendum imperitum vulgus, cui eadem alia atque alia forma inculcanda sunt,* WA 25, S. 88, 31–33. Ebeling [s. Anm. 31], S. 349.

44 *Allegoriae non pariunt firmas probationes in Theologia, sed velut picturae ornant et illustrant rem. Nam si iustitiam fidei contra iustitiam operum fortioribus argumentis Paulus non probasset, nihil efficeret hac Allegoria. Quia vero supra hanc suam causam muniit firmissimis argumentis, sumptis ab experientia, exemplo Abrahae, item a testimoniis scripturae et similitudinibus, Iam in fine disputationis addit Allegoriam ceu ornatum quendam. Est enim pulchrum, iam fideliter iacto fundamento et firmiter probata causa aliunde Allegoriam aliquam addere. Ut enim pictura est ornatus quidam domus iam exstructae, ita Allegoria est lux quaedam orationis vel causae alicuius iam aliunde probatae,* WA 40/1, S. 657, 13–22. Ähnlich WA 16, S. 72, 17–26. Ebeling [s. Anm. 31], S. 352. Vgl. auch Wolfgang Franz: Tractatus Theologicus Novus & Perspicuus, De Interpretatione sacrarum scripturarum maxime legitima [...], Wittenberg 1629, S. 1132: *Quod ad allegorias atinet, illae sunt similes picturis, explicationes verò litterales similes muris lapideis. Domus suã magnam habet firmitatem ex muris lapideis: picturę domui nec minimam dabunt firmitudinem.*

45 WA 42, S. 368, 1 f., 369, 28, 370, 8, 371, 26 f. WA 16, S. 70, 6–9. Ebeling [s. Anm. 31], 355.

46 *Ego itaque odi allegorias. Si quis volet iis uti, videat, ut cum iudicio eas tractet,* WA 43, S. 668, 13. Beisser [s. Anm. 36], S. 53.

47 »Und ich wolt auch nicht davon predigen, wenn ichs nicht darûmb thete, das ich euch gewehnete, recht die Allegorien zu fûren, und den Auslegern und Lerern, die also irren mit den Allegorien, kôndte die gewalt nemen und inen widerreden und den rechten verstand behalten«, WA 16, S. 69, 12–15.

384   Heimo Reinitzer

48 Ebd., S. 73, 11–14.
49 Ebeling [s. Anm. 31], S. 48ff.
50 Tridentinum, Sessio IV, 8. Apr. 1546, b) Decretum de vulgata editione et de modo in-
    terpretandi s. Scripturam, Heinrich Denzinger: Enchiridion symbolorum definitio-
    num et declarationum de rebus fidei et morum. Freiburg u. a., 32. Aufl. 1963, ciff.
    1507: *Praeterea ad coercenda petulantia ingenia decernit, ut nemo, suae prudentiae in-*
    nixus, in rebus fidei et morum, ad aedificationem doctrinae christianae pertinentium,
    sacram Scripturam ad suos sensus contorquens, contra eum sensum, quem tenuit et te-
    net sancta mater Ecclesia, cuius est iudicare de vero sensu et interpretatione Scriptura-
    rum sanctarum, aut etiam contra unanimem consensum Patrum ipsam Scripturam sa-
    cram interpretari audeat, etiamsi huiusmodi interpretationes nullo umquam tempore in
    lucem edendae forent [...]
51 Vgl. dazu A. Michel: Tradition, in: Dictionnaire de théologie catholique 15 (1946), S.
    1252ff.
52 *Cuius verbi perversissima intelligentia eo processerunt, ut scripturas non nisi proprio*
    spiritu interpretarentur ipsi contra suam ipsorummet sententiam. Nam hinc, sepositis
    sacris literis, solis commentariis hominum immersi sunt, non quid sacrae literae, sed
    quid illi in sacris literis sentirent, quaerentes, donec uni homini, Romano pontifici, non
    nisi indoctissimis Sophistis circumvallato, soli tribuerunt ius interpretandae scripturae
    sanctae, etiam de sola potestatis et sublimitatis maiestate, citra omnem intelligentiam et
    eruditionem, presumenti, fabulantes, Ecclesiam (id est Papam) non posse errare in fide.
    Quare super hac re utile fuerit pauca conferre, WA 7, S. 96, 11–20. Es ist deutlich, daß
    die alte Kirche und Luther sich wechselseitig den selben Vorwurf machen, ein Zei-
    chen dafür, daß auf der gemeinsamen Basis, auf der beide Anschauungen stehen, die
    Aporie nicht zu überwinden ist. Das Konzept der katholischen Kirche kann freilich
    für sich beanspruchen, theoretisch ›objektiver‹ zu sein, was Melanchthons Haltung
    zur Tradition bestimmt haben wird.
53 *Primum, si nulli licet sacras literas suo spiritu interpretari, Cur ergo non observant, nec*
    Augustino nec ulli alii patrum idem licuisse? et qui scripturas sanctas secundum Augu-
    stinum et non Augustinum potius secundum scripturas sanctas intelligit, sine dubio se-
    cundum hominem et spiritum proprium intelligit. Si autem scripturas non licebit secun-
    dum proprium spiritum intelligere: quis enim nos certos faciet, an recte Augustinum in-
    telligas? WA 7, S. 96,21–27. Vgl. Gerhard Ebeling: »Sola scriptura« und das Problem
    der Tradition, in: Ders.: Wort Gottes und Tradition. Studien zu einer Hermeneutik
    der Konfessionen (Kirche u. Konfession, Bd. 7), Göttingen 1964, S. 91–143, hier
    S. 123.
54 Unter den neueren Arbeiten dazu seien nach Beisser [s. Anm. 36] und Ebeling [s.
    Anm. 53] noch genannt: C. Augustijn: Hyperaspistes I. Erasmus en Luthers leer van
    de claritas scripturae, Vox Theologica 39 (1969), S. 93–104. Reinhold Weier: Lu-
    thers »sola scriptura« in dogmatischer Sicht, Trierer Theol. Zs. 80 (1971), S.
    43–54. Otto Kuss: Über die Klarheit der Schrift. Historische und hermeneutische
    Überlegungen zu der Kontroverse des Erasmus und des Luther über den freien oder
    versklavten Willen, in: Schriftauslegung [...], hg. Josef Ernst, München/Pader-
    born/Wien 1972, S. 89–149. Paul Schempp: Luthers Stellung zur Heiligen Schrift, in:
    Ders.: Theologische Entwürfe, hg. Richard Widmann, München 1973, S. 10–74.
55 Holl [s. Anm. 31], S. 556f.
56 Vgl. etwa WA 2, S. 499, 34–36: *Lex literae, est quaecunque scribitur literis, dicitur*
    verbis, cogitatur cogitationibus, sive sit tropologia, allegoria, anagogia aut cuiuscunque
    tandem mysterii doctrina. K. Bornkamm [s. Anm. 31], S. 53 f. Ebeling [s. Anm. 31], S.
    83 und bes. S. 287 f. Während in der Tradition 2 Cor 4 als Rechtfertigung für die

Lehre vom vierfachen Schriftsinn verstanden wurde, legt Luther den tötenden Buchstaben auf das Gesetz, den lebendigmachenden Geist auf das Evangelium aus – allegorisches Verstehen wird von typologischem abgelöst. Vgl. etwa WA 7, S. 647, 20–653, 18: »Sanct Paulus 2. Cor. 4. sagt: ›Der buchstab todtet, aber der geyst macht lebendig‹. Das tzeucht und deuttet meyn Emser dahynn, das die schrifft zweyerley synn hat, eynen eußerlichen, den andern vorporgenn, und die tzween synn nennet er schrifftlich und geystlich synn. Der schrifftlich sol todten, der geystlich lebendig machen, bawet alhie auff Origenes, [...] S. Paulus an dem selben ortt schreybt nit ein tutell vonn dießen tzweyen synnen, ßondern von zweyerley predigtenn odder prediger ampten. Eynis ist des alten testaments, das ander des newen testaments. Das alte testament prediget den buchstaben, das new predigt den geyst.«

57 Ein Teil der zahllosen Ausfälle gegen Origenes und Hieronymus ist gesammelt bei Ebeling [s. Anm. 31], S. 146–148.

58 Vgl. Fritz Hahn: Faber Stapulensis und Luther, Zs. f. Kirchengesch. 57 (1938), S. 356–432. Reinhold Weier: Das Thema vom verborgenen Gott von Nikolaus von Kues zu Martin Luther (Buchreihe der Cusanus-Ges., Bd. 2), Münster 1967, S. 139–141.

59 *Porro primum hoc caput libri Geneseos tocius scripturae Summam quandam complectitur, plenum sententiis vehementissimisque mysteriis,* WA 9, S. 329, 11 f. *Inter libros sacrae scripturae libri Moysis sunt ceu fundamentum et fons tocius sacrae scripturae; ex quibus hauserunt sancti prophetae suggerente spiritu omnem suam erudicionem,* WA 9, S. 329, 2 f.

60 Zum christologischen Schriftverständnis Luthers grundlegend: Albert Brandenburg: Gericht und Evangelium. Zur Worttheologie in Luthers erster Psalmenvorlesung (Konfessionskundliche und kontroverstheologische Studien, Bd. 4), Paderborn 1960. Gerhard Ebeling: Die Anfänge von Luthers Hermeneutik, zuletzt in: Ders.: Lutherstudien, Bd. I, Tübingen 1971, S. 1–68. Christus als das Wort versteht auch Johannes Brenz, vgl. Martin Brecht: Die frühe Theologie des Johannes Brenz (Beitr. z. hist. Theol. 36), Tübingen 1966, hier bes. S. 202 ff. Fr. W. Kantzenbach: Stadien der theologischen Entwicklung des Johannes Brenz, Neue Zs. f. syst. Theol. 6 (1964), S. 243–273, hier S. 256 f.

61 Frey [s. Anm. 5], S. IX.

62 Vgl. Johannes Müller: Martin Bucers Hermeneutik (Quellen und Forschungen z. Reformationsgesch., Bd. 32), Gütersloh 1965, hier bes. S. 100 ff.

63 WA Tischreden 1, S. 335. Christus als Generalscopus der Schrift, WA 36, S. 180, 10–13, Ebeling [s. Anm. 31], S. 410. Vgl. auch WA 11, S. 222, 33–223, 2: *Est scriptura in chartis gelegt, ubi Christus invenitur* [...] *Sic in tota scriptura nihil aliud est quam Christus vel apertis vel* eingewickelten worten. Auf dieses Bild bezieht sich Zwinglis Kritik an Luthers Wortverständnis, vgl. Quack [s. Anm. 39], S. 56.

64 Vgl. Brandenburg [s. Anm. 60], bes. S. 91 ff.

65 Zum widervernünftigen Inspirationsglauben Luthers vgl. Schempp [s. Anm. 54], S. 16 f. Gottfried Fitzer: Die gezähmte Vernunft. Luthers Kampf gegen ›die Hure Vernunft‹ und die moderne Frage nach dem Verhältnis von Glaube und Wissenschaft, Martin Luther 8 (1976), S. 3–48.

66 Brandenburg [s. Anm. 60], S. 55–59. Ebeling [s. Anm. 60], S. 62–68.

67 *Cum autem frequenter dixerimus Tropologiam esse primarium sensum Scripturae, quo habito facile sequitur sua sponte Allegoria et Anagogia et applicationes particulares contingentium: utile est pro clariore intelligentia multorum amplius ista opera dei distinguere,* WA 3, S. 531, 33–37. Holl [s. Anm. 31], S. 546. Zur wachsenden Bedeu-

tung des *sensus tropologicus* in der Auslegungslehre seit dem 13. Jahrhundert vgl. Meier, 1976, S. 30 f.

68 Vgl. auch H. Bornkamm [s. Anm. 31], S. 74 ff.

69 Dazu sei noch ein eindrucksvolles Beispiel aus den Bekenntnisschriften zitiert: »Auch so ziehen die Wiedersacher an das *iuge sacrificium*, das ist, das tägliche Opfer, und sagen, wie im Gesetz Mosi sei gewesen ein täglich Opfer, also sei die Messe *iuge sacrificium* des Neuen Testaments. Wenn die Sache mit Allegorien auszurichten wäre, so würde jedermann Allegorien finden, ihm dienlich. Aber alle Verständige wissen, daß man in solchen hochwichtigen Sachen für Gott gewiß und klar Gottes Wort haben muß, und nicht dunkele und fremde Sprüche herzu ziehen mit Gewalt. Solche ungewisse Deutungen halten den Stich nicht für Gottes Gericht. Wiewohl wir wollten den Widersachern zu Gefallen noch die Messe wohl *iuge sacrificium* oder täglich Opfer nennen lassen, wenn sie die ganze Messe, das ist, die Ceremonien mit der Danksagung, mit dem Glauben im Herzen, mit dem herzlichen Anrufen göttlicher Gnade *iuge sacrificium* nenneten; denn das alles zusammen möchte *iuge sacrificium* des neuen Testaments heißen.« Die Bekenntnisschriften der evangelisch-lutherischen Kirche, hg. im Gedenkjahr der Augsburgischen Konfession 1930, 4. durchges. Aufl., Göttingen 1959, hier S. 360.

70 *Creatura tota est pulcherrimus liber seu biblia, in quibus Deus sese descripsit et depinxit, Si intelligas et observes opera quae fiunt, vt et Pythagoras dixisse fertur Orbes caelestes edere suavissimos concentus, sed nos obsurduisse, hoc est, nos non observare neque advertere seu (ut Paulus hic dicit) non intelligere opera, sed ut bruta transire etc.* WA 48, S. 201, 5 f. Dazu zuletzt: Ingetraut Ludolphy: Luthers Naturverständnis, Luther 35 (1964), S. 69–80, hier S. 75.

71 Vgl. Paul Althaus: Die Theologie Martin Luthers, Gütersloh 1962, S. 33.

72 »Alle creaturen sind Gottes larven und mumereyen, die er will lassen mit yhm wirkken und helffen allerley schaffen, das er doch sonst on yhr mitwircken thun kan und auch thut, Auff das wyr blos an seynem wort alleyne hangen«, WA 17/2, S. 192, 28–31.

73 Herbert Olsson: Schöpfung, Vernunft und Gesetz in Luthers Theologie, Acta Universitatis Upsaliensis. Studia Doctrinae Christianae Upsaliensia, Bd. 10, Uppsala 1971, hier bes. S. 374 ff.

74 Ludolphy [s. Anm. 70], S. 75. Frey [s. Anm. 5], Bl. T 4^r–T 8^r.

75 Dies geschieht fast ausschließlich in der ersten Hierarchie, im geistlichen Stand – auch das ganz im Sinne Luthers, der für jedes weltliche Verständnis des Buchstabens einen Literalsinn annimmt.

76 *Sicubi autem Allegoriis vultis uti, hoc facite, ut sequamini analogiam fidei, hoc est, ut accommodetis eas ad Christum, Ecclesiam, fidem, ministerium verbi,* WA 42, S. 377, 20–22.

77 Hieronymus Lauretus: Silva Allegoriarum totius sacrae Scripturae, Barcelona 1570, 10. Ausg. Köln 1681; vgl. F. Ohly, 1971.

78 Frey [s. Anm. 5], Bl. [270]^r.

79 Ebd., Bl. [270]^v.

80 Ebd., Bl. [270]^v–[271]^v.

81 Ebd., Bl. [271]^v.

82 Ebd., Bl. [272]^v.

83 Ebd., Bl. [273]^r.

84 Ebd., Bl. [273]^{r}f.

85 Ebd., Bl. [273]^v.

86 Lauretus [s. Anm. 77], S. 1075.

87 Frey [s. Anm. 5], Bl. [273]ᵛ.

88 Ebd., Bl. [271]ʳ.

89 Frey zitiert Bl. [271]ᵛ Augustinus: Enarratio in psalmum XXVIII, PL 36, Sp. 213. Ebd., Basilius: Homilia super psalmum XXVIII, PG 29, Sp. 295 f., Bl. [272]ʳ Ps.-Basilius: In psalmum XXVIII homilia secunda, PG 30, Sp. 79. Das Ambrosius-Zitat Bl. [273]ᵛ konnte ich nicht verifizieren.

90 Frey zitiert Bl. [271]ᵛ Ps.-Hieronymus: Breviarum in psalmum XXVIII, PL 26, Sp., 955. Bl. [273]ʳ Ps.-Hieronymus, Brev. in ps XXIII, PL 26, Sp. 953. Das Origenes-Zitat konnte ich nicht verifizieren.

91 Vgl. F. W. Kantzenbach: Das Ringen um die Einheit der Kirche im Jahrhundert der Reformation, Stuttgart 1957, S. 230–244.

92 Lauretus wie Anm. 86.

93 Frey [s. Anm. 5], Bl. [273]ᵛ.

94 Vgl. Lucas Osiander d. Ä.: Sacrorum Bibliorum pars I & II. Secundum veterum seu vulgatam translationem, ad fontes Hebraici textus emendata: et brevi ac perspicua explicatione illustrata [...] Frankfurt a. M. 1606, hier Bd. 2, S. 61 (zu Is 34).

95 Vgl. Hugonis de Sto Charo Cardinalis Opera omnia, 8 Bde., Lyon 1669, hier Bd. 2, S. 208.

96 Frey [s. Anm. 5], Bl. [274]ʳ.

97 Ebd., S. IX und WA 42, S. 367, 37 f.

98 Vom ›Thierbuch‹ lassen sich heute noch über 30 Exemplare in europäischen und einigen amerikanischen Bibliotheken nachweisen, vgl. Frey [s. Anm. 5], S. 20*.

99 Vgl. N. Henkel, S. 12 ff.

100 Lutherischer Theologe (* 1593, † 1656), seit 1621 Professor für Hebräisch in Jena, 1625 Superintendent in Sondershausen, seit 1640 Generalsuperintendent in Jena. Schüler Johann Gerhards. Vgl. Allg. Dt. Biogr. 9, S. 218 f.

101 Mir war nur zugänglich Salomonis Glassii [...] Philologia sacra, totius ss. veteris et novi testamenti scripturae tum stylus et literatura, tum sensus et genuinae interpretationis ratio et doctrina libris quinque expenditur ac traditur [...] Editio nova ... Accedit hiuc editioni Præfatio Jo. Francisci Buddei. [...] Leipzig 1723.

102 Ebd., Sp. 348. Wie Luther, Brenz u. a. (z. B. Flacius, den Glassius ›ersetzt‹) wird in geistlicher Sinnebene zwischen richtiger und falscher Allegorie unterschieden, ebd., S. 410: »*Allegoria duplex est: Innata & illata. INNATA est, quae in Scripturis ipsis expresse traditur, & haec proprie Scripturae sensus mysticus est* [...] *ILLATA allegoria est, quam ipsa Scriptura non ostendit, sed quae ab interpretibus infertur* [...] Es sind Schawessen.«

Denkform im geschichtlichen Prozeß

Zum Funktionswandel der Allegorie
in der frühen Neuzeit

Von ERICH KLEINSCHMIDT (Freiburg i. Br.)

In der Allegorieforschung ist inzwischen die Spannung zwischen theoretischem und aktualisiertem allegorischen Diskurs als Problem anerkannt[1], wenn auch daraus für die funktionale Interpretation der allegorisierenden Darstellungspraxis noch kaum für die mittelalterliche Epoche, ganz zu schweigen von der frühneuzeitlichen Spätphase einer allegorischen Textübung, Folgerungen gezogen worden sind. Die theoretische Analyse der geistigen Grundlagen für Einsatz und Deutung von Allegorien hat für die Hermeneutik älterer literarischer Texte viel beigetragen und zugleich den Blick für den Traditionsabbruch des bildlichen Darstellens und Denkens seit dem ausgehenden 18. Jahrhundert geschärft. Nur am Rande wurde dabei die Frage aufgeworfen, welche Funktion der Allegorie im kommunikativen Textumgang zwischen Autoren und Rezipienten historisch zugekommen sein könnte[2].

Die frühneuzeitliche Epoche[3], mit der die kulturelle Tradition der alteuropäischen Gesellschaft schließt, legt in ihrem Überlieferungsgut die Spannung immer wieder bloß, die zwischen den mittelalterlich ausgebildeten Denkformen und neu sich entwickelnden Strukturen des intellektuellen Bewußtseins besteht. Die Rezeption überkommenen Wissens und Denkens überschichtet sich im 16. und 17. Jahrhundert mit Neuansätzen, die auf Ablösung der vorgefundenen Traditionen drängen, ohne doch selbst diesen Rahmen vollständig neu bestimmen und füllen zu können.

Die literarische Textgestaltung spiegelt in dieser Periode den Konflikt wider, daß neue Formen des Selbstverständnisses und der Weltdeutung mit den Aussagemitteln einer früheren geistigen Epoche bewältigt werden mußten, da der Prozeß zur Souveränität des ästhetischen Bewußtseins erst in Ansätzen begonnen wurde und sich der vertrauten Darstellungshüllen nur langsam zu entledigen vermochte. Dies führte zu einem Funktionswandel beim Einsatz der älteren Denk- und Mitteilungsweisen, der sich exemplarisch anhand der Allegorie verfolgen läßt.

Die rhetorische Theorie, die seit der Antike bis ins 18. Jahrhundert die Allegorie als eine nicht streng abgrenzbare Sonderform der Metapher bestimmt[4], ordnet sie funktional als Schmuckform dem Bereich des *egregie loqui*[5] zu. Ihr Wert besteht für Autoren wie Rezipienten in der kunstvollen Verschlüsselung der Aussage, da sie *aliud verbis, aliud sensu ostendit*[6]. Die hermeneutische Umsetzung der antiken Rhetorik auf die Bibel durch die Patristik erweitert die kommunikative Funktion der Allegorie grundlegend. Ihr Grundcharakter als

Stilfigur wird zurückgedrängt. Sie rückt in die Rolle eines auf Textgestaltung und -verständnis insgesamt übergreifenden *modus dicendi* ein. Das exegetische Verfahren der Allegorese, dessen kognitive Struktur mehr und mehr entwickelt wird und im 13. Jahrhundert systematisch vollendet erscheint, drängt über den Bibeltext hinaus und führt zur Ausbildung einer theologisch begründeten Ästhetik, die wesentliche Teile der literarischen Aussagegebung überformt.

Für die volkssprachliche Dichtung stellt sich die Übernahme allegorischer Darstellungsformen seit dem 13. Jahrhundert als ein emanzipatorischer Prozeß dar, der auf Aneignung des kirchlich verwalteten Bildungsprimats durch Übernahme der einschlägigen Ausdrucksweise hinauslief. Allegorie und Allegorese werden zu esoterischen Elementen innerhalb der spätmittelalterlichen literarischen Kultur vor allem des Hofbereiches, wobei theologische Begründungsdimension und ästhetische Ausdrucksfunktion ineinander übergehen[7]. Beide Aspekte, wenn auch auf einer anderen Wirkungsebene, verbinden sich auch in der satirischen Textgattung[8]. Die Satire des ausgehenden 15. Jahrhunderts läßt vorrangig den wirkungsästhetischen Verschiebungsprozeß für die Allegorie erkennen. Sie rückt voll drastischer Anschaulichkeit und mit spielerischem Einsatzcharakter[9] die bibelhermeneutische Tradition in den Hintergrund und nutzt die Allegorie als verhüllendes und zugleich steigerndes Element der Sozialkritik.

Die Allegorie als Ausdrucksträger der *divina satyra* belegt ihre praktische Lösung aus der theologischen Sphäre, die nur noch als Legitimationshintergrund des Gesamttextes Geltung beansprucht, und bedeutet den Durchbruch von der Esoterik zur Popularisierung. In der Narrensatire wird der Verweischarakter der *res significans* in der allegorischen Darstellung zwar beibehalten, doch spielt für die reale Rezeption des Textes nicht mehr die Frage nach der allegorisch verhüllten Wahrheit eine Rolle. Das »Narren«- oder »Windschiff«[10] wird für das literarische Publikum zum eigenen, sinnfälligen Begriff[11], dessen Eigenschaft als Chiffre dem Kundigen geläufig blieb, aber für ein durchschnittliches Textverständnis keine entscheidende Bedeutung mehr besaß.

Die Autoren satirischer Texte um 1500, die aufgrund ihres Bildungsganges durchweg mit der traditionellen Allegorese vertraut gewesen sein müssen, mögen in ihrem Einsatzverständnis von Allegorie verstärkt durch den Rückgriff auf die rhetorische Funktion der *allegoria* bestimmt gewesen sein. Die methodische Trennung zwischen einem hermeneutischen und einem rhetorischen Allegoriebegriff[12] trifft im Sinne einer historisch praktizierten Alternative keine Realität. Die im Spätmittelalter eingeleitete Zurückdrängung eines Allegoriegebrauchs, der auf der bibelexegetischen Lehre vom vierfachen Schriftsinn aufbaut, zugunsten eines Einsatzes als artifizielles Ausdrucksmittel mit dem Ziel einer publikumswirksamen Textgestaltung folgt einer übergreifenden, mentalitätsgeschichtlichen Entwicklung, die historisch dann offen und sozialeffizient in der reformatorischen Bewegung zu Ausdruck gelangt.

Die von Luther vorgetragene Ablehnung der spirituellen Textauslegung[13], daß »Es muß der eynige rechte hewbt synn, den die buchstaben geben, alleine thun«[14], erscheint als Rückschlag gegen die Übersteigerung einer Allegorese, deren Esoterik von breiteren Schichten nicht mehr nachvollziehbar war. Der literarische Allegoriegebrauch in der Satire vor Luther verweist darauf, daß schon längst vor der grundsätzlichen Infragestellung der dogmatischen Schriftexegese ihre Auflösung praktisch eingeleitet war. Literarisch erscheint die Allegorie auf ihre ursprüngliche Dimension als erweiterte Metapher zurückgenommen, wobei im Gegensatz zur Metapher für sie ein religiöser Sinnbezug voll gegenwärtig gehalten wurde. Das theologisch bestimmte Weltbild lieferte den Rahmen für die Ausdeutung uneigentlicher Darstellungsformen. Erst seine Zerstörung durch die Reformation ließ auch für die Allegorie und ihr vereinfachtes Verständnis den Anspruch einer theozentrisch begründeten Ästhetik fragwürdig werden, die der allegorischen Darstellungsweise im Mittelalter ihren hohen Rang zuwies.

Das unter Wirkungsgesichtspunkten eingeschränkte literarische Allegorieverständnis wurde durch Luther für den Bibeltext aktualisiert. Seine Ablehnung der Allegorese[15] geht bei ihm nicht mit einem völligen Verdikt gegen die Allegorie einher, deren Vorkommen in der Bibel nicht geleugnet wird[16]. Luther bestreitet auch nicht die Berechtigung figuraler Rede, soweit die Anwendung von Allegorien Kunstmittel bleibt[17]. Die reformatorische Einschränkung der Bibelhermeneutik auf den Literalsinn und die Abkehr von der Vorstellung einer mehrfachen Verweisfähigkeit der Heiligen Schrift markieren einen einschneidenden Wandel für den Umgang mit allegorischen Texten im 16. und 17. Jahrhundert, wenn auch der wirkungsästhetisch überaus wichtige, emanzipatorische Akt, für die Bibel und dann auch literarische Texte eine rationale Eindeutigkeit der Verständigung herzustellen und damit die Vormundschaft des esoterischen Exegeten zugunsten eines selbstbestimmten Textzugangs der Rezipienten zu beenden, nicht radikal vollzogen wurde, sondern Einwirkungen der Tradition ausgesetzt blieb.

Die reformatorische Allegoresekritik, die nachtridentinisch auch für den katholischen Bereich nicht wirkungslos war[18], verdrängte zwar die strenge Schriftsinnlehre vierfacher Stufung, doch spielte in der Vermittlung von Glaubenspraxis durch moraldidaktisches Schrifttum auch im Protestantismus die alte Allegorese-Tradition weiterhin eine Rolle [19]. Zudem beschäftigte sich die nachlutherische Exegese mit der Allegorie[20], ohne dabei völlig mit der Mehrdimensionalität ihrer Aussagefunktion zu brechen.

Die Auflösung der strengen Allegorese führte nicht zu einer grundsätzlichen Krise des Allegorieeinsatzes, öffnete aber die Formen, um einerseits hermeneutische Willkür zu beseitigen, andererseits die spirituale Dimension theologischer Provenienz zu relativieren und in einem säkularisierten Anwendungsbereich akzeptabel zu gestalten. Der Aufstieg der Emblematik im 16. und 17. Jahrhundert belegt historisch diesen Prozeß eines gegenüber dem Mittelalter innovativen Allegorieumgangs. Die Verknüpfung von Bild (*pictura*) und eng zugeordneten Auslegungen als *in-* und *subscriptio* wendete die potentielle Deutungsvielfalt der Allegorie in eine festgelegte Kunstform, die Verschlüsselung und Auflösung untrennbar verband und alle Auslegungswillkür beschnitt.

Im emblematischen Modell überschritt die allegorische Denkform den reinen Textbereich, wirkte aber als Kopplung von Bild- und Textformel selbst wieder auf die Textgestaltungen ein, die sich verhüllender Aussage bedienten. Im Rahmen der *pictura poesis*-Problematik konnte die Allegoriediskussion im emblematischen Formfeld neu geführt werden[21]. Der reformatorische Vorbehalt gegen Allegorie und Allegorese relativierte sich im 16. Jahrhundert angesichts einer poetologischen Perspektive, in der die Allegorie einen neuen Stellenwert erlangte.

Reformatorische Kritik wie humanistische Poetik heben in ihrer Konzentration auf die Allegorie als rhetorische Figur den Gegensatz zwischen wörtlichem und eigentlich gemeintem Textsinn als jeweils streng geschiedenen Modi des Verstehens praktisch auf[22]: Allegorie und Emblem besitzen eigentlich keinen Wortsinn mehr, sondern werden zu festgelegten Formeln für einen an sich eindeutigen Aussagekomplex, dessen inhaltlicher Auslegungsumfang allein noch veränderbar erscheint. Die protestantische Predigtpraxis, soweit sie sich allegorisch-emblematischer Mittel bedient[23], belegt anschaulich den Sachverhalt. Nicht mehr der Schrifttext wird allegorisch gewendet, sondern vom Kontext her klar bestimmte Allegorien und ein Inventar von Emblemen werden in der Predigt vorgeführt und besprochen.

Das Bewußtsein vom inventariellen Charakter der allegorischen Aussage läßt schon in Aufnahme und Fortführung antiker und mittelalterlicher Rhetoriker Philipp Melanchthons Rhetorik von 1519 erkennen, deren Wirkungsgeschichte im 16. Jahrhundert bedeutend war. Der vehementen Abwehr der Lehre vom vierfachen Schriftsinn[24] steht die ausführliche Behandlung der Allegorie und ihrer Erscheinungsformen gegenüber, die vom Rätsel (αἴνιγμα) über Ironie (εἰϱωνεία)[25] und Sprichwort (*proverbium*) bis hin zur Fabel (Tierfabel und mythologische Erzählung) reichen[26], um schließlich sogar die bildliche Darstellung einzubeziehen[27]. Allegorie rückt damit als die Integration nahezu aller Arten des mittelbaren Ausdrucks in ein poetologisches Bezugsfeld mit allgemeiner Akzeptierung[28], das nur indirekt noch mit bibelhermeneutischer Tradition zusammenhängt.

Der ästhetische Schmuckwert des allegorischen Ausdrucks als »blumen wort«[29] rückt in der Einschätzung von Autoren und Rezipienten frühneuzeitlich ganz entschieden in den Vordergrund. »Mit verborgen, verblümten worten« geht es darum, »künstlich« darzustellen[30]. Die Kunsthaltigkeit ist jedoch nicht Selbstzweck, sondern wird durch ihren Verweisungscharakter legitimiert. In der Vorstellung von der Allegorie als Spiegel[31] kehrt die Basis eines theologischen Weltbildes wieder, das schon der mittelalterlichen Allegorese zugrunde lag, doch wird es nun weit über den biblischen Bezugsrahmen hinaus für die sprachliche Erfassung von Wirklichkeit wirksam. Mit Hilfe der Allegorie vermag der Kosmos des Weltganzen in seiner Verhüllung als *mundus significativus* adäquat abgebildet zu werden. Sie wird nicht mehr nur als Chiffre einer göttlichen Wahrheit begriffen, sondern als Kunstform erfaßt sie sinnhaltig in der fiktiven Projektion die Wirklichkeit, da »in der Form das Wesen eines jeden Dings hafftet«[32].

Mit Hilfe der Allegorie leistet der Dichter einen Kommentar seiner Welt-sicht[33], dessen Regeln seinem Publikum vertraut waren. Die Intention seiner Deutung war von den Rezipienten nicht beliebig auffüllbar, da die Autoren sie entweder selbst ausdrücklich formulierten oder sich einer traditionell verfestig-ten Aussagesyntax bedienten[34]. Die Texte ohne auktoriale Vorwegdeutungen zeigen zudem, daß bei einer breiten Zielgruppe[35] voll ausgeführte, in sich ge-schlossene Allegorien meist nicht verwendet wurden, sondern häufig nur allego-risierende Einzelelemente[36] auftreten, für die der unmittelbare Kontext alle Verständnishilfen bietet. Für die Auffassung der Allegorie war somit nicht zwangsläufig die gesamte Tradition der einschlägigen gelehrten Deutung not-wendig. Für viele, häufig gebrauchte allegorische Elemente konnten die Auto-ren bei ihrem Publikum topische Kenntnis voraussetzen.

Der literarische Anwendungsort voll ausgeführter Allegorien, deren Ausdeu-tung der Autor selbst leistet, ist schon im Mittelalter, aber auch noch in der frü-hen Neuzeit die Traumfiktion[37]. Sie kennzeichnet geradezu thematisch den inspirativen Anspruch der allegorischen Schreibart, und begründet doch zu-gleich auch die Unwirklichkeit der sprachlichen Gestaltung.

Die Allegorie als repräsentatives Kostüm eines Textes verstanden[38], ver-weist auf den gesellschaftlichen Rahmen, in dem spielerische Elemente[39] und das Bemühen um geistige Legitimation ineinanderfließen. Durch die frühneu-zeitlich stark ausgebildete Idee einer theonomen Dichtung[40] wird die Allego-rie zu einem tragenden Element des in literarischen Texten verwirklichbaren Selbstverständnisses und Selbstbewußtseins der Autoren.

Die Allegorie gewinnt innerhalb fiktiver Textgestaltung den Anspruch, Sinn zu vermitteln, der über reine Wirklichkeitserfahrung hinausreicht. Umgekehrt spiegeln sich in der allegorischen Textform auch Bedürfnisse der Rezipienten, die literarische Darstellung als sinnhaltig deuten wollen, ohne damit die Forde-rung nach Abbildung einer wahren Realität[41] verbinden zu müssen. Der poe-tologischen Einschätzung der Allegorie als Form des Vergleichs[42] entspricht ihr frühneuzeitliches Funktionsbild, das nicht mehr im Theorem einer gottbezo-genen Sprachauffassung Genüge findet, sondern Sinndeutung der Welt mit den Mitteln einer autonom gedachten Fiktion über die Allegorie betreibt.

Als formelhaftes Instrument dichterischer Erkenntnisvermittlung erweist sich in frühneuzeitlichen Texten die Allegorie vielfach bewußt auf Uneindeutigkeit bedacht[43]. Die Offenheit des allegorischen Entwurfs wird als Herausforde-rung an den Deutungswillen der Rezipienten zu verstehen sein, der in den Vor-gang der Textkonstitution einbezogen wird. Das Publikum als hermeneutischer Partner des Autors im Text verweist auf den grundlegenden Wandel im kogniti-ven Verhalten der frühneuzeitlichen Epoche, der auf Abbau von fraglos hinge-nommener Autorität und Selbstbestimmung des rezeptiven Diskurses hinaus-läuft[44].

Die sprachlich verhüllende Darstellung von Welt im literarischen Text lebt aus der Vorstellung, daß diese nur so angemessen unter Einschluß ihrer geistigen Grundlagen abgebildet werden kann, die mit sachlich unterschiedlichem Akzent aber grundsätzlich einhellig in der religiösen Sphäre gesucht wurden[45]. Anschaulich verständliche Darstellung erscheint in dieser Sicht nur als ein oberflächlich vermittelter Inhalt, der dem Fassungsvermögen der Unwissenden angepaßt ist[46].

Dem Bewußtsein einer hierarchischen Stufung der Weltwirklichkeit[47] entspringt die Notwendigkeit einer entsprechenden Sonderung der Darstellungsmittel. Die poetologische Auffassung der Renaissance- und Barockdichtung, daß die fiktionale Erfindung *involucra veritatis* sein müsse[48], erhellt die Anziehungskraft der allegorischen Schreibweise, die ihrer Grundanlage nach erdachten Entwurf und darin verhüllte Wahrheit traditionell beanspruchte. Die frühneuzeitlich wirksame Vorstellung von der Dichtung als »verborgener Theologie«[49] und dem Dichter als *theologus*[50] rechtfertigt den Einsatz von Allegorien in doppeltem Sinne. Ihr Gebrauch erfaßt die Komplexität göttlichen Wirkens darstellerisch angemessen, zugleich wird aber auch die Distanz in ihr deutlich, da sie die »lehren von weißheit und himmlischen dingen« für den »gemeine(n) Pöfel« akzeptabel verschleiert[51].

Die Verknüpfung von Verständnisabwehr und Verständnisaufschluß in der allegorischen Darstellung wirkt nur scheinbar als funktionaler Widerspruch. Beide Positionen verweisen auf den esoterischen Grundaspekt der Allegorie. Sie enthält Wissen, das unmittelbar nicht dargestellt werden kann, das aber auch nicht offen dargelegt werden soll. In der Literatur entspricht beiden Gesichtspunkten eine rezeptive Wirklichkeit. Ein Publikum, das den in einer Allegorie enthaltenen Sinnverweis nicht begriff, verstand trotzdem die appellative Signalfunktion, daß der Autor durch sie Welt erfassen und deuten wollte[52]. Die Allegorie vereinte stets die doppelte Wirkungsnatur als ungedeutete Metapher[53] und als verstandenes Verweiszeichen. Eine Unterscheidung von Wirkung und rezeptivem Diskurs ist als methodischer Ansatz notwendig, doch wird die Wirklichkeit des Umgangs mit allegorischen Textformen für das 16. und 17. Jahrhundert dadurch potentiell verfälscht. Unausgedeutete und sinnverweisende Dimension schließen sich nicht gegenseitig aus, sondern sind unterschiedliche Ebenen des Verständniszugangs[54], die gleiches Recht beanspruchen dürfen.

Die Möglichkeit zu doppel- oder sogar mehrschichtiger Deutung[55] der Allegorie folgt dem Modell einer hierarchisch begriffenen, diskursiven Verständigung[56] zwischen Autor und Rezipient, das die Realität des Textumgangs bestimmt. Dem ungelehrten Publikum erscheint die Allegorie nur als fiktionales Bild, dem allerdings im Unterschied zur einfachen Metapher die Eigenschaft eines Bedeutungsträgers von Welt, über den Wortsinn hinaus verweisend, zugesprochen wurde. Gerade der Verweisungscharakter der Allegorie wirkte sich für die Rezipienten distributiv aus, da ihre Verschlüsselung zur Auflösung den in die Sinndeutung Eingeweihten zwingend erforderte. Der diskursive Umgang mit allegorischen Textformen verwirklichte sich auf unterschiedlichen Zugangsstufen, die von der Intention der Autoren je nach Chiffrierungsgrad ebenso beeinflußt wurde wie von der Kompetenz des Publikums.

Von der Bildungssoziologie der frühen Neuzeit her steht fest, daß der Kreis kompetenter Ausleger faktisch klein gewesen sein muß. Die Wertschätzung allegorisierter Darstellung in dieser Epoche zeigt aber, daß der Mangel an adäquatem Verständnis keinen Hinderungsgrund für die Anwendung abgab. Den Grund für diesen Sachverhalt wird man im textbezogenen, sozialen Funktionsort der Allegorie suchen dürfen.

Der allegorische Textumgang mußte frühneuzeitlich nicht grundsätzlich neu durchgesetzt werden, sondern war durch die literarische Tradition grundsätzlich eingeführt und begründet. Predigt und Kunstpraxis hatten die Grundkenntnis geläufiger Allegorien als eines relativ schmalen und deshalb beherrschbaren Inventars durchgesetzt, so daß im zentralen Anwendungsfeld ein trivialer Textzugang möglich war. Für den Bereich der artifiziellen Allegorie muß für das Durchschnittspublikum davon ausgegangen werden, daß es auf ein echtes Verständnis des vollen Verweissinnes textfunktional gar nicht ankam. Der literatursoziologische Rang der Allegorie als eines zugleich repräsentativen wie spiritualistischen Elements in der Darstellung war durch die gelehrte Anwendung für den Rezeptionsbereich festgelegt. Trotz einiger Gegenbewegungen[57] dominiert die gelehrte Ausdrucksebene in der Literatur des 16. und 17. Jahrhunderts. Das Selbstverständnis der Rezipienten zielte auf Teilhabe an den Formen des gelehrten Diskurses. Qualitativ entspricht dieser Umgang mit Texten dem, den humanistische Autoren gegenüber der antiken Leitüberlieferung erkennen lassen. Das Leseverhalten des Publikums, dem gelehrte Kompetenz fehlt, erscheint für die Allegorie autoritär gebunden.

Die gesellschaftliche Aufwertung der gelehrten Darstellungsformen in der frühen Neuzeit im Vergleich zur mittelalterlichen Periode hängt mit dem einschneidenden Wandel der Bildungsbedingungen zusammen. Der Anteil an gelehrter Bildung dehnt sich im 16. Jahrhundert auf ein Laienpublikum adligen und bürgerlichen Standes aus und führt zur Entwicklung einer Gelehrtenkultur[58], die über den eigentlichen Teilnehmerkreis und über krisenhafte Erstarrungsprozesse hinaus grundsätzliche Anziehungskraft aufweist[59].

Die Distanzierung der gelehrten Autoren schon des 16. und verstärkt des 17. Jahrhunderts vom ungelehrten ›Volk‹ verweist historisch gesehen nicht nur auf die esoterische Dichtungsauffassung und eine kleine, gelehrte Gruppenkultur in dieser Zeit, sondern sie erscheint auch als Appell an die Leser, sich rezeptiv dem Kreis der eingeweihten Kenner zurechnen zu dürfen. Der soziale Funktionsort gelehrter Textform, zu der die Allegorie zählt, beinhaltet neben der hermetischen Dimension auch die emanzipatorische Seite, im Lektüreumgang Teilnahme an den leitenden Bildungswerten und Ausdrucksformen finden zu können. Wirkungsgeschichtlich forderte das gelehrte Dichtungsideal der Renaissance und des Barock[60] dazu heraus, daß Esoterik zur Anpassungsnorm erhoben wurde und sich dadurch trivialisierte.

Die frühprotestantische Literaturepoche greift im reformatorischen Flugblatt mittelbar das Problem des gelehrten Diskurses und seiner immanenten Auflösung durch einen emanzipatorischen Akt der selbständigen, selbstbewußten Rezeption auf. Die potentiell allegorische Sprechrolle des »gemeinen mans«[61], die auf die Form der Autorenstilisierung bei Hans Sachs und noch bei Grimmelshausen einwirkt, entfaltet das Bild des überlegenen, aber an sich Ungelehrten, der seinen durch sozialen Rang und Bildungsgang als gelehrt geltenden Gesprächspartner argumentativ überwindet[62]. In der Kritik an Inhalten wird doch nicht die gelehrte Ausdrucksform in Frage gestellt, sondern sie wird stellvertretend durch die Sprechrolle des »gemeinen mans« für breite Kreise beansprucht. Das reformatorische Streitgespräch leitet literarisch den Prozeß des Aufstiegs breiter Leserschichten zur Teilnahme an artifiziellen und gelehrten Äußerungsformen ein.

Der katholisch geprägte Kulturbereich bewahrt stärker als der protestantisch beeinflußte die theologisch-exegetischen Grundlagen von Allegoriegebrauch und -verständnis. Die enzyklopädischen Sammlungen allegorisch verwertbaren Geschichtenmaterials[63] lassen zusammen mit den rhetorisch-homiletischen Handbüchern[64] einen Wirkungskreis für den Allegorieeinsatz erkennen, der über die kirchliche Sphäre hinaus weist. Für den religiös gebundenen Textbereich im engeren Sinne ergibt sich praktisch eine bewußte Poetisierung, die sich durch das Ziel, Abstraktes zu veranschaulichen, legitimiert[65]. Umgekehrt speist die theologisch akzentuierte Allegorie das literarische Aussagefeld und greift über die *sensus moralis*-Deutung in ethische und politische Wirkungsdimensionen über.

Begünstigt wurde dieser Vorgang durch die rhetorische Tradition, die Allegorie als Typologie und *exemplum* historisch zueinander rückte[66]. Die spätmittelalterliche Gattung der Exemplasammlung für Predigtzwecke, deren allegorische Deutung schon früh einsetzte, wird frühneuzeitlich nicht nur von den Katholiken fortgeführt[67], sondern erscheint auch im protestantischen Bereich[68]. Trotz der reformatorischen Allegorese-Kritik führen auch protestantische Autoren die Allegorisierung von Erzählgut fort[69].

Die Wendung zur allegorisch ausgelegten Erzählung, die in der rhetorischen Theorie des 17. Jahrhunderts reflektiert wurde[70], fußt auf theologischen Darstellungstraditionen. In der literarischen Praxis verselbständigt sie sich dahingehend, daß dem allegorischen Element eine übergreifende Bedeutung für die Gesamtheit des fiktionalen Textes zugesprochen wird. Fischart und Grimmelshausen sind typische Beispiele dafür, daß die Autoren ihren Fiktionen insgesamt einen Verweisungscharakter zuordneten, der nur Kundigen erkennbar sei[71]. Dieser Anspruch setzt eine Publikumserwartung voraus, die eine Bereitschaft zur Sinndeutung des Gelesenen einschloß[72]. Die Denkform der Allegorie findet somit Eingang in den Bereich der rezeptiven Textkonstitution, der aufgefächert in die Möglichkeit ungelehrten Oberflächenzugangs und in die kundiger Auslegung erscheint. Die Autoren genügten offenkundig beiden Bedürfnissen, um gleichermaßen attraktive Rezeptionsform und esoterischen Appell anzubieten.

Der literarische Allegorieeinsatz in der frühen Neuzeit nutzt die spirituelle Tradition und führt sie auch im Bereich der religiösen Aussage mehr oder minder verändert fort. Als neue Komponente tritt aber der stilistische und damit bewußte, wirkungsästhetische Einsatz in den Vordergrund[73]. Eine allegorische Textgestaltung wertet Autor und Publikum auf, da sie diesem *ingenium*, jenem aber kundiges Verständnis zuweist. Die Allegorie dient als ästhetisches Erkennungsspiel mit der Dimension einer wissenssoziologischen Auszeichnung und kann so zu extremen Formen wie dem Concettismus getrieben werden.

Den Rahmen dazu leiht eine Textpoetik, die bis zu ihrem Verfall im 18. Jahrhundert auf dem Prinzip der zitathaften Strukturierung von Aussagen beruht[74]. Ihrer Gestalt und Tradition nach fügt sich die Allegorie glänzend in das System von oft kunstvoll variierter Zitierung und entsprechenden Erkennungsappellen[75]. Autoren und Rezipienten fanden in der Allegorie ein Ausdruckselement vor, das sich im Rahmen geläufiger Texterwartungen bevorzugt eignete, ästhetische und argumentative Belange miteinander zu verbinden. Das Wirkungsmoment wurde dabei weitgehend der komplexen Sinngebung übergeordnet. Das Prinzip einer strengen Einsatzpoetik für die Allegorie, das für den Verständigungsprozeß unabdingbar war, führte praktisch zur Erstarrung der Ausdrucksform im moraldidaktischen Anwendungsbereich. Mangels Innovation der Deutungsfindung und der Einsatzweise war der Weg zum Verfall des allegorischen Denk- und Darstellungssystems vorgezeichnet.

Erasmus von Rotterdam begründete wie andere Autoren den Funktionsort der Allegorie in ihrer Wirkung *ad excitandum languentes, ad consolandum animò dejectos, ad confirmandum vacilantes, ad oblectandum fastidiosos* [76]. Das Wirkungsargument – der affektiven Bildlehre der Rhetorik verpflichtet[77] – rechtfertigte sich im Kontext des kirchlichen Instanzenanspruchs, kraft des christlichen Heilswissens zur Deutung der Welt berechtigt zu sein. Reformatorisch wird dieser autoritäre Anspruch der mittelalterlichen Kirche bestritten, der im Zusammenhang der *fides implicata*-Lehre für die Allegorie einen besonderen Legitimationsrahmen lieferte. Die Vorstellung der katholischen Dogmatik, daß der Glauben für den Laien im Ganzen vorgegeben sei und nicht individuell in der Vermittlung aufgefächert werden dürfe, rechtfertigt die Hermetik der Allegorie in der religiös begründeten Kommunikation.

Dieses Denkmodell zerbricht in der Reformation, die an die Stelle der kirchlichen Autorität bei der biblischen Sinndeutung die Souveränität der individuellen Auslegung setzt. Die damit eingeleitete, grundsätzliche Emanzipation des Lesers in der frühen Neuzeit, sein Einbezug in die Textkonstitution, verändern die Grundlagen des allegorischen Ausdrucks, obwohl die ältere, theologischer Verschleierung verpflichtete Einsatzdimension nur langsam an Geltung verliert. Der selbstbewußte Anspruch der Dichtung seit der Renaissance, eine zweite Theologie zu sein[78], und die humanistisch neu konzipierte[79], astrologisch gewendete Allegorie[80] erweitern vor allem den rezeptiven Horizont. Das Bewußtsein von Dichtung als dem Schatz von Welterfahrung[80] rückte in der Allegorie Schrift- und Weltallegorik auf einer Ebene zusammen[81]. Dadurch erscheint ein universalistischer Deutungsmythos für die literarische Fiktion konkretisiert, in dem die Welt und ihre gottbestimmte Geschichtlichkeit beschrieben werden können. Die Allegorie wird zum umfassenden Medium dieser Abbildung.

Die allegorische Denkform überschreitet trotz ihres artifiziellen Einsatzcharakters in ihrer frühneuzeitlichen Spätphase poetologisch den engen Anwendungsbereich als rein instrumentelles Darstellungselement der verhüllenden Aussage. In ihr wird die Grundlage für eine fiktionale Texthermeneutik entworfen, die einerseits den souveränen Eigencharakter des literarischen Textes vorauszusetzen beginnt, die andererseits aber immer noch des formelhaften Rahmens traditioneller Aussagestrukturen bedarf. Die allegorische Denkform innerhalb der frühneuzeitlichen Fiktion erscheint nicht als ein dem jeweiligen Einzeltext zugemessener Gestaltungs- und Verständnismodus, sondern ihr Einsatz wird durch Tradition und prinzipielle Vorgaben überindividuell vorweg bestimmt[82]. Der fiktive Entwurf des Autors fügt sich den Gesetzen des deutenden Denkschemas[83], dessen Anziehungskraft darin bestand, daß es für den Verstehensprozeß allgemeine Gültigkeit besaß, in der rezeptiven Wirklichkeit aber doch auch einen Spielraum für die individuelle Handhabung gewährte. Autoren wie Leser konnten sich in gleicher Weise als Gestalter und Ausleger fühlen[84].

Die im Mikrokosmos der Allegorie errungene Diskursherrschaft über die Wirklichkeit des Makrokosmos, dessen magische Totalität über den Textentwurf und sein Verständnis aufgelöst werden konnte, begleitet wesentlich die Einsetzung der literarischen Fiktion als einer neuen, selbstbestimmten Eigenrealität mit zugleich ästhetischem wie weltdeutendem Anspruch. Das an Regeln gebundene Darstellungsinstrument der Allegorie verhalf der Fiktion dadurch zur Rechtfertigung, daß es dieser den Makel der beliebigen Unwirklichkeit als erdachtes Trugbild nahm. Im allegorischen Deutungsmythos der Verweisung gewinnt die Fiktion Spiegelcharakter und rückt dadurch in den Bereich der sinnvollen Teilhabe an der Erlebniswirklichkeit des Menschen in der Welt.

Anmerkungen:

1 Vgl. Hess, 1975, S. 557; Meier, 1976, S. 3.
2 Zu Ansätzen vgl. zusammenfassend Meier, 1976, S. 66 ff. Wichtige Erkenntnisse zur Funktionsfrage im Rahmen einer speziellen spätma. Gattung vgl. bei Blank, 1970, S. 232 ff. Zur Funktionsfrage unter dem Aspekt ihres historischen Strukturwandels von der Spätantike bis ins 17. Jh. vgl. neuerdings Pfeiffer, S. 575 ff.
3 Zum Problem der frühneuzeitlichen Epochengliederung vgl. R. Koselleck: Vergangene Zukunft der frühen Neuzeit, in: Epirrhosis. Fg. f. C. Schmitt, hgg. H. Barion u.a., Bd. 2, Berlin 1968, S. 549–566; W. Kamlah: »Zeitalter« überhaupt, »Neuzeit« und »Frühneuzeit«, in: W. Hubatsch (Hg.): Absolutismus, Darmstadt 1973, S. 202–222; J. Kunisch: Über den Epochencharakter der frühen Neuzeit, in: E. Jäckel/E. Weymar (Hgg.): Die Funktion der Geschichte in unserer Zeit, Stuttgart 1975, S. 150–161.
4 Vgl. Blank, 1970, S. 7 ff.; Krewitt, 1971, S. 28 f.; Meier, 1976, S. 37 ff.
5 Vgl. Eberhardus Alemannus: ›Laborinthus‹ v. 301, 343 u. ö., hg. in: E. Faral: Les arts poétiques du XIIᵉ et XIIIᵉ siècle, Paris 1962, S. 347 f.
6 Quintilian: De inst. orat. 8, 6, 44.
7 Vgl. Blank, 1970, S. 249 ff.

8 Vgl. G. Hess: Deutsch-lateinische Narrenzunft, München 1971.

9 Vgl. die Allegorese-Parodie in der akademischen Scherzrede (Heidelberg um 1500) des Jakob Hartlieb ›De fide meretrica‹, hg. F. Zarncke: Die deutschen Universitäten im Mittelalter, Leipzig 1857, S. 67–88, hier S. 71, über das lateinische Sprichwort: *Dum canis os rodit, socium, quem diligit, odit.* Durch die Auslegung in der Volkssprache niederrheinischen Idioms (am Redeort Heidelberg!) wird die satirische Wirkung grotesk verstärkt. Zur spielerischen Komponente gerade auch des grotesken Allegoriegebrauchs vgl. Anm. 39.

10 Vgl. S. Brants ›Narrenschiff‹, hg. M. Lemmer, Tübingen ²1968. Seine erste volkssprachliche Rezeption noch vor Th. Murners ›Narrenbeschwörung‹ (1512) ist das ›Windschiff aus Schlaraffenland‹ eines unbekannten Mainzer Medizinstudenten um 1504/05, hg. E. Kleinschmidt, Bern/München 1977.

11 Schöne hat für die Definition des Emblems dessen Sinnfälligkeit »vor aller Bedeutungsentdeckung« namhaft gemacht (in: Henkel/Schöne, 1967, S. XIV) und hat auf den »Wirklichkeitscharakter des im emblematischen Bilde Dargestellten« (ebd.) verwiesen. Diese Definition erfaßt inhaltlich für die fiktionalen Allegorien einschließlich ihrer ikonographischen Umsetzungen auch deren realen Funktionsort in der Rezeption.

12 Zum Stand der Forschungsdiskussion vgl. Meier, 1976, S. 48 f.

13 Vgl. allg. G. Ebeling: Evangelische Evangelienauslegung. Eine Untersuchung zu Luthers Hermeneutik, München 1940. Zu Luthers Standpunkt vgl. vor allem seine Äußerungen in der Streitschrift gegen Emser von 1521 (WA Bd. 7, S. 647 ff. Abschnitt »Von dem Buchstaben vnd geyst«) und WA Tischreden Bd. 2, S. 315 ff., Nr. 2083. Zur vorreformatorischen Einstellung Luthers in der Allegorese-Frage vgl. Psalmenauslegung von 1513/16 (besonders WA Bd. 3, S. 391 ff.); zur Selbstinterpretation Luthers im Allegorienstreit vgl. WA Tischreden Bd. 1, Nr. 335.

14 WA Bd. 7, S. 650, 19 f.

15 Vgl. WA Bd. 7, S. 655, 27 ff. und WA Tischreden Bd. 3, Nr. 2825.

16 Vgl. WA Bd. 7, S. 651 f. Vgl. auch Ph. Melanchthons ›Elementa Rhetorices‹, Corpus Reformatorum, hg. G. Bretschneider, Bd. 13, Halle 1846, Sp. 470 f. Zur Stellung Luthers vgl. auch Schieper, S. 551 ff.

17 *Solch blumen wortt leret man die knaben ynn den schulen und heyssen auff kriechß Schemata, auff latinisch figure, darumb das man damit die rede verkleydett unnd schmuckt, gleych wie man ein leyb mit eynem kleynod tzierdt* (WA Bd. 7, S. 651, 31 ff.). Vgl. auch Luthers Definition der Allegorie WA Tischreden Bd. 2, Nr. 2772 a/b. Leitend ist für Luther dabei die rhetorische Tradition, deren Bedeutung für seine theologischen Positionen lange unterschätzt wurde. Vgl. hierzu K. Dockhorn: Luthers Glaubensbegriff und die Rhetorik, Linguistica Biblica 21/22 (1973), S. 19–39. Auch Erasmus, der den *sensus spiritualis* grundsätzlich anerkannte, wandte sich gegen eine übersteigerte Exegese der *recentiores* mit Hilfe eines allegorischen, tropologischen und anagogischen Schriftsinns. Vgl. ›Ecclesiasticae sive de ratione concionandi libri VI‹ (1535), in: Opera, Bd. 5, Leiden 1704 (Nachdr. Hildesheim 1962), Sp. 1029 und 1034. Erasmus gestand der Allegorese nur in der Predigt eine positive Rolle zu (ebd., Sp. 1042 und 1046 f.), wobei er auf die augustinische Tradition zurückgriff, religiöse Unterweisung nicht abstrakt, sondern bildhaft mit Hilfe von (Personen-)Allegorien zu leisten.

18 Auch die katholische Homiletik des ausgehenden 16. und des 17. Jh.s betont den Grundlagencharakter des Wortsinns (*aliorum sensuum veluti basis et fundamentum* oder ähnlich). Vgl. Neumayr, S. 40 ff. Protestantischen Einfluß verrät auch der in der

katholischen Exegeselehre des Barock eingeführte sog. angewandte Schriftsinn *(sensus accomodativus)*, der zwischen Wort- und geistigem Sinn liegt (Neumayr, S. 43 ff.).

19 Vgl. als Beispiel Valerius Herbergers (1562–1628) ›De Jesu [...] Magnalia Dei‹, zitiert bei W. Mauser: Dichtung, Religion und Gesellschaft im 17. Jh., München 1976, S. 76, Anm. 196.

20 Vgl. für die Frühzeit J. Müller: Martin Bucers Hermeneutik, Heidelberg 1965, S. 100 ff. Danach G. Moldaencke: Schriftverständnis und Schriftdeutung im Zeitalter der Reformation, Tl. 1, Stuttgart 1936, S. 236 ff.

21 Zum Stand der Emblematikdiskussion aus der *pictura poesis*-Perspektive vgl. Sulzer, 1977, S. 401 ff.

22 Ansätze finden sich schon vorreformatorisch wie z. B. bei Faber Stapulensis in der ›Praefatio‹ zum ›Quincuplex Psalterium‹ (Ausgabe Paris 1509, Bl. αʳ⁻ᵛ): *sensus igitur literalis et spiritualis coincidunt / non quem alegoricum aut tropologicum vocant, sed quem spiritus sanctus in propheta loquens intendit.* Vgl. auch Moldaenke [s. Anm. 20], S. 249 f. zu Matthias Flacius Illyricus. Mitbestimmend wirkte die auch im Mittelalter wichtige Tradition von *proprie*- und *metaphorice*-Gebrauch des bildlichen Ausdrucks. Vgl. hierzu U. Ruberg: ›Wörtlich verstandene‹ und ›realisierte‹ Metaphern in deutscher erzählender Dichtung von Veldeke bis Wickram, in: H. Rücker/K. O. Seidel (Hgg.): »Sagen mit sinne«, Fs. M.-L. Dittrich, Göppingen 1976, S. 205–220.

23 Vgl. z. B. D. W. Jöns: Die emblematische Predigtweise Johann Sauberts, in: W. Rasch u. a. (Hgg.): Rezeption und Produktion zwischen 1570 u. 1730, Bern / München 1972. S. 137–158 oder J. Wietfeldt: The emblem literature of Johann Michael Dilherr (1604–1669), Nürnberg 1975. Wirkungsgeschichtlich besonders wichtig sind Johann Arnd(t)s (1555–1621) ›Bücher vom wahren Christentum‹ (1605), die bis ins 19. Jh. immer wieder aufgelegt und seit Mitte des 17. Jh.s durch Embleme erweitert wurden. Vgl. Greschat, 1968, S. 154 ff.

24 Vgl. den Abschnitt ›De quatuor sensibus sacrarum literarum‹ in den ›Elementa‹ [s. Anm. 16], Sp. 466–474. Zur Homiletik Melanchthons vgl. U. Schnell: Die homiletische Theorie Philipp Melanchthons, Berlin/Hamburg 1968.

25 Zur Ironie gehörend werden Sarkasmus (σαρκασμόν) und eine nicht klärbare μιχήσις (Druckfehler für μίμησις?), *cum alterius gestum repraesentamus*, aufgeführt.

26 ›Elementa‹ [s. Anm. 16], Sp. 472 f.

27 *Merito igitur laudata est imago, et in omnibus picta templis, non ut per superstitionem coleretur, sed ut nos admonet nostrorum periculorum* (›Elementa‹ [s. Anm. 16], Sp. 474). Die Literatur zum Komplex Allegorie und Emblem vgl. in dem Bibliographie-Supplement zu: Emblemata [s. Anm. 11], Stuttgart 1976, S. LXXXIII ff., Nr. 470 ff.

28 Auf der Linie Melanchthons liegen u. a. Vossius: Commentariorum Rhetoricorum [...] libri VI, Leiden ³1630 (Nachdr. Kronberg 1974), S. 198, der als *species Allegoriae* ἀπόλογος, μῦθος, αἴνιγμα und παροιμία nennt, und J. M. Meyfart: Teutsche Rhetorica (1634), hg. E. Trunz, Tübingen 1977, S. 169 ff., der unter der Allegorie auch »Mährlein / die Rätzlein / vnd Sprichwörter« (S. 169) faßt.

29 Vgl. das Lutherzitat o. Anm. 17. Die Blumen-Terminologie für metaphorische Rede ohne allegorische Dimension hat ihren Ursprung in der rhetorisierten Literatur des Spätmittelalters. Vgl. K. Nyholm: Studien zum sog. geblümten Stil, Åbo 1971; K. Stackmann: Redebluomen, in: H. Fromm u. a. (Hgg.): Verbum et signum, Fs. F. Ohly, II, München 1975, S. 329–346; F. Schülein: Zur Theorie und Praxis des Blümens, Frankfurt a. M. 1976. Grundlage ist die Ausdrucksweise der antiken Rhetoriker. Vgl. Cicero: De orat. 3, 25, 96 (*flores verborum*); Quintilian: De inst. orat. 8, 3, 87 (*florida oratio*) und 12, 10, 70 (*flosculus*). Auch im 16. und 17. Jh. wird der rhetorische *ornatus* vielfach mit ›(ver)blümen‹ bezeichnet (vgl. Grimm, DWb, Bd. 12, Sp. 146, 3). Seit dem

15. Jh. wird aber ›blümen / verblümen / einblümen‹ auch für den allegorisch-emblematischen Sinnverweis verwendet, was im 18. Jh. endet (Adelung belegt 1801 zuletzt noch ›Verblümung‹ für ›Allegorie‹). Die trivialisierte Bedeutung ›verbergen‹ hält sich daneben mit meist negativer Intention (vgl. Grimm, DWb, Bd. 12, Sp. 147, 4). Im 16. Jh. wird ›verblümen‹ vielfach noch dogmatisch im theologischen Bereich verwendet (vgl. Trübner, DWb, Bd. 7, S. 393 f.). Der Ausdruck ›redeblume‹ für ›Metapher‹ hält sich bis ins 19. Jh. (vgl. Grimm, DWb, Bd. 8, Sp. 460).

30 Beschlußrede des Hans Sachs ›Summa all meiner gedicht‹ von 1579 in: Hans Sachs, hgg. A. v. Keller / E. Goetze, Bd. 21, Tübingen 1892, S. 341.

31 »Jedoch so ist die Allegorische red allweg der maß gestaltet, das man durch sy die warheyt, gleich als ein gestalt in einem spiegel glaß, oder etwas durch ein glaß sicht« (Vorrede zu den Züricher Propheten von 1529, zitiert nach H. Schultz: Dt. Fremdwörterbuch, Bd. 1, Straßburg 1913, S. 26). Die Allegorie als Spiegel der Welterfahrung spielt in Satire und Drama des ausgehenden 15. und des 16. Jh.s eine große Rolle, begrifflich geradezu im ›Weltspiegel‹-Drama (1550/51) des Valentin Boltz aufgegriffen (hg. A. Geßler, in: Schweizerische Schauspiele des 16. Jh.s, Bd. 2, Zürich 1891, S. 99–353). Vgl. Leyburn; Hess [s. Anm. 8], S. 21. J. Fischart sieht seine ›Geschichtklitterung‹ entsprechend als »beyspilige spiegelweiß und spiegelweißliches beyspiel« (hg. U. Nyssen, Düsseldorf 1963, S. 8). Seit der Renaissance bis ins 18. Jh. spielt als allegorische Verknüpfung von Spiegel-Bild und philosophisch-moralischer Auslegung die sog. Tabula Cebetis eine bedeutende Rolle (dazu vgl. Schleier, S. 55 ff.).

32 G. Ph. Harsdörffer: Frauen Zimmer Gesprächspiele [...] Tl. 4, Nürnberg 1644 (Neudr. Tübingen 1968), S. 245.

33 Den eigenen Auslegungscharakter der Allegorie betont besonders Flacius Illyricus: *Omnes [...] figurae, certa ratione ad proprium sensum tendunt, eumve explicant* (in: ›Clavis Scripturae Sacrae [...]‹. Jena 1674, S. 30).

34 Die Zahl der überhaupt vorkommenden Allegorien ist begrenzt. Ihre Deutungsvielfalt hängt mit den Möglichkeiten der Kombination zusammen, deren Vielfalt auf einem Teilgebiet Meier: Gemma, 1977 vorgeführt hat. Auf die Entwicklung einer allegorischen Aussage-Syntax hat Mrazek, S. 15 ff. verwiesen.

35 Dies gilt vor allem für die Flugblatt-Publizistik. Vgl. als Beispiel Hans Sachsens »wittembergisch nachtigall« bei B. Balzer: Bürgerliche Reformationspropaganda, Stuttgart 1973, S. 42 f. und 55 ff.

36 Vgl. Hess [s. Anm. 8], S. 141 f.; 294 ff.; 321 ff. u. ö.

37 Vgl. Wuttke, S. 131 f. mit der Anm. 53 genannten Literatur.

38 Vgl. das Lutherzitat o. Anm. 17. Ebenso äußert sich das im MA und in der frühen Neuzeit überaus verbreitete ›Dictionarium concionatorum pauperum‹ des Nicolaus de Byard (13. Jh.): *Inventa est ergo metaphora, vel indigentiae causa [...] vel ornatus, sicut vestis ad depellendum frigus fuit primo reperta, post adhiberi coepta est ad ornatum corporis, et dignitatem* (Ausgabe des Rodulphus a Torrignano, Freiburg i. Br. 1602, S. 67).

39 Vgl. Blank, 1975, Zur Entstehung des Grotesken, S. 40, 42 und 45.

40 Zur theonomen Dichtungsauffassung vgl. K.-H. Stahl: Das Wunderbare als Problem und Gegenstand der deutschen Poetik des 17. und 18. Jh.s, Frankfurt a. M. 1975, S. 25 ff.

41 Zur Wahrheitsdiskussion im Zusammenhang des Fiktionsproblems vgl. A. Buck: Renaissance und Barock, Tl. 1, Frankfurt a. M. 1972, S. 42 ff.; Stahl [s. Anm. 40] verweist S. 82 auf Bossu, der die *veritez historiques* gegen die höherwertigen *veritez morales et allegoriques* ausspielt (›Traité du poème épique‹, Bd. 1, Paris 1675, S. 337), an denen die Gelehrten interessiert seien. Der damit angerissene Funktionsort der allegorischen Wahrheit läuft im 17. Jh. konträr zur Fiktionsdiskussion, die auf identifikatorische

Leseinteressen abhebt. Vgl. W. Voßkamp: Romantheorie in Deutschland, Stuttgart 1973, S. 34 ff.

42 Vgl. Scaliger: Poetices libri septem (hg. A. Buck, Stuttgart-Bad Cannstatt 1964, S. 130). Harsdörffer (›Sonntagsandachten‹ 1649) definiert bezeichnend die zweite von drei Schriftauslegungsformen als »Gleichnußverstand« und spricht erst im Zusammenhang der »Bildkunst«-Deutung vom »verblümten und gesuchten heimlichen Verstand« der Emblematik (Zitat nach Mauser [s. Anm. 19], S. 76, Anm. 196).

43 Vgl. H. Baader: El equívoco. Die Uneindeutigkeit als Stil- und Strukturprinzip der spanischen Literatur im goldenen Zeitalter, in: H. Baader/E. Loos (Hgg.): Fs. F. Schalk, Frankfurt a. M. 1973, S. 12–39.

44 Vgl. grundlegend H. Blumenberg: Die Legitimität der Neuzeit, Frankfurt a. M. 1966, hier besonders S. 99 ff.

45 Zur christologischen Deutungstendenz im Protestantismus vgl. Mauser [s. Anm. 19], S. 71 ff. Die katholischen Theoretiker neigten wie z. B. der Dillinger Professor Salmeron dazu, Gott als Medium nicht nur die Bibel für die Menschen zuzuweisen, sondern auch in den *res et gesta* der Menschen ein *alphabetum* möglichen Verständnisses zu sehen. Vgl. Neumayr, S. 46.

46 Vgl. etwa Flacius Illyricus im ›Clavis‹ [s. Anm. 33], Bd. 2, S. 200: *Parvum est evangelium, dum id Deus revelat, et facit facile parvulis: magnum quoque contra est, dum id occultat, et facit difficile sapientibus.* Vgl. Moldaencke [s. Anm. 20], S. 248.

47 Im Sinne der prototypischen *scala Iacob* bei Erasmus: *Tu igitur, mi frater, [...] a corpore ad spiritum, a mundo visibili ad invisibilem, a littera ad mysterium, a sensibilibus ad intelligibilia, a compositis ad simplicia temet ipsum quasi gradibus quibusdam scalae Jacob erige [...]* (›Enchiridion militis Christiani‹, Canon V [1518], in: Opera [s. Anm. 17], Bd. 5, Sp. 38 f.).

48 Vgl. das ›Programma Poeticum‹ Sigmund v. Birkens im Anhang seiner ›Teutsche(n) Rede- bind- und Dichtkunst‹, Nürnberg 1679, S. 518. Zum Text und seiner allegorischen Konzeption vgl. Th. Verweyen: Daphnes Metamorphosen, in: Rezeption und Produktion [s. Anm. 23], S. 319–379.

49 M. Opitz, Buch von der deutschen Poeterey, hg. W. Braune/R. Alewyn, Tübingen 1963, S. 7. Zur Tradition vgl. R. Bachem: Dichtung als verborgene Theologie, Diss. Bonn 1955.

50 Zur mittelalterlichen Tradition bezogen auf Moses und David vgl. H. Steger: David rex et propheta, Nürnberg 1961, S. 98 ff., und erweitert Curtius, S. 221 ff. und 530 ff. (für Spanien im 17. Jh.). Verbunden damit erscheint die Anschauung vom Dichter als Prophet (*vates*) im Zusammenhang des auf Plato fußenden *furor poeticus* (mittelalterlich kodifiziert durch Isidors ›Etymologiae‹ 8, 7). Als Belege aus dem 16. u. 17. Jh. vgl. u. a. Vadian, ›De poetica et carminis ratione‹ (1518), hg. P. Schäffer, München 1973, S. 17 u. 20 (David und Moses als *vates*-Dichter) sowie S. 129 (*Primos poetas theologos fuisse*); Opitz [s. Anm. 49], S. 7 f., c. 1 (*furor poeticus*) und c. 2 (*Poeterey sey die erste Philosophie*); J. G. Schottel: Teutsche Sprachkunst, Braunschweig 1651, S. 219 f. Zu Grimmelshausen mit weiteren Verweisen Feldges, S. 21 f.

51 Opitz [s. Anm. 49], S. 7.

52 Vgl. Schottel [s. Anm. 50], S. 237, der als die Hauptaufgabe des sinnreichen Poeten betont, daß er »Gott / Natur / und Künste / mit Göttlichen / Natur- und kunstreichsten Worten abbildet / und dem Verstande und Begriffe des Hörers oder Lesers aufs lieblichste vordeutet«.

53 Meyfart [s. Anm. 28] spricht von einer »Metaphorische(n) Allegorey«, wenn z. B. im Drama ein Armer »sich immerdar einem Esel / vnd seinen Gesellen einem Ochsen

(vergleichet)« (S. 153), und überliefert damit einen Allegoriebegriff ohne ausdrücklichen Verweischarakter.

54 Dieser Sachverhalt wird von den Autoren selbst reflektiert und im Rahmen der Pillulen- und Hülsen-Allegorie etwa bei Grimmelshausen thematisiert (vgl. Gersch, S. 67 ff. und u. Anm. 71 zur Markknochen-Allegorie). Beide Positionen werden im 17. Jh. auch poetologisch behandelt. A. Buchner will dem Dichter nicht die Ausdeutung der »innerliche(n) Beschaffenheiten« von Abgebildetem zugestehen, Harsdörffer hingegen betont, daß »der Poet auf das eigenlichste die innerliche Bewantniß eines Dings« darzustellen habe. Vgl. hierzu Voßkamp [s. Anm. 41], S. 57.

55 Vgl. Scaliger [s. Anm. 42], S. 130, der die Bedeutungsweite des allegorischen Verständnisses am Zirkelkreis erläutert, von dessen Zentrum aus die Deutungen *educuntur quasi lineae quaedam a puncto circuli medio ad ambitum multarum sententiarum*.

56 Zum Einbezug der Rezipienten in die Sinnkonstitution allegorisch / emblematischer Texte vgl. Harms, 1973, Fragmentcharakter, S. 49 ff.

57 Die geistliche Dichtung des Protestantismus verzichtet im 17. Jh. z. T. bewußt auf *inventio* und rhetorischen Schmuck. Vgl. H.-H. Krummacher: Der junge Gryphius und die Tradition, München 1976, S. 448 ff.

58 Zur frühneuzeitlichen Gelehrtenkultur, deren Erforschung auf der Rezipientenseite noch offensteht, vgl. Ansätze bei A. Hirsch: Bürgertum und Barock im dt. Roman, Köln/Graz ²1957; W. Trunz: Der deutsche Späthumanismus um 1600 als Standeskultur, in: R. Alewyn (Hg.): Deutsche Barockforschung, Köln/Berlin ²1966, S. 147–181; P. O. Kristeller: Der Gelehrte und sein Publikum im späten MA und in der Renaissance, in: H. R. Jauß/D. Schaller (Hgg.): Medium aevum vivum, Fs. Bulst, Heidelberg 1960, S. 212–230; W. Barner: Barockrhetorik, Tübingen 1970; ders.: Ansätze zu einer Sozialgeschichte der Barockrhetorik, Jb. Akad. Wiss. Göttingen 1972, S. 29–32; Mauser [s. Anm. 19], S. 17 f. u. ö.

59 Die Wertschätzung dokumentiert sich anschaulich in den bürgerlichen Wappenallegoresen der frühen Neuzeit (vgl. H. Rosenfeld: Nordische Schilddichtung und mittelalterliche Wappendichtung, ZfdPh 61 [1936], S. 232–269, hier S. 266 ff.), in deren Zusammenhang auch Fischarts geplantes ›Werck vom Teutschen Wapenrecht‹ gehört haben dürfte (vgl. sein Vorwort zu M. Holtzwarts ›Emblematum Tyrocinia‹, hgg. P. v. Düffel/K. Schmidt, Stuttgart 1968, S. 93).

60 Vgl. Barner: Barockrhetorik [s. Anm. 58], S. 220 ff. Zur Grundlage dieser Haltung in der Renaissance vgl. Buck, S. 37 f.

61 Vgl. Hess [s. Anm. 8], S. 140 ff.; J. Schutte: »Schympff red«. Frühformen bürgerlicher Agitation in Thomas Murners »Großem lutherischem Narren« (1522), Stuttgart 1973. Die Allegorie als Medium einer Sprechrolle folgt häufig der traditionellen Personifikationsallegorie, doch zeigen Figuren wie Haintz Widerporst u. ä. bei Hans Sachs (hierzu Theiss, S. 36 ff.) oder der Baltanders bei Grimmelshausen (›Continuatio des [...] Simplicissimi‹, c. 9 ff., hg. R. Tarot, Tübingen 1967, S. 505 ff.), daß dieser vorgegebene Rahmen überschritten und im Zusammenhang mit der fiktiven *inventio* neu profiliert wurde.

62 Vgl. H. Wolff: Humanistische Einflüsse in der frühprotestantischen Literatur, WW 20 (1970), S. 145–160, hier S. 148 ff.

63 Typisch für die Gattung ist z. B. ›Der Welt Tummel: vnd Schaw-Platz. Samt der bitter: süssen Wahrheit‹ des Ägidius Albertinus, München 1612. Das Werk behandelt in 8 Teilen (Gott/Himmel/Hölle; vierfüßige Tiere; Kriechtiere; Vögel; Fische; Früchte/Kräuter; Metalle/Edelsteine/Brot usw.; Mensch) allegorisch umfassend die unbelebte und die belebte Natur.

64 Vgl. als Beispiele für sehr erfolgreiche Predigtlehren des 16. Jh.s, die Homiletik und

Rhetorik eng verklammern, die ›Ecclesiasticae rhetoricae libri VI‹ des Ludwig Granatensis (Köln 1578) und die ›De rhetorica ecclesiastica […] libri III‹ des Augustin Valerius (Köln 1575) (zur Allegorie sehr ausführlich S. 208 ff.).

65 Vgl. Birkner, S. 152 ff. Die entsprechende Legitimation der Allegorie, wodurch »eine Sache desto deutlicher und begreiflicher« gemacht werden könne, vgl. im Kontext pietistischer Fiktionskritik etwa bei Hieronymus Freyer (1675–1747), abgedruckt bei E. Weber (Hg.): Texte zur Romantheorie I, München 1974, S. 543.

66 Zum Zusammenhang von Beispielfigur und Typos vgl. Lausberg § 1244, B. Vgl. auch bei Melanchthon [s. Anm. 16]: *Itaque allegoria sequitur literalem sententiam* […] *velut ad exemplum aut imaginum comparare possumus* (S. 469). Die Beziehung von *allegoria* und *exemplum* findet sich schon bei Quintilian: De inst. orat. 8, 6, 52 angelegt. Zur Diskussion über das Verhältnis von Allegorie und Typologie vgl. Meier, 1976, S. 34 ff. Zur allegorischen Typologie im Barockdrama vgl. W. Voßkamp: Untersuchungen zur Zeit- u. Geschichtsauffassung im 17. Jh. bei Gryphius und Lohenstein, Bonn 1967, S. 152 ff. B. Tiemann: Sebastian Brant und das frühe Emblem in Frankreich, DVjs 47 (1973), S. 598–644, hier S. 620 f., hat wiederum gezeigt, daß Emblem und *exemplum* im Sinne des *illustrare* aufeinander bezogen sind.

67 Zum Bestand vgl. die keineswegs vollständige Übersicht bei K. Goedecke: Grundriß z. Gesch. d. dt. Dichtung, Bd. 2, Dresden ²1886, S. 125 ff.

68 Vgl. E. H. Rehermann: Die protestantischen Exempelsammlungen des 16. u. 17. Jh.s, in: W. Brückner (Hg.): Volkserzählung und Reformation, Berlin 1974, S. 579–675. Zur wirkungsgeschichtlich bedeutendsten Sammlung, des Andreas Hondorffs ›Promptuarium Exemplorum‹, ebd., S. 646–703.

69 So enthält z. B. die Hondorffsche Sammlung [s. Anm. 68] in der lateinischen Übersetzung und Bearbeitung des Philipp Lonicerus (Frankfurt a. M. 1598) eine allegorische Ausdeutung der Rübezahl-Sage auf die Mönche als Larven des Satans (S. 145, Nr. 11).

70 Die Rhetoriker des 17. Jh.s unterscheiden im Anschluß an Quintilian: De inst. orat. 8, 6, 47 ff. zwischen einer reinen Allegorie ohne Ausdeutung und einer gemischten mit ausformulierter Deutung. Vgl. u. a. Vossius [s. Anm. 28], S. 197 f.; Meyfart [s. Anm. 28], S. 151 u. 154 (mit Beispielen). Erdmann Uhse erweitert dieses Allegoriesystem in seinem ›Wohl-informirte[n] Redner‹ (1709, Nachdr. Kronberg 1974) auf sechs Arten: Libera, Adstricta, Prima, Simplex und Composita (S. 243).

71 Vgl. Fischart: Geschichtklitterung [s. Anm. 31], S. 25 f. im Anschluß an Rabelais' Vorrede zum ›Gargantua‹ (hg. R. Calder, Genève 1970, S. 13 f.). Die Ausführung greift auf die Allegorie vom Markknochen zurück, die ihrerseits auf der *medulla verborum* des Aulus Gellius (18, 4, 2) fußt. Zu Grimmelshausen Feldges, S. 15 ff. u. 23 f.; Gersch, 1973, und ders.: Ein Sonderfall im Zeitalter der Vorreden-Poetik des Romans: Grimmelshausens vorwortloser ›Simplicissimus‹, in: Rezeption und Produktion [s. Anm. 23], S. 267–284; K. Haberkamm: »Fußpfad« oder »Fahrweg«? Zur Allegorese der Wegwahl bei Grimmelshausen, ebd., S. 285–317. Vgl. auch C. Wiedemann: Zur Schreibsituation Grimmelshausens, Daphnis 5 (1976), S. 707–732, hier S. 711 ff. – Die Vorstellung fußt sowohl auf der Tradition von der Verhüllung als dem Grundziel der Poesie (vgl. Murrin, S. 10 ff.) als auch in der exegetischen Rechtfertigung von literarischen Fiktionen als süßer Hüllformen bitterer Wahrheit. Vgl. hierzu etwa die Begründung des Erasmus Alberus für seine Fabeldichtungen: »Dann wie die årtzte, bittere trånck […] mit zucker oder honig dem krancken eingeben, […] also muß man des menschen verderbten natur vnd vnverstand mit den holdseligen Fabeln, Bildern, und Gleichnissen helfen« (hg. W. Braune, Halle a. d. S. 1892, S. 2).

72 Vgl. Grimmelshausen im ›Simplicissimus‹ zum Leseverhalten seines Helden: »[…] mein gröste Freud und Ergetzung war / hinter den Büchern zu sitzen /[…]/ die von allerhand

Sachen tractirten / sonderlich solche / die ein grosses Nachsinnens bedorfften« (hg. R. Tarot, Tübingen 1967, S. 439, 19 ff.). Entsprechend in der Einleitung Grimmelshausens zum ›Ewigwåhrenden Calender‹ (1670, Nachdr. hg. K. Haberkamm, Konstanz 1967): »[…] in Durchlesung […] hôhern Dingen nachzusinnen.« Vgl. auch Fischart: Geschichtklitterung [s. Anm. 31], S. 25 »[…] das man hie diß Büchlin recht eröffene, unnd dem innhalt gründlich nachsinne.« Entsprechend muß das Werk von den Lesern »auff ein höhersinnige außlegung« (S. 25) bezogen werden, was auf Rabelais [s. Anm. 71] zurückgeht: »à plus hault sens interpreter« (S. 12). Das Thema des Nachsinnens als Aufgabe der Poeten und Leser durchzieht auch die Theorie-Schriften. Vgl. z. B. A. Buchner: Poet (1665), hg. M. Szyrocki, Tübingen 1966, S. 26 (Autor) und 29 (Leser).

73 Untersucht z. B. für Gryphius in dieser Funktion durch Jöns, hier S. 262.

74 Ästhetischer Maßstab und Bedingungsregel der Textgestaltung ist dabei die »Künstlichkeit« der ›Zitierung‹. Vgl. u. a. D. G. Morhof: Unterricht von der deutschen Sprache und Poesie, 1682, hg. H. Boetius, Bad Homburg u. a. 1969, S. 327 f., im Zusammenhang der Legitimation Vergils.

75 Zum Zitatcharakter der Allegorie im 16. u. 17. Jh. vgl. Wang, 1975, S. 18, und das Material der Arbeit. Murrin verweist S. 75 ff. auf die »memorial role in society« für die Allegorie.

76 Erasmus [s. Anm. 17], Sp. 1046.

77 Vgl. Quintilian: De inst. orat. 6, 2, 29 und Cicero: De orat. 3, 40, 160. Lausberg, § 559.

78 Vgl. o. Anm. 49 f.

79 Im Zusammenhang der Allegorisierung des antiken Mythos. Vgl. Seznek; Pépin, 1958; E. Wind: Pagan mysteries in the Renaissance, London 1958; Allen, 1970; A. Buck: Die Rezeption der Antike in den romanischen Literaturen der Renaissance, Berlin 1976, S. 193 ff.

80 Vgl. u. a. Vadian [s. Anm. 50], S. 129 ff.

81 Vgl. Schings, S. 110 ff.

82 Helmich, S. 156 ff. wählt für die Summe allegorischer Strukturierungen den treffenden Begriff des »allegorischen Kosmos«. Zum Zusammenhang von Nachahmungslehre und Allegorie in der Renaissance vgl. Steadman, S. 71 ff.

83 Vgl. Garber, S. 285 ff. als ein Beispiel für diesen Sachverhalt. Zur mittelalterlichen Tradition allegorischer Naturschilderung vgl. Piehler.

84 Zum Aspekt der allegorischen Auslegung aus der Funktionalität des Kontextes vgl. Verweyen [s. Anm. 48]. Vgl. auch Tuve, S. 219 ff. unter dem Gesichtspunkt der »imposed allegory«. Zur Auflösung der engen Beziehung von Bild- und Sinnebene vgl. Blank, 1973/1975, für den Bereich des Grotesken.

Allegorie und Satire auf illustrierten Flugblättern des Barock

Von Michael Schilling (Hamburg)

»Der Begriff Satire ist von irritierender Vieldeutigkeit«[1]. Dieses Zitat kennzeichnet die Schwierigkeiten, vor die sich der Literaturwissenschaftler bei dem Versuch gestellt sieht, den Gegenstandsbereich Satire zu definieren oder auch nur einzugrenzen. Da man lediglich das Wort Satire auszutauschen hätte, um einen treffenden Eröffnungssatz eines Forschungsberichts zur Allegorie zu erhalten[2], scheint ein Referat mit dem Titel ›Allegorie und Satire …‹ ein leichtfertiges oder gar vermessenes, auf jeden Fall aber gewagtes Unternehmen zu sein. Da jedoch die Verfasser literarischer Werke nur selten Rücksicht auf die Probleme der Literaturwissenschaft späterer Jahrhunderte nehmen, ist man zuweilen gezwungen, aus dem verfügbaren begrifflichen Instrumentarium mehr als eine an sich schon komplizierte Kategorie auszuwählen, um bestimmte literarische Erzeugnisse angemessen zu beschreiben und zu analysieren.

Das Verhältnis von Allegorie und Satire[3] ist von der bisherigen Forschung nur selten berührt und noch seltener thematisiert worden. Immerhin enthalten die erschienenen Arbeiten z.T. wichtige Einzelergebnisse, die in der Zusammenschau bereits bemerkenswerte Aspekte des Problems vermitteln. Ellen Douglas Leyburns theoretische Ausführungen zur Allegorie weisen noch deutlich apologetische Züge auf und zollen der ablehnenden Minderbewertung dadurch Tribut, daß die Personifikation, gegen die sich der kritische Eifer seit dem Wandel der dichtungstheoretischen Anschauungen im 18. Jahrhundert vornehmlich richtete, aus dem Bezirk des Allegorischen ausgewiesen wird[4]. Von den Gemeinsamkeiten, die nach Ansicht der Verfasserin Allegorie und Satire verbinden, scheinen besonders die Indirektheit wichtig zu sein sowie die Beobachtung, daß sich der Satiriker die Fähigkeit der Allegorie zunutze machen kann, die Sehweise des Lesers zu steuern[5]. Eine solche Steuerung der Leserperspektive nimmt z.B. Thomas Murner vor, wenn er den Fäkalbereich zum Bildfeld der Allegorie wählt, um die durch die Bildebene hervorgerufene Abscheu des Lesers auf das Luthertum als die Bedeutungsebene der Allegorie zu übertragen[6]. Ähnliches gilt für die Ausstattung von Lasterpersonifikationen mit den Merkmalen des Häßlichen[7]. Eine andere Form der Steuerung hat Walter Müller-Seidel an Grimmelshausens ›Simplicissimus‹ beobachtet: Während die ›Allegorie des Paradieses‹ zu Beginn und am Ende des Werks das christliche Leben des Helden signifiziert, führt sie im Mittelteil das geschilderte Welttreiben in ironischer Brechung der Satire zu, indem durch die Unangemessenheit des allegorischen Vergleichs gerade die Distanz zum himmlischen Paradies hervortritt[8]. Ein weiteres Beispiel ironischer Allegorie behandelt Ulrich Gaier in seinem ›Entwurf einer Definition der Satire‹: An Lohensteins ›Sonnet an Mirabellen‹

demonstriert er, wie vor dem Hintergrund petrarkistischer Hyperbolik Allegorien »durch Verzerrung überformt« und damit »zu spezifischen Mitteln der Satire« werden[9].

Ein wichtiger Aspekt zum Verhältnis von Allegorie und Satire liegt fernerhin
in der wechselseitigen Ergänzung, durch welche beide voneinander profitieren.
John MacQueen sieht in der Kombination allegorischer Erzählstruktur und
Sinndimension mit dem Detailreichtum und der Erzählhaltung der Satire eine
Grundlage für »literary forms of great potential«[10]. An einigen Passagen aus
englischen Schauspielen des späten Mittelalters und der Reformationszeit zeigt
er, wie einerseits die Allegorie an Plastizität gewinnt, wenn sie realistische Details in die Bildebene einfügt, anderseits die satirische Kritik an der so aufgenommenen Realität aus dem Bereich des Einzelfalls auf ein abstrakteres Niveau
gehoben wird[11]. Vergleichbares hat Günter Hess an Heinrich Bebels ›Trium-
phus Veneris‹ herausgearbeitet: Die Rahmenallegorie des *conflictus virtutum et
vitiorum* transportiert die ständesatirische Revue des Mittelteils auf eine höhere
Ebene der Kritik[12].

Beiläufig behandelt Hess mit dem ›Gorgonevm Capvt‹ Fischarts ein Beispiel
aus dem Bereich der illustrierten Flugblätter[13]. Dieser Bereich zieht seit etwa
zehn Jahren wieder stärkeres Interesse der Forschung auf sich, wobei auch die
besondere Rolle, die Allegorie und Satire innerhalb dieses Mediums spielen, in
einigen Einzeluntersuchungen hervortrat[14]. Bezeichnenderweise sind an der
Erschließung der Flugblätter mehrere Universitätsfächer beteiligt[15], bezeichnend allerdings weniger für die Forschung, deren Organisation interdisziplinäres
Vorgehen noch immer zu einem Schattendasein verurteilt, als für den Gegenstand und seine thematische Vielfalt: Das inhaltliche Spektrum der illustrierten
Flugblätter reicht vom Werbeblatt für Schaustellungen bis zur akademischen
Lehrtafel, von knapper Nachricht über Kriegs- und Naturereignisse bis zur auf-
gebauschten Sensationsmeldung über allerlei Monströsitäten, von engagiert polemischer Stellungnahme zu politischen Auseinandersetzungen bis zur Okkasio-
nalistik, von Moralsatire und -didaxe bis zur frömmelnden Erbauung. Entsprechend der thematischen Heterogenität ist auch das Publikum der illustrierten
Flugblätter zu differenzieren: Ein kunstvolles »carmen figuratum, Darinnen alle
funffzehen Trogaische oder langkurtze Teutsche Reimarten begriffen seyn«, wie
es Justus Georg Schottel seinem Fürsten Herzog August von Braunschweig und
Lüneburg, dem Gründer der Wolfenbütteler Bibliothek, widmet[16], wendet
sich an eine andere Leserschaft als eine ›Erbärmlich vnd klägliche Zeitung vnd
wunder geschichten‹, die mittels einfacher Knittelverse und eines groben, scha-
blonenkolorierten Holzschnitts von Wolkenbrüchen und Überschwemmungen
in Niederösterreich berichtet[17]. Satirische Blätter, die vorwiegend gegen den
jeweiligen politisch-konfessionellen Gegner gerichtet oder aber moralischer Natur sind, suchen in der Regel ihrer propagandistischen Tendenz gemäß ein breites Publikum zu erreichen[18]. Mit kritischer Einstellung berichtet Kaspar Stieler über »Satyrische Schriften/ spöttische Durchhechelungen und Pasquille/
wormit mancher gewinst-süchtiger Merkurius-Bote sich wol rümen und kutzlen

Abb. 1: Flugblatt, o.O. (1631/32) (Wolfenbüttel, Herzog August Bibliothek: IH 188).

Abb. 2: Flugblatt, o.O. 1631 (Wolfenbüttel, Herzog August Bibliothek: IH 178).

Abb. 3: Flugblatt, o.O. (1631/32) (Berlin, Staatsbibliothek, West: YA 6300 kl).

Abb. 4: Flugblatt, o.O. (1619/20) (Wolfenbüttel, Herzog August Bibliothek: IH 121).

darf/ weil ihm wissend/ daß der gemeine Mann solch schnödes Ding gern höret und lieset«[19]. Ähnlich hatten bereits die Reichsabschiede von 1567 und 1570, die deutlich von der Sorge um die Wirkung der »schamlose(n) Schmähschrifften/ Bücher/ Karten und Gemählde« diktiert sind, festgestellt, daß derartiges Schrifttum vorwiegend auf »gemeinen Jahrmärckten/ Messen/ und in andern Versamblungen umbgetragen/ feil gegeben/ verkaufft« und »sonderlich dem gemeinen Mann« zugeschoben werde[20]. Bei der folgenden Untersuchung ausgewählter, doch repräsentativer Einzelbeispiele, in der die Funktionen der allegorischen Darstellung im Rahmen der satirischen Zielsetzung illustrierter Flugblätter analysiert werden sollen, ist also davon auszugehen, daß die Gestaltung der einzelnen Blätter mit dem Verständnis und dem Interesse eines breiten Publikums rechnen konnte.

Anfang des 18. Jahrhunderts erschienen bei Johann Christoph Hafner in Augsburg zwei Flugblätter[21], auf denen die traditionsreiche Bildlichkeit des Vogelfangs noch einmal aufgegriffen[22] und zu mildem Spott gegen leichtfertige und oberflächliche Liebe verwendet wird. Das eine Blatt zeigt, wie eine »Buben fangerin« mit Flöte und menschlichem Lockvogel mehrere teils mit Narrenkappen versehene Männer, die wie Vögel herbeigeflattert kommen, in ihre Netze lockt. Mit dieser Darstellung korrespondiert das zweite Blatt, das als männliches Pendant den »Mägdlen Fanger« bei seiner Arbeit vorführt, bei der er sich einer Laute als Lockmittel bedient. Der graphischen Substitution der Vögel durch Menschen, mit der die Verwendung der Laute als Lockmittel einhergeht, entspricht das Verfahren des Textes, bei dem das Wort Vogel durch »mägdlen« bzw. »Buben« ersetzt wird. Die damit erfolgende Vermischung von Bild- und Bedeutungsebene der Allegorie ermöglicht das sofortige Erkennen des Sinnzusammenhanges. Zugleich dient das Durchbrechen der Bildebene als überraschendes Verfremdungsmoment, dessen – zwar nicht mehr ganz neuer[23] – Witz das Interesse und die Kauflust des Publikums anregen sollte[24]. Die in der christlichen Bildtradition vorgegebenen Auslegungen, die den Vogelfänger mit Frau Welt, dem Teufel oder später mit dem konfessionellen Gegner gleichsetzen konnten, treten auf den beiden Blättern nicht in Erscheinung; die Bedeutungsebene bleibt auf den Bereich der Erotik beschränkt. Die Funktion der Allegorie ist in diesem Fall hauptsächlich als illustrative Unterhaltsamkeit zu umschreiben und bildet damit – um einen dichtungstheoretischen Topos des Barock zu verwenden – den Zuckerguß der hier nicht allzu bitteren Pille der Wahrheit[25]; die Absicht der Satire, eine auf Äußerlichkeiten basierende Liebe als dumm und gefährlich zu entlarven, vermittelt sich auf dem indirekten Weg der allegorischen Darstellung des Vogelfangs[26].

Wenn auch der Unterhaltungswert, der in dem einkleidenden Verfahren der Allegorie begründet liegt und einen wesentlichen Faktor für den Erfolg eines Blattes beim Publikum bildet, eine wichtige funktionelle Komponente aller mit Bildlichkeit operierenden Flugblätter ausmacht, so lassen sich doch in den meisten Fällen weitere Funktionen für die Verwendung von Allegorie auf satirischen Blättern feststellen. Die Flugblattpropaganda im Dreißigjährigen Krieg weist mehrere Schwerpunkte auf, deren einer deutlich auf dem Kriegseintritt und den ersten militärischen Erfolgen der Schweden liegt. Während die kaiserlich-katholische Partei in dieser Phase nur ganz vereinzelt zum Medium des Flugblatts griff, nutzten es die protestantischen Publizisten um so intensiver. Nach der Schlacht von Breitenfeld am 17. September 1631, in der Tillys Heer den vereinigten schwedischen und sächsischen Truppen unterlag, richtete sich der Spott der Flugblätter besonders auf den kaiserlichen Feldherrn, der mit der Zerstörung Magdeburgs am 20. Mai 1631 den Haß der Protestanten auf sich gezogen hatte. Das Blatt ›Wolbestalter Ligistischer General Lautenschläger‹ [Abb. 1] zeigt Tilly in voller Rüstung beim Lautenspiel; seinem Instrument springen die Saiten ab [27]. Der Text sagt einleitend, daß zu den zahlreichen Fertigkeiten Tillys auch das Lautenspiel zähle [28], und nimmt diese Feststellung als Ausgangspunkt für die allegorische Darstellung des militärischen Werdegangs Tillys als Karriere eines Lautenisten:

> Nachdem Tilly bei einem Jesuiten das Spiel gelernt habe, sei er zu großem Ansehen bei Papst, Kaiser und Maximilian von Bayern gelangt. Unter Anspielung auf die Schlacht am Weißen Berg vom 8. November 1620, in der das Heer Friedrichs von der Pfalz entscheidend von den Truppen Tillys geschlagen wurde, heißt es, daß Tilly dem Pfalzgrafen zum Tanz aufgespielt habe, bis dieser erschöpft den Tanzplatz verließ. Als Tilly – durch seine Erfolge übermütig geworden – bei Breitenfeld auch Gustav Adolf von Schweden und Johann Georg von Sachsen aufspielen wollte, habe er seine Saiten überspannt, so daß sie gerissen seien. Mit der Drohung, man werde Tilly an den Saiten aufhängen, sollte er noch einmal gegen die Schweden vorzugehen wagen, wird die Laute ihrer bedeutungstragenden Funktion entledigt. Diese überraschende Beschränkung auf die eindimensionale Wortbedeutung des zuvor durchlaufend allegorisch verwendeten Gegenstands verschafft dem Text eine wirkungsvolle Schlußpointe.

Die allegorische Technik des Blattes ist wie bei den behandelten Vogelsteller-Allegorien geprägt durch eine Mischung der Bild- und Bedeutungsebenen, die sowohl die Applikation der Allegorie auf zeitgenössische Personen und Geschehnisse klarstellt und damit der Verständlichkeit dient als auch die Neugier des Betrachters durch die Verfremdung der Wirklichkeit weckt und mit den Diskrepanzen zwischen Bild und Bedeutung das Publikum unterhält. Mit der Wahl eines Saiteninstruments zum Bildspender [29] verbinden sich jedoch nicht nur illustrative Absichten, wie sie bei den Vogelfang-Blättern vorherrschten. Im Vordergrund dürften vielmehr wertende Tendenzen gestanden haben, die in sprichwörtlichen Redensarten vom Überspannen und daraus resultierenden Reißen der Saiten ihre Grundlage haben und die Fehleinschätzung eigener und fremder Kräfte verurteilen [30]. Die ihrerseits schon auf antike Quellen zurückgehende [31] Anwendung dieser Bildlichkeit auf den engeren Bereich der Politik läßt sich im 17. Jahrhundert in der Emblematik nachweisen und warnt dort die Obrigkeit vor übermäßiger Härte [32]. Wenn folglich Tilly als Lautenist erscheint, der seine Saiten überspannt, treffen ihn damit die Vorwürfe mangelnder Selbsteinschätzung und grausamer Herrschaft. Den ersten Vorwurf unterstreicht das Blatt durch eine Szene, die sich im Hintergrund der Graphik abspielt, auf die im

Text jedoch nicht eingegangen wird: Der Sturz des Icarus als Exempel der Superbia verweist auf die Ursache für Tillys Niederlage[33]. In einem durch die Größe der Drucktypen und das abweichende Versmaß ausgezeichneten Vierzeiler faßt das Blatt die beiden Vorwürfe der Superbia und der Tyrannis zusammen, die zugleich als Gründe für Tillys Sturz hingestellt werden:

> Sih! springstu nun / da ich fast kom
> Auffs öbrste Semitonium?
> Wenn ein Tyrann bald steigt auffs höchst /
> Ist er dem Fall auffs allernächst[34].

Die moralische Kritik an Tilly äußert sich sowohl auf der Bedeutungsebene der Lauten-Allegorie bzw. des Icarus-Exempels als auch auf der Bildebene, wo Ehrgeiz und Stolz den Charakter des Lautenisten bestimmen[35].

Der Vorgehensweise direkter Kritik, die sich auf dem zuletzt behandelten Blatt in den Vorwürfen der Superbia und Tyrannis artikulierte, steht die Möglichkeit gegenüber, den politischen Kontrahenten auf indirektem Wege mit Hilfe der Allegorie moralisch zu diskreditieren. Von ihr macht das ebenfalls nach der Schlacht von Breitenfeld erschienene Blatt ›Tyllische Confect-Gesegnung‹ [Abb. 2] Gebrauch[36]. Es gehört zu einer Gruppe von Flugblättern, die den Einfall und die Niederlage der kaiserlichen Truppen in Sachsen als mißglückten Versuch darstellen, ungebeten und ohne die Absicht zu bezahlen, von einer köstlichen Konfekttafel zu naschen[37]. Das in Frage stehende Blatt stellt einen Zusammenhang her zwischen der Zerstörung Magdeburgs und der Schlacht von Breitenfeld, indem die zur Hochzeit mit Tilly gezwungene Magdeburger Jungfrau – die Bildlichkeit findet ihren Bezugspunkt in Namen und Wappen der Stadt – mit dem sächsischen Konfekt über ihre erlittene Schmach getröstet werden soll. Tilly erscheint als lüsterner Greis und prassender Zechpreller, wobei beide Kennzeichnungen bewußt auf die Person des zweiundsiebzigjährigen Feldherrn gemünzt sind, der sich »vor der Schlacht bey Leipzig ... dreyerley zu rühmen« pflegte: »daß er kein Weibsbild berühret, sich nie voll getruncken, und keine Schlacht verlohren hätte«[38]. Die zur Last gelegten Laster der Voluptas und Gula haben jedoch nur auf der Ebene der Bildlichkeit Geltung; mit dem Übertragungsbereich stimmen sie zwar hinsichtlich des negativen Vorzeichens überein, nicht jedoch auch in bezug auf die Inhalte, die dort als Grausamkeit und Machtgier zu umschreiben sind[39].

Die qualifizierende Funktion der Allegorie tritt besonders deutlich auf einem Blatt hervor, das ebenfalls 1631 erschien und die politischen und militärischen Auseinandersetzungen seiner Zeit als ›Tugendt vnd Laster Kampff‹ [Abb. 3] darstellt[40]. Dabei wird die moralische Kritik am Gegner in heilsgeschichtliche Perspektive gerückt und dadurch in erheblichem Maße verschärft. Auf der linken Seite reiten die Tugenden in den Kampf; als ihre Vorkämpfer treten der *miles Christianus* Gustav Adolf sowie die Kurfürsten von Sachsen und Brandenburg auf, die durch heraldische Bildelemente kenntlich gemacht sind. Die Laster werden von Tilly angeführt, der durch sein Reittier, einen Wolf im Schafspelz, als arglistig und heuchlerisch charakterisiert wird[41]; ihm folgen der Kurfürst von Bayern und der auf der »Confect Saw« reitende Pappenheim. An der sich anschließenden Schar der Laster fällt auf, daß unter Beibehaltung der traditionellen Reittiere der größere Teil der Personifikationen durch Angehörige des römischen Klerus – vorwiegend Jesuiten – ersetzt wird. Diese Substitution, die nicht wie auf den bisher behandelten Blättern als Einbruch der Bedeutungs- in die Bildebene anzusehen ist, sondern die signifizierten Laster konkretisiert und mit zeitgenössischen Gruppen identifiziert, bewirkt eine drastische Verschärfung des satirischen Angriffs. Die Allegorie des *conflictus virtutum et vitiorum* stellt die qualitativen Kategorien bereit, in welche die zeitgenössischen Exponenten eingeordnet werden. Freund und Feind werden entpersonalisiert und in das kategoriale Schema des geltenden Normensystems überführt[42]; das Vorzeichen des jeweils aufgedrückten Wertungsstempels entscheidet über die affirmativ-panegyrische oder kritisch-satirische Applikation der Allegorie, wobei eine antithetische Anwendung wie bei dem ›Tugendt vnd Laster Kampff‹ die beabsichtigte Wirkung durch das Mittel der Kontrastierung noch verstärkt. Eine äußerste Steigerung erfährt diese Antithese, wenn die Wertung der gegenüberstehenden Parteien nicht nur aus moralischer, sondern aus heilsgeschichtlicher Sicht erfolgt. Die Teufel und das Höllenfeuer auf der einen, das Jahwe-Zeichen und der Erzengel auf der anderen Seite indizieren nicht nur den erfolgreichen Ausgang des Kampfes für die Tugend-Partei, sondern geben der qualifizierenden Zuordnung den Charakter des Unabänderlich-Endgültigen[43]. Die Allegorie kommt also nicht nur der satirischen Taktik indirekten Vorgehens entgegen, sondern kann auch die Normenbasis freilegen, von der aus die Satire ihren Angriff führt. Es ist allerdings zu bezweifeln, daß die satirische Kritik, die auf der Lasterseite des Flugblatts zum Ausdruck kommt, noch von der Absicht der Korrektur und Persuasion getragen wird; die Massivität und Radikalität der Vorwürfe lassen keinerlei Willen zum Dialog mit dem Gegner erkennen und dienen nur noch der Bestätigung und der Legitimation des eigenen Standpunkts[44].

Die bisher ermittelten Funktionen der Unterhaltung und der Wertung bilden zwar ganz wesentliche Momente der Beziehung von Allegorie und Satire, geben jedoch noch keine befriedigende Erklärung für die Dominanz der Allegorie auf den satirischen Flugblättern. So können etwa die Formen der Groteske oder der Fabel eben dieselben Funktionen wahrnehmen und finden sich doch nur selten auf den illustrierten Flugblättern, wo sie obendrein auch noch oft mit Allegorischem verknüpft werden[45]. Unterhaltung und qualifizierende Einflußnahme als Leistungen der Allegorie überlagern sich zumindest teilweise mit den Gesichtspunkten der gemeinsamen Indirektheit und der potentiellen Steuerung der Leserperspektive durch die Allegorie, mit denen die Forschung die Affinität von Allegorie und Satire erklärt. Als dritter Aspekt wird in den vorliegenden Arbeiten angeführt, daß mit Hilfe der Allegorie der Angriff der Satire über den Bereich der jeweils konkret kritisierten Wirklichkeit hinaus auf ein abstrakteres Niveau gehoben wird und dadurch allgemeinere Gültigkeit beanspruchen kann. Dieser Aspekt ist bereits in der konstatierten Allegoriefunktion der Wertung

enthalten, da die zeitgenössischen Exponenten – wie gesehen – mit der Einordnung in das geltende Normengefüge qualifiziert, aber auch entpersonalisiert
werden. In einem anderen Sinn jedoch läßt er sich zu einem weiterführenden
Gesichtspunkt ausbauen. Die häufige Verwendung von Bibelzitaten[46] und
Sprichwörtern[47] auf sprachlicher, von ikonographischen Zitaten[48] auf bildlicher Ebene zeigt an, daß es den Verfassern der Flugblätter auf autoritative Absicherung ihrer Aussagen ankam. Objektivierende Wirkung konnten die Autoren aber auch vom Gebrauch der Allegorie erwarten. Die Kontinuität allegorischen Sprechens, die seit der Patristik nicht nur den religiösen Bereich, sondern
durchaus auch die politische Sphäre umfaßt[49], gibt die eigentliche Ursache für
das Gewicht der Allegorie auf den illustrierten Flugblättern zu erkennen: die un-
gebrochene Fortdauer mittelalterlicher Allegorie-Tradition. Daß es sich dabei
nicht um konservative Weitergabe althergebrachter, vom modernen Denken der
Zeit längst überholter Formen handelt, bekunden sowohl der variable und damit
lebendige Umgang mit der Tradition als auch vor allem das Medium des Flugblatts, dessen Aktualitätsbezug und propagandistische Intentionen ein Tradie-
ren aus Pietät gegenüber dem Überkommenen weitgehend ausschließen[50].
Die Lebendigkeit allegorischer Tradition tritt uns auf den Flugblättern nicht nur
in der assimilierenden Konstanz zahlreicher allegorischer Bildkomplexe entgegen (z. B. Kampf der Tugenden und Laster, Schiff der Kirche[51], Y-Si-
gnum[52]), denen als Topoi bereits argumentative Kraft eignet[53], sondern beruht vor allem auf der fortgesetzten Gültigkeit der grundlegenden theologischen
Prämissen, auf denen das allegorische Weltverständnis des Mittelalters fußt[54].
Die Allegorie vermittelt auch noch im 17. Jahrhundert geistige Wahrheiten und
kann deshalb der parteilichen Kritik des Satirikers den Anstrich der Objektivität
geben und die Glaubwürdigkeit seiner Aussage erhöhen[55].

Besonders deutlich tritt diese Objektivierungstendenz hervor, wenn mit der
christlichen Naturallegorese, der allegorischen Bibelexegese, der Typologie und
Etymologie Allegorietypen in den Dienst der Satire treten, die primär exegetisch
ausgerichtet und theologisch fundiert sind und nur sekundär einer vorwiegend
rhetorisch geprägten Verwendung der Allegorie zur Verfügung stehen. Die Auslegung des Antichrist auf den Papst, welche die konfessionellen Auseinandersetzungen in das Licht der Heilsgeschichte rückt und die jeweiligen Parteien mit
unüberbrückbar gegensätzlichen Wertungen versieht, bildet die Folie, vor der
das Blatt ›Allgemeiner Landtschwarmb der Jesuitischen Hewschrecken‹ [Abb.
4] seine eigentliche Wirkung entfaltet[56]. Das Blatt beginnt mit einer Beschreibung der »Art vnd Natur der Häuwschrecken« und legt damit den Grund für die
Allegorese auf die Jesuiten. Dieser Schritt, der sich an der allegorisierenden Naturkunde orientiert, wird von einem zweiten ergänzt, der mit Hilfe der allegorischen Bibelexegese die apokalyptischen Heuschrecken auf die Jesuiten deutet[57]. Naturkunde, Bibelexegese und Polemik verbinden sich auf diesem Blatt
zu einem schier undurchdringlichen Gemisch von Thesen und kausalen Ver-
knüpfungen: Die behauptete Identität von Papst und Antichrist gewinnt faktische Kraft und dient als Begründung der Exegese der apokalyptischen Heu-

schrecken auf die Jesuiten. Diese Exegese wird außerdem durch die allegorische Auslegung der Natur gestützt, die zugleich in einem Rückkoppelungseffekt die Ausgangsthese zu verifizieren hilft.

Auf dem Blatt ›Allgemeiner Landtschwarmb‹ kommt auch die allegorische Sonderform der Typologie zur Anwendung[58], indem Luther und der Papst mit Judas Makkabäus und Antiochus verglichen werden[59]. Typologisches findet sich auf den Flugblättern oft um die Person Gustav Adolfs von Schweden, der als Alexander, Judas Makkabäus, David, Josua oder Gideon erscheint[60]. Die Typologie dient in diesen Fällen zwar primär dem Herrscherlob, umschließt aber auch den jeweiligen Widerpart und dessen Antityp. Auf dem Blatt ›Schwedischer Hercules‹ ist es sogar hauptsächlich der negative Antitypus, der den Inhalt des typologischen Schemas steuert: Die geläufige Darstellung des Papsttums als siebenköpfiger Drache beschwört das Bild der Hydra herauf und bestimmt so Hercules zur Präfiguration Gustav Adolfs[61].

Eine Methode, die Bedeutung einer Sache oder Person zu ermitteln, hatte das Mittelalter mit der Etymologie entwickelt[62]. Sie ist als Beweismittel auch im 17. Jahrhundert noch weithin akzeptiert[63] und spielt, besonders in Form der Namensetymologie, eine wichtige Rolle in der zeitgenössischen Polemik[64]. So lassen sich die protestantischen Flugblattverfasser nur selten die Möglichkeit entgehen, die Jesuiten mit einer der zahlreichen pejorativen Etymologisierungen zu versehen, von denen nur drei genannt werden sollen: Die Form »Suiten« beabsichtigt, die Negativbedeutungen der *res* ›Schwein‹ auf die Societas Jesu zu übertragen[65], und ist Grundlage der häufigen graphischen Darstellungen der Jesuiten als Säue. Der Name »Esawiten« setzt die Ordensmitglieder im Sinne einer Negativtypologie in eine Beziehung zur Gestalt Esaus[66]. Die Form »Jesuwider« schließlich dient als weitere Bestätigung des behaupteten antichristlichen Charakters des Papsttums[67].

Zusammengefaßt hat die Funktionsanalyse drei Faktoren ergeben, die das Verhältnis von Allegorie und Satire auf den illustrierten Flugblättern bestimmen:

1. Die Allegorie kommt der indirekten Vortragsweise der Satire entgegen. Ihr Unterhaltungswert, der nicht selten durch bewußte Reibung zwischen Bild- und Bedeutungsebene erhöht wird, räumt mögliche innere Widerstände des Publikums gegenüber der Feindseligkeit der Satire aus und fördert so die Aufnahmebereitschaft für die vorgebrachte Kritik.

2. Die Allegorie ordnet die Objekte der Kritik moralisch-heilsgeschichtlichen Kategorien zu und gibt damit die Normenbasis zu erkennen, von der aus die Satire operiert. Die Kritik wird so einerseits aus dem Bereich eines unverbindlichen Einzelfalls auf das Niveau allgemeinerer Geltung gehoben; auf der anderen Seite gewinnt sie beträchtlich an Schärfe, da die angegriffenen Personen und Zustände nunmehr das gesamte Inhaltsspektrum der jeweils angeführten negativen Wertungskategorie trifft.

3. Die Allegorie vermittelt der satirischen Kritik Glaubwürdigkeit. Die Verwendung von allegorischer Exegese, Naturallegorese, Typologie und Etymolo-

gie auf den illustrierten Flugblättern unterstreicht die fortgesetzte Gültigkeit der theologisch fundierten Anschauung, daß die Allegorie geistige Wahrheiten entdecke.

Abschließend seien zwei Aspekte hervorgehoben, die sich aus dem untersuchten Material ergeben. Zum einen zeigt das Medium des Flugblatts, daß man bei einem breiten Publikum die Fähigkeit voraussetzen durfte, allegorische Darstellungen und Anspielungen aufzulösen, wobei bestimmte Techniken des allegorischen Sprechens wie die der Mischung von Bild- und Bedeutungsebene Hilfestellung leisten konnten. Die Allegorie ist keine esoterische Angelegenheit, als die sie in bestimmten Bereichen zeitweise erscheinen konnte [68]. Zum anderen offenbart sich in der Fülle der den protestantischen Standpunkt vertretenden Blätter ein weiteres Mal, daß Luthers Ablehnung der Allegorie als Mittel der theologisch-dogmatischen Argumentation in der praktischen Theologie des Protestantismus nicht zur Geltung kam [69].

Daß die argumentative Kraft der Allegorie sowohl von katholischer als auch von protestantischer Seite in Anspruch genommen werden konnte, führte bisweilen zu regelrechten Fehden um bestimmte allegorische Komplexe. So offenbaren sich Macht und Ohnmacht der Allegorie besonders eindringlich auf dem Flugblatt ›Die letzte fart der Bapstischen Galeien‹. Es karikiert die von den Katholiken beanspruchte allegorische Selbstdarstellung als Schiff der Kirche, indem der Schiffsrumpf in ein der Höllenikonologie entnommenes Monstrum verwandelt wird und mehrere Teufel Wind in das löchrige Segel blasen [70]. Die Allegorie der *navis ecclesiae* wird so mit allegorischen Mitteln unterlaufen und aus den Angeln gehoben; der Verfasser des Blattes verfuhr nach dem Prinzip: Auf einen allegorischen Klotz gehört auch ein allegorischer Keil.

Anmerkungen:

1 Jürgen Brummack: Zu Begriff und Theorie der Satire, DVjs 45 (1971), Sonderh. S. 275–377, hier S. 275.
2 Vgl. z.B. Meier, 1976, S. 1f.
3 Zur Verständigung mögen folgende Arbeitsdefinitionen genügen: Die Satire ist bestimmt durch Aggressivität, Indirektheit und Normgebundenheit. Allegorie ist gekennzeichnet durch die ambivalente Struktur (*aliud verbis, aliud sensu*), wobei zwischen Bild- und Bedeutungsebene meist mehrere Berührungspunkte gegeben sind (*metaphora continuata*). Zu den verschiedenen literarischen Formen der Allegorie vgl. Jauß, 1968, S. 146; zur Trennung von rhetorischer und exegetischer Allegorie vgl. Heinz Meyer, 1975, S. 47 ff. sowie die den Begriffsnebel aufhellende Arbeit von Meier, 1976, S. 24–64.
4 Leyburn, S. 3 f.
5 Ebd., S. 7 f. und 13.
6 Vgl. Friedrich Gaede: Realismus von Brant bis Brecht, München 1972, S. 32 f.
7 Vgl. Matthew Hodgart: Die Satire, München 1969, S. 183 f.
8 Müller-Seidel, S. 275 und 277. Nachdem die jüngere Grimmelshausen-Forschung den Problemen des Allegorischen besondere Aufmerksamkeit geschenkt hat, verspricht

die Frage nach dem Verhältnis von Allegorie und Satire im Werk Grimmelshausens, zu deren Lösung der Aufsatz Müller-Seidels einen ersten Ansatz bietet, eine interessante Aufgabe zu werden.

9 Ulrich Gaier: Satire, Tübingen 1967, S. 409 und 411; Gaier entgeht nicht immer der Gefahr, sein eigenes Kategoriensystem zur Norm zu erheben und den historischen Befund dort, wo er nicht in das System paßt, beiseite zu schieben. So können reine Allegorien »höchstens dem Tadel und der Moraldidaxe dienen, nicht aber der Satire«, da sie von Gaier einer anderen Kategorie zugeordnet werden. Wo der historische Befund dieser Trennung widerspricht, handelt es sich nach Ansicht Gaiers nicht mehr um echte Satire, sondern um »Satiren« in Anführungszeichen (S. 408; vgl. auch S. 341); zur Kritik an Gaiers Satire-Theorie vgl. auch Brummack [s. Anm. 1], S. 356. Zu den Parodien auf den Petrarkismus vgl. auch Jörg-Ulrich Fechner: Der Antipetrarkismus. Studien zur Liebessatire in barocker Lyrik (Beitr. z. neueren Literaturgesch. 3. Folge, Bd. 2), Heidelberg 1966, S. 13–17.

10 MacQueen, S. 68 und 70.

11 Ebd., S. 71–73; nicht erreichbar war die Arbeit von Muller.

12 Günter Hess: Deutsch-lateinische Narrenzunft. Studien zum Verhältnis von Volkssprache und Latinität in der satirischen Literatur des 16. Jahrhunderts (MTU 41), München 1971, S. 298; vgl. auch S. 367, wo gezeigt wird, wie die geistliche Allegorese innerhalb einer Narrenschiff-Imitation von Jodocus Badius »das Substrat der Moralsatire mit einem höheren Maß an Heilswahrheit ausstattet«.

13 Ebd., S. 142 f.; das Blatt ist zuletzt abgebildet von Walter L. Strauss: The German Single-Leaf Woodcut 1550–1600, New York 1975, III, 992.

14 Frederick John Stopp: Der religiös-polemische Einblattdruck »Ecclesia Militans« (1569) des Johannes Nas und seine Vorgänger, DVjs 39 (1965), S. 588–638; Harms, 1972; Hoffmann.

15 Seitens der Literaturwissenschaft sind zu nennen: Mirjam Bohatcová: Irrgarten der Schicksale. Einblattdrucke vom Anfang des Dreißigjährigen Krieges, Prag 1966; Coupe; innerhalb der Volkskunde erschienen die Werke: Wolfgang Brückner: Populäre Druckgraphik Europas. Deutschland. Vom 15. bis zum 20. Jahrhundert, München 1969; Rolf Wilhelm Brednich: Die Liedpublizistik im Flugblatt des 15. bis 17. Jahrhunderts (Bibliotheca Bibliographica Aureliana 55), Baden-Baden 1974/75; die Kunstgeschichte trat hervor mit Strauss [s. Anm. 13]; Dorothy Alexander/Walter L. Strauss: The German Single-Leaf Woodcut 1600–1700, New York 1977.

16 Vgl. Justus Georg Schottelius 1612–1676. Ein Teutscher Gelehrter am Wolfenbütteler Hof (Ausstellungskataloge der Herzog August Bibliothek 18), Wolfenbüttel 1976, Nr. 188 mit Abb. 13.

17 Strauss [s. Anm. 13], I, 388.

18 Eine Ausnahme bilden die relativ seltenen lateinischen Flugblätter dieser Art, zu denen jedoch häufig auch deutsche Blattversionen existieren, so daß sie als Sortimentserweiterung im Sinne einer publikumsbezogenen Angebotsstreuung zu betrachten sind.

19 Kaspar Stieler: Zeitungs Lust und Nutz, hg. Gert Hagelweide (Sammlung Dieterich 324), Bremen 1969, S. 33.

20 Zitiert nach Rudolf Capel: Zu dieser Zeit hochnötiger Extract von Pasquillen und Pasquillanten, Jena/Hamburg 1672, S. 10 und 13; vgl. auch die Ausführungen zu Produktion und Distribution der Flugblätter des 16. Jahrhunderts bei Bruno Weber: Wunderzeichen und Winkeldrucker 1543–1586. Einblattdrucke aus der Sammlung Wikiana in der Zentralbibliothek Zürich, Dietikon/Zürich 1972, S. 25–52.

21 Brückner [s. Anm. 15], Abb. 110 f.; zu Hafner vgl. ebd., S. 214 und U. Thieme/F. Bek-

ker: Allgemeines Lexikon der Bildenden Künstler, Bd. 1–37, Leipzig 1907–1950, hier Bd. 15, S. 448 f.

22 Zur Tradition der Vogelsteller-Bildlichkeit vgl. Ingvar Bergström: Den fangna fageln, Tidskrift för Konstvetenskap 30 (1957), S. 13–38; Pierre Courcelle: La colle et le clou de l'âme dans la tradition néo-platonicienne et chrétienne (Phédon 82 e; 83 d), Revue Belge de Philol. et d'Histoire 36 (1958), S. 72–95; B. G. Koonce: Satan the Fowler, Med. St. 21 (1959), S. 176–184.

23 Schon 1534 hatte Niklas Stör das – nicht überlieferte – Gedicht ›Der Buler Vogelherd‹ von Hans Sachs in ähnlicher Weise auf einem Flugblatt illustriert (vgl. Die Welt des Hans Sachs. 400 Holzschnitte des 16. Jahrhunderts [Ausstellungskataloge der Stadtgeschichtlichen Museen Nürnberg 10], Nürnberg 1976, Nr. 143 mit Abb. auf S. 161). Ihm folgt Jost Amman mit einem Holzschnitt, der sowohl im ›Kunstbüchlin‹ (Frankfurt a. M. 1599, zuerst 1578, Nachdr. New York 1968, fol. D iv b) als auch als Flugblatt erschien (vgl. Eugen Diederichs: Deutsches Leben der Vergangenheit in Bildern, Jena 1908, Abb. 1104). Johann Theodor de Bry nimmt das Motiv in seine ›Emblemata Saecvlaria, Mira et Ivcvnda‹ auf (Frankfurt a. M. 1596, Nr. 30). Auf derselben Idee schließlich basiert auch noch ein Cartoon von Chas Addams aus dem Jahr 1975 (Stern 1978, Heft 20, S. 221).

24 Zur Verwendung dieser Technik in der Emblematik vgl. Michael Schilling: Imagines Mundi. Metaphorische Darstellungen der Welt in der Emblematik (Mikrokosmos 4), Bern/Frankfurt a. M./Las Vegas 1979 (im Druck), Kap. III, 1.

25 Zu diesem Topos vgl. Gersch, S. 67–74.

26 Vgl. die einleitend referierte Beobachtung Leyburns, nach der die Indirektheit eine verbindende Gemeinsamkeit von Satire und Allegorie bildet (Leyburn, S. 3 f.). In Anspruch und Zielsetzung ähnliche Blätter finden sich bei Coupe, II, Nr. 100–103 mit Abb. 103 f. und Brückner [s. Anm. 15], Abb. 83.

27 Textabdruck bei Franz Schnorr von Carolsfeld: Tilly nach der Schlacht bei Breitenfeld, Arch. f. Litteraturgesch. 6 (1877), S. 53–85, hier S. 78–81; vgl. auch Coupe, II, Nr. 359.

28 Ob diese Behauptung den Tatsachen entsprach oder nur als fingierter Aufhänger zu betrachten ist, ließ sich nicht feststellen.

29 Zu diesem Begriff s. Harald Weinrich: Münze und Wort. Untersuchungen an einem Bildfeld, in: Romanica, Fs. G. Rohlfs, Halle 1958, S. 508–521, hier S. 515 f.

30 Karl Friedrich Wilhelm Wander: Deutsches Sprichwörter-Lexikon, Leipzig 1873, III, Sp. 1841 f., s.v. ›Saite‹, Nr. 15, 20, 26, 28, 30.

31 Vgl. Plutarch: Praecepta gerendae Reipublicae 810, in: Plutarchi Moralia V, 1, hg. C. Hubert, Leipzig 1960, S. 88.

32 Vgl. Johann Mannich: Sacra Emblemata, Nürnberg 1625, S. 78: »Zu hart gespannt/ Verderbt manch Land«. Zur außerliterarischen Verwendung dieses Emblems vgl. W. Harms/H. Freytag (Hgg.): Außerliterarische Wirkungen barocker Emblembücher. Emblematik in Ludwigsburg, Gaarz und Pommersfelden, München 1975, S. 185.

33 Vgl. Andreas Wang: Information und Deutung in illustrierten Flugblättern des Dreißigjährigen Krieges. Zum Gebrauchscharakter einiger Blätter des Themas »Sächsisch Confect« aus den Jahren 1631 und 1632, Euph. 70 (1976), S. 97–116, hier S. 110.

34 Der Superbia-Aspekt steckt auch in dem mit dem Spannen verbundenen Höher-Stimmen der Saiten: Die Feststellung ›je höher die Saite gestimmt wird, desto leichter springt sie‹ wird in Korrespondenz gesetzt mit ›Je höher der Mut, je tiefer der Fall‹.

35 Auch aus dem Bereich der Moralsatire lassen sich gleichartige Blätter anführen. So kritisiert das ›Specvlvm Bestialitatis‹ aus dem Verlag von Paul Fürst die menschlichen Laster zum einen durch das Narrengewand, das die abgebildete Gestalt trägt, zum ande-

ren durch die dargestellten Tiere, deren Eigenschaften dem Betrachter als mahnender Spiegel vorgehalten werden; vgl. Theodor Hampe: Beitr. z. Gesch. des Buch- und Kunsthandels in Nürnberg, II. Paulus Fürst und sein Kunstverlag, Mitteilungen aus d. Germ. Nationalmuseum 1914/15, S. 3–127, hier S. 109 f.

36 Textabdruck bei Emil Weller (Hg.): Die Lieder des Dreißigjährigen Krieges, Basel 1855 (Nachdr. Hildesheim 1968), S. 193–196; vgl. auch Coupe, II, Nr. 335/335 a.

37 Zum historischen Hintergrund dieser Blätter vgl. Schnorr von Carolsfeld [s. Anm. 27], S. 58 f.; Coupe, I, S. 192–195; Wang [s. Anm. 33], S. 103 f.

38 Johann Heinrich Zedler: Grosses vollständiges Universal-Lexicon, Leipzig/Halle 1732–1750 (Nachdr. Graz 1961–1964), Bd. 44, Sp. 182.

39 Dieses Verfahren, das moralische Kategorien stellvertretend für politische einsetzt, war ein geläufiges Mittel der zeitgenössischen Flugblätter, um die jeweilige Gegenpartei zu diskriminieren; vgl. Werner Lahne: Magdeburgs Zerstörung in der zeitgenössischen Publizistik, Magdeburg 1931, S. 196–205.

40 Coupe, II, Nr. 333 mit Abb. 138; eine Variante behandelt Wang, 1975, S. 186–188 mit Abb. 29.

41 Diese Anspielung auf Mt. 7, 15 verbindet der Text mit der Fabel von Wolf und Schaf am Fluß.

42 Vgl. die oben referierten Beobachtungen von MacQueen, S. 71–73, und Hess [s. Anm. 12].

43 Kurt Reumann: Das antithetische Kampfbild. Beiträge zur Bestimmung seines Wesens und seiner Wirkung, Diss. Berlin 1966, S. 32–34, sieht in solchen heilsgeschichtlich determinierten Gegenüberstellungen das Bemühen, das Prinzip des Bösen zu konkretisieren, um es so angreifen und überwinden zu können. Dieser psychologisierenden Interpretation ist entgegenzuhalten, daß zumindest das primäre Interesse der Flugblattautoren gerade entgegengesetzt ist: Sie statten den jeweiligen konkreten politischen Gegner mit teuflischen Zügen aus, um seiner Bekämpfung den Anschein der Rechtmäßigkeit zu geben.

44 Die moderne Sozialpsychologie und Kommunikationsforschung beschränken die Wirkungsmöglichkeit von Propaganda sogar generell auf solche Rezipienten, deren Interessenlage und Bewußtseinsstruktur mit den Zielen der Propaganda harmonieren (vgl. Balzer, S. 25 f.).

45 So wird die groteske Montage der Papstphysiognomie auf dem oben erwähnten ›Gorgonevm Capvt‹ durch die allegorisch-satirischen Tierdarstellungen der Kartusche ergänzt und in ihrer Aussage verdeutlicht. Zur Verbindung von Allegorie und Groteske vgl. Blank, 1975, besonders S. 40–44; zum Verhältnis von Allegorie und Fabel zuletzt Grubmüller, 1977, S. 21–40.

46 Als besonders auffälliges Beispiel sei das Blatt ›Römisch Cathol. Wunderseltzames GlückRad‹ angeführt, das in seinem 64 Zeilen umfassenden Text nicht weniger als 46 Verweise auf Bibelstellen gibt; vgl. Coupe, II, Nr. 291 mit Abb. 141.

47 Sie werden nicht nur als zusätzliche Argumente in die Flugblattexte eingefügt, sondern bestimmen nicht selten das gesamte Thema des jeweiligen Blattes; vgl. Coupe, II, Nr. 112 und 212 mit Abb. 32 f. (›Geld/ regirt die Welt‹); Nr. 23 und 264 mit Abb. 44 f. (vom Aufschneiden); Nr. 77 mit Abb. 76 (›Der grosse Kamm/ darüber gros vnd klein Hans geschoren‹).

48 Z. B. ist die Darstellung des auf einem Faß sitzenden Pfalzgrafen Friedrich nicht nur als Anspielung auf das Heidelberger Faß, sondern auch als Aufgreifen der Bacchus-Ikonologie zu verstehen. Friedrich wird als übermäßiger Trinker dargestellt, der das Genossene wieder von sich geben muß. Das Blatt bezieht sich damit auf den Verlust Böhmens und der Pfalz; vgl. Bohatcová [wie Anm. 15], Nr. 76.

49 Da ein übergreifendes Werk zur politischen Verwendung der Allegorie im Mittelalter fehlt, können hier nur vereinzelte Hinweise gegeben werden: Zum Schiff der Kirche als Transportmittel politisch-ideologischer Herrschaftsansprüche vgl. Kurt Goldammer: Das Schiff der Kirche. Ein antiker Symbolbegriff aus der politischen Metaphorik in eschatologischer und ekklesiologischer Umdeutung, Theologische Zs. (Basel) 6 (1950), S. 232–237; Rahner, 1964, S. 298–301; W. Kemp: Zum Programm von Stefaneschi-Altar und Navicella, Zs. f. Kunstgesch. 30 (1967), S. 309–320, hier S. 318 ff. Auch die *rota Fortunae* (vgl. Pickering, S. 135 f.) und der Kampf der Tugenden und Laster (vgl. Jauß, 1968, S. 222) treten in den Dienst der politischen Auseinandersetzung, ganz zu schweigen vom Bild der geistlichen Ritterschaft im Zusammenhang mit der Kreuzzugsthematik (vgl. Wang, 1975, S. 28–32).

50 Vgl. Harms, 1977, S. 43.

51 Ewald Maria Vetter: Die Kupferstiche zur Psalmodia Eucaristica des Melchor Prieto von 1622 (Spanische Forschungen d. Görresges. II, 15), Münster 1972, S. 154–156.

52 Wolfgang Harms: Das pythagoreische Y auf illustrierten Flugblättern des 17. Jahrhunderts, Antike und Abendland 21 (1975), S. 97–110, bes. S. 105–108.

53 Zum hier verwendeten Topos-Begriff vgl. Lothar Bornscheuer: Topik. Zur Struktur der gesellschaftlichen Einbildungskraft, Frankfurt a. M. 1976, S. 91 ff.

54 Dazu F. Ohly, 1958/59; daß die allegorische Theorie und Praxis im einzelnen noch zu differenzieren sind, zeigt Meier, 1976.

55 Vgl. auch Pfeiffer, S. 585.

56 Das Blatt ist abgebildet bei Hermann Wäscher: Das deutsche illustrierte Flugblatt, Dresden 1955, I, S. 26.

57 Apk. 9; die katholische Bibelexegese der Zeit konnte die Heuschrecken ebenfalls polemisierend auf den Protestantismus auslegen (vgl. Cornelius a Lapide: Commentarii in Scripturam Sacram, Leiden/Paris 1854, X, S. 1185).

58 Zur noch nicht abgeschlossenen Typologie-Diskussion vgl. Hoefer, S. 36–48; Jentzmik, S. 6–88 (Forschungsbericht); F. Ohly: Halbbiblische und außerbiblische Typologie, 1975; F. Ohly, 1976.

59 I Makk. 4; zur Typologie auf Flugblättern s. Hoffmann, besonders S. 195–202; Harms, 1977, S. 42 und 44 f.; auf eine reformatorische Armenbibel mit satirischer Einbeziehung zeitgenössischer politischer Ereignisse macht Johann Herrmann aufmerksam (Armenbibel als »Schmähgemälde« im Schmalkaldischen Krieg, Luther-Jb. 32 (1965), S. 67–73).

60 Wang, 1975, S. 188 f.

61 Ebd., S. 195 f.; die Hercules-Darstellung Gustav Adolfs auf diesem Blatt orientiert sich an der Ikonographie des Hercules Gallicus; vgl. Jacob de Zetter: Speculum virtutum et vitiorum, Frankfurt a. M. 1619, Emblem 43 (zur Vorlage dieses Buchs und zu deren zahlreichen Ausgaben und Bearbeitungen vgl. Praz, S. 427 f.); weitere Literatur zum Hercules Gallicus: LCI 2, Sp. 246.

62 Vgl. zuletzt Grubmüller, 1975, Haubrichs, 1975, Schleusener-Eichholz, 1975, Ruberg, 1975 und Sanders, 1975.

63 Harms, 1977, S. 28 f.

64 Ruberg, 1975, S. 328; Harms, 1977, S. 43 f.

65 Vgl. z. B. Hieronymus Lauretus: Silva Allegoriarum totius Sacrae Scripturae, Köln 1681 (Nachdr. München 1971), S. 967.

66 Ebd., S. 395 f.

67 Daß es sich bei diesen Beispielen keineswegs nur um schmähende Verballhornungen handelt, sondern um argumentative Verwendungen der Etymologie, zeigt das Kapitel ›De etymologia nominis Jesuitarum‹ aus den ›Lectionum Memorabilium et Recondita-

rum Centenarii XVI‹ von Johannes Wolf (Lauingen 1600, II, S. 481 f.), in dem u. a. die oben angeführten Namensetymologien erklärt werden.

Zur polemischen Verwendung der Etymologie seitens der Katholiken vgl. das ›Bawerßmann‹-Blatt von Johann Nas (Stopp [s. Anm. 14], Abb. 12 und Strauss [s. Anm. 13], III, 1187).

68 Z. B. in Teilen der frühen Emblematik. Auch die von Hess [s. Anm. 12], S. 366–369 konstatierte Allegorisierung bei der Übertragung deutscher Satiren ins Lateinische weist auf eine Bindung der Allegorie an ein gelehrtes Publikum hin.

69 Schings, S. 120–124; Jöns, S. 35–42; Bernward Deneke: Kaspar Goltwurm. Ein lutherischer Kompilator zwischen Überlieferung und Glaube, in: Wolfgang Brückner (Hg.): Volkserzählung und Reformation. Ein Handbuch zur Tradierung und Funktion von Erzählstoffen und Erzählliteratur im Protestantismus, Berlin 1974, S. 124–177, hier S. 128–130.

70 Leonard Forster: German alexandrines on Dutch broadsheets before Opitz, in: George Schulz-Behrend: The German Baroque. Literature, music, art, Austin/London 1972, S. 11–64, Abb. 1, Textabdruck S. 42 f.; Varianten des Blattes bei Coupe, II, Nr. 146/146a mit Abb. 99. Ein vergleichbares Beispiel behandelt Harms, 1977, S. 42 mit Abb. 15 f.

Allegorese im Dienste einer Titelrhetorik
Beobachtungen zum Titelkupfer einer barocken Predigtsammlung

Von WERNER WELZIG (Wien)

Ohne Zweifel ist der Titel der exponierteste Ort eines literarischen Werkes. Hier betritt der Leser oft nicht nur den ersten, sondern auch den für das gesamte Werk bereits kennzeichnenden Schauplatz allegorischen Verfahrens. Die literaturwissenschaftlichen Anstrengungen um das Verständnis barocker Buchtitel sind dennoch, gemessen sowohl an der Fülle des Materials als auch an der Dignität der theoretischen Fragestellung, bisher erstaunlich dürftig geblieben.[1] Selbst Albrecht Schönes Hinweise auf die Eigenart des Doppeltitels im barocken Trauerspiel haben die Germanisten offenbar zu keiner intensiven und grundsätzlichen Auseinandersetzung mit dem Problem der Titelgebung gereizt.[2] Die folgenden Beobachtungen maßen sich keineswegs an, aus dieser Dürftigkeit herauszuführen. Sie wollen jedoch einen Anstoß zu weiteren Beobachtungen geben, indem sie an einem einzelnen paradigmatischen Buchtitel zeigen, daß dem Titelkupfer präzise und unterscheidbare Aufgaben im Rahmen eines dem Werk vorangestellten, eigenständigen, aus mehreren korrespondierenden Teilen zusammengesetzten Informationsverbundes übertragen sind: Die Formel vom allegorischen Buchtitelblatt als Verbindung zwischen Werk und Leser erweist sich als differenzierungsbedürftig.

Wir beziehen unser Beispiel von jenem literarischen Genus, das für das Studium der Tradition allegorischen Denkens die allergrößte Aufmerksamkeit verdiente, von der Predigt.[3] Aus der – trotz der Forschungsimpulse vor allem von seiten der Erzählforschung – nach wie vor noch nicht annähernd überschaubaren Menge deutschsprachiger katholischer Predigtsammlungen des ausgehenden siebzehnten und der ersten Hälfte des 18. Jahrhunderts greife ich ein 1685 bei Johann Jäcklin in München verlegtes Dominicale heraus. Sein Verfasser ist der Dominikaner Thomas Bucelleni, Angehöriger eines Geschlechts, dessen österreichischer Zweig 1652 in den Reichsfreiherrnstand erhoben wurde, Bruder des k. k. Hofkanzlers, Staats- und Konferenzministers Julius Bucelleni, nach der Angabe des Titelblattes unseres Bandes »Ordinari-Prediger zu Botzen in Tyroll«, später als Prior in Wien und Generalkommissär für Ungarn nachgewiesen, dennoch ein in der Geschichte der katholischen Predigt nahezu und in der allgemeinen Literaturgeschichte völlig unbekannter Mann.[4] Die Kombination der Titelinhalte stellt in Bucellenis Sammlung interpretatorische Aufgaben, die dieses Beispiel aus der Fülle des im übrigen Vergleichbaren herausheben. Unsere Bemühung wird sich im folgenden darauf konzentrieren, das Titelkupfer zu beschreiben und auf das Verhältnis der mit ihm zusammenwirkenden Textteile hinzuweisen. Der theoretische Ansatz, nicht allzu selten nackte Bemäntelung philologischer ›Beschreibungsimpotenz‹, wird damit keineswegs eliminiert. Er steckt in der Hypothese, mit der wir unseren Beitrag überschrieben haben.

Im Zentrum des von dem Augsburger Kupferstecher Jeremias Renner angefertigten Frontispiz [Abb. 1], das wohl nicht zu den besten Titelillustrationen barocker Predigtbände gehört, dessen Qualität aber schon die immer noch in Umlauf befindliche These von der unbeholfenen Bildgestaltung barocker Buchtitelillustrationen widerlegt, steht Christus. Seine Attribute sind Jagdhorn, Wundmale und Glorie. Von links dringen wilde Tiere auf Christus ein. Rechts von ihm sieht man ein Äffchen und ein geschmücktes Pferd. Während die linke Hand zum unteren Bildrand weist, der durch eine von zwei Putti gehaltene Kartusche mit den ersten zwei Gliedern des Titels der Sammlung gebildet wird, deutet die rechte in den Bildhintergrund, in dem ein Hirsch von Hunden zu einem Netz getrieben wird. Mit dieser Szene im Bildhintergrund korrespondiert eine in der Bildmitte, die einen Hirsch in liebevollem Beisammensein mit Wesen in Menschengestalt zeigt. Über den Hirschszenen thront Gottvater in den Wolken, der zu Christus spricht. Den Rahmen zur Linken und zur Rechten bildet jeweils eine Palme mit einem Schriftband. Den oberen Bildrand formt ein von zwei Putti und den Palmzweigen getragenes resp. letztere zusammenschließendes herzförmiges Wappen mit Doppeladler und Grafenkrone, das Gegenstück zu der ebenfalls von zwei Putti gehaltenen Kartusche, die den unteren Abschluß bildet.

Wie üblich beschränkt sich das Frontispiz nicht auf die Entfaltung von Bildmaterial. Noch vor dem Zusammenspiel zwischen dem Titelkupfer und den mit ihm korrespondierenden Textteilen gehen im Titelkupfer selbst Wort und Bild eine Wechselbeziehung ein. Vier Schriftgruppen wirken in unserem Beispiel an der bildlichen Darstellung mit. Eine entbehrt für den Betrachter zunächst jeder Beziehung zum Bildinhalt. Es sind das die Schriftbänder auf den rahmenden Palmen, von denen die eine den Sinnspruch *Breuis et casta nec tamen infoecunda* trägt, die andere die für den Betrachter des Kupfers allein keinen Sinnzusammenhang ergebenden Worte *Galeas Volentibus iter est ad gloriam*. Dem zeitgenössischen Leser vertraut sind hingegen die Worte, die Gottvater an Christus richtet. Es ist der Jagdauftrag Isaaks an Esau: *Affer mihi de uenatione tua. Gen. 27.* Ferner die Namen Acedia, Avaritia, Gula, Invidia, Ira, Luxuria und Superbia, die die Tiere, die Christus umgeben und ihn zum Teil anfallen, als Sinnbilder der Todsünden ausweisen. Die Kartusche am unteren Bildrand bietet schließlich als Subscriptio den lateinisch-deutschen Titel des Bandes: ›Actaeon Evangelicvs, das ist: Euangelische WaidKunst‹.

In höchst merkwürdiger Weise werden durch diese Schriftgruppen eine allegorische und eine typologische und damit zugleich eine biblische mit einer mythologischen Deutung des Bildgeschehens zusammengebaut: geistliche Jagd und Christus-Actaeon. Letzteres in der Titelgebung barocker Predigtsammlungen – soweit wir sehen – einzigartig, ersteres allgemein bekannt und auch im Buchtitel gerne genützt; im selben Jahr, in dem Bucellenis Band erscheint, verlegt etwa Caspar Bencard in Dillingen ein Dominicale des Benediktiners Ignaz Trauner unter der Überschrift ›Geistliche Seelen-Jagd‹.

Abb. 1: Frontispiz des Augsburger Kupferstechers Jeremias Renner.

Die durch die Quellenangabe für das Schriftwort gewissermaßen beglaubigte biblische Auslegung des Bildgeschehens birgt ebenso wie die vertraute geistliche Tierinterpretation Mahnung und Belehrung. Beides ist jedermann einsichtig und, wie die Auslegung von Genesis 27 bei Hieronymus Lauretus bezeugt, wo Isaaks Auftrag an Esau schlechthin gedeutet wird als *Deus volens opera nostra bona*, auch für jedermann gültig. Anders die Anspielung auf das Schicksal des Actaeon. Ihr fehlt – zunächst jedenfalls – sowohl der Adressat als auch der eindeutige Sinnzusammenhang. Zwar ist die Klammer zwischen Christus und Actaeon im ›Ovid Moralisé‹ bereits angelegt, in den lateinischen und deutschen moralisierenden Ovid-Ausgaben aus dem 16. und 17. Jahrhundert, die uns bekannt geworden sind, und vor allem in den wichtigen Vorratsbüchern des 17. Jahrhunderts können wir sie jedoch nicht nachweisen.[5] Drei Beispiele mögen hier als Belege dafür genügen, daß der Bezug Actaeon-Christus zur Zeit Bucellenis zumindest nicht allgemein verbreitet gewesen sein dürfte. Bei dem von den Predigern häufig zitierten Jesuiten Michael Pexenfelder, der in seiner ›Ethica Symbolica‹ unserem Wissen nach den umfassendsten zeitgenössischen Auslegungskatalog für das Schicksal des Actaeon liefert, fehlt der entscheidende Bezug auf Christus, mit dem das mythologische Geschehen in die Herzkammer christlichen Glaubens hereingeholt wird. In einer mit Kupfern versehenen moralisierenden Ausgabe der ›Metamorphosen‹ durch den auch als Prediger-Verleger bekannten Salzburger Johann Baptist Mayr, die im selben Jahr wie Bucellenis Dominicale erscheint, wird das Schicksal des Actaeon reduziert auf ein Exempel sündhafter Begierlichkeit: »Actaeon wurd ein Hirsch auß einem Jägers-Mann: So sieht man noch zur Stund/waß schnöde Wollust kan.« Und: »Gleich wie Actaeon wurd zerfleischt von seinen Hunden: So ist manch Welt-Kind offt verreckt an Sünden-Wunden.« In der schon erwähnten Sammlung des Ignaz Trauner schließlich wird die »Fabula« Ovids am sechsten Sonntag nach Dreikönig in eine Predigt über die Hoffart eingebaut. Dianas Rache an Actaeon dient als Contrarium zur Schamlosigkeit der Weibsbilder, und der Tod Actaeons durch die eigenen Hunde beflügelt den Prediger zu einer kurios die Ovidischen Motive miteinander kombinierenden Auslassung über den Sittenverfall in neuerer Zeit: »wo müsst einer zu unseren Zeiten dergleichen keusche Dianam suchen/oder finden? wo seynd jene anzutreffen/so sich entrüsten/wann sie am blossen Halß/Armben und Brüsten sollten gesehen werden? unsere Docken seynd dermalen so haimisch/daß sie selbsten auß ihren Häusern heraußgehen/und den Menschen-Kindern sich unter die Augen stellen/ist wohl nit vonnöthen mit Hundten sie auffzutreiben oder herauß zubaitzen.« Im Vergleich mit Trauners nur mehr assoziativ-moralisierendem Einsatz des mythologischen Berichts zeigt sich die künstlerische und spirituelle Besonderheit der Deutung, die Bucelleni mit seiner Titelgebung vornimmt. Weder die Formel vom ›Nachleben der Antike‹ noch eine Gegenformel wie die von der ›babylonischen Gefangenschaft der antiken Mythologie‹ im Mittelalter trägt zum Verständnis des Vorgangs bei, der hier sichtbar wird. Die auf das Kreuzesgeschehen verweisenden Worte des Psalms »Ja, die Hundemeute umringt mich« (22, 7) geben der christologischen Deutung Actaeons ungeachtet der angesprochenen intellektuellen Kombinationsfähigkeit einen sinnhaften Grund und damit einen Verkündigungsaspekt, angesichts dessen weder biologistische noch Herrschafts-Kategorien angemessen sind.

Indem es den pastoralen Auftrag zur evangelischen Waidkunst und die Warnung vor dem Undank der Sünder mit der an das *ingenium* sich wendenden Deutung Christi als evangelischen Actaeons kombiniert, übermittelt das Frontispiz also Nachrichten von unterschiedlicher Valeur, die offensichtlich auch verschiedenen Adressaten gelten. Die Mehrwertigkeit der Botschaft des Titels tritt vollends zutage, wenn man die Palmen der seitlichen Bildränder, ihre Schriftbänder und das von den Palmzweigen gehaltene resp. diese zusammenschließende Wappen mit einbezieht. Die Bedeutung dieser Bildteile bleibt, sieht man von den geläufigen, aber für den Betrachter zusammenhanglosen Möglichkeiten der Palmbaumallegorese ab, zunächst aenigmatisch.

Was leistet nun der Worttitel zum Verständnis dieses aus heterogenem Material gefügten Bildtitels? Sein auffälligstes Kennzeichen ist die auch typographisch betonte Dreigliedrigkeit: ›Actaeon Evangelicus, Oder Evangelische Waidkunst/Das ist: Sonntägliche Predigen/Worinnen [...]‹. In unserem Beispiel steht der lateinischsprachige typologische Hinweis an der Spitze. Ihm folgt, durch ein kopulatives »oder« verbunden, die deutschsprachige Angabe der komplementären biblischen Allegorie. Den dritten und weitaus umfangreichsten Teil bildet schließlich die Auslegung der typologisch-allegorischen Titelbegriffe. Die Formel »das ist« leitet zu diesem dritten Teil über. In der Kartusche ist diese Formel abweichend vom allgemeinen Gebrauch an die Stelle des kopulativen »oder« getreten. Dem Kupferstecher war hier ein ›Mißgriff‹ passiert, der sich aus der Besonderheit der Zusammenführung einer mythologischen Titelvorstellung mit einer biblischen erklärt. Der angestammte Platz des »das ist« ist aber dort, wo es entsprechend dem *significat* oder *hoc est* allegorischer Handbücher die Auslegung der an der Spitze stehenden lateinisch-deutschen allegorischen Titelbegriffe einleitet.

Sieht man von der Besonderheit der Verbindung der mythologischen mit der biblischen Titelvorstellung ab, so ist dieser Titelaufbau durchaus exemplarisch. Eine nur wenige Jahre ältere und eine mehr als dreißig Jahre jüngere Predigtsammlung mag das illustrieren. Der Kapuziner Franz Joseph von Busmannshausen gibt 1678 im Stift Kempten eine Sammlung von Sonntagspredigten unter dem Titel heraus: ›Oliva in Campis. Oder Geistlicher und fruchtbarer in das Fürstl. Stüfft Kempten gepflanzter Oliven-Baum. Das ist: Dominical/und Predigen de Tempore.‹ Im Jahre 1719 läßt der Augustinereremit Leopold Gramiller bei Georg Schlüter und Martin Happach in Augsburg ein Dominicale mit der Überschrift erscheinen: ›Iratae Nemesis Rogus Succensus, Oder Schmeltz-Ofen Göttlicher Gerechtigkeit. [...] Das ist: Ausführliche Beschreibung Was für Straffen/Betrangnussen/und Müheseeligkeiten die Sünd des ersten Menschen über das gantze Menschliche Geschlecht gezogen.‹ Wenn die allegorische Titelvorstellung nicht zuerst lateinisch, sondern sofort deutsch benannt wird, und – was seltener vorkommt – wenn der lateinische Obertitel nicht ins Deutsche übertragen wird, entfällt das »oder« der sprachlichen Übersetzung (sofern es nicht zu einem anderen Terminus des Titels wandert, der eingedeutscht wird). Daraus ergeben sich dann zweigliedrige (oder neugruppierte dreigliedrige) Titel wie ›Geistliche Fischerey/Das ist: Wol- und fleissig-außgearbeitete Sonn- und Feyertags-Predigen‹ oder ›Seelen-Wayde der Christlichen Schäfflen. Das ist: Ordinari Predigen Auf alle Sonn- und Feyer-Täg des gantzen Jahrs‹. Auch dann, wenn die sprachliche Übersetzung entfällt oder unnötig ist, bleibt der zweite und entscheidende Übersetzungsvorgang, die Auslegung des vorangegangenen Titelteils, erhalten.

Der sich selbst und das Frontispiz erläuternde Worttitel unseres Beispiels füllt dieses Schema in höchst auffälliger Weise. In jenem Teil, der die Auslegung der ersten Titelglieder besorgt, bleibt die dominierende Vorstellung des ›Actaeon Evangelicus‹ völlig unbeachtet. Hingegen wird die Allegorese der geistlichen Jagd eingehend erläutert, und es werden für das Frontispiz jene Auslegungen nachgeholt, die im Zusammenhang der Darstellung des Jagdgeschehens noch offen geblieben waren: Das Netz ist das göttliche Wort, das Jagdhorn die sittlichen Lehrsprüche der Väter, der »Scherm«, in den das Wild getrieben wird, die göttliche Gnade, und die Spürhunde schließlich sind die »sinnreichen Concepte« des Predigers.

Aus dem Verweiszusammenhang zwischen Bildtitel und Worttitel wird beider gemeinsame Leistung für das angekündigte Werk erkennbar. Sie liefern das Programm für den Gebrauch der Predigtsammlung. Der göttliche Jäger des Titelkupfers, an den die Aufforderung ergeht, von der Jagd etwas heimzubringen, wird zum Aufruf an die »Pfarrherrn/Prediger/vnnd eyffrigen Seelen-Jäger«, zu deren »sonderbahren Trost vnd Nutzen« der Band abgefaßt worden ist. Bildtitel und Worttitel, die einander partiell auslegen und auffüllen, verkünden einen von beiden gemeinsam vorgetragenen Appell zur Nutzung des geistlichen Wortes.

Die Vorrede »an den wohlgenaigten vnd guthertzigen Leser« als weiteres Glied innerhalb des das Werk eröffnenden Informationsverbundes nimmt diesen Gedanken der rechten Nutzung der Sammlung nochmals auf. Er verbindet sich hier mit dem für das Genre Leservorrede kennzeichnenden Hinweis auf die Stilebene des Werkes (»hab mich in gegenwärtigen Predig-Werck deß mitlmässigen vnnd von jedermann wohl verständigen teutschen Stili gebraucht«), dem ebenfalls vertrauten Eingeständnis, anderen Autoren verpflichtet zu sein, und dem schließlich wiederum geläufigen, für die Funktion des Titelkupfers aber besonders bedeutsamen Verweis, nicht »denen Gelehrten vnd Bücher-Reichen« zuliebe die eigenen Predigten zum Druck befördert zu haben, »sonder vil mehr denen Bücher-Armen/vnd welche nit vil Zeit zum studiren haben«.

Fassen wir das bisher Beobachtete zusammen, so zeigt sich erstens, daß der Worttitel und die Leservorrede aus den Nachrichten, die das Frontispiz übermittelt, lediglich jene kommentieren, die auf die geistliche Lehre, und damit auf den Gebrauch des Bandes zielen.

Trotz ihrer Eindringlichkeit bleibt zweitens die aus der Bibel gezogene Vorstellung des geistlichen Waidwerks innerhalb dieser Teile des Verweissystems beliebig gewählte Mantelmetaphorik für die Nutzung der Sammlung, austauschbar durch ähnliche, den Leser aktivierende Vorstellungen, wie die der geistlichen Fischerei, des geistlichen Feldbaus, der geistlichen Schiffahrt oder des geistlichen Kampfes.

Drittens fehlt für den ›sinnreichen‹ Bezug des Jägers Actaeon zu Christus bislang jede Erläuterung.

Schließlich vermißt man die inhaltliche Verbindung zwischen dem Bildinhalt und den Inschriften auf den als Randleisten fungierenden Palmen.

Diese noch verbleibenden ›Leerstellen‹ oder ›Unbestimmtheitsstellen‹ bekräftigen unsere Annahme eines Informationsverbundes, dem neben dem Bildtitel, dem Worttitel und der Leservorrede offenbar als wesentlicher Bestandteil auch die Widmungszuschrift zugehört.

Es ist der Verfasser selbst, der auf die Verklammerung von Widmung und Kupfertitel hinweist, indem er den Adressaten der Widmung, den Reichsgrafen zu Rheinstein und Tattenbach, Gottfried Wilhelm, einen Angehörigen alten bayerischen Hof- und Beamtenadels, in der »Zuschrifft« ersucht, »das Vorblat oder Frontispicium dises meines gegenwertigen Predig-Wercks (so ich Jhnen hiemit in aller Underthänigkeit dedicire, vnd zuaigne) gnädigist anzusehen«, und dieses im folgenden ausführlich erläutert.[6] Das in der Dedicatio Vorgebrachte ist nun keineswegs bloße Wiederholung und Verdeutlichung des schon in der Illustration und im Worttitel Mitgeteilten, sondern es werden jene Inhalte des Frontispiz ausgelegt, die bisher ohne Erläuterung geblieben waren. Ein Exkurs über die Geschichte des »Adelichen Waidwercks [...] von Anbegin der erschaffnen Welt«, der unter Bezug auf die »sinnreichen Poeten« Perseus, Castor, Pollux, Hippolytus, Orion u. a. als Ahnherrn der Jagd aufzählt, führt zunächst hin zur Interpretation des ›Actaeon Evangelicus‹. Diese wird von zwei Bibelexegesen gerahmt, in denen Christus einmal als göttlicher Jäger, das andre Mal als das göttliche Wild erscheint. Da das dritte Klagelied des Propheten Jeremias, dort die im Titelkupfer zitierten Worte aus Genesis 27. Das Bindeglied zwischen diesen biblischen Vorausdeutungen bildet die christologische Applikation des Abschnittes aus den ›Metamorphosen‹. Wie der »dapffere Waidmann« Actaeon sich in Diana verliebt hatte, deswegen Hirschgestalt annehmen mußte und schließlich von seinen eigenen Hunden und – wie Bucelleni von Ovid abweichend meint – von wilden Tieren angefallen und zerrissen wurde, so ist Christus »wie ein anderer Actaeon« aus Liebe zum Menschengeschlecht von seinem »hohen Himmels-Thron« in den »wilden Wald diser Welt« herabgestiegen und wurde hier von »vndanckbaren Sündern« getötet. Die das Wort der Schrift mit dem der »Fabel-dichtenden Poeten« kontaminierende Titelvorstellung findet also hier ihre Erläuterung. Die Widmungszuschrift übernimmt damit eine Aufgabe, die weder die Selbstauslegung der Titelillustration, noch der Sprachtitel oder die Leservorrede besorgt hatten.

Die Dedicatio besorgt weiters die Auslegung jenes Teiles der Titelillustration, der mit dem Geschehen der geistlichen Jagd bisher in keiner erkennbaren Verbindung steht. Diese Auslegung gibt dem Verfasser die Möglichkeit, die »Qualitäten vnd Tugenden« des Widmungsempfängers zu preisen, die dieser von seinen Vorfahren ererbt hat, und die »vortrefflichen Talenta« zu rühmen, die von ihm wiederum den Nachkommen »einfliessen/vnd transfundiren«, so daß der linke zum Wappen aufragende Stamm das Sinnbild dafür ist, daß Gottfried Wilhelm von Tattenbach durch seine eigenen Verdienste wiederum seinen Kindern den Weg zu einer »vnsterblichen/vnd niemahlen verwelcklichen Glory« gebahnt habe: *Iter est ad Gloriam.* Die ersten beiden Worte des Spruchbandes, *Galeas Volentibus*, werden nun entzifferbar als Übersetzungsversuch des Vornamens: Wil-helm. Die Inschrift des gegenüberstehenden Baumes, »kurtz und keusch/doch nit vnfruchtbar«, appliziert einen überlieferten Sinnspruch auf die Gemahlin des Widmungsempfängers, eine geborene Gräfin Kurtz, und die große Zahl der Kinder, die diese ihrem Mann geschenkt hat.

Der dritte Beitrag der Widmungszuschrift innerhalb unseres Verweiszusammenhanges liegt schließlich in der realen historischen Begründung von Titelallegorie und Titeltypologie. Was bislang als Einsatz beliebig verfügbarer und beliebig kombinierbarer Materialien erscheinen mochte, wird vom Verfasser in einen sozialen Kontext gerückt. Die Inventio der Titelbegriffe orientiert sich an außerliterarischen Voraussetzungen. Bucellenis ›Evangelische Waidkunst‹ wird nicht bloß einem »Liebhaber deß Adelichen Waidwercks« und einem Meister in der »natürlichen Waid-Kunst (von welcher dises mein geistliches Werck den Namen schöpffet)« zugeeignet. Erst das Amt eines »Land-Obrist-Jägermaisters«, das der Widmungsempfänger innehat, begründet den Titel der Predigtsammlung. Das reale historische Oberstjägermeister-Amt und die vertraute Apostrophierung Christi als obersten Jagdmeisters sind aufeinander bezogen. Das Allianzwappen des Gottfried Wilhelm von Tattenbach und der Maria Gräfin von Kurtz ist damit nicht nur in der formalen Anordnung der Titelillustration das Gegenstück zu den ersten beiden Titelgliedern an der unteren Bildleiste. Das Gegenüber in der Bildkomposition ist vielmehr die räumliche Andeutung des inhaltlichen Gegenüber der allegorisch-typologischen Titelvorstellung und der historischen Funktion des Widmungsadressaten.

Eine solche außerliterarische Begründung des Titels fordert zu einer umfassenderen Untersuchung der Funktion des Titels als verborgenen Compliments heraus. Wir wollen uns hier mit einem einzigen, im vorliegenden Sachzusammenhang aber besonders beachtenswerten Beispiel für die soziologische Fundierbarkeit der Titelallegorese begnügen. Die bereits zweimal apostrophierte ›Geistliche Seelen-Jagd‹ des Ignaz Trauner, deren Widmung Christus als Apollo und obersten Jägermeister anspricht, trägt, diesmal nach der Auskunft der Leservorrede, ihren Titel »weilen von dem Hochfürstlichen Hoch-Stifft Saltzburg meinem Vatter Seel. wie auch Anherrn das Ambt eines Obrist-Jäger-Meisters gnädigist anvertraut worden/ich aber von meinen Eltern völlig zu degeneriren nit begehr«.

Die durch das allegorische Frontispiz besorgte Verbindung zwischen dem Werk und dem Leser, von der zu reden dieses Symposion sich vorgenommen hat, erweist sich somit als ein höchst subtiles Wechselspiel unterschiedlicher Kommunikationsvorgänge. Die Erläuterungen, die sie durch den Sprachtitel, die Widmungszuschrift und die Leservorrede erfährt, zeigen, daß die Titelillustration Nachrichten unterschiedlichen Inhalts und unterschiedlicher Wirkungsabsicht an unterschiedliche Adressaten bereithält. Die einen wollen die Benützer für die geistliche Aufgabe, die sie zu übernehmen haben, gelehrig machen. Die anderen zielen auf das Wohlwollen des höfischen Widmungsempfängers, dem sich der Verfasser empfiehlt. Sprachtitel und Leservorrede lassen die Titelillustration »allen vnd jeden« Seelenjägern zum Appell werden. Die Widmung huldigt dem obersten Jagdmeister Bayerns, indem sie ihn in Beziehung setzt zu dem im Zentrum des Kupfers dargestellten obersten Jagdmeister im »geistlichen Gejaid«.[7] Keineswegs ist eine »aristokratische Zielsetzung der poetischen Kommunikation« schlechthin das Geschäft der Titelallegorie.[8] Solches vollzieht sich im Zusammenspiel von Frontispiz und Dedicatio mit dem zumeist aristokratischen Widmungsempfänger. Doch es bietet nur einen Aspekt des von der Titelillustration ausgehenden Verständigungsvorganges; einen Aspekt, bei dem im übrigen das Werk selbst kaum Beachtung findet. Ein anderer Aspekt realisiert sich im Zusammenspiel von Titelkupfer, Sprachtitel und Leservorrede. Hier ist nicht der »Protektor«, hier sind die »Konsumenten« angesprochen, Prediger, Pfarrer, Hausvater. Da und dort ist das Material der Titelallegorie beteiligt. Doch während es das eine Mal der geistreichen Verständigung mit einem einzelnen dient, zu der der Text bloß den Anlaß bietet, liefert es das andre Mal vielen die Anweisung zu dessen geistlichem Gebrauch.

Anmerkungen:

1 Aus den wenigen selbständigen Untersuchungen seien als anregend herausgehoben: Dietrich Donat: Zu Buchtiteln und Titelblättern der Barockzeit, in: Orbis Scriptus. Dmitrij Tschiževskij z. 70. Geburtstag, München 1966, S. 163–173, und Arnold Rothe: Der Doppeltitel. Zu Form und Geschichte einer literarischen Konvention, Darmstadt 1970 (Akad. Wiss. und d. Lit. Abhandlungen der geistes- und sozialwissenschaftlichen Klasse, Jg. 1969, Nr. 10). Materialsammlungen für einzelne Genres bieten Herbert Volkmann: Der deutsche Romantitel (1470–1770). Eine buch- und literaturgeschichtliche Untersuchung, Arch. f. Gesch. d. Buchwesens VIII (1967), Sp. 1145–1320, und Johann Baptist Schneyer: Wesenszüge des Barock in den Titeln seiner Predigtbücher, Münchener Theol. Zs. 19 (1968), S. 259–310. Auch für die Auseinandersetzung mit dem barocken Buchtitel instruktiv ist ferner Edward Schröder: Aus den Anfängen des deutschen Buchtitels, Nachr. v. d. Ges. d. Wiss. z. Göttingen, Philol.-hist. Klasse, NF, Fachgruppe IV, 2. Bd., Göttingen 1939, S. 1–48. Einen unterhaltsamen und lehrreichen Streifzug bietet schließlich Werner Bergengruen: Titulus. Das ist: Miszellen, Kollektaneen und fragmentarische, mit gelegentlichen Irrtümern durchsetzte Gedanken zur Naturgeschichte des deutschen Buchtitels, Zürich 1960.
2 Schöne, 1964, S. 190–196.
3 Es handelt sich noch immer um ein Postulat. Grundlegend bleibt inzwischen die nicht gebührend berücksichtigte Arbeit von Neumayr. Erst kürzlich hat Hans Henrik Krum-

macker: Der junge Gryphius und die Tradition. Studien zu den Perikopensonetten und Passionslieder, München 1976, wieder nachdrücklich auf die Rolle der Predigt als Vermittler allegorischer Deutungsweisen hingewiesen.

4 Der mir vorliegende Band stammt aus den Beständen des Kapuzinerklosters in Wien. Die Österreichische Nationalbibliothek besitzt einzelne gedruckte Heiligenpredigten von Bucelleni. Einige biographische Hinweise mit weiteren Quellenangaben zu Bucelleni gibt Isnard W. Frank: Zur Errichtung der österreichisch-ungarischen Dominikanerprovinz, Archivum Fratrum Praedicatorum 43 (1973), S. 329–332.

5 Für Hinweise zur Deutung des ›Actaeon‹ im Rahmen der Ovid-Überlieferung sei Ernst A. Schmidt (Heidelberg), Wolfgang Speyer (Salzburg) und Wendelin Schmidt-Dengler (Wien) herzlich gedankt. – Die bei Seznec, 1953, genannten ›Moralia super Ovidii Metamorphoses‹ des Dominikaners Robert Holkot, dessen Name auch in den Autoritätenlisten vieler katholischer Predigtsammlungen auftaucht, konnte ich, im Unterschied zu verschiedenen exegetischen Schriften Holkots, bibliographisch nicht verifizieren. J. Chr. Udenius erwähnt jedoch denselben Titel in seiner 1681 erschienenen »Excerpendi Ratio Nova« unter den Büchern »darinnen Similitudines, Allegorien &c. zufinden«.

6 Angaben zu Gottfried Wilhelm von Tattenbach u. a. in Zedlers »Universal-Lexicon«, bei Georg Ferchl: Bayerische Behörden und Beamte 1550–1804, Oberbayerisches Arch. f. vaterländische Gesch. 53 (1908), S. 195, 870, 705, und bei Walter Fürnrohr: Kurbaierns Gesandte auf dem Immerwährenden Reichstag. Zur baierischen Außenpolitik 1663 bis 1806, Göttingen 1971, S. 66 f. – Für Hinweise zum Geschlecht der Tattenbach danke ich Dieter Albrecht (Regensburg).

7 Zu Conrad Wiedemanns anregender Studie über den Systemzusammenhang barocker Rollenhaltung ergibt sich von diesen Beobachtungen her die Randbemerkung, daß antik-mythologisches und biblisch-heilsgeschichtliches Material bei letzterem durchaus verbunden bleibt und nicht, wie von Wiedemanns Systementwurf her zu vermuten wäre, in der geistlichen Nachricht an den Benützer das eine, im politischen Akt der Huldigung an den Gönner hingegen nur das andere zum Einsatz kommt. – C. Wiedemann: Heroisch-Schäferlich-Geistlich. Zu einem möglichen Systemzusammenhang barocker Rollenhaltung, in: Wilhelm Vosskamp (Hg.), Schäferdichtung, Hamburg 1977, S. 96–122.

8 So in der eindrucksvollen, wenn auch durch die strikte Parallelführung von sozialer Veränderung und literarischer Entwicklung herausfordernden Abhandlung von Alberto Martino: Barockpoesie, Publikum und Verbürgerlichung der literarischen Intelligenz, Internationales Arch. f. Sozialgesch. d. dt. Lit. 1 (1976), S. 122.

Sinnbildsprache und Verstehenshorizont

Zum Problem der Allegoriegestaltung und -rezeption im Rahmen der gegenreformatorischen Liedkatechese

Von Dietz-Rüdiger Moser (Freiburg i. Br.)

Einer der wichtigsten Beweggründe zum Gebrauch von Allegorien beruht auf dem Wunsch, Verständigungsbrücken zwischen Partnern zu bauen, die keine direkte Kommunikation miteinander verbindet, und auf ihrer Eignung zur Veranschaulichung und Konzentration auf das Wesentliche einer abstrakten Aussage. Solche Verständigungsbrücken setzen ein gemeinsames Fundament an Wissen über den Zeichenvorrat und auf beiden Seiten die Fähigkeit zur richtigen Dechiffrierung der Zeichen voraus. Fehlen diese Grundlagen, kommt es zwischen denen, die in einer Allegorie Gedanken gebündelt haben, und denen, die diese Gedanken entschlüsseln sollen, allenfalls zu einem Partialverständnis des Gemeinten. Die Verstehbarkeit resultiert nicht aus den Allegorien selbst, sondern entweder aus einem genauen Vorverständnis oder aus einer zumindest teilweisen Erklärung, der *interpretatio allegorica*, die ihnen zugeordnet sein muß. Implizite Allegorien ohne Erläuterung können unter Umständen aufgrund integrierter Merkmale oder des jeweiligen Kontextes als sinnfällige Begriffsverdeutlichungen erkannt werden, doch sind bei ihnen ebenso leicht Interpretationen denkbar, die sich von den Vorstellungen ihrer Urheber entfernen, wie Projektionen, über deren tatsächliche Relevanz keine sicheren Feststellungen möglich sind. Die Homer-Allegorese z. B. mußte sich mangels expliziter Aussagen über die Absicht des Epenverfassers, Abstraktionen durch sprachliche Bilder zu erklären, auf hermeneutische Projektionen beschränken, die letztlich mehr über die Denkweise der antiken Philosophenschulen als über die Vorstellungswelt und das Vorgehen Homers aussagen. Ähnliches gilt für die allegorische Schrifttendeutung, deren Prämisse, daß den Büchern Alten und Neuen Testaments nicht nur die Aussagen ihres Literalsinns, sondern eine Vielzahl zusätzlicher spiritualer Bedeutungen entnommen werden könnten, zwar theologisch, nicht aber kommunikationstheoretisch beweisbar ist, weil auch in diesem Bereich zuverlässige Aussagen über die Intentionalität der Texte fehlen. Richtiges Allegorieverständnis setzt die Einsicht in das Wollen der Allegorieverfasser oder -gestalter voraus.

Aus ihrer Funktion der Vermittlung hochbewerteter, in ihnen verdichteter Informationen ergibt sich, daß Allegorien, gleich welcher Form, dem Verständnishorizont der Empfänger angepaßt sein müssen, der nach Bildungsgrad und Abstraktionsvermögen variieren kann. Da anders die angestrebte Verständigung nicht zustande kommen würde, ist stets mit einer gewissen Bandbreite ihrer Gestaltung zwischen sehr einfachen und sehr komplexen Ausprägungen zu rechnen. Im folgenden sollen aus dem eng umgrenzten Bereich der gegenreformatorischen Liedkatechese[1] Beispiele für die Rücksichtnahme der Missionsorden auf das Allegorieverständnis breiter Bevölkerungsschichten erörtert werden, die sich einerseits aus dem Wunsch ergab, die Möglichkeiten der Sinnbildsprache zur vereinfachten Darstellung vielschichtiger Sachverhalte voll zu nutzen, andererseits aus der Einsicht, daß unter den Zielgruppen nur wenige über ein ausreichendes Vorverständnis und über ein höheres Maß an Bildung verfügten. Unter der Bezeichnung ›Liedkatechese‹ wird dabei die zielbewußte Abfassung und über bestimmte Innovationszentren vorgenommene Verbreitung von Volksliedern verstanden, mit deren Hilfe die alten und neuen Missionsorden der Kirche, vor allem Franziskaner, Kapuziner, Zisterzienser und Jesuiten, nach dem Einbruch und unter dem Eindruck der Reformation die Rückgewinnung der Abgefallenen und die Bestärkung der wankelmütig Gewordenen im Glauben systematisch zu fördern suchten. Die außerordentliche Breitenwirkung und der Nutzen des protestantischen Liedgutes bei der Ausbreitung der neuen Lehre, der etwa von dem Jesuiten Adam Contzen mit der Bemerkung charakterisiert wurde, daß Luthers Lieder mehr Seelen zu Fall gebracht hätten als seine Schriften und Reden[2], hatten die Gegenaktion auf katholischer Seite herausgefordert, die in den letzten Jahren des 16. Jahrhunderts begann und mit zunehmender Intensität und in wechselnden Phasen bis um die Mitte des 18. Jahrhunderts andauerte; die Auflösung der Gesellschaft Jesu setzte ihr ein natürliches Ende. Im Rahmen dieser Gegenaktion wurden Tausende und Abertausende von Liedern, teils mit Hilfe gedruckter Flugschriften, teils mündlich über die Kongregationen und Dritten Orden, in Umlauf gesetzt, von denen viele außerordentlich sorgfältig durchdacht und ausgearbeitet worden waren. Neben alten Liedern aus vorreformatorischer Zeit, die in gereinigten und verbesserten Fassungen erneut popularisiert wurden, entstanden neue Lieder und Liedgattungen, wie vor allem die Exempellieder zur beispielhaften Darlegung einer Lehre, die in der Folgezeit eine wesentliche Rolle bei der Glaubensunterweisung spielen sollten. Ähnlich wie entsprechende Traktate und katechetische Schriften dienten sie dazu, Massenloyalität zu erzeugen, und stellten sich insoweit neben andere Verfahren, mit denen die 1622 gegründete Propagandakongregation von Rom aus dieses Ziel zentral anzusteuern suchte. Diese katechetischen Volkslieder, die die christliche Lehre in Übereinstimmung mit der normativen Theologie im Sinne der Beschlüsse des Konzils von Trient darbieten und erklären sollten und die insofern eine katechetische Funktion besaßen, folgten bestimmten Gestaltungsprinzipien teils allgemeiner, teils ordensspezifischer Verbindlichkeit. In der Mehrzahl handelte es sich um erzählende Lieder, weil die Missionare bei ihrer Ausformung die Auffassung des hl. Augustinus in Rechnung zu stellen hatten, daß der Kirche keine Theorie, sondern eine Geschichte des Heils gegeben sei[3]. Die Belehrung über den Glauben sollte deshalb erst im Anschluß an die Erzählung erfolgen – *narratione finita*. Gewöhnlich bieten sie eine einsträngige geschlossene Handlung dar, deren Ablauf an biblischen Vorlagen teils inhaltlich, teils formal orientiert ist. Ihre Handlung wird entweder von einem Konflikt getragen, der sich aus einem Verstoß gegen bestehende Normsetzungen ergibt, oder sie stellt Beispiele musterhaften Verhaltens vor, die den hochgesetzten Normen der Kirche entsprechen und die deshalb dem Betrachter als Richtmarken für den eigenen Lebensweg dienen können. Unterschiede in der Liedgestaltung lassen sich besonders deutlich bei den katechetischen Volksliedern der Franziskaner und Kapuziner einerseits und denen der Jesuiten andererseits beobachten. Während die franziskanischen Lieder den biblischen Geschichten unmittelbarer folgen – Bibelparaphrasen, vor allem über die Gleichnisse Jesu, bilden ein häufig begegnendes Grundmuster [4] –, finden sich unter den jesuitischen neben frei gestalteten Fallstudien, die der Kasuistik nahestehen, auch Situationsschilderungen aus dem Leben der hl. Familie, die ebenso wie die ersteren zumeist der Betrachtungsmethode der *Exercitia spiritualia* des hl. Ignatius von Loyola angeglichen sind.

Auch die Benutzung von *res significativae*, von Zeichen mit spiritualer Bedeutung, und von allegorischen Figuren spielte bei der Liedgestaltung eine Rolle. Dieser Tatbestand mag zunächst auffällig erscheinen, weil sich die Liedkatechese an das einfache Volk wendete, an Männer, Frauen und Kinder mit geringer Bildung, die sich höchstens auf das Lesen- und Schreibenkönnen, die in der Elementarschule vermittelten Fähigkeiten, beschränkte. Aber wie schon die großen allegorischen Darstellungen der gotischen Kathedralplastik dazu gedient hatten und jetzt etwa die Fresken der süddeutschen Barockkirchen dazu dienten, alle Gläubigen, d. h. Laien jedes Standes und jeder Bildungsschicht, über die Grundauffassungen des Christentums zu unterrichten, wurden auch die unscheinbaren sprachlichen Sinnbilder als geeignet angesehen, Eindrücke von abstrakten Glaubenslehren zu vermitteln. Ob die allegorischen Darstellungen von allen, an die sie sich wendeten, auch wirklich verstanden wurden, bildet eine ganz andere Frage. Aber wenn die Bildungsschicht mit dem ›Lesen‹ von Allegorien dadurch vertraut gemacht wurde, daß die Jesuiten im Rahmen des Unterrichts an den Lateinschulen bei Gelegenheiten wie den Jubiläumsfesten der Kanonisation ihrer Ordensheiligen allegorische Gemälde aufstellten oder entsprechende lebende Bilder inszenierten [5], heißt das nicht, daß sie nur das junge Bildungsbürgertum in den Städten anzusprechen gesucht hätten. Denn sie schufen in gleicher Weise auch Anschauungsmaterialien für das »gemaine einfältige Volck / so nicht lesen kan«, wie es beispielsweise der Bilderkatechismus von Johann Baptist Romanus SJ, Graz 1589 [6], oder der ›Christelicke Waerseggher‹ von Johannes David SJ, Antwerpen 1602, mit seinen vielen allegorischen Darstellungen – z. B. der drei ›göttlichen Tugenden‹ *fides, spes, caritas* – bezeugen [Abb. 1][7]. Bei diesem Versuch, auch die Unterschichten anzusprechen, gelangte die eigentliche Funktion der Sinnbilder zum Tragen, unanschauliche Sachverhalte durch bildliche Umschreibung verständlich zu machen, während ein ästhetisierendes Vergnügen an ihnen kaum ins Gewicht fiel. Es gibt jedoch Indizien dafür, daß die Sinnbilder ihre Aufgabe selbst bei sorgfältigster Gestaltung nicht immer in der gewünschten Weise zu erfüllen vermochten. Das zeigt sich deutlich an einem Lied aus der Spätzeit der Epoche, das wie der Antwerpener Kupferstich die Zusam-

Abb. 1: Johannes David SJ: »Christellicke Waersegghar«, Antwerpen 1602.

mengehörigkeit der drei theologischen Tugenden und ihre Bedeutung für das Leben des Gläubigen erklären sollte. Bei seiner Formulierung griffen die Jesuiten zunächst auf die für die Betrachtungsweise ihres Ordens typische ›Zurichtung des Schauplatzes‹ (*composición viendo el lugar*) zurück, wie sie Ignatius von Loyola bei Ludolf von Sachsen gefunden und zu einer sehr wirkungsvollen Methode der bildhaften Konkretisierung des Unanschaulichen erweitert hatte[8]. Denn wie es später der Jesuit H. Delehaye formulierte[9], meinten sie, daß »das Hirn der Menge unfähig« sei, »den Eindruck zahlreicher Gedanken oder irgend einer verwickelten Idee aufzunehmen, außerstande auch, sich genauer und folgerichtiger Argumentation hinzugeben; im Gegenteil stets bereit, durch das Gefühl Eindrücke zu empfangen [...]. Die materielle Seite der Dinge zieht das Volk an, und an die greifbaren Gegenstände hängt es Sinnen und Denken.« Deshalb wandelten sie die religiösen Begriffe so weit wie nur irgend möglich in Bilder um, die mit der eigenen Lebenserfahrung, der ›Erinnerung‹ des vorgestellten Betrachters, in Einklang standen. Von der Erinnerung (*memoria*) ausgehend, sollte dann über die vernünftige Einsicht (*intellectus*) der Wille (*voluntas*) zu der geforderten Entscheidung für die Sache Gottes geweckt werden[10], also im Grunde durch den Dreischritt des psychischen Ternars des Aristoteles. Da es sich bei diesem Aneignungsverfahren um ein methodisches Prinzip handelte, das selbständiges Urteilsvermögen des Aneigners voraussetzte, mithin eine Qualität, die nach jesuitischer Auffassung von der Mehrheit der Bevölkerung nicht zu erwarten war, boten ihr die Missionare mit den katechetischen Volksliedern ebenso wie mit den entsprechenden Bildern gewissermaßen klischierte ›Erinnerungen‹ als Betrachtungsmuster an, die an die Stelle des Selbsterinnerten treten und der Entscheidung zur Grundlage dienen sollten; oft wurde auch die Entscheidung selbst dem Sänger schon vorformuliert in den Mund gelegt. Bedenken gegen dieses Verfahren konnten schon deshalb entfallen, weil es ständiger Auffassung der Kirche entsprach, daß die Glaubenslehre der Fassungskraft der Gläubigen angepaßt und deshalb auch in die ›Sprache‹, d.h. das Vorstellungsvermögen derjenigen umgesetzt werden müsse, an die sie sich wendete[11]. Die aus der Konkretisierung des Abstrakten notwendig resultierende Vereinfachung und Verkürzung der Dinge wurde als grundsätzlich zulässig angesehen. In dem konkreten Fall hatte die Umsetzung der unanschaulichen Gegenstände in vorstellbare Bilder und Vorgänge einerseits das Wort des Paulus zu berücksichtigen, daß unter den drei Tugenden Glaube, Hoffnung und Liebe die Liebe die größte sei[12], andererseits die darauf aufbauende Erklärung des Kirchenrats von Trient im Dekret über die Rechtfertigungslehre, daß von diesen göttlichen Tugenden nicht eine allein vollkommen mit Christus vereine, sondern daß die beiden anderen zu ihr hinzutreten müßten[13]. Als reine Abstraktion mutete gerade dieser zweite Satz nicht sehr verständlich an. Wurde er jedoch unter Einbeziehung des Verfahrens der Zurichtung des Schauplatzes in eine Handlung umgesetzt, die auf die prinzipielle Zusammengehörigkeit und Untrennbarkeit der drei Tugenden abhob, ließ sich das Gemeinte ohne weiteres erfassen. So erklärt es sich, warum das entsprechende Lied von einem Spielmann erzählt, der am Waldesrand davon träumt, daß die drei jungen Frauen Glaube, Hoffnung und Liebe zu ihm treten und ihn auffordern, sich eine von ihnen zur Gefährtin zu erwählen[14]. Der Spielmann entscheidet sich für die Liebe. Da erklären die beiden anderen Frauen, auch mitgehen zu wollen:

> Wir andern aber beide,
> Wir wollen auch mitgehn.
> Denn ohne Glaube und Hoffnung
> Kann keine Liebe bestehn.

Das Lied benutzt zu dieser Schlußfolgerung die nur umgestellten Worte des Rechtfertigungsdekretes des Trienter Kirchenrates: *sine spe et caritate fides praestare non potest* [15]. Verständlicherweise sucht sich der Spielmann, eine für die Entstehungszeit des Liedes längst ›nostalgische‹ Figur, unter den personifizierten Tugenden diejenige aus, die ihm Liebe verheißt und damit, wie jedermann assoziieren mochte, Sinnesfreuden in Aussicht stellt. Aber der Hörer erfährt, daß diese Liebe von Glaube und Hoffnung, den göttlichen Tugenden, nicht getrennt werden kann, woraus ersichtlich wird, daß hier nicht *amor* oder *cupiditas*, sondern die höherwertige Form der Liebe zum Nächsten gemeint ist, die als *caritas* bezeichnet wird. Die sehr weitgehende Anpassung an den Gesichtskreis, die ›Erinnerung‹, der Hörer und der Mangel eines Kontextes, der die Zugehörigkeit der Aussage zum christlichen Weltbild auf den ersten Blick erkennbar gemacht hätte, führte in diesem Fall fast zwingend zu dem unbeabsichtigten Effekt eines Abbaues der katechetischen Tendenz des Liedes. Eine Parallelaufzeichnung aus der Singpraxis zeigt nämlich, wie im Umsingeprozeß durch den Fortfall des erläuternden Schlusses aus ihm ein Liebeslied ohne jeden Nutzen für die Unterweisung im Glauben entstehen konnte. Das Lied endet hier mit den Versen[16]:

> Kann eine nur mir folgen,
> Kann eine nur es sein,
> So wähl ich mir die Liebe,
> Und sie sei fortan mein.

Durch die Verkürzung ergibt sich ein Sinn, der zu der intendierten Aussage in krassem Gegensatz steht. Aber der Versuch, den unanschaulichen Satz von der Zusammengehörigkeit der drei göttlichen Tugenden durch eine konkrete Handlung verständlich und behaltbar werden zu lassen, die der Liebe wenigstens anfänglich einen höheren Stellenwert einzuräumen scheint als den übrigen Tugenden, konnte leicht zu Mißverständnissen führen. Wollte man Wirkungen dieser Art vermeiden, mußte die Anpassung an den Erfahrungshorizont der Liedempfänger durch die Einbeziehung von Personen oder Requisiten begrenzt werden, die das Geschehen sogleich als eine religiöse Aussage erkennen und entsprechend interpretieren ließen. So erzählt ein anderes katechetisches Volkslied von einem Jäger, der bei der Jagd »im grünen Hain« unter einem Kreuz die drei Blumen Glaube, Hoffnung und Liebe findet. Er senkt sie in sein Herz, wo sie, von Gottes Gnade betaut, wachsen und ihm Stärke, Mut und Segen verleihen[17]. Der Umstand, daß die drei Blumen, die hier in einfachem Requisittausch als Sinnbild der *fides, spes, caritas* an die Stelle der allegorischen Figuren getreten sind, unter dem Kreuz gefunden werden, deutet an, daß diese göttlichen Tugenden ihre Wirkkraft von der *satisfactio vicaria* her erhalten, der stellvertretenden Genugtuung für die Sünden der Menschen durch den Opfertod Christi am Kreuz, und liefert so – dogmatisch korrekt – zugleich eine Erklärung dafür, daß sie dem Gläubigen Kraft und göttliche Zustimmung für sein Tun zu verleihen vermögen. Das liturgische Requisit des Kreuzes bietet dem Betrachter in diesem Zusammenhang den Orientierungspunkt, der ihm die richtige Zuordnung und das volle Verständnis des geschilderten Geschehens erlaubt und Mißverständnisse verhindert.

Mit welch großer Sorgfalt die Missionare der Gesellschaft Jesu vorgingen, wenn sie Betrachtungsmuster anzufertigen hatten, die dem Verständnishorizont der Rezipienten entsprachen, und welche Schwierigkeiten sich dabei ergaben, läßt sich z. B. daran erkennen, wie die Aufgabe gelöst wurde, mit Hilfe eines katechetischen Volksliedes das Trinitätsdogma zu erklären. Der Missionar, der sich dazu keiner anderen Mittel bedienen durfte als derjenigen, die ihm die beschriebene Methode an die Hand gab, mußte die auf das Dogma bezogenen definierten Lehrsätze der Kirche unter Anknüpfung an die Lebenserfahrung der Gläubigen in ein anschauliches Bild übertragen, das drei Aussagen enthielt: daß es in Gott drei Personen gibt, daß die göttliche Wesenheit in den drei Personen aber nicht verdreifacht wird, sondern eine einzige bleibt, und daß die drei göttlichen Personen ineinander sind und sich durchdringen, also nicht voneinander unabhängig gedacht werden können. Zur Unterscheidung der drei Personen nicht nur dem Namen, sondern auch der Sache nach konnte der Liedverfasser auf die in der Tradition vorgegebenen Appropriationen zurückgreifen, die darin bestehen, daß man eine göttliche Eigenschaft oder Tätigkeit, die allen drei Personen gemeinsam ist, nur einer von ihnen zuschreibt[18]. Diese Appropriationen dienen dazu, schwer verständliche Theologumena, wie die innergöttlichen Prozessionen, das Sprechen des Wortes oder die Hauchung des Hl. Geistes, durch leichter faßliche Attribute zu ersetzen. Als essentielle Eigenschaften oder Tätigkeiten können sie einer bestimmten Person zugelegt werden, mit deren notionalen Eigenschaften oder Proprietäten sie verwandt sind. Nach solchen Attributen brauchte der Missionar nicht zu suchen, weil sie ihm z. B. im Römischen Katechismus mit der bekannten Appropriation vorlagen, die dem Vater die Erschaffung, dem Sohne die Erlösung, dem Heiligen Geiste die Heiligung zuschreibt[19]. Er hätte auch für das Bild, das er zur Veranschaulichung des Dogmas benötigte, auf die Tradition der Kirche Bezug nehmen können, z. B. auf den Segensritus der byzantinischen pontifikalen Liturgie mit dem Trikirion – dem Leuchter, der drei Kerzen trägt –, weil in ihm ein treffendes Sinnbild der Trinität zur Verfügung stand: nicht nur bildeten die drei Kerzen auf dem einen Leuchter die Einheit in der Dreiheit ab, sondern das von den drei Kerzen ausstrahlende Licht, das sich gegenseitig durchdringt und doch getrennt bleibt, stellte zugleich ein Sinnbild der trinitarischen Perichorese dar, des Sichdurchdringens und Ineinanderseins der drei göttlichen Personen. Aber weil der Missionar sein Anschauungsmaterial gerade nicht aus seinem eigenen Erfahrungsbereich, sondern aus der Umwelt der Rezipienten nehmen sollte, wählte er das Bild der drei Rosen auf einem Zweig, das in ganz entsprechender Weise die Einheit in der Dreiheit und deren Untrennbarkeit darzustellen vermochte. Da es sich bei der göttlichen Trinität jedoch um keine irdische, sondern um eine himmlische Kategorie handelt, mußte er diesen Zweig mit dem Himmel in Verbindung bringen. Das Lied, das aus diesen Überlegungen resultierte, begann dementsprechend mit den Worten[20]:

> 1. Am Himmel stehn drei Rosen,
>   Sie stehn auf einem Zweig.

Für sich allein genommen, wäre dieses Bild trotz der aus der unmittelbaren Lebenserfahrung der Liedempfänger genommenen, wenn auch natürlicherweise untereinander beziehungslosen Dinge (Himmel, Rose, Zweig) unverständlich, weshalb den folgenden Gesätzen die Aufgabe der *interpretatio allegorica* zufällt, nämlich die Namen der göttlichen Personen, die unter den drei Rosen verstanden werden, und deren Appropriationen Schöpfung, Erlösung und Heiligung zu nennen, die hier wie im Katechismus benutzt sind:

> 2. Der [!] erste heißt Gott Vater,
>   Der uns erschaffen hatte.
> 3. Der zweite heißt Gott Sohn,
>   Mit einer Dörnerkron.
> 4. Der dritte heißt Gott heiliger Geist,
>   Der uns den Weg zum Himmel weist.

Die »Dörnerkron« steht als *pars pro toto* für die *Passio Domini* und deren Frucht, die Erlösung. Vereinzelt ist auch das abschließende Verspaar überliefert, das die Erklärung erst vollständig macht[21]:

> 5. So loben wir die heiligste Dreifaltigkeit,
>   Von nun an bis in Ewigkeit.

Zwei Gesichtspunkte, die bei der Liedgestaltung zusätzlich zu berücksichtigen waren, führten zu verschiedenen Erweiterungen und Umänderungen dieses schlichten und dabei sehr zweckmäßigen Liedes: die Notwendigkeit der Einbettung des Bildes in eine *narratio* im Sinne Augustins und der Wunsch nach seiner Anbindung an die Marienverehrung. Dieser zweite Punkt ergab sich aus der für die Gegenreformation vielfach bezeugten Absicht, der ablehnenden Einstellung der Protestanten gegenüber einer Verehrung der Gottesmutter durch nachhaltige Förderung ihres Kultes entgegenzuarbeiten. So erklärt es sich, daß das genannte Lied noch (hier übergangene) Gesätze enthält, die auf die wunderbare Empfängnis Marias und die Geburt des Kindes sowie auf Marias Fürsorge eingehen, und daß eine abweichende Redaktion Maria in den Garten gehen und die Blumen der hl. Dreifaltigkeit pflücken läßt[22]:

> 1. Maria wollt in Garten gehn,
>   Drei Röslein wollt sie brechen gehn.

Der Versuch, die Proprietäten der drei göttlichen Personen durch Erweiterung der Sinnbilder noch deutlicher zu kennzeichnen, veranlaßte hier die Zuordnung der Farben[23] blau (Gott Vater), rot (Gott Sohn), weiß (Gott hl. Geist) und der Blumen Veilchen, Nelke, Lilie, so daß sich eine eigentümliche Spezifizierung der drei ›Rosen‹ ergab, die sich in dieser Weise in den älteren Bedeutungslehren nicht findet:

> 2. Das erste war ein Veigelein,
>   Ein himmelblaues Veigelein.
>
> 3. Das zweite war ein Nägelein,
>   Ein blutrotes Nägelein.
>
> 4. Das dritte war eine Lilie,
>   Eine schneeweiße Lilie.

In den folgenden Gesätzen schloß sich wieder die *interpretatio allegorica* mit dem Hinweis auf die Appropriationen Schöpfung, Erlösung und Heiligung an. Die Zuordnung der Blumen folgte der Lehre von der *analogia entis*, nach der sich Gott in den Erzeugnissen der Schöpfung wie in einem Spiegel schauen läßt (analoge Gotteserkenntnis)[24]. Das Analogiedenken stellte dabei eine Verbindung zwischen den Nelken, den »blutroten Nägelein«, und den Kreuzigungsnägeln der Passion Christi her, jenen Nägeln, die im Zusammenhang mit dem IHS-Zeichen in der Gegenreformation eines der bekanntesten Sinnbilder der Passion bildeten, führte also zu einer Assoziation des Erlösungstodes, die dann durch die nachfolgende Bilderklärung bestätigt wurde. Obwohl die Vermehrung der Sinnbilder die Anschaulichkeit und Einprägsamkeit dieser Redaktion des Liedes erhöhte, erscheint hier die Aufgabe der Erklärung des Dogmas weniger gut gelöst, weil die Einheit der drei göttlichen Personen, der »drei Rosen auf einem Zweig«, im Bild des Rosenbrechens nicht mehr sichtbar wird. Diese Schwäche veranlaßte wohl eine weitere Überarbeitung des Liedes, das nun Maria in der Erwartung des Kindes drei »Sträußelein« aus Gold, Silber und Edelstein »binden«, also zur Einheit zusammenfügen, läßt[25]:

> 1. Maria ging in Garten,
>   Auf Jesum tat sie warten.
>
> 2. Sie band drei schöne Sträußelein,
>   Aus Gold, Silber und Edelstein.
>
> 3. Das erst gehört Gott Vater,
>   Er hat uns all erschaffen.
>
> 4. Das zweite gehöret Gott dem Sohn,
>   Er trägt die Dornenkron'.
>
> 5. Das dritte gehört dem heiligen Geist,
>   Der seine Gaben mit uns teilt. [...]

Mit dem gleichen Bild der gebundenen Blumen suchten die Jesuiten nach der Emporstilisierung der Gestalt des hl. Joseph, der im Spätmittelalter zumeist als zeugungsunfähiger Greis dargestellt worden war, zum verehrungswürdigen

Nährvater Jesu auch die Zusammengehörigkeit der drei Personen der hl. Familie hervorzuheben[26]. Das schon etwas zersungene, zu dreizeiligen Gesätzen gedehnte (hier korrigierte) Dreifaltigkeitslied, dessen wochenweise Wiederholung als ›Freitagslied‹[27] dem Sänger in der letzten Strophe Sündenvergebung in Aussicht stellte, zeigt, wie die einfachsten Dinge der Umwelt des Menschen durch entsprechende Anordnung zur Erklärung komplexer theologischer Sachverhalte genutzt werden konnten. Die Austauschbarkeit der Sinnbilder aus dem Erfahrungsbereich macht deutlich, daß es dazu unmittelbarer Anleihen bei den mittelalterlichen Bedeutungslehren nicht bedurfte:

Trinität	Sinnbilder				Appropriationen
Gott Vater	Rose	Veilchen	Blau	Gold	Schöpfung
Gott Sohn	Rose	Nelke	Rot	Silber	Erlösung
Gott hl. Geist	Rose	Lilie	Weiß	Edelstein	Heiligung

Es lag in der jesuitischen Betrachtungsmethode begründet, daß die ihr folgenden katechetischen Volkslieder in vielen Fällen Sinnbilder enthielten, die mit den aus der Schriftexegese hervorgegangenen traditionellen ›Zeichen‹ nicht übereinstimmten. Deshalb erforderte ihr Verständnis auch keine spezifischen Vorkenntnisse. Stößt man bei ihnen dennoch auf Sinnbilder, die in der Tradition Parallelen besitzen, darf aus der sachlichen Übereinstimmung noch nicht auf unmittelbare Übernahme geschlossen werden, die dann wieder ein Vorverständnis der Rezipienten voraussetzen könnte. Der Bock als Sinnbild der ungezügelten Geschlechtlichkeit in einem Jesuitenlied über ›Rosalia und den Tischlergesellen‹[28] beispielsweise erscheint dort nicht im direkten Anschluß z. B. an Gregor d. Gr. als Inbegriff des Sünders *(Haedi peccatores significantur)* [29], sondern auf dem Umweg über die Art und Weise, in der Ignatius von Loyola die Betrachtung über die Sünde vorgenommen hatte. Das Lied berichtet von einer Jungfrau, die einen um sie freienden Tischlergesellen abweist, weil sie sich Jesus Christus versprochen hat. Die Mutter des Abgewiesenen schickt auf zauberische Weise einen Bock nach ihr, der sie verschleppt und in die Gewalt des Sohnes bringt. Als dieser die Jungfrau auffordert, ihm zu willen zu sein, »greift sie zum Gebet« und bittet »Maria zu Weyer« um Hilfe. Bald darauf erwacht sie unversehrt in der Kirche des Gnadenortes, in die sie – »vielleicht«, wie das Lied mit bezeichnender Vorsicht sagt – von den Engeln Jesu Christi getragen worden ist. – Wenn in diesem Lied die Jungfrau durch das sündhafte Verlangen des Freiers in die Gewalt des Bockes gerät, der mit ihm identisch ist, sieht sie sich in gleicher Weise »den wilden Tieren ausgeliefert«, wie es Ignatius von Loyola von jedem annahm, der in die Abhängigkeit von der Sünde geraten war: *eiectum in exilium inter bruta animalia.* [30] Daß das wilde Tier in diesem Fall der Bock war, ergab sich wohl aus der Gegenüberstellung von reiner Jungfrau und frevlerischem Mann, die in der Bibelstelle Mt. 25, 32 f. eine passende Parallele besaß. Das geschlechtliche Begehren einer gottgeweihten Person stellt nach der Moralauffassung der Kirche bekanntlich ein *sacrilegium personale* dar[31]. Schilderungen dieser Art eigneten sich nach der Anschauung der Jesuiten gut dazu, die Seele zur Kontemplation zu führen. Die Tatsache, daß die eigene Phantasie des Betrachters dabei durch vorgeformte Bilder und Geschehnisse ersetzt wurde, die in der Mehrzahl der Fälle seiner eigenen Umwelt entstammten, bildete für den Nutzen, den er aus ihr ziehen konnte, kein Hindernis. Denn die Jesuiten meinten, daß es Gott möglich sei, durch solche Bilder in der Seele des Menschen gleiche Ergebnisse hervorzurufen wie die eigene Imagination – Ergebnisse, die dann der Vernunft gemäß beurteilt werden konnten und so zur Erleuchtung über etwas Geistliches führten[32]. Die wohlüberlegte Identität zwischen den angetragenen und den von den Rezipienten selbst gewinnbaren Bildern sicherte nicht nur den ersteren das grundsätzliche Verständnis, sondern zugleich den Erfolg der mit ihrer Hilfe unternommenen katechetischen Bemühungen.

Wendet man sich nun den übrigen Ordensgemeinschaften zu, die an der Liedkatechese der Gegenreformation aktiv beteiligt waren, so ergibt sich vor allem für die alten Orden der Zisterzienser und Franziskaner schon von ihrer jeweiligen Ordenstradition her ein ganz anderes Bild. Ihre Vertrautheit mit der spiritualen Wortbedeutungslehre seit dem Mittelalter, wenn nicht seit der Väterzeit, legte auch für die Zeit der Gegenreformation mit ihrem Bemühen um die Restauration der alten Kirche den Rückgriff auf diese bewährten Mittel der religiösen Unterweisung nahe, und in der Tat läßt eine große Zahl der katechetischen Volkslieder, die in diesen Orden beheimatet sind, den Rückgriff als ein nicht nur beliebtes, sondern auch mit großer Virtuosität gehandhabtes Mittel der Liedgestaltung erkennen. Nur wendeten sich die neuen Lieder nicht mehr an ein Publikum, das noch voll in die Kirche integriert war, sondern an Menschen, denen spätestens der Einbruch der Reformation, wenn nicht schon das späte 15. Jahrhundert, in vielen Fällen außer der inneren Beheimatung in der Kirche auch die einfachsten Kenntnisse über den christlichen Glauben und damit die besondere christliche Betrachtungsweise der ›Dinge‹ genommen hatte. Die Frage, ob unter diesen Umständen die Verwendung einer Sprache möglich und sinnvoll sein konnte, die mit dem Verständnis für eine ihrem Literalsinn übergeordnete Bedeutungsschicht mit vielfältigen Sinnbezügen rechnete, läßt sich jedoch nicht generell in der einen oder der anderen Weise beantworten. Denn das Prinzip, narrative Lieder zu verfertigen, führte in jedem Fall zu einer Liedgestalt mit nachvollziehbarer Handlung, die zumindest in ihren äußeren Abläufen verständlich war. Ob damit zugleich das eigentlich Gemeinte erfaßt wurde, das nicht der Handlungsschicht, sondern nur der übergeordneten Sinnschicht zu entnehmen war, bleibt dabei vielfach zweifelhaft. Umsingeprozesse, wie sie sich an Liedaufzeichnungen aus der Singpraxis beobachten lassen, zeigen oftmals sehr deutlich, daß die intendierten Aussagen nur zum Teil oder gar nicht erfaßt wurden. Ein Teilverständnis, das durch externe Vermittlung von Vorkenntnissen, etwa über die Schriftenauslegung in der Predigt und über die katechetische Unterweisung, gefördert werden konnte, war auf verschiedenen Stufen möglich. Auch trug die Verwendung von Elementen gleicher Bedeutung in abweichenden Kontexten zur wechselseitigen Erklärung und zum Verständnis bestimmter Sinngebungen bei. Sie überhaupt zu verwenden, hatte einerseits den Sinn, den Liedinhalten eine zusätzliche Dimension zu eröffnen, andererseits den Zweck, jene Sicht der ›Dinge‹ zu unterstützen, die von der Beobachtung der Natur und des menschlichen Lebens zur Einsicht in ihre Ursache und damit in das Wirken der Übernatur (*supernaturalitas*) führen konnte. Diese *signa*, die auf *signata* hinweisen, entstammten allen Bereichen des agrarischen Weltbildes der Bibel, dem Kosmos, den Elementen, der Pflanzen- und Tierwelt, dem Bereich einfacher Farben und Zahlen usw., und sie waren ihrer Zeitlosigkeit wegen auch noch geeignet, das katechetische Liedgut der Gegenreformation mitzuprägen. Sie wurden in die verschiedensten Zusammenhänge gestellt, um die Aufmerksamkeit des Betrachters auf die Existenz, auf die Erscheinungen, auf das Wirken, auf die Forderungen und auf die Verheißungen Gottes hinzulenken, unabhängig davon, ob es sich um sachliche Gegebenheiten oder um gewöhnliche und ungewöhnliche Vorgänge und Ereignisse der Natur und des Lebens handelte, die aufgrund ihrer Beschaffenheit den Schluß auf die hinter ihnen stehende, veranlassende göttliche Macht nahelegten. Gegenüber der fast unbegrenzten Zahl und Bedeutungsvielfalt solcher ›Zeichen‹ im Mittelalter läßt sich aber für ihre praktische Verwendung im Rahmen der Liedkatechese der Gegenreformation, soweit sie überhaupt von ihnen Gebrauch machte, eine bemerkenswerte Einschränkung in doppelter Hinsicht beobachten: erstens wurde die Zahl der *signa* auf eine überschaubare Menge begrenzt, zweitens die Menge der Sinngebungen stark verringert. Untersucht man die in der Liedkatechese verwendeten sinntragenden Wörter darauf, welche und wie viele Bedeutungen sie trugen, ergibt sich im Vergleich mit den Bedeutungen, die denselben Wörtern in der Tradition des Hoch- und Spätmittelalters zugemessen wurden[33], eine deutliche Reduktion auf das Wesentliche, auf Kernbedeutungen, die mit oftmals bemerkenswerter Konstanz wiederkehren. Meint z. B. das Feuer in der ›Clavis‹ des Ps.-Melito, jeweils in Abhängigkeit von dem gegebenen Kontext, Gott, den hl. Geist, die glühende Begierde, die Drangsal des Lebens, die Leidenschaft der Habsucht und manches mehr, verengt und konzentriert sich die Bedeutung in der Liedkatechese einerseits auf die *ira Dei in peccatores*, das Zeichen für die strafende Gerechtigkeit Gottes, andererseits auf das Höllenfeuer, in dem sich diese Gerechtigkeit äußert. In sehr vielen katechetischen Volksliedern der Zeit findet das göttliche Straffeuer Erwähnung, sei es, daß es unmittelbar wirksam wird, sei es, daß der oder die Teufel mit Zulassung Gottes die sündigen Seelen der Feuerstrafe zuführen[34]. Die freundlichen und wohltuenden Eigenschaften des Feuers, z. B. Wärme und Licht zu geben, bleiben dagegen völlig unberücksichtigt. Die Einschränkung der Bedeutungspolyvalenz zugunsten einzelner spiritualer Sinngebungen, die mit großer Konstanz wiederkehren, gilt für alle Zeichen und deren Sinnfelder: für die *res significativae* des Bereiches der Elemente ebenso wie für diejenigen der Pflanzen- und Tierwelt, der Körperteile, Körpersäfte und Sinneskräfte des Menschen, der Farben und Zahlen, der liturgischen Zeichen und Formen sowie der Berufsgruppen und Stände. Zweifellos trug diese Einschränkung wesentlich zum Verständnis der Sinnschicht der Lieder bei. Überdies verhalf sie den Rezipienten rasch zu einem

Grundwissen an Bedeutungen, das ausreichte, allen Dingen der Erfahrungswelt einen spiritualen Sinn zuzuweisen, auch wenn es sich weit von der umfassenden und vor allem theologisch abgesicherten Bedeutungskenntnis der Ordensgeistlichen unterschied. Als Grund für die Maßnahme, sinntragende Wörter nur unter bestimmtem Aspekt zu verwenden, wird man das Bemühen der Verfasser um Anpassung an den Verständnishorizont der Liedempfänger ansehen müssen.

Die Verständnisunterschiede zwischen den geistlichen Autoren und den Laien, die deren Lieder sangen, dürften oftmals beträchtlich gewesen sein. So weist eines der bekanntesten katechetischen Volkslieder der Gegenreformation Sinnbilder auf, deren volles Verständnis Vorkenntnisse erforderte, die von der Allgemeinheit mit Sicherheit nicht erwartet werden konnten[35]:

1. Maria durch ein' Dornwald ging, kyrie eleison.
Maria durch ein' Dornwald ging,
Der hat in sieben Jahrn kein Laub getragen.

2. Was trug Maria unter ihrem Herzen?
Ein kleines Kindlein ohne Schmerzen,
Das trug Maria unter ihrem Herzen.

3. Da haben die Dornen Rosen getragen.
Als das Kindlein durch den Wald getragen,
Da haben die Dornen Rosen getragen.

Maria, nach alter und verbreiteter Überlieferung in ihrer unbefleckten Jungfräulichkeit selbst die *Rosa ex spinis*, geht in der Erwartung ihres Kindes durch einen Dornwald, und dieser trägt nach sieben Jahren der Dürre Rosen. – Zunächst scheint das Lied nur auszusagen, daß die bloße Gegenwart des Kindes im Mutterleib genüge, um die verdorrte Natur zum Blühen zu bringen. Aber daß es tatsächlich sehr viel mehr meint und worum es sich dabei handelt, erschließt sich dem Betrachter erst, wenn er die Lehre des hl. Ambrosius und anderer Kirchenväter berücksichtigt, daß die Rose vor der Sünde Adams ohne Dornen gewesen sei: [Nach der Schöpfung] »war die Rose noch ohne Dornen. Erst später kamen zur Schönheit der Blume die Dornen, damit der süße Genuß auch die Trauer in der Begleitung habe und wir der [Erb-] Sünde gedächten, derentwegen die Erde dazu verurteilt wurde, uns Dornen und Disteln zu tragen«[36]. Dornen, ja ein ganzer Wald von Dornen, können darum nur die Summe aller Vergehen der erbsündigen Menschen und deren Folgen, den Tod, meinen. Sie sind das Sinnbild der straffälligen Menschen, ganz in der Weiterentwicklung des Gedankens der Hl. Schrift, daß schlechte und gottlose Menschen mit Dornen zu vergleichen seien[37]. Und dieser Dornwald, *pars pro toto* für die sündige Menschheit, hat sieben Jahre kein Laub getragen. Das heißt: Er ist verdorrt, zugrunde gegangen, abgestorben – wie die Menschen, die in der Sünde gelebt haben und dafür den Tod fanden. Die Siebenzahl weist, wie immer, wenn sie in den katechetischen Liedern vorkommt, auf die Zeit des unvollkommenen Menschen hin, der nach seiner Vollkommenheit strebt, die Zeit der Erwartung des »achten« Tages oder Jahres der Ankunft des Gottesreiches[38]. »Der Dornwald hat in sieben Jahren

kein Laub getragen«, meint demnach, daß die Menschheit in Sünden dahinge-
lebt hat und dafür mit dem Tod bestraft worden ist, daß diese Zeit nun aber auch
vorübergegangen ist und daß etwas Neues vor der Tür steht. Der Dornwald, Inbegriff der sündigen Natur des Menschen, ist in der Zeitlichkeit seiner Jahre verdorrt. Aber als Maria, die Gottesmutter, mit ihrem Kind durch diesen Wald geht,
tragen die Dornen Rosen. Es braucht kaum erwähnt zu werden, daß die Wendung »ohne Schmerzen« auf die Vorstellung von der Unbefleckten Empfängnis
abhebt, daß hier also die göttliche Natur des Kindes angedeutet wird. Denn diese
Rosen sagen als traditionelles Sinnbild der Ewigen Wahrheit, die mit Christus in
die Welt gekommen ist[39], und zugleich als zentrales Sinnbild seiner Passion,
genug. Die dogmatisch einwandfreie Aussage des Liedes, umgesetzt in äußerst
einfache, aber ohne die Kenntnis der zugrunde liegenden spiritualen Sinngebungen nicht oder doch nicht voll verständliche Bilder, lautet: »Christus überwindet
die Erbsünde durch seine Passion, durch seinen Opfertod.« Konnten die Gläubigen diese Aussage erfassen? Entscheidend war offenbar die richtige Interpretation des Dornwaldes, durch den Maria geht, als Zeichen für die sündige Menschheit. Dieses Zeichen konnten sie sich einerseits aus dem bekannten Beiwort Marias als der »Rose ohne Dornen«[40] selbst ableiten, wenn sie an das in allen
Glaubensbekenntnissen ausgesprochene Dogma von der Jungfräulichkeit der
Gottesmutter dachten. Ob ein solcher Gedankengang mit doppelter Voraussetzung von jedermann erwartet und geleistet werden konnte, wird jedoch zweifelhaft bleiben müssen; die Jesuiten hätten ihn nicht für wahrscheinlich gehalten.
Andererseits wurden die Dornen, der Dornwald oder auch der Dornstrauch
häufig als Sinnbild in Erzählungen über Frevel an heiligen Gegenständen benutzt, von denen man sagen wollte, daß sie unter gottlose Menschen geraten sei-
en. So berichtet ein Lied über einen Hostienfrevel zu Willisau von einer Bäuerin,
die eine heimlich aufbewahrte Hostie in eine Dornenhecke wirft. Dort wird sie
von den »Schweinen« gefunden, dem Sinnbild der Sünder, die sich auf dem Weg
der rechten Einsicht befinden (*peccatores recte intelligentes*)[41]. Ähnlich erzählt
z. B. ein gegenreformatorischer »Lobgesang [...] des wundertätigen gnadenbil-
des in der Pfarrkirchen zu Abstall [...] MARIA IM DORN genannt« [42], von
der Auffindung eines Marienbildes, das die Protestanten in einen Dornbusch
geworfen hatten:

> Ein Dornenbusch, das war der Ort,
> Wo du, O Lilien rein!
> Gefunden wurdst, O Himmels=Pfort,
> Es grab alldort dich ein,
> Ohn allen Scheu, die Ketzrey,
> Der Bilder-Stürmerey.

Es gab demzufolge Möglichkeiten, solche Lieder durch Vergleich und Schlußfolgerungen in der intendierten Weise zu erfassen, doch daß von ihnen immer
Gebrauch gemacht worden wäre, erscheint zumindest fraglich.

Der Zweifel der Jesuiten an einem ausreichenden Vorverständnis und an der
Fähigkeit der Gläubigen zum richtigen Erfassen der Sinnbildsprache, wie sie vor

allem von den franziskanischen Orden extensiv genutzt wurde, läßt sich gelegentlich Bearbeitungen entnehmen, bei denen sie die *res significativae* durch einfache Dinge ersetzten. Ein Beispiel dafür bietet das auf Flugschriften und in der
Singpraxis weit verbreitete Lied über den Ordensmann und den kleinen Vogel[42a]: Ein Mönch lehrt den Vogel das ›Ave Maria‹. Als der Vogel eines Tages
im Flug von einem Geier bedroht wird, singt er den englischen Gruß. Ein Don-
nerstreich vom Himmel erschlägt den Verfolger. Der Vogel fliegt zu dem Mönch
zurück, der ihn in das Kloster trägt und mit ihm gemeinsam den Mariengruß
singt. – Wie es dem katechetischen Zweck des Liedes entspricht, legen die letzten Verse dem Sänger das Versprechen in den Mund, auch »viel tausend Mal«
das »Gegrüßt seist du, Maria« zu singen. Wie in einer ganzen Reihe von Parallel-
liedern[43] stellt der Vogel den Gläubigen dar, der in der Welt vor den Nachstellungen des bösen Feindes geschützt wird[44]. Offenbar ist er sogar mit den Ordensgeistlichen identisch, die aus ihrem baufälligen Käfig oder Haus in die Welt
hinausziehen und dort so lange sicher bleiben, wie sie die von ihren geistlichen
Lehrern erlernte Religiosität bewahren:

> Nun war das kleine Körbelein
> Baufällig und zerbrochen,
> Und ist das klein Waldvögelein
> Endlich herausgekrochen.
> Als es nun in die Freiheit kam,
> Fängt es fröhlich zu singen an:
> Gegrüßt seist du, Maria!

Das Lied richtete sich ursprünglich vielleicht nur an die eigenen Klosterbrüder
seines Verfassers, doch ließ es sich durch geringfügige Änderungen auch für die
Katechese nutzbar machen. Aus dem »Ordensmann« wurde deshalb, den unterschiedlichen Zielgruppen entsprechend, in einzelnen Belegen ein »frommer
Bürgersmann« der Stadt[45] oder, in Fassungen für das Landvolk, ein »Bauersmann«[46], während der Vogel weiterhin den gelehrigen Gläubigen meinte. In
der jesuitischen Bearbeitung des Stoffes durch den Spanier P. Sanchez SJ und,
ihm folgend, durch den österreichischen Volksmissionar J. L. Schönleben wird
dieses Sinnbild aber dadurch beseitigt, daß an die Stelle des Vogels ein Papagei
tritt, der so lange »St. Thoma ora pro nobis« vor sich hinplappert, bis der Gläu-
bige es ihm freiwillig nachmacht[47]. Wichtiger als das traditionelle Sinnbild war
den Jesuiten auch hier wieder die Anpassung des Geschehens an den Erfahrungshorizont der Rezipienten, von denen sie annahmen, daß ihnen das Spre-
chenkönnen eines Papageis glaubwürdiger erscheinen würde als das Singen eines
beliebigen anderen Vogels, selbst wenn dieser nur als Zeichen für etwas ganz anderes, nämlich den gläubigen Menschen, gemeint war. – Wie solche Umprägun-
gen nicht nur katechetischer Absicht, sondern schlicht dem Unverständnis spiritualer Sinngebungen entspringen konnten, läßt sich an einem der Gottscheer
Volkslieder zeigen, die überwiegend aus franziskanischer Tradition stammen:
›Maria und die Turteltaube‹[48]. Maria sucht auf ihrem Weg eine Haushälterin,
und ihr bietet sich eine Turteltaube zum Wiegen des Kindes an. Sie könne nur

nichts anderes singen als »pruttai, ninnai, nannai«. Maria antwortet, daß Jesus gerade bei diesem Lied am liebsten schlafe. Sie ziehen heim, und die Turteltaube singt ihr Wiegenlied. Dabei schläft sie ein. Als Maria nach Hause zurückkehrt und das weinende Jesuskind findet, gibt sie der Turteltaube einen Schlag auf die Ohren und befiehlt ihr, künftig nur noch auf den dürren Ästen zu sitzen und »tü-tütü« zu singen. – Nur vordergründig geht es hier um eine aitiologische Erzählung zur Beantwortung der Frage, warum die Turteltaube auf dürren Ästen sitze. Denn gemeint und angesprochen ist die ganz andere Forderung, Christus gegenüber wach zu sein, die sich unmittelbar der Frage Jesu an seine Jünger (und damit an alle, die ihm nachfolgen) anschließt, ob sie nicht eine Stunde mit ihm wachen könnten[49]. Aufgezeigt wird der Unterschied zwischen der Bereitschaft zur Nachfolge Jesu Christi, die vorhanden ist, und der Fähigkeit zu ihrer tatsächlichen Leistung, die fehlt. Die Turteltaube, für die man in Übereinstimmung mit den Autoritäten, die sie zu diesem Sinnbild erhoben, die Kirche setzen muß (*Vox turturis audita est*)[50], ist zwar bereit, Gott zu dienen, aber sie vermag »nicht einmal eine Stunde« mit ihm zu wachen. So fügt sie ihm den Schmerz zu, der sich in den Tränen des menschgewordenen Gottessohnes äußert. Daß sie daraufhin dazu verurteilt wird, statt auf den grünen nur noch auf den dürren Ästen zu sitzen, steht deutlich in Parallele zu dem Ausspruch Jesu bei der Kreuztragung: »Wenn man dies am grünen Holz tut, was wird am dürren geschehen?«[51]. Dieses Wort wird auch in der Bedeutungslehre auf Christus selbst bezogen, so daß man die Liedaussage in dem Sinn verstehen muß, daß die Glieder der Kirche, die für Gott nicht wach und deshalb auch nicht bereit sind, »wenn der Bräutigam kommt«, von ihm ebensowenig angenommen werden wie die törichten Jungfrauen des Gleichnisses Jesu[52]. Der Umstand, daß verschiedene Varianten des Liedes anstelle der Turteltaube den Kuckuck nennen, bezeugt in augenfälliger Weise das unzureichende Verständnis der Sänger für die spirituale Sinngebung der verwendeten Wörter. Zugleich läßt er das Bemühen erkennen, die (unverstandene) Turteltaube, die ihrer Aufgabe nicht gerecht wird, durch einen Vogel zu ersetzen, dessen bekanntes Fehlverhalten, seine Eier in fremde Nester zu legen, ihn in der geschilderten Situation offenbar am glaubwürdigsten erscheinen ließ. Diese Anpassung an das eigene Wissen, durch die die scheinbar unmotivierte Handlung besser begründet werden sollte, führte zu Ausprägungen, die sich von den Intentionen der Liedverfasser weit entfernten.

Man fragt sich unwillkürlich, warum diese Verfasser sich nicht durch sichernde Maßnahmen, wie z.B. angefügte Allegorie-Erkläreungen, vor solchen Entstellungen schützten, da sie doch nicht nur an der möglichst unversehrten Weitergabe der Lieder, sondern auch an der richtigen Dechiffrierung der in ihnen verschlüsselt untergebrachten Informationen interessiert sein mußten. Die Antwort muß offenbar lauten, daß die Vielschichtigkeit derartiger Lieder, deren Handlungsverlauf nur von Missionaren erdacht werden konnte, die die spirituale Wortbedeutungslehre virtuos beherrschten, eine einfache Erklärung, wie im Fall der Dreifaltigkeitszeichen, nicht möglich erscheinen ließ. Dennoch gab es Versuche, über die Lieder selbst das Verständnis für die in ihnen verwendeten ›Zeichen‹ zu wecken. Unter den katechetischen Volksliedern, die solche Erklärungen verlangten, findet sich eine Fassung des urfranziskanischen Themas[53] von Marias Traum vom Wunderbaum[54]. Maria träumt, ein Baum wachse unter ihrem Herzen, bis er mit seinen Ästen die ganze Christenheit bedecke. Die Äste glühten wie Gold, weil Christus an ihnen den Tod gefunden habe[55]:

> 1. Es träumet unsrer Frau
>   Ein wunderschöner Traum:
>   Es wuchs unter ihrem Herzen
>   Ein wunderschöner Baum.
>
> 2. Der Baum wuchs in die Höh,
>   So hoch und auch so breit.
>   Er bedeckt mit seinen Ästchen
>   Die ganze Christenheit.
>
> 3. Die Ästchen waren rot,
>   Sie glänzen wie das Gold,
>   Das macht weil Jesus Christus
>   Gehängt auf diesem Holz. [...]

Von den sehr verbreiteten Gebetstexten über Marias Traum (z. B. im ›Geistlichen Schild‹ von 1613, 1647 u. ö.) unterscheidet sich dieses Lied dadurch, daß es nicht den aus den ›Revelationes‹ der hl. Birgitta von Schweden bekannten Dialog Jesu mit Maria über die Passion zum Gegenstand hat. Vielmehr bringt es die Geburt und das Leiden des Erlösers für die Welt allein durch das Sinnbild des Baumes zum Ausdruck, der unter dem Herzen Marias wächst. Stofflich wurde das Thema aus den verschiedensten Quellen gespeist, z. B. aus den Erzählungen vom Paradiesesbaum und vom Kreuzesholz Christi, von der Wurzel Jesse, vom Traum des Perserkönigs Astyages über den wunderbaren Weinstock aus dem Leib seiner Tochter Mandane, der Mutter des Kyros, und aus den Visionen der Mystikerinnen, z. B. der Gertrud von Helfta[56]. Teile dieser Vorlagen waren zuvor schon in andere Ausprägungen des Themas eingegangen, so in das Gemälde ›Il sogno della Vergine‹ des Bolognesers Simone dei Crocifissi (um 1360)[57]. Die merkwürdige Identifikation des Baumes, der Christus selber ist, mit dem Kreuz, an dem Christus hängt, erklärt sich aus dem Umstand, daß in der Sinnbildsprache der Exegeten schon seit der Väterzeit der Baum sowohl als Zeichen Christi als auch als Zeichen des Kreuzes verstanden wurde: *arbor Christus, arbor crux* [58]. Alt ist auch die Vorstellung von Christus als dem »Baum des Lebens« [59]. Der Gedanke, daß Christus wie ein Baum aus dem Leib Marias emporgewachsen sei, dient vor allem dazu, seine Geburt aus der Jungfrau anzudeuten, die Parthenogenese. Daß dieser Baum groß wird und sich ausdehnt, bis er die ganze Christenheit schützend bedeckt, ist ein Gedanke, der auf biblischer Quelle beruht, wie auch aus einem Lied des Kapuzinerpaters Prokopius von Templin hervorgeht[60]:

> Es sah einsmals der König
> Nabuchodonozor
> Ein großen Wunder Baum;

> Den zeigt jhm Gott ein wenig /
> Als stünd er jhme vor
> In einem süssen Traum;
> Er reicht bis an den Himmel /
> Die Zweig er breitet auß /
> Biß wo sich end die Welt.

Den typologisch aufgefaßten Vorgang hatte Nebukadnezar dem Daniel mit den Worten erklärt[61]: »Ich schaute und sah mitten auf der Erde einen Baum von gewaltiger Höhe. Der Baum wuchs und ward stark, seine Höhe erreichte den Himmel. Bis an das Ende der ganzen Welt war er zu sehen.« Das Wachsen des Baumes ließ sich, zumal im Hinblick auf den Satz des Lukas-Evangeliums »Der Knabe aber wuchs und erstarkte, erfüllt von Weisheit, und die Gnade Gottes war auf ihm«[62] sinnvoll als typologische Vorausweisung auf Jesus Christus interpretieren. – Da die Rezipienten der Liederzählung von Marias Traum das Intendierte, die Parthenogenese und den Opfertod der *satisfactio vicaria Christi*, wohl gefühlsmäßig, aber nicht in den Einzelheiten voll erfassen mochten, wurden neben diesem für sich stehenden Lied und seinen Parallelen auch Erzählungen und Lieder in Umlauf gesetzt, die das Traumwunder in allen Einzelheiten erklärten. Eine in Bulgarien aufgezeichnete Fassung des Marientraumes erzählt, daß Maria von einem Wunderbaum aus silbernem Stamm und goldenem Astwerk träumt. Sie begegnet dem hl. Petrus, der ihr den Traum ausdeutet: der Stamm sei Gott selber, die Äste seien die Heiligen, das Laub bezeichne alle Christen[63]. Ein verwandtes serbisches Lied berichtet ganz ähnlich[64]: Maria träumt, daß neben [!] ihrem Herzen ein Baum erwachse, in die Breite über die ganze Welt hinweg, in die Höhe bis zum Himmel. Ihr Bruder Vasili deutet ihr den Traum aus: »Meine Schwester! Allerreinste Herrin! Leicht ist es dir, den Traum zu verstehen. Daß dir bei deinem Herzen ein Bäumlein erwächst, das bedeutet, daß du Christus, den Sohn Gottes, gebären wirst; daß sich das Bäumchen weit ausbreitet, und daß es die Welt von einem Ende zum anderen überdecken wird, das heißt, daß er die Welt von der Sünde erretten wird. Daß sich der Baum bis zum Himmel hinaufreckt, bedeutet von der Erde hinweg zu Gottes Vater zu kommen.« Entsprechend erzählt ein Gottscheer Volkslied, daß Maria nach ihrem Traum nacheinander dem hl. Antonius, dem hl. Petrus, dem hl. Joseph und schließlich Gott Vater begegnet, der ihr als einziger den Traum deuten kann: sie werde »ohne Schmerzen« einen Sohn gebären, der über Himmel und Erde regieren werde[65]:

> I bər dər aůsroaitən də Trâmə dain.
> Du bərscht gəpêrn a jůngən Shûn;
> Də Shmarzn bərnt dain, də Shoargn bərnt main.
> Dar bərt regiərən îbər Himməl ůnd Erdə,
> îbər Himməl ůnd Erdə, îbər dai gonzə Barlt.

Daß weder der Lehrer des Franziskanerordens noch der Stellvertreter Gottes auf Erden, auch nicht der hl. Joseph, sondern allein Gott Vater das Geheimnis zu deuten vermag, soll auf die Größe dieser Offenbarung hinweisen. Gott erklärt, daß der Baum Jesus Christus sei, Sohn seiner göttlichen Allmacht. Die Erläuterung, die sich in Wirklichkeit an die Liedempfänger richtet, um ihnen das Verständnis für die Sinnbilder zu vermitteln, wird hier also sinnvoll in den Gang der Handlung einbezogen. Daß eine derartige Umsetzung der *interpretatio allegorica* nicht in jedem Fall möglich war, liegt auf der Hand.

Will man die vorstehenden Detailbeobachtungen auf einen Nenner bringen, lassen sich unschwer zwei Richtungen erkennen: eine pragmatische, die bei der Verwendung von Bildern und Zeichen mit einem engbegrenzten Verständnishorizont der Rezipienten rechnet und sie deshalb hauptsächlich deren unmittelbarem Gesichtskreis entnimmt, und eine andere, die am Gebrauch der traditionellen, der Schriftexegese und der entwickelten Zeichentheorie des Mittelalters entnommenen Sinnbildsprache festhält, diese aber mit Rücksicht auf den geringen Wissensstand der Empfänger zahlenmäßig verringert und hinsichtlich der Bedeutungspolyvalenz stark reduziert. Die Umsingeprozesse mancher Lieder machen jedoch deutlich, daß selbst diese Einschränkungen nicht immer ein volles Verständnis des Intendierten garantierten, mit der Folge, daß die Bemühungen der Missionare oftmals ins Leere liefen. Dennoch wird man auch für die komplexeren Liedgestalten annehmen dürfen, daß sie immer wieder auch auf Empfänger stießen, die in der Lage waren, ihre Aussagen voll zu erfassen, z.B. auf die Mitglieder der Dritten Orden oder der Kongregationen und Bruderschaften. Da sich solche Lieder nicht leicht aus dem Gedächtnis verdrängen ließen, konnten sie dem Verständnis auch noch lange nach ihrer Vermittlung zugänglich werden, wenn etwa die katechetische Unterweisung oder die Schriftenexegese die dafür nötigen Voraussetzungen geschaffen hatten. Für einzelne Phasen der gegenreformatorischen Liedkatechese wird man auch mit gezielten Erklärungen, z.B. im Rahmen der Volksmissionen[66], zu rechnen haben.

Anmerkungen:

1 Vgl. Moser. – Zum Grundsätzlichen auch: Dietz-Rüdiger Moser: Die Tannhäuser-Legende. Eine Studie über Intentionalität und Rezeption katechetischer Volkserzählungen zum Bußsakrament (Suppl.-Serie zu Fabula. Zs. f. Erzählforschung, Reihe B, Bd. 4), Berlin 1977.
2 »Hymni Lutheri animos plures, quam scripta et declamationes occiderunt«. – Adam Contzen: Politicorum libri decem [...], Mainz o.J. (1620), lib. II, c. 19.
3 Vgl. Franz Xaver Schöberl: Die »Narratio« des hl. Augustin und die Katechetiker der Neuzeit, Dingolfing 1889 [Ben. Ex.: Bibl. der Erzabtei Beuron, 8° PP 1146].
4 Vgl. Dietz-Rüdiger Moser: Volkserzählungen und Volkslieder als Paraphrasen biblischer Geschichten, in: Fs. Karl Horak, Innsbruck [im Druck].
5 Aufschlußreiche Hinweise bieten die ›Litterae Annuae Societatis Jesu‹, die im Generalat der Gesellschaft Jesu in Rom vollständig erhalten sind. Einzelne Exemplare besitzt u. a. auch die ehemalige Jesuitenbibliothek (jetzt Studienbibliothek) in Dillingen/D. Vgl. ferner Peter Stenmans (Hg.): ›Litterae Annuae‹. Die Jahresberichte des Neusser Jesuitenkollegs 1616–1773 (Schriftenreihe d. Stadtarchivs Neuss 4), Neuss 1966 usw.
6 Doctrina Christiana. Das ist / Ein Christlicher Bericht vnnd Lehr / in welcher die für-

nemsten geheimnuß / vnnd Hauptstuck vnsers heiligen Christlichen Glaubens begriffen / vnnd dem gemainen einfältigen Volck / so nicht lesen kan / zu nutz mit schönen newen Figuren für Augen gestelt / vnd eingebildet werden. [...] Gedruckt zu Grätz / bey Georg Widmanstetter. MDLXXXIX. [Ben. Ex.: Bibl. der Hochschule für Bildungswiss. Klagenfurt, 19. M. 26]. – Der Drucker Georg Widmanstetter war vier Jahre zuvor auf Drängen der Jesuiten von Bayern nach Graz berufen worden, wo er seine Offizin 1586 eröffnete. Er war ganz im Dienst der Gegenreformation tätig.

7 Das kleine Werk mit dem Untertitel: ›De principale Stücken van t' Christen Geloof en Leuen int cort begrijpende‹, gedruckt bei Jan Moerentorf, ist eine mit vielen Tafeln und Bibelzitaten geschmückte Erklärung des Catechismus Canisii [Ben. Ex.: Landesbibl. Stuttgart, HB 2960].

8 I. Calveras/C. de Dalmas (Hgg.): Sancti Ignatii de Loyola Exercitia spiritualia textuum antiquissimorum nova editio, Romae 1969 (Monumenta Societatis Iesu, vol. 100), § 47. – Dt. Ausg.: Ignatius von Loyola: Die Exerzitien, übertr. v. Hans Urs von Balthasar (Sigillum, 1), Einsiedeln, 5. Aufl. 1965.

9 Hippolyte Delehaye/Ernst August Stückelberg: Die hagiographischen Legenden, Kempten/München 1907, S. 41.

10 Vgl. Mabel Lundberg: Jesuitische Anthropologie und Erziehungslehre in der Frühzeit des Ordens (ca. 1540 bis ca. 1650), (Acta Universitatis Upsaliensis, 6), Uppsala 1966, S. 86–104.

11 Die Bemerkung im Allgemeinen Katechetischen Direktorium, Fulda 1973, § 34, daß diese Sprache nach Alter und sozialer Lage der Menschen, nach den Formen menschlicher Kultur und des bürgerlichen Lebens verschieden sein müsse, gilt auch für die Zeit nach dem Tridentinum, denn die Katechese hatte – wie Papst Johannes XXIII. am 22. Februar 1962 vor römischen Fastenpredigern erklärt hat – stets die Aufgabe, »das Brot der Wahrheit in einfache und verständliche Stücke zu brechen, die erfaßt und überdacht und in der Familie als kostbares Erbe weitergereicht werden können – je verschieden entsprechend den Anforderungen und Umständen der Zeit«, ebd., 5.

12 1. Kor. 13, 13.

13 Concilium Tridentinum, 13. Ian. 1547: Decretum de iustificatione, c. 7. – Vgl. Henricus Denzinger/Adolfus Schönmetzer SJ: Enchiridion Symbolorum Definitionum et Declarationum de Rebus Fidei et Morum, Editio, XXXV, Friburgi Brisgoviae etc. MCMLXXIII, §§ 1530–1531.

14 Eingang: Ein Spielmann ist gelegen / An eines Waldes Saum [3:8]. Slg.: Karl Horak (Schwaz/Tirol), Aufzeichnung: Kremnitz/Dt. Proben, Tschechoslowakei, Februar 1930. Aufzeichner: A. Karasek. – Aus Platzgründen muß hier und im folgenden auf eine vollständige Ausbreitung der Liedtexte und -melodien verzichtet werden, zumal sie größtenteils im DVA Freiburg i.Br. archiviert sind.

15 Denzinger/Schönmetzer [s. Anm. 13], § 1531.

16 Volksliedarchiv Vorarlberg, Bregenz, Nr. 481 (mit dem Vermerk: Kunstlied). Aufzeichner: Josef Bitsche, 12. November 1962. Text aus dem Liederbuch der K. Winsauer in Bizau-Hilkat. »Häufig gesungenes Lied«.

17 Eingang: Es wollt ein Jäger jagen / Er jagt im grünen Hain. (6:4). Aufzeichner: Raimund Zoder in Prolling bei Ybbsitz/NÖ. Abdruck: Adam Konturner [d.i. Konrad Mautner]/Magerhart Prunnbader [d.i. Raimund Zoder]: Alte Lieder fürs Landvolk, neu in Druck gegeben, Graz (Deutsche Vereins-Druckerei) o.J. [um 1920], Nr. 8: Ein schönes geistliches Lied.

18 Vgl. z.B. Johannes Brinktrine: Die Lehre von Gott, Bd. II: Von der göttlichen Trinität, Paderborn 1954, S. 138–143.

19 Cat. Rom. I/2/1; I/2/15; I/3/3; I/9/8.

20 DVA A 160. 249 = Slg. Karl Horak, Aufzeichnung: Kremnitz/Dt. Proben, Tschechoslowakei, um 1930. Sängerin: Eva Elischer. – Zu dem Motiv der drei Rosen auf einem Zweig vgl. Eva Fredrich: Der Ruf. Eine Gattung des geistlichen Volksliedes (German. Stud. 174), Berlin 1936, S. 74.

21 Slg. Karl Horak, Aufzeichnung: Johannesberg, Juli 1930. Eingang: Es stehen drei Rosen am Himmel / Alle drei auf einem Zweige.

22 DVA A 145. 333 = Slg. Karl Horak, Aufzeichnung: Dunakomlös, Komitat Tolnau (Ungarn), 1936. Sängerinnen: Maria Kapeß, Magdalena Brahm, Juliane Schneppelt, Elisabeth Heith.

23 Vgl. Leopold Schmidt: Rot und Blau. Zur Symbolik eines Farbenpaares, in: Ders.: Volksglaube und Volksbrauch, Berlin 1966, S. 89–99.

24 Vgl. Johannes Brinktrine: Die Lehre von Gott, Bd. I: Von der Erkennbarkeit, vom Wesen und von den Vollkommenheiten Gottes, Paderborn 1953, S. 42–47, zu: 1. Kor. 13, 12.

25 Helmuth Pommer: Volkslieder und Jodler aus Vorarlberg, H. I, Wien/Leipzig 1926, S. 3–5, Nr. 1: Adventlied. Aufzeichnung: Riefensberg, 1922. Sänger: Susanne Dorn, Konrad Fink. – Vgl. Josef Bitsche: Der Liederschatz der Vorarlberger, Lustenau 1969, Nr. 1187.

26 Eingang: Aus dreien schönen Blümelein / Will ich ein Büschlein binden / Die hier in keinem Gärtelein / auf dieser Welt zu finden. – Die Blumen sind die Tulpe (Jesus), die Rose ohne Dornen (Maria) und die Lilie (Joseph). – Vgl. Wolfgang Suppan: Eine Liederhandschrift aus St. Peter am Heideboden/Westungarn, Südostdt. Arch. 1965, S. 152–177, Nr. 61 (mit Nachweisen). – Eine mäßige Bearbeitung des Liedes bietet: Joseph Gabler: Geistliche Volkslieder, Linz 1890, S. 61–62, Nr. 72.

27 Vgl. Moser, S. 578–604: Die paraliturgische Anpassung. – Karl Horak: Wochentagslieder aus Münnichwies, Karpathenland (Reichenberg) 4, 1931, S. 62–66.

28 Eingang: Was sich begebn zu Weyer mit einer Tischlers Tochter. In: Mitt. z. Volks- und Heimatkunde des Schönhengster Landes (Mährisch-Trübau) 32, 1936, S. 99–101 [Vermutl. Abdr. einer nicht erhaltenen Flugschrift].

29 In I Reg. 4, 5, 9 = PL 79, Sp. 286.

30 Exercitia spiritualia [s. Anm. 8], § 47.

31 Vgl. Johannes Stelzenberger: Lehrbuch der Moraltheologie. Die Sittlichkeitslehre der Königsherrschaft Gottes, Paderborn ²1965, S. 193.

32 Vgl. Lundberg [s. Anm. 10], S. 161, S. 172–173, bes. S. 178–179.

33 Vgl. F. Ohly, 1958/59. – F. Ohly, 1968.

34 Zusammenstellung der Nachweise bei Moser, S. 500–505, § 186.

35 H. Wilhelmi: Ostdeutsche Weihnacht im Lied (o. O.) 1969, S. 24, »vom Eichsfeld«. In anderen Fassungen auch mit weiteren katechetischen Strophen. – Das Lied wurde in neuerer Zeit durch Flugschriften des Volksliturgischen Apostolates in Klosterneuburg bei Wien vertrieben: Abtl. I, Weltliche [!] Lieder, Nr. 31. Quelle: Andernacher Gesangbuch 1608, Fassung 1850 (vermutl. von Haxthausen). Nach seiner Aufnahme in den ›Zupfgeigenhansel‹ und in das in millionenfacher Aufl. verbreitete ›Quempasheft‹ des Bärenreiter-Verlages Kassel wurde das (in seiner katechetischen Zweckbestimmung unerkannte) Lied auch von Protestanten gerne gesungen.

36 Basilius: Hexaemeron, Hom. V. – Ambrosius: Hexaemeron, lib. III, c. 11. – Augustinus: De genes. cont. Manich., lib. I, c. 13 – vgl. Bibl. d. Kirchenväter 47, 80.

37 Mt. 7, 16–20. – Is. 33, 12. – Nah. 1, 10. – Vgl. J. B. Pitra: Spicilegium Solesmense, Paris 1852–58, II, S. 368–370.

38 Vgl. Heinz Meyer, 1975, Die Zahlenallegorese, S. 136–137.

39 Vgl. Jes. Sir. 24, 14.

40 Vgl. Forstner, S. 200. – Bekannt waren Gebete wie: Ave Maria, ain ros an alle dorn! Mit missetant han ich verlorn / Din kind, das von dir ist geborn: Maria, versien mich vor sinem zorn (1476). Vgl. Franz Magnus Böhme: Altdeutsches Liederbuch, Leipzig 1877, Nr. 590.

41 Eingang: Hort zu ihr Christen in gemein / Ein Wunder groß das ist nicht klein (17:6). Fl. Bl.: Zwey warhafftige vnd erschröckliche Geschichten vnd Wunderzeichen [...] Hohen-Emß 1647 [Bibl. München, Einbl. II, 20]. – Die Bedeutung der Schweine bei Ps.-Melito XXXVI, 4, vgl. Pitra [s. Anm. 37], III, S. 47.

42 Eingang: Gegrüsset sei zu tausendmal / Maria Gnadenthron (14:6). Flugschrift: Lobgesang in Reimen des wundertätigen gnadenbilds[...], Graz, gedr. bei den Widmanstätterischen Erben (o. J.). DVA Bla. 324 = Deutsche Grenzwacht, 21. Sept. 1919. Aufgefunden zu Abstall Bez. Obermureck 1843.

42a Eingang: Merkt auf, ihr Christen, Frau und Mann / Was ich euch werd vorbringen (9:7). Flugschr.: Von einem frommen Ordens-Mann oder Religiosen, welcher einem unvernünftigen Vögelein lehrete singen: Ave Maria. (o. O.) 1725. Abdruck: Emil Karl Blümmel: Schottkys Volksliedernachlaß, Wien 1912, S. 3–4, Nr. IVa. – Das Lied ist seit 1721 nachzuweisen [Dt. Staatsbibl. Berlin (Ost), Yd 7856.10]. – M. Schottky, der den Druck von 1725 noch fast einhundert Jahre später im Salzburger Bergland, in Mauterndorf im Lungau, auffand, nannte das Lied »eine der zartesten Dichtungen unserer Volkspoesie« (S. 3, Anm. 1).

43 Vgl. Moser, S. 536.

44 Zum Geier vgl. Pitra [s. Anm. 37], II, S. 502.

45 Vgl. Remigius Sztachovics: Braut=Sprüche und Braut=Lieder auf dem Heideböden in Ungern, Wien 1867, S. 265–266. – Volksliedarchiv Burgenland, Eisenstadt: 102/37. – DVA A 53.393. usw.

46 Eingang: Von einem frommen Bauern=Mann / Will ich ein Liedlein singen (7:7). Flugschr.: Sechs schöne neue Geistl. Lieder. Das vierte. (o. O., Off. u. J.). Slg. Klier, Stadtarchiv Linz/D. – Volksliedarchiv für Wien und Niederösterreich, Wien, C/XXIII/4. In einer Lothringer Fassung (DVA A 143.174) ist aus dem Bauersmann dann noch ein ›Bidersmann‹ geworden.

47 Petrus Sanchez: De regno Dei, S. 7, c. 3, zit. nach Johann Ludwig Schönleben: Feyertägliche Erquickstunden, Bd. I, Salzburg (Melchior Haan) 1669, S. 137 [Ben. Ex.: UB Freiburg i. Br., O 4964].

48 Rolf-Wilhelm Brednich/Zmaga Kumer/Wolfgang Suppan (Hgg.): Gottscheer Volkslieder. Gesamtausg., Bd. II, Mainz 1972, Nr. 131 = DVA A 109. 435.

49 Mt. 24, 42; 26, 40–41.

50 Vgl. Ps.-Melito, VIII/XI. 2. – Pitra [s. Anm. 37], II, S. 490–492, hier S. 490.

51 Lk. 23, 31. – Vgl. Ps.-Melito VII/I. 1. – Pitra [s. Anm. 37], II, S. 347.

52 Mt. 25, 1–13, bes. 13: »Wacht also, denn ihr wißt weder den Tag noch die Stunde.«

53 Auf die franziskanische Herkunft weisen Paolo Toschi: Il sogno di Maria, Rivista di Cultura classica et medievale 2 (1965) S. 1104–1127, und Mathilde Hain: »Der Traum Mariens«. Ein Beitrag zu einem europäischen Thema, in: Dona Ethnologica. Leopold Kretzenbacher zum 60. Geburtstag (Südosteuropäische Arbeiten 71), München 1973, S. 218–232, hier S. 229, hin.

54 Vgl. Leopold Kretzenbacher: Südost-Überlieferungen zum apokryphen »Traum Mariens«, München 1975 (SB Bayer. Akad. Wiss. 1975, 1).

55 DVA A 173. 682. Aufzeichner: A. Brosch, Aufzeichnung: Lager Janessen, 14. Mai 1944. – Sänger: K. Schubert aus Marienfeld bei Dnjepopetrowsk/Ukraine.

56 Vgl. Leopold Kretzenbacher: Mariens Traum vom Wunderbaum, ADEVA-Mitt. (Graz) 39, September 1974, S. 7–16 (mit Abb.).

57　Pinacoteca Nazionale, Ferrara.

58　Vgl. Pitra [s. Anm. 37], II, S. 352–353.

59　Vgl. Spitz, 1972, S. 96. – Eine gute Bibliographie zur Baum-Allegorie bietet Guldan, 332, Nr. 9.

60　[Prokopius von Templin]: Oesterreichisch Kriegs=Heers geistliche Feld=Posaun. Das ist: Außerlesene schöne Gebether und Gesänge allerley Standt-Persohn / Insonderheit aber denen Kriegs=Leuten sehr nützlich zu gebrauchen. Gedr. zu Prag [...] 1666, S. 270–273, zu: Dan. 4, 1–20; vgl. Ps. 57, 2. [Ben. Ex.: Slg. G. Kotek, Bundesministerium f. Unterr. Wien].

61　Dan. 4, 7–9.

62　Lk. 2, 40.

63　Vgl. Kretzenbacher [s. Anm. 54], S. 35–36.

64　Ebd., S. 39–40, nach S. Karadžić: Srpske narodne pjesmi, V, Beograd 1898, S. 164 f., Nr. 226.

65　Gottscheer Volkslieder [s. Anm. 48], Bd. II, Nr. 126 = DVA A 109. 426.

66　Vgl. z. B. F. Hattler: Missionsbilder aus Tirol von 1719–1784, Innsbruck 1899.

Die Fabelpredigt des Johannes Mathesius

Zum Problem der Analogie und Allegorie
in der Geschichte der Fabel

Von ADALBERT ELSCHENBROICH (Ludwigsburg)

An einem Februarsonntag des Jahres 1563 begann der Pfarrer Johannes Mathesius in der böhmischen Bergwerksstadt Joachimsthal seine Predigt anstelle des Perikopentextes mit einem »mehrlein«[1]. Ähnlich war schon Berthold von Regensburg im 13. Jahrhundert, waren die Wanderprediger des späteren Mittelalters in ihren volksmissionarischen Predigten verfahren, wobei sie freilich ihre *maerlin*, oft von schwankhafter Art, nicht an den Anfang stellten, sondern sie zur Auflockerung und Erheiterung, mehr noch als *bispel, bischaft* oder *exempel,* geschickt in den Fortgang ihrer Mahn- und Bußreden einflochten. Johann Geiler von Kaisersberg hat gar einen ganzen Predigtzyklus über Sebastian Brants ›Narrenschiff‹ gehalten. Der katholische Südosten bewahrte sich eine weltlich-erzählfreudige Predigtpraxis bis ins 17. Jahrhundert: Abraham a Santa Claras geistlich-volkspädagogische Schriftstellerei wurde ganz durch sie geprägt.

Aber für das reformatorische Verständnis des Predigtamts mußten sich »sölch vngereumbte vnd lose geschwetz« im Gottesdienst verbieten. Mathesius hat in seiner Osterpredigt des gleichen Jahres die verbreiteten Ostermärlein (*risus paschales*) verurteilt, obgleich er kurze Zeit vorher selber ein Märlein nicht nur beiläufig erzählt, sondern zum Ausgangspunkt einer ganzen Predigt gemacht hatte. Es lautete:

> Die beume wolten ein König vber sich salben/vnd sprachen zum ölbaum: Sey vnser König/Aber er antwort/sol ich meine fettigkeit lassen/die beide Gott vnd menschen an mir preisen/vnd vber die beume herrschen? da es der ölbaum also abschlug/liessen sie es an Feigenbaum gelangen/der wegert sichs auch/den vndanckbarn beumen zu willfaren/Sol ich meine süßigkeit vnd gute früchte lassen/vnd vber die beume schweben? Drauff sprachen die beume zum Weinstock: Sey du vnser König/Er antwortet: Solt ich meinen most lassen/der Gott vnd Menschen frölich macht/vnd ein Regent vber euch sein? das ist mir nicht zu rathen. Drumb wehlen die beume den Dornstrauch/Ists war vnd meint jrs ernstlich/das ich ewer Herr sol sein/sagt der stachlicht Regent/so kompt vnd vertrawt euch alle vnter meinen schatten/wo nicht/so gehe fewer aus dem Dornbusch/vnd verzere die Cedern Libanon.[2]

Bei diesem Märlein handelt es sich um Jothams Fabel aus dem Buch der Richter, Kap. 9, Vers 7–15, einen zwar anscheinend rein weltlichen, aber immerhin doch biblischen Text. In der Geschichte der Pflanzenfabel, die hinter der Tierfabel zu allen Zeiten weit zurückstand, kommt ›Jothams Märlein‹ weltliterarischer Rang zu.[3] Das AT enthält nur noch eine zweite von gleicher Art, in der ebenfalls Ceder und Dornstrauch figurieren: »Aber Joas, der König Israels, sandte zu Amazja, dem König Judas, und ließ ihm sagen: Der Dornstrauch im Libanon sandte zur Ceder im Libanon und ließ ihr sagen: Gib deine Tochter meinem Sohn zum Weibe! Aber das Wild im Libanon lief über den Dornstrauch und zertrat ihn« (2. Kön. 14, 9f. u. 2. Chron. 25, 18f.). Jotham, der Sohn Gideons, des Befreiers der Israeliten von der Unterjochung durch die Midianiter, erfindet die Fabel von der Königswahl der Pflanzen, um das Volk vor dem Usurpator Abimelech zu warnen. Dieser hatte nach Gideons Tod seine Brüder umbringen lassen und, obgleich als Sohn eines kanaanitischen Kebsweibs unebenbürtig, die Herrschaft gewonnen, indem er auf demagogische Weise das Volk vor die Alternative stellte, ob es lieber von siebzig oder von einem regiert werden wolle. Als einziger konnte Jotham sich retten. Das Unheil, das er durch seine Fabel vorausverkündigt, trifft ein: Feindschaft entsteht zwischen Abimelech und dem Volk, der beide zum Opfer fallen.

Mathesius bekundet nun aber keineswegs die Absicht, diese Fabel wie einen Perikopentext zu behandeln und der Exegese die Applicatio folgen zu lassen. Er kommt erst in späterem Zusammenhang zwischen anderen Beispielen noch einmal auf sie zurück und holt dann Auslegung und Anwendung nach. Ihre Voranstellung dient ihm zunächst nur zur Rechtfertigung seines eigentlichen Anliegens, diesmal im Gottesdienst von einem weltlichen literarischen Unternehmen zu reden: von Luthers Arbeit an einem deutschen Äsop. Daß es sich um einen Humanisten im Pfarramt handeln muß, läßt sich daraus gleich abnehmen, um einen Mann, für den die heidnischen Schriftsteller des Altertums kein Ärgernis im Raum der Kirche bedeuteten. Er hat für sein Vorhaben auch noch einen zweiten Entschuldigungsgrund zur Hand. Der lautet: »der zeyt jr recht thun«.[4] Seine Fabelpredigt hat er aufgespart für das Bergfest der Bergleute von Joachimsthal, »damit wir etwas lustigs vnd lieblichs für vns nemen«[4], denn das Bergfest ist die Joachimsthaler Fastnacht. Ganz ohne Arg, aus Freude am Brauchtum des Volkes, hat Mathesius auch sonst Fastnachtspredigten gehalten. Noch anderthalb Jahrhunderte später gereichten sie pietistischen Kreisen zum Ärgernis. Mit heftigem Unwillen wurde er von Gottfried Arnold in der ›Unparteiischen Kirchen- und Ketzerhistorie‹ ihretwegen gescholten: »Was wird doch hier anders angepriesen als die verderbte Natur?«[5] Die katholische Polemik machte sich die Fabelpredigt gleich zunutze. Der Franziskaner Johann Nas, später Weihbischof von Brixen, glaubte hier die Reformation mit ihren eigenen Waffen treffen zu können:

»Heißt das die Predigstül vonn Fabeln purgirn/wann man sie mit lugen vnd jrrthumb erfült? Heißt das nit ein fabel vnd Faßnachtspredig/darinn bey 22. fabeln meldung gschicht? Lieber geh hin/vnd zeyge mir einen alten Catholischen Scribenten/der in einer einigen Predig souil fabel hat angezogen […] gelt aber S. Paul. hab euch mit namen genennt/ da er sagt/die ohreniucker/die Magistri wurden sich zů letsten zeit/von der warheit ableynen/vnd sich zun fabeln begeben. So gröblich/das sie die fabel allen hailigen Vättern dürffen fürsetzen/jha genawest zůr Bibel schmucken/vnnd das ye gar zů grob/auß Bibel vnd Fabel schreibern ein ding machen.«[6]

Das Bedenkliche des Unterfangens mußte jedoch vor den Augen und Ohren auch strenger Protestanten schwinden, in Anbetracht der Tatsache, daß dies Wagnis nicht für sich allein stand, sondern sich unter dem Jahr des Aufenthaltes auf der Feste Coburg einfügte in einen Zyklus von 17 zwischen 1562 und 1565 gehaltenen Lutherpredigten, die mit dem berechtigten Anspruch einer eigenständigen Form biographischer Geschichtsschreibung 1566 unter dem Titel ›Historien/Von des Ehrwirdigen in Gott Seligen thewren Manns Gottes/Doctoris Martini Luthers/anfang/lehr/leben vnd sterben‹ als in sich geschlossenes Werk erschienen und bis zum Anfang unseres Jahrhunderts mit über 50 Auflagen die erfolgreichste Luther-Biographie geblieben sind. [7] In einer Geschichte der Predigt gebührt Mathesius nicht nur die Anerkennung seiner unermüdlichen Sorge für die Wahrung lutherischen Erbes in melanchthonisch-humanistischem Geist, frei von Parteisucht und konfessionellem Hader in einer Zeit schlimmster gegenseitiger Verunglimpfungen und hochfahrender Selbstgerechtigkeit. Für den Germanisten ist vor allem wichtig, daß hier die Predigt als autonome literarische Gattung – sehr deutlich unterschieden vom Sermon der Lutherzeit – voll ausgebildet in Erscheinung tritt. Mathesius hat sich durchaus als Schriftsteller verstanden; man schätzt, daß ungefähr anderthalbtausend Predigten im Druck erschienen sind. [8] Konsequent brach er mit der Gepflogenheit, deutsch gehaltene Predigten nur in lateinischer Übersetzung zu veröffentlichen; unverkennbar hat er viele für die Drucklegung literarisierend überarbeitet, immer jedoch so, daß der Charakter des gesprochenen Worts erhalten blieb. Für die Ausbildung einer gelehrt-volkstümlichen, treffsicheren und bildkräftigen deutschen Prosa hat er Hervorragendes geleistet.

Er kannte sich aus in der Metallurgie, in der Bergbautechnik und der Betriebswirtschaft seiner Zeit. Zu seinen Bergleuten hat er in der Bergmannssprache geredet und von göttlichen Dingen so, als handle es sich darum, die Arbeitsgänge des Stollenbaus, der Förderung und des Schmelzens der Erze fachmännisch zu erläutern. [9] Eine Reihe solcher Bergwerkspredigten, im Verlauf eines Jahrzehnts entstanden, fügte er zu einem Zyklus beziehungsreich miteinander verbundener Themen zusammen in seinem nächst den Lutherhistorien bedeutsamsten Werk ›Sarepta oder Bergpostill‹ (1562), der er in Anlehnung an Psalm 148 das Motto »Berg vnd Thal lobet den HERRN« voranstellte. [10] Dieses Motto soll wort-wörtlich verstanden werden: Daß also nicht allein die Gemeinde Christi im Tal das Lob Gottes singt, sondern die ganze belebte und unbelebte Natur, nicht minder auch alles, was hier von Menschenhänden geschaffen worden ist. Gott wirkt überall in seiner Schöpfung, so auch in den aus der dunklen Tiefe des Erdinneren ans Licht geförderten Metallen und in dem mühe- und gefahrvollen Tagewerk der Bergleute. Es spricht daraus das Hochgefühl der jungen, schnell zu wirtschaftlicher Blüte gelangten Gründung, aber auch das positive Verhältnis, das dieser protestantische Theologe zu den Anfängen neuzeitlicher Naturwissenschaft und ihrem Bündnis mit der Technik in der industriellen Auswertung ihrer Erkenntnisse gewonnen hat.

Mathesius fügt diese neuen Entwicklungen bruchlos in den Zusammenhang des Heilsgeschehens ein, er wertet sie biblisch, im Sinne des evangelischen Bi-

belverständnisses als Wort Gottes. Sarepta – das ist Joachimsthal, die junge, von
Gott mit besonderen Gnadengaben ausgezeichnete Bergstadt; aber es ist auch
das alttestámentliche Sarephath in der Nähe von Sidon, wo sich einst der Prophet
Elias aufhielt bei einer Witwe, deren toten Sohn er wieder zum Leben aufer-
weckte (1. Kön. 17, 7–24; Luk. 4, 26). In dieser Stadt betrieben die Sidonier das
kunstvolle Handwerk der Glasgewinnung. Der Name ist also bei Mathesius
sinnbildlich gemeint, mit Vorsicht darf man wohl sagen, emblematisch. Von gleicher Beschaffenheit ist die gesamte Darstellung. Jeder Gegenstand in der alltäglichen Arbeitswelt der Bergleute und jeder Vorgang bei der Metallgewinnung
hat seine Entsprechung in der Bibel als dem Wort Gottes. Mathesius kann sie
auch unbefangen gegeneinander austauschen; es bereitet ihm keinerlei Schwierigkeiten, Glaubenswahrheiten in der Fachsprache des Bergbaus auszulegen.
Die Bibel kleidet selber ihre Geheimnisse vielfach in bergmännische Metaphern.
Was in der ›Sarepta‹ auf die Arbeitswelt der nächsten Umgebung bezogen ist, gilt
im Prinzip für sein exegetisches Verfahren überhaupt. Immer arbeitet er mit
Analogien, ob er nun Wirklichkeitsausschnitte wählt, Beispiele aus der Geschichte und Sage, Sprichwörter und Rätsel, etymologische Wortspiele, oder
Märlein und Fabeln. Aus allen Analogien spricht die Wahrheit. Daran kann es
für Mathesius keinen Zweifel geben, weil sie Zeugnis ablegen von der Gegenwart des Wortes Gottes in der ganzen Schöpfung. Das metaphorische Sprechen
ist bei ihm Glaubensaussage und aus diesem Grunde ein Weg der Verkündigung,
dem gegenüber allen anderen der Vorrang gebührt.

In diesen Zusammenhang muß die Apologie des theologischen Gebrauchs der
Fabel gestellt werden, die Mathesius in der 7. (bzw. 9.) Predigt seiner Lutherhistorien unternommen hat.[11] In zweierlei Hinsicht nimmt die Fabelpredigt eine Sonderstellung innerhalb der Lutherbiographie ein: erstens durch die
Anknüpfung an einen Bibeltext, während sonst die textfreie Predigt bei Mathesius vorherrscht und seine schriftstellerische Selbständigkeit dokumentiert, und
zweitens darin, daß er hier die chronologisch fortschreitende Erzählung unter-
bricht, um eine aufgeworfene Frage zu erörtern und seine eigene Auffassung an
einer Reihe von Beispielen zu erläutern. Daraus läßt sich entnehmen, welches
Gewicht Mathesius der Frage nach dem »rechten Nutz und Brauch« der Fabel
beigemessen hat. Nur sein Ausgangspunkt ist biographisch, er erwähnt Luthers
Arbeit an einem deutschen Äsop während des Aufenthalts auf der Feste Coburg.
Was er davon wußte, mag ihm Veit Dietrich berichtet haben, oder es mochte in
den Wittenberger Tischgesprächen die Rede darauf gekommen sein. Gleich
nach seiner Ankunft hatte Luther am 24. 4. 1530 an Melanchthon geschrieben:
*Pervenimus tandem in nostrum Sinai, charissime Philippe, sed faciemus Sion ex
ista Sinai, aedificabimusque ibi tria tabernacula, Psalterio unum, Prophetis unum,
et Aesopo unum.* [12]

Aus dieser Äußerung ist einerseits die Anerkennung der Gleichrangigkeit
Äsops mit dem Psalter und den Propheten herausgelesen worden, andererseits
die klare Unterscheidung der Kompetenzen: Lobpreis, Verkündigung und
Weltklugheit. Die zweite Auslegung hat dazu Luthers Lehre von den zwei Rei-

chen, die durch den Abgrund der Sünde voneinander getrennt sind, ins Spiel gebracht, die Lehre vom Reich Gottes und dem Reich der Welt, des Evangeliums
und des Gesetzes, der Liebe und der Bosheit.[13] Äsopische Fabeln gehören
dann in das Reich der Bosheit und des Gesetzes, geistliche Lieder in das Reich
des Evangeliums und der Liebe. In der Schrift ›Von weltlicher Oberkeit, wie weit
man ihr Gehorsam schuldig sei‹ (1523) sagt Luther: »Darumb hatt Gott die zwey
regiment verordnet, das geystliche, wilchs Christen und frum leutt macht durch
den heyligen Geyst unter Christo, unnd das weltliche, wilchs den unchristen und
bößen weret, daß sie eußerlich müssen frid hallten und still seyn on yhren
danck.«[14] Seine Auffassung von dem Zuständigkeits- und Verwendungsbe-
reich der äsopischen Fabel hat er, präziser noch als in dem Entwurf einer Vorrede zu seinem geplanten Fabelbuch,[15] in der Auslegung des 101. Psalms
(1534/35) formuliert, den Mathesius den »schönen Hofpsalm« nennt: »Darumb
wer im weltlichen Regiment wil lernen und klug werden, der mag die Heidnischen bücher und schriften lesen. Die habens warlich gar schön und reichlich
ausgestrichen und gemalet, beide mit sprüchen und bildern, mit leren und exempeln.«[16] Und nachdem er zunächst Homer, Vergil, Demosthenes, Cicero und
Livius genannt hat, in denen nach dem Willen Gottes die Heiden und Gottlosen
auch »jhre Propheten, Aposteln und Theologos oder Prediger zum weltlichen
regiment« haben sollten, fährt er fort: »Und ich wil ander bücher jtzt schweigen,
wie kündte man ein feiner buch jnn weltlicher Heidnisscher weisheit machen,
denn das gemeine, albere kinderbuch ist, So Esopus heisst?«[17]

Mathesius greift diese Gedanken Luthers in seiner Fabelpredigt auf und zeigt
an einer Reihe von Beispielen, daß Fabeln »steck voller weißheyt, guter lehr
vnnd höflicher vermanung sein vnnd wunder schöne bilder vnnd contrafecturn
haben de casibus mundi, wie es inn der Welt, inn Regimenten vnd Haußwesen
auff erden pfleget zuzugehen.«[18] Bei einigen begnügt er sich mit der bloßen
Nennung, einem charakterisierenden Hinweis oder einer sprichwortähnlichen
Quintessenz; es ist auch nicht immer erkennbar, aus welcher Quelle er schöpft.
Andere werden von ihm mit jener Knappheit, wie sie Luthers Diktion entsprach,
wirklich erzählt (Von der Krähe und den Affen, Vom Hahn und der Katze); die
Fabel vom Krebs und der Schlange endlich mit der größeren Ausführlichkeit ge-
selligen Vortrags, die den Gesprächen an Luthers Tisch angemessen gewesen
sein mag.[19] Wo Mathesius ausdrücklich die Tischreden nennt, erweitert sich
unsere Kenntnis von Luther als Fabeldichter über jene 13 Äsop-Bearbeitungen
hinaus, die als erste Versuche zu dem geplanten Fabelbuch handschriftlich erhalten blieben und 1557 in der Jenaer und Wittenberger Ausgabe aus Luthers
Nachlaß veröffentlicht wurden, wobei die Glaubwürdigkeit der Textüberliefe-
rung allerdings je nach dem Überlieferungsträger unterschiedlich zu bewerten
ist.[20] Alle diese Fabeln sind Kontrafakturen de casibus mundi, sie betreffen
den persönlichen Bereich der zwischenmenschlichen Beziehungen, können dem
einzelnen Verhaltensregeln liefern, zur Vorsicht mahnend, wie die Fabel vom
Hahn und der Katze (»Hüt dich fürn schleichern/die rauscher thun dir lang
nichts«[21]), oder abschreckend, wie die Fabel von der Krähe und den Affen

(»Also gehets/wenn man andern leuten/die kein verstand haben/einreden will«[22]). Sie dienen auf diese Weise der praktischen Lebensklugheit.

Oder sie vermitteln Einsichten negativer Art über die Beschaffenheit des Reichs von dieser Welt, soweit sich das im persönlichen Umgang der Menschen miteinander kundtut (»Ein vngerader vnd tückischer Freund ist vil erger denn ein öffentlicher zorniger feind«[23]). Erfahrungen, die der Erzähler in konkreten Situationen gemacht hat, bilden hier den Ausgangspunkt. Das ergibt sich aus der Erläuterung, die Mathesius in seiner Predigt an die Nacherzählung der Lutherschen Fabel vom Krebs und der Schlange anschließt: »Ach wie schwer kombt es einem an/vnnd blutleichen sawer wirds jm/wer mit krummen/schlimmen/schlipfferigen/vngeraden/zwizungigen/falschen vnd gifftigen leuten vber land sol reysen/oder in Regimenten mit jnen rathschlagen vnd vmbgehen/oder mit gifftigen vnd falschen Predigern vnd Collegen/vnd vntrewen weyb vnd gesinde haußhalten.«[24] Fabeln dieser letzteren Art nannte Herder theoretische oder vernünftige Fabeln, im Unterschied zu praktischen oder sittlichen Fabeln, zu denen die beiden vorhergenannten zu zählen wären. Theoretische Fabeln haben nach Herder nur die Aufgabe, einen Erfahrungssatz anschaulich zu machen. Deshalb hielt er sich für berechtigt, sie als Allegorien zu kennzeichnen.[25] Erfahrung galt ihm als »Grund der kühnsten äsopischen Fabel«[26], ihre Wahrheit als eine »Wahrheit der Analogie, mit der ihr beiwohnenden Lebhaftigkeit und Klarheit«.[27] Ein Corpus theoretischer Fabeln könnte mosaikartig Elemente »anschaulicher Ähnlichkeit« zu einem Weltbild zusammenfügen, das – aus Abwandlungen der Analogie von Mensch und Tier bestehend – in seiner Gesamtheit dem Betrachter als Allegorie des einen der beiden Reiche gegenüberträte. Aber eine Anweisung zum rechten Verhalten in der *civitas terrena* könnte es nicht bieten.

Doch hat Luther nach dem Bericht des Mathesius die Fabel vom Krebs und der Schlange seinem kleinen Sohn Johannes vorgelegt, und bei der bloßen Aufgabe der Übersetzung ins Lateinische konnte es wohl schwerlich sein Bewenden haben. Die an das Erzählen der Fabel angeschlossene Auslegung mußte die moralische Folgerung nahelegen, daß die Schlange die verdiente Strafe für ihr Verhalten erleide[28], während die Handlungsweise des Krebses gebilligt werde. Nun ist es aber ebensowenig die Schuld der Schlange, daß sie sich nur durch Hin- und Herwinden fortbewegen kann, wie es die Schuld des Krebses ist, daß ihn seine vielen Beine beim Gehen behindern. Beide hat Gott mit diesen Eigenschaften ausgestattet, sie sind Geschöpfe einer Welt, die in Luthers Lehre von den zwei Reichen auch als gefallene, durch die Sünde verderbte Gottes Welt bleibt. Luther übernimmt gern die augustinische Unterscheidung des *amor sui* und *amor Dei*.[29] Der Christ gehört beiden Reichen an, seine Aufgabe ist es, nicht nur im Reich Christi, sondern ebenso im Reich der Welt *secundum Deum* zu leben, d. h. – soweit es ihn selbst betrifft – Unrecht zu dulden, Böses mit Gutem zu vergelten, die Gebote der Bergpredigt zu erfüllen, aber für Gesetz und Recht einzutreten, wenn es gilt, den Nächsten gegen Unrecht und Gewalt zu schützen. Der Krebs in Luthers Fabel dagegen handelt *secundum hominem*, beherrscht von dem *amor sui* in der spontanen Befriedigung des Vergeltungstriebs. Gäbe es Gerechtigkeit in der Welt, so müßte ihn die Strafe für so bösartiges Verhalten ereilen. Das deutet die Fabel mit keinem Wort an. Sie schließt vielmehr eine moralische Beurteilung überhaupt aus. Das Faktum allein ist hier die Lehre. Dieses vermittelt zugleich auch eine positive Erkenntnis, sie besteht jedoch ebenfalls nur aus einer Feststellung. Mathesius zitiert die Worte, mit denen Luther die Fabel beschloß: »Lieber Son/es ist nicht allein ein schöner schatz vmb ein guten nachbarn/sondern wenn eim Gott auch vber land vnd in seinem ampte/gute vnd gerade leut zugibt.«[30]

Was wollte Luther seinem Sohn mit dieser Fabel zeigen? Ohne Zweifel, wie die Welt beschaffen ist, in der ein Christ bestehen muß, nicht, wie er sich in ihr verhalten soll. Genau das gleiche gilt für alle von Luther während seines Aufenthaltes auf der Feste Coburg bearbeiteten Fabeln. In ihnen fällt, soweit sie nach Herders Begriffsbestimmung theoretische Fabeln sind, der Sieg immer dem zu, der sich in seinen Handlungen skrupellos von dem *amor sui* leiten läßt. Auch wo Luther vorbildliches Verhalten des Unrecht leidenden Christen im Reich der Welt hätte zeigen können, wie in der Fabel ›Vom Wolf und Lämmlein‹ und der ›Vom Hund und Schaf‹, wird die Aufmerksamkeit ausschließlich auf den Triumph der Brutalität und die Einträglichkeit der Lüge gelenkt. Eindeutig ist bei Luther der Zuständigkeitsbereich der Fabel auf das Reich, in dem die Bosheit herrscht, beschränkt; nicht einmal Gesetz und richterliche Gewalt des »äußeren Regiments« kommen zur Geltung. Zur Veranschaulichung einer christlichen Ethik ist ihm die Fabel kein geeignetes Instrument; erst recht verbirgt sich in ihr hinter dem weltlichen Sinn nicht noch ein geistlicher, der durch zweifache Textauslegung ans Licht zu holen wäre, wie das der niederdeutsche Äsop vom Ende des 15. Jahrhunderts getan hat.[31]

Mathesius berichtet, Luther habe, wenn die Rede auf politische und soziale Mißstände kam, seine Meinung gerne durch Anspielungen auf Episoden aus ›Reynke de vos‹, den er als eine »lebendige Kontrafactur des Hoflebens« ansah[32], und durch Hinweise auf äsopische Fabeln zum Ausdruck gebracht. So verurteilte er die Art, wie sich der Adel durch Einziehung der Klostergüter bereichert hatte, indem er den zweiten Teil der Fabel vom Fuchs und Adler erzählte: »Esopus leret/wenn jemand ein braten vom Altar zuckt/bleibt gemeiniglich ein glüend kölein dran hencken/das brendt nest vnd jungen/wie dem Adler geschach.«[33] Ein zweites Beispiel wählt Mathesius aus dem nächsten Erfahrungsbereich seiner bergmännischen Zuhörerschaft. Da Luther selber ein Bergmannssohn war und den wirtschaftlichen Aufstieg seines Vaters miterlebt hatte, mag es sehr wohl authentisch sein: »Auff ein zeit haufft ein Bergherr frembde gewercken auß/vnd wolte den genieß gar allein haben/Wie solches vber tisch gedacht wird/spricht der Herr Doctor: eben so thet jener Bauer im Esopo auch/dem leget ein Gans alle Quartal ein gülden Ey/Da jhn aber der geitz bestundt/schurfft er die Gans auff/da schnidt sich das Ertz mit abe/Also gehets/wenn man sich nicht wil an den gefellen genügen lassen/so Gott ordenlich bescheret/vnd wenn der Jeger den Hunden vnd Sperbern jr jegerrecht versaget.«[34] Wirtschafts- und sozialpolitisch wird hier ein frühkapitalistischer Monopolisierungsversuch mit den Begleiterscheinungen der Ausbeutung fremder Arbeitskraft und der daraus entstehenden Frage nach einer Gewinnbeteiligung der Arbeitnehmer zum Anlaß der Auslegung einer Fabel durch Bezugnahme auf einen konkreten Fall. Beidemal handelt es sich um die sozialkritische Verwendung der Fabel im politischen Bereich, während die vorangegangenen Beispiele dem persönlichen Bereich, der Privatheit, angehörten.

Diese Zweiteilung entspricht den reformatorischen Systematisierungsversuchen für die weltliche Ordnung, wie sie sich als Konsequenz der Zwei-Reiche-Lehre ergeben mußten. Die von Luther mit einer Vorrede versehene ›Oeconomia Christiana‹ des Justus Menius kann hierfür als Modell dienen.[35] Menius unterscheidet Oeconomia und Politia, die private und öffentliche Ordnung des äußeren Regiments, wobei Oeconomia nicht nur die Haushaltung der Familie, sondern alle privaten Beziehungen einzelner Menschen zueinander betrifft[36], Politia zwar in erster Linie die landesherrliche Regierungsform, den Obrigkeitsstaat, darüber hinaus aber auch alle öffentlich-gesellschaftlichen Pflichten des Individuums. Dementsprechend billigte das Luthertum der Fabel als einem Mittel zur Verbildlichung des Reiches der Welt zwei Anwendungsbereiche zu: Oeconomia und Politia. An der genannten Schrift des Justus Menius ließe sich das paradigmatisch zeigen, denn er verwendet, ähnlich wie Mathesius in seiner Predigt, den äsopischen Fabelschatz zur Beweisführung und zur Veranschaulichung. Auch Regierungsformen müssen demzufolge durch Fabeln darstellbar sein, nicht nur satirisch, wie es im ›Reynke de vos‹ geschehen war und wie es Luther 1528 in der von ihm erfundenen ›New Fabel Esopi vom Lawen und Esel‹ in bezug auf die Wahlmonarchie getan hat[37], sondern auch als allegorische Darstellung des richtigen, weil von Gott verordneten politischen Systems.

Mathesius leistete dieser Forderung in seiner Predigt Genüge durch Heranziehung der von Livius überlieferten Fabel des Menenius Agrippa: »Da die gemein zu Rom ein auffstehen machet/bered ein kluger mann die auffgewiegelten vnd vngehorsamen/das sie wider einzogen/da er jnen die fabel von hend vnd füssen saget/die dem müssigen haupt vnd fressenden bauch/wie sie meineten/nimmer zins gaben/vnd drüber verschmachteten vnd verdorben.«[38] Diese berühmte Fabel verdankt ihre Evidenz der Analogie zwischen dem menschlichen Körper und dem politischen Körper, davon ausgehend dann der Bindung an eine gegebene historisch-politische Situation.[39] Menenius Agrippa soll im Jahre 494 v. Chr. die Plebejer bei der ersten *secessio plebis*, deren Gründe Unterdrückung durch das Patriziat und zunehmende Verschuldung waren, zur Rückkehr nach Rom bewogen haben, indem er diese Fabel erzählte. Über ihre Wirkung berichtet Livius: *Comparando hinc, quam intestina corporis seditio similis esset irae plebis in patres, flexisse mentes hominum.* [40] Das Volk gelangte zu der Einsicht, daß Herrscher und Beherrschte wechselseitig aufeinander angewiesen seien; es ließ sich davon überzeugen, daß das Wohlergehen eines Gemeinwesens auf der richtigen, d. h. vernunftgemäßen Verteilung der Pflichten beruhe. Die Legitimierung der herrschaftlichen Staatsform durch ihre Übereinstimmung mit naturgesetzlichen Ordnungen entsprach der Lutherischen Rechtsauffassung über die Stellung des einzelnen und der Stände in der Politia. Wenn Luther deutlich machen will, daß Gott auch in das Weltreich hineinwirkt, dann postuliert er, dies geschehe durch das Wirken der Vernunft in der Natur. Natürliche Ordnungen sind für ihn vernünftig. Demzufolge ist diejenige Staatsform gottgewollt, die sich eine vernünftige Ordnung der Natur zur Lehrmeisterin erkoren hat. So läßt sich begreifen, daß die Fabel des Menenius Agrippa in der Literatur der Reformationszeit bis zu Rollenhagens ›Froschmeuseler‹ am Jahrhundertausgang immer wieder zum Exempel herangezogen wurde, wenn es um Erhaltung oder Wiederherstellung des sozialen Friedens ging.[41]

In diesem Zusammenhang kommt Mathesius auf den Ausgangspunkt seiner Predigt, die alttestamentliche Fabel von der Königswahl der Bäume, zurück, um nun erst ihre Auslegung folgen zu lassen. ›Jothams Märlein‹ ist eine politische Fabel, von ihrem Erfinder in höchster Lebensgefahr auf verlorenem Posten der blinden Volksmasse (»wilden vnd groben leuten«) entgegengehalten: »Jotham malet ... ein bösen Regenten abe inn seim Dornstrauch.«[42] Der rechtmäßige Kronprätendent richtet seine Anklage nicht unmittelbar gegen den Usurpator Abimelech, sondern gegen die Königsmacher, er sagt ihnen das kommende Unheil voraus. In der Bibel spricht durch die Fabel die Stimme des strafenden Propheten: »Habt ihr nun recht und redlich gehandelt an Jerubbaal und an seinem Hause an diesem Tage: so seid fröhlich über Abimelech und er sei fröhlich über euch, wo nicht, so gehe Feuer aus von Abimelech und verzehre die Männer zu Sichem ... und gehe auch Feuer aus von den Männern zu Sichem ... und verzehre Abimelech.«[43]

Überraschend deutet Mathesius Ölbaum, Feigenbaum und Weinstock auf Moses, Josua und Gideon, den Vater Jothams, im Sinne von Gott berufener frommer Regenten: »Da sie Gott gibet/hat ein gantz land schatten/ja sie erfrewen Gott/wenn sie Kirche und Schulen bestellen/vnd sich der waren religion annemen/da gibt Gott süssigkeit/vnd freude für die Vnterthanen.«[44] Er übersieht geflissentlich den Widerspruch zu seiner Deutung, der darin liegt, daß zwar den drei fruchtbaren Bäumen die Königswürde angetragen wird, sie diese jedoch der Reihe nach mit überlegenen Worten ablehnen, weil sie Nützlicheres zu tun haben. Zuletzt steht nur noch der unfruchtbare Dornstrauch zur Wahl, »drunter«, wie Mathesius sagt, »Igel/Meuse/Schlangen vnd Kröten hecken«.[44] Die Fabel im Buch der Richter hat unverkennbar antimonarchischen Charakter, was auch daraus hervorgeht, daß früher betont wird, Gideon habe die ihm angetragene Königswürde abgelehnt.[45] Das landesherrliche Regiment als Staatsform darf jedoch von dem Lutheraner nicht in Frage gestellt werden, daher die Umdeutung der Pflanzenfabel zu einer Typologie von Gott eingesetzter Herrscher.[46]

In seiner Auslegung berücksichtigt Mathesius die konstitutiven Gattungsmerkmale der äsopischen Fabel insoweit, als er das Bauprinzip der polaren Gegenüberstellung herausarbeitet (die rechtmäßigen Herrscher, ihre »trewe dienst vnnd vnzeliche wolthat«[47] – der »newe vnd vnordenliche Regent«, »der Magd

Son«, der »nur ritzen vnd stechen vnd den Schafen die Wolle abziehen« kann [48]). Er setzt sich dagegen über die Gattungsnormen hinweg, indem er ihre Figuren allegorisiert. Allegorisierung hebt die stereotype Bindung der Figuren an spezifische Charaktereigenschaften auf, sie macht das Inventar der Fabeln frei verfügbar, verlangt jedoch ebenfalls die jeweils eindeutige Formulierbarkeit des Verhältnisses zwischen Dargestelltem und Gemeintem.

Hierdurch vollzog Mathesius, sich von Luthers Abneigung gegen die Allegorie unterscheidend, eine Rückbindung an die mittelalterliche Naturdeutung als significatio und griff damit zugleich in die mehr und mehr an Geltung gewinnende Emblematik hinüber. Durch Allegorisierung schien es möglich, für die Fabel die christlich-religiöse Dimension zu gewinnen. Ihm stellte sich die Frage, ob die Fabel, im Sinnbild veranschaulichend und lehrend, auch etwas auszusagen vermag über das geistliche Leben des Christen. Dabei faßte er den Gattungsbegriff der Fabel so weit, daß er auch Gleichnisse einschließen kann und überdies nicht ausnahmslos eine ihr Endziel erreichende Handlung verlangt. In der Bibel suchte er nach Fingerzeigen zur positiven Beantwortung seiner Frage und fand, daß »auch der Sone Gottes vnnd seine Propheten vnd Aposteln jren mund gerne in schönen gleichnussen auffthun vnnd grosse weißheit in bilden von Thierlein den Christen fürstellen.«[49] Salomo fordert die Trägen auf, von den Ameisen zu lernen (Prov. 6, 6–8). Der Prophet Daniel, den Mathesius »Sohn Gottes« nennt, gibt im ersten Teil der Traumerzählung Nebukadnezars (Dan. 4, 6–8, 17–19) zu ›Jothams Märlein‹ das positive Gegenbild segensreicher Herrschaft, indem er »den Babilonischen Keyser in einem schönen Baume fürbildet/drunter die Thierlein im schatten sitzen/darfür man sich billig neygen/vnd nicht mit prügeln drauff werffen/oder wie ein Saw sich dran reiben solle.«[50] Christus verweist zur Erklärung und Bekräftigung seiner Lehre auf Eigenschaften, Verhalten und Schicksale von Tieren, auf die Sperlinge (Mt. 10, 29–32), Henne und Küchlein (Mt. 23, 37), Wölfe und Schafe (Mt. 10, 16), Schlangen und Tauben (ebd.).

Die idealtypische Verwendung der Tiere in diesen Bibelstellen stimmt mit der in äsopischen Fabeln weitgehend überein. Wenn Jesus zu seinen Jüngern sagt: »Ich sende euch wie Schafe mitten unter die Wölfe« (Mt. 10, 16), dann stellt sich sofort die Assoziation zu der auch in Luthers Äsop-Bearbeitungen enthaltenen Fabel vom Wolf und Lämmlein ein. Allein gelassen in der Welt, sind die »Kinder des Lichts« wehrlos ihren Feinden preisgegeben, wie das unschuldige Lamm dem gierigen Wolf. Dies wird so währen bis zu dem Tag der Wiederkehr Christi. Christuswort und Fabel vom Wolf und Lamm bezeichnen beide die gleiche Wahrheit: Bedrängnis, Verfolgung, unschuldiges Leiden des Christen in der Welt. Mathesius hat in seinen Korintherhomilien diese Fabel ausdrücklich theologisch verstanden: »Derwegen ein Christ das rechte Bild ist der alten Fabeln vom Wolffe vnd vom Lamb im Esopo/so miteinander an dem Bache trinken/vnd der Wolff dem Lamb die Schuld gibt/es hette jhm das Wasser getrübt. Diß ist ja eben ein Bild der armen Christenheit.«[51] Einer anderen Fabel hat er durch Umerzählen die Möglichkeit verliehen, zu bezeichnen, wie der Christ gemäß den Geboten Jesu in der Welt leben soll. Es ist die Fabel von der Ameise und der Grille in der ›Sarepta‹. [52] Dort wird die Grille nicht, wie überall sonst in der Überlieferung dieser Fabel, unbarmherzig abgewiesen, als sie zur Winterszeit halb verhungert um eine Gabe aus dem Vorrat der Ameise bittet, sondern sie erhält von ihr eine Wegzehrung, genug, daß sie keinen Mangel zu leiden braucht, wenn alle anderen Ameisen ebenso handeln wie diese eine. Mathesius sagt dazu, Gott habe »vil sehnlicher trew/vnd trefliche tugent/in seine Creature gebildet«. [53] Das Ameisenreich ist ihm eine *significatio* des Reichs Christi in dieser Welt: ein Reich der Arbeitsamkeit ohne Herrschaftsverhältnisse, nicht der Werkgerechtigkeit, sondern der Nächstenliebe.

Alle diese biblischen Sinnbilder aus der Tier- und Pflanzenwelt haben für Mathesius eines gemeinsam: Durch sie spricht der Heilige Geist zum Menschen. Das betont er zu wiederholten Malen nachdrücklich. Gleich am Beginn seiner Predigt nennt er ›Jothams Märlein‹ eine Fabel, welche »der heylig Geyst in sein heylige Bibel hat auffschreiben und auff vns bringen lassen.« [54] Luther habe seinen »Esop« begonnen, »weyl er mercket/das der heylig Geyst inn seiner Bibel auch vernünfftige vnd weyse mehrlein schreiben lesset«. [55] Die Beschäftigung mit weltlichen Fabeln ist also durch die Bibel selbst gerechtfertigt. Mathesius wählte ›Jothams Märlein‹ als Ausgangstext für seine Predigt,

> »damit jr sehet/das der heilig Geist jm auch die weise gefallen lesset/wenn kluge leut mit verdeckten vnd verblümbten reden/vndanckbaren vnd vngeschlachten leuten predigen/vnd das die weisesten auff Erden/beide vnter Jüden vnd Heiden/auch in der Christenheit/sich sehr gerne auff dise art beflissen/vnd die höchste weisheit/nach Gottes wort/in solch bildwerck vnd gemelde der vnuernünfftigen Creaturen vnd Thierlein gefasset/vnd den leuten fürgehalten haben«. [56]

In diesem Begründungszusammenhang stellte Mathesius seine gewagteste Hypothese auf, die ihm von katholischer Seite blanken Hohn eingebracht hat [57], und die auch Luther, wenngleich aus anderen Gründen, nicht gebilligt haben würde: »Wie wenn Asaph der Sangmeister/der vil liebliche Psalmen gedichtet/der rechte Esopus were/der erstlich die Fabeln/wie ander Leut Salomonis Sprichwörter/zusammen gelesen hette?« [58] Asaph gilt als Eponym einer alttestamentlichen Sängerfamilie, die mit Zerubbabel aus dem Exil heimkehrte. Ihm wird die Stellung eines Musikmeisters bei David und Salomon zugeschrieben. Die Überschriften von Psalm 50 und 73–83 nennen ihn als Psalmendichter; er tritt als Lehrer der Weltklugheit und als Seher auf. Es ist nicht nur die Lust des Etymologisierens, der Drang, aus klanglicher Verwandtschaft auf Zusammengehörigkeit oder gar Gleichheit zu schließen, denen Mathesius sich hier wie bei zahllosen anderen Gelegenheiten überlassen hat. Seine Phantasie wurde an dieser Stelle durch ein Analogiedenken gelenkt, das sein gesamtes Weltverständnis bestimmte. Wenn man berücksichtigt, daß Analogien für ihn Wahrheiten bekunden, dann darf man den Versuch der Identifizierung des Äsop mit Asaph sicher nicht nur für einen Augenblickseinfall halten. Vielmehr spricht sich hier sein Bestreben aus, Fakten herbeizuschaffen, die für einen Brückenschlag zwischen den beiden getrennten Reichen Mithilfe leisten könnten. [59]

An einer Stelle seiner Fabelpredigt hat ihn dies völlig zur mittelalterlichen Allegorese zurückgeführt, der er sich sonst nur dann und wann annähert. Es handelt sich um eine Geschichte aus der ›Bibliotheca historica‹ des Diodorus Siculus von dem Löwen, der sich aus Liebe zu einer Hirtentochter von deren Vater dazu überreden ließ, daß man ihm die Zähne ausriß und die Krallen abschnitt, und der dann seine Gutgläubigkeit mit dem Tode büßen mußte.[60] Mathesius läßt sie auf die Beibringung zweier politischer Fabeln, der des Menenius Agrippa und der von Plutarch dem Demosthenes zugeschriebenen von der Überredung der Schafe durch die Wölfe, auf den Schutz der Hunde zu verzichten[61], folgen. Nimmt man die Beschreibung des Vorgangs und die darauffolgende Auslegung für sich, so könnte sie dem ›Physiologus‹ oder einer anderen mittelalterlichen Tierkunde bis hin zu den Löwenpredigten Geilers von Kaisersberg entnommen sein.[62] Hier wie dort bezeichnet der Löwe Christus. »Herr Jesu/du starcker Lewe aus dem Stamm Juda« heißt es bei Mathesius[63] – »Christ der heilige, der der Lewe geheizzen ist von dem chunne Davidis« im ›Physiologus‹.[64] Aber Mathesius geht noch einen Schritt weiter: Der Löwe bezeichnet zugleich auch die Christenheit. »Der Christenheit weisse zeene/kralen/wehr vnd waffen/ist das starcke wort Gottes/von Propheten vnd Aposteln auffgeschriben/wenn wir das dem vermeinten Hirten vnd seinen Miedlingen im Concilio vbergeben/so ist die Christenheit wehrlos/vnd kan sich wider des Teuffels mord vnd lügen nimmer auffhalten.«[65] Was von der Verliebtheit des Löwen erzählt wird, muß demzufolge einerseits die Menschwerdung Christi aus Liebe zu den Menschen und den Lohn, den er auf Anstiften des Teufels dafür empfing, abbilden, andererseits soll es die Gemeinde Christi, d. h. die Evangelischen, vor blindem Vertrauen warnen und ihnen die tödliche Gefahr bewußt machen, in der sie sich befinden, »die weil diese welt des teuffels reich ist/vnd wir darynnen nicht anders leben/denn als mitten vnter den mördern vnd feinden/die vns allen augenblick zu ermorden gedencken vnd nachstellen«.[66]

Der Sinnbezug zwischen dem besonderen bildlichen Zeichen und der Allgemeingültigkeit des Bezeichneten ist beidemal eindeutig. Mathesius reiht sich damit in die Tradition der mittelalterlichen theologischen Naturkunde ein, die den ganzen Umkreis der Naturdinge in den Dienst der Bibelexegese stellte. In der ›Sarepta‹ hat er die *historia naturalis Bibliae* geradezu enzyklopädisch zum homiletischen Prinzip des Predigtzyklus erhoben, und immer kam es ihm dabei auf die genaue Entsprechung zwischen dem geologisch-metallurgischen Zeichen und dem durch dieses Bezeichneten an. Wenn er dort auch mit den Möglichkeiten der Mehrfachbedeutungen, der Austauschbarkeit und der Bedeutungsumkehrungen sehr sorglos umgegangen ist, hat er dennoch jederzeit die Grundbedingung der jeweiligen Eindeutigkeit zu wahren gesucht. In den Luther-Historien handelt es sich dagegen um einen Einzelfall. Daß dieser im Zusammenhang der Rechtfertigung des Predigtgebrauchs der Fabel auftritt, ist nicht nur für die nachlutherische Homiletik aufschlußreich, sondern auch poetologisch zu beachten.

Die Identifikation der Christenheit mit Christus beruht auf der paulinischen

Vorstellung von der Kirche als *corpus Christi* und der Gliedschaft jedes einzelnen Christen in der einen lebendigen Gemeinde.[67] Die sinnbildliche Erläuterung, die Paulus im 1. Korintherbrief, Kap. 12, 12–27 – sicher durch die Fabel des Menenius Agrippa dazu angeregt – in dem organologischen Vergleich der Einheit des Leibes mit der Vielzahl seiner Glieder gegeben hat, bildet die Voraussetzung für die allegorische Auslegung der Historie des Diodorus Siculus, daß nämlich das Einzelne für das Ganze steht und wiederum das Ganze für jedes Einzelne. Mathesius wandelte diese Historie zu einer *metaphora continua* im Sinne Quintilians um, zu einer Handlung, die in jedem Einzelzug bildlichen Sinn hat. Die Aussagen, die im ›Physiologus‹ und den ihm verwandten Tierbüchern über Eigenschaften, Lebensbedingungen und Verhaltensweisen der Tiere gemacht werden, beanspruchen die Faktizität naturwissenschaftlicher Erkenntnisse. Ihre Wahrheit wird bestätigt durch die in ihnen auffindbare Verbildlichung des Bibelworts. So sehr auch Mathesius zumeist noch diesem Verfahren gefolgt ist, in der Fabelpredigt nahm er sich, wohl weil ihm die Gattungsverwandtschaft von Fabel und allegorischer Erzählung bewußt war, doch einmal, wie sein von ihm bewunderter und geliebter Lehrer Melanchthon, die humanistische Freiheit, christliche Lehre in einem Exemplum aus der antiken Literatur zu verbildlichen. Dabei ist es dann selbstverständlich, daß die gewählte Historie, obgleich nach Herders Worten aus der »vollen Urne der Geschichtszufälle« geschöpft[68], als dichterische Erfindung zu gelten hat, infolgedessen weder Naturerkenntnis vermittelt, noch des biblischen Literalsinns bedarf.

In der bewußten Fiktionalität ihrer Handlung kommen Fabel und Allegorie einander nahe. Mathesius wählte zwei Glieder des Löwen, seine Krallen und Zähne, die bereits die Sinnträger der Historie sind, als *significatio* für seine allegorische Auslegung. Während sie als einfache Metaphern, der natürlichen Wortbedeutung gemäß, formelhaft synonym gebraucht werden (etwas mit Zähnen und Klauen verteidigen), bezeichnen sie hier heilsgeschichtlich zweierlei, das voneinander wesenhaft unterschieden, aber dennoch untrennbar ist, nämlich die beiden Zentralbegriffe der reformatorischen Theologie, deren beiderseitige Unverzichtbarkeit und notwendige Beziehung aufeinander vor allem Melanchthon betont hat: Gesetz und Evangelium. »Herre Jesu du starcker Lewe aus dem stamm Juda/laß vns deine klawen/die zehen Gebot/vnd deine weisse zeene/dein heiliges Euangelion/nicht nemen.«[69] Christsein in der Welt bedeutet: das Gesetz erfüllen und aus dem Glauben leben. Dies kann als *sensus tropologicus* erkannt werden. Der oberste Begriff, der Gesetz und Evangelium in sich faßt, ist das Wort Gottes. Mit der Lutherformel »wehr vnd waffen« ist auch der Logos vermittels zweier konkreter Zeichen, die auf sein Wirken in der Welt verweisen, in die Allegorie einbezogen.

Mathesius hat die allegorische Darstellung noch näher an die Fabel herangeführt, indem er ihre Sinnbildlichkeit in die konkrete Situation des geschichtlichen Augenblicks auflöste. Der Löwe bezeichnet die Christenheit. Was wäre ein Löwe ohne Zähne und Krallen? So wäre eine Christenheit nicht mehr lebensfähig, die sich das Wort Gottes, ihre »wehr vnd waffen«, nehmen ließe. Zum Zeitpunkt, da diese Predigt gehalten wurde, befand sich das Konzil von Trient in seiner letzten Phase.[70] Protestantische Kampfschriften warnten seit Anfang 1562 die evangelischen Stände vor einer Beschickung der 3. Tagungsperiode. Als in einem früheren Stadium der Verhandlungen (1551/52) die deutschen Theologen auf dem Konzil eine Bekenntnisschrift vorlegen wollten, hatte man sie nicht zugelassen und eine Beratung verhindert. Statt dessen waren Beschlüsse gefaßt worden, die im Falle der Anerkennung die Reformation zunichte gemacht hätten. Seit dem Wormser Religionsgespräch von 1557 hatte sich die Situation zunehmend verschärft. Der Hauptvorwurf richtete sich darauf, daß bei den Verhandlungen nicht die Hl. Schrift als alleiniger Maßstab der Wahrheitsfindung gegolten hatte. Alles römische Entgegenkommen mußte jetzt nach den vorangegangenen Erfahrungen als heuchlerische und betrügerische Verlockung aufgefaßt werden, die nichts anderes beabsichtige, als eine um der Wiederherstellung der kirchlichen Einheit willen zu Zugeständnissen bereite und damit sich selbst entwaffnende evangelische Abordnung bei den bevorstehenden Schlußabstimmungen durch die erdrückende Übermacht der papistischen Konzilsväter zu überwältigen. In den Dienst dieser Antikonzilspolemik trat Mathesius mit seiner Auslegung der Historie des Diodorus Siculus nach ihrem *sensus allegoricus*. In ihr wird unterstellt, daß man auf dem Konzil der evangelischen Christenheit erst das Wort Gottes rauben und sie dann durch eine gewaltsame Gegenreformation vernichten wolle.

Als die dem Prediger seine Redezeit zumessende Sanduhr schon abgelaufen ist, packt den Fabulisten auf der Kanzel zuletzt doch die ihm angeborene Erzählfreude, der er bis dahin über der knappen Exempelhaftigkeit seiner Belege hatte Zwang antun müssen. Die natürliche Frische, der besinnlich plaudernde, aber gleichwohl beherrschte Sprachfluß, in dem sich Naivität und Kunstverstand vereinigen, läßt bei dem Vortrag der beiden abschließenden Fabeln – der aus dem Gedächtnis Melanchthon nacherzählten vom Bauern und der Schlange und der selbst erfundenen von den Sperlingen – den heutigen Leser an Kalendergeschichten späterer Zeit vorausdenken.[71] Beide Fabeln, denen ein kaum verhüllter autobiographischer Gehalt gemeinsam ist, sind hier nur auf ihre bibelexegetische Aussageweise hin zu befragen. Mit ihnen tritt Mathesius aus der Politia der Welthändel wieder zurück in die Privatheit seines persönlichen Lebenskreises, sofern diese Privatheit ausgefüllt war von den täglichen Pflichten des seelsorgerischen Dienstes an der Joachimsthaler Gemeinde. Wollte er dabei den geistlichen Sinn des Erzählten bewahren, so mußte an die Stelle der weltgeschichtlichen *metaphora continua* die individuell-biographische treten. Sie mußte jedoch verallgemeinerungsfähig bleiben für den Lebenslauf aller »Kinder des Lichts«.

Mathesius berichtet, Melanchthon habe seine Fabel auf der Rückfahrt von einem Besuch in Joachimsthal, als er ihn mit einigen Freunden noch ein Stück weit begleitete, zu Mittag bei Tische erzählt.[72] Er sei zu jener Zeit »mit ebentewrlichen geferten beladen« gewesen, wie sein Bauer mit der Schlange.[73] Vermutlich war es im März 1552. Worauf Melanchthon damit anspielte, läßt sich unschwer erraten. Sein vermittelndes Nachgeben nicht nur *in adiaphoris*, sondern auch in wesentlichen dogmatischen Fragen bei den Leipziger Verhandlungen um ein modifiziertes Interim hatte ihm die Feindschaft der Gnesiolutheraner zugezogen. Seine damalige Bereitschaft, das Tridentiner Konzil zu besuchen und die hierfür von ihm angefertigte ›Confessio Saxonica‹ taten ein übriges. In der Wiedergabe durch Mathesius ist der schmerzliche Grundton noch deutlich spürbar, in dem Melanchthon seine Fabel vorgetragen haben muß. Bittere Erfahrungen, die er auch in vorangegangenen Jahren schon übergenug hatte machen müssen, spiegeln sich in ihr wider; sie mußte ihm geradezu als ein Gleichnis des eigenen Schicksals erscheinen. Wie zu den spezifischen Gattungsmerkmalen der äsopischen Fabel ihre Herkunft aus einem jeweils aktuellen Anlaß gehört, so hat auch Melanchthon die seinige an Umstände seines Lebens geknüpft, in denen ihm widerfahren war, was seine Fabel lehrt: »Wer der Welt dienet/der verleurt nicht allein sein wolthat/sondern kriegt mit der zeit teuffels danck zu lohn.« [74] Melanchthons »wolthat« war allemal die Vermittlerrolle, die ihm statt Dankbarkeit Verkennung, Mißtrauen, Verleumdung und Feindschaft eintrug, mochte es sich um die Confessio Augustana, die Wittenberger Konkordie, die Schmalkaldischen Artikel oder nach Luthers Tod um die innerprotestantischen Streitigkeiten handeln.

Offensichtlich war diese *insignis historia de ingratitudine* Melanchthons Lieblingsfabel. Es ist überliefert, daß er sie am 23. 5. 1536 bei den Konkordienverhandlungen den Abgesandten der oberdeutschen Kirche erzählte [75], am 5. 4. 1538 auf einer Wagenfahrt mit Luther von Torgau nach Wittenberg, und auch als Predigtexempel zum 14. Sonntag nach Trinitatis hat sie ihm gedient. Dem Erzähler lag es jedoch fern, sich selbst dabei in einer Märtyrerrolle zu sehen, wenn auch die Abbildlichkeit der Trauer Jesu über sein Nichtverstandenwerden von der Welt, die er im Kreis seiner Jünger ausspricht, mitanklingen mag. Nicht eine Figur allein ist in dieser Fabel Opfer der Undankbarkeit, vielmehr soll der gleiche Lohn, der dem Bauern für die Errettung der Schlange drohte, dem Pferd und dem Hund für ihre treuen Dienste zuteil werden, zuletzt muß noch der Fuchs dafür büßen, daß er *in bona fiducia* gehandelt hat. Indem es keinen Sieger, ebensowenig einen allein Unterliegenden gibt, die gattungstypische Polarität in der Figurenkonstellation aufgehoben wird und der Verlauf der Handlung ebenso unverdiente Errettung wie angemessene Bestrafung und schuldloses Erleiden bringt, bestätigt die Fabel ein »Weltrecht«: [76] »die welt lohnet nicht anders.« [77]

Schon im ersten Abschnitt nimmt die befreite Schlange das Ergebnis mit einem Sprichwort vorweg: »Wer ein vom galgen bit/der bringt jn gemeiniglich wider dran.« [78] Erzählung und implizierte Lehre weisen Melanchthons Fabel nach Herders Klassifizierung den theoretischen Fabeln zu. In ihr wird demonstriert, daß diese Welt eine Welt der Niedertracht ist. Der Weltlauf verhält sich gleichgültig gegenüber den ethisch-religiösen Wertbegriffen gut und böse. Für ein allegorisches Verstehen, das über den buchstäblichen Sinn hinaus nach einem geistlichen fragt, scheint hier keine Voraussetzung gegeben. Luther, der als Theologe in der Schriftauslegung die Allegorese verwarf und das Bibelwort *simplici sensu* zu verstehen forderte [79], beschränkte als Dichter die Funktion der Fabel darauf, die Wahrheit, »das unleidlichste ding auff Erden«, »durch Thierer und Bestien mund« sagen zu lassen, um mit diesem Kunstgriff der Verkleidung »unter einer lüstigen Lügenfarbe« zu lehren, wie »man klüglich und friedlich unter den bösen Leuten in der falschen, argen Welt leben müge«. [80] Für ihn mußte sich der Sinn der Melanchthonschen Fabel in der vermittelten Einsicht erschöpfen, auch und gerade dann, wenn er sie bestätigt fand an dem höchsten Beispiel, das es für ihn geben konnte. In der durch Anton Lauterbachs Tagebuch überlieferten lateinisch-deutschen Fassung von 1538 formulierte Luther die Lehre als seine Antwort auf Melanchthons Erzählung. *Respondit Lutherus: Typus est mundi. Wem man vom galgen hilfft, der bringt einen hinan. Si nullum haberemus exemplum, tunc Christus esset, qui totum mundum ab inferno liberavit et ipse a populo suo crucifixus est.* [81] Auch auf Christus bezogen, hat diese Fabel für Luther nur einen *sensus historicus*. Das Mysterium des Erlösungswerks, Glaube und Rechtfertigung werden in seiner Auslegung nicht berührt.

Mit der Verbildlichung der Welt, wie sie ist, in einem exemplarischen Vorgang konnte sich der Präzeptor, der in Melanchthon den Theologen übertraf, jedoch nicht abfinden. Er bedurfte der über die dargestellte Wirklichkeit hinausführenden Energien; ihm ging es um den Menschen und dessen Verpflichtung, seiner verderbten Natur entgegenzuarbeiten, mit dem Ziel, diese Natur zu überwinden. So konnte die Negativität der theoretischen Fabel nicht sein letztes Wort sein, er mußte ihr einen positiven Sinn und damit die Funktion einer praktischen Fabel geben. Das von Luther als Epimythion beigebrachte Sprichwort legte er der zweizüngigen Schlange schon gleich nach ihrer Befreiung in den Mund und ließ es auf diese Weise als Promythion erscheinen, während er, nicht ohne Gewaltsamkeit und im Widerspruch zur gesamten Fabeltradition, ein neues Epimythion formulierte, das als christliches Sittengebot der Erfahrungsregel Widerpart leisten soll: »Lernt jr hieraus/vmb der Welt lohn vnd danck willen nichts angefangen/vmb jres vndancks vnd vntrew willen nichts vnterlassen.« [82] In der Anwendung auf die Fabel heißt das: Trotz der Gewißheit, Undank zu ernten und der Untreue anheimzufallen, immer so handeln, wie der Bauer aus Nächstenliebe und der Fuchs auf Treu und Glauben gehandelt haben, Erfahrungen sich nicht zunutze machen, das Exempel der Fabel und die darin enthaltene Lehre nicht akzeptieren. Solche christliche Torheit findet bei Melanchthon ihre Rechtfertigung in dem ihn von Luther unterscheidenden Festhalten an der Verdienstlichkeit der guten Werke im Sinne des mitwirkenden Bemühens um die Heilsgewinnung: »Der Herr lebt vnd regiert zur rechten seines Vatern/der alle trewe dienst vnd wolthat redlich vnd reichlich bezalen/vnd eines jeden gerechtigkeit zu seiner zeit ans Mittagliecht bringen wil.« [83]

Darüber hinaus hat Melanchthon seine Fabel noch als allegorisches Predigtmärlein verwandt. In der Auslegung von Lukas 17 am 14. Sonntag nach Trinitatis verweilte er lange bei der Heilung der zehn Aussätzigen, insonderheit bei dem *exemplum ingratitudinis*, das neun von ihnen gaben. [84] »So sind wir alle«, sagt er. [85] Die Undankbarkeit nennt er *communis morbus generis humani* [86], »ein elend ding« [87]. *Et multa sunt talia dicta: ut, Nihil citius senescit quam memoria accepti beneficii. Quod dolet, meminit, quod placet, obliviscitur. Die Welt ist also.* [88] Bei der Wundererzählung geht es ihm um deren *sensus spiritualis.* Seine Fabel stellt er in Parallele zu einer vorher gegebenen allegorischen Ausle-gung der Verse 11–19, und durch diese Entsprechung wird die Fabel selber zur Allegorie. Sie lehrt das gleiche wie Christi Aussätzigenheilung. Weil es jetzt nur auf den geistlichen Sinn ankommt, ist die Erzählweise gänzlich verändert. Alles Episodische meidend, gleicht sie an Stringenz einer Beweisführung. Um derent-willen fügt sie zwei gezielte Ergänzungen ein, historische *exempla*, die im Rah-men des allegorischen Exempels dessen *sensus tropologicus* bezeichnen. Als die Schlange dem geängstigten Bauern zynisch entgegenhält: *praestabo tibi sum-mam gratiam* [...] *id est, occidam te* [89], verweist der Prediger auf Themistokles, den Erretter Griechenlands vor den Persern, der ein Opfer des Ostrakismos wurde, und auf Miltiades, den Befreier Athens, der im Gefängnis starb.

Aber Melanchthon sucht an dieser Stelle seiner Allegorese noch eine höhere Allgemeingültigkeit abzugewinnen. Bisher war nur die Undankbarkeit gemeint, die Menschen einander erzeigen; darüber hinaus zielt Melanchthon jedoch auf eine Bedeutungsebene, die man vielleicht als *sensus anagogicus* von der vorigen abheben darf. *Donec homo est in calamitate, clamat ad Deum, postea, quando sa-natus est, obliviscitur beneficii et Dei ipsius* [90] [...] *Nun sage ich: Ingratitudo est usitata, et Deo certe omnes homines sunt ingrati, alii plus, alii minus.* [91] Daß da-mit der Fabel ein Äußerstes an allegorisierender Bezeichnung abgefordert wird, mehr als der Bibelstelle, wo mit Christus schon Gott und Mensch einander ge-genüberstehen, macht der Versuch, die postulierte Gleichsetzung zu vollziehen, deutlich. Die Eigenschaften der Fabelfiguren müssen als gänzlich frei verfügbar und sogar innerhalb der gleichen Erzählung austauschbar angesehen werden, um die ihnen zugeteilten Aufgaben des Bezeichnens erfüllen zu können. *Deo certe omnes homines sunt ingrati:* Undankbarkeit widerfährt dem Bauern von der Schlange, dem Pferd und dem Hund von ihren Herren, dem Fuchs von dem Bau-ern. Schlange, Herren und Bauer bezeichnen *omnes homines.* Das Gegenüber Gott – Mensch gruppiert sich nach der Bezeichnungsfunktion als Bauer, Pferd, Hund, Fuchs – Schlange, Herren, Bauer. Daß die Parallelisierung von Bibeltext und Fabel in der Allegorese homiletisch beabsichtigt war, wird zweifelsfrei durch eine der Fabel vorangestellte Episode aus dem pseudovergilischen Gedicht ›Aetna‹. Dort retten zwei dankbare Söhne ihre Eltern aus der Feuersbrunst: *eis cessit flamma, alii perierunt in incendio. Ita Deus ostendit sibi gratitudinem place-re.* [92] Nicht alle Geheilten waren ja undankbar; einer, ein Samariter, kehrte zu-rück, fiel Jesus zu Füßen und dankte ihm. Diesen bedeutungsvollen Vorgang konnte die Fabel nicht wiedergeben. Jesus sprach zu dem Fremdling: »Gehe hin, dein Glaube hat dir geholfen.« Hierfür steht die als Allegorie aufzufassende Epi-sode des ›Aetna-Gedichts‹.

Im Vergleich mit diesem gedanklich schwierigen Verfahren bei der allegorischen Verwendung der Fabel in der Predigt mutet die eigene Erzählung vom Sperling und seinen vier Kindern, mit der Mathesius schließt, unterhaltsam, heiter und kindlich naiv an.[93] Er hat in ihr ohne festes Vorbild das vielfältig überlieferte Motiv der Warnung eines Tierkindes durch Vater oder Mutter vor den ihm von den tückischen Menschen drohenden Gefahren frei ausgesponnen und ganz in seine Welt des Hauswesens und der Kindererziehung übertragen.[94] Die Erzählweise ist der des Märchens verwandt. Die glückliche Bewahrung der Kinder und ihre Selbstbehauptung durch weltoffene Klugheit, das Schema von Aufgabe und Lösung im reihenden Stil der variierenden Wiederholung, das Finden der besten Lösung gerade durch den Jüngsten und Schwächsten, die Technik der durch Befragung veranlaßten Rückwendungen, die schließliche Wiedervereinigung der Getrennten, das alles ist weit mehr märchenhaft als fabelgemäß, und so verdankt dies Märlein denn auch sein Fortleben der Aufnahme in die ›Kinder- und Hausmärchen‹ der Brüder Grimm.[95] Für Mathesius selbst war jedoch die biblische Motivation entscheidend. In der vorangegangenen Verteidigung des geistlichen Gebrauchs der Fabel waren von ihm die Tiere genannt worden, auf die Salomo und Christus selbst als Träger eines geistlichen Sinns verwiesen hatten. Dort hieß es u. a.: »Christus weiset uns zum Sperling.«[96] Gemeint war Mt. 10, 29 u. 31: »Kauft man nicht zwei Sperlinge um einen Pfennig? Dennoch fällt deren keiner auf die Erde ohne euren Vater [...]. Darum fürchtet euch nicht; ihr seid besser als viele Sperlinge.« Mathesius hat seine Sperlingsfabel erfunden, um diese Christusworte zu exemplifizieren und seiner Gemeinde ein Märlein zu schenken, an das sich ein jeder halten konnte, unbeirrt von den theologischen Streitigkeiten der Zeit.

Noch bevor der Sperlingsvater seine vier Kinder über das Weltleben gehörig belehren konnte, wurden sie ihm durch zweifaches Unheil, die Zerstörung des Nestes und einen gleichzeitigen Sturmwind, entrissen. Ganz allein auf sich gestellt, erhielt sich jeder von ihnen den Sommer über am Leben, bis der Zufall sie zum Herbst in einem Weizenacker wieder zusammenführte. Nicht ohne Selbstironie schildert Mathesius, wie die Söhne sich trotz mangelnder väterlicher Belehrung in ihnen gänzlich unvertrauten Verhältnissen richtig verhielten. Der Sperlingsvater kann sich keines Verdienstes an ihrer Errettung rühmen. Ihr Leben lag in Gottes Hand; seinem Eingriff muß das anfängliche Unglück, seiner Gnade ihre Erhaltung und Wiederzusammenführung zugeschrieben werden. In der Fremde waltete über den Unmündigen Gottes Schutz. Von ihm geleitet, entgingen sie in jeder Gefahr ihren Verfolgern, ohne über die Feindseligkeit der Menschen ihnen gegenüber eine angemessene Belehrung empfangen zu haben. Sie nutzten die rechten Gelegenheiten, sich ihre Nahrung zu verschaffen, obgleich ihnen alles Wissen von diesen Gelegenheiten und ihren jeweils besonderen Umständen fehlte. Die Märchenkinder des Glücks sind die Erwählten der Rechtfertigungslehre, denen alle Bosheit der Welt nichts anzuhaben vermag. Unter diesem Aspekt ist die Fabel Allegorie des grundlosen Vertrauens auf Gott, des *sola fide* und *sola gratia*: »Wer aber Gott wol trawt/der hat wol gebawt/vnd wird in der argen Welt erhalten/vnd endlich mit ehren aus allem vnglück errettet.«[97]

Doch ganz ohne eigenes Zutun sind sie nicht erhalten worden. Sie mußten sich redlich abmühen, um ihre Nahrung zu gewinnen, mußten aufmerksam verfolgen, was um sie her vorging, es zutreffend beurteilen lernen und ihr Verhalten danach einrichten. Indem er die Sperlingskinder einläßlich erzählen ließ, wie sie sich »Welt gescheidigkeit«[98] aneigneten, nutzte Mathesius die Gelegenheit, situative Ausschnitte des gesellschaftlichen Lebens zu geben, die ihm, gleichsam im Vorübergehen, einen Beitrag zur Ständekritik ermöglichten, Kritik am kaufmännischen Stadtbürgertum (»Kauffleut geschwinde leut«[99]), am Hofwesen (»da vil gold/sammet/seiden/wehr/harnisch/sperber/kautzen vnd blaufüß sein«[100]), an den Bergarbeitern (»Bergleut/Werckleut/anschlegig leut; Bergbuben haben manchen Sperling mit Cobald vmbbracht«[101]). Zweimal schärft er seinen Zuhörern ein, daß es darauf ankomme, in einer so, wie die Fabel es schildert, beschaffenen Welt durch eigenes Bemühen »glaub vnd gewissen rein« zu bewahren.[102]

Der jüngste Sohn hatte in einer Kirche Zuflucht gefunden: »Da hat mich der Vater aller Sperling den Sommer vber ernehret/vnd behütet für allem vnglück vnd grimmigen vöglein.«[103] In diesem heiligen Raum lebte er von Spinnen und Fliegen. Indem er sie von den Fenstern ablas, half er dazu, das Haus Gottes zu reinigen. Spinnen und Fliegen bezeichnen alle diejenigen, die die reine Lehre verunstalten und die Verkündigung des Wortes Gottes zu stören suchen, Katholiken und Schwärmer gleichermaßen. Der Vater versichert dem Jüngsten: »Fleuchstu in die Kirchen/vnd hilffest spinnen vnd die sumsenden fliegen auffreumen […] vnd befilchst dich dem ewigen Schepffer/so wirstu wol bleiben/vnd wenn die gantze Welt voller wilder vnd tückischer Vögel were.«[104] Wie ernst das gemeint ist, zeigt das kurze, mit dem Morale der Fabel vereinigte Schlußgebet, in dem Christus um die gleiche Hilfe angegangen wird: »Komm Herre Jesu/vnd las dich auff dem Richtstul sehen/vnd erlöse vnd erquicke vns/die wir hie die hitz vnd last des langen tages getragen/vnd reume mitler zeit die brummenden vnd sumsenden fliegen auff/so in der Kirchen murren/vnd die predig verhindern wöllen.«[105]

Worum anders handelt es sich hier als um die Mitwirkung bei der Gewinnung des Heils für den einzelnen und die ganze Gemeinde Christi? Als Mathesius diese Fabel erfand, drängte der synergistische Streit dem Höhepunkt zu. Was der jüngste Sperling Verdienstliches leistet, geschieht nicht aus dem freien Willen als einem von der Gnade unabhängigen sittlichen Vermögen, denn der Sperling ist ja auf das Vertilgen der Spinnen und Fliegen angewiesen, weil er sich nur davon ernähren kann. Aber er wartet auch nicht darauf, daß ihm seine Speise vorgesetzt wird, oder gar, daß man ihn füttert, wie er es nicht anders kannte, bevor er flügge wurde, sondern er erwirbt sie sich durch eigene Anstrengung. Damit wendet sich die Allegorie gegen die quietistischen Folgen des flacianischen Standpunktes und bezeichnet die Melanchthonsche Lösung des Problems von Freiheit und Knechtschaft des Willens. Durch die Gnadenwirkung Gottes wird der Mensch zur Glaubenszustimmung bewegt. Es wird eine Kraft in ihm erweckt, die aus Glauben dem Glauben dient. Sie entscheidet und handelt nicht nach eigenem

Ermessen oder in einem unabhängigen Zusammenwirken mit der göttlichen Gnade, sondern tritt einzig als ein Wirken i n der Gnade hervor. Das bezeichnet der geschlossene Kirchenraum, in dem der Sperling, sicher vor den Feinden,»die krumme schnebel vnd lange kralen haben/und nur auf arme vöglein lauren«[106], sich seine Speise sucht.

Einsatz, episodische Gliederung und Abschluß der Handlung, Lehre und Lebensgrundgefühl sind in der Sperlingsfabel kontrapunktisch zu Melanchthons Schlangenfabel gesetzt. Darin soll jedoch mitnichten ein Einspruch gegen Melanchthons Theologie zum Ausdruck kommen. Beide Fabeln führen vielmehr dasselbe Thema – der Christ in der Welt – selbständig, gleichwertig, zueinander parallel laufend, mit eigenem Bezeichnungscharakter in vielfältiger Wechselbeziehung gegenbildlich durch. Mathesius ging es um harmonische Ergänzung, Zusammenfassung, Versöhnung des lutherisch-reformatorischen *sola fide* und *sola gratia* mit dem Synergein im Sinne der Melanchthonschen Vermittlungstheologie. Die Sperlingsfabel muß als Allegorie dieser Versöhnung verstanden werden.

Eine bildliche Exegese war dem Prediger durch die zugrunde liegenden Christusworte unmittelbar aufgetragen. In ihr sah er offensichtlich etwas qualitativ von dem homiletisch-rhetorischen Mittel der Veranschaulichung Unterschiedenes, denn dieses kann seine *res* aus beliebigen Bereichen der Natur und des Menschenlebens nehmen. Hier aber waren die konstituierenden Bildelemente biblisch vorgegeben; innerhalb des durch sie abgesteckten Anschauungsbereiches durfte sich eine frei erfundene Handlung entfalten. Vielleicht deckt dieses Verfahren am ehesten die Voraussetzungen auf, unter denen in nachlutherischer Zeit die Herausbildung einer sich von der äsopischen Tradition lösenden evangelisch-biblizistisch-allegorischen Fabel möglich erschien.

Anmerkungen:

1 Die wichtigsten Lebensdaten sind: geb. 24. 6. 1504 Rochlitz i. Sa., gest. 7. 10. 1565 Joachimsthal. Schulbesuch in Mittweida (1517–21) u. Nürnberg (1521/22). Universitätsstudium in Ingolstadt u. München (1523–25). 1526/27 Hauslehrer in Odelzhausen b. Augsburg. Dort durch Lektüre von Luthers ›Sermon von den guten Werken‹ für die Reformation gewonnen. 1529/30 erster Wittenberger Aufenthalt. 1530 Lehrer in Altenburg/Thür., seit 1532 Rektor der Lateinschule in Joachimsthal. 1540 Wiederaufnahme des Theologiestudiums in Wittenberg, Schüler u. Freund Luthers u. Melanchthons. Nach seiner Ordination durch Luther (29. 3. 1542) Prediger, 1545 Pfarrer in Joachimsthal, wo er bis zu seinem Tode blieb. Biographie von Georg Loesche: Joh. Mathesius. Ein Lebens- u. Sittenbild aus der Reformationszeit, 2 Bde., Gotha 1895. Ausgewählte Werke, hg. G. Loesche, 4 Bde., Prag 1896–1904 (Bibl. dt. Schriftsteller aus Böhmen 4, 6, 9, 14).

2 Historien/Von des Ehrwirdigen in Gott Seligen thewren Manns Gottes/Doctoris Martini Luthers/anfang/lehr/leben vnd sterben/Alles ordendlich der Jarzal nach/wie sich alle sachen zu jeder zeyt haben zugetragen/Durch den Alten Herrn M. Mathesium gestelt/vnd alles für seinem seligen Ende verfertigt. Psalm. CXII. Des Gerechten

wird nimmermehr vergessen. Nürnberg/M. D. LXVII, Bl. LXVII^v–LXVIII^r (2. Aufl.,
künftig zit.: LH = Luther-Historien; die 1. Aufl. erschien 1566). Ablehnung der
Ostermärlein mit Anführung eines Beispiels aus der Höllenfahrt Christi am Anfang
der 8. Predigt, LH, Bl. LXXVII^r. – Neudruck der 7. Predigt in: Deutsche Kunstprosa
der Lutherzeit, hg. A. E. Berger, Leipzig 1942, S. 200–211 (Dt. Literatur ... in Entwicklungsreihen. Reihe: Reformation, Bd. 7).

3 Vgl. hierzu A. Wünsche: Die Pflanzenfabel in der Weltliteratur, Leipzig/Wien 1905,
S. 10ff. (Nachdr. Leipzig 1974).

4 LH, Bl. LXVII^v.

5 Gottfried Arnold: Unparteyische Kirchen- und Ketzer-Historie/Vom Anfang des
Neuen Testaments Biß auff das Jahr Christi 1688, Frankfurt a. M. 1700, 2. T., 16.
Buch, 5. Kap., S. 51. Der Vorwurf richtet sich insonderheit gegen eine zweite Fast-
nachtspredigt der LH, in der M. erzählt, »daß er [Luther] in der Fastnacht vermumte
bergleute zu sich eingelassen«, und gegen den Zusatz des M., »dieser Historie werde
deßwegen gedacht/damit man daraus höre/wie sich die ehrliche bergart in diesem
bergmannssohn auch gereget/daß er gern mit bergleuten kurtzweilig gewesen«. An
anderer Stelle spricht Arnold von »greueln«, »wie man nach und nach angefangen
Heydnische fabeln/Poeten und andere fremde Historien in die Predigten zu mengen:
wodurch viel ein ärgerer schade geschehen/als durch die Papistischen Legenden von
ihren Heiligen« (Ebd., S. 117).

6 Sextae Centvriae Prodromvs. Das ist/Ein Vortrab vnd Morgengab/deß sechsten hun-
derts Euangeloser warheit/in hundert puncten/[...] Ingolstadt 1569, Bl. 30^{r-v}. (Wolfenbüttel 697. 49 Theol.)

7 Vgl. Hans Volz: Die Lutherpredigten des Johannes Mathesius. Kritische Untersuchungen zur Geschichtsschreibung im Zeitalter der Reformation, Leipzig 1930
(Quellen und Forschungen z. Reformationsgesch. XII), Nachdr. New York/London
1971.

8 Bibliographie b. Loesche [s. Anm. 1], Bd. 2, S. 378–435.

9 In der Germanistik ist M. fast nur von der historischen Sprachwissenschaft beachtet
worden. Vgl. Ernst Göpfert: Die Bergmannssprache in der Sarepta des Joh. Mathesius, Straßburg 1902 (Zs. f. Dt. Wortforschung, Beih. z. 3. Bd.); Herbert Wolf: Die
Sprache des Joh. Mathesius. Philolog. Untersuchung frühprotestantischer Predigten.
Einführung und Lexikologie, Köln/Wien 1969. Für das Grimmsche Wörterbuch waren die Schriften des M. eine Hauptquelle zur Bedeutungsgeschichte. Dagegen fehlen
bis heute stil- und gattungsgeschichtliche Untersuchungen. In den neuen Arbeiten zur
Theorie und Geschichte der Fabel von E. Leibfried u. R. Dithmar wird nicht einmal
der Name erwähnt. Eine Übersicht über das volkstümliche Erzählgut in den Predigten
gibt H. Wolf: Erzähltraditionen in homiletischen Quellen, in: Volkserzählung und
Reformation. Ein Handbuch zur Tradierung und Funktion von Erzählstoffen und Erzählliteratur im Protestantismus, hg. Wolfgang Brückner, Berlin 1974, S. 705–756,
zur Verwendung von Fabeln bei M., S. 713–720.

10 Sarepta Oder Bergpostill Sampt der Jochimßthalischen kurtzen Chroniken. Johann
Mathesij. Nürnberg/M.D.LXII. [Am Schl.:] Psal. LXXXIX. Wol dem Volck das
jauchtzen kan. Gedrückt zu Nürnberg/durch Johann vom Berg/Vnd Vlrich Newber.
(Wolfenbüttel Th. 4°. 38) Ein Neudruck dieses zur Kultur- und Sozialgeschichte der
frühen Neuzeit sehr reiches und vielseitiges Material bietenden Werkes, das 1679 zuletzt aufgelegt wurde, ist jüngst in der CSR erschienen. Wiederabdruck der 2., 3. u.
15. Predigt in J. M.: Ausgew. Werke, Bd. 4: Handsteine, Prag 1904, S. 59–327.

11 In der Ausg. von 1570 und den folgenden wurde die Fabelpredigt hinter die den
Augsburger Reichstag behandelnde ursprüngliche 9., nunmehr 8. Predigt gestellt.

Auch wurde die doppelte Numerierung der 12. Predigt beseitigt, so daß fortan richtig 17 Predigten gezählt werden.

12 WA, Briefwechsel 5, S. 285.

13 Vgl. hierzu Johannes Heckel: Lex Charitatis. Eine juristische Untersuchung über das Recht in der Theologie Martin Luthers, 2., überarb. u. erw. Aufl., hg. M. Heckel, Köln/Wien 1973. Ferner Heinrich Bornkamm: Luthers Lehre von den zwei Reichen im Zusammenhang seiner Theologie. 2. Aufl., Gütersloh 1960 und die dort angeführte Literatur zu den Kontroversen über diese Lehre.

14 WA 11, S. 251. »on yhren danck«: gegen ihren Willen.

15 WA 50, S. 452 ff.

16 WA 51, S. 242.

17 WA 51, S. 243.

18 LH, Bl. LXVIII^v.

19 Vgl. WA, Tischreden 4, Nr. 4890: Fabula de cancro et serpente.

20 Zu den von Mathesius für die LH benutzten Nachschriften von Tischreden vgl. H. Volz [s. Anm. 7], S. 114 ff. Am ausführlichsten sind Fabelerzählungen Luthers in der Tischredenhandschrift des Mathesius aus dem Jahre 1540 aufgezeichnet.

21 LH, Bl. LXX^r.

22 LH, Bl. LXIX^v f.

23 LH, Bl. LXXIIII^r.

24 LH, Bl. LXXIII^v.

25 J. G. Herder: Zerstreute Blätter, 3. Sammlung. 1787: ›Über Bild, Dichtung und Fabel‹ (Sämtliche Werke, hg. B. Suphan, Bd. XV, S. 555).

26 Ebd., S. 540.

27 Ebd., S. 542.

28 So in der lat. Kurzfassung der Tischreden [s. Anm. 19].

29 Über die Herkunft der Zwei-Reiche-Lehre aus der Geschichtstheologie des Augustinus und deren Umgestaltung durch Luther vgl. Ernst Kinder: Gottesreich und Weltreich bei Augustin und bei Luther, in: Fs. Werner Elert, 1955, S. 24–42; Bornkamm [s. Anm. 13], S. 16–23.

30 LH, Bl. LXXIII^v f.

31 dat bok van deme leuenden vnd van den fabulen des hochgbelerden fabeldychters Esopi gheheten […] Vnde dar na gesettet mit eren titulen vth latin en hochdudesch van doctor henrico stenhouwer [Aesopus: Leben und Fabeln, nach Heinrich Steinhöwel. Magdeburg: Moritz Brandis, um 1492]. Einziges bekanntes Exemplar: Wolfenbüttel Lg. 73. 1. (Borchling-Claussen: Niederdeutsche Bibliographie I, Sp. 95. GW 365). Als Beispiel diene die 2. Fabel des 1. Buchs: Vom Wolf und Lamm. »De sedelike syn: Myt desser fabulen wyl Esopus bewysen dat de bosen wrede heren wen se der vnschuldyghen ghud edder dod begheren so vinden se den slichten vndersaten ene sake dar se se mede vorweldighen.« »sedelik«: gebräuchlich, sittlich, ethisch. »De gestlike syn: De besegheist is de wulff de dat lam dat is de vnschuldyghen myt mennygher orsake bekoret. vnde lecht ene vor de erfsunde vnser olderen vppe he se tho lasteden in mistrot moge brengen vnde vorslinden.«

32 LH, Bl. CXXXIII^v.

33 LH, Bl. LXX^r.

34 LH, Bl. LXXI^v f.

35 An die hochgeborne Furstin/fraw Sibilla Hertzogin zu Sachsen/Oeconomia Christiana/das ist/von Christlicher haushaltung Justi Menij. Mit einer schönen Vorrhede D. Martini Luther, Wittemberg 1529. (Wolfenbüttel Li 5530 Slg. Hardt 58, 1173)

36 Hierzu erzählt Menius ausführlich die Fabel vom Fuchs und Adler, ebd., Bl. MIII^v–MIV^r.

37 EIn newe fabel Esopi Newlich verdeudscht gefunden/Vom Lawen vnd Esel. WA 26, S. 545–551. Die angebliche Entdeckung einer bisher unbekannt gebliebenen Fabel Äsops ist fingiert.

38 LH, Bl. LXX^v.

39 Zu ihrer Verbreitung und ihren Varianten vgl. Heinrich Gombel: Die Fabel ›Vom Magen und den Gliedern‹ in der Weltliteratur, Halle 1934 (Beih. z. ZfrPh 80).

40 Titi Livi Ab urbe condita libri, Lib. II, 32. 12.

41 U.a. Steinhöwel III, 16; Alberus X; Waldis I, 40; Pauli 399; Kirchhof V, 122; N. Chyträus 1. Ausg., 32, 2. Ausg., 36; Eyring: Proverbiorum Copia I, S. 516; Rollenhagen: Froschmeuseler II, 3, 3.

42 LH, Bl. LXX^v.

43 Richter 9, 19f.

44 LH, Bl. LXXII^v.

45 Vgl. hierzu E. H. Maly: The Jotham fable – antimonarchical?, The Catholic Biblical Quarterly 22 (1960), S. 299–305.

46 Der Terminus Typologie wird hier im Sinne von F. Ohly, 1977, S. 315 ff., verwendet.

47 LH, Bl. LXXII^r.

48 LH, Bl. LXXII^v.

49 LH, Bl. LXX^r.

50 LH, Bl. LXX^v.

51 Homiliae Mathesii/Das ist: Außlegung vnd gründliche Erklerung der Ersten vnd Andern Episteln des heiligen Apostels Pauli an die Corinthier. Leipzig 1590, I, Bl. 125^v. – In einem Joachim Magdeburg (oder J. Stigel) zugeschriebenen Lied wird die Fabel zeitgeschichtlich als Verfolgung durch die konfessionellen Gegner und adeligen Herren, heilsgeschichtlich als das schuldlose Leiden und Sterben Christi gedeutet: ›Zwe schoene Gesenge. Der eine vber die vier ersten vers des 36. Psalms. der ander vber die Fabel Aesopi vom Wolff vnd Schaff‹ (o. O. u. J.), um 1550. Neudr.: Dt. Lit. . . . in Entwicklungsreihen. Reihe: Reformation, Bd. 4, S. 249f.

52 Die II. Predig von ankunfft der Bergkwerck, Bl. XXXIIII^v–XXXV^r.

53 Ebd., Bl. XXXII^v.

54 LH, Bl. LXVII^v.

55 LH, Bl. LXVIII^v.

56 LH, Bl. LXVIII^r.

57 Joh. Nas: »Lieber gehe hin/nenn mir einen Doctor/der jemals so toll geweßt der den Aesopum für den Authorem/vnd Schreiber deß H. Psalters gehalten het.« [s. Anm. 6], Bl. 30^r.

58 LH, Bl. LXIX^r.

59 Zur mittelalterlichen Etymologie und Namendeutung, die bei Mathesius offensichtlich noch stark nachwirkt, vgl. Grubmüller 1975, Haubrichs 1975, Schleusener-Eichholz 1975, Ruberg 1975 u. Sanders.

60 Diodori Bibliotheca Historica, Lib. XIX, 25, 5–6; rec. C. Th. Fischer, Vol. V. Ed. stereotypa ed. tertiae, Stuttgart 1964, S. 44 (Bibliotheca Teubneriana). Ausführlicher von Mathesius erzählt in seiner ›Erklerung vnd Außlegung des schönen Haußbuchs/so der weyse Mann Syrach zusammen gebracht vnd geschrieben‹. Leipzig 1586, I, Bl. 83^r. In einem von Luther, Jonas, Bugenhagen und Melanchthon unterzeichneten Schreiben an die Nürnberger Geistlichen vom 12. 2. 1540 zu den anstehenden Vergleichsverhandlungen, dessen Verfasser Melanchthon war, wird die gleiche Hi-

storie am Schluß zur Warnung vor den Feinden des Evangeliums erzählt. (WA, Briefwechsel 9, S. 57)

61 Plutarch: Große Griechen und Römer. Eingel. u. übers. v. Konrat Ziegler, Bd. IV, Zürich 1957, S. 242 (Die Bibl. d. Alten Welt). Demosthenes benutzte die Fabel als Argument zur Rechtfertigung der Umkehr einer von den Bürgern Athens als Friedensunterhändler zu Alexander (›Erzwolf‹) geschickten Abordnung, der er selber angehörte (›Schutzhunde‹).

62 Vgl. Schmidtke, 1968, S. 331 ff.; N. Henkel, S. 164 ff.

63 LH, Bl. LXXI[r].

64 Der altdeutsche Physiologus. Die Millstätter Reimfassung und die Wiener Prosa, hg. Friedrich Maurer, (ATB 67), Tübingen 1967, S. 3.

65 LH, Bl. LXX[v] f.

66 Justus Menius [s. Anm. 35], A IIII[v].

67 Vgl. Heinz-Dietrich Wendland: Die Briefe an die Korinther, in: Das Neue Testament Deutsch. Neues Göttinger Bibelwerk, Bd. 3, Göttingen 1968, S. 110 ff.

68 Herder [s. Anm. 25], S. 557.

69 LH, Bl. LXXI[r].

70 Vgl. Hubert Jedin: Geschichte des Konzils von Trient. Bd. IV: Dritte Tagungsperiode und Abschluß, Freiburg i. Br. 1975, 1. Halbbd., S. 25 f., 2. Halbbd., S. 209 ff.

71 Zur Frage der Tradierung volkstümlich-homiletischen und gelehrt-humanistischen Erzählens vgl. die Hinweise bei Wolfgang Brückner: Historien und Historie. Erzählliteratur des 16. u. 17. Jhs. als Forschungsaufgabe, in: Volkserzählung und Reformation, hg. W. Brückner, Berlin 1974, S. 13–123.

72 Als Melanchthons Vorlage hat ›Reynke de vos‹ III, 4 zu gelten: Um den König zugunsten des angeklagten Reineke umzustimmen, erinnert ihn die Äffin an Reinekes gerechte Entscheidung in dem Streit zwischen der Schlange und dem Bauern. Der Ausgang lehrt hier: Wer Gutes mit Bösem vergilt, wird dafür bestraft werden. Bei Steinhöwel, Extravagantes 4 wird eine ambivalente Erfahrung formuliert. Die in allen Einzelzügen pessimistische Auffassung, die Melanchthon seiner offenbar weithin frei erfundenen Fabel mitgeteilt hat, fand ihre Ausgangsmotive in den Fassungen Phädrus I, 19 und Romulus XIII (nach der Zählung bei G. Thiele: Der Lateinische Aesop des Romulus, Heidelberg 1910). Irreführend ist die Quellenangabe bei Volz [s. Anm. 7], S. 211; Wolf [s. Anm. 9, 1974], S. 713; WA, Tischreden 3, S. 638. Melanchthons Fassung kehrt wieder bei Pauli (spätere Ausg. v. 1545), hg. Bolte, 745; Alberus 48, Waldis IV, 99, N. Chyträus 1. Ausg., 13, 2. Ausg., 17; Seb. Franck: Sprichwörter, 1548; Eyring, I, S. 594; Kirchhof V, 121; erheblich erweitert bei Rollenhagen, I, 2, 19–22; Val. Herberger: Sirachpostille; J. Bidermann, Utopia, lib. I, S. 6 ff.; Predigtmärlein der Barockzeit, hg. E. Moser-Rath, Berlin 1964, 126.

73 LH, Bl. LXXIIII[r].

74 LH, Bl. LXXIIII[v].

75 Eintrag in das Itinerar des Wolfgang Musculus v. 23. 5.: *hoc prandio fuerunt apud nos in diuersorio D. Philippus et Justus Jonas. Apologum quendam de serpente, rustico et vulpecula narrauit hoc prandio Philippus.* (Analecta Lutherana. Briefe u. Aktenstücke zur Geschichte Luthers, hg. Th. Kolde, Gotha 1883, S. 219. Die in der Handschrift ausführlich wiedergegebene Erzählung der Fabel bei Kolde nicht abgedruckt.

76 LH, Bl. LXXIIII[v].

77 LH, Bl. LXXIIII[r].

78 Karl Friedrich Wilhelm Wander: Deutsches Sprichwörter-Lexikon, Leipzig 1867, Nachdr. Darmstadt 1964, Sp. 1318.

79 Daß Luthers Ablehnung sich nur gegen die *quadriga sensuum scripturae* der Allego-

rese, nicht aber gegen die Allegorie als ein Sprechen in Bildern richtete, wofern dieses den wahren und eigentlichen Sinn ausdrückt, hat Wernle, S. 73 ff., an Luthers Bemühungen um Deutung und Übersetzung der Psalmen gezeigt: *Non autem allegoricum dico more recentiorum, quasi alius sensus historialis sub eo sit quaerendus, quam qui dictus est, sed quod verum et proprium sensum figurata locutione expresserit.* (Operationes in Psalmos, 1519/21, WA 5, S. 51).

80 WA 50, S. 452 ff.

81 WA, Tischreden 3, Nr. 3821.

82 LH, Bl. LXXV[r].

83 LH, Bl. LXXV[r].

84 Postillae Melanthonianae Pars III, in: Corpus Reformatorum, Vol. XXV (Braunschweig 1856), Sp. 425–454.

85 Ebd., Sp. 432.

86 Ebd., Sp. 430.

87 Ebd., Sp. 425.

88 Ebd., Sp. 430.

89 Ebd., Sp. 451.

90 Ebd., Sp. 425.

91 Ebd., Sp. 431.

92 Ebd., Sp. 451.

93 Mathesius hat sie nicht erst für diese Predigt ausgearbeitet. Schon am 7. 5. 1557 schrieb er an Paul Eber: *Praefationem reverendi d. doctoris in Aesopum ad te lubens mitto, addidi meos passeres, qui si tibi probabuntur, ex poetico meo plures eius generis fabulas ad te transmittam. Delector hoc genere colloquiorum argutorum, sed quid praestiterim, tuum erit iudicium.* (Ausgew. Werke, Bd. 4, Prag 1904, S. 569).

94 Vgl. Bolte-Polivka: Anmerkungen zu den Kinder- und Hausmärchen der Brüder Grimm, Bd. III, S. 239 ff.

95 In der Erstausgabe 1812, Nr. 35, seit 1819 Nr. 157. Nathan Chyträus nahm die Fabel auf in seine Anthologie ›Hundert Fabeln aus Esopo/etliche von D. Martin Luther vnd herren Mathesio/etliche von andern verdeudschet‹, 1. Aufl. 1571, Nr. 16, 2. Aufl. 1591, Nr. 20. Rollenhagen knüpfte im ›Froschmeuseler‹ an den Schlußsatz der Predigt an: »Herr Jesu Christe [...] Der du vns in deinem wort auch auff die Sperling weisest/vnd stellest sie vns zu Doctorn vnd Lerern für«: II. Buch, 2. T., Kap. 7 ›Doctor Sperlings Rath‹. Der jüngste Sperling tritt hier als erfahrener Ratgeber auf und erzählt die Ereignisse aus der Erinnerung. Quelle für die Brüder Grimm war der Neudruck der ganzen Predigt durch Anton Menon Schupp (Sohn v. Joh. Balthasar Schupp): ›Fabul-Hanß‹. Der Sohn führte damit die Auseinandersetzungen seines Vaters mit den orthodoxen Kollegen um die Verwendung volkstümlichen Erzählguts in der Predigt weiter, indem er in einer Nachschrift den Gebrauch von Fabeln verteidigte. In polemischer Absicht machte er den Schimpfnamen ›Fabul-Hanß‹ zum Titel des Neudrucks. Achim v. Arnim nannte die Fabel, als er sie in den 4. T. (›Buße‹) seines Romans ›Gräfin Dolores‹ (1810) »als den Sinn unseres Buches« aufnahm, ›Die Schule der Erfahrung‹.

96 LH, Bl. LXX[r].

97 LH, Bl. LXXVI[v].

98 LH, Bl. LXXV[v].

99 LH, Bl. LXXV[v] »geschwind«: tückisch, gefährlich, böse.

100 Ebd. »kautzen«: Lockvögel, »blaufüß«: Falkenart.

101 LH, Bl. LXXVI[r] »anschlegig«: erfinderisch, schlau, verschlagen.

102 LH, Bl. LXXVI[r].

103 LH, Bl. LXXVI^r.
104 LH, Bl. LXXVI^r.
105 LH, Bl. LXXVI^v.
106 LH, Bl. LXXVI^r.

Wechselbeziehungen zwischen allegorischer Naturdeutung und der naturkundlichen Kenntnis von Muschel, Schnecke und Nautilus

Ein Beitrag aus literarischer, naturwissenschaftlicher und kunsthistorischer Sicht

Von Ulla-B. Kuechen (Köln)

Auf Marienbildern des ausgehenden 15., beginnenden 16. Jahrhunderts finden sich Darstellungen von häusertragenden Schnecken. So befinden sich zwei auffallend große Schnecken auf einem Tafelbild eines westdeutschen Meisters vom Beginn des 15. Jahrhunderts mit der Geburt Christi [Abb. 1][1]. Der ›Verkündigungsaltar‹ des Francesco del Cossa (1470/72) zeigt zu Füßen der Maria eine Weinbergschnecke [Abb. 2][2]. Hans Baldung malt im Bild ›Ruhe auf der Flucht‹ (1512/13) stillebenhaft in den Vordergrund vor Maria neben einem Apfel[3] eine Schale und eine Weinbergschnecke[4]. Eine Zeichnung Dürers aus dem Jahre 1515[5], die in ersichtlicher Verbindung zum Text steht[6], läßt die Signifikanz dieser Schnecken als Zeichen der unversehrten Jungfräulichkeit Mariä zu. Dabei handelt es sich um eine Randzeichnung zum Gebetbuch Kaiser Maximilians I.[7]. Sie zeigt Maria und zu ihren Füßen eine Weinbergschnecke. Der Text ist eine Hymne auf Maria und beginnt:

Post partum virgo inviolata permansisti:/dei genitrix intercede pro nobis [...]/Precibus et meritis beatissime gloriosissimeque matris semper virginis Marie:/[...].

Da sich die Bedeutung der Schnecke für Marias unversehrte und bewahrte Jungfräulichkeit bei Empfängnis, Geburt und nach der Geburt nicht auf willkürliche Setzung gründet, sondern auf den der Schnecke zugrunde liegenden Eigenschaften, stellt sich die Frage, welche Eigenschaft zu dieser Bedeutung führte. Denn nach den Kenntnissen mittelalterlicher Bedeutungsforschung haben alle *res* eine Bedeutung. »Das Ding aber hat nun nicht nur eine Bedeutung wie das Wort [...], sondern eine vielfache Bedeutung. Jedes mit dem Wort gemeinte eine Ding hat selbst eine Menge von Bedeutungen, deren Zahl mit der Summe der Eigenschaften eines Dinges identisch ist [...]«[8]. – »Da das Ding so viele Bedeutungen wie Eigenschaften hat, es der Eigenschaften aber gute und schlechte gibt, kann dasselbe Ding gute und schlechte Bedeutungen haben, [...]. Welche Bedeutung das Ding jeweils hat, bestimmt sich nach der in Betracht gezogenen Eigenschaft des Dinges und nach dem Kontext, in dem das betroffene Wort erscheint«[9]. – Dieser in den Dingen verborgene geistige Sinn, der durch die Allegorese aufgeschlossen wird, für die in der Sprache Worte stehen, ist genauso für die im Bild dargestellten *res* vorauszusetzen. Da wir von der Signifikanz ›Jungfräulichkeit‹ und dem Kontext Empfängnis Mariä und Geburt ausgehen können, ist nach der Proprietät[10] der Schnecke zu fragen, die zu dieser Bedeutung führte. Da aber die Eigenschaft der Schnecke in diesen Bildern nicht erkenntlich ist, kann wiederum nur in Texten Überliefertes Aufschluß bieten.

Die in den erwähnten Beispielen offensichtlich positive Bedeutung dieser *res* ist um so verwunderlicher, als ihr eine lange Tradition der Negativauslegung gegenübersteht. Zwar verweist die kunstwissenschaftliche Literatur auf den seit Aristoteles überlieferten Volksglauben, daß die Schnecke ›Limax‹ ohne Zeugung aus Lehm entstehe[11], und in der Tat hat sich die Vorstellung von der *generatio spontanea* (Urzeugung) von Muscheln, Schnecken, Würmern und Insekten bis zur Mitte des 19. Jahrhunderts erhalten[12]. Dennoch bleibt zu untersuchen, ob und wieweit diese Proprietät Basis allegorischer Bedeutung für Virginität im Mittelalter werden konnte. Hierauf kann nur die vergleichende Zusammenschau von Text und Bild Antwort geben.

Mit ›Limax‹ wurde im Mittelalter sowohl die haustragende Landschnecke als auch die Nacktschnecke bezeichnet[13]. Bis zu Konrad Gesner[14] zählten diese zu den Würmern wie die Insekten, unter denen sie noch Filippo Picinelli 1681 in seinem ›Mundus symbolicus‹ erwähnt[15].

In der Bibel zählte die Schnecke zu den unreinen Tieren und wurde deshalb verachtet[16]. Isidor von Sevilla[17] gibt in seinem weitverbreiteten[18] und für das gesamte Mittelalter wichtigen enzyklopädischen Werk, den ›Etymologien‹ (um 600), zum Limax eine Erklärung seiner Bedeutung:

> *Limax vermis limi, dictus quod in limo vel de limo nascatur; unde et sordida semper et immunda habetur*[19].

Obwohl Isidor im einleitenden Kapitel von den Würmern sagt, *vermis* [...] *sine ullo concubitu gignitur*[20], wird der Limax, vermutlich in Abhängigkeit von der Bibel, *in malam partem* gedeutet. Diese negative Bedeutung der Schnecke ›Limax‹ hat im ganzen Mittelalter und darüber hinaus nachhaltig weitergewirkt. Rabanus Maurus, der in karolingischer Zeit die ›Etymologien‹ Isidors zu seinem ›De universo‹ umarbeitete und besonders daran interessiert war, auf die spirituellen Bedeutungen der *res* zu verweisen, zitiert Isidor ohne Zusatz zum Limax wortwörtlich[21]. Auch Bartholomaeus Anglicus folgt in seinem Werk ›De proprietatibus rerum‹ (1230/40) im Kapitel des Limax[22] anfangs Isidor, fügt aber eine Reihe bis dahin nicht genannter Eigenschaften seiner Beschreibung zu. Am Beispiel Bartholomaeus läßt sich erkennen, daß das Mittelalter keine einheitliche Vorstellung von den *res* hatte im Sinne fester Konstanten, sondern daß Vorgegebenes[23] ständig ergänzt und erweitert wurde[24]. Mit der Erweiterung der naturkundlichen Erkenntnisse veränderten oder erweiterten sich auch die Beschreibungen dieser *res*, wodurch sich neue Ansätze für die Allegorese ergaben[25]. So fügte Bartholomaeus hinzu:

> *Et est vermis valde tardi motus in dorso semper gerens concham*[26]*duram, infra quam se includit, et est vermis cornutus, habens duo additamenta ante os, cum quibus viam quaerit, et quando aliquid adversi senserit, statim cornua retrahit infra testam et infra domum sese resumit. In corrupto aere et imbre maxime nascuntur tales vermes, qui serpunt quamvis lento*

passu ad arborum summitates, earum germina depascentes, vbicunque autem serpit, post se
immundiciae vestigium derelinquit [27].

Wenn Bartholomaeus der genauen Beschreibung seines Limax selbst keine Auslegung folgen läßt, so bereitet er dennoch den Weg dafür vor [28]. Sein Text bietet jedoch noch keinen Hinweis, warum die Schnecke als Zeichen für Jungfräulichkeit gesehen werden konnte. Das gleiche gilt für das Kapitel ›De Limace‹ des
Thomas von Chantimpré in seinem ›Liber de natura rerum‹ (1245) [29]. Wenn
Thomas vom Limax sagt, daß dieser *testudinis genus* ist, um im Kapitel ›De Testudine‹ erneut von seiner Natur zu sprechen [30], so sind die Eigenschaftsberichte und die daraus resultierenden Deutungen der als Schnecke verstandenen
›Testudo‹ bei den Untersuchungen zur Schnecke ›Limax‹ mit zu berücksichtigen,
da sie im Mittelalter meist als Synonyma verstanden werden [Abb. 3] [31]. So erfahren wir mehr vom Limax im Kapitel ›De Testudine‹ des Vinzenz von Beauvais
in seinem ›Speculum naturale‹ (1250), als im Kapitel ›De Limace‹, worauf Vinzenz selbst hinweist [32]. Mit einleitendem Zitat aus Isidors Schildkrötenkom-
mentar, fügt nun Vinzenz das Wort *vermis* zu:

Testudo vermis dictus est, eo quod tegmine testae in camere modum adopertus est [33].

Daß er aber damit nicht die Schildkröte, sondern die Schnecke meint und im besonderen den Limax, wird deutlich, wenn er betont:

Testudinis quidem plura genera sunt, sed illa quae in luto nascitur proprie testudo lutaria sive
limax appellatur, [...] [34].

Doch Vinzenz' Bezeichnung des Limax mit ›Testudo lutaria‹ bietet keinen An-
laß, den Limax als Zeichen der Reinheit oder Jungfräulichkeit zu sehen, sondern
verstärkt die Aussage der Bibel und die über Isidor verbreitete Bedeutung der
Schnecke als unreines, schmutziges Tier. Erneut dem Zitat Isidors folgend, er-
wähnt Petrus Berchorius in seinem ›Reductorium Morale‹ (1335/40) [35] den
Limax, um daran anschließend ausführlich seine Allegorese durchzuführen [36].
Neben zahlreichen anderen, meist über Bartholomaeus [37] hinzugekommenen
Eigenschaften der Schnecke muß bemerkt werden, daß Berchorius, bis auf einen
Ansatz, den Limax nur *ad malam partem* auslegt. Das ist um so erstaunlicher, als
Berchorius bekanntlich sonst zu den einzelnen Eigenschaften meist Alternativ-
anwendungen *in bono et malo* anführt. Da Berchorius' Werk sehr verbreitet war
und seine Wirkung sich bis weit ins 18. Jahrhundert erstreckte [38], ist seine Allegorese des Limax von größter Wichtigkeit. Über den Deutungsansatz Isidors
hinaus präzisiert er: *Limo, id est, de vili materia.* Mit Bartholomaeus erklärt er,
daß der Limax sehr langsamen Ganges sei und stets eine harte Schale (*concha*)
mit sich trage, in die er sich einschließe, wenn er berührt werde, und daß er den
Ort, den er berühre, beflecken würde und eine Spur zurückließe. – Erstaunlich
ist auch seine Bemerkung: *Recte talis est luxuriosus, quia vere talis* [...] *de limo,*
[...], *et spermate immundo concupiscentiaque carnali nascatur, ideo per gulam, et*
luxuriam efficitur sordidus, et immundus, et quicquid tangit per verba sua impudi-
ca, foedat et maculat et inficit. Quicquid enim tetigerit immundus, immundum fa-

cit. Und er fährt fort, daß diese Schnecken aus Faulheit langsamen Ganges seien und sich nicht leicht durch gute Werke bewegen ließen. Jene wollten stets untätig verharren oder in freudigen Begierden leben und würden die Schale der faulen Entschuldigung allzeit bei sich tragen. Aber wenn man sie berühren, das hieße korrigieren oder ihnen wegen ihrer Sünde ins Gewissen reden möchte, so würden sie sich gewiß sofort einschließen und durch Entschuldigung und Verteidigung ihr Vergehen verhehlen. Sie entstünden im Regen und in verderblicher Luft, *et sic vere luxuriosi generantur in imbre corrupto,* das hieße in begierlichen Freuden der Welt, *et in aere infecto,* das hieße in schlechter Gesellschaft, wo eine schlechte und verderbliche Person eine andere vergiftet und verpestet. Neben weiteren Eigenschaftsberichten folgt ein Hinweis auf die Fühler der Schnecke: *Limax licet sit vilis conditionis, de limo genitus, et ad limum tendit, tamen animal est cornutum,* […].

In seinen Auslegungen, die mehr auf den menschlich-irdischen als auf den heilsgeschichtlichen Bereich bezogen sind[39], versteht Berchorius damit die elend-niedrigen Menschen,

Qui nihil valent, et sunt de vili plebe nati; und er betont: *Sic vere licet miser homo de limo, id est, terra, et vili spermate nascatur, et licet ad literam ad limum, id est, ad terram iterum per mortem tendat, tamen animal est cornutum per superbiam, et elationem.* Noch einmal zusammenfassend sagt er: *Limax vermis est vilissimus.*

Auch bei Berchorius findet sich demnach zum Limax nicht der geringste Ansatz, die Schnecke positiv zu werten. Es zeigt sich, daß die erweiterten Eigenschaftsberichte zwar als neue Ansätze für die spirituelle Auslegung genutzt werden, daß aber der Spruch der Bibel sich als unantastbar erweist und neu erkannte Eigenschaften meist dazu benutzt werden, den Limax gemäß Lev 11, 41–44 als unreines, abscheuliches Tier zu sehen und damit nach Ps 58, 9 die gottlosen Sünder, Frevler und Verleumder zu verstehen[40]. Ein ›Miroir du Monde‹ des 14. Jahrhunderts vergleicht die Schnecken mit Verleumdern und Lügnern, die den Schleim fliehen und den Dreck suchen[41]. Auf zahlreichen Randminiaturen gotischer Buchmalerei, besonders des späten 13. und frühen 14. Jahrhunderts, wird die Feigheit ›Ignavia‹ als Schnecke meist von einem Ritter als Zeichen moralischer Festigkeit bekämpft[42]. Selbst »die emblematischen Elemente im Werke Georg Hoefnagels«[43] – greifen jene auch z.T. unmittelbar auf die Antike zurück und tragen dadurch zu einer Reihe neuer, positiver Bedeutungen der Schnecke bei[44] – verstehen diese überwiegend *in malo.* Mit ihr ist der sündige, dem irdischen verhaftete Mensch zu verstehen[45], weshalb sie z.B. in Hoefnagels ›Missale Romanum‹ von 1581–1590 die Beischrift ›Inopia virtutum‹ trägt[46], oder sie steht stellvertretend für den gottlosen, heidnischen Menschen[47]. Von mittelalterlichem Geist der Allegorie ist des Aegidius Albertinus Predigtsammlung von 1613 durchdrungen[48]. Sein Beispiel zeigt exemplarisch die »Rezeption des Mittelalters im Barock«[49], wo er mit wenigen Kürzungen und Änderungen Berchorius' ›Reductorium morale‹ folgt. Im Kapitel ›Von den Schnecken‹ faßt er zusammen:

Durch die Schnecken werden r e p r e s e n t i r t die geile und unkeusche Leut/ [...] /Durch die schnecken werden verstanden die Heuchler und andere Suender/.[50]

In der emblematischen Sammlung des Jakob Cats[51] erscheint die durch ihre Schleimspur das Haus verunreinigende Nacktschnecke: »het vuyl, het leelick dingh«, – verglichen mit der Sünde, die man durch Gottes Wort vertreiben kann, nämlich so, wie man mit Salz die Schnecke vernichten könne[52]. Und basierend auf Ps 58, 9 zeigt Melchior Mattsperger in seinen ›Biblischen Figur-Sprüchen‹ eine Weinbergschnecke, die den »Gottlosen« repräsentiert, und er sagt: »Böses thun, wenn manns betrachtet,/Schwindet wie ein Schnekk verschmachtet.«[53] Zum selben Psalmvers zeigt noch Johann Jakob Scheuchzers ›Physica sacra‹ von 1731–1735 den ›Impius Limax‹, den er mit den Gottlosen vergleicht[54]. Doch nichts übertrifft das Sündenregister der Schnecke in Jan Luikens ›Bykorf des Gemoeds‹[55]. Die Eigenschaft der Schnecke, hinter sich eine Spur zu lassen, die ekelerregend gesehen wird, ist hier deutlich durch ein Szenenbild dargestellt, wie es die hochbarocke Emblematik entwickelte. Der Text schimpft die Schnecke ein »Affschuw'lyk leelyk Ding« von »Vuil-aard«, der dem »Godde-looze hoop« angehöre, der im »Drek-poel« besser verschwinden solle, da er »uit de holen van de Hel« stamme. Luiken führt zusätzlich noch zahlreiche Bibelzita-te, gleichsam als Quellenangaben, an, die seine Ausführungen belegen sollen.

Doch kehren wir zu unserer Fragestellung zurück, wie die Schnecke Zeichen für Jungfräulichkeit werden konnte. Konrads von Megenberg ›Buch der Natur‹ von 1350 ist die erste deutschsprachige Naturgeschichte und damit von weitreichender Bedeutung, da sie auch dem des Lateins nicht mächtigen deutschen Leser zugänglich war[56]. Konrad folgt mit gelegentlich eigenen Zusätzen und Auslegungen einem überarbeiteten Werk des Thomas von Chantimpré[57]. Im einleitenden Kapitel ›Von den Würmern‹[58] sagt Konrad:

[...] *ain wurm ist ain tierl, daz allermaist auz flaisch oder auz holz oder auz andern erdischen dingen wehset ân all unkäusch* [...]

womit er auf die spontane Entstehung der Würmer hinweist. Doch wie bei Isidor[59] und später hat dies nicht zur Folge, daß alle unter den Würmern aufgezählten Tiere aufgrund dieser Eigenschaft *in bono* ausgelegt werden oder auf Jungfräulichkeit. Zum Limax bemerkt er:

Limax haizt ain erdsneck, wan limus ist ain zaeh erdreich sam laim, dar auz wechset der sneck und dâ von kümt daz wort limax ze latein [...][60].

und er folgt weiterhin Thomas[61], ohne dessen Text zu erweitern oder eine Auslegung des Limax anzuschließen. Die Schnecke ›Testudo‹ erwähnt Konrad an zwei verschiedenen Stellen. Einmal versteht er darunter den Allgemeinbegriff für Schnecke und zitiert Isidors Text zur Schildkröte:

Testudo haizt ain snek, dar umb, sam Isidorus spricht, daz er mit ainr schaln bedecket ist, als er in ainem häusel sitz, wan testa ze latein haizt ain schal ze däutsch; [...][62]

und übernimmt folgerichtig Isidors Aufteilung in Land- und Meeresschildkröten sowie Ufer- und Bachschildkröten (Sumpfschildkröten) für seine Aufteilung in

Land-, Meeres-, Bach- und Uferschnecken. Ein anderes Mal spricht er von einer weißen Schnecke ›Testudo Weizsneck‹ und sagt, daß diese *von faulem gras mit übermâz der fäuhten und der hitz* entstehe, daß *der wurm* [...] *gar traeg und vaizt* sei und *wenn man salz auf in sprengt, sô zefleuzt er vil nâhen aller ganz und gar;* und er legt aus – wohl in Anspielung auf gewisse Kleriker: *Dâ pei verstê die läut, die versuocht habent daz salz der weishait, die zevliezent zemâl in andâht und achtent sich selber nihts in der werlt.* [63]

Auch hier findet sich keine positive Auslegung der Schnecke. Dagegen berichtet Konrad vom Regenwurm ›Vermis‹:

der wurm wechset auz lauterr erden ân unkäusche und dem wurm geleicht sich unser herr in dem psalm und spricht ›ego sum vermis et non homo‹, [...] daz sprach er pilleich durch des weissagen munt von seinr menschait und von seinr marter, wan er wart mensch von dem lautern rainen leib unserr frawen ân alleu mail, [...][64]

Im Gegensatz zum Limax, der aus *limus* entsteht, der als kotige Erde von Vinzenz bezeichnet wird, oder als Schleim, Schlick, Dreck oder klebrige Lehmmasse bei den meisten Autoren[65], entsteht der Regenwurm *de pura et munda terra*, wie Thomas vom *vermis qui proprie vermis dicitur* sagt[66]. Daß der Wurm ›Vermis‹ mit Bezug auf Ps 21, 7 in Verbindung mit dem leidenden, sich erniedrigenden Christus gesehen wird[67], sagt bereits Rabanus Maurus[68] und später Vinzenz. Doch dieser fügt hinzu: *Et huic se Dominus de virgine natus per Prophetam se comparat dicens* [69]. – Die Entstehung des Regenwurms aus r e i n e r Erde ohne Begattung wird bereits hier wie bei Konrad mit der Menschwerdung Christi in der Jungfrau Maria verglichen. Denkt man etwa an die Nacktschnecke im Bild der ›Anbetung des Kindes‹ von Dieric Bouts (1448–1490/91)[70] und die Nähe von Wurm/Vermis – Regenwurm und Wurm/Limax – Schnecke, so stellt sich die Frage, ob nicht vielleicht Vorstellungen und Deutungen von diesen beiden Tieren sich vermischt haben. Hierzu sind folgende Überlegungen notwendig, um die *res* und die ihnen zugeordneten Möglichkeiten der Allegorese zu erschließen. Sie werden noch in anderem Zusammenhang von Wichtigkeit sein, um zu zeigen, wie es zu möglichen Entwicklungen und zum Wandel von Allegorischem kommen und wie sich dadurch der Deutungshorizont einer *res* erweitern kann.

Da der Limax zu den Würmern zählte, also ein *vermis limax* war, ist er nahe verwandt mit dem *vermis vermis*. Damit ist er affin zu einer benachbarten *res*, deren bedeutungsstiftende Proprietät und die daraus resultierende Signifikanz auf jenen übertragen werden kann[71]. In den einleitenden Kapiteln zu den Würmern wurde zudem gesagt, daß sie ohne Begattung entstehen. Das seit 1475 durch den Druck verbreitete Werk Konrads zeigt stellvertretend für die gesamte Gruppe im einleitenden Kapitel der Würmer eine haustragende Schnecke[72]. Denkbar, aber nicht nachweisbar ist, daß dieser Sachverhalt eine Wende zur positiven Auslegung der Schnecke, speziell auf Jungfräulichkeit, begünstigt hat. Hinzu kommt das Fehlen des verbalen Vergleichs zu diesem Kontext in den auslegenden Literaturgattungen. Der ebenfalls durch den Druck verbreitete große ›Hortus Sanitatis‹ von 1491, der zu jedem Kapitel einen Holzschnitt aufweist, zeigt eine haustragende Schnecke ›Limax‹. Der zugehörige Text folgt jedoch in der negativen Auslegung der Schnecke Vinzenz durch dessen Zitat Isidors[73]. Auch fehlt in der Emblematik – soweit dies bei der überaus großen Zahl von Emblembüchern überschaubar ist – eine Deutung der Schnecke auf Jungfräulichkeit, die sich in ihrer sinnaufschließenden Subscriptio auf die spontane Entstehung der Schnecke beziehen würde[74]. Denn gerade »die Emblematik erweist sich als ein Sammelbecken zahlreicher«[75], verschiedener Einflüsse. Sie schöpft nicht nur aus antiken Quellen, sondern greift »auf [...] das allegorische Verfahren des Mittelalters zurück«[76], orientiert sich an der Renaissance-Hieroglyphik und der Impresenkunst[77]. Die Emblematik greift auf naturkundlich-beschreibende und auslegende Texte zurück, und die Deutungen der Tiere werden durch diese auslegende Literaturgattung erweitert und differenziert. Das zeigt die »breite Fächerung von allegorischen Bedeutungen [...], die Picinelli 1653 gesammelt vorlegt«[78]. Zu der haustragenden Schnecke erwähnt er u. a., daß sie ein Zeichen für den *religiosus* und die *virgo domicella* sei[79]. – Denn, so erklärt er, die Schnecke, die ihren Kopf herausstrecke, würde leicht zertreten und bliebe deshalb geschützt, wenn sie versteckt bliebe. So drohe auch den Frommen und insbesondere den Jungfrauen ein baldiges Ende, wenn sie sich außerhalb der Häuser begeben würden, und sie täten deshalb besser daran, zu Hause zu bleiben, wie *Mariae virginis exemplo*; und er fährt fort:

id persuadere conatur S. Ambrosius (Luc. cap. 1(56)) [80], quae domi suae assiduo morari solita, cum foras prodire, et ad Elisabetham invisere cogeretur, magnâ id ›cum festinatione‹ peregisse scribitur. ›Discite Virgines‹, inquit, ›non circumcursare per alienas domos, non demorari in plateis, non aliquos in publico miscere sermones: Maria in domo sera, festina in publico, mansit apud cognatam tribus mensibus‹.

Zurückführen läßt sich diese Bedeutung der Schnecke auf die der Schildkröte. William S. Heckscher[81] hat ausgehend von Cesare Ripas ›Pudicitia‹[82], deren Fuß auf einer Schildkröte ruht, nachgewiesen, wie dieses Tier in einer Tradition von der Antike bis ins 18. Jahrhundert das »weibliche Geschlecht und dessen Eingezogenheit«[83] charakterisieren konnte. Basierend auf des Phidias Statue der Aphrodite Urania aus Elis, deren rechter Fuß auf einer Schildkröte ruhte, wie Pausanias berichtet und Plutarch sie moralisiert[84], zeigt in Abhängigkeit von beiden in Text und Bild Andrea Alciatis Emblem ›Matrimonium‹[85], wo im erläuternden Text Venus (Aphrodite) selbst erklärt, daß dieses ihr Bild von Phidias stamme und bedeute, daß die Frau wie die Schildkröte (*testudo*) im Hause bleiben (*manere domi*) und nicht reden soll. Unabhängig von Alciatis Antikenrezeption, die Heckscher für Ripa ablehnt[86] – wenn er auch dessen Hauptquelle in Alciati sieht –, wird deutlich, daß diese Schildkrötenbedeutung im Mittelalter erhalten blieb, so daß ein Emblematiker sie ohne antike Quelle aufgreifen konnte. Heckscher nennt Isidor[87], der von der Schildkröte sagt, daß sie von einer Schale in der Art einer Kammer bedeckt sei, und Berchorius, der die Schildkröte aufgrund ihres Paarungsverhaltens als Zeichen für eine gute Ehefrau sieht[88]. Parallel dazu zeigt Heckscher, wie sich das literarische Motiv des *manere domi* bezogen auf die gesittete Frau oder Jungfrau durch die

Zeiten verfolgen läßt. In christlicher Zeit wird, besonders mit Hinweis auf Luc 1, 56, Maria, die erste aller Frauen, als tugendhaftes Beispiel genannt und ihr Haus, das *cubiculum Mariae*[89], wird zur *virgo domicella*, wie Picinelli es zur Schnecke bezeichnet[90].

Die ›Ähnlichkeit‹ von Schnecke und Schildkröte als stumme und ihr Haus mit sich tragende Tiere sowie ihre häufige sprachliche Gleichsetzung im Mittelalter substituieren ihren *res significans*-Charakter. Gleichzeitig erweitert er sich, wenn eine artspezifische bzw. als artspezifisch angenommene Eigenschaft der Schildkröte zusätzlich für die Schnecke vorausgesetzt wird oder umgekehrt. Wird nämlich ein artspezifischer Eigenschaftsbericht einer Tierart (bzw. Tiergattung) auf eine andere zu ihr in einem Ähnlichkeitsverhältnis[91] stehende Tierart übertragen, so kann der Eigenschaftsbericht der einen die allegorische Bedeutung der anderen Tierart bewirken. Dieser Vorgang der ›Bedeutungsverschiebung‹ hat Auswirkungen auf die »Allegorie als Deutungshorizont«[92]. Denn die von der Proprietät ausgehende Bedeutung der *res* erweitert sich damit und verändert sich somit über ein Maß hinaus, das durch deren wirkliche Eigenschaft noch abgedeckt ist.

Durch Eigenschaften noch abgedeckt ist Picinellis Beispiel der Schnecke mit der Bedeutung der *virgo domicella*, mag sie auch sekundär über die Schildkröte auf die Schnecke übertragen worden sein. Daß Schnecke und Schildkröte im wechselvollen Gebrauch sowohl in Text und Bild in dieser Bedeutung für häusliche Zurückgezogenheit der Frau angewandt werden, zeigt Nicolas Reusner in seiner Emblemsammlung von 1591, der – zu der in der Pictura den Fuß auf eine Schildkröte setzenden Venus – zum Motto: *Custos domûs vxor* sagt: [...] *vxor Cochlea grata viro sic domiporta placet./Fraw Venus steht auf Schildkrotnhauß/Hausschneck Ehefraw/gdenckt nimmer drauß* [93].

Auf einem Berner Glasgemälde von 1568 steht Venus Urania mit beiden Füßen auf einer ungewöhnlich großen Weinbergschnecke, auf die sie mit dem Finger zeigt[94]. – Wolfgang Franzius nennt in seiner ›Historia animalium sacra‹ mit Hinweis auf *Apelles – seu alii volunt Phidias* – sowohl im Kapitel der Schildkröte diese als ein Beispiel dafür, daß die Frau zu Hause bleiben, sich verborgen halten und nicht durch die Gassen der Stadt laufen solle:

> *Sicut autem periculum est testudinibus quando longe extra suas testas egrediuntur, ita nihil est periculosius, nisi cum peregrinantur mulieres,* [...][95], als auch im Kapitel der Schnekke, wo es heißt: *Cochleae sunt imago illorum, qui non peregrinantur; et Apelles pingebat Venerem stantem in cochleâ, ut significaret, foeminae hanc esse virtutem magnam si fiat* οἰκουρός *semperque domi maneat*[96].

Und Carel van Mander sagt in seiner ›Uytbeeldinghe der Figueren‹:

> *De Schildpadde wijst aen/dat de vrouwen in huysig behooren te wesen/glijc sy/en de Slecke zijn* [...][97].

Eine ›Bedeutungsverschiebung‹ jedoch läßt sich an folgenden vergleichenden Beispielen zeigen: Wenn Denis Lebey de Batilly[98] in seinem Emblembuch in einem Szenenbild zwei Gelehrte zeigt, die auf eine große Weinbergschnecke weisen zu dem Motto: *Cvnctandum sapienti,* so bezieht er sich in der Subscriptio auf die Eigenschaft des Verhaltens der Schnecke, mit ihren Fühlern (*cornibus*) ihren Weg vorher zu erforschen[99], wo er sagt:

> Wie die Schnecken mit vorsichtig tastendem Schritt dahinschleichen und mit ihren Hörnern die Sicherheit des Weges vorher erforschen, so prüft der Weise alle Fälle und pflegt (nur) eifrig zu sein, nachdem er jedes Hindernis zuvor untersucht hat. [100]

Sehr ähnlich berichtet Franzius von den Schildkröten, die aber keine Fühler oder Hörner haben, daß, wann immer sie herausgehen wollen, *emissis cornibus prius omnia explorant, num quae sint impedimenta, num satis tuta omnia;* und wenn sie dann kein Hindernis wahrnehmen würden, kämen sie aus den Häusern hervor, doch wenn sie etwas bemerken würden, zögen sie sofort die Hörner ein und würden in die Schalen (*testas*) zurückkehren, – wodurch er, wieder dem mittelalterlichen Denken *in bono et malo* folgend, *in bono* die Schildkröte als ein Zeichen für die Weisen sieht: *sapientes homines decet esse testudines,* und auf deren Vorsichtigkeit hinweisend, *qui in conspectu et praesentia aliorum nihil dicent sed conticescent* [101].

Ein andersartiger Vorgang von ›Bedeutungsverschiebung‹ – in diesem speziellen Fall kann man sogar von einem ›Bedeutungsaustausch‹ sprechen – mag an folgenden Beispielen aufgezeigt sein. Von einer indischen Meeresschildkröte berichten Aristoteles, Plinius und Oppian, daß diese sich gerne an der Oberfläche des Meeres in der Sonnenglut aufhalte, wodurch sie ausgetrocknet würde, deshalb nicht mehr untertauchen könne und so leicht zur Beute der Fischer würde[102]. Seit dem 13. Jahrhundert fließen diese Quellen in die christlichen Naturenzyklopädien und Naturexempelsammlungen[103]. So berichten Bartholomaeus, Thomas, Vinzenz und Albertus Magnus, doch im besonderen Maße mit ausführlicher Allegorese Berchorius, vom Verhalten dieser Schildkröte[104]. In einem anderen Zusammenhang das Weibchen dieser Schildkröte noch als Zeichen für eine gute Ehefrau auslegend[105], führt Berchorius nun seine ausführliche Allegorese *in malo* aus: Denn so gebe es zu seiner Zeit viele Kleriker, die sich ebenso schändlich verhielten wie diese Schildkröten, aber auch genauso ein schmähliches Ende fänden. *Pro certo hodie ita appetunt fatuae testudines, id est, fatui religiosi, et clerici libere respirare* [...]. – Denn sie begäben sich aus dem Meer der Andacht, Demut und Gnaden, dem sie verpflichtet seien, in die Welt, sie gäben sich den weltlichen Geschäften, Freuden und Begierden – *ardore concupiscentiarum* – hin, bis sie schließlich von diesen bösen Gewohnheiten nicht mehr ablassen könnten[106] und letztlich den höllischen Fischern zuteil würden. Aegidius Albertinus, der abermals Berchorius folgt, übernimmt diesen Eigenschaftsbericht und die anschließende Allegorese der ›indischen Schildkröte‹ im Kapitel seiner ›Meerschneck‹[107]. Daß Albertinus eine Meeresschnecke meint, wird dadurch bekräftigt, daß er der Schildkröte ein gesondertes Kapitel widmet[108]. Da Berchorius noch weitere Eigenschaften und Deutungen zu seiner ›indischen Schildkröte‹ anführt, die nun Albertinus ebenfalls auf seine ›Meerschneck‹ überträgt, zeigt dieses Beispiel, wie es zu einem Wandel der In-

Abb. 1 [zu Seite 478]: Geburt Christi, linker Flügel eines Triptychons. Westdeutscher Meister, Anfang des 15. Jahrhunderts. Maße: 0,58 x 0,215 m. Köln, Wallraf-Richartz-Museum.

Abb. 2 [zu Seite 478]: Francesco del Cossa: Die Verkündigung (1470/72). Maße: 1,37 x 1,13 m. Dresden, Staatliche Kunstsammlungen, Gemäldegalerie Alter Meister.

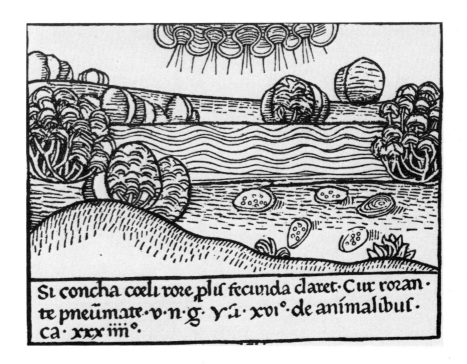

Si concha coeli roze pluf fecunda claret· Cur rozan·
te pneũmate· v· n· g· γ·a· xvi°· de animalibuf.
ca· xxx iiii°·

Abb. 4 [zu Seite 489]: Franz von Retz: Defensorium inviolatae virginitatis beatae Mariae,
Blockbuch von 1471 von Johann Eysenhut, K 2.

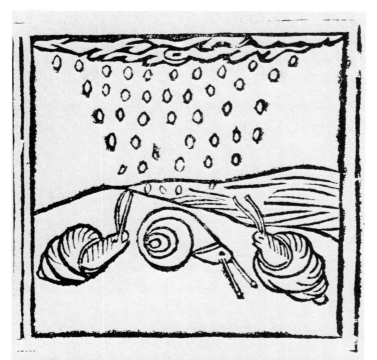

Si cōcba rore de suppplis fecunda cla
ret. cur rorante pneumate vgo nō ge
neraret. in libro aialium. ysidorus li
bro. rvij. capitulo. rrriiij.

Abb. 5 [zu Seite 489]: Franz von Retz: Defensorium inviolatae virginitatis beatae Mariae,
Blockbuch der Hurus in Saragossa zwischen 1485 und 1499, Bl. (6).

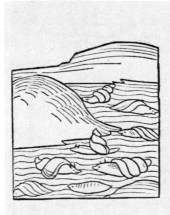

Ca.rrij.

Onche. pli.li.ix. Conchaᵹ gene
ra firmioris sunt teste in quibus
magna varietas apparet luden
tis nature.Tot coloᵹ differentie.tot figu
re.inter quas principatum tenent marga
rite.Isido.Conche ꞇ cochlee indevocate
sunt:quia deficiente luna cauanꞇ.i.euacu
antur.Diiñ eñ clausoᵹ maris aialiũ atᵹ
conchaᵹ in cremẽta lune membra turgef
cunt. defectu euacuantur. Nã luna cũ in
augmento fuerit.auget buinorem.ꞇ cum
in defectum venerit bumores minuuntur
Conche auté prime positionis nomen est
Cochlee vero ꝓ iminutione q̃ſi conchu
le.Conchaᵹ multa genera sunt. iter quas
ꞇmargarite que celee esse dicunꞇ.Fulgen
cius.in li.mitilogiaᵹ.Concha marina to
to corpore fil apto miscetur in coitũ sicut
iuba refert in phisiologis: Daly.Sade
phum.i.concha marina melⁱ est albũ.

Ca.rriij.

Ochlee. pli.li.ix. Cochlee ãq
riles terrestrefᵹ sunt exerentes se
domicilio.binaᵹ ceu cornua ꝑ
tendentes contrabentefᵹ:oculis carent.
Ideoᵹ corniculis eaᵹ ꝓtentant iter.

Operationes.

A Idem in li.xrr. Cochleaᵹ cibus sto
macho est vtilis. Bᵹ in aqua oportet eas
in tactu eaᵹ corpe subfcrucfieri.mori pri
na torreri.ꞇ vio garoᵹᵹ sunt. laudatiſſi
me sunt affricane. ꞇ exiuſulis capreaᵹ.
Bᵹ Idem in li.rrrij.Feribus scorpionũ
carnes fluuialium cochlearum reſiſtunt
crude vel cocte. C Quidaᵹ ob id sal
fas quoqᵹ obseruant ꞇ imponũt ipſis pla
gis precipiunt ꞇcochlee crude carné trita
bibere ex aq̃ calida in tuſſi cruenta.

bb j

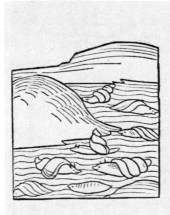

Abb. 6–7 [zu Seite 490]: ›Conche – Cochlee‹, aus dem (H)Ortus Sanitatis (maior), Mainz
1491, Druck: Jakob von Meydenbach, Tract. de Piscibus, Kap. 22–23.

Abb. 8 [zu Seite 490]: Hermann tom Ring: Sibylla Samia (1550/70). Maße: 0,76 x 0,51 m.
München, Bayer. Staatsgemäldesammlungen.

Abb. 9 [zu Seite 492]: ›Nautilus‹ (Argonauta argo L.). Aus Pierre Belon: L'histoire naturelle des estranges poissons marins. [...] Paris 1551, II, 25, Bl. 53^r.

Abb. 10 [zu Seite 496]: Peter Steenwijk: ›Vanitas‹-Stilleben (nach 1656). Maße:
0,79 x 101,5 m. Leiden, Stedelijk Museum ›De Lakenhal‹.

Abb. 11 [zu Seite 496]: Titelkupfer aus Levinus Vincent: Wondertooneel der Natuere. [...]
Amsterdam 1706.

Abb. 12 [zu Seite 498]: Hendrik Goltzius: Pictura (nach 1600). Maße 0,67 x 0,79 m.
Standort unbekannt, früher Kunsthandel S. Hartveld, Antwerpen.

terpretation eines Tieres kommen und der Bedeutungshorizont einer Tierart durch eine benachbarte beträchtlich erweitert werden kann.

Die bisher aufgezeigten Möglichkeiten eines Bedeutungstransfers positiv gewerteter Eigenschaften von Regenwurm und Schildkröte auf die Schnecke zur Erklärung für deren *ad bonam partem*-Auslegung als Signum für Jungfräulichkeit sind allein nicht befriedigend. Noch wesentlich überzeugender bietet sich in dieser Richtung die Muschel an. Deren vorrangige Eigenschaft, eine Perle zu bilden, hat bewirkt, daß die Muschel und alle an diesem Entstehungsprozeß beteiligten *res* immer wieder Basis allegorischer Deutung gewesen sind. Von der Entstehung der Perle hatte das Altertum zwei Vorstellungen. Eine berichtete, daß der Blitz in die Muschel schlage[109]. Die andere, für den christlichen Westen wirksame, war jene über Plinius (IX, 107) bekannte Aussage, daß der himmlische Tau in die Meeresmuschel (*ostrea, concha*) falle, diese schwanger werde und so die Perle gebäre, wobei er betont: *caelique eis maiorem societatem esse quam maris.* Die in diesen halbmythischen Berichten liegende Deutbarkeit hat das frühe Christentum aufgegriffen. Clemens von Alexandrien (* um 150) – und die in seinem Kreis entstandene Methode der allegorischen Interpretationsweise der Schrift – deutet in der ›Nicetas-Katene‹ zum Perlengleichnis (Mt 13, 45–46) die im Fleische der Muschel entstandene Perle als Christus, den die Jungfrau aus dem göttlichen Blitz geboren hat[110]. Der ›Physiologus‹[111] übernimmt die andere Version der Entstehung aus dem Tau[112], erweitert durch das Licht der Gestirne, und legt aus: Die zwei Schalen der Muscheln bedeuten das Alte und Neue Testament, der Himmelstau, der die Muscheln befruchtet, bedeutet den Heiligen Geist. Christus selbst ist die Perle. Während hier noch auf die naheliegende Gleichsetzung der Jungfrau Maria mit der Muschel verzichtet wird, geschieht dies in späteren ›Physiologus‹-Fassungen[113]. Die vom ›Physiologus‹ bezeugte und durch ihn verbreitete christliche Allegorese dieser Naturmythe »dient immer wieder zur Sprachwerdung von solchen Mysterien wie [...] der Inkarnation, der unbefleckten Empfängnis, der Verkündigung an Maria«[114]. Der Sinnträger ›Muschel‹ wird zur Metapher für Maria, wozu sich zahlreiche Belege bieten[115]. Der Physiologusversion nahestehend ist ein Werk aus dem 12. Jahrhundert, wo der anonyme Autor[116] im Kapitel ›De concha seu concha margaritifera‹ dem naturkundlich beschreibenden Teil einen allegorischen anschließt. Die Empfängnis der Muschel setzt er der Empfängnis der Jungfrau Maria gleich, und mit Zitat aus Luc 1, 38 spricht er das Thema der Verkündigung an:

> Sicut [...] concha, [...] sic sancta Maria [...] et ibi accepit rorem coelestem. [...] castam atque intactam Mariam virginem significans.

Mit Zitaten aus Plinius, Solinus und Isidor berichtet Berchorius[117] von der Entstehung der Perle in den Muscheln: *caeloae, id est conchylia* und betont: *et virtute coeli,* [...], *et sine coitu pariunt, et concipiunt* [...]; und schließt daran seine Allegorese an:

Sic beata virgo [...] per consensum seipsam sancto aperiens, dicens illud Luc 1 (38) *›Ecce ancilla domini‹, et rorem verbi infra beata sua viscera habuit, et concepit, [...] et margarita corporis Christi impraegnata, et sic sine virili semine peperit, et concepit intacta, et immaculata.*

Sogar der Herausgeber einer deutschsprachigen Pliniusausgabe (1565) geht auf diesen Sachverhalt ein, indem er eine Ergänzung einfügt und im Vorwort hierfür folgendes Ziel nennt: »Mit einem Zusatz aus der Göttlichen Schrifft/und den alten Lehrern der christlichen Kirchen/so viel von der Thier [...] Natur melden/oder Exempels und Gleichnißweise einführen [...]« um »damit die Beschreibung aller vermeldeten Geschöpf Gottes [...]« – [118] zu sein. Er berichtet im Kapitel ›Perle-Muschel‹ – ›Perle-Schneck‹: »Die köstliche Perle bedeutet den HERRN Christum/denn wie man von den Perlen saget/daß sie die Moschlen von dem Himmelthauw empfangen, [...] Da sol durch den von oben herab fallenden Himmelthauw Christus [...] seine Menschwerdung/auß Maria der heiligen Jungfrawen/[...] verstanden werden [...] durch des heiligen Geistes wuerckung« [119]. –

Auch angesichts der zahlreichen Exempla aus der bildenden Kunst kann ich mich nur auf wenige Beispiele beschränken. So zeigt das Gemälde des Neri di Bicci (1471) die ›Verkündigung‹ unter einer Muschel mit Perlenkette als Nische [120]. Eine Muschel mit Perle befindet sich an der Mantelschließe einer ›Madonna mit Kind‹ des Gemäldes von Raphael (um 1504) [121]. Hans Memlings Diptychon von 1487 zeigt eine ›Madonna mit Kind‹ und den Stifter Maarten van Nieuwenhoven. Im Hintergrund der Maria ist ein Glasfenster mit dem Wappen des Stifters – Muschel mit Perle – und der Devise ›Il y a cause‹. Zur Erklärung von Wappen und Wahlspruch schildern vier Rundbilder die Perlenentstehung unter Einwirkung von himmlischem Tau und Lichtstrahlen [122]. Das Wappen befindet sich nicht ohne Grund auf der Marientafel; es verweist auf Marias jungfräuliche Empfängnis. Den Einfluß von Impresen des Scipione Bargagli weist das Westportal des Pisaner Domes (1596–1602) auf, das im Rahmenfeld zur Verkündigung eine offene Muschel mit Perlen zeigt mit dem Motto *Rore coelesti foecundor* [123]. Ähnliche Beispiele nennt Picinelli [124] und zeigt ein Jacques Callot (1592–1635) zugeschriebenes Emblem aus dem Werk ›Vie de la Mère de Dieu Représentée par Emblesmes‹ [125]. Die zuletzt genannten Beispiele aus Devisenkunst und Emblematik lassen sich nicht nur inhaltlich auf die Naturmythe der Perlenentstehung in der Muschel zurückführen. Sie haben auch formal in der Zuordnung von Text und Bild und dessen zeichenhaft-allegorischer Verwendung eine ins Mittelalter zurückreichende Vorstufe. Das ›Defensorium inviolatae virginitatis beatae Mariae‹ (um 1400) des Franz von Retz [126] bringt in mehreren in Handschrift und Blockbuch vorliegenden Fassungen des 15. Jahrhunderts in einer Zusammenstellung von Text und Bild zahlreiche Exempla außergewöhnlicher Ereignisse aus Geschichte und Natur, mit denen die Möglichkeit der jungfräulichen Mutterschaft Mariens bewiesen werden soll. Zu dem die Eigenschaft darstellenden Bild, mit dem Beispiel der am Flußufer liegenden Muscheln mit Perlen und dem aus dem Himmel herabfallenden Tau, be-

ruft sich Franz von Retz im Text auf Isidor und rechtfertigt damit seine Schlußfolgerung: *Si concha coeli perlis fecunda claret, cur rorante pneumate virgo non
generaret?* [Abb. 4][127] – Auch sind Gemälde vorhanden, die sich eng an das
Defensorium anschließen: der Marienaltar (1426) in Stams in Tirol[128] und in
Abhängigkeit davon eine Marientafel (1450/60) in Ottobeuren[129]. Hier sind
wie in Stams die verschiedenen Ereignisse in Rahmenfeldern mit Textzeilen dargestellt und um die Geburt Christi als Zentralbild gruppiert. Während in Stams
auf einem Rahmenfeld Muscheln mit Perlen dargestellt sind, befinden sich auf
der Darstellung in Ottobeuren Weinbergschnecken. Sie liegen in einem *Hortus
conclusus*, der mit Bezug auf das Hohelied 4, 12 typologisch zu Maria als unange-
tastet in ihrer Reinheit zu verstehen ist[130]. Im Gegensatz hierzu ist die Darstellung von Weinbergschnecken nicht gerechtfertigt, zumal der Text die Perlenentstehung in der Muschel als Eigenschaft voraussetzt[131]. Selbst wenn es sich
hier um ein individuell falsch verstandenes Ikon des Künstlers handeln sollte,
zeigt das Bild eine Möglichkeit an, daß Muschel und Schnecke miteinander verschränkt werden [Abb. 5]. Hier wird der Perlmuschel Proprietät und die darauf
basierende Bedeutung auf die Schnecke übertragen, wodurch sich deren Bedeutung über ein Maß ihrer durch Eigenschaften gegebenen Möglichkeiten verändert. Die Gründe für eine ›Verschränkung‹ sind im Gegenstand selbst begründet.
Muschel, Schnecke und der noch zu behandelnde Nautilus sind drei verschiedene – meist bis ins späte 16. Jahrhundert als Tierart verstandene – Tiergattungen mit spezifischen Eigenschaften. Doch in der Vorstellung repräsentieren sich
diese schalentragenden Tiere nicht eindeutig als verschiedene ›Tierarten‹. Das
auffallendste Merkmal dieser Tiere, mit Ausnahme der Nacktschnecke, ist die
Schale. Diese wird im Sprachgebrauch gleich dem ganzen Tier als ›Muschel‹ bezeichnet, ohne daß dabei zoologisch zwischen Muschel, Schnecke und Nautilus
differenziert würde, obgleich dies gemeint sein kann. So werden in einer Tradition von Plinius bis zu Gesner und darüber hinaus variierende Gattungsnamen,
wie z. B. *conc(h)a, coc(h)lea, conchylium, ostrea, testa* als auch *limax* und *testudo*
in einer Doppelfunktion stellvertretend für den Allgemeinbegriff ›Muschel‹ und
als Speziesbezeichnung verwendet. Dies führte zwangsläufig zu Unklarheiten,
aus denen Begriffsverschiebungen und -verschränkungen resultierten, die nicht
ohne Auswirkungen im allegorischen und für den naturkundlichen Bereich blieben. Beispielsweise verwendet der für das Mittelalter so einflußreiche Isidor
concha als den Allgemeinbegriff für ›Muschel‹, *cochlea* als Diminutivum.
Gleichzeitig unterscheidet er sehr genau zwischen verschiedenen Muschelarten.
Ausgerechnet im Zusammenhang mit der Perlmuschel und der Perlenentstehung impliziert er jedoch die Gefahr einer Verwechslung durch die Vielzahl der
von ihm verwendeten Bezeichnungen, wenn er schreibt:

> *Concharum multa genera sunt; inter quas et margaritiferae, quae ›oceloe‹ dicuntur [...] –
> Margarita [...] in conchulis maris hoc genus lapidum inveniatur; inest enim in carne cochleae
> calculus natus, [...] gignitur autem de caelesti rore, quem certo anni tempore cocleae hau-
> riunt* [132].

Die Folgen der daraus entstehenden Mehrdeutigkeit der Begriffe lassen sich von hier ausgehend über Rabanus Maurus zu den Naturenzyklopädien bis ins 16. Jahrhundert weiterverfolgen. Hinzu kommt, daß der Limax eine *concha* trägt[133], während *testudo* mit Limax gleichgesetzt wird, der wiederum als *cochlea* bezeichnet wird [Abb. 6–7][134]. Zu bemerken ist, daß in den mit deutschen Übersetzungen versehenen Ausgaben des ›Defensorium‹ der Muschelname nicht genannt wird[135], und Konrad nennt *concha* oder *coclea, testudo* und *limax* – »ze däutsch ain Sneck«[136]. Gesner, der erstmalig sich um ein Ordnungssystem bemüht, resümiert:

> *Conchylium quandoque generale nomen ad omnes conchas* […] *concha vocabulum generale videtur* […] *concha pro cochlea* […] *cochleas et testudines Albertus* (Magnus) *et alii indocti confundunt* [137].

Zu einem Zyklus von Sibyllen und Propheten des Malers Hermann tom Ring (1550/70) gehört die Darstellung einer ›Sibylla Samia‹, die sich durch die in ihrer Tradition neuen und vermehrten Attribute auszeichnet [Abb. 8][138]. Die Sibylle lehnt hinter einer den vorderen Bildrand begrenzenden Brüstung, an deren Vorderseite der Text ihrer Weissagung erscheint[139]. Auf der Brüstung ist links das der Sibylle seit altersher zugeordnete Buch dargestellt, rechts sind zu einer stillebenhaften Gruppe eine Perlenkette mit Kreuz, ein Nautilus pompilius L. und eine flach gewölbte Meeresschnecke (Haliotis spec.) zusammengestellt. Der Nautilus ist poliert und als Pokal gefaßt, und die Haliotis zeigt ihre irisierende Perlmuttschicht. Ingvar Bergström hat zur ›Sibylla Cumea‹ desselben Zyklus nachgewiesen, daß sowohl der ihr als Attribut beigegebene Papagei als auch die Schale mit Mandeln Hinweis auf Christi Empfängnis und Geburt aus der Jungfrau Maria sind[140]. Der Text der ›Sibylla Samia‹, zumal er auf die Fleischwerdung Christi akzentuiert ist, gibt Anlaß, die attributiv dargestellten *res* als Präfiguratio für Christus zu sehen, der empfangen und geboren werden wird aus der Jungfrau Maria. Dieser Kontext ist auch dann noch gegeben, wenn anstelle der Perlmuschel hier ein Nautilus, eine Meeresschnecke und eine Perlenkette gezeigt sind. Darüber hinaus verweisen das Kreuz an der Perlenkette in Verbindung mit dem Text (*agnus dei*), als auch die durchbohrten Perlen auf den Kreuzestod Christi[141]. Dieses Beispiel zeigt zugleich eine Richtung an, »daß die spezifizierte *res significans* ›Perlmuschel‹ zu der allgemeineren *res significans* ›Muschel‹ wird, deren Deutung und Bedeutung«[142] aus der zu ihr affinen Perlmuschel abzuleiten ist.

Mit dem Nautilus gerät ein neues Tier ins Blickfeld, das unter dem zu behandelnden Thema von Interesse ist. So lassen sich an diesem Beispiel die komplexen Zusammenhänge zwischen Eigenschaften und Bedeutung einer *res* einerseits und den damit verknüpften wechselseitigen Abhängigkeiten verschiedener Literaturgattungen andererseits besonders gut darstellen. Dies trifft insbesondere auf die Abhängigkeit der zoologischen Literatur von der Impresen-Kunst und Emblematik zu.

So läßt sich aufzeigen, daß das Kriterium, den Nautilus an die Spitze der zoologischen Systematik für den Stamm der Mollusken zu setzen, aus dem Bedeutungsspektrum der Impresen-Kunst resultiert. Als weiteren Aspekt gilt es, den Bedeutungstransfer zwischen verschiedenen *res* innerhalb dieser Tiergattung, diesmal in der zoologischen Literatur, zu verfolgen.

Zum Verständnis muß gesagt werden, daß sich hinter der Bezeichnung ›Nautilus‹ zwei *res* verbergen, nämlich der ›Argonauta argo L.‹ – hinfort mit N.1 bezeichnet – und der ›Nautilus pompilius L.‹ – im weiteren Text N.2 genannt –, die beide zu den Cephalopoden gehören.

Der Nautilus pompilius L. (N.2) hat ein porzellanfarbenes massives, glattes, bilateral symmetrisch aufgewundenes Gehäuse, das in zahlreiche Kammern unterteilt ist, in deren letzter er festverwachsen lebt. Er wird ›Perlboot‹ wegen seiner Form und der Perlmuttschicht genannt, die durch Polieren freigelegt werden kann. Als Tiefseebewohner des Indopazifik wurde sein Gehäuse in Europa erst Ende des 15. Jahrhunderts, das ganze Tier erstmalig 1705 bekannt[143].

Dagegen ist der von Linné bezeichnete Argonauta argo L. (N.1), der ›Papiernautilus‹, ein Hochseekrake des Mittelmeeres. Nur das Weibchen baut aus zwei lappenartig verbreiterten Tentakeln zur Eiablage ein leichtes, Rippen und Knoten aufweisendes, hohles, bilateral symmetrisches Gehäuse, von dem es sich lösen kann. Es ist d e r ›Nautilus‹, der in der Literatur der Antike einen wesentlichen Platz einnimmt.

Von Aristoteles, Callimachus, Plinius, Oppian und Aelian wird ein Verhalten des N.1 berichtet, das fiktiv ist und nicht auf empirischen Beobachtungen beruht, ihn aber dadurch mit festen Bedeutungen versieht[144]:

So soll der N.1 aus der Tiefe an die Meeresoberfläche kommen, dort sein Gehäuse (*concha*) umdrehen und vom Wasser entleeren, damit er leichter navigieren könne. Bei ruhigem Wetter rudere er mit seinen seitwärts aus dem Gehäuse heraushängenden Tentakeln, bei Brise würde er zwischen zwei dieser ›Arme‹ eine Membran spannen und als Segel erheben. Als Steuerruder benutze er den in der Mitte sich befindenden Schwanz. So gleiche er einem dahinsegelnden Schiff, woher er auch seinen Namen habe. Bei aufkommender Gefahr schöpfe er Wasser und tauche unter. Erst nachdem die Gefahr vorbei sei, setze er seine Fahrt fort.

Diese Verhaltensweise wird nahezu unverändert bis ins 19. Jahrhundert sowohl in der naturkundlichen als auch auslegenden Literatur als scheinbares Faktum repetiert und ist Ausgangspunkt für dessen zeichenhaft-allegorische Verwendung, wie im historischen Überblick umrissen wird.

Das Mittelalter nennt den N.1 erst spät, da er weder in der Bibel noch im ›Physiologus‹ erwähnt wird. Plinius, an dessen Bericht sich das Mittelalter orientiert, bezeichnet den N.1 als *praecipua miracula*, vergißt aber seine *concha*, wodurch eine Vorstellung von diesem Tier erschwert wurde. Erstmalig erwähnt Thomas von Chantimpré den N.1 im Buch der ›Monstra marina‹[145]. Als ein solches zeigt er sich noch in der illustrierten Thomas-Übersetzung des Peter Königsschla(c)her (1472) und im ›Hortus Sanitatis‹[146]. Vinzenz von Beauvais und Albertus Magnus[147] nennen den N.1, doch die erste Allegorese erfolgt durch Berchorius, der die einzelnen Phasen des Verhaltens *in bono et malo* auslegt[148].

Die dort bezeugte Auslegung des N.1 als *superbus* und als *vir contemplativus* läßt sich bis zu Paolo Aresi[149] und Picinelli[150] aufzeigen. Parallel zu dieser Allegorese geben in der dazwischen liegenden Zeitspanne andere Eigenschaften des N.1 Anlaß zu wiederholter, variierender Auslegung.

Eine erste realistische Kenntnis des Aussehens des N.1 wird durch das Werk des Zoologen Pierre Belon (1551) überliefert, der den segelnden N.1 in Bild und Text beschreibt. Trotz des Vorliegens eines präparierten Exemplars dieser Spezies muß er, der Empiriker, mangels eigener Kenntnis der Verhaltensweise auf den Bericht des Plinius zurückgreifen. Er vergleicht ihn wegen seiner Umrißform und wegen seines Verhaltens mit einem Schiff, nennt ihn rar und »le plus digne« [Abb. 9][151]. Bei der Beschreibung der Segelkunst des N.1 beginnt Belon in der lateinischen Fassung (1553)[152] seine Schilderung mit dem Satz: *Navigat enim per maris summa, elatus de imo gurgite* [...], der sich dann später noch verändert als emblematisches Motto wiederfindet. Gleichzeitig zeigt Belon das Gehäuse des N.2, das ihm nur als poliertes Exemplar vorliegt und im Anschnitt die Kammern zeigt. Er sieht einerseits Ähnlichkeiten in der äußeren Form beider Gehäuse, aber auch Unterschiede in deren Beschaffenheit und innerer Struktur. Wegen der perlmuttern irisierenden Concha nennt er 1551 den N.2 ›Coquille de Nacre de perle‹; 1553 korrigiert er sich und spricht vom ›Nautilus alter‹[153].

Guillaume Rondelet versucht 1554, Belons spätere Version zu widerlegen, da er der Meinung ist, daß es nur eine Nautilusart gebe, und nennt den N.2 ›Cochlea margaritifera‹, *quia unionum colore sit et splendore*, nicht weil in ihr Perlen gefunden würden[154]. Gesner, der von den Tieren alle bis dahin bekannten Fakten in seine ›Historia animalium‹ (1558) aufnimmt, übernimmt Abbildungen und die unterschiedlichen Versionen von Belon und Rondelet, tendiert jedoch zu der Unterscheidung von ›Nautilus‹ und ›Cochlea margaritifera‹[155]. Letztere wird in der deutschen Gesner-Übersetzung über ›Concha margaritifera‹ als ›Perlschnecke‹ und ›Perlmuschel‹ bezeichnet[156]. Ulisse Aldrovandi († 1605), der über Gesner auch dessen Quellen mit in sein Werk einbezieht, bezeichnet den N.1 als ›Nautilus prima‹ und den N.2 als ›Nautilus alter‹, weist aber im Text auch auf das Synonym ›Cochlea margaritifera‹ hin[157]. Diese wechselvolle Bezeichnung Nautilus 1/Nautilus 2 und Nautilus/Cochlea-/Concha margaritifera läßt sich noch bis ins 18. Jahrhundert aufzeigen. Letzten Endes resultiert daraus die Verwechslung Carl von Linnés, den antiken N.1 als Argonauta argo L. und den des Indopazifiks Nautilus pompilius L. zu bezeichnen. – Darin liegen auch die Ursachen begründet, warum Eigenschaftsbericht einerseits und daraus resultierende Bedeutung andererseits vom N.1 auf den N.2 übertragen werden konnten und letzterer als ›Perlmuschel‹ bezeichnet mit der Perle assoziiert wird.

In Abhängigkeit von Belon zeigt sich die Pictura des segelnden N.1 zu dem Motto *Tvtvs per svmma per ima* der Imprese aus dem Werk des Luca Contile (1574). Mit der weiteren Bezeichnung »Proveduto« erläutert Contile im Text nach dem Verhaltensbericht des N.1 die Intention des Impresenträgers: Denn dieser wolle *imitare in ogni sua occorenza il Nautilo* und wie dieser sicher auf der Höhe und in den Tiefen des irdischen Meeres fahren[158].

In einer anderen Imprese zeigt Scipione Bargagli (1594) gleiches Bild und Motto in der Bedeutung von Sicherheit (»sicuro«)[159].

Unter dem Motto *Postqvam alta qviervnt* und einer Pictura des N.1, die jeder Empirie entbehrt, nennt Camillo Camilli in einer Imprese (1586) den N.1 wegen seiner Verhaltensweise ein Zeichen *della prudenza*. Der Impresenträger solle wie der N.1 zu ruhigen Zeiten seinen Tätigkeiten nachgehen, sich aber Streitigkeiten und Unruhe entziehen. So würde alles *un fino honorato* nehmen[160].

In der voremblematischen Imprese ist der N.1 noch speziell auf den Träger bezogen, der sich dessen Verhalten zum Vorbild nimmt. In der Impresen-Kunst erhält der N.1 Bedeutungen, die dann allgemeine Korrespondenz erreichen, indem Antonio Ricciardo sie aus Camilli in sein allegorisches Wörterbuch (1591) aufnimmt[161]. Das leistet ebenso Joachim Camerarius (1604) durch Bild und Text mit seinem Nautilusemblem. Dort ist der Nautilus, mit demselben Motto wie bei Contile und Bargagli, zu der Pictura aus Camilli ein Zeichen der Standhaftigkeit[162].

Mit der Bezeichnung ›Di Superbo‹ zu einer noch an Camilli orientierten Pictura mit dem Motto *Nvllivs egeo* leitet Paolo Aresi in seiner Impresensammlung (1635) die ausführliche Beschreibung und Auslegung des N.1 ein[163]:

Der N.1 sei Schiff und Steuermann zugleich. So er auch den Wind erleide, fürchte er nichts und begehre keine fremde Hilfe. Ebenso solle ein hochgemutes Herz (*cor altiero*) alle seine Hoffnung auf sich selber setzen. Mit allen Instrumenten für die Navigation ausgerichtet, setze er seine Fahrt fort. Diese könne er jederzeit beenden und tauche dazu unter. Wenn er seine Fahrt wieder aufnehmen wolle, komme er aus der Tiefe hervor. Das zeigten die Motti *Per svprema per ima tvtvs* und *Postqvam alta qviervnt* an, wie auch der N.1 jemand sei, der *Tempestatis expers* sei. So sei er ›Maestro di navigante‹. Wegen seiner Verhaltensweise und der Art seines Gehäuses (*conca*) habe der N.1 allen Grund zu sagen *Nvllivs egeo*. Es fehle ihm nicht an Stärke (*fortezza*), Klugheit (*sapienza*) und Schönheit (*belltà*). Dem mittelalterlichen Denken wieder nahestehend, führt Aresi seine Allegorese ebenso *in malo* aus[164].

Die aufgezeigten verschiedenen Nautilus-Deutungen stellt Picinelli in seinem ›Mundus symbolicus‹ zusammen[165].

Die Bedeutungen, die der N.1 in Impresen-Kunst und Emblematik hat, übernimmt anschließend die naturkundliche Literatur. Bei der Untersuchung eines Naturgegenstandes bezieht sie, dem jeweiligen Kenntnisstand der Zeit entsprechend, naturkundlich-beschreibende als auch auslegende Elemente mit ein. Bis ins 18. Jahrhundert zeigt sie sich gleichermaßen für sachliche Information als auch für den im Naturgegenstand liegenden Sinn interessiert[166].

Eine Verknüpfung von »Allegorie und Empirie bei Gesner«[167] und Aldrovandi ist in Ansätzen im Kapitel zum N.1 gegeben, da beide das Epigramm des Callimachus zitieren[168]. Die bei Gesner fehlende Aufnahme von Impresen oder Emblematik, die den N.1 erwähnen, ist bedingt durch deren zeitlich späteres Erscheinen. Aldrovandi vergißt offensichtlich zum N.1 die Einfügung allegorischer Elemente, da er in einem anderen Zusammenhang das Werk von Ricciardo nutzt[169].

Ein Eindringen allegorischer Elemente läßt sich besonders in einer speziellen (naturkundlichen) Literaturgattung des 17. Jahrhunderts nachweisen. Es sind die Beschreibungen der ins öffentliche Interesse rückenden privaten Kunst- und Naturaliensammlungen. Diese Museen sind aus den »Kunst- und Wunderkammern der Spätrenaissance«[170] hervorgegangen. In diesen läßt sich von Anfang an eine Vorliebe für solche Gegenstände nachweisen, die sich neben ihrer Seltenheit und Fremdartigkeit durch angebliche Schutzwirkungen, magische Kräfte oder bedeutsamen Inhalt auszeichnen. Auf diese Bedeutungen weisen frühe Kunstinventare hin, in deren Tradition diese Museumsbeschreibungen stehen.

Als Autor einer Impresensammlung beteiligt sich 1622 Andrea Chiocco an der Beschreibung des ›Musaeum Calceolarii‹ zu Verona[171]. Unter den ›Muscheln‹ (Testacea) findet der N.1 besondere Beachtung. Ein Kupferstich zeigt das Gehäuse eines N.1, das stellvertretend das ganze Tier repräsentiert. Mit der Bezeichnung ›Concha‹ *non minus rara, quam pulcherrima, [...] Nautilus dicitur* schließt die naturkundliche Beschreibung des N.1 an. Mit der Betonung, daß der N.1 in seinem Verhalten *lumen intellectus* gebrauche, folgt unter ›Moraliter‹ dessen Bedeutung. Sie zeigt den Einfluß von Camilli und Ricciardo, variiert aber zugleich das tradierte Bild des N.1[172]. In deutlicher Trennung von N.1 folgt anschließend die kurze Beschreibung und Abbildung eines N.2:

> Diese ›Cochlea‹ *peregrina ex mari Indico* würde keine geringe Bewunderung auf sich ziehen, die *in colore et substantia Conchis margaritiferis simillima* und wegen dieser *qualitatis* ›Concha margaritifera‹ genannt würde[173].

Paolo M. Terzago beschreibt 1664 das Mailänder Museum des Manfredo Settala[174]. In dieser Beschreibung wird im einleitenden Kapitel zu den ›Muscheln‹ das Verhalten des N.1 vorrangig behandelt, wodurch die bevorzugte Stellung der Gattung Nautilus an der Spitze einer systematischen Ordnung der Muscheln schon vorgeprägt wird. Allerdings unterscheidet er in der Beschreibung der Sammlungsexemplare noch zwischen N.1 und N.2, erläutert jedoch nicht mehr deren Verhalten, was bei nachfolgenden Autoren zu Unklarheiten führt.

Während Terzago auf eine Einbeziehung allegorischer Elemente verzichtet, nutzt dies in der erweiterten italienischen Fassung dieser Museumsbeschreibung Pietro F. Scarabelli (1677)[175]. Er übernimmt von Terzago die Klassifizierung der ›Muscheln‹, indem er den N.1 als deren Fürst (*il principato*) bezeichnet. Als Erklärung hierzu werden sowohl seine Verhaltensweise als auch seine *conca* genannt. Von dieser berichtet er:

> Es gibt keinerlei Zweifel, daß der Nautilus innen wie außen wunderschön ist, weil er nämlich äußerlich von härtester Schale wie aus Silber umgeben wird; und gleich Perlenschmelz – von dem er ganz bedeckt wird – ist sein Glanz. Und innen besitzt er unzählige Böden und Windungen, welche das gesamte Innere mit regelmäßiger und der Ordnung entsprechenden Proportion durch Trennwände aufteilen[176].

Damit liegt sehr deutlich die Beschreibung des Gehäuses eines N.2 vor, für den jedoch fälschlicherweise als weitere Eigenschaft das Verhalten von N.1 vorausgesetzt wird. Das zeigt an, daß N.1 und N.2 miteinander verschränkt werden.

Dieser Vorgang wird durch die Ähnlichkeit in der Umrißform des Gehäuses von N. 1 und N. 2 – das zudem Ausgangspunkt der Beschreibung des ganzen Tieres ist – ebenso erleichtert wie durch die sprachliche Gleichsetzung. Dadurch werden allegorische Bedeutungen, die auf artspezifischen Eigenschaften des N.1 beruhen, auf den zu ihm im Affinitätsverhältnis stehenden N.2 übertragen. Das zeigt Scarabelli, wenn er seiner naturkundlichen Beschreibung die durch Impresen vorgebildeten Bedeutungen des N.1 anschließt. Mit dem Hinweis: *Ma con allegorica metafora descritto in allusione dell'huomo superbo dal humile, e pacifico Monsig. Arese* […] folgt er hier mit Beispielen aus Aresi[177].

Im gleichen Jahr erscheint die Beschreibung der Sammlung des Bologneser Patriziers Ferdinando Cospi[178]. Der Autor Lorenzo Legati zeigt erneut und noch verstärkt ein Interesse, in den naturkundlich-beschreibenden Teil des Kapitels ›De Nautili‹ allegorisch-auslegende Beispiele aus Aresi und Picinelli einzufügen. Hier zeigt sich ebenfalls eine Verschränkung von N.1 und N.2, da er von dem einzigartigen Verhalten[179] dieses Tieres spricht, dessen Gehäuse in zahlreiche Kammern aufgeteilt sei[180]. Da er im Katalog der einzelnen Sammlungsexemplare dennoch von *Nautilo della prima* und *seconda spezie* spricht, zeigt dies neben einer Unklarheit die Tendenz, das Verhalten als Eigenschaft für beide Tiere vorauszusetzen, die sich lediglich in ihrem Gehäuse unterscheiden.

Ende des 17. Jahrhunderts steigt die Zahl der naturkundlichen Sammlungen in Europa sprunghaft an, in denen ›Muscheln‹ einen bedeutenden Platz einnehmen[181].

Der Jesuit Filippo Buonanni gibt 1681 auf italienisch, 1684 in Latein für diesen Sammlerkreis ein illustriertes conchyliologisches Werk[182] heraus, das sogar noch Linné als Information dient. Buonannis Beschreibung des Museums Athanasius Kirchers von 1709 liegt dieses Werk erneut zugrunde[183]. In diesem Werk bemüht sich Buonanni erstmalig um eine detaillierte Klassifizierung innerhalb der Systematik dieser ›Muscheln‹. Gleichzeitig weist er auf die Bedeutungen der einzelnen Spezies hin. Unter diesen Aspekten gesehen, hebt er den ›Nautilus‹ besonders hervor[184]. Auch von Buonanni werden N.1 und N.2 verschränkt[185]. Es zeigt sich sogar deutlich, daß Buonanni das Verhalten des N.1 nun vorrangig für den N.2 voraussetzt, wenn er letzteres erneut im Katalog seiner Speziesbeschreibung zum Bild des N.2 nennt. Hier schließt er die mit Zitat aus Aresi übernommene Bedeutungen des N.1 an[186]. Buonanni setzt zudem wegen seiner Bedeutungen den N.2 unter den ›Muscheln‹ an die erste Stelle, während er den N.1 an 13. Stelle erwähnt, wo kurz auf Zusammenhänge beider Tiere verwiesen wird[187]. Diese Literaturstelle ist der klarste Beweis für die eingangs unterstellte Bedeutungsverschiebung. Halten wir fest, daß in jedem Fall die Gattung Nautilus an die Spitze der zoologischen Systematik der Mollusken gesetzt wird, wobei je nach Autor einmal der N.1, ein anderes Mal der N.2 präsentiert wird[188]. Dieses ›Hervorheben‹ wird zudem in diesen Sammlungen noch unterstrichen, indem man vor allem die Nautili auf Postamente stellt und das perlmuttern feste N.2-Gehäuse verziert oder zu einem Pokal mit kostbaren Fassungen verarbeitet[189].

Das ikonographische Programm dieser Pokale zeigt häufig den Bezug zum Element Wasser[190]. Von seiner äußeren Form her und der fälschlich von der Verhaltensweise des N.1 abgeleiteten inneren Bedeutung ist der N.2 prädestiniert, als Galeere und Schiff dargestellt[191] zu werden und damit das Element Wasser oder die Seefahrt zu repräsentieren. Es stellt sich die Frage, ob nicht die allegorische Bedeutung des N.1 als ›Meister der Seefahrt‹ und ›Beherrscher des Meeres‹ den N.2-Pokalen zugrunde liegt, die mit Darstellungen berühmter Admirale versehen sind und damit zugleich eine Sonderform eines allegorischen Porträts wären.

Hier lassen sich z. B. Pokale mit Darstellungen von Admiral Maarten Harpertz Tromp (1598–1653) und Admiral Michiel A. de Ruyter (1607–1676) nennen[192]. Diese Frage stellt sich ebenfalls vor einem Vanitas-Stilleben (nach 1656) von Peter Steenwijk, das sich auf den bei einer Seeschlacht gefallenen Tromp bezieht [Abb. 10][193]: Neben einem Globus mit Lorbeerkranz, einer Feldflasche, einer verlöschten Kerze und einem Totenkopf mit Barett liegt ein N.2-Gehäuse. Gegen den Schädel gelehnt ist ein Exemplar der ›Oratio funebris‹ *In Inctuosissimum Obitum Invicti Herôis*/M. Harperti Trompii./*Equitis. maris Propraefecti* […][194]. Daneben hängt ein Kupferstich mit Tromps Bildnis und der Inschrift:

Siet hier den grooten Tromp Den Schrick vant woedent Britten/Den aller Helden rom, die nimmermeer de Hitte/Des Oorlogs heeft ontsien; hij vocht voor 't Vaderlant/Tot dat de daat hem treft en hout noch d'overhant.

Die meisten hier dargestellten Gegenstände sind allgemein Verweise auf Tod und Vergänglichkeit[195]. So auch das Gehäuse des N.2, wenn es als ein leeres verlassenes Gehäuse einer ›Muschel‹ gesehen wird[196]. Darüber hinaus nehmen die Gegenstände mit dem Text speziellen Bezug auf Admiral Tromp. Damit kann angenommen werden, daß der N.2 auf den einst so bedeutsamen *Equitis. maris Propraefecti* bezogen ist.

Das Titelkupfer der Beschreibung der naturkundlichen Amsterdamer Sammlung Levinus Vincent (1706) zeigt die Darstellung der ›Allegorie der Seefahrt‹ durch Personifikation, die hier als das sie kennzeichnende Attribut das Gehäuse eines N.1 als Helm trägt. Die Erklärung dafür bietet der Autor selbst und nennt den N.1 als Lehrmeister der Seefahrt ursächlich für diese Darstellung [Abb. 11][197]. Vincent vertritt zudem die Meinung, daß es nur eine Nautilusart gebe, und bezeichnet den N.2 mit *parlemore Slak*[198].

Diese oft erfolgte Abgrenzung des N.2 vom N.1 mit der Bezeichnung ›Concha-/Cochlea margaritifera‹ bzw. ›Perlmuschel‹/›Perlschnecke‹ wegen der perlenähnlichen Farbe im polierten Zustand, verschränken den N.2 sprachlich mit der in der Perlmuschel entstehenden Perle.

Es darf angenommen werden, daß die als Proprietät genannte ähnliche Farbe der Perle auch Ausgang einer Bedeutungsfindung des N.2 ist. Das früher behandelte Bild der ›Sibylla Samia‹ hat bereits gezeigt, daß der N.2 in diesem Zusammenhang gesehen werden kann.

Philibert van Borsselen wendet sich in seiner poetischen Muschelsammlung ›Strande‹ (1611), einem Lehrgedicht, an die Sammler[199]. Hierin beschreibt der Dichter den N.2 in einem polierten und verzierten Exemplar, das zu einem Pokal gefaßt ist:

Er betont, daß diese edle Muschel der »Schelpen Perle net« sei, ja sogar den »aller-schoonsten glants der Perlen verr’ beschamet«, nichts könne schöner und nichts reiner (»suyverlijcker«) sein als sie. Denn glänzendes Aussehen («glinste-righ gheblick«) und ihren berühmten Glanz (»luyster hoogh-befamet«) verdanke diese Muschel der Empfängnis des Lichtes aus der Höhe (»dees edel Schelp’haer schoonen luyster haelt/van s’Hemels grootste Licht«) und reflektiere dieses gleichsam (»van haer weder straelt«).

Wenn der Dichter diese »Muschel« (N.2) als edel und vollkommen rein bezeichnet und sie damit näher bestimmt als »der Perle gleich«, assoziiert er mit ihr die Perle selbst[200]. In seinem anschließenden auslegend-moralisierenden Vergleich wird spürbar, daß van Borsselen diese »Muschel« als Perle auffaßt und damit auf mittelalterliche Vorstellungen von der Entstehung des Glanzes und der Lichtreflexe zurückgreifend als Edelstein sieht. Dieser Auffassung nach wird das Wirken des Himmelslichtes auf dieser Muschel und das Handeln Gottes am Menschen aufeinander bezogen. Das einfallende Licht entspricht der Empfängnis göttlicher Gnaden und verursacht im Menschen ein Feuer und ein Widerstrahlen zum anderen und dient zugleich der Ehre Gottes und dem Menschen selbst[201].

Dem himmlischen Ursprung verdankt der N.2 seinen Glanz und dadurch seine edle Schönheit und Vollkommenheit. Mit der durch seine Größe gegenüber der Perle bedingten auffälligeren Wirkung übertrifft der N.2 sogar noch die Perle und wird deshalb sozusagen als überdimensionale Perle empfunden. Hierin liegt zugleich eine Erklärung, warum vom N.2 eine solche Faszination ausging und weshalb man polierte Exemplare bevorzugte und analog zur Perle mit kostbaren Fassungen versah. Aus den gleichen Gedanken heraus werden auch andere ›Muscheln‹, die eine Perlmuttschicht aufweisen, poliert[202] und gefaßt, unter denen der N.2 jedoch seine Präferenz erhält[203]. Als vollkommen schöne Naturprodukte sind diese ›Muscheln‹ zugleich natürliche Kunstwerke, die dem Zeitgeist nach sogar dem Kunstwerk vorgezogen werden. Dies wird deutlich, wenn van Borsselen schreibt:

O Schilder sinnen-rijck, dyn hand soo hoogh te looven/Comt hier al veel te cort, dyn verwen noch pinceel/Sal desen schoonen glants niet treffen t’minste deel[204].

Unter diesem Aspekt, die Natur als Lehrmeisterin der Kunst anzusehen[205], wird verständlich, wenn der Maler Hendrik Goltzius in einem Bildnis der ›Allegorie der Pictura‹ (nach 1600) den polierten N.2 als wichtigstes Attribut neben dem traditionellen Pinsel in die Hand gibt [Abb. 12][206]. War einerseits das

Verhalten des N.1 maßgeblich für den hohen Rang des N.2, so haben wir hier gesehen, wie der N.2 über den Glanz der Perle seine Wertschätzung erhält.

Fassen wir zum Abschluß noch einmal die wichtigsten Überlegungen zusammen. Die Sinnerschließung allegorisch verschlüsselter Texte sowie bildlicher Darstellungen in der Kunst bereitet für unser heutiges Verständnis Schwierigkeiten wegen der Vieldeutigkeit der *res*. Sie ist eine Folge der Pluralität realer und fiktiver, als real angenommener Eigenschaften, denen bestimmte Bedeutungen je nach Kontext zugeordnet werden und der zusätzlich noch in Beziehung zueinander gebrachten *res*. Wie am Beispiel von Schnecke, Perlmuschel und Nautilus gezeigt werden konnte, sind hierfür drei Hauptgründe verantwortlich. Einmal die Artverwandtschaft bestimmter *res* oder die Ähnlichkeit von Eigenschaften, zum anderen das Fehlen einer empirischen Naturkenntnis und klassifizierenden Systematik sowie als drittes die Art der Informationsweitergabe im Wechsel über Wort und bildhafte Darstellung. Zur Entschlüsselung der allegorischen Bedeutung in einem konkreten Beispiel muß daher der gesamte mögliche Deutungshorizont einer *res* untersucht werden, wobei denkbare Verschränkungen mit dazu affinen benachbarten *res* zu berücksichtigen sind. Der Deutungshorizont selbst erschließt sich häufig nur, wenn man nicht nur das Zeitverständnis zum jeweiligen Objekt befragt, sondern darüber hinaus aus der Antike kommende Traditionen in die Untersuchung einbezieht.

Anmerkungen:

1 Vgl. Lottlisa Behling: Die Pflanze in der mittelalterlichen Tafelmalerei, Köln/Graz 1967, Taf. 16.

2 Vgl. Eberhard Ruhmer: Francesco del Cossa, München 1959, Taf. 53, Kat. S. 77.

3 Der Apfel (*malum*) ist ursprünglich der Apfel der Eva. Da Maria – in typologisch-antithetischer Gegenüberstellung der Stammutter Eva und der Gottesmutter Maria – die neue Eva ist, verweist der Apfel auf Muttergottesdarstellungen auf die überwundene Sünde. Vgl. Friedrich Kobler: Art. ›Eva-Maria‹, RDK 4, Sp. 417–438, bes. Sp. 424; Guldan; vgl. ferner zum Apfel Liselotte Strauch: Art. ›Apfel‹, RDK 1, Sp. 748–751.

4 Vgl. Jan Lauts/Carl Koch: Hans Baldung Grien. Kat. d. Ausst. Staatl. Kunsthalle Karlsruhe, Karlsruhe 1959, Kat. Nr. 24, Abb. 11 (Wiener Fassung).

5 Das Monogramm Dürers und die Jahreszahl sind später von anderer Hand eingefügt.

6 Von der Kunstwissenschaft wird vertreten, daß die meisten Randzeichnungen Dürers nicht nur dekorativer Schmuck sind, sondern in sinnfälliger Verbindung zum Text stehen; vgl. Werner Timm: Albrecht Dürer. Die Randzeichnungen zum Gebetbuch Kaiser Maximilians, Dresden 1957, S. 9–10.

7 Ebd., Bl. 51^r. Eine Schnecke befindet sich auch zu Füßen der Maria auf der aquarellierten Dürerzeichnung ›Madonna mit den vielen Tieren‹ von 1503 in Wien, Albertina.

8 F. Ohly, 1977, Geistiger Sinn, S. 6; vgl. auch Schmidtke, 1968, S. 136 ff.: »Polyvalenz der Dinge«.

9 F. Ohly, ebd., S. 9.

10 Als ›Proprietät‹ sind auch Entstehung und Verhalten der *res* sowie ganze Naturvor-

gänge zu verstehen. Zum Problem einfacher und komplexer Proprietäten zuletzt Meier, 1977, Gemma, bes. S. 49.

11 S. Braunfels: Art. ›Schnecke‹, LCI 4, Sp. 98–99.

12 Erst Louis Pasteur gelang es 1864, die Möglichkeit einer spontanen Entstehung von Lebewesen durch seine Sterilisationsexperimente endgültig zu widerlegen. Zu Aristoteles vgl. Art. ›Muschel‹, RE 16, Sp. 776, und allgemein: Adolf Remane/Volker Storch/Ulrich Welsch: Evolution. Tatsachen und Probleme der Abstammungslehre, München ³1976, S. 211–214.

13 Vgl. hierzu Anm. 26 und S. 489–490 (zu Anm. 132–137).

14 Konrad Gesner: Historiae Animalium lib. IV. qui est de Piscium et Aquatilium animantium natura, Zürich 1558, S. 289: *De Cochleis Terrestribus, quas Limaces appellant.* [...] *quamvis enim exangues insecta tamen non sunt.* [...] *Isidorus limacem vermem limi appellavit, sed improprie, vermes enim insecta sunt.*

15 Filippo Picinelli: Mundus symbolicus (Erstausgabe ital., Rom 1653), Köln 1681, ›Cochlea/Limax‹, S. 520–522.

16 Lev 11, 41–44; Ps 58, 9.

17 Isidor von Sevilla: Etymologiarum sive originum libri XX, 2 Bde., hg. Wallace Martin Lindsay, Oxford 1911, Nachdr. 1971.

18 Bernhard Bischoff: Die europäische Verbreitung der Werke Isidors von Sevilla, in: B. B., Mittelalterliche Studien I, Stuttgart 1966, S. 171–194.

19 Isidor von Sevilla [s. Anm. 17], XII, 5, 7–8.

20 Ebd., XII, 5, 1.

21 Rabanus Maurus: De Universo libri XXII, PL 111, Sp. 235.

22 Bartholomaeus Anglicus: De genuinis rerum coelestium, terrestrium et inferarum proprietatibus Libri XVIII [...], Frankfurt a. M. 1601, XVIII, 68, S. 1088; vgl. zu dem Werk auch Schmidtke, 1968, insbes. S. 88.

23 Bartholomaeus Anglicus weist ausdrücklich in seinen einleitenden Kapiteln seiner Bücher darauf hin, daß er nur Tiere erwähnt, die in der Bibel bzw. in der Glosse genannt sind. Ebd., Praefatio, S. 1; XVIII, Prooemium, S. 968; S. 1261 Epilogus. Vgl. Schmidtke, 1968, S. 92, und Mia J. Gerhardt: Zoologie médiévale, préoccupations et procédés, Misc. med. 7 (1970), S. 241, Anm. 24.

24 Schmidtke, 1968, S. 95, spricht von einer Lebendigkeit in der mittelalterlichen Naturauslegung, die durch Abwandlung und Umfunktionierung in den Deutungen, basierend auf bekannten Eigenschaften, gekennzeichnet ist.

25 F. Ohly, 1977, Einleitung S. XXXI; ders.: (1958/59) 1977, S. 8: »Die von der Form und Natur der Dinge handelnden Disziplinen haben [...] keinen sich selber genügenden Sinn als ›reine‹ Naturwissenschaften, sondern sind Wegbereiter des Schriftsinns.«

26 Bartholomaeus Anglicus [s. Anm. 22], XVIII, 68, S. 1088, erwähnt hier die *concha*, gemeint ist das Schneckenhaus. Erst seit dem 17. Jahrhundert setzt sich der Gattungsname Limax nur für die Nacktschnecke ohne Haus durch, wie es durch Carl von Linné 1758 festgelegt wird (Systema Naturae 10. Ed. Stockholm 1758). An dieser Stelle sei erwähnt, daß Isidor und Rabanus Maurus die feminine Form für Limax verwenden, während sich spätestens seit Bartholomaeus die maskuline Form durchsetzt.

27 Bartholomaeus Anglicus [s. Anm. 22], XVIII, 68, S. 1088; vgl. hierzu Gerhardt [s. Anm. 23], S. 241–242.

28 Vgl. S. 480 (zu Anm. 37).

29 Thomas Cantimpratensis: Liber de natura rerum, hg. H. Boese, Berlin/New York 1973, Bd. 1. IX, 24, 1–6: *Limax testudinis genus est,* [...], *a limo dictus, quia in limo nascitur. Terram comedit. Quatuor habet cornua, sed duo longiora. In rependo cornua extendit, sed quam cito tangitur, cornua retrahit et se ipsum in se flectit. Hyeme latet,*

vere producitur. Thomas' Bemerkung: *Hyeme latet, vere producitur* beinhaltet den Gedanken der Auferstehung. Denn alle sich häutenden Tiere (z. B. Krebs), metamorphosierende Tiere (z. B. Puppe – Schmetterling) als auch sich im Winter verbergende Tiere, z. B. der Frosch als auch die Schnecke, die zudem noch im Frühjahr das Diaphragma sprengt, mit dem sie sich verschließt, sind Zeichen der Ressurectio. – Es würde den Rahmen dieser Arbeit überschreiten, näher darauf einzugehen. In einer größeren Arbeit, die die Autorin vorbereitet, wird dies behandelt werden. Vgl. vorläufig Braunfels [s. Anm. 11], Sp. 98–99. Zu dem Werk von Thomas vgl. Schmidtke, 1968, S. 88–90.

30 Thomas Cantimpratensis [s. Anm. 29], IX, 46, 1–12.

31 Darüber hinaus wird die Schildkröte *testudo* als eine Art Schnecke betrachtet. Vorstellungen, Beschreibungen und davon abhängige Bedeutungen können sich somit vermischen. *Testudo* für Schnecke gleich *limax/cochlea* u. a.: Hildegard von Bingen: Physica, PL 197, VIII, 18, Sp. 1346; Ioannis Saresberiensis Policraticus (um 1159), hg. C. J. Webb, Oxford 1909, Bd. 1, Kap. 4, S. 23; Bartholomaeus Anglicus [s. Anm. 22], XVIII, 105, S. 1120–1121; Thomas Cantimpratensis [s. Anm. 29], IX, 46, 1–12. Ein vorzügliches Beispiel in Text und Bild zeigt die deutsche illustrierte Ausgabe des Thomas von Chantimpré des Peter Königsschla(c)her von 1472, die er für Georg von Waldburg übersetzt. Erhalten in der Württemb. Landesbibl. Stuttgart, Cod. med. et phys. 2° 15, fol. 185ᵛ: ›*Testudo Schneck‹ ist ein wurm* […]. Im Bild erscheint die haustragende Schnecke und die Nacktschnecke [Abb. 3]; Vinzenz von Beauvais: Speculum naturale, Douai 1624, Nachdr. Graz 1964, XX, 138, Sp. 1538 und XX, 172, Sp. 1554; Albertus Magnus: De animalibus libri XXVI, hg. Hermann Stadler, Münster i. W. 1916, Bd. 1, IV, u. a. 38, 39, 42, 43, 46, 89; vgl. auch Ute Schwab: Die Inedita aus dem XIX. Kapitel des Leonebuches, PBB 95, Sonderh., Fs. Ingeborg Schröbler (Tüb. 1973), S. 280, bes. Anm. 29; H. Schuchardt: Franz. *creuset* usw., ZfrPh 16 (1902), S. 314–324, bes. S. 324; Lorenz Diefenbach: Glossarium Latino-Germanicum mediae et infimae aetatis, Frankfurt 1857, Nachdr. Darmstadt 1968, S. 581.

32 Vinzenz von Beauvais [s. Anm. 31], ›De limace‹, XX, 138, Sp. 1538; ›De testudine‹, XX, 172, Sp. 1554. Vinzenz zitiert zum Limax lediglich Isidor [s. Anm. 19].

33 Vor Vinzenz von Beauvais verweist bereits Bartholomaeus Anglicus [s. Anm. 22] zur Testudo auf Limax und zitiert ebenfalls Isidor. Dort heißt es von der Schildkröte [s. Anm. 17], XII, 6, 55–56: *Testudo dictus, eo quod tegmine testae sit adopertus in camerae modum. Sunt autem quattuor genera: terrestres, maritimae, lutariae, id est in caeno et paludibus viventes; quartum genus fluviales, quae in dulci aqua vivunt.*

34 Vinzenz von Beauvais [s. Anm. 31], XX, 172, Sp. 1554.

35 Petrus Berchorius: Reductorium morale, Opera Omnia, 3 Bde., Antwerpen 1609. (Die meist zitierte Ausgabe Köln 1730–31 war mir nicht zugänglich.) Zu dem Werk des Berchorius vgl. Schmidtke, 1968, S. 93–95.

36 Berchorius [s. Anm. 35], Bd. 1, X, 62, S. 392. (Die Wiedergabe des Textes ist stark gekürzt, sinngemäß übersetzt.)

37 Vgl. S. 480 (zu Anm. 28).

38 F. Ohly, 1977: Einleitung zu ›Silva Allegoriarum‹, S. 160. Vgl. auch Anm. 48.

39 Schmidtke, 1968, S. 95.

40 Neben der für das Mittelalter nachgewiesenen Bedeutungspluralität der Dinge gibt es in der Bibel neben eindeutig positiven auch eindeutig negativ festgelegte *res*, wie bereits Augustinus bemerkt: Aurelius Augustinus: De doctrina christiana III, 80–85, vgl. Schmidtke, 1966, S. 136, bes. Anm. 470–471. Zu den eindeutig negativ festgelegten Tieren gehört der Limax.

41 Le Mireour du Monde. Manuscrit du XIVe Siècle, hg. Felix Chavannes, Lausanne 1845, S. 180–181: *Les losengiers et les mesdisans* [...] *ce sont les escharbos qui les flours fuient, et les fiens aiment.*

42 Emile Mâle: L'Art religieux du XIIIe siècle en France, Bd. 1, Paris ⁸1948 = Livre de Poche, Paris 1958, bes. Anm. 123–124, S. 240–241; Lilian M. C. Randall: The snail in gothic marginal warfare, Spec. 37 (1962), S. 358–367 mit weiteren Deutungen der Schnecke; Dies.: Images in the margins of gothic manuscripts (California Studies in the History of Art 4), Berkeley/Los Angeles 1966, bes. die Verweise: Hybrid Knight and Snail, S. 115, Abb. 241; Hybrid Man and Snail, S. 118, Abb. 239; Knight and Snail, S. 138, Abb. 307–311; Man and Snail, S. 155–156, Abb. 384–385. Das Motiv findet sich noch im 15. Jahrhundert, z. B.: Les Très Riches Heures du Duc de Berry, entstanden 1413–1416 für Jean Duc de Berry, von den Gebrüdern Limburg (Paul, Hermann und Hennequin) illuminiert, Bl. 38^v. Vgl. Les Très Riches Heures du Duc de Berry (Faksimile), hgg. Charles Samaran u. a., Paris 1970, Abb. 33.

43 Theobalda A. G. Wilberg Vignau-Schuurman: Die emblematischen Elemente im Werke Joris Hoefnagels, 2 Bde., Leiden 1969.

44 Ebd., Bd. 1, S. 176–177, § 335 mit weiterführender Literatur; vgl. u. a. L. und E. Řezničkovi: Van de slak op de tak, Nederlands Kunsthistorisch Jaarboek 15 (1964), S. 133–147; sowie Henkel/Schöne: Sp. 616–623.

45 Wilberg Vignau-Schuurman [s. Anm. 43], Bd. 1, S. 46, Anm. 3; S. 60, Anm. 5; S. 78, Anm. 12; S. 200, § 392 und bes. S. 176, § 334; bei Giovanni Pierio Valeriano: Hieroglyphica (Erstausgabe Basel 1556), Ausg. Lyon 1602, XXVIII, S. 287: Die Schnecke ›Cochlea‹ als *Terrenis addictus* im Sinne von *animum terrenis affectibus*. Von Valeriano übernommen und zitierend Gesner [s. Anm. 14], S. 297; wiederum von beiden abhängig Ulisse Aldrovandi: De reliquis animalibus exanguibus libri quatuor, Bologna 1606, III, S. 379 C unter ›Moralia‹ und wiederholend unter ›Symbola‹, III, S. 380, Nr. 7, dort aus Ricciardo, der Valeriano zitiert: Antonio Ricciardo: Commentaria symbolica, in quibus explicantur arcana neque infinita ad mysticam naturalem, et occultam rerum significantionem attinentia, 2 Bde., Venedig 1591, Bd. 1, Bl. 159^v, Nr. 7; Wolfgang Franzius: Historia Animalium Sacra [...] (Erstausg. 1613), Amsterdam ⁵1643, S. 603–604: *Limax/Cochlea* [...] *Sunt imago tantummodo terrenis inhiantium hominum, qui alia nulla arte valent, aut militum inertium;* und Carel van Mander: Uytbeeldinghe der Figueren [...], Amsterdam 1616, Buch 2, S. 118: *De Huysdrighsche Slecke/beteyrkent Aerdtsche ghesintheydt.*

46 (Georg Hoefnagel): Missale Romanum für Kardinal Andreas von Österreich, signiert u. datiert 1581–1590, Wien, Österr. Nationalbibl., Cod. 1784, fol. 105. Vgl. dazu Wilberg Vignau-Schuurman [s. Anm. 43], Bd. 1, S. 114 und S. 176, § 334.

47 Schriftmusterbuch von Georg Bocskay, Illumination unter Rudolf II. von Georg Hoefnagel beendet, signiert und datiert 1591–1594. Wien, Kunsthist. Museum, Slg. f. Plastik u. Kunstgewerbe, Inv.-Nr. 975, fol. 115, hier weisen die Schnecken mit Turban auf die Türken, gegen die der christliche Kaiser Rudolf II. 1593 kämpft. Vgl. dazu Wilberg Vignau-Schuurman [s. Anm. 43], Bd. 1, S. 150, § 279, und S. 176, § 334.

48 Aegidius Albertinus: Der Welt Tummel: und Schaw-Platz, [...] darinn mit einführung viler schöner und fuertrefflicher Discursen/nit allein die Natürliche/sondern auch Moralische und sittliche Eigenschafften [...] der fuernembsten Creaturen [...] Allen Standts Personen/und sonderlich den Predigern sehr dienstlich, München 1612. Vgl. hierzu S. 480 (zu Anm. 35, 36 und 38).

49 Harms, 1977. Harms weist aber darauf hin, daß »die Rezeption einzelner Werke und

Autoren eher eine Randerscheinung ist. Die Epochenrezeption des Mittelalters im Barock ist stärker als die Werkrezeption«, ebd., S. 25.

50 Aegidius Albertinus [s. Anm. 48], S. 349–350.

51 Jacob Cats: Emblemata Moralia et Aeconomica, Rotterdam 1627, Emblem 23, S. 46–47; etwas verändert ders.: Monita Amoris Virginei sive Officium Puellarum in Castis Amoribus Emblemate expressum, Amsterdam 1622, Emblem 23, S. 62–63; vgl. Henkel/Schöne: Sp. 622–623.

52 Daß man Schnecken angeblich mit Salz auflösen könne, erwähnt bereits Thomas von Chantimpré [s. Anm. 29], IX, 46, 10–12, und von ihm abhängig Vinzenz von Beauvais [s. Anm. 31], XX, 172, Sp. 1554. Ebenso Georg und Jakob Hoefnagel: Archetypa Studiaque [...], Frankfurt a. M. 1592, IV, 5, zum Bild einer Nacktschnecke (Arion hortensis) der Text: *Exossis, pedibus cassus, non horreo spinis,/Proque oculis implent cornua bina vicem,/Exanguis, quaqua incedo tractu illino muccum,/Lethifer est mihi sal hostis, et exitium.*

53 Melchior Mattsperger: Geistliche Herzenseinbildungen in zweihundert und fünfzig biblischen Figursprüchen. [...] Augsburg 1685, Nachdr. Hildesheim 1965, VII, 21. Die Pictura Mattspergers ist aus Hoefnagels Archetypa entnommen. Die Sammlung erweist sich hier noch als Musterbuch. Georg und Jakob Hoefnagel [s. Anm. 52], I, 2.

54 Johann Jakob Scheuchzer: Kupfer-Bibel, in welcher die Physica Sacra, oder Geheiligte Natur-Wissenschaft derer in Heil. Schrift vorkommenden Natürlichen Sachen deutlich erklärt und bewährt [...], 4 Bde., Augsburg/Ulm 1731–1735, Bd. 3, Taf. 554.

55 Jan Luiken: De Bykorf des Gemoeds, Honing zaamelende uit allerley Bloemen [...], Amsterdam 1711, S. 314–317, mit Zitaten aus Petr 3, 12; Ps 34, 15–17; Ps 97, 10–11; Is 1, 16; Is 57, 20; Sap 10, 7; vgl. auch Picinelli [s. Anm. 15], S. 520, 167 mit Bedeutung des ›Scandalosus‹ als auch von ›Haeresis‹. Die *vestigium immundum* erwähnt bereits Bartholomaeus Anglicus [s. Anm. 22], XVIII, 68, S. 1088 und von ihm abhängig Berchorius [s. Anm. 35 u. 36].

56 Konrad von Megenberg: Das Buch der Natur. Die erste Naturgeschichte in deutscher Sprache, hg. Franz Pfeiffer, Stuttgart 1861; zu dem Werk vgl. Schmidtke, 1968, S. 89–90.

57 Annemarie Brückner: Thomas Cantimpratensis ›De animalibus quadrupedibus‹ als Vorlage im ›Buch der Natur‹, Diss. Frankfurt a. M. 1961, zitiert in Schmidtke, 1968, S. 89; da Brückner nur das Buch ›De quadrupedibus‹ vergleicht, kann nur die Ausgabe des Thomas von H. Boese hier berücksichtigt werden [s. Anm. 29].

58 Konrad von Megenberg [s. Anm. 56], S. 286.

59 Isidor [s. Anm. 17], XII, 5, 1; vgl. S. 479 (zu Anm. 20).

60 Konrad von Megenberg [s. Anm. 56], S. 302–303, 15.

61 Thomas Cantimpratensis [s. Anm. 29], IX, 24, 1–6.

62 Konrad von Megenberg [s. Anm. 56], S. 258–259, 27 und S. 308, 25: *Testudo haizt ain sneck gemainleich,* [...]. Vgl. hierzu Anm. 31 u. 33.

63 Ebd., S. 308. Die Trägheit der Schnecke erwähnen Bartholomaeus Anglicus [s. Anm. 22], XVIII, 68, 1088, Thomas von Chantimpré [s. Anm. 29], IX, 46, 2 und Berchorius [s. Anm. 35], Bd. 1, X, 62, S. 392; Pieter Bruegels d. Ä. Federzeichnung von 1557 in Wien, Albertina, zeigt die Personifikation des Lasters ›Desidia‹, nicht zuletzt erkenntlich an ihren allegorischen Attributen: drei große Weinbergschnecken kriechen zu Füßen der auf einem Esel schlafenden ›Desidia‹, mit dem später hinzugefügten Spruch: *Traechheyt mackt machteloos en verdroocht* [...]. Vgl. zuletzt A. Anzelewsky/P. Dreyer u. a.: Pieter Bruegel als Zeichner. Herkunft und Nachfolger, Kat. d. Ausst. Staatl. Museen Preussischer Kulturbesitz, Berlin, Kupferstichkabinett, Berlin

1975, Kat. Nr. 64, Abb. 94, S. 58–59; Antonio Ricciardo [s. Anm. 45], Bd. 1, Bl. 159^r, Nr. 2–3: *Cocleae per se –, Cocleae testa, signific. tarditatem*; und ihn zitierend Aldrovandi [s. Anm. 45], III, S. 379 D2 unter ›Symbolica‹. Georg Philipp Harsdörffer: Prob und Lob der Teutschen Wolredenheit. Das ist: deß Poetischen Trichters Dritter Theil, Nürnberg 1653, Nr. 406, S. 412–413: »Der Schneck [...] wird gemahlet zu dem Verzug/der Langsamkeit« [...] Vgl. auch Tervarent, Art. ›Escargot‹, Bd. 1, Sp. 161; Georg und Jakob Hoefnagel [s. Anm. 52], I, 2, zusammen mit Schmetterling in der Bezeichnung *Festina lente*. Die negative Beurteilung der Langsamkeit der Schnecke wird durch die Emblematik aufgewertet im Sinne kluger Vorsicht und Bedachtsamkeit, siehe Henkel/Schöne, Sp. 620 und Belege für beides. Art. ›Schnecke‹, Grimm DWb 19, Sp. 1214, 3; Art. ›Schneckengang‹, Grimm DWb 19, Sp. 1217–1218. Diese immer wieder zitierte Langsamkeit der Schnecke veranlaßte schließlich sogar die Zoologen dazu, sie genauer zu erforschen! M. Rotarides: Die Schnelligkeit der Lokomotion bei den Landpulmonaten, Zs. f. vergleichende Physiologie 22 (1935), S. 564–569; B. Verdcourt: The speed of Land Mollusca, J. of Conchology 22 (1947), S. 269–270; Ders.: References to the speed of Land Mollusca, ebd., 23 (1949), S. 47.

64 Konrad von Megenberg [s. Anm. 56], S. 310, 30.

65 Vinzenz von Beauvais [s. Anm. 31], XX, 172, Sp. 1554; vgl. auch Diefenbach [s. Anm. 31], S. 330, ›Limus‹.

66 Thomas Cantimpratensis [s. Anm. 29], IX, 52, 1–7 ebenfalls mit Hinweis auf Ps 21, 7.

67 Eigentlich ist der Wurm auch hier primär Zeichen der Verachtung, des Spotts und der Niedertracht. Er wird sekundär durch die Exegese positiv gewertet, dazu Gerhardt [s. Anm. 23], S. 234–235. Zum Wurm Schmidtke, 1968, S. 139 und Register Wurm, Regenwurm.

68 Rabanus Maurus [s. Anm. 21], Sp. 236. Vgl. auch Aurelius Augustinus: Enarrationes in Psalmos, PL 36, Sp. 168: In Psalmum 21, 7.

69 Vinzenz von Beauvais [s. Anm. 31], XX, 68, Sp. 1498: *Vermis specialiter dictus.* [...], *qui de pura et munda terra nulla seminis commixtione generatur,* [...] *Et huic se Dominis de virgine natus per Prophetam se comparat dicens. Ego autem sum vermis, et non homo.* – Vinzenz folgt hier wahrscheinlich wie Konrad einem überarbeiteten Werk des Thomas, wie es in einer Handschrift der Bayer. Staatsbibl. München unter der Signatur Clm 3206 erhalten ist. Dort heißt es fol. 89^r: [...]; *vermis specialiter appellatur ille qui de pura et munda terra sine ulla com(m)ixtione seminis generatur.* [...] *Huic se dominus per psalmistam comparat cum dicit: Ego sum vermis et non homo* [...] *quia de pura et munda carne matris sine corruptionis semine generatus est* [...]. Vgl. S. 483 (zu Anm. 57 u. 66).

70 Kurt Martin (Vorwort): Alte Pinakothek München. Kurzes Verzeichnis der Bilder, München (1957), ²1958, S. 16, Abb. 102, Dieric Bouts d. J. zugeschrieben.

71 Zu Auswirkungen von Affinitäten benachbarter Dinge siehe Harms, 1970, S. 57 ff. und ders., 1975, Eisvogel, S. 498–499. Vgl. hierzu S. 485 (zu Anm. 91).

72 Albert Schramm: Der Bilderschmuck der Frühdrucke, Leipzig 1921, Bd. 3: Druck Johann Baemler, Augsburg 1475, Taf. 63, Nr. 461. Ebd.: Druck Anton Sorg, Augsburg 1476, Taf. 126, Abb. 837.

73 Jakob von Meydenbach (Druck): (H)Ortus Sanitatis (maior), Mainz 1491, Tract. de Vermibus, 85. – Das Werk eines unbekannten Autors folgt hier wortwörtlich Vinzenz von Beauvais [s. Anm. 31], XX, 138, Sp. 1538. Auch die für Vinzenz charakteristische Zusammenstellung mehrerer Tiere in einem Kapitel ist beibehalten worden, wie hier: ›Lanificus et Limax‹ (vgl. auch Anm. 146). Einige Kapitel sind im Text gekürzt oder bringen Zusätze meist aus Albertus Magnus. Die Abbildung des Limax aus dem ›Hortus‹ zeigt Schramm, ebd., 1932, Bd. 15, Taf. 81, Nr. 642.

74 Zur Bauform des Emblems und der Funktion seiner Teile vgl. Schöne, 1964, S. 18–24, und Daly, 1975, Zu den Denkformen des Emblems, S. 90–101.

75 Schöne, 1964, S. 23. Vgl. dort auch S. 56–57.

76 Ebd., S. 44–45, »Zusammenhänge mit mittelalterlicher Symbolik«, S. 43–48. Vgl. auch Jöns, S. 56: »sie (die Emblematik) zielt in ihrem wesentlichen Anliegen, wenn auch nicht von Anfang an, auf eine Durchleuchtung der Welt, deren Grundlage die christlich-mittelalterliche Lehre von der signifikativen Qualität der Dinge ist.«

77 Schöne, 1964, S. 40–43.

78 Harms, 1975, Eisvogel, S. 490. Dort in bezug auf das Eisvogelkapitel Picinellis, doch ist diese Aussage von Harms für das gesamte Werk Picinellis gültig.

79 Picinelli [s. Anm. 15], S. 522, 180 (sinngemäß übersetzt).

80 Ambrosius: Expositio evangelii secundum Lucam, PL 15, Sp. 1641.

81 William S. Heckscher: Aphrodite as a nun, The Phoenix 7 (1953), S. 105–117.

82 Cesare Ripa: Iconologia (Rom 1593), Ausg. Siena 1613, Nr. 171. Vgl. Heckscher [s. Anm. 81], S. 106 Abb. 1 und S. 107 Anm. 5.

83 Johann Joachim Winckelmann: Versuch einer Allegorie besonders für die Kunst, Dresden 1766, Kap. 3, § 180 mit Hinweis auf die Statue des Phidias; hierzu Heckscher [s. Anm. 81], S. 116.

84 Zu den Belegen vgl. Heckscher [s. Anm. 81], S. 109.

85 Andrea Alciati: Emblematum liber, Erstausg. Augsburg 1531, Ausg. Basel 1542, Emblem 100, S. 218.

86 Heckscher [s. Anm. 81], S. 109, bes. Anm. 10. Hier ist zu bemerken, daß bereits Pierio Valeriano – den Heckscher nur kurz erwähnt: »such minor works« – ausführlich den Hinweis auf Pausanias und Quellenangabe zu Plutarch gibt, wenn er die *testudo* mit der Bedeutung ›Virginum Custodia‹ erwähnt. Valeriano [s. Anm. 45], XXVIII, S. 283; als eine weitere literarische Quelle für Ripa denkbar, auf Valeriano verweisend Ricciardo [s. Anm. 45], Bd. 2, Bl. 245ʳ, ›Testudo‹ Nr. 2 und Bd. 2, Bl. 263ʳ ›Venus‹ Nr. 17 und Bl. 264ʳ ›Venus‹ Nr. 78. Vgl. auch J. Fisher Roffensis: Assertionis Lutheranae confutatio, hg. Michel Hillen van Hoochstraten, Antwerpen 1523. Hier zeigt ein Holzschnitt Venus Urania mit beiden Füßen auf einer Schildkröte stehend. Neben anderen der Spruch: *Tecum habita, ut noris, quae sit tibi curta supellex. Frons occipitio prior est.* – Hier wird das Bild nicht nur auf das Verhalten der Frau allein bezogen, sondern auch auf Wohnung und Haushalt, die möglichst klein gehalten werden sollten –. Bereits vor Ricciardo – Valeriano und dessen Quellen Pausanias/Plutarch zitierend –: Gesner [s. Anm. 14], IV, S. 1139: *Ex testudine hieroglyphica symbola aliquot Pierius Valerianus interpretatur* [...] 3. ›Virginum custodia‹ [...] – Valeriano, Gesner und Ricciardo voraussetzend: Aldrovandi [s. Anm. 45], III, Kap. ›Mystica‹, S. 248 H.

87 Isidor von Sevilla [s. Anm. 17 und 33].

88 Berchorius [s. Anm. 35], Bd. 1, IX, 117, S. 294–295: *Testudo* (hier ist eine indische Meeresschildkröte genannt) *cum vxore sua cohabit carnaliter, pecorum more. Veruntamen vxor sua non libenter patitur copulam, quousque masculus ea auersa ori eius festucam imponit. Istud potest intellegi, de bonis mulieribus, quae copulam carnis etiam cum propriis viris debent difficiliter et cum quadam displicentia sustinere,* [...] *se debent bonae mulieres in talibus excercere, ut scilicet non ex libidine, sed ex iustitia moveantur.* Hierzu Heckscher [s. Anm. 81], S. 113: »Bersuire's comparison between tortoise and married woman clearly shows that the middle of the 14. century the tortoise was firmly established as a paradigm for the behavior of the modest Christian wife.« Vom Paarungsverhalten ohne eine Auslegung berichtet Thomas von Chantimpré [s. Anm. 29], IX, 49, 12–14; von ihm übernommen Albertus Magnus [s. Anm. 31], XXIV, S. 1547,

56 sowie Vinzenz von Beauvais [s. Anm. 31], XVII, 131, Sp. 1315. Eine der antiken Quellen ist Aelian XV, 19.

89 Heckscher [s. Anm. 81], S. 114–115.

90 Oft spöttisch wurden die Mönche in ihren Klosterzellen mit der haustragenden Schnecke verglichen. So z. B. Gunzon von Novara (Mitte 10. Jh.) in einem zornigen Brief an die Mönche der Reichenau: *Sendens in conclavi monasterii cornutum se putat, secundum proverbium Aristoteles, qui ait: Limax in suo conclavi cornupeta sibi videtur, seque putat cursu timidis contendere damis*. Vgl. J. Havet: Les proverbes d'Aristote en hexamètres latin, Revue de Philol. 11 (1887), S. 123–124, zitiert in Randall [s. Anm. 42]: The Snail, S. 361. Ein Mönch als Schnecke befindet sich als Sitzknauf am spätgotischen Chorgestühl der Kathedrale von Lausanne, vgl. Paul L. Ganz/Theodor Seeger: Das Chorgestühl in der Schweiz, Frauenfeld 1946, Taf. 46. Vgl. auch Picinelli [s. Anm. 15], S. 521, 176.

91 Vgl. S. 483 (zu Anm. 71).

92 Rahmenthema der Sektion 3 dieses Kolloquiums.

93 Nicolas Reusner: Nicolai Reusneri Leorini Aureolorum Emblematum Liber Singularis (Erstausgabe 1587), Straßburg 1591, Emblem (ohne Paginierung).

94 Abraham Bickhart (1535–1577), Scheibe des Hans Müller d. J. 1568; vgl. Suzanne Beeh-Lustenberger: Glasgemälde aus Frankfurter Sammlungen, Frankfurt a. M. 1965, Kat. Nr. 65, S. 157–161. Beeh-Lustenberger weist nach, daß diese Darstellung der ›Venus Urania‹ einerseits Alciati [s. Anm. 85] und andererseits Van Hoochstraten [s. Anm. 86] voraussetzt.

95 Franzius [s. Anm. 45], S. 214, zu dem Werk von Franzius vgl. Harms, 1975, Eisvogel, S. 487–489; vgl. auch Heinrich von Hövel: Neuwer wunderbarlicher Thiergarten, in welchem der Unvernünfftigen Irdischen Gethieren/[...] Natur und Eygenschafften [...] beschrieben [...] durch wolgereimpte Vergleichungen applicirt oder gedeutet werden [...], Frankfurt a. M. 1601, Teil 3, Emblem 12: ›Von der Schildtkrotten‹ (Pictura einer Wasserschildkröte): *Wie daß ein treuwe Haußmutter daheime bleiben/und sich nicht viel auff den Gassen finden lassen sol.*

96 Franzius [s. Anm. 45], S. 497.

97 Mander [s. Anm. 45], Buch 2, S. 118. – Hier sei darauf hingewiesen, daß aus der Emblematik mehrere Beispiele angeführt werden könnten, die gleiches Motto wie z. B. *Domus optima, Tecum habita, Omnia mea mecum* oder *Aeque tandem* sowohl zur Pictura ›Schnecke‹ als auch ›Schildkröte‹ verwenden, mit ebenfalls sinngemäß ähnlicher Subscriptio. – Auch gibt es in der Emblematik zahlreiche Beispiele, die trotz fortgeschrittener Naturerkenntnisse und -klassifizierung immer noch *limax-cochlea-testudo* synonym benutzen, so daß z. B. zur Pictura ›Schnecke‹ in der Subscriptio das Wort *testudo* stehen kann. – Hier »zwingt das Emblem seinen Betrachter und Leser, die Priorität des Bildes anzunehmen«: Vgl. Schöne, 1964, S. 25. – Somit ist ›testudo‹ des aus Jakob von Bruck entnommenen Emblems 40 zum Bild der ›Schnecke‹ auch mit Schnecke zu übersetzen, vgl. Henkel/Schöne, Sp. 621.

98 Denis Lebey de Batilly: Dionysii Lebei – Batillii Regii Mediomatricum Praesidis Emblemata, Frankfurt 1596, Emblem 58. Vgl. auch Picinelli [s. Anm. 15], S. 521, 177: *Cochlea, hominis prudentis symbolum, nunquam progredi solet, nisi sui corniculis [...] viae securitatem praetentaverit.*

99 Daß die ›coc(h)leae‹ mit ihren Fühlern den Weg erforschen, berichtet bereits Plinius IX, 32. Seit dem 13. Jh. erwähnen dies z. B. Bartholomaeus [s. Anm. 22], vgl. S. 479–480 (zu Anm. 27), und Vinzenz [s. Anm. 31], XVII, 45, Sp. 1276.

100 Übersetzung der lateinischen Subscriptio aus Henkel/Schöne, Sp. 617.

101 Franzius [s. Anm. 45], S. 214–215. Franzius meint hier die Schildkröte.

102 Arist.: Hist. an. 590 b; Plin.: Nat. hist. IX, 35; Oppian: Hal. V 410, vgl. Anm. 144.

103 Schmidtke, 1968, S. 91: »Im tierkundlichen Bereich steht Aristoteles – das 13. Jahrhundert ist bekanntlich das Jahrhundert der Aristotelesrezeption – in der vordersten Reihe der Autoritäten, ferner finden sich – noch immer – Isidor, außerdem Plinius und Solinus.«

104 Bartholomaeus Anglicus [s. Anm. 22], XVIII, 106, S. 1121 ›De Tortuca‹. Thomas Cantimpratensis [s. Anm. 29], VI, 49, 3–7 ›De testudine maris Indie‹. Vinzenz von Beauvais [s. Anm. 31], XVII, 131, Sp. 1315 ›De Testudine marina‹. Albertus Magnus [s. Anm. 31], XXIV, S. 1546, 56. Berchorius [s. Anm. 35], Bd. 1, IX, 117, S. 295. (Verkürzte, sinngemäße Übersetzung.)

105 Vgl. Anm. 88.

106 Vgl. hierzu Valeriano [s. Anm. 45], Lib. 28, S. 282 ›De Testudine‹: ›In potentiores ditionem redactus‹, *Hominem in potentioris cuiusquam potestatem adeo redactum, ut nullum iam speret effugium.* – Aus Valeriano übernommen und ihn zitierend: Gesner [s. Anm. 14], IV, S. 1139, Nr. 1, ebenso Ricciardo [s. Anm. 45], Bd. 2, Bl. 245ʳ, Nr. 1; Joachim Camerarius: Symbolorum et emblematum ex aquatilibus et reptilibus desumptorum centuria quarta [...], Nürnberg 1604, Emblem 48: ›Emta dolore volvptas‹, vgl. Henkel/Schöne, Sp. 612–613; Picinelli [s. Anm. 15], S. 473, 268–270.

107 Aegidius Albertinus [s. Anm. 48], S. 620–621.

108 Ebd., S. 351–352.

109 F. Ohly, 1974, Geburt der Perle.

110 Ebd., bes. S. 265 mit Belegstellen.

111 Lauchert; Otto Seel, (Hg.), Physiologus, Zürich (¹1960), ²1967, 44, S. 42–44.

112 F. Ohly, 1973.

113 Lauchert S. 86.

114 F. Ohly, 1973, S. 407.

115 Ebd., bes. S. 409–410, mit Hinweisen auf die Werke von Raynaud und Marracci: Théophile Raynaud: Opera Omnia, Lyon 1665, Bd. 7, Marialia ›Concha Margaritifera‹ S. 389, vgl. auch Bd. 1, S. 358–361, § 332–337. Hippolytus Marraccius: Polyanthea Mariana, Köln 1710; Salzer, S. 243–247 (unter Perle).

116 Ps.-Hugo von St. Viktor: De bestiis et aliis rebus, II, PL 177, Sp. 80–81. Zu den verschiedenen Zuschreibungen und dem Charakter des Werkes vgl. Schmidtke, 1968, S. 63–64. Vgl. Picinelli [s. Anm. 15], S. 442, 62.

117 Berchorius [s. Anm. 35], Bd. 1, IX, 19, S. 263: ›De Conchyliis‹. Vgl. hierzu auch Albertinus [s. Anm. 48], S. 661–662.

118 Caius Plinius Secundus: Bücher und Schriften von der Natur, art und eigenschafft der creaturen [...] jetzt allererst [...] auß dem Latein verteutscht durch Johann Heyden, Eifflender von Dhaun, Frankfurt a. M. 1565 (Übersetzung von Buch VII–XI), Vorwort.

119 Ebd., 35, S. 376.

120 Bernard Berenson: Italian pictures of the Renaissance, Florentine School, London 1963, Abb. 913. Vgl. N. N.: Art. ›Muschel‹, LCI 3, Sp. 300. Auf das Motiv der Muschelnische, seiner Herleitung und Bedeutung kann im Rahmen dieser Arbeit nicht eingegangen werden. (Sie wird Gegenstand einer Arbeit sein, die von der Autorin über die Muschel vorbereitet wird.)

121 Cecil Gould: The sixteenth-century Italian schools. National Gallery Catalogues, London 1975, zu Inv.-Nr. 1171 (Ansidei Madonna).

122 Vgl. Karl Toth: Die alten Niederländer von van Eyck bis Brueghel, Bielefeld/Leipzig 1943, Abb. 18–19; Zu Wappen und Devise: Heckscher/Wirth, Sp. 94, Abb. 5.

123 Vgl. Hans Martin von Erffa: Das Programm der Westportale des Pisaner Domes, Mitt. d. Kunsthist. Institutes in Florenz 12 (1965), S. 55–106, Abb. 19.

124 Picinelli [s. Anm. 15], S. 442, 62; S. 444, 75 und 77; (ohne Erwähnung aus Scipione Bargagli; vgl.: Von Erffa [s. Anm. 123], S. 76 Anm. 50).

125 (Jacques Callot): Vita/Beatae Mariae Virginis/Matris Dei Emblematibus delineata/[...] – Vie de la Mere de Dieu représentée par Emblesmes. Paris ¹1626, (²1646). Emblem 11. Ein bei François Langlois erschienenes Werk, von dem oder aus dessen Werkstatt mit Sicherheit der Text ist. Vgl. J. Lieure: Catalogue de l'oeuvre gravé de Jacques Callot, Paris 1924, Bd. 2, Nr. 637. Dem Motto ›Obstericante coelo‹ folgt das Bild einer am Strand liegenden Muschel mit Perle, in die der Tau vom Himmel fällt. Am Bildrande stehen drei auf das Geschehen weisende Personen. Darunter der Text: *Quis partum sacra Virgo tuum fando explicet? à quo, Et dolor omnis abest, et pudor omnis abest./La Rosée a formé dans sa riche coquille,/Cette perle qui luit d'un éclat triomphant:/L'esprit sainct a produict ce Dieu qui est enfant, Dans les pudicques flancs de cette chaste fille.*

126 Zu Werk und Autor s. Friedrich Zoepfl: Art. ›Defensorium‹, RDK 3, Sp. 1206–1218, und E. M. Vetter: Art. ›Defensorium‹, LCI 1, Sp. 499–503. Vetter nennt 9 Handschriften und zwei Blockbücher.

127 Blockbuch von 1471, gefertigt von Johann Eysenhut in Regensburg mit Nennung des Verfassers; vgl. Julius von Schlosser: Zur Kenntnis der künstlerischen Überlieferung im späten Mittelalter, Jb. d. Kunsthist. Sammlungen d. Allerhöchsten Kaiserhauses 23 (1902), S. 287–313, Abb. 20. – Der Text variiert etwas in den einzelnen Vorlagen. Der oft erfolgte Hinweis auf das 16. Buch Isidors ist durchaus richtig, da Isidor die Perlenentstehung zweimal erwähnt [s. Anm. 17]: XII, 6, 49–50; XVI, 10, 1.

128 Vgl. Zoepfl [s. Anm. 126], Sp. 1211–1218, Abb. 1.

129 Schlosser [s. Anm. 127], Taf. 17, Zoepfl [s. Anm. 126], Sp. 1212, b. Zuletzt ausführlich behandelt mit Zitaten der Textzeilen von Karl Busch: Die Ottobeurer Gemäldegalerie, Ottobeuren 764–1964. Beitr. z. Gesch. d. Abtei, Sonderbd., Studien u. Mitt. z. Gesch. d. Benediktinerordens u. seiner Zweige, 73 (1962), Augsburg 1964, S. 224–228, Abb. 1. Diesen Hinweis verdanke ich Frau Dr. Gisela Goldberg, München.

130 Stammler, 1960, S. 260–269, bes. S. 261.

131 *In libro denatis valu* [...] *(Isi)dorus in libro XVII ca. 34°/Si concha rore desuper prolis fecu(nda) claret, cur in rorante pneumate virgo non generaret.* Vgl. Busch [s. Anm. 129], S. 226–227. Haustragende Schnecken zeigt ebenfalls ein weiteres Defensorium-Exemplar: Defensorium inviolatae virginitatis Mariae aus der Druckerei der Hurus in Saragossa, hg. W. L. Schreiber, Weimar 1910, lat. Text ungez. Bl. (6), (Nr. 19), [Abb. 5].

132 Isidor [s. Anm. 17], XII, 6, 48–50; XVI, 10, 1.

133 Vgl. z. B. Bartholomaeus Anglicus [s. Anm. 22], vgl. S. 479 (zu Anm. 26).

134 Vgl. u. a. Art. ›Muschel‹ RE 16¹, Sp. 773–796, bes. Sp. 775, und Art. ›Schnecke‹ RE 2 A, Sp. 585–614; Rabanus Maurus [s. Anm. 21], Sp. 238–239; Sp. 472. Bartholomaeus Anglicus [s. Anm. 22], XVI, 62, S. 745–746; Thomas Cantimpratensis [s. Anm. 29], VII, 27, 1–7; VII, 51, 1–9; Vinzenz von Beauvais [s. Anm. 31], VIII, 81, Sp. 534–535; XVII, 44, Sp. 1276; XVII, 45, Sp. 1276–1277; XVII, 76, Sp. 1289, vgl. auch Anm. 31 und Raynaud [s. Anm. 115], Bd. 1, S. 358–361. Die Vorstellungen dieser Zeit zeigt anschaulich der illustrierte ›Hortus Sanitatis‹ [s. Anm. 73], der zu ›Limax‹, ›Concha‹, ›Cochlea‹, ›Ostrea‹ und ›Testudo‹ stets kompliziert geschraubte Schneckenhäuser bringt: Tract. de vermibus: 85, Tract. de Piscibus: 22; 23; 66; 95. [Abb. 6–7].

135 Schmidtke, 1968, S. 352.

136 Konrad von Megenberg [s. Anm. 56], S. 249, 9; S. 258, 27; S. 302, 15; S. 308, 25. – Der Name ›Muschel‹ ist jedoch bereits mhd. belegt. Vgl. Art. ›Muschel‹, Grimm DWb 6, Sp. 2731.

137 Gesner [s. Anm. 14], S. 342, S. 272, S. 1137.

138 Gisela Goldberg/Gisela Scheffler: Altdeutsche Gemälde. Bayerische Staatsgemäldesammlungen. Alte Pinakothek München, Kat. 14, München 1972, Textbd. S. 485–500 (zu Inv. Nr. 4642), Bildbd. Taf. 207. Vgl. auch G. Seib: Art. ›Sibyllen‹, LCI 4, Sp. 150–153.

139 *Veniet agnus coelestis, humiliabit Deus et iungetur humanitati/divinitas, iacebit in freno agn(us) et puelari ofi(c)io educabituir De(us) et homo.*

140 Ingvar Bergström: Den symboliska nejlikan i senmedeltidens och renässansens konst, Malmö 1958, S. 76, S. 85, S. 147–148, Abb. 82.

141 Die Verbindung von Agnus und Kreuz mit dem Nautiluspokal als Kelch für das Blut Christi des Neuen Bundes muß hier nicht herausgestellt werden.

142 Vgl. Harms, 1975, Eisvogel, S. 499, dort im Zusammenhang von ›Eisvogel‹-›Vogel‹, an deren Stelle ich in meinem Kontext ›Perlmuschel‹-›Muschel‹ gesetzt habe.

143 Georg Eberhard Rumph: D'Amboinsche Rariteitkamer [...], Amsterdam 1705, S. 59–62, Taf. 17 A–C. Vgl. u. a. H. B. Stenzel: Living Nautilus; in: Treatise on invertebrate paleontology, hg. R. C. Moore, Kansas 1964, Part K Mollusca 3, S. 59–93.

144 Zu Belegstellen und Information vgl. Mia J. Gerhardt: Knowledge in decline. Ancient and medieval information on »ink-fishes« and their habits, Vivarium 2 (1966), S. 144–175. Außerdem: Callimachus Cyrenaicus: Hymns and Epigrams, hg. A. W. Mair, London 1969, VI. Oppian: Halieutica, hg. A. W. Mair, London 1928, I, 338–359; Claudius Aelianus: On the characteristics of animals, hg. A. F. Scholfield, London/Cambridge 1958, IX, 34. – Von Plinius auch als ›nauplius‹ und ›pompilos‹ bezeichnet. Vgl. Otto Keller: Die antike Tierwelt, Leipzig 1913, Bd. 2, S. 517–518.

145 Plinius erwähnt den N.1 zweimal. In dem bis zum 16. Jh. meist übernommenen Bericht (IX, 88) nennt er die *concha* nicht. Im Gegensatz dazu in IX, 94 (über Mucianus). Thomas übernimmt zwar beide Versionen, sieht aber in der zweiten eine Muschel: Thomas Cantimpratensis [s. Anm. 29], ›De nautilo‹: VI, 37, 1–7, ›De conchis‹: VII, 22, 1–5.

146 Peter Königsschla(c)her [s. Anm. 31], Bl. 139ʳ und Jakob von Meydenbach [s. Anm. 73], Tract. de Piscibus, 63. Der Text folgt hier wieder Vinzenz [s. Anm. 31], XVII, 75, Sp. 1289 – auch in der für ihn typischen Zusammenstellung mehrerer Tiere, hier: ›Narco‹, ›Nautilo‹, ›Nube‹ (vgl. Anm. 73). Der Holzschnitt zeigt dem Text folgend den N.1 in der Mitte.

147 Vinzenz von Beauvais [s. Anm. 31 u. 146]; Albertus Magnus [s. Anm. 31], XXIV, 87, S. 1540.

148 Berchorius [s. Anm. 35], Bd. 1, IX, 82, S. 284: So verhalte sich der nicht gottesfürchtige Mann, der den weltlichen Geschäften und Freuden zugewandt *solet aquam devotionis, gratiae* [...] *evomere.* Er strecke seine Arme *ad auras* weltlicher Gunst aus, die Segel des Herzens spanne er *per inanem gloriam* auf und exponiere sich zu jedem Hauch teuflischer Verführungen. So rudere er durch die Welt, von Geschäft zu Geschäft, von Laster zu Laster, [...] *sicut* [...] *videmus de superbis, et vanigloriosus.* – Doch sei die Lage umgekehrt, wenn der Mensch in Bedrängnis, Angst und Trauer sei. Dann lege er das Segel des Hochmuts ab und tauche reumütig ins Meer der Buße ein. Daraus ersehe man, daß der Mensch durch Furcht bescheiden und gerettet werde. – Der Nautilus sei aber auch ein Bild dessen, der *per contemplationem ad aeterna* segeln wolle. Vom Wasser des weltlichen Wohlergehens und der Sünde befreit, erhebe er die Segel *ad flatum Spiritus sancti* und durchlaufe das Meer dieser Welt, um den Hafen des

Paradieses zu erreichen. Wenn ihn Angst vor Sünde oder falschem Ruhm befalle, solle er sich aus Angst vor dem Höllenmeer in Reue versenken und erst wieder aufsteigen, wenn sich die Versuchung gelegt habe. – (Die Wiedergabe des Textes ist stark verkürzt, sinngemäß übersetzt.)

149 Paolo Aresi: Delle Sacre Imprese [...], Tortona 1632, Bd. 6, Teil 2, 175, S. 36–78.
150 Picinelli [s. Anm. 15], S. 457, 163–164.
151 Pierre Belon: L'histoire naturelle des estranges poissons marins [...], Paris 1551, II, 25, Bl. 52^r–53^r [Abb. 9].
152 Ders.: De aquatilibus libri duo, [...], Paris 1553, II, S. 378–379.
153 Ders.: [s. Anm. 151], II, 26, Bl. 54^v–55^r; ders. [s. Anm. 152], II, S. 381; Belon begründet seine spätere Meinung darin, indem er zu Unrecht annimmt, daß Aristoteles bereits diesen N.2 gekannt habe. Dabei beruft er sich darauf, daß Aristoteles (525 a, 20–28) einmal von zwei Polypen spricht, die in einer Schale leben. Zu Aristoteles vgl. Gerhardt [s. Anm. 144], bes. S. 146–155.
154 Guillaume Rondelet: Libri de Piscibus Marinis [...], Lyon 1554, II, 28, S. 97–98 mit Holzschnitt aus Belon.
155 Gesner [s. Anm. 14], S. 284–285: ›De Cochlea m.‹, S. 732–736: ›De Nautilo‹.
156 Konrad Gesner: Fischbuch [...] von Conrad Forer ins Teutsche gebracht, [...], Zürich 1563, Bl. 139^v.
157 Aldrovandi [s. Anm. 45], III, 3, S. 257–266. Aldrovandi nennt Gesner nicht namentlich, sondern bezeichnet ihn als ›Zoographus‹. Aldrovandi zeigt zum N.1 und N.2 einen veränderten Bildbestand.
158 Luca Contile: Ragionamente di Luca Contile sopra la proprietà delle Imprese [...], Pavia 1574, Bl. 144^v–145^r. Contile erklärt hierzu: dieses geschehe mit dem Geist der Tugend (*virtu*), dem Ruder der Wissenschaft (*lettere*), dem Steuer der Religion und dem Segel der Klugheit (*prudentia*). Bei Gefahr ziehe er sich in seine Schale (*conca*) christlicher Geduld (*patientia christiana*) zurück. Er müsse aus eigener (*col proprio*), nicht fremder Kraft handeln, sich jedoch auf die christliche Tugend stützen, ohne welche die *concha* zu Boden stürze.
159 Scipione Bargagli: Dell'Imprese [...], Venedig 1594, Teil 3, S. 206.
160 Camillo Camilli: Imprese Illustri et diversi [...], et con le figure [...] di Girolamo Porro [...], Venedig 1586, I, S. 82–84.
161 Ricciardo [s. Anm. 45], Bd. 2, Bl. 55^v, Nr. 1–2.
162 Camerarius [s. Anm. 106], Emblem 49: Wie dieser ruhige und stürmische See gleich gut aushält, ganz genauso tut es der tapfere Sinn in gleichen Lagen. Vgl. Henkel/Schöne, Sp. 733–734.
163 Aresi [s. Anm. 149], Bd. 6, Teil 2, 175, S. 36–78. (Hier sind die wichtigsten Ausführungen Aresis summarisch wiedergegeben, ebenfalls in Anm. 164.)
164 Ders. ebd.: Trotz aller dieser Gaben könne der N.1 sich nicht davor schützen, Beute der Fischer zu werden oder von den Wellen ans Ufer geworfen zu werden, wo er sterbe. Dies sei das Ende aller ›Superbi‹, die alle ihre Hoffnung auf sich selber setzend eines Tages feststellten, daß sie nichts als Erde seien, *e che al lido della Morte abattuti rimangono preda de' vermi*. Das in der Apokalypse 3, 17 belegte ›Nullius egeo‹ zeige, daß der ›Superbo‹ sich für reich halte, aber in Wirklichkeit arm, erbärmlich und blind sei. Damit sei auch der N.1 ein Zeichen der ›Ignoranza‹, die die Wurzel der ›Superbia‹ sei, die aller Laster Anfang sei. Die ›Superbi‹ verhielten sich wie der N.1 und machten sich ein Segel *per essere gonfiati dall'aura della gloria mondana*. Doch der Hochmütige stürze, denn hoffärtiger Sinn komme vor dem Fall. So ermahne man die Reichen, nicht hochmütig zu sein, die Hoffnung nicht auf unsichere Reichtümer zu setzen, sondern auf Gott. Vgl. S. 481 (zu Anm. 49).

165 Picinelli [s. Anm. 15], S. 457, 163–164: Aus Aresi übernimmt er das Motto ›Nullius egeo‹ und die negative Bedeutung des ›Superbus‹. Zum gleichen Motto nennt er den N.1 auch ein Zeichen von ›Proprius valor‹ bezogen auf jene Menschen, welche fähig sind, ohne fremde Hilfe auszukommen. Deshalb sei der N.1 auch ein Bild des gebildeten und klugen Mannes. Mit der Beischrift ›Per suprema, per ima‹ repräsentiere der N.1 den Intellekt als auch den Mann, der der ›Vita activa et contemplativa‹ zugetan sei. Mit ›Tempestatis expers‹ bedeute das Bild des N.1 den Menschen, der zwischen widrigen Zeiten ruhig und tugendhaft sei. Was auch immer ihn an Schwierigkeiten treffe, stets entkomme er als Höherer (*superior*). Deswegen sei er ein Zeichen des ›Justus‹, da den Gerechten nichts schmerze.

166 Harms, 1975, Eisvogel, bes. S. 478–492; ders., 1977, bes. S. 36–37.

167 Ders.: 1975, Allegorie und Empirie bei Konrad Gesner.

168 Gesner [s. Anm. 14], S. 735; Aldrovandi [s. Anm. 45], III, 3, S. 263, Callimachus [s. Anm. 144], VI.

169 Vgl. Anm. 63 und 161 unter Ricciardo.

170 Julius von Schlosser: Die Kunst- und Wunderkammern der Spätrenaissance, Leipzig 1908. Werner Fleischhauer: Renaissance im Herzogtum Württemberg, Stuttgart 1971, »Die Bedeutung der Materialien«: S. 208–212. – Vgl. auch Meier, 1977, Gemma, bes. S. 361–460.

171 Andrea Chiocco: Discorso della natura delle Imprese [...], Verona 1601. Benedetto Ceruti/Andrea Chiocco: Musaeum Franc. Calceolarii [...] in quo multa ad naturalem moralemque philosophiam spectantia [...], Verona 1622, I, S. 36–38.

172 Ebd.: Der N.1 charakterisiere den Mann, *qui in rebus tam publicis, quam privatis tractandis per honorifice se gerat* [...]. Nachdem er seine Seele von Schuld gegen Gott befreit und seine Sinne von Verwirrungen gereinigt habe, trete er in die Öffentlichkeit. Hier agiere er hervorragend. Mit den Segeln der Klugheit (*prudentia*) und Rechtschaffenheit (*probitas*), unter dem helfenden Hauch göttlicher Gnade (*aura divinae gratiae*) mit günstigen Winden fahre er über das Meer dieser Welt. Bei Gefahr ziehe er sich in die *concha intellectus* zurück.

173 Ebd., S. 38–39.

174 Paolo Maria Terzago: Musaeum Septalianum Manfredi, Tortona 1664, Section 11, S. 28–31: ›Cochlearum, Concharum [...] genera‹, Primus generis elegantissimus nautilus [...].

175 Pietro Francesco Scarabelli: Museo, ò Galerie [...] del Manfredo Settala, Tortona 1677, Cap. 11, S. 56–60.

176 Ebd., S. 57: *E non è dubbio alcuno, essere il Nautilo belissimo tanto dentro, come di fuori* [...] *impercioche al difuori* [...] *e durissima cortecca come d'argento, e di perle impastata tanto è il suo lustro, tutto a torno coperto, e dentro hà innumerabili suoli, e volte, che tutto dall'un capo all'altro con regolata proportione di ordine il tramezzano.*

177 Ebd.: Scarabelli nennt den ›Nautilus‹ in seiner Bedeutung als Bild des selbständig handelnden Mannes. Ebenso nennt er die zeichenhafte Verwendung des Nautilus als *Religioso tutto alla vita contemplativa, et attiva rivolta*, zum Motto ›Per suprema, per ima‹, und in Verbindung mit ›Tempestatis expers‹ *la persona di giusto*.

178 Lorenzo Legati: Museo Cospiano, annesso a quello del famoso Ulisse Aldrovandi e donato alla sua Patria dall'Illustrissimo Signor Ferdinando Cospi [...], Bologna 1677, II, 16, S. 105–107: ›De Nautili‹.

179 Ebd., S. 105: *En' ha ragione d'essere ammirato questo Testaceo non tanto per la sua Conca in figure di bene intesa Nave, quanto per l'industria singolare, con cui naviga più tosto, che nuota.*

180 Ebd., S. 105: *(La) Conca lui serve non solo di provedutissima Nave, ma insieme di su-*

perbissimo Palazzo distinto in tanti, e tanti gemmati Appartamenti, quante sono le concamerazioni, in cui si divide, [...].

181 Peter S. Dance: Shell collecting. An illustrated history, London 1966.

182 Filippo B(u)onanni: Ricreatione dell'occhio e della mente nel osservation' dell chiocciole, [...], Rom 1681. Ders.: Recreatio mentis et occuli in observatione animalium testaceorum [...], Rom 1684.

183 Ders.: Musaeum Kircherianum [...], Rom 1709. (Zitate nach dieser Ausgabe.) Das Ziel Buonannis ist es, naturkundlich zu informieren und darzulegen (XII, 1, S. 396): *qua ratione mens, oculisque Sapientis possint Cochleis delectari.* Indem er die Schönheit dieser *res in hoc amplo Mundi Theatro* als Lob Gottes vor Augen führt, steht er der mittelalterlichen Auffassung der Natur als einer Offenbarung des Schöpfers noch nahe. Ähnlich wie Franzius sieht er die ›Muscheln‹ *ob Formarum, colorumque varietatem* als ein besonders geeignetes Beispiel an (XII, 3, S. 400). Franzius [s. Anm. 45], S. 495: De Testatis: *In his tanta naturae ludentis seu Dei sapientiae infinitae suae thesauros ostendentis est varietas, ut nix numerari possint.*

184 Buonanni [s. Anm. 183], XII, 10, S. 424: *Inter omnes verò praecipuè Nautilus ob testam pretio habendus, argenteo vel margaritarum nitore praeclaram.*

185 Vgl. Zitat in Anm. 184 und ebd., S. 402: *Nautilo, cui pulcherriman testam* [...]; *in qua velut in navi argentea, naufragio haud obnoxia per summa maris spatiatur,* [...].

186 Ebd., S. 435: Classis I, Nr. 1–2, Taf. o. Nr. Classis I, 1–2 (Das Kupfer hierzu zeigt den N.2 in zwei verschiedenen Ansichten).

187 Ebd., S. 436: Classis I, Nr. 13, Taf. o. Nr. Classis I, 13.

188 Daß dies auch mit der heutigen Systematik übereinstimmt, ist ein zufälliges Ergebnis. Anatomische Untersuchungen des 19. Jahrhunderts ergaben, daß die Cephalopoden tatsächlich zu den höchstentwickelten Mollusken gehören.

189 Z.B. Terzago [s. Anm. 174], S. 29–31; (N.1): Nr. 1–2; (N.2): Nr. 4, 5, 9; Legati [s. Anm. 178], S. 106–107; (N. 2): Nr. 3–9.

190 Es ließen sich hier zahlreiche Exemplare der Goldschmiedekunst des 15.–18. Jahrhunderts nennen. Als ein Produkt des Meeres bietet sich das Gehäuse des N.2 sowie anderer ›Muscheln‹ hierzu an. Diese Pokale schmücken Seetiere aller Art und das Motiv der Wellen. Nereiden, Tritonen, Neptun oder Amphitrite bilden entweder als plastische Gestalt den Schaft oder eine Bekrönung des Pokals, wie auch alle diese Darstellungen auf dem Gehäuse selbst eingraviert sein können. Von den in allen Museen der Welt verstreuten Exemplaren sei hier nur auf eine repräsentative Sammlung verwiesen: Jean L. Sponsel: Das Grüne Gewölbe zu Dresden, Leipzig 1925, I, Taf. 43, 44, 48, 52, 53.

191 Ebd.: I, Taf. 50, 51, 52.

192 W. H. van Seters: Parelmoerkunstenaars in de 18de eeuw, Nederlands Kunsthistorisch Jaarboek 17 (1966), S. 247, Anm. 1.

193 Dieses Bild wird von der Kunstwissenschaft als »Allegorie auf den Tod von Tromp« bezeichnet. Vgl. M. L. Wurfbain: Ijdelheid der Ijdelheden, Kat. d. Ausst. Stedelijk Museum (De Lakenhal), Leiden 1970, Kat. Nr. 32, Abb. 32.

194 Antonii, Thysii, J. C./*Et in Acad. Lugduno – Batava Professoris Ordinarii*/Oratio/Funebris/*In Inctuosissimum Obitum Invicti Herôis*/M. Harperti Trompii./*Equitis. maris Propraefecti, etc.*

195 Białostocki, S. 187–202.

196 Zum leeren Schneckenhaus als Zeichen des Todes und der Vergänglichkeit seien hier folgende Beispiele genannt: Eine haustragende Schnecke (Cepaea spec.) und daneben das leere umgestürzte Schneckenhaus, zusammen mit Blumen und der Inschrift: *Forma brevis, flos primo spectabilis orto/Mox languens fugiente die:* Georg und Jakob

Hoefnagel [s. Anm. 52], IV, 9. Camerarius [s. Anm. 106], Emblem 56, in Zusammenhang mit dem Einsiedlerkrebs, der leere Schneckenhäuser aufsucht, darin lebt und
verläßt ›Semel emigrabimvs omnes‹, vgl. Henkel/Schöne: Sp. 724–725. Ein Blumen-
stilleben Jan Davidsz. de Heem (1606–1684) mit Totenkopf und dem Gehäuse einer
Meeresschnecke (Turbo marmoratus L.) mit der Beischrift Memento Mori, vgl. Ing-
var Bergström: Dutch still-life painting in the seventeenth century, London 1956,
Abb. 179. – In einem anderen Zusammenhang kann die ›Muschel‹ erneut ein Zeichen
für Vanitas werden. Es sind die prachtvollen und kostbaren ›Muscheln‹, für die die
Sammler des 17. und 18. Jahrhunderts eine Leidenschaft entwickelten und ungeheure
Summen aufwendeten. Auch hier ließen sich zahlreiche Beispiele nennen. Vgl. z. B.:
Roemer Visscher: Zinne-poppen, Amsterdam 1614, I, 4, und M. Faré: La Nature
Morte en France, Genf (1962), Paris 1974, S. 176 und 179: Zwei Stilleben des Simon
Renard de Saint-André (1613–1677) mit ›Muscheln‹ und verschiedenen anderen
Sammlungsgegenständen und jeweils einer aufgeschlagenen Bibel, mit dem Ver-
merk: Du méspris de toutes les vanitéz du monde, und Apprenez á mespriser les choses
exterieur.

197 Levinus Vincent: Wondertooneel der Nature [...], Amsterdam 1706, Uitlegging der
Tytel-plaat [...], S. 9: ›De Zeevaart‹, [...] Deze Amazone is gewapent met de Nautulus,
een Schulpvisch, die de menschen, met zyn opgetoogen vlies het zeilen eerst geleerd
heeft. [...]. (Die Seefahrt ist hier dargestellt, weil sie maßgeblich an der Entstehung
dieser Sammlung beteiligt ist.)

198 Ders.: Het Twede Deel of Verfolg van het Wondertooneel der Natuur, Amsterdam
1715, S. 41: Bellonius maakt de Slak, die gemeenelijk de parlemoere genoemd word,
het tweede Schippertje (Nautilus) van Aristoteles. Alhoewel Rondeletius dat berispt,
nochtans, zegt Aldrovandus, keuren wij het niet af.

199 Philibert van Borsselen: Strande, oft Ghedichte van de Schelpen, Kinckhornen [...]
tot Lof vanden Schepper aller Dinghen (Haarlem 1611), Amsterdam 1614. In diesem
Lehrgedicht wählt van Borsselen die Beschreibung einer Muschel und deren Bedeutung als Ausgangspunkt, um eine moralische Belehrung anzuschließen. Er orientiert
sich hierzu einerseits an naturkundlich-beschreibender als auch an auslegender Literatur, die er poetisch vereint, wieder an den naturkundlich interessierten Leser wei-
tergibt ([...] aen allen Schelpisten). Der N. 1 gibt ihm Anlaß (S. 36–39), ihn als den wij-
sen Ammirael und Zee-pilot zu loben, der sicher das Meer beherrscht, um daraus die
Lehre zu ziehen: so solle de vrome man [...] zijn hard bestormde Ship während der
Schiffahrt des menschlichen Lebens halten, um in 'tlest s' Hemel-rijcks behouden kust
aendoet/Al waer hy eewichlick gewinst het hooghste goed.

200 Zur Perle vgl. F. Ohly, 1974, Geburt der Perle; ders., 1973.

201 Borsselen [s. Anm. 199], S. 41–43, S. 42–43.

> Ghelijck dees edel Shelp' haer schoonen luyster haelt
> Van s'Hemels grootste Licht, end van haer weder straelt
> In s'menschen aengesicht, end t'droeve hert vervreugt:
> So moet de mensche, wien in zijn ghemoed verheuget
> Een vonck van t'Hemels licht genad'lijc is ontgloeyt,
> En tot een heyligh vier door Godes Geest ghevoeyt,
> Bevlytighen dat hy't ook anderen toe-lichte,
> Bevordere Gods eer, end synen naesten stichte:
> End delve niet den schat die God hem stelt ter hand
> In sijn ongrondigh hert, maer elwaerts geef te pand,
> End legg op winning'wt, dat m'in des Herren Kercke
> Den woeker dagh voor daagh wel hondert-schatte mercke.

Zu der mittelalterlichen Auffassung von Lichtwirkungen auf Edelsteinen vgl. Meier, 1977, Gemma, S. 236–253.

202 Vincent [s. Anm. 197], S. 7: »uitgeleeze Zeehoorenen, en prachtig Schelpen, die, door de kunst gepolyst, de paerlen in glans niet wyken.«

203 In der Weiterentwicklung dieser Gedanken werden ›Muscheln‹ allgemein, durch den größeren Formenreichtum zusätzlich zu Glanz und Farbe gegenüber der Perle, den Perlen und Edelsteinen bevorzugt und als wertvoller erachtet. Dies bringt Jens Martens († 1684) in zwei Gedichten (um 1665) zum Ausdruck, in denen er von den Muscheln sagt, daß sie »auff tausenterley Art, sehr wunderlich formirt« seien, und daß er deshalb »gegen der Edelgestein und Perlen hohe Ehren Titel« für die Muscheln sprechen wolle:

> Ihr Perlen und Gestein/wie mügt ihr doch so prangen/
> Als wolt ihr mit Gewalt den höchsten Ruhm erlangen.
> Was Schönheit habt ihr mehr zur Augen-Lust/als wir?
> Nur blosser Glantz und Schein ist eure höchste Zier.
> [...]
> Allein des Menschen Geitz hat euch nur für die Welt
> Zum Hochmuth theur geschätzt/und auff den Thron gestellt.
> Eur Blinken/und eur Schein die Hertzen kan verblenden/
> Daß sie des Schöpfers Ehr von euch Abgötter wenden.
> Hingegen hat GOTT uns mit seiner Hand geschmückt/
> Und als ein Wunderwerck zu seinem Ruhm geschickt.
> Daß gleichsam er damit der Menschen Witz will trutzen/
> Daß sie mit ihrer Kunst mit ihrem Götzen putzen
> Beschämet müssen stehn, bey seiner Kunst und Fleiß,
> Damit er uns geziert auff Tausenterley weiß/[...]

Erschienen in Adam Olearius: Gottorffische Kunst-Kammer, [...], Schleswig (¹1666), 1674, S. 53–55, und erneut bei: Michael Bernhard Valentini: Museum Museorum, oder vollständige Schau-Bühne [...], Frankfurt a. M. 1714, II, 43, S. 189–191.

204 Borsselen [s. Anm. 199], S. 8. Die gleiche Auffassung zeigt Jens Martens in seinen Gedichten [s. Anm. 203], wo es u. a. heißt (S. 53): »[...] hat GOTT uns zum Spiegel vorgestellt/Daß keine Creatur uns gleichet in der Welt./[...] Und ohne Menschen Hand so künstlich aufgeziert./Daß der Apelles selbst beschämet muß abweichen/[...]«; und erneut (S. 55): »[...] Kein künstlicher Pinsel kan uns perfect außstreichen/Wie hoch der Mahler Kunst auch in den Wolcken schwebt/Und über die Natur ihr Schatten-Werk erhebt«. Vincent [s. Anm. 198], (S. 2): »[...] Apelles kunst komt bij deze kunst te kort [...]«.

205 Der Maler Georg Hoefnagel (1542–1600) bekundet erstmalig das Interesse am Naturgegenstand für sein Kunstschaffen mit seinem Motto: ›Natura sola magistra‹, das er als *inventor hieroglyphicus et allegoricus* – wie er sich selbst nennt, neben seinen Namen auf mehrere Blätter setzt. Zu Hoefnagel vgl. Wilberg Vignau-Schuurman [s. Anm. 43], Bd. 1.

206 Vgl. E. K. J. Reznicek: Het begin van Goltzius' loopbaan als schilder, Oud Holland 75 (1960), S. 30–49, Abb. 7. Reznicek möchte den N.2 hier in den Bedeutungen des N.1 sehen, wie sie Picinelli aufzeigt und als ein »persoonlijk symbool« (S. 42) des Malers Hendrik Goltzius (1558–1617) interpretieren. Er geht allerdings davon aus, daß der von Linné bezeichnete N.2 mit dem N.1 der Impresen-Kunst und Emblematik identisch ist. Setzt man die Bedeutungsverschiebung von N.1 auf N.2 voraus, könnte diese Interpretation möglich sein. Goltzius war 1591 aus Italien zurückgekehrt und kann

dort direkt zu Impresen-Kunst Zugang gehabt haben. Er stand außerdem mit dem emblematisch-illustrierenden Künstler Cornelis Ketel in Verbindung. Auch durch den engen Kontakt mit dem Haarlemer Muschelsammler Jan Govertsen kann Goltzius die Bedeutungen des N.1 gekannt haben. Dennoch vertrete ich die Ansicht, daß Goltzius hier den N.2 nicht in der Funktion des N.1 dargestellt hat, sondern als ein besonders schönes und vollkommenes Kunstwerk der Natur verstanden sehen will, das er in seine Kunst integriert. Goltzius porträtiert Jan Govertsen 1603 als Muschelsammler (ebd., Abb. 5), der neben anderen Muscheln auf einem Tisch einen polierten Turbo marmoratus L. auffällig in der Hand hält. Neben dem N.2 ist diese Meeresschnecke des Indopazifiks an Größe und Glanz die nächst konkurrierende Spezies. Goltzius zeigt auch hier ein spezielles Interesse, auf eine ›Muschel‹ aufmerksam zu machen, die sich durch Glanz und darauf beruhender Wertschätzung auszeichnet. Der Turbo und besonders der N.2 im Bilde der ›Pictura‹ sind hier Ausdruck persönlicher Zielsetzung des Malers Goltzius' für sein Kunstschaffen. Diese Zielsetzung Goltzius' entspricht der seines Schülers Jacques de Gheyn II (1565–1629), von dem Carel van Mander 1604 in seiner Künstlerbiographie sagt: »dat hy met grooten yver [...] met verwen te wercken en te schilderen, als wesende het opperste der Const; [...] om de Natuere in allen deelen met uytbeeldinghe ten alder ghelijcksten nae te comen.« Vgl. Carel van Mander: Het Schilder-Boeck, het Leven der Doorluchttighe Nederlandtsche [...] Schilders, Haarlem 1604, Bl. 294ʳ.

Alciati und die geschichtliche Stellung der Emblematik

Von Konrad Hoffmann (Tübingen)

I.

Die allgemeine kunstgeschichtliche Bedeutung der Emblematik liegt darin, daß sie eine riesenhafte Bilderenzyklopädie zugleich abbildender, deutender und praxisbezogen-normativer Wirklichkeitserschließung darstellt. [1] Ein Blick bereits in die Gliederung des monumentalen Handbuchs von Henkel und Schöne vermittelt einen Eindruck von ihrem umfassenden Anwendungsbereich, der vom Makrokosmos über Pflanzen und Tiere bis zur Menschenwelt und ihrer Geschichte und Mythologie reicht. [2] Mit den Worten eines barocken Emblemtheoretikers: *Nulla res est sub sole, quae materiam Emblemati dare non possit.* [3] So läßt sich motivgeschichtlich beobachten, daß viele Gegenstände der Natur und der menschlichen Erfahrungswelt zum ersten Mal in einem Emblem dargestellt, d. h. bildwürdig wurden. Die der Emblematik konstitutiv zugrunde liegende bildliche Erschließung der umgebenden Wirklichkeit ist nicht eine mehr oder weniger zufällige Erweiterung des mittelalterlichen Darstellungsrepertoires um vereinzelte Motive. Hierbei handelt es sich vielmehr um den zentralen kunstgeschichtlichen Vorgang, der zur Ausprägung des perspektivisch distanzierten, auf das betrachtende Subjekt bezogenen Raumbildes führte. Die Gegenstandsabbildung verbindet sich dabei immer mit einer Auslegung, die entweder im Bild selbst schon durch auffällige Motivgruppierung oder erst – in der literarischen Emblematik – mit Hilfe des begleitenden Textes faßbar ist, und zielt als orientierendes Leitbild damit auf die Lebenswirklichkeit menschlicher Verhaltensweisen in historisch variierender Intensität des Anspruchs und der Verbindlichkeit. [4] Zwar begegnen auf der Ebene der Auslegung oft auch tradierte Topoi antiker und mittelalterlicher Prägung wieder, doch generell besteht die Besonderheit der Emblematik, ihr nachmittelalterlicher Grundcharakter, in der Verbindung solcher Überlieferungen einerseits mit illusionistisch gemeinter Naturwiedergabe und andererseits mit einer Öffentlichkeit, innerhalb der sich der einzelne Mensch nach den durch Bücher und andere Medien verbreiteten bildersprachlichen Verhaltensmustern selbstverantwortlich orientieren soll. [5] Die Thementraditionen antiker und mittelalterlicher Exegese treten, soweit rezipiert, in der frühneuzeitlichen Emblematik in eine prinzipiell neuartige Verschränkung mit bildhafter, d. h. perspektivisch distanzierter, Naturdarstellung und moralisch-praktischem Wirklichkeitsbezug einer außerkirchlichen Öffentlichkeit. Die angestrebte Wirklichkeitstreue in der Wiedergabe äußerer Natur und der Öffentlichkeitsbezug als aktive Einwirkung auf menschliche Natur hängen dabei geschichtlich im Prozeß der Individualisierung untereinander zusammen. [6] In der Emblematik zeigt sich besonders zugespitzt das die frühneuzeitliche Kunst insgesamt kennzeichnende Wechselverhältnis zwischen ›Realismus‹ und Allegorie, zwischen ästhetischer Objektivierung und menschlicher Beherrschung von Natur.

Daran ist die in der neueren Forschung besonders von germanistischer Seite ausgeführte These einer Kontinuität von »mittelalterlichem Dingverständnis« und Emblematik zu messen. So schrieb Friedrich Ohly 1958 in seinem grundlegenden Aufsatz ›Vom geistigen Sinn des Wortes im Mittelalter‹: »Doch wenn auch die Emblembücher der Renaissance, die im Sprung über das Mittelalter hinweg unmittelbar auf die Antike zurückgriffen, neben die allegorischen Wörterbücher traten und deren christliche Sinnbildung zu verdrängen den Anschein hatten: die Barockzeit hat auch die bis zu Winckelmann hin lebendige Emblematik wieder mit dem mittelalterlichen Geist der Allegorie durchdrungen, wie den Mundus symbolicus des Filippo Piccinelli im 17. Jahrhundert« [7]. Ohly hebt zwar hier die Renaissance-Emblematik von den »allegorischen Wörterbüchern« des Mittelalters und ihrer »christlichen Sinnbildung« ab. Aber gerade seine statische Parallelisierung von Renaissance und Antike auf der einen bzw. Barock und Mittelalter auf der anderen Seite erscheint historisch undifferenziert. Andrea Alciati, der Autor des ersten Emblembuchs (1531), konnte seine geschichtliche Situation nicht verleugnen und ebenso wenig, das Mittelalter überspringend, die Antike fortsetzen wie Picinelli, den Renaissance-Humanismus überspringend, das Mittelalter. Ohlys Unterscheidung zwischen ›Renaissance‹ und ›Barock‹ hat dann Albrecht Schöne zugunsten einer idealtypischen Generalisierung zurücktreten lassen und für die Emblematik insgesamt formuliert: »Über solche Motivparallelen [sc.: ›Physiologus‹] hinaus aber deutet sich hier ein innerer Zusammenhang zwischen der Emblematik und der Symboltheologie des Mittelalters an, und man darf vermuten, daß die Nachwirkung mittelalterlicher Vorstellungen für die geistige Konzeption des Emblems bedeutsamer war als selbst die durch das humanistische, archäologisierende Interesse belebten ägyptisch-antiken Vorbilder. Denn wenn es richtig ist, daß das emblematische Bild eine potentielle Faktizität besitzt und eine ideelle Priorität gegenüber dem auslegenden Text, der einen höheren Sinn in ihm entdeckt, eine in der Res picta gleichsam angelegte Bedeutung aufschließt, so wird man das zurückbeziehen müssen auf die typologische Exegese und das allegorische Verfahren der mittelalterlichen Theologie, die alles Geschaffene als Hinweis auf den Schöpfer verstand und die von Gott in die Dinge gelegte Bedeutung, ihren auf die göttliche Sinnmitte hingeordneten heilsgeschichtlichen Bezug aufzudecken suchte. *Omnis mundi creatura, Quasi liber et pictura Nobis est, et speculum* schrieb im 12. Jahrhundert Alanus ab Insulis.« [8]

Schon an der sprachlichen Gleichstellung von »emblematischem Bild« und »Res picta« verrät sich, daß hier nicht unterschieden wird zwischen der *res significans* und ihrer Abbildung. Gerade im Moment der Bilddarstellung aber liegt ein tiefgreifender Unterschied zwischen mittelalterlicher Symboltheologie der *res* und der Emblematik, sowohl quantitativ als auch qualitativ im ›Realismus‹.

Mittelalterliche Dingauslegung ist in erster Linie im Wort greifbar, nicht in Illustrationen, zudem nicht in solchen, die sich durch ihre strukturelle Verzahnung mit dem Text suggestiv an eine lesekundige Öffentlichkeit wenden wie ein Emblem.[9]

Unabhängig von der Frage, wieweit sich die »potentielle Faktizität« der dargestellten *res* von der Texttradition mittelalterlicher Exegese herleiten läßt, erweist die Kunstgeschichte, daß die Priorität des Bildes als ästhetische Betrachtung und eigenräumlich konstruierte Abbildung subjektiv erfahrener Natur prinzipiell ein Phänomen der nachmittelalterlichen Kunst ist.[10]

Eine Verbindung wirklichkeitsbezogener Gegenstandsdarstellung mit einem ›höheren Sinn‹ ist erst in der niederländischen Malerei des frühen 15. Jahrhunderts gegeben. Der Meister von Flemalle z. B. kennzeichnet Maria im Verkündigungsbild des Merode-Altars mit Hilfe ihrer detailgetreuen, realistisch plausiblen Umgebung, einer zeitgenössischen Wohnstube, deren alltägliche Gebrauchsgegenstände auch als geistliche Bedeutungszeichen gelesen werden können. So beziehen sich die geschnitzten Löwen an den Armstützen der Sitzbank auf die alttestamentliche Schilderung des salomonischen Thrones (trotz der auffallenden Unterschiede in der Zahl und Anordnung der Löwen) und die herkömmliche typologische Übertragung dieses Throns auf die Gottesmutter als *sedes sapientiae*; die in dem Zimmer gezeigten Wasserbehälter verweisen nach Stellen des ›Hohen Liedes‹ ebenso wie die Kerzen, die Lilien in der Tischvase und selbst das durch das Fensterglas ungetrübte Licht auf die theologische Vorstellung von Marias jungfräulicher Reinheit.[11] Auf dem Seitenflügel des Altars veranschaulicht der in einer zeitgenössisch ausgestatteten Schreinerwerkstatt arbeitende Joseph mit der von ihm hergestellten Mausefalle die augustinische Metaphorik, wonach Christus durch seine Menschwerdung den Teufel in die Mausefalle gelockt habe.[12] In einem anderen Bild dieses Malers erscheint Maria in einem häuslichen Zimmer vor einem geflochtenen Ofenschirm, dessen kreisrunde Form genau hinter ihrem Kopf das überlieferte Bedeutungszeichen des Nimbus zitiert und gegenständlich realisiert; zu der verweisenden Aussage gehört es dabei, daß der Ofenschirm die Gruppe von Mutter und Kind beschützt vor dem Kamin, der herkömmlich als Sitz des Bösen galt.[13] Erwin Panofsky hat für dieses Phänomen, das über die altniederländische Malerei (van Eyck) hinaus symptomatisch die allusiven Gestaltungsmöglichkeiten neuzeitlicher Wirklichkeitsabbildung beleuchtet, den Terminus »disguised symbolism« eingeführt. In seinem Buch ›Early Netherlandish Painting‹ setzte er zum Kapitel ›Reality and Symbol in Early Flemish Painting‹ das Motto des Thomas von Aquino in die Überschrift: *Spiritualia sub metaphoris corporalium.* [14]

»The more the painters rejoiced in the discovery and reproduction of the visible world, the more intensely did they feel the need to saturate all of its elements with meaning. Conversely, the harder they strove to express new subtleties and complexities of thought and imagination, the more eagerly did they explore new areas of reality.«[15] Schon innerhalb der religiösen Thematik unterscheidet sich die Bildkunst des 15. Jahrhunderts vom Mittelalter (Alanus ab Insulis bei

Ohly; Thomas von Aquino bei Panofsky) dadurch, daß traditionelle Metaphorik durch Einkleidung in die Verhältnisse der alltäglichen Wirklichkeit anschaulich realisiert ist. Die bildhaft deutende Wirklichkeitserschließung ist gleichzeitig auch erstmals auf profane Themen übertragen worden.[16] Die Spannungen zwischen dem übernatürlichen Anspruch der dargestellten Glaubensmysterien und der zeitgenössischen neuen Naturerfahrung deutet Meyer Schapiro an: »But in shaping a semblance of the real world about a religious theme of the utmost mysteriousness, like the Incarnation, the objects of the setting become significant of the unacknowledged physical realities that the religion aims to transcend through its legend of a supernatural birth. At the time of the Merode panel appear also the first secular paintings of the naked female body, a clear sign of the new place of art in the contending, affective life of the individual.«[17]

Die Verbindung von Abbildung und Deutung ist, auch und zunächst vornehmlich außerhalb religiöser Themen, einhundert Jahre später in der Emblematik durch die strukturelle Verknüpfung von Bild und Wort erfolgreich systematisiert worden. Eine zeitliche wie gattungsmäßige Vermittlung zwischen »disguised symbolism« und Emblematik ist beispielsweise ein deutscher Holzschnitt vom Ende des 15. Jahrhunderts: ein Verehrer einer nackten »Frau Venus« kniet zwischen Wort-Bild-Gruppierungen seines an unerwiderter Liebe leidenden Herzens; es erscheint von einem Pfeil durchstochen, in einer Flamme brennend, von einer Säge durchteilt, verwundet, gepreßt, gefangen, von der Frau mit Füßen getreten u. a. Dabei ist nicht nur die Zuordnung einer jeweils kommentierenden Beischrift zu den isolierten Bildzeichen ›proto-emblematisch‹, sondern auch die Bezugnahme auf menschliche Affektsituationen[18]. Die hier wie in der Emblematik mit der signifikativen Dingauslegung verbundene Bilddarstellung und moralistische Wendung an eine lesekundige Öffentlichkeit bezeugt den im Übergang von Spätmittelalter zu Frühneuzeit besonders intensiven Prozeß der Individualisierung und der ästhetisch wie psychologisch objektivierenden Naturbeherrschung.[19] Die Belastungen und Widerstände, die sich hierbei aus der mittelalterlichen Abwertung der sinnlichen Erfahrung als *curiositas* ergaben, verrät etwa Petrarca, wenn er bei der Besteigung des Mont Ventoux am 26. April 1336 bekennt: »Zuerst stand ich, durch einen ungewohnten Hauch der Luft und durch einen ganz freien Rundblick bewegt, einem Betäubten gleich«, nach der Lektüre des Augustinuswortes aber (seinem Brief zufolge zufällig-providentiell im mitgetragenen Taschenbuch aufgeschlagen): »Und es gehen die Menschen, zu bestaunen die Gipfel der Berge und die ungeheuren Fluten des Meeres und die weit dahinfließenden Ströme und den Saum des Ozeans und die Kreisbahnen der Gestirne, und haben nicht acht ihrer selbst«, beschämt ist, »daß ich jetzt noch Irdisches bewundere.«[20] Über drei Jahrhunderte später sagt Grimmelshausens auf eine abgelegene Insel verschlagener Simplicissimus: »O wie oft wünschte ich mir, wann ich meinen Leib abgemattet hatte und demselben seine Ruhe geben mußte, geistliche Bücher, mich selbst darin zu trösten, zu ergötzen und aufzubauen, aber ich hatte solche drum nit; demnach ich aber vor diesem von einem heiligen Mann gelesen, daß er gesagt, die ganze Welt sei ihm ein gro-

Aere quandoq; salutem redimendam. LXXXV.

Et pedibus segnis, tumida & propendulus aluo,
  Hac tamen insidias effugit arte fiber.
Mordicus ipse sibi medicata uirilia uellit
  Atq; abicit, sese gnarus ob illa peti.
Huius ab exemplo disces non parcere rebus,
  Et uitam ut redimas, hostibus æra dare.

Abb. 1:
Alciati, Emblemata Nr. LXXXV

Quod non capit Christus, rapit fiscus. LXII.

Exprimit humentes quas iam madefecerat antè
  Spongiolas, cupidi Principis arcta manus.
Prouehit ad summum fures quos deinde coërcet,
  Vertat ut in fiscum quæ male parta suum.

Abb. 2:
Alciati, Emblemata Nr. LXII

Dextra tenet lapidem, manus altera sustinet alas.
Vt me pluma leuat, sic graue mergt onus,
Ingenio poteram superas uolitare per arces,
Me nisi paupertas inuida deprimeret.

Abb. 3:
Alciati, Emblemata Nr. XV

Abb. 4:
Flugblatt gegen
jüdische
Wucherer 1622

Abb. 5:
Skizzenbuch M. Pfinzing, Nürnberg, Germanisches Nationalmuseum, Bl. 26 RS.

Mutuum auxilium. XXII.

Loripedem sublatum humeris fert lumine captus,
  Et socij hæc oculis munera retribuit:
Quo caret alteruter, concors sic præstat uterq;,
  Mutuat hic oculos, mutuat ille pedes.

Abb. 6:
Alciati, Emblemata, Nr. XXII

Nec uerbo nec facto quenquam
lædendum. XIII.

Assequitur, Nemesisq; uirum uestigia seruat,
  Continet & cubitum duraq; frena manu.
Ne male quid facias, neue improba uerba loquaris:
  Et iubet in cunctis rebus adesse modum.

Abb. 7:
Alciati, Emblemata, Nr. XIII

Abb. 10:
Skizzenbuch M. Pfinzing, Nürnberg, Germanisches Nationalmuseum, Bl. 27 VS

Abb. 11:
Alciati, Emblemata, Nr. XXXIX

Abb. 12:
Alciati, Emblemata, Nr. XLII

In deprehenſum.   LX.

Iamdudum quacunq; fugis te perſequor, at nunc
Caßibus in noſtris denuq; captus ades.
Amplius haud poteris uires eludere noſtras,
Ficul io anguillam ſtrinximus in folio.

Abb. 13:
Alciati, Emblemata, Nr. LX

Abb. 14:
Alciati, Emblemata,
Antwerpen 1564

Abb. 15:
Picasso, Akrobaten,
Gemälde 1905

ßes Buch, darinnen er die Wunderwerke Gottes erkennen, und zu dessen Lob aufgefrischt werden möchte, als gedachte ich demselbigen nachzufolgen, wie wohl ich, sozusagen, nit mehr in der Welt war; die kleine Insul mußte mir die ganze Welt sein, und inderselbigen ein jedes Ding, ja ein jeder Baum! ein Antrieb zur Gottseligkeit, und eine Erinnerung zu denen Gedanken, die ein rechter Christ haben soll; also! sahe ich ein stachelecht Gewächs, so erinnerte ich mich der Dörnenkron Christi, sahe ich einen Apfel oder Granat, so gedachte ich an den Fall unserer ersten Eltern und bejammert denselbigen [...]« [21] Grimmelshausens Simplicissimus beruft sich hier auf die Autorität des theologischen Topos vom göttlichen ›Buch der Natur‹; [22] die Praxis aber, d. h. die Schilderung seiner einfühlenden Versenkung in die einzelnen Kontemplationsobjekte, verrät eine ästhetisch sensibilisierte und assoziative Naturbetrachtung. ›Mundus imago Dei‹, Titel auch von Emblembüchern, [23] erscheint bei Grimmelshausen in einem historisch aufschlußreichen Kontrast zu Petrarcas Verwendung des Augustinuszitats: ästhetische *curiositas* und allusive Topik des ›Buches der Natur‹ werden in der barocken Stilisierung neuzeitlicher Naturerfahrung miteinander versöhnt. [24] Entsprechend führt der Verfasser eines Emblembuches seine Interpretation eines Kornfeldes, aus dem eine der Ähren hervorragt, auf einen Einfall während eines Spaziergangs zurück. Ob authentisch oder literarische Fiktion, bezeugt die Schilderung ein ästhetisches Naturverhältnis als Organ emblematischer Bedeutungsentdeckung: »Als ich ein andermal durch die Felder spazierte, [...] sah ich unter vielen Ähren, die herabhingen und zu Boden gebeugt waren, eine, die zum Himmel sich aufreckte und stolz sich erhob. Die Ursache dieses Unterschiedes habe ich leicht eingesehen, denn diese eine war natürlich wegen ihrer leeren Hülsen leichter, jene aber wurden durch ihre dichteren Körner beschwert. Wir sehen daraus, daß nicht gewichtiges Wissen, sondern eingebildete Gelehrsamkeit hochmütig macht.« [25]

Den hierin wirksamen Zusammenhang der Emblematik mit einer ästhetisch kontemplativen, vom unmittelbaren Arbeitsdruck bäuerlichen und ritterlichen Landlebens entlasteten Naturbetrachtung kann eine Beschreibung der voraufgehenden Gegenposition, Ulrich von Huttens berühmter Brief an Willibald Pirckheimer, beleuchten. [26] Hutten schildert in dem Schreiben, das 1518 in Augsburg selbständig publiziert wurde [27], das Leben auf seiner Burg [28], um dem Nürnberger Patrizier seinen Verbleib im Hofdienst des Mainzer Erzbischofs zu begründen: »Ihr Bürger lebt in den Städten nicht nur angenehm, sondern auch bequem, wenn es Euch gefällt. Glaubst Du aber, daß ich jemals unter meinen Rittern Ruhe finden werde, und hast Du vergessen, welchen Störungen und Beunruhigungen die Männer unseres Standes ausgesetzt sind? [...] Währenddem gehen wir nicht einmal in einem Umkreis von zwei Joch ohne Waffen aus. Kein Vorwerk können wir unbewaffnet besuchen; zu Jagd und Fischfang können wir nur in Eisen erscheinen [...] Das sind unsre ländlichen Freuden, das ist unsere Muße und Stille [...]. Man hört das Blöken der Schafe, das Brüllen der Rinder, das Hundegebell, das Rufen der Arbeiter auf dem Felde, das Knarren und Rattern von Fuhrwerken und Karren; ja, wahrhaftig, auch das Heulen der Wölfe wird im

Haus vernehmbar, da der Wald so nahe ist. Der ganze Tag, vom frühen Morgen an, bringt Sorge und Plage, beständige Unruhe und dauernden Betrieb. Die Äkker müssen gepflügt und gegraben werden; man muß eggen, säen, düngen, mähen und dreschen. Es kommt die Ernte und Weinlese.« – Mit dieser Schilderung[29] sind wir, Augsburg 1518, in räumlicher und zeitlicher Nähe zur Veröffentlichung von Alciatis ›Emblemata‹, Augsburg 1531. Conrad Peutinger, dem Alciati seinen Band widmete, wird in dem Brief erwähnt; er hatte im Jahr zuvor Huttens kaiserliche Dichterkrönung rhetorisch inszeniert. Peutinger und Pirckheimer, der Adressat des Briefes, waren beide aktiv an der Hieroglyphik, dem Einzugsbereich der Emblematik, interessiert[30]. Huttens in humanistischem Latein stilisierte Beschreibung der heimatlichen Burg[31] zeigt die der städtischen Kultur fremdgewordene Lebensform des Ritters, die zur umgebenden Naturwirklichkeit noch nicht die Distanz ästhetisch-kontemplativer Metaphorisierung aufbringt wie der zitierte Emblematiker beim Spaziergang durch das Kornfeld. Im Umkreis der entstehenden Emblematik repräsentiert Huttens Bericht den Kontrast zu dem in der humanistischen Stadt- und Hofkultur, den Trägern und Rezipienten der frühen Emblematik, erreichten Stand der Naturbeherrschung, der in Wort und Bild häufig als Idylle verklärt erscheint. »Die ›Natur‹, das offene Land, das ja zunächst fast immer als Staffage für Menschen gezeigt wird, erhält in der Darstellung einen Sehnsuchtsschimmer, wenn die Verstädterung oder Verhöflichung auch der Oberschicht fortschreitet und die Scheidung von städtischem und ländlichem Leben fühlbarer wird«[32]. Unter diesen hier angedeuteten Bedingungen entstand die auch der Emblematik essentiell zugrunde liegende Möglichkeit zu eigenräumlicher Naturdarstellung als sinnlicher Einkleidung der Deutung und moralischen Verhaltensregulierung menschlicher Wirklichkeit. Nach dem geschichtlichen Wechsel beim Übergang vom feudalen Rittertum zum frühabsolutistischen Leben in Stadt und Hof bemißt sich auch der Funktionswandel mittelalterlicher Exegese und ihrer Topoi, soweit sie in der Emblematik rezipiert wurden.

II.

Für Alciati ist darauf zu verweisen, daß er in seiner juristischen Arbeit die historische Erfassung des römischen Rechtes anstrebte und von der scholastischen Exegese (Bartolus von Sassoferrato) kritisch abrückte[33]. Die Kategorie der *res significans* akzeptiert auch er, unter Berufung jedoch auf die Hieroglyphik: *Verba significant, res significantur. Tametsi et res quandoque etiam significant, ut hieroglyphica apud Horum, cuius argumenti et nos carmine libellum composuimus, cui titulus est Emblemata* [34]. In Alciatis ›Emblemata‹ läßt sich auch und gerade an den wenigen Fällen, in denen er ein Traditionsmotiv der mittelalterlichen Allegorese aufgreift, der charakteristische Unterschied in der Interessenrichtung beobachten[35]. Als Vergleichsbeispiel ist besonders das Motiv des Bibers aufschlußreich, das sich nach antiker Fabelüberlieferung als Topos bis in das

18. Jahrhundert hinein hielt [36]. In dem für die mittelalterliche Auslegung verbindlichen Text des ›Physiologus‹ heißt es ›Vom Biber‹[37]:

Item est animal quod dicitur castor nimis mansuetum. Nam in medicina testiculi eius bene prodesse dicuntur contra diversas valitudines. Phisiologus exposuit naturam eius dicens: quia cum investigatus fuerit a venatore respiciens post se et videns venatorem morsu abscidit testiculos sibi proiciensque eos in faciem venatoris aufugit. Venator autem colligens testiculos desinit ultra persequi eum. Sin autem repente venator eum supervenerit et videns effugere non posse, erigit se et demonstrat virilia sua venatori, et cum viderit testiculos non habere, dimittit eum. Sic sine dubio omnes, qui volunt caste vivere in Christo, secent a se omnia vitia cordis et corporis et proiciant in faciem diaboli et vivant in Christo. Monet nos et apostolus dicens: Reddite omnibus debita, cui tributum tributum, cui vectigal vectigal, cui honorem honorem. Inprimis diabolo reddamus que sunt sua, id est renuntiantes illi et omnibus operibus eius et tunc demum ex toto corde conversi ad dominum reddamus illi tamquam patri nostro honorem, et cum suo adiutorio excutiamus a nobis vectigal et tributum diaboli ac adipiscamur fructus spiritales, id est caritatem in operibus bonis, in elemosinis, in visitationibus infirmorum, in consolatione pauperum, in laudibus dei et orationibus assiduis.

Alciati setzt über sein Biber-Emblem [Abb. 1] das Motto: *Aere quandoque salutem redimendam*, in Wolfgang Hungers deutscher Übertragung der Pariser Ausgabe der ›Emblemata‹ von 1542: »Das Leben etwo mit gelt abkauffen«; die Subscriptio: »Der Biber ein faul und schwer thier, Damit er sein leben erhalt, Wann in die hunnd eriagen schier, Beysst er im auss die hoden bald, Der man begert mit allem gwalt. Wer gelt nit spart, gar weyßlich thuet, Woelchs für das leben wird bezahlt: Das bluet ist wolfayl umb das guet«[38]. Gegenüber der geistlichen Perspektive der Fabel[39] im ›Physiologus‹ wird bei Alciati der Gesichtspunkt praktischer Lebensklugheit zur Selbsterhaltung betont[40]. Für Äsop[41] bestand die Moral der ursprünglichen Fabel darin, »daß gleicherweise auch kluge Menschen da, wo es sich um ihre Rettung handelt, keine Rücksicht auf ihr Besitztum nehmen«. Bei aller Ähnlichkeit zwischen Äsop und Alciati fällt doch auf, daß im Emblemtext spezifisch vom Geld als Rettungsmittel gesprochen wird gegenüber der Betonung des Besitzes in der griechischen Fabelversion[42]. Der Rückgriff auf die antike Textvorlage ist nicht bloße Wiederholung des Altertums; Alciatis Umakzentuierung Äsops hängt mit den neuen Bedingungen der eigenen Lebenswirklichkeit zusammen, auf die sich das Emblembuch als Orientierungshilfe des einzelnen bezieht.

Die zeitgeschichtlich neue Rolle der Geldwirtschaft spielt bei Alciati auch herein, wenn er in Emblem 62[43] [Abb. 2] die Willkür eines Fürsten anprangert, der seine Untertanen durch Steuerbeamte ausbeuten läßt[44], um die reich gewordenen Steuerpächter dann selber anzuklagen und zu enteignen. Das Bild zeigt einen Herrscher, der einen vollgesaugten Schwamm ausdrückt, während im Hintergrund eine Enthauptung und ein an einem Galgen hängender Mann zu sehen sind. Den Vergleich des Fürsten mit einem ›Schwammausdrücker‹ entnahm Alciati Suetons Biographie des Vespasian[45]: »Man sagte ihm ebenfalls nach, er habe absichtlich gerade seine habsüchtigsten Steuerbeamten zu höheren Ämtern befördert, um diese nachher, wenn sie noch reicher waren, verurteilen zu können; es hieß allgemein, daß er sich ihrer wie Schwämme bediene, weil er sie, wenn sie trocken sind, gleichsam anfeuchte und dann, vollgesogen, ausdrücke.« Alciatis Überschrift zu dem Bild: *Quod non capit Christus rapit fiscus* hat ihrerseits eine komplexe Vorgeschichte in römischem Recht und mittelalterlicher Theologie[46]. Dieses Beispiel bezeugt Alciatis Montage divergierender Traditionen aus seinem spezifischen zeitgeschichtlichen Interessenhorizont. Es macht zugleich auch die Querverbindungen von den ›Emblemata‹ zu seiner Tätigkeit als historischer Kommentator des römischen Rechts deutlich. Die Anspielung auf den römischen Tyrannen und das Zitat einer Maxime, die den Fiskus als Gegeninstanz zu Christus, d. h. der Kirche, transpersonal erhöht[47], treffen sich bei dem Juristen Alciati in der Kritik an der zeitgenössischen Praxis des Ämterkaufs bzw. Ämterverkaufs[48]. Neben Tierfabel (Biber) und Fürstenspiegel nutzt Alciati auch die Hieroglyphik zur Diskussion der in seiner Umwelt aktuellen Geldproblematik. Aus einer antithetischen Figur der ›Hypnerotomachia Poliphili‹ des Francesco Colonna, die den Gegensatz zwischen Schnelligkeit und Trägheit mit den kontrastierenden Attributen einer durch Flügel emporgezogenen und einer durch eine Schildkröte niedergedrückten Hand veranschaulicht, macht Alciati ein Kind, dessen emporweisende Hand die Flügel beibehält, während die andere Hand nun von einem Stein zur Erde gezogen erscheint, um damit die durch Armut verhinderte Entfaltung schöpferischer Begabung graphisch zu umschreiben: *Paupertatem summis ingeniis obesse ne provehantur* heißt die Inscriptio[49][Abb. 3]. Diese in Emblematik[50] und Ikonologie[51] folgenreiche Bildtypik[52] der Armut als Hemmnis des *ingenium*[53] ist als eigene Aussage Alciatis gerade durch die Veränderung seiner hieroglyphischen Vorlage ausgewiesen[54]. Inhaltlich steht diese Aussage in Beziehung mit anderen Epigrammen, so wenn er das mythologische Motiv des ›Goldenen Vlieses‹ als *Dives indoctus* versteht[55] oder die aasvogelähnlichen Harpyien als Prototyp seines reichen Nachbarn auslegt, vor dem er sich dank seiner moralischen Integrität sicher weiß: *Bonis a divitibus nihil timendum*[56]. Wie intensiv sich die humanistischen Rechtslehrer mit ihrer wirtschaftlichen Umwelt und den Bedingungen des Frühkapitalismus dabei auseinandersetzten, ist in der Forschung schon für Alciatis Augsburger Freund Peutinger, den Adressaten der ersten Emblemsammlung, verfolgt worden[57].

Waren in dem Emblembuch die spezifisch neuen Tendenzen schon an der Umdeutung tradierter Materialien (Biber; Christus-Fiskus) festzumachen, so fällt Alciatis aktueller Zeitbezug um so stärker auf, wenn er sich mit konkreten politischen Themen befaßt. So behandelt er im ersten Epigramm des Buches das Wappen des Mailänder Visconti-Herzogs[58], im zweiten Bild widmet er dem Fürsten das Sinnzeichen der Laute als Mahnung zur Treue in Bündnissen[59], und im 6. Emblem ergänzt er diesen außenpolitischen Ratschlag durch die Forderung nach innerstaatlicher Einhelligkeit von Volk und Herrscher: *Consensu populi stantque caduntque duces* lautet die beschwörende Formulierung der Volkssouveränität in der Übertragung des hieroglyphischen Bildmaterials (Szepter zwischen zwei Tauben) auf die Wunschvorstellung der *concordia*[60]. Auf Alciatis Mailänder Ausgangssituation beziehen sich direkt Emblem

XXXIII[61] im Bilde des in Seenot geratenen Staatsschiffes und Emblem CIII mit der Landkarte Italiens als *Tumulus Ioannis Galeacij Vicecomitis, primi Ducis Mediolanensis* [62], während bei Emblem LVI mit dem Hinweis auf die Türken-gefahr und der Huldigung an die »feste Eiche« Karl V. ein längerfristiger ge-samteuropäischer Aspekt der Zeitpolitik thematisiert erscheint [63].

Daneben begegnen aus der Sicht des Juristen geläufige Themen eines Fürsten-spiegels, etwa in der Deutung des Kentauren auf »Geheimhaltung von Kriegs-plänen« [64] oder bei dem inmitten seiner gelehrten Räte, Alciatis Berufskolle-gen, thronenden Herrscher als Verkörperung »blinder« Gerechtigkeit [65]. Da-bei schließt Alciatis Zeitbezug die Distanzierung vom Los eines am Fürstenhof untätig gefangenen und schlecht bezahlten Edelmannes [66] ebenso mit ein wie die Warnung an die Gelehrten vor gegenseitigem Neid [67]. Bei den im weiteren Sinn zeitpolitisch gerichteten Darstellungen fällt auf, daß Alciati mehrfach aus seiner Interessenlage Vorbilder mit ganz anderem Sinnbezug umdeutet, so wenn er das berühmte Zeichen des venezianischen Verlegers Aldus Manutius, den um einen Anker gewundenen Delphin [68] bzw. dessen Vorlage in der ›Hypneroto-machia‹ [69] auf die Verpflichtung des Fürsten zum Schutz der Untertanen bezieht, eine politische Dimension, die diesen Vorprägungen gänzlich fehlte. Entsprechend liest Alciati aus dem mythologischen Bild vom Sturz des Phaethon [70] eine Warnung vor Hochmut jugendlicher Herrscher heraus: »Noch manch Furst iung und unbedacht, offt durch ehrgeytz, und hochfart wennd zu gmaynem ungluck all sein macht, Und puest zu loetzt mit boesem ennd.« Umgekehrt nutzt er in einem Thema wie dem Selbstmord des Brutus [71] die politisch brisante Anwendungsmöglichkeit im Hinblick auf die Frage des Ty-rannenmordes nicht, wenn er ihn als Exempel der von Fortuna überwältigten Virtus auslegt. Die zeitgenössische Rezeption hat hierin, wie offenbar bei Michel-angelos gleichzeitiger Brutusbüste [72], den angebotenen Zeitbezug aufgegrif-fen, so auch, wenn Alciati das Thema von Herkules und den Pygmäen auf die Selbstüberhebung bezieht, es also warnend aus der Sicht der Pygmäen versteht, die Hofkünstler repräsentationsbewußter Territorialherren daraus aber ein my-thologisches Kompliment für ihren Fürsten als neuen Herkules machen, wie Dosso Dossi für den Este-Herzog in Ferrara und Lucas Cranach d. J. für den sächsischen Kurfürsten [73]. Gerade dieses breite Spektrum der Benutzbarkeit verweist darauf, daß sich die politische Signifikanz der ›Emblemata‹ nicht auf die thematisch expliziten Situationsbilder beschränkt. Vielmehr strebt der zeitge-nössisch führende Jurist mit dem durchgängigen Grundthema des Buches, der humanistischen Moralistik, die Durchsetzung akzeptierter oder unter den neuen Verhältnissen notwendig gewordener Verhaltensregeln an. Alciatis Maximen stellen sich dar als Zeugnisse und als Faktoren des in der frühen Neuzeit spezi-fisch intensivierten Zwangs zu individueller Selbstdisziplinierung, seien es die empfohlenen Vorsichtsmaßnahmen überlegter Zurückhaltung [74] im Bilde des ägyptischen Gottes Harpokrates (Nr. III: *In Silentium*) oder die Warnung vor Rache bei Nemesis und Polyphem ebenso wie bei den Fabelmotiven von Adler und Mistkäfer oder Rabe und Skorpion [75]. Die durch den Buchdruck erreichte

Öffentlichkeit wurde auch in ihren zeitspezifischen Möglichkeiten und Bedürfnissen der Selbstdisziplinierung bestärkt, wenn Alciati zu Mäßigung und Triebkontrolle in Liebe[76] und Essen[77], zu ehelicher Treue[78] oder dankbarer Elternliebe[79] und Beständigkeit in der Freundschaft rät[80]. Den Themenkatalog humanistischer Moralistik teilt Alciatis Emblemwerk mit anderen Publikationen, wie Brants ›Narrenschiff‹, z. B. in der Propagierung eines neuen Arbeitsethos[81] auch in der Erziehung[82]. Die Insistenz auf allseitiger Selbstbeherrschung, ikonographisch sehr verschiedenartig gefaßt bis hin zum ›Mißtrauen bei Geschenken eines Gegners‹ im Bilde von Hektor und Ajax[83], erscheint als Korrelat des auf Gelehrsamkeit und Arbeit sich berufenden Gloria-Ideals[84] (Nr. XLI: *Ex literarum studiis immortalitatem acquiri*[85]; Nr. XXIII: *Ex arduis perpetuum nomen*[86]). In diesem Sinne bestätigt Alciatis Praxis seine Theorie: er (bzw. ein Freund) hat seinen Wechsel von Italien nach Frankreich mit dem Pfirsich verglichen, der außerhalb seines Ursprungslandes erst geschätzt werde (Nr. XXX; analoge Moral bei der Arion-Geschichte Nr. XI: *In avaros vel quibus melior conditio ab extraneis offertur*[87]).

Diese Auslegung des Pfirsichs auf ›Erfolg in der Fremde‹[88] ist in ihrer selbstbewußten und zeitkritischen Ironie kein Einzelfall. Im programmatischen Schlußbild (der Ausgabe von 1542) bezieht Alciati den beliebiger Verwandlung fähigen Proteus implizit auf sich selbst in seiner Einstellung zu den »geschicht der iar vil tausent alt, Die yeder schreibt wie yms gefelt« (*Signa vetustatis, primaevi et praefero secli De quo quisque suo somniat arbitrio*)[89].

Zur Kontrolle des Alciatischen Standpunktes gegenüber dem Mittelalter ist ein Blick auf seine wenigen Embleme mit religiösen Bezügen erhellend. Dabei fällt zunächst auf, daß er diese Thematik anhand antiker Einkleidungen entwikkelt, indem er Ganymed als *In Deo laetandum*[90] und Merkur als göttlichen Wegweiser hinstellt[91] ohne irgendeine Verdeutlichung eines spezifisch christlichen Gottesverständnisses. Demgegenüber greift er für die Auslegung von Prometheus[92] die zeitsymptomatische Formel des spätmittelalterlich-humanistischen Fideismus auf: *Quae supra nos, nihil ad nos*[93] und umschreibt er mittels der antiken Fabel vom Esel, der die Verehrung der Menschen für das von ihm getragene Isisbild auf sich selbst bezog, einen ähnlichen Devotionstopos mit den Worten: *Non tibi sed religioni*, was Wolfgang Hunger 1542 durch den Zusatz »Ein unglert pfaff verstet es wol« polemisch konkretisierte[94].

Für Alciati hat der Überblick ergeben, daß er sich zwar auch auf ein signifikatives Dingverständnis stützt, sich darin aber nach eigener Aussage nicht durch mittelalterliche Exegese, sondern durch die Hieroglyphik legitimiert sieht. Gerade an den wenigen übernommenen Motiven wie der Biberfabel zeigte sich, daß Alciati das ›Buch der Natur‹ nicht als Spur eines göttlichen Schöpfers, sondern als vorbildliche Metaphern für neue Bedürfnisse menschlicher Verhaltensregelung in Staat und allen Lebensbereichen der Frühneuzeit las. Am Beispiel des Bibers etwa läßt sich sein exegetischer Richtungswechsel von geistlicher zu praktisch berechnender Lebenssicherung nicht abtrennen von den Veränderungen der gesamten Lebenswirklichkeit, mit denen Alciati gegenüber dem ›Physiologus‹ rechnet: mit dem ämtermäßig zentralisierten und geldwirtschaftlich kontrollierten Territorialstaat, an dessen Fürsten er sich – als publizistischer Ratgeber – sooft wendet, und mit dem im Buch angesprochenen literarischen Publikum und seinem Bedürfnis nach ›naturgetreuer‹ Verbildlichung der signifikativen *res*.

Das Verhältnis der Emblematik zur mittelalterlich-analogischen Auffassung der Schöpfung[95] kann nicht von den geschichtlichen Veränderungen der Träger, Medien und Praxis abstrahiert werden[96]. In Hinblick auf die Frage nach »Formen und Funktionen der Allegorie« läßt sich zur Entstehung der Emblematik zusammenfassend sagen, daß sowohl die Form, d. h. die Beziehung des Textes auf die anschauliche Bilddarstellung, als auch die Themen, d. h. die Interessenschwerpunkte der Moralistik, den veränderten Lebensbedingungen in der zeitgenössischen Realität funktional entsprachen. Die in Albrecht Schönes analytischer Definition bestimmten Merkmale des Emblems, »potentielle Faktizität« und »ideelle Priorität« der *pictura* gegenüber dem auslegenden Text, bezeugen, wenn man sie folgerichtig auf die *pictura* statt wie Schöne selbst auf die *res* bezieht, das spezifisch neuzeitliche Moment ästhetisch objektivierender Naturbeherrschung. Von der historischen Funktionserklärung der Form her zeigt sich als charakteristischer Unterschied der Emblematik zu den Texttraditionen mittelalterlicher Allegorese der ›Wunsch nach Schau‹: die Abbildung der umgebenden Wirklichkeit als Vehikel ihrer Deutung und zugleich ihrer Veränderung durch menschliches Handeln.

Alciati persönlich mag sich kaum und erst bei den späteren Ausgaben für die Illustration der ›Emblemata‹ interessiert haben[97], und zumindest Jörg Breus Holzschnitte zur Augsburger Urausgabe fallen im künstlerischen Anspruch gewiß nicht besonders auf, dennoch ist die langfristig von einem immer breiteren Publikumserfolg begleitete Emblematik[98] an die fundamentale Wechselbeziehung von Abbildung und Auslegung gebunden.

Das Phänomen der Emblematik reicht natürlich angesichts seiner weitverzweigten Voraussetzungen und Wirkungen über die Person des Bologneser Juristen Andrea Alciati wesentlich hinaus[99]. Aber gerade indem man sich auf Alciati und die Entstehungsbedingungen der Gattung konzentriert, kann man ihre historische Differenz gegenüber den voraufgehenden Allegorie-Traditionen klar erfassen. Auf der anderen Seite wird so auch der Funktionswandel in der späteren Emblematik, die im Rahmen einer thematischen Auffächerung auch wieder stark religiös fixiert erscheint, von dem *Emblematum Pater et Princeps*, Alciati, abgesetzt[100].

Im Zuge der Gegenreformation kam es weithin zur kirchlichen Übernahme neuzeitlicher künstlerischer Innovationen bei gleichzeitiger Insistenz auf signifikanten und demonstrativen Motiven der mittelalterlichen Tradition. Der solcherart synthetisierende Griff der Institutionen, der Kirche wie des ›Staates‹, nach der Emblematik wie etwa nach der Landschaftsmalerei und dem perspektivischen Illusionismus (z. B. in der Deckenmalerei) bezeugt, daß diese wirkungsästhetischen Mittel spezifischen Erwartungen und Bedürfnissen entsprachen.

Anmerkungen:

1 Im Hinblick auf den Wirklichkeitsaspekt grenzen Henkel-Schöne, 1976, S. XIV (nach Schöne, 1964, S. 32) das Emblem innerhalb eines weiter gefaßten Allegoriebegriffs folgendermaßen ab: »Während das konkrete Zeichen des allegorischen Bildes im strengen Sinne allein der Absicht dient, jenen abstrakten Begriff sinnfällig zu machen, auf den es verweist, also ganz und gar aufgeht in dieser Funktion, allererst lebensfähig wird durch die Bedeutung, für die es einsteht, zeigt sich die Res picta des Emblems existent vor aller Bedeutungsentdeckung, lebensfähig auch ohne den Sinnbezug, den die Subscriptio namhaft macht.« Vgl. zur Diskussion um Schönes idealtypische Emblemdefinition bes. Hessel Miedema: The term ›emblema‹ in Alciati, JWCI 31 (1968), S. 234–250, und Sibylle Penkert: Zur Emblemforschung (Besprechung von Henkel-Schöne, 1967, und Schöne, 1968), Göttingische Gelehrte Anzeigen 224 (1972), S. 100–120, bes. S. 109–113.

2 Henkel-Schöne, 1976, S. VI–VII. Vgl. als Gesamtüberblick Heckscher-Wirth; zu den Gliederungsprinzipien Henkel-Schönes: William S. Heckscher/Cameron F. Bunker: Besprechung Henkel-Schöne, 1967, RQ 23 (1970), S. 60–65, bes. S. 61 f.; Penkert [s. Anm. 1], S. 108 ff.

3 Bohuslaus Balbinus: Verisimilia (1687; 1710, S. 234), zit. nach Henkel-Schöne, 1976, S. XII, Anm. 4.

4 Dies umfaßt sowohl humanistische Moralistik des 16. Jh.s wie die ›Fachemblematik‹ des 17. Jh.s (religiös, politisch, Liebe u. a.). Vgl. zu Bildallegorien der Verhaltensmodellierung in Handschriftenillustrationen seit dem 13. Jh. Friedrich Naumann/Ewald M. Vetter: Zucht und schöne Sitte. Eine Tugendlehre der Stauferzeit mit 36 Bildern aus der Heidelberger Handschrift Cod. Pal. Germ. 389, ›Der Welsche Gast‹ des Thomasin von Zerclaere, Wiesbaden 1977.

5 Vgl. als Überblick zur ›angewandten Emblematik‹ zuletzt W. Harms/H. Freytag (Hgg.): Außerliterarische Wirkungen barocker Emblembücher, München 1975.

6 Vgl. Norbert Elias: Die höfische Gesellschaft. Untersuchungen zur Soziologie des Königtums und der höfischen Aristokratie mit einer Einleitung: Soziologie und Geschichtswissenschaft (Soziologische Texte 54), Neuwied 1969, bes. S. 373–376.

7 F. Ohly, 1977, S. 1–31, cf. S. 28. Vgl. besonders auch die Betonung solcher Kontinuität in den Arbeiten von Harms, 1973, Mundus imago Dei; 1975, Der Eisvogel; 1977; ferner Jöns, S. 3–58, cf. bes. S. 29–58, zu weiteren bibliographischen Nachweisen für diese Kontinuitätsdiskussion S. 29, Anm. 2.

8 Henkel-Schöne, 1976, S. XV f. (nach Schöne, 1964, S. 44 f., wo sich Schöne, S. 45, Anm. 1, auf F. Ohly beruft). Während Schöne mit seiner idealtypischen Emblemdefinition Heckscher-Wirth kritisiert, verweisen Heckscher/Bunker [s. Anm. 2] in ihrer Besprechung von Henkel-Schöne auf eine Definition der *regulae* der Theologie bei Alanus ab Insulis als *emblemata: propter internum intelligentiae splendorem dicuntur emblemata, quia puriore mentis acumine comprehenduntur.* Vgl. auch Penkert [s. Anm. 1], S. 103.

9 Zu allegorischen Tierbildern in mittelalterlichen Handschriften vgl. z. B. das Material bei F. Ohly, 1977, S. 32–92 m. Abb. Gegen den Sprachgebrauch ›mittelalterliche Emblematik‹ wendet sich Penkert [s. Anm. 1], S. 110, Anm. 41.

10 Abgesehen von der Problematik einer Definition des ›Mittelalters‹ vgl. zur ›ästhetischen Haltung‹ in hochmittelalterlicher Kunst die Beobachtungen bei Meyer Schapiro: On the aesthetic attitude in romanesque art, in: Art and thought. Essays in honor of A. K. Coomaraswamy, London 1947, S. 130–150.

11 Erwin Panofsky: Early Netherlandish painting. Its origins and character. 2. Aufl.

Cambridge, Mass., 1958, Bd. I, S. 131–148, bes. 142 f.; Millard Meiss: Light as form and symbol in some fifteenth-century paintings, The Art Bulletin 27 (1945), S. 175–181.

12 Schapiro, 1970.

13 William S. Heckscher: The Annunciation of the Mérode altarpiece. An iconographic study, in: Miscellanea Jozef Duverger, Gent 1968, S. 37–65, cf. S. 52–55.

14 Panofsky [s. Anm. 11], S. 142.

15 Panofsky [s. Anm. 11], S. 142. Auf die methodische Kritik, die Otto Pächt, The Burington Magazine XCVIII (1956), S. 267 ff., an Panofskys Konzept des »disguised symbolism« übt, ist in größerem Zusammenhang einzugehen. Vgl. zuletzt auch Detlef Zinke: Patinirs Weltlandschaft. Studien und Materialien zur Landschaftsmalerei im 16. Jahrhundert (Europ. Hochschulschriften 6), Frankfurt a. M. 1977, S. 55 ff.

16 Vgl. bes. das niederländisch geprägte Gemälde ›Der Liebeszauber‹ gegen 1480 (zuletzt Ausstellungskatalog: Herbst des Mittelalters. Spätgotik in Köln und am Niederrhein, Köln 1970, S. 41 f., Nr. 17 mit Farbtafel II).

17 Schapiro, 1970, S. 36.

18 W. L. Schreiber: Frau Venus und der Verliebte. Ein Holzschnitt aus dem 15. Jahrhundert, Zs. f. Bücherfreunde 11 (1907–08), S. 380 f. Farbabb. bei W. Brückner: Imagerie populaire allemande, Mailand 1969, Pl. 18.

19 Konrad Hoffmann: Antikenrezeption und Zivilisationsprozeß im erotischen Bilderkreis der frühen Neuzeit, Antike und Abendland 24 (1978), S. 146–158.

20 Petrarca: Dichtungen, Briefe, Schriften. Auswahl und Einleitung von H. W. Eppelsheimer, Frankfurt a. M. 1956, S. 80–89, cf. S. 84 u. S. 87. Zur Interpretation: Joachim Ritter: Landschaft. Zur Funktion des Ästhetischen in der modernen Gesellschaft (1963), jetzt in: Ritter: Subjektivität. Sechs Aufsätze (Bibl. Suhrk. 379), Frankfurt a. M. 1974, S. 141–163, bes. S. 141–150; Hans Blumenberg: Die Legitimität der Neuzeit, Frankfurt a. M. 1966, S. 336–341.

21 Hans Jakob Christoph von Grimmelshausen: Der abenteuerliche Simplicissimus Teutsch, hg. H. H. Borcherdt, Stuttgart 1972, S. 690 (›Continuatio‹, cap. XXIII).

22 F. Ohly, 1977, S. 19, Anm. 32: Guibert von Nogent, PL 156, Sp. 29 D: *Gregorius Nazianzenus, vir mirabiliter eruditus, in quodam suo libro testatur se id habuisse consuetudinis, ut quidquid videret ad instructionem animi allegorizare studeret.*

23 Harms, 1973, Mundus imago Dei; zur religiösen Verwendung der Metapher ›Buch der Welt‹ bes. S. 240 f. Zur Emblematik bei Grimmelshausen bibliographische Hinweise bei Penkert [s. Anm. 1], S. 115, Anm. 62.

24 Zu bildpublizistischen Verwendungen der christlich-metaphorischen Auslegung der alltäglichen Arbeitsumgebung vgl. Adolf Spamer: Die Geistliche Hausmagd. Zur Geschichte eines religiösen Bilderbogens und der volkstümlichen Devotionalliteratur, Göttingen 1969.

25 Nicolaus Taurellus: Emblemata Physico-Ethica. Nürnberg 1602, zitiert nach Schöne, 1964, S. 26, Anm. 2.

26 Ulrich von Hutten: Deutsche Schriften, hg. Peter Ukena, München 1970, S. 317–340: Brief an Pirckheimer in Übersetzung v. A. Holborn. Augsburg, 25. 10. 1518: »Des Ritters Ulrich von Hutten Brief an den Nürnberger Patrizier Willibald Pirckheimer, in dem er über sein Leben Rechenschaft ablegt«.

27 Der Brief erschien am 6. 11. 1518; Abb. des Titelblattes bei W. P. Eckert/Ch. v. Imhoff: Willibald Pirckheimer. Dürers Freund im Spiegel seines Lebens, seiner Werke und seiner Umwelt, Köln 1971, S. 339. Abdruck des Textes (S. 336–349) mit Erläuterungen auf S. 334–336.

28 Vgl. Arno Borst: Lebensformen im Mittelalter. Frankfurt/Berlin 1973, S. 173–176.

29 Hutten, [s. Anm. 26], S. 324–325.

30 Frühe Alciati-Rezeption im Nürnberger Humanismus belegt das Skizzenbuch des Patriziers Martin II. Pfinzing, der bei seinem Pariser Studienaufenthalt 1539 Bilder und Inscriptiones nach der Pariser Ausgabe der ›Emblemata‹ von 1534 kopierte. Das Skizzenbuch ist veröffentlicht bei Fritz Zink: Die Handzeichnungen bis zur Mitte des 16. Jahrhunderts (Kataloge des Germanischen Nationalmuseums Nürnberg: Die deutschen Handzeichnungen, Bd. I), Nürnberg 1968, S. 221–226, Nr. 178. Der Zusammenhang mit Alciati ist deutlich bei Blatt 26 RS [Abb. 5] (Zink, Abb. auf S. 226): Gruppe des Blinden und Lahmen als *mutuum auxilium* (in der Pariser Ausgabe der ›Emblemata‹ von 1542, die im reprografischen Nachdr., Darmstadt 1967, vorliegt und der leichten Zugänglichkeit wegen in diesem Aufsatz durchgängig zitiert wird: Nr. XXII, S. 60 [Abb. 6]); Nemesis: *Nec verbo ne facto quenquam laedendum* (Paris 1542: Nr. XIII, S. 42 [Abb. 7]); klagende Frau: *In victoriam dolo partam* (Paris 1542: Nr. IX, S. 34 [Abb. 8]: als *Virtus* gemeint); rechts unten auf dem Blatt ein sitzender Mann, ohne Beischrift (Paris 1542: Nr. XIIII, S. 44 [Abb. 9]: *Desidiam abijciendam*). Auf dem folgenden Blatt 27 Vs [Abb. 10] kopierte Pfinzing (Abb. bei Zink, S. 226) Alciatis Emblem (Paris 1542: Nr. XXXIX [Abb. 11]): Kinder mit Steinen und Knüppeln vor einem Nußbaum, ohne die Inscriptio: *In fertilitatem sibi ipsi damnosam* mit zu übernehmen. Die charakteristische Umdeutungsmöglichkeit eines gleichbleibenden Bildmotivs zeigt an diesem Emblem Holbeins Übernahme für das Druckerzeichen von Raymond Wolfe mit dem Motto: *Charitas* (vgl. K. Hoffmann: Hans Holbein d. J.: Die ›Gesandten‹, in: Fs. Georg Scheja. Sigmaringen 1975, S. 134 f., Anm. 11 m. Abb.). Alciati interpretierte das Leiden unter den angreifenden Kindern als Klage des Baumes *in malo* (Fruchtbarkeit verursache schlimmeres Leiden als Unfruchtbarkeit: cf. Schöne, 1964, S. 20), Holbein die Fruchtbarkeit des Baums *in bono*. Eine geistliche Auslegung dieses Emblems gibt Reusner (Henkel-Schöne, 1967, Sp. 228; da das Alciati-Vorbild ebd. Sp. 179 unspezifisch als ›Baum‹ eingeordnet ist, wird der Zusammenhang mit Reusners ›Nußbaum‹ übersehen). Auf diesem Blatt Pfinzings entspricht die Frau mit Drachen und Stab dem Emblem Alciati Nr. XLII [Abb. 12] (Pfinzing interpretierte den Stab durch Hinzufügung einer Querstange als Kreuz); ferner geht (Hinweis Peter Ries) der rechts daneben skizzierte Mann, der eine Schlange in der Hand hält, auf Alciatis Emblem Nr. LX [Abb. 13] zurück.

31 Stilistische Kennzeichnung und Abdruck des lateinischen Originaltexts bei Marianne Beyer-Fröhlich (Hg.): Aus dem Zeitalter des Humanismus und der Reformation (Dt. Literatur in Entwicklungsreihen. Reihe Selbstzeugnisse, Bd. 4), Leipzig 1931 (Nachdr. Darmstadt 1970), S. 60–82, cf. S. 63. Vgl. ferner H. O. Burger: Renaissance – Humanismus – Reformation. Deutsche Literatur im europäischen Kontext (Frankfurter Beitr. z. Germanistik, Bd. 7), Bad Homburg v. d. H./Berlin/Zürich 1969, S. 390.

32 Norbert Elias: Über den Prozeß der Zivilisation. Soziogenetische und psychogenetische Untersuchungen. 1. Bd.: Wandlungen des Verhaltens in den weltlichen Oberschichten des Abendlandes, 2. Aufl., Bern/München 1969, S. 283–301: »Blick auf das Leben eines Ritters«, Zitat auf S. 286.

33 Vgl. zum Zusammenhang: Guido Kisch: Forschungen zur Geschichte des Humanismus in Basel. Eine bibliographische Einführung und Übersicht mit besonderer Berücksichtigung der Rechtsgeschichte, ArchK 40 (1958), S. 194–221; zu Alciati/Peutinger: Heinrich Lutz: Conrad Peutinger. Beiträge zu einer politischen Biographie (Abh. z. Gesch. d. Stadt Augsburg 9), Augsburg 1958, S. 129–131.

34 *De verborum significatione*, 1530; vgl. zuletzt Homann, S. 27; ebd., S. 125–127, eine Zusammenstellung der Äußerungen Alciatis zu seinen ›Emblemata‹.

35 Alciatis ›Emblemata‹ werden jeweils zitiert nach der lateinisch-deutschen Ausgabe Paris 1542, Nachdr. Darmstadt 1967 [s. Anm. 30], in der Übertragung von Wolfgang Hunger. Zur Entstehungsgeschichte des Buches vgl. zuletzt die Zusammenfassung einer alten und sehr verzweigten Diskussion bei Homann, S. 25–40.

36 Schon in der Antike entzog Sextius Niger »durch Nachweis der wirklichen anatomischen Verhältnisse der Fabel die Grundlage« (RAC 2, Stuttgart 1954, Sp. 230). Vgl. im 18. Jh. J. J. Winckelmann: Versuch einer Allegorie, besonders für die Kunst, Dresden 1766, S. 4: »Ein Mensch, der sich selbst übels thut, wurde in dem Bilde des Bibers vorgestellet, weil derselbe wie man irrig glaubte, sich seine Hoden abbeisset, und dadurch andern Thieren im Wasser, die jenes um eben dieses Theils willen nachfolgen, entgehet«. Schon Thomas Browne (zit. nach The Bestiary. A book of beasts, hg. T. H. White, New York 1960, S. 29) im 17. Jh.: »The originall of the conceit was probably Hieroglyphicall, which after became Mythologicall unto the Greeks and so set down by Aesop, and by process of tradition stole into a totall verity.«

37 ›Dicta Chrysostomi‹, Kap. 16 (XVII): De Castore, Friedrich Maurer (Hg.): Der altdeutsche Physiologus. Die Millstätter Reimfassung und die Wiener Prosa (nebst dem lateinischen Text und dem althochdeutschen Physiologus), Tübingen 1967, S. 84. Vgl. zur Tradition O. Seel: Der Physiologus, Zürich/Stuttgart 1960, Anm. 103–106 zu Nr. 23, S. 82 ff. Weitere Traditionsbelege außer Henkel-Schöne, 1967, Sp. 460, im RAC [s. Anm. 36], Sp. 229–230.

38 Alciati [s. Anm. 30], Nr. LXXXV, S. 190f. Das Bild der Erstausgabe, Augsburg 1531, und eine spätere deutsche Übersetzung von Jeremias Held bei Henkel-Schöne, 1967, Sp. 460.

39 Zur Bildtradition des Motivs: RDK II (1948), Sp. 517–518 (O. Schmitt); Otto Lehmann-Brockhaus: Tierdarstellungen der Fiori di Virtú, Mitt. des Kunsthist. Instituts in Florenz 6 (1940), S. 1–32, cf. S. 9 m. Abb. 5 u. Anm. 43: »Castoro-Pace«; diese Auslegung übernahm auch Leonardo da Vinci (Notebooks, hg. J. P. Richter, New York 1970, Bd. II, S. 316, Nr. 1222). Ferner: L. M. C. Randall: Images in the margins of Gothic manuscripts (California Studies in the History of Art 4), Berkeley/Los Angeles 1966, fig. 79. Vgl. damit Sebastian Brant [s. Anm. 42].

40 Eine öffentlichkeitsbezogene Verhaltensmoralisation bei Konrad von Würzburg: »Den Biber sollen Herren sich zum Muster nehmen, der freiwillig den Jägern gibt, warum sie ihn verfolgen; so soll ein Herr, den die Gehrenden mit ihren Bitten verfolgen, der Milde pflegen, ehe ihm die fortgesetzten fruchtlosen Klagen und Bitten zur Schande gereichen« (Lauchert, S. 199; zit. nach RDK [s. Anm. 39]).

41 Fabeln von Äsop und Äsopische Fabeln des Phädrus (Goldmann-Taschenbuch 591), München 1959, S. 30, Nr. 33; mit gleicher Deutung in die Sammlung ›Appendix Perottina‹ im 15. Jh. übernommen: Phaedrus: Liber Fabularum, lat.-dt. Ausgabe O. Schönberger, Stuttgart 1975, S. 150–153, Nr. 30.

42 Vgl. damit Sebastian Brants Äsop-Bearbeitung (Basel 1501; cf. Hueck, Abb. 11): *De Castoro ingenio: Dives ad astra petens imitetur castora: qui se Eunuchum ipse facit cupiens evadere damno Testiculi usque adeo medicatum intelligit inguem divitias locuples a se procul abjiciat sic liber ut in celum possit sine pondere abire* und Burchard Waldis, Esopus, Frankfurt 1548, mit der Moral: »Schwert, feur und alles ist zu leiden, wo man des todes far mag meiden. Auf dasz du retten mögst das leben, soltest ein Königreich aufgeben«, zit. nach A. Schirokauer (Hg.): Texte zur Geschichte der altdeutschen Tierfabel (Altdt. Übungstexte 13), Bern 1952, S. 46, Nr. 58 mit weiteren Nachweisen dazu auf S. 64.

43 Alciati 5 [s. Anm. 30], S. 140f.

44 »Ausbeutung der Untertanen« resümieren Henkel-Schöne, 1967, Sp. 1355 zum Bild

der Urausgabe; hier auch zwei Beispiele der Rezeption in Emblembüchern aufgeführt.

45 Henkel-Schöne, 1967, Sp. 1355. Vgl. Gaius Suetonius Tranquillus, Leben der Caesaren, Einl. u. Übers. v. A. Lambert, Zürich/Stuttgart 1955, S. 429 für die im Text zitierte Passage.

46 Ernst H. Kantorowicz: Mysteries of state. An absolutist concept and its late medieval origins, Harvard Theological Review 48 (1955), S. 65–91 (jetzt in E. H. K.: Selected Studies, Locust Valley, N.Y., 1965, S. 381–398, cf. 393–395); ders.: The king's two bodies. A study in medieval political theology, Princeton 1957, S. 173 ff.

47 Kantorowicz, Mysteries [s. Anm. 46], S. 395: »It was always this lingua mezzoteologica customary with the jurists which elevated the secular state into the sphere of ›mystery‹.«

48 R. Doucet: Les Institutions de la France au XVIe siècle, Paris 1948; Elias [s. Anm. 6], S. 285–287.

49 Alciati [s. Anm. 30], Nr. XV, S. 46 f. Vgl. die Ausgaben 1531 und 1534 bei Volkmann, Abb. 32 bzw. 34, und Alciatis Ausgangspunkt in der ›Hypnerotomachia‹: Volkmann, Abb. 8. Zur Interpretation des hieroglyphischen Bildes Edgar Wind: Pagan mysteries in the Renaissance, Harmondsworth 1967, S. 103 (zu Abb. 54). Praz, S. 35 ff.; Harms, 1973, Rollenhagen, S. 53 f.

50 Henkel-Schöne, 1967, Sp. 1023 f. Mit den Motiven ›Flügel‹ – ›Rose‹ ist die Kontrastierung variiert in der Übertragung auf *Natura* bei Sambucus: Ebd., Sp. 1534. Zur Verwandlung bei Daniel Cramer, 1630 mit der Inscriptio: *Velle, at non posse, dolendum est* und davon inspirierter außerliterarischer Umsetzung vgl. W. J. Müller: Nordelbingen 37 (1968), S. 15–17.

51 Bei einer weiblichen Gestalt die Alciatischen Attribute Flügel und Stein in Boudard, Iconologie, 1766, als: »Pauvreté préjudiciable aux talents« (Volkmann, Abb. 93; vgl. auch ebd. die Verlegersignets in Abb. 103–104). Zur Übernahme Alciatis bei Ripa, Iconologia und einer umdeutenden Erfindung Boissards: Harms, 1973, Mundus imago Dei, S. 233, Anm. 36.

52 Ein satirisches Flugblatt [Abb. 4] zeigt einen jüdischen »Kipper und Wipper« mit dem guten alten Geld, das seine eine Hand der Schwere des Edelmetallgehalts wegen nach unten zieht (mit aufgeschlitztem Beutel), und seiner leichten Kupferimitation in der erhobenen anderen Hand. Die polemisch aktualisierende Umdeutung nutzt eine beim Publikum vorausgesetzte Kenntnis der emblematisch-ikonologischen Überlieferung in den Inflationsauseinandersetzungen zu Beginn des Dreißigjährigen Krieges. Abb. des Blattes bei Coupe, Bd. II, Pl. 107.

53 In Nürnberg [s. Anm. 30] übernimmt G. H. Rivius für den Holzschnitt auf der Rückseite des Titelblattes seiner ›Newe Perspectiva‹ 1547 das Alciatische Bild, wobei er *ingenium* nicht mit der Armut, sondern mit dem Tod als Widersacher des Ruhms kontrastiert; Rivius kombiniert den antithetisch attribuierten Putto mit der von Dürers Pirckheimerstich (1524) her bekanntgewordenen Beischrift *Vivitur ingenio, caetera mortis erunt* (zum antiken Ursprung dieses in der humanistischen Dichtung und Emblematik häufig angeführten Mottos verweist mich Ernst Zinn auf die ›Elegiae in Maecenatem‹, I, Vers 38, in der ›Appendix Vergiliana‹, hg. Frid. Vollmer: Poetae Latini Minores, vol. I. Bibliotheca Teubneriana. Lips., MCMXXI, p. 147). Am unteren Bildrand korrespondiert die Zeile: *Aurum probatur igni, ingenium vero Mathematicis*. Vgl. statt der irreführenden Teilabbildung bei Volkmann (Abb. 87) die Gesamtwiedergabe bei Ansgar Stöcklein: Leitbilder der Technik. Biblische Tradition und technischer Fortschritt, München 1969, Abb. 26.

54 Bei Mathias Holtzwart: Emblematum Tyrocinia, hgg. P. v. Düffel/K. Schmidt, Stutt-

gart 1968, S. 112, Nr. XLVII wird der »Reiche« durch den schweren Geldsack am Himmelsflug gehindert: »Besser arm und from dan Reich und böß« ist das deutsche Motto (S. 113) dieser Umdeutung Alciatis. Vgl. damit die geistliche Version bei Hugo Hermann: Pia Desideria: W. J. Müller: Nordelbingen 40 (1971), S. 105 m. Abb. 14 a–b und das in der folgenden Anm. zitierte Motto des Alciati.

55 Alciati [s. Anm. 30], Nr. LXXXVII, S. 194 f.

56 Alciati [s. Anm. 30], Nr. CI, S. 224 f.

57 Lutz [s. Anm. 33], bes. S. 136–143; zur unterschiedlichen Stellungnahme Peutingers und Pirckheimers zur Zinsproblematik: S. 108 f.; dazu in größerem Zusammenhang: Benjamin Nelson: The idea of usury. From tribal brotherhood to universal otherhood, Chicago/London 1969, bes. S. 29–56.

58 Alciati [s. Anm. 30], Nr. I, S. 18 f.; dazu Homann, S. 32 f. m. Abb. 9–10.

59 Alciati [s. Anm. 30], Nr. II, S. 20 f.; dazu Hoffmann [s. Anm. 30], S. 134 f., Anm. 11; S. 146, Anm. 78.

60 Alciati [s. Anm. 30], Nr. VI, S. 28 f.; vgl. die Mahnung: »Drumb furst der deinen lieb erhalt«. Zu den Motivquellen die Hinweise bei Henkel-Schöne, 1967, Sp. 883 f.; zur Rezeption in einer spanischen Ausgabe von Erasmus von Rotterdams ›Apophthegmata‹, Antwerpen 1549: Volkmann, S. 74.

61 Alciati [s. Anm. 30], S. 84 f.

62 Alciati [s. Anm. 30], S. 228 f.

63 Alciati [s. Anm. 30], S. 128 f. Henkel-Schöne, 1967, Sp. 221 beziehen es direkt auf die Belagerung Wiens 1529; dagegen Homann, S. 30 f.

64 Alciati [s. Anm. 30], Nr. VIII, S. 32 f. Vgl. die Aussage mit ebd. Nr. III, S. 22 f. *(In Silentium)* und mit der jedem Kriegsplan konträren Friedensmahnung z. B. in Nr. XIX, S. 54 f. *Ex pace ubertas,* während Alciati in Nr. XLV, S. 106 f. Krieg als politisches Mittel einbezieht: *Arma procul iaceant, fas sit tunc sumere bellum Quando aliter pacis non potes arte frui* (Motto: *Ex bello pax;* vgl. Henkel-Schöne, 1967, Sp. 1489 f. und 1499 f.).

65 Alciati [s. Anm. 30], Nr. LIX, S. 134 f. Zum Herrscher als »lex« oder »iustitia animata«: Kantorowicz, 1957 (s. Anm. 46), S. 133 f. Ohne Augenbinde (wie erst in späteren Editionen) der Fürst hier auch in der Urausgabe 1531: Henkel-Schöne, 1967, Sp. 1040. Vgl. damit auch Peter Vischers Allegorie auf den idealen Herrscher, dem die personifizierte *Iustitia* die Augen verbindet: Zeichnung von 1524 (Hoffmann, Abb. 22).

66 Alciati [s. Anm. 30], Nr. CXI, S. 244 f. Vgl. ebd. Nr. LXXXVIII, S. 196 f.: Chamäleon als »Fursten heuchler« (das ideale Gegenbild: Nr. CVI, S. 234: »Der nit heuchlen kan«). Cf. P. M. Smith: The anticourtier trend in sixtennth-century French literature (Travaux d'humanisme et Renaissance 83), Genf 1966, und Hoffmann [s. Anm. 30], S. 147.

67 Alciati [s. Anm. 30], Nr. XCIX, S. 220 f. Vgl. zur literarischen und ikonographischen Behandlung des Neides als Korrelat des humanistischen Gloria-Ideals: A. Pigler: Neid und Unwissenheit als Widersacher der Kunst (Ikonographische Beiträge zur Geschichte der Kunstakademien), in: Acta Historiae Artium Academiae Scientiarum Hungaricae 1 (1954), S. 215–235; William S. Heckscher: Reflections on seeing Holbein's portrait of Erasmus at Longford Castle, in: Essays in the History of Art presented to Rudolf Wittkower, London 1967, S. 128–148, bes. S. 129 u. 132. Danach: Callahan [s. Anm. 89] zum Bild des Herakleskampfes in späteren Alciatiausgaben (ab 1546) als Allegorie des Neides nach Erasmus.

68 Alciati [s. Anm. 30], Nr. XXI, S. 58 f.

69 Wind [s. Anm. 49], S. 98–112, Abb. 52 (Aldus); 55 (Hypnerotomachia). Vgl. das

Bild der Urausgabe: Henkel-Schöne, 1967, Sp. 683; dazu Penkert [s. Anm. 1], S. 104, Anm. 23.

70 Alciati [s. Anm. 30], Nr. LXIIII, S. 144 f.

71 Alciati [s. Anm. 30], Nr. XL, S. 96 f. Vgl. Erwin Panofsky: The Iconography of Correggio's Camera di San Paolo (Studies of the Warburg Institute, XXVI), London 1961, S. 60 u. 63.

72 D. J. Gordon: Giannotti, Michelangelo and the cult of Brutus, in: Fritz Saxl 1890–1948. A volume of memorial essays from his friends in England, hg. D. J. Gordon, London 1957, S. 281–296 (ohne Berücksichtigung von Alciati).

73 Alciati [s. Anm. 30], Nr. XX, S. 56 f. Vgl. C. J. van Hasselt/van Ronnen: Hercules en de Pygmeen bij Alciati, Dossi en Cranach, Simiolus. Kunsthistorisch Tijdschrift 4 (1970), S. 13–18.

74 Alciati [s. Anm. 30], S. 22 f.

75 Nemesis: Nr. XIII, S. 42 f. [s. Anm. 30]; Polyphem: Nr. XXXVII, S. 90 f.; Adler-Mistkäfer: Nr. LIIII, S. 124 f.; Rabe-Skorpion: Nr. LXXIIII, S. 166 f. Zum Wandel des Verhaltensstandards in der historischen Realität als Hintergrund für die Motiverfindungen Alciatis grundsätzlich wichtig: Elias [s. Anm. 6], bes. S. 120–177; Ders. [s. Anm. 32], passim.

76 Alciati [s. Anm. 30], Nr. VII, S. 30 f.

77 Alciati [s. Anm. 30], Nr. LXXXVI, S. 192 f.: Maus in Schneckenhaus gefangen: *Captivus ob gulam*.

78 Nr. X, S. 36 f.; Nr. LXI, S. 138 f.

79 Nr. V, S. 26 f.

80 Nr. XII, S. 40 f.

81 Nr. XIV, S. 44 f.; Nr. XVII, S. 50 f.

82 Nr. XXIIII, S. 64 f.

83 Nr. CXIII, S. 248 f.

84 Edgar Zilsel: Die Entstehung des Geniebegriffs. Ein Beitrag zur Ideengeschichte der Antike und des Frühkapitalismus. Tübingen 1926. Die von Zilsel dabei herausgearbeiteten »dulderkultischen« Tendenzen sind etwa auch in Alciatis Emblem Nr. XXXIX, S. 94 f. der *Fertilitas sibi ipsi damnosa* wirksam [s. Anm. 30].

85 Kurt Reichenberger: Ruhmesverlangen als Ausdruck der schöpferischen Persönlichkeit. Zur Interpretation eines Alciatemblems; Bibliothek und Wissenschaft 3 (1966), S. 219–228. Das hier analysierte Emblem mit der Bildkombination von Triton und Ouroboros-Schlange befindet sich bei Alciati [s. Anm. 30], auf S. 98 f. (Nr. XLI).

86 Alciati [s. Anm. 30], S. 62 f. Vgl. auch dazu P. Vàczy: Die menschliche Arbeit als Thema der Humanisten und Künstler der Renaissance, Acta Historiae Artium Academiae Scientiarum Hungaricae 13 (1967), S. 149–176.

87 Alciati [s. Anm. 30], Nr. XXX, S. 76 f. Vgl. Henkel-Schöne, 1967, col. 236 f. für das Bild der Urausgabe und literarische Quellennachweise. Das Arion-Emblem (Nr. XI) auf S. 38 f.

88 Zu Albutius, der laut Überschrift dieses Lobgedicht auf seinen Freund Alciati schrieb, vgl. Homann, S. 32.

89 Alciati [s. Anm. 30], Nr. CXV, S. 252 f. Zu Alciatis hierin deutlicher »erasmischer Ironie« vgl. im Hinblick auf die persönlichen und literarischen Beziehungen beider Gelehrten: Virginia W. Callahan: The Erasmus-Alciati-friendship., Acta Conventus Neo-Latini Lovaniensis. Proceedings of the First International Congress of Neo-Latin Studies Louvain 1971 (Humanistische Bibl., Reihe I: Abh. 20), hgg. J. Ijsewijn/E. Keßler, München 1973, S. 133–141.

90 Nr. XXXII, S. 80 f.

91 Nr. LXXVII, S. 172f.

92 Nr. XXVIII, S. 72f. Unter das Motto *Qui alta contemplantur cadere* rückt Alciati in gleichem Sinnbezug die Äsopische Fabel von dem an den Himmel schauenden Kranichjäger, der auf eine Schlange tritt und an ihrem giftigen Biß stirbt (vgl. die Version Sebastian Brants bei Schirokauer [s. Anm. 42], Nr. 41): Nr. LXXXIII, S. 186f. Zur zeitgenössischen Interpretation der Prometheuserzählung: Olga Raggio: The myth of Prometheus. Its survival and metamorphoses, JWCI 21 (1958), S. 44–62.

93 H. A. Oberman: Contra vanam curiositatem. Ein Kapitel der Theologie zwischen Seelenwinkel und Weltall (Theol. Studien 113), Zürich 1974, S. 9, Anm. 1.

94 Nr. XXXV, S. 86f. Vgl. zur zeitgenössischen Rezeption auch: Ilja Markx-Veldman: The idol on the ass; Fortuna and the sleeper. Marten van Heemskerck's use of emblem and proverb books in two prints., Simiolus. Netherlands Quarterly for the History of Art 6 (1972–73), S. 20–28, bes. S. 20–25 mit Abb. 1–2.

95 Zu dem Glauben, daß alles Geschehen auf das planende Wollen und Wirken eines allmächtigen Gottes zurückgehe, bemerkt Ernst Topitsch: Vom Ursprung und Ende der Metaphysik, München 1972, S. 248: »Zwar distanzierten sich die Humanisten gerne vom Mittelalter, doch in der Regel nur, um auf dieselbe antike Philosophie zurückzugreifen, aus der auch die Kirchenväter und Scholastiker geschöpft hatten.« Vgl. zu den Wandlungen des Analogiedenkens im Absolutismus Conrad Wiedemann: Barocksprache, Systemdenken, Staatsmentalität. Perspektiven der Forschung nach Barners »Barockrhetorik«, in: Dokumente des Internationalen Arbeitskreises für deutsche Barockliteratur, Wolfenbüttel 1973, Bd. I, S. 21–51.

96 Zum Erwartungshorizont des Publikums gehört die ästhetische Komponente ebenso wie das literarische Bedeutungswissen, das für sich alleine genommen oft eher den – partiellen, daher verfälschenden – Eindruck einer Kontinuität aufkommen lassen kann. Von da her ist gerade bei der Emblematik, aber auch bei anderen Gattungen mit struktureller Verschränkung von Wort und Bild zu argumentieren (etwa zu Harms, 1975, Eisvogel.

97 Zur Differenz zwischen »ideeller Priorität der pictura« und faktischem Entstehungsprozeß von Emblembüchern: Miedema [s. Anm. 1]; Homann, S. 35–38.

98 Am Motiv ›Kugel und Kubus‹ läßt sich die langfristig verstärkende Wirkung durch emblematische Rezeption verfolgen: voremblematisch im italienischen Humanismus des Quattrocento als moralisches Bekenntniszeichen (Münze mit beischriftlicher Deutung auf *Varietas* als persönliche Imprese eines Bischofs von Chioggia: Josef Bernhart: Kugel und Würfel in Goethes Garten, in: Christliche Verwirklichung. Romano Guardini zum 50. Geburtstag dargebracht von seinen Freunden und Schülern, hg. K. Schmidhüs. [»Schildgenossen«, Beiheft 1], Rothenfels a. M. 1935, S. 258–266, cf. 266) bereits verbunden mit figürlicher Allegorie (Kaminfresko der Mantegna-Schule in Mantua mit Entscheidungssituation des von einer Matrone, auf einem Quader, zurückgehaltenen Jünglings vor Occasio, auf Kugel; als *Festina lente* interpretiert bei Wind [s. Anm. 49], S. 101f., fig. 53). Die breite von Heckscher im Blick auf Goethes Weimarer Gartendenkmal behandelte Emblematiktradition (zu ihr und Motivübernahme bei Rubens auch: Erwin Panofsky: »Good Government« or Fortune? The Iconography of a newly-discovered composition by Rubens, Gazette-des-Beaux-Arts, 6. Pér., 68, 1966, S. 305–326) könnte noch einem Frühwerk Picassos, 1905, mit zugrunde liegen: vgl. das Bild Merkurs auf Kubus neben Fortuna auf Kugel in der Antwerpener Alciati-Ausgabe von 1564 (Heckscher, Abb. 3 [Abb. 14]) mit Picassos Gemälde eines auf einer Kugel balancierenden Kindes neben einem Mann auf kubischem Block (A. Blunt/Ph. Pool: Picasso. The formative years. A study of his sources. London 1962, Abb. 153 [Abb. 15]). Für Michelangelos »Sogno« läßt sich in den frü-

hen Alciati-Illustrationen m. W. keine direkte emblematische Vorlage nachweisen. Gegenüber der Verfestigung der Motivgruppierung zur moralischen Antithese von Tugend (*Quadratus*) und Laster (*Fortuna*) hat Michelangelo, der sich im ›Brutus‹ zu gleicher Zeit vermutlich mit Alciatis Deutung der Figur auf den Kontrast von Virtus und Fortuna befaßte [s. Anm. 71 f.], im ›Sogno‹ den Kubus mit den in seinem Inneren aufgedeckten Masken jedenfalls nicht positiv gedeutet (Heckscher, S. 45 f., Abb. 2).

99 Harms, 1973, Mundus imago Dei, S. 224. Aus dem Interesse am Mittelalterbezug der Emblematik begründet es sich, wenn Jöns, S. 56 die »im Grunde unverbindliche Emblematik Alciatischer Prägung« subjektiv abwertet und verzeichnet.

100 Alciati als *Emblematum Pater* [...]: Balbinus [s. Anm. 3], zit. nach Henkel-Schöne, 1976, S. XVII, Anm. 10.

Das Wechselverhältnis zwischen verstärkter Naturbeobachtung, Pädagogik und theologischer Zielsetzung zeigt sich besonders deutlich am Beispiel des Nicolaus Taurellus [s. Anm. 25], einem Protestanten: Homann, S. 105–122; zum katholischen Bereich der Gegenreformation vgl. über die Emblematik hinaus zuletzt auch Howard Hibbard: ›Ut Picturae Sermones‹: The first painted decorations of the Gesú; in: R. Wittkower/I. Jaffè (Hgg.): Baroque Art: The Jesuit contribution, New York 1972, S. 29–49.

Emblem und Allegorie

Vorschlag zu ihrer historisch-semantischen Differenzierung
(am Beispiel des Reyens im humanistischen und barocken Drama)

Von Alexander von Bormann (Amsterdam)

Der Vorschlag zu einer Differenzierung von Emblematik und Allegorie geht von der Beobachtung aus, daß die Begriffe in der literaturhistorischen Forschung (vor allem zum Barockzeitalter) beinahe unterschiedslos gebraucht werden, oder vorsichtiger: daß die Erkenntnismöglichkeiten, die in ihrer Differenzierung liegen, zu wenig wahrgenommen werden. Angesichts der Dichte emblematischer Verweise und Bezüge im Barockdrama, die vor allem Albrecht Schöne nachgewiesen hat, läßt sich freilich die einfache Zurechnung: die Emblematik gehöre dem Humanismus, die Allegorie dem Barock an, so nicht halten. Ebensowenig befriedigt das Zusammennehmen der Bildformen unter dem Oberbegriff Sinnbildkunst, wie es im wesentlichen Dietrich Walter Jöns vorschlägt (und vormacht). Friedrich Ohlys Hinweis: »die Barockzeit hat auch die bis zu Winckelmann hin lebendige Emblematik wieder mit dem mittelalterlichen Geist der Allegorie durchdrungen« [1], weist ja auf einen historischen Prozeß, der in die Bildformen hineinwirkt, weist auf einen Zusammenhang, dem nachzufragen ist.

Die Differenz und der Zusammenhang von Renaissance und Barock werden (zu) weitgehend, mit dem Hinweis auf »das legitime Bedürfnis der Literaturwissenschaft nach Periodisierungsbegriffen« [2], in geisteswissenschaftlicher Rekonstruktionstechnik behandelt. Die Rehabilitierung des Barock (bei ursprünglich negativer Begriffsbedeutung) und die Beschreibung und Absetzung der jeweiligen Epochenstile leiten das Erkenntnisinteresse unvermerkt weg von der Geschichte, die nur insoweit Aufmerksamkeit erhält, als sie Stilbesonderheiten (z. B. die Zwiespältigkeit im Barock) zu erläutern vermag. Diese Borniertung ist zu durchbrechen, und das geschieht heute von den verschiedensten Richtungen her. August Buck zitiert dazu Werner Krauss: »Das Problem, wie Dichtung in die Zeit gesenkt ist, steht ... im Zentrum aller ernsten literaturwissenschaftlichen Diskussionen«. [3] Dieses Wie ist allererst genauer zu bestimmen, um den im Ohly-Zitat angezeigten Prozeß einschätzen zu können. Dabei scheinen mir alle Versuche wichtig und förderlich, die über die Problematik des hermeneutischen Zirkels hinausführen, die Erkenntnis und Erläuterung der jeweils vorherrschenden und kennzeichnenden Bildformen also über die Deskription hinaus fördern können. Einen entsprechenden Ansatz möchte ich hier im Anschluß an die Studien von Walter Benjamin, Erwin Panofsky, Friedrich Ohly u. a. mehr skizzieren als ausführen; durchgeführt ergäbe er eine historische Semantik poetischer Bildformen, die als Grundlage literaturhistorischer Interpretation äußerst dringlich scheint. Noch kommt dieser Ansatz nicht ohne geschichtsphilosophische

(Re-)Konstruktionen aus, die (mehr oder minder als Zitatreihe) vergegenwärtigt seien.

Die Emblemkunst gehört dem Humanismus an und kann als »das humanistische, gelehrte, aber oft auch ins Spitzfindige und Spielerische gewandte Gegenstück zum volkstümlichen moralischen Schrifttum des 16. Jahrhunderts« betrachtet werden.[4] Sie unterscheidet sich wesentlich von der mittelalterlichen
Allegorese. Oder genauer: es erscheint mir weiterführend und interessant, auf
dem Unterschied zu bestehen; während durchaus die z.B. von Erich Trunz
wahrgenommene Möglichkeit zuzugeben ist, die (bei Trunz) »barocke Emblematik« als die »letzte Phase einer langen Epoche bildhaft deutenden Denkens«
zu begreifen und die Verbindungen zum Mittelalter zu betonen.[5] Die mittelalterliche Auffassung unterscheidet die Wortbedeutung, die sich im Bezug auf das
eine Ding erschöpft und durch den Menschen gesetzt ist, von der Dingbedeu-
tung, die als Summe (geistiger) Sinnmöglichkeiten von der Schöpfung her angelegt, durch Gott gesetzt ist. Entsprechend geht es bei der mittelalterlichen Allegorie um »die Enthüllung des bei der Schöpfung in der Kreatur versiegelten
Sinns der Sprache Gottes, um revelatio«, und Ohly weist auf die eigene Perspektive des Mittelalters hin, auf die spirituelle Transparenz des Seienden: »Sie ist
Perspektive im wahrsten Sinne, indem sie durch das Sichtbare auf das Unsichtbare, durch das Significans auf das Significatum hindurchschaut.«[6] In den viel-
zitierten Versen von Alanus de Insulis[7] drückt sich das beispielhaft aus:

>   Omnis mundi creatura
>   Quasi liber et pictura
>   Nobis est et speculum.
>   Nostrae vitae, nostrae mortis,
>   Nostri status, nostrae sortis
>   Fidele signaculum.

Die Differenz von Mittelalter und Neuzeit bildet ein vielbehandeltes Thema,
und es ist hier so unmöglich wie unnötig, in der gebotenen Nuancierung in diese
große Diskussion einzusteigen. Der Kampf um die Daten, der dabei stattzufin-
den pflegt, interessiert hier kaum. Wohl aber der Hinweis auf einen Umbruch
der Denkweisen und Bewußtseinsformen. Panofsky stellt fest, daß sich die
Kunstanschauung der Renaissance der des Mittelalters gegenüber dadurch charakterisiert, »daß sie das Objekt gewissermaßen aus der inneren Vorstellungswelt des Subjekts herausnimmt und ihm eine Stelle in einer festgegründeten
›Außenwelt‹ anweist, daß sie (wie in der Praxis die ›Perspektive‹) zwischen Subjekt und Objekt eine Distanz legt, die zugleich das Objekt vergegenständlicht
und das Subjekt verpersönlicht.«[8] Genau so hat man die Emblematik aufzufassen: die auf die Hieroglyphenkunde (vgl. Karl Giehlow) zurückgehenden
Dingbilder meinen ein »Schreiben ohne Worte«, dem Alciatus die durchschla-
gende Form gibt.[9] Dabei ist die relative Selbständigkeit der Teile, das Span-
nungsverhältnis vom Bild (Pictura, Icon, Imago, Symbolon) zur Überschrift
(Motto, Lemma, Inscriptio) wie zum auslegenden Epigramm (Subscriptio) konstitutiv: »Im allgemeinen gehören beim Emblem Motto, Bild und Deutung so zu-

sammen, daß in den sprachlichen Teilen nach Möglichkeit nichts von dem genannt werden darf, was in der pictura erscheint.«[10] Zu Unrecht, meine ich, folgert Jöns daraus als Haupttendenz die Verrätselung des Sinnzusammenhanges, auch wenn unzweifelhaft eine Linie zum manieristischen Concettismo Tesauros führt und Alciatus das Emblem gelegentlich als *aliquid ingeniosè ab ingeniosis excogitatum* beschreibt.[11] Daß die Emblematik zu einem eigenständigen Erkenntnissystem ausgebildet wird[12], scheint mir der zentrale Punkt zu sein. Dessen Grundlage ist darin zu sehen, »daß das Abgebildete mehr bedeutet als es darstellt.«[13] In den Bildern tritt ein Stück Wirklichkeit vor die Anschauung, wird als für sich bedeutungshaltig vorgestellt. »Jedes Emblem ist insofern ein Beitrag zur Erhellung, Deutung und Auslegung der Wirklichkeit.«[14]

Das für die Renaissance kennzeichnende gesteigerte Wechselverhältnis von Realität, Gedanke und Form faßt Robert Weimann in die (Marx) zitierenden Sätze: »Überall drängt der Gedanke zur Wirklichkeit und die Wirklichkeit zum Gedanken. Das Verhältnis von Theorie und Praxis, von Konzeption und Sinnlichkeit, erreicht eine neue Qualität.«[15] Diese eben wird im Emblem, in der Priorität des Bildes anschaulich. Es reicht m.E. nicht aus, vom fruchtbaren Wechselverhältnis der Künste, die sich im Emblem, der »Gemäl-poesy«, durchdringen, auszugehen und dies als die eigentliche Leistung der Emblematik darzustellen.[16] Die für die Renaissance kennzeichnende allgemeine Weltzuwendung, deren tragende Voraussetzungen, die Herausbildung eines kapitalistisch wirtschaftenden Bürgertums, die Auflösung wichtiger feudaler Wirtschafts- und Lebensweisen, die Entwicklung der Naturwissenschaften, die Ausbreitung des Handels und der Welterfahrung, das alles ist zur Ermächtigung des Bildes im Emblem hinzuzudenken. Dessen Bedeutung ist nicht allegorisch, weder in der mittelalterlichen Bedeutung (Aufdeckung des in den Dingen verborgenen geistigen Sinnes), noch in der modernen (Verbildlichung eines Begriffs). Konstitutiv für die Emblematik ist vielmehr jene von Ohly mit gewisser Wehmut angesprochene und die Neuzeit fundierende Umwälzung, wonach »der Sinn den Sinnen anheimgegeben« wurde.[17] Danach wird der Wahrnehmungstätigkeit (als Moment der Subjektivität) die Erkenntnis von Gegenstandsbedeutungen zugewiesen und Gegenstandsbedeutung empirisch gefaßt: als Bedeutung im Zusammenhang mit der menschlichen Lebenstätigkeit.[18]

Die Emblematik, als eigene Erkenntnisform genommen, müßte so in sehr ausholender Form auf ihre Zeit bezogen werden. Jöns hebt vor allem die Nähe zur Pansophie hervor, läßt sich dann aber zu Formulierungen führen (etwa: *invenire* bedeute dann *detegere*, S. 47), die die Emblematik kaum mehr von der mittelalterlichen Allegorese unterschieden halten. Die historische Analyse von Bildformen, das zeigt sich daran, darf nicht beliebig das Selbstverständnis der Autoren heranziehen: sehr stark ist ja oft das (jeweils apologetische) Argument vorgebracht, es beträfe kaum eine Neuerung, sondern den neuen Ausdruck alter Wahrheiten; dazu kommt die zeitgenössische Unsicherheit, wie weit die Verschiebung in den Begriffen Wissen/Erfahrung/Anschauung reicht. Den Theoretikern der Emblematik jedenfalls lassen sich da kaum gewußte Einsichten abnehmen. Das Emblem wird wesentlich durch sein Verhältnis von Bild und Sinn charakterisiert, wobei die formale Bestimmung dieses Verhältnisses auffällt: es gibt mehrere Vorschriften, wie Bild und Deutung sich zueinander verhalten dürfen/sollen, die stets auf die *giusta proportione* hinauslaufen (vgl. dazu die Studien Panofskys). Den Durchschlag gibt dabei die naturalistische Grundanschauung, erst spät dringen platonische Züge durch. Die (z. T. gerügte) Beliebigkeit der Bilder des Alciatus macht sich an dem quasi-naiven Erfahrungsbegriff, der okkasionellen Struktur des unsystematischen Erfahrungshungers fest: das »Wissen des Besonderen« gilt es zu sammeln und zu deuten, und wenn Bacon die *experientia vaga* von der *experientia ordinata* unterscheidet, so steht die Emblematik für die erste.

Der Siegeszug der Emblematik (das Buch von Andrea Alciatus erlebte z. B. mehr als 150 Auflagen[19]) ist auch auf den Reiz zu beziehen, den diese Kunstform für das an seiner Selbstverständigung interessierte und arbeitende Stadtbürgertum (für dessen Intelligenz) besaß. Die Ermächtigung des *invenire*, der subjektiven Leistung in der Komposition und Ausdeutung bedeutet ideologisch-funktional eine Spitze gegen die feudal-klerikale Ideologie. Der Übergangszeit entspricht es, wenn die individuelle Leistung noch verdeckt bleibt, nur in der okkasionellen Struktur des Emblems, seiner formalen Offenheit einen Raum gewinnt. Der Tendenz zur vertieften Aneignung der Welt, ihrer neu sich bestimmenden Er-Fahrung gehört die zentrale Bedeutung des Bildes an, das »auf anschaubare Weise ein Stück Wirklichkeit« vorführt.[20] Das bedeutet eine gewisse Entmächtigung der traditionellen (klerikalen) Bildungsinstanzen, eine gewisse Freigabe der Wahrheit für gemeine Auffassungsweisen, und deutlich ist die Bedeutung des Bildes im Emblem an den Analphabetismus des ungelehrten Publikums gebunden. (Im 18. Jahrhundert, als das Bürgertum aufs neue – und diesmal erfolgreicher – zu einer ideologischen Selbstverständigung zu kommen sucht, gilt es wiederum, »dem, der nicht viel Verstand besitzt, die Wahrheit durch ein Bild zu sagen« [Gellert]. Vehikel der aufklärerischen Bildungsbemühungen ist der – deutlich übers Ästhetische hinausreichende – Geschmacksbegriff, der, als Logik ohne Dornen aufgefaßt, dem sich erst formierenden neuen Publikum eine Urteilsmöglichkeit freigibt, die nicht länger an [Bildungs-]Privilegien gebunden ist. – Eine weitere, wiederum spätere Analogie zur Emblematik ist die Bildgeschichte, die als Lesefutter der Massen [und der Heranwachsenden] bis heute noch an Bedeutung zunimmt. Noch die BILD-Zeitung folgt dem emblematischen Muster, freilich in sistierter Form: die Schlagzeilen, das Layout, die regierenden Leitbegriffe stehen für die Inscriptio, die Bilder und Reportagen für den Anspruch, unmittelbare Wirklichkeit/Erfahrung/Welt wiederzugeben [Pictura], die [meinungsformenden] Artikel als Subscriptio sorgen für die angestrebte Deutung.) In diesem Zusammenhang muß man auch den (traditionellen) Buchschmuck betrachten. Das Sehvergnügen trat oft genug fürs Lesevergnügen ein. Darum hat Sebastian Brant ›Das Narrenschiff‹ (1494) ausdrücklich mit Holzschnitten ausgestattet, der Aufbau der Passagen hat emblematischen Charakter: bis hin zur relativen Selbständigkeit der Teile gegeneinander und der okkasionellen Struktur im ganzen, die man lange als Formmangel, vom Zufall bestimmte Komposition, additives Verfahren, Technik bloßer Revuepoesie verkannt hat, »obgleich Huttens Äußerung, der das ›Narrenschiff‹ als eine formal ganz neue Leistung gepriesen hat [...], hellhörig hätte machen sollen«.[21]

Noch ein Moment kommt für die Wirksamkeit des Emblems hinzu: die Übertragbarkeit, die kleine Form, die beinahe universelle Anwendbarkeit, die Offenheit als Struktur = das Nicht-Eingebundensein in ein vorgegebenes, vorgedeutetes (fixiertes) Weltverständnis, die Freigabe also der Entdeckerlust und verdeckte Aufforderung zur Eigentätigkeit, die im ingeniösen Moment der Emblemkomposition gelegen ist. Damit läßt sich die Emblematik der Entstehung neuer literarischer und künstlerischer Formen in der (Früh-)Renaissance zuordnen, wenn auch die Genese und Verbreitung operativer Formen in Deutschland spezifischen Bedingungen gehorcht. Weimanns Bemerkungen zur »Sonderrenaissance der kleinen Form« lassen sich auch auf die emblematische Mode beziehen: »Die Entstehung neuer Formen der Enthüllung, Beschwerde, der Flugschrift, des politischen Dialogs, des Kampfprogramms und des utopischen Entwurfs [...] geht Hand in Hand mit einer neuartigen Wechselbeziehung von Funktion und Struktur, Lesen und Handeln, Denken und Schreiben. Diese Wechselbeziehung erlaubt in dem weitgehend experimentellen Charakter ihres literarischen Vollzugs solche Maßstäbe des Schreibens und Lesens, die im Hinblick auf die hervorrufende und die hervorgerufene Subjektivität vollkommen auf der Höhe der ganz andersartigen Methoden der Aneignung der Welt in der fortgeschrittensten schönen, philosophischen und wissenschaftlichen Literatur der Renaissance stehen.«[22] Wichtig ist, daß das Bild im Emblem noch nicht zur bloßen Illustration (Versinnlichung) entmündigt ist, sondern als potentielle Faktizität[23] Zentrum des Erkenntnisanspruchs bleibt. Das schlägt sich in den gebrauchsfertigen Definitionen der Handbücher nieder, nach denen die Allegorie ihre Bilder erdichtet, während der Emblematiker die Pictura in der Natur findet: ihr wird ein Sinn abgewonnen und dann (als Lehre) übertragen. Der ausdrückliche Hinweis von Alciatus, er wolle in der Natur und Geschichte seine Stoffe suchen (Brief von 1521)[24], zeigt, daß Huttens Würdigung der ganz neuen Form kein Mißverständnis war, sondern den Umbruch in der Bildsprache, der im Emblem faßlich wird, angemessen begreift.

Jede Übergangszeit ist geprägt durch das Nebeneinander verschiedener Auffassungs- und Darstellungsweisen, und es gehört zur historisch interpretierenden Arbeit herauszufinden, wo sich neue Bewußtseinsformen anzeigen und wo sich überständige, brüchig gewordene, aber noch keineswegs überwundene Denkstrukturen präsentieren. Entsprechend wird hier die Emblematik dem neuen, wirklichkeitsbezogenen Weltbild des Humanismus zugerechnet und als neue Bild- und Erkenntnisform beschrieben, was mögliche Nuancierungen vernachlässigt. Die konkrete Entwicklung ihrer Bedeutung erforderte einen sehr komplexen Ansatz, zu dem zahlreiche Studien vorhanden sind.[25]

Ich möchte indessen noch auf den Versuch von Julia Kristewa zitierend eingehen, den Umbruch vom Symbol zum Zeichen, von mittelalterlicher Allegorie zu humanistischer Emblematik in semiotischen Kategorien anzusprechen.[26] Sie charakterisiert die europäische Kultur der zweiten Hälfte des Mittelalters (vom 13. bis zum 15. Jahrhundert) als eine Übergangszeit: »Das Denken in Zeichen verdrängt das Denken in Symbolen.« Das Symbol faßt sie als »eine kosmogonische semiotische Praxis«: »Ihre Elemente (die Symbole) beziehen sich auf eine (mehrere) universelle, nicht darstellbare und verkennbare Transzendenz(en)«, wobei vorausgesetzt ist, daß das Symbolisierte (die Universalien) nicht auf den symbolisierenden Teil (die Merkmale) reduziert werden kann. Zur Bestimmung der Eigenart des Symbols wie des Zeichens (wie überhaupt der Besonderheit verschiedener Textorganisationen) führt Kristewa zwei Analysetypen ein und durch, die sich deutlich auf Roman Jakobson (F. de Saussure) zurückbeziehen, d. h. auf die Unterscheidung von Paradigma (Selektionsachse) und Syntagma (Kombinationsachse). Sie kommt zu folgender (praktisch »oft schwer«) durchführbaren Differenzierung:

a) die suprasegmentale Ebene/Analyse (Syntagma – vertikale Dimension)

b) die intertextuelle Funktion/Anlyse (Paradigma – horizontale Dimension).

Im Anschluß an V. W. Quine[27] bestimmte Kristewa nun den Unterschied von Symbol und Zeichen, deren »semiotische Praxis«, indem sie deren Eigenart (Funktion) jeweils nach der vertikalen und der horizontalen Dimension unterscheidet. Wichtig werden diese etwas mühseligen Versuche, deren Klarheit ich noch im Referat übertreibe, weil sich dabei die Möglichkeit andeutet, die verschiedenen Bildformen als Ausdruck, als Indiz für Evolutionsprozesse des Bewußtseins zu interpretieren, die wiederum auf erfaßbare historische Entwicklungen verweisen.

Das ist eine Fragerichtung, deren Interesse deutlich literarhistorisch gerichtet ist. Ganz anders etwa akzentuiert Jürgen Link (1975) sein Interesse am Emblem, das er als Grundmuster, als den am leichtesten analysierbaren Typ des literarischen Symbols nimmt. Er kritisiert die (dem Goetheschen Einfluß angelastete) Tendenz, »strukturell unbedeutende Unterschiede zwischen verschiedenen Typen literarischer Symbole in den Vordergrund zu rücken« (S. 8), und will ein »exaktes Begriffsinstrumentarium« (S. 13) aufbauen, offensichtlich unter Vernachlässigung historischer Differenzierungsmöglichkeiten (wie seine Beispiele zeigen), um über die Struktur des literarischen Symbols »die Bedeutung der Symbolisierung für die gesellschaftliche Praxis möglichst exakt zu beschreiben« (S. 7). Das halte ich für wichtig und ertragreich, aber es ist eine andere Fragerichtung, die hier aufgeschoben sei.

Daß das Symbolisierte die Symbolisierung übersteigt, gibt der Symbolfunktion nach ihrer vertikalen Dimension einen restriktiven Charakter und bezeichnet zugleich (nach Kristewa) eine Eigentümlichkeit des mythischen Denkens. (So setzt auch Hegel die partielle Nichtübereinstimmung zwischen Gestalt und Bedeutung als konstitutiv für das Symbol an und kreidet ihm seine prinzipielle Zweideutigkeit an, die doch die Voraussetzung für eine spirituelle Deutung bleibt.) Auf horizontaler Ebene sei das Symbol, so Kristewa, antiparadoxal: »In seiner ›Logik‹ schließen zwei entgegengesetzte Einheiten einander aus. Das

Gute und das Böse sind unvereinbar in gleicher Weise wie das Rohe und das Ge-
kochte, der Honig und die Asche usw. – Sobald der Gegensatz auftritt, erfordert
er eine Lösung; auf diese Weise wird er verdeckt, ›aufgelöst‹, das heißt beseitigt.«

Charakteristisch für das Symbol ist die Begrenzung. Kristewa faßt sie als
Schlüssel zur semiotischen Praxis des Symbols: »Der Verlauf der semiotischen
Entwicklung bildet einen Nexus, dessen Abschluß vorprogrammiert ist und in
nuce im Anfang enthalten ist (dessen Ende der Anfang ist), da ja die Funktion
des Symbols (dessen Ideologem) der symbolischen Aussage als solcher vorangeht.« Ganz entsprechend beschreibt Ohly das Faszinierende an der Kunst des
Mittelalters als Verschränkung von Sichtbarem und Unsichtbarem: »Der schöne
Vordergrund meint nicht allein sich selbst, er ist verschlossen und transparent
zugleich auf einen Hintergrund, der als sein wahrer Grund den Vordergrund erst
begründet.«[28] Von dieser Zirkelstruktur nun ist die offene, die okkasionelle
Struktur des Emblems, oder allgemeiner des Zeichens bei Kristewa, prinzipiell
zu unterscheiden.

Für den Übergang vom Symbol zum Zeichen gibt Kristewa ein paar (aus der
geschichtsphilosophischen Literatur vertraute) Hinweise: die transzendentale
Einheit, die dem Symbol zugrunde liegt, werde geschwächt; der jenseitige Hintergrund, auf den das Symbol verwies, scheine zu verblassen; eine neue signifikante Beziehung zwischen diesseitigen, ›realen‹ und ›konkreten‹ Elementen
rücke in den Mittelpunkt (13. bis 15. Jahrhundert). »Die Unbefangenheit des
Symbols wird von der spannungsgeladenen Ambivalenz der Zeichenbeziehung
abgelöst, die auf Ähnlichkeit und Identität der von ihr verknüpften Elemente schließen läßt, obwohl sie vorab deren radikale Differenz postuliert«.
Dieser unmittelbar aufs Emblem zutreffende Satz ist zu erläutern. Kristewa bestimmt das Zeichenideologem wiederum nach seiner vertikalen und horizontalen Funktion und kann dabei die Unterschiede zum Symbol so präzise festhalten,
daß sich jene Undeutlichkeiten der Forschung, für die Jöns stehen mag, nicht
mehr einschleichen können. (Bei Jöns wird das Emblem kurz nacheinander als
eigenständiges Erkenntnissystem, als Allegorie (Versinnlichung), als Symbol
(*revelatio*), als Metapher, als Signatur etc. beschrieben.) Noch diese Undeutlich-
keit erhält ein Recht: das Zeichen weise die grundsätzlichen Charakteristika des
Symbols auf (die Nichtreduzierbarkeit des Referenten auf das Signifikat und des
Signifikats auf das Signifikans und folglich aller ›Einheiten‹ der signifikanten
Struktur als solcher). Doch die nach den Dimensionen erläuterbaren Unterschiede weisen in der Tat auf ein anderes Erkenntnissystem, auf eine neue Be-
wußtseinsform (die gleichwohl an die – noch nicht – vergangene anknüpft). »In
seiner vertikalen Funktion verweist das Zeichen auf kleinere, konkretere
Einheiten als das Symbol – es handelt sich um verdinglichte (»réifiées«) Universalien, die in einem emphatischen Sinn zu Gegenständen (»objets«) werden.« Schöne hat über das Verhältnis des Emblems zur Wirklichkeit nachge-
dacht und im Anschluß an Nicolaus Taurellus die *occasio* als den glücklichen,
fruchtbaren Augenblick hervorgehoben, da dem Betrachter die verborgene Be-

deutung, der emblematische Sinn (an) der Wirklichkeit aufgeht. Taurellus, Professor der Medizin und der Naturwissenschaften in Altdorf, weist Fiktionen (antike Berichte) zurück und will sich an die Natur allein halten. Doch ist dies so aufzufassen, daß die emblematische Pictura Dinge von potentieller Faktizität abbildet: wirklich Geschehenes, Seiendes oder Mögliches, bzw. Dinge, die in Büchern und Bildwerken jederzeit vor Augen treten können.[29] Kristewa geht nun davon aus, daß die Projektion einer Erscheinung, eines Phänomens in die Zeichenstruktur diesem transzendentalen Charakter verleiht (vgl. Panofskys Ausführungen zur Genese des Subjekt-Objekt-Problems, Anm. 8). »Die semiotische Praxis des Zeichens macht sich auf diese Weise die Metaphysik des Symbols zu eigen und projiziert sie auf das ›unmittelbar Sichtbare‹. So aufgewertet, verwandelt sich das ›unmittelbar Sichtbare‹ in eine Objektivität, die zur Grundregel des Diskurses in der Zeichenzivilisation wird.« Diese Art von struktureller Beerbung, die Kristewa für die vertikale Dimension des Zeichenideologems ansetzt, und zu der sich übrigens in der anthropologischen Institutionenlehre deutliche Parallelen finden, erläutert a) die Priorität des Bildes, b) die später benutzte Möglichkeit, das Emblem metaphysisch zu re-interpretieren.

Die horizontale Funktion des Zeichenideologems beschreibt Kristewa, im deutlichen Anschluß an Quine, mit dem Versuch, die neuartige Denkstruktur auch logisch zu exponieren. Die Einheiten der semiotischen Zeichenpraxis (also im Emblem: Motto, Pictura, Epigramm) treten (in horizontaler Dimension) als metonymische Verkettungen von Abweichungen hervor, was wiederum zu einer ansteigenden Metaphernproduktion führe. »Die gegensätzlichen Termini, die sich gegenseitig ausschließen, geraten in das Räderwerk zahlreicher, immer möglicher Abweichungen (die Überraschungen in narrativen Strukturen), das die Illusion einer offenen Struktur produziert, die keinen Abschluß zuläßt und ein willkürliches Ende hat.« Kristewas Beispiel ist der Abenteuerroman der europäischen Renaissance und, ausführlicher, der frühe Roman ›Jehan de Saintré‹ von Antoine de La Sale (1456). Das Emblem läßt sich ebenso als Beispiel gewinnen: die Selbständigkeit seiner Teile gegeneinander darf nicht nach der Logik des Symbols als ausschließende Disjunktion (als Nicht-Äquivalenz) oder als Nicht-Konjunktion interpretiert werden. (Das bildet frühere Denkformen ab.) Vielmehr kommt es nun (dieses ›Nun‹ wäre ausführlicher geschichtsphilosophisch oder besser noch konkret-historisch zu erläutern) darauf an, Dinge als Zusammenhang zu denken, die vorher (grob: im mittelalterlichen Weltbild, in symbolisch geformter Sehweise) für sich = exklusiv aufgefaßt waren. Der Fortschritt der Wissenschaften, des Handels, der Ökonomie (Ausgang aus der einfachen Warenproduktion) ist auf eine Denkweise angewiesen, die für Erfahrungen offen ist, die also dem Widerspruch, dem Neuen/Anstößigen nicht mit dem Ausschluß, sondern mit Duldung, mit Gelassenheit begegnet: mit der Nicht-Disjunktion, logisch gesprochen. Auch für die zeichenbezogene semiotische Praxis gilt, daß der Verlauf vom Ideologem vorprogrammiert wird, doch mit dem bedeutenden Unterschied (zum Symbol), daß der Verlauf der charakterisierenden »Verkettung von Abweichungen« (»enchaînement métonymique d'écarts«) tatsächlich unendlich ist. Das begründet in der Tat den Anspruch, z. B. die Emblematik als Erkenntnissystem auslegen zu können.[30]

Die These ist, daß von der (so bestimmten) Emblematik die Allegorie deutlich zu unterscheiden ist. Ich halte mich hier kürzer und folge weitgehend den historisch-semantischen Bestimmungen Walter Benjamins, auch wenn sich deren Ansatz – ›Dialektik im Stillstand‹ bleibt das zentrale hermeneutische Modell dieses historischen Materialismus (Gerhard Kurz)[31] – problematisieren läßt. Zu versuchen ist, die Emblematik als frühbürgerliche Sinnbildkunst von mittelalterlicher Allegorese und barocker Allegorik so zu unterscheiden, daß die jeweils leitenden Funktionen hervortreten. Dabei ist das Interesse weniger literaturwissenschaftlich akzentuiert, in der Befürchtung, die folgende Darstellung müßte sich dann »forschungsgeschichtlich in den Prozeß einer Rehabilitierung der Allegorie einreihen« (Jauß 1968),[32] als eher literarhistorisch, mit der Tendenz, das Barockzeitalter nicht nur als Periode interessanter Kunstproduktion zu begreifen, sondern als Ausbildung des territorialfürstlichen Absolutismus (nach der Niederlage der frühbürgerlichen Revolution 1525/1535), der 1648 seine faktische und formelle Besiegelung erhielt. Benjamins Trauerspiel-Analyse geht zentral von diesem historischen Zusammenhang aus.

Benjamin begreift die werdende Formensprache des Trauerspiels »durchweg als Entfaltung der kontemplativen Notwendigkeiten [...], die in der theologischen Situation der Epoche beschlossen liegen«. Diese wird genauer als Problematik der Säkularisation beschrieben: die religiösen Anliegen behalten ihr Gewicht, während die religiöse Lösung versagt sei. Weder Rebellion (»die mittelalterliche Straße der Empörung, die Häresie«) noch Unterwerfung waren religiös vollziehbar, so »richtete sich die gesammelte Kraft der Epoche auf eine gänzliche Umwälzung des Lebensgehaltes unter orthodoxer Wahrung der kirchlichen Formen«. »Nicht als irreligiöses heidnisches Zeitalter – als eine Spanne laienhafter Freiheit des Glaubenslebens erscheint die Renaissance gegen das Barock, während der hierarchische Zug des Mittelalters mit der Gegenreformation seine Herrschaft in einer Welt antritt, der der unmittelbare Weg ins Jenseits versagt war.«[33]

Benjamin faßt die (erneuerte) Allegorie im Barock als Form der Auseinandersetzung auf zwischen Renaissance, in der Heidnisches, und Gegenreformation, in der Christliches neu sich belebte (S. 257). Die Allegorie sei das Fortleben theologischer Wesenheiten in einer ihnen ungemäßen, ja feindlichen Umwelt (S. 253). Sie hat das Nichtsein dessen, was sie vorstellt, zur Voraussetzung (S. 265), und ist so nicht als Erkenntnis zu beschreiben, setzt vielmehr Wissen voraus. »Denn nur für die Wissenden kann etwas sich allegorisch darstellen.« (S. 260) Der allegorisch interpretierte Gegenstand ist nach Benjamin ganz unfähig, »eine Bedeutung, einen Sinn auszustrahlen« – »an Bedeutung kommt ihm das zu, was der Allegoriker ihm verleiht« (S. 205). Entsprechend schließt sich die Allegorie in sich ein, wird enigmatisch, was dann auch als ihr Wesen ausgesagt wird. Die bei Opitz, Harsdörffer u. a. ausgesprochene Meinung, man habe »die lehren von weißheit vnd himmlischen dingen« vor dem gemeinen Pöbel ins Sinnbild verstecken, vor Profanierung schützen müssen, schließt sich an die spätantike Allegorielehre an (vgl. etwa Clemens Alexandrinus: ›Stromateis‹) und meint letztlich den Ausschluß der Geschichte aus der Textkonstitution, bzw. ihren Einschluß ins (erstarrte) Bild: »Es siegt das starre Antlitz der bedeutenden Natur und ein für allemal soll die Geschichte verschlossen bleiben in dem Requisit.« Für die Natur gilt, daß die allegorische Darstellung ihres Sinnes »unheilbar verschieden von seiner geschichtlichen Verwirklichung bleibt« (S. 188 f.). Das führt auf die Antinomien des Allegorischen, denen Benjamin seine dialektische Bemühung zugewandt hat. Daß jede Person, jedwedes Ding, jedes Verhältnis ein beliebiges anderes bedeuten kann, spricht nach Benjamin der profanen Welt ein vernichtendes, doch gerechtes Urteil: es komme darin aufs Detail so streng nicht an. Die Erfahrungswelt wird so erhoben wie entwertet zugleich: der Gegenstand als solcher ist nichtig, bekommt aber als Requisit des Bedeutens eine Mächtigkeit, die ihn inkommensurabel erscheinen läßt (S. 193). Als Funktion (je)der Kunstform stellt Benjamin heraus: historische Sachgehalte zu philosophischen Wahrheitsgehalten zu machen (S. 203). Für die barocke Allegorie ist diese Wendung von Geschichte in Natur als Verdinglichung im modernen Sinne zu beschreiben (die Allegorie als verdinglichte Emblematik) – der vorgängige Sinnentwurf, von dem die barocke Weltdeutung wie die Trauerspielform[34] ausgehen, führt zur Überlagerung des (neuen) Zeichenideologems durch das (alte) des Symbols (Kristewa) bzw. zur allegorischen Durchdringung (Sistierung) der Emblematik. Freiheit und Selbständigkeit werden von der Allegorie nur als Schein eröffnet (S. 261), wie sie auch (als Personifikation) darüber täuscht, »daß nicht Dinghaftes zu personifizieren, vielmehr durch Ausstaffierung als Person das Dingliche nur imposanter zu gestalten ihr oblag« (S. 209). Das gilt auch für die handbuchmäßige Auffassung der Allegorie als »Triumph der Subjektivität und Anbruch einer Willkürherrschaft über Dinge« (S. 265). Benjamin greift weit aus, um das allegorische Wissen – »Gegensatz zu allem sachlichen Wissen« – strukturell zu rekonstruieren (und zu rehabilitieren, wie Jauß mit Recht anmerkte). »Im Weltbild der Allegorie […] ist die subjektive Perspektive restlos einbezogen in die Ökonomie des Ganzen.« (S. 266) Das möchte ich nicht als Antizipation begreifen, wie Jürgen Naeher es vorschlägt, jedenfalls nicht in dem von ihm bemühten emphatischen Ton.[35] Vielmehr sind die Konsequenzen dieser gegenreformatorisch gesetzten, überständige Denkweisen repristinierenden semiotischen Praxis gegen die Objekt-Subjekt-Konstitution der Renaissancezeit zu halten, um den wirklichen Rückschritt zu bemerken, der historisch-politisch ja offen genug zutage liegt.

Auf die Schwierigkeiten, die emblematische Struktur zur Auslegung größerer Werke heranzuziehen, ist mehrfach eingegangen worden, z. B. von Wilhelm Voßkamp, Sibylle Penkert, Albrecht Schöne u. a. Die Problematik verringert sich bei Werken, die gleichzeitig mit der emblematischen Mode sind: man kann dann Vertrautheit mit dieser semiotischen Praxis voraussetzen bzw. korrespondierende Grundbedingungen und muß weder die utopischen Möglichkeiten der emblematischen Struktur (für Schiller etwa) bemühen[36] noch eine analogisierende Interpretation (für Eichendorff z. B.) versuchen.[37]

In kurzem Vergleich möchte ich die Chorbehandlung im humanistischen Schuldrama mit jener des Barockdramas zusammenhalten, mit der Tendenz, emblematische und allegorische Gestaltungsweise zu unterscheiden. Ich gehe zunächst auf die ›Susanna‹ von Paul Rebhun ein, der zum engeren Kreis Luthers gehörte. Sein Stück wurde 1536 in Wittenberg gedruckt.[38] Deutlich zeigen sich antike Einflüsse, in Aufbau und Versmaß (selbst dem klassischen jambischen Trimeter wird nachgestrebt), vor allem aber im Gebrauch des Chores. Dieser erfüllt zunächst fast alle Merkmale des Seneca-Chores: er ist durch eine deutliche Selbständigkeit gegenüber dem dramatischen Geschehen gekennzeichnet, was gegen die poetologische Tradition, z. B. die Empfehlung des Horaz verstößt. Daß das Chorlied in den Senecadramen bloßes ›Embolimon‹ sei, ein Intermezzo, das die Zwischenakte füllt, begründet zumeist einen Vorwurf. Für das humanistische Drama ist dies eine geeignete Form: den Chor als handelndes Kollektiv auf die Bühne zu bringen, entbehrte jeder Grundlage. Und die relative Selbständigkeit des Chores gegenüber der Handlung ermöglicht die emblematische Behandlung. Danach ist die Vergegenwärtigung der Handlung, die Darstellung der Fabel als Pictura zu nehmen und der Chor als Subscriptio, als Auslegung. (Daß gemäß der Seneca-Tradition der Schlußchor fehlt, stört die Struktur nicht: dafür tritt »Der Beschluß« ein.) Der Aufbau, das möchte ich doch festhalten, bleibt dreiteilig: als Motto kann man Titel und Titelkupfer, Widmung, Vorrede, vor allem aber das Argumentum nehmen, die gereimte kurze Inhaltsangabe, die auch den Zuschauern gewöhnlich in die Hand gegeben wurde. (Das war besonders bei lateinischen Aufführungen wichtig.) Die Tatsache, daß im protestantischen Schuldrama fast nur bekannte Stoffe (vorzüglich aus dem Alten Testament) abgehandelt wurden, begünstigt die emblematische Form. Das Vorwissen des Zuschauers ist als die Inscriptio einzusetzen, bestimmt die thematische Erwartung und bereitet jene Rezeptionshaltung vor, die zum Zeichenideologem gehört und oft als säkularisiertes Bewußtsein beschrieben wird: nicht mehr auf große architektonische und literarische Einheiten sich spannen zu können (die höfische Bildung verfällt, die bürgerliche steckt in den Anfängen, das Publikum formt sich erst), sondern auf kleinere, als Objektivität vorgestellte (in welchen Zusammenhang auch die Moralisierung der Bibel gehört).[39]

Diese Rücksicht auf ein ästhetisch nicht gebildetes Publikum bestimmt die Dramengestaltung durchgehend und vor allem eben das Verhältnis von Handlung und Reyen. So hat der erste Akt zwei Szenen. In der ersten wird der Anschlag der beiden ältlichen Richter auf die keusche Susanna entwickelt, in der zweiten die (nichtsahnende) Familie der Susanna vorgeführt: Mann und Frau in liebendem Verhältnis (sie will ihn auch nicht auf kurze Zeit missen, es gibt einen rührenden Abschied, in den auch Sohn und Tochter einbezogen werden). Der Zuschauer muß nun darüber beunruhigt sein, was sich da über dem Haupt der Heldin zusammenzieht. Es ist der Ansatz zur Entwicklung eines Handlungsbogens. Da greift die emblematische Dramaturgie ein; der Chor legt das Dargestellte aus, die vorgeführte Erscheinung wird in die Zeichenstruktur projiziert und verwandelt sich so von »unmittelbarer Sichtbarkeit« (okkasioneller Erfahrung) in gedeutete/bedeutende Objektivität. Der Chor ist gedoppelt, mit Proportio gebaut, was auf antikes Vorbild weist, aber mehr als Gelehrsamkeit bezeugt: die (gesungenen) Chorpartien entsprechen jeweils den Szenen, wenn auch in charakteristischen Abweichungen. Der Chorus primus besingt die Gewalt der Frau Venus, die auch alte Narren ergreift. Die Proportio preist diejenigen, die sich zu widersetzen wissen, z. B. indem sie den ehelichen Stand vorziehen, und entwickelt das eheliche Glück als unzerstörbar, mit dem Hinweis:

> Sölch lieb kumpt nicht von Venus her,
> Sant Paul gepeuts in seiner lehr.

So wird die Handlung in Zeichen aufgelöst, die sogleich begriffen werden können: Brunst gegen Liebe, Sexus gegen Eros; und die Weise, wie der Reyen diese Zeichenbedeutung aufbaut, versichert dem (anfangs möglicherweise beunruhigten) Zuschauer unmißverständlich, daß er um den Ausgang nicht zu fürchten brauche. Die Darstellung, die Handlung (das zeigt sich im Fortgang) behält ihre (relative) Selbständigkeit wie auch der Reyen. Die Verknüpfung geschieht in vertikaler Dimension (um die Bestimmungen von Kristewa aufzunehmen) durch die beschriebene Herstellung kleinerer Einheiten, die dem Zuschauer das bildliche Sehen gestattet (als Anschluß und Verwandlung/Umfunktionierung mittelalterlicher Auffassungsweise); zugleich fordert sie auf, den Zusammenhang der Einheiten (auf einer suprasegmentalen Ebene) herzustellen: Handlung und (moralisches) Vorwissen werden miteinander in Beziehung gesetzt, und damit sie sich gegenseitig durchdringen können, dürfen die Einheiten nicht zu groß sein (sich nicht zu einem Ganzen ›für sich‹ runden). – Für die horizontale Dimension ist zunächst die allgemeine Bestimmung der intertextuellen Funktion (fürs Zeichen) zu untersuchen. Danach tritt eine Verbindung im Sinne der Nicht-Disjunktion (Zeichen) an die Stelle der ausschließenden Disjunktion/Nicht-Konjunktion (Symbol). In der Darstellung zeige sich das in »metonymischen Verkettungen von Abweichungen«. Der Reyen (I der ›Susanna‹) macht das nun in der horizontalen Dimension (als wechselseitige Bestimmung der signifikanten Einheiten) vor: die Handlungselemente werden auf Venus bezogen. Der 1. Teil des Reyens (Satz) hebt deren Macht (in emblematischen Bildern) hervor:

> Fraw Venus, groß ist dein gewalt
> Bey allen menschenkindern [...]

Die Proportio (Gegen-Satz), die ja eine Gegenhandlung anspricht und vergegenwärtigt, knüpft diese an das bildlich-begriffliche Thema Venus an:

> Dagegen aber iung und alt,
>   So deiner sich erwehren
> Und widerstehn mit ernst und gwalt,
>   Die kummen recht zu ehren [...]

Metonymisch kann diese Verknüpfung der Gegenbilder, die den ersten Akt aufbauen, heißen, weil sie über den Bedeutungsumschwung in den sachverwandten

Begriffen/Bildern läuft: Gegen die ›Gewalt‹ der Venus steht die ›Gewalt‹ des Gottvertrauens. Venus bringt alle zu Spott (und Fall), »so stekhen in deinn banden«; nichts Edleres gibt's als Eheleute, die sich nicht dazu bringen lassen, »das ehlich bandt zureissen«.

Horizontale und vertikale Dimension fügen sich in ihrer Leistung (für den Zuschauer) bald zusammen, denn die Behandlung der Teile des Reyens bildet ja zugleich dessen Verhältnis zur Handlung ab. Und als Funktion der sehr spezifischen Anlage des Reyens bei Rebhun läßt sich zugleich seine metonymische Verkettung mit der Entwicklung der Fabel angeben, dergestalt, daß der Zuschauer von der Aufgabe, von der Zumutung entlastet wird, ihr als ›Handlung‹ zu folgen. Deutlich wird das auch im II. Akt, wenn der Reiche sich offen mit seinen bösen Absichten (die Richter zu bestechen) präsentiert, und überhaupt hängt die Ausbildung von Personentypen mit (den Grundlagen) der emblematischen Gestaltung zusammen. Der Reyen II enthält jedenfalls wiederum den formbestimmenden (formanzeigenden) Hinweis: »Eur leid sol kürzlich werdn zur freud«. Und die Beschreibungen für den Reyen I gelten auch für die folgenden.

Ganz anders sieht die Chorbehandlung im barocken Drama aus. Von vornherein als ein Spiel deutlich, in dem die Personen als Sinnbilder des Unsinnlichen auftreten (vgl. schon den ›Cenodoxus‹, 1602), läßt das barocke Trauerspiel in Chor und Zwischenspiel seine allegorische Struktur am deutlichsten zutage treten.[40] So ist auch jeglicher Versuch problematisch, Reyen und Handlung als »zwei getrennte Welten« voneinander abzusetzen, wie das die ältere Forschung versuchte. Der ausdrücklichen Entfaltung des Sinnes im Reyen korrespondiert ja bereits dessen Wahrnehmung in der Handlung, im (vorhergehenden) Akt. Schönes luzide Interpretation des ersten Reyens aus dem ›Leo Armenius‹ postuliert fund- und kenntnisreich emblematische Gestaltung, also Unterscheidung und Komplement von Bild und Bedeutung. Doch zeigen schon seine Zitate selbst deutlich genug, daß die Unterscheidung nicht wesentlich aufgeht: das Bild ist stets schon ein gedeutetes, in der (Ab-)Handlung ist der Sinn bereits präsent, nicht nur sinnfällig, auch gedeutet – die Antwort des Trabanten in der 5. Szene ist so gut wie identisch mit der von Schöne entdeckten Subscriptio (aus dem Reyen): *Lingua nomini et vitam praebet et interitum.* [41]

Zu diesem Zug, die intertextuelle Funktion um ihre offene Struktur zu bringen, stimmt auch der Befund, daß die allegorischen Reyen im barocken Trauerspiel (im Gegensatz zu denen des humanistischen Schuldramas) untereinander im Zusammenhang stehen (z.B. durch die Charakterisierung der Sänger als Höflinge o.ä.). Bei Gryphius läßt sich das selbst als Entwicklungstendenz beschreiben: der Zusammenhang der Reyen wird immer bewußter ausgebildet, ihr zunächst sehr betonter Zusammenhang mit der Handlung tritt immer mehr zurück. Man hat versucht, diese Gestaltungsweise als emblematisch zu beschreiben. Dagegen ist zu erinnern, daß der Gegensatz Reyen/(Ab-)Handlung im Barockdrama nur scheinhaft ist. Von wirklicher (funktioneller) Selbständigkeit der Teile kann keine Rede sein (dem engen Zusammenhang der Reyen untereinander entspricht die Einförmigkeit der Handlung). Dazu kommt, daß die Reyen sich zunehmend – schon bei Gryphius, deutlicher noch bei Lohenstein und Hallmann – zum allegorischen Zwischenspiel entwickeln: die darin vorgeführte Welt der Bedeutung zeichnet der Handlung erst die Richtung vor. So befiehlt die Themis den Rasereyen im II. Reyen des ›Papinian‹:

> Sein Bruder fil durch Ihn; fallt jhr den Mörder an.
> Er tödte was Ihn trib diß Schand-Stück zu begehen.
> Er tödte was Ihm trew/ durch den sein Reich kan stehen.
> Entsteckt den tollen Geist mit Höllen-heisser Brunst
> Er suche (wo Ihr wist und Ich nicht nenne) Gunst.
> Er zag ob jdem Blut und beb ob seinen Thaten.
> Und fall auff eignen Mist/ tod/ blutig/ und verrathen.

Dazu stimmt der Satz der Themis in der zweiten Strophe: »Ich werd ein Traurspil stifften.« Das folgende Geschehen ist in diesen Versen Zug um Zug vorgezeichnet. Daß dies mehr als eine Deutung der Handlung ist, geht aus dem IV. Reyen (Tisiphone) und der anschließenden Raserey des Bassian hervor. – Bei Gryphius weiten sich vor allem die Reyen unmittelbar vor der Katastrophe zum (allegorischen) Zwischenspiel aus (Leo Arm. IV, Cath. IV, Card.Cel. III, Car.Stuard. IV). Bei späteren Dichtern wie Johann Christian Hallmann haben sich die Zwischenspiele schon fest der Theaterpraxis verbunden. In ihnen wird der »Innhalt« der Stücke fast rein-begrifflich durchgeführt, im Reyen I der ›Sophia‹ von Hallmann etwa der Widerstreit von Glaube und Vernunft. Die (›inventarielle‹) Emblematik dient nun, die Allegorien aufzuschmücken, sie möglichst reich vor Augen zu bringen. In den allegorisch-mythologischen Schlußreihen von Lohenstein erreicht diese Tendenz einen Höhepunkt. Auch wenn hier die Emblematik sehr vielfältig und bedeutend zum Zuge kommt, läßt sich, meine ich, doch besser nicht von emblematischer Gestaltung sprechen. Das Verhältnis der Reyen zu den Akten (denen sie sich als ›Schußreihen‹ unmittelbar anschließen) wie zueinander ist nicht als emblematisch faßbar: die für die Emblematik grundlegende Spannung von Wirklichkeit (Bild, Erfahrung, Objektivität) und Deutung (Kon-Text, Bedeutung, Subjektivität) findet keinen gemäßen Ansatz im durch-allegorisierten Drama, das den Erkenntnisp r o z e ß nicht mehr abbildet, ja als solchen gar nicht zugibt.

Für das barocke Trauerspiel und für die Allegorie ist jener Nexus konstitutiv, nach dem die intertextuelle Funktion des Zeichens (z. B. Entwirklichung der Erfahrungswelt im Paradox: die Sprache vermag alles = nichts, Leo Arm. I) der Aussage als solcher vorangeht (die Macht verwirklicht sich sprachlos: braucht sich nicht zu verantworten). Indem die Sinnperspektive stets schon im voraus verfügt ist (eine der Grundlagen der Trauerspielform und Ansatzpunkt der allegorischen Technik), fällt gerade die Leistung des Emblems fort: vorgefundene, vorzeigbare Wirklichkeit (in Form der Nicht-Disjunktion zusammengebracht) nicht einer Sinndeutung zu unterstellen, sondern zu einer solchen hinzuführen. Auch die allegorische Darstellung also, die versinnlichte Bedeutung (Abhandlung) wieder entblößt (Reyen), braucht kein hochgebildetes Publikum. Die

Handlung wird jeweils so wahrnehmbar mit ihrer Bedeutung durchschossen, daß das spirituelle Sehen nicht vorausgesetzt, sondern vielmehr (neu) eingeübt wird. Das ist die ideologische Funktion des barocken Trauerspiels, dem die allegorische Darstellung, die kunstvolle (zusätzliche) Versinnlichung der Bedeutung, der ungleichzeitige Griff zu primärem Wissen[42], zugehört als Verrat der Subjektivität an das Ganze.

Anmerkungen:

1 F. Ohly, 1977, S. 28.
2 Buck, S. 9.
3 Ebd., S. 9.
4 Jöns, S. 26.
5 Erich Trunz: Weltbild und Dichtung im deutschen Barock, in: Aus der Welt des Barock, Stuttgart 1957, S. 13; zu vergleichen auch: Trunz, Dichtung und Volkstum in den Niederlanden (Schriften d. dt. Akad. 27), München 1937, S. 6 ff.; bei Jöns, S. 29.
6 F. Ohly, 1977, S. 10 ff., S. 13, S. 15.
7 Z. B. bei Jöns, S. 33.
8 Erwin Panofsky: Idea. Ein Beitrag zur Begriffsgeschichte der älteren Kunsttheorie, 1924, 2. verb. Aufl., Berlin 1960, S. 25 f.
9 Vgl. Jöns, S. 13 ff.; Schöne, S. 17 ff.
10 Jöns, S. 17.
11 Ebd., S. 23.
12 Ebd., S. 44.
13 Schöne, S. 21.
14 Ebd., S. 25.
15 Robert Weimann: Renaissanceliteratur und frühbürgerliche Revolution, im Sammelband mit dem gleichen Titel, hgg. R. Weimann/Werner Lenk/Joachim-Jürgen Slomka, Berlin/Weimar 1976, S. 21.
16 So Buck, S. 37 ff., möglicherweise an Goethe orientiert, vgl. Max. Refl. 907.
17 F. Ohly, 1977, S. 29.
18 Zur Rehabilitierung des (›naiven‹) Ansatzes einer gegenständlichen Bedeutungshaftigkeit vgl. Klaus Holzkamp: Sinnliche Erkenntnis. Historischer Ursprung und gesellschaftliche Funktion der Wahrnehmung (Texte z. kritischen Psychologie 1), Frankfurt 1973.
19 Vgl. Schöne, S. 17.
20 Ebd., S. 25.
21 Manfred Lemmer: Einleitung zu S. Brant ›Das Narrenschiff‹, 2. erw. Aufl., Tübingen 1968, S. XI.
22 R. Weimann [s. Anm. 15], S. 25.
23 Schöne, S. 27.
24 Zit. bei Volkmann, S. 41; bei Buck, S. 43.
25 Vgl. etwa Ingeborg Spriewald u. a.: Grundpositionen der deutschen Literatur im 16. Jahrhundert, Berlin/Weimar 1976.
26 Julia Kristeva: Der geschlossene Text, in: Textsemiotik als Ideologiekritik, hg. Peter V. Zima, Frankfurt 1977 (ed. suhrk. 796), S. 194–229, bes. S. 197 ff.
27 V. W. Quine: Reification of Universals, in: From a Logical Point of View, Harvard Univ. Press 1953; vgl. die Anm. 5 bei Kristewa [s. Anm. 26], S. 225.

28 F. Ohly, 1977, S. 32.

29 Schöne, S. 26 ff.

30 »Die mittelalterliche Literatur, die vom Symbol beherrscht wird, ist (hingegen) eine ›signifikante‹, ›phonetische‹ Literatur, die sich auf die monolithische Gegenwart der bezeichneten Transzendenz stützt.« Kristewa [s. Anm. 26], S. 207.

31 Gerhard Kurz: Benjamin: kritischer gelesen, Philosophische Rundschau 23 (1976) H. 3/4, S. 180.

32 Jauß, 1977, S. 156.

33 Benjamin, 1963, S. 72 ff.

34 Vgl. V f.: Ansatz und Reichweite einer historischen Gattungssemantik am Beispiel des (naturalistischen) Trauerspiels, in: Textsortenlehre-Gattungsgeschichte, hg. Walter Hinck, Heidelberg 1977, bes. S. 55 ff.

35 Naeher, S. 252.

36 Wilhelm Vosskamp: Emblematisches Zitat und emblematische Struktur in Schillers Gedichten, Jb. d. dt. Schiller-Ges.18 (1974), S. 406.

37 v. Bormann, S. 3 ff.

38 Ausgabe: Deutsche National-Literatur, hg. Joseph Kürschner, Bd. 22., Stuttgart 1894, S. 101–180.

39 Vgl. Kristewa [s. Anm. 26], S. 198 ff.

40 Vgl. Benjamin, 1963, S. 212 ff.

41 Schöne, S. 159 ff.; ein Sonderproblem wirft die Frage auf, wie typisch der ›Leo Armenius‹ sei, den Peter Szondi (Versuch über das Tragische, Frankfurt 1961, S. 80 ff.) als Tragödie, nicht als Trauerspiel zu deuten vorschlug.

42 Vgl. Benjamin, 1963, S. 265 f.

Diskussionsbericht

Von R<small>UTH</small> K<small>ASTNER</small> (Hamburg)

Vormittag

Herr Ohly ergänzte die Vorlage von Herrn Kleinschmidt durch Hinweise auf Vorformen des Emblems in der mittelalterlichen Tradition. Zumindest seit Hrabanus Maurus gebe es die Tradition der Verbindung von Dingallegorese mit der Darstellung des Dinges. Es handle sich in den meisten Fällen um eine vom Autor von Anbeginn an geplante Zusammenwirkung von Bild und Text, nur die epigrammatische Zuspitzung des Mottos fehle noch. Es habe auch die Möglichkeit gegeben, im Bild den *sensus spiritualis* mitzumalen. Der 60 Bilder umfassende Zyklus ›Defensorium inviolatae virginitatis Mariae‹ des Franz von Retz aus dem 14. Jahrhundert sei mit sinndeutenden knappen *subscriptiones* versehen. Sebastian Brant habe schließlich die Verbindung von Bild und Text auf höchstem Niveau durchgeführt. Herr Helmich verwies auf die ›Entrées Royales‹ am burgundischen Hof, die schon emblematische Spielelemente enthielten; so trete im Spätmittelalter ein stark gattungsgebundener Funktionswandel auf. Weiter stellte Herr Ohly korrigierend fest, daß das Konzept der Allegorie als Spiegel aus der Kosmosallegorese stamme. Die intramundialen Spiegelungen seien vor allem in der Signaturenlehre paracelsischer Prägung wichtig. Er führte weiter aus, daß auch im Mittelalter der Dichter, wenn nicht *expressis verbis*, so doch in bestimmten Gattungen regelmäßig als von Gott inspirierter *poeta theologus* verstanden werde. Die Vorstellung vom *poeta illiteratus* und seiner *sancta simplicitas* sei auch dem Mittelalter wohlvertraut.

Die Souveränität bei der biblischen Sinndeutung trete nicht erst mit der Reformation hervor. Schon Rupert von Deutz habe im 12. Jahrhundert das Recht einer eigenen Bibelexegese *salva fide* in seiner exegetischen Praxis vertreten. Die Geschichte der Schriftexegese und ihrer allegorischen Formen hielt er für eine ausgezeichnete Handhabe für die Betrachtung des Stilwandels, Frömmigkeitswandels und des theologischen Denkwandels. Die Individualauslegung im orthodoxen Luthertum sah Herr Kleinschmidt durch den Obrigkeitsprimat in der Verwaltung des kirchlichen Lehrguts stärker eingeschränkt, als dies im Katholizismus der Fall gewesen sei.

Das große Verdienst von Herrn Reinitzer sah Herr Ohly darin, die weitere Rechtfertigung der Allegorié auch durch Luther vor Augen geführt zu haben. Er habe zu zeigen versucht, wie Luther mit einem neuartigen Begriff von Allegorie die Tradition aufgenommen und nach seinem Verständnis wesentlich verschärft habe und wie schließlich ein orthodoxer Lutheraner diesen mit weiteren Hilfen, etwa dem lutherischen Hierarchiebegriff, einsetzte. Herr Elschenbroich machte ergänzend auf einen Entwicklungsvorgang bei Luther aufmerksam. Dieser habe noch in seiner Schrift ›Von der Freiheit eines Christenmenschen‹ die Fabel vom Wolf und einem Stück Fleisch spirituell ausgelegt, und erst im Verlauf seiner Übersetzungsschwierigkeiten sei er zu der Auffassung gelangt, daß die Bibel auf einen christologisch zentrierten Sinn hin übersetzt werden müsse. Diese Verschärfung und Beschränkung des Allegoriebegriffs bei Luther mache aber die Wahlmöglichkeit des vierfachen Schriftsinns problematisch. So sei es nicht ausgeschlossen, daß Frey ein Vorläufer synkretistischer Bestrebungen gewesen sein könnte. Dem widersprach Herr Reinitzer und betonte, daß es die Unterscheidung zwischen richtiger und falscher Allegorie gebe. Eine Allegorie sei dann richtig, wenn sie christologisch ausgerichtet sei und zu dem Ziel, auch dem politischen, passe. Dann sei ein Rückgriff auf die Tradition gerechtfertigt. So habe schon vor Frey Berchorius Anfang des 14. Jahrhunderts *proprietates* auf den menschlichen Bereich ausgelegt, ergänzte Frau Kuechen.

Luthers neues Wort-Geist-Verhältnis, *littera est spiritus*, bezeichnete Herr Kemper als das entscheidend Neue am System der Allegorese. So teile sich Gott im Akt der Predigt unmittelbar mit und gelange durch die Schrift in die Herzen der Gläubigen. Dieses in jedem Augenblick neu wirkende Handeln Gottes, so ergänzte Herr Ohly, finde seinen Ausdruck im Occasionalismus des 17. Jahrhunderts, der in der englischen Lyrik von großer Bedeutung gewesen sei und in der deutschen protestantischen Tradition der zufälligen Andacht aufgenommen worden sei. Auch Herr Kleinschmidt unterstrich, daß die lutherische Allegoriekritik ein bedeutender wirkungsgeschichtlicher Einschnitt gewesen sei. Alle Äußerungen Luthers richteten sich gegen die allegorische Schriftauslegung, eine innerbiblische Allegorie habe er akzeptiert, das allegorische Deutungsinstrument in seiner rhetorischen Deutungssituation durchaus erkannt. Die allegorische Fixierung im Bereich des gelehrten Umgangs nicht nur mit dem biblischen Text sei dann über Melanchthon Trivialgut der lutherischen Schulposition geworden.

Herr Kemper sah bei Luther auch ein verändertes Verhältnis des *liber scripturae* zum *liber naturae*. Für die Verkündigung des Gotteswortes sei die Schrift eindeutig vorrangig. So könne das ›Buch der Natur‹ auch im Luthertum die traditionellen Allegoreseformen weiterhin übernehmen, aber nicht mehr in derselben Weise der Exegese dienen wie vorher. Hierzu ergänzte Herr Reinitzer, daß der *liber naturae* schon bei Augustinus untergeordnet gewesen sei. Das ganze Mittelalter hindurch sei die Auffassung lebendig gewesen, daß der Ungebildete im unmittelbaren Anschauen der Dinge Gott erkennen könne und nur der Gelehrte die Schrift verstehe. Herr Ohly gab zu bedenken, daß es sowohl im Mittelalter als auch im Protestantismus immer wieder völlig entgegengesetzte Entscheidungen gegeben habe. So sei der *liber creaturae* auch als Erstoffenbarung Gottes verstanden worden, dem die Schriftoffenbarung Gottes zur Interpretation notwendig diene. Herr Kemper verwies schließlich auf die Bevorzugung des *liber creaturae* im Deismus im 17. und 18. Jahrhundert, der dazu gedient habe, das Christentum und besonders das Luthertum in Bedrängnis zu bringen. Hierfür habe man auf ein Arsenal antiker und mittelalterlicher Gedanken zur Selbstlegitimierung zurückgreifen können.

Herr Helmich machte darauf aufmerksam, daß die Stellung der Reformatoren zur Allegorie durch viele gegensätzliche Möglichkeiten gekennzeichnet sei, auch wenn auf lange Sicht von einer Zurückdrängung der Bibelallegorese gesprochen werden könne. Er verwies auf den Kreis der Reformer um den Bischof von Meaux und deren hyperallegorische Literatur, besonders die Deutung des Neuen Testaments durch Faber Stapulensis. Dem wurde von Herrn Kleinschmidt entgegengehalten, daß auch bei Faber Stapulensis eine ähnliche Zweideutigkeit wie bei Luther zu spüren sei. Zum einen bestehe der Trend zur allegorischen Vielschichtigkeit, zum anderen gebe es den starken Bezug auf die Literalsinnposition.

Herrn Haug ging es um eine Nuancierung und Akzentuierung bei dem Zusammenspiel von Kontinuierlichem und Diskontinuierlichem. Luther habe sich in seiner Allegoriekritik gegen die dialektischen Kommentare des 14. und 15. Jahrhunderts gewandt und damit aus einer ähnlichen historischen Situation heraus reagiert, wie die Schule von Antiochia gegen die von Alexandria (Philo/Origenes). Ähnliche Kontroversen habe es im 12. Jahrhundert gegeben und später wieder bei der Ablehnung der Allegorie durch die Aufklärung. In jeder Situation habe sich gezeigt, daß neben einem Neuansatz die alte Allegoristik im Hintergrund, zum Teil im Untergrund, weitergelaufen sei. So sollte man differenzieren zwischen der breiten Tradition und dem Protest aus einer bestimmten Position heraus. Wenn man Luther vor dem Hintergrund der traditionellen Schriftauslegung sehe, so finde man, daß er eine traditionell angelegte Möglichkeit, die typologische Exegese, sehr stark in den Vordergrund gerückt habe. Auch Herr Hess gab zu bedenken, daß es im 15. und 16. Jahrhundert eine ganze Fülle von Traditionssträngen gebe, die bis ins Mittelalter zurückführten, sich verschränkten und überlagerten und sehr komplexe Strukturen bildeten. Es sei unmöglich, nur einen Strang herauszuselektieren. Wichtig werde die Allegorie der frühen Neuzeit besonders für das Bewußtsein der literarischen Fiktion, für das neue Bewertungsverhältnis der Literatur, meinte auch Herr Kleinschmidt. Wenn Poesie zur zweiten Theologie werden könne, sei dies etwas anderes als im mittelalterlichen Horizont. Die Auslegungen und Übernahmeprozesse veränderten den gesellschaftlichen Stellenwert der Literatur im 16. und 17. Jahrhundert.

Herr Wiedemann stellte fest, daß es im neueren Ansatz der Allegorie eine Rhetorisierung gebe. Der gemeine Beschauer sei z.B. bei der Ausmalung von Kirchen und bei Festen mit einbezogen, ohne aber die Allegorien aufschließen zu können. Es gebe zwar noch die allegorische Sinnfüllung mit Bedeutung wie im Mittelalter, doch seien überwältigende Arrangements für ein Gesamtpublikum, einschließlich des gemeinen Mannes, hergerichtet worden. Das beeindruckte Publikum habe schließlich die Vorstellung gehegt, daß diejenigen, die die Bilder auflösen können, auch kompetent seien für die Bereiche der Politik, der Theologie, der Kultur. Dadurch werde eine scharfe Trennung zwischen den Leuten, die allegoriefähig sind oder dafür gehalten werden, und denen, die es nicht sind, vollzogen. Diesem Dissoziationsprozeß entspreche auch die Neurekrutierung der Allegorie, die im 15. Jahrhundert eine Erweiterung ins Weltliche erfahre und dann im 16. und 17. Jahrhundert stark gegen die volkstümliche Tradition sortiert werde. So seien schwarze und weiße Magie, Naturallegorie, Prodigien zu einem großen Teil herausgefallen. Nichtakademische Autoren, z. B. Grimmelshausen und Böhme, hätten sich dadurch provoziert gefühlt und versucht, durch Divination oder Intuition eine eigene Allegorie gegen die gelehrte zu halten. Die im Beitrag von Herrn Kleinschmidt hervorgehobene Tendenz zur Vieldeutigkeit in den Texten wollte er so nicht gelten lassen. Zwar betrieben die Enzyklopädien weiterhin eine multiple Auslegung, doch entscheide sich der Autor von Emblembüchern in der Regel für eine Auslegung.

Herr Kleinschmidt bestätigte, daß die Attraktion des allegorischen Umgangs auf dem relativ begrenzten Inventar beruhe. Bei Erweiterungen werde die Allegorie voll ausgedeutet, die Explikation Bestandteil des literarischen Textes. Die Vieldeutigkeit werde aber durch den Autor selbst wieder eingeschränkt. Die humanistische Poetik, etwa Scaliger, charakterisiere in mancher Hinsicht die Position der Vieldeutigkeit, die Interpretationsebenen müßten als solche immer beschrieben werden. So sei der Umgang mit der Allegorie entscheidend dadurch verändert worden, daß sie der Begriff für das werde, was eigentlich Interpretation im Sinne einer Auslegungsschichtung gegenüber dem literarischen Text sei.

Herr Reinitzer betonte, daß in der Praxis das Bedeutungsinventar der Allegorie immer begrenzt bleibe, daß in der Regel nur eine Deutung genommen werde, um den Hörer nicht zu verunsichern. Zudem vermisse er Bemerkungen zur Allegorie in den hermetischen Wissenschaften, etwa der Alchemie oder in den Geheimbünden bei den Freimaurern. Hier sei ein ganz merkwürdiges Umgehen mit der Allegorie und allegorisch-biblischen Traditionen zu bemerken.

Dem Hinweis in der Vorlage von Herrn Kleinschmidt, die Emblematik sei geschlossen und alle Auslegungswillkür beschränkt, hielt Herr Schilling entgegen, daß es etwa bei Harsdörffer Spielformen gebe, in denen einem Emblem verschiedene Auslegungen zugesprochen werden könnten; Entsprechendes sei in der angewandten Emblematik zu finden, und auch in einem Emblembuch von Jacob Cats[1] seien jedem Emblem drei verschiedene Auslegungen beigegeben. Er stimmte mit Herrn Wiedemann darin überein, daß das Publikum der Allegorie in den Bereichen der Theologie und des Hof- und Kulturbetriebes nicht in jedem Falle die allegorische Aussage verstanden habe. Es müsse aber weiter differenziert werden, da z. B. auf Flugblättern auch populäre Allegorien vorhanden seien. Es sei zwar schwierig, Quellen zur genaueren Bestimmung des Publikums zu finden, doch sei die große Masse der satirischen Flugblätter einem breiten Publikum zugänglich gewesen. Die Allegorie auf dem Flugblatt habe ein Ordnungsschema geliefert, in das die zeitgenössische Geschichte habe eingeordnet werden können. Das Publikum sei bewußt auf eine Aussage hin konditioniert worden. Wenn Tilly auf einem Flugblatt behandelt werde, dann entpersonalisiert, eingebettet z. B. in den Rahmen des Tugend- und Lasterkampfes. Herr Hillen bat um eine Erklärung des Phänomens, daß die Flugblattpublizistik hauptsächlich von protestantischer Seite genutzt worden sei. Für die geringere Zahl der katholischen Flugblätter gebe es keine befriedigende Erklärung, meinte

Herr Schilling. Eine prinzipielle Enthaltsamkeit katholischer Autoren auf dem Flugblattsektor sei jedoch nicht festzustellen. So habe Johann Nas sehr aggressive Flugblätter im Streit mit Fischart und anderen Protestanten verfaßt, und es seien im Anschluß an die Schlacht am Weißen Berg sehr viele katholische Flugblätter erschienen.

Herr Kleinschmidt sah in der Allegorie gerade auf dem Flugblatt einen bedeutsamen Träger, um bestimmte Dinge zu bewältigen und sie in das vorgegebene allegorische Darstellungssystem einzuordnen. Entscheidend sei, daß die Lebenswirklichkeit in der frühen Neuzeit allegorisiert werde und die Allegorie gleichsam als Bewältigungsinstrument diene. Der Rezipient könne sich in der Lebenswirklichkeit und der allegorischen Struktur gleichzeitig zurechtfinden. Herr Schilling ergänzte, daß die Allegorie auch der Legitimierung diene. Die Kritik werde dadurch, daß sie sich der Allegorie bediene, glaubwürdiger.

Frau Kuechen gab einige Hinweise auf Verwendungsmöglichkeiten und -zusammenhänge der Flugblätter. So könnten sie Bestandteil von Relationen sein, in Straßenrufen erwähnt werden, in naturkundlichen Werken verarbeitet sein oder in der bildenden Kunst zitiert werden. Herr Wirth unterstrich, daß die Auswertung von Flugblättern als Quelle auf dem Gebiet der Naturkunde, dabei besonders der Curiosa, als Ergänzung des Informationsangebotes anzutreffen sei. Herr Schilling bezweifelte, daß in Hainhofers Relationen die Flugblätter bewußt als Sammlung angelegt worden seien. Dies sei eher bei Chroniken der Fall, etwa der Sammlung Wickiana oder der Sammlung in Darmstadt, in denen die Flugblätter fortlaufend zur Illustration der handschriftlichen Chronik beigebunden seien. Die Verwendung der politisch-satirischen Flugblätter als emblematischer Wandschmuck hielt er wegen ihrer Brisanz und der Zensurbestimmungen für wenig wahrscheinlich. So stammten Zeugnisse über die Verbreitung der Flugblätter oft aus dem Bereich des Gerichtswesens. Herr Drux richtete an Herrn Schilling die Frage, ob das *inaptum* auch in den Allegorien der Flugblätter nachzuweisen sei, etwa zwischen einer dargestellten Bildperson und der dahinterstehenden tatsächlichen geschichtlichen Persönlichkeit. Er fragte weiter, ob sich daraus nicht auf eine viel breitere Rezeption der verfremdeten rhetorischen Allegorie und damit des rhetorischen Normensystems schließen ließe. Zu diesem Problem meinte Herr Schilling, daß das *inaptum* auf den satirischen Flugblättern nicht nur der Verständlichkeit, sondern sehr oft zur Erzielung einer komischen Wirkung diene.

Herr W e l z i g korrigierte eine Feststellung seiner Vorlage. Er hatte behauptet, daß im Unterschied zu den Vorratsbüchern den Predigten des 17. und 18. Jahrhunderts eine Actaeon-Christus-Typologie fremd sei. Jetzt könne er diese Behauptung widerlegen.[2] Er erläuterte, daß es ihm in seiner Vorlage grundsätzlich um die Frage nach der Leistung des allegorisch-typologischen Titelblatts gegangen sei. Er war der Ansicht, daß die Predigt Aussagen über Wirkungsabsicht und Empfänger der Allegorie geben könne, wie kein anderes literarisches Genus. Das gestaffelte Publikum zeige sich in der Predigt in besonderer Deutlichkeit. Da sei der adelige Widmungsempfänger, der Prediger, Pfarrer, Haus-

herr und eine dritte Schicht, das faktische Publikum der Predigt. Die Allegorie
werde in der Predigt ständig selbst ausgelegt, Identifikation und Applikation
würden in ihr vollzogen. Man müsse auch annehmen, daß eine gewisse Wieder-
erkennungsmöglichkeit der Zuhörer von den Predigern vorausgesetzt wurde.

Herr Neumeister machte aufmerksam auf Poetiken, in denen Hinweise auf das
Publikum und die Rezeptionsweisen zu finden seien. So mache Tesauro[3] eine
präzise Unterscheidung zwischen Imprese und Emblem. Die Imprese solle
dunkler sein als das Emblem, da sie nur Eingeweihten der Familie oder am Hof
zugänglich sein sollte. Auch Beschreibungen der Aufführungspraxis höfischer
Festspiele in den ›Annales de Madrid‹ berichteten von einem hierarchisch gestaffelten Publikum. So seien die Stücke am ersten Tag vor dem König und seinem
Hofstaat, am zweiten Tag vor den städtischen und höfischen Beamten und am
dritten Tag vor der Stadt und dem Volk von Madrid aufgeführt worden. Ob damit auch eine Verständnishierarchie aufgezeigt sei, bleibe zu fragen.

Den Terminus ›allegoriefähig‹ und den von Herrn Neumeister am Tage vorher
gebrauchten Begriff der ›intendierten Dunkelheit‹ fand Herr Welzig, angesichts
des allegorischen Verfahrens in der Predigt, problematisch. Dies sei mit der Stil-
bekundung der Predigt, die dem *genus humile* und dem *genus medium* zugeordnet sei, nicht in Einklang zu bringen. Diesem Einwand stimmte Herr Neumeister
zu und meinte, daß die ›Dunkelheit‹ nur in der schönen Literatur der manieristischen und barocken Phase anzusetzen sei. Herr Welzig sah darüber hinaus einen
genus-spezifischen Unterschied. Die Allegorese habe im Titelblatt eine andere
Funktion als in der Predigt selbst. Im Titelblatt bleibe eine potentielle ›Dunkelheit‹ erhalten, die erst im Zusammenhang mit der Widmungsadresse erhellt werde. Die Leitworte des vorausgegangenen Tages ›Ordnungsangebot‹ und ›Identi-
fikationsangebot‹ erschienen ihm im Zusammenhang mit dem Einsatz der Allegorie in der Predigt nicht brauchbar. Die Ordnung werde durch die geistliche
Lehre selbst vollzogen, die Allegorie sei lediglich Demonstrationsobjekt der
doctrina. Zu den Stichworten ›Vieldeutigkeit‹ und ›Eindeutigkeit‹ sei die Aussage von der Predigt her relativ eindeutig. Die Vorratsbücher kennten die Vieldeutigkeit der mythologischen Begriffe, in den einzelnen Predigten sei der Bezug
aber völlig eindeutig.

Herrn Wiedemann war an dem Referat von Herrn Welzig das Zusammenwirken von weltlichem und höfischem Bezug und geistlicher Literatur bedeutsam.
Dazu müsse man wissen, daß sich Staat und Kirche im 16. und 17. Jahrhundert in
der intellektuell politischen Auffassung auseinanderbewegten. Die absolutistischen Theorien begründeten die Notwendigkeit des modernen Zentralverwal-
tungsstaates nicht mehr mit dem Gottesgnadentum, sondern weltlich. Man
könne verfolgen, wie sich die allegorischen Felder stark voneinander abtrenn-
ten: Mythologie und alte Geschichte für den politischen Bereich, Bibelallegorik
für den geistlichen Bereich. Die Programme der absolutistischen Schlösser des
17. Jahrhunderts, auch im katholischen Bereich, hätten so gut wie keine theologische Allegorese. Eine Ausnahme sei die Schloßkirche. Umgekehrt beziehe
aber die kirchliche Allegorese die Mythologie und damit den politischen Bereich

mit ein. Die Kirche werbe, anders als im Mittelalter, um den Staat, sie sei tendenziell Staatskirche geworden. Diese »geheime Spannung des 17. Jahrhunderts«
sei an Herrn Welzigs Beispiel deutlich geworden. Auch Herr Welzig sah in der
katholischen Predigt bis etwa 1730/50 große Anstrengungen, Kirche und Staat
zusammenzubringen. Das ›Buch der Geschichte‹ werde mit in die geistliche Botschaft einbezogen, doch sei spätestens 1770 dieser Versuch gescheitert.

Herr Harms war der Überzeugung, daß noch erheblich mehr Parallelen sichtbar würden, wenn man in die einzelnen literarischen Gattungen hineinsehen
würde und dort z. B. insbesondere die Typologie untersuchte. So könne sich auch
in den Naturwissenschaften ein Chemiker als Erfüller dessen sehen, was Moses
einmal in die Chemie eingeführt habe, und das Titelblatt sei der Ort, dieses
Selbstverständnis aufzuzeigen. Herr Helmich war der Ansicht, daß eine Funktionsgeschichte der Allegorie überhaupt erst dann geschrieben werden könne,
wenn man sie als Gattungsgeschichte auffasse. Gattung wäre dabei nicht rein literarisch definiert, sondern würde von der Funktion her gesehen. Herr Harms
unterstützte diese Bemerkung und führte als Beispiel eine Reisebeschreibung
Rollenhagens aus dem Jahre 1603 [4] an. Dort mache sich jener darüber lustig,
daß man das Brustaufhacken des Pelikans jemals allegorisiert habe. Zehn Jahre
später veröffentliche derselbe Autor ein Emblembuch [5], in dem alle Eigenschaften des Pelikans erscheinen, die es gestatten, ihn auf Christus zu beziehen.
Die allegorischen Möglichkeiten seien je nach literarischem Genus verschieden.

Herr Herzog ging noch einmal auf das Problem Kontinuität/Diskontinuität
ein und versuchte zu zeigen, daß man mit Hilfe der Kirchen- und Sozialgeschichte auch in anderen Phasen vergleichbare Strukturen zur frühen Neuzeit
feststellen könne. Das Neue an dieser Epoche sei wohl das Fungibelwerden allegorischer Kleinformen in einer Welt, in der die Allegorie nicht mehr der Erhellung des geistlichen Sinns oder der Bibel zu dienen scheine. An einem spiegel-
verkehrten Prozeß, der Zerstörung des antiken Absolutismus, versuchte er, vergleichbare Strukturen aufzuzeigen. So habe bis etwa 390 der antike Kaiser die
Verfügungsmacht über die antike Geschichte und deren Auslegung besessen.
Als Theodosius von Ambrosius nach dem Massaker von Thessaloniki exkom-
muniziert worden war, habe sich der Kaiser dadurch zu rechtfertigen versucht,
daß er sich als zweiten David verkünden ließ. Ambrosius hat daraufhin dem Kaiser den Zutritt zur Kirche verwehrt und die Berufung auf eine alttestamentliche
Gestalt für nicht statthaft erklärt. Er hielt ihm vor, die Spiritualisierung verkant
zu haben, denn David sei nicht der Mörder, sondern Prototyp Christi. So sei die
Verfügungsgewalt über die Allegorese, die im paganen und im frühen christlichen Kaisertum noch in der Hand des Absolutismus gewesen sei, in die Hand des
Reichsklerus übergegangen und habe als politisch fungibles Objekt benutzt werden können. Zur gleichen Zeit seien aber der Kirche häretische Bewegungen in
den Rücken gefallen, die glaubten, die Verfügungsgewalt über Gottes Wort und
sein Verständnis zu besitzen. Eine Wendung gegen diese Anmaßung finde sich
im Prolog zu Augustins ›De Doctrina Christiana‹. So könne man sehen, daß es in
dieser Zeit ein Publikum gegeben habe, das die verschiedensten und differen-

ziertesten Allegoresen verstanden habe, während man daneben mit einem Publikum rechnen müsse, dem nur bescheidene Anspielungen typologischer und allegorischer Art zuzumuten waren. Herr Schilling sah den tatsächlichen Neuansatz der Allegorie nicht so sehr darin, daß sie ins Politische gewendet worden sei. Neu sei die Verbreitung, die mit der Erfindung des Druckes zusammenhänge.

Nachmittag

Im Anschluß an die Debatte des Vormittags griff Herr Moser die Anregung von Herrn Wiedemann auf, um aus volkskundlicher Sicht auf das Problem der Kontinuität und des Empfängers der Allegorie einzugehen. Er spielte dazu eine Tonbandaufzeichnung vor, die das zum ersten Mal 1602 bei Beuttner[6] belegte Lied »Maria durch einen Dornwald ging«, nun gesungen von zwei wolgadeutschen Reinmachefrauen, wiedergab. Er stellte fest, daß die hier vorliegende lange Überlieferung exzeptionell sei. Die wenigen überlieferten Lieder aus dem 15. bis 18. Jahrhundert seien laut W. Wittrock[7] in der Mehrzahl nicht nur literal, sondern »tragen einen zusätzlichen Sinn«. Für ihn stellte sich nun die Frage, was diese Lieder »durch die Jahrhunderte getrieben« habe. Mit einer so vereinfachten Gegenüberstellung von ›allegoriefähigem‹ und ›nicht-allegoriefähigem‹ Publikum möchte er nicht operieren, u. a. auch, weil die Lieder nicht in der Anschauung, sondern im Vollzug lebten. Er vermutete, daß sie sich erhalten haben, weil sie den gemeinen Mann in einen eher geistigen Bereich führen konnten. Er verwies in diesem Zusammenhang auf die von den Jesuiten im 17. Jahrhundert geführte Diskussion, die von der Vorstellung ausgegangen war, daß man, um etwas zu bewirken, die Bilder auf die »Seelenkräfte« des Menschen abstimmen müsse. Es sollte etwas Tradierfähiges in das Vorstellungsvermögen des gemeinen Mannes gesetzt werden.

Herr Wiedemann hielt diesen Bedenken entgegen, daß seine Unterscheidung von einem ›allegoriefähigen‹ und einem ›nicht-allegoriefähigen‹ Publikum dennoch historisch richtig sei, da diese Kategorien aus der Zeit selbst stammten, und nannte Harsdörffer als das radikalste Beispiel. Es werde also von den gelehrten Dichtern dekretiert: allegoriefähig (der Gebildete), allegorieunfähig (der gemeine Mann), – ohne daß damit wirklich etwas über die spezifische Allegorik der ungelehrten und volkstümlichen Dichtung ausgesagt wäre. Herr Harms machte den Vorschlag, doch zwischen ›aenigmatischer‹, den gemeinen Mann fernhaltender, und ›etablierter‹, ein breites Publikum ansprechender Allegorie zu unterscheiden. Dem stimmte Herr Wiedemann zu und sah die Möglichkeit, daß ein Interesse an der Allegorie und Einübung das Verständnis der Ungebildeten erheblich haben fördern können.

Herr Reinitzer stellte die Frage nach den Parametern, mit denen man ein ›allegoriefähiges‹ und ein ›allegorieunfähiges‹ Publikum beurteilen wolle. Soziale Unterschiede und Bildungsvoraussetzungen seien angesprochen worden, doch meinte er, daß sich nicht wirklich bestimmen ließe, wie gut z. B. der Betrachter

eines Flugblattes den Text verstanden habe oder verstehen sollte. Hätte er nämlich die Machart durchschaut, wäre er nicht mehr verführbar gewesen. Ein ähnliches Phänomen sah er bei den Freimaurern, die, ohne es zu verstehen, wie
selbstverständlich mit ihrem Bildmaterial umgingen, ebenso hätten auch die
Schreiber mittelalterlicher Handschriften ihre Vorlagen nicht immer verstanden.

Diesen Einwand unterstützte Herr Kleinschmidt durch seine These, daß die
Allegorie im volkskundlichen Rahmen eine Anziehungskraft des nicht Verstandenen besitze.

Herr Plett sprach von einer Allegorie-Notwendigkeit im Puritanismus. Hier
habe es den Zwang gegeben, sich ständig nach Heilszeichen umzusehen, um sich
selbst und die Realität im Hinblick auf eine zukünftige Heilserwartung zu interpretieren. Als allegorische Gattungen bürgerlicher Provenienz erwähnte er See-
lentagebuch, Biographie, Romanze, Reisebericht etc. Der Vermittlungsprozeß
der Exegese erfolge in den meisten dieser erzählerischen Gattungen über einen
manchmal auch fiktiven Ich-Erzähler.

Herr Wachinger gab zu der Vorlage von Herrn Moser noch zu bedenken, daß
bei reduzierten Formen von Bildlichkeit Produktion und Rezeption nicht mehr
zu unterscheiden seien. Es ließe sich nicht sicher bestimmen, ob eine Lehrmeinung so weit zum Publikum herabsteige oder ob das Volk schon produktiv antworte, wenn ein Jesuit das Trinitätsdogma durch drei Röslein oder drei Kränz-
lein darstelle. [8] Auch äußerte er seine Zweifel daran, daß man das Material
nach bestimmten Orden und Intentionen ordnen könne. Darauf entgegnete ihm
Herr Moser, daß er durch die systematische Lektüre von Novizenliteratur eine
ganze Reihe ordensspezifischer Abgrenzungsmöglichkeiten gefunden habe, die
er in einer späteren, größeren Arbeit auch darlegen werde.

Ausgehend von der Zwei-Welten-Lehre und der sich daraus für ihn ergebenden Frage nach der Zuständigkeit der Fabel zur Darstellung und Deutung erläuterte Herr Elschenbroich, er habe seine Beispiele so ausgewählt, daß sie den
Standpunkt Luthers und Melanchthons deutlich erkennen ließen. Seine These
war dann, daß es durch die Allegorisierung der Fabel im 16. Jahrhundert, nach
der ersten Phase der Reformation, möglich geworden sei, die religiöse Dimension für diese Gattung zurückzugewinnen, allerdings nur auf streng biblizisti-
scher Grundlage. Auch das freie Verfügbarwerden des Fabelinventars sei erst
durch den Versuch der Allegorisierung möglich geworden. Es gebe ganz offensichtlich Elemente der Kontinuität zwischen Mittelalter und früher Neuzeit. Für
die Diskontinuität schien ihm die »Subjektivierung« (Umerzählen der Fabel,
Aufnahme autobiographischer Elemente) ein entscheidendes Element. Er
räumte ein, daß die allegorisierte Fabel und die Fabel als Allegorese vielleicht
nur ein Einzelfall und auch im Mittelalter ein vergleichsweise seltenes Phänomen
gewesen sei. Herr Speckenbach verwies dann auf die Fülle geistlich ausgelegter
Fabeln des 15. Jahrhunderts und machte, wie später noch Herr Sørensen, den
Vorschlag, doch nur sie als allegorisierte Fabeln zu bezeichnen und für das Beispiel von Herrn Elschenbroich einen anderen Begriff zu suchen.

Zur Austauschbeziehung von Fabel und Allegorie meinte Herr Kleinschmidt, daß literarische Darstellungsformen ein Gesamtsystem bildeten, das im historischen Wandel Präferenzen für bestimmte Systemteile vergebe. So seien Fabel und Allegorie in diesem System immer präsent, würden jedoch ganz unterschiedlich gewichtet. Und dies verschiebe das gesamte Bewußtsein in der Verfügbarkeit über Möglichkeiten von Darstellung und dann Möglichkeiten im Umgang mit Texten überhaupt.

Herr Barner nahm Bezug auf die Vorlagen von Herrn Elschenbroich und Herrn Moser und stellte fest, daß bei dem einen die Allegorisierung der Fabel, bei dem anderen die Fabulisierung dargestellt worden sei. Die dabei aufgezeigten Merkmale, vor allem pädagogisch-didaktischer Art, seien genau die Bestimmungen, wie sie die Fabeltheorie des 18. Jahrhunderts gebrauche. Die Hauptfunktion sei, dem, der nicht genug Verstand besitze, die Wahrheit durch ein Bild zu sagen. Beide hätten wohl unbewußt ein »Aufeinanderzugehen« der beiden Gattungen dargestellt. Er brachte nun, angeregt durch die Vorlage von Herrn Kleinschmidt und ausgehend von der Bürgerlichkeitsdiskussion, die sich am 18. Jahrhundert entzündet hat und auch für das 16. Jahrhundert geführt wird, den Begriff der Verbürgerlichung in die Diskussion. Er stellte in provokativer Absicht fest, daß das selbstbewußter werdende Bürgertum in Deutschland im 16. Jahrhundert alles das schon voll ausgeprägt habe, was die Aufklärungsforschung als scheinbar neu für das 18. Jahrhundert darstelle. Auch das ›Narrenschiff‹ sei eine Art »Selbstdokumentation bürgerlichen Interesses«. Die intendierte Großform sei aufgegeben worden, an ihre Stelle seien die schon am Vormittag besprochenen allegorischen Kleinformen getreten; da gebe es die Deutung auf das Stadtbürgertum und eine Fülle mittelalterlicher Traditionen. In diesem Zusammenhang stellte er die Frage nach dem spezifischen Unterschied hinsichtlich der explizit bürgerlichen Leistung in Predigt und Liedkatechese des 16. Jahrhunderts einerseits und der Fabelgattung im 18. Jahrhundert andererseits.

Herr Moser sah einen möglichen Ansatzpunkt zur Beschreibung der *differentia specifica* gegenüber dem Bürgerlichen, wenn man sich näher mit den Orden und ihren spezifischen Zielgruppen beschäftigen würde. Die Narrenschiffidee müsse auch im Zusammenhang mit der Idee der *navicula stultorum* gesehen werden, die nach seiner Auffassung nicht lösbar sei von der *metanoia*-Idee im franziskanischen Schrifttum. Herr Kleinschmidt meinte, auf Herrn Barner eingehend, daß die Bürgerlichkeit des 18. Jahrhunderts sicher ihre Grundlagen in der Stadtbürgerlichkeit des 16. Jahrhunderts habe, doch sei der Urbanisierungsprozeß im 16. Jahrhundert in keiner Weise so weit fortgeschritten gewesen. Es gebe da noch einen starken Gegensatz zwischen Stadt und Land, d. h. die Stadt sei im Besitz des Herrschaftswissens, in ihr konzentrierten sich alle wirtschaftlichen und sozialen Funktionen, und auch der ganze Übermittlungsprozeß, von der Bildung angefangen, sei in der Stadt konzentriert. Damit hänge auch zusammen, daß die Allegorie eine bürgerliche, eine stadtgebundene Form sei. Dies treffe für Brant zu, ein wesentlicher Teil der Narrenliteraturphase sei sogar universitär gebunden gewesen. Herr Elschenbroich sah im ›Karsthans-Dialog‹ ein erstes

Zeugnis des selbstbewußt gewordenen Bauern. Für die Fabel konstatierte er, daß sie im 16. Jahrhundert einen eher religiösen Charakter habe, was für das 18. Jahrhundert nicht mehr gegeben sei, auch wenn viele Autoren Fabelsammlungen des 16. Jahrhunderts benutzt hätten. Eine Unterscheidung ließe sich treffen, wenn man die Fabel entsprechend den bei Justus Menius gebrauchten Begriffen *oeconomia* und *politica* zuordnen würde. So ließe sich die Fabel des 16. Jahrhunderts dem *politica*-Bereich, die des 18. Jahrhunderts dem *oeconomia*-Bereich zuweisen. Im 16. Jahrhundert sei die Fabel noch zur allegorischen oder didaktischen Darstellung von politischen Problemen genutzt worden. Bürgerlich könne in diesem Jahrhundert nur ständisch verstanden werden.

Herr Kemper verwies zum Verhältnis von Fabel und Symbol auf Herder, für den die Tiere in niedrigerer Form die menschlichen Eigenschaften repräsentierten. Bei ihm bekomme die Fabel eine symbolisierende Funktion und verliere die Möglichkeit, die sie in der Allegorese hatte, konkret auf historische Ereignisse einzugehen.

Beim Überblick über ihren Beitrag unterstrich Frau K u e c h e n, daß vor allem Unsicherheiten in der Nomenklatur dazu geführt hätten, daß subjektive Vorstellungen in die naturkundlichen Texte eingingen und weiter tradiert wurden. Diese *diversitas nominum*, derer man sich theoretisch wohl immer bewußt gewesen sei, habe eine lange Tradition und Wirkung. Es sei außerdem festzustellen, daß die Bezüge auf die Bedeutungskunde in der naturkundlichen Beschreibung einen breiten Raum einnehmen, und sie vermutete, daß eine reale Dingerschließung überhaupt nur in dieser Verbindung möglich gewesen sei. Auch der Naturgegenstand in den Natursammlungen sei in erster Linie wegen seiner Bedeutung interessant gewesen; das Interesse am Sachgegenstand könne da zurücktreten, so daß wohl auch Emblematisches Teil solcher Beschreibungen in Sammlungskatalogen habe werden können.

Herr Cormeau fragte, ob nicht entgegen der Trennung in der Nomenklatur zwischen *res* und *significatio* von der *significatio*-Ebene aus Eigenschaften unter weniger bekannte *res* substituiert würden. Daraus ergebe sich die Frage nach dem Verhältnis von Realität und Signifikanz.[9]

Herr Hoffmann sah für die Kunstgeschichte eine Möglichkeit, die Fülle der von Frau Kuechen festgestellten Auslegungen in den Fällen fruchtbar zu machen, in denen eine verbale Fixierung nicht gegeben ist, z.B. in der angewandten Emblematik. Für ihn stellte sich außerdem die Frage, ob nicht der Analogiezwang im Sinne mittelalterlichen Bilddenkens positiv zu interpretieren sei und die Betrachtung nach der modernen Speziesdifferenzierung Linnés eine unangemessene Trennschärfe einführe. Er vermißte die historische Interpretation des Materials.

Herr H o f f m a n n griff aus seiner Vorlage stichwortartig die Verbildlichung literarisch vorgeprägter Bedeutungselemente und den von ihm eingeführten Begriff des Illusionismus auf.

Der erste Teil der Vorlage von Herrn Hoffmann schien Herrn Wirth eher eine Zusammenfassung der gesamten Emblematik in ihrer längeren Geschichte zu sein als die Darstellung der Anfänge bei Alciato. Zudem sei die Stellung des Bildes in der Emblematik überbetont worden; bei der dreiteiligen Form könne das Bild jederzeit durch eine Bildbeschreibung ersetzt werden. Andere Wort-Bild-Kombinationen, etwa die Impresen oder Devisen, seien vom Emblem abzusetzen. Das 1531 erschienene Emblembuch Alciatos sei zunächst eine wahllose Sammlung von Emblemen gewesen, die als eine Art *ludus intellectualis* im Kreise von Gelehrten entstanden seien. Erst die Folgegenerationen hätten die Embleme unter verschiedene Begriffe sortiert und wirklich zu einem Buch geordnet, das dann rezipiert worden sei. Die späteren Ausgaben hinzugefügten *arbores* sollten die Benutzer in die Lage versetzen, emblematische Auslegungen mit Hilfe neuer Motive zu verändern. Den Einwand gegen die Überschätzung des Bildes erweiterte Herr Hoffmann zu einer grundsätzlichen Kritik an Albrecht Schönes Formel von der ideellen Priorität und der potentiellen Faktizität der *pictura*. Er sah den logischen Fehler darin, daß das Ding mit der Darstellung des Dinges verwechselt worden sei. Die Darstellung des Dinges sei grundsätzlich zu trennen von den literarischen Vorgeschichten der Auslegung dieses Dinges.

Herr von B o r m a n n erläuterte seine Vorlage, in der er versucht hatte, Allegorie und Emblem als zeittypische semiotische Praxis mit Hilfe der Kriterien von Julia Kristewa zu beschreiben. Dies erfordere ein Eingehen auf die Realgeschichte. Sie schien ihm in der Vorlage von Herrn Kleinschmidt, besonders durch den Begriff ›mentalitätsgeschichtliche Entwicklung‹ ersetzt zu sein. Herr Kleinschmidt erläuterte seinen Begriff der Mentalitätsgeschichte, der die sozialen Bedingungen und Wirkungen von intellektuellen Prozessen einbeziehe. In diesem Zusammenhang sei auch die Emblematik zu stellen, die als Instrument der Selbstdisziplinierung gelten könne, als Anerkennen intellektueller Normen innerhalb einer beschreibbaren und erfaßbaren gesellschaftlichen Schicht, die an Universität und Schule gebunden ist. Diese Normierung wähle eine bestimmte Chiffrierungsform, die aus der gelehrten Tradition mittelalterlicher Prägung stamme und durch die spezifisch neuen Inhalte der humanistischen Tradition überformt worden sei. So werde sie auch im öffentlich aufgeführten Schuldrama und im Humanistendrama verwandt. Zusätzlich sei zu beachten, daß der Reihen als allegorische Form im Drama auch musikalisch gebunden sei. Dies bedeute, daß sich das Humanistendrama durchaus auch in den Bereich der Liedüberlieferung einordnen könne. Im Meistersang seien weitere Beispiele zu finden.

Herr Drux äußerte Zweifel an der durch Herrn von Bormann vorgenommenen Unterscheidung von Emblematik als frühbürgerlicher Sinnbildkunst und barocker Allegorik. Er nannte Beispiele aus der Barockliteratur, in denen Allegorien und Embleme nebeneinanderstehen, so etwa in den Dramen Lohensteins oder in Gedichten von Gryphius. In einem Trostgedicht von Opitz[10] münde eine allegorische Auslegung sogar ganz explizit in ein Emblem, das auch in Emblembüchern wiedergegeben sei. Das Gedicht ›Vom Wolffsbrunnen bey Heidelberg‹[11] sei bewußt emblematisch strukturiert, die *pictura* (die beiden Quartette des Sonetts) allegorisch konstruiert. Er stellte die grundsätzliche Frage, inwieweit Emblematik als frühbürgerliche Sinnbildkunst zu bezeichnen sei, wenn nicht nur in der barocken Literatur Allegorie und Emblem zusammenkommen, sondern das Emblem ganz deutlich höfischen Zielen nutzbar gemacht werde. Dem hielt Herr von Bormann seinen Ansatz einer historischen Formsemantik entgegen. So habe er eine Form, in diesem Fall die Emblematik, bei ihrem historischen Ursprung aufspüren wollen, habe dann versucht, die Bestimmungen der Bedingungen herauszuarbeiten, nach der Funktion gefragt und schließlich deren Bedeutung ergründet. Dies schließe nicht aus, daß die Emblematik auch später noch und in anderen Zusammenhängen auftrete. Er betonte noch einmal, daß er bei seiner historisch-semantischen Differenzierung zunächst nur den Unterschied selbst festhalten wollte.

Herr Cramer wandte gegen eine Opposition der Begriffe ›mittelalterlich‹ und ›frühbürgerlich‹ ein, daß sie nicht ohne weiteres vergleichbar und deshalb für eine sozialhistorische Argumentation nicht unbedingt tauglich seien. Der eigentliche Gegenbegriff zu ›frühbürgerlich‹ müßte ›feudal‹ lauten. Auch wenn man dann akzeptiere, daß die Emblematik stark an das frühe Bürgertum gekoppelt sei, so lasse sich die Allegorie jedoch nicht an den Feudalismus binden. Er vermutete, daß eigentlich das Attribut ›geistlich‹ der Allegorie zugeschrieben und eine pauschale Gleichsetzung von ›frühbürgerlich‹ mit ›humanistisch‹ vorgenommen worden sei. Dann sei aber bildungshistorisch argumentiert worden.

Diese terminologische Schwäche gab Herr von Bormann zu und hielt den Begriff ›hochmittelalterlich‹ für angebrachter. Er sah aber die Möglichkeit, die Allegorie als Form mit der feudalen Denkweise zu verknüpfen und sie an der Agrarwirtschaft als hauptökonomischem Zweig zu relativieren.

Herr Barner akzeptierte die Beobachtungen, die Herr von Bormann an der ›Susanna‹ gemacht hatte, bezweifelte aber, daß dieses Werk für den Typus des Humanistendramas repräsentativ sei. Es sei ein protestantisches Schuldrama, das öffentlich auf dem Marktplatz aufgeführt wurde und muttersprachlich ist. Der bekannte Prototyp des eigentlichen Humanistendramas dagegen, Reuchlins ›Henno‹, habe weder eine allegorische noch eine emblematische, überhaupt keine sinnbildende Struktur zwischen Akt und Chor, außerdem sei universitäts-bürgerliches Selbstbewußtsein erkennbar. Er fragte Herrn von Bormann, wie er diesen eigentlichen Prototyp deuten wolle.

Herr Ohly wandte ein, daß Herr von Bormann in seiner Vorlage häufig im Stadium der Deklamation stehen geblieben sei und seine soziologischen Begründungen nicht selbst aus den Quellen abgeleitet habe. Diese Kritik an dem stark konstruktiven Moment erkannte Herr von Bormann an, doch meinte er, daß er Hinweise gegeben habe, die die Verbindung von ›Emblematik‹ und ›frühbürgerlich‹ abstützten, so der Hinweis auf das veränderte Wirklichkeitsverständnis, auf die kleine Form, die Segmentierung der Darstellungsweise und damit auch den Hinweis auf bestimmte Auffassungs- und Bewußtseinsformen des zeitgenössischen Publikums. Das protestantische Schuldrama habe er wegen der darin enthaltenen moralisierenden Perspektive gewählt. Ihm habe nicht daran gelegen, genau zu sortieren, was emblematisch und was allegorisch sei. Die Moralisierung führe in eine Erfahrungswelt zurück und stelle den Wirklichkeitsbezug her, den er für eine emblematische Gestaltungsweise für konstitutiv halte. Dem hielt Herr Harms entgegen, daß auch eine Allegorietheorie ohne den Rekurs auf ein reales Fundament nicht auskomme, und sah die Gefahr terminologischer Unklarheiten, wenn auch von anderen Wirklichkeitsbezügen außerhalb der Erfahrungswelt gesprochen werde. Herr von Bormann präzisierte, daß für ihn der Bezug auf eine »anders gemeinte Wirklichkeit« ausschlaggebend sei.

Herr Hoffmann hielt die Begriffe Emblem und Allegorie für überstrapaziert und sah die Möglichkeit, daß sich der Funktionswandel auch innerhalb der konstituierten Typen abgespielt haben könne.

Herr Herzog äußerte grundsätzliche Zweifel daran, daß ein Teil der allegorischen Aussageformen an die alteuropäische Wirtschaftsordnung des Feudalismus anzuschließen sei. Er fragte sich, wie man die blühende allegorische Kultur in der Sklavenhaltergesellschaft der Antike erklären wolle.

Herr Reinitzer hielt Herrn von Bormann Unsauberkeiten in seinem Ansatz und seiner Terminologie vor und meinte, daß er bei seiner Argumentation auch nachweisen müsse, daß mit der Entstehung des Feudalismus auch die Entstehung der Allegorie einhergehe. Dies hielt er für unbelegbar.

Trotz dieser Einwände glaubte Herr von Bormann gezeigt zu haben, daß die Entstehung der Emblematik an einen Wandel der Bewußtseinsformen gebunden sei, und daß dieser mit einem Wandel von Gesellschafts- und Wirtschaftsformen einhergehe. In einem zweiten Schritt habe er versucht, diese Emblematik von der Allegorie vorher und nachher zu unterscheiden. Deutlicher sei ihm dies bei der barocken Allegorie gelungen. Die große Differenzierung der Allegorie im Mittelalter in bestimmte Formen und Gattungen mache es schwierig, eine Bestimmung vorzunehmen, doch hielt er eine Beschreibung nach seinem Muster für möglich.

Herr Titzmann stellte fest, daß ikonische Teileelemente im verbalen Teil häufig nicht explizit ausgedeutet werden, und bat um eine Präzisierung dieser semantischen Korrelation von Bild und Text. Es sei nicht unproblematisch, die Begriffe Allegorie und andere Begriffe bei ikonischen und verbalen Zeichensystemen gleichermaßen zu verwenden. Herr von Bormann verwies auf sein Textbeispiel, in dem es einen deutlichen Überschuß der Fabel und eine gesonderte Wiedergabe der Deutung gebe. Die Fabel des humanistischen Dramas knüpfe an nachvollziehbare Erfahrungen des Zielpublikums an. Die Deutung geschehe durch die metonymische Verknüpfung einzelner, herausgenommener Teile, die eine in mehreren Bildern angesprochene Erfahrung zusammenbringe. So bleibe der verbale Teil hinter dem Bild zurück oder mache den Eindruck größerer Abstraktheit.

Herr Hillen fragte nach dem Verlust, der entstehen würde, wenn man den Emblembegriff aus der literartheoretischen Debatte eliminieren würde, um eine noch größere Ausweitung dieses idealtypisch definierten Begriffes zu unterbinden. Herr von Bormann sah darin einen großen Verlust. Historische Prozesse, die sich in verschiedenen Bildtechniken, Umformungen der Seh- und Erfahrungsweise ausdrückten, wären dann nicht mehr zu unterscheiden. Auch der von

Herrn Ohly angesprochene Prozeß der Allegorisierung der Emblematik bliebe unbeachtet. Er trat für den Begriff der inventariellen Emblematik ein, der zum Ausdruck bringe, daß die Emblematik als Versatzstück, als Erläuterung genutzt werde, aber nicht zentral in den Aufbau eines Stückes eingreife. Herr Schilling sah die Gefahr, durch eine zu weite Verbreitung des Etiketts ›Emblem‹ den Begriff inhaltsleer werden zu lassen. An der Vorlage von Herrn von Bormann erschien ihm bedenklich, daß die in barocken Dramen verwandte Bildlichkeit als aus der Emblematik entlehnt erklärt werde. Man müsse vielmehr annehmen, daß für die Emblematik und das Drama auch gemeinsame Quellen zugrunde liegen.

Anmerkungen:

1 Jacob Cats: Proteus ofte Minne-beelden verandert in Sinne-beelden, Rotterdam 1627.

2 Amandus von Graz: Deß Fasten=Banckets Der Christlichen Seelen Anderte Speisen=Aufftracht/Von dem Gewissen/Und dessen Sorgfältiger Verwahrung. Gepredigt vor Jahren/vnd verfast von dem Wohl=Erwürdigen P. AMANDO, von Grätz/Capuciner=Ordens/[...] Gedruckt/vnd verlegt zu Grätz bey denen Widmanstätterischen Erben/1702, S. 533f.

3 Emmanuele Tesauro: Il Cannocchiale Aristotelico o sia idea dell'arguta et ingeniosa elocutione che serve à tutta l'arte oratoria, lapidaria, et simbolica esaminata co'principii del divino Aristotele. Quinta impressione Torino 1670 fol., hg. u. eingel. v. August Buck (Ars poetica. Texte 5), Bad Homburg v. d. H./Berlin/Zürich 1968.

4 Gabriel Rollenhagen: Vier Bücher Wunderbarlicher [...] Indianischer reysen[...], Magdeburg 1603, in der 4. Aufl., Magdeburg 1619, S. 279.

5 Gabriel Rollenhagen: Selectorum Emblematum CENTURIA SECUNDA, Arnheim 1613, Nr. 20.

6 Nicolaus Beuttner: Catholisch Gesang-Buch, hg. Walther Lipphardt, Faks.-Ausg. der 1. Aufl. Graz 1602, Graz 1968.

7 Wolfgang Wittrock: Die ältesten Melodietypen im ostdeutschen Volksgesang (Schriftenreihe d. Kommission f. Ostdt. Volkskunde in d. dt. Ges. f. Volkskunde 7), Marburg 1969.

8 Die folgenden Ausführungen wurden von Herrn Wachinger schriftlich nachgereicht: Die Reduktionsform allegorischer Bildtraditionen sei im Volkslied wohl auch die Bedingung für eine längere Lebensdauer gewesen, denn sie sei für alle möglichen Assoziationen und emotionalen Besetzungen offen gewesen. Er stellte die Frage, ob nicht das Interesse des späten 18. und 19. Jahrhunderts am Volkslied und seinem Bildstil mit der Bevorzugung des Symbols vor der Allegorie zusammenhänge.

9 Die folgenden Ausführungen wurden schriftlich nachgereicht: »Offenbar führte nicht nur ein Realsubstrat zu einer Deutung, sondern es wurden auch umgekehrt aus der Deutung Eigenschaften der *res* supponiert. Daß aus ›Theorien‹ fehlende Beobachtung ergänzt wird, ist nicht weiter verwunderlich, ich möchte aber vermuten, da die Realität für eine Gesellschaft nur teilweise aus Theorien stabilisiert wird, daß solche ›Ergänzungen‹ gerade in jenen Bereichen von Wissen vorkommen, die der damaligen Erfahrung entzogen waren (z. B. Nautilus 2) und wo der Mangel an Erfahrung für die Lebensbewältigung auch gleichgültig war. Es wäre deshalb zu fragen, wieweit beim in heutiger Perspektive ›fiktiven‹ Anteil früherer naturkundlicher Beschreibung mit Hilfe

566   Ruth Kastner

der Textpragmatik zu unterscheiden wäre in damals vermutete Realität und in dieser
Realität zugeschriebene significatio.«

Martin Opitz: Trostgedichte in Widerwertigkeit deß Krieges, Buch II, S. 469 ff., in:
Martin Opitz: Ges. Werke, hg. G. Schulz-Behrend, Bd. I, Stuttgart 1968, S. 224.

Martin Opitz: Weltliche Poemata, hg. Erich Trunz, Tübingen 1975 – T. 2 (Dt. Neudr.:
Reihe Barock), Faks.-Ausg. Frankfurt 1644, S. 362.

Einleitung zum vierten Tag

Von Wilfried Barner (Tübingen)

Vormittag

Den Exordialtopos aus Goethes ›Maximen und Reflexionen‹, mit dem Herr Haug seine Einleitung des ersten Tages eingeleitet hat, hier zu Beginn des vierten Tages wieder aufzunehmen, liegt nicht nur um des Ringkompositorischen und der einprägsamen Rhetorik willen nahe. Es ergibt sich mit einer gewissen inneren Logik aus Absicht und Struktur dieses Symposions und seiner Beiträge.

Daß Goethes Position selbst, in ihrer Argumentationsrichtung wie in ihrem besonderen Epochenkontext, dem Blick der ›Allegoriker‹ ausgesetzt sein soll, ist der erste von drei spezifischen Akzenten, die ich für diesen vierten Tag kurz setzen möchte. Das Begreifen dessen, was Goethe mit seiner privativen Entgegensetzung von Symbol und Allegorie bezweckte, und aus welchen Gründen er gerade diesem Begriffspaar so große paradigmatische Bedeutung beimaß, ist eine wichtige Voraussetzung für deren ›Überwindung‹: eine Aufgabe, die mir so vollständig und so definitiv, wie es gelegentlich vorausgesetzt wird, durchaus noch nicht geleistet zu sein scheint.

Mit dem Barock betreten wir zweitens, nach mehreren Beiträgen vor allem gestern, nun vollends den Epochenbereich, an dessen Trauerspielgattung Walter Benjamin sein Interesse für die Allegorie und seine Konzeption von ihr zuerst ausführlicher entwickelt hat. Dies zu betonen, dürfte nicht ganz überflüssig sein, da die Eigenheiten der barocken Allegorie bei aller offensichtlichen und eingestandenen Willkür der deutenden Projektion so manchem Benjamin-Interpreten allzu wenig gegenwärtig gewesen sind.

Und schließlich rücken wir mit Beispielen nachgoethescher Dichtung – wenn auch zunächst nur mit Baudelaire und Hofmannsthal – am nächsten an die spezifische ›Moderne‹ heran, die unseren eigenen, heutigen Reflexionshorizont, ja auch unser zeitgenössisches Allegorie-Interesse als solches mit prägt.

Herrn Wiedemanns Beitrag steht am Anfang der Reihe, weil er mit einem Exempel aus dem Bereich der bildenden Kunst – sozusagen epochenadäquat – am weitesten ausgreifend und von der künstlerischen Gestaltungsweise des Barock her am grundsätzlichsten ansetzt. Der für uns noch rekonstruierbare Schaffensprozeß, in dem Bernini die Marmorbüste Ludwigs XIV. modellierte, läßt durch die numismatisch vermittelte Alexander-Analogie nicht nur den figuralen oder typologischen Bezug und sogar einen damals aktuellen politischen Aspekt erkennen. Das suggestive Herauslesen oder Hineinlesen von Ähnlichkeiten mit dem lebenden Modell bezeugt zugleich: Berninis Werk als typisches Barockporträt ist Individualporträt; doch das Individuelle ist gebändigt durch den Willensakt des Rollenverhaltens, ist »Sinnbild bestrittener Individualität«, wie Herr Wiedemann formuliert. Und dieses Porträt wiederum wird eingefügt in das allegorische Gesamtprogramm des Palastbaues als in eine Spielart »historischer Pragmatik« der Barockallegorie. Die beiden literarischen Beispiele, Zesens Roman ›Adriatische Rosemund‹ und Opitzens ›Schäfferey von der Nimfen Hercinie‹, werden von der fertigen Textpartitur her interpretiert. Das Liebeskabinett, der emblematische Bildersaal, in dem Zesens Held Markhold seiner Rosemund begegnet, stellt eine Station seiner Rollenfindung dar, die nachweislich am Prinzip stoischer Selbstbewahrung orientiert ist. Die Überformung der bukolischen Flußlandschaft durch eine Huldigungsallegorie, wie sie Opitz und seine Gefährten vornehmen, ebenso die Führung durch den unterirdischen Heldensaal mit seinen mythologischen Szenen offenbaren einen Grad an Artifizialität, der Fragen aufwirft. Wie läßt sich dieser im Barock wieder und wieder begegnende Typus – Herr Hillen weist zum Beispiel auf das Kunstkabinett im 24. Kapitel des ›Simplicissimus‹ hin – genauer klassifizieren und in eine umfassendere Pragmatik der Barockallegorie einordnen?

Eine solche Pragmatik, sofern sie formulierbar ist, müßte freilich immer neu ergänzt und präzisiert werden durch die Berücksichtigung des jeweiligen literarischen Kon-Texts, wie sie Herr Hillen fordert. Sein Beitrag berührt sich auf der einen Seite mit dem von Herrn von Bormann (auch in dem Versuch einer Abgrenzung von Allegorie und Emblem), andererseits führt er weiter durch kritisches Einbringen der Traditionenfrage. Sie ist in der neueren Barockforschung – und nicht nur in ihr – zunehmend dringlich geworden. Über dem oft verblüffenden Aufweis emblematischer und allegorischer Traditionslinien hat man die jeweils spezifische, historische Funktion gelegentlich vernachlässigt. An verschiedenen Stellen aus Trauerspielen vor allem von Gryphius, auch von Lohenstein, demonstriert Herr Hillen, daß Allegorien nicht nur rhetorisch als Arsenal von Bild-Sinn-Einheiten übernommen werden können, sondern aus einer Situation im epischen, lyrischen oder dramatischen Kontext auch unmittelbar zum Träger allegorischer Bedeutung werden. Das bloß Vorgeprägte, Nachschlagbare einerseits und das gewissermaßen spontan Sinnhaltige andererseits werden vermutlich extreme Möglichkeiten darstellen, zwischen denen das konkrete Spektrum sich vor allem rezeptionsästhetischen (auch bildungsgeschichtlichen) Fragestellungen erschließt.

Die Sicherheit, mit welcher der Allegoriker den unterlegten Sinn im literarischen Text präsentiert, geht – worauf Herr Hillen abschließend hinweist – im Zeitalter der Aufklärung verloren. Als Instrument moralischer Belehrung, etwa in der Fabel, lebt sie noch eine Zeitlang weiter. Aber gerade die ›Eindeutigkeit‹ des Sinns wird dann ein Hauptkritikpunkt der neuen Vertreter ›symbolischer‹ Kunst.

Daß die herrschende Auffassung vom Schwund des Allegorischen im 18. Jahrhundert nach Gattungen, Institutionen und Sozialbereichen differenziert und modifiziert werden muß, ergeben für den bayerisch-jesuitischen Raum die Entdeckungen, über die Herr Hess berichtet. An den von ihm minutiös analysierten Dokumenten des Theatrum asceticum, die ›Bekehrung‹ Jacob Baldes behandelnd, wird zunächst deutlich, was Herr Hess in einer früheren Arbeit zum 19. Jahrhundert als »Bildgedächtnis« angesprochen hat. Durch den jesuitischen Rhetorikunterricht sind komplizierte allegorische Verweisungstechniken lebendig geblieben, die es gestatten, das Bild von der zerbrochenen Laute als sinnträchtige Allegorie im szenisch-theatralischen Rahmen vorzustellen und vielfältig auf antike und christliche Bildtraditionen zurückzubeziehen. Von der geistlichen Funktionsbestimmung her ergeben sich aufschlußreiche und diskussionswürdige Verbindungen zu den Vorlagen besonders der Herren Elschenbroich, Kleinschmidt, Moser, Schilling und Welzig. Ob man von Popularisierung, Trivialisierung oder im weiteren dann sogar – so würde ich vorschlagen – von Kommerzialisierung spricht (s. die späteren Hinweise im Zusammenhang Baudelaires und Benjamins): entscheidend ist, daß dieses allegorische Potential von der Forschung überhaupt systematischer in ihren Untersuchungshorizont einbezogen wird. Selbst der Goethe-Philologie, insbesondere der ›Faust‹-Deutung vermag Herr Hess wichtige traditionale Hinweise zu geben, wobei zu den mittelalterlichen Mysterienspielen und zur pansophischen Weltharmonik das allegorische Theatrum asceticum tritt, das Goethe nachweislich gekannt hat.

Das ›Gipfelgespräch‹ zwischen Goethe und Schiller über Symbol und Allegorie ist oft zu wenig in seinen auch personalen Aspekten vergegenwärtigt worden, wenn es lediglich um Definitionen und brauchbare Zitate zu tun war. Was Herr S ø r e n s e n, auf eigenen früheren Arbeiten aufbauend, an Gesprächsverlauf, Chronologie und vor allem Paradigmatik des Themas in Erinnerung ruft, rückt die wie Münzen gehandelten Zitate wieder in ihren genuinen Zusammenhang. Nicht nur, daß das polare Begriffspaar symbolisch/allegorisch in die typologische und zugleich personal-exemplarische Reihe von naiv/sentimentalisch, realistisch/idealistisch usw. zu stellen ist. Auch wird beim späten Goethe die zum Teil indirekte Kritik an Schiller erkennbar als eine, die bereits auf die von Schiller beeinflußten Romantiker zielt. Schließlich macht die eminente Bedeutung des Subjekts für die Entscheidung über das Allgemeine und das Besondere deutlich, wie sehr in der neueren ›Rehabilitierung der Allegorie‹ Schillers Part an Aktualität gewinnt. Daß im übrigen der späte Goethe in seinem poetischen Schaffen dem Allegorischen viel näher steht als in seiner ›Theorie‹, ruft Herr Sørensen noch einmal ins Gedächtnis.

Von der zwischen Individualität und Rollennorm vermittelnden Barockallegorie (Wiedemann) über die traditionsgeprägte und doch auch kontextuell bestimmte allegorische Textinterpretation (Hillen), über die aszetische Darstellung der allegorisierten Balde-Konversion (Hess) bis zur Theomachie zwischen dem Symboliker und dem Allegoriker (Sørensen): in dieses geschichtlich-übergeschichtliche Spannungsfeld ist auch die heutige Allegorie-Diskussion unausweichlich eingebunden. Die Auseinandersetzung zwischen Winckelmann und Lessing, dabei vor allem Lessings folgenreiches Verdikt der ›malenden Poesie‹ und auch der Allegorie, sei dabei nicht vergessen und hier wenigstens als Stichwort genannt.

Drei übergreifende Fragen scheinen sich mir für die Diskussion, unter anderen, zu stellen:

1. Wieweit ist den allegorischen Elementen und Strukturen der Barockzeit Sinn jeweils traditional und konventional hinreichend oder gar notwendig vorgegeben? Welche Spielräume bleiben dem Autor wie den Rezipienten? Kommt dem Autor, nach Goethes Formulierung, nur das voluntaristische »Suchen« zu, oder doch auch das »Vorfinden« oder gar »Finden«?

2. Welchen Realitätscharakter besitzt die – nicht nur (vgl. etwa den Rosenroman) im Barock – auffällige Bezugnahme allegorischen Gestaltens auf vorgeformte, artifizielle Großstrukturen wie Galerie, Bilderkette, Saal usw.?

3. Auf welche ästhetische Fundamentalqualität verweist die mannigfache Zweckbindung des Allegorischen, vom Flugblatt über Predigt und Katechese bis zum Theatrum asceticum? Ist letztlich sie es, die dem goethezeitlichen poetischen Autonomie-Ideal als rhetorische Entfremdung unversöhnlich entgegentritt?

Nachmittag

Im ›Wendebereich‹ Goethezeit einzuhalten und die in der Spannung bis zurück zum Barock sich aufdrängenden Probleme zu diskutieren, brachte Offenes und Ungelöstes zur Genüge mit sich. Das Programm des Nachmittags spannt nun den Bogen von eben jenem Wendebereich bis in unser Jahrhundert hinein. Dabei leistet sogleich der erste Beitrag, von Herrn Titzmann, für den Allegorie-Symbol-Disput eine Kontextualisierung, die gegenüber dem oft isolierenden Herauspicken und Zitieren von Stellen einen entschiedenen Erkenntnisfortschritt bedeutet. Die einschlägigen theoretischen, philosophisch-ästhetischen Äußerungen der Goethezeit werden strukturell insgesamt auf ein supponiertes »Denksystem« hin bezogen, innerhalb dessen nicht nur Allegorie und Symbol zum ersten Mal systematisch in denselben Kontexten korreliert werden, sondern sich auch als Teile übergreifender Begriffstypologien erweisen. Diese sind – so Herrn Titzmanns Deutung – nach Transformationsregeln aufeinander bezogen.

Goethes eigene Auffassung von Symbol und Allegorie erweist sich dabei nicht nur als durchaus inkonsistent und aphoristisch, sondern vor allem als eine, in der die Logik erklärtermaßen suspendiert ist. Das Symbol als zugleich Bezeichnetes und Bezeichnendes ist aller argumentativen Logik von Allgemeinem und Besonderem entzogen, ist autonom gesetzt. Man ist versucht, die von Herrn Titzmann wie auch von Herr Sørensen angesprochenen typologischen Linien im Bereich von naiv/sentimentalisch, realistisch/idealistisch usw. konsequent auszuziehen bis hin zu Autonomie/Heteronomie, ja auch Poesie/Rhetorik – womit ein wichtiger, genuiner Ursprungsbereich der Allegorie berührt wäre. Wenn Symbol und Allegorie als polares Paradigma erkennbar werden, bei Goethe wie im ästhetisch-philosophischen Denksystem seiner Epoche, könnte die sich anschließende Diskussion unter anderem darauf gerichtet sein, den Charakter dieser geschichtsmächtigen ›Wende‹ wie auch der vielberedeten ›Rehabilitierung‹ der Allegorie historisch präziser zu fassen als bisher.

Einen der wichtigsten Rehabilitatoren selbst, Walter Benjamin, stellt dann Herr Steinhagen in den Mittelpunkt seiner Betrachtung. War Benjamin vor gerade einem halben Jahrhundert, als sein Trauerspielbuch als Habilitationsschrift nicht angenommen wurde, noch der ›Rufer in der Wüste‹, so scheint angesichts der Kritik an der inzwischen entstandenen Benjamin-Aura schon wieder Zurechtrückung, ja Apologie vonnöten. Es geht Herrn Steinhagen dabei weniger um das Herauspräparieren bestimmter Einzelthesen Benjamins, sondern um das Erfassen von dessen Sicht- und Denkweise. Wie für Goethe die Negation der Allegorie durch das Symbol ein exemplarischer Akt ist, so für Benjamin die Konstruktion des Typus eines Allegorikers, der bewußt-willkürlich projiziert und interpretiert. Das barocke Trauerspiel erregt Benjamins Interesse nicht so sehr, insofern es sich um einen je einzeln zu analysierenden dichterischen Text handelt, sondern als Idee, zu deren spezifisch neuzeitlicher Prägung die Allegorie wesenhaft hinzugehört. Und ebenso ist Baudelaire, in der Epoche des Hochkapitalismus, der Prototyp, der sich projizierend der entfremdeten Warenwelt nähert und den wiederum Benjamin projizierend-bedeutungsetzend interpretiert. Gerade bei der Allegorisierung der Warenwelt in der Werbung wäre zusätzlich zu fragen, wie sie sich etwa zu der von Herrn Hess in einer früheren Arbeit beobachteten Trivialisierung der Allegorie im 19. Jahrhundert typologisch und historisch verhält.

Führt der Beitrag von Herrn Steinhagen vom Barocktrauerspiel in der Konzeption des frühen Benjamin bis hin zu Baudelaire, so lenkt Herr Jauß auf höchst erhellende Weise den Blick zunächst wieder zurück zu Mittelalter, Christentum und Spätantike. In seinen Studien zu Alterität und Modernität der mittelalterlichen Literatur hatte er gezeigt, wie das allegorisch Gestaltete, als Poesie des Unsichtbaren, Antwort ist auf die christlich-platonistische Entwertung der Sinnenwelt. Und dieser besondere Traditionshintergrund bleibt konstitutiv für die Erfassung der vielfältigen allegorischen Einzelformen bis an die Schwelle der Neuzeit.

Bei Baudelaire nun, als dem Repräsentanten und zugleich wirkungsmächtigen Wegbereiter der modernen Lyrik, ergibt sich der noch zu wenig beachtete Befund: die Allegorie, gefaßt als »genre spirituel«, biegt sich in den poetischen Ekstasen des Haschischrauschs zurück zu den paradiesischen Welten der biblischen Genesis: ja die ›Blumen des Bösen‹, die »fleurs du mal«, lassen sich geradezu lesen als moderne ›Paradisologie‹, als eine neue Allegorese des biblischen paradisus voluptatis. Die »willentliche Profanierung des sakralen Textes«, wie Herr Jauß formuliert, in ihrem voluntaristischen Zug, fügt sich auf der einen Seite zu dem von Herrn Steinhagen herausgehobenen Moment der Willkür des Benjaminschen Allegorikers. Und sie bestätigt auf ihre Weise das, was Goethe als das ›Gesuchte‹ der Allegorie denunziert hatte.

Auf der anderen Seite ermöglicht eben dieses, im Paradigma Baudelaires, eine eigentliche Modernität, eine vom Symbolismus der Romantik mit Entschiedenheit sich absetzende moderne Subjektivität, die sich auch ihren allegorischen Schlüssel und ihre Emblematik je und je selbst schafft. Die verschiedenen Weisen eines solchen schaffenden Setzens von Sinn, eines – so könnte man sagen – poietischen allegorischen Verfahrens in der modernen Literatur genauer zu ermitteln und in ihrer jeweiligen ästhetischen Qualität zu begreifen, dürfte eine der wichtigsten Aufgaben künftiger Allegorieforschung und vielleicht auch ein Punkt unserer Diskussion sein.

Einen bestimmten, in seinen Strukturen und hermeneutischen Binnenspiegelungen besonders reizvollen Typus solcher moderner allegorischer Setzung führt abschließend Herr Reiß am Exempel von Hofmannsthals Lustspiel ›Cristinas Heimreise‹ vor Augen. Angesiedelt im Kontext der tiefgreifenden Sprachskepsis und Sprachkrise um die Jahrhundertwende, einer Krise, die für die Gesamtentwicklung der modernen Literatur konstitutiv wird, bietet uns dieses Stück den Vorgang der Herstellung eines Sinnhorizonts selbst: »dargestellte Hermeneutik«, wie dies Herr Reiß in Anknüpfung an eine eigene frühere Arbeit zu Thomas Manns ›Doktor Faustus‹ nennt. Florindo, der Verführende, der durch Überredung Verführende, bedient sich einer Rhetorik, deren Sprachmagie ständig zugleich auf einen impliziten Adressaten des Schauspiels bezogen bleibt. Und im Dialog, im skeptischen Zögern wie im erfolgreichen Überreden, konstituiert sich nach und nach ein zeichenhaftes Verweisungssystem, das allegorische Qualitäten besitzt und somit, als zunächst textinternes System, Zug um Zug die Umsetzung durch einen potentiellen Leser oder Zuschauer mit präformiert.

Solche allegorischen Strategien sind bereits in früheren Beiträgen verschiedentlich angedeutet worden, etwa schon bei Herrn Kurz. Herr Reiß spricht hier von Rezeptionsplanung, und seine Beobachtungen lassen sich an das anschließen, was die neuere Rezeptionsforschung zu den Möglichkeiten und Verfahren der textinternen Rezeptionslenkung oder auch Leserlenkung erarbeitet hat. Im Fall Hofmannsthals dienen solche Möglichkeiten zur Konstituierung eines sinntragenden allegorischen Horizonts, der außerhalb des dichterischen Spielrahmens, außerhalb des Textbereichs, nicht mehr oder nur in skeptischer Brechung angesetzt werden kann. Und eben dies führt über den Beitrag hinaus auf die Frage, ob es Zufall ist, daß gerade bei Hofmannsthal, der bekanntermaßen so vielfältig in barocken Traditionen steht, derartige allegorische Konstitutions- und Verweisungsstrukturen begegnen, und ebenso jene charakteristische Selbstreflexion der Allegorie, auf die Herr Wiedemann für den Barockbereich hingewiesen hat.

Die Frage wäre für die moderne allegorische Dichtung ins Grundsätzliche auszuweiten und zugleich auf die differenzierten poetischen Verfahren zu beziehen: welche zitierbaren, alludierbaren Traditionen stehen für die Konstituierung solcher allegorischer Sinnhorizonte noch zur Verfügung? Und in welchen voneinander abhebbaren Formen und Prozessen kann solche Konstituierung geschehen? Herr Jauß hat am Beispiel Baudelaires eindrucksvoll eine profanisierende allegorische ›Paradisologie‹ aufgezeigt. Mit einigen knappen, weiterführenden Hinweisen konzentriere ich mich auf die Gattung des Romans.

Bei Proust etwa ist einerseits wiederum das Paradiesmotiv als sinngebendes zentral, andererseits begegnen jene das ›Wunder der Analogie‹ evozierenden Bilderfolgen, die wie in Rilkes ›Malte Laurids Brigge‹ an das barocke Gestaltungsprinzip der Bildersäle und Kunstkabinette erinnern. Den Typus der – oft zugleich postfiguralen – Bibelallegorese vertreten etwa Döblins ›Berlin Alexanderplatz‹ oder auch Thomas Manns ›Doktor Faustus‹, partienweise sogar die ›Blechtrommel‹ von Günter Grass und mehrere Romane von Heinrich Böll. Mythologisch-allegorisierende Analogieführung zeigt der ›Ulysses‹ von Joyce ebenso wie Brochs ›Tod des Vergil‹ oder Kasacks ›Nekyia‹, Nossacks ›Stadt hinter dem Strom‹; auch hier reicht die Kette der allegorischen Tradition über den barocken und mittelalterlichen Bereich zurück bis zur Antike.

Denkbar sind solche Allegorisierungen gerade im modernen Roman nicht ohne den Traum, ohne Traumallegorie, bei der die Grenze zur Parabel – etwa Kafkascher Prägung – nicht leicht zu ziehen ist. Alles dies böte Arbeit genug für ein weiteres Symposion, bei dem die spezifisch modernen Formen und Funktionen der Allegorie auf dem hier entfalteten Traditionshintergrund abzuheben und voneinander abzugrenzen wären.

So beschränke ich mich hier am Schluß auf drei Fragen zur modernen Allegorie, die namentlich durch die Beiträge dieses Nachmittags evoziert werden:

1. Welche sinnsetzenden Bedingungselemente sind im nachgoetheschen und erst recht im nachbaudelaireschen Zeitalter noch gegeben, um einen spezifisch modernen Allegoriebegriff zu ermöglichen, der sich nicht auf die bloß strukturelle Analogie reduziert?

2. Wie grenzt sich moderne Allegorie qualitativ, in ihrem historischen Gehalt ab von formverwandten Gestaltungsprinzipien wie mythologische Wiederholung oder parabolische Spiegelung?

3. Wenn Traum, Vision, Bildersaal, Revue und ähnliches als zugleich traditionale Gestaltungsweisen des Allegorischen heute lebendig sind wie je: welche ästhetische und sinnsetzende Bedeutung besitzt eben jenes Traditionale, das den Historiker auf Spätantike, Christentum, Mittelalter, Humanismus und Barock zurückverweist?

Bestrittene Individualität

Beobachtungen zur Funktion der Barockallegorie

Von Conrad Wiedemann (Gießen)

Harald Keller zum 24. Juni 1978

Der folgende Beitrag schildert und bespricht eine Reihe von Beobachtungen zur historischen Pragmatik der Barockallegorie, genauer: zu ihrer Funktion im Schaffens- und Rezeptionsvorgang. Der Blick beschränkt sich dabei notwendig auf das allegorische Verfahren und läßt die Unterscheidung einzelner Formen und Typen außer acht. Auch die zeitgenössische Bildlichkeitstheorie bleibt – absichtlich – unbefragt.

Im übrigen bin ich unbesorgt genug, ein berühmtes Beispiel der italienischen Bildhauerkunst mit zwei zu Recht unberühmten Beispielen der deutschen Barockliteratur zu koppeln. Materialgrundlage des ersten Beispiels ist neben dem Werk selbst ein für die Zeit einmalig detailliertes Arbeitsprotokoll, des zweiten und dritten hingegen nur das Werk (Roman bzw. Schäferdichtung); reale und fiktionale Dokumente stehen also nebeneinander. Alle drei Beispiele sind solche weltlicher Sinnbildtradition.

Leider konnten von der ursprünglichen Absicht, auf induktivem Weg das epochenspezifische Zusammenspiel der sechs Kategorien ›Idee‹, ›Natur‹, ›Sinnbild‹, ›Wissen‹, ›Geltung‹ und ›Arbeit‹ zu klären und ein Konstitutionsmodell der Barockallegorie zur Diskussion zu stellen, nur Ansätze verwirklicht werden. Die Gründe dafür lagen außer im mangelnden historischen Detailwissen zum Mittelalter und zur Renaissance vor allem in der zu späten Einsicht in die Wichtigkeit der im ästhetischen Modell sonst ungewohnten, hier aber unerläßlichen Kategorie der ›Arbeit‹, sowie in der Notwendigkeit, das noch völlig ungeklärte Problem des Wahrheitsanspruchs (›Geltung‹) der barocken Allegorie ausklammern zu müssen.

I.

Als 1665 Gianlorenzo Bernini in Paris die Marmorbüste Ludwigs XIV. [Abb. 1] modellierte, konnte die lebhaft anteilnehmende und fast täglich das Atelier bevölkernde Hofgesellschaft beobachten, wie die vielbewunderte Ähnlichkeit des Bildwerks von einem gewissen Zeitpunkt an wieder sichtbare Einbußen erlitt[1]. Besonders Stirn und Nase schienen nicht mehr zu entsprechen. Der Künstler, auf die vermeintlichen Fehler hingewiesen, zeigte sich zu Erklärungen nicht aufgelegt und erwiderte lakonisch, er sehe seinen Gegenstand eben so

Abb. 1: Marmorbüste Ludwigs XIV. Gianlorenzo Bernini 1665. Versailles.

(»qu'il le voyait de la sorte«[2]). Wenig später bemerkte ein zufällig anwesender Münzliebhaber, daß durch die kleinen Veränderungen der Gesichtszüge eine Ähnlichkeit mit dem antiken Alexandertypus, wie er ihn von Münzprägungen kannte, entstanden war. Fast insgeheim hatte das Werk also eine ›figurale‹ Kennzeichnung erhalten. [3]

Die Episode stellt freilich nur die Schlußphase eines komplizierten Schaffensprozesses dar. Bernini hatte nach Übernahme des Auftrags zunächst den König im höfisch-politischen Alltag beobachtet und wiederholt skizziert, um sich mit dessen Charakter vertraut zu machen. Fast gleichzeitig und unabhängig davon bemühte er sich, am Tonmodell den adäquaten Ausdruck seiner Idee von zeitgenössischer Herrscherwürde zu finden. Erst in der Arbeit am Marmorblock machte er sich dann daran, beide Ergebnisse zu vereinbaren, also der Idee Gestalt zu geben, ohne die Eigenart des Gegenstandes zu leugnen oder zu zerstören. Daß dies nicht gelungen wäre, wird man schwerlich behaupten können; nicht zu Unrecht gilt die Skulptur als das »wahrscheinlich großartigste Beispiel barocker Porträtkunst«[4].

Der ›figurale‹ Schlußakzent, von dem anfangs die Rede war, wirkt nach alledem ein wenig aufgesetzt, ja fast überflüssig, obwohl er für den Barockkenner nichts Überraschendes hat. Daß das repräsentative Menschenbild des Barock wie kaum ein anderes sich im Herbeirufen figuraler Analogien, und zwar geistlicher wie weltlicher gefällt, ist der Kunstwissenschaft wohl schon lange, der Literaturwissenschaft spätestens seit Albrecht Schönes Untersuchung über ›postfigurale‹ Gestaltung bei Andreas Gryphius geläufig. [5] Das Aufschlußreiche liegt denn auch nicht in der bloßen Tatsache als vielmehr deren besonderer Einbettung in die Schaffensanatomie.

Versuchen wir die Dinge zu ordnen. Berninis Verfahrensweise ist durch drei Konstituenten bestimmt: Idea (entwerfende Vernunft, barocke Herrscheridee, Tonmodell), Mimesis (Verpflichtung zur Naturnachahmung, Beobachtung, Skizzen) und Figuralbezug (Rückbindung an den Geschichtsmythos, Typisierung). Die beiden ersten weisen in ihrem spezifischen Verhältnis zueinander auf die Kunstauffassung der Spätrenaissance zurück, wonach der autonom entwerfende Kunstgeist im Rang über der Naturnachahmung steht[6]. Die Skulptur veranschaulicht diese Präferenz hinreichend, aber auch der Künstler selbst hat sich eindeutig dazu geäußert. Es sei, so warnte er am 5. September 1665 – also noch während er am Bild arbeitete – die Mitglieder der Pariser Akademie der Schönen Künste, geradezu gefährlich, Kunstschüler von vornherein am Naturmodell auszubilden. »Die Natur ist immer matt und kleinlich und wenn die Vorstellung der Schüler nur von ihr genährt wird, werden sie niemals etwas wirklich Schönes und Großes schaffen können, denn die natürliche Welt vermag das nicht zu bieten. Wer nach der Natur arbeitet, muß schon sehr geschickt ihre Schwächen zu erkennen und zu verbessern wissen und eben dazu sind die jungen Leute nicht fähig, wenn man ihnen keine feste Grundlage schafft.«[7] Man könne ihnen deshalb gar nicht früh genug die Nachahmung der idealistischen Kunstwerke der Antike empfehlen. Freilich scheint auch das noch nicht Voraussetzung genug für wahre zeitgenössische Kunst. »Man hat von Raffael behauptet«, so fügt er wenig später hinzu, »seine Kompositionen seien deshalb so unvergleichlich viel besser als andere, weil seine Freunde Bembo und Balthazar Castiglione ihre Weisheit und ihren abgeklärten Geschmack dem Künstler zur Verfügung gestellt hätten.«[8] Die Schulung an der Antike mündet somit für Bernini in eine zeitbezogene Intellektualauffassung von Kunst. Es ist nicht schwer, diesen Standpunkt in der Königsbüste wiederzufinden. Ihr Schöpfer muß die leidenschaftlichen Diskussionen der Zeit um das Persönlichkeitsbild des absolutistischen Fürsten bestens gekannt haben. Sie selbst ist einer der markantesten Beiträge dazu.

Der Primat der Idee steht also außer Frage. Um so erstaunlicher ist es, welch penible Verantwortlichkeit sich der Künstler gegenüber der natürlichen Eigenart seines Gegenstandes auferlegt hat. Das schon wiederholt zitierte Tagebuch des Herrn von Chantelou, dem wir unser ganzes Wissen über die Entstehung des Bildes verdanken, berichtet über Seiten, wie angestrengt er auf Ähnlichkeit aus war und wie indiskret er den modellsitzenden König aus nächster Nähe mit den Augen vermaß, so daß die anwesende Hofgesellschaft gelegentlich in indigniertes Lachen ausbrach. Nichts von Routine, nichts von idealisierender Detailverachtung. Offensichtlich kam es Bernini darauf an, daß die Natur, die er seiner Idee von absolutistischer Majestät unterwarf, wirkliche Natur, genauer gesagt: wirklich erfahrene Natur war.

Der skizzierte Vorgang hat gewissermaßen eine geschichtskritische Dimension, denn er scheint einen doppelten historischen Umbruch nachzuvollziehen: die Entdeckung individualer Menschennatur in der Renaissance und die skeptische Revision dieser Entdeckung in der Folgezeit. Oder anders ausgedrückt, er macht uns bewußt, daß die Naturfixierung der Renaissance im Kunstwerk des Barock nicht vergessen und verdrängt, sondern durchaus gegenwärtig ist, wenn auch mit veränderten Vorzeichen. Individualität im Sinne naturhafter Selbstverwirklichung hat in der Zwischenzeit ihren Kredit verloren. Sie will nimmer entfaltet und gefeiert, sondern bewältigt sein.

Sicher faßbar wird das Prinzip freilich erst mit Berninis letztem Schritt, der Markierung des Figuralbezugs. Man mag den späten und in dieser Art und Weise unerwarteten Eingriff in die vollendet scheinende Werksubstanz als eine spontane Korrektur ansehen oder aber als planvollen, sinnstiftenden Schlußakzent, seine Bedeutung bleibt in jedem Fall die gleiche, nämlich Reduktion von Autonomie. Und zwar in doppelter Hinsicht. Im Sujet begrenzt er unmißverständlich die Eigengeltung der singulären Erscheinung (Natur), im künstlerischen Schaffensakt die Selbstmächtigkeit der intuitiven Vernunft (Idea, Phantasie). Beiden ist damit als regulative Kraft die Konvention gegenübergetreten. Daß es Bernini nicht um einen bloß äußerlichen, ausschmückenden oder bekräftigenden Effekt ging, zeigt seine weitgehende Mißachtung des Beschauers. Dieser vermag zwar aus eigenem Vermögen die Veränderung des Ausdrucks ins Allgemeine erkennen, kaum jedoch – damals wie heute – den so spröde angedeuteten figuralen Bezug (er muß ›gewußt‹ werden; nur der Fachmann, der Numismatiker kann ihn realisieren). Die Stoßrichtung geht eindeutig auf die ästhetische Legitimation

des Künstlers vor sich selbst. Wem das vorangegangene Ringen um Naturent-
sprechung bewußt ist, wird nicht umhin können, die partielle Zerstörung von
Ähnlichkeit vor Abschluß der Arbeit als einen bewußten Akt der Annihilation
oder wenigstens Zurücksetzung der eigenen mimetischen Leistung – und mit ihr
von Natur überhaupt – zu empfinden, aber zugleich, da der Eingriff ja Konvention (ein Muster) zur Geltung bringt, als ein Dementi schöpferischer Ungebun-
denheit.

Doch damit ist die Problematik unseres Beispiels noch nicht erschöpft. Für die
Wahl der Alexander-Analogie mag Bernini eine Reihe innerer Gründe gehabt
haben (einen davon werden wir noch kennenlernen), doch drängt sich zunächst
gleichsam ein grob-äußerlicher in den Vordergrund. 1665, als die Büste entstand, bereitete Ludwig XIV. gerade seine Expansions- und Eroberungspolitik
gegen die Niederlande, Spanien und das Reich vor. Im Wahlspektrum absoluti-
stisch nutzbarer Herrschertypologien (Jupiter, Mars, Phöbus Apoll, Herkules,
Alexander, Augustus, Konstantin) stellt der große Mazedonier jedoch gerade
den Typus des kriegerischen Weltreichbegründers dar. Bernini reagierte also offensichtlich auf die aktuelle politische Situation (ganz allgemein hätte die Entscheidung für Phöbus Apoll[9] oder Herkules[10] nähergelegen) und traf bzw.
präzisierte mit dem Tenor seiner Interpretation auch die öffentliche Erwartung.
Als das Bild Mitte August einen gewissen Grad des Fertigen erreicht hatte,
machte sich der venezianische Gesandte zu deren Sprachrohr: »Der König hat
eine Haltung, wie wenn er an der Spitze seiner Armee dem Prinzen Condé, dem
Grafen von Harcourt oder Herrn von Turenne einen Befehl erteilen wollte«[11]. Es liegt auf der Hand, daß Bernini mit so unverblümter Aktualisierung
nur bedingt einverstanden sein konnte. Seinen Widerspruch äußerte er allerdings nicht offen, sondern in eine Anekdote verkleidet: »Eins meiner ersten
Porträts war das eines spanischen Prälaten namens Montoya. Urban VIII., damals noch Kardinal Barberini, und verschiedene andere Prälaten, fanden es auffallend ähnlich, und alle wetteiferten, wer seinem Lob die prägnanteste Form zu
geben verstünde. ›Montoya ist zu Stein geworden!‹ rief einer der Herren, aber
der Kardinal verbesserte geistvoll: ›Ich möchte sagen, der Monsignore gleicht
seinem Porträt!‹«[12] Berninis kleine Geschichte enthält keinen Einwand gegen
die aktuelle Veranlassung von Kunst, wohl aber gegen deren Unterwerfung unter die Aktualität. Der Primat der Idee, der hier erneut bekräftigt wird, suggeriert vielmehr, daß sich der aktuelle Auftrag im Kunstwerk selbst in einen Auftrag an die Aktualität verwandelt. Mag auch der Ausdruck militärischer Be-
fehlskompetenz in der Skulptur gegenwärtig sein, so doch nur als Teil einer idealen Gesamtkonzeption (etwa: barocke *magnanimitas*) und damit enttrivialisiert.

Aber Bernini hat sich noch anders gegen den Verfügbarkeitsvorwurf abgesichert. Schon in einem früheren Stadium seiner Arbeit hatte der Künstler, im in-
timen Gespräch mit Chantelou, geäußert, je weiter er sich in die Physiognomie
des Königs vertiefe, um so mehr entdecke er in ihr Ähnlichkeiten mit dem Alex-
anderkopf. Nun wäre es natürlich Aufgabe kunstgeschichtlicher Quellen- und
Motivforschung, diese Behauptung zu überprüfen, aber die Wahrscheinlichkeit,

daß es sich hier weitgehend um Autosuggestion handelt, ist groß. Bernini lag offensichtlich viel daran, allegorisches Muster und Natur seines Gegenstandes so innig wie möglich miteinander zu verknüpfen. Damit jedoch scheint er den Rahmen barocker Normalität zu verlassen. Das 17. Jahrhundert pflegt zwar nicht mehr den Typus des »verkleideten Porträts«[13] (oder er bleibt altmodische Ausnahme), aber ebensowenig pflegt es seine Personalallegorik auf die Individualeigenschaften des Porträtierten abzustimmen. Die barocke Schulpoetik wie vermutlich auch die zeitgenössische Theorie der anderen Künste kennt in ihren Anweisungen sowohl zur Stilimitatio des Künstlers wie zur Personalallegorese und zur Rollenhaltung keine Rücksichten auf persönliche Eigenart. Konkreter ausgedrückt: sie fragt, wenn sie für ein politisches Werk den taciteischen Stil nahelegt oder für ein geistliches den des ›Hohenlieds‹, nicht danach, ob Mentalität und Naturell des Künstlers diesen Stilarten entsprechen − ebensowenig wie sie danach fragt, ob die situativ gebotene Herkulesanalogie für einen Fürsten oder Paulusanalogie für einen Geistlichen dem Charakter der damit bezeichneten historischen Individuen angemessen sind.

Die ästhetische Integration wird hier nicht auf dem Wege harmonischer Angleichung gesucht, sondern vermittels Wissen und Willenskraft. So wie der politische Schriftsteller, der sich für seine Gedanken der Autorität des Tacitus versichern will, sein Werk notfalls aus lauter Tacituszitaten zusammensetzt − wofür er sich den Titel eines ›zweiten Tacitus‹ oder eines Tacitus ›unserer Zeit‹ erwirbt −, so zeigt das allegorische Fürstenporträt diesen zwar physiognomisch ähnlich, aber deutlich im Gestus der figuralen Rollenbereitschaft und Rollenbeherrschung. Erst von daher erklärt sich der Reiz eines Gegenentwurfs wie Rembrandts ›Mann mit dem Goldhelm‹. Typische Barockporträts sind Individualporträts, doch so, daß Individualität in ihnen als eine durch den Willensakt des Rollenverhaltens gebändigte erscheint. Sie sind Sinnbilder bestrittener Individualität. Im Grunde trifft das auch für die Königsbüste Berninis zu. Daß der Italiener dem radikalen Antagonismus zwischen Idee und Natur allerdings auszuweichen versucht, indem er dem Dargestellten natürliche Ähnlichkeit mit dem figuralen Muster zuerkennt, mag persönliche Gründe haben, die wir hier nicht erörtern wollen. Wichtiger erscheint, daß uns seine Bemühung spezifische Probleme barocken Rollenzwangs (und damit barocker Figuralallegorese) verdeutlicht, die die Schulpoetik und Schultheorie übergeht, wie die unterschwellige Erfahrung, daß Wissen und Willen nicht notwendig ausreichen, um die Erfüllung des Rollengebots zu gewährleisten, und daß die Hilfe, die das Individuum durch das Rollengebot gegen sein korrumpiertes Selbst, das »moi haïssable« erhält, unter Umständen zu hoch erkauft ist, wenn es nicht gelingt, etwas von der Natur dieses Selbst in die Rolle zu retten. Sicher liegt darin einer der Gründe dafür, daß hinter dem Ordnungsoptimismus der Zeit immer wieder Melancholie sichtbar wird. Und wahrscheinlich liegt hier, im Wahrnehmen dieser Problematik, eines der Qualitätskriterien für wahre Kunst im Barock. Die großen Autoren der Zeit, in Deutschland etwa Gryphius, Hoffmannswaldau, Lohenstein, die Greiffenberg und Grimmelshausen, gehen an ihr jedenfalls nicht vorbei.

Versuchen wir ein Zwischenresümee: Berninis demonstrative Zurücknahme eines ›Zuviel‹ an natürlicher Individualität erinnert uns zunächst daran, daß das Barock trotz seines Selbstzwangs zur allegorischen Verallgemeinerung nicht hinter die Naturwahrnehmung der Renaissance zurückzufallen vermag, daß es jedoch dem Eigenanspruch dieser Natur nicht mehr positiv, sondern zutiefst skeptisch gegenübersteht. Sie zeigt ferner, daß barockes Formverhalten nicht als Leugnung elementarer oder individualer Natur zu verstehen ist, sondern als Versuch, diese durch das willentliche Entgegenhalten und Annehmen von situativ angemessenen, objektivistischen Ordnungsentwürfen zu bändigen. Objektivität aber scheint vor allem vom traditionsverbürgten allegorischen Zeichen als der Vermittlungsinstanz zwischen Natur und Idee auszugehen, indem es einerseits die Unverbindlichkeit des geschichtlich und natürlich Singulären überwindet, andererseits die entwerfende Vernunft vor intuitiver Willkür bewahrt. Anstelle von individualer Natur tritt rollenhaft gebändigte, anstelle von Intuition Ordnungskompetenz, die sich aus (Ordnungs-)Wissen und (Ordnungs-)Willen speist. – So ausgerüstet vermag der Künstler jede Aktualität anzunehmen, ohne ihr notwendig verfallen zu müssen. Freilich bringt die hohe innere Spannung dieses antagonistischen Kunstmodells Integrationsprobleme hervor, an deren Austragung sich die Qualität des einzelnen Werks mitzuentscheiden scheint.

II.

Versuchen wir einen zweiten Ansatz und wenden wir uns der Präsentation barocker Allegorie im wirklichen oder vorgestellten Lebensraum zu.

Berninis Büste war zur öffentlichen Aufstellung im Louvre, der damaligen königlichen Stadtresidenz bestimmt. Der Künstler selbst gab ihr einen wirkungsvollen Platz in den Empfangsräumen. Wenige Jahre später, als die Hofhaltung nach Versailles verlegt wurde, wanderte auch die Büste mit. Der König konnte sich in ihr also täglich, ja stündlich selbst begegnen, als dem Muster seiner selbst, oder genauer: ein em Muster, denn natürlich gab und gibt es in Versailles noch zahlreiche weitere Porträts des Königs in Plastik und Relief, auf Gemälden, Fresken und Gobelins und fast alle in figuraler oder jedenfalls idealisierender Absicht. Wie gut sich das Bild Berninis in diese ikonologische Umgebung einfügte, ist eine Frage für sich. Das allegorische Gesamtprogramm des Palastbaues war ja auf das Sonnenmotiv des Phöbus Apoll mit seinen zentralistischen Aspekten zugeschnitten und nur ausnahmsweise auf andere Motive wie z. B. das des gallischen Herkules (Salle de Hercule). Die Alexanderanalogie des Italieners fiel also einigermaßen aus dem Rahmen. Trotzdem scheint der König mit dem Konzept des Bildes und der darin entfalteten Persönlichkeitsvorstellung einverstanden gewesen zu sein, er hätte es sonst, wie das später gelieferte Berninische Reiterporträt[14], aus seiner unmittelbaren Nähe entfernt. Die Reiterstatue entsprach, ungeachtet ihres Herkulesbezugs, so wenig Ludwigs Vorstellungen, daß er sie zunächst in den äußersten Winkel des Schloßparks verbannte und ihr später sogar den Porträtcharakter nehmen ließ (Austausch des Kopfes, Umwandlung in ein Marcus-Curtius-Standbild). Mehr als die künstlerische Qualität scheint ihn also das sinnbildliche Konzept interessiert zu haben. Das Werk, so hoch es der heutige Kunstgeschichtler auch einschätzen mag, verfälschte offensichtlich das stark vom König selbst mitbestimmte ikonologische Konzept des Palastes.

Über die Sinndeutung solcher Programme, ihren System- oder Kompilationscharakter, sowie ihre geistigen Traditionen sammelt die Kunstwissenschaft zunehmend Erkenntnisse, kaum aber über deren historische Pragmatik, also das Spektrum ihrer Funktionen und die mit ihr verbundenen kulturellen Verhaltensmuster. Hier scheinen sich aus literarischer Perspektive die besseren Möglichkeiten zu eröffnen.

Wählen wir ein Beispiel aus Philipp von Zesens Roman ›Adriatische Rosemund‹, entstanden rund 20 Jahre vor der Berninischen Königsbüste. Dort berichtet der reisende Kavalier Markhold, Held der Geschichte, einem Freunde von seiner ersten Begegnung mit Rosemund in einem stadtadeligen Haus in Amsterdam. Während das Mädchen dabei offensichtlich blitzartig von Liebe überwältigt wird und ihre Gefühlsverwirrung nicht mehr zu verbergen vermag, geht es bei ihm, wie er behauptet, langsamer an, ja er muß bekennen, daß er anfangs »mehr aus mit-leiden, als aus innerlicher begihr, zu ihrer libe bewogen worden« [15] sei. Immerhin fühlt auch er sich hinreichend angefochten, so daß ihm bald »vihl tausendterlei libes=gedanken« durch den Kopf gehen, wiewohl er sich noch »nicht entschlühssen kann, solch-ein wunder=mänsch zu liben« [16]. In dieser Situation nimmt der Bericht eine unerwartete Wendung. Während wir darauf gefaßt sind, detaillierten Einblick in die verwirrte Gemütslage des Helden zu erhalten, besteht dieser darauf, seinem Freunde »nichts mehr zu beschreiben, als die überaus-schöne gemälder, welche in disem Zimmer zu sähen waren« [17]. Der Ich-Erzähler gefällt sich also darin, gleichsam in ›harter Fügung‹, zwei ganz divergente Gefühlslagen zu konfrontieren; die Beunruhigung über eine ungelöste Herzensangelegenheit geht unmittelbar in den aufmerksam-registrierenden Gestus des gelehrten Kunstbetrachters über. Eine Erklärung für diesen Umschlag wird nicht gegeben und vom zuhörenden Freund auch nicht verlangt. Dieser scheint vielmehr höchst begierig auf die angekündigte Beschreibung zu sein, »und solt' es sich gleich bis an den morgen verzühen«.

Markhold holt denn auch gehörig aus. Er schildert zunächst einen Prunkleuchter, dessen Kerzen von Venus, Amor und zwölf Putten gehalten werden und der die Inschrift trägt: »alles verkährt«. Es folgen Gemälde und Emblemata, die die Varianten solcher Liebesverkehrtheit durchspielen: mythologische Sujets wie Venus und Mars im Netz des Vulkan, die Verwandlung des Aktäon, der Triumph der Aphrodite und der Freja oder emblematische Beispiele für die verzehrende Feuerkraft der Liebe. Insgesamt werden neun einschlägige Bildwerke sorgfältig beschrieben (5 Seiten gegenüber 1½ Seiten für die Schilderung der Liebesbegegnung), wobei das Interesse – wie schon bei Ludwig XIV. – nur in zweiter Linie der Qualität, in erster jedoch dem sinnbildlichen Gehalt gilt. Keines der Sujets entspringt freier Erfindung, sie sind entweder der Mythologie oder der konventionellen Emblematik entnommen. Einen systematischen Bezug untereinander weisen sie vermutlich nicht auf, dafür – wie schon angedeutet – einen klaren thematischen. [18]

Unser Interesse an der Episode soll sich auf zwei Sachverhalte beschränken, nämlich das besondere Verhalten Markholds und die zivilisatorische Kulisse, in der es statthat. Machen wir uns klar: der über Amsterdam nach Paris reisende Markhold ist nachdrücklich und eingestandenermaßen mit seiner Rollenfindung befaßt. Er will sich auf seiner Cavalierstour zum modernen, höfisch-gelehrten Dichter bilden und den Grundstein zu Ruhm und gesellschaftlichem Ansehen legen. »Ehre bleibt mihr, oder nichts« [19]. In dieser Situation begegnet ihm in Rosemund die Elementargewalt leidenschaftlicher Liebe, von der er selbst zumindest nicht unberührt bleibt. Damit aber sind seine Pläne gefährdet. Er bezeichnet denn auch das Geschehene, ungeachtet seiner Glücksgefühle, wiederholt als eine Niederlage [20], die ja nur darin bestehen kann, daß er sich zu sehr seinen privaten Gefühlen überlassen und das Prinzip stoischer Constantia, der fortwährenden affektiven Selbstkontrolle verletzt hat.

Die Erinnerung an die neustoische Philosophie der Zeit hat nichts mit Interpretenwillkür zu tun. Zesen selbst lehnt sich in dieser Passage des Romans motivlich und terminologisch ganz eng an den berühmten Constantia-Traktat von Justus Lipsius an [21]. Wie schon erwähnt, schlittert Markhold ja vorgeblich über sein Mitleidsempfinden in die Liebesbeziehung zu Rosemund, aber eben schon solches Mitleid (»Erbarmung«) gilt Lipsius ausdrücklich als »gebrechen eines schwachen vnnd geringen Gemüts« [22], weil man sich dadurch »ander Mans Kranckheit theilhafftig mache/ vnd dadurch zerschlagen werde« [23]. Mitleid habe nichts anderes zur Folge als daß man »Weibischer weise« [24] (Zesen: »weich- und weiblich« [25]) mit den Betroffenen klage und »halbe vnd zerbrochene wort« [26] stammele (Zesen: »halb-zerbrochene wort« [27]). Ob elementare Liebesleidenschaft oder spontanes (christliches?) Mitleid, Markhold hat sich gegen das Gesetz stoischer Selbstbewahrung versündigt, und er weiß das.

Doch der Traktat gibt für das Verständnis unseres Beispiels noch mehr her. In seiner christlich-platonisch geprägten Verstehenslehre unterscheidet Lipsius zwei Seelenkräfte, Vernunft (*ratio*) und Wahn (Meinung, *opinio*) [28]. Erstere wird als der unvermischte Anteil des göttlichen Geistes im Menschen und dementsprechend als »einförmig«, »fest vnd bestendig im guten«, sowie als »Brunnquell alles guten vnd rechtmessigen Vrtheils« [29] definiert. Sie ist also überindividuell (»Himlisch vnd gleichsam Engelisch« [30]) und garantiert dem Menschen Teilhabe an objektiver Erkenntnis. Aber die Seele hat nicht nur Anteil an Gott, sondern auch an der fleischlichen, der gefallenen Natur. Deshalb steht neben der objektiven Vernunft der subjektive Wahn oder die Meinung als ein zweites, allerdings korrumpiertes Erkenntnisvermögen, das uns die »bilder der dinge [...] durch die Fenster der Sinne« [31] vermittelt, also affekt- und interessengeleitet und damit höchst ungewiß ist. Objektive Vernunft und individuelle Meinung liegen, wie das platonische Seelengespann, in einem steten Kampf, von dem der Grad unserer Selbstmächtigkeit und damit unsere Gemütsruhe abhängen.

Diese relativ konventionelle ›Gnostologie‹ des Niederländers erhält einen besonderen Akzent durch die Bedeutung, die sie Lernen und Wissen einräumt. Was den Weisen vom affektverfallenen »gemeinen Mann« unterscheide, so lehrt Lipsius, sei nicht schon das bloße Verlangen nach Wahrheit als vielmehr unsere fortgesetzte Arbeit und Arbeitsbereitschaft im Dienste objektiver Erkenntnis. »Sondern du must fleis ankehren vnd Hand anlegen. Du must suchen/lesen/lernen.«[32] Wie das zu verstehen ist, wird am Prinzip der »Vergleichung« deutlich. Der Vernunft steht nämlich im Kampf gegen die Meinung als einflußreiche, ja unverzichtbare Helferin die »Vergleichung«, das angewandte Exempelwissen, zur Seite. Wer z.B. das aktuelle geschichtliche Elend seines Vaterlandes richtig bewerten wolle, müsse in der Lage sein, verweiskräftige geschichtliche Parallelen beizuziehen, wie es bei Lipsius dann auch ausführlich geschieht. Welches Wissen Verweisungskraft besitzt, bestimmen Alter und Geltung, mithin die Konvention (Autorität), sowie gelehrtes Zuordnungsvermögen, nicht jedoch die individuelle Einschätzung. Die Möglichkeit stoischer Vernünftigkeit (Constantia) verdankt sich somit einer permanenten Orientierungsarbeit, der Aneignung, Erweiterung, Kategorisierung und Applikation des analogisierbaren Wissens.

Erst dieses erkenntnistheoretische Grundmuster[33] macht uns Markholds merkwürdige Reaktion verständlich. Als Dichter ausdrücklich seinem himmlischen Seelenvermögen[34], der wahren Vernunft verpflichtet, kann er sein Liebeserlebnis und das daraus resultierende Wechselbad der Empfindungen nur als einen Generalangriff der *opinio* auf die *ratio*, der *fortuna* auf die *providentia*[35] verstehen. Seine Reaktion hat deshalb präventiven Charakter. Was sich der nachaufklärerische Leser als psychische Ersatzhandlung, als Gefühlsschwäche oder gar als Voyeurtum erklären muß, ist hier ein rational verantworteter Willensakt. Mit Hilfe der allegorischen Bilderreihe, die er ja nicht etwa zerstreut überfliegt, sondern sich in ruhiger Konzentration vergegenwärtigt, vermag er im Augenblick der Gefährdung seiner unberechenbaren Innerlichkeit zu widerstehen und sich der Objektivität der Norm zu versichern.

Dabei bewirkt die Botschaft der Bilder: daß nämlich emotional unkontrollierte Sinnenliebe rationale Ordnung »verkährt«, noch das wenigste. Der gelehrte Kavalier Markhold hätte das auch so gewußt – so wie ihm ja auch die Bildmotive geläufig sein müssen. Bemerkenswerter erscheinen uns zwei andere Aspekte, nämlich einmal, daß die »Vergleichungs«-Mittel materialiter zum Schauplatz (»der walstat unserer niderlage«[36]) gehören, wovon noch zu sprechen sein wird, zum anderen der besondere Modus ihres Wirkens. Sinnlichkeit wird durch sie nämlich nicht einfach unter Verdikt gestellt, im Gegenteil, das Sinnliche der Situation wird in den z.T. drastischen Motiven, deren Lebhaftigkeit und Naturähnlichkeit Markhold nicht genügend loben kann, gleichsam potenziert, nur daß es sich hier, im Medium des Sinnbildes, um vernunftgedeutete, ›objektivierte‹ Sinnennatur handelt. Wie schon bei Bernini tritt somit das »Sinnen-Bild«, die Allegorie, vermittelnd zwischen Idee (Persönlichkeitskonzeption) und skeptisch akzeptierte Natur. Markholds Problem ist damit zwar nicht gelöst, aber die Macht der *opinio* vorerst neutralisiert. Die Entscheidungen, die er in der Folge trifft, zeigen ihn situationsmächtig. Er reist weiter, stilisiert seine Geliebte zum himmlischen, überirdischen Wesen (einer »donna angelicata«) und setzt sein Erlebnis in dichterische Aktivität um.[37]

Der zweite Aspekt ist heutigem Empfinden nicht weniger widerständig als der erste. Unserem Helden, so scheint es, hilft der Zufall, denn er findet das allegorische Exempelwissen, das ihm zu seiner Bewußtseinsrestitution verhilft, als Bildschmuck des Zimmers vor, in dem die Begegnung mit Rosemund stattfindet. Natürlich wäre es uns realistischer erschienen, wenn er sich seiner Sinnbildkenntnisse etwa memorierend bedient oder wenn er ein Emblembuch aus der Tasche oder vom Bord genommen hätte, etwa van Veens ›Amorum Emblemata‹[38], um sich aus ihm zu erbauen. Beides geschieht nicht. Ja – das fällt uns bei dieser Gelegenheit auf – der so naheliegende letztere Gestus ist überhaupt in der Barockliteratur kaum belegt[39]. Emblematabücher haben offensichtlich lexikalischen Charakter, sie wollen nicht so sehr im Ganzen gelesen als im Einzelnen angewandt werden.

Markhold zeigt sich indes nicht überrascht, daß sich erotische Begegnung und erotischer Sinnbildrahmen so hilfreich zusammenfügen. Das Interesse, das er und sein begierig lauschender Freund dem Sachverhalt entgegenbringen, gilt nicht dem glücklichen Zufall, sondern offensichtlich vielmehr der Mustergültigkeit des Arrangements. Das für uns Paradoxe wird nicht empfunden.

Tatsächlich sind barocke Handlungsräume ja nicht ausnahmsweise, sondern in der Regel nach der eben beschriebenen Logik bzw. Unlogik konstruiert. Was sich auch immer in ihnen ereignen mag, wir müssen darauf gefaßt sein, daß es Architekten, Maler, Bildhauer und Dichter schon vorausbedacht und für die passenden Kulissen und ›Verweisungsmittel‹ gesorgt haben.

So tritt in der Barockkunst neben die traditionelle ›natürliche‹ Korrespondenz zwischen Geschehen und Landschaft (kosmischen Gewalten) in einem bislang unbekannten Ausmaß die Korrespondenz zwischen Geschehen und zivilisatorischem Requisit (Kulisse, Monument, Sinnbild), also eine Sonderform prästabilierter Harmonie, die nicht mehr jenseitig, durch einen ordnenden und planenden Schöpfergott, sondern diesseitig, durch den ordnenden und planenden Menschen, verantwortet ist. Als der *conditio humana* angemessen gilt ein ›Schauplatz‹ offensichtlich erst dann, wenn er eine möglichst große Zahl (meist künstlicher) Orientierungs- und Identifikationshilfen für seine Akteure bereithält. Das prägt die Lyrik mit ihrer Schauplatzmetaphorik ebenso wie das Drama mit seiner Kulissenmanie und den Roman mit seinen ausführlichen Beschreibungen von Kunstobjekten und allegorischen Arrangements. Fast überflüssig zu sagen, daß hinter dieser Angst, elementares Natur- und Geschichtsgeschehen ohne institutionellen und normenvermittelnden Rahmen zu lassen, die schon erwähnte pessimistische Anthropologie der Zeit steht. Nichts scheint der Zeit unheimlicher als der Gedanke, daß der begehrende Mensch auf sich selbst gestellt bleibe.

Die Konstruktion des barocken Handlungsraums verdankt sich somit dem

Prinzip subjektiven Selbstmißtrauens. Individualität wird in ihm nicht freigesetzt, sondern sistiert. Freilich spiegelt er umgekehrt auch das Vertrauen in das zivilisatorische Vermögen, mit Hilfe institutionalisierender Vernunft und disziplinierendem Selbstzwang (*coercitio*) die gesellschaftsgefährdende Macht der Individualität bändigen zu können. Daß diese Hoffnung enttäuscht worden wäre, läßt sich aus heutiger Sicht schwerlich behaupten, wenn man davon ausgeht, daß als eigentliche Leistung der Epoche die Hervorbringung des modernen Ordnungsstaates zu gelten hat. Als Genialität galt ihr denn auch, wie Walter Benjamin deutlich gemacht hat, nicht (mehr) schöpferische Eigenart und utopische Phantasie, sondern das Vermögen, »souverän mit Mustern schalten« [40] zu können. Damit hat, nach sicherlich langwierigem Prozeß, der hybris- und chaosgefährdete uomo universale der Hochrenaissance sein Korrektiv im selbstkritischen Ordnungsstifter des Barock gefunden. Oder in der sinnbildlichen Sprache des großen Justus Lipsius: »Ich wil dir diese Bande abnemen / vnd als ein newer Hercules diesen Prometheum aufflösen« [41].

Fassen wir zusammen: Zesens Beispiel stoischer Gemütsrestitution durch allegorische Orientierungsarbeit hat unsere bei Bernini gemachten Beobachtungen zum Verhältnis von Individualnatur und allegorischer Norm aus anderer Perspektive bestätigt. Es hat uns darüber hinaus den übergreifenden zivilisatorischen Anspruch dieser Auffassung deutlich gemacht, der aus negativer geschichtlicher Erfahrung zu rühren scheint und als ein Prinzip subjektiven Selbstmißtrauens begriffen werden muß. Und es hat uns schließlich gezeigt, daß die Verwirklichung dieses Anspruchs von zwei Aspekten abhängig gemacht ist, nämlich der voluntaristischen Handhabung eines kollektiven Ordnungswissens (innerer Aspekt) und der planmäßigen sinnlichen Präsentation dieses Ordnungswissens in allen entscheidenden Bereichen der Lebenswelt.

Der ›Bilderkammer‹ im Haus des Sünnebald mag aus bürgerlicher Perspektive die Anrüchigkeit des Liebeskabinetts anhaften, aus barocker ist sie ein ›Haus der Liebe‹ in dem Sinn, daß es die Natur seiner Bewohner (dreier junger Mädchen) nicht leugnet, aber zugleich das Remedium offeriert. Insofern hat es jenen zeittypischen Institutionscharakter wie beispielsweise auch das barocke Haus der Macht (Schloß), das Haus der Glaubens (Kirche) oder das Haus des Wissens (Bibliothek, Kuriositätenkabinett). Auch Rosemund findet in ihm schließlich zur Selbstmächtigkeit zurück und wählt die ihrer Verfassung angemessene Rolle, in der sie der Unberechenbarkeit ihrer Individualnatur zu begegnen vermag.

III.

Damit kommen wir zu einem dritten Beispiel, mit dem wir uns noch einmal um eine halbe Generation zurückversetzen.

Zesens Markhold findet die zivilisatorische Sinnbildkulisse bereits vor, so daß er sich ihr gegenüber nur richtig zu verhalten braucht. Doch der barocke Protagonist hat sich nicht bloß an den schon vorgegebenen Normen seines Handlungsraumes zu bewähren, er konstituiert diese Normen immer auch selbst mit, wenn auch in unterschiedlicher Art und Intensität. Beim ›höfisch-heroischen‹ Akteur beschränkt sich das in der Regel auf die unverbrüchliche Erfüllung der institutionell geforderten Rollenhaltung (Constantia, Magnanimitas, Herrschertugenden), doch kann auch er sich dichtend, planend und sinnbildgenerierend an der Stilisierung des Schauplatzes beteiligen. Zumindest figuriert er als Auftraggeber, was bedeutet, daß ihn außer heroischem Personal (Militärs und politischen Beamten) auch Gelehrte und Künstler umgeben als die Verantwortlichen für den institutionellen Schein der politischen Welt (Hofdichter, Maler, Architekten, Zeremonienmeister, Theaterleute etc.). Daß die Literatur dabei den Dichtern gern eine Rolle zuschiebt, die sie in Wirklichkeit am Hofe nie innehatten (verglichen etwa mit den bildenden Künstlern), läßt sich leicht standespolitisch begründen. Wir müssen dieses Problem hier beiseite lassen.

Wichtiger in unserem Zusammenhang erscheint die Tatsache, daß die Barockliteratur eine Gattung kennt, in der das Dichten selbst zum Zentralthema wird und dementsprechend Philologen und Poeten, also gleichsam die sinnbildverwaltende und sinnbildgenerierende Sprachintelligenz, zu ›Helden‹ avancieren. Es handelt sich um die sog. »Gesellschaftsschäfereien«[42] oder »weltlichen Prosaeklogen«[43], ein Genre, das sich wesentlich darin erfüllt, Selbstverständnis und kulturelle Kompetenz des Dichters zu veranschaulichen. Warum dazu gerade die Schäferrolle gewählt wird, habe ich kürzlich zu begründen versucht.[44] Hier soll uns der besondere Modus der dichterischen Aktivität interessieren.

Die Gattung eröffnet uns die reizvolle Möglichkeit, den Dichter zu beobachten, wie er aus der gesellschaftlich geordneten Alltagsgewalt heraustritt in die freie, ungeordnete Natur. Wie wird er sich verhalten? Im Grunde müßte er dort, folgen wir der Suggestion ›topischer‹ Formkraft (hier wären es die Topoi: ›arkadische Freiheit‹, *laus ruris – contemptus aulae*), der Kehrseite seiner zivilisatorischen Norm- und Formfixierung innewerden und sich von deren Disziplinierungsdruck erholen, befreien oder sogar gegen ihn aufbegehren wollen. Tatsächlich sind die gelehrten Schäfer insoweit toposhörig, als sie solche oder ähnliche Absichten zu äußern pflegen und auch habituell zum Ausdruck bringen. In Opitzens ›Schäfferey von der Nimfen Hercinie‹ (1630), dem Prototyp der Gattung in Deutschland, der uns auch als Beispiel dienen soll, ist dieser Gestus des Privaten ungewöhnlich weit getrieben. Die vier Akteure, die sich in geographisch genau bezeichneter Landschaft zu einem Wochenend-Ausflug getroffen haben, präsentieren sich nicht nur unter ihrem bürgerlichen Namen (Opitz, Buchner, Nüßler und Venator), sondern nehmen auch Bezug auf ihre bürgerlichen Berufe und individuellen Probleme. Auch die Erholungs- und Ablenkungsabsicht wird geäußert.

Doch das Freiheitsangebot wird merkwürdig genutzt. Der Wochenend-Ausflug droht zunächst zu einem wissenschaftlichen Symposion zu werden, indem der Liebeskummer eines Beteiligten den Anlaß hergibt zu einem Grundsatzdisput über wahre und falsche Liebe, wahre und falsche Schönheit, wahres und fal-

sches Erkennen. Es sind im wesentlichen die schon bei Lipsius und Zesen vorgefundenen christlich-platonischen Positionen, die dabei zutage treten.

Erst so vorbereitet vertraut man sich der ursprünglichen Natur an und folgt
dem Lauf des Flüßchens Zacken bis zu dessen Quelle am Fuße des Schneeber-
ges. Doch trotz derartiger geographischer Distinktheit und trotz einiger schle-
sisch-patriotischer Untertöne bleiben Beschreibung und Preis der realen Landschaft aus. Im Gegenteil, der unvermeidliche Blick auf sie scheint eher einen *hor-
ror vacui* hervorzurufen und mit ihm das Bedürfnis, die ungeformte Erfahrungs-
wirklichkeit mit imaginierten Kunstobjekten allegorischer Art zu ›beleben‹. Die
freie Natur wird also gerade nicht der Ort des Normenvergessens und Normen-
abwerfens, sondern der einer gesteigerten normativen und formalen Aktivität.
Wenn wir überhaupt so etwas wie ›arkadische Freiheit‹ in den Gelehrten-Schäfe-
reien Opitzscher Prägung[45] erkennen wollen, dann betrifft sie die Kühnheit
und Vielfalt des ästhetischen Akts. In größter Naturnähe fühlt man sich offensichtlich zu einem Höchstmaß an Künstlichkeit herausgefordert.

So lassen Opitz und seine Gefährten über der Flußquelle im Gebirge kurzerhand eine mythologisch-architektonische Huldigungsallegorie auf die Landes-
herrschaft, das Grafenhaus Schaffgotsch, erstehen. Eine Quellnymphe ist zur
Stelle, die die gelehrten Hirten durch eine Reihe unterirdischer Säle führt, wo sie
zahlreiche, teils lebende, teils gemalte mythologische Szenen und schließlich
eine genealogische Heldengalerie des Grafengeschlechts bewundern können.

Erneut bestätigt sich, diesmal im Licht einer reizvollen ästhetischen Ironie,
unser Grundmodell: die skeptisch wahrgenommene Natur (bzw. politische
Wirklichkeit) treibt den idealisierenden (ideologisierenden) Gegenentwurf hervor, der durch die Allegorie (sinnbildliches Wissen) beglaubigt wird. Was die
ästhetische Ironie betrifft, so besteht sie darin, daß die Hirten das Haus ihrer
Vorstellung, genauer noch: ihrer allegorischen Suggestionsarbeit, unvermittelt
betreten können, worin der enge Wirklichkeits- und Aktualitätsbezug ihres Tuns
zum Ausdruck kommen mag. Zugleich ist freilich alles getan, den Kunstcharak-
ter des ›vorgefundenen‹ Naturmonuments und die künstlerische Verantwortlichkeit der vier Hirten deutlich zu machen. So läßt sich nicht nur nachweisen,
daß die Grundmotive – Nymphe und unterirdischer Heldensaal – aus der bukolischen Tradition der europäischen Renaissanceliteratur übernommen sind[46],
auch der ich-erzählende Schäfer selbst hilft mit, die Wissensvoraussetzungen des
Ganzen zu enthüllen, indem er versichert, alle mythologischen Szenen und Bilder hielten sich genau an die antiken Quellen bei Hesiod, Apollodor, Hyginus
und Ovid, könnten also gelehrte Dignität beanspruchen.

Doch das ist gleichsam nur selbstverständliches Fundament. Darüber wird ein
ganzes Schichtenmodell weiterreichender (ästhetischer, planerischer, öffentlicher) Kompetenzen erkennbar. Sehen wir einmal von den dramaturgischen
Aspekten ab, so bleibt der architektonische unweigerlich haften. Die Folge der
Säle und ihr ikonologisches Programm entsprechen nämlich mehr oder minder
genau den Grottenarchitekturen zeitgenössischer und zukünftiger Schloßanlagen (Symbolbereich des Wassers und der Erde, *salla terrena*). Die Imagination

der wandernden Hirten erweist sich somit als ein Bauvorschlag an den herrschaftlichen Adressaten, wobei die Konfrontation von wilder Natur und sinnbildlicher Institution durchaus realer Baupraxis entspricht. Ja Opitz wird geradezu zum Vorläufer Ludwigs XIV., der bekanntlich Gefallen daran fand, seine Schloßanlagen demonstrativ in besonders ungeeignetes und zivilisationsfeindliches Gelände zu setzen (z. B. Versailles und Marly).

Nicht anders als bei diesen Schloßanlagen ist auch hier die organisierende Idee des Ganzen eine Herrschaftsallegorie legitimistischer Art, wenn auch aus besonderem Anlaß. Dynastisch-genealogische ›Heldensäle‹ oder ›Ehrentempel‹ ins Innere gewachsener Natur zu versenken und von Naturgeistern hüten zu lassen, ist ein Lieblingsmotiv der absolutistischen Epoche, da es – im Zeitalter wankenden Gottesgnadentums – weltliche Herrschaft und darüber hinaus dynastischen Anspruch als naturhaft erscheinen läßt. Opitz kombiniert es mit einem zweiten einschlägigen Motiv. Indem er im benachbarten Saal (»springkammer der flüße« [47]) die Gewässer entspringen läßt, die der Landschaft Fruchtbarkeit und Wohlstand schenken, wird Gleiches auch für das Wirken der dynastischen Herrschaft suggeriert (wobei ihm ein spezifisches Interesse des regierenden Grafen für die schlesischen Heilquellen zu Hilfe kommt). Ob und wie weit auch die einzelnen ikonologischen Details sich diesem Konzept unterordnen, kann hier nicht untersucht werden. Wichtiger erscheint die Einsicht, daß es sich nicht in dynastischer Propaganda erschöpft, sondern ganz allgemein vom Gedanken der Herrschaftskontinuität und der landschaftlichen Souveränität als Garantie inneren Friedens bestimmt ist. Beide sind im damaligen Schlesien durch die Hegemoniebestrebungen des katholischen Habsburg und die Schwäche der eigenen Dynastien akut gefährdet. Wie ein versteckter Hinweis auf diese Schwäche nimmt es sich aus, wenn die wandernden Hirten zum Abschluß des Tages ein vom Grafen wirklich gebautes, freilich sehr viel bescheideneres Quellenhaus allegorisch aufbessern, indem sie Tafeln mit Lobsonetten an seine Außenwände heften. So endet der Tag, wie er begonnen hat, mit sinn- und ordnungsstiftender Aktivität.

Der künstlerische Gestus, mit dem die schäferlichen Dichter bei Opitz (wie seinen Nachahmern) der freien Natur gegenübertreten, erweist sich somit weder als ein privater noch intuitiver (im Sinne einer stärkeren Freisetzung subjektiver Phantasie), sondern durchaus als öffentlicher (kollektiver) und wissensorientierter. Der gemeinsame Fundus an gelehrtem Form-, Exempel- und Sinnbildwissen scheint hier nicht an Funktion und Geltung einzubüßen, sondern nur zu gewinnen. Ja freie Natur wird geradezu zum Bewährungs-, Übungs- und Experimentierfeld solcher zivilisatorischer Kompetenz. Wo aber eine wesentliche Funktion künstlerischen Schaffens darin besteht, in stoischer Bereitschaft allegorisches Wissen gegen die Versuchungen individueller Naturerfahrung zu aktivieren, hat weder die voluntaristische Arbeitsattitüde noch das Phänomen kollektiver Imagination, wie wir sie im letzten Beispiel vorgefunden haben, etwas Befremdliches mehr.

IV.

Es erscheint nicht einfach, mittelalterliche und barocke Allegorese historisch klar voneinander zu trennen, weshalb die neue Faszination der Allegorie im 16. und 17. Jahrhundert zu Recht den Gedanken an eine Erneuerung mittelalterlichen Geistes nahelegt[48]. Das kunstgeschichtliche Beispiel hat uns allerdings unmißverständlich daran erinnert, daß die fast durchwegs traditionelle Sinnbildlichkeit des Barock durchaus auf eine modern wahrgenommene Welt bezogen ist, also das in der Renaissance errungene diesseitige Maß des Menschen und der Welt nicht ignoriert. Perspektive, Proportionen, Bewegung, Anatomie, affektiver Ausdruck und individuelle Ähnlichkeit sind stimmig, um nicht zu sagen realistisch. Barocke Kunst und barocke Allegorie wollen deshalb geschichtlich als nachindividualistisch, nicht als vorindividualistisch verstanden werden. Sie repräsentieren die Wirklichkeitsauffassung der Früh- und Hochrenaissance (wie sie sich von Wolkenstein und Cusanus bis zu Montaigne herausgebildet hat) im Zustand ihrer skeptischen Revision im Namen objektivistischer, institutioneller Ordnung.

Sicherlich ist es nicht unproblematisch, diese Einsicht auf die Literatur zu übertragen, jedenfalls was die Naturwahrnehmung betrifft. Im Literarischen erscheint das allegorische Moment beherrschender, der Grad der Abstraktion und Stilisierung ungleich stärker; Norm scheint in vielen Fällen alles, aktuelle und individuelle Wirklichkeit nichts. Dazu kommt, daß durch die Konzentration der neueren Forschung auf Poetik und Bildlichkeitstypen der Aspekt des Normativen und Strukturellen besonders bevorzugt war. Zwar ist die Aktualitäts- und Wirklichkeitshaltigkeit barocker Dichtung auch früherer Forschung nicht verborgen geblieben[49], doch erst neueste Arbeiten haben den Sachverhalt ins wissenschaftliche Bewußtsein gehoben[50], in seinem ganzen, unerwarteten Ausmaß eigentlich erst der ›Modellversuch‹ Albrecht Schönes zu einem Gedicht von Simon Dach[51].

Renaissance und Barock, die Epochen der Frühneuzeit, stehen ideengeschichtlich nicht gerade im Brennpunkt heutigen Interesses. Die Folge ist, daß unsere Vorstellungen von der Herausbildung des modernen Kulturbewußtseins ein wenig schmalbrüstig geworden sind. Ein Phänomen wie die stoische Allegorese des Barock scheint jedenfalls fernab zu liegen. Doch in Wirklichkeit spiegelt sich in ihm einer der epochemachenden Entwicklungsvorgänge, nämlich die Antwort des modernen Institutionendenkens auf den frühen Individualismus – oder *allegorice:* die Rechtfertigung des Prometheus durch Herkules.

Anmerkungen:

1 Harald Keller: Das Nachleben des antiken Bildnisses von der Karolingerzeit bis zur Gegenwart, Freiburg 1970, S. 11f.

2 Journal du voyage du Cavalier Bernin en France par M. de Chantelou, publ. par Ludo-

vic Lalanne, Paris 1885, S. 183; dt. Ausg.: Tagebuch des Herrn von Chantelou über die Reise des Cavaliere Bernini nach Frankreich, dt. Bearbeitung v. H. Rose, München 1919, S. 239.

3 Die Anwendung des Figural-Begriffs auf die weltlichen Personalanalogien des Barock ist bis heute nicht gebräuchlich, müßte aber unter dem Säkularisationsaspekt erwogen werden. Zum Problem: Albrecht Schöne: Säkularisation als sprachbildende Kraft. Studien zur Dichtung deutscher Pfarrersöhne, Göttingen ²1968 (zuerst 1957), S. 37 ff. und S. 274 ff. – Zur Grundlegung des Begriffs: Auerbach, 1939; F. Ohly , 1958/59.

4 Rudolf Wittkower: Gian Lorenzo Bernini. The sculpture of the Roman Baroque, London 1966, S. 15.

5 Schöne, [s. Anm. 3]; wichtig auch Schings, 1966.

6 Erwin Panofsky: Idea. Ein Beitrag zur Begriffsgeschichte der älteren Kunst, Berlin ²1960 (zuerst: 1924).

7 Tagebuch des Herrn von Chantelou [s. Anm. 2], S. 163.

8 Ebd., S. 164.

9 Auf diesen Typus hatte sich Ludwig XIV. bereits in seiner Jugend festgelegt.

10 Robert E. Hallowell: Ronsard and the Gallic Hercules myth. In: Studies in the Renaissance 9 (1962), S. 242–55.

11 Tagebuch des Herrn von Chantelou [s. Anm. 2], S. 116.

12 Ebd.

13 Keller [s. Anm. 1], S. 103 ff.

14 Wittkower [s. Anm. 4], S. 254 ff.

15 Philipp von Zesen: Adriatische Rosemund. 1645, hg. Max Hermann Jellinek, Halle 1899, S. 45 f.

16 Ebd., S. 52.

17 Ebd., S. 46.

18 Bernd Fichtner hat in einem Aufsatz Provenienz, Zusammenhang und Sinndeutung des Bildschmucks in Adelmunds Zimmer zu klären versucht und ist dabei zu einer Vielzahl präziser Einzelnachweise gekommen. Seinen Schlußfolgerungen kann ich mich nur z. T. anschließen. Vgl. Bernd Fichtner: Ikonographie und Ikonologie in Philipp von Zesens »Adriatischer Rosemund«. In: Ferdinand van Ingen (Hg.): Philipp von Zesen. 1619–1969. Beiträge zu seinem Leben und Werk, Wiesbaden 1972, S. 123–136.

19 Zesen [s. Anm. 15], S. 27.

20 Der Begriff der »Niederlage« leitet sich wohl aus der petrarkistischen Vorstellung vom »Liebeskrieg« ab.

21 Justus Lipsius: Von der Bestendigkeit (De Constantia), hg. Leonhard Forster, Stuttgart 1965.

22 Ebd., Bl. 35ᵛ.

23 Ebd., Bl. 35.

24 Ebd., Bl. 35.

25 Zesen [s. Anm. 15], S. 27.

26 Lipsius [s. Anm. 21], Bl. 35.

27 Zesen [s. Anm. 15], S. 24.

28 Lipsius [s. Anm. 21], Bl. 11 ff.

29 Ebd., Bl. 13.

30 Ebd., Bl. 12ᵛ.

31 Ebd., Bl. 13ᵛ.

32 Ebd., Bl. 84.

33 Pauschal ist es natürlich auch in der bekannten epistemologischen Formel *doctrina* –

exempla – imitatio enthalten. Vgl. Wilfried Barner: Barockrhetorik. Untersuchungen zu ihren geschichtlichen Grundlagen, Tübingen 1970, S. 59 ff.

34 Zesen [s. Anm. 15], S. 28: »wüsst ihr nicht, daß ins gemein alle Tichter himlisch sein.«
35 Ebd., S. 27, Strophen 9, 10, 13.
36 Ebd., S. 51.
37 Nach dem poetologischen Topos: Liebe als »Wetzstein der Poesie«, bei Opitz u. a.
38 Antwerpen 1608. – Zum möglichen Einfluß dieser Emblemsammlung auf Zesen vgl. Fichtner [s. Anm. 18], S. 127. – Umfassend zum Problem der emblematischen Ausstattung von Innenräumen vgl. Harms/Freytag. Darin für unseren Zusammenhang von besonderem Interesse: Christa Marquardt: Die Serie von Amoremblemen van Veens in Ludwigsburg im Zusammenhang mit dem europäischen Ideal des ›honnête homme‹, S. 73–101; Carl-Alfred Zell: Hinweise der Emblemliteratur auf den Gebrauch von Emblemen in Räumen, S. 155–170.
39 Ein seltenes Beispiel findet sich bei Grimmelshausen, der den Ich-Erzähler seines »Stoltzen Melcher« zur hundstägigen Erquickung den »Hirnschleiffer« von Albertinus lesen läßt. Vgl. Grimmelshausen, Kleinere Schriften, hg. Rolf Tarot, Tübingen 1973, S. 30.
40 Benjamin, 1963, S. 198.
41 Lipsius [s. Anm. 21], Bl. 9ᵛ.
42 Vgl. Heinrich Meyer.
43 Vgl. Garber, S. 26 ff.
44 Conrad Wiedemann: Heroisch – Schäferlich – Geistlich. Zu einem möglichen Systemzusammenhang barocker Rollenhaltung. In: Schäferdichtung, hg. Wilhelm Voßkamp, Hamburg 1977, S. 96–122.
45 Vgl. Garber, S. 26 ff.
46 Nachweise bei A. Hübner: Das erste deutsche Schäferidyll und seine Quellen, Königsberg 1910; auch Garber, S. 30 f.
47 Martin Opitz: Schäfferey von der Nimfen Hercinie, hg. Peter Rusterholz, Stuttgart 1968, S. 26.
48 Vgl. Harms, 1977.
49 Bes. Benjamin, 1963, S. 174 ff.
50 Z. B. Elida Maria Szarota: Lohensteins Arminius als Zeitroman. Sichtweisen des Spätbarock, Bern 1970; Harsdörffer/Birken/Klaj: Pegnesisches Schäfergedicht, hg. Klaus Garber, Tübingen 1960 (Nachwort), und Garber.
51 Albrecht Schöne: Kürbishütte und Königsberg. Modellversuch einer sozialgeschichtlichen Entzifferung poetischer Texte. Am Beispiel Simon Dach, München 1975.

Allegorie im Kontext

Zur Bestimmung von Form und Funktion der Allegorie in literarischen Texten des 17. Jahrhunderts

Von Gerd Hillen (Berkeley)

Als eine der fruchtbarsten Entwicklungen in der jüngeren Barockforschung hat sich der Nachweis tradierter Denk- und Ausdrucksformen in den literarischen Dokumenten des 17. Jahrhunderts erwiesen. Untersuchungen, die die Abhängigkeit barocker Textgestaltung von dem Form- und Formelschatz der klassischen Rhetorik einerseits, der mittelalterlichen Dingexegese andererseits nachweisen und darüber hinaus die Belege für die Interdependenz von barocker Bildlichkeit und Emblematik, haben den Blick für die historische Dimension dieser Literatur geschärft. Mit der Einsicht in die historische Bedingtheit spezifischer Formen, insbesondere durch das Aufspüren von ›Vorbildern‹ in nicht-literarischen bzw. literaturnahen Bereichen, ergibt sich allerdings zugleich die Gefahr, daß ein Irrweg der älteren Germanistik wiederholt wird: der Irrweg der positivistischen Reduktion. Zwar hat etwa die Gleichsetzung von Rhetorik und Poetik in antiken rhetorischen wie in barocken poetologischen Lehrbüchern ihre Präzedenzfälle, aber eine historische Stilistik, die mit dem Begriffsapparat der Rhetorik auch deren Definitionen und Funktionsbestimmungen übernimmt, reduziert damit ihren Gegenstand, den literarischen Text, auf die Eindimensionalität der parteiischen Gerichtsrede. Motivstudien, die aufgrund erwiesener Motivverwandtschaft oder -gleichheit die Gesetzlichkeiten der älteren Form auf die jüngere übertragen, greifen auch dann noch zu kurz, wenn sie sich darüber hinaus auf den Beweis stützen, daß die rhetorische Grundhaltung, das theologische Denken oder die tropologische Naturauslegung, die das ›Vorbild‹ lieferte, auch noch das literarische Werk prägt, in dem es wiedererscheint. Das unbezweifelbare Verdienst solcher Studien liegt darin, daß in ihnen gerade solche Formen als tradiert entlarvt wurden, die seit den Arbeiten von Strich, Hübscher, Cysarz und anderen als spezifisch barock gelten. Aber obgleich die jeweils analysierte Form, sei sie gedeuteter Gegenstand, sprachliches Bild oder über sich hinausweisende Figurenkonstellation, gemeinhin mit Adjektiven wie ›allegorisch‹, ›symbolisch‹ oder ›emblematisch‹ charakterisiert wird, orientieren sich diese Identifizierungen nicht an Form und Funktion der Textstelle im größeren Bedeutungsgefüge des Werks, sondern – mit seltenen Ausnahmen – an den Begriffen, die traditionell mit ihren ›Vorbildern‹ assoziiert werden: das ›nur‹ Rhetorische ist ›allegorisch‹, das auf mittelalterliche Dingexegese Zurückweisende ›symbolisch‹ und alles bildlich Darstellbare mit auslegendem Kommentar gilt als ›emblematisch‹.

Offensichtlich gewinnen diese Klassifizierungen den Charakter von Stilkategorien nur dann, wenn die Analyse von Form und Funktion so klassifizierter Bilder zu klaren Trennungen führt. Das ist bisher nicht der Fall. Die einschlägigen Einzeluntersuchungen, soweit sie sich nicht auf den Nachweis der Abhängigkeit barocker Sprachbilder von spezifischen ikonologischen Traditionen beschränken, verwenden als Oberbegriff jeweils analysierter ›Sonderformen‹ die Termini ›Allegorie‹ bzw. ›allegorisch‹. So D. W. Jöns bereits im Titel seiner Studie zum »Sinnenbild« bei Andreas Gryphius[1] und A. Schöne in seinem Versuch, die von ihm beschriebenen emblematischen Formen im barocken Drama zu den bekannten Goetheschen Bestimmungen von Symbol und Allegorie in Relation zu setzen. »Insofern das Emblem nun als ein bildhaftes Zeichen kraft seiner Bedeutung auf ein bestimmtes, prinzipiell erkennbares Bezeichnetes weist, mit eindeutigem Sinnbezug über den gegenständlichen Befund des jeweiligen Besonderen hinausführt ins Allgemeine und Grundsätzliche, muß man die Emblematik als eine Spielart der Allegorie verstehen.«[2] Die Kriterien, die Schöne benutzt, um Emblematisches gegen Allegorisches abzugrenzen, sind indes nicht von emblematischen Motiven in literarischen Texten, sondern von einer Gruppe von Emblemen abgeleitet, in denen Schöne den »eigenartigen Idealtypus« der Gattung verwirklicht sieht: idealiter handelt es sich jeweils um einen gedeuteten Wirklichkeitsausschnitt. ›Wirklichkeit‹ oder das für wirklich Gehaltene als sinnhaft, d. h. als Träger spezifischer Bedeutungen vorzustellen, motiviert aber nicht nur die emblematische, sondern einen beträchtlichen Teil aller Literatur im 17. Jahrhundert. Das belegen die häufigen Doppeltitel der Trauerspiele und eindeutig formulierte Hinweise in den Vorreden ebenso wie die auf bestimmte Bedeutungen hin angelegte Handlung barocker Romane. Insbesondere dramatische und epische Gattungen bieten Darstellungs- und Deutungsmöglichkeiten, die über die relativ engen Grenzen des Emblematikers weit hinausgehen. Das aus Bild und Text bestehende Emblem ist des ersten Mediums wegen auf den Bereich des in einer Zeichnung Abbildbaren beschränkt; da die Auslegung der abgebildeten Gegenstände typischerweise in der Form eines Epigramms geschieht, zielt sie – den Forderungen dieser Gattung gemäß – in der Regel lediglich auf einen bedeutsamen Aspekt des Bildes, den gewöhnlich die letzte Zeile pointiert und knapp formuliert. Die Allegorie im literarischen Kontext dagegen erlaubt nicht nur, komplexere Sachverhalte sinnfällig werden zu lassen, sie ermöglicht darüber hinaus die Einbeziehung der deutenden Instanz, so daß zugleich deren Kompetenz qualifiziert werden kann.

Faßt man das Nebeneinander von dargestelltem Gegenstand und seiner Bedeutung, ob sie nun ausgesprochen wird oder nur impliziert bleibt, als Kriterium für Allegorisches, und zweifellos liegt darin der gemeinsame Nenner aller Versuche, diese proteische Form zu definieren, dann umfaßt der Anwendungsbereich der literarischen Allegorie alle Aspekte eines Werks: dargestellte Gegenstände und Vorgänge, Erzählungen und Berichte, Figuren und Konfigurationen und schließlich das Werk als Ganzes. Soweit es sich um Teile eines Werks handelt – und nur solchen Formen gilt das Interesse der vorliegenden Untersuchung – lassen sich aufgrund des Verhältnisses von Bildgegenstand und Kontext zwei Typen allegorischer Darstellung unterscheiden: Die Bildkomponente ist entweder ein integraler Bestandteil eines im Werk dargestellten Geschehens, oder sie erscheint, relativ zu diesem Geschehen, als ein Fremdkörper, gewöhnlich durch einen Sprecher eingeführt und gerechtfertigt lediglich als Träger bestimmter Bedeutungen. Diese zweite Form, die *allegoria* der klassischen Rhetorik, ist eins der markantesten Stilmerkmale barocker Trauerspieltexte.

> So bleibt ein grüner strauch von blitzen vnverletz't
> Wenn der erhitz'te grim in hohe Cedern setz't
> Vnd äst vnd stam zuschlegt/ wenn sich die wind' erheben
> Vnd zeichen jhrer kräfft/ an langen Eychen geben
> ›Leo Armenius‹, III, 21[3]

konstatiert der um seine Sicherheit besorgte Kaiser in Gryphius' ›Leo Armenius‹ und kleidet denselben Gedanken zwei Zeilen später in folgende Bilder:

> Mit Eysen wird ein Knecht/ mit gold' ein Fürst gebunden.
> Der Kriegsman fühlt das Schwerdt/ vns gibt der argwohn wunden
> Die nicht zu heilen sind. Wir schweben auff der See.
> Doch wenn die grimme fluth den Kahn bald in höh'
> Bald in den abgrund reißt! vnd in den Haven rücket/
> Wird an der rawen Klipp' ein grosses Schiff zu stücket.

Die Passage steht in folgendem Kontext: Leo hat spezifische Anweisungen für die Verwahrung seines Widersachers Balbus gegeben und sollte damit von jeder Sorge um die persönliche Sicherheit befreit sein. Das Gegenteil ist der Fall. Voller Unruhe die eigene Situation bedenkend, schätzt er die Lage seines Gefangenen, des bereits verurteilten Balbus, höher ein als die eigene:

> O kummerreiches Leben!
> Wer wird mit Hüttern mehr/ wir oder er vmgeben?
> Er beb't vor seiner noth. Wir selbst vor vnserm schwerdt.   (III, 7)

Auf den Preis des einfachen Lebens, das zum höfischen in die gängigen Antithesen gesetzt wird, folgen die zitierten Bilder, die die ungleich größere Gefährdung des Bedeutenden und Erhabenen vor dem Kleinen und Unbedeutenden illustrieren.

Die Reflexionen des Kaisers führen so vom Persönlichen und Unmittelbaren ins Allgemeine und Topische. Daß sich in Leos persönlichem Dilemma eine allgemeine Gesetzlichkeit äußert, wird nicht aus den Besonderheiten dieses einmaligen Falls abgeleitet, sondern durch eine Reihung analoger Sachverhalte belegt. Unsicherheit und Angst, die Leo in paradoxer Verkehrung des scheinbar Offensichtlichen stärker empfindet als Michael Balbus, kennzeichnen in der angeführten Bilderserie das Verhältnis von Monarch und Untertan, von Zeder bzw. Eiche und Strauch, Fürst und Knecht, Kaiser und Kriegsmann, Schiff und Kahn. Darin, daß jeder der genannten Sachverhalte auf das Gegenüber von unterliegender Macht und triumphierender Ohnmacht deutet, manifestiert sich ihr allegorischer Charakter,[4] der, um ihn von nicht-allegorischen Weisen der Sinnvermittlung zu trennen, genauer zu bestimmen ist. Offensichtlich verweist etwa das nautische Bild nicht auf ein begrifflich faßbares Sinnganzes (etwa die Gefährdung des

Mächtigen); vielmehr sind seine Teile, Schiff und Kahn, Sturm und Hafen jeweils für sich als Sinnträger gesetzt. Wie das Nacheinander der Worte im Satz ergibt die Sequenz der Bildkomponenten ein Sinngefüge, das in einem doppelten Bezug steht: es verweist einmal auf den erwähnten Kontrast vom Scheitern des Großen und Überleben des Kleinen, zum andern auf die spezifische Situation Leos. Der erste Bedeutungsgehalt ist dem Bild inhärent, stellt aber nicht mehr als die Verallgemeinerung der von den Gegenständen abstrahierten Qualitäten dar und bleibt so, ohne den zweiten, kontextbedingten Bezug, in vager Abstraktheit. Erst die Analogie zur Situation des Herrschers – in diesem besonderen Fall (»W i r schweben auff der See.«) sogar eine Identifikation – verengt den Bedeutungsraum des Bildes auf das Schicksal des politisch Mächtigen, bzw. Unbedeutenden. Dasselbe gilt für andere Aspekte des allegorischen Bildes: daß es für das Scheitern des Schiffes keinen anderen Grund als seine Größe bietet, macht seinen Untergang unvermeidlich. Auf die Situation des Kaisers bezogen bedeutet das die Ausklammerung der Schuldfrage – nicht nur die Aufrührer, auch der Geist des verbannten Bischofs Tarasius tritt als beredter Ankläger gegen den schuldbeladenen Tyrannen auf! –, und es läßt zugleich jede Gegenaktion Leos sinnlos erscheinen. Das heißt also, daß das allegorische Bild die Situation, auf die es bezogen ist, deutet, und zwar aus der Perspektive des Allegorikers und in seinem Interesse. Je klarer die allgemeine Gesetzlichkeit, Gefährdung des Großen, Sicherheit des Unbedeutenden, aus dem gewählten Bild spricht, desto überzeugender wirkt die Deutung, denn sie entsteht dadurch, daß Situation und Bild als besonderer Fall und allgemeine Regel aufeinander bezogen werden. Deshalb liegt es im Interesse des Allegorikers, einen in seiner allgemeinen Bedeutung bekannten und anerkannten Sachverhalt zu wählen: die ›Selbstverständlichkeit‹ dieser primären Beziehung verdeckt die Manipulierbarkeit des sekundären, die besondere Situation deutenden Bezugs. Die ungemein häufige Verwendung tradierter Bilder, durch Homiletik, Emblematik oder Ikonographie längst auf bestimmte Bedeutungen festgelegt, findet so ihre Erklärung.

Während die Funktion der Allegorie im literarischen Kontext nur in sehr begrenztem Maße kritische Beachtung gefunden hat, liegen über das Verhältnis des Bildes zu seiner primären, ›abstrakten‹ Bedeutung eine Fülle von Kommentaren vor. Kraft welcher Autorität werden Schiff, Baum und Blume auf den Menschen, die Nacht auf das Böse, der Löwe auf Christus bezogen? Von der Willkür des Allegorikers spricht Walter Benjamin: »[...] die Bedeutung [herrscht] als finsterer Sultan im Harem der Dinge«,[5] dagegen betont Gerhard Fricke den »objektiven« Charakter des Vorgangs. »Einer sachlichen Summe von Bedeutungen muß eine sachliche Summe von Versinnlichungen entsprechen.«[6] Er bleibt damit innerhalb des Rahmens, den die Ähnlichkeitsforderung der Rhetorik für *metaphora* und *allegoria* abgesteckt hatte, und den letztlich auch Benjamin nicht überschreitet, insofern diese Ähnlichkeitsgrade von *similis* über *dissimilis* zu *contrarium* reichen.[7] Wesentlich andere Ansprüche sind dagegen für Bilder, die aus der mittelalterlichen Symboltradition und der Emblematik stammen, geltend gemacht worden, und zwar für die Renaissance-Form noch mit denselben Argumenten, die die spirituelle Weltauslegung des christlichen Mittelalters fundierte. Allerdings mit gewissen Einschränkungen: »[…] während die mittelalterliche Symbolik in ihrem eigentlichen Sinn als inspirierte Darlegung gottgewirkter, den Dingen innewohnender Verweisungsfunktionen erscheint, will die Emblematik diesen Anspruch keineswegs mehr stellen – sowenig wie sie ihm noch gerecht zu werden vermag. Aber hier wie dort sieht man das Existierende, als das von Gott Geschaffene, Bewirkte, Eingerichtete einer höheren Verweisung mächtig, mit einem geistigen Sinn begabt.«[8] Über die eingangs erhobenen Einwände hinaus scheint hier die Diskrepanz vom Anspruch der theologisch begründeten Theorie und der literarischen Praxis bedenkenswert. Den Löwen als Christus oder als Teufel zu deuten, ist theologisch gerechtfertigt durch den Glauben, der die Teile der kreatürlichen Welt als zweite Offenbarung Gottes versteht. Die konkrete Basis für derartige Auslegungen aber liefern biblische Metaphern und Vergleiche. Damit erscheint die Symboltheorie des Mittelalters als theologischer Überbau einer literarischen Praxis, die sich in formaler Hinsicht nicht von der allegorischen Technik antiker, bzw. nachmittelalterlicher Autoren unterscheidet. Vergleichbares gilt für die Emblematik: es gibt Theoretiker, die den Ursprung des Emblems als die Entdeckung einer einem natürlichen Vorgang inhärenten und in ihm anschaubaren Wahrheit beschreiben,[9] aber die Verbindlichkeit dieses Modells wird durch die Praxis in Frage gestellt, denn es besteht kein Zweifel darüber, daß ein erheblicher Teil der Embleme, die nicht von vornherein als zu begrenzten Themen konstruiert und somit als Produkte der Imagination ihres Autors erkennbar sind, aus literarischen Vorlagen stammt. Wenn aber die schlichte Übertragung literarischer Gleichnisse einen umfangreichen und fruchtbaren Teil des durch Schöne zur Idealform erhobenen Emblemtyps liefert, dann trägt die Einsicht, daß dieser Vorgang reversibel ist, nicht wesentlich zum Verständnis der so entstandenen literarischen Form bei.

Es ist zweifelhaft, ob die historischen Ursprünge sinnbildlichen Sprechens aufgedeckt werden können. C. S. Lewis vermutet: »Allegory, in some sense, belongs not to medieval man but to man, or even to mind, in general. It is of the very nature of thought and language to represent what is immaterial in picturable terms. What is good or happy has always been high as the heavens and bright like the sun. Evil and misery were deep and dark from the first.«[10] – Aus frühester Zeit scheint auch die Vorstellung zu datieren, die Allegorese als Nachahmung göttlicher Offenbarung zu verstehen. »The various analogies that can be drawn between religious, literary and psychoanalytically observed phenomena all point to the oldest idea about allegory, that it is a human reconstitution of divinely inspired messages, a revealed transcendental language which tries to preserve the remoteness of a properly veiled godhead«, so Angus Fletcher.[11] Karl Giehlow verweist auf die Bedeutung dieses Gedankens für die Hieroglyphenkunde des Humanismus im 15. Jahrhundert[12], und Opitz' knapper Hinweis: »Die Poeterey ist anfangs nichts anders gewesen als eine verborgene Theologie/ vnd vnterricht von Göttlichen sachen«, demonstriert seine Langlebigkeit.[13] Als Beleg zitiert Fletcher Sir Thomas Browne (1605–1682): »I doe thine that many mys-

teries ascribed to our owne inventions have beene the courteous revelations of
Spirits; for those noble essences in heaven beare a friendly regard unto their fel-
low natures on earth; and I therefore beleeve that these many prodigies and ominous prognostickes, which forerun the ruines of States, Princes, and private persons, are the charitable premonitions of good Angels, which more carelesse en-
quiries terme but the effects of chance and nature.«[14] Sir Thomas war, wie sein
Zeitgenosse Andreas Gryphius, ein Mann mit weitreichenden theologischen und
naturwissenschaftlichen Interessen und wie der Schlesier Absolvent der Universität Leyden. Es ist nicht unwahrscheinlich, daß Gryphius in dem in der Vorrede
zu ›Cardenio und Celinde‹ angekündigten ›De Spectris‹ den Skeptikern, »die alle
Gespenster und Erscheinungen als Tand und Mährlin oder traurige Einbildun-
gen verlachen«,[15] Thesen vorzutragen plante, die denen des Engländers entsprachen; sicher ist nur, daß »prodigies and ominous prognostickes« als
»courteous revelations of spirits« eine nicht unerhebliche Rolle in seinen Trauerspielen einnehmen. Aber selbst wenn ein historisch-genetischer Zusammenhang zwischen dramatischen Vorgängen dieser Art und über sich hinausweisen-
den Teilen einer Rede nicht auszuschließen ist, bleibt der kompositorische und
funktionale Unterschied solcher Passagen als Teile ein und desselben Werks bestehen.

In bezug auf die letzteren läßt ihre Anordnung in barocken Trauerspielen
nicht auf eine Höherbewertung von Gleichnissen schließen, deren Bedeutung
durch die patristische oder emblematische Tradition vorgeprägt ist. In der zitierten Passage aus ›Leo Armenius‹ steht das von Emblematikern mehrfach benutzte Strauch-Baum-Bild als eins unter mehreren, *ad hoc* erfundenen, und die
Allerweltsmetaphern von Sturm und Schiffbruch nehmen die imposantere und
gewichtigere Schlußposition des Monologs ein. In Lohensteins ›Cleopatra‹ greift
der kluge Ratgeber Junius die Unschlüssigkeit seines Herrn mit einer Exempel-
serie an, die ebenfalls nach traditionellen, emblematisch vorgeprägten Sachverhalten in einer nautischen Allegorie kulminiert:

> Der Schwevel-lichte Blitz versehrt/ was nach-gibt/ nicht/
> Läßt weiche Pappeln stehn/ wenn er den Stahl zerbricht/
> Der Eichen Kern erschellt/ schlägt auß den Klippen Splitter:
> Also zermalmt das Glück auch steinerne Gemütter/
> Wenn es ein wächsern Hertz unangefochten läßt;
> Men segelt auf der See nach dem der Wind uns bläßt;
> Warumb läßt man nicht auch die Segel steiffer Sinnen
> Beim Unglücks-Sturme falln? Anton hat zu gewinnen
> Ruhm/ Ehre/ Freundschafft/ Thron/ wo er sich selbst gewinnt.
>
> ›Cleopatra‹ I, 889[16]

Antonius verteidigt sich mit gleichen Waffen, und wieder steigert der Autor die
Argumentation über traditionelle emblematische Bilder zu einem der nautischen Sphäre entnommenen Bild:

> Die Liebe läßt ihr Reich durch Klugheit nicht verwirren;
> Der Vogel sieht den Leim/ und läßt sich dennoch kirren/
> Die Mutte schaut das Licht/ in dem sie sich versängt/

> Das schnelle Reh das Garn/ in welchem es sich fängt/
> Der Booßmann kennt die Fahrt des Ancker-losen Nachen:
> Doch kann ihn Witz nicht klug/ Gefahr nicht zaghafft machen:
> So rennt auch/ der da liebt/ selbst sichtbar in die Noth
> Zwey Hafen hat man nur: gewehrt sein/ oder todt.   (I, 943)

In den für das Trauerspiel charakteristischen stichomythischen Rededuellen zwischen Höfling und Herrscher wird ein bedeutsamer Sachverhalt gegen den anderen ausgespielt, ohne daß einer bestimmten Art von Argumenten eine höhere Beweiskraft eingeräumt wird. Der des Hochverrats überführte Balbus verteidigt sich mit ebenso überzeugenden Analogien zu Naturvorgängen, wie der in seiner Rechtlichkeit unantastbare Papinian. Auch die Stimmigkeit des gewählten Sachverhalts ist kein Indiz für die Wahrheit, die jeweils beansprucht wird: nicht nur Balbus, auch Papinian durchbricht die anfangs gewählte Bildebene mehrfach, während die verschmähte Geliebte in ›Cardenio und Celinde‹ ihre blasphemischen und grabschänderischen Absichten in völlig schlüssigen und in sich einheitlichen Gleichnissen rechtfertigt.[17] Weder die Homogenität des Bildes noch seine oft ehrwürdige Vorgeschichte sind demnach Faktoren, die seinen Einsatz im Trauerspiel mit dem Siegel des Wahren auszeichnen. Ja, es läßt sich, zumindest aus den Leichabdankungen des Gryphius, belegen, daß der Dinge und Vorgänge auf ihren tieferen Sinn befragende Autor sich u. U. durchaus über die durch Tradition und Dogma autorisierten Bedeutungen hinwegsetzt.[18]

Während rhetorische Allegorien als verfügbares Arsenal vorgeprägter Bild-Sinn-Einheiten gewissermaßen ›aus zweiter Hand‹ übernommen werden und sich dem Sprecher gerade als bekannte Produkte langlebiger Traditionen zur Deutung eines spezifischen Zusammenhangs empfehlen, kann die spezifische, quasi-historische Situation im epischen, lyrischen oder dramatischen Kontext auch unmittelbar zum Träger allegorischer Bedeutungen werden. Zur Illustration wieder eine Passage aus ›Leo Armenius‹: Durch die Geisterstimme des Tarasius gewarnt sieht der Kaiser persönlich nach seinem Gefangenen. Anschließend berichtet er seinen Ratgebern, was er fand:

> Was schaw'ten wir nicht an? Er schlieff in stoltzer ruh
> Gantz sicher/ sonder angst. wir tratten näher zu
> Vnd stiesen auff sein Haupt. Doch blieb er vnbeweget
> Vnd schnarchte mehr denn vor.   (III, 225)

Exabolius sieht darin den Schlaf des Verzweifelten, Leo jedoch bestätigt die entgegengesetzte Deutung des Nicander:

> Diß wieß die Ruh-städ aus! an welcher nichts zu finden
> Alß Purpur vnd Scarlat/ Vorhang/ Tappett vnd Binden
> Gestückt mit reichem gold/ der Himmel mit gestein/
> Durch höchste kunst besetzt/ jhn hüll'te Purpur ein!   (III, 231)

Der zu Michaels Füßen schlafende Wächter Papias ergänzt das Bild um eine weitere Komponente, deren Bedeutung Leo mit bitterer Ironie hervorhebt:

> (Weil ja der newe Printz auch Cäm'rer haben muß)   (III, 246)

Der naheliegenden Erklärung, Papias sei bestochen und die Verschwörer glaubten sich bereits am Ziel, widerspricht die Reaktion Michaels, der erst jetzt die Gegenaktion einleitet. Der berichtete Sachverhalt steht außerhalb des dramatischen Nexus, um so enger ist er der Sinnebene des Stücks eingefügt, das Aufstieg und Fall des Herrschers – hier durch Antizipation des Zukünftigen ins Bild gesetzt – zu seinem zentralen Thema hat. Wenn Michael in der letzten Szene des Stücks als neuer Herrscher die Bühne in Ketten betritt, bietet er in feierlicher Ostentation das der Kerkerszene komplementäre Bild.

Auch Lohenstein bedient sich dieser Technik, Prophetisches durch allegorische Bilder im dramaturgischen Kontext wirksam werden zu lassen. In ›Ibrahim Bassa‹ erkennt Soliman an einem Blumenbeet die Abhängigkeit seiner Macht von seinem Großvezier (IV, 99f.), und wie in Gryphius' Kerkerszene fungieren alle Teile des Bildes als Bedeutungsträger: die größte Sonnenblume bezeichnet den Sultan, zwei welke Blätter den Tod seiner Söhne, die sie stützende kleinere Blume den Vezier. Roxellane, der als Gegenspielerin Ibrahims daran gelegen ist, das Blumenmirakel zu entkräften, bestätigt zunächst seinen sakralen Ursprung:

> Mein Hertz/ es ist nicht ohne
> Daß oft des Himmels Schluß/ durch Zeichen gleicher Art
> Verborgne Zufäll hat die künfftig offenbahrt.   (IV, 114)[19]

Wie sie deutet Leo Armenius die ihm zuteil werdenden Warnungen als göttliche Signale (III, 145f.), und am Ende des Aktes erwägt der »Reyen der Hoffe Junkkern«

> ob ein Gespänst'/ ein traum/ ein zeichen offt entdecke
> Was zu erwartten sey?   (III, 393)

Im Gegensatz zum üblichen Bau eines in Satz, Gegensatz und Zusatz abgehandelten Themas wird kein Gegenargument angeführt. Ohne die Wirklichkeit himmlischer Zeichen oder die Bedeutsamkeit des Alltäglichen in Frage zu stellen, beklagen die »Hoffe Junckern« lediglich die Schwierigkeit der Deutung und deren praktische Folgenlosigkeit.[20]

Von der rhetorischen Allegorie zeichnen sich diese, eher dramatischen Formen durch die echte oder – in den Berichtszenen – referierte Präsenz des bedeutenden Bildes aus. Deshalb fehlt ihnen das jeder Wahl innewohnende Moment der Willkür, das das Urteil über die Gemäßheit etwa der von Michael zu seiner Verteidigung gewählten Gleichnisse seinen Richtern überläßt. Die Situation von bedeutendem Bühnengeschehen und dem dieses Geschehen deutenden Publikum wird im Text antizipiert. Nicht nur die Reyen, als unmittelbar Betroffene treten die *dramatis personae* an die Rampe und deuten das ihnen widerfahrene Geschehen.

Obgleich das um die Figur des Interpreten erweiterte allegorische Modell seine effektivste Verwirklichung auf der Bühne findet, ist es nicht an die dramatische Gattung gebunden. Grimmelshausen verwendet es, wenn er den jungen Simplizissimus, ausgerüstet mit den Lehren des Einsiedels, in der ihm scheinbar unendlich überlegenen Welt Sünde und spirituelles Versagen erkennen läßt und am Ende den Alternden, nun selbst zum Eremiten Gewordenen, die ihn umgebende Natur auf einen Reichtum spiritueller Wahrheiten hin auslegen läßt. Die christlichen Glaubenswahrheiten liefern in diesem Prozeß allegorischer Weltauslegung nicht nur die Bedeutungen, sie fungieren darüber hinaus als ästhetische Kategorien. Das 24. Kapitel des ersten Buches bringt als Kommentar zum ersten Gebot eine Reihe von Beobachtungen, die illustrieren, daß der Mensch seinen Bauch, seine Schönheit, die Gunst eines Fürsten etc. zu seinen Göttern gemacht hat. Sie kulminieren in einer Szene in einem Kunstkabinett, wo Simplizissimus um sein Urteil über die »schönen Raritäten« gebeten wird. Er entscheidet sich für eine Darstellung des gekreuzigten Christus: »[...] unter den Gemählden gefiele mir nichts besser/ als ein Ecce Homo! wegen seiner erbärmlichen Darstellung/ mit welcher es die Anschauer gleichsam zum Mitleiden verzückte; darneben hienge eine papierne Charte in China gemahlt/ darauff stunden der Chineser Abgötter in ihrer Majestät sitzend/ deren theils wie die Teuffel gestaltet waren/«. Auch nachdem ihn der kunstsinnige Hausherr über den Wert der Gegenstände belehrt hat, »das Chineser Gemähld wäre rarer/ und dahero auch köstlicher/«, bleibt Simplizissimus bei seiner Wertung. »Was ist seltener und verwunderns würdiger/ als daß Gottes Sohn selbst unsert wegen gelitten/ wie uns diß Bildnus vorstellt?« [21] Wenn das ein Narr spricht, dann ist es der christliche des Erasmus, der sich hier durch die der Passage vorangehenden Entlarvung des Jahrmarkts der Eitelkeiten qualifiziert hat. Wirksam (verwunderns würdig) und kostbar (selten) ist das Bild allein der in ihm ausgedrückten christlichen Heilsbotschaft wegen. »Schön« und »fruchtbar« ist dem Sonettdichter Gryphius gerade das Grause, Öde und Halbzerstörte, weil es dem, »der eigentlich erkant/ Daß alles/ ohne ein Geist/ den Gott selbst hält/ muß wancken«, zum Träger eschatologischer Bedeutung wird. [22] Der gelehrte Schlesier und der Gastwirt aus Gelnhausen verkünden so eine Ästhetik, die ihre Kategorien der christlichen Heilslehre entnimmt. Die Rangordnung signifikanter Gegenstände ergibt sich demnach, zumindest für die zitierten Autoren, nicht aus der Relation von Bild und Sinn, wie die diesen Bereich der Semiotik dominierende Fragestellung nahelegen würde, sondern aus ihrer heilsgeschichtlichen Relevanz. Der damit zugleich gestellten Aufgabe, dem eigentlichen Rezipienten, d.h. also dem Leser bzw. dem Hörer, das Werk transzendierende Sinngehalte zu vermitteln, wird die dramatische Allegorie in weitaus höherem Maße gerecht als die rhetorische. Zwar bleibt auch die letztere in ihrem ›primären‹ Bezug Vehikel einer allgemeinen Wahrheit, aber nicht dieses Bezugs wegen, sondern ihrer die besprochene Situation deutenden, wertenden oder rechtfertigenden Funktion wegen, ist sie der Rede eingefügt. In diesem Sinne bleibt sie ›werkimmanent‹, und als im Text angelegte Deutung der kritischen Kontrolle der Figuren im Stück und dann der des Lesers unterworfen. Dagegen kann die dramatische Allegorie unmittelbar zum Vehikel der Intentionen des Autors werden, und er nutzt diese Möglichkeit auch dort, wo eine Figur im Werk den dargestellten Sachverhalt interpretiert und so nicht nur seinen allegorischen Charakter demonstriert, sondern ebenfalls die im Sinne des Autors korrekte Auslegung sicherstellt. In dieser Form ist demnach der im 17. Jahrhundert aktuelle Bereich allegorischer Sinnvermittlung zu sehen, und ihr vornehmster Gehalt sind keine abstrakten Begriffe, sondern die Glaubenswahrheiten der christlichen Heilslehre. Als ein jedem Zweifel enthobener Besitz des Allegorikers liefern sie ihm den der Vergängnis und Gebrechlichkeit der Welt unterliegenden Sinn, den er in souveräner Sicherheit im literarischen Text vorstellt.

Der Verlust dieser Sicherheit im Zeitalter der Aufklärung bedingt den Rückgang der Allegorie: lediglich als Instrument des moralischen Unterrichts spielt sie im frühen 18. Jahrhundert, etwa in der Fabeldichtung, weiter eine nicht unerhebliche, aber untergeordnete Rolle. Das literarische Bild als Vehikel transzendenter Bedeutungen verändert seinen Charakter: mit scharfer Polemik gegen die ›Eindeutigkeit‹ und prinzipielle Begreifbarkeit von Allegorien ordnen die Proponenten der neuen, ›symbolischen‹ Form ihr einen geheimnisvollen Sinn zu, der nicht mehr von seinem Träger abtrennbar, nur noch erahnt werden kann und sich jeder begrifflichen Formulierung entzieht. Goethe hat sich bekanntlich zu verschiedenen Zeiten über verschiedene Aspekte des Problems geäußert. Der in unserem Zusammenhang fruchtbare Teil seiner Überlegungen betrifft nicht die Allegorie, die er nur als Versinnlichung eines Begriffs verstand, sondern seine Umschreibungen des im Symbol transparent werdenden Gehalts. Durch die Begriffe »das Allgemeine«, »die Idee«, »das Wahre«, »das Göttliche« bestimmt er ihn als einen Bezirk, der – wie wir zu zeigen suchten – der barocken Allegorese durchaus nicht verschlossen ist. Nur der Grad der Verfügbarkeit ist jeweils ein anderer: der Preis für die Aufgabe des im 17. Jahrhundert noch allgemein verbindlichen christlich-eschatologischen Weltbildes ist die prinzipielle Unsicherheit im metaphysischen Bereich. Der Weg in die Transzendenz, für den Barockautor in der Gewißheit seines Glaubens noch in einem Schritt zu bewältigen, ist unendlich geworden. Auch dort, wo sich Goethe mit spürbarer Verärgerung über die verbreitete terminologische Konfusion auf eine nur noch metonymische Beziehung von Symbol und Symbolisiertem beschränkt – in seinem Kommentar zu einem Bild in ›Philostrats Gemählde. Nachträgliches I‹ – schließt er mit dem Vorbehalt, daß »das worauf es ankommt mit Worten gar nicht auszusprechen ist«. [23]

Ihrem Anspruch nach ist symbolische Kunst die Übertragung eines Erkenntnis-Prozesses in den ästhetischen Bereich, denn der Vorgang, im sinnlich Wahrnehmbaren das Übersinnliche zu erkennen, wiederholt sich in der Deutung des literarischen Symbols durch den Leser. Die Allegorie vermittelt einen Sinn, das Symbol beansprucht darüber hinaus die Produktion dieses Sinnes. Auf diesem Unterschied basiert die ästhetische Wertung, die von Solger bis Cassirer dem Symbol eine unendlich überlegene Stellung zuordnet. Aber die Produktion dieses Sinnes durch die symbolisierende Tätigkeit des Genies ist ihrerseits nicht frei von dogmatischen Bindungen, denn nur die religiöse Überzeugung, daß alles Sinnliche ein Übersinnliches birgt, ermöglicht sie. Hier liegt der Ansatzpunkt der Benjaminschen Kritik [24] und – in jüngerer Zeit – der Grund für die Revision des Symbols als eines »ästhetischen Universalprinzips« durch die philosophische

Hermeneutik. »Ist diese symbolisierende Tätigkeit in Wahrheit nicht auch heute noch durch das Fortleben einer mystisch-allegorischen Tradition begrenzt? Wenn man das erkennt, muß sich aber der Gegensatz von Symbol und Allegorie wieder relativieren, der unter dem Vorurteil der Erlebnisästhetik ein absoluter schien; ebenso wird der Unterschied des ästhetischen Bewußtseins vom mythischen kaum als ein absoluter gelten können.«[25]

Im übrigen können die Kriterien für die Scheidung von Allegorie und Symbol, im Goethekreis formuliert und von der nachromantischen Literaturtheorie bereitwilligst rezipiert, als Folgerungen aus der geistesgeschichtlich bedingten Verlagerung des Symbolgehalts in die Grauzone des begrifflich nicht mehr Faßbaren verstanden werden. Wenn die ›Idee‹ nur noch im Medium der Erscheinung zu haben ist, gewährleistet nur das vollständige und umfassende Begreifen des Phänomens und seine ebenso genaue sprachliche Wiedergabe, daß dem ›Aufmerkenden‹ ein Sinn vermittelt wird. Goethe beschreibt die eigene Praxis, wenn er dem Künstler wissenschaftliche Exaktheit als Voraussetzung großer, i. e. symbolischer Kunst empfiehlt.[26] Dagegen erlaubt sich der Barockautor die drastischsten Verkürzungen der Bildsphäre, noch ihre Abbreviatur, das Bruchstück, ist ihm von hinreichender Prägnanz. Daß daraus kein Mangel an formalem Können spricht, belegen andere Passagen, die den formalen Ansprüchen der Symboltheorie durchaus entsprechen. Abschließend sei auf eine derartige Passage verwiesen.

Der vierte Akt von ›Cardenio und Celinde‹ führt den Protagonisten in eine Kirche, in der er Räuber vermutet.

> Die Thüre wie ich fühl gibt nach und ist entschlossen!
> Diß zeigt nichts redlichs an! die Rigel weggeschossen!
> Gewiß sind Rauber hir! wie komm' ich auff die Spur;
> Dort hängt von oben ab an Gold gewürckter Schnur
> Ein köstlich hell Cristall in dem die Flamme lebet
> Die durch ein Tocht ernährt auff reinem Oele schwebet/
> In reiches Silberwerck/ vor Anstoß/ eingesenckt.
> Wie daß die Rauber nicht den schönen Schmuck gekränckt/
> Der sich doch selbst entdeckt? Was kan ich hirauß schlissen!   (IV, 317)

Der Schluß wird nicht gezogen, eine Interpretation findet nicht statt. Die so eng an jedem Detail des Objekts haftende Beschreibung ist dem sie umgebenden hochdramatischen Kontext so ›natürlich‹ eingefügt, daß kein moderner Interpret sie eines Kommentars gewürdigt hat, weil sie in dieser Form nicht mehr den durch die goethezeitliche Debatte präjudizierten Vorstellungen von allegorischer Darstellung entspricht. Dennoch kann kein Zweifel darüber bestehen, daß das Licht im Gotteshaus, das sich dem sündigen Menschen »selbst entdeckt«, zeitgenössischen Christen auch ohne hermeneutische Absicherung als das Licht der göttlichen Gnade erkennbar war. Ein Licht, das heller und nicht weniger kostbar durch den Schleier der Dichtung dringt als das gedämpfte Licht des Symbols.

Anmerkungen:

1 Jöns.

2 Schöne, 1968.

3 Andreas Gryphius, Gesamtausgabe der deutschsprachigen Werke, hgg. Marian Szyrocki/Hugh Powell, Bd. 5. Alle Gryphius-Zitate sind dieser Ausgabe entnommen.

4 Aufgrund der jeweiligen syntaktischen Form lassen sich weitere poetologische Differenzierungen vornehmen: das durch komparatives »so« eingeleitete Bild ist ein Vergleich, Formelhaftigkeit und Ablösbarkeit vom Kontext charakterisiert die Sentenz, die Fügung mehrerer bedeutsamer Bildkomponenten zu einem Ganzen das Gleichnis. – Im Rahmen stilistischer Analyse bildliche Sprachformen, einmal aufgrund ihres semiotischen Charakters, zum anderen nach ihrer syntaktischen bzw. semantischen Form zu ordnen, ermöglicht es, Allegorie und Symbol aus dem Kanon der Tropen und Figuren zu lösen und sie als Grundformen literarischer Sinnvermittlung zu erkennen. Die terminologische Konfusion und die verbreitete Unsicherheit in der Bestimmung tropischer Formen hat historische Ursachen. Bereits die klassische Rhetorik verwendet zur Unterscheidung verschiedener Formen sinnbildlichen Sprechens die heterogensten Kriterien: einmal Quantität, d.h. den Umfang einer Form relativ zu einer anderen (*comparatio, metaphora, allegoria*), dann inhaltsbezogene Kriterien (*sententia, exemplum*) und nur in wenigen Fällen das Verhältnis des Gesagten zum Gemeinten (*metonymia, synecdoche, ironia*). Die daraus resultierenden Überlappungen und Überschneidungen wurden durch die Humanistenpoetik weitervermittelt und finden sich bis heute in den einschlägigen Handbüchern. – Durch die Emblemforschung hat diese Misere an Aktualität gewonnen. »There is a tendency for those interested in emblematics to discover emblems where others find symbolism, allegory or visual imagery.« Aber obgleich Peter M. Daly das Problem deutlich erkennt, trägt er seinerseits wenig zu seiner Klärung bei. Vielmehr vermehrt er die Batterie ›emblematischer‹ Formen, die Schöne nennt, um eine weitere: das »Wort-Emblem«: The poetic emblem, Neoph. 54 (1970), S. 382.

5 Benjamin, 1955, S. 309.

6 Fricke, 1933, S. 177.

7 Lausberg, § 558.

8 Schöne, 1968, S. 45.

9 So der von Schöne zitierte Nicolaus Taurellus in seinen ›Emblemata Physico-Ethica‹. Ebd., S. 26.

10 C. S. Lewis, 1958, S. 44.

11 Fletcher, 1964, S. 21.

12 Giehlow.

13 Buch von der deutschen Poeterey, neu hg. R. Alewyn, Tübingen 1963, S. 7.

14 Fletcher, 1964, S. 21.

15 Gesamtausgabe Bd. V, S. 103.

16 Daniel Casper von Lohenstein: Afrikanische Trauerspiele, hg. K. G. Just, Stuttgart 1957.

17 Gesamtausgabe Bd. V, S. 123f. (II, 75f., 148f., 253f.).

18 Gerd Hillen: Das Ehren-Gedächtnüß für Mariane von Poppschitz. Zur Struktur seiner Bildlichkeit. Gelegenheitsdichtung, Bremen 1977.

19 Daniel Casper von Lohenstein: Türkische Trauerspiele, hg. K. G. Just, Stuttgart 1953.

20 Von einschneidenden Folgen sind dagegen die Geistererscheinungen in ›Cardenio und Celinde‹, einem Stück, das in allen Teilen durch das Nebeneinander von berichtetem bzw. inszeniertem Sachverhalt und seiner Auslegung geprägt ist, wie ich an anderer Stelle zu zeigen versucht habe.

21 Grimmelshausens Simplizissimus Teutsch, hg. J. H. Scholte, Tübingen 1954, S. 70.

22 Gesamtausgabe Bd. I, S. 68.

23 WA Bd. 49, S. 141 f.

24 »Seit mehr als hundert Jahren lastet auf der Philosophie der Kunst die Herrschaft eines Usurpators, der in den Wirren der Romantik zur Macht gelangt ist. Das Buhlen der romantischen Ästhetiker um glänzende und letztlich unverbindliche Erkenntnis eines Absoluten hat in den simpelsten kunsttheoretischen Debatten einen Symbolbegriff heimisch gemacht, der mit dem echten außer der Bezeichnung nichts gemein hat.« Benjamin, 1955, S. 282.

25 Gadamer, 1975, S. 76.

26 »Gelangt die Kunst durch Nachahmung der Natur, durch Bemühung, sich eine allgemeine Sprache zu machen, durch genaues und tiefes Studium der Gegenstände selbst endlich dahin, daß sie die Eigenschaften der Dinge und die Art, wie sie bestehen, genau und immer genauer kennen lernt, daß sie die Reihe der Gestalten übersieht und die verschiedenen charakteristischen Formen nebeneinander zu stellen und nachzuahmen weiß, dann wird der Stil der höchste Grad, wohin sie gelangen kann; der Grad, wo sie sich den höchsten menschlichen Bemühungen gleichstellen darf.« Einfache Nachahmung der Natur, Manier, Stil, in: Herbert v. Einem (Hg.): Goethes Werke, Hamburger Ausgabe, Bd. 12, Hamburg 1963, S. 32.

Fracta Cithara oder Die zerbrochene Laute

Zur Allegorisierung der Bekehrungsgeschichte Jacob Baldes im 18. Jahrhundert

Von GÜNTER HESS (München)

Walter Müller-Seidel
zum 60. Geburtstag

In seiner ›Beschreibung einer Reise durch Deutschland und die Schweiz im Jahre 1781‹ stellt Friedrich Nicolai, indem er mit giftiger Verachtung die ›Einrichtung katholischer Gymnasien unter dem Schulscepter der Jesuiten‹ charakterisiert, norddeutschen Lesern und protestantischen Schulmännern auch den Musterautor und »deutschen Horaz« Jacob Balde als Exempel jener »unbeschreiblichen Absurditäten« vor, »die allenthalben in katholischen Ländern noch regieren«.[1] »Seine lateinischen Verse sind die kälteste Phraseologie, und ein elender Cento von Stellen aus allen Dichtern ohne wahren Sinn zusammengeflickt. Seine deutschen Verse sind unglaublich dumm und ungereimt [...].« Beinahe gleichzeitig referiert der Exjesuit Johann Nepomuk Mederer in den Annalen der Universität Ingolstadt eine Episode aus der Vita des von Nicolai so geschmähten »elenden Versmachers«, den Herder ein Jahrzehnt später »aus seinem lateinischen Grabe« erwecken und dem literarischen Interesse des Weimarer Hofes als »Dichter Deutschlands für alle Zeiten« empfehlen wird.[2]

I.

Daß der Historiker Mederer die Geschichte in seine Universitätsgeschichte aufgenommen hat, ist ein Indiz dafür, wie bedeutsam dieses biographische Detail für die Leute gewesen sein muß, die es seit Generationen weiter erzählten.

Vetus traditio est apud Ingolstadienses, Iacobum Baldeum, cum noctu haud procul a Monasterio Monalium Franciscanarum, nescio in cuius gratiam cythara luderet, atque subito religiosae Virgines nocturnos de more psalmos intonarent, altiori illustratum lumine, cytharam muro illisisse, cum dicto: ›Cantatum satis est, frangito barbiton‹; atque tum primum ad Iesuitarum ordinem animum applicuisse.

Für den um quellenkritische Historiographie bemühten Annalisten ist der Verweis auf eine ausschließlich mündliche Tradierung der Anekdote wichtig, zumal sich trotz aller Recherchen eine schriftliche Überlieferung des Ereignisses nicht nachweisen ließ: *Dixi veterem traditionem hanc esse; neque enim Acta illius anni, quae inspicere quidem licuit, ea de re quidquam produnt!*

Der Hinweis auf die Bedeutung des Dichters und seiner Werke scheint die Fixierung der *vetus traditio* und ihre Aufnahme in die Ereignisreihe der Annalen hinreichend zu rechtfertigen.[3] Auffallend ist gleichwohl die literarische Stilisierung der mündlich tradierten Historia, die nur im annalistischen Kontext aufs anekdotische Lokalkolorit reduziert bleibt und der hier nichts weiter als eine episodisch-illustrative Funktion zukommt.

Die literarischen Elemente der Historia reproduzieren höchst lapidar und auf wenige Bilder konzentriert das *conversio*–Schema der Legende: der nächtliche Sänger wird von Psalmengesang ›umgestimmt‹, die Lichtmetaphorik deutet an, wie den vom geistlichen Lied berührten Dichter – *altiori illustratum lumine* – die ›Erleuchtung‹ von oben trifft, und diese Erleuchtung wird sinnfällig in der *pictura* der *fracta cythara*, zu der Balde selbst gleich die zitierfähige und pointierte *subscriptio* liefert.

Das ikonographische System der *conversio*-Legende deutet sich durch die Folge der Bilder von selbst, und die emblematische Struktur des Bildes am Ende der vom Annalisten überlieferten Historia ist so zwingend, daß ich lange nach einem auf die Vita Baldes bezogenen Emblem der *fracta cythara* suchte. Dabei stieß ich auf bisher unbekannte und nicht einmal bibliographisch erfaßte allegorische Szenen aus dem 18. Jahrhundert, die im Rahmen szenischer Meditationen auf dem Schultheater der Jesuiten die Historia von Baldes Bekehrung als Gegenstand eines *Theatrum asceticum* präsentierten und mit anderen ikonologischen Traditionen und typologisch verwandten Bedeutungsträgern verknüpften.[4]

In keinem Fall ist der gesamte Dramentext erhalten, denn ausschließlich die musikalischen Partien des *Drama musicum*, die den *sensus historicus* der *conversio*-Geschichte in den Chören, Arien und Duetten der Prologe und Intermedien auf die allegorische Bedeutungsebene transponierten, sind in Handschrift und Periochen überliefert worden.

Das der Chronologie nach früheste und in seiner allegorisch-typologischen Konstruktion differenzierteste Balde-Drama fand ich in einer umfangreichen Sammelhandschrift der Münchner Universitätsbibliothek.[5] Die Abschrift der auf das Jahr 1732 datierten Szenen *(P. Balde. Drama. Auctore P. Franc. Besenella)* besorgte Heinrich Schütz, der in den dreißiger Jahren als Lehrer der Grammatik, Poetik und Rhetorik an Jesuitengymnasien der oberdeutschen Provinz tätig war und einer der profiliertesten Historiker der Universität Ingolstadt im 18. Jahrhundert werden sollte.[6] Mederer, der die *vetus traditio* der Bekehrungsgeschichte in die ›Annalen‹ aufgenommen hat, ist als sein bedeutendster Schüler auch sein Nachfolger auf dem Ingolstädter Lehrstuhl geworden, und gerade diese Konstellation zeigt, in welchen literarischen Formen Baldes *conversio* auch auf der Gelehrtenebene tradiert werden konnte.[7] So ist für uns in diesem Überlieferungsprozeß der *vetus traditio* zwischen Mündlichkeit und Fiktion, Literarisierung und Historiographie die Person des gelehrten Kopisten und Vermittlers beinahe wichtiger als die des Autors Franciscus Besenella (1704–1763), der nach Jahren der Lehre in Poesie und Rhetorik als Domprediger in Regensburg wirkte.[8]

Ein zweites Balde-Drama, das durch eine zweisprachige Freiburger Perioche aus dem Jahre 1769 überliefert ist, setzt den Dichter und sein fatales Musikinstrument, das er zerschlagen wird, programmatisch in den Titel: CITHARA IACOBI BALDEI, ACTVS VNVS. Auf dem Titelblatt dieser anonymen Perioche, die mit den musikalischen Szenen der *Symphonia* nur die Arien und Duette der *Baldeischen Musik* erhalten hat, ist mit der Aufführungssituation zugleich die Funktion der Inszenierung mit angedeutet: *Cum Congregatio Minor Academica B. V. Mariae sine labe conceptae Magistratum suum instauraret.* [9]

Das in seiner Bedeutung für eine Sozialgeschichte des literarischen Lebens in den Städten noch nicht einmal im Ansatz erfaßte Phänomen des Kongregationswesens kann hier ebensowenig erörtert werden wie das nach Alter, Geschlecht und Ständen differenzierte Spektrum und soziale Gefälle seiner Organisationsformen, in denen auch so berühmte Laien wie Tilly, Tasso, Rubens oder Lipsius Aufnahme fanden. Die in der Studienordnung verankerten akademischen Sodalitäten der Jesuitenschulen bildeten lediglich die Spitze einer aktivistischen Propaganda, die im Apostolat ihrer Sodalen sittliche Erziehung im Sinne der marianischen Tugenden und künstlerisch-literarische Bildung verbinden wollte. Das *Drama asceticum* und die szenische Meditation, der auch die ›Cithara Iacobi Baldei‹ zuzuordnen ist, war dabei nur eines von vielen Medien, die an bestimmten Tagen des Jahres dazu dienten, die Grenzen der internen geistlichen Exercitia zu überschreiten und neben den im Jahresplan festgelegten großen Aufführungen der Jesuitenbühne die Öffentlichkeit zu erreichen. [10]

Den dritten Dramentext, der die Eichstätter Aufführung eines ›Jacobus Baldeus‹ im Juni 1773, also wenige Wochen vor der Aufhebung des Jesuitenordens, dokumentiert, fand ich im Diözesanarchiv Eichstätt. [11] Die lateinische Perioche, die das *Argumentum* der allegorischen *Scena Parthenia* mit den musikalischen Partien des *Prologus* und *Chorus* enthält, weist bei aller Verschiedenheit gerade der allegorischen Konstruktion auf denselben funktionalen Kontext und die gleiche Aufführungssituation wie die Freiburger Szenen: *Cum Congregatio Academica Literatorum novum Magistratum promulgaret.* Die Amtshandlung im Rahmen der akademischen Kongregation wird mit der Inszenierung einer exemplarischen Aktion verknüpft.

Es liegt natürlich nahe, die drei zufällig gefundenen und durch Zufall überlieferten geistlichen Gebrauchstexte der Chronologie nach auf die Technik der Allegorisierung und den Bestand der Personifikationen, auf ihre unterschiedlichen Allusionsebenen oder auf historisch bedingte Varianten hin zu untersuchen.

Jedoch kann man schon auf den ersten Blick thesenhaft formulieren, daß es sich bei diesen szenischen Kleinformen des 18. Jahrhunderts um ›Reduktionstypen‹ handelt, deren allegorischer Apparat durch den im Rhetorikunterricht fixierten literarischen Kanon relativ konstant bleibt. Unterschiede und Veränderungen des Formenrepertoires wie des Allusionshorizontes der drei Balde-Dramen scheinen mir durch den jeweiligen Adressatenkreis bedingt zu sein, der aus der Überlieferungsform wie der Aufführungssituation zu rekonstruieren ist.

Der Überlieferungskontext der Münchner Handschrift legt die allegorischen

Szenen von Besenella eindeutig auf den Schulbetrieb, die Ebene des Unterrichts in Poesie und Rhetorik und die ambitionierte Demonstration von gelehrtem Inventar fest. Die Aufführungssituation im Rahmen der Kongregationen ist dagegen zu differenzieren: Nach der Hierarchie des Kongregationswesens dürften als Zuschauer der Freiburger Congregatio minor neben den Schülern der unteren Gymnasialklassen auch die Kreise des Stadtbürgertums vertreten gewesen sein, während in der Eichstätter Congregatio Academica Literatorum – auf der Ebene der Congregatio maior – neben den Schülern der Rhetorik und Poetik mit dem Rezipientenkreis des Adels, der Geistlichkeit und der Beamtenschaft der bischöflichen Residenz zu rechnen ist.[12]

Allein schon die deutsch-lateinische Freiburger Perioche belegt mit dem ständischen Gefälle korrespondierende Allusionsebenen und gewisse Konzessionen an einen vom zeitgenössischen deutschen Singspiel geprägten Geschmack. Strukturelle Unterschiede der allegorischen Figurationen und ihrer Bedeutungsschichten sind erst sekundär von historischen Veränderungen des literarischen Bewußtseins bestimmt. Bei alledem ist auffallend, wie lebendig im Schulbetrieb der Jesuiten zwischen 1732 und 1773 das Interesse an der Figur eines Dichters aus dem 17. Jahrhundert geblieben ist.

II.

Das Interesse an Balde, der im 18. Jahrhundert keineswegs so vergessen war, wie es Westermayer in der ersten großen Balde-Biographie beklagt,[13] hat vor allem an den Schulen und in den Kollegien in Süddeutschland durch das Erscheinen der Münchner Gesamtausgabe von 1729 neue Impulse erhalten. Sie war noch von Franciscus Lang angeregt worden, dessen szenische Meditationen im 18. Jahrhundert eine noch wenig erforschte Wirkungsgeschichte hatten, und der mit seiner ›Dissertatio de Actione Scenica‹ eines der wichtigsten Dokumente zur Dramaturgie und Ikonologie des Jesuitendramas hinterlassen hat.[14]

Der achtbändige Münchner Druck der ›Opera poetica omnia‹ enthält auch Baldes ›Ode Germanica‹, die das *Certamen poeticum* der ›Olympia sacra‹ beschließt und von den kunstvollen lateinischen Paraphrasen der Konkurrenten in diesem Dichterwettstreit variiert wird.[15] In dieser ›Ode Germanica‹, die als Fragment einer autobiographischen Konfession geradezu den Sproßtext der literarischen *conversio*-Legende liefert, hat Balde die Geschichte der *fracta cythara* mit bedeutungsvollem Schweigen preisgegeben und dabei das Maskenspiel des enthüllenden Verschleierns bis zur pointierten Demaskierung in der lateinischen Schlußstrophe getrieben, wo sich der Autor gerade durch die Fiktion, sein Inkognito wahren zu wollen, in der Rolle des *Anonymus* zu erkennen gibt.

> Wer ist/ der dieses Lied gemacht/
> Wann einer auch darff fragen.
> Villeicht hat er gar offt zu Nacht/
> Ein Passamezo gschlagen.

Er sagt nit wo: jetzt ist er fro/
Daß d'Lauten sey zertrimmert:
Umb Saytenspil er sich so vil
Hinfûran nicht mehr kûmmert.

Die Bildbereiche der lateinischen Variationen bleiben hier ausschließlich auf die antike Mythologie bezogen. Der unbekannte Dichter – ein neuer Orpheus und Erbe des Anakreon (*novus hic inter nocturnas Orpheus umbras – Anacreontis Heres*), der auf der Leier Apollos (*Apollinea cecinit testudine vates*) die *sonora Vanitas* zum Tönen brachte, hat mit dem alten Instrument auch das alte Lied zerstört: *Dissiluit veteris machina vana Lyrae.* Die autobiographische Konfession der ›Ode Germanica‹ mit ihrer Absage an den weltlichen Gesang ist freilich nur im Kontext der ›Ode Parthenia Germanica Vulgo Ehrenpreiß dicta‹ und der Artistik ihrer lateinischen Paraphrasen ganz zu verstehen, die das gesamte Spektrum mariologischer Bildlichkeit durch die poetische Technik der ›Parodia christiana‹ in antike Bildtraditionen projiziert. Aus den Brechungen und Verbindungen der heterogenen Bildebenen, die im Gefälle zwischen Volkssprache und Latinität mariologisches Programm, mythologische Tradition und die jeweiligen Bedeutungsvarianten dieser in sich geschlossenen semiologischen Systeme kontaminieren, resultiert auch das Gegenspiel von *poeta profanus* und *poeta christianus*. [16] Die Vorrede an den *Lector Parthenius*, die Geschichte und Spielregeln des *Certamen* beschreibt, schreitet, stets bezogen auf das *Symbolum* des *flos mysticus*, den gesamten synkretistischen Bilderkreis ab, indem sie die Transposition des zentralen *Symbolum* auf allen Bildebenen reflektiert und in der Vision des *Christianus Apollo* endet. Dessen Rede nimmt auch das Bild der belebenden geistlichen Hippokrene auf, die der *Mariani Heliconis Pegasus* aus dem Felsen geschlagen hat: die Figur dieses *alatus Monoceros*, das geflügelte Einhorn, ist nur ein Beispiel für die Vermischung der Bildbereiche, zugleich aber auch das Zeichen des Dichters, der seine Cithara zerbrochen hat. [17]

Eine weitere ikonographische Verschlüsselung seiner autobiographischen *conversio*-Erfahrung hat Balde in den Illustrationen zur Münchner Erstausgabe der ›Silvae‹ von 1643 angeregt. Die bedeutungsvolle Konstruktion dieses Zyklus beschließt in der ersten Fassung die Siebenzahl der Bücher mit dem ›Hymnus adspirantis ad coelestem Patriam‹. Dieser endet im grandiosen Bild des geistlichen Schiffbruchs, der Bedingung für die Heimkehr des im göttlichen Ozean versinkenden Dichters ist.

Merge mitis turbo Vatem.
Hic peritur enatando: saluus est, qui mergitur. [18]

Dem Paradox des rettenden Untergangs folgt ein Kupferstich [Abb. 1], der gewissermaßen als Explicit-Illustration auf das Schlußtableau des glücklich scheiternden Dichters bezogen ist: Drei Putti zerstören ihre Musikinstrumente, und als *subscriptio* der *pictura* ist eine Variante des Zitats zu lesen, das Mederer überliefert hat: *Cantatum satis est: frangite barbita.* Diese autobiographische Allusion war für den Leser um so leichter zu entschlüsseln, als sie auf den programmatischen Stich von Wolfgang Kilian zum 7. Buch der ›Silvae‹, den ›Miscellanea sacra‹, bezogen ist [Abb. 2]. In der Thematik dieses Bildprogramms überlagern sich die ikonographische Tradition der Mythologie, die Geschichte ihrer allegorischen Interpretation und deren Übertragung auf die Episode der Dichterbiographie, die das Bild- und Textzitat am Ende des 7. Buches eindeutig dechiffriert.

Vor einer reich geschmückten weiblichen Gestalt, die durch die *Sphaera* als ›Voluptas der Welt‹ figuriert, flieht ein junger Mann mit einer Harfe, der sich in einen Lorbeerbaum verwandelt. Während Engel aus den in den Himmel wachsenden Zweigen einen Siegeskranz flechten, schlägt ein modisch geputzter Jüngling, das Gegenbild des fliehenden Sängers, im Hintergrund die Laute. Im Text von zwei Spruchbändern, die dem Fliehenden und seiner Verfolgerin zugeordnet sind, finden wir die Bedeutung der Szene auf die Antithetik von irdischer und himmlischer Musik, von weltlicher und geistlicher Dichtung festgelegt: *Nil mortale sono – mea plectra cape*. Liest man die ikonologischen Strukturen dieser *Imago symbolica*, die Daphnes Metamorphosen und die exegetische Tradition des ›Ovidius moralizatus‹ um eine pointierte Variante erweitert, im Zusammenhang mit der autobiographischen Allusion in Text- und Bildzitat der Schlußvignette, ist das komplizierte semiologische System der allegorisierten Dichterbiographie auflösbar. Dabei wird ein besonderes Problem deutlich, das nicht nur Balde als einen Höhepunkt des ›emblematischen Zeitalters‹ in Deutschland, sondern die gesamte Ikonologie der Jesuitenliteratur und Jesuitenemblematik bis ans Ende des 18. Jahrhunderts betrifft: die fließenden Übergänge zwischen allegorischer Bildlichkeit und Emblematik, zwischen Mythologie und Heilsgeschichte, die oft willkürliche Legierung von Traditionen der Allegorisierung und Deutungsmustern der Allegorese, die Auflösung und Kontamination einer Vielzahl emblematischer Bild- und Bedeutungsstrukturen in einer szenischen Konfiguration, die allegorische Handlung in einem neuen Sinne konstruiert. Die Unterrichtspraxis in Poetik und Rhetorik hat durch das Verfahren des Certamen einen permanenten Konkurrenzdruck im Bereich der Inventio ausgelöst und die Tendenz zu assoziativer Verknüpfung der in gewaltigen Bild-Repertorien inventarisierten und verfügbaren Bestände befördert.[19]

Auch in der allegorischen Selbststilisierung Baldes ist diese Vermittlung von Kanon und Assoziation, von Bildtradition und Inventio wirksam. Indem die Deutung Daphnes als Personifikation der verfolgten Unschuld auf den Dichter übertragen wird, vollzieht sich eine Umkehrung der mythologischen Konfiguration, die nicht allein durch die Verkehrung der Geschlechter-Rollen bedingt ist: Die vom Apoll der antiken Mythologie verfolgte Nymphe erscheint in der Tradition der spirituellen Auslegung als Transfiguration des geistlichen Sängers, als von der Welt und ihren Liedern bedrängter *Apollo christianus*, der durch die Flucht (*nil mortale cano*) Dichterlorbeer und Siegeskranz erringt. Man kann die Illustration zum 7. Buch der ›Silvae‹ als Emblem definieren, wenn man zur *inscriptio* der Spruchbänder den Widmungsbrief zu den ›Miscellanea sacra‹ als *subscriptio* liest. Die Anspielung auf die Daphne-Situation (*provida festinatione subduxisti Fortunae caput*) finden wir von einem der poetischen Mitstreiter Baldes in den ›Olympia sacra‹ in der Tat als *Emblema* ausgeführt: Für Michael Pexenfelder ist die Daphne-Fabel von so zentraler Bedeutung, daß er mit diesem *Symbolum (Daphne Virgo Laureata)* seine Ikonologie eröffnet.[20] Das von ihm bei der Analyse des *sensus moralis* entwickelte Emblem (*De hoc emblema, cum lemmate, in fuga victoria*) ist bereits in der lateinischen Bearbeitung von Picinellis ›Mundus Symbolicus‹ zitiert, der die Deutungsvarianten mit Exempeln und Quellenbelegen viel ausführlicher behandelt als Masen in seinem ›Speculum Imaginum Veritatis occultae‹.[21]

Singulär bleibt freilich die Projektion der mythologischen Situation und ihrer Deutung auf die *conversio*-Erfahrung Baldes, der sich in der Anspielung auf seine eigene Biographie als Typus des vor der Welt fliehenden christlichen Apoll interpretiert.

III.

Man darf mit Sicherheit annehmen, daß jedem Leser aus dem Umkreis der Jesuitengymnasien, Kollegien und Kongregationen diese Bild- und Bedeutungssysteme des 17. Jahrhunderts noch das ganze 18. Jahrhundert hindurch vertraut waren. Und gerade deshalb habe ich die 1729 im Rahmen der Gesamtausgabe wieder abgedruckte ›Ode Germanica‹ im Kontext des *Certamen poeticum* der ›Olympia sacra‹ und des Daphne-Emblems so ausführlich beschrieben, weil vor allem die allegorischen Intermedien des Balde-Dramas von 1732 auf diesen Kontext ebenso bezogen sind wie auf das Bildrepertoire der ›Odae Partheniae‹.[22]

Da es im Rahmen dieser Untersuchung nicht möglich und sinnvoll ist, größere szenische Partien zu zitieren und die Vorlagen der zahllosen Imitationen und Allusionen kommentierend nachzuweisen, muß ich mich darauf beschränken, Typen und Schichten der allegorischen Konstruktion zu skizzieren.

Jedes der drei Balde-Dramen reflektiert in den überlieferten Chören und Duetten der musikalischen Zwischenspiele den Vorgang der historischen Handlung auf einer höheren Bedeutungsebene, die man nicht einfach als allegorische Projektion der Historia oder als allegorisierende Interpretation des *sensus historicus* der *vetus traditio* abtun kann. Auch diese Oberflächenschicht der Historia wurde – eingerahmt von den überlieferten Szenen des ›Singspiels‹ – aufgeführt, wie aus dem Katalog der *Personae* in den Periochen zu schließen ist, die zwischen *Actio* und *Symphonia* (Freiburg) trennen und *Agentes* und *Canentes* (Eichstätt) ausdrücklich unterscheiden. Bei den Spectatores der Jesuitengymnasien und der Congregatio maior setzte man die Historia-Handlung als bekannt voraus, während der Redaktor der Freiburger Perioche dem Kreis der Congregatio minor *Argumentum* und »Jnnhalt« in lateinischer und deutscher Sprache mitteilte, wobei Zuschauer und Leser auf deutscher und lateinischer Ebene durchaus differenziert und unterschiedlich akzentuiert auf den *sensus moralis* der »prosaischen

Handlung« (*per dramatis decursum*) und der Musik (*symphonia*) hingewiesen werden.

Lyricorum apud Germanos principem, Iac. Baldeum Alsatam, in scenam damus. Is iuribus studens Ingolstadii in Bauaria, Poesin non abiecit: sed quod praecipuum in ea cum non nullis arbitrabatur, vt etiam impleret, amare coepit. Difficile non erat Academico, Poetae simul elegantissimo, simul Musico non imperito, suam habere Musam. Verum amoris vanitatem sentiens, cuius fallax ingenium initio haud noverat, & amorem & Poesin consilio meliori ad Virginem Matrem transtulit: quorum vestigia in Celeusmate Mariano praecipue, in aliis autem operibus passim inuenies. Hoc praeterea advertendum duximus, Baldei carminibus, quantum fieri potuit, nos in symphonia non modo, sed etiam per dramatis decursum vsos esse. Quod moribus nostris seruiat, id est: praestat nec esse, nec legere Poetam, si demtis puellis nihil delectet. Baldeus resipiscens, quam desipiens, pulcrius cecinit. [23]

Die Freiburger Perioche nimmt auch insofern eine Sonderstellung ein, als sie auf der Ebene der musikalischen Handlung nicht die *conversio* des Dichters, sondern die ›Vorgeschichte‹ seiner Abkehr von der stoischen Lebensphilosophie und die Hinwendung zu irdischer Liebe und Poesie inszeniert.

Balde entschließt sich, die stoische, oder unempfindliche Parthey zu verlassen, und mit seiner ganzen Poesie den Empfindungen seines Genies nachzuhangen. Die Verse kann man in seinen eigenen Werken zerstreuet meisten Theils antreffen.

Die Konzessionen an den Zeitgeschmack, der sich bereits in der modischen Terminologie von Geniekult und Empfindsamkeit niederschlägt, haben aus dem Singspiel, das ein munteres Geplänkel zwischen Amor, Balde und der Figur des Stoicus vorführt, alle Spuren barocker Bildlichkeit getilgt. Baldes Dichtung ist allenfalls im Cento der Zitate präsent, und Amor spielt geradezu mit der ikonologischen Tradition der Personifikationen, wenn er die Unbedenklichkeit der irdischen Liebe mit dem Genus der Virtus-Allegorie begründet.

Femina nulla mala est. Virtutem pingimus ore
Femineo. [24]

So endet auch die Symphonia mit der Weihe der *Cithara Iacobi Baldei* an Amor:

Wie gut ist es, wenn die Natur uns mit dem Leben
Zugleich ein zärtlich Herz gegeben.
            Arie.
O wie elend! weder lieben noch geliebt seyn.
Amor! schau, mein Allerbeßtes wey ich dir ein.
Meine Seele, meine Laute, meine Verse sind dein. [25]

Auf die Darstellung der *conversio* »in der prosaischen Handlung« wird nur verwiesen: *Hactenus vana Poesis; quam in actione ratio & religio emendant.* Dabei ist neu, daß der Akt der Umkehr, in dem die Vanitas der erotischen »lyrischen Dichtkunst« erkannt wird, weniger als spirituelle Erleuchtung und Gnadenwirkung, sondern auch als intellektuelle Leistung »durch Vernunft« definiert ist, ohne daß Ratio und Religio noch als allegorische Personifikationen in die Handlung eingreifen. Aber sie »zerschlagen« im deutschen Kommentar (im Gegensatz zum entsprechenden moralischen Begriff des *emendare* im lateinischen

Text) »die eitlen Gedanken des Dichters«, die damit auch durch das Symbolum der *fracta Cithara* eindeutig ›bezeichnet‹ sind.

Wenn man bedenkt, daß fast zur gleichen Zeit ein Student im nahen Straßburg seine Sesenheimer Lyrik schreibt, wirkt ›Die Baldeische Cither‹ wie ein Anachronismus. Vergleicht man die Szenen jedoch mit der Perioche des vier Jahre später in Eichstätt aufgeführten ›Jacobus Baldeus‹, so wird auf den ersten Blick deutlich, wie beharrlich die alten Bildtraditionen im geographischen Umkreis der Kollegien von Ingolstadt und München konserviert wurden, wo die Gattung des *Theatrum asceticum* und der szenischen Meditation entwickelt worden war.

Schon der erste Satz der Eichstätter Perioche, die zunächst den *sensus moralis* der Historia interpretiert (*fracta ad saxum Baldei docebit cytara*), ist in der Sprache des heiligen Augustinus formuliert, der ausdrücklich als Modell der auf der Bühne inszenierten geistlichen Betrachtung dient:

Musica vero ex mente S. Augustini, primo amoris obiectum, tum vero amorem ipsum profanum scilicet in Sacrum mutatum exhibebit.

Im *Prologus* vollzieht sich die Erweckung der *Anima Baldei* durch den *Genius Marianus*, wobei der *Chorus umbrarum* – wie die zitierte Paraphrase der ›Ode Germanica‹ – Figur und Schicksal des Orpheus assoziiert. Die Szenen des *Chorus* reflektieren den Akt der *conversio* selbst, die im Kampf zwischen *Amor Profanus* und *Amor Marianus* entschieden wird und dabei die *Anima Baldei* mit der *bivium*-Situation konfrontiert:

Amor Prof.
Eia Socii! explicate retia – his Baldei hodie medio in compito, capietur anima!

Dieselbe Psychomachia-Struktur ist in Besenellas Balde-Drama von 1732 durchgeführt, dessen ikonologische Konstruktion in zwei Szenenblöcken entwickelt wird. Der erste *Chorus Musicus* führt den Wettstreit zwischen dem von Apollo sekundierten *Amor Profanus* und dem *Amor Parthenius* vor, der sich selbst als *Apollo Marianus* interpretiert. In zahlreichen Anspielungen auf die Situation der Historia-Ebene wird dem Zuschauer die Allegorie des *Amor Profanus* als Figuration Baldes gedeutet, der – wiederum *per allusionem* – die Transfiguration zum *Amor Parthenius* vollzieht. Als Wendepunkt in dieser Psychomachie ist die Arietta des *Amor Profanus* zu definieren, die auf Baldes ›Poema de Vanitate Mundi‹ und die Exempla-Reihe anspielt, in der sich die Vanitas der weltlichen Dichtung manifestiert.

Ah! mei deplumantur
Catulli passeres:
Sic dolo suffocantur
Didonis cineres.
Eclipsin tua patitur
Properti Cynthia: [...][26]

Der zweite *Chorus* ist auf die Ikonologie des Hohenliedes und die Geschichte seiner Allegorese bezogen: *Salomon in paterna Davidis Cythara Sacrum Sponsae Epithalamium canit.*

Balde, dessen *conversio* vom *Amor Profanus* zum *Amor Parthenius* auf der
Historia-Ebene aufgeführt wird, erscheint gewissermaßen als ›Postfiguration‹
des Königs Salomon. Indem das weltliche Instrument der *fracta cythara* als Gegenbild zu der dem liturgischen Dienst geweihten *Davidis Cythara* interpretiert
ist, tritt Balde gemeinsam mit Salomon eine geistliche Erbschaft an, die alle möglichen Bild- und Bedeutungstraditionen der Hohelied-Exegese einschließt. [27]

> *Age suavissima Parentis Cythara, haereditas mihi carissima, quae toties ludebas coram
> Arca Domini; nunc mei temperes amores animi, & meae Dominae consuetum amoris pen-
> sum accine.*

Die *hereditas*-Konstruktion überträgt auch die Situation des Epithalamium auf
Balde, und in einem stets auf den Text des Hohenliedes bezogenen Allusionsnetz
sehen wir die Bedeutungsebene des geistlichen Minnedienstes in Verbindung
mit dem Gesang des *Amor Parthenius* der ersten Szenenfolge ins Bildprogramm
der mariologischen Allegorese projiziert.

> *Sal.*
> *Tu vero veni de Libano Sponsa mea; veni, coronaberis. In dotem tibi suavissimam hanc
> Patris offero cytharam* [...]
> *Amor Parth.*
> *Artem amandi docebo vos hodie, artem amandi Virginem, fidelem, sapientem, amabilem,
> Virginem & Matrem Gratiae.* [28]

Gewiß ist der assoziative Eklektizismus dieser Szenen anders zu werten als das
Bild- und Bedeutungsdenken der Dichtungen Baldes, die als Modelle im Zitat
ebenso präsent sind wie die großen ikonologischen Inventare, deren Druckgeschichte allenfalls noch ins 18. Jahrhundert reicht, und die, wie etwa die monumentale ›Symbolographia‹ von Boschius um 1700 als abgeschlossen gelten dürfen. [29]

Im Vergleich mit der differenzierten Psychomachia-Struktur von Baldes
›Urania victrix‹ (1663) sind die allegorischen Szenen der Balde-Dramen Formen
einer durch die Gebrauchssituation der Texte bedingten Reduktion. So etwa hat
Franciscus Lang selbst das Inventar der ›Imagines Symbolicae‹ im Anhang seiner
›Dissertatio de Actione Scenica‹, eine ikonologische Kompilation aus Masens
›Speculum Imaginum‹ und anderen Autoren, als ›Fundgrube‹ und Imitatio-Mo-
dell für die Theaterpraxis des Choragus, vor allem zur Ausstattung der musikali-
schen Intermedien mit Symbola, gesehen.

> *Pro Choris maxime Dramati inserendis, aurifodinam esse experietur in symbolicis his
> imaginibus, si usum rite calluerit.* [30]

Das Bild der *aurifodina* trifft sehr genau diese Spätphase der Kompilation und
die Inszenierung allegorischer Formen ›aus dritter Hand‹. *E visceribus Mundi,
quem Picinellus fundavit, massam extraxi,* so schreibt Lang, offenbar ein wenig
resigniert, in einem Brief, der eine Kurzrezension zur ›Symbolographia‹ enthält.
Dabei ist es interessant zu sehen, mit welcher Skepsis schon zu Beginn des 18.
Jahrhunderts die mögliche Rezeptions- und Wirkungsgeschichte dieses gelehrten Werkes reflektiert wird:

Abbildungen zu
Günter Hess, *Fracta Cithara*
oder
Die zerbrochene Laute

Intimo felix hiatu

Nemo ripam, nemo remum, nemo quærit afferem.

Lucidi *caligo* ponti.

Portus abforbens carinas,

Grata *tempeſtas* profundi,

Pax tumultuofa merge,

Merge mitis *turbo* Vatem.

Hic peritur enatando ; faluus eſt, qui mergitur.

Cantatum fatis eſt: frangite barbita.

Abb. 1: [zu Seite 609]: *Cantatum satis est: frangite barbita.* Die Zerstörung der Instrumente. Schlußbild zur Erstausgabe von Baldes ›Silvae‹ (München 1643), S. 221.

Abb. 2: [zu Seite 609 ff.]: *Nil mortale sono – mea plectra cape.* Die Umkehrung der Daphne-Ikonographie. Illustration zum 7. Buch der ›Silvae‹ (München 1643), nach S. 170.

Abb. 3: [zu Anm. 27]: *Rex Salomon.* Handzeichnung von Jacob Balde (Clm 27271, Fasz. 3, fol. IV^r). Vgl. I. Weitenauer: Q. Hoaratii Flacci Ars Poetica [s. Anm. 36], S. 2: *Denique vidimus imagines duas pictoris Alsatae, nostris avis notissimi: in earum altera Salomon Rex curru sublimis vehitur, equo, aquila, leone, & balaena trahentibus, quos ille frenatos providentissime regit.*

Abb. 4: [zu Seite 619]: *Sic tunditur Orbis.* Clm 27 271, Fasz. 3, fol. 21ʳ.

Abb. 5: [zu Anm. 51] *Tympana mundi.* Ausschnitt aus dem Titelblatt der
›Batrachomyomachia‹ (München 1647).

Abb. 6: [zu Seite 619 f.]: Die neue Cithara. Kolophon zur Erstausgabe der
›Silvae‹ (München 1643).

De usu quid? Artem scribendi, his e fontibus pauci biberint, quod vel situlam trahere non velint, vel quod liquoris gustum non sitiant. Sic inter doctorum volumina locum, & laudem habebit liber, uberem fructum non feret. Quam velim, alijs humaniorum lucubrationibus laborasse tam pretiosam manum. [31]

Die Druckgeschichte der ›Symbolographia‹ hat diese Skepsis bestätigt, gleichwohl bleibt die gelehrte Tradition dieser literarischen Gattung, die sich in Theorie und Praxis fast ausschließlich auf die Erfindung emblematischer Systeme konzentriert, im süddeutschen Raum das 18. Jahrhundert hindurch lebendig. Die Phänomene der Reduktion und Schematisierung wie der esoterisch-gelehrten Artistik, aber auch der Hunger nach bedeutungsvollen Bildern, der gerade bei den einfachen Leuten, bei Bauern und Handwerkern, immer wieder spürbar wird, dieses komplizierte Gefälle eines allegorischen Bildbedarfs kann nur differenziert dargestellt werden, wenn man die jeweiligen literarischen Schichten und Funktionsbereiche analysiert. [32]

Die deutschen Strophen von Baldes ›Ehrenpreiß‹ (»Auff einer schlechten Harpffen jhres vnwürdigen Dieners gestimbt vnd gesungen«) gehen – trotz ihrer durch Hohelied-Exegese und Mariologie geprägten Bildlichkeit – über das ›Deutsche Museum‹ von 1781 fragmentarisch in ›Des Knaben Wunderhorn‹ über, während Ignaz Weitenauer (1709–1783) noch 1757 im Rahmen seiner ›Symbolica‹ auch Balde ein *Trophaeum* errichtet, das wie ein Emblem strukturiert ist, dessen *subscriptio* eine literarhistorische Würdigung liefert und in einem gelehrten Apparat von Anmerkungen auch die deutsche Balde-Rezeption von Harsdörffer bis Gottsched dokumentiert. [33] Die *pictura*, die vom Aspekt der Juvenal-Imitation ausgeht, ist aus einer anspielungsreichen Addition von antiken Waffen, Musikinstrumenten und Ehrenzeichen gebildet und repräsentiert zusammen mit dem Kommentar zum Lemma (*Magnus omnibus, acribus maximus*) den antiquarisch befrachteten Versuch einer ›emblematischen Literaturgeschichte‹. [34] Am Beispiel des gelehrten Jesuiten Weitenauer aus Ingolstadt, der eine der letzten Emblemtheorien skizziert hat und noch nach 1750 komplizierte emblematische Systeme und Bildprogramme konstruiert, läßt sich paradigmatisch die Entspiritualisierung und Intellektualisierung der allegorischen und emblematischen Traditionen und Denkformen verfolgen, die mit der Historisierung des Bewußtseins zusammenhängt. [35] Die Lyra in Baldes Tropaion bedeutet nichts weiter als die literarische Gattung, und selbst da, wo Weitenauer in einem Werk zur ›Ars Poetica‹ des Horaz auf Baldes *conversio*-Legende anspielt oder eine allegorische Handzeichnung des Dichters zitiert, dient ihm dieses Bildzitat nurmehr als Exempel im Kontext gelehrter Kommentierung. Dabei würde sich das Fresko der Hauswand, an der Balde seine *cithara* zerstört, genau in die antithetischen Bildsysteme der allegorischen Balde-Dramen einfügen:

> *E regione illius templi, ad cujus parietem Jacobus Baldeus fregisse impactam citharam dicitur, Paridis imago depicta olim erat, Trojam reversi cum Helena.* [36]

Zweifellos handelt es sich um eine Bildfiktion, die der Kirche als Ort des verwandelnden sakralen Gesanges die mythologische Konfiguration des *amor pro-*

fanus gegenüberstellt. Und in der Tat übernimmt in Pexenfelders ›Ethica Symbolica‹, die von der Daphne-Ikonologie eröffnet wird, das Bild von Helena und Paris, dem Salomon als positives Exempel kontrastiert, die Bedeutungsfunktion der *funesta fax libidinis*, welche die Jugend *in delectu bonorum et malorum* verführt. [37]

IV.

Die Frage nach der Funktion der allegorischen Szenen in den Balde-Dramen geht von der Voraussetzung aus, daß die musikalischen Intermedien trotz Reduktion und Schematisierung mehr als nur dekorative Formelemente sind. In der Gattungstradition des noch kaum erforschten *Theatrum asceticum* dienen sie als Medien der *Consideratio*. Betrachtung als Akt der *Exercitia spiritualia* reflektiert im Vollzug der szenischen Meditation einen Beispielfall, der durch Emblemata, lebende Bilder und allegorische Aktion auf eine höhere Bedeutungsebene übertragen wird. Noch im Bericht des Historikers Mederer waren die zentralen Elemente des *conversio*-Schemas zu erkennen, das ein immer wieder reproduziertes Grundmuster dieser Aufführungen repräsentiert. Neben Paulus, der auch in München als *Exemplum verae conversionis* inszeniert worden ist, darf vor allem die ›Conversio S. Augustini‹ als bevorzugtes Paradigma gelten. Franciscus Neumayr hat den Prozeß dieser Bekehrung 1739 in fünf umfangreichen Meditationen für die Münchner Congregatio Latina Maior dargestellt und in den gesungenen Partien des *Prologus* und *Chorus* jeweils einen gewaltigen allegorischen Apparat in Bewegung gesetzt. [38]

Die Psychomachia-Struktur wird auch hier wieder als Prinzip einer spirituellen Weltordnung erkennbar, der die Regie einer von Personifikationen getragenen ›symbolischen Handlung‹ übertragen ist.

Noch die ›Geistliche Schaubühne‹ der deutschen Übertragung von 1758 hat »dennoch bey so zårtlichem Geschmacke dieser aufgeklarten Zeiten« die *Anima meditans* und den *Angelus explicans* der Vorspiele und das allegorische Personal der Zwischenmusiken (*Anthropus, Fides* und *Gratia, Spes* und *Timor, die Quinque Sensus* und die *Septem Vitia*) übernommen, das im *Chorus* der vierten Meditatio die heilsgeschichtliche Entscheidung herbeiführt:

Vitia nuper superata pugnam instaurant, sed ab Amore debellantur, & locus pugnae in hortum voluptatis mutatur. [39]

Die Hortus-Allegorie weist unmittelbar auf das in den ›Confessiones‹ geschilderte *conversio*-Erlebnis, dessen bedeutungtragende Elemente – Musik und Licht – das Modell der von Lang entwickelten szenischen Meditation entscheidend geprägt haben. In der Situation der *alta consideratio* und der *amarissima contritio cordis* rührt Augustinus der Gesang des *Tolle, lege (Et ecce audio vocem de vicina domo cum cantu dicentis)*. Die Lektüre des Schriftzitats löst die Erleuchtung aus: *quasi luce securitatis infusa cordi meo omnes dubitationis tenebrae diffugerunt.* [40]

In diesem Rahmen ist es nicht möglich, die auch in den ›Confessiones‹ erörterte Theorie des Zusammenhangs von Lernprozeß und Bilddenken (*per sensus haurimus imagines*) zu behandeln, die Langs Konzeption des *Theatrum asceticum* mit geprägt hat. Jedenfalls wird durch die Einheit von Bild und allegorischer Handlung und die suggestive Verbindung von musikalischer Darstellung und Beleuchtungsregie die affektive Bewegung des betrachtenden Zuschauers im Vollzug der Identifikation ausgelöst, die sich, wie die deutsche Fassung meint, auch auf den Leser übertragen kann:

> Der fromme Leser, oder Zuschauer bilde sich in der Person des Augustinus seine eigene ein [...] Ein jeder Mensch bedarf einiger Bekehrung [...]. [41]

Natürlich bleibt es bemerkenswert, daß Jacob Balde im 18. Jahrhundert in die Reihe der Exempla geistlicher Bekehrung aufgenommen wird und auf der ›Geistlichen Schaubühne‹ neben die Apostel, Kirchenväter und Ordensheiligen tritt. Dies mag durch die perfekte Erfüllung des *conversio*-Schemas in der *vetus traditio* ebenso wie durch die Formen literarischer Selbststilisierung und allegorischer Verschlüsselung des biographischen Wendepunkts bedingt sein. Andererseits sind im ersten Drittel des 18. Jahrhunderts Ansätze zu einer ›Hagiographie‹ und Spuren eines Dichterkults innerhalb des Ordens (Reliquienschrein der Manuskripte und Deckenbild im Bibliothekssaal des Münchner Kollegs) zu beobachten, die eine der literarischen Autorität des *Horatius Germanus* entsprechende Kanonisierung des *Christianus Apollo* einzuleiten scheinen. [42] Nur so ist zu verstehen, daß auf der gemeinsamen Ebene des *significatum* (Metamorphose des *amor profanus in Sacrum*) *ex mente S. Augustini* – wie die Eichstätter Perioche es formuliert – der Kirchenvater zur Präfiguration der *Anima Baldei* werden kann.

Der Musik kommt dabei neben der Thematisierung von weltlicher und geistlicher Dichtung eine ganz zentrale Funktion zu, und ich möchte in diesem Zusammenhang die These vertreten, daß noch im 18. Jahrhundert eine Bedeutungsebene spiritueller Abstraktion existiert, auf der Formen der Allegorisierung und musikalische Formen korrespondieren, und der Gesang das angemessene Medium der in den Zwischenmusiken handelnden Personifikationen ist.

Eine Analyse der Leservorreden zur dreibändigen Ausgabe seiner ›Considerationes‹ (München 1717), die Lang als Präses der Münchner Kongregation dem Kurfürsten Max Emanuel gewidmet hat, könnte den Beweis zu dieser These liefern. Dabei kann hier von der Typologie der formalen Varianten der ›Considerationes‹ nicht weiter die Rede sein. Wichtig und neu ist vor allem die Inszenierung der *sacra Exercitia* auf der Bühne des Oratoriums und die Verbindung von Musik, lebenden Bildern, Emblemata und Beleuchtung:

> *pia spectacula exhiberi caeperunt, Modulis Musicis, & luminosis exhibitionibus ad lampades praesentata. Meditationes appellari solebant; quia, quae tacitâ mente considerari â solitarijs poterant, ea vivis rerum, & personarum imaginibus, per sermonem, actionem, & can-*

tum, spectantium sensibus proponebantur, efficacius inde ad animos itura cum motu. [...]
*Reliquum apparatum supplebant exhibitiones statariae, & picta emblemata, Meditationum
argumentis aptata.*

Der Text und Buchstabe des Druckes sei tot ohne die Rekonstruktion der Aufführungssituation, durch die dem Zuschauer die verborgene Wahrheit zugleich
optisch, akustisch und intellektuell vermittelt werden soll.[43] Diesem Hinweis
in der Vorrede zum ›Theatrum Affectuum Humanorum‹, der vor allem die Anwendung der allegorischen Bildlichkeit begründet (*Pascendis oculis, & infor-
mando intellectui excogitata* [...] *dum auris occupabatur canentium modulis*), entspricht in der Vorrede zum ›Theatrum Solitudinis Asceticae‹ die Apologie der
Musik.

Soweit ich sehe, hat die Barockforschung der Literaturwissenschaft die von
Augustinus und der Patristik entwickelte und im Kanon der Instrumente verschlüsselte Dialektik von *Musica caelestis* und *Musica mundana*, deren Bild- und
Bedeutungstraditionen vom Mittelalter bis weit ins 18. Jahrhundert hineinrei-
chen, noch kaum zur Kenntnis genommen. Noch wichtiger aber als die Ikonolo-
gie der Musik und ihres Instrumentariums würde für die Rhetorikforschung die
Rezeption von Erkenntnissen der Musikwissenschaft sein, die bei der Analyse
der musikalischen Rhetorik und Affektenlehre in der Kompositionstechnik des
Barock auch sehr differenzierte allegorische und emblematische Klang- und
Satzstrukturen entdecken konnte.[44]

Langs Konzeption der szenischen Meditation setzt die affektive Wirkung der
im System der musikalischen Rhetorik verborgenen Wahrheit voraus,[45] die
auf der bloßen Textebene nur nackte Wahrheit (*nuda veritas*) ist.[46] Dabei geht
er so weit, den Leser aufzufordern, anhand der separat gedruckten Notation, die
Texte im Interesse einer angemessenen Rezeption selbst zu singen, um im Nachvollzug der Einheit von Wort und Klang etwa den szenisch dargestellten *conversio*-Vorgang emotional zu erfahren.[47] Damit erfährt die Psychomachia-Struktur der allegorischen *conversio*-Szenen durch die angewandte musikalische Rhetorik und Affektenlehre eine psychologische Fundierung *per allegoriam*, die den
Vorgang der Historia-Ebene reflektiert und eine Katharsis-Reaktion des Zuschauers auslöst.

Natürlich hat Lang auch die Verführungsgewalt der weltlichen Gesänge reflektiert,[48] ähnlich wie Pexenfelder in seiner ›Ethica Symbolica‹ in den mythologischen Exempla von Amphion und Orpheus die Macht des Gesanges und den
gefährlichen Reiz der Musik in allen Bedeutungsvarianten des *sensus moralis*
expliziert.[49]

Nur in solchen Zusammenhängen sind die allegorisch-musikalischen Intermedien der Balde-Dramen und der Verweischarakter der *fracta cithara* zu verstehen. Balde wird durch die *Musica caelestis* des nächtlichen Psalmengesangs
bekehrt und wendet sich der geistlichen Dichtung zu, nachdem er die Cithara
zerbrochen hat, die hier als *res significans* der *Musica mundana* dient. Die Tatsache, daß der Dichter selbst in seinen Werken immer wieder den ikonologischen
Kanon der Instrumente und die Tradition ihrer dialektischen Semantik *per alle-*

goriam zitiert, legt die spirituelle Bedeutungsfunktion der musikalischen Komposition im ›Drama musicum‹ *ex mente S. Augustini* noch am Ende des 18. Jahrhunderts nahe.

In seinem ›Poema de Vanitate Mundi‹ widmet Balde, bezogen auf ein Schriftzitat (*Conversa est in luctum Cithara mea. Job 38.*) der Laute als dem Instrument der Fortuna, das sie nach dem Spiel am Grabstein zerschlägt, einen eigenen höchst artifiziell durchkomponierten Abschnitt, der die Musik der Fortuna-Welt (*flebilis symphonia*) satirisch auf den höfischen Musikbetrieb (*Ululatus Aulicorum*) überträgt.[50]

Der handschriftlich überlieferte emblematische Bilderzyklus, den Baldes Münchner Poetenklasse 1627/28 zum Thema ›De dei et mundi amore‹ verfaßt hat, ist voll von solchen auf die Vanitas der Musik anspielenden Bildzitaten: Cupido bläst auf einer monströsen Tuba, die auf den *Diabolus in Musica* verweist, oder Amor benutzt die Hälften der Weltkugel als Pauke, deren Fell den Leser in seiner menschlichen Schwachheit ›bedeutet‹ [Abb. 4].

> *Ludimur et volumus, gemini sunt tympana mundi*
> *Et quam tundat Amor tu dabis ipse cutem.* [51]

Daß hier wie in den ›Considerationes‹ von Lang mittelalterliches Bild- und Bedeutungsdenken in Einzelheiten konserviert ist und noch der Autor des 18. Jahrhunderts in diesem Kanon der Musik-Ikonologie assoziativ operiert, bestätigt die allegorische Ebene der Musik, deren Bedeutungshorizont sich erst im 19. Jahrhundert durch sozialgeschichtlich bedingte Veränderungen der Auftrags- und Aufführungssituation allmählich auflöst.

In einer szenischen *Consideratio*, die wie eine Verschlüsselung von Baldes *conversio*-Geschichte zu lesen ist, bekehrt sich ein Citharoedus Perusinus, ein Cithara-Spieler aus Perusia, dessen nächtlichen Gesang die Geliebte nicht erhört hatte, im dialogischen Gesang mit dem *Amor Divinus personatus*, der die Cithara übernimmt und damit die ›Erleuchtung‹ bewirkt.[52]

> *Perusinus divino lumine collustratus, suspensâ ad crucem*
> *citharâ valedicit Mundo.*

An die Stelle der Zerstörung des Instruments tritt eine Ersatzhandlung, die als Regieanweisung mehrfach wiederkehrt: *stringit crucem.* Der Zuschauer kann diese symbolische Handlung nur verstehen, wenn er die Bedeutungsvariante der *imago crucifixi* kennt, auf die sich die Meditation konzentriert. Hieronymus Lauretus, der in seiner ›Sylva Allegoriarum‹ alle aus der Schrift-Allegorese der Patristik entwickelten Bedeutungsschichten von *Cithara* zusammenstellt, hat auch diese Variante erfaßt, indem er eine Exegese Gregors des Großen zitiert:

> *Cithara etiam crucem Christi designare potest, in qua ipse*
> *Patri gratum edidit sonum.* [53]

Balde hat auf der letzten Seite der Erstausgabe seiner ›Silvae‹ eine neue Cithara konstruiert, nachdem die Cithara des *Amor profanus* zerbrochen war.[54] Das Instrument, das wie ein Denkmal auf einem Sockel montiert ist, kann als Modell für den ›Spielraum‹ der Inventio innerhalb der ikonologischen Tradition, für die assoziative Verfügbarkeit des Kanons dienen [Abb. 6].

Zweifellos spielt die *imago symbolica* auf das *conversio*-Erlebnis an, denn jener Kupferstich, auf dem drei Putti ihre Instrumente zerstören, steht unmittelbar vor dem neu gebauten Instrument, das durch das marianische Monogramm als Organum des *Amor Parthenius* gekennzeichnet ist. Zugleich aber ist es Symbolum des Werkes, das es beschließt, denn die sieben Rohre der Syrinx, welche anstelle der Saiten dieser neuen Cythara montiert sind, ›bedeuten‹ die sieben Bücher der ›Silvae‹. Das Paradox der Montage besteht darin, daß dieses Instrument, eine Verbindung von Cithara und Syrinx, sich in seiner reinen Bedeutungsfunktion erschöpft, daß es nicht spielbar, sondern nur Zeichen ist. Die Frage bleibt offen, ob nur ein Rationalist aus dem Jahrhundert der Aufklärung solche Kombinatorik als absurde Spielerei werten konnte, oder ob sich hier bereits die ornamentale Erstarrung der allegorischen Konstruktion abzeichnet.

V.

Die Ausbreitung eines so verzweigten, oft nur noch in einem Exemplar überlieferten und durch Zufallsfunde in Archiven und Bibliotheken ermittelten Materials von Bildern und Gebrauchstexten rechtfertigt sich nicht ohne weiteres von selbst. Und es geht mir auch nicht in erster Linie darum, Denkformen und Bildtraditionen einer vergessenen und von der deutschen Literaturgeschichte kaum beachteten literarischen Kultur lateinischer Sprache als antiquarische Kuriositäten in den Magazinen süddeutscher Bibliotheken auszugraben. Die Geschichte der *fracta cithara* sollte vor allem die Kontinuität allegorischer Denkformen und emblematischer Strukturen belegen, die, vermittelt durch den Rhetorikunterricht der Jesuitengymnasien und das konstante Regelsystem der ›Ratio studiorum‹, über die Aufhebung des Ordens hinaus lebendig bleiben und vor allem im süddeutschen Raum das literarische Leben zwischen Ingolstadt und Innsbruck, München und Wien ganz entscheidend prägen.

Dabei wird in der Auseinandersetzung mit den Tendenzen der Aufklärung, die in der Spätphase des Jesuitentheaters selbst in den Personifikationen des Freigeists und des Pseudopoliticus als satirische Allegorie auf der Bühne erscheint, eine noch kaum beachtete Gleichzeitigkeit völlig ungleichzeitiger Prozesse des Literaturbetriebs sichtbar, die im Nord-Süd-Gefälle das Nebeneinander zweier verschiedener literarischer Kulturen und Traditionsräume dokumentieren. Die Wissenschaftsgeschichte der deutschen Philologie hat die Ausgrenzung des literarischen Lebens und seiner lateinischen Sonderentwicklung im katholischen Süden wesentlich bedingt und deshalb auch gar nicht erfaßt, daß in einem breiten Spektrum von dramatischen Formen, von Texten der Gebrauchsliteratur im Umkreis der Exegese und Homiletik, der Predigtliteratur und des Kirchenliedes – jenseits aller Kritik ›barocker‹ Bildlichkeit und abseits jeglicher Allegoriediskussion – Formen und Funktionen einer allegorischen Ikonologie ins

19. Jahrhundert weitertransportiert werden und aus dieser ›Unterströmung‹ wieder auf die Ebene ›hoher‹ Literatur gelangen. Selbst in dem jetzt vorliegenden Supplementband zum Emblemata-Corpus ist die emblematische Tradition in Süddeutschland noch immer allzu fragmentarisch repräsentiert.[55]

> Es würde eine interessante Vergleichung seyn, wenn jemand aus alten Schriften heraussuchen wollte, wie seit hundert Jahren der katholische Theil Deutschlands, in Industrie, in Sitten, in Belustigung, in Schauspielen sich gegen den protestantischen Theil verhalten habe; wie ungleich die Fortschreitung in beiden gewesen, und man darf es wohl sagen, noch bis jetzt ist.[56]

Nicolais Anregung ist noch nach zweihundert Jahren ein Desiderat geblieben. Denn nur diese interessante Vergleichung könnte zeigen, wie stark das auf Allegorie und Emblematik fixierte Bildgedächtnis bestimmter Institutionen und Bildungsschichten (nicht allein auf der Ebene ›naiver‹ Volksfrömmigkeit) im 19. Jahrhundert weiterwirkt und Bildbestand und Metaphorik von Generationen prägt.

Die Goethephilologie müßte bei ihrer Interpretation des ›Prologs im Himmel‹ und des Gesanges der himmlischen Heerscharen nicht unbedingt das Vorbild des mittelalterlichen Mysterienspiels und die pansophische Symbolik der Weltharmonik bemühen, wenn sie die musikalischen Prologe und allegorischen Zwischenspiele der ›Geistlichen Schaubühne‹ von 1758 zur Kenntnis genommen hätte, wo der Figur des *Anthropus* eine *Imago* der Himmelsordnung im Gesang allegorisch gedeutet wird:

> Die Sonne läuft, nach GOttes Will,
> Im Cirkel, und steht niemals still;
> Sie läuft durch die zwölf Himmelszeichen,
> Doch ohne rechts und links zu weichen.
> O Ordnung! die der Unterwelt
> So nützet, als auch wohlgefällt![57]

Und Fausts Rückkehr zum Leben, ausgelöst durch den nächtlichen Chorgesang und die *Musica caelestis*, die »Himmelstöne« und »Himmelslieder« des Engelchores, folgt – in schöner Analogie zu Baldes Bekehrung durch nächtlichen Psalmengesang – genau dem *conversio*-Schema des allegorischen *Theatrum asceticum*. Goethes ›Considerationes‹ auf der Italienischen Reise – der Begriff der ›Betrachtung‹ hat in diesen Jahren bei ihm eine bedeutsame Veränderung und Erweiterung erfahren – verraten die optische Faszination, die das Theater der Jesuiten noch in seiner Spätphase auf einen vom Weimarer Hof anreisenden Protestanten ausstrahlte: »Der Jesuiten Tun und Wesen hält meine Betrachtungen fest.« Der Grundzug des Dekorativen, den er als planvolle Strategie »der weltlichen Sinnlichkeit« analysiert, ist sicher auch im Schauspiel des Regensburger Jesuitenkollegiums, das er Anfang September 1786 besucht, durch die Verbindung von akustischen und visuellen Elementen, von Musik und allegorischer Schaustellung bestimmt.[58]

Solche Hinweise haben nichts mit einer Erneuerung positivistischer Einflußphilologie zu tun. Sie sind als Modelle der von Nicolai geforderten »Vergleichung« zu sehen, die auch die Übergänge zwischen den beiden getrennten litera-rischen Kulturen auf allen Ebenen zu beachten hat. [59]

Auf einer Ebene, die zweifellos gelegentlich die Zone des Trivialen berührt und die Grenzen eines literarischen Provinzialismus kaum überschreitet, ist das Bild der *fracta cithara* und die Bekehrungsgeschichte Jacob Baldes im 19. Jahr-hundert weiterhin poetisch bearbeitet worden. Dabei lassen sich die Autoren wie die literarische Gattung ihrer Produktion einer überraschend einheitlichen Ty-pologie zuordnen. Es handelt sich ausschließlich um katholische Schriftsteller, die mit Ausnahme von Schücking, der allerdings 1833 in München studiert hat, im Umkreis der alten Jesuitenkollegien zwischen Amberg, Eichstätt und Neu-burg, München und Regensburg, Augsburg und Landshut die Schule besuchten oder dort selbst als Gymnasiallehrer wirkten. [60] Sie alle haben die Geschichte der zerbrochenen Laute in umfangreichen Balde-Balladen entwickelt. Dieser ›Gattungssprung‹ der *conversio*-Legende ist geradezu konsequent, wenn man deren Prädisposition für bestimmte Strukturelemente der Ballade in Zusam-menhang mit der historisch bedingten Lesererwartung analysiert: Ein nächtli-cher Sänger, der für den Lokalpatriotismus verwertbar ist, romantische Beleuch-tungseffekte und eine dramatisch zugespitzte, aber gleichwohl glückliche Kata-strophe, die – wie in den szenischen Meditationen des 18. Jahrhunderts – der *Studiosa Juventus* eine kräftige moralisierende Auslegung vermittelt. Der ›Jakob Balde‹ von Johannes Schrott (1824–1900), der von Geibel aufgrund seiner ›Poe-tischen Meditationen‹ entdeckt und gefördert wurde, ist den Lesern der von Gu-stav Brugier »für Schule und Selbstbelehrung« verfaßten katholischen Litera-turgeschichte von Auflage zu Auflage über die Jahrhundertwende hinaus als poetisches Muster weitergereicht worden. [61] Auf einer anderen Ebene antho-logischer Tradition hat Freiligrath Schückings ›Jakob Balde (1623)‹ in seine Sammlung von Dichtergedichten 1854 aufgenommen. [62]

Die romantischen Nachtszenen und Beleuchtungen vermitteln die Historia in einer Folge von Stimmungsbildern, in denen Aktion und Erregung – so das Bild des Dichters im Rahmen des Erkers – den spirituellen Bedeutungshorizont über-lagern: »Ein dräuend Bild, deß Rahmen ist der Erker.« [63]

Erhalten blieb allenfalls im ›Jakob Balde‹ von Binhack und Schrott die dialek-tische Bildlichkeit der *Musica caelestis* des Chorgesangs und der Höllenmu-sik. [64] Aber Schrott wendet sich von der durch die Musik in »ein Gottesheilig-tum« verwandelten Welt ab, und der Akt der *conversio* mündet in einen literar-historischen Exkurs, der eine aszetisch und historistisch argumentierende Apo-logie von Baldes geistlicher Dichtung lateinischer Sprache liefert. Im Kontext von lyrischer Erlebnisdramaturgie und historistischem Bewußtsein bleibt die Laute zwar als Restbestand einer *imago symbolica* erhalten, ohne in dieser ambi-tionierten Balladenwelt die Qualität eines ›Dingsymbols‹ zu erreichen.

Die Historia, die auch von der Balde-Philologie des 19. Jahrhunderts in zahl-reichen poetisierenden Varianten erbaulich weiter kolportiert wird, scheint – wie ihre dramatische Inszenierung im balladesken Handlungsablauf – allmählich

immer wichtiger zu werden als die Bild- und Bedeutungsschichten ihrer Auslegung.

Schon bei Neubig wird das von Weitenauer tradierte mythologische Bildzitat,
die bedeutungstragende Konfiguration von Helena und Paris, die antithetisch
auf die Kirche bezogen war, als rein dekoratives Element auf die Laute des Dichters übertragen.[65] Die Auflösung ins Ornamentale bezeichnet eine letzte
Phase in der Geschichte allegorischer Bildtraditionen und Denkformen.

Spätestens in der zweiten Hälfte des 19. Jahrhunderts sind in Süddeutschland
mit der Laute des Jacob Balde auch die Spiegel und Bilder ihrer allegorischen
Bedeutung endgültig zerbrochen.

Anmerkungen:

Vorliegende Untersuchung ist im Zusammenhang eines größeren Arbeitsprojekts
(›Bildgedächtnis‹ und literarische Tradition zwischen Barock und Historismus) zu sehen,
das in einem ersten Hauptteil Probleme der Ikonologie und Emblematik in der süddeutschen Jesuitenliteratur des 17. und 18. Jahrhunderts behandelt. Der Verweis darauf ist nötig, weil er die in diesem Rahmen sehr fragmentarische Erörterung des Themenkomplexes
›Allegorie und Emblematik im Rhetorikunterricht der Jesuiten‹ entschuldigen muß.

Auch die im 17. und 18. Jahrhundert geläufige Dedikation eines Traktats bedarf einer
autobiographischen Erläuterung, zumal den gelehrten Adressaten aus Sachsen mit dem
süddeutschen Jesuiten Balde, abgesehen von ihrer Münchner Lehrtätigkeit, allenfalls noch
das magische Datum des 1. Juli verbindet, an dem der bekehrte *poeta profanus* durch seinen Eintritt in den Orden, dem *sensus spiritualis* nach, seinen zweiten *dies natalis* beging.
Ich verdanke Walter Müller-Seidel die Bekanntschaft mit der ersten Phase der Rezeption
Walter Benjamins und die erste Einführung in die während der fünfziger Jahre in Heidelberg angeregte und von der jüngeren Forschergeneration weitergeführte Allegorie-Diskussion, die mit den Beiträgen von Hans Robert Jauß, Wolfgang Iser und Walter Müller-
Seidel ihren Niederschlag in der Festschrift für Walther Bulst fand. Müller-Seidel hat dort
in seinem Beitrag zu Grimmelshausens ›Simplicissimus‹ erstmals auch die kontrastierende
Allegorisierung der Dichterrolle in der antinomischen Konstellation der Figuren analysiert
und auf die »Selbstdeutung des Dichtertums in zumeist allegorischen Formen« hingewiesen, wobei er Jupiter als »Allegorie des unbeständigen Dichters« mit Simplicius als allegorischer Figuration des im religiösen Bedeutungshorizont legitimierten »sinnreichen Dichters« konfrontierte. Vgl. Müller-Seidel, S. 271–273. Daß diese allegorische Konfiguration
der Dichterrollen des *poeta profanus* und des *poeta christianus* im literarischen Leben Süd-
deutschlands noch bis ans Ende des 18. Jahrhunderts und darüber hinaus Bestand hatte,
will diese Untersuchung belegen.

 1 Friedrich Nicolai: Beschreibung einer Reise durch Deutschland und die Schweiz im
   Jahre 1781. Nebst Bemerkungen über Gelehrsamkeit, Industrie, Religion und Sitten.
   Bd. 4, Berlin u. Stettin 1784, Beylage XII. 1, S. 37–39.
 2 Ioannes Nepomucenus Mederer: Annales Ingolstadiensis Academiae. Pars II, Ingolstadii 1782, S. 238 f. – J. G. Herder: Terpsichore. Erster Theil, Lübeck 1795, S. VII, X.
 3 Mederer, S. 239: *Quantum vero in virum, & praecipue quantum in Poetam Baldeus
   euaserit, notum est apud eruditos omnes, & scripti ab eo libri satis testantur.* – Es gibt eine
   schriftliche Fixierung der mündlichen Tradition in einer Neuburger Handschrift vom
   Ende des 18. Jahrhunderts, die Mederer nicht kannte, und die 1828 über die ersten

Balde-Biographen Mengein (Die Feyer der Errichtung des Denkmales für den Dichter Jakob Balde zu Neuburg an der Donau, Neuburg 1828, S. 2) und Neubig [s. Anm. 65, S. XVII–XX] auf die Ebene der Wissenschaft und ihrer Popularisierung im 19. Jahrhundert zurückkehrte. Die Handschrift (im Besitz der Bibliothek des Historischen Vereins Neuburg) liefert im Rahmen einer ›Religions Geschichte vom Herzogthum Neuburg. Verfaßt von Herrn Decan und hiesigen unterem Stadtpfarrer J. B. Lehmair‹ eine detaillierte Beschreibung von Baldes Bekehrungsgeschichte »aus glaubwürdigen Zeugnißen« (S. 941–944). Bezeichnend für das öffentliche Interesse an der *vetus traditio* außerhalb der gelehrten lateinischen Historiographie ist die vom Patriotismus früher historischer Vereinsbildung initiierte weitere schriftliche Verbreitung der *conversio*-Legende in der Neuburger Lokalpresse: der »Kaufmann und Alterthumsfreund« Josef Graßegger, der auch dem Denkmals-Komitee angehören wird, hat bereits im September 1819 die Geschichte von der zerbrochenen Laute im Neuburger Wochenblatt (S. 163–164) abdrucken lassen. Bei einem Vergleich von Handschrift und Zeitung konnte ich die Version des Exjesuiten Johann Baptist Lehmair (1750–1824), der die mündlichen Varianten über Eichstätt (etwa die Aufführung des ›Jacobus Baldeus‹ von 1773) oder Ingolstadt erfahren und kompiliert haben dürfte (vgl. Catalogus Generalis Provinciae Germaniae Superioris et Bavariae Societatis Iesu 1556–1773, Monachii 1968, S. 241), als Quelle Graßeggers eindeutig identifizieren. Damit ist die seit Westermayers grundlegender Monographie von 1868 [s. Anm. 13, S. 250] in der Balde-Forschung verbreitete Legende von der verlorenen Handschrift der ›Historia‹ des Neuburger Jesuitenkollegs, aus der Graßegger u. a. die Anekdote der *fracta cythara* exzerpiert habe (vgl. Franz Carl Friedrich Clesca: Balde's Leben und Schriften, ein Programm, Neuburg 1842, S. 11 f., Anm. 2, 12–14), endgültig widerlegt. Die Legendenbildung beruht auf einem falsch interpretierten und mißverständlichen Hinweis von Mengein. Die Handschrift der ›Historia Collegij Societatis Jesv Neoburgi ad Istrum à prima sui origine M.DC.XIII.‹ kam zwar aus der Graßeggerschen Sammlung in den Besitz der Bibliothek des Historischen Vereins Neuburg (Hs. Nr. 947), das zum Todesjahr 1668 verfaßte umfangreiche ›Elogium P. Jacobi Balde‹, das sie enthält (S. 241–246), gibt jedoch ebensowenig einen Hinweis auf die Geschichte der *fracta cythara*, wie die Handschrift des ›Summarium de variis rebus Collegij Ingolstadiensis‹, die aus dem Besitz der Pfarrei St. Moritz in Ingolstadt (und damit wohl aus dem Nachlaß Mederers, der nach der Verlegung der Universität nach Landshut hier 1808 als Pfarrer starb) in das Diözesanarchiv Eichstätt (Hs. B 186) gelangt sein dürfte. – Ich habe die Text- und Quellenkritik der Historia-Ebene deshalb ausführlicher erörtert, weil – im Gegensatz zum literarischen Publikum der allegorischen Transformation – bei der schriftlichen Fixierung der mündlich tradierten *conversio*-Legende im Gefälle von der lateinischen Historiographie über die mit Anekdoten ausgestattete deutsche Quellensammlung (Lehmair) zur Lokal-Zeitung (Graßegger) völlig veränderte Rezeptionsschichten und Überlieferungstypen paradigmatisch zu verfolgen sind: Der Typus der lateinischen ›Historia Collegii‹ hätte die Anekdote von der zerbrochenen Laute wohl kaum der Form des Elogium integriert! – Zur Neuburger ›Historia‹ und zur literarischen Typologie der handschriftlichen Jesuitenchroniken vgl. zuletzt Hildebrand Troll: Die Neuburger Jesuitenchronik, Archivalische Zeitschrift 73 (1977), S. 51–57. – Für freundliche Hilfe bei meinen Recherchen habe ich den Herren Michael Eckstein und Roland Thiele (Neuburg) sowie Brun Appel (Eichstätt) zu danken.

4 Vgl. Günter Hess: Der Autor als Figur. Zwei Balde-Dramen des 18. Jahrhunderts, WBN 3 (1976), S. 192. – Auch die hervorragenden frühen Monographien zur Geschichte des Jesuitentheaters in München (K. v. Reinhardstöttner 1889) und Eichstätt (A. Dürrwächter 1896), die das Archivmaterial der Diarien systematisch ausgewertet

haben, liefern keine Hinweise. Beiden Forschern, die gerade die Texte des 17. Jahrhunderts entdeckt haben, ist freilich auch die Abwertung der dramatischen Aufführungsformen des 18. Jahrhunderts gemeinsam, in denen sie nur eine modische Anpassung an den von den Spielformen des höfischen Opernbetriebs geprägten Publikumsgeschmack sehen wollen.

5 4° Cod. ms. 844, fol. 315^r–316^v. Die zuletzt im Jahre 1972 restaurierte Sammelhandschrift ist noch nicht beschrieben, und ich kann eine Beschreibung im Rahmen dieser Untersuchung auch nicht nachliefern. Im Grunde handelt es sich um ein nachträglich zusammengebundenes und nur im Binnenteil chronologisch grob gegliedertes Konvolut von Texten und Materialien aus der Praxis des Grammatik- und Rhetorikunterrichts an Jesuitengymnasien der oberdeutschen Provinz. Dabei begegnet das gesamte Spektrum geläufiger literarischer Formen: von den Exercitia der Syntaxisten, über Carmina, Emblemata, Symbola, Orationes und Declamationes der Poetik- und Rhetorikklassen bis hin zu Periochenentwürfen, szenischen Kleinformen und dramatischen Großformen des Schultheaters. Als Verfasser und Schreiber der meisten Texte konnte ich Heinrich Schütz (1714–1768) identifizieren, aus dessen Besitz die Handschrift wohl auch stammt, und dessen Weg als Lehrer der Grammatik, Poesie und Rhetorik von Feldkirch (1736) über Neuburg (1737/38) und Amberg (1738/39) nach Ingolstadt aus der Handschrift zu rekonstruieren ist. Allenfalls ein besonderes Interesse an geschichtlichen Themen läßt inmitten der Alltagsroutine seiner didaktischen Anfänge auf den künftigen großen Historiker der Universität Ingolstadt schließen. Dieses historische Interesse mag auch die Abschrift des Balde-Dramas durch Schütz mit bedingt haben.

6 Zur Bedeutung von Heinrich Schütz vgl. Clemens Alois Baader: Lexikon verstorbener Baierischer Schriftsteller des achtzehenten und neunzehenten Jahrhunderts I, 2, Augsburg u. Leipzig 1824, S. 225 f.; de Backer-Sommervogel: Bibliothèque de la Compagnie de Jésus VII, Bruxelles/Paris 1896, Sp. 929–931; Bernhard Duhr: Geschichte der Jesuiten in den Ländern deutscher Zunge IV, 2, München/Regensburg 1928, S. 40 ff.; Andreas Kraus: Die historische Forschung an der Churbayerischen Akademie der Wissenschaften 1759–1806, München 1959, S. 50–53.

7 J. N. Mederer (1734–1808) dürfte bereits während seiner Studienzeit in Amberg Schüler von Schütz gewesen sein. Vgl. Th. Anselm Rixner: Geschichte der Studien-Anstalt zu Amberg. Ein Beitrag zur Geschichte der bayerschen gelehrten Schulen, Sulzbach 1832, S. 155.

8 Vgl. de Backer-Sommervogel I (1890), Sp. 1409; Catalogus Generalis Provinciae Germaniae Superioris et Bavariae Societatis Iesu 1556–1773, Monachii 1968, S. 33.

9 Die Baldeische Cither in einem Aufzug. Als die kleine akademische Congregation unter dem Titul der unbefleckten Empfångnüß Maria zu Freyburg im Breyßgau ihren Magistrat promulgierte im Monat Juni 1769. Gedruckt bey Andreas Satron, Buchdruckern und Buchhandlern. Den Hinweis auf dieses Balde-Drama, das in einem Konvolut von Periochen des 18. Jahrhunderts in der Freiburger Universitätsbibliothek (Signatur D 8153 f., fasc. Nr. 3) enthalten ist, verdanke ich Wilhelm Kühlmann, der einen Aufsatz über die Freiburger Periochensammlungen vorbereitet. Er hat mich auch auf den ›Picus Mirandulanus Phoenix Marianus‹ in den ›Exercitationes Theatrales‹ von Antonius Claus (Ingolstadt und Augsburg 1750) aufmerksam gemacht, der Pico della Mirandola, aus dessen Biographie sich wie bei Balde die Verbindung von Dichterfigur und conversio-Typus entwickeln läßt, auf die geistliche Schaubühne stellt.

10 Eine Zusammenfassung mit zahlreichen Literaturhinweisen gibt Ludwig Koch: Jesuiten-Lexikon, Paderborn 1934, Sp. 1018–1023 (Artikel ›Kongregationen‹).

11 JACOBUS BALDEUS SCENAE PARTHENIAE ARGUMENTUM, CUM CON-

GREGATIO ACADEMICA LITERATORUM NOVUM MAGISTRATUM PROMULGARET. EUSTADII MENSE JUNIO Anno MDCCLXXIII. Formis Straussianis (Diözesanarchiv Eichstätt, Sign. C 8 u).

12 L. Paulussen: Art. ›Marianische Kongregation‹, LThK 7, Sp. 50f. (mit dem Hinweis auf die Forschungen Hugo Rahners, der die geistesgeschichtliche Bedeutung des Kongregationswesens untersucht hat).

13 Georg Westermayer: Jacobus Balde, sein Leben und seine Werke. Eine literärhistorische Skizze, München 1868, S. 247: »Bei der bekannten Erbärmlichkeit des Jahrhunderts in bezug auf Sitte, Kunst und Geschmack, bei der herrschenden undeutschen Gesinnung und Politik, unter dem Einfluße der liederlichen französischen Hoffeste konnte ein so ernster patriotischer Seher wie Balde nur lästig sein und man ließ ihn wie mit ängstlicher Scheu in seinem lateinischen Grabe schlummern.«

14 Zur Diskussion über die geplante Balde-Edition (de imprimendis Baldeanis operibus) vgl. Franciscus Lang: Epistolae Familiares, Monachii 1725, S. 429f. – Die Münchner Gesamtausgabe ist erst einige Jahre nach dem Tode Langs (1654–1725) erschienen: R. P. Jacobi Balde è Societate Jesu Opera Poetica Omnia magnam partem nunquam edita; è MM.SS. Auctoris nunc primùm collecta, et in Tomos VIII. distributa. Monachij 1729. – Franciscus Lang: Dissertatio de Actione Scenica, cum Figuris eandem explicantibus [...] Accesserunt imagines symbolicae pro exhibitione & vestitu theatrali. Monachii 1727.

15 Opera poetica omnia VII, S. 382–384. – Zur Druckgeschichte der ›Olympia sacra‹ vgl. Westermayer [s. Anm. 13], S. 256, und Rudolf Berger: Jacob Balde. Die deutschen Dichtungen, Bonn 1972, S. 29, 234, 236.

16 Martin Müller: ›Parodia Christiana‹. Studien zu Jacob Baldes Odendichtung, Zürich 1964. – Wichtig auch die differenzierten Bild-Analysen von U. Herzog.

17 Die Zitate aus Simon Mairs Leservorrede in: Opera poetica omnia VII, S. 326–330. Hier auch der Verweis auf den mit dem mariologischen Bildprogramm verknüpften Spiritualsinn des Hohenliedes, den Besenellas Balde-Drama aufnimmt: Cur Epicedia ploremus; cum liceat caelestì Salomonis Epithalamo accinere? (S. 327) – Gerade die Kontamination von mythologischer und biblischer Bildebene, die zur Spiegelung der historia profana in der historia sacra noch deren Allegorese ikonologisch verwertete, war für Nicolai ein Ärgernis: »Einen solchen Unsinn mit Methode, ein solches Schauspill mit seinem Vorspill, Unterspill, und Nachspill, einen solchen Abraham und Isaak, mit Perseus und Andromeda vereinbart, stellt man sich jetzt kaum als möglich vor; und doch ward dieser Unsinn [...] vor einer sehr ansehnlichen Gesellschaft von Zuschauern wirklich aufgeführt.« Nicolai [s. Anm. 1], S. 564f.

18 Iacobi Balde è Societate Jesu Sylvarum Libri VII. Monachii M.DC.XLIII., S. 218–221. Herders Übertragung [s. Anm. 2], S. 211–214, verschiebt bereits im Titel ›Das Götterleben‹ die Bildebenen und belegt vor allem in der Transformation der Schlußstrophe den im protestantischen Norden überhaupt nicht vorhandenen oder durch die Aufklärung völlig ›restringierten Code‹ der allegorischen Bedeutungssprache: »Tauche, mein Gesang, den Dichter, tauch' ihn ganz in dieses Meer.«

19 Der Kupferstich mit der Verkehrung der Daphne-Ikonologie ist in der Erstausgabe der ›Sylvae‹, S. 170 zu finden. – Die von Nicolai ebenfalls geschmähte ›Idea Poeseos‹ von Franciscus Neumayr (Ingolstadii 1751), die in weiteren Auflagen nachgedruckt wird, kann das terminologische Spektrum allegorischer und emblematischer Formen in der Theorie und Praxis des Rhetorikunterrichts um die Mitte des 18. Jahrhunderts belegen. Lang hat die Begriffe Symbola, Emblemata oder Imagines symbolicae relativ sorglos nebeneinander verwendet, Unschärfen und Übergänge jedoch in der Leservorrede zum ›Theatrum Affectuum Humanorum‹ (Monachii 1717) demonstrativ reflek-

tiert: *Istud, Amice Lector, rogatum te velim, ne offendaris emblematum nomine, quae crebro ibidem notata deprehendes, si illa ad rigorem legum symbolographicarum non elaborata cognoveris. Causam illorum accipe.* Die Funktionalität rechtfertigt letzten Endes das theoretisch nur mangelhaft ›elaborierte‹ und definierte Bildsystem. Dagegen ordnet Neumayr alle Formen von *Fictio (Fictio historica, Fictio moralis nova, Fictio moralis antiqua* und *Fictio emblematica),* die Typen der *Symbola* und die Typologie des *Emblema (naturale, fabulosum, historicum, artificiale, chimaericum)* der *Poesis delectans* zu und beschränkt den Begriff des Allegorischen innerhalb der *Poesis docens* auf die Sonderform der *Lusus allegorici,* die der von Nicolai verspottete Sautelius durch seine Wirkungsgeschichte noch im 18. Jahrhundert als Gattungsmodell gewissermaßen monopolisiert hatte.

20 Michael Pexenfelder: Ethica Symbolica e fabularum umbris in veritatis lucem varia eruditione noviter evoluta. Monachii M.DC.LXXV., S. 1–5.

21 Philippus Picinellus: Mundus Symbolicus, in emblematum universitate formatus [...] Nunc vero justo volumine auctus & in Latinum traductus à R. D. Augustino Erath. Tomus primus. Coloniae Agrippinae M.DC.LXXXI., S. 154–155. – Iacobus Masenius: Speculum Imaginum Veritatis occultae. Editio nova. Coloniae Ubiorum M.DC.LXIV., S. 334 f., 669. (Das von mir benutzte Exemplar der Bayerischen Staatsbibliothek ist noch 1725 als *Praemium* in der *Syntaxis Maior* verliehen worden.)

22 Wie die ›Olympia sacra‹ sind auch die ›Odae Partheniae‹ Baldes 1648 bei Straub in München gedruckt worden. Vor allem diese Anthologie, die in der Freiburger Perioche zitiert wird, steht in einem funktionalen Zusammenhang mit der Literarisierung des Marienkults in den Kongregationen. Vgl. Maximilian Vincenz Sattler: Geschichte der Marianischen Congregationen in Bayern, München 1864. – Auch die Wirkungsgeschichte Baldes im Schulbetrieb des 18. Jahrhunderts wird durch das Verteilungssystem der *Praemia* gefördert. Es gibt für den Schulgebrauch nachgedruckte Ausgaben (*In commodiorem Studiosae imprimis Juventutis usum*), die – wie ein Exemplar des Kölner Drucks der Oden, Epoden und Silvae von 1720 (Dombibliothek Freising, Sign. 77 168) – als *Praemium* des Jahres 1753 bis 1783 innerhalb einer Familie als Studienlektüre weiter benutzt werden.

23 »Jacob Balde, ein Elsaßer, und unter den Deutschen der beßte Dichter, erscheinet auf der Bühne. Er hörte die Rechten zu Ingolstadt in Baiern; doch vergaß er dabey seine Poesie nicht: und er glaubte dazu, wie viele, ihre Wesenheit bestünde im Lieben. Er als ein junger Akademiker, unvergleichlicher Poet, und zimmlicher Musikant dörfte nicht lang um eine Muse sorgen, bey der er seine schönsten Stücke anbringen möchte. Dazumal erkannt er das elende Zeug der eitlen Liebe noch nicht; nachmals aber davon überführt, beschloß er bey sich, niemand andern, als der seligsten Jungfrau seine Verse, und sein Herz zu widmen. Und dieß ist die Handlung, die vorgehen soll; woraus man so viel zum Unterricht der Sitten nehmen kann: es ist besser, die Poesie und Poeten wegwerfen, wenn wir nichts als Weibereyen darinn genehm halten. Eben so macht es Balde mit seiner eigenen Musik; die wir beydrucken, und er in der prosaischen Handlung selbst bereut, und verdammt. Nur dazumal nach seiner Veränderung sang Balde schön, als er sein Lied also an Maria richtete.«

Es folgt die deutsche Übertragung der letzten Zeilen der 48. Ode, die das erste Buch der ›Lyrica‹ beschließt. Aber nur das lateinische *Argumentum* spielt auf das ›Celeusma Marianum‹ an, mit dem das zweite Buch der ›Lyrica‹ beginnt, und das auch im mariologischen Bildsystem der ›Odae Partheniae‹ als *Allegoria* wieder erscheint, die *ex SS. Litt.* entwickelt wird.

24 Sie sind ja doch so böse nicht.
Man malt die Tugend auch mit einem Weibsgesicht.

25 *Felices, quibus alma parens natura*
    De meliore luto praecordia finxit.
                    ODE.
    Miserorum est, nec amari, nec amare:
    Tibi partem meliorem, tibi pectus,
    Tibi versus amor omnes, tibi totum dico plectrum.

26 ›De Vanitate Mundi Poema‹, Kapitel XXXIX, in: Opera poetica omnia VII, S. 82–84.

27 Die Geschichte der christlichen Ikonographie kennt Salomon freilich auch als negative Exempelfigur. In einer Handschrift der Bayerischen Staatsbibliothek (Clm 27271, Fasz. 3) ist sogar eine signierte Handzeichnung Baldes zu finden, die als emblematisches Titelblatt das Bildprogramm einer Affixio zum Thema *De dei et mundi amore* eröffnet [Abb. 3]. Der *Rex Salomon* figuriert in diesem Bildsystem als Typus des *amor mundanus*, dem das Lemma *Sapientia cessit Amori* zugeordnet wird. Vgl. G. Hess: Der Autor als Illustrator. Emblematische Handzeichnungen von Jacob Balde?, WBN 3 (1976), S. 192 f. – Es fällt auf, daß Hieronymus Lauretus diese Interpretationsvariante nur sehr verschlüsselt angedeutet hat. Vgl. Hieronymus Lauretus: Silva Allegoriarum totius Sacrae Scripturae. Barcelona 1570. Fotomechanischer Nachd. d. zehnten Ausg. Köln 1681. Einleitung von F. Ohly, 1971, S. 888. – Vgl. Art. ›Hoheslied‹ in: LCI 2, Rom/Freiburg/Basel/Wien 1970, Sp. 308–312, und Art. ›Salomo‹, ebd., Bd. IV (1972), Sp. 15–24.

28 Die Zitate fol. 316ʳ, 316ᵛ, 315ᵛ. Vgl. Opposition und Verbindung der Bild- und Bedeutungsschichten in den Arien des *Amor Parthenius* und des Sängers Salomon (fol. 315ᵛ, 316ᵛ):

    Quam suavior Parthenia   *O Pulcra ut Luna*
    Jn corde sonat cythara,   *Tu mea es una,*
    Quam animant castissima   *In cuius fronte aurea*
    Coelestis Agni viscera.   *Quiescunt coeli sidera*
    Sed nunquam pulsat suavius   *Et gaudent respirare.*
    Amoris Symphonia: *Te unam cantabo,*
    Quam si absorpta penitus   *Cantando amabo:*
    Expirat in Maria.   *Nec prius cesset Musica,*
                                        Quam desinat arteria
                                        Me vivum indicare.

29 Jacobus Boschius: Symbolographia sive de Arte Symbolica sermones septem. Augustae Vindelicorum & Dilingae MDCCI. – Das Handexemplar des Münchner Professors der Rhetorik ist in der Bayerischen Staatsbibliothek vorhanden.

30 Lang, Dissertatio, S. 105–106: *Facile inspectis his symbolicis imaginibus poterit Choragus ingeniosum elicere conceptum, quo rem quamlibet suis cum adjunctis, causis, effectis &c. cum apparatu simul & grato spectaculo producat. [...] Et quamvis longe plura his symbolis adjungi potuissent; sufficient tamen ista, ad quorum imitationem facile alia aliaque excogitari poterunt.*

31 Lang, Epistolae Familiares, S. 418–420 (*De Symbolographia quid sentiat*).

32 Die Institution der Schule, die Schematisierung der ›Idea Poeseos‹ oder das ständisch gegliederte Kongregationswesen reflektieren lediglich den funktionellen Spielraum von Varianten auf einer Ebene. Es gibt jedoch auch den Zusammenhang des Bilderkanons der szenischen Meditationen mit dem allegorischen Bildbedarf der ›volkstümlichen‹ Spielpraxis, der nirgends eindrucksvoller nachgewiesen werden kann als in der Rezeptions- und Wirkungsgeschichte von Fedinand Rosners ›Passio Nova‹ (1750), die auch die Konzeption neuer allegorischer Intermedien und *Considerationes* in der Spieltradition des frühen 19. Jahrhunderts prägt.

33 ›Lobgesang auf Maria. Von Balde, nach dem deutschen Museum‹, in: Des Knaben Wunderhorn. Alte deutsche Lieder, gesammelt von L. Achim von Arnim und Clemens Brentano. Vollständige Ausg. nach d. Text d. Erstausg. von 1806/1808, München 1977, S. 119–122. – Ignaz Weitenauer: Symbolica, Epigrammata, Lapidaria, Libri III, Augustae Vind. & Frib. Brisg. MDCCLVII, S. 156–158.

34 Ebd., S. 156 f.: *Currus falcatus: in quo erectae sarissae lauro vestiuntur, & lyram, ac tubam, cum sylvestri seu venatorio Cornu sustinent, appenso insigni Numismate aureo.*

35 Wichtig ist vor allem der zweite Band seiner ›Miscella Literarum Humaniorum‹ (Augustae Vindelicorum et Friburgi Brisgojae M.DCC.LIII.), der zu den emblematischen Bildprogrammen der ›Symbolica‹ (›Pallas, Emblemata, ad ornandam Bibliothecam‹, S. 163–182, ist ein repräsentatives Beispiel) die theoretischen Überlegungen ›De Symbolis et Emblematis‹ (S. 400–439) liefert.

36 I. Weitenauer: Q. Horatii Flacci Ars Poetica. Augustae Vindel. & Friburgi Brisgoiae M DCC LVII, S. 2.

37 Pexenfelder [s. Anm. 20], S. 449–461.

38 [Franciscus Neumayr]: Conversio S. Augustini. Argumentum quinque Meditationum, quas Congregatio Latina Major […] instituit. Monachii M.DCC.XXXIX.

39 Geistliche Schaubühne, oder: Der Heilige Augustin in seiner Bekehrung. Aus dem Lateinischen des Herrn P. Franz Neumayr […] in deutsche Verse übersetzt von Johann Andree Schachtner. Augsburg und Innsbrugg 1758. Der lateinischen Regieanweisung in der vierten ›Meditatio‹ (fol. Cʳ) entspricht der geistliche Lustgarten der deutschen Fassung: »Die neulich überwundenen Laster empören sich auf das neue wider ihren Sieger. Er schlägt sie aber mit Beyhilfe der Liebe GOttes gänzlich auf das Haupt. Der Streitplan wird hernach von der Liebe GOttes in einen wahren Wohllustgarten verwandelt.« (S. 288)

40 Ich zitiere nach der zweisprachigen Ausgabe der ›Confessiones‹ von Joseph Bernhart (München 1960), S. 412–414. Das folgende Zitat ebd., S. 512.

41 Geistliche Schaubühne, S. 1 (Vorbericht).

42 Westermayer [s. Anm. 13], S. 245–246, zitiert auch die auf die *M. Scripta P. Jacobi Balde* bezogene Inschrift des Schreins:

> *Alsatico Vati, quando haec mortalia liquit,*
> *Structurus tumulum, si licuisset, eram.*
> *Reliquiis saltem, tanti post fata Poetae,*
> *Quam struxi, Thalamum lignea cista dabit.*
>
> F. L. *Bibliothecarius 1724.*

43 Franciscus Lang: Theatrum Solitudinis Asceticae, sive doctrinae morales per considerationes melodicas ad normam sacrorum Exercitiorum S. P. Ignatii compositae. Monachii 1717, fol. (2)ᵛ–(3)ʳ. Theatrum Affectuum Humanorum [s. Anm. 19], fol. (3)ᵛ: *Nam cur id velim? Compositiones scenicas, auribus factas & animis, non lento examine trutinandas; literas, inquam, mortuas, viva voce, actione, Musicâ, vestium & scenarum apparatu destitutas.*

44 Vgl. Reinhold Hammerstein: Die Musik der Engel. Untersuchungen zur Musikanschauung des Mittelalters, Bern/München 1962. Ders.: Diabolus in Musica. Studien zur Ikonographie der Musik im Mittelalter, Bern/München 1974. – Rolf Dammann: Der Musikbegriff im deutschen Barock, Köln 1967 (vor allem das 5. Kapitel über ›Mythologische, naturphilosophische und theologische Vorstellungen‹, S. 397–476, das die allegorische Bedeutungsebene musikalischer Formen von der Dreiklangsemblematik bis hin zur Zahlensemantik behandelt, sollte von der Literaturwissenschaft kritisch rezipiert werden). – Vgl. Bandmann, 1960, S. 104.

45 Theatrum Solitudinis [s. Anm. 43], fol. [(4)]ᵛ: *Habet illa [Musica] nescio quid amabilis*

violentiae, qua dominari solet audientium animis, eosque modulorum suavitate fascinatos, in sui amorem trahere. Isto quasi canali robustae veritates, & vitae Christianae principia in mentes hominum leniter influunt, & amaenitate cantûs instillatae, fortius haerent in affectu, & memoria; unde per moram illustratus intellectus, ipsam quoque voluntatem, modulaminis titillatione devinctam, in agnitae veritatis amorem, & virtutis aemulationem abripiat; qui unus nostri laboris scopus & finis est.

46 *Istud enim illis proprium est, ut ad honestatem componant animos, vel comparatos ad illius amorem alliciant. Unde non raro accidit, ut, quod ipsa quandoque nuda veritas verborum, & sententiarum pondere praestare non sufficit, modulorum gratijs quasi phalerata, potenter efficiat.*

47 *Quare cantillare si lubet, has odas recine, quas genio tuo, & dispositioni animi aptiores inveneris. Habes hîc serias, graves, horridas ad timorem; habes & amaenas, mites, & suaves ad sanctum amorem. Si cantare vel non noveris, vel non velis, tacitâ mente rhythmos perlege, & ijsdem utere ad Pietatem. [...] Fruere affectibus tuis, & inter illos mei memoriam ad Superos habe.*

48 *Novimus, quantum valeant salaces odae ad inhonesta: & minus liceat innocentibus ad probitatem? Succedant lascivis cantiones purae, mollibus seriae, turpibus honestae; & erit, ut expulsis vitiorum illecebris, bene canentium ad chorum saliat modestia.*

49 Pexenfelder [s. Anm. 20], S. 177–180, 319–329.

50 De Vanitate Mundi Poema [s. Anm. 26], S. 131–133. In diesem 67. Abschnitt spielen die lateinischen Paraphrasen auch das System der Töne und ihrer Bezeichnung gewissermaßen als akustische Semantik der Vanitas durch.

51 Vgl. Anm. 27: Es handelt sich um fol. 40 und fol. 21 der Affixio-Serie. Balde hat die Ikonographie der *tympana mundi* im Titelblatt zur ›Batrachomyomachia‹ (München 1647) übernommen. Der Ausschnitt aus dem Titelkupfer Wolfgang Kilians [Abb. 5] belegt in allen Details die spätere Verwendung von emblematischen Elementen als Bildzitate aus der Praxis des Rhetorikunterrichts: Die Handschrift dient als Vorlage einer sonst nicht nachgewiesenen *pictura*, die das ›Tympanon‹-Thema ins Tympanon-Feld des architektonischen Rahmensystems setzt. Zum anderen läßt sich hier einmal die entscheidende Mitwirkung des Autors bei der Inventio der Titelikonographie wie der Illustration seiner Werke eindeutig nachweisen.

52 Lang: Theatrum Solitudinis [s. Anm. 43], S. 245–255, hier S. 252.

53 Hîeronymus Lauretus [s. Anm. 27], S. 238.

54 Sylvarum Libri VII [s. Anm. 18].

55 Man vergleiche etwa die Exponate der Jahresausstellung 1977 des Graphischen Kabinetts im Stift Göttweig, die von P. Gregor Martin Lechner aus den reichen Beständen der Klosterbibliothek und der graphischen Sammlung zusammengestellt wurden und das verfügbare ikonologische Inventar einer geistlichen Bibliothek im 17. und 18. Jahrhundert dokumentieren: Emblemata. Zur barocken Symbolsprache, Stift Göttweig 1977.

56 Nicolai [s. Anm. 1], S. 565.

57 Geistliche Schaubühne [s. Anm. 39], S. 371.

58 Goethes Werke (Hamburger Ausg.), XI, S. 10–11: »Ich verfügte mich gleich in das Jesuitenkollegium, wo das jährliche Schauspiel durch Schüler gegeben ward, sah das Ende der Oper und den Anfang des Trauerspiels. [...] Auch diese öffentliche Darstellung hat mich von der Klugheit der Jesuiten aufs neue überzeugt. Sie verschmähten nichts, was irgend wirken konnte [...].«

59 Die Druckgeschichte des oben erwähnten ›Drama musicum‹, das Allegorie und Satire verbindet, dokumentiert einen sehr heterogen motivierten Rezeptionsverlauf auf verschiedenen Ebenen der beiden literarischen Kulturen. Ich möchte an anderer Stelle die

Rezeptionsgeschichte dieses Textes analysieren, der die Konfrontation zwischen altem Glauben und neuer Aufklärung – beinahe im Sinne der von Nicolai geforderten »Vergleichung« – aus süddeutsch-jesuitischer Perspektive *per allegoriam* inszeniert und damit noch vor der Aufhebung des Ordens Theaterskandal und Aufführungsverbot provoziert. Die allegorischen Musikszenen sind nicht zuletzt deshalb interessant, weil sie sogar im Weimar der Goethezeit nachgedruckt wurden.

60 Auf die Balde-Balladen von Schücking (1814–1883), Schrott (1824–1900), Binhack und Gottschalck bin ich bei der Untersuchung von Anthologie-Problemen im 19. Jahrhundert eher zufällig gestoßen. Es ist also durchaus möglich, daß sich im Umkreis des isolierten und kaum beachteten Literaturbetriebs im katholischen Süden und vor allem auf der Ebene literarischer Lokalgrößen und dichtender Philologen die bibliographischen Nachweise noch beträchtlich erweitern lassen. – Levin Schücking: Jakob Balde (1623), in: Gedichte, Stuttgart u. Tübingen 1846, S. 45–47. – Johannes Schrott: Jacob Balde zu Ingolstadt, in: Aurora, Freiburg im Breisgau 1854, S. 248–250. Nachdr. in: Dichtungen von Johannes Schrott. Mit einem Vorwort von Oscar von Redwitz, Mainz 1860, S. 88–90. Dieses Vorwort von Redwitz behandelt am Beispiel Schrotts vor allem das heikle »Thema der katholischen Literatur« (S. III–VIII). – Franz Binhack: Jacob Balde, in: Reime und Träume, Neuburg 1869, S. 72–75. – Gottschalck von Regensburg [Friedrich Gottschalck]: Jakob Balde, in: Bayerns Helden- und Balladenbuch [4. Lieferung], Regensburg 1867, S. 54–56.

61 Gustav Brugier: Geschichte der Deutschen Literatur. Nebst kurzgefaßter Poetik. Für Schule und Selbstbelehrung, Freiburg [11]1904, S. 567–568 (Freiburg [10]1898, S. 601–602).

62 Ferdinand Freiligrath: Dichtung und Dichter. Eine Anthologie, Dessau 1854, S. 363–364.

63 Ebd., S. 364:

> Und nun ein Schlag und ein gewalt'ger Klang,
> In seinem Spiel ein hallendes Gestöhne;
> Am Boden liegt's und jeder gold'ne Strang
> Stieß schreiend aus den letzten seiner Töne.

64 »Gleich dem sel'gen Engelchor/Jauchzend hoch emporgetragen/Schwebt das Lied und sinkt in Klagen/Zitternd an der Hölle Thor.«

65 Joh. Bapt. Neubig: Bavaria's Musen in Joh. Jak. Balde's Oden, München 1828, S. XIX. Auch im Historienbild des 19. Jahrhunderts besitzt das Bildzitat des Musikinstruments keine allegorische Bedeutung mehr, es wird zum Medium eines ausschließlich literarhistorischen ›Bildsinns‹. In Wilhelm von Kaulbachs ›Zeitalter der Reformation‹, das den Zyklus der Berliner Museumsfresken beschließt, finden wir Balde unter den humanistischen Dichtern um die Trümmer der Antike gruppiert: »Das Birett auf dem Haupte und mit der Sutane bekleidet, neigt er sich vom äußersten Rande, wie mit hastiger Sehnsucht, in's Bild herein, um prüfend die Lyra anzuschlagen, die ein liegender Musentorso im Arme hält.« Dies ist eine pointierte, aber höchst säkulare Illustration literarischer Rezeptionsgeschichte! Vgl. Westermayer [s. Anm. 13], S. 251, und Franz Löher: Historische und biographische Erläuterungen zu Wilhelm von Kaulbach's Zeitalter der Reformation, Stuttgart 1863, S. 7, 35. – Balde selbst hatte die Vanitas der antiken Dichtung im Bild der entjungferten Daphne und – wiederum – der zerbrochenen Laute ›bezeichnet‹: De Vanitate Mundi Poema [s. Anm. 26], S. 86.

> *Daphne, desiit esse virgo Daphne.*
> *Sunt fractae citharacque tibiaeque.*

Die »zarte Differenz«

Symbol und Allegorie in der ästhetischen Diskussion zwischen Schiller und Goethe

Von Bengt Algot Sørensen (Odense)

Schillers ästhetische Schriften, Goethes Aussagen über Symbolik, die Begegnung und der Gedankenaustausch der beiden Klassiker sind seit langem Gegenstand eines regen Forschungsinteresses. Das hier zur Debatte stehende Thema ist dagegen meines Wissens noch nie behandelt worden, wahrscheinlich deshalb nicht, weil die Frage nach dem Unterschied zwischen Symbol und Allegorie weder in dem Briefwechsel zwischen Schiller und Goethe noch in den ästhetischen Schriften Schillers erörtert wird. Aus einer späteren Maxime Goethes (s. u.) wissen wir aber, daß die Frage mündlich diskutiert wurde, und daß darüber zwischen den beiden Uneinigkeit herrschte. Wir wissen auch, daß Goethe zur Zeit seiner intensivsten Auseinandersetzung mit den philosophischen und ästhetischen Ansichten des Kantianers und Dichterfreundes Schiller nicht nur zur Einsicht in das Charakteristische seines eigenen künstlerischen Schaffens, sondern auch zur inhaltlichen und terminologischen Unterscheidung zweier von ihm als symbolisch beziehungsweise allegorisch bezeichneten Bildtypen gelangte. Dies war das Ergebnis des Jahres 1797 [1]. Goethes Gebrauch dieser beiden Wörter wurde allerdings nur von einem Teil der Zeitgenossen anerkannt und übernommen. Unverständnis und Ablehnung waren vielmehr die typischen Reaktionen, nicht zuletzt unter den Romantikern. Nur in dem engeren Freundeskreis um Goethe hat man sich um 1800 mit diesen Begriffen befreunden können. In unmittelbarer Anlehnung an Goethe wurden sie von Heinrich Meyer, vor allem in seinen ausführlichen Anmerkungen zur großen Winckelmann-Ausgabe 1808, sowie von Wilhelm von Humboldt in Briefen und Aufsätzen und vor allem von Schelling zur Zeit seines engen freundschaftlichen Verkehrs mit Goethe benutzt. Bemerkenswert, ja auffallend ist die Tatsache, daß der sonst so gern in antithetischen und dialektischen Begriffspaaren denkende Schiller Goethes Gegenüberstellung des Symbols und der Allegorie ignorierte und sich dieser Terminologie niemals bedient hat. Das Schweigen Schillers war gewiß kein Ausdruck der Gleichgültigkeit, sondern vielmehr der einer grundsätzlichen Uneinigkeit. Umgekehrt kann man Goethes berühmte, nach Schillers Tod publizierte Definitionen als die polemische Fortführung einer zu Schillers Lebzeiten nicht abgeschlossenen Diskussion lesen.

Dafür spricht vor allem eine der bekanntesten Maximen Goethes, die im Jahre 1825 in dem Heft von ›Kunst und Altertum‹ erschien, in dem er zugleich den ersten Teil seines Briefwechsels mit Schiller veröffentlichte. Sie lautet so:

Mein Verhältnis zu Schiller gründete sich auf die entschiedene Richtung beider auf einen Zweck, unsere gemeinsame Thätigkeit auf die Verschiedenheit der Mittel, wodurch wir jenen zu erreichen strebten.

Bei einer zarten Differenz, die einst zwischen uns zur Sprache kam, und woran ich durch eine Stelle seines Briefs wieder erinnert werde, macht' ich folgende Betrachtungen.

Es ist ein großer Unterschied, ob der Dichter zum Allgemeinen das Besondere sucht oder im Besonderen das Allgemeine schaut. Aus jener Art entsteht Allegorie, wo das Besondere nur als Beispiel, als Exempel des Allgemeinen gilt; die letztere aber ist eigentlich die Natur der Poesie, sie spricht ein Besonderes aus, ohne an's Allgemeine zu denken oder darauf hinzuweisen. Wer nun dieses Besondere lebendig faßt, erhält zugleich das Allgemeine mit, ohne es gewahr zu werden, oder erst spät.

Der entscheidende Satz dieser Maxime, die mit dem Anspruch auftritt, die rückschauende Wiedergabe einer Replik Goethes an Schiller zu sein, ist zweifellos dieser: »Es ist ein großer Unterschied, ob der Dichter zum Allgemeinen das Besondere sucht oder im Besonderen das Allgemeine schaut«, denn von ihm leitet sich alles andere ab. Der Satz besagt folgendes: der symbolisierende Dichter, nach Goethe der ›echte‹ Dichter, s c h a u t im Besonderen das Allgemeine, in der realen Erscheinung die Idee. Er s u c h t nicht, sondern er s c h a u t, d. h. sein Wille und Bewußtsein spielen im Moment der Perzeption keine aktive Rolle; er verhält sich intuitiv im ursprünglichen Sinne dieses Wortes. Dies setzt aber voraus, daß das Allgemeine in dem Besonderen noch vor dem Schauen schon enthalten ist, daß also die Idee den sinnlichen Erscheinungen der Gegenstandswelt innewohnt. Dies entspricht durchaus dem Realitätsbegriff Goethes. – Der allegorisierende Dichter dagegen s u c h t zum Allgemeinen das Besondere, d. h. sein Ausgangspunkt ist das Allgemeine oder die Idee, für deren Darstellung er die sinnlich-individuelle Erscheinung braucht. Das Allgemeine ist bei ihm das Produkt seines subjektiven Bewußtseins; es muß in seinem Geist da sein, bevor er sich auf die Suche nach dem Besonderen begibt, denn sonst könnte er es ja nicht s u c h e n. Die Maxime enthält also nicht nur eine Aussage über das Verhältnis zwischen dem Besonderen und dem Allgemeinen, sondern impliziert auch die Frage nach dem Verhältnis zwischen Subjekt und Objekt, Idee und Erfahrung. In der betreffenden Maxime stellt Goethe zwei dichterische Verhaltensweisen auf, die beide eine Verknüpfung des Besonderen mit dem Allgemeinen anstreben, deren verschiedene Wege aber verschiedene Resultate, nämlich Symbol und Allegorie, bewirken. Von einem Gleichgewicht oder gar von einer Dialektik zwischen diesen beiden Bildformen kann keine Rede sein, da das Symbol mit der »Natur der Poesie« schlechthin identifiziert wird, die Allegorie dagegen auf die nicht-poetische Sphäre des Verstandes und der diskursiven Erkenntnis beschränkt bleibt.

Da die Maxime nach Goethe einer »zarten Differenz« der beiden Freunde – wie es mit einem für Goethe charakteristischen understatement heißt – entsprang, sind wir zu der Annahme berechtigt, daß Schiller die Auffassung Goethes nicht teilte. – Wir wollen im Folgenden versuchen, die Voraussetzungen dieser »Differenz« und die damit verbundenen grundsätzlichen, ästhetischen Fragen bloßzulegen: Am Anfang der eigentlichen Begegnung Schillers und Goethes steht bekanntlich das Gespräch zwischen den beiden nach einem Vortrag in der Naturforschenden Gesellschaft in Jena. Goethe berichtet darüber: »Wir gelangten zu seinem Hause, das Gespräch lockte mich hinein; da trug ich die Metamorphose der Pflanzen vor und ließ, mit manchen charakteristischen Federstrichen, eine symbolische Pflanze vor seinen Augen entstehen. Er vernahm und schaute alles mit großer Teilnahme, mit entschiedener Fassungskraft; als ich aber geendet, schüttelte er den Kopf und sagte: Das ist keine Erfahrung, das ist eine Idee. Ich stutzte, verdrießlich einigermaßen: denn der Punkt, der uns trennte, war dadurch aufs strengste bezeichnet. [...] Ich nahm mich aber zusammen und versetzte: Das kann mir sehr lieb sein, daß ich Ideen habe, ohne es zu wissen, und sie sogar mit Augen sehe.« Goethe schließt den Bericht mit folgenden Worten: »[...] und so besiegelten wir, durch den größten, vielleicht nie ganz zu schlichtenden Wettkampf zwischen Objekt und Subjekt, einen Bund« [2]. Die Differenz zwischen beiden Geistesstrukturen wird hier in den denkbar kürzesten Ausdruck zusammengedrängt: Was Goethe als Urpflanze oder »symbolische Pflanze« in der Natur zu sehen meint, sei es als anschaubares Individuum oder als ein innewohnendes Formungsgesetz, bezeichnet Schiller als eine Konstruktion des Ichs. Der Bezug zu den in der Maxime beschriebenen beiden Verfahrensweisen liegt nahe, denn die symbolische Pflanze war schon damals für Goethe ein Beweis dafür, daß er im Besonderen das Allgemeine s c h a u e n könne, während Schillers Einwand letzten Endes darauf hinausläuft, daß dies Allgemeine, die symbolische Pflanze, ein Produkt des Denkens und also eine Idee sei, zu der nachträglich das Besondere als Exempel und Illustration g e s u c h t werden müßte.

Auf dieses Gespräch folgte dann Schillers bekannter Brief vom 23. August 1794, in dem er die Geistesart Goethes der eigenen gegenüberstellt, und zwar so, daß sich aus dieser Gegenüberstellung ein dialektischer Gegensatz ergibt, der mit innerer Logik auf seine höhere Synthese dringt. Schiller bezeichnet in diesem Brief sich selbst als »den speculativen Geist, der von der Einheit« und Goethe als den »intuitiven, der von der Mannigfaltigkeit ausgeht«. Weiter lesen wir, daß der intuitive Geist es nur mit Individuen, der spekulative Geist es nur mit Gattungen zu tun habe; in der Sprache von Goethes späterer Maxime heißt dies, daß Goethe als der schauende von dem Besonderen, Schiller dagegen als der spekulative Geist von dem Allgemeinen ausgeht. Wie sich diese beiden Typen nach Schillers Meinung zueinander verhalten, geht aus folgenden Sätzen hervor: »Zwar hat der intuitive Geist nur mit Individuen und der speculative nur mit Gattungen zu tun. Ist aber der intuitive genialisch, und sucht er in dem Empirischen den Charakter der Notwendigkeit auf, so wird er zwar immer Individuen, aber mit dem Charakter der Gattung erzeugen; und ist der speculative Geist genialisch, und verliert er, indem er sich darüber erhebt, die Erfahrung nicht, so wird er zwar immer nur Gattungen, aber mit der Möglichkeit des Lebens und mit gegründeter Beziehung auf wirkliche Objekte erzeugen.« – Sehr geschickt hat Schiller hier die Charakteristik der beiden Typen mit seiner persönlichen Werbung um Goethes Gunst verknüpft, indem er Goethe davon zu überzeugen versuchte, daß sich diese beiden Typen und Verfahrensweisen – unter der Voraussetzung des »Genialischen« – mit innerer Notwendigkeit in einem Bereich der höheren Synthese begegnen müssen.

Diese Gedankengänge werden in Schillers gleichzeitig entstandener und 1795 erschienener Abhandlung ›Über naive und sentimentalische Dichtung‹ weiterentwickelt, und zwar derart, daß der spekulative Geist dem sentimentalischen, der intuitive Geist dem naiven Typ weitgehend entspricht. Folgende Merkmale der beiden Typen sind in unserem Zusammenhang besonders wichtig: Der naive Dichter ist unbewußte Natur und daher in der Welt der sinnlichen Objekte zu Hause; sein Leben ist völlig in den Bereich des Konkreten, des Sichtbaren und Fühlbaren eingegrenzt; seine Gedanken »gehen aus der Wirklichkeit hervor«[3]; Reflexionen und bewußter Wille haben keinen Anteil an seinem Wesen und Werk, das eine »Gunst der Natur« genannt wird[4]. Der sentimentalische Dichter dagegen hat ein reflektierendes und bewußtes Verhältnis zur Natur. Er bezieht den Gegenstand auf eine Idee und »nur auf dieser Beziehung beruht seine dichterische Kraft«[5]. – Die Aufgabe aller Dichter, »einen einzelnen Zustand dem menschlichen Ganzen gleich zu machen«, kann der naive Typ nach Schillers Ansicht nur durch »Beistand von außen«, d.h. durch Beistand von der empirischen Welt der ihn umgebenden, sinnlich faßbaren Gegenstände, lösen, während die Stärke des sentimentalischen Typs gerade darin besteht, »einen mangelhaften Gegenstand aus sich selbst heraus zu ergänzen und sich durch eigene Macht aus einem begrenzten Zustand in einen Zustand der Freiheit zu versetzen«[6]. – Am Ende der Abhandlung erweitert sich bekanntlich Schillers poetologisches Gegensatzpaar zu einem anthropologischen. Der naive Dichter wird den Realisten, der sentimentalische den Idealisten zugeordnet. Nach wie vor bleibt aber ihr verschiedenes Verhältnis zum Besonderen und zum Allgemeinen ein wesentlicher Punkt, denn wie der Realist »aus dem einzelnen Falle die Regel seines Urteils« schöpft, so nimmt der Idealist »aus sich selbst und aus der bloßen Vernunft seine Erkenntnisse und Motive«. Der Idealist richtet »überall auf das Allgemeine sein Augenmerk« und läuft dabei Gefahr, »das Besondere zu vernachlässigen«, während umgekehrt dem Realisten die Gefahr der »Beschränktheit« und der »gemeinen Empirie« droht[7]. Nachdem Schiller die Gefahren und die Irrwege sowohl des falschen Idealismus als auch der gemeinen Empirie geschildert hat, beschließt er seine Abhandlung mit der zuversichtlichen Aussage: »Immer wird der wahre Realist das Individuelle dem Allgemeinen unterordnen; daher kann es auch nicht fehlen, daß er mit dem echten Idealisten in dem endlichen Resultat übereinkommen wird, wie verschieden auch der Weg ist, welchen beide dazu einschlagen.«[8] Ganz im Gegensatz zu Goethes späterer Maxime wird hier behauptet, daß beide Wege, der Weg des Sentimentalischen vom Allgemeinen und der Weg des Naiven vom Besonderen, zum gleichen Ziel führen können, nämlich zur wahren Poesie, deren Wesen nach Schiller in der Einheit von Wirklichkeit und Idee, von Sinnlichkeit und Geist, vom Allgemeinen und Besonderen liegt. Mit Nachdruck hebt Schiller deshalb in dieser Abhandlung wiederholt hervor, daß diese beiden Typen und diese beiden Wege gleich wertvoll sind. Nach seiner Ansicht handelt es sich also bei der Verwandlung des Allgemeinen ins Besondere und des Besonderen ins Allgemeine um zwei gleichwertige, sich ergänzende Operationen des menschlichen Geistes, die beide zur wahren Poesie führen, sofern es dem Dichter gelingt, den »Indifferenzpunkt des Ideellen und Sinnlichen« zu finden, wie Schiller sich später im Aufsatz ›Über den Gebrauch des Chors in der Tragödie‹ (1803) ausdrückte.

Schiller faßte sich bekanntlich als einen typisch sentimentalischen Dichter auf, d. h. einen Dichter, der den Weg vom Allgemeinen zum Besonderen gehen mußte; Goethes Einfluß hat er u. a. als ein Mittel gedeutet, seinem Deduktionstrieb Gegengewichte zu schaffen und das Element des Besonderen in ihm zu stärken. In einem Brief an Goethe vom 18. Juni 1797 schreibt er: »Sie gewöhnen mir immer mehr die Tendenz ab (die in allem praktischen, besonders poetischen eine Unart ist), vom allgemeinen zum individuellen zu gehen, und führen mich umgekehrt von einzelnen Fällen zu großen Gesetzen fort [...] anstatt daß ich auf dem andern Weg, dem ich, mir selbst überlassen, so gern folge, immer vom weiten ins enge komme, und das unangenehme Gefühl habe, mich am Ende ärmer zu sehen als am Anfang.« Mit solchen Bemerkungen ist Schiller Goethes Ansichten weit entgegengekommen, ja die Kritik seines eigenen Weges vom Allgemeinen zum Besonderen, die er hier als eine poetische Unart bezeichnet, könnte den Eindruck erwecken, als stünde Schiller auf dem Standpunkt, den Goethe etwa 25 Jahre später in der Maxime formulierte. Dies wäre aber eine voreilige Schlußfolgerung, denn diese Selbstkritik Schillers besagt ja gleichzeitig, daß er den Weg vom Allgemeinen zum Besonderen als den ihm gemäßen auffaßte, den er seiner Natur nach gehen mußte, dessen Einseitigkeit aber durch Goethes Einfluß entgegengewirkt werden konnte[9]. Wie wenig Gewicht Schiller dabei der Richtung der Bewegung zwischen dem Allgemeinen und dem Besonderen eigentlich beimaß, kann der Brief verdeutlichen, den er einen Monat später (21. Juli 1797) an Goethe schrieb: »So glaube ich muß man alles Allgemeine in der Kunst wieder in den besondersten Fall verwandeln, wenn die Realität der Idee sich bewähren soll. Und so, hoffe, ich, soll mein Wallenstein [...] das ganze System desjenigen, was bei unserem Commercio in meine Natur hat übergehen können, in Concreto zeigen und erhalten.« Auch hier spricht Schiller dankbar von dem wohltuenden Einfluß Goethes auf sein dichterisches Schaffen und von der Notwendigkeit des Besonderen, ja des Besondersten in der Kunst; anscheinend meint er, daß diese Einsicht in die Wichtigkeit des Besonderen und ihre dichterischen Wirkungen für den ›Wallenstein‹ auf den ›Commercio‹ mit Goethe zurückzuführen sei. Der Weg führt aber diesmal wohlbemerkt vom Allgemeinen zum Besonderen und nicht umgekehrt: »So glaube ich muß man alles Allgemeine in der Kunst wieder in den besondersten Fall verwandeln«; von einer Problematisierung der Richtung dieser Bewegung scheint Schiller weit entfernt.

Wie verhält es sich aber mit dem Begriff des Symbolischen bzw. des Allegorischen in der schriftlich überlieferten Diskussion zwischen Goethe und Schiller? Das Wort ›symbolisch‹ kommt zum ersten Mal in dem Brief Schillers an Goethe vom 31. August 1794 vor. Schiller charakterisiert hier noch einmal wie im Brief vom 23. August Goethe als den intuitiven Geist, dessen Aufgabe es sei, »seine

Anschauungen zu generalisieren«, d. h., wie wir jetzt wissen, das Besondere ins
Allgemeine zu verwandeln. Von sich selbst schreibt Schiller dann: »Mein Verstand wirkt eigentlich mehr symbolisierend, und so schwebe ich, als eine
Zwitterart, zwischen dem Begriff und der Anschauung, zwischen der Regel und
der Empfindung, zwischen dem technischen Kopf und dem Genie [...] gewöhnlich
übereilte mich der Poet, wo ich philosophieren sollte, und der philosophische
Geist, wo ich dichten wollte. Noch jetzt begegnet es mir häufig, daß die Einbil-
dungskraft meine Abstractionen, und der kalte Verstand meine Dichtung stört.«
– Das Wort ›spekulativ‹, mit dem Schiller 8 Tage vorher sich selbst charakteri-
siert hatte, wird hier durch das Wort »symbolisierend« ersetzt, ohne daß sich der
Inhalt dadurch wesentlich ändert. ›Symbolisierend‹ bezeichnet bei Schiller das
Verfahren, mit dem der Verstand eine Beziehung zwischen dem Begriff und der
Anschauung herstellt, indem er sich nachträglich Bilder zu dem von ihm erdachten Begriff oder Idee sucht. Diese Anwendung des Wortes »symbolisieren« findet sich auch in Schillers früheren Schriften und entspricht weitgehend dem
Sprachgebrauch Kants[10]. Nach dieser Terminologie und aus dieser Perspektive war Schiller im Gegensatz zum »hartnäckigen Realisten« Goethe der eigentliche »Symboliker«, und so wird verständlich, daß in der Abhandlung ›Über
naive und sentimentalische Dichtung‹ der sentimentalische Typ als der »symbolisierende« erscheint. Folgerichtig gebraucht Schiller denn auch nur das Wort
»symbolisch« von d e n Werken Goethes, die nach seiner Auffassung einen sentimentalischen Stoff behandeln, der per Definition eine symbolische Darstellung
erfordert. Für Schiller entsteht dadurch eine interessante, fast widerspruchsvolle
Konstellation zwischen dem naiv-realistischen Goethe und dem sentimentalischen, eine symbolische Operation erfordernden Stoff. Die Frage, »wie der
naive Dichtergeist mit einem sentimentalischen Stoff verfährt«, hatte Schiller in
der Abhandlung ›Über naive und sentimentalische Dichtung‹ gestellt und als
Beispiel Goethes ›Faust‹ genannt[11]. Aus dem Ton, in dem Schiller in Briefen
an Goethe von der Notwendigkeit einer symbolischen Behandlung des Faust-
Stoffes spricht, erkennt man, daß Schiller mit einem Widerstand des von ihm als
einen nicht-symbolisierenden Realisten aufgefaßten Dichterfreundes rechnet.
So heißt es beispielsweise in dem Brief vom 23. Juni 1797: »So viel bemerke ich
hier nur, daß der Faust [...] bei aller seiner dichterischen Individualität die Forderung an eine symbolische Bedeutsamkeit nicht ganz von sich weisen kann.« Und
später in demselben Brief: »Kurz, die Anforderungen an den Faust sind zugleich
philosophisch und poetisch, und Sie mögen sich wenden wie Sie wollen, so wird
Ihnen die Natur des Gegenstandes eine philosophische Behandlung auflegen,
und die Einbildungskraft wird sich zum Dienst einer Vernunftidee bequemen
müssen.«

   In den ersten Jahren der Freundschaft mit Schiller mag Goethe geglaubt haben, daß sich die beiden in Fragen der poetischen Symbolik einig waren oder wenigstens verstanden. Spätestens im September 1797 wurde er eines anderen belehrt. In einem Brief an Schiller vom 16. August 1797 berichtete Goethe über
den unerwarteten, ihn selbst überraschenden »sentimentalen« Eindruck, den

gewisse Gegenstände während seiner Reise nach Zürich auf ihn machten und schreibt dann: »Ich habe daher die Gegenstände, die einen solchen Effekt hervorbringen, genau betrachtet und zu meiner Verwunderung bemerkt, daß sie eigentlich symbolisch sind, das heißt, wie ich kaum zu sagen brauche: es sind eminente Fälle, die, in einer charakteristischen Mannigfaltigkeit, als Repräsentanten von vielen anderen dastehen, eine gewisse Totalität in sich schließen, eine gewisse Reihe fordern, ähnliches und fremdes in meinem Geiste aufregen und so von außen wie von innen an eine gewisse Einheit und Allheit Anspruch machen [...]. Sagen Sie mir Ihre Gedanken hierüber in guter Stunde, damit ich erweitert, befestigt, bestärkt und erfreut werde. Die Sache ist wichtig, denn sie hebt den Widerspruch, der zwischen meiner Natur und der unmittelbaren Erfahrung lag, den in früherer Zeit ich niemals lösen konnte, sogleich auf und glücklich.« Wichtig und beglückend war für Goethe diese Erfahrung, weil sich ihm damit die Möglichkeit ergab, die empirische Erscheinung, das subjektive Gefühl und die Allgemeinheit der Idee als eine sich unmittelbar darbietende Synthese zu ergreifen. Da er den symbolischen Charakter dieser Gegenstände, d. h. das in ihnen enthaltene Allgemeine, erst empfunden und geschaut und dann nachträglich mit Bewußtsein erkannt hat, entspricht sein Erlebnis genau den Worten seiner späteren Maxime von dem unbewußt symbolisierenden Dichter, der das im Besonderen enthaltene Allgemeine einfach s c h a u t und nicht zum Allgemeinen das Besondere s u c h t. – In seinem Antwortbrief versucht Schiller Goethes Erfahrung mit den eigenen Denkkategorien zu deuten: »Das sentimentale Phänomen in Ihnen befremdet mich gar nicht [...]. Ist der Gegenstand als Individuum leer und mithin in poetischer Hinsicht gehaltlos, so wird sich das Ideenvermögen versuchen und ihn von seiner symbolischen Seite fassen, und so eine Sprache für die Menschheit daraus machen.« Dennoch hat Schiller aus Goethes Brief den tiefer liegenden Gegensatz zwischen ihren Symbolauffassungen gespürt und fast belehrend Goethe mit folgenden Worten zurechtgewiesen: »Nur eins muß ich dabei noch erinnern. Sie drücken sich so aus, als wenn es hier sehr auf den Gegenstand ankäme; was ich nicht zugeben kann. Freilich der Gegenstand muß etwas b e d e u t e n, so wie der poetische etwas s e i n muß; aber zuletzt kommt es auf das Gemüt an, ob ihm ein Gegenstand etwas bedeuten soll, und so däucht mir das Leere und Gehaltreiche mehr im Subjekt als im Objekt zu liegen. Das Gemüt ist es, welches hier die Grenze steckt [...].« Goethe hat damals darauf verzichtet, dem Schillerschen Einwand zu entgegnen, wahrscheinlich weil ihm der Punkt, der sie trennte, der »nie ganz zu schlichtende Wettkampf zwischen Objekt und Subjekt« (vgl. S. 634) hinlänglich bewußt war. Mit dieser »Differenz« wird im Briefwechsel die Diskussion über das Wesen des Symbols abgebrochen und nicht wieder aufgenommen. Wenige Monate später hat Goethe aber sein im Brief an Schiller beschriebenes Erlebnis der symbolischen Gegenstände für eine Bestimmung des ästhetischen Symbols verwertet, und zwar in der Abhandlung ›Über die Gegenstände der bildenden Kunst‹, die Goethe in gemeinsamer Arbeit mit Heinrich Meyer in Zürich verfaßte. In dieser Abhandlung, oder genauer, in seinem erst posthum veröffentlichten Konzept dieser Abhandlung, hat Goethe zum ersten Mal terminologisch und begrifflich den Antagonismus zwischen Symbol und Allegorie aufgestellt und dabei das Symbol durch die Koinzidenz des Gefühls mit dem Gegenstand definiert. Schiller, der sich ursprünglich an der Ausarbeitung der Abhandlung beteiligen wollte, hat sich in Briefen an Goethe und auch sonst mehrfach zu dieser Abhandlung geäußert. Er hat aber weder damals noch später die gewiß nicht unwesentlichen Abschnitte kommentiert, in denen das Symbol und die Allegorie definiert wurden.

Zusammenfassend können wir feststellen, daß sich Goethe und Schiller darin einig waren, daß die wahre Kunst durch eine Synthese des Besonderen und des Allgemeinen charakterisiert ist. Indem sie die spannungsvolle Einheit sich widerstrebender Tendenzen als das Wesen der Kunst betrachteten, sind sie einen wichtigen Schritt über die Ästhetik der Aufklärung hinausgelangt, die mit den gleichen Kategorien arbeitete, aber bei Lessings »klarem Aussprechen einer unauflösbaren Antinomie« zwischen dem Besonderen und dem Allgemeinen stehen blieb[12]. Schillers Goethe-Deutung und sein eigenes Selbstverständnis gründeten auf der Annahme, daß der für Goethe charakteristische Weg vom Besonderen zum Allgemeinen, sein eigener aber vom Allgemeinen zum Besonderen führten, wobei er von Anfang an überzeugt war, daß beide Wege zum gleichen Ziel, nämlich zur wahren Poesie führen müßten, und auf das Ziel, nicht auf den Weg kam es ihm an. Ganz anders war die in Goethes Maxime vertretene Auffassung, denn danach führten, wie wir sahen, die beiden Wege zu verschiedenen Zielen, nämlich einerseits zum Symbol und zur wahren Poesie, andererseits zur »bösen« Allegorie. Die »zarte Differenz« enthüllt sich somit einer näheren Betrachtung als die »ungeheure Kluft zwischen unsern Denkweisen«, wie Goethe es 1817 weniger diplomatisch formulierte[13].

Man kann sich fragen, warum Goethe in den ›Maximen und Reflexionen‹ (1825) seine Allegoriekritik, die zugleich eine Schillerkritik war, überhaupt veröffentlichte. Schiller war seit etwa 20 Jahren tot, und die Kritik an der kalten und trockenen Verstandesallegorie eigentlich nicht mehr besonders interessant noch aktuell. Goethes eigener Stil zeigt sogar in diesen Jahren eine wachsende Affinität zur Allegorie[14]. Eine gewisse Rolle hat sicherlich die Tatsache gespielt, daß Goethe zu dieser Zeit den Briefwechsel mit Schiller herausgab und daß durch diese Arbeit alte Probleme und Erinnerungen wieder wach wurden. Wichtiger scheint mir aber die sich aus den vorhergehenden Ausführungen ergebende Erkenntnis, daß sich Goethes Allegoriekritik nicht primär gegen die trockene Verstandes-Allegorie wendet, sondern gegen ein ihm verhaßtes poetologisches Prinzip, dessen Tragweite und Bedeutung allerdings größer war, als die knappe und einseitige Formulierung der Maxime ahnen läßt. Etwas überspitzt könnte man sagen, daß Goethes Gegensatzpaar des Symbols und der Allegorie den Keim einer Typologie enthält, die, systematisch durchgeführt, die polemische Antwort auf Schillers antithetische Begriffe des Naiven und Sentimentalischen, des Realisten und des Idealisten u. ä. hätte werden können. Allegorie als ein poetologisches Prinzip, nach dem der Dichter vom Allgemeinen und von der subjektiven Reflexion oder Vision ausgeht, um entsprechende Bilder in der Welt der konkreten Erscheinungen aufzusuchen[15], eine solche ›Allegorie‹ war allerdings für den alten Goethe nach wie vor ein Thema von beängstigender Aktualität, denn dieses poetologische Prinzip meinte er bei der jungen Generation der Romantiker wiederzufinden, und zwar als eine unmittelbare Nachwirkung von Schillers Abhandlungen und Dichtungen. Nach Goethe hatte Schillers Abhandlung ›Über naive und sentimentalische Dichtung‹ nicht nur den ersten Grund zur romantischen Ästhetik gelegt[16], sondern sein theoretisches Werk überhaupt war für die Überbewertung des abstrakten Denkens und der Philosophie mitverantwortlich, die Goethe als einen charakteristischen Zug dieser »Epoche der forcierten Talente« um 1812 ansah[17]. Wie bei Schiller vermißte Goethe bei der neuen Generation der jungen Romantiker die »ins Reale verliebte Beschränktheit, hinter welcher das Absolute verborgen bleibt«[18] sowie den damit zusammenhängenden Sinn für das »Besondere«, in dem sich das Allgemeine verbirgt. Am deutlichsten kommt dies in Goethes Brief an Zelter vom 30. Oktober 1808 zum Ausdruck, in dem Goethe sich zuerst über das »Form- und Charakterlose« in den Arbeiten der Romantiker beklagt. Dann heißt es: »Kein Mensch will begreifen, daß die höchste und einzige Operation der Natur und Kunst die Gestaltung sei, und in der Gestalt die Spezifikation, damit jedes ein Besonderes Bedeutendes werde, sei und bleibe.« Wie die ästhetische Kategorie des Besonderen in der Maxime gegen Schiller ausgespielt wurde, so wird sie hier gegen die Romantiker angewandt, und zwar als ein Besonderes, das zugleich ein »Bedeutendes«, d. h. ein Bedeutung tragendes Element ist. Ein solches »Besonderes Bedeutendes« ist aber nach Goethe ein Symbol, und so hat Goethe nicht nur Schiller, sondern auch den Romantikern das Verständnis und die Gabe des Symbolischen abgesprochen und wenn nicht ihre Kunst, dann zumindest doch ihre Kunsttheorie in das Schattenreich verbannt, das er in dem polemischen Kontext unserer Maxime mit dem Wort »Allegorie« bezeichnete.

Anmerkungen:

1 Zu Goethes Terminologie sowie zur zeitgenössischen Reaktion auf diese Terminologie siehe Sørensen, 1977, S. 69–85.
2 Sämtliche Werke. Jubiläumsausg., Bd. 30, S. 391 f.
3 Sämtliche Werke. Säkular-Ausg., Bd. 12, S. 188.
4 Ebd., S. 231.
5 Ebd., S. 193.
6 Ebd., S. 232. – Vgl. auch S. 213: »Die Verschiedenheit des Weges wollte ich zeigen, auf welchem alte und moderne, naive und sentimentalische Dichter zu dem nämlichen Ziele gehen.«
7 Ebd., S. 253 f.
8 Ebd., S. 262.
9 Diese Briefstelle zeugt vielmehr von der »mehrfachen Kurve, einem Auf und Ab von Nähe und Ferne zum Individualitätsgedanken«, die Friedrich Meinecke bei gleichzeitiger Hervorhebung von Schillers »kraftvollem Zug zum Allgemeinen« überzeugend

dargelegt hat. Friedrich Meinecke: Schiller und der Individualitätsgedanke, Leipzig 1937, S. 5 und 7.

10 Vgl. Sørensen, 1963, S. 93 ff.

11 S. 214 [s. Anm. 3].

12 Georg Lukács: Das ästhetische Problem des Besonderen, in: Fs. Ernst Bloch, Berlin 1955, S. 212.

13 Mit der Überschrift ›Glückliches Ereignis‹ in der ›Metamorphose der Pflanzen‹, später unter dem Titel ›Erste Bekanntschaft mit Schiller‹ veröffentlicht.

14 Über diesen Widerspruch zwischen der Theorie und der Praxis des alten Goethe, was die Allegorie betrifft: Sørensen, 1977, S. 75–78.

15 Vgl. die von Goethe 1828 mit Beifall zitierte Charakteristik Schillers in Le Globe: »Dieser große Dichter idealisiert mehr als ein anderer seinen Gegenstand. Ganz reflektierendes Genie [...] erfaßt er irgend eine Idee liebevoll; lange betet er sie an in der Abstraktion und bildet sie langsam nach und nach als symbolische Person aus, dann auf einmal mit entflammter Einbildungskraft bemächtigt er sich der Geschichte und wirft den Typus hinein, den er ersonnen hat.« Bd. XXXVIII [s. Anm. 2], S. 167 f.

16 »Einwirkung der neueren Philosophie« (1820), Bd. XXXIX, S. 32.

17 Bd. XXXVII, S. 334 f.

18 An Schiller, 6. April 1801.

Allegorie und Symbol im Denksystem der Goethezeit

Von MICHAEL TITZMANN (München)

W. Müller-Seidel zum 60. Geburtstag

> Der Streit über b e d e u t e n und s e i n, der in der Re-
> ligion so viel Unheil angestiftet hat, wäre vielleicht
> heilsamer gewesen, wenn man ihn über andere Ma-
> terien geführt hätte, denn es ist eine allgemeine
> Quelle unseres Unglücks, daß wir glauben, die Dinge
> seien das wirklich, was sie doch nur bedeuten.
>
> (Lichtenberg: Sudelbücher, Heft A)

0. Korpus, Geschichte, Fragestellung

Erst in der Goethezeit (GZ), worunter ich den Zeitraum 1770–1830 verstehen will, werden die Terme ›Allegorie‹ (A) und ›Symbol‹ (S) systematisch in denselben Kontexten korreliert. In der ersten Hälfte der GZ werden tentativ verschiedene Definitionen und Korrelationen der beiden Terme ausprobiert[1];
erst in der zweiten Hälfte entstehen – nach einem Vorspiel bei Kant – systematische Theorien, in denen explizite Definitionen und feste Korrelationen der
Terme aufgebaut werden und denen, trotz aller Divergenzen an der Oberfläche,
eine gemeinsame abstrakte Denkstruktur zugrunde liegt, um die es mir hier geht.
Die verschiedenen aufeinanderfolgenden Theorien stehen sicher in komplexen
Relationen wechselseitiger Anregung, doch interessiert in meinem Kontext nur,
d a ß es diese Theorien gibt, nicht aber, wer – vielleicht! – wen angeregt hat. Die
herkömmlichen und einschlägigen Geschichtskonstruktionen sind ohnedies
problematisch: sie basieren in der Regel auf einer unbegründeten Überschätzung Goethes nicht nur als Theoretiker, sondern auch als historiographischem
Gewährsmann, von dem sie möglichst viele andere Autoren abhängig machen
wollen, was im Falle Moritz' kaum zu halten[2], selbst im Falle H. Meyers zu
überdenken und etwa im Falle Schellings[3] sicher falsch ist. Mit Schelling beginnt eine neue Phase der A/S-Konzeptionen, die etwa mit Goethes Äußerungen vor 1802 praktisch nichts gemein hat, und, wenn man schon glaubt, Ahnen
suchen zu sollen, am ehesten und am stärksten von Kant »beeinflußt« ist.

Kants Formulierung[4] und der Kontext, in dem sie steht, unterscheiden sich
zwar wesentlich von ihren Entsprechungen bei Schelling und den folgenden Autoren, doch bilden sie am ehesten einen gemeinsamen Bezugspunkt der ganzen
Gruppe. Innerhalb dieser sind die Theorien von Schelling, Ast, Solger[5] am
engsten verwandt; Hegel und Schleiermacher[6] heben sich von diesen nochmals deutlich ab. Diese gesamte Gruppe von Autoren fasse ich, mit Ausnahme
Kants, als ›Idealismus‹ zusammen. Goethes Formulierungen in den ›Maxi-

men‹[7] liegen zeitlich später als Schellings, Asts, Solgers und auch Creuzers Theorien[8] und sind mit diesen so weitgehend identisch, daß man eher einen ›Einfluß‹ dieser Autoren auf Goethe vermuten darf als umgekehrt. Mit Sicherheit ist Goethe jedoch kein Sonderstatus zuzuschreiben. Die Interpretation seiner Aussagen wirft aber auch vielfältige methodische Probleme auf. Denn sie liegen weitgehend nur in isoliert-aphoristischer Form vor, sind über einen großen Zeitraum verstreut und auf heterogenste Kontexte verteilt und divergieren untereinander so stark, daß keineswegs a priori klar ist, ob und inwieweit sie überhaupt vom selben ›Sachverhalt‹ sprechen und untereinander kompatibel sind. Deshalb verweise ich nur gelegentlich auf den späten Goethe, und auch das nur, um seine Zugehörigkeit zu dem Denksystem zu beweisen, das ich beschreiben will. Analoge Probleme werfen aber auch die Äußerungen anderer Literaten der zweiten Hälfte der GZ auf: auch sie haben, sofern ihnen überhaupt an einer Unterscheidung von A und S liegt, ebensowenig oder noch weniger als Goethe explizite und systematische Ausführungen zu diesen Begriffen entwickelt. Wo literarische Autoren in der zweiten Hälfte der GZ ausgebaute Literaturtheorien vorgelegt haben, spielt das Begriffspaar A/S kaum eine Rolle oder wird doch in einer anderen Fassung verwendet; dafür kann etwa Jean Paul[9] als Beispiel stehen. Wo in der Literatur selbst diese Terme auftreten, gilt ähnliches: in Tiecks Erzählwerk z.B. ist zwar »Symbol(isch)« recht häufig belegt, aber doch praktisch nur in der allgemeinen und nicht GZ-spezifischen Bedeutung von ›bedeutungstragend‹/›zeichenhaft‹. Die systematische und GZ-typische Formulierung von A/S wird also letztlich nicht von den Literaten, wieviel sie auch punktuell zu diesem Thema beigetragen haben mögen, sondern von den Philosophen geleistet[10]. Ihr Ort ist die Ästhetik – aber auch nur die des Idealismus; denn etwa die ästhetischen Konzeptionen Bouterweks oder Schopenhauers[11] gehen mit A/S ganz anders um. Die GZ-typische Behandlung von A/S endet auch mit der GZ: ein interessantes Beispiel ist hier etwa Creuzers ›Mythologie‹, die in den beiden ersten Auflagen (1810 und 1819) eine umfängliche S-Theorie entwickelt, die Creuzer in der 3. Auflage von 1837 gänzlich gestrichen hat. Von zentraler Wichtigkeit sind für mich die folgenden Behauptungen:

Sinnvoll und adäquat kann das Begriffspaar nur interpretiert werden, wenn seine Definitionen nicht von ihren Kontexten isoliert werden: Behandlung nur der Stellen, in denen es direkt um A/S geht, führt notwendig zu Fehlinterpretationen; mehr noch als in den Definitionen, die sie erhalten, liegt die Bedeutung dieser Begriffe in den Funktionen, die sie erfüllen. Der Umfang der Kontexte, für die in der GZ A/S relevant ist, ist nicht a priori bestimmbar. Zu ihm gehören zwar weite Teile der Ästhetik. Aber das Problem, um das es geht, ist mit Sicherheit nicht nur ein ästhetisches, und es ist vielleicht nicht einmal primär ein ästhetisches[12]. Insofern werde ich auch nicht-ästhetische Theorien einbeziehen, in denen A/S auftritt. Doch wäre auch mit der Einbeziehung aller Theorien, wo A/S eine Rolle spielt, der Umfang des Problemfeldes nicht erschöpft, denn das Problem selbst kann auch ohne diese Namen oder unter anderem Namen auftreten; einige dieser Kontexte werde ich skizzieren[13].

1. Der Ort des Begriffspaars in der Ästhetik der Goethezeit

(1) Mit Ausnahme Schleiermachers treten in der idealistischen Ästhetik, aber auch bei Kant wie beim späten Goethe, A oder S nicht als isolierte Begriffe auf: sie gehören einer zwei- oder dreigliedrigen Reihe von hierarchisch gleichgeordneten Begriffen an, die beansprucht, einen bestimmten Sachverhalt erschöpfend zu klassifizieren, d. h. alle seiner überhaupt denkbaren Möglichkeiten zu umfassen:

(a)   Kant   intuitiv   diskursiv

	schematisch	symbolisch	
Schelling	schematisch	allegorisch	symbolisch
Ast	allegorisch		symbolisch
Solger ›Erwin‹	allegorisch		symbolisch
›Ästhetik‹	allegorisch	symbolisch im engeren Sinne	symbolisch im weiteren Sinne
Goethe	allegorisch		symbolisch
Hegel	symbolisch	klassisch	romantisch
Schleiermacher	symbolisch		

Schleiermachers Symbol hat dieselbe Extension wie die Begriffsreihen der anderen Ästhetiker: bei ihm wird nur dieser Sachverhalt einfach nicht weiter aufgegliedert. Dieser Sachverhalt ist etwas, was sich über den gesamten Objektbereich der Ästhetik erstreckt, jedes sprachliche oder nicht-sprachliche Kunstwerk fällt unter einen der Begriffe der jeweiligen Reihe. Kants Reihe hat eine andere Extension: wie der Term ›diskursiv‹ belegt, klassifiziert er einen Sachverhalt, der nicht mit dem Gebiet des Ästhetischen koextensiv ist und auch ein Glied umfaßt, das nicht in die Ästhetik gehört.

(2) Zu dieser Begriffsreihe gehört bei Kant, Hegel und Schleiermacher S, aber nicht A: generell gilt, daß in theoretischen Texten, wo der Rang des Begriffs oder der Reihe, der er angehört, in der Begriffshierarchie der Theorie ähnlich hoch ist wie der der genannten Begriffsreihen in den Ästhetiken, nur S, nicht aber A für diesen Rang in Frage kommt, wenn nur einer der Terme des Paars A/S verwendet wird. Ich belege die Regel an außerästhetischen Theorien: in Theorien zur Mythologie wie der Creuzers (nicht Baurs[14]) ist nur S ein solcher Oberbegriff, und A kommt nur als Untergliederung von S vor; in den Theorien zur Bedeutung des menschlichen Körpers bei Sihler oder Carus (der trotz seines Datums noch weitgehend dem GZ-System angehört), spielt ebenfalls nur S eine Rolle, was ebenso sowohl für Schuberts Traumtheorie wie für die rechtshistorischen Arbeiten von Grimm oder Dümgé gilt[15]. Im Zweifelsfalle hat also in der zweiten GZ-Hälfte immer S den eindeutig höheren Rang, wenn es um übergeordnete Klassifikationen geht.

(3) Das bestätigt sich auch innerhalb der Begriffsreihen der Ästhetiken selbst dann, wenn beide Begriffe auftreten. In zweigliedrigen Reihen stehen sie zwar als alternative Varianten in Opposition: doch wird dann bei Ast, Solger (›Erwin‹), Goethe dem S der höhere Rang zugeschrieben. Die dreigliedrigen Reihen werden nach dem Modell These-Antithese-Synthese organisiert, wobei der letzteren immer der höchste Wert zukommt: bei Schelling und Solger (›Ästhetik‹) ist es das S, bei Hegel die Klassik (K), die nicht nur in ihrem hierarchisch-funktionalen Stellenwert, sondern auch semantisch dem S der anderen entspricht. Für die ›Synthese‹ verfügt die späte GZ über ein reiches Vokabular: »Synthese«, »Einheit«, »Identität«, »Indifferenz«, »Durchdringung« usw. Dieses Denkmodell, bei dem zwei logische Alternativen in einem dritten Term ›vereinigt‹ werden, ist, wie man weiß, generell für die GZ relevant und findet sich auch in den Ästhetiken immer wieder: alle dreigliedrigen Begriffsreihen überhaupt werden in diesem Schema interpretiert und alle an sich zweigliedrigen gern demgemäß um einen dritten Term ergänzt: so vereinigen oder durchdringen sich im Drama laut Schelling »real« und »ideal«, bei Solger (›Ästhetik‹) »allegorisch« und »symbolisch«, bei Hegel »subjektiv« und »objektiv«, die in Lyrik und Epos getrennt sind, wobei der je erste Term immer der Lyrik, der je zweite immer dem Epos zugeschrieben wird. Dementsprechend ist bei diesen Autoren das Drama die höchst bewertete Gattung.

(4) Der Objektbereich der Ästhetik wird nicht nur durch die Begriffsreihen, in denen S und eventuell A vorkommt, sondern auch durch zwei andere Ordnungen strukturiert: er wird einmal in Kunstformen (Plastik, Malerei, Architektur, Musik, Dichtung) und diese wiederum in Gattungen (Dichtung: = Lyrik, Epos und Drama) und zum anderen in historische Großphasen gegliedert. Die Formen/Gattungen sind vorgegeben und müssen nur geordnet werden, wobei komplexe Hierarchien auf der Basis der Zwei- und Dreigliedrigkeit entstehen. Die historische Gliederung kennt ebenfalls nur zwei oder drei Großphasen; nur bei Kant und Schopenhauer, wo Geschichtsphilosophie auch sonst keine Rolle spielt, gibt es diesen Aspekt nicht. Die gesamte Geschichte zerfällt in drei solche Phasen: den nicht-griechischen Orient (bei Hegel: Symbolik), die griechisch-römische Antike (auch Klassik genannt), die christliche Zeit seit ihren Anfängen (Moderne oder Romantik genannt)[16]. Die Autoren unterscheiden sich nur darin, ob sie nur zwei oder drei dieser Phasen einbeziehen:

(b)	+ = vorhanden − = nicht vorhanden	Orient	Antike	Moderne
	Schelling	−	+	+
	Ast	−	+	+
	Solger	−	+	+
	Hegel	+	+	+
	Schleiermacher	+	+	+

Sonstige Kulturen kommen in dieser Geschichtsphilosophie nicht vor, eine weitere Untergliederung der Großphasen existiert praktisch nicht. Für diese Geschichtsphilosophie gilt in einem gegebenen Zeitraum immer nur genau eine Kultur als relevant, und zwar die, der innerhalb der jeweiligen Synchronie der je höchste Wert zugestanden wird. Dieser Wert wird in der historischen Abfolge teleologisch weitergegeben: Objekt dieser Geschichtsphilosophie ist nicht die komplexe Realität der Geschichte, sondern der Gang des Weltgeists über die Erde. Die Periodisierung vollzieht sich denn auch nach der Form der jeweiligen Religion – als höchstem und einzigem Kriterium. Genau deshalb kann der gesamte Zeitraum seit Ende der Antike als nur eine Phase aufgefaßt werden. Auch diese historische – oder ahistorische – Klassifikation ist wohl schon eine vorgefundene, nicht eine erfundene; allenfalls wurde hier noch der Orient hinzugefügt. Sie entspricht etwa der – früheren – von Schiller in »naiv« vs »sentimentalisch« und findet auch in Herders Biologisierung der Geschichte im Modell der Lebensalter ein Pendant.

(5) Mit Hilfe der Begriffsreihen des Schemas (a) werden nun die achronisch gemeinte Ordnung der Kunstformen/Gattungen und die diachronisch gemeinte Ordnung der Phasen aufeinander projiziert; was logisch unmöglich identifizierbar ist, wird wenigstens verbal identifiziert. Jedem Glied der einen Ordnung wird ein Glied der anderen Ordnung zugeordnet, indem beiden je ein Term der Reihen des Schemas (a) als Merkmal zugeschrieben wird[17]. Ich gebe einige Beispiele solcher Korrelationen:

(c)	Schelling:	schematisch	allegorisch	symbolisch
		Malerei	Musik	Plastik
		Epos	Lyrik	Dramatik
		–	Moderne	Antike
	Solger: (›Ästhetik‹)	allegorisch	symbolisch	(beides sich durchdringend)
		{ Malerei \ Musik }	{ Skulptur \ Architektur }	Dichtung
		Lyrik	Epos	Drama
		Moderne	Antike	–
	Hegel:	symbolisch	klassisch	romantisch
		Architektur	Skulptur	{ Malerei \ Musik \ Dichtung }
		Orient	Antike	Moderne

Jeweils ein Term der Reihe (a), eine Kunstform und eine Gattung, eine Phase ist immer die Synthese, sofern es sich um eine dreigliedrige Reihe handelt, und diese höchst bewerteten Größen sind immer die dem S (bzw. der K bei Hegel) zugeordneten. Wie die Klassifikation (a) werden auch die beiden anderen als erschöpfend und vollständig verstanden: weitere Kunsttypen und historische

Phasen kann es nicht mehr geben. Probleme treten nur da auf, wo bei einem Autor die verschiedenen Ordnungen nicht dieselbe Zahl von Termen aufweisen: so ist z.B. die Geschichte bei Solger und Schelling nur zweigliedrig. Demgemäß spielen diese beiden gelegentlich mit dem Gedanken einer dritten, zukünftigen Phase, während Hegel logischerweise das Ende der Geschichte verkünden kann. Welche Glieder der Reihen einander zugeordnet werden, ist variabel: wichtig ist, daß zugeordnet wird.

(6) Jedem Term einer wesentlichen Begriffsreihe werden weitere Begriffe zugeordnet; ich gebe wiederum nur zwei Beispiele anhand der Periodisierung:

(d)	Schelling		Ast	
	Antike vs	Moderne	Antike vs	Moderne
	realistisch	idealistisch	Realismus	Idealismus
	exemplarisch	originell	objektiv	subjektiv
	symbolisch	allegorisch	symbolisch	allegorisch
	griech. Mytho-	christl. Mytho-		
	logie: Natur	logie: Geschichte	positiv gebildet	negativ gebildet
	männlich	weiblich		
	Sein	Handeln		
	Erhabenheit	Schönheit		

Die idealistischen Autoren bauen auf diese Art umfängliche Begriffsreihen auf.

(7) Das terminologische System dieser Texte kompliziert sich noch dadurch, daß ein und dieselbe Begriffsreihe auf verschiedenen hierarchischen Ebenen eines Objekts immer wieder angewandt werden kann und angewandt wird. Eines der deutlichsten Beispiele liefert Solgers Gattungstheorie (›Ästhetik‹); ich gebe nur einen Teil davon wieder:

(e)

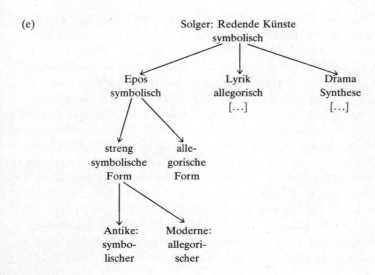

(f)   Logische Form:

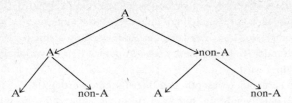

Solche Anwendung der Begriffe auf sich selbst, wobei ein Begriff X oder Y oder
… einer Klasse (X, Y, …) mit Hilfe eben dieser Klasse (X, Y, …) untergliedert
wird, ist aber logisch unmöglich. Wieder werden zwei unvereinbare Ordnungsprinzipien aufeinander projiziert: eine Klassifikation durch qualitative Begriffe,
bei der ein Term X entweder gegeben ist oder nicht, aber selbst nicht wieder in X
oder Y unterteilt werden kann, und eine Klassifikation durch eine quantitative
Skala, bei der Objekte dadurch differenziert werden können, ob ihnen ein
Merkmal X mehr oder weniger zukommt. Solche ›Synthesen‹ von quantita-
tiv/qualitativ folgen übrigens schon aus der Identifizierung von historischer und
systematischer Einteilung der Künste. Wenn z.B. bei Hegel die Architektur
symbolisch ist, muß sie je nach historischer Phase noch einmal in symbolisch,
klassisch, romantisch unterteilt werden. Auch die Anwendung der Begriffe auf
sich selbst tritt in der GZ nicht nur in der Ästhetik auf, sondern, um nur ein Beispiel zu nennen, etwa auch in der Geschlechtermetaphysik (vgl. Kant, Heinroth,
Humboldt[18]), wo zunächst in ›männlich‹ vs ›weiblich‹ gegliedert und diesen
Termen eine große Begriffsmenge, eventuell auch nicht menschlicher Größen,
zugeordnet wird, und dann mit Hilfe derselben Begriffe untergliedert wird, so
daß die Grenzfälle des »weiblichen Mannes« und der »männlichen Frau« entstehen.

(8) Diese Geschlechterklassen werden ebenso wie die Klassifikationen der
Ästhetik als ontologische Unterscheidungen verstanden. Auch bei ihnen können
übrigens ästhetische Merkmale wie die Zuordnung (Mann ≈ Erhabenheit) vs
(Frau ≈ Schönheit)[19] oder ähnliche auftreten, wie umgekehrt bei Schelling
den Phasen (d) auch Geschlechter zugeordnet werden können: so korreliert
Schelling die Antike mit dem Männlichen, Jean Paul hingegen mit dem Weiblichen oder mit dem androgynen Status des »Jünglings«[20]. Theorien zu verschiedenen Teilgebieten sind also gegeneinander offen[21], was sich auf mehrfache Weise an den Ästhetiken selbst belegen läßt. Bestimmte Relationen zwischen dem Objektbereich der Ästhetik und außerästhetischen Gebieten gehören
zum Grundbestand der Ästhetik des Idealismus, aber auch der Kants, Bouterweks und Schopenhauers. Es ist dies einmal die Relation von Natur und Kunst,
die über den Begriff der Schönheit, über die Schöpferrolle (Identität und/oder
Differenz von Gott/Mensch), über die Autonomie der Produkte beider Bereiche, über die Korrelation beider im Begriff der Nachahmung usw. hergestellt
werden kann. Es ist dies zum zweiten die Relation der Terme Kunst-Religion-

Philosophie/Wissenschaft, deren Abgrenzungen und Korrelierungen ich hier nicht erörtern kann[22]. Beide Relationen spielen übrigens ja auch beim späten Goethe ihre Rolle. Die Autoren der Ästhetiken sind nicht zufällig Philosophen, die, wenn auch auf je verschiedene Weise, die Totalität des Wissens ihrer Kultur zu systematisieren versuchten – in Hegels Projekt einer Enzyklopädie der philosophischen Wissenschaften[23] wird diese Tendenz nur besonders deutlich. Bei Kant und Schopenhauer ist die Ästhetik von vornherein nicht einmal formal selbständig: sie ist eingebettet in übergreifende Theorien und wird sichtbar übergeordneten Kategorien subsumiert. Daß überhaupt so viele wichtige Autoren eine Ästhetik geschrieben haben, ist an sich schon eine Folge dieses Willens zur Totalordnung der Welt. Auch im Ästhetischen selbst geht es primär darum, Phasen, Gattungen, Kunstformen nach Gemeinsamkeiten und Verschiedenheiten zu klassifizieren. Alles, was nur für einzelne Kunstformen gilt, rangiert, wie etwa die Tropentheorie, die nur die sprachliche Kunst betrifft, in der terminologischen Hierarchie weit unten und findet geringes Interesse. Die zentralen Begriffsreihen erstrecken sich hingegen nicht nur über den Gesamtbereich der Ästhetik, sondern sind von vornherein nicht für dieses Gebiet spezifisch und werden in heterogensten Kontexten, für verschiedenste Realitätsbereiche als fundamentales Vokabular verwendet. Das gilt etwa für These/Antithese/Synthese, objektiv/subjektiv, ideal/real, Individuum/Gattung, Idee/Begriff, Besonderes/Allgemeines, aber auch für die Begriffsreihen des Schemas (a). So ist laut Ast das einzelne Naturprodukt A des Absoluten, das einzelne Kunstprodukt S des Absoluten. Schelling baut eine besonders komplexe Ordnung auf:

(g)	Schelling:	Schematisch	Allegorisch	Symbolisch
		Natur: Licht	Natur: Körper	Natur: Organisches
		Denken	Handeln	Kunst
		Geometrie	Arithmetik	Philosophie
		Malerei	Musik	Plastik
		Epik	Lyrik	Drama

Auch Goethe verwendet ja A/S für verschiedenste Realitätsbereiche, was ihn nicht nur mit den Idealisten, sondern auch mit den unsystematischen Verwendern von A/S, also z.B. anderen Literaten, verbindet, bei denen der Gebrauch ebenfalls oft nicht objektspezifisch ist[24]. Die Verknüpfung heterogenster Realitätsbereiche charakterisiert die Naturphilosophie der GZ, von Schelling über Goethe und Ritter bis zu Hegel, ebenso wie ihre Abneigung gegen die Wissenschaften, soweit sich diese schon etabliert haben. Charakteristisch sind auch Theorien, die, wie der Magnetismus, von vornherein den physischen und den intellektuellen Bereich verknüpfen. Alle diese außerwissenschaftlichen Theorien im Umkreis des Idealismus machen erstens die Welt zum Kontinuum[25], wie dies auch die ›Naturgeschichte‹ postulierte und weshalb denn folgerichtig auch in den okkultistischen Theorien der GZ die Leere zwischen Mensch und Gott durch eine Geisterwelt aufgefüllt wird[26]. Sie projizieren zweitens heterogene

Realitätsbereiche als Abbildungen voneinander aufeinander, so daß ein x im Bereich A einem y im Bereich B entspricht[27].

2. Die Definitionen von Allegorie und Symbol

(9) Ich beschränke mich auf die GZ-typischen Varianten und benütze nur am Rande die Autoren mit traditionellem Begriffsgebrauch wie Jean Paul, Bouterwek, Schopenhauer. Der traditionellen Variante entspricht im übrigen immer ein geringer Rang der Begriffe in der Hierarchie der Theorien. Noch bei Kant ist die Relevanz der (a)-Begriffsreihe für die Ästhetik nicht recht klar, wenngleich er die Schönheit zum »S der Sittlichkeit« proklamiert: der Kantianer Krug[28], der die meisten anderen Theoreme Kants z. T. fast wörtlich übernimmt, läßt doch den S-Begriff gänzlich weg. Systematische Definitionen der Begriffe finden sich jedenfalls nur, wo sie Begriffsreihen angehören, also in den Ästhetiken und bei den Mythentheoretikern Creuzer und Baur, die aus A, S und Mythos solche Reihen bilden. Wo nur S isoliert verwendet wird, bleibt es undefiniert und bedeutet in etwa ›zeichenhaft‹/›bedeutungstragend‹ (so Grimm, Düngé, Schubert, Sihler, Carus). Bei der Bildung von Begriffsreihen bezeichnen die Terme in der Ästhetik zugleich außerzeitliche und historische Phänomene; in den Mythentheorien werden sie für außerzeitliche Phänomene verwendet, aber in historische Varianten untergliedert; bei isoliertem Auftreten wird S nur außerzeitlich gebraucht.

(10) In allen Varianten benennen diese Begriffsreihen aber Formen der Bedeutungskonstruktion in ästhetischen oder außerästhetischen Objekten, und zwar im Falle der ästhetischen Theorien die Gesamtstruktur des Objekts. Nicht eine einzelne Textstelle, sondern der Text als solcher in seiner Gesamtheit wird als symbolisch oder allegorisch klassifiziert. A oder S bezeichnen demnach nicht, wie etwa die Tropen, eine bestimmte Form von Zeichenhaftigkeit, sondern eine übergeordnete semantische Struktur des Gesamttextes, die aus der Korrelation vieler Zeichen entsteht. Auch Goethe weist übrigens Formulierungen auf, die sich nur auf die Gesamtstruktur des Textes beziehen können. Doch auch hier wird erneut mit der logisch widersprüchlichen Begriffsverwendung operiert: es gibt auch Stellen bei den Ästhetikern, wo A oder S sich auf Teile eines Kunstwerks, auf Einzelzeichen, nicht auf den gesamten Zeichenkomplex, beziehen muß. Dieselbe Verwendung der Terme, die zwischen Bezeichnung einer Gesamtstruktur und einer Teilstruktur schwankt, weisen auch Creuzer und Baur auf; daß etwa S eindeutig einen bestimmten Typ von Einzelzeichen benennt, wird man am ehesten dort finden, wo nur mit dem S-Begriff gearbeitet wird. Ausnahmen stellen vielleicht Kant und mit Sicherheit Schleiermacher dar, der sogar den Begriff »Zeichen« für S verwendet.

(11) Schon aus dieser GZ-typischen Verwendungsweise folgt aber notwendig, daß auch die A nichts mit der rhetorischen A zu tun hat[29], die sich auf Einzelzeichen und einzelne Stellen bezieht. Wo in diesen Theorien der Ästhetik dem-

nach A einer zentralen Begriffsreihe vom Typ (a) angehört, dort treten notwendig zwei verschiedene A-Begriffe, A_1, die A des idealistischen Begriffssystems, und A_2, die A der Rhetorik auf, die im Kontext mit den anderen Tropen abgehandelt wird. Die Tropen, mithin die A_2, gelten als relativ unerhebliche Größen, doch laborieren alle diese Theorien an dem Problem, wo diese – schließlich nicht zu leugnenden – Phänomene unterzubringen seien. Die neue Klassifikation in die (a)-Reihe und die alte in die Tropen erweisen sich als kaum vereinbar, so verschiedene Lösungen auch probiert werden. Hegel z. B. subsumiert die Tropen, als eine Unterklasse, unter S, was, da S auch eine historische Phase bezeichnet, zu der Absurdität führen würde, daß er eigentlich die Existenz von Tropen in Klassik und Romantik leugnen müßte. Solger (›Ästhetik‹) hingegen versucht, die Tropen auf A_1 und S zu verteilen, wobei er der A_1 die A_2, dem S die Metapher zuordnet und Metonynie und Synekdoche als Übergangsformen zwischen A_1 und S auffaßt: auch er entgeht dem Problem nicht, daß die Tropen nicht auf diese Weise historisiert werden können. Die einzige Lösung wäre es, die Tropen entweder, da sie hier ohnedies stören, weil sie nur in sprachlicher Kunst vorkommen, gänzlich auszulassen, was aus später zu erörternden Gründen unmöglich ist, oder sie als außerzeitliche Möglichkeiten sprachlicher Werke aufzufassen, was in diesem Typ von Theorie wiederum unmöglich ist. In den ästhetischen Theorien bleibt dieses Problem also ungelöst, während die Mythentheoretiker es lösen können: Creuzer identifiziert die Tropen einfach mit dem S in seiner sprachlichen (Creuzer: phonetischen) Form, die der nicht-verbalen, ikonischen (Creuzer: aphonischen) gegenübersteht[30]; Baur faßt sie als eine der drei Unterarten seines S auf. Auch der späte Goethe spricht eindeutig immer von der A_1; auch bei ihm treten im Kontext der A/S-Definitionen die Tropen nicht auf, wie umgekehrt im Kontext der Tropen, im theoretischen Teil des ›Divan‹, A und S keine Rolle spielen.

(12) Nur auf den ersten Blick ist die Unterschiedlichkeit der Definitionen, die die Terme der (a)-Reihe erhalten, größer als ihre Gemeinsamkeit: denn es geht immer um denselben Sachverhalt, wenn auch die Namen wechseln oder die Definitionen variieren und verschiedene Autoren verschiedene Aspekte hervorheben. Beim idealistischen Typ, dem diesbezüglich auch Goethe, aber nicht Schleiermacher zuzuordnen ist, geht es immer um die Differenzierung zweier oppositioneller Klassen der Bedeutungskonstruktion in Kunst: bei der ersten, ›zeichenhaften‹, steht dem Bedeutungsträger, sei er nun eine Teil- oder Gesamtstruktur, die Bedeutung als ein von ihm Verschiedenes gegenüber, bei der zweiten, nicht ›zeichenhaften‹, sind Bedeutungsträger und Bedeutung als identisch postuliert. Kant kennt diese Unterscheidung nach der Art des Bedeutens noch nicht. Der neue Typ, der auch beim späten Goethe gilt, tritt erst mit Schelling auf: Schema und A bedeuten, während das S ist, was es bedeutet; bei Ast bedeutet die A, was sie selbst nicht darstellt, während das S zugleich darstellt, was es bedeutet; bei Hegel bedeuten S und Romantik etwas außerhalb ihrer, während K »das sich selbst Bedeutende und damit auch sich selber Deutende« ist (I, 413); Creuzer ordnet A und S ebenfalls, unter Berufung auf H. Meyer, Bedeuten und

Sein zu, während Baur – wie auch Görres in einem bei Creuzer zitierten Brief –
eine Unterscheidung nach diesem Prinzip ablehnt. Er bewertet nicht nur A und S
gleich, bei ihm ist sogar A, nicht S, die Synthese (zwischen S und Mythos). Im
Falle annähernd gleichrangiger Bewertung von A und S, nicht nur bei Baur, sondern auch bei Solger, verlagert sich die Opposition ›Bedeuten vs Sein‹ aber nur,
indem dann A/S eine Gruppe gegenüber anderen, nicht der Begriffsreihe ange-
hörenden Formen wie ›Zeichen‹ und ›Bild‹ ausmacht. Solger unterscheidet A
und S zudem danach, ob die produzierende Tätigkeit im Produkt noch fühlbar
oder ganz in ihm aufgegangen ist, was jedenfalls letztlich auch darauf hinaus-
läuft, ob der Term auf etwas außerhalb seiner verweist oder nicht. Schleiermacher hat seinen isolierten S-Begriff im Sinne der ersten Klasse definiert: in S ist
das Einzelne Zeichen des Allgemeinen. Wenn die Begriffsreihen dreigliedrig
sind, dann wird einfach die erste Klasse in zwei Teilklassen aufgespalten, die sich
als symmetrische Umkehrungen voneinander entsprechen: bei Schelling bedeutet im Schema das Allgemeine das Besondere, in der A das Besondere das Allgemeine; bei Hegel wird dem S das Suchen, der Romantik das Überschreiten einer in der K gefundenen ›Einheit‹ zugeordnet. Da es bei Schleiermacher keine
Korrelation der (a)- mit der (b)-Reihe gibt, kann er diese Relation etwas anders
organisieren: hier steht der Orient, d. h. die schlechter bewertete Kultur, als unterschiedslose ›Einheit‹ den beiden anderen Kulturen gegenüber.

   (13) Kant unterschied Schema und S primär nach der Art der Bedeutung, die
mit ihrer Hilfe ausgedrückt wird: im Schema wird ein Verstandesbegriff (= Begriff) durch eine »korrespondierende Anschauung« ausgedrückt, während im S
einem Vernunftbegriff (= Idee), »dem keine sinnliche Anschauung angemessen
sein kann«, eine Anschauung dennoch »untergelegt« wird (S. 305). Mit dieser
Unterscheidung hat er mehrere der in der Folge für den A/S-Komplex relevanten Oppositionspaare zugleich eingeführt, so das von ›Begriff vs Idee‹, die er
schon 1781 [30a] unterschied. In verschiedenen Kombinationen treten diese Begriffe in allen ästhetischen Theorien auf, so auch bei Goethe, Bouterwek und
Schopenhauer. Entweder werden nun in der Kunst selbst ›Begriff‹ und ›Idee‹ unterschieden: dann wird ›Begriff‹ der A und ›Idee‹ dem S zugeordnet (Kant:
Schema, Creuzer, Goethe). Hierher gehört auch Schopenhauer, der, da er keine
(a)-Reihe aufweist, mit diesen Begriffen schlechte und gute Kunst unterscheidet; er ordnet dabei ›schlecht‹ und ›Begriff‹ auch der rhetorischen A_2 zu. Auch
Carus korreliert übrigens S und ›Idee‹. Oder alle Kunst wird mit ›Idee‹ korreliert
und diese von allen Termen der (a)-Reihe ausgedrückt (Schelling, Solger, Baur,
Hegel), freilich von den höchst bewerteten Termen besser als von den anderen.
Während ›Begriff‹ annähernd seine heutige Bedeutung hat, ist ›Idee‹ ein typischer GZ-Begriff und entsprechend schwer zu rekonstruieren. Kant unterschied
ästhetische Ideen als Anschauungen, denen kein Begriff adäquat ist, und Vernunftideen als Begriffe, denen keine Anschauung adäquat ist. Beide Fälle haben
gemeinsam, daß er durch sie eine weitere relevante Kategorie implizit einführte:
nämlich die der Unaussprechlichkeit/Unausschöpfbarkeit der Bedeutung, die in
der Folge, zusammen mit der Idee, immer dem höchst bewerteten Term der

(a)-Reihe zugeordnet wurde (z. B. Solger, Creuzer, Goethe, Carus); auch bei Schopenhauer wird die Idee durch dieses Merkmal charakterisiert. Entgegen Kant (?) setzt sich im folgenden ein weiteres Merkmal von ›Idee‹ durch (Schelling, Solger, Hegel, Schopenhauer): ›Idee‹ als die ›Einheit‹ von ›Anschauung‹ und ›Begriff‹, d. h. die Einheit einer empirischen Realität und einer abstrakten Klasse[31]. ›Idee‹ ist ein unvorstellbares und in sich paradoxes Konstrukt: das Postulat einer Größe auf derselben Ebene wie der ›Begriff‹, aber mit Negation von dessen logisch-rationalem Charakter. Diese Größe kann hier nun auch als Zusammenfall des Besonderen und des Allgemeinen definiert werden (Schelling, Solger, Goethe), der dann auch allen Termen der (a)-Reihe zukommt, denen ›Idee‹ zugeordnet wird: so dem S bei Schelling, Solger, Goethe, nicht aber der A bei Schelling und Solger, obwohl doch auch sie, wie alle Kunst, die Idee ausdrücken müßte. Die Autoren werden von ihrem Begriffssystem zu komplexen Konstruktionen gezwungen, um überhaupt noch zwei Terme unterscheiden zu können: bei Solger etwa ist dann die Idee die Einheit des Besonderen und des Allgemeinen im Allgemeinen gedacht und das S eben diese Einheit im Besonderen (›Erwin‹), und die A ist Einheit der Idee und der Wirklichkeit bei Spaltung zwischen dem Allgemeinen und dem Besonderen, die im S (im engeren Sinne) zusammenfallen, wofür dann Idee und Wirklichkeit getrennt sind (›Ästhetik‹).

(14) Mit Ausnahme Kants formulieren alle diese Autoren nicht, daß das S als Besonderes eine Idee oder ein Allgemeines, sondern daß es die Idee, das Allgemeine ausdrücke. Sie können dafür denn auch Gott (Schelling, Solger), das Unendliche oder Absolute (Schelling, Ast, Hegel), das Unerforschliche (Goethe) sagen. Auch Kant zählt unter die Vernunftideen Gott, der ihm zugleich Rechtfertigung jener Sittlichkeit ist, als deren S die Schönheit gelten soll. Baur ordnet dem S »eine auf das Absolute und Göttliche sich beziehende Idee« (S. 10) zu, bei Carus ist die menschliche Gestalt S der »göttlichen Idee der Seele« (S. 3). Was da bedeutet wird, ist also tendenziell eine hierarchisch höchste und allumfassende Entität – auch die Geschichtsklassifikation wird je nach Religionstypen, d. h. Formen der Manifestation einer höchsten Entität, vorgenommen. Sofern diese Größe nicht nur durch Abstrakta (das Absolute usw.) paraphrasiert, sondern als ›Gott‹ benannt wird, bleibt sie dennoch so unspezifiziert, daß es sich eher um eine abstrakte Denkgröße als den Gott einer identifizierbaren Religion handelt. Die ideologische Unidentifizierbarkeit der obersten Entität wird auch sichtbar, wenn selbst der Theologe Schleiermacher das Allgemeine als Gott oder Welt identifizieren kann. Überhaupt tendieren die höchstrangigen Begriffe des Idealismus zur Leerformel, die nur in sehr geringem Ausmaß die Möglichkeiten ihrer semantischen Auffüllung einengt und es damit noch ideologisch sehr divergenten Rezipienten möglich macht, die Theorie zu akzeptieren. So bleibt das Allgemeine ein fast leerer Begriff. Das Paar Besonderes/Allgemeines scheint eindeutig aus dem Kontext der Logik zu stammen: bei Kant[32] bezeichnet es Glieder einer Klasse und die Klasse selbst, oder Einzelphänomene und Regeln/Gesetze, bei Lambert [33] bezeichnet es Existenzaussagen und Allaussagen. Mit dem Zusammenfall des Besonderen und des Allgemeinen wird

also wiederum logisch Unmögliches behauptet. Der Ort im Denken der GZ, wo nicht nur einige, sondern alle menschlichen Unterscheidungen als aufgehoben gelten und das Undenkbare möglich wird, ist aber ›Gott‹, die nach Kant nur als Negation menschlicher Eigenschaften beschreibbare Größe. Bei der Korrelation von S mit ›Gott‹ erklärt sich nicht nur die Unaussprechlichkeit/Unausschöpfbarkeit, sondern auch jene ›Offenbarung‹, die der Kunst oder dem S, als sich in diesen vollziehende, immer wieder zugeschrieben wird (so Schelling, Ast, Solger, Goethe, Schleiermacher, Creuzer, Baur). Alle Merkmale des S lassen auch eine immanente Interpretation zu, doch bleibt auch dann das Problem, daß das Allgemeine jedenfalls eine wie immer geartete Totalität ist. Das Kunstwerk bedeutet ›Alles‹: so kann auch in der historischen Klassifikation jedes Werk für die Gesamtheit seiner Kultur stehen und jedes repräsentiert sie gleichermaßen. In seiner Hermeneutik kann denn Ast[34] auch behaupten, daß der Zirkel von Teil des Werkes und Ganzem des Werkes und von Werk als Teil der Kultur und Kultur als Ganzem letztlich derselbe sei und nur daher nicht ausweglos, weil im Teil das Ganze enthalten sei, womit Ast eine der GZ-Ästhetik entsprechende Hermeneutik schafft. Wenn das S aber eine Totalität, die Idee usw., ausdrückt, dann kann es, wie einer der Sprecher in Solgers ›Erwin‹ anmerkt, eigentlich nur genau ein Kunstwerk geben[35]; die Auflösung des Dilemmas interessiert hier nicht. Was die Begriffe der (a)-Reihe bedeuten, ist jedenfalls nicht eine beliebige Bedeutung, sondern eine kulturell als relevant erachtete, eine ontologisch hochrangige, wo nicht oberste, womit auch die Zweideutigkeit des Begriffs ›Bedeutung‹ selbst (vgl. Adelung[36]) ausgenützt wird.

(15) Mehrere Autoren grenzen die (a)-Reihe noch gegenüber dem ›Zeichen‹ (im GZ-Sinne; Kant, Solger, Baur) und dem ›Bild‹ (Schelling, Solger) ab. ›Zeichen‹ ist hier ein Signifikant, dem durch Konvention ein ›Begriff‹ als Signifikat zugeordnet wird, ›Bild‹ ist hier ein ikonisches Zeichen, dessen Signifikat eine Realität ist, d.h. das etwas abbildet, was seinerseits nichts bedeutet. Nach den S-Definitionen kann gefolgert werden, daß S bestimmte Merkmale von ›Zeichen‹ und ›Bild‹ in sich vereinigt und andere ausschließt[37]: S ist demnach nicht ›willkürlich‹-konventionell, zwischen Signifikant und Signifikat besteht eine als ›natürlich‹ erachtete Relation; weder steht es nur für eine Bedeutung, noch bildet es nur eine Realität ab: es tut beides, und zwar so, daß Realität und Bedeutung in einer ›natürlichen‹ Relation stehen.

3. Zur Interpretation des Allegorie-Symbol-Komplexes

(16) Nach 1. werden die Terme der (a)-Reihe angewendet auf
I. historische Systeme: die Geschichtsphasen; und
II. außerhistorische Systeme, nämlich
A. Kunstformen: Malerei, Dichtung usw.; und
B. Gattungen von Kunstformen: Lyrik, Drama usw.
I und II, A und B schließen einander jeweils logisch aus. Auch die Definitionen

eines der Terme, S bzw. K, sind durch Paradoxie und logische Unmöglichkeit gekennzeichnet. Nach 2. gelten von S/K die Merkmale

1. Bezeichnung einer Gesamtstruktur und eines Zeichentyps
2. Identität von Bedeutungsträger und Bedeutung
3. Identität des Besonderen und des Allgemeinen
4. Ausdruck des Nicht-Ausdrückbaren
5. Paradoxie der Bedeutung in sich selbst (»Idee«).

Was als S bezeichnet wird, ist logisch unmöglich: S ist eine theoretische Größe, die es in der Realität nicht geben kann. Es handelt sich nicht um inadäquate Formulierungen, die man großzügig uminterpretieren muß: die Autoren wußten, was sie sagten, und sie kannten die Logik, wie sie etwa Lambert dargestellt hat. Im S hebt die Ästhetik bewußt die Sätze vom Widerspruch und vom ausgeschlossenen Dritten auf: im höchst bewerteten Term wird die unmögliche ›Einheit‹ hergestellt. Die Abneigung der GZ, v. a. des Idealismus, gegen die Logik ist bekannt; Hegels Logik legt davon Zeugnis ab.

(17) Vor der GZ bilden Erkenntnistheorie, Hermeneutik, Logik, Semiotik (bei Lambert: Semiotik, bei Meier: Charakteristik) einen zusammenhängenden Komplex. Wie etwa Condillac im Rahmen einer Erkenntnistheorie die Zeichentheorie behandelt, so behandelt Lambert im selben Kontext Logik und Semiotik; Meier behandelt in einer stark der Logik verpflichteten Hermeneutik ebenfalls die Semiotik [38], die an sich ohnedies eine notwendige Prämisse jeder Hermeneutik wäre. Baumgarten hatte für seine Ästhetik einen Teil ›Semiotica‹ geplant [39]. Der Terminus ist noch der GZ geläufig: im Kontext der Interpretation der menschlichen Gestalt spricht Weishaupt [40] von einer »moralischen Semiotik« (S. 89), in seiner Gestaltsymbolik Sihler von »pathologischer Semiotik« und »Seelen-Semiotik«, für die ein »Hermeneut und Auslegekünstler« gefordert sei (S. IX, XI, 159). Obwohl das Objekt der Ästhetik per se ein semiotisches ist, behandeln meine Texte den Komplex nicht explizit; Kant etwa resümiert die Zeichentheorien nicht im Kontext seiner Ästhetik, sondern in dem der Anthropologie [41]. Nur eine partikulare Semiotik, die medizinische (Eschenburg, Gruner, Consbruch [42]), die auch Meier und Kant kennen, scheint am Ende der GZ noch zu finden [43]. Die medizinische Semiotik klassifiziert die Zeichen der Gesundheit und Krankheit, etwa in prognostische, diagnostische, anamnestische; die Beziehung von Zeichen und Bedeutung ist eine metonymische: eine Wirkung ist Zeichen einer Ursache. Wie im S die Logik aufgehoben wird, so auch die Semiotik: S ist ein »parasemiotisches« Phänomen (Kobbe). Denn erstens wird ihm Zeichencharakter radikal abgestritten: es bedeutet nicht, es ist – der Signifikant kann aber nicht mit dem Signifikat identisch sein. Zweitens hat S keine Semantik: was es ›bedeutet‹, ist überhaupt nicht als semantische Größe analysierbar, da es einerseits der Logik und der Formulierbarkeit zugleich entzogen ist und andererseits das Bedeutete bewußt Leerformelcharakter erhält. Indem das S alles ›bedeutet‹, ›bedeutet‹ es nichts – jedenfalls nichts, das analysierbar wäre. Drittens spielt in den Ästhetiken die syntaktische Dimension eines textexternen oder textinternen Kontextes keine Rolle: die ›Bedeutung‹ des S

kann offenbar durch keinen Kontext modifiziert werden. In der außerästhetischen S-Verwendung, wo S ein Zeichen ist, tendiert selbst in der Interpretation der menschlichen Gestalt jedes Element zum autonomen Zeichen, dessen Bedeutung durch seine Nachbarn nicht beeinflußt wird. Selbst bei Creuzer, der am ehesten zu einer Semiotik neigt und bei dem als einzigem auch »Kontext« explizit als Deutungsbedingung auftritt und eine »Hermeneutik der Bildersprache« gefordert wird, wird doch das ideale, das »plastische S« davon ausgenommen, während die A der Deutung bedarf. Die ›Bedeutung‹ des S bedarf keiner interpretatorischen Rekonstruktion: sie wird von mehreren Autoren als ›unmittelbar‹ gegeben, eben als ›Offenbarung‹, die einem zuteil wird oder nicht, charakterisiert. Im S wird also auch die Hermeneutik aufgehoben: das S läßt eine Deutung weder zu noch bedarf es ihrer. Mit der idealistischen Ästhetik, die selbst keine Hermeneutik umfaßt, wird, etwa gegenüber Meier, zugleich auch die Hermeneutik transformiert. Bei Ast und Schleiermacher[44], die sowohl eine Ästhetik als auch eine Hermeneutik entwerfen, wird eine komplementäre Distribution vorgenommen, die deutlich macht, daß S in seiner ästhetischen Verwendung weder mit Bedeutung noch mit Deutung zu tun hat: in der Hermeneutik kommt S nicht vor (und A allenfalls als A_2), und in der Ästhetik ist von Hermeneutik keine Rede. Und so wird viertens auch die Pragmatik im S aufgehoben: Produzent und Rezipient des Werkes sind irrelevant.

(18) Denn zwar wird, wie man weiß, der Produzent von Kunst als gottgleicher Schöpfer konzipiert, als Genie, das, wie Gott die Natur, nach nicht prognostizierbaren Regeln das originelle Werk produziert: aber einmal produziert, ist das vollkommene Werk ein Absolutum, das, wie die Natur, sich selbst erhält und besprochen werden kann, ohne daß man seinen Schöpfer bemühen müßte. Dieses Absolutum ist trotz seiner Gebundenheit an eine Geschichtsphase zeitlos: es ist für jedermann verstehbar, auch wenn es einer anderen Phase angehört. Das bedeutet, daß ihm Grenzen der Originalität auferlegt werden; es muß sich in irgendeinem Sinne auf das ›Allgemeinmenschliche‹ beschränken. So dekretiert etwa Hegel, das Werk sei Werk »für uns« (I, 529) und habe mit uns in Übereinstimmung zu treten, so daß es »unmittelbar durch sich selbst verständlich« (I, 267) sei. Das bedeutet letztlich, daß dem Werke auferlegt wird, darzustellen, was für die möglichen Rezipienten akzeptabel ist, d. h. es wird an die Ideologeme der Kultur gebunden. Es bedeutet zweitens, daß ›jedermann‹ nur der Gebildete ist, der über ein Wissen z. B. über die antike Kultur, als Bedingung der Rezipierbarkeit ihrer – der höchst bewerteten – Werke, verfügt. Wissen darf genau dann erforderlich sein, wenn es in der GZ-Kultur als ›selbstverständlich‹ – für die Gebildeten – gilt: d. h. die GZ-eigene Pragmatik wird der Bezugspunkt aller Kunst aller Phasen – und daher muß auch die Geschichte teleologisch auf sie, als die Endphase, zulaufen. Die geleugnete Pragmatik feiert eine doppelte Wiederkehr, indem das Werk erstens der Pragmatik der GZ, zweitens der seiner eigenen Kultur unterworfen wird. Denn es hat deren oberste Werte und Normen zu verkörpern: ihm ist ideologische Abweichung untersagt. Die Funktion wird in die Struktur selbst hineingenommen: das Werk erscheint in der Ästhetik als zweck-

frei und absolut, weil es die wesentlichen Ideologeme seiner Kultur, eingeschränkt nur durch die geforderte ›Allgemeinmenschlichkeit‹, schon in sich aufgenommen hat. Diese GZ-Konzeption der ›Autonomie‹ der Kunst wird ideal im
S erfüllt; ihr widerspricht hingegen die überlieferte Rhetorik. Die Tropen definieren sich durch ko(n)textuelle Abweichung, sie erfüllen Funktionen, sie verweisen auf etwas außerhalb ihrer, sie zwingen zur Unterscheidung von Teilen
und Ebenen in der Ganzheit und Einheit des Werkes. Sie sind vor allem das Produkt freier Wahl, d. h. der Willkürlichkeit, der Alternativen möglich gewesen
wären, während das ideale Kunstprodukt als Synthese aus Freiheit und Notwendigkeit gilt und, frei geschaffen, doch nicht anders sein könnte, als es ist, d. h. daß
es keine Alternativen zuläßt.

(19) Diese Divergenz manifestiert sich auch in der Sprachkonzeption: gemäß
der Rhetorik könnte derselbe Sachverhalt auf verschiedene Weise ausgedrückt
werden, gemäß dem Idealismus gibt es nur einen adäquaten Ausdruck, der tendenziell zugleich ein natürliches und motiviertes Zeichen ist, wie er es im S entwirft. Daß realiter mehrere Signifikanten für ein und dasselbe Signifikat existieren, wie auch mehrere Werke dieselbe ›Idee‹, dasselbe ›Allgemeine‹ ausdrücken,
bedeutet dann, daß eine Skala der Grade der Adäquatheit eingeführt werden
muß, was in diesem System einer Wertskala äquivalent ist. Ein solcher Überschuß von Signifikanten gegenüber einer begrenzten Menge von Signifikaten gilt
aber nicht nur für das Objekt dieser Theorien, sondern auch für sie selbst: in bestimmten Bereichen, etwa um den Komplex von S und Idee herum, verfügt sie
selbst über eine überreiche Terminologie, die sie nur mit Mühe und sprachlicher
Akrobatik semantisch differenziert. Das ist einerseits ein Indiz der Wichtigkeit
dieses Bereichs; Signifikantenüberschuß charakterisiert in der GZ im übrigen
auch andere Bereiche, so die begleitenden Zeichen bei der Initiation in Geheim-
bünde in der Realität wie in der Literatur, so die magischen Akte etwa der Gei-
sterbeschwörung. Der Überreichtum hat in allen Fällen dieselbe Funktion: das
Versprechen einer Bedeutsamkeit höchster Art und die Verschleierung seiner
Uneinlösbarkeit. Es ist andererseits Indiz dafür, daß die Theorie selbst als ihr
Merkmal vorführt, was sie als Merkmal ihrem Objekt zuschreibt. Sie will in der
Philosophie den Platz einnehmen, den sie in der Kunst der Antike zuweist. Wenn
sie etwa über deren – ungeglaubte – Mythen spricht, redet sie identifikatorisch,
als würde sie sie glauben. Die Sprache der Theorie neigt zur Annäherung an das,
was sie dem Objekt zuschreibt, und die Annäherung wird nur durch die bean-
spruchte hierarchische Bereichsdifferenz Kunst/Philosophie begrenzt. Diese
Sprachkonzeption impliziert notwendig zugleich eine Ontologie, was sich an den
Ästhetiken beweisen läßt; die im Idealismus relevante Opposition ›Poesie vs
Prosa‹ wird immer als solche nicht nur von Sprachzuständen, sondern auch von
Realitätszuständen aufgefaßt[45]. Diese Sprach- und Zeichenkonzeption basiert darauf, daß sie, wie schon Condillac, Lambert und Meier, zwar Zeichen und
Bedeutung unterscheidet, aber die Bedeutung selbst nicht in Signifikat und Re-
ferent untergliedert. Wenn nun diese Unbestimmtheit in der zweigliedrigen Zei-
chenkonzeption so aufgelöst wird, daß die Bedeutung als Referent interpretiert

wird, dann entspricht jedem Zeichen eine Realität, aber nicht umgekehrt. Es kann dann zwar das Unaussprechliche, nicht aber die gegenstandslose Äußerung geben. Zu einer solchen Auffassung scheint das idealistische Denken und sein Umkreis zu tendieren. Denn etwa die Formulierungen, die – wie etwa die über das S – das logisch Unmögliche dennoch als ›Synthese‹ hervorbringen, funktionieren offenbar nach dem Prinzip, daß das Sagbare auch real sein müsse: was formulierbar ist, ist wirklich. Davon zeugen etwa auch die Überlegungen zu einer verlorenen Ursprache (Eschenburg für die frühere GZ; Schelling, Schubert), in der die Zeichen motiviert gewesen seien und in einer natürlichen Relation zu den Dingen gestanden hätten. Ähnliche Übergänge finden aber auch in anderen GZ-Komplexen statt, wenn etwa in den okkultistischen Theorien aus der Möglichkeit einer Sache auf deren Wirklichkeit geschlossen wird[46], oder in den unzähligen Fällen in der Literatur, wo eine Person Vorgestelltes als Realität außerhalb ihrer wahrzunehmen meint[47], auf welche Weise man denn auch seitens der Rationalisten umgekehrt ›Geistererscheinungen‹ zu erklären versuchte. In all diesen Fällen wird ein Inneres, Denkbares als Äußeres, Reales gesetzt und wahrgenommen: in der Symbolik der menschlichen Gestalt wird umgekehrt an einem sichtbaren Außen ein unsichtbares Inneres ablesbar (Sihler, Carus). Damit nun im S das Dargestellte und das von diesem Bedeutete zusammenfallen können, muß die Realität selbst schon Bedeutung haben: und hier trifft sich der ästhetische und der außerästhetische Gebrauch, da der letztere die Bedingungen für den ersteren schafft und im ersteren immer schon postuliert wird, wenn man etwa die Rolle der menschlichen Gestalt oder des Mythos in den idealistischen Ästhetiken betrachtet. Die Realität muß Bedeutung haben, damit die Kunst keine zu haben braucht: die Ästhetiken erlegen daher der Kunst Beschränkungen der Stoffwahl auf, die die ›Prosa‹ der gemeinen alltäglichen Realität eliminiert. Die Identität von dargestellter Realität und mittels ihrer ausgedrückter Bedeutung repräsentiert wiederum das S. ›Bedeutung‹ hat auch hier den doppelten Sinn von Zeichenhaftigkeit und Relevanz. Diese Ontologie wird möglich, wenn nicht zwischen der Realität und ihrer kulturellen Deutung unterschieden wird: genau diese Unterscheidung wird aber etwa im ›Allgemeinmenschlichen‹ aufgehoben, dessen Inhalte nicht aus ethnologischer Empirie hervorgegangene Abstraktionen, sondern apriorische Selbstverständlichkeiten der eigenen Kultur sind. ›Bedeutung‹ eines Werkes, ob es nun dem Typ A oder S angehört, muß in dieser Konzeption in etwa den Raum der kulturell als möglich erachteten Assoziationen eines repräsentativen Betrachters gegenüber einem Objekt bedeuten; denn sonst wäre unerklärlich, wie ›die Idee‹ oder ›das Allgemeine‹ wahrnehmbar sein soll. Es wird also auch der Unterschied zwischen denotativen und konnotativen, zwischen nachweisbaren Bedeutungen und willkürlichen Assoziationen aufgehoben: die kulturelle Kodierung der Realität, und nicht die Werkstruktur, bestimmt hier, was als ›Bedeutung‹ gilt. Die Idealisten selbst enthalten sich jeder Interpretation: eine jede würde verengende Festlegung implizieren. Der kulturelle Wahrnehmungsraum der GZ, die von Konzeptionen wie dem S implizierte Wahrnehmungspsychologie, bleibt freilich noch zu rekonstruieren.

(20) Die idealistische Theoriebildung strebt Abgeschlossenheit und Vollständigkeit an, wie die erschöpfenden Begriffsreihen des systematischen Typs ebenso wie die Geschichtsphilosophie, die mit sich die Geschichte enden läßt, belegen. Todorov merkt an, daß alle E l e m e n t e, aus denen die späte GZ ihre Theorien baut, schon vorher vorhanden sind, wenngleich das S y s t e m neu ist. In der Tat belegt die frühe GZ etwa Versuche, wo gelegentlich das Besondere und das Allgemeine oder Sein und Bedeuten identifiziert werden[48] usw. Gegeben ist in der zweiten Hälfte des Zeitraums eine vorgefundene Begriffs- und Problemmenge, und es handelt sich im Idealismus darum, eine Kombination aus diesen Elementen herzustellen derart, daß kein Problem und kein Begriff abhanden kommt und möglichst viele Korrelationen zwischen ihnen hergestellt werden – eine Struktur, die auch jene GZ-typische Erzählform aufweist, zu der auch der Bildungsroman gehört und in der als Tendenz gilt, daß keine wesentliche Figur verloren gehen darf und daß am Schluß Verwandtschaftsbeziehungen aufgedeckt werden. Diese Tendenz ist im Idealismus aber Variante des Willens zu Vollständigkeit/Abgeschlossenheit, weshalb auch die ungeliebte Rhetorik nicht einfach eliminiert werden darf, sondern in die herzustellende Synthese eingehen muß. Daß dabei A/S besonders relevant wird, daß gerade diese Terme eine zentrale Position erhalten, erklärt sich also einmal dadurch, daß schon in der ersten Hälfte der GZ Theorien existieren, die ansatzweise etwas Neues mit Hilfe dieser Terme zu formulieren versuchen, zum andern durch den Reichtum der Kontexte, die historisch mit S verbunden sind[49]: der theologische, der sich – vgl. das Lichtenberg-Motto – auch schon mit Sein und Bedeuten (beim Abendmahl) herumschlug, der ikonisch-semiotische in der Emblematik, der erkenntnistheoretische[50], der okkultistische. Schon 1766 hat Kant[51] in der Kritik des Swedenborgschen Okkultismus den Term S benützt und noch 1798[52] kritisiert er eben diese Auffassung der Welt als S; bei Eckartshausen[53] kommt S in kabbalistischem Kontext vor. Daß der Begriff auch diese Bedeutung als mögliche, und dem Idealismus gar nicht so fernstehende, beibehält, belegen außerästhetische Verwendungen wie die Schuberts; Voß[54] polemisiert 1824 gegen Creuzer, weil er dessen Theorie des S und des Mythos in der Reihe der okkultistischen und irrationalistischen Theoriebildungen der GZ sieht. Auch die zeichenhafte Interpretation des menschlichen Körpers und seiner Teile als bedeutungstragender Einheiten, die eine unsichtbare Psyche sichtbar machen, ist schon in der Physionomik vorgegeben (Sulzer, Herder, Lavater, Gall[55]), wenngleich ihr noch der neue Name S zugeordnet werden muß. Die Verwendung vorgegebener Terme scheint relativ frei verfügbar – die Regeln, die diese Verfügbarkeit eventuell begrenzen, wären noch zu formulieren.

(21) Die ästhetischen und nichtästhetischen Theorien des Idealismus stehen in der Mitte zwischen den empirischen Wissenschaften, soweit sie sich schon konstituiert haben, und den okkultistischen Theorien der GZ. Der Idealismus stellt dabei mit der Gesamtmenge seiner Theorien selbst ein Kontinuum dar,

dessen beiderseitige Ränder unscharf sind. Von den okkultistischen Theorien trennt ihn weniger die Form des Denkens, sondern allenfalls dessen Inhalte: bestimmte Realitätspostulate, bestimmte semantische Auffüllungen der idealistischen Leerformeln. Als Beispiel mag das Lexem ›Geist‹ dienen: es spielt in beiden Kontexten eine nicht unerhebliche Rolle, doch erhält es eben im Okkultismus eine spiritualistische Interpretation. Die Grenze zur Wissenschaft ist strikter: sie betrifft relativ fundamentale Denkformen und Denkkategorien. Während die beiden anderen eine technische Beherrschbarkeit der Welt versprechen (der Okkultismus in der Magie), erlaubt die idealistische Klassifikationsform keinerlei Technologie, nicht einmal eine hermeneutische, sondern verspricht eine nur verbale Beherrschung der Welt. Die Zeichenkonzeption, die er sich im S schafft, steht in der Mitte zwischen den Zeichen der medizinischen Semiotik und den Zeichen der Magie. In der medizinischen Semiotik wie in der Magie stehen Zeichen und Bezeichnetes in einer metonymischen Relation: in der Medizin bedeutet das Zeichen eine Wirkung, die durch Manipulation ihrer Ursache verschwinden soll; in der Magie bedeutet es eine Ursache, durch deren Manipulation eine Wirkung hervorgebracht werden soll. Im ersten Falle ist das Zeichen Folge, im zweiten Ursache einer Realität. Das S ist nicht metonymisch organisiert, es gibt in ihm weder Ursache noch Wirkung, und Zeichen und Realität sind eins. Eine Leerstelle in einem begrifflichen Kontinuum wird durch die idealistische Denknotwendigkeit ›S‹ aufgefüllt. – Die Schwierigkeit, den Idealismus von Okkultismus abzugrenzen, hat im übrigen schon Fichte thematisiert [55a], der zugleich auch der »Schwärmerei« das Merkmal zuschreibt, immer »auf irgendeine Art von Zauberei« auszugehen. Dem S im besonderen schreibt etwa Novalis im ›Allgemeinen Brouillon‹ von 1798/99 eine Nähe zur Magie zu; zwar wird in diesem Kontext ›S‹ nicht definiert, doch stimmt der Begriff in mehreren wesentlichen Merkmalen mit den Konzeptionen im Umkreis des Idealismus überein: »Auf Verwechselung des Symbols mit dem Symbolisirten – auf ihre Identisirung – auf den Glauben an wahrhafte vollständige Repräsentation – und Relation des Bildes und des Originals – der Erscheinung und der Substanz – auf die Folgerung von äußerer Ähnlichkeit – auf durchgängige innre Übereinstimmung und Zusammenhang – kurz auf Verwechselungen von Subject und Object beruht der ganze Aberglaube und Irrthum aller Zeiten, und Völker und Individuen.« [55b]

(22) Mit Hilfe des S-Begriffs wird die Unterscheidung zwischen semiotischen Sachverhalten, die etwas bedeuten, und natürlichen Sachverhalten, die nichts bedeuten, aufgehoben: ungleichartige Typen von ›Zeichen‹, Zeichen im engeren Sinne und rein physisch-kausale Symptome werden als gleichartig gesetzt, wenn S sowohl ästhetischen Sachverhalten als auch der menschlichen Gestalt und anderen Naturphänomenen zugeschrieben werden kann. Es geht um einheitliche Prinzipien und Kategorien zur Beschreibung heterogenster Teilgebiete der Welt. Es geht um Semiotisierung des Natürlichen und um Naturalisierung des Semiotischen: das Kunstwerk wird der Natur angenähert und die Natur dem Kunstwerk. Beide haben einen Schöpfer, der sich im Produkte aus-

drückt. Dem erstrebten natürlichen Zeichen, das im S gefunden wird, entsprechen die Zeichen der Natur, die »Naturzeichensprache« (Schubert). Die Ablehnung der Naturnachahmung ist nichts als der Wille, selbst Natur zu produzieren. Die Texte der Ästhetik gehorchen bestimmten Transformationsregeln, die ich wiederholt anzudeuten versuchte und hier weder näher ausführen noch interpretieren kann; sie haben die Form: wenn in einer Theorie A eine Größe x eine bestimmte Rolle spielt und wenn eine Theorie B x modifiziert, dann wird zugleich mindestens eine andere Größe y von A in B ebenfalls modifiziert. Solche Regeln zeigten sich jedenfalls auch in der Relation der ästhetischen und der nicht-ästhetischen Verwendung von S. In der ersteren tendiert S zum Nicht-Zeichen und zur Elimination einer Deutbarkeit, in der letzteren zum Zeichen und zur Behauptung einer Deutbarkeit. Diese systematische Distribution, die sich auch bei einem Autor wie dem späten Goethe, der beide Verwendungen kennt, bestätigt, nähert nun in der Tat das kulturelle und das natürliche Produkt einander an bis zur »Analogie bzw. Identität« (Kobbe): dem semiotischen Faktum wird Bedeutung/Deutbarkeit eher entzogen, dem nicht-semiotischen Faktum eher hinzugefügt. Nur scheinbar also handelt es sich in der außerästhetischen Verwendung des S eindeutig um Zeichenhaftigkeit und um einen interpretatorischen Begriff: denn der zeichenhaften Deutung des Natürlichen müssen Grenzen gesetzt werden, um diese Naturphilosophie nicht vollends im Okkultismus aufgehen zu lassen; Autoren wie Schubert postulieren zwar beständig eine solche semiotische Interpretierbarkeit der Natur, aber selbst er vollzieht sie nicht inhaltlich. Die Symbolik der Gestalt geht darin weiter, und sie darf es auch, denn in ihr werden direkt Kultur und Natur als Innen und Außen des Menschen korreliert. Signifikant sind die Tendenzen der Anthropologie der späten GZ: ist sie eine anatomisch-physiologische (etwa Loder[56]), wird sie ebenso kritisiert (z.B. von Heinroth), wie wenn sie eine nur psychische wie die Kants ist, dem Schleiermacher das Fehlen der physischen Seite vorwirft[57]. Die charakteristischen Anthropologien (z.B. Hufeland, Schubert, Steffens[58]) wirken geradezu materialistisch, obgleich es sich auch hier nur um den Versuch einer Korrelation der beiden Bereiche handelt, wie er auch im S stattfindet. Wenn im Umkreis des Idealismus plötzlich der Term ›Naturgeschichte‹ wörtlich genommen wird[59], handelt es sich ebenso primär um die Angleichung der Natur an Kultur, wie es sich in der Geschichtsphilosophie des Idealismus, der es eher um Aufhebung der Geschichte als um Geschichtsschreibung geht[60], um die Angleichung der Kultur an Natur handelt. Alle Geschichte, die der Natur, die der Kultur, die des Einzelindividuums im Bildungsroman, die der Gattung, wie sie Hegel in seiner ›Phänomenologie‹[61] entwirft, wird denn auch nach dem Typ der ›Entwicklung‹ (im GZ-Sinne, vgl. Adelung), als Entfaltung eines schon Vorhandenen und Bewußtwerden seiner selbst, konzipiert. S jedenfalls ist in der GZ ein klassifikatorischer, kein interpretatorischer Begriff: er dient nicht der Auslegung, sondern er hilft, Ordnung zu schaffen – zu integrieren, was schon längst nicht mehr zu integrieren ist. Er ist ein Desiderat der Theorien, das eingeführt wird, eine Funktion zu erfüllen: um die Welt als einheitliche Ordnung denken zu können, nicht um sie zu beschreiben oder zu deuten.

Anmerkungen:

1 Auszüge aus den relevanten Versuchen finden sich in Sørensen, 1972. Da ich aus Raumnot weitgehend auf Belege verzichten muß, verweise ich auf die detaillierteren Darstellungen von Sørensen, 1963, Todorov, 1977, Titzmann und den Art. ›Symbol‹ von Peter Kobbe (RL, 2. A., im Druck). Titzmann und Kobbe stellen auch die weitere Entwicklung nach der GZ dar; zum Stande der wiss. Lit. vgl. Kobbe.
2 Siehe dazu Todorov, 1977, S. 181 f.
3 Noch Sørensen, 1972, S. 264, beschreibt Schellings S-Konzeption als »unter dem persönlichen Einfluß von Goethe« entstanden.
4 Immanuel Kant: Kritik der Urteilskraft, Berlin 1790 (Neudr. Stuttgart 1971).
5 Friedrich Wilhelm Joseph Schelling: Philosophie der Kunst, hg. K. F. A. Schelling, 1859 (Nachdr. Darmstadt 1966) (= Vorlesungen von 1802/03 und 1804/05). – Friedrich Ast: System der Kunstlehre oder Lehr- und Handbuch der Ästhetik zu Vorlesungen und zum Privatgebrauch, Leipzig 1805. – Karl Wilhelm Ferdinand Solger: Erwin. Vier Gespräche über das Schöne und die Kunst, 1815 (Neudr. hg. W. Henckmann, München 1971). – Ders.: Vorlesungen über Ästhetik, hg. K. W. L. Heyse, Leipzig 1829 (Nachdr. Darmstadt 1969) (= Vorlesungen von 1819).
6 Georg Wilhelm Friedrich Hegel: Ästhetik, hg. H. G. Hotho, 1835 (Neudr. von ²1842 hg. Fr. Bassenge, 2 Bde., Berlin/Weimar o. J.) (= Vorlesungen von 1817–1829). – Fr. D. E. Schleiermacher: Ästhetik, hg. G. C. Lommatsch 1842 (Neudr. hg. R. Odebrecht, Berlin/Leipzig 1831) (= Vorlesungen von 1819, 1825, 1832/33).
7 Die einschlägigen Stellen zu A und S aus den ›Maximen‹ setze ich im folgenden ebenso als bekannt voraus wie die sonstigen Äußerungen zu diesem Thema nach 1800.
8 Friedrich Creuzer: Symbolik und Mythologie der alten Völker, besonders der Griechen, 2., völlig umgearbeitete neue Ausg., Leipzig/Darmstadt 1819, Theil I (¹1810, ³1837).
9 Jean Paul: Vorschule der Ästhetik nebst einigen Vorlesungen in Leipzig über die Parteien der Zeit, 1804 (zit. nach: Werke, hg. N. Miller, München 1963, Bd. 5, S. 7–514).
10 Was die literarische Praxis selbst betrifft, vgl. zu Goethes Lyrik Wünsch, 1975.
11 Friedrich Bouterwek: Ästhetik. Zweite in den Prinzipien berichtigte und völlig umgearbeitete Ausgabe, Göttingen 1815 (¹1806). – Arthur Schopenhauer: Die Welt als Wille und Vorstellung, Leipzig 1819 (Neudr. Darmstadt 1974).
12 Vgl. dazu Titzmann und Kobbe [s. Anm. 1].
13 Diese Kontexte sind auf verschiedene Weise bei den in Anm. 1 genannten Autoren rekonstruiert.
14 Ferdinand Christian Baur: Symbolik und Mythologie oder die Naturreligion des Alterthums, 3 Bde., Stuttgart 1824/25.
15 W. Sihler: Die Symbolik des Antlitzes, Berlin 1829. – Carl Gustav Carus: Symbolik der menschlichen Gestalt, Leipzig 1852 (Nachdr. v. ²1858 Darmstadt 1962). – Gotthilf Heinrich Schubert: Die Symbolik des Traums, Bamberg 1814 (Nachdr. Heidelberg 1968). – Jacob Grimm: Von der Poesie im Recht, Zs. f. geschichtliche Rechtswiss., hgg. F. C. v. Savigny/C. F. Eichhorn/J. F. L. Göschen, Bd. 2, Berlin 1816, S. 25–99. – Carl George Dümgé: Symbolik germanischer Völker in einigen Rechtsgewohnheiten, Heidelberg 1812.

16 Zur Zuordnung der verschiedenen Klassifikationen untereinander vgl. Titzmann; dort auch Näheres zu Struktur und Funktion der Geschichtsphilosophie.

17 Details in Titzmann.

18 I. Kant: Beobachtungen über das Gefühl des Schönen und Erhabenen, Königsberg 1764 (Theorie-Werksausg., Frankfurt 1968, Bd. 2, S. 824–884). – Ders.: Anthropologie in pragmatischer Hinsicht, Königsberg 1798 (suhrk. taschenb. wiss. 193, Frankfurt 1977, Bd. 12, S. 397–690). – Johann Christian August Heinroth: Lehrbuch der Anthropologie. Zum Behuf academischer Vorträge und zum Privatstudium. Nebst Beilagen erläuternder und beweisführender Aufsätze. Zweite vermehrte und verbesserte Ausg., Leipzig 1831. – Wilhelm v. Humboldt: Über den Geschlechtsunterschied und dessen Einfluß auf die organische Natur, 1795 (Fischer-Studienausg., Bd. 1, Frankfurt 1970, fi 6040, S. 23–43).

19 So Kant 1764 [s. Anm. 18].

20 Jean Paul [s. Anm. 9], S. 221–223.

21 Heinroth [s. Anm. 18] korreliert z. B. Jahreszeiten, Tageszeiten, pflanzliche Zustände und Lebensalter oder Temperamente und Glaubensbekenntnisse oder chemische Elemente, Kräfte der Physik, Planeten und Geschlechter. – F. Ast: Grundlinien der Grammatik, Hermeneutik und Kritik, Landshut 1808, ordnet den Vokalen die menschlichen Sinne und die Elemente (Wasser, Erde, Licht, Luft, Feuer) zu. Eines der bekanntesten Beispiele solcher Praxis, die alles und jedes korrelieren kann, ist wohl Johann Wilhelm Ritter: Fragmente aus dem Nachlasse eines jungen Physikers, Heidelberg 1810 (Nachdr. Heidelberg 1969).

22 Vgl. Titzmann, S. 85–92.

23 Hegel setzt hier eine schon ältere Tendenz fort – vgl. Johann Joachim Eschenburg: Lehrbuch der Wissenschaftskunde, ein Grundriß encyklopädischer Vorlesungen, Berlin/Stettin 1792, und Karl Heinrich Heydenreich: Encyclopädische Einleitung in das Studium der Philosophie nach den Bedürfnissen unsers Zeitalters. Nebst Anleitungen zur philosophischen Litteratur, Leipzig 1793. Siehe auch Wilhelm Traugott Krug: Versuch einer systematischen Enzyklopädie der schönen Künste, Leipzig 1802.

24 Vgl. etwa die Belegstellen zu den »Romantikern«, in Sørensen, 1972.

25 Wolf Lepenies: Das Ende der Naturgeschichte. Wandel kultureller Selbstverständlichkeiten in den Wissenschaften des 18. und 19. Jahrhunderts (suhrk. taschenb. wiss. 227), Frankfurt 1978, S. 41 ff.

26 Ebd., S. 47.

27 Wünsch, 1975, zeigt die Lösung dieser Probleme in der Lyrik Goethes.

28 Zu Krug [s. Anm. 23].

29 Vgl. Todorov, 1977, S. 245.

30 Vgl. Creuzers Schema des »Ikonismus« (= alle Formen dieser Reihen), S. 146.

30a Critik der reinen Vernunft, Riga 1781 (suhrk. taschenb. wiss. 55, 2 Bde., Frankfurt 1974, hier Bd. 1, S. 321 ff.).

31 Vgl. auch Hegel: Wissenschaft der Logik, [1]1812–1816, [2]1832 (Theorie-Werksausg., 20 Bde., Frankfurt 1969, hier Bd. 6, S. 462 ff.). Interessant ist auch der Vergleich mit der traditionelleren – d. h. in diesem Falle: »logischeren« Logik von August Ernst Umbreit: System der Logik, Heidelberg 1833. In beiden Fällen wird deutlich, daß das idealistische System die Logik nur integrieren kann, indem sie sie in als »übergreifend«/»übergeordnet« konzipierte Kontexte einbettet, in denen sie nicht – oder nur bedingt – gilt. Interessant wäre die Frage, wie sich die Logiken in der Kant-Nachfolge verhalten.

32 Kant, Reine Vernunft [s. Anm. 30a], Bd. 1, S. 111; Kant, Urteilskraft [s. Anm. 4], S. 33 f. und 391 f. Vgl. auch Hegels Logik.

33 J. H. Lambert: Neues Organon oder Gedanken über die Erforschung und Bezeichnung des Wahren und dessen Unterscheidung vom Irrthum und Schein, 2 Bde., Leipzig 1764, hier Bd. 1 (Theil I: Dianoiologie), S. 79.

34 Ast: Hermeneutik [s. Anm. 21], S. 180 f. und 185 f.

35 Solger: Erwin [s. Anm. 5], S. 240 f.

36 Johann Christoph Adelung: Grammatisch-kritisches Wörterbuch der Hochdeutschen Mundart, mit beständiger Vergleichung der übrigen Mundarten, besonders aber der Oberdeutschen, zweyte vermehrte und verbesserte Ausg., Leipzig 1793, Bd. 1, Sp. 781. Diese Ausgabe hat im übrigen auch den S-Begriff in seiner theologischen und erkenntnistheoretischen Variante.

37 Dazu Sørensen, 1963, und Todorov, 1977, die ich hier auswerte.

38 Zu Lambert [s. Anm. 33]. S. B. de Condillac: Essai sur l'origine des connoisances humaines, Amsterdam 1746 (Neudr. Paris 1973). – Georg Friedrich Meier: Versuch einer allgemeinen Auslegungskunst, Halle 1757 (Nachdruck Düsseldorf 1965). – Vgl. zum Problemkomplex Elmar Holenstein: Semiotische Philosophie? in: ders.: Linguistik – Semiotik – Hermeneutik, Frankfurt 1976, S. 148–175, hier v. a. S. 148–158.

39 Alexander Gottlieb Baumgarten: Aesthetica, 1750/1758 (Neudr. Bari 1936): das Inhaltsverzeichnis weist einen geplanten Teil »Semiotica« als dritten Teil nach »Heuristica« und »Methodologia« innerhalb der »Aesthetica theoretica« auf (S. 51).

40 A. Weishaupt: Über die Selbsterkenntnis, ihre Hindernisse und Vortheile, Regensburg 1784.

41 Anthropologie [s. Anm. 18], S. 497–505.

42 Christian Gottfried Gruner: Physiologische und Pathologische Zeichenlehre zum Gebrauche akademischer Vorlesungen, Jena 1794. – Georg Wilhelm Consbruch: Diätetisches Taschenbuch für Ärzte und Nichtärzte, Leipzig 1803, S. 25 ff. – Vgl. auch Eschenburg [s. Anm. 23], S. 235 f. – Heinroth: Lehrbuch der Störungen des Seelenlebens oder der Seelenstörungen und ihrer Behandlung. Vom rationalen Standpunkt aus entworfen, 2 Bde., Leipzig 1818, verwendet den Begriff im Kontext der Psychiatrie. – Zu diesem Komplex der medizinischen Semiotik: Michel Foucault: Die Geburt der Klinik. Eine Archäologie des ärztlichen Blicks, München 1973, v. a. S. 102–136.

43 So schon bei Eschenburg [s. Anm. 42]. – Vgl. die Allgemeine Real-Encyklopädie für die gebildeten Stände (Conversations=Lexikon. In 12 Bänden, Leipzig: Brockhaus 1833 ff.), wo ›Semiotik‹ (Bd. 10, 1836, S. 138) auf die medizinische eingeschränkt ist; auch ›Charakteristik‹ bedeutet nurmehr den Akt, jmd./etwas zu charakterisieren. Ein Ersatz für die Terme scheint nicht stattgefunden zu haben.

44 F. D. E. Schleiermacher: Hermeneutik; nach den Hss. neu hg. u. eingeleitet v. H. Kimmerle, Heidelberg 1959 (= aus der Zeit von 1805 bis 1833).

45 Vgl. Titzmann, S. 80–109.

46 So etwa bei Johann Heinrich Jung-Stilling: Theorie der Geister-Kunde in einer Natur= Vernunft= und Bibelmäßigen Beantwortung der Frage: Was von Ahnungen, Gesichten und Geistererscheinungen geglaubt und nicht geglaubt werden müße, Nürnberg 1808. – Ähnliche Argumentationen auch in den vielen ›Geisterseher‹-Romanen.

47 Für die frühe Lyrik Goethes hat Wünsch, 1975, solche Prozesse beschrieben. Vgl. dazu auch Titzmann: Zu Jung-Stillings »Theorie der Geisterkunde. Historischer Ort und Argumentationsstruktur« (erscheint 1979 als Nachwort zum Nachdr. des in Anm. 46 genannten Textes).

48 Belege in Sørensen, 1972.

49 Siehe dazu Sørensen, 1963, Titzmann, Kobbe.

50 Z. B. bei Lambert [s. Anm. 33], Bd. 2.

51 I. Kant: Träume eines Geistersehers, erläutert durch Träume der Metaphysik, Königs-

berg 1766 (Theorie-Werkausg., Frankfurt 1968, Bd. 2, S. 921–989, hier S. 978 (über Swedenborg).

52 Anthropologie [s. Anm. 18], S. 498.

53 Karl v. Eckartshausen: Aufschlüsse zur Magie aus geprüften Erfahrungen über verborgene Wissenschaften und verdeckte Geheimnisse der Natur, 4 Bde., München 1791, hier Bd. 1, S. 311 ff.

54 Johann Heinrich Voß: Antisymbolik, 2 Bde., Stuttgart 1824/1826.

55 Vgl. Klaus Dörner: Bürger und Irre. Zur Sozialgeschichte und Wissenschaftssoziologie der Psychiatrie, fi 6282, Frankfurt 1975, S. 217.

55a Johann Gottlieb Fichte: Die Grundzüge des gegenwärtigen Zeitalters, Berlin 1806 (Nachdr. der Ausg.: Fichtes Werke, hg. I. H. Fichte, Berlin 1845/46 = Berlin 1971, Bd. 7; die im folgenden Text zitierte Stelle befindet sich S. 123 des Nachdrucks).

55b Novalis: Schriften, Bd. 3, hgg. Richard Samuel/Hans-Joachim Mähl/Gerhard Schulz, Darmstadt 1968, S. 397.

56 Just Christian Loder: Anfangsgründe der medicinischen Anthropologie und der Stats=Arzneykunde, zweite verbesserte und mit einem literarischen Anhang versehene Aufl., Weimar 1793.

57 Athenäum, 2. Bd., 1799, S. 300–306.

58 Christoph Wilhelm Hufeland: Makrobiotik oder Die Kunst das menschliche Leben zu verlängern, 1796. – Heinrich Steffens: Anthropologie, 2 Bde., Breslau 1822. – Gotthilf Heinrich Schubert: Die Geschichte der Seele, zweite sehr vermehrte und verbesserte Aufl., Stuttgart/Tübingen 1833.

59 Lepenies [s. Anm. 25], S. 39.

60 Titzmann, Kap. 4.

61 Hegel: Die Phänomenologie des Geistes, Bamberg/Würzburg 1807 (suhrk. taschenb. wiss. 8, Frankfurt 1973).

Zu Walter Benjamins Begriff der Allegorie

Von Harald Steinhagen (Bonn)

I.

Man muß, kaum daß die Literaturwissenschaft begonnen hat, sich näher mit dem Werk Walter Benjamins zu befassen, schon wieder zweifeln, ob man wissenschaftlich überhaupt noch ernst genommen wird, wenn man davon ausgeht, daß seine Schriften einen sachlichen und methodischen Wert haben, der auch heute noch Beachtung verdient. Nachdem Bernd Witte [1] an einer Reihe von literaturkritischen Arbeiten den hemmungslosen Subjektivismus aufgedeckt hat, mit dem Benjamin die Gegenstände dieser Arbeiten in verdeckter Willkür seinen Lebenserfahrungen und seiner »Privatmetaphysik« [2] assimiliert und die Produkte dieser Assimilation dann als Erkenntnisse über die Gegenstände präsentiert, zieht Michael Rumpf [3] nun die Konsequenzen aus diesem Befund und erklärt jede andere als die kritische Auseinandersetzung mit Benjamin für sinnlos. Ausgangspunkt seiner Übersicht über die neuere Forschungsliteratur ist der Satz: »Walter Benjamins Name ist in der Literaturwissenschaft zu kanonischen Ehren gekommen, sein Werk gehört zum Rüstzeug, mit dem die Germanistik glaubt, sich neues Ansehen erkämpfen zu können.« [4] Wenn schon keine bewußte Übertreibung, so ist das doch auf jeden Fall eine Verkennung der gegenwärtigen Situation. Ein Hinweis auf die Barockforschung genügt, um das Gegenteil zu belegen: Fast fünfzig Jahre lang hat sie es vermieden, sich mit Benjamins Untersuchung über den ›Ursprung des deutschen Trauerspiels‹ – das Buch ist Anfang 1928 erschienen – auseinanderzusetzen [5], selbst wo das, wie bei der Erforschung der Emblematik, sachlich unabdingbar gewesen wäre [6]. Aber auch allgemein trifft die Behauptung nicht zu. Daß die Literaturwissenschaft im Begriff sei, sich marxistisch zu orientieren, und sich dabei auf den späten Benjamin berufe, davon kann wohl kaum die Rede sein. Trotzdem versucht Rumpf ihn als »Leitfigur neuerer Forschung« darzustellen [7]. Diese unzutreffende Stilisierung eines unbequemen Autors ist verständlich nur als Warnung davor, daß er zur »Leitfigur« werden könnte. Eben dies zu verhindern, wird denn auch deutlich genug als der Zweck des Forschungsberichts ausgesprochen. Am Anfang heißt es: »Die vorliegende kritische Überprüfung von Benjamins Geltung beabsichtigt also, mit den Zweifeln an der Benjamin-Forschung auch Zweifel an Benjamin selber zu wecken.« Und am Ende, nach einer vernichtenden Analyse des Hölderlin-Aufsatzes von Benjamin: »Der Verfall der Aura, die Benjamins Schriften umgibt, wird nicht durch Reproduktion, sondern durch Kritik gefördert. Ob Benjamin, dessen Platz in der Geschichte deutschen Tiefsinns gesichert ist, dessen sprachliche Leistung unbezweifelbar bleibt, dann noch Leitfigur der um klare Begrifflichkeit und ausweisbare Ergebnisse bemühten Philologie sein kann, wird die Zukunft entscheiden.«[8] Für Rumpf ist diese Entscheidung jedoch bereits gefallen[9], und zwar noch vor Eintritt in die Auseinandersetzung. Denn: in Frage steht gewiß nicht, wie Rumpf meint, ob Benjamins Arbeiten einer »um klare Begrifflichkeit und ausweisbare Ergebnisse bemühten Philologie« genügen, d. h. ob sie dem gängigen Maßstab von Wissenschaftlichkeit gerecht werden – daß das nicht der Fall ist, wußte Benjamin selbst[10] –, sondern umgekehrt: ob dieser Maßstab gerechtfertigt ist. Für Benjamin war das freilich schon früh keine Frage mehr, und seine eigenen Schriften, in denen er einen neuen Begriff von Literaturwissenschaft ineins theoretisch zu begründen und praktisch anzuwenden und damit die Trennung der Literaturwissenschaft von der Literaturkritik und von der Kunstphilosophie aufzuheben versuchte, galten ihm zugleich als Kritik des »bürgerlich-idealistischen Wissenschaftsbetriebs« seiner Zeit, dessen »abscheuliche Öde« ihn schon lange abgestoßen hatte[11]. Denkbar wäre immerhin, daß diese Kritik Benjamins auch die heutige Literaturwissenschaft noch tangiert, womit über ihre Berechtigung noch nichts gesagt ist. Sie wäre erst zu prüfen. Aber dazu müßte man sich der Kritik auch stellen, statt sie, wie Rumpf es tut, einfach zu übergehen. Sie betrifft in ihrem Kern wohl nichts anderes als den zeit- und subjektlosen Objektivismus der Wissenschaft, dem Benjamin mit dem ganzen, ungedeckten Einsatz seiner Subjektivität die historische und subjektive Bedingtheit wirklicher Objektivität entgegensetzt[12]. Solcher Objektivität wird alle Erkenntnis »zur geschichtsphilosophischen – nicht psychologischen – Selbsterkenntnis« des erkennenden Subjekts[13].

II.

Die Allegorie gehört zweifellos zu den zentralen Begriffen in Benjamins Denken. Mit dessen Entwicklung verändert auch sie sich. Diese Veränderung wäre vermutlich grob zu fassen als Transformation eines ursprünglich kunstkritischen Begriffs in einen geschichtsphilosophischen, der dann später materialistisch fundiert wird.

Wie Benjamin überhaupt sein Denken stets nur an bereits Gedachtem, in der intensiven Durchdringung konkreter Gegenstände, entfaltet, statt es in abgeschlossener Form als einheitliche Theorie darzustellen, die er auf systematischem Fundament ohnehin für unmöglich hielt, so hat er auch nirgends eine geschichtlich oder systematisch ausgeformte Theorie der Allegorie vorgelegt. Er befaßt sich ausschließlich mit einzelnen geschichtlichen Erscheinungsformen der Allegorie, die daher in seinem Werk in ganz verschiedenen und unerwarteten Zusammenhängen begegnet: im Essay über ›Goethes Wahlverwandtschaften‹, im ›Ursprung des deutschen Trauerspiels‹, dann vereinzelt in seinen Arbeiten über Brecht[14] und schließlich in seinen Baudelaire-Studien sowie in einem Entwurf zur ›Passagen‹-Arbeit[15]. Zugleich aber trägt sein eigenes Denken unbezweifelbar die Züge allegorisch-emblematischer Verfahrensweisen[16], wie schon seine auffällige Vorliebe für bildliche Umschreibungen mitten in ge-

danklichen Analysen zeigt[17]. Auch ist es kein Zufall, daß Begriffe wie »Denk-
bild«[18] und »dialektisches Bild«[19] an die Pictura im Emblem oder Sinnen-
Bild erinnern. Und schließlich ist die »Konstruktion« der Geschichte, die Benjamin in den späten Thesen ›Über den Begriff der Geschichte‹ als das Verfahren
materialistischer Geschichtsschreibung skizziert[20], durchaus ein allegorisches
Verfahren, zumindest im Sinne des Benjaminschen Allegorie-Begriffs; dem entspricht es, daß seine Geschichtsauffassung in den Thesen der alten typologischen
nahesteht, auch wenn sie diese säkularisiert und dadurch modifiziert[21]: Wenn
die Vergangenheit einen »heimlichen Index« besitzt, »durch den sie auf die Erlösung verwiesen wird«[22], dann ist deren virtueller Ort für Benjamin die
»Jetztzeit«[23], die sich zu bestimmten Epochen der Vergangenheit verhält wie
der Antitypus zum Typus oder wie die Erfüllung zur Verheißung.

Wie schon diese wenigen Andeutungen zeigen, hätte eine ausführliche Untersuchung des Benjaminschen Allegorie-Begriffs, bedingt durch die Verschiedenheit der Zusammenhänge, in denen er vorkommt, eine Vielfalt von Aspekten zu
berücksichtigen, von denen im vorliegenden Beitrag nur einige behandelt werden. Dieser kann in Anbetracht der Forschungslage[24] und mehr noch der
Schwierigkeiten, die Benjamins Schriften dem unmittelbaren Verständnis ent-
gegensetzen, lediglich als Versuch gelten.

III.

Der Anlaß, für den dieser Beitrag geschrieben ist, rechtfertigt es, mit einigen
allgemeinen Vorbemerkungen zu beginnen, die die Bedeutung des Benjaminschen Allegorie-Begriffs für die Erforschung der allegorisch-emblematischen
Formen und Formprinzipien sowie ihrer geschichtlichen Bedingtheit skizzieren.

Benjamin unterscheidet im Trauerspielbuch zwischen der mittelalterlichen
und der barocken Allegorie[25], hält aber an ihrem gemeinsamen christlichen
Ursprung fest[26]. Auf eine exakte Definition der Allegorie verzichtet er – zugunsten ihrer Darstellung – ebenso wie auf eine exakte Unterscheidung zwischen
Allegorie und Emblem[27]. Sie wäre in der Tat auch wohl kaum haltbar; die
Übergänge sind so fließend und von den Formprinzipien her so wenig faßbar,
daß jede definitorische Abgrenzung, wie etwa Albrecht Schöne sie versucht
hat[28], im Blick auf die Phänomene problematisch bliebe, weil sie das konstitutiv Gemeinsame des allegorischen und des emblematischen Formprinzips vernachlässigen müßte. Was überwiegt, ist gerade das Gemeinsame: das freie Verfügen über die Dinge, seien diese nun real oder erfunden oder geschichtlich
überliefert; die primäre Differenz von Sache und Bedeutung, die das Emblem
freilich durch die Tendenz zu größerer Naturnähe stärker als die Allegorie zu
verdecken sucht; die faktische Priorität der Bedeutung, die in eine wirkliche oder
konstruierte Sache hineingelegt wird und deren substantielle Nichtigkeit aufheben soll. Der Allegorie-Begriff im Trauerspielbuch, so spekulativ er auch entwickelt und dargestellt sein mag, wird doch genau darin den allegorischen und

emblematischen Formen des 16. und 17. Jahrhunderts gerecht, daß er die metaphysische oder ontologische Substanzlosigkeit, die ihnen zugrunde liegt, und damit ihren subjektiven, willkürlichen Charakter erkennt. Hätte sich die neuere Forschung auf eine Auseinandersetzung mit Benjamins Untersuchungen eingelassen, dann hätte also weniger leicht übersehen werden können, daß das allegorisch-emblematische Verfahren ein illustrierendes oder exemplifizierendes, genauer: ein projizierendes Verfahren ist, d. h. ein Verfahren der objektivierenden Projektion von Sinn oder Bedeutung auf ein qualitätsloses oder entqualifiziertes Material[29]. Die Bedeutungen werden gerade nicht in den Dingen gefunden oder entdeckt, sie werden vielmehr in die Dinge hineingelesen und dann als angeblich in ihnen entdeckte oder gefundene dargestellt[30]. Je weniger diese Projektion als eine solche erkennbar ist, desto besser; denn ihr Zweck besteht eben darin, die Bedeutungen als objektiv im Material, in der Realität selbst enthaltene darzustellen und ihnen dadurch – fragt sich, in wessen Interesse[31] – allgemeine Geltung zu verschaffen. Wenn daher Schöne in seinen Untersuchungen zur Emblematik diesen Zweck als das wesensbestimmende Moment des emblematischen Verfahrens herausgearbeitet hat[32], so trifft das zweifellos zu, freilich nur für das Selbstverständnis der Emblematiker[33]; denn den Emblemen selbst ist das Verfahren willkürlicher Bedeutungsverleihung vielfach deutlich anzumerken[34]. Sie präformieren ihre Gegenstände – und sei es durch nichts anderes als durch Vereinzelung und Isolierung von den Zusammenhängen, in denen sie real vorkommen – im Sinne der Bedeutung, die ihnen zugedacht ist, d. h. sie beziehen sich auf eine kontingente Realität, die sie neu auf eine verborgene, angeblich in ihr enthaltene Seinsordnung hin interpretieren, nachdem die alte zerbrochen ist: Der angestrengte Versuch, die Bedeutungen durch emblematische Projektion und allegorische Hypostasierung als gegenständlich existierende zu erweisen, entspricht, wie es scheint, der scholastischen Überzeugung von der Realexistenz der Universalien[35].

Eine geistes- und sozialgeschichtlich fundierte Untersuchung der neueren allegorisch-emblematischen Formen und Formprinzipien hätte deren Ursprung mit aller Wahrscheinlichkeit bis zum mittelalterlichen Universalienstreit zurückzuverfolgen, in dem mit dem Sieg des modernen Nominalismus über den scholastischen Realismus der Verfall der mittelalterlichen Ordo-Idee und der ihr zugrunde liegenden feudalen Gesellschaftsordnung sich anzeigt[36]. Denn dieser Verfall des nach mittelalterlicher Vorstellung von Gott geschaffenen Ordnungsgefüges, aus dem eine chaotische, ihrer metaphysischen Substanz beraubte und dadurch entwertete Realität hervorgeht – der Nominalismus betont denn auch entschieden die Gottferne und Nichtigkeit der Welt –, bildet vermutlich den geschichtlichen Hintergrund und die Voraussetzung der frühneuzeitlichen allegorisch-emblematischen Weltdeutung. Seitdem haben die Dinge keine für den Menschen erkennbare Bedeutung mehr, und diesen Substanzverlust, den die Barockepoche im Begriff der Vergänglichkeit und der Nichtigkeit alles Seienden reflektiert, durch Supposition von Sinn abzuwenden, ist die unbezweifelbare Aufgabe der allegorisch-emblematischen Darstellung. Sie setzt sich zum Ziel, den Verfall rückgängig zu machen – aber auf neue Art und mit neuen Mitteln[37] – und in der Realität ein geheimes Ordnungsgefüge zu restituieren, das um der Glaubwürdigkeit willen an den Dingen selbst als deren Ordnung zur Erscheinung kommen muß. Dieselbe restituierende Denkbewegung läßt sich – und das ist zweifellos kein Zufall – sowohl bei Kopernikus, dem »Begründer« der Neuzeit[38], als auch bei Descartes, dem ersten modernen Philosophen, feststellen, vor allem in den Ausführungen seines ›Discours de la méthode‹[39]. In ihm zugleich den radikalsten Allegoriker oder Emblematiker zu sehen, wäre nicht übertrieben: Als rational geleitete Projektion von rationaler Bedeutung auf eine qualitätslose *res extensa* ist der Erkenntnisprozeß bei Descartes im innersten Kern ein allegorisch-emblematischer, dessen mögliche Willkür lediglich durch den Rückbezug auf Gott gesteuert wird; er soll gewährleisten, daß die rationalen Bedeutungen, die das Subjekt in den Dingen erkennt – in Wahrheit: ihnen verleiht –, die objektiv in den Dingen selbst enthalten sind. Hier zeigt sich im allegorisch-emblematischen Verfahren ein Moment, das dieses mit aller wissenschaftlichen Erkenntnis gemeinsam zu haben scheint. Um es pointiert zu sagen: Allegoriker und Emblematiker schreiben den Dingen die Bedeutung vor, so wie nach der unüberholten Einsicht Kants der Wissenschaftler der Natur die Gesetze vorschreibt[40]. Dieses befremdliche Diktum, dem alle geläufigen Auffassungen von der Wissenschaft widerstreiten, gilt für die Naturwissenschaften und modifiziert auch für die Geisteswissenschaften, insbesondere für die Literaturwissenschaft. Auf diese übertragen bedeutet es: Gegenstand und Interpretation verhalten sich wie Sache und Bedeutung in der allegorisch-emblematischen Darstellung. Interpretation wäre also Projektion, wäre ein Hineinlesen von Bedeutung in den Gegenstand, der dann in zwingender und doch kaum annehmbarer Konsequenz durch seine eigene bedeutungsmäßige Unbestimmtheit definiert sein müßte[41]. Die Übertragung betrifft sowohl die unwissenschaftlich-subjektive Interpretation als auch, wie Kants Diktum belegt und unschwer nachweisbar wäre, die methodisch objektivierte, die sich den geltenden Maßstäben von Wissenschaftlichkeit verpflichtet weiß. Denn auch sie projiziert wenn schon nichts anderes, dann zumindest den in der Methode enthaltenen Begriff vom Gegenstand auf ihre konkreten Gegenstände, vielfach ohne sich dessen bewußt zu sein. Wenn aber Projektionen bei aller Beschäftigung mit Literatur, auch der wissenschaftlichen, unvermeidlich im Spiel sind – und deren Wissenschaftlichkeit in Frage stellen –, dann nützt es nichts, vor diesem Faktum im Glauben, es ließe sich durch methodisch objektiviertes Vorgehen ausschalten, die Augen zu verschließen; dann ist die Überwindung der bloßen Projektion von Bedeutung auf den Gegenstand, die gewiß nicht als wissenschaftliche Erkenntnis gelten kann, nur denkbar, wenn man sie bewußt als unvermeidbare anerkennt, wie Benjamin es stets getan hat; dann sind nur vom Eingeständnis ihrer Unvermeidbarkeit Erkenntnisse zu erhoffen, die den Gegenständen gerecht werden, in denen also die vorgängigen Projektionen erloschen sind. Für Benjamin ist daher alle Interpretation, alle Auslegung von Texten und alle Kritik, vorab und primär Allegorese, die den Texten wie die antike Homer-Allegorese ihre eigenen Bedeutungen unterschiebt, die ihre subjektiven Anschauungen, Vorstellungen und Auffassungen in die Gegenstände hineinprojiziert[42]. Sie steht damit auf derselben Stufe wie das Vorverständnis im hermeneutischen Verfahren, das einen ersten, subjektiven Entwurf von Sinn darstellt und dann beim weiteren Vorgehen schrittweise durch ein sachgerechteres Verständnis abgelöst wird, welches zugleich selbstkritisch das Vorverständnis korrigiert oder virtuell zur Kritik am Gegenstand wird. Dem entspricht es, daß Benjamin am Ende des Trauerspielbuches die Allegorie, und damit die allegorische Weltdeutung, einer Kritik unterzieht, die auf die – in der Allegorie selbst angelegte – Überwindung des Kritisierten, der allegorischen Projektion, hinausläuft[43]. Wenn also Benjamin in seinen literaturkritischen Arbeiten seine Gegenstände allegorisch interpretiert mit dem Ziel, die subjektive Projektion seiner Allegorese zu transzendieren[44], dann setzt er damit genau jene Einsicht in die Praxis um, nach welcher Objektivität dialektisch durch ihr Gegenteil, durchs Subjekt, vermittelt ist – eine alte Einsicht der Hermeneutik, die ihr freilich mit der Ausformung zu einer geisteswissenschaftlichen Methodik weitgehend verloren gegangen ist[45].

IV.

Das Hauptinteresse des Trauerspielbuches gilt der barocken Allegorie sowie der ihr zugehörigen allegorischen Betrachtungsweise, deren Elemente Benjamin hier zum Gegenstand seiner Untersuchung macht, nachdem er sie in seinem Essay über ›Goethes Wahlverwandtschaften‹ zum ersten Mal selbst angewandt hat. Insofern enthält die Darstellung der allegorischen Betrachtungsweise im Trauerspielbuch zugleich wesentliche Elemente seiner eigenen Denkweise. Am stärksten bestätigt sich dies vielleicht darin, daß die Allegorie, wie auf den Schlußseiten des Trauerspielbuches deutlich wird, unauflösbar mit der Subjektivität des Allegorikers verbunden ist[46].

1. Der Allegoriker, das Subjekt der allegorischen Betrachtungsweise, erscheint seiner Konstitution nach als Melancholiker[47]. Wesentlich ist dabei, daß die Melancholie, zu deren Merkmalen das Vergessen Gottes gehört, nach christlicher Auffassung zu den Todsünden gehört[48]. Den Melancholiker charakterisieren Trauer, Trübsinn, Grübelei und »Acedia, die Trägheit des Herzens«[49]. Er tritt in zwei Typen auf: als Wissender in der Gestalt des Gelehrten, des Grüblers, des Künstlers und des Genies[50], als Handelnder in der Gestalt des Herrschers, des Tyrannen und des Höflings[51]. Gemeinsam ist beiden Typen der Vorrang der Subjektivität: das »geheime, privilegierte Wissen« und das souveräne Verfügen, die »Willkürherrschaft im Bereich der toten Dinge«[52], zu denen auch der Mensch als sterbliche Kreatur zählt.

2. Der Allegoriker ist ausschließlich dem Kreatürlichen zugewandt, nicht der Offenbarung[53]. Als Objekt der allegorischen Betrachtungsweise bewährt sich ihm allein das Diesseitige und Vergängliche, die Natur, und zwar nicht die beseelte, göttliche, sondern die gefallene und verfallende[54], wie sie im Nomina-

lismus am Beginn der Neuzeit verstärkt in den Blick tritt, die entseelte Natur, die als vergängliche geschichtlich ist, so wie die Geschichte als vergängliche zur Naturgeschichte wird[55]. Der Allegoriker ist letztlich Materialist[56]; er hält den Dingen – in der Trauer über ihre Vergänglichkeit – die Treue[57], rebelliert damit insgeheim gegen ihre Hinfälligkeit und Nichtigkeit.

3. Die allegorische Behandlung der Gegenstände vollzieht sich in einer dialektischen Doppelbewegung: Sie entwertet die Dinge und erhöht sie eben dadurch und umgekehrt[58].

Löst man diese Doppelbewegung in ihre Momente auf, dann zeigt sich, daß die allegorisch-emblematische Intention den Dingen zunächst die Maske ihrer »natürlichen« Bedeutungen herunterreißt und sie dadurch entqualifiziert[59]. Ihre herkömmlichen Qualitäten gelten ihr nichts, sie sind bloßer Schein, da sie vergänglich sind wie die Dinge selbst. Der Allegoriker tötet die Dinge, weil sie nur als leblose, abgestorbene und entseelte[60] – daher ist die Leiche das wichtigste Requisit des barocken Trauerspiels[61] – offenbaren, was sie wirklich sind: nichtig, hinfällig, vergänglich und damit wertlos[62]. Allein als solche, als vereinzelte und entwertete Bruchstücke, Fragmente, *disiecta membra* eines nicht mehr vorhandenen Ganzen sind sie dem Allegoriker brauchbar. Darin bestätigt sich, daß die neueren allegorisch-emblematischen Gebilde auf nominalistischen Voraussetzungen beruhen, daß der Allegoriker radikaler Nominalist ist. Nur so kann er den Dingen, wie Descartes der entqualifizierten *res extensa*[63], in einem Akt souveräner Willkür Wert verleihen, kann er frei über sie verfügen und Bedeutung oder Sinn in sie hineinprojizieren, d.h. sie in ihrem Rang erhöhen[64]. Durch die allegorisch-emblematische Behandlung werden sie also, was sie als natürliche nicht sind: Bedeutungsträger, Teile eines Zusammenhangs, einer verborgenen – noch nicht existierenden – Ordnung, auf die sie als allegorische Bruchstücke verweisen[65], indem sie zugleich deren Nichtexistenz bezeugen. Der Allegoriker erhebt damit Einspruch gegen die Entwertung der Dingwelt und vollzieht diese um der »Rettung«[66] willen in der allegorischen Behandlung doch nur noch einmal; denn die tatsächliche Trennung von Sache und Bedeutung, die im Akt willkürlicher Bedeutungsverleihung vorausgesetzt, aber auch stets erneut gesetzt und dadurch ratifiziert wird, ist die eigentliche Entwertung. Die Rettung der Dinge, die der Allegoriker erstrebt, ist nach Benjamin also von der allegorischen Intention so wenig wie von irgendeiner zu erhoffen[67]. Daher schlägt die Darstellung der Allegorie am Schluß mit Notwendigkeit in deren Kritik um[68]: Dem Allegoriker fehlt, was Benjamin den »Silberblick der Selbstbesinnung« nennt[69]; befangen in der eigenen Subjektivität gewahrt er nicht, daß er selbst, sein vom Wissen und Grübeln verdunkelter Blick, der die Dinge nur als entwertete wahrzunehmen vermag, sie stets wieder in jenen Stand versetzt, in dem sie der »Rettung« bedürfen[70]. Gelingt sie dennoch, so ist das zum wenigsten sein Verdienst.

4. Zielt die allegorische Betrachtungsweise auf die Rettung der vergänglichen Einzeldinge, dann ist Benjamins eigene Untersuchung des barocken Trauerspiels unbezweifelbar die eines Allegorikers. Ihr Interesse, ihre Intensität und

ihre Konsequenz verdankt sie Fragestellungen, die Benjamin selbst bewegen[71], Erfahrungen, die seine eigenen sind[72], Einsichten, die er an der avantgardistischen Kunst seiner Zeit, am Dadaismus und Surrealismus, gewonnen hat[73]. Alles dies setzt er, ohne es ausdrücklich zu sagen, im Trauerspielbuch bewußt ein, projiziert es nach dem Vorbild des allegorisch-emblematischen Verfahrens auf seinen Gegenstand in der Überzeugung, daß nur dort, »wo eine Forschung in den Stand der eigenen Epoche Einsicht aufweist«[74], wo also ein geschichtsphilosophisches Konzept in die Untersuchung eingebracht wird, historische Erkenntnis im strengen Sinne möglich ist[75]. Ähnlich der des Allegorikers geht denn auch die Intention des Trauerspielbuches, wie Benjamin in der ›Erkenntniskritischen Vorrede‹ erläutert, auf die »Rettung der Phänomene«[76], des Einzelnen und Vereinzelten; sie gilt »den entlegenen Extremen«, dem »Singulärsten« und »Verschrobensten«[77], und beruht auf der »Bereitschaft, die Forschung bis zu jenem Grunde vorzutreiben, aus dem auch dem ›Unbedeutenden‹ – nein, gerade ihm – Bedeutung zuwächst«[78]. Bestätigt wird diese Feststellung durch Benjamins Distanz zum einzelnen Werk als einem geschlossenen Ganzen; dessen allegorische Struktur rechtfertigt es, »unbefangen die Breite des Stoffes ins Auge zu fassen«[79] und die einzelnen Phänomene mit dem grüblerischen Blick des Allegorikers als die *disiecta membra* eines fragmentarischen Ganzen zu betrachten[80], welches lediglich »in seiner Bestimmtheit durchs Detail« wahrgenommen wird[81]. Er zerschlägt die Werke geradezu, zerstört sie – Kritik ist nach Benjamin nichts anderes als die »Mortifikation der Werke«[82] –, freilich nicht aus Lust an der Zerstörung, sondern um der »Rettung« willen, die vermutlich anders zu verstehen ist als der verwandte Begriff der Aufhebung im Hegelschen Denken[83], also aus Treue zum isolierten Einzelnen, die sich seiner annimmt, indem sie es aus seiner Isolierung und Vereinzelung befreit und dadurch zu sich selbst bringt, d. h. indem sie dem Ausdruckslosen Sprache verleiht und es eben darin als Element einer gewaltlosen Ordnung darstellt: als »Fragment der wahren Welt«[84], deren Begriff für Benjamin, solange sie nicht existiert, die Idee ist[85].

V.

Benjamin hat seinen Begriff der Allegorie zweifellos aus der Kritik am Symbol gewonnen. Diese Kritik zielt freilich kaum auf eine pauschale Abwertung oder Ablehnung des Symbols. Es wäre daher genauer zu untersuchen, was Benjamin an ihm kritisiert, welche Momente ihm suspekt erscheinen. Vermutlich sind es die folgenden:

1. der schludrige Gebrauch des Symbol-Begriffs in der Romantik und später in der Literaturwissenschaft[86];

2. aber auch die genuine Konzeption des Begriffs bei Goethe[87], vorab dessen prätendierte Unkritisierbarkeit, die in seinem Wahrheitsanspruch gründet[88];

3. die symbolische Totalität: das spezifische Verhältnis des Besonderen zum Allgemeinen im klassischen Symbol-Begriff, in welchem die Erscheinung oder die anschauliche Repräsentation einer Idee als deren Symbol gedacht wird[89], wogegen für Benjamin umgekehrt die Idee im Dienste der Phänomene steht, diese repräsentiert und ihre »Rettung« gewährleistet[90];

4. das auratische Moment aller symbolischen Kunst: die symbolische »Apotheose des Daseins«[91] als einer Erscheinung der wahren Natur, d. h. die idealistische Verklärung dessen, was ist, durch die angebliche Immanenz der Wahrheit in der Schönheit[92], welche die Wahrheit als real existierende ausgibt, welche also etwas Nichtseiendes – die Versöhnung des Einzelnen und des Ganzen, des Besonderen und des Allgemeinen – darstellt, als wäre es bereits, und ihm dadurch den Schein des Seins verleiht.

Benjamins Kritik gilt, so scheint es, primär der »Aura«[93] am symbolischen Kunstwerk, seinem ideologischen Schein, nicht dem, was das Symbol meint, aber verfehlt: die Versöhnung von Besonderem und Allgemeinem. Er hält fest am Nichtsein dessen, was im Symbol als seiend vorgestellt wird, und das führt ihn zur Form der Allegorie: Sie stellt genau das Nichtsein – d. h. die ausstehende Realisierung – dessen dar, worauf sie verweist; ihre Dignität hat sie als »Torso eines Symbols« und als »Fragment der wahren Welt«[94].

Seine Abwendung vom traditionellen Symbol-Begriff steht also, wie man vermuten darf, unausgesprochen unter einem geschichtsphilosophisch begründeten Vorbehalt[95]. Diese Vermutung bestätigt sich darin, daß es bei Benjamin durchaus einen positiv gewerteten Symbol-Begriff gibt, den er freilich nur selten gebraucht. Indizien dafür finden sich in der ›Vorrede‹ des Trauerspielbuches, wo er die Idee als »dasjenige Moment« des Wortes bezeichnet, »in welchem es Symbol ist«[96], in der Rede vom »echten« Begriff des Symbols, den er als paradoxe »Einheit von sinnlichem und übersinnlichem Gegenstand« zu fassen sucht[97], in der Verwandtschaft zwischen Benjamins Begriff des »Ursprungs«[98] und Goethes Begriff des »Urphänomens«[99] und am deutlichsten wahrscheinlich am Schluß des Trauerspielbuches, bei dem zu fragen wäre, ob nicht die allegorische Betrachtungsweise schließlich selbst ins Symbolische umschlägt – zum »Torso eines Symbols« gerät – und umschlagen muß, wenn die »Rettung der Phänomene«, die die allegorische Intention erstrebt, aber nicht erreicht, dennoch gelingen und die Einheit des Einzelnen, Zerstückelten und Disparaten in der Idee sich herstellen soll. Diese Einheit, das Produkt nicht des »Willens zur symbolischen Totalität«[100], sondern der allegorischen Betrachtungsweise, bezeichnet Benjamin als Idee, und es ist wahrscheinlich kein Zufall, daß jene in der Goetheschen Definition des Symbols diesem zugeordnet ist[101]. Gleichwohl bleibt ein entscheidender Unterschied bestehen: Die »Rettung der Phänomene« durch deren allegorische Betrachtung enthält in der Idee, durch die sie allein in ihrer Vielheit und Verschiedenheit gerettet sind, zweifellos ein utopisches Moment, das an einzelnen Stellen des Trauerspielbuches[102], vor allem auf den Schlußseiten durchscheint. Es ist genau jenes Moment, das im traditionellen Symbol-Begriff verraten wird.

VI.

Als »Miniaturmodell« seines ›Passagen‹-Werkes[103] plante Benjamin 1938/39 eine Arbeit mit dem Titel ›Charles Baudelaire, Ein Lyriker im Zeitalter des Hochkapitalismus‹; deren erster Teil hätte ›Baudelaire als Allegoriker‹ überschrieben werden, der dritte hätte die ›Ware als poetischen Gegenstand‹, d.h. als Gegenstand der Allegorie, behandeln sollen[104]. Diese Arbeit ist nicht mehr fertiggestellt worden.

Was von ihr vorliegt, sind die beiden abgeschlossenen Teile ›Das Paris des Second Empire bei Baudelaire‹ und ›Über einige Motive bei Baudelaire‹[105] sowie eine mit dem Titel ›Zentralpark‹ versehene Sammlung von Notizen, Stichworten und Fragmenten[106]. Diese ist hier vor allem von Bedeutung, weil sie den besten Aufschluß über den Allegorie-Begriff des späten Benjamin gibt.

Eine entscheidende Einsicht ist es, die Benjamin über den im Trauerspielbuch konzipierten Allegorie-Begriff hinausführt[107] und es ihm ermöglicht, Allegorie und Emblem als neue, zeitgemäße Kunstformen zu propagieren, die Collage- und Montagetechniken des Dadaismus und Surrealismus als ihre Weiterentwicklung zu begreifen[108], an John Heartfield und andere anknüpfend die »Beschriftung« der Photographie zu fordern[109], um ihrer »Devise« – ihrer unausgesprochenen Inscriptio – »Die Welt ist schön« die »Entlarvung« in der Subscriptio entgegenzusetzen[110], damit also einer Erneuerung der emblematischen Form das Wort zu reden und schließlich Brechts epische Technik – sachlich völlig zu Recht, wie Reinhold Grimm in seinem Aufsatz über ›Marxistische Emblematik‹ gezeigt hat[111] – als eine allegorisch-emblematische zu bestimmen. Diese Einsicht besteht darin, daß er die Elemente, die er im Trauerspielbuch noch als unmittelbar mit dem Begriff der Allegorie gegebene betrachtet hat, nun als gesellschaftlich vermittelte erkennt und beschreibt, daß er vor allem die Entwertung der Dingwelt nicht mehr wie bei der barocken Allegorie subjektiv und geistesgeschichtlich von der »Naturtatsache« der Vergänglichkeit her erklärt, sondern sie als in der warenproduzierenden Gesellschaft objektiv vollzogene, d.h. als Entfremdung und Verdinglichung, begreift und sie damit in den ökonomischen Bedingungen verankert: »Die Embleme kommen als Waren wieder«[112].

Diese materialistische Fundierung wäre in den ›Zentralpark‹-Fragmenten an allen Elementen der Allegorie aufzuzeigen; hier kann es sich vorerst nur darum handeln, einige wesentliche Aspekte durch Zitate und knappe Erläuterungen zu skizzieren.

Die zentrale Einsicht, die den materialistischen Allegorie-Begriff begründet und es rechtfertigt, Baudelaire als Allegoriker zu interpretieren, lautet in lapidarer Kürze: »Die Entwertung der Dingwelt in der Allegorie wird innerhalb der Dingwelt selbst durch die Ware überboten«[113]. Die Verwandlung der Dinge – und mit ihnen auch der menschlichen Arbeitskraft – in die Warenform hat weitreichende Folgen für das gesellschaftliche Leben; deren gemeinsamen Nenner bezeichnet der Begriff der Entfremdung[114]:

Das Ding übt seine die Menschen von einander entfremdende Wirkung erst als Ware. Es übt sie durch seinen Preis. Weniger das Ding als sein Preis stellt sich zwischen die Menschen.

Dieser historische Prozeß, der im 19. Jahrhundert überall zum Durchbruch gelangt und auf den Weltausstellungen und in den Pariser Passagen sich selbst darstellt – »Die Weltausstellungen verklären« nach Benjamin »den Tauschwert der Waren«[115] –, bildet den Hintergrund für Baudelaires dichterische Produktion. Wie das Wissen von der Vergänglichkeit in der Barockepoche, so hat die Verwandlung der Dinge in die Warenform, die sich mit der allgemeinen Durchsetzung der kapitalistischen Wirtschaftsform vollzieht, eine entqualifizierende Wirkung, die Baudelaire in der Form der Allegorie reflektiert[116]:

Die allegorische Anschauungsweise ist immer auf einer entwerteten Erscheinungswelt aufgebaut. Die spezifische Entwertung der Dingwelt, die in der Ware darliegt, ist das Fundament der allegorischen Intention bei Baudelaire. Als Verkörperung der Ware hat die Dirne in der Dichtung Baudelaires einen zentralen Platz. Die Dirne ist auf der anderen Seite die menschgewordene Allegorie. Die Requisiten, mit denen die Mode sie ausstaffiert, sind die Embleme, mit denen sie sich behängt. Der Fetisch ist das Echtheitssiegel der Ware, wie das Emblem das Echtheitssiegel der Allegorie. Im entseelten, doch der Lust noch zu Diensten stehenden Leib vermählen sich Allegorie und Ware. Das Gedicht ›Une martyre‹ steht im Werk Baudelaires an zentraler Stelle. In ihm wird das Meisterstück vorgeführt, an dem der »apparat de la destruction« sein Werk getan hat. Diese Entwertung der menschlichen Umwelt durch die Warenwirtschaft wirkt tief in seine geschichtliche Erfahrung hinein. Es ereignet sich »immer dasselbe«. Der »spleen« ist nichts als die Quintessenz der geschichtlichen Erfahrung.

Nichts erscheint verächtlicher als die Idee des Fortschritts gegen diese Erfahrung ins Feld zu führen.

Und wie der allegorischen Betrachtungsweise in der Barockepoche nach Benjamin eine bestimmte Geschichtsauffassung zugrunde liegt, welcher die Geschichte als Naturgeschichte oder bestimmter als »Leidensgeschichte der Welt« gilt[117], so auch bei Baudelaire[118]:

Der Begriff des Fortschritts ist in der Idee der Katastrophe zu fundieren. Daß es »so weiter« geht, ist die Katastrophe. Sie ist nicht das jeweils Bevorstehende, sondern das jeweils Gegebene. Strindbergs Gedanke: die Hölle ist nichts, was uns bevorstünde – sondern dieses Leben hier.

Das ist zugleich die Geschichtsauffassung, die Benjamin in den Thesen ›Über den Begriff der Geschichte‹ als seine eigene dargestellt hat[119].

Wenn die Dinge vom modernen Allegoriker nicht mehr erst in subjektiver Willkür entwertet werden, sondern ihm in der Warenform bereits als objektiv entwertete vorliegen, dann bedeutet dies zugleich, daß die Melancholie des Allegorikers – Baudelaires »spleen«[120] – nicht mehr als ursprüngliche Veranlagung gelten kann, sondern bedingt ist durch die warenproduzierende Gesellschaft und den technischen Stand ihrer Produktion[121]:

Die Einführung der Allegorie ist aus der durch die technische Entwicklung bedingten Situation der Kunst abzuleiten, und erst im Zeichen der erstern die melancholische Verfassung dieser Dichtung darzustellen.

Gilt also die moderne Allegorie Benjamin als die Form, deren poetischer Gegenstand das Ding als Ware ist, so wird sie selbst vom Warencharakter bestimmt. In ihr verhält sich daher die Bedeutung zur Sache wie in der Ware der Preis zu seinem gegenständlichen Substrat[122]:

> Der Allegoriker greift bald da bald dort aus dem wüsten Fundus, den sein Wissen ihm zur Verfügung stellt, ein Stück heraus, hält es neben ein anderes und versucht, ob sie zu einander passen: jene Bedeutung zu diesem Bild oder dieses Bild zu jener Bedeutung. Vorhersehen läßt das Ergebnis sich nie; denn es gibt keine natürliche Vermittelung zwischen den beiden. Ebenso aber steht es mit Ware und Preis. [...] Wie die Ware zum Preis kommt, das läßt sich nie ganz absehen, weder im Lauf ihrer Herstellung noch später, wenn sie sich auf dem Markt befindet. Ganz ebenso ergeht es dem Gegenstand in seiner allegorischen Existenz. [...] In der Tat heißt die Bedeutung der Ware: Preis; eine andere hat sie, als Ware, nicht.

In der Ware ist alle qualitative Bestimmtheit der besonderen Dinge, ihr Gebrauchswert, ausgelöscht; bestimmt ist sie lediglich durch ihren Preis, also durch ein quantitatives Moment: den Tauschwert. Die allegorische Entwertung der Dinge durch die willkürliche Verleihung von Bedeutungen trifft also bei Baudelaire auf Dinge, die bereits entwertet als Waren vorliegen; freilich nicht unmittelbar: sie tragen zwar ihren Preis auf der Stirn wie das Emblem die Inscriptio; aber ihr Fetischcharakter, der sie zum Wert an sich mystifiziert, und ihre glänzende Hülle, die Form, in der sie auf dem Markt dargeboten und zum Kaufanreiz ausgestellt werden, überblenden zugleich das Wesen der Warenform. Und eben dieser Schein, die »Aura«, die ihre Warenform unkenntlich macht, ist der Gegenstand der allegorischen Entwertung[123], die ihn virtuell durchbricht und damit die Ware als Ware darstellt[124]:

> Die gegenständliche Umwelt des Menschen nimmt immer rücksichtsloser den Ausdruck der Ware an. Gleichzeitig geht die Reklame daran, den Warencharakter der Dinge zu überblenden. Der trügerischen Verklärung der Warenwelt widersetzt sich ihre Entstellung ins Allegorische. Die Ware sucht sich selbst ins Gesicht zu sehen. Ihre Menschwerdung feiert sie in der Hure.

Die moderne Allegorie bei Baudelaire ist ihrer Möglichkeit nach eine potenzierte Entwertung, die den Dingen ihren Spiegel vorhält: die die reale Entwertung der Dinge, ihren Warencharakter, mit künstlerischen Mitteln aufzudecken vermag[125]. Sie ist Abbild und Reflexion des Warencharakters zugleich; und darin bewährt sich eine aufklärerische Intention der modernen Allegorie, die sich mit dem Gedanken der »Rettung« berührt[126]. Auch dieses Moment des barocken Allegorie-Begriffs bleibt im materialistischen erhalten, und darin zeigt sich, daß auch die moderne Allegorie die allegorische Projektion von Bedeutung auf den durch eben diese Projektion entwerteten Gegenstand – um dessen Rettung willen – zu transzendieren sucht: Gelingt ihr das, trifft sie den Gegenstand selbst, dann ist in den »correspondances«, ihrem Ziel, die subjektiv-willkürliche Projektion des Allegorikers erloschen[127].

VII.

Gelingt ihr das …: diese Frage wäre zugleich an Benjamin zu richten. Denn daß auch er in seinen Baudelaire-Studien nach dem alten Muster der Allegorese verfährt, ist unübersehbar. Vorgeordnet ist ihr jedoch eine andere; sie stellt sich noch innerhalb des theoretischen Bezugsrahmens, der den Baudelaire-Studien zugrunde liegt, und lautet: ob nicht als Konsequenz aus dem marxistischen Ansatz notwendigerweise auch der Allegorie-Begriff, den Benjamin im Trauerspielbuch für die Barockepoche entwickelt hat, neu zu fassen wäre, d. h. ob nicht wie für das Zeitalter des Hochkapitalismus, so auch für das Zeitalter des Frühkapitalismus eine materialistische Fundierung des Allegorie-Begriffs möglich sein und gefordert werden müßte. Benjamin selbst hat, obwohl er auch später noch zum Trauerspielbuch stand und eine »Vermittlung« seines Ansatzes mit der »Betrachtungsweise des dialektischen Materialismus« nicht für ausgeschlossen hielt[128], diesen Versuch nicht mehr unternommen. Bedenkt man aber, daß die barocke Betrachtung der Welt als Schein nichts anderes als eine fundamentale Entwertung der Welt darstellt, die sich schwerlich ohne reale Ursachen vollzogen hat[129], daß außerdem die Entwertung der Dinge durch ihre Verwandlung in die Warenform nicht erst im 19. Jahrhundert, sondern schon am Ausgang des Mittelalters mit dem allmählichen Übergang zur Geldwirtschaft beginnt, deren allgemeine Durchsetzung vom Absolutismus maßgeblich gefördert wird[130], erinnert man sich ferner an den engen Zusammenhang von Protestantismus und Kapitalismus in der frühen Neuzeit, den Max Weber untersucht hat[131], und liest einmal den ersten Abschnitt über ›Ware und Geld‹ im ersten Band des ›Kapitals‹[132] und gewisse Passagen in den ›Grundrissen der Kritik der politischen Ökonomie‹[133], dann erscheint dieser Versuch nicht völlig aussichtslos.

Ein solcher Versuch wäre zweifellos eine allegorische Auslegung wie die Benjamins, der in den Baudelaire-Studien die eigenen Einsichten, sein historisch-materialistisches Wissen, völlig selbstverständlich in seine Untersuchung einbringt, der seinen materialistischen Allegorie-Begriff nicht eigentlich aus der Interpretation des Baudelaireschen Werkes entwickelt, sondern ihn auf dieses anwendet: Er projiziert, indem er nach der »Betrachtungsweise des dialektischen Materialismus«[134] verfährt, mit der subjektiven Willkür des Allegorikers die eigenen Auffassungen und Vorstellungen in dieses Werk hinein, unterlegt ihm eine Bedeutung, die es selbst nicht unmittelbar ausspricht, die zugleich seine bloß künstlerische Bedeutung als scheinhafte entwertet, und zwar mit dem Anspruch, daß diese Projektion dem Werk angemessen sei und seinen objektiven, geschichtlichen Gehalt treffe. Der Beweis – freilich kein Beweis nach herkömmlicher Art – für das Gelingen dieses Versuchs wäre es, wenn Baudelaires Werk darauf antwortete, wenn die Projektion erlöschend es selbst zum Sprechen brächte, wenn es, im Sinne Benjamins gesprochen, unter dem Blick des Allegorikers die Augen aufschlagend diesen Blick erwiderte und in ihm erkannt wäre. Daß Benjamin davon überzeugt war, kann keinem Zweifel unterliegen. Ob diese

Überzeugung berechtigt war, ist schwer zu prüfen, weil es Benjamin nicht mehr möglich war, die als »Miniaturmodell« der ›Passagen‹-Arbeit konzipierten Baudelaire-Studien zum Abschluß zu bringen. Was ihn selbst in dieser Überzeugung bestärkte, diese Überzeugung legitimierte, war nichts anderes als sein emphatisches Festhalten am Wahrheitsanspruch, vor dem sich jeder Satz und jeder Gedanke auszuweisen hatte[135] – ein Anspruch, an dem er primär nicht seinen Lesern, sondern sich selbst und der Sache gegenüber festhielt, der also vor allem ihn selbst zu strenger Sachlichkeit verpflichtete und von früh an die hohe, oft schwer verständliche Intensität seiner Untersuchungen bestimmte.

Anmerkungen:

1 Witte, 1976, S. 23–29 u. ö.

2 Ebd., S. 33.

3 Michael Rumpf: Walter Benjamins Nachleben, DVjs 52 (1978), S. 137–166.

4 Ebd., S. 137.

5 Ansätze dazu bei: Lindner, S. 15–40; Witte, 1976, S. 107–136; H. Steinhagen: Wirklichkeit und Handeln im barocken Drama, Historisch-ästhetische Studien zum Trauerspiel des Andreas Gryphius, Tübingen 1977, S. 15–18, 207–213, 268 ff. – Eine ausführliche, freilich schwer lesbare Untersuchung über Benjamins Allegorie-Begriff hat neuerdings Naeher vorgelegt.

6 In neueren Arbeiten ist vielfach ein lobendes Übergehen des Trauerspielbuches festzustellen. Vgl. Gadamer, 1972, S. XIX; Schöne, 1968, S. 14; oder auch Hans-Jürgen Schings: Consolatio Tragoediae. Zur Theorie des barocken Trauerspiels, in: Deutsche Dramentheorien, hg. und eingel. von Reinhold Grimm, Frankfurt a. M. 1971, S. 1–44, hier S. 4. – Vgl. zur Resonanz beim ersten Erscheinen des Trauerspielbuches: I, 3, 907 ff. (Zitiert wird, soweit möglich, nach den ›Gesammelten Schriften‹ von Walter Benjamin unter Band-, Teilband- und Seitenangaben.)

7 Rumpf [s. Anm. 3], S. 137. Auch dieser Begriff ist irreführend; denn genau genommen besagt er, daß Benjamin einen bedeutenden Einfluß auf Forschungen ausübe, die sich nicht mit Benjamin selbst, sondern mit anderen Gegenständen befassen. Dafür gibt es aber bisher nur wenige Beispiele, von denen Rumpf kein einziges anführt. Daß Benjamin eine »Leitfigur« der Benjamin-Forschung ist, versteht sich doch fast von selbst.

8 Ebd., S. 137, 163.

9 Er belegt sie durch eine ausführliche Analyse des frühen Hölderlin-Aufsatzes (ebd., S. 153–163), an dem er Benjamins unwissenschaftliches Vorgehen nachweist. Daß Benjamin die Interpretation mit 22 Jahren – also in einem Alter, in dem man normalerweise Hauptseminar-Arbeiten schreibt – verfaßt hat, ficht ihn nicht an, sie als exemplarisch für das Gesamtwerk herauszustellen. Viel leichter kann man es sich fast schon nicht mehr machen.

10 Auch Rumpf [s. Anm. 3] weiß es, zieht aber keine Konsequenzen daraus: Er bemerkt selbst, daß Benjamin den Historismus »ausdrücklich als Unterwerfung der Geschichte ›unter den modernen Begriff der Wissenschaft‹« ablehnt (ebd., S. 149). Wenn er anderen Autoren vorwirft, daß sie dies übersehen, so fällt der Vorwurf auf ihn selbst zurück.

11 So in einem Brief an Max Rychner vom 7. März 1931, in dem er zugleich für sich die

»strenge Beobachtung der echten akademischen Forschungsmethoden« in Anspruch nimmt. Vgl. Walter Benjamin: Briefe, 2 Bde., hgg. G. Scholem/Th. W. Adorno, Frankfurt a. M. 1978 (= ed. suhrk. 930), Bd. 2, S. 523. – Weitere Belege für diese kritische Einstellung zur Literaturwissenschaft seiner Zeit in den Rezensionen (Bd. III), in der ›Erkenntniskritischen Vorrede‹ zum Trauerspielbuch (I, 1, 207–237) und in dem Aufsatz ›Literaturgeschichte und Literaturwissenschaft‹ (III, 283–290).

12 Vgl. Th. W. Adorno: Über Walter Benjamin, Frankfurt a. M. 1970 (= Bibl. Suhrk. 620), S. 12.

13 So im eben zitierten Brief an Rychner [s. Anm. 11].

14 Vgl. R. Grimm, 1969, Marxistische Emblematik.

15 ›Paris, die Hauptstadt des XIX. Jahrhunderts‹, abgedruckt in: Walter Benjamin: Schriften, 2 Bde., hgg. Th. W. Adorno/G. Adorno unter Mitwirkung von F. Podszus, Frankfurt a. M. 1955, Bd. 1, S. 408–422.

16 Vgl. Witte, 1976, S. 73 ff.

17 Vgl. etwa das Bild des Siegels im Goethe-Essay (I, 1, 128), die bildliche Umschreibung der Aura im Kunstwerk-Aufsatz (I, 2, 440) und das Bild des Engels in den Thesen ›Über den Begriff der Geschichte‹ (I, 2, 697 f.).

18 ›Denkbilder‹ hat Benjamin eine Sammlung von beschreibend-reflektierenden Prosatexten betitelt (IV, 1, 305–438).

19 I, 3, 1233 u. 1238; vgl. I, 2, 695. Das dialektische Bild steht im Zentrum der von Benjamin anvisierten »Konstruktion« der Geschichte (I, 2, 701).

20 Vgl. I, 2, 701 ff.

21 Solche Modifikationen sind schon bei der Anwendung der typologischen oder figuralen Geschichtsbetrachtung im 17. Jahrhundert zu beobachten. Vgl. Albrecht Schöne: Ermordete Majestät. Oder Carolus Stuardus König von Groß Britannien, in: Die Dramen des Andreas Gryphius, hg. G. Kaiser, Stuttgart 1968, S. 117–169, hier S. 167 ff.

22 I, 2, 693; vgl. den Kontext des Zitats.

23 I, 2, 701.

24 An Arbeiten, die Benjamins Allegorie-Begriff untersuchen oder sich auf ihn beziehen, sind zu nennen: Lindner; Bürger; Witte, 1976; Naeher; außerdem Lukács (1968, 1971); E. Bloch, 1970.

25 I, 1, 344.

26 I, 1, 393 ff.

27 I, 1, 344–348.

28 Schöne, S. 30–34.

29 Das ist das genaue Gegenteil der von Schöne, S. 23–30, 40 ff., vertretenen Auffassung. Vgl. auch Steinhagen [s. Anm. 5], S. 168 f., 189 ff., 207–213.

30 Vgl. dagegen Schöne, S. 41. – Daß es sich so verhält, zeigt u. a. die Fabel, die zweifellos eine emblematische Struktur besitzt, zeigt aber ganz deutlich auch Gottscheds Vorstellung von der Verfertigung eines Dramas im 10. Kapitel seiner ›Critischen Dichtkunst‹.

31 Auch Schöne weist mehrfach auf die praktische Funktion der emblematischen Darstellung hin: S. 45, 48.

32 Ebd., S. 33 f.: »Für den eigentlich zentralen, nämlich eigen-artigen Idealtypus des Emblems aber gilt, daß er als Seiendes zugleich ein Bedeutendes darstellt [...]«. Vgl. auch S. 53.

33 Darauf bezieht Schöne sich ausdrücklich (S. 40 f.), wenn er es ablehnt, die Pictura als bloße Illustration einer vorgegebenen Bedeutung und das Emblem als subjektiven »Einfall« aufzufassen. In der Tat will das Emblem dies nicht sein, ist es aber dennoch,

wie die Emblem-Sammlungen zeigen, wenn man sie einmal unabhängig vom Selbstverständnis der Emblematiker betrachtet.

34 So weist Schöne auf die »Umdeutung überkommener res pictae« hin, die schon im 16. Jahrhundert begegnet und mit der wachsenden Verbreitung der Emblematik zunimmt (S. 23 f.). Gerade an solchen Phänomenen, die kaum als Randerscheinungen zu betrachten sind, zeigt sich, daß die Willkürlichkeit der verdeckte Grundzug des emblematischen Verfahrens ist.

35 In diesem Zusammenhang wäre dem Hinweis von Conrad Wiedemann auf die Erneuerung der aristotelischen Metaphysik, die M. Wundt in einer Arbeit über ›Die deutsche Schulmetaphysik des 17. Jahrhunderts‹ untersucht hat, einmal genauer nachzugehen. Vgl. C. Wiedemann: Barockdichtung in Deutschland, in: August Buck u. a.: Renaissance und Barock, 2 Bde., Frankfurt a. M. 1972 (Neues Handbuch d. Literaturwissenschaft 9, 10), Bd. 2, S. 177–201, hier S. 191.

36 Daß Benjamin dieser Zusammenhang bekannt war, bezeugen seine frühesten thematischen Überlegungen zum Plan einer Habilitationsschrift (I, 3, 868 ff.). Vgl. Rolf Tiedemann: Studien zur Philosophie Walter Benjamins, Frankfurt a. M. 1973 (= ed. suhrk. 644), S. 42 f.

37 Nämlich letztlich mit rationalen Mitteln. In diesem Vesuch berührt sie sich mit einer ganzen Reihe von frühneuzeitlichen Denkbewegungen. Vgl. dazu allgemein: Hans Blumenberg: Die Legitimität der Neuzeit, Frankfurt a. M. 1966.

38 Blumenberg, 1965, S. 52–99.

39 Von der Methode, Hamburg 1960 Philos.che Bibl. 26a). – Wenn das Emblem, wie Schöne bemerkt (S. 50), ein »Instrument der Erkenntnis« ist, dann wäre es zweifellos nützlich, sein Verhältnis zu dem Begriff von Erkenntnis genauer zu untersuchen, der gleichzeitig in der Philosophie jener Epoche sich herausbildet.

40 Prolegomena zu einer jeden künftigen Metaphysik, die als Wissenschaft wird auftreten können, hg. K. Vorländer, Hamburg 1957 (Philos. Bibl. 40), S. 79; vgl. den Kontext S. 77–82.

41 Als »Unbestimmtheit« definiert denn auch Iser, indem er zugleich Interpretation als bloße Projektion bestimmt, die Gegenstände der Literaturwissenschaft. Vgl. Wolfgang Iser: Die Appellstruktur der Texte, Unbestimmtheit als Wirkungsbedingung literarischer Prosa, Konstanz ²1971, S. 6 ff.

42 Vgl. Witte, 1976, zu Benjamins Wahlverwandtschaften-Essay, etwa S. 73 ff.

43 Dem entspricht Benjamins Kritik an der literaturwissenschaftlichen Methodik seiner Zeit in der ›Erkenntniskritischen Vorrede‹, vor allem die Kritik an der Kategorie der »Einfühlung«, die im Absehen vom Subjekt der Projektion entgehen zu können glaubt und ihrer Gefahr doch am ehesten erliegt. Vgl. I, 1, 222 f., 234 und dazu I, 2, 696.

44 Das gilt, wie noch zu zeigen sein wird, auch für den materialistisch gefaßten Allegorie-Begriff in den Baudelaire-Studien.

45 Das ist, wie Gadamer, ³1972, S. 205–228, und Jürgen Habermas: Erkenntnis und Interesse, Frankfurt a. M. 1968, S. 223 ff., gezeigt haben, eine Tendenz, die schon bei Dilthey zu erkennen ist.

46 I, 1, 406 ff.

47 I, 1, 317–335.

48 I, 1, 332.

49 Ebd.

50 I, 1, 325 ff.

51 I, 1, 320 ff., 332 ff.

52 I, 1, 406. An derselben Stelle heißt es weiter von den Allegorien: »Sie weisen auf den

schlechthin subjektiven Tiefsinn, als dem sie einzig ihr Bestehn verdanken. Durch seine allegorische Gestalt verrät das schlechthin Böse sich als subjektives Phänomen.«

53 I, 1, 330.

54 I, 1, 355, 398.

55 I, 1, 253, 353.

56 I, 1, 400 ff.

57 I, 1, 397 ff.

58 Das Moment der Entwertung, welche die allegorisch-emblematische Intention an den Dingen vollzieht, kommt, soweit ich sehe, in den neueren Forschungen meistens zu kurz, und dieser Mangel scheint nur die Kehrseite der Feststellung zu sein, daß die Erforschung der allegorisch-emblematischen Formen bisher zu wenig historisch und philosophisch fundiert betrieben worden ist. Wenn man das versuchte, würde sich vermutlich zeigen, daß im Moment der allegorischen Entwertung nur eine reale, geschichtlich nachweisbare Entwertung der Dingwelt wiederholt wird.

59 I, 1, 358 ff. – »Wird der Gegenstand unterm Blick der Melancholie allegorisch, läßt sie das Leben von ihm abfließen, bleibt er als toter, doch in Ewigkeit gesicherter zurück, so liegt er vor dem Allegoriker, auf Gnade und Ungnade ihm überliefert. Das heißt: eine Bedeutung, einen Sinn auszustrahlen, ist er von nun an ganz unfähig; an Bedeutung kommt ihm das zu, was der Allegoriker ihm verleiht. [...] In seiner Hand wird das Ding zu etwas anderem, er redet dadurch von etwas anderem und es wird ihm ein Schlüssel zum Bereiche verborgenen Wissens, als dessen Emblem er es verehrt.« (I, 1, 359)

60 I, 1, 358–365, 390 ff., 399 ff.

61 I, 1, 392 f.

62 Daß dieser allegorischen Entwertung nach Benjamin ein realer, geschichtlicher Vorgang zugrunde liegt, den der Allegoriker lediglich wiederholt, belegt sein kurzer Hinweis auf Luthers Entwertung der guten Werke und des Lebens überhaupt (I, 1, 317 f.) ebenso wie die folgende Bemerkung: »Jede Person, jedwedes Ding, jedes Verhältnis kann ein beliebiges anderes bedeuten. Diese Möglichkeit spricht der profanen Welt ein vernichtendes doch gerechtes Urteil: sie wird gekennzeichnet als eine Welt, in der es aufs Detail so streng nicht ankommt.« (I, 1, 350)

63 I, 1, 400. Auffällig ist an dieser Stelle (in einem Zitat) die Ähnlichkeit mit dem cartesianischen Begriff vom Gegenstand der Erkenntnis.

64 I, 1, 351: »Demnach wird die profane Welt in allegorischer Betrachtung sowohl im Rang erhoben wie entwertet.« Vgl. auch I, 1, 354 f., 398, 403 f.

65 Vgl. E. Bloch, 1970.

66 I, 1, 397: »Ist doch die Einsicht ins Vergängliche der Dinge und jene Sorge, sie ins Ewige zu retten, im Allegorischen eins der stärksten Motive.« Vgl. I, 1, 334.

67 I, 1, 403.

68 I, 1, 400 ff., bes. 404 ff.

69 I, 1, 335.

70 I, 1, 406 f.

71 Vgl. I, 3, 874, 876 f.

72 Das gilt vor allem für die im Melancholie-Kapitel dargestellte Gemütsverfassung, die Benjamin selbst alles andere als fremd war. Vgl. Witte, 1976, S. 133–136.

73 In der ›Vorrede‹ zum Trauerspielbuch deutet Benjamin eine Beziehung zwischen der barocken Dichtung und der expressionistischen an (I, 1, 234 f.), und Asja Lacis bestätigt dies unter Berufung auf ihre Gespräche mit Benjamin (I, 3, 879). Lukács hat 1957 in seinem Essay »Die Gegenwartsbedeutung des kritischen Realismus« erstmals den

Benjaminischen Allegorie-Begriff im Blick auf seine modernen Implikationen analysiert (S. 492–496); konsequenterweise greift daher Bürger in seiner »Theorie der Avantgarde« auch auf Benjamins Allegorie-Begriff zurück.

74 I, 1, 280.

75 Deutlicher hat er diese Überzeugung in einer Rezension ausgesprochen (III, 96 f.): »Und eine eigene Stellung des Autors zu diesem Denken war nicht sowohl um ihrer selbst zu verlangen, als weil die innersten Strukturen des Vergangenen sich jeder Gegenwart nur in dem Licht erhellen, das von der Weißglut ihrer Aktualitäten ausgeht.« Vgl. auch den Schluß des Essays ›Literaturgeschichte und Literaturwissenschaft‹: III, 290.

76 I, 1, 215.

77 I, 1, 227.

78 III, 366.

79 I, 1, 238.

80 I, 1, 235, 354.

81 I, 1, 240.

82 I, 1, 357.

83 Vgl. dazu Adornos Hegelkritik, die der Intention der Rettung (des Besonderen) bei Benjamin korrespondiert. Th. W. Adorno: Negative Dialektik, Wissenschaftliche Sonderausg., Frankfurt a. M. 1970, S. 172 f. Dazu paßt eine Bemerkung Benjamins über Karl Kraus (II, 3, 1092).

84 I, 1, 181. Diese Formel taucht im Wahlverwandtschaften-Essay an der Stelle auf, an der Benjamin den für sein Denken zentralen Begriff des Ausdruckslosen in die Analyse des Romans einführt. Daß Ausdruckslosigkeit eine Form der Verknechtung ist, gehört zu den frühesten Einsichten Benjamins. Vgl. Briefe I, 121 [s. Anm. 11].

85 Vgl. dazu Tiedemann, [s. Anm. 36], S. 47 ff., der das geschichtsphilosophisch-utopische Moment im Begriff der Idee ebenfalls betont.

86 I, 1, 336 ff.

87 ›Maximen und Reflexionen‹ Nr. 749–752 (Hamburger Ausg. 12, 470 f.).

88 Vgl. das Schlußkapitel in Benjamins Dissertation ›Der Begriff der Kunstkritik in der deutschen Romantik‹, I, 1, 110–119.

89 ›Maximen und Reflexionen‹ Nr. 752 [s. Anm. 87]. Vgl. dazu Benjamins Kritik: I, 1, 336. Dort bezeichnet er es ausdrücklich als »Mißbrauch«, wenn »im Kunstwerk die ›Erscheinung‹ einer ›Idee‹ als ›Symbol‹ angesprochen wird.«

90 I, 1, 213 ff.

91 I, 1, 337.

92 »Als symbolisches Gebilde soll das Schöne bruchlos ins Göttliche übergehen.« (I, 1, 337; vgl. den Kontext dieses Satzes.)

93 Das ist ein zentraler Begriff in Benjamins Kunstwerk-Aufsatz (I, 2, 438, 440).

94 I, 1, 181.

95 Einen solchen Vorbehalt kennt E. Bloch, 1970, der Allegorie und Symbol ebenfalls geschichtsphilosophisch betrachtet, offensichtlich nicht.

96 I, 1, 216.

97 I, 1, 336.

98 I, 1, 226.

99 I, 3, 953 f. Vgl. Tiedemann, [s. Anm. 36] S. 79.

100 I, 1, 362.

101 ›Maximen und Reflexionen‹ Nr. 749 [s. Anm. 87].

102 Etwa I, 1, 334 f., 347.

103 So im Brief an Max Horkheimer vom 16. 4. 1938, Briefe II, 750 ff. [s. Anm. 11], in dem er diesen Plan skizziert. Zum ›Passagen‹-Werk s. Anm. 15.

104 Vgl. zur Konzeption dieser Arbeit: I, 3, 1064 ff., 1091, 1150 ff.

105 I, 2, 511–604, 605–653.

106 I, 2, 655–690. Ergänzend sind außerdem einige Zitate aus unveröffentlichten Texten von Benjamin in R. Tiedemanns ›Nachwort‹ zu W. Benjamin: Charles Baudelaire. Ein Lyriker im Zeitalter des Hochkapitalismus, Frankfurt a. M. 1969, S. 165–191, heranzuziehen.

107 Die Grenzen des Trauerspielbuchs hat Benjamin schon bald erkannt, wie eine Rezension aus dem Jahr 1929 zeigt (III, 192 f., vgl. auch I, 3, 954).

108 Vgl. Bürger, S. 92–98.

109 II, 1, 385; II, 2, 692 f.

110 II, 1, 383 f.

111 Siehe Anm. 14.

112 I, 2, 681.

113 I, 2, 660.

114 I, 3, 1174.

115 Schriften I, 412 [s. Anm. 15].

116 I, 3, 1151.

117 I, 1, 343.

118 I, 2, 683.

119 Vgl. I, 2, 697 f. und I, 3, 1232.

120 I, 2, 657.

121 I, 2, 685.

122 Tiedemann, [s. Anm. 106] S. 182 f.

123 I, 2, 671. Vgl. zu diesem Aspekt W. F. Haug: Kritik der Warenästhetik, Frankfurt a. M. 1971 (= ed. suhrk. 513).

124 I, 2, 671.

125 I, 2, 670: »Die Scheinlosigkeit und der Verfall der Aura sind identische Phänomene. Baudelaire stellt das Kunstmittel der Allegorie in ihren Dienst.«

126 I, 2, 682 f. Vgl. Tiedemann, [s. Anm. 106] S. 183.

127 I, 2, 637 ff. Vgl. Tiedemann, [s. Anm. 106] S. 184.

128 Briefe II, 522 [s. Anm. 11].

129 Ein Versuch zur Interpretation dieses Phänomens findet sich in meiner schon erwähnten Arbeit [s. Anm. 5]: S. 56–66, 88–102.

130 Vgl. Karl Marx: Grundrisse der Kritik der politischen Ökonomie (Rohentwurf), 1857–1858, Berlin ²1974, S. 873 f.

131 M. Weber: Die protestantische Ethik, hg. J. Winckelmann, Bd. 1, Hamburg ³1973, Bd. 2, Hamburg ²1972 (= Siebenstern Tb 53/54, 119/120).

132 K. Marx: Das Kapital, Kritik der politischen Ökonomie, 1. Bd., Berlin 1970 (= MEW 23). Von Interesse wären in diesem Zusammenhang vor allem die Analyse der Wertform (S. 62–85), die, obwohl systematisch dargestellt, zugleich eine historische Entwicklung des Tauschprinzips nachzeichnet, sowie die anschließenden Ausführungen über den »Fetischcharakter der Ware« (S. 85–98). Daß »alle Waren als Werte vergegenständlichte menschliche Arbeit« sind (S. 109), ohne diesen Ursprung äußerlich zu erkennen zu geben – daher ihr Fetischcharakter –, hat Benjamin wahrscheinlich veranlaßt, sie als Allegorien aufzufassen und sie mit der Form der Allegorie bei Baudelaire in Beziehung zu setzen.

133 [s. Anm. 130]. Aufschlußreich sind hier vor allem einige Zitate aus ökonomischen Schriften des 17. Jahrhunderts (S. 142 f., 172 f., bes. S. 888 ff.), in denen das Geld stets

gegenüber den vergänglichen Dingen als unvergänglicher (d.h. ewiger) Wert beschrieben wird. Von hier aus scheint es nicht weit zu sein bis zur calvinistischen Verbindung von Reichtum und ewigem Heil.

134 Briefe II, 522 [s. Anm. 11].

135 Was Benjamin im Essay über Karl Kraus vom apodiktischen Anspruch seiner Urteile
sagt (II, 1, 343), kann man daher zweifellos zugleich als eine Selbstcharakteristik Benjamins lesen.

Baudelaires Rückgriff auf die Allegorie

Von Hans Robert Jauss (Konstanz)

> L'allégorie, ce genre si spirituel, que les peintres maladroits nous ont accoutumés à mépriser, mais qui est vraiment l'une des formes primitives et les plus naturelles de la poésie, reprend sa domination légitime dans l'intelligence illuminée par l'ivresse (Charles Baudelaire, 1858).[1]

Die folgenden Seiten sind als kleiner Beitrag zu einem noch kaum absehbaren Thema gegenwärtiger Forschung gedacht. Soviel über Allegorie vor und nach der Schwelle zwischen der antiken und der christlichen Ära über ihre lebensweltlichen, religiösen und poetischen Funktionen ans Licht gebracht wurde, sowenig wissen wir noch über ihre Nachgeschichte in der neueren Literatur, wo sie bekanntlich im schlechten Ansehen einer Verfallsgeschichte steht. Zwar kann auch die seit C. S. Lewis, W. Benjamin und H. G. Gadamer begonnene Rehabilitierung der Allegorie nicht an ihrem faktisch fortschreitenden Niedergang seit Renaissance und Reformation rütteln. Doch gewinnt gerade auch dieser Prozeß wieder neues Interesse, sobald man ihn als eine eigentümlich gebrochene Rezeptionsgeschichte untersucht, die sich in die substantialistische Anschauungsform eines kontinuierlichen ›Nachlebens‹ so gar nicht fügt. Als einer der Stammväter moderner Lyrik, Charles Baudelaire, bei seiner Abkehr vom Subjektivismus und Symbolismus der Romantik ganz unerwartet auf die Allegorie zurückgriff, war sie aus der Dichtung so gut wie verschwunden und auch in den bildenden Künsten – wie aus dem Motto erhellt – durch den Akademismus mediokrer Maler, die sie noch gebrauchten, in Verruf geraten. Was der Verfasser der ›Fleurs du Mal‹ (1857) in diesem »genre si spirituel« wiederentdeckte und auf seine Weise in Gebrauch nahm, ist gewiß nicht aus einem Studium mittelalterlicher Dichtung geschöpft, sondern vermutlich der Bekanntschaft des Kunstkritikers mit allegorischen Bildwerken zu verdanken. Gleichwohl ist Baudelaires Rückgriff auf die von den Romantikern verachtete Allegorie, die er provokativ als »eine der ursprünglichsten und natürlichsten Formen der Poesie« rühmte, als eine Wende in der Geschichte der ästhetischen Erfahrung am schärfsten zu erfassen, wenn man den modernen Gebrauch des allegorischen Verfahrens von seinen Gipfelformen in der Literatur des Mittelalters abhebt.[2]

In dieser Hinsicht knüpft der folgende Beitrag an Ergebnisse meiner früheren Forschungen zur Allegorie im Mittelalter an, die ich anderenorts unter der Perspektive ›Allegorische Dichtung als Poesie des Unsichtbaren‹ zusammengefaßt habe.[3] Darauf brauche ich hier nur noch zu verweisen und an meine These zu erinnern, daß sich die Funktionsgeschichte der Allegorie in der älteren wie ihre Rezeptionsgeschichte in der modernen Literatur neu schreiben lasse, wenn man sie als poetisches Seitenstück zu der gleichfalls noch ungeschriebenen »Geistes-geschichte des Unsichtbaren« (Hans Blumenberg) versteht. Sieht man in der fortschreitenden Verbildlichung der drei transzendenten Sphären des Unsicht-baren (verborgenes Gottesreich, Zwischenwelt religiöser Instanzen, innere Welt des Seelenkampfes) den eigentlichen Neueinsatz der christlichen Poesie gegen-über dem antiken Kanon des Darstellbaren und Darstellungswürdigen, so rückt auch die zweite große Epochenschwelle, die Wende der Romantik zur Ästhetik der Subjektivität und die gegenläufige Begründung einer Poetik der Moderne durch Baudelaire, in einen neuen Fragehorizont.

Da ist zum einen die denkwürdige Verspätung, mit der Hamann, Schelling, Chateaubriand, Jean Paul und Hegel eine explizite christliche Ästhetik und ›Poétique du christianisme‹ gerade zu der Zeit entfaltet haben, als die christliche Religion durch die Kritik der Aufklärung ihre säkulare Vorherrschaft bereits eingebüßt hatte. Die deutsche Romantik, die ihre Entdeckung der Subjektivität – mit Jean Paul – auf die Negation der antiken Sinnenwelt durch das Christentum zurückführte, hat zugleich die allegorische (und besonders die personifizieren-de) Dichtform verworfen, die dereinst vorzüglich das Medium war, in dem sich die christliche Entdeckung der Innerlichkeit artikuliert hat. So wäre die fort-schreitende Entdeckung der inneren Welt, die sich in der mittelalterlichen Alle-gorie Schritt für Schritt, von der Formierung neuer Bildfelder bis zur Ausbildung geschlossener Landschaften der Seele, in einer uns befremdenden Unanschau-lichkeit verfolgen läßt, als die Leistung einer Poesie des Unsichtbaren zu verste-hen, die paradoxerweise Innerlichkeit, aber noch nicht Subjektivität darzustel-len vermochte? Und Baudelaire hätte die christliche Dichtform par excellence, die in der Ästhetik des unmittelbaren Erlebens und der Korrespondenz von in-nen und außen untergegangen war, eigens erneuert, um die vollkommene Ver-mittlung von Selbst und Welt wieder in Frage zu stellen und eine moderne Poesie zu begründen, die im Anblick der großstädtischen Zivilisation wie auf der Szene des selbstgewissen Bewußtseins wieder auf fremde Gewalten des Unsichtbaren stieß? Was hat es dabei zu bedeuten, daß nicht die christliche (oder sich christlich legitimierende) Ästhetik der Romantik, sondern die antiromantische Poetik Baudelaires wieder die ganze Natur in den Fall des ersten Menschenpaares ein-bezogen und damit ein Postulat der altchristlichen Tradition (Prudentius) mit säkularer Verspätung eingelöst hat? [4]

Die eingangs zitierte Schlüsselstelle zur Rehabilitierung der Allegorie als »genre spirituel« und mehr noch: als Träger der Aisthesis einer modernen Lyrik, die ihre provokative Kraft aus der Entsubjektivierung romantischer Innerlich-keit schöpft, findet sich im Kontext von Baudelaires Schriften über die ›künstli-chen Paradiese‹, d. h. über die Erfahrungen des Haschischrauschs. Zum poeti-schen Gebrauch der Allegorie hat sich Baudelaire zwar nur beiläufig geäu-ßert. [5] Der Seltenheitswert wie der Kontext dieser Äußerung tun ihrer Bedeu-tung für eine Funktionsgeschichte der Allegorie in der Moderne indes kaum Ab-bruch. Denn Baudelaires »Paradis artificiels« bezeugen auf Schritt und Tritt, daß es ihm in seiner Beschreibung der Weisen und Stufen der Rauscherfahrungen letztlich immer um die Ergründung der äußersten Möglichkeiten eines ›poetischen‹ Zustands ging. [6] Jene »ivresse ultra-poétique« (S. 443), in die der gewöhnliche Sterbliche am ehesten über den künstlichen Zugang des Haschischrausches gelangt, erreiche der Dichter wie der Philosoph durch »willentliches Träumen«, d. h. durch anhaltende »Arbeit« der Kontemplation (S. 469). Baudelaires Rechtfertigung der Allegorie steht darum in einem bedeutungsvollen, für die Konzeption seiner ›surnaturalen‹ Theorie moderner Dichtung einschlägigen Zusammenhang. Er greift auf die seinerzeit – besonders durch die Malerei – so heruntergekommene Allegorie als »eine der ursprünglichsten und natürlichsten Formen der Poesie« zurück, um sie als Vehikel der Entpersönlichung des poetischen Ausdrucks wieder in Gebrauch zu nehmen.

Der Punkt, an dem die Ekstasen des Haschischrausches mit den Erfahrungen poietischer »rêverie« zusammentreffen, ist das Streben, die eigene Individualität hinter sich zu lassen [7], um in einen anderen Zustand zu gelangen, den Baudelaire begrifflich als »multiplication de l'individualité«, metaphorisch als Schöpfung einer »troisième personne«, eines »homme supérieur« u. a. m. zu erläutern sucht. [8] Mag in solchen und anderen Formulierungen auch noch das Vokabular der romantischen Erlebnisästhetik und Inspirationslehre anklingen, so unterscheidet Baudelaires Konzeption moderner Poesie doch von Anbeginn zweierlei: ihr lyrisches Subjekt offenbart Welt nicht mehr als Ausdruck eines integren, einzigartigen Selbst, und das »surnaturel« als ihr Produkt steht quer zu allem platonisierenden Symbolismus. Der antiromantische Ansatz wird gerade auch dort ablesbar, wo Baudelaire E. T. A. Hoffmann als das von ihm am höchsten geschätzte Vorbild der deutschen Romantik rühmt. Er entdeckt in den ›Kreisleriana‹ nicht so sehr die Selbstoffenbarung eines musikbesessenen Originals, als vielmehr die Verwirklichung einer »Multiplikation der Individualität«, zunächst in dem »eigenartigen psychologischen Barometer« der inspirierenden Weine, dann offenbar in den Temperamenten von Kreislers musikalisch-poetischem Klub und schließlich ganz allgemein in einer »aspiration à sortir de mon moi, objectivité excessive, fusion de mon être avec la nature« (S. 404). Für Baudelaire führt die Hoffmanneske Erfahrung aus romantischer Subjektivität heraus in einen Zustand »äußerster Objektivität«. Was damit gemeint sein kann, zeigt derselbe Essay an späterer Stelle, wo »objectivité« erst für den »pantheistischen« Zustand eintritt, in welchem nach dem »Verschwinden der Persönlichkeit« ein Verschmelzen mit anderen Wesen oder Dingen möglich wird (S. 418), und hernach »objectivisme« ineins mit »impersonnalité« die äußerste Leistung charakterisiert, zu der das poetische Bewußtsein gelangen kann: »cette impersonnalité, cet objectivisme dont j'ai parlé et qui n'est que le développement excessif de l'esprit poétique« (S. 421). Die Bewegung der lyrischen Aisthesis läuft also – analog zu dem Prozeß im Haschischrausch – nicht zurück in einen vorgegebenen Naturzustand, noch geht sie auf in der allumfassenden Natur der Romantik; sie übersteigt vielmehr die »nature ancienne« zu einer »nature nouvelle« (S. 418). Der »surnaturalisme« Baudelaires ist kein Brückenschlag zwischen sinnlicher Erscheinung und übernatürlicher Wahrheit, sondern eine künstlich erhöhte

Weise der ästhetischen Wahrnehmung (»il n'est, après tout et malgré l'énergie accidentielle de ses sensations, que le même homme augmenté«, S. 437), und die Kunst als sein Produkt ist nicht Versöhnung mit einer fremd gewordenen Natur, sondern Korrektur der mit Adam und Eva gefallenen Natur (»comme un essai permanent et successif de réformation de la nature«). [9] Damit sind die Prämissen der aktuellen Situation vorgezeichnet, unter denen Baudelaires Rückgriff auf die allegorische Dichtform erst angemessen verstanden werden kann.

Voyons maintenant ce que deviendra cette individualité poussée à outrance par le hachisch. Suivons cette procession de l'imagination humaine jusque sous son dernier et plus splendide reposoir, jusqu'à la croyance de l'individu en sa propre divinité.

Si vous êtes une de ces âmes, votre amour inné de la forme et de la couleur trouvera tout d'abord une pâture immense dans les premiers développements de votre ivresse. Les couleurs prendront une énergie inaccoutumée et entreront dans le cerveau avec une intensité victorieuse. Délicates, médiocres, ou même mauvaises, les peintures des plafonds revêtiront une vie effrayante; les plus grossiers papiers peints qui tapissent les murs des auberges se creuseront comme de splendides dioramas. Les nymphes aux chairs éclatantes vous regardent avec de grands yeux plus profonds et plus limpides que le ciel et l'eau; les personnages de l'antiquité, affublés de leurs costumes sacerdotaux ou militaires, échangent avec vous par le simple regard de solennelles confidences. La sinuosité des lignes est un langage définitivement clair où vous lisez l'agitation et le désir des âmes. Cependant se développe cet état mystérieux et temporaire de l'esprit, où la profondeur de la vie, hérissée de ses problèmes multiples, se révèle tout entière dans le spectacle, si naturel et si trivial qu'il soit, qu'on a sous les yeux, – où le premier objet venu devient symbole parlant. Fourier et Swedenborg, l'un avec ses *analogies,* l'autre avec ses *correspondances,* se sont incarnés dans le végétal et l'animal qui tombent sous votre regard, et au lieu d'enseigner par la voix, ils vous endoctrinent par la forme et par la couleur. L'intelligence de l'allégorie prend en vous des proportions à vous-même inconnues; nous noterons en passant que l'allégorie, ce genre si *spirituel,* que les peintres maladroits nous ont accoutumés à mépriser, mais qui est vraiment l'une des formes primitives et les plus naturelles de la poésie, reprend sa domination légitime dans l'intelligence illuminée par l'ivresse. Le hachisch s'étend alors sur toute la vie comme un vernis magique; il la colore en solennité et en éclaire toute la profondeur. Paysages dentelés, horizons fuyants, perspectives de villes blanchies par la lividité cadavéreuse de l'orage, ou illuminées par les ardeurs concentrées des soleils couchants, – profondeur de l'espace, allégorie de la profondeur du temps, – la danse, le geste ou la déclamation des comédiens, si vous vous êtes jeté dans un théâtre, – la première phrase venue, si vos yeux tombent sur un livre, – tout enfin, l'universalité des êtres se dresse devant vous avec une gloire nouvelle non soupçonnée jusqu'alors. La grammaire, l'aride grammaire elle-même, devient quelque chose comme une sorcellerie évocatoire; les mots ressuscitent revêtus de chair et d'os, le substantif, dans sa majesté substantielle, l'adjectif, vêtement transparent qui l'habille et le colore comme un glacis, et le verbe, ange du mouvement, qui donne le branle à la phrase. La musique, autre langue chère aux paresseux ou aux esprits profonds qui cherchent le délassement dans la variété du travail, vous parle de vous-même et vous raconte le poème de votre vie; elle s'incorpore à vous, et vous vous fondez en elle. Elle parle votre passion, non pas d'une manière vague et indéfinie, comme elle fait dans vos soirées nonchalantes, un jour d'opéra, mais d'une manière circonstanciée, positive, chaque mouvement du rythme marquant un mouvement connu de votre âme, chaque note se transformant en mot, et le poème entier entrant dans votre cerveau comme un dictionnaire doué de vie (S. 457–59).

Dem Textstück aus ›Le Poème du hachisch‹ (1758) geht eine Erläuterung der Bedingungen voraus, unter denen der »homme sensible moderne« am ehesten in den erhöhten Zustand der ästhetischen Wahrnehmung gelange: ein halb nervöses, halb melancholisches Temperament, Übung in der Wahrnehmung von Formen und Farben, eine – schon proustianisch anmutende – Nostalgie nach vertaner oder verlorener Zeit, Interesse an metaphysischen Fragen, und nicht zuletzt die – für den Dandy kennzeichnende – Neigung zur »abstrakten Tugend« der Stoiker oder Mystiker. Bei alledem kommt es Baudelaire darauf an, daß auch der Haschischrausch nichts Übernatürliches eröffne, sondern im Grunde nur etwas in äußerster Steigerung erfahren lasse, das in der Sensibilität des Träumenden schon angelegt sein mußte. Wem ästhetische Bildung fehle, der werde auch hier nicht zu ästhetischen Erlebnissen gelangen, sondern nurmehr seine ihm selbst unbewußt gebliebenen Wünsche reproduzieren, wie Baudelaire am Fall eines höchst ehrenwerten Beamten erläutert, der im Haschischrausch plötzlich einen indezenten Cancan zu tanzen begann (S. 421). Wer aber mit der Sensibilität des modernen Menschen begabt sei, könne an einer Art von »Prozession der menschlichen Imagination« teilhaben, die ihn zu einem äußersten Gipfel und Ruhepunkt führe: »jusqu'à la croyance de l'individu en sa propre divinité.« Die Anspielung auf Genesis 3, 5 (*eritis sicut dii, scientes bonum et malum*) ist unverkennbar. Damit nicht genug läßt sich Baudelaires moderne ›Paradisologie‹ in der Tat durchgehend als eine neue Allegorese des biblischen *paradisus voluptatis* lesen.

Von den Erfahrungen im Drogenrausch zu sprechen, rechtfertigt für Baudelaire vor allem die Analogie zur poietischen Tätigkeit. Denn es gehe den großen Dichtern und Philosophen letztlich um nichts anderes als um das Ziel, das verlorene Paradies zurückzugewinnen: (créer) »à notre usage un jardin de vraie beauté« (S. 469) und in einen Zustand zu gelangen, in welchem »cause et effet, sujet et objet, magnétiseur et somnambule« in eins fallen (S. 423). Die Aufhebung dieser Gegensätze steht im Mittelpunkt des Interesses an der Haschischerfahrung; diese präludiert somit die Schöpfung eines ›neuen Adam‹, auf die Baudelaire eingangs in einer kleinen aitiologischen Mythe anspielt, nicht ohne sich auf ironische Weise der Trinitätsspekulation zu bemächtigen:

> Il expliquera comment et pourquoi certaines boissons contiennent la faculté d'augmenter outre mesure la personnalité de l'être pensant, et de créer, pour ainsi dire, une troisième personne, opération mystique, où l'homme naturel et le vin, le dieu animal et le dieu végétal, jouent le rôle du Père et du Fils dans la Trinité; ils engendrent un Saint-Esprit, qui est l'homme supérieur, lequel procède également des deux (S. 412).

Der neue Adam kann nur künstlich, d. h. gegen die Natur, gebildet werden, weil nach der – durchaus ernst gemeinten, hier aber nicht ausgesprochenen – Auffassung Baudelaires nicht allein das erste Menschenpaar, sondern mit ihm die ganze Natur durch den Sündenfall korrumpiert worden ist. »La nature entière participe du péché originelle« [10] – aus dieser Prämisse seiner Exegese von Genesis 3 begründet Baudelaire anderweitig seinen Antinaturalismus, demzufolge gerade das Natürliche an sich selbst schon korrumpiert und böse, mithin nur durch das

Künstliche zu überwinden sei, worunter für ihn sowohl die Tugend (»la vertu [...]
est artificielle, surnaturelle«, S. 904) als auch die künstlerische Tätigkeit fallen.
Gleichviel ob Baudelaire für seine Naturfeindschaft in Genesis 3 post festum
eine Legitimation fand oder ob es sich umgekehrt verhielt, seine Schriften über
Wein und Haschisch führen die Verlockung der Rauschekstasen auf das tiefere
und edlere, durch den Sündenfall erklärbare Bedürfnis nach dem Unendlichen
(»le goût de l'infini«, S. 431) zurück.

Darum sei am meisten zu bewundern, wer sich der Versuchung nicht entzog
und sich aus solcher Erfahrung wieder frei machen konnte (S. 454); denn es
stecke in den »Orgien der Imagination« ein verkannter tieferer Sinn, etwas wie
ein »Zustand der Gnade« »où l'homme est invité à se voir en beau, c'est-à-dire
tel qu'il devait et pourrait être; une espèce d'excitation angélique, un rappel à
l'ordre sous une forme complimenteuse (S. 430). Baudelaires Analyse der Dro-
generfahrungen liest sich denn auch als Beschreibung einer »procession de
l'imagination humaine«, die das Bildfeld vom Weg einer Heiligung evoziert und
den erreichten Gipfel im Kapitel ›L'Homme-Dieu‹ ausdrücklich unter Rekurs
auf Genesis 3 interpretiert. Wenn vom Glückszustand des in der dritten Phase
Angelangten gesagt wird, er glaube, nun verstehe niemand mehr, was er empfin-
de: »Ils sont même incapables de comprendre l'immense amour que tu éprouves
pour eux. Mais il ne faut pas les haïr pour cela; il faut avoir pitié d'eux« (S. 420),
bleibt die provokative Säkularisation der Liebe des Gottessohnes zu den Menschen noch verhüllt. Zu der Beschreibung der aufs höchste gesteigerten Sinnes-
erfahrung, die nicht allein die Dimensionen von Raum und Zeit unendlich erweitert, sondern auch die einfachste Gebärde der Zärtlichkeit zutiefst empfinden
läßt (S. 459ff.), könnten Parallelen aus der mittelalterlichen Paradiesesallego-
rese angeführt werden, die Baudelaire indes schwerlich bekannt waren.[11]
Wohl aber ist die Beschreibung der letzten Ekstasen im Haschischrausch als eine
willentliche Profanisierung des sakralen Textes thematisiert. Nun, da der als
»Homme-Dieu« sich Fühlende nicht mehr anders kann, als »sich selbst zu bewundern« (S. 462), verkehrt sich die Ausgangssituation und wird gleichsam dem
neuen Adam zurückerstattet, was der alte verlor: er bewundert selbst noch seine
Reue; er hört – als Echo auf Genesis 3, 22: *Ecce Adam quasi unus ex nobis* – eine
innere Stimme: »Tu as maintenant le droit de te considérer comme supérieur à
tous les hommes« (S. 462); er macht sich zum Richter seiner selbst und gelangt –
hier wird an Rousseau und die Eingangsszene der ›Confessions‹ erinnert – zu
dem Urteil: »Je suis le plus vertueux de tous les hommes!« (S. 464); er weiß sich
wieder als Mittelpunkt und Ziel der Schöpfung: »toutes ces choses ont été cré-
ées pour moi [...] Pour moi, l'humanité a travaillé, a été martyrisée, immolée« (S.
464) und erschreckt nicht mehr über den verwegensten Gedanken: »Je suis de-
venu Dieu« (S. 465). Das folgende, ›Morale‹ überschriebene Kapitel deckt den
latenten Satanismus der Haschischekstase (»Souvenons-nous de Melmoth, cet
admirable emblème«) auf und ruft den Leser mit Hilfe von Balzac, dem »Theoretiker des Willens«, zur Ordnung, d.h. zu den legitimen Ekstasen der poetischen Erfahrung zurück.

Die Allegorie selbst als »ursprüngliche und natürliche Form von Poesie« spielt in Baudelaires Beschreibung der im Rauschzustand veränderten Sinneswahrnehmungen eine besondere Rolle. Sie zeigt an, wie die ästhetische Erfahrung für das tagträumende Bewußtsein gleichsam unmittelbar poetisch werden kann: »où le premier objet devient symbole parlant.« Der erste beste Gegenstand kann zum »sprechenden Symbol« werden, das geringste Ding die »profondeur de la vie« eröffnen: Farben entfalten eine ungewöhnliche Energie, mediokre Deckengemälde ein erschreckendes Leben, die trivialsten Tapetenmuster vertiefen sich zum glanzvollen Diorama, gemalte Nymphen schlagen die Augen zu den tiefsten Blicken auf, hochwürdige Personen der Antike geben feierlich Vertraulichstes preis. Zweierlei muß hier als Unterschied zum Symbolismus der Romantik hervorgehoben werden: die vollendete Enthierarchisierung der Wirklichkeit und die innerweltliche Transzendenz der rauschhaft gesteigerten ästhetischen Wahrnehmung. Von einer vertikalen Ordnung der Dinge und der Bereiche des Lebens, die das theosophische Gedankengut – darunter auch die erwähnten ›Analogien‹ Fouriers oder ›Korrespondenzen‹ Swedenborgs – voraussetzten, ist hier sowenig mehr die Rede, daß jedes Ding gerade in der Zufälligkeit, mit der es vor den Blick kommt, eine tiefere Bedeutungsdimension gewinnen kann. Und die Bedeutung der Dinge, die sich in dieser horizontalen Bewegung der Aisthesis erschließt, ist eine den Dingen selbst innewohnende, bisher verborgene und jetzt sich eröffnende »profondeur de la vie«, mithin kein transzendentes Reich des Schönen, Wahren und Guten, sondern – in der späteren Formulierung Baudelaires – »Tiefe des Raums«, die zur »Allegorie der Tiefe der Zeit« werden kann.

Für dieses neue, im Haschischrausch erlangbare ›poetische‹ Verständnis der Dinge setzt Baudelaire gewiß nicht zufällig den Begriff der Allegorie an die Stelle von Symbol (»L'intelligence de l'allégorie prend en vous des proportions à vous-même inconnues«). Denn in der ästhetischen Einstellung des Haschischrausches wird Bedeutung nicht vom und zum Ganzen, sondern Zug um Zug am disparaten Einzelnen erschlossen, obschon – darin abweichend vom traditionellen Verfahren allegorischer Auslegung – ohne vorgewußten Schlüssel. Das bestätigt dann auch Baudelaires glanzvolle Beschreibung, wie die »trokkene Grammatik« selbst poetisch werde, wenn nunmehr »die Worte, bekleidet mit Knochen und Fleisch, wieder auferstehen«. Diese Stelle ist keineswegs nur metaphorisch zu verstehen. Denn der ›grammatischen‹ Ableitung der allegorischen Personifikation, wie sie hier in der Theorie des Haschischtraums noch abstrakt formuliert wird, entspricht in der Praxis von Baudelaires Lyrik sein merkwürdig exuberanter Gebrauch majuskeltragender Substantive! Fritz Nies ist die einschlägige Untersuchung dieser Erscheinung zu danken.[12] Demnach findet sich im Text der ›Fleurs du Mal‹ und des ›Spleen de Paris‹ nicht weniger als ein halbes Tausend majuskeltragende Substantive. Ihre Funktion läßt sich vom stilistischen Gebrauch der Hervorhebung einzelner oder wiederkehrender Schlüsselwörter (an der Spitze in den ›Fleurs du Mal‹: »La Mort«, dann »Enfer/Ciel«, in den ›Poèmes en prose‹: »Le Temps«) über eine (nicht selten ironische) Sakralisierung oder Erhebung von Dingen ins Kultische bis zur Remythisierung von

Begriffen auffächern, die oft durch eine persönliche Emblematik Baudelaires verrätselt sind und als ein »poetischer Polytheismus«[13] den Leser befremden mußten. Die allegorisierende Personifikation insonderheit gelangt dabei zu ihrer unverhofften Wiederauferstehung. Wenn es nach einem Wort von Jacob Burckhardt die für uns so befremdliche Denkungsart des mittelalterlichen Menschen kennzeichnet, daß er abstrakte Begriffe zu schauen vermochte, wie wir nur noch konkrete Gegenstände zu sehen vermögen,[14] so gewinnt Baudelaire, indem er gegen die unmittelbare Gefühlsaussprache der Romantik den verachteten Personifikationen wieder zu »substantieller Majestät« verhilft, der modernen Lyrik ein neues Vermögen der Versinnlichung des Abstrakten zurück: das poetische Modell einer modernen ›Psychomachia‹, die dem Ich oder Selbstbewußtsein — wie bald danach Freuds Psychoanalyse — den Vorrang im seelischen Haushalt streitig macht.

Allegorisch und nicht mehr symbolisch gemeint ist am Ende unseres Textstückes das Bildfeld des »dictionnaire«. Hier wird die Musik vor allen anderen »Sprachen der Dinge« dadurch ausgezeichnet, daß sie gleichsam ›Note für Note‹ (»chaque note se transformant en mot«) die musikalische in seelische Bewegung zu übersetzen vermag (»chaque mouvement du rhythme marquant un mouvement connu de votre âme«). Im Blick auf diesen Übersetzungsvorgang bestimmt Baudelaire die Sprache der Musik näherhin als ein »mit Leben begabtes Wörterbuch«, woraus folgt, daß sich das musikalische Ereignis erst im Kopf des Hörenden zum »poème entier« vollenden kann. Bei Baudelaires Lob der Musik dürfte der von ihm über alles bewunderte E. T. A. Hoffmann Pate gestanden haben. Gerade in den ›Kreisleriana‹, die in den ›Paradis artificiels‹ eigens zitiert werden, findet sich für die Musik als der »romantischsten aller Künste« und als Sprache, die den Zugang zum »romantischen Geisterreich« des Unendlichen als einem irdischen Jenseits eröffnet, die analoge Metapher von der »geheimnisvollen, in Tönen ausgesprochenen Sanskritta der Natur«.[15] Für E. T. A. Hoffmann war der Sprache der Musik eine zweiseitige Referenz eigen: sie wohnt in der Brust des Menschen selbst und weist zugleich — vermöge der geheimnisvollen Sprache der Töne — auf jenes herrliche, mit der Negation der Wirklichkeit sich eröffnende Reich des Unendlichen zurück, das in allen Erscheinungen der Natur verborgen und doch synästhetisch erfahrbar ist.[16] Als »Sanskritta der Natur« offenbart Musik den heiligen Einklang aller Wesen, der das eigentliche und tiefste Geheimnis der Natur und Ziel aller menschlichen Sehnsucht ist. Für »Sanskritta« als synthetischer Vorstellung der geheimen »Musik der Natur«, die der auf die rechte Weise Hörende gleichermaßen entziffern kann wie dem Musiker das Sehen zum »Hören von innen« wird[17], tritt bei Baudelaire nun aber die analytische Vorstellung eines »Wörterbuchs der Natur« ein, das dazu dient, Wort für Wort, oder näherhin: Wort für Ton, ein Ganzes erstehen zu lassen, das seine Vollendung erst der imaginativen Tätigkeit des ›Benutzers‹ verdankt. Die Parallelstellen zu »dictionnaire«[18] und vor allem Baudelaires Definition der Imagination: »elle décompose toute la création, et, avec les matériaux amassés et disposés suivant des règles dont on ne peut trouver l'origine que dans le plus profond de l'âme, elle crée un monde nouveau, elle produit la sensation du neuf« (S. 767) machen evident, daß Baudelaire von E. T. A. Hoffmann zwar die Poetik der Synästhesie übernommen, aber die »Sanskritta der Natur« zum bloßen »dictionnaire de la nature« entzaubert hat.[19] Seine Rehabilitation der Allegorie hat ihren sinnstiftenden Horizont weder in der mittelalterlichen Vorstellung von der unsichtbaren Ordnung und Gegenwart Gottes in den von ihm geschaffenen Dingen noch in der romantischen Vorstellung von der latenten, durch Kunst geoffenbarten Harmonie von innen und außen, von menschlichem Geist und allumfassender Natur. »La nature n'est qu'un dictionnaire« (S. 769), dieser Satz, den Baudelaire ›von einem großen zeitgenössischen Maler‹, von Delacroix übernimmt, kann füglich als Endpunkt der Geschichte einer säkularen Allegorie, dem Topos vom ›Buch der Natur‹ gelten. Der Mensch im wissenschaftlichen Zeitalter, der sich nicht mehr als Mittelpunkt der Schöpfung verstehen darf, kann auch der Natur nicht mehr eine für die Kunst paradigmatische Ordnung zuerkennen.[20] Die restituierte Dichtform der Allegorie, weit davon entfernt, die Kluft zwischen Mensch und Natur wieder zu schließen, macht in Baudelaires ›Fleurs du Mal‹ vielmehr in der vertauschbaren Referenz von innerer Szene und äußerer Landschaft die eingetretene Entfremdung der menschlichen wie der kosmischen Natur in schmerzhaft eindringlicher Schärfe allererst bewußt.

Als Beispiel kann uns hier die Gruppe der mit ›Spleen‹ überschriebenen Gedichte dienen. Sie sind häufig und ausgezeichnet interpretiert worden[21], so daß mir zumeist nur übrig bleibt, die Erneuerung des allegorischen Verfahrens durch Baudelaire von der älteren Tradition der allegorischen Dichtung genauer abzuheben. Auf Allegorie als poetisches Verfahren greift Baudelaire hauptsächlich dort zurück, wo er das überkommene Thema des Weltschmerzes (»Ennui«) zur Weltangst vertieft, als deren Verdinglichung der neue Schlüsselbegriff des »Spleen« (»Trübsinn« in der Übersetzung Stefan Georges) angesehen werden kann. Verdinglichung meint hier den Gegensatz zu der romantischen Erwartung, daß der empfindsame Mensch mit allen Dingen der Natur durch eine geheime Harmonie (»correspondance«) verbunden sei, anders gesagt: daß der innere Zustand des Gemüts symbolisch in der Landschaft als äußerer Natur Ausdruck finde. In der zum »Spleen« verdinglichten Angst aber »verkehrt sich selbst das, was das Versprechen harmonischer Gleichgestimmtheit in sich schließt, in sein Gegenteil«.[22] Im »Spleen« sucht die abstrakte, bodenlose Angst einen Halt, in dem sie Objekte und Erscheinungen einer fremden Welt aufgreift und sie zu den von Gerhard Hess erkannten und subtil interpretierten irrealen »Landschaften des Ennui« zusammenfügt, in denen sich die Entzauberung der Natur und der Sinnwelten des Alltags vollendet. Als Vehikel dieser Entwirklichung der vertrauten Welt und ineins damit der Entpersönlichung des romantischen Selbstgefühls gewinnt die Allegorie durch Baudelaire eine spezifisch moderne Funktion. Es zeigt sich daran, daß dasselbe allegorische Verfahren – hier: die Personifikation von Affekten mittels einer Versinnlichung von Begriffen – vor und nach der Epochenschwelle der Dichtung der Subjektivität verschiedene poetische Funktionen trägt. War Allegorie zu Beginn der Ära christlicher Literatur das neue

Medium, die im christlichen Glauben entdeckte innere Welt zu verbildlichen, sie in Landschaften der Seele und näherhin als Kampf objektiver Mächte in der Seele und zugleich um die Seele sichtbar zu machen, wobei ganz allmählich das Ich als Einzelseele in die allegorische Szene trat, so dient Allegorie Baudelaire am Ende der romantischen Ära dazu, den Einklang von Innerlichkeit und Welt zu zerbrechen und gegen das autonom gewordene Subjekt die Mächte des Unbewußten auf den Plan zu rufen.

Unter den ›Spleen‹-Gedichten ruft das dritte: »Je suis comme le roi d'un pays pluvieux« mit der Topik des *iuvenis senex* oder des trübsinnigen Prinzen, der alle Dinge mit dem Blick der Melancholie sehen muß, einen schon vorvergangenen Horizont des »Ennui« aus der Tradition zurück. Das allegorische Verfahren versetzt hier das lyrische Ich in die shakespearesche Doppelrolle von Prinz und Narr, deren *coincidentia oppositorum* nun aber gleichsam zu Ende gespielt wird: bei Baudelaire schlägt die Melancholie des Scheiterns in die entzauberte Leere des kreativen Unvermögens um. [23] Wo dann in den anderen Gedichten die Konvention der Rollenlyrik überschritten und mit ihr das reflektierende lyrische Ich preisgegeben wird, tut sich im ›Spleen‹ ein Blick in Abgründe der Angst auf und treten allegorische Verfahren in Aktion. Das erste ›Spleen‹-Gedicht

> Pluviôse, irrité contre la ville entière,
> De son urne à grands flots verse un froid ténébreux
> Aux pâles habitants du voisin cimetière
> Et la mortalité sur les faubourgs brumeux.
>
> Mon chat sur le carreau cherchant une litière
> Agite sans repos son corps maigre et galeux;
> L'âme d'un vieux poète erre dans la gouttière
> Avec la triste voix d'un fantôme frileux.
>
> Le bourdon se lamente, et la bûche enfumée
> Accompagne en fausset la pendule enrhumée,
> Cependant qu'en un jeu plein de sales parfums,
>
> Héritage fatal d'une vieille hydropique,
> Le beau valet de cœur et la dame de pique
> Causent sinistrement de leurs amours défunts.

macht eingangs von der klassizistischen Personifikation Gebrauch; doch im Bildfeld von Urne und Wasserguß nimmt »Pluviôse«, da dem Revolutionskalender entnommen, dämonische, die Toten auf dem Friedhof wie die Lebenden in den Faubourgs bedrohende Züge an, die sich in dem verdüsterten Anblick der Außenszene materialisieren. Wie in der Außenszene, auf der das Schreckenerregende gerade beim Vertrautesten – der Stadtlandschaft im Regen und Nebel – einsetzt, so bleibt auch in der Innenszene die reale Dingwelt stets gegenwärtig, wenn der Anblick des Interieurs mehr und mehr unheimlich und ineins damit das lyrische Subjekt zum Phantom vergegenständlicht wird: »L'âme d'un vieux poète erre dans la gouttière / Avec la triste voix d'un fantôme frileux«. Der vorausgesetzte, aber nicht ausgesprochene allegorische Bezug bewerkstelligt den Umschlag ins Unheimliche: das Rinnen des Regens in der Dachtraufe meint die Stimme eines fröstelnden Gespenstes, allegorice: des Dichters selbst. Das gilt auch für die weiteren Verwandlungen des Interieur, die dreimal – gemäß der Freudschen Theorie, daß die Wiederkehr des Gleichen unheimlich wirkt – sich zur Gestalt eines Paares zusammenordnen: erst die magere, räudige Katze (allegorice: die Geliebte) und die Dachrinnenstimme des Dichtergespenstes, dann das Duo von schwelendem Holzscheit und heiser tickender Uhr (»et la buche enfumée/ Accompagne en fausset la pendule enrhumée«) und schließlich das groteske, dem Kartenspiel entsprungene Paar Herzbube und Pikdame. Hier ist mit der ausdrücklichen Personifikation zugleich der Schritt ins Irreale vollzogen: die unversehens verlebendigten Spielkarten wachsen aus der niedrigsten Schicht des alltäglichen Verfalls (»jeu plein de sales parfums«, etc.) zum Rang allegorischer Wesenheiten empor. Diese Interferenz zwischen niedrig und hoch, schmutzigem Alltag und vergeistigter Bedeutung fällt unter den Widerspruch zwischen Erhabenheit von Sujet und Ton einerseits und Würdelosigkeit im Gegenständlichen andererseits, der nach Erich Auerbach die Sonderstellung der ›Fleurs du Mal‹ in der poetischen Tradition des Erhabenen begründet. In den Gestalten des grotesken Lachens kann mit dem Paar aus dem Kartenspiel der wassersüchtigen Alten (allegorice: Wahrsagerin) aber auch noch eine verborgene Bedeutung zutage treten: indem Herzbube und Pikdame auf gespenstig-unheimliche Weise (»sinistrement«) über ihre »amours défunts« sprechen, personifizieren sie Ängste und Wünsche, die das erste Paar verdrängt. Das Unheimliche zeigt im ›Spleen‹ – mit Sigmund Freud zu sprechen – seine Herkunft vom verdrängten Heimischen [24], und Allegorie erweist sich als das Verfahren, den Prozeß zu verbildlichen, in welchem sich gegenläufig zur Entwicklung der äußeren Realität auf der inneren Szene die Wiederkehr des Verdrängten vollzieht.

Das Allegorische als Vehikel des Umschlags (›shifter‹ in moderner Terminologie), der wechselseitigen Umbesetzung von äußerer und innerer Realität, die dem lyrischen Ich bei Baudelaire so unversehens wie unfreiwillig geschieht, scheint mir einen wesentlichen Unterschied zwischen dem modernen und dem mittelalterlichen Gebrauch der Allegorie faßbar zu machen. In der allegorischen Dichtung des Mittelalters bleiben äußere und innere, sinnenhafte und geistige Realität – oft durch die Schwelle des Traums – als für sich bestehende Bereiche streng voneinander geschieden. Die C. S. Lewis verdankte Einsicht, daß der mittelalterliche Dichter in allegorische Rede fallen müsse, wo immer er ›psychologisch‹ werde, d.h. sich der inneren Welt der Affekte zuwende [25], hat auf dem stilistischen Plan das Korrelat, daß die Handlung auf der Außenszene angehalten werden muß, wenn auf der Innenszene der dialogisierte Monolog der Seele mit den Stimmen überpersönlicher Mächte (Amor, Raison etc.) anheben soll. Gewiß dient dieser innerseelische Monolog keinem anderen Zweck als dem, die höhere Bedeutung der äußeren Handlung zu offenbaren. Doch setzt solche Allegorese sowohl die Trennung als auch die Hierarchisierung von realer und geistiger Welt, von sinnlicher und übersinnlicher Evidenz voraus, während die moderne, von den ›Spleen‹-Gedichten implizierte Allegorese mit der Scheidung von Innen und Außen zugleich die Hierarchisierung von sinnlicher Erscheinung und höherer geistiger Wahrheit zum Einsturz bringt. Die berühmte letzte Strophe im vierten ›Spleen‹-Gedicht:

> Et de longs corbillards, sans tambours ni musique,
> Défilent lentement dans mon âme; l'Espoir,
> Vaincu, pleure, et l'Angoisse atroce, despotique,
> Sur mon crâne incliné plante son drapeau noir.

ist nicht eine nachgeordnete Allegorese, die über der vorangehenden Handlung: der wachsenden Verzweiflung eines Ichs, das – drei Mal von außen bedroht (»quand ... quand ... quand«) – sich noch ein letztes Mal aufbäumt, bevor es seiner Angst anheimfällt, eine Ebene der ›höheren Wahrheit‹ aufbaut. Die Psychomachia im dramatischen Schlußbild ist vom Anfang her angelegt (»l'esprit gémissant en proie aux longs ennuis«), Angst herrscht schon in der ersten Strophe (mit »ciel« als Schreckbild des schwer lastenden Deckels), Hoffnung unterliegt schon in der zweiten (mit der Fledermaus, die sich in der Enge von Wänden und Decken wund stößt), und der Regen mit seinen Gitterfäden in der dritten wie die Explosion des Läutens in der vierten sind Ereignisse, die sich in der Außen- und Innenlandschaft zugleich abspielen.

Das Schlußbild des martialischen Triumphes der Angst über die Hoffnung kommt im vierten ›Spleen‹-Gedicht dem mittelalterlichen Gebrauch der Allegorie am nächsten: dort entsprach es dem hierarchisierbaren mehrfachen Schriftsinn, wenn ein moralischer Konflikt auf dem innerseelischen Schauplatz sich abspielen und gegen alle anschaubare Evidenz dieselbe Seele – wie Baudelaires »mon crâne«, auf den ›im selben Schädel‹ die schwarze Fahne aufgepflanzt wird – zugleich als Innenraum und als Objekt im Innenraum verstanden werden sollte. Einem modernen Leser, dem die allegorische Einstellung abhanden gekommen ist, dürfte Baudelaires vermeintlicher Verstoß gegen die Anschaubarkeit als eine Neuerung von besonderer poetischer Kraft erscheinen! Den mittelalterlichen Leser dürfte umgekehrt nicht weniger befremden, daß in Baudelaires Gedicht die äußere, sinnliche und die innere, geistige Realität ständig ineinander verfließen. Die Wasserfäden des Regens sind keine bloßen Zeichen für ›Erde als Kerker‹; sie ›ahmen die Gitter eines Gefängnisses nach‹ und sind unversehens identisch mit den Netzen, die niederträchtige Spinnen im Gehirn weben, so daß die anfängliche Ursache des ›Spleen‹, der Regen, schließlich selber Innenlandschaft der Seele geworden ist.[26]

Wenn Allegorie in Baudelaires Gebrauch dazu dienen kann, Innen und Außen so ineins zu setzen, daß die traditionelle Scheidung der zwei Sphären von sinnlicher Erscheinung und übersinnlicher Bedeutung aufgehoben wird, löst dieses moderne Verfahren zugleich das romantische Erfahrungsmuster der »correspondance«, der Gleichgestimmtheit von Seele und Natur auf. Angesichts des denaturierten Daseins der städtischen und mehr und mehr industrialisierten Zivilisation, wenn die Welt nicht mehr als Natur, als allumfassende Sinnharmonie der Romantik, begriffen werden kann, bringt ästhetische Wahrnehmung die neuen Gesichter der sinnfremden Natur zutage. Der ›Spleen‹ in seiner angsterfüllten Monotonie und neuen Dämonologie gewinnt aus diesem Weltverlust seine eigene Tiefe, während die poietische Aisthesis die ersehnte Teilhabe an der Welt und Begegnung mit dem Du nur noch ephemer, als »souvenir involontaire« oder als Wunschbild festhalten kann. [27] Wie prekär diese gegenläufige Poetik der Erinnerung in der Situation Baudelaires noch ist, zeigt das zweite ›Spleen‹-Gedicht: »J'ai plus de souvenirs que si j'avais mille ans«. Walter Benjamin hat daran seine Theorie vom Andenken als der Schlüsselfigur der späten Allegorie erläutert: »Das Andenken ist das Schema der Verwandlung der Ware ins Objekt des Sammelns. Die Correspondances sind der Sache nach die unendlich vielfachen Anklänge jeden Andenkens an die anderen.« [28] Das Gedicht zeigt diese Verwandlung sogleich im chaotischen Anblick einer äußersten Entfremdung. Die imaginäre Zeitentiefe der »tausend Jahre« in der Präambel schlägt um in die verräumlichten Embleme des Schranks, der Pyramide, des Grabs, des Friedhofs und des Boudoirs, die allesamt – als Behältnisse für Dinge einer toten Zeit – das vergangene Leben unkenntlich werden lassen, auf das sie verweisen. »Andenken« als moderne Rückzugsgestalt des Allegorischen kann hier nurmehr die sinnfremde Verschlossenheit einer chaotischen Folge von »Allegorien der Erstarrung« [29] meinen. Andenken ist keineswegs gleichbedeutend (wie Benjamins Formulierung hier nahelegt) mit jenen »Korrespondenzen«, die in den ›Fleurs du Mal‹ soviel seltener in »Landschaften der Ekstase« [30] aufleuchten, weil sie vom nicht aufsuchbaren Schockerlebnis der »beauté fugitive« oder von der unfreiwilligen Wiederkehr gelebten Lebens abhängen (was Benjamin »Data des Eingedenkens« nannte, weist schon auf Prousts »souvenir involontaire« vor).

Im zweiten ›Spleen‹-Gedicht gerät das lyrische Ich selbst in den unentrinnbaren Prozeß der Verdinglichung. Die reale Außenszene des Interieur: »un gros meuble à tiroirs« etc. schlägt in die Innenszene um: »cache moins de secrets que mon triste cerveau«, worauf in einem kühnen Verfahren allegorischer Identifikation: »Je suis un cimetière abhorré de la lune [...]. Je suis un vieux boudoir« (für diese allegorische Sprachfigur kenne ich keinen mittelalterlichen Präzedenzfall) das lyrische Subjekt sich selbst als Allegorie erstarrter Vergangenheit und einer ins Unendliche wachsenden Gleichgültigkeit setzt. Die letzte Schwundstufe hat Gerhard Hess wie folgt interpretiert: »Dann tritt das Ich sich selbst als seiner leiblich-lebenden Erscheinung gegenüber; aber es kann sich nur ironisch als »matière vivante« ansprechen. Als Granitblock in der Wüste, als vergessene Sphinx hat es sogar die Gabe des Berges verloren. Die Monotonie ist erstarrt.« [31] Dem ist aus meiner Sicht noch hinzuzufügen, daß im Schlußbild wiederum zwei säkulare Mythen, Sphinx und Mnemonstatue, zu Ende gespielt werden. Die Sphinx, Hüterin geheimer Wahrheit, ist zum »Andenken für niemand«, zur Allegorie des Vergessenseins geworden. Sie singt wie die Mnemonstatue von Theben, doch nicht mehr beim Aufgang, sondern beim Untergang der Sonne, so daß sie zur Allegorie von »La beauté« wird und deren Epitheton erfüllt, das in einem früheren Gedicht Baudelaires lautete: »Je trône dans l'azur comme un sphinx incompris«.[32] Wenn nach einer unvergeßlichen Formulierung von Walter Benjamin »der Blick des Allegorikers, der die Stadt trifft, der Blick des Entfremdeten (ist)«,[33] während der Blick des mittelalterlichen Allegorikers hinter den Erscheinungen der Welt die Heimat des Unvergänglichen suchte und fand, wird dem modernen Dichter der Verlust der transzendenten Heimat durch die Poesie selbst entgolten: in der kompositorischen Figur eines Gedichts, das sein eigenes Werden beschreibt, erscheint das Hervorgebrachte am Ende als ›Poesie der Poesie‹, die ihren Ursprung in sich selber findet und so auch für sich selbst zu bestehen vermag.

Anmerkungen:

1 ›Les paradis artificiels‹ (1860), in: Œuvres complètes, éd. de la Pléiade, Paris 1951, S. 458.
2 Die Funktion allegorischer Verfahren im Werk Baudelaires ist nach meiner Kenntnis in der sonst so üppigen Baudelaire-Forschung noch am wenigsten gewürdigt worden. Für immer noch unübertroffen halte ich die Interpretationen von Gerhard Hess im Kap. IV: ›Landschaften des Ennui‹ seines Buches ›Die Landschaft in Baudelaires Fleurs du mal‹, Heidelberg 1953, S. 61–86. – Wolfgang Preisendanz und einem gemeinsamen Seminar über E. T. A. Hoffman und Baudelaire im Sommer 1978 verdanke ich manche Anregung.
3 Jauß, 1977, Alterität und Modernität, S. 28–34.
4 Siehe dazu auch: Gibt es eine christliche Ästhetik, in: Poetik und Hermeneutik III (hg. H. R. Jauß), München 1968, S. 601 f.
5 In ›Le poème du hachisch‹ (1858), zitiert nach Œuvres [s. Anm. 1], S. 457 ff.; zu weiteren Äußerungen siehe Hess [s. Anm. 2], S. 69 f.
6 Z. B. Œuvres [s. Anm. 1], S. 241: »cette impersonnalité, cet objectivisme [...] qui n'est que le développement excessif de l'esprit poétique.«
7 Ebd., S. 404.
8 Vgl. ebd., S. 401 (Untertitel!), S. 404 (in der Charakteristik von E. T. A. Hoffmann), S. 412.
9 Zitiert aus ›Le peintre de la vie moderne‹ (1859), Œuvres [s. Anm. 1], S. 904.
10 Zum Ursprung dieses Satzes in der ›Hamartigenie‹ des Prudentius und seiner Aktualisierung durch Baudelaire siehe Vf.: Die klassische und die christliche Rechtfertigung des Häßlichen [...], in: Poetik und Hermeneutik III, S. 152 und S. 601.
11 Siehe dazu R. R. Grimm, bes. S. 141, und Jauß, 1977, Ästhetische Erfahrung, S. 108.
12 »Kleinigkeiten wie Großbuchstaben – Optische Signale in Baudelaires Gedichten«, in: Imago Linguae – Fs. Fritz Paepcke, hgg. K. Bender/K. Berger/M. Wandruszka, München 1977.
13 Ebd., S. 435.
14 Zitiert nach L. Spitzer: Romanische Literaturstudien 1936–1956, Tübingen 1959, S. 397.
15 Sämtliche Werke: Fantasie- und Nachtstücke, hg. W. Müller-Seidel, München 1976, S. 33/39.
16 Ebd., S. 326.
17 Ebd., S. 326.

18 Œuvres [s. Anm. 1] S. 437, 524, 769, 876, 886, 1033, 1078.
19 Das Diktum: »La nature n'est qu'un dictionnaire« zitiert Baudelaire im ›Salon de 1859‹ (ebd., S. 769) als kapitalen Ausspruch Delacroix'.
20 Nach Hans Blumenberg: Surrealismus und Gnosis, in: Poetik und Hermeneutik II, hg. W. Iser, München 1966, S. 438: »In dem Augenblick, in dem der Mensch seinen letzten Zweifel daran verloren hatte, daß die Natur nicht für ihn und zu seinen Diensten geschaffen war, konnte er sie nur noch in der Rolle des Materials ertragen.«
21 Für unsere Fragestellung einschlägig sind insbesondere Erich Auerbach: Baudelaires ›Fleurs du Mal‹ und das Erhabene, in: Ges. Aufsätze z. roman. Philol., hg. F. Schalk, Bern 1967, S. 275–290; Leo Spitzer: Interpretationen zur Geschichte der französischen Lyrik, hgg. H. Jauß-Meyer/P. Schunk, Heidelberg 1961, und Hess [s. Anm. 3]; die jüngste psychoanalytische Interpretation von O. Sahlberg: Baudelaire 1848 – Gedichte der Revolution, Wagenbachs Taschenbücherei Nr. 35, Berlin 1977, verzeichnet noch weitere Literatur.
22 Hess [s. Anm. 2], S. 62.
23 Nach J. Starobinski: Sur quelques répondants allégoriques du poète, Revue d'histoire littéraire de la France 67 (1967), S. 402–412.
24 Das Unheimliche, in: Studienausg., Bd. IV, S. 268 f.
25 Jauß, 1977, Alterität und Modernität, S. 34.
26 Hess [s. Anm. 2], S. 79.
27 Siehe dazu Hess [s. Anm. 2], S. 69, und Jauß, 1977, Ästhetische Erfahrung, S. 124 ff.
28 ›Zentralpark‹, in: Schriften, Frankfurt 1955, Bd. I, S. 492.
29 Hess [s. Anm. 2], S. 81.
30 Ebd., S. 107 ff.
31 Ebd., S. 81.
32 La beauté, Œuvres [s. Anm. 1], S. 94.
33 Illumination, Frankfurt 1961, S. 194.

Allegorisierung als Rezeptionsplanung

Dargestellte Hermeneutik in Hofmannsthals Lustspiel ›Cristinas Heimreise‹

Von GUNTER REISS (Köln)

Walter Müller-Seidel
zum 60. Geburtstag

I.

In Hofmannsthals Lustspiel ›Cristinas Heimreise‹[1] ist die Sprache nicht nur Mittel der Handlungsführung und der dramaturgischen Organisation. Die Dialoge bringen gleichzeitig zur Darstellung, daß das Sprechen der Figuren auch Thema dieses Sprechens ist. Im Kontext der Literatur des beginnenden 20. Jahrhunderts und der allenthalben zu beobachtenden Sprachskepsis und Sprachkrise, aber auch im Kontext des Oeuvres von Hofmannsthal – die Chandos-Krise charakterisiert auch noch die Entstehungszeit dieses Lustspiels[2] – erscheint diese Beobachtung nicht überraschend[3]. Sie ist aber dennoch von Wichtigkeit für die Entfaltung meiner Fragestellung, die zunächst von diesem Befund einer doppelten Ebene der Verwendung der Sprache ausgeht und sich in einem zweiten Schritt den Textmerkmalen und Signalen zuwendet, die den Rezipienten dieser Komödie veranlassen, den in ihr praktizierten und von ihr thematisierten Sprachgebrauch auf diese Weise zu sehen.

»Du machst einen taumelig mit Reden.« (108) Antonia, eine von Florindos vielen ehemaligen Geliebten, sagt es wissend, unfähig jedoch zugleich, sich dem Bann seiner Worte zu entziehen. Sie charakterisiert Florindos Sprache aus ihrer Erfahrung mit ihm; sie weiß, welchen Anteil dieses Reden daran hat, daß sie sich »einander zum Werkzeug der namenlosen Bezauberung« (107) geworden sind. Doch schließt dieses Wissen auch den Satz ein: »Die dich e r h ö r t, die ist schon betrogen.« (107, Hervorheb. v. G. R.) Erhören – dies bedeutet hier auch: wer zuhört, wer sich auf diese Sprache einläßt, verfällt ihr und sieht sich, da Florindo nicht auf Dauer zu binden ist, betrogen. Aus der Perspektive Antonias ist Florindos Sprache Überredung und Verführung, Täuschung. So kommentiert sie auch das erste Gespräch zwischen Florindo und Cristina mit gleicher Betonung. Zu Teresa, ihrer jüngeren und gleichfalls in Florindo verliebten Schwester, sagt sie: »Schau hin, was tut er denn? Er redet in sie hinein. […] Erst sinds die Ohren. Rührt er ihre Hand an?« (135/136)

Und sie scheint recht zu haben. Auch Cristina verfällt dem Zauber Florindos. Als es – im 1. Akt – ans Abschiednehmen geht und ein langer, sehr intensiver Dialog zwischen beiden zurückliegt, sagt Cristina: »Ich weiß kein Wort von allem, was Sie geredet haben. Ich habe Sie immer nur angeschaut.« (141) Der vorausgehende Dialog macht deutlich, in welchem Maße Cristina und Florindo zwar miteinander gesprochen, aber dennoch aneinander vorbei geredet haben. Wenn Cristina an das »letzte Ziel« (137) denkt, so meint sie anderes als Florindo; sie denkt an eine »ordentliche Trauung in der Kirche, mit Zeugen und allem, wie es sich schickt« (137). Florindo wird »stumm« (138), er beantwortet ihre Frage mit einem Rückzug in die Sprachlosigkeit und in das Handeln. »Muß ich Ihnen das sagen, Cristina? Ich denke, Sie verstehen mich sehr gut ohne Worte.« (137) »Worte sind gut, aber es gibt was Besseres. [...] Ich will das nicht reden.« (138) Und Cristina bestätigt in ihrer Antwort diese Gegensätzlichkeit von Tun und Reden: »Natürlich. Es hat keinen Zweck, daß Sie mir das erzählen. Das verstehe ich schon, daß es was anderes ist, ob man was tut oder davon redet.« (138)

Gewiß, in diesem Dialog ist für Cristina noch keine Gewißheit, in welchem Maß Wahrheit beim Tun oder beim Reden zu finden ist. Doch signalisiert dieses Gespräch über den Figurenhorizont hinaus ein Auseinandertreten von Tun und Reden, das den Blick wiederum auf die Wahrheit des Redens lenkt. Florindos verführerisches Sprechen erscheint vom Stück her mit einem skeptischen, wenn nicht kritischen Akzent versehen.

Dieser kritische Akzent wird unüberhörbar, wenn die Figur des Kapitäns in die Betrachtung einbezogen wird. Er ist es, der mit der Sprache auf seine Weise Schwierigkeiten hat, dem »die Redensarten nicht zufließen« (242), dem aber »bewußt [ist], daß was dahinter ist hinter einem Menschen« (106). Er meint dies dabei anders, umfassender als Florindo, der, zu Cristina, auch von der »Essenz« spricht, vom »Ding selber, wovon das Wort nur die Aufschrift ist« (136). Florindo meint den Zustand seiner Liebesentrücktheit, die einen Menschen aus ihm machen kann, »der mit geschlossenen Augen, wie ein Verzückter, ins Feuer oder ins Wasser läuft; einen Menschen, [...], der über der Seligkeit eines Kusses weinen kann wie ein kleines Kind, und wenn er im Schoß der Geliebten einschläft, von seinem Herzen geweckt wird, das vor Seligkeit zu zerspringen droht; [...]« (136). Diese Bewußtlosigkeit meint der Kapitän nicht, wenn er das, was »hinter einem Menschen« ist, beschreibt. Es liegt deutliche Distanz in seinen Worten, wenn er Florindos Versuche, ihm »ein gutes, liebes Mädchen in die Hand zu spielen« (104), nicht annehmen will: »Ich will sie wohl, Herr, aber ich will sie nicht wider ihren Willen.« (105) Der Kapitän spürt, und sagt dies auch, wieviel Unfreiheit und Zwang Florindos Verhalten entläßt:

> Aber Sie müssen wissen, alle Gewalt geht mir wider den Strich. Überredung ist auch Gewalt. Sehen Sie, Herr, seit meinem vierzehnten Lebensjahr bis auf den heutigen Tag habe ich mich unter halben und ganzen Bestien herumgetrieben. Ich habe Gewalt gelitten und Gewalt geübt. Bei Tag und Nacht, fünfunddreißig geschlagene Jahre, Herr! Aber ich bin darüber nicht zum Vieh geworden, verstehen Sie mich, Herr? Ich hatte, verdamm mich Gott, auf das Mädchen in einer anderen Weise ein Aug geworfen. (105)

Indem der Kapitän Sprache und Gewalt zusammenbringt, bezeichnet er nicht nur diesen Sachverhalt, er markiert gleichzeitig eine Bewertungsperspektive, die auch dem Leser bzw. Zuschauer als Orientierung dient. Die Gültigkeit dieser Bewertungsperspektive wird unterstrichen durch die Wichtigkeit, die die Figur des Kapitäns zusammen mit Cristina vom Schluß der Komödie her erhält. Wieder spielt dabei die Sprache eine zentrale Rolle, als Medium und Thema. Denn der Kapitän, der es so schwer hat mit dem Sprechen, wird zur Sprache gebracht. Im Dialog zwischen Cristina und dem Kapitän wird, nach Mißverständnis und Zweifel, die Wahrheit der Sprache und des Sprechens wiederhergestellt. Cristina erkennt, daß sie zu Unrecht gemeint hat, es gäbe »kein Zeichen, das nicht lügen kann bei einem Mann« (248): »Aber wie du so dagestanden bist, mitten im Zimmer, grade nur ein bißchen hilfloser als ein vierjähriges Kind, das hat mir schon kleinweise das Herz umgedreht.« (248) Cristina glaubt den Tränen des Kapitäns, sagt ihm, daß sie seine Frau werden will. Und das Happy-End der Komödie verspricht einzulösen, was Cristina zuvor postuliert hat: »Gut ist die Ehe. In ihr ist alles geheiligt. Das ist kein leeres Wort. Das ist Wahrheit. Es führens viele im Munde, aber wers einmal begriffen hat, der verstehts.« (240)

Als überwunden erscheinen die Schwierigkeiten im sprachlichen Miteinander zwischen Cristina und dem Kapitän, die auch im dritten Akt das Verhältnis der beiden zueinander zunächst charakterisieren: das, was »ungesagt« (240) hätte bleiben sollen, was Cristina nicht »bereden« (239) will, wo des Kapitäns »schwere Zunge« (237) Mißverständliches sagt und er sich sagen lassen muß: »So sollen Sie nicht zu mir sprechen. Solche Blicke und eine solche Redeweise stehen Ihnen gar nicht.« (238) Mit einer Regiebemerkung, die auf Pedro, den Diener des Kapitäns, gemünzt ist, der sich gegen Cristina als die vermeintliche »Urheberin all dieses Unheiles« (244) wendet, läßt sich formulieren, daß der Schluß der Komödie, das glückliche Ende, die Ehe zwischen Cristina und dem Kapitän, alle diese »Worte unschädlich zu machen« (244) imstande ist. Das Komödienende definiert die Formen der Sprachverwendung, die vorausgegangen sind, als vorläufige Stufen, als Stadien eines Durchgangs. Cristinas Heimreise ist auch in diesem Sinne zu Ende: im glücklichen Ende der Komödie formuliert sich endgültig der Bewertungsstandpunkt für das vorausgegangene Geschehen.

Es gehört zur Handlungsdramaturgie des Cristina-Lustspiels, daß, entsprechend der Komödientradition, auf einer zweiten Figurenebene, der des Dienerpaars, diese Sprachthematik parallel geführt wird. Insbesondere Pedro fungiert als Medium der Sprachkritik: ihn hat der Kapitän »aus Hinterindien« (80) mitgebracht, die europäischen Sitten und vor allem die Sprache sind ihm fremd. Er »hat [es] vielmals schwer, in Europa richtig anzubeginnen die sehr gute Sache« (118). Pedros Sprachkomik und das Wörtlichnehmen der Worte machen deutlich, wie verbraucht und erstarrt diese in ihren Konventionen und Schablonen sind. Pedros Mißverständnisse machen hellhörig auch für die Künstlichkeit einer Sprache, die der Kapitän, als Europäer, zwar von der Heimatsprache seines Dieners ungeduldig abhebt: »Meinst du, wir Europäer brauchen einander alles wörtlich in die Zähne zu schleudern wie ihr in eurer gottverdammten Affen- und Tigersprache? Hier bei uns liegt das Feinste und Schönste zwischen den Wörtern.« (109/110) –, die aber doch, wie das Stück verdeutlicht, in ihrer Verwendung durchaus ambivalent ist. Pedros Wort: »In Europa alles sehr künstlich. Oh!« (109) läßt sich sehr wohl, freilich ohne daß dies im Bewußtsein der Figur enthalten wäre, auf die Thematik der Sprache beziehen.

Das Lustspiel als Ganzes also thematisiert in vielfältiger Weise die Sprache. Indem die Figuren sie benutzen, wird die Ambivalenz der Sprache sichtbar gemacht, Kritik an ihr dargestellt. Dabei ist wichtig zu erkennen, daß die Sprachkritik zwar von den Figuren artikuliert, aber nicht in ihrem Bewußtsein enthalten ist. Deutlich wird hierbei das Funktionieren der Figuren im Handlungsgeschehen als ›intentionale Konstrukte‹ [4] eines Autors, die über den Vordergrund des textimmanenten Handlungskontextes hinausweisen auf ein Autorbewußtsein, das sich in ihnen ausdrückt und eine das Figurenbewußtsein übersteigende Bedeutung in ihnen repräsentiert. Figurenbewußtsein und Autorbewußtsein zu unterscheiden, ergibt sich darüber hinaus auch vom Befund einer Bewertungsperspektive her, die in der formalen Organisation dieses Lustspiels – also u. a. in der Konstellation von Figuren zum Happy-End – zur Darstellung gebracht wird und die Äußerungen der Figuren in ein System von Zuordnungen zu bringen erlaubt. Aufgrund dieser hier skizzierten Beobachtungen ist die intendierte Perspektive der textimpliziten Sprachkritik auf Florindo und seinen Gebrauch der Sprache hin analytisch greifbar und dokumentierbar.

Vom Befund des Auseinandertretens von Autorbewußtsein und Figurenbewußtsein im Komödienspiel her läßt sich auch die schon zitierte Bemerkung Pedros »In Europa alles sehr künstlich« in zwei Bezugsbereiche auseinanderfalten: in einen, der Pedros sprachlichem Unvermögen zugehört und in einen zweiten, der im Sinne des Artifiziellen Sprache auf künstlich Hergestelltes, auf Kunst, bezieht. Richard Alewyn hat diesen Zusammenhang, anderen als den hier vorzutragenden Perspektiven folgend, bereits hergestellt. Er geht von der Magie aus, die Florindo über Frauenherzen hat, und sieht in der Gewalt dieser Sprache des Verführers die Analogie zur Magie des Dichterwortes:

> Als Mittel solcher Magie hat der Dichter seinem Helden aus seinem Eigentum ein Werkzeug geliehen: die Gewalt über das Wort. Keiner in diesem Stück redet so glänzend wie Florindo, keiner so gewandt. Er weiß sich allen Situationen anzupassen und allen Partnern. Er versteht sich auf das Herablassende wie auf das Zuvorkommende, auf das Zärtliche wie auf das Frostige, auf die leichte Konversation wie auf das ernste Gespräch, auf die spitzige Plänkelei und den überschwenglichen Ausbruch, auf die Überredung wie auf die Ausrede, ja, ihm dient die Sprache als ein Rauschmittel, an dem er sich steigert und erregt zu wahren Ekstasen und Delirien, und es ist der höchste Triumph solcher Magie, wenn es ihr gelingt, beim Reden und durch das Reden ihn selbst und den andern zu verwandeln. [5]

Die Thematisierung der Sprache zielt, soweit sie – und das tut sie zentral – Florindos Sprache betrifft, auf die Sprache der Kunst, auf das magische Wort des Dichters. Die durch den Verlauf des Lustspiels und von seinem Ende her dargestellte Perspektive der Kritik an dieser Sprache ist folglich auch Kritik der in ihr verkörperten Dichtersprache. Dies wäre somit als eine erste, noch abstrakte These zu betrachten, die sich aus dem bisherigen Befund ableiten läßt; sie wäre nunmehr in einer weiteren Analyse des Textes zu erhärten und zu verbreitern. Doch zuerst scheint es notwendig, einige Überlegungen zur Fragestellung und zum Begriffsinstrumentarium der Untersuchung einzuschieben. Ich unterbreche deshalb den Gedankengang der Interpretation.

II.

Mit dem Darstellungsprinzip der Thematisierung ist bereits ein Teilaspekt allegorisierender Darstellung benannt und vorgeführt. Der Prozeß der Thematisierung ist jedoch, das ist klar hervorzuheben, nicht gleichzusetzen mit dem einer Allegorisierung. [6] Das Grundmerkmal allegorischer Darstellung, das Darstellen des Gemeinten durch ein Anderes, also die Heterogenität der Bezugselemente, unterscheidet sich von der in sich homogen bleibenden Thematisierungsstruktur, die eine konkrete und eine abstrakte Bedeutungsschicht desselben Sachverhalts aufeinander bezieht. Prinzipiell gilt für die Allegorie mit Walter Benjamin: »Jede Person, jedwedes Ding, jedes Verhältnis kann ein beliebiges anderes bedeuten.« [7] Diese Struktur des »Stehens des einen für ein anderes« ist also in der Fortführung der Eingangsthese zur Thematisierung der Sprache anzuvisieren. Dabei kommt Hans-Georg Gadamers Bestimmung des Allegorie-Begriffs eine weiterweisende Funktion zu: »Allegorie gehört ursprünglich der Sphäre des Redens, des Logos an, ist also eine rhetorische bzw. hermeneutische Figur. Statt des eigentlich Gemeinten wird ein Anderes, Handgreifliches gesagt, aber so, daß dieses dennoch jenes andere verstehen läßt.« [8]

An diesen doppelten Aspekt der Allegorie, an das »Redenkönnen wie Verstehenkönnen« [9], möchte ich anknüpfen, um die Leitperspektiven meiner Untersuchung – »Rezeptionsplanung« und »dargestellte Hermeneutik« – aus dem engen Zusammenhang von Allegorie, Rhetorik und Hermeneutik abzuleiten. Es kann dabei nicht ausbleiben, daß die Verwendung des Allegorie-Begriffes auf die Literatur des 20. Jahrhunderts zunächst ein gewisses Unbehagen auslöst, wenn man sich der geschichtlichen Fixiertheit des Begriffes in seiner Genese wie in seiner Anwendung bewußt bleibt. [10] Es bedarf also auch in diesem Sinne einer Begründung. Dabei kann es sich indes heute nicht mehr um eine literaturtheoretische Rehabilitierung des Allegorie-Begriffs im allgemeinen handeln; diese nämlich darf inzwischen als abgeschlossen gelten. [11]

Dies festzustellen, heißt jedoch nicht gleichzeitig, suspendiert zu sein von jeglicher Reflexion auf die Geschichtlichkeit des Begriffs selbst. Von Allegorie im Barocktext zu sprechen, ist nicht dasselbe wie von Allegorie im Lustspiel Hofmannsthals. Das historische Umfeld des zu analysierenden Textes und der in diesem historischen Kontext gleichfalls situierte Begriffsgebrauch sind nicht über die Jahrhunderte hinweg identisch. Von der Antike bis zur Gegenwart mit Phänomenen des Allegorischen befaßt zu sein, bringt ähnliche Probleme mit sich, wie sie von der Gattungstheorie bzw. Gattungsgeschichte her bekannt sind; die dort gezogene Konsequenz trifft auch hier zu: statt eines normativen Versuchs der Begriffsdefinition gilt es, den historischen Funktionswandel zu beschreiben und Konstanten des Phänomens aus ihrer Wechselbeziehung zu den sich ändernden Konstituenten des geschichtlichen Prozesses zu bestimmen. [12] Wenn also hier der Begriff Allegorie auf einen literarischen Text des 20. Jahrhunderts angewandt wird, so ist diese historische Relativierung bewußt zu halten.

Es ist davon auszugehen, daß Phänomene allegorischer Darstellung in der modernen Literatur aus dem historisch begründeten Funktionswandel des Allegorischen heraus begriffen werden. Es geht mir hier nicht darum, einem tradierten Bilderkanon allegorischer Darstellung, oder, wie dies Günter Hess in einem anderen Zusammenhang getan hat, dem allegorischen »Bildgedächtnis« [13] unserer Zeit nachzuspüren. Daß hierin eine wichtige Forschungsaufgabe liegt, ist unbestreitbar. Ich richte jedoch zunächst und primär mein Interesse auf die Darstellungsbedürfnisse und Darstellungsabsichten des modernen Schriftstellers, so wie sie sich ableiten aus der veränderten Bewußtseinslage der Zeit und versuche, den Zusammenhang herzustellen, weshalb er zu den Mitteln allegorischer Darstellung greift. In Frage steht zunächst der Zusammenhang von dichterischer Intention bzw. Intentionalität des Textes [14] und allegorischem Darstellungsverfahren, in zweiter Linie dann Formen dieser allegorischen Darstellung.

Die Bewußtseinslage der Epoche um 1900, der Hofmannsthal als Autor des Cristina-Lustspiels angehört, ist gekennzeichnet durch radikal zunehmende Skepsis gegenüber den tradierten literarischen Darstellungsmitteln, insbesondere auch dem goethezeitlichen Symbolbegriff. Hofmannthals Bemerkung im ›Gespräch über Gedichte‹ von 1903 signalisiert dies unübersehbar: »Wie gern wollte ich dir das Wort ›Symbol‹ zugestehen, wäre es nicht schal geworden, daß michs ekelt.« [15] Der Chandos-Brief dokumentiert diese Bewußtseinslage symptomatisch [16]. Die im 19. Jahrhundert radikal voranschreitenden Veränderungen der historischen, philosophischen, theologischen, auch ästhetischen Grundlagen des Symbols, so wie sie im 18. Jahrhundert als Konstitutionsbedingungen des dichterischen Symbols voraussetzbar gewesen sind, stellen insbesondere eine der zentralen Bedingungen symbolischer, ja dichterischer Darstellung überhaupt in Frage: das Vorhandensein eines einheitlichen, aus gesellschaftlicher Übereinkunft resultierenden Bezugsrahmens, der für eine funktionierende Verweisungsstruktur symbolischer, aber auch allegorischer Darstellung vorausgesetzt werden muß und sowohl für die Entstehung des dichterischen Symbols im 18. Jahrhundert als auch für die vorausgehenden Formen der Allegorie gegeben war, z. B. im Verhältnis von Individuum und Gesellschaft – sei es im Kontext entstehender bürgerlicher Identität im 18. Jahrhundert oder schon vorhandener Traditionen ästhetisch-aristokratischer Repräsentation – oder im theologischen Bezugssystem allegorischer Darstellung. Der Verlust eines gemeinsamen Verstehenshorizontes zu Ende des 19. Jahrhunderts ist eine der zentralen Komponenten der in dieser Zeit entstehenden Darstellungskrise der modernen Kunst. Sie ist unter Stichworten wie ›Krise des Erzählens‹, ›Sprachkrise‹ o. ä. bekannt. Für die Fragestellung, die ich hier entwickeln möchte, ist dieser Verlust eines verbindlichen Verstehenshorizontes deshalb ein wichtiger Ausgangspunkt, weil Mitteilbarkeit und Realisierungsmöglichkeit der Darstellungsabsicht eines Autors unmittelbar davon betroffen sind: Die Intention des Autors bleibt unverstanden, wenn die Adressaten nicht mit ihrer Darstellung kommunizieren können, weil ein gemeinsamer Kanon der Darstellungsmittel fehlt. Hermann Broch hat dieses Problem in seinem Hofmannsthal-Essay beschrieben:

[...] der Symbolstrom hat zwar wieder zu fließen begonnen, aber die natürliche unmittelbare Verbindung zwischen Assoziation, sprachlichem Ausdruck, Symbol und Ding hat sich nicht wieder eingestellt; eine gewisse Symbolerstarrung ist eingetreten, und um die Mitteilung verständlich und flexibel zu erhalten, müssen immer mehr Symbole ins Spiel gebracht werden, freilich in ihrer Überfülle nun erst recht den Erstarrungsprozeß fördernd, da sie – und das ist der Übergang vom Symbol zur Allegorie – überhaupt nicht mehr verständlich wären, wenn sie nicht in einen fixen, eben allegorischen Kanon gebracht werden würden, das Gegenextrem zur unmittelbaren Mitteilbarkeit. [17]

Um seinen Intentionen entsprechend verstanden zu werden, muß der Autor einen – wie Broch sagt – »allegorischen Kanon«, ein Bezugssystem seiner Darstellungsmittel also, in seinem Werk selbst herstellen und, dies ist ebenso bedeutsam, zugleich seinen Adressaten erkennbar und verständlich machen. Er muß den Bezugsrahmen, von dem her sich der verschlüsselte, allegorische Sinn seiner Darstellung für den Rezipienten ergibt, mitdarstellen und ihn als solchen thematisieren. Ein doppelter Redegestus kennzeichnet diese Form der Darstellung: sie ist Darstellung und ist gleichzeitig Reflexion über die Darstellung, genauer: über die Bedingungen und die Genese dieser Darstellung. Denn es gehört als implizites Konstitutionsmerkmal zur allegorisierenden Darstellung in der Literatur des 20. Jahrhunderts, daß sie nicht nur mit Strukturprinzipien und Ausdrucksformen der Allegorie auf eine kaum mehr beschreibbare Wirklichkeit reagiert und somit ihre Bewußtseinslage formal adäquat auszudrücken versucht, sondern auch diese Ursachen und Bedingungen thematisiert und in einem Selbstreflexionsprozeß als eigentlichen Sinn des Dargestellten mit zum Ausdruck bringt. Das heißt also, das dargestellte und allegorisierte Geschehen, wenn man so will: die inhaltliche Komponente des Werks, steht – und dies wird im Werk selbst durch Prozesse der Selbstreflexion und Thematisierung gezeigt – für seine eigene Darstellungsf o r m bzw. Darstellungsproblematik. Formale Bedingungen sind Voraussetzung der inhaltlichen Darstellung, dieser dargestellte Inhalt aber ist zugleich Reflexion auf seine formalen Bedingungen: der Prozeß der Allegorisierung umfaßt somit beides.

Am Beispiel der eingangs analysierten Sprachthematik in der Cristina-Komödie hieße das: indem die Sprache der Figuren thematisiert und kritisiert wird, reflektiert der Autor Hofmannsthal seine eigenen Möglichkeiten und Schwierigkeiten, seine dichterische Sprache zu verwenden. In welchem Maße dieser Selbstreflexionsprozeß der Sprache sich umfassend zur Allegorisierung der Komödie insgesamt erweitert, ist in der folgenden Interpretation noch zu zeigen. Zunächst aber noch einige weitere Klärungen.

In dem skizzierten doppelten Sinne wird im folgenden also der Begriff Allegorisierung verwendet. Im Aspekt der Selbstreflexion ihrer eigenen Genese scheint mir die wesentliche, über den Allegorie-Begriff vergangener Epochen hinausgehende, zusätzliche Komponente der Allegorisierung zu liegen. So gesehen enthält dieser Begriff die prinzipiellen Strukturmerkmale der Allegorie, drückt aber auch zugleich die spezifische Abhängigkeit von der angedeuteten Bewußtseinslage des modernen Dichters aus und signalisiert somit das veränderte historische

Bezugsfeld. Es ist meine Absicht, mit dem Begriff der Allegorisierung Kontinuität und Andersartigkeit der in Frage stehenden Darstellungsmittel zu erfassen, damit aber der Geschichtlichkeit des Gegenstands wie seines Beschreibungsinstruments gerecht zu werden.

Der doppelte Redegestus der Allegorisierung, das Darstellen und die Selbstreflexion des Darstellens, können aufgefaßt werden als Manifestation der rhetorischen und der hermeneutischen Dimension allegorischer Darstellungstechnik. Die ins Werk integrierte Ebene der Reflexion und Thematisierung der Darstellungsmittel verkörpert dabei insofern die hermeneutische Dimension der Allegorisierung, als sie, als Vorgriff auf den tatsächlichen Rezeptionsprozeß, dem Adressaten einen textimpliziten Verstehenshorizont anbietet und im Werk selbst bereits zur Darstellung bringt. Dieser immanente Verstehenshorizont ist Ausdruck der Autorintention (bzw. Textintentionalität) und Versuch, den realiter tatsächlich verlorengegangenen gemeinsamen Verstehenshorizont zwischen Autor und Leser wiederherzustellen. Er ist aber gerade in seiner individuellen Abhängigkeit von der Autorintention subjektives Darstellungsmittel des jeweils einen Werkes und seines allegorisierenden Bezugssystems. Die Antizipation des Rezeptionsprozesses wird selbst zum Bestandteil der Darstellung. Im Darstellungsprozeß des Werks wird ein Erwartungshorizont[18] aufgebaut, der für die tatsächlichen Rezipienten als Definition und Leitperspektive ihres Verstehensprozesses angesehen werden muß. Der Allegorisierungsprozeß umfaßt auch die – intendierten – Bedingungen seiner Rezeption: im Werk dargestellt und durch die Selbstreflexion der Darstellungsmittel disponiert wird der Verstehensprozeß, der bei der Rezeption durch einen realen Leser einsetzt. Im Unterschied zu diesem realen hermeneutischen Prozeß soll die werkinterne Antizipation und Darstellung dieses realen Prozesses als dargestellte Hermeneutik definiert sein. Allegorie in ihrer Funktion als »rhetorische bzw. hermeneutische Figur«[19] ist in dieser Hinsicht immer schon auch »Interpretationsmodell«.

Den Allegorisierungsprozeß als dargestellte Hermeneutik aufzufassen, wird wesentlich erleichtert durch die Erkenntnisse über die Kommunikationsstruktur des Textes. Insofern scheint das heute wieder wachsende Interesse an Phänomenen des Allegorischen ein ähnliches literaturtheoretisches Interesse zu signalisieren wie die inzwischen relativ weit entwickelten rezeptionsästhetischen und kommunikationstheoretischen Ansätze der letzten Jahre.[20] Das Interesse am Leser – als konkret-historischer Person und als fiktionaler Figur im Text, als implizitem Leser also – korrespondiert mit der rhetorischen und hermeneutischen Dimension der Allegorie in sehr enger Weise. Die Auffassung des Textes als textinterne und textexterne Kommunikationsstruktur lenkt die Aufmerksamkeit auf die Funktion des Adressaten – die historische Person wie die textinterne Bezugsinstanz. Gerade die textimplizite Adressatenrolle interessiert vordringlich im Zusammenhang der hier zu untersuchenden Allegorisierungsphänomene. Denn die Autorintention manifestiert sich in der allegorisierenden Darstellung im Werk in ihrer rhetorischen Dimension im Hinblick auf einen impliziten Adressaten, für den dargestellt wird – und in ihrer hermeneutischen Di-

mension gleichfalls im Hinblick auf diesen impliziten Adressaten, für den interpretiert und bewertet wird, was dargestellt ist. Der implizite Adressat ist
somit als antizipierter realer Rezipient textinternes Darstellungsmittel und Instrument einer intendierten Rezeption. Der Allegorisierungsprozeß ist in diesem
seinem doppelten Aspekt vorweggenommene und dargestellte Rezeption: Allegorisierung ist innerhalb des textinternen Adressatenbezugs Rezeptionsplanung, d. h. Disposition und Lenkung des realen Rezipienten mittels Darstellung
und Reflexion im Medium des textinternen Kommunikationsverhältnisses.

Doch nunmehr von der Erörterung der Begrifflichkeit wieder zurück zur Textinterpretation.

III.

Florindos Sprache sei stellvertretend für das magische Wort des Dichters aufzufassen; darin mündete die erste Annäherung an den Text und die Analyse der
Sprachthematik. Die Kritik an der Sprache Florindos gilt somit auch der Dichtersprache. Diese Zuordnung ist zunächst sehr abstrakt, und das Lustspiel bleibt
auch bei dieser Unbestimmtheit nicht stehen. Die Figur des Florindo ist über die
ihm zugeordnete Sprache hinaus auch in anderer Weise mit Signalen versehen,
die auf eine Allegorisierung des Dichterischen bzw. der Kunst in historisch kon-
kretisierbarer Weise deuten. So ist Florindos Abenteuer-[21] und Spielerexi-
stenz[22] ein Leben im Augenblick und in der Verwandlung. »Im einzelnen Augenblick drängt sich ihm die Fülle intensiv zusammen, die für die anderen Menschen gleichmäßig über ihr ganzes Leben verteilt ist, in der Verwandlung breitet
sich vor ihm extensiv die ganze Mannigfaltigkeit des Lebens aus, die für die anderen Menschen in einer Person zusammengefaßt ist.«[23] Dem Augenblick hin-
gegeben und die Einmaligkeit des Erlebnisses genießend – wer denkt hierbei
nicht zugleich auch an eine der prototypischen Figuren der Jahrhundertwende,
an Schnitzlers Anatol, jene impressionistische Gestalt, die, gleich Florindo, in
endlos scheinender, episodischer Reihung Abenteuer an Abenteuer, Augenblick an Augenblick fügt und darin, wiederum wie Florindo, die impressionistische Lebenskunst, die »Kunst der Übergänge«[24] demonstriert. Florindo ist
eine Gestalt impressionistischer Kunst, eine Verkörperung impressionistischer
Lebensphilosophie. Dies drückt sich gleichermaßen in dem Florindo zugehörigen Schauplatz des Lustspiels aus: Venedig, die »impressionistische Stadt par
excellence, die Stadt der aufgelösten Grenzen, der Halbtöne, der Übergänge
zwischen Land und Lagune, zwischen Abendland und Morgenland, zwischen
dem Byzantinischen und der Renaissance, stets aufblühend im Verfall«[25] –
Venedig ist die Stadt Florindos, in der der Zauber wie auch die Fragwürdigkeit
seines impressionistischen Daseins zur Darstellung gebracht werden kann.

Florindo erscheint als Verkörperung impressionistischen Daseins und impressionistischer Dichtung. Seine Sprachmagie steht für die Sprachkunst des Impres-
sionismus. Indes, es handelt sich nicht um das abstrakte Prinzip allein, Hof-

mannsthals eigene Phase impressionistischer Sprachmagie gelangt in dieser Figur zur Darstellung, jene Phase, die in der Chandos-Krise gipfelt und im Komödienwerk überwunden wird. In der Figur des Florindo, in den Aspekten der im Cristina-Stück dargestellten Kritik an den von Florindo repräsentierten Prinzipien, wird Hofmannsthals eigene Situation als Dichter zum Thema. Die Komödie stellt Florindos Verführungs k u n s t [26] und Sprachmagie als ein Stadium des Durchgangs vor, als überwindbare Stufe und im Schluß der Komödie überwundene Stufe. Florindo ist Ausgangspunkt des in der Komödie dargestellten Vorgangs der Reflexion auf diese Kunstproblematik. Die Allegorisierung des in der Lustspielhandlung zur Darstellung gebrachten Dichtungskonzepts setzt mit dieser Figur ein, in der ein überwundenes, aber zugleich auch für die Genese einer neuen Position notwendiges Prinzip sichtbar gemacht wird.

IV.

Betrachtet man die Schauplätze des 2. und 3. Aktes, so ist eine ähnliche Allegorisierung zu registrieren: Wie das Venedig des 1. Aktes nicht nur Schauplatz ist, entfalten auch die beiden anderen Schauplätze über ihre Funktion als Schauplatz hinaus eine weitere Bedeutung; dies gilt für Cristinas ländliches Gasthaus in Capodiponte, wo im 3. Akt ihre »Heimreise« zu Ende geht, ebenso wie für den »Gasthof zu Ceneda« (146), den »Ort des Abenteuers« [27], der in der Mitte liegt zwischen der Stadt Venedig und der ländlichen Heimat Cristinas.

Diese geographische Mitte wird in mancherlei Hinsicht zur allegorischen Mitte. Florindos gemeinsame Reise mit Cristina endet hier, er kehrt zurück nach Venedig, nach der Liebesnacht mit Cristina. Cristina wird weiterreisen, der Kapitän sie begleiten. Florindos und Cristinas Wege, für einen Augenblick vereint, trennen sich. Die Liebesnacht bleibt für Florindo Episode und Abenteuer wie unzählige Male zuvor und nachher; für Cristina wird sie zur entscheidenden Begegnung, von der sie im dritten Akt zum Kapitän sagt: »Vor der Begegnung dort, da war nicht viel Gescheites an mir. Auch aus Ihnen hätte ich mir nichts gemacht vor dem. Jetzt weiß ich, was ein Mann ist und auch was eine Frau ist, in Gottes Namen. Es widerfährt einem halt allerlei, wenn eins auf Reisen geht.« (242)

Das »Ankommen und Wiederabfahren« (185), das ständige In-Bewegungsein beim Reisen, findet sichtbaren Ausdruck im Gasthaus, das als »Station auf der vorübergehenden Reise« (210) für eine Weile dem Reisenden Dauer zu vermitteln scheint. Reisemotiv und Schauplatz Gasthaus sind eng aufeinander bezogen, das Motiv der Begegnung zusätzlich diesem Komplex zugeordnet. Florindo ist derjenige, der »immer auf Reisen sein muß« (257) – Cristina sagt dies am Ende der Komödie mit Distanz und hebt deutlich sich und den Kapitän davon ab: »Der meinige hier soll mir das Reisen gründlich verlernen.« (257) Dies aber ist die Erkenntnis, die erst am Ende der Komödie möglich ist, und sie bedeutet nicht, daß die im Motivkomplex des Reisens und des Begegnens verkörperte Existenzweise ausschließlich negativ bewertet ist. Im Gegenteil, in ihr realisiert sich zugleich auch ein sehr hoher Wert, der im von Cristina und dem Kapitän am Schluß erreichten Ziel der Komödie, der Ehe, aufgehoben bleibt.

Florindos Unschuld und Unbewußtheit,[28] die Anmut seines ganz im Gegenwärtigen aufgehenden Daseins, der Augenblick, der ohne Vergangenheit und ohne Zukunft ist, dies alles ist repräsentiert auch im Zustand des Reisens, dem gleichermaßen das Augenblickshafte und Abenteuerliche anhaftet. Es ist dies aber auch ein Zustand des Offenseins für die Begegnungen mit anderen Menschen. Gewiß mag darin viel von der Unverbindlichkeit des Spielerischen liegen, doch diese Unverbindlichkeit ist ambivalent, in ihr liegt auch, wie Müller-Seidel gezeigt hat, eine »höchste Möglichkeit des Menschlichen jenseits von Gut und Böse«.[29]

Wie sehr im Motiv des Reisens auch eine humane Qualität dargestellt ist, zeigt im Kontrast dazu die Figur des Hausknechts im Gasthof zu Ceneda. Obwohl an einem Ort des Reisens und der Begegnungen lebend, reist er nie: »Ich stehe alle Tage um diese Zeit [gemeint ist vier Uhr] auf und reise niemals ab.« (183) Der Hausknecht erscheint als mürrischer Geselle, der »stocksteif« (149) reagiert und »sehr unwillig« (151) ist. Auf die Frage des Bedienten der »fremden Herrschaft« (181) heißt es in der Regieanweisung lapidar: »Hausknecht weist stumm auf die Wirtstafel« (166), und: »Hausknecht schweigt« (166). »Ohne Freundlichkeit« (179) nimmt er ein Trinkgeld von Florindo und fährt unbeirrt fort, »mürrisch und heftig« (179) auszukehren. Gegenüber dem Bedienten äußert er ingrimmig seine »persönliche Religion« (185):

Meinen Sie wirklich, daß ich mich darum kümmere, was diese Leute tun? Sie kommen, man weist ihnen ein Zimmer an, sie machen Unreinlichkeit und gehen wieder. Es gibt nichts Dümmeres unter der Sonne als dieses ewige Ankommen und Wiederabfahren. Sie ekeln mich an, alle zusammen. Ich kann ihre Physiognomien nicht ertragen. Ich sehe ihnen niemals ins Gesicht. Aber mit ihren Schuhen muß ich mich, Gott seis geklagt, abgeben – das genügt. Da habe ich sozusagen den Abdruck ihrer läppischen Existenzen in den Händen. Es ist so widerwärtig, wie wenn ich ihre Gesichter in die Hand nehmen müßte. Wie die Idioten laufen sie einer hinter dem andern her und vertreten dabei in idiotischer Weise ihr Schuhwerk. Als ob alle ihre Wichtigtuerei etwas anderes wäre als der bare Blödsinn. Das kann einem schwer etwas anderes als den tiefsten Ekel einflößen. [...] (185)

Es sind bittere Worte, die der Hausknecht über das Reisen und die Menschen, die reisen, findet. Das Reisemotiv erscheint hier in seiner negativsten Form. Doch der Blickwinkel, aus dem heraus der Hausknecht seine Betrachtungen anstellt, verrät seine innere Verhärtung. Es ist nicht zufällig, daß er betont, er reise nie; seine Verbitterung erscheint als Konsequenz dieser Ablehnung. Etwas davon scheint sich auch bei Cristina fortzusetzen, wenn sie im 3. Akt sagt:

Was ist da auch weiter? Es geht ja alles so natürlich zu auf der Welt. Da kommt eines, und da geht eines. Da laufen zwei zusammen und laufen wieder auseinander, kommt wieder ein neues dazu und so fort. Die Wahrheit zu sagen, ich möchte nicht wo sitzen, wo man viel davon zu sehen kriegt. (246)

Unüberhörbar freilich ist dabei der ironische, zurücknehmende Unterton, Cristina sagt diese Worte in einer Situation, in der sie befürchten muß, den Kapitän zu verlieren, sie ist »dem Weinen nahe« (246) und versucht trotzdem, »kalt zu scheinen« (246). Eine Analogie mit dem Hausknecht besteht nicht.

Cristina war sehr wohl auf Reisen, ihre Heimreise ist ja Thema des Lustspiels. Doch hat sie auch die Gefährdungen, die in der Reise, in dem damit verbundenen Zustand des Ausgesetztseins und der Offenheit, enthalten sind, erfahren. Ihr gelingt es, in der Verbindung mit dem Kapitän, das Gleichgewicht zu finden – ein Gleichgewicht, das in den beiden extremen Erscheinungsformen des Reisemotivs, in den Figuren des Florindo und des Hausknechts, nicht vorhanden ist. Der Hausknecht reist nie; Florindo ist »immer auf Reisen« (257). In beiden Figuren ist das Reisen in isolierter Form präsent, verselbständigt von anderen Formen menschlicher Existenz. Dabei ist im Hausknecht eine zugespitzt menschenunfreundliche Daseinsform dokumentiert und kritisiert, somit auch der völlige Verzicht auf die Existenzform des Reisens als nicht erstrebenswert dargestellt. Florindos Existenzform, als das andere Extrem der totalen Flüchtigkeit und der Geschichtslosigkeit, erscheint gleichfalls in kritischem Licht.

In Cristina und im Kapitän indes wird die positive Dimension des Reisens, des Abenteuers und des Begegnens aufgehoben und bewahrt in der am Ende der Komödie erreichten, neuen Existenzform.

Bereits im Schauplatz des 3. Aktes wird dies verdeutlicht: auch der 3. Akt spielt im Gasthaus, in »Cristinas ländlichem Wirtshaus« (221). Doch bereits im Ortswechsel von Ceneda zu Capodiponte, der Heimat Cristinas – und des Kapitäns! – ist die Veränderung signalisiert, die dieser »Ort des Abenteuers« erfährt. Nicht mehr das Fest, das verzaubert und verführt, wird inszeniert, nicht mehr Florindo ist der Regisseur der Szene, nun ist es Cristinas »Gastwirtschaft und [...] Posthalterei« (186), in der die Handlung spielt; nicht mehr jener Gasthof ist es, den Cristina als »verhext« (236) bezeichnet, sondern das ländliche Wirtshaus in Capodiponte erscheint im Kontext des Begriffs der Heimat sowohl für Cristina als auch für den Kapitän, der dies im Gespräch mit Florindo deutlich macht: »Ich möchte in meine Heimat, Herr. Das sind die Dörfer da droben, wo auch das schöne Fräulein, [...], daheim ist.« (208, Hervorhebg. v. G. R.) Das Augenblickshafte der Florindo-Figur wird verwandelt in das Dauerhafte.

Der Kapitän als »Mann von Ausdauer« (209) ist die sichtbare Verkörperung dieses Prozesses. Er ist, wie Cristina, »durch das Abenteuer geprüft und gereift und geläutert, [...] berufen aus der Verführung und Verwirrung sich auf das Feste zu retten und ein Bleibendes zu stiften: die Ehe.« [30] Auch für den Kapitän gilt, daß er auf dem Wege ist, auch er hat das Abenteuer erlebt, jedoch nicht als Spiel, sondern in lebensbedrohendem Ernst, auch er kehrt heim, er, um einen vor 35 Jahren gefaßten Vorsatz einzulösen, »ein gewisses herrschaftliches Fischwasser« (208) an sich zu bringen. Kontinuität und Dauer sind es, die in der Figur des Kapitäns verkörpert sind. Im Bild von der Verwandlung des Engerlings versinnbildlicht Cristina am Schluß der Komödie diesen Prozeß, der übergreifendes Thema der gesamten Komödie ist: [31]

Bei ihm ist der Matros nur der Engerling, in dem der Bauer dann steckt, und der soll sich nur ans Licht fressen, dann bleibt von dem andern nichts mehr übrig. (257)

Im Komödienende erscheint diese Verwandlung zur Dauer als erreichtes Ziel. In der Chiffre der Ehe realisiert sich die Intention der Komödie als utopische Perspektive.

V.

Der Befund der bisherigen Interpretation verdeutlicht am Motivkomplex von Reise, Weg, Begegnung, von Augenblick und Dauer, aber auch am Thema der Sprache, und der Präsentation der Schauplätze die doppelte, allegorisierte Sinnstruktur des dargestellten Geschehens. Die Komödienhandlung erweist sich als Sinnbild eines abstrahierbaren Bedeutungszusammenhangs, der sich von den beschriebenen Themenkonstellationen ableitet. Fixpunkte dieser Allegorisierung sind zwei zentrale Bereiche: die Kunstthematik, bezogen vornehmlich auf Florindos »Künstlertum«, und die Ehe, als Chiffre des Happy-Ends. An diesen beiden Punkten ist nunmehr die Argumentation weiterzuführen und zu versuchen, die bisher festgestellten Einzelelemente der allegorischen Konstruktion auf eine umfassende allegorische Syntax zu beziehen.

In der bisherigen Betrachtung erschien Florindo eher in kritischem Licht. Das in dieser Figur allegorisierte Künstlertum, der impressionistische Dichter und eine ihm zugehörige Sprachmagie, präsentierten sich als zu überwindende Stufe. Im Zusammenhang des Handlungsgeschehens und der Figurenkonstellation erschien Florindos Existenz als Durchgangsstadium.

Florindo allerdings ist nicht bloß in negativem Licht zu sehen. Seine Funktion im Komödienspiel ist entschieden komplexer. Im 3. Akt ist es der Kapitän, der Florindo mit den Worten zu Cristina führt: »Da ist jemand, der sich rühmen darf, gute Bekanntschaft vermittelt zu haben.« (257, Hervorhebg. v. G. R.) Der »kostbare Bursche« (257) steht auch bei Pedro in hohem Ansehen, er wird »immer gedenken auf unseren Anstifter mit zudringlicher Dankbarkeit« (255). In einer weiteren Charakterisierung Florindos wird dessen Funktion von Pedro sehr genau umschrieben:

Ich sage: der Herr Pfarrer kann sein Nummer eins gut für Segenssprüche auf zwei Leute, wenn sie schon sind bekannt aufeinander. Aber Herr Florindo ist Nummer eins gut für Aufeinanderführen, bevor sie sind bekannt zueinander. Kann der Herr Pfarrer einen Traum machen, der richtig anbedeutet die zukünftige Heirat? [...] Der Herr Florindo hat mir in Venedig gemacht für mich und meinen Kapitän. Der Herr Florindo ist sehr jung. Ich sage: was wird er für ein großer Zueinanderbringer sein, wenn er einmal so alt ist wie der Herr Pfarrer. (227)

Florindo »vermittelt«, er ist der »Zueinanderbringer«. In dieser Eigenschaft ist er »mit allen Figuren verbunden«[32] und verbindet alle. Er stiftet die Ehe zwischen Cristina und dem Kapitän, zwischen Pedro und Pasca. Er ist »mit dieser Begabung, zu schenken und zu verwandeln, [...] das soziale Wesen par excellence«[33]. Als der »große Kuppler, Mittler und Mischer«[34] ist Florindo die »Seele«[35] der Komödie, er ist – mit Alewyn formuliert – »so sehr nur Mittler und Mittel, daß der Zweifel erwacht, ob und wieweit er überhaupt Person zu sein vermöchte.«[36] Florindo ist in der Tat mehr die Verkörperung eines abstrakten Prinzips als die Dramenfigur, die er an der Oberfläche zu sein scheint. In seiner Funktion als Vermittler und Zueinanderbringer erscheint er gleichsam als Hermesfigur, als Personifikation des hermeneutischen Prinzips. Er befähigt die anderen Figuren, sich und einander zu verstehen. Hermeneutische Vermittlung und soziale Funktion dieses Prinzips sind in der Florindo-Figur aufeinander bezogen und personifiziert. Florindo ist aber zugleich Allegorisierung impressionistischer Dichtung. In dieser Funktion ist er, wie gezeigt, von der Bewertungsperspektive des Schlusses her kritisch zu sehen. Es ist aber nur scheinbar ein Widerspruch, beide Aspekte aufeinander zu beziehen, den einen, positiven: der hermeneutischen Vermittlung und den anderen, kritisierten: der Kunst. Ein Widerspruch bliebe es nämlich allenfalls, wollte man diese Aspekte als statische Elemente des Lustspiels auffassen. Sie sind aber Teil des Prozesses, den das Cristina-Lustspiel als Ganzes ›aufführt‹ bzw. zur Darstellung bringt. Gerade weil Florindo als Figur des Stückes diese hermeneutische und soziale Dimension realisiert, indem er als Handlungsträger agiert, setzt er jenen Prozeß in Gang, der die Handlung des Stücks ausmacht und der im doppelten, allegorisierenden Sinn Cristinas (und des Kapitäns) »Heimreise« bedeutet. In diesem Vorgang der »Heimreise« ist allegorisiert, was über die Liebesgeschichte hinaus deren eigentlicher Sinn ist: das »erreichte Soziale«, wie es Hofmannsthal in ›Ad me ipsum‹[37] für die Komödie reklamiert. Indem aber das »erreichte Soziale« und die Komödie als dessen Ausdrucksform als zusammengehörig im Happy-End definiert (in der kurzen Anmerkung Hofmannsthals) und dargestellt werden (in der konkreten Komödie und ihrem Schluß), erscheint auch die Relativierung der Florindo-Figur mit einem neuen Akzent. Nicht nur Florindos hermeneutische und soziale Funktion sind aufgehoben im Schluß der Komödie als seine notwendige Voraussetzung, auch die in dieser Figur dargestellte Dimension des Dichterischen wird in das »erreichte Soziale« des Happy-Ends übergeführt. Die am Schluß gültige Kunstform ist die der Komödie. Im Stück wird dies sinnfällig gemacht durch das Zusammenfallen von inhaltlicher und formaler Dimension: die Ehe ist das Happy-End als Inhalt der Komödie; das Happy-End ist die Komödie als Formprinzip und Realisierung ihrer Intention.

Die »Heimreise« ist im doppelten Sinne Heimreise: in die Ehe, die die Protagonisten eingehen und somit, als soziale Dimension, Abenteuer in Dauer überführen, sowie in das Happy-End, das als erfüllte Intention[38] der Komödie Sinnbild dieser künstlerischen Darstellungsform ist, in der sich die inhaltlich vorgeführte soziale Dimension überhaupt erst realisieren läßt. Der in Florindo allegorisierte Standort erscheint in allen seinen Aspekten vom Ende der Komödie her als überwunden, er ist aber unabdingbare Voraussetzung für den dargestellten Prozeß, der zu diesem neuen Zustand des als und in der Komödie erreichten Sozialen führt. Florindos Position ist Inhalt (in ihrer sozialen Dimension) und Medium (in ihrer hermeneutischen und dichterischen Dimension) dieses dargestellten Prozesses.

Die erreichte Position des Schlusses, als Ausdruck der Autorintention, wird in mannigfaltiger Weise als Bezugsrahmen in der Komödie präsent gehalten: sei es in der Allegorisierung der Schauplätze oder der anderen schon analysierten Elemente der Komödie, sei es in weiteren Merkmalen, auf die Günther Erken[39] hingewiesen hat, etwa die »Konfiguration als dramaturgische Ansicht des Sozialen«[40], die verschiedenen Tableaus[41], zu denen die Figuren zusammentreten oder auch in den Musikeinlagen, den »im Gesang offenbarte[n] Deutungen«.[42] Der Sinnhorizont, auf den hin die Vorgänge der Handlung transparent gemacht werden sollen, ist als allegorisches Bezugssystem dem Lustspiel implizit. Es als solches im Verlauf des Stückes sichtbar zu machen, ist auch die Absicht des Selbstdarstellungsprozesses der Komödie. Insofern dies geschieht, lenkt die historische Form Komödie den Adressaten und prädisponiert dessen Rezeption.

Das Hofmannsthalsche Lustspiel insgesamt ist, so gesehen, Allegorie seiner selbst. Aufgeführt wird die »Komödie« der Komödie: das im Verlauf der Handlung am Ende erreichte Soziale, die Komödie, versinnbildlicht im Happy-End der Ehe[43], ist als formale Bedingung bereits von Hofmannsthal insofern von vornherein eingelöst, als er eben eine Komödie schreibt[44] und damit die Thematik seines Werks und den dargestellten Selbstreflexionsprozeß dieser Kunstform für sich als erfüllt ausweisen kann. Den im weiteren Sinn inhaltlichen Aspekt in der sozialen Dimension des Komödienendes, die Realität der als Ziel intendierten Ehe, kann Hofmannsthals Lustspiel lediglich als utopische Perspektive formulieren. Die historische Einlösung dieser utopischen Dimension ist nicht mehr innerhalb der Komödie möglich, sie ist aber, nach der Intention Hofmannsthals, auf der Grundlage des in der Form der Komödie erreichten und ausgedrückten Bewußtseins realisierbar.[45]

Der skizzierte Zusammenhang mag es durchaus als zulässig erscheinen lassen, die in ›Cristinas Heimreise‹ allegorisierte Kunstproblematik auch in ihrer autobiographischen Dimension zu begreifen, ohne daß dabei ein allzu kurzschlüssiger Biographismus zum Zuge käme. In ›Cristinas Heimreise‹ ist zu offensichtlich Hofmannsthals eigene Dichtungsproblematik im Umkreis der Chandos-Krise eingegangen und zur Darstellung gelangt. Diese autobiographische Dimension des Werkes ist hier bemerkenswert vor allem deshalb, weil dadurch die konkrete historische Situierung der Darstellungsprobleme in ihrem geschichtlichen Kontext der Zeit um 1900 sichtbar wird.[46]

Anmerkungen:

1 Die Zitate folgen der Ausgabe von Herbert Steiner: Hugo von Hofmannsthal, Ges. Werke in Einzelausg., Lustspiele I, Frankfurt 1959 (›Cristinas Heimreise‹: S. 79–260). Seitenangaben jeweils in Klammer nach dem Zitat.

2 Zu den verschiedenen Fassungen von ›Cristina‹ vgl. Martin Stern: Hofmannsthals verbergendes Enthüllen. Seine Schaffensweise in den vier Fassungen der Florindo-Cristina-Komödie, DVjs 33 (1959), S. 38–62.

3 So hat auch Erwin Kobel: Hugo von Hofmannsthal, Berlin 1970, einen ähnlichen Befund vorgestellt (vgl. S. 282 ff.), freilich mit anderem Akzent und anderen interpretatorischen Folgerungen, als hier vorgeschlagen wird.

4 Zur Definition von ›Figur‹ und zur Unterscheidung von ›Figur‹ und ›Person‹ vgl. u. a. den entsprechenden Abschnitt (S. 220 ff.) bei Manfred Pfister: Das Drama. Theorie und Analyse, München 1977.

5 Richard Alewyn: Über Hugo von Hofmannsthal, 3., verm. Aufl. Göttingen 1963 [= Kleine Vandenhoeck-Reihe 57, 57a, 57b], S. 110.

6 Vgl. zur Abgrenzung von ›Thematisierung‹ und ›Allegorisierung‹ auch meine Thomas-Mann-Studie: Reiß, S. 35 ff.

7 Benjamin, 1955, S. 286.

8 Gadamer, 1960, S. 68.

9 Gadamer, 1976, S. 8.

10 Zuletzt hat Christel Meier in ihrem Forschungsbericht noch einmal auf diese Problematik hingewiesen, vgl. Meier, 1976.

11 Vgl. u. a. Benjamin, 1955; Gadamer, 1958 und 1960; Müller-Seidel; Sørensen, 1972 etc.

12 Zu unterstreichen ist Christel Meiers Schlußbemerkung in ihrem Forschungsbericht: »Die Funktion der Allegorie aus ihrem jeweiligen historischen Kontext zu erarbeiten, bleibt neben der Lösung vorher beschriebener Probleme eine gewichtige Aufgabe der Allegorie-Forschung.« (Meier, 1976, S. 69)

13 Vgl. Hess, 1975.

14 Ich unterscheide Intention und Intentionalität, um zu verdeutlichen, daß Intention an die biographisch faßbare Person des Autors gebunden ist, also eine textexterne Erscheinungsform ist, und Intentionalität die von diesem historisch-konkret existierenden Autor abgelöste Strukturiertheit des Textes entsprechend seiner Intention. Intentionalität ist also eine textinterne Erscheinungsform des Autorbewußtseins.

15 Hugo von Hofmannsthal: Gespräch über Gedichte, in: H. v. H.: Ges. Werke in Einzelausg., Prosa II, hg. H. Steiner, Frankfurt a. M. 1959, S. 80–96, hier S. 87.

16 Der Verfall symbolischer Darstellung und das Bewußtsein dieses Verfalls sind allenthalben analysiert und dargestellt worden, ich kann hier auf ausführliche Wiederholung verzichten.

17 Hermann Broch: Ges. Werke VI (Dichten und Erkennen, Essays I), Zürich 1955, S. 171.

18 Vgl. zu diesem Terminus Hans Robert Jauß: Literaturgeschichte als Provokation der Literaturwissenschaft [= ed. suhrk. 418], Frankfurt a. M. 1970.

19 Gadamer, 1960, S. 63.

20 Die breite Diskussion seit Jauß' und Isers Konstanzer Antrittsreden ist zuletzt zusammengefaßt in zwei Versuchen, Kommunikationsmodelle für das Drama und den Erzähltext zu erstellen. Vgl. Pfister [s. Anm. 4] und Cordula Kahrmann/Gunter Reiß/Manfred Schluchter: Erzähltextanalyse. Eine Einführung in Grundlagen und Verfahren, 2 Bde., Kronberg 1977. Dort auch weitere Literatur.

21 Vgl. Alewyn [s. Anm. 5].

22 Vgl. Walter Müller-Seidels Nachwort zur Textausgabe in: Klassische Deutsche Dichtung, Bd. 17, Lustspiele, hgg. F. Martini/W. Müller-Seidel, Freiburg/Basel/Wien 1962, S. 707–736.

23 Alewyn [s. Anm. 5], S. 112.

24 Ebd., S. 112.

25 Ebd., S. 100.

26 Auf einen solchen Aspekt der Kunst, oder präziser des Kunstwerks, verweist auch

Gerhart Pickerodts Bemerkung zum Abenteuer als »Werk«, in dem Erotisches und Ästhetisches zusammenfallen, wie etwa im 2. Akt: »Nicht minder wichtig, als bei Cristina zu seinem Ziel zu gelangen, ist ihm [= Florindo] das Gelingen des Essens; seine erotische Lust ist von der ästhetischen nicht zu scheiden, und beide gemeinsam konstituieren das Abenteuer als ein rasch vergängliches ›Werk‹.« (G. P.: Hofmannsthals Dramen. Kritik ihres historischen Gehalts, Stuttgart 1968, S. 205)

27 Ebd., S. 212.

28 Alewyn [s. Anm. 5], S. 105, weist im Zusammenhang mit der Unbewußtheit der Figuren in Hofmannsthals Lustspiel auf Kleists Marionettentheateraufsatz hin, dessen Thematik ja für die moderne Dichtung in mancherlei Hinsicht als Erkenntnismodell gelten kann; vgl. hierzu auch meinen Aufsatz: Sündenfall-Modell und Romanform. Zur Integration von Kleists Marionettentheater-Thematik im Werk Thomas Manns, Jb. d. Dt. Schillerges. 13 (1969), S. 426–453.

29 Müller-Seidel [s. Anm. 22], S. 735.

30 Alewyn [s. Anm. 5], S. 117.

31 Ewald Rösch: Komödien Hofmannsthals. Die Entfaltung ihrer Sinnstruktur aus dem Thema der Daseinsstufen, Marburg 1963, hat diesen Prozeß unter Berücksichtigung der Hofmannsthalschen Terminologie mit den Begriffen Präexistenz und Existenz beschrieben.

32 Alewyn [s. Anm. 5], S. 111.

33 Ebd., S. 110.

34 Ebd., S. 111.

35 Ebd., S. 111.

36 Ebd., S. 111.

37 Hofmannsthal, Aufzeichnungen, Ges. Werke in Einzelausg., hg. Herbert Steiner, Frankfurt 1959, S. 226.

38 Vgl. hierzu Helmut Arntzen: Die ernste Komödie. Das deutsche Lustspiel von Lessing bis Kleist, München 1968.

39 Günther Erken: Hofmannsthals dramatischer Stil. Untersuchungen zur Symbolik und Dramaturgie, Tübingen 1967.

40 Ebd., S. 19.

41 Ebd., S. 241.

42 Ebd., S. 54.

43 Im Text selber gibt es zwei Hinweise auf die Komödienthematik. Der Kapitän sagt mit Bezug auf den 1. Akt, aber auch im Hinblick auf sein früheres Leben: »Ich habe es verfehlt. Ich werde es noch öfter verfehlen, ich wünsche mir, es lieber nach dieser Seite zu verfehlen als nach der entgegengesetzten, das ist alles, was ich mir wünsche.« (164) Im Verlauf des Stückes wird das bisherige »Verfehlt haben« dann einmünden in das »erreichte Soziale«; in den Sätzen des Kapitäns ist die Komödienformel ex negativo bereits präsent und signalisiert den Weg, der noch zu gehen ist für ihn.

Im Umkreis von Florindo gibt es einen Hinweis auf das »Komödie aufführen« im Sinne von »Schliche« ersinnen (vgl. 100/101), Antonia sagt es über die Nebenbuhlerin. Hier wird eine andere Form von Komödie angedeutet, die nichts mit der Hofmannsthalschen Definition zu tun hat. Sie ist eher eine zu überwindende, »alte« Komödie, die in den Umkreis Florindos gehört, ebenso wie die Assoziation des 1. Aktes mit Goldoni und der italienischen Komödie seiner Zeit, die, wie der 1. Akt insgesamt, Florindo zugeordnet, als zu überwindender Zustand zu gelten hat.

44 Müller-Seidel [s. Anm. 22], S. 736 zielt auf Ähnliches, wenn er als das Zentrum der Komödie beschreibt, »daß hier die Technik des glücklichen Endes thematisch wird und

eine Dichtung mit ihr, die gut über die Ehe spricht, ohne sich darum der dichterischen Sprache zu begeben«.

45 Walter Hinck: Das moderne Drama in Deutschland. Vom expressionistischen zum dokumentarischen Theater, Göttingen 1973, S. 126: »Daraus wird deutlich, daß bei Hofmannsthal das ›erreichte Soziale‹ nicht etwas ist, das zuallererst in den Zuständigkeitsbereich der Soziologie fiele. Im ›Buch der Freunde‹ heißt es denn auch: ›Das Gesellschaftliche kann und darf man nur allegorisch nehmen.‹ (An einer anderen Stelle steht für allegorisch »symbolisch«.) Auf das Lustspiel bezogen: der Weg zum Sozialen ist der Weg in eine Gemeinschaft, für welche die Ehe ein Beispiel sein kann, in eine Gemeinschaft, in der das Sich-Öffnen zum anderen Menschen zugleich ein Akt der Selbsterweiterung ist.«

46 Von dieser geschichtlichen Situierung her wäre freilich die Frage nach der utopischen Dimension der Ehe-Chiffre als Sinnbild des erreichten Sozialen neu und historisch konkret zu stellen. Der literarische (man denke etwa an die Familienthematik bei den verschiedensten Autoren um 1900 und ihrem Zusammenhang mit Verfall und Zerfall) und historisch-soziologische Kontext (Familie als Sozialisationsinstanz des kaisertreuen Untertanen, repressive Moral etc.) ergeben einen schroffen Kontrast zur optimistischen Schlußgeste des Cristina-Lustspiels und zu den dazugehörigen Merkmalen der Frauenrolle in Hofmannsthals Verständnis (z. B. der Mann als Gebieter bis hin zu ›Arabella‹, II. Akt). Diesem Problem nachzugehen, sozusagen die intendierte Rezeption und ihre immanente Planung mit der historisch-realen Rezeption zusammenzubringen, wäre im Anschluß an das Dargestellte notwendige und konsequente Aufgabe. Im Rahmen der hier vorliegenden Fragestellung, die sich hier nur auf die Textstruktur und ihre Intentionalität bezieht, kann dies ausgespart bleiben, ich werde jedoch diese Probleme im Rahmen meiner »Literaturgeschichte des Deutschen Kaiserreiches 1871–1918« (Kronberg 1979) aufgreifen und in ihrem geschichtlichen Bezug darstellen. Gerhart Pickerodts Untersuchung [s. Anm. 26] gibt dazu manche wichtige Anregung; in einem für die hier vorliegende Untersuchung relevanten Punkt, nämlich der Frage der Dreiaktigkeit und des Mißlingens der Komödie (S. 198 und 211/212), möchte ich ihm jedoch widersprechen.

Diskussionsbericht

Von Helmuth Kiesel (Tübingen)

Vormittag

Als Einleitung in die Diskussion präzisierte Herr Wiedemann noch einmal das Ziel seiner Vorlage, nämlich eine »theoretische Konstituierung der Barockallegorie«. Diese müsse sich durch eine Begrifflichkeit ausweisen, die möglichst auf alle Formen von Allegorie im 17. Jahrhundert anwendbar sein solle. Konstitutive Begriffe dafür seien: »Idee, Natur, Allegorie als unmittelbar den Schaffensprozeß charakterisierende Begriffe; Wissen und Arbeit als komplementäre, erklärende Begriffe«. Barockkunst sei als stark allegorische Kunst an das Mittelalter zurückgebunden, besitze als idealistische Kunst einen hohen Grad der Abstraktion und Stilisierung und sei zudem auf das Naturbild der Renaissance gerichtet, d.h. auf eine moderne, von einem individuell sich verstehenden Menschen her gesehene Natur. Stilisierung und Idealisierung seien jedoch keine Flucht vor der Natur, wollten neue Naturerfahrung auch nicht verdecken, seien lediglich Ausdruck der Skepsis gegenüber der Natur. Als Problem stelle sich der Zusammenhang von Idee, d.h. konzipierender, entwerfender Vernunft, und Allegorie. Während im Mittelalter die entwerfende Vernunft ihre Kategorien sehr weitgehend aus der Allegorie selbst, aus dem Geist der Schrift bezogen habe, scheine der Zusammenhang von Idee und Allegorie zumindest im Bereich weltlicher Barockdichtung nicht mehr so eng gewesen zu sein. Allerdings sei auch die entwerfende Vernunft, die »Idea« des Barock nicht nur phantasiegeprägt, sondern organisatorisch, ordnend, dirigistisch, institutionenbildend, modern gesprochen: systemorientiert. Auch im Barock habe die »Idea« Anregungen von dem allegorischen Stoff bezogen, mit dem sie arbeitete (vgl. das Beispiel Berninis). Die Funktion der Allegorie beschrieb Herr Wiedemann als »Legitimation des selbstmächtig denkenden, selbstmächtig entwerfenden und auch der Gefahr der Phantasie ausgesetzten Individuums vor einer – realiter noch nicht vorhandenen – Instanz, die das Individuum kontrolliert, ohne religiös, ohne christlich zu sein. Verarbeitet wird auf diese Weise eine Erfahrung des 16. Jahrhunderts, nämlich die des Scheiterns des Individualismus und des Subjektivismus der Hochrenaissance im Zusammenbrechen der Kirche und in einem neuen Machtdenken, das sich in der Condottiere-Politik des 15. und in den großen Bürgerkriegen des 16. Jahrhunderts äußerte«. Einerseits werde diese modern wahrgenommene, akzidentielle und individuell gesehene Natur gebändigt durch das harmonisierende und ordnende Muster der Allegorie; andererseits legitimiere sich das Individuum, mit Hilfe des allegorischen Musters ordnend eingreifen zu dürfen, ohne der Selbstmächtigkeit bezichtigt werden zu können. Zu diesem Legitimationssystem gehöre 1., »daß Allegorie sich als Wissen ausweist, Wissensallegorie ist, weswegen in der deutschen Barockliteratur kaum ›originäre‹, ›erfundene‹ Allegorien erscheinen; 2., daß sich das kunstschaffende Individuum nicht mehr auf seine *facultas imaginativa* beruft (Begriff aus Barockpoetiken), sondern in einem sehr viel stärkeren Maß auf seine Arbeitskraft, d. h. auf die Bereitschaft, gegenüber der freien Natur permanent vergleichend tätig zu sein und die Natur zu ›inkrustieren‹ (Begriff von Morhoff), sie durch Allegorie zu domestizieren und zu ordnen«.

Zu Beginn der Diskussion sprach sich Herr Steinhagen für eine weitere Analyse des Bernini-Beispiels mit Hilfe Benjaminscher Kategorien aus: Die nachträgliche Stilisierung der Skulptur sei von der Hofgesellschaft zwar als Entwertung empfunden worden, weil sie die Ähnlichkeit des Porträts mit Ludwig XIV. gemindert habe; insofern sie eine Annäherung Ludwigs XIV. an die größere und vorbildliche Gestalt Alexanders des Großen intendiert habe, sei sie aber einer Rangerhöhung gleichzusetzen. Herr Wiedemann hielt in diesem Zusammenhang den Begriff der Arbeit für besonders wichtig, da die Rangerhöhung sich als Überformung der Realität durch das Rollenangebot vollzogen habe, das Ausfüllen der Rolle gegen das Naturell aber im 17. Jahrhundert als ›Arbeit‹ empfunden und beschrieben worden sei.

Herr Haug vertrat im Anschluß an Herrn Wiedemann die These, daß sich die skeptische Betrachtung der Natur im 17. Jahrhundert zum Zweifel, ja sogar zur Verzweiflung selbst an der paradiesischen Natur gesteigert habe; als Indiz dafür seien die (in der Diskussion über die Vorlage von Herrn Hoffmann schon erwähnten) Gartenanlagen des Simplicissimus auf der Paradies-Insel zu betrachten. Herr Wiedemann hielt jedoch daran fest, daß die Entwertung der Natur nicht total sei, sondern durch die Sinnlichkeit der Barockliteratur relativiert werde. Aus diesem Grund könne er auch den Benjaminschen Begriff der Entwertung nicht akzeptieren. Dagegen wandte Herr Steinhagen ein, daß auch bei Benjamin der als Materialist beschriebene Melancholiker und Allegoriker der Materie, der Natur und dem Sinnlichen »die Treue« halte.

Herr Hoffmann hielt es für problematisch, die Entwicklung des Transpersonalen, d. h. die Entdeckung des Amtsgedankens und der Normkontrolle des Individuums durch eine staatlich zentralisierte Öffentlichkeit, dem 17. Jahrhundert zuzuschreiben und sie als epochal getrennten Vorgang von der Entwicklung des Individualitätsgedankens im 16. Jahrhundert abzusetzen, anstatt beides als Komponenten eines dialektischen Vorganges zu begreifen. Bei prinzipieller Zustimmung bestand Herr Wiedemann darauf, daß dieser Vorgang in den institutionenbildenden Absolutismustheorien historisch faßbar sei: tendenziell schon bei Machiavelli, dezidiert auf Institutionen bezogen und Kontinuität verheißend bei Bodin, Lipsius und Hobbes. Erst bei ihnen erscheine die Unsicherheit von Herrschaft behoben und das Schreckgespenst der Bürgerkriege gebannt, werde individuelle Begierde der Norm unterworfen und dadurch als ordnungsstiftend legitimiert.

Gegen eine Festlegung der Allegorie als Mittel zur Unterwerfung der skeptisch wahrgenommenen individuellen Natur unter eine Ordnungsidee wandte

Herr Welzig ein, daß im geistlichen Bereich und insbesondere in Predigten die Allegorie die entgegengesetzte Funktion haben könne und der Aufdeckung und Bewußtmachung individueller Vorgänge gedient habe; die Funktionen des Allegorischen seien also nach literarischen Gattungen zu spezifizieren.

Herr Neumeister stellte die Frage, ob der moderne Individualitätsbegriff, wie er auch in Herrn Wiedemanns Überschrift ›Bestrittene Individualität‹ anklinge, für das Verständnis der Zeit sehr nützlich sei. Als problematisch erscheine er vor allem am Zesen-Beispiel, wo weniger Individualität als vielmehr Naturkräfte oder Triebe in einem stoischen Sinn bestritten würden, wo momentane Angst aufkomme vor der »ungebändigten Menschennatur«. Dem stimmte Herr Wiedemann zu, beharrte aber darauf, daß der moderne Individualitätsbegriff im Sinne einer selbstverantworteten, diesseitigen Menschlichkeit in der Renaissance entstanden und auch für das 17. Jahrhundert folgenreich gewesen sei, wenngleich es in der kulturtragenden Schicht keine individuell verantworteten Individuen nach dem Muster Huttens oder Pirckheimers gegeben habe und bei den herausragenden Autoren wie Gryphius, Lohenstein und Grimmelshausen allenfalls ›bestrittene Individualität‹ festzustellen sei. Das Festhalten des 17. Jahrhunderts am Individualitätsbegriff komme deutlich in dem Lipsius-Zitat der Vorlage zum Ausdruck: Prometheus als der eigenverantwortlich schöpferische Mensch werde nicht zurückgenommen, sondern solle durch Herkules, d. h. durch die permanente Arbeit im Rahmen der Institutionen, freigesetzt werden. Im Anschluß daran wies Herr Kemper auf das dialektische Moment ›bestrittener Individualität‹ hin: durch »Rollenzwang« und »Maskendruck« werde Individualität unter Umständen nicht verhindert, sondern hervorgerufen und unter deren Schutz auch ermöglicht.

Herr Ohly gab zu bedenken, daß die Allegorisierung der Ludwig-Büste, die Stilisierung des Sonnenkönigs auf Alexander hin, nur im genauen Vergleich mit Münzen und durch die Erläuterungen Berninis erkennbar geworden sei. Darin sah Herr Wiedemann ein Indiz dafür, daß die Allegorie im 17. Jahrhundert tendenziell den Charakter eines Arkanums gehabt habe, für dessen Verständnis besondere Zuständigkeiten erforderlich gewesen seien.

Zur Begründung seiner Vorlage kritisierte Herr Hillen die seit Albrecht Schönes Buch ›Emblematik und Drama im Zeitalter des Barock‹ oft leichtfertige Übertragung des Emblembegriffs auf literarische Phänomene sowie die Anwendung von Kategorien, die nicht aus den Texten selbst abgeleitet seien, sondern aus der Mischform des Emblems. Die Analyse ausgewählter Stellen habe zu folgender Gliederung allegorischer Erscheinungsformen geführt: a) rhetorische Form, b) dramatische Form, d. h. eine sinnbildliche Passage, die in der Handlungs- oder Erzählebene des Textes verankert ist. Die Analyse dieser Stellen zeige im übrigen, daß tradierte Bilder in den Texten des 17. Jahrhunderts sozusagen Rang und Würde verloren und unabhängig von ihrer Traditionsgeprägtheit neue Bedeutungen und Funktionen erhalten hätten.

Zuspitzend fragte Herr Drux, ob das Ziel von Herrn Hillens Vorlage die Eliminierung des Emblembegriffs aus der Analyse literarischer Texte gewesen sei, und welche Vorteile demgegenüber die Erweiterung der rhetorischen Analyse durch die dramatische mit sich bringe. Herr Hillen bestärkte seine Kritik an einer Verwendung des Emblembegriffs, die über die spezifische Gattung ›Emblem‹ hinausgehe, räumte aber ein, daß eine Differenzierung im Bereich des Allegorischen notwendig sei. Herr von Bormann betonte daraufhin, es müsse der Gefahr vorgebeugt werden, den Allegoriebegriff unhistorisch als Begriff für Zeichenhaftigkeit schlechthin zu benutzen.

Herr Drux forderte eine genaue Prüfung der Analogie zwischen emblematischer Pictura und dramatischer Allegorie, um festzustellen, ob die Anwendung des Emblembegriffs auf literarische Texte legitim sei. Die Differenz sah Herr Hillen darin, daß innerhalb eines literarischen Textes die »Bildvorgabe« nicht naturgegeben sei wie beim Emblem, sondern in der Wahl des Autors liege, von ihm konstruiert und in den Zusammenhang eingepaßt werden könne, wodurch die Funktionsmöglichkeiten der dramatischen Allegorie im Vergleich zum Emblem erhöht würden. Zur weiteren Differenzierung fügte Herr Kleinschmidt noch an, daß beim dramatischen Konzept zu unterscheiden sei zwischen der Lektüre des Textes und seiner optischen Präsentation im Aufführungsakt, also zwischen dem textlich konstituierten Emblematischen einerseits und dem auf der Bühne realisierten andererseits. Als möglicherweise erhellend für den Zusammenhang von Allegorie und Emblem bezeichneten Herr Wirth und Herr Barner eine genaue Untersuchung von allegorischen und emblematischen Bildprogrammen, wie sie nicht nur in der Malerei vorkämen, sondern auch in literarischen Texten oft ausführlich beschrieben würden.

Zur Einführung seiner Vorlage wies Herr Hess zunächst auf die Besonderheit seines Materials hin: Der Dichter als allegorische Figur auf der Bühne könne als einmalige Erscheinung betrachtet werden. Für die Diskussion benannte Herr Hess fünf Probleme:

1. Zusammenhang von Realitätsschichten (biographische Details) und Allegorie (Bekehrungslegende);
2. Vermittlungsproblem: die allegorisch geformte Bekehrungslegende wurde zu Beginn des 19. Jahrhunderts einem städtisch-bürgerlichen Publikum durch die Tagespresse zugänglich gemacht;
3. literarische Sonderentwicklung im süddeutschen Raum: das Freiburger Balde-Drama entstand gleichzeitig mit Goethes Sesenheimer Lyrik, und möglicherweise sei das Drama asceticum als Vorbild für einige Formen von Goethes ›Faust‹ in Betracht zu ziehen;
4. Zusammenhang von Musik und Allegorie im 18. Jahrhundert;
5. Begriffsunsicherheit des 18. Jahrhunderts auf dem Gebiet des Allegorischen und Emblematischen.

Zum letzten Problembereich stellte Herr Hess einen um die Mitte des 18. Jahrhunderts entstandenen Versuch vor, eine Systematik allegorischer Formen in bezug auf die zugrunde liegenden Realitätsschichten sowohl als auch in bezug auf die jeweils gewählten Gattungen zu begründen: ›Idea poeseos, sive methodica institutio de praeceptis, praxi, et usu artis [...] accomodata Auctore P.

Franc. Neumayr, Societas Jesu [...] Ingolstadii [...] MDCCLI‹, S. 49ff.: Neumayr behandelte die allegorischen Konstruktionsformen im Rahmen der *poesis delectans* unter dem Aspekt der *fictio* und teilte sie je nach der zugrundeliegenden Realitätsschicht ein in: *Fictio historica, Fictio moralis nova, Fictio moralis antiqua, Fictio emblematica;* davon trennte er die Komplexe der *symbola* mit *Symbolum heroicum, Symbolum patheticum, Symbolum morale* und der *emblemata* mit *Emblema naturale, Emblema historicum, Emblema fabulosum, Emblema artificiale, Emblema chimaericum.* Dieser Systematisierungsversuch sei um so bemerkenswerter, als zur Zeit seiner Entstehung im norddeutschen Raum bereits die Abwertung des Allegorischen eingesetzt habe.

Herr Harms plädierte dafür, trotz der terminologischen Probleme derartige Erörterungen stärker als bisher heranzuziehen, um für moderne Allegorie- und Emblemtheorien notwendige Differenzierungen und Präzisierungen zu erhalten. Demgegenüber zeigte sich Herr Hess allerdings skeptisch und bezweifelte den Wert historischer Allegorie- und Emblemtheorien für eine moderne Theoriebildung. Neumayrs Systematik sei ein letzter Versuch gewesen, in das unübersichtlich gewordene Gebiet der allegorischen und emblematischen Formen Ordnung zu bringen, ohne daß es ihm gelungen sei, alle Widersprüche auszuräumen. Daran anschließend machte Herr Welzig auf das grundsätzliche Problem aufmerksam, daß bei der sich abzeichnenden Differenz zwischen relativ festen Bild- und Bedeutungssystemen einerseits und einem höchst unsicheren terminologischen System andererseits eine Verkennung des Sinngehalts bestimmter allegorischer und emblematischer Formen möglich wenn nicht gar unvermeidlich gewesen sein müsse.

Herr Moser stellte die Frage, woraus die Bedeutung und Popularität der Balde-Legende resultierte, und wies darauf hin, daß in ihr auch die fast zweihundertjährige Debatte über die Ablehnung der Musik im Orden ihren Ausdruck gefunden habe. Die Gleichsetzung von Musik und Welt einerseits, von Musikverachtung und Askese andererseits sei für das Ordensdenken bestimmend gewesen und habe der Balde-Legende ihre ungewöhnliche emotionale Aufgeladenheit verliehen. Herr Hess machte geltend, daß die häufig behauptete Musikfeindlichkeit der Jesuiten nach Jahrhunderten zu differenzieren sei. Im 18. Jahrhundert, als das Jesuitentheater in Konkurrenz zu den Hofopern musikalisch ausgeformt wurde, habe sie an Entschiedenheit verloren. Die Attraktivität der Figur Baldes für den Orden sah Herr Hess vor allem darin, daß am Beispiel dieses gesamteuropäisch bedeutenden Ordensdichters die Abkehr von der weltlichen zur geistlichen Dichtung demonstriert werden konnte.

Die nächsten Äußerungen galten dem Zusammenhang von Allegorie und Musik. Herr Drux bezeichnete die Musik als potentiell allegorieerhaltendes Medium und verwies darauf, daß bei Heinrich Schütz beispielsweise das Emblem einer sich in den Schwanz beißenden Schlange mit einer bestimmten musikalischen Figur gleichgesetzt werde. Herr Ohly machte auf die zahlensymbolische Struktur mancher musikalischer Werke aufmerksam und wies auf die Behandlung der Musikinstrumente im ›Mundus symbolicus‹ des Filippo Picinelli hin, daneben auf die verschiedenen Allegoresen der Barockorgel und der Harfe; bemerkenswert sei die Verbindung von Cythara und Syrinx (vgl. Abb. 5 der Vorlage von Herrn Hess), die noch einer Erklärung bedürfe.

Herr Wiedemann betonte, daß von einer allegorie- und emblemkonservierenden Funktion der Musik nicht gesprochen werden sollte, ohne daß man gleichzeitig die Phasenverschiebung zwischen der musikalischen und der literarischen Entwicklung im 18. Jahrhundert berücksichtigte: In den repräsentativen Künsten der Musik, Malerei und Architektur, die auch im 18. Jahrhundert noch im Solde der barockzeitlichen Institutionen des Staates und der Kirche gestanden hätten, seien allegorische und emblematische Ausdrucksformen länger möglich gewesen als in der Literatur, die sich schon früher am Bürgertum orientiert habe und von diesem wenigstens teilweise auch finanziert worden sei. Herr Welzig wies noch auf die Bemühungen Harnoncourts hin, die Zusammenhänge zwischen Musik und Rhetorik zu erhellen, und Herr Sørensen versuchte abschließend, am Beispiel Goethes die soziale Bindung allegorischer Formen und ihre Affinität zur Musik zu demonstrieren: Zum einen habe Goethe Allegorien vor allem für die höfischen Festspiele geschrieben; zum andern habe er, wo er sich in seinen Dramen der Allegorie näherte, Musik vorgesehen, so z. B. am Schluß des ›Egmont‹ und im zweiten Teil des ›Faust‹.

Zu seiner eigenen Vorlage überleitend sagte Herr Sørensen, es sei ihm darum gegangen, Goethes berühmte Maxime über Allegorie und Symbol in ihren literaturgeschichtlichen Kontext zu stellen, d. h. in die Auseinandersetzung zwischen Goethe und Schiller über die Gegensätzlichkeit ihres künstlerischen Schaffens, eine Differenz, die Goethe auch in seinem Verhältnis zu den Romantikern wiederzuentdecken glaubte. Seine Bemerkungen über die Allegorie seien daher polemisch und für eine moderne Allegorietheorie nur bedingt interessant. Von Schiller und von den Romantikern wie auch von allen früheren Allegorikern habe sich Goethe »durch das Ausschalten des diskursiven Elements im Akt der Produktion und der Rezeption eines Kunstwerks« unterschieden. Durch das Symbol sei für Goethe »die sinnlich-geistige Totalität gesichert worden, die Aufhebung des Auseinanderfallens in Sinnlichkeit und Intellekt, Erfahrung und Idee etc., was indessen für die Allegorie charakteristisch« sei. Goethe spreche deswegen auch nicht gerne von der »Bedeutung des Symbols, schon gar nicht von einer festen Bedeutung wie bei der Allegorie, sondern von Wirkungen, indem er davon ausgeht, daß in der Wirkung sich das Wesen offenbart«.

Herr Kemper hielt es für notwendig, die Auseinandersetzung zwischen Goethe und Schiller in einem größeren entwicklungsgeschichtlichen Rahmen zu sehen: Schillers Denken sei auch in diesem Fall orientiert an seiner grundsätzlichen und schon in den frühen medizinischen Schriften thematisierten Fragestellung, wie Materie und Geist bzw. wie das Sinnlich-Konkrete und das Geistig-Allgemeine zusammengedacht werden könnten. Weil für ihn letztlich der Geist – das Allgemeine in Goethes Terminologie – das Sinnlich-Besondere überhaupt erst zum »Symbol« erheben könne, sei Schiller für Goethe der Allegoriker, der zum Allgemeinen das Besondere suche. Demgegenüber sehe Goethe – bedingt durch sein organologisches, teleologisches und pantheistisches Denken – keine solche vom Geist erst zu versöhnende Diskrepanz, sondern im Konkreten das Allgemeine gegenwärtig und daher das Allgemeine im Sinnlich-Besonderen immer schon symbolisiert.

Herr Drux hob hervor, daß Goethe – vergleichbar dem Emblematiker in der Vorlage von Herrn Hoffmann – den Dingen Sinn und Wesen durch das »Schauen« abzugewinnen vermeinte, während Schiller von der sinngebenden Tätigkeit des »Gemüts« überzeugt gewesen sei und bereits im Vorgang des Schauens die Projektion des eigenen Ichs zu entdecken geglaubt habe. Herr Hillen sah das Hauptproblem darin, »daß die Goethesche Bestimmung von Symbol und Allegorie auf Vorgängen, d. h. auf dem Schluß vom Besonderen aufs Allgemeine und umgekehrt, beruhe, die von Rezipienten und Interpreten nicht kontrollierbar seien: die tatsächliche Richtung des Vorgangs sei nicht verifizierbar. Die ursprünglich polemisch und wertend gemeinte Unterscheidung zwischen Symbol und Allegorie bleibe daher immer fragwürdig« und sei von vornherein eine schlechte Basis für die von der Literaturgeschichtsschreibung übernommene Qualifizierung ›guter‹ Bildlichkeit als symbolisch und ›schlechter‹ als allegorisch. Dennoch sei zu bedenken, wie Herr von Bormann sagte, daß im Text ausgeprägt sein könne, ob eine bestimmte Zeichensetzung – Allegorie oder Symbol – rein denotativ oder konnotativ angesetzt sei, ob sie eine feste und zu entschlüsselnde Bedeutung habe (Allegorie), oder ob die Konnotationsmöglichkeiten freigesetzt und damit andere Leseweisen erlaubt seien.

Herr Steinhagen bemerkte, daß in Goethes Symbolbegriff eine deutliche Kritik an der Trennung von Wesen und Erscheinung, wie sie durch die Allegorie vollzogen werde, enthalten sei. Diese historisch gewordene Trennung habe Goethe in seinem Symbolbegriff zu überwinden versucht, und insofern habe dieser utopische Vorstellungen enthalten, die freilich geschichtlich enttäuscht worden seien. Daher habe der Symbolbegriff in der Dichtung – anders als in der Literaturwissenschaft – nur eine kurze Phase der Herrschaft gehabt und sei nach der Goethe-Zeit wiederum durch den Allegoriebegriff abgelöst worden, der dann allerdings eine neue historische Qualität gehabt habe. Auch Herr Wiedemann bezeichnete Goethes Symbolbegriff als utopisch, da er die Utopie des 18. Jahrhunderts in sich berge: ein hoffnungsvolles Schauen auf die Natur des Menschen, auf seine positiv aufgefaßte natürliche Bestimmung, während die Allegoriker des 17. Jahrhunderts nur die gefallene, korrumpierte Natur des Menschen wahrgenommen und deren Sinn allein in den Emanationen des Geistes in der Bibel gesucht hätten.

Herr Haug stellte fest, daß die bei Goethe zu beobachtende Zurücknahme der Allegorie aus der »Anschauung« ins Rhetorische einem verengten Allegoriebegriff zuzuschreiben sei. Herr Barner fragte, ob in Goethes Äußerungen eine Einschätzung der Allegorie allgemein vorliege oder nur eine Antwort auf eine bestimmte historische Funktionsentwicklung von Allegorie, nämlich auf die Zweckorientiertheit allegorischer Formen in neuzeitlichen Texten (Flugblatt, Predigt, Theatrum ascetium etc.). Goethes private Einschätzung der Allegorie ziele nicht auf die spezifisch mittelalterlichen Formen des Allegorischen, sondern auf die neuzeitlichen Entwicklungen der Allegorie und auf ihre Einbindung in bestimmte Zwecke und Zweckformen; vor dem Hintergrund dieses Funktionswandels seien auch Goethes Bemerkungen zu ›Philostrats Gemälden‹ von 1818 neu zu verstehen.

Herr Kurz wies darauf hin, daß der traditionelle Allegoriebegriff am Ende des 18. Jahrhunderts zu einem gewissen Abschluß gebracht worden sei, und daß sich in der Goethe-Zeit ein neuer Allegoriebegriff auf der Basis der Poetik des Erhabenen abgezeichnet habe. Auch Herr Sørensen stellte fest, daß für die Goethe-Zeit mit zwei Allegoriebegriffen zu rechnen sei: mit dem verengten rhetorisch-zweckhaften Allegoriebegriff und mit dem auf die Darstellung des Unendlichen ausgerichteten Allegoriebegriff der Romantiker. Goethe habe sich gegen beide gewandt.

Nachmittag

Herr Titzmann sagte, Ziel seines Beitrags sei es gewesen, der Rekonstruktion der historischen Begriffe von Symbol und Allegorie in ihrer Bedeutung für die jeweilige Kultur und Epoche vorzuarbeiten. Dabei habe es sich jedoch als notwendig erwiesen, auch systematische literaturwissenschaftliche Begriffe einzuführen, die unter Umständen durch keinerlei terminologische Tradition abgedeckt seien. Zur Begründung sagte Herr Titzmann 1., die Historisierung allein würde zu einer Vielzahl von Begriffen führen, die aber für die Beschreibung der literarischen Praxis immer noch unzureichend sein könnten, z. B. wenn in einem bestimmten Zeitraum zwar allegorische Formen erscheinen würden, aber keine Allegorietheorie oder eine nur unzureichende oder von der literarischen Praxis stark abweichende herausgebildet würde. Ein Extrembeispiel dafür sei die goethezeitliche Theorie, da der Begriff Symbol letztlich nicht zur Beschreibung literarischer Phänomene dienen könne, jedenfalls nicht in seiner goethezeitlichen Definition. 2. Die literarische Praxis kenne viele Phänomene, für die die jeweilige historische Literaturtheorie zunächst keine Begriffe anbiete. Auch der goethezeitliche Symbolbegriff sei als eine der möglichen theoretischen Reaktionen auf die Veränderung der Literatur selbst zu betrachten, wobei zugleich eine Umdefinierung des Allegoriebegriffs stattgefunden habe. Infolgedessen müsse in der ästhetischen Theorie des Idealismus zwischen zwei Allegoriebegriffen unterschieden werden, nämlich zwischen dem älteren rhetorischen Allegoriebegriff und einem neuen Allegoriebegriff, der als Umkehrung des Symbolbegriffs definiert sei. 3. Das tradierte Begriffssystem reiche für die Beschreibung komplexer semantischer Sachverhalte nicht aus, z. B. wo es um das Problem der besonderen Zeichenhaftigkeit sogenannter sekundärer Zeichen innerhalb der Zeichenhaftigkeit eines Textes gehe. Obwohl dieses Problem in der Goethe-Zeit erstmals auftauche, kenne diese keine begriffliche Differenzierung zwischen dem Gesamttext als Zeichen und dem Zeichen innerhalb von Gesamttexten. Zur weiteren Entwicklung der goethezeitlichen Terminologie sei im übrigen zu sagen, daß sie um 1830 zunächst einmal in Vergessenheit geraten und erst um 1870 wieder von J. I. Volkelt und Fr. Th. Vischer reaktiviert worden sei. Ergänzend sagte Herr Sørensen, daß Goethes Unterscheidung zwischen Symbol und Allegorie nur von einem Teil der Zeitgenossen akzeptiert, von vielen – Romantikern vor allem – kritisiert worden sei und außerhalb der deutschen Tradition fast nicht vorkomme. Im englischen Sprachraum werde zwischen Symbol und Allegorie definitorisch nicht unterschieden.

Zu Beginn der Diskussion bezeichnete es Herr Steinhagen als die – unausgesprochene – Konsequenz aus Herrn Titzmanns Vorlage, daß der goethezeitliche Symbolbegriff als ein paradoxer und logisch unmöglicher Begriff zu eliminieren sei, wandte aber dagegen ein, daß er – im Sinne einer dialektischen Logik – trotz seiner formallogischen Unzulänglichkeit sachlich sein Recht habe, solange es Widersprüchlichkeiten in der Realität gebe, und daß er folglich beizubehalten sei. Dies hielt Herr Titzmann für inakzeptabel, solange der Begriff der Dialektik logisch nicht expliziert werde. Auch Herr Hillen vertrat die Meinung, daß der goethezeitliche Symbolbegriff trotz seiner Paradoxie zu retten und als »Bezeichnung für das Erscheinen des Unendlichen im endlichen Kunstwerk« beizubehalten sei. Herr Titzmann räumte ein, daß die Paradoxie historischer Begriffe rekonstruiert und festgestellt werden müsse; in den systematischen Begriffen der Literaturwissenschaft jedoch sei Paradoxie auszuschließen.

Herr Kleinschmidt hielt das logische Ausspielen einer historisch-genetischen Begrifflichkeit für problematisch. Gegen Ende des 18. Jahrhunderts habe sich ein Unbehagen im Umgang mit der Bildlichkeit eingestellt, das zu literaturtheoretischen Bewältigungsversuchen geführt habe. Dies deute auf einen Diskurswechsel im Umgang mit der Literatur hin: Während der »allegorische Diskurs« bis zum 18. Jahrhundert systematisch verankert gewesen sei, habe der »symbolische Diskurs« auf die völlige Auflösung seiner Voraussetzungen gezielt und sei – in der irrationalistischen Tradition – heterogen und mehrschichtig geworden: »Der Irrationalismus des 18. Jahrhunderts erledigt sozusagen die Systematik des allegorischen Diskurses.« Herr Titzmann fügte hinzu, daß die Besonderheit der neuen, nach Totalität strebenden Systeme darin bestanden habe, daß sie durchweg Elemente eines – nicht wertend gesprochen – irrationalen Systems und eines rationalen Systems kombinierten.

Herr Kurz stellte das von Herrn Titzmann zur Darstellung des Kontextes des Symbolbegriffs angewandte synchronisierende Verfahren in Frage: Möglicherweise hätten zusätzliche diachronische Linien weitere Klärungen gebracht, zumal Herr Titzmann selbst das zeitliche Nebeneinander ganz verschiedener begrifflicher Traditionen herausstelle. Auch Herr Sørensen hielt die schematischen Aufstellungen für fragwürdig, weil die Begriffsverwirrung am Ende des 18. Jahrhunderts überaus groß gewesen sei. Als Beispiel für die terminologische Unentschiedenheit dieser Zeit führte Herr Sørensen Friedrich Schlegel an, der um 1800 zwischen »allegorisch« und »symbolisch« nicht unterschieden und die Begriffe ersatzweise gebraucht habe[1].

Als Einleitung in die Diskussion seiner Vorlage sagte Herr Steinhagen, er halte eine Auseinandersetzung mit Walter Benjamin sachlich und methodisch für fruchtbar, auch dann, wenn einige seiner Thesen nicht akzeptiert werden könnten. Als besonders diskussionsbedürftig bezeichnete Herr Steinhagen die folgenden Probleme:

1. Ausgehend von Benjamins Formulierung, auf der Philosophie der Kunst laste die »Herrschaft eines Usurpators«[2], eben der Symbolbegriff, warnte Herr Steinhagen davor, den Allegoriebegriff zu einem neuen Usurpator werden zu lassen. Wenn Benjamin als Kronzeuge für eine ›Rehabilitation‹ der Allegorie bemüht werde, müsse zuvor geklärt werden, was mit dem Begriff ›Rehabilitation‹ gemeint sei und welche Intentionen damit verfolgt würden.

2. Zu klären sei, ob die allegorische und die symbolische Verfahrensweise gleichwertige überzeitliche und immer frei verfügbare poetische Verfahrensweisen seien, oder ob sie als dezidiert geschichtliche zu verstehen seien, wofür Herr Steinhagen sich aussprach.

3. Entschiedener als bisher sei nach den historischen Voraussetzungen und Ursachen dieser Formen zu fragen. In seinen Baudelaire-Studien habe Benjamin den Versuch einer materialistisch fundierten Antwort auf diese Frage vorgelegt, indem er das Auseinandertreten von Wesen und Erscheinung, Sache und Bedeutung, die Trennung und den Widerspruch zwischen beidem in der allegorischen und symbolischen Verfahrensweise aus dem realen Auseinandertreten von Wesen und Erscheinung, Sache und Bedeutung erklärt habe, d. h. aus der realen Verwandlung aller Dinge in die Warenform.

4. Benjamins Erklärungsversuch impliziere die Verwendung des Begriffes ›Bürgerlichkeit‹, der aus der Geschichte der bürgerlichen Gesellschaft seit ihrer Entstehung in den Handelsstädten des Hochmittelalters abzuleiten sei. Im Beginn der bürgerlichen Gesellschaft und der ihr zugrunde liegenden Wirtschaftsform lägen – nach Benjamin – die geschichtlichen Bedingungen für das Aufkommen jener ästhetischen Formen, die auf der Trennung von Wesen und Erscheinung, Sache und Bedeutung beruhten, realiter: von Warensubstrat und Warenpreis.

Herr Titzmann wandte sich gegen einen Bürgerlichkeitsbegriff, der als Konstante vom Hochmittelalter bis zur Gegenwart gelten und sehr divergierende Gesellschaften abdecken solle. Da von Bürgerlichkeit gesprochen werde, bevor die sozialen Strukturen dieser historischen Gesellschaften hinreichend untersucht seien, müsse der Bürgerlichkeitsbegriff als apriorisch gelten und könne allenfalls als Hypothese oder »erkenntnisleitende Vermutung« gebraucht werden. Dagegen führte Herr Steinhagen an, daß sich Benjamin sehr wohl auf historische Untersuchungen gestützt habe, und daß er es – mit den gebotenen historischen Differenzierungen – der Verständigung wegen für durchaus legitim erachte, den Begriff ›bürgerlich‹ auf den gesamten Zeitraum anzuwenden, in dem sich die bürgerliche Gesellschaft herausgebildet habe.

Unter Verweis auf Herrn Steinhagens Beitrag hob Herr Kurz hervor, daß der Symbolbegriff bei Benjamin eine deutliche Abwertung erfahre und daß bei Ben-

jamin eine enge Verschränkung des Symbolbegriffs mit dem Allegoriebegriff bestehe. Die Vorrede des ›Trauerspielbuches‹ umspiele mit Begriffen wie ›Idee‹,
›Repräsentation‹, ›Darstellung‹ etc. durchgehend den klassischen Symbolbegriff,
und am Ende gehe die Allegorie ins Symbol über (vgl. Vorlage von Herrn Steinhagen, S. 674). In der Verschränkung von Allegorie und Symbol sah Herr Kurz
ein historisches Indiz dafür, daß in der Moderne mit poetischen Mischformen zu
rechnen sei, bei denen es schwerfalle, zwischen symbolischem und allegorischem
Charakter zu unterscheiden. Als Beispiel nannte er Hölderlins Ode ›Der Rhein‹,
die als Allegorie des Weltlaufs zu verstehen und zugleich als Symbol des Geschichtlichen überhaupt zu betrachten sei.

Die nächsten Diskussionsbeiträge befaßten sich mit Herrn Steinhagens Ausführungen auf Seite 669 der Vorlage. Herr Drux bezog sich auf die Formulierung, daß das »allegorisch-emblematische Verfahren«, genau besehen, »ein projizierendes Verfahren sei«, »d. h. ein Verfahren der objektivierenden Projektion
von Sinn oder Bedeutung auf ein qualitätsloses oder entqualifiziertes Material«.
Wenn die Bedeutung aber vom Betrachtenden in die Dinge hineingelegt werde
(womit sich Benjamin auch gegen eine Dingallegorese wende), heiße dies doch,
daß der Goethesche Symbolbegriff von Benjamin suspendiert werde, auch wenn
er in seinem Allegoriebegriff angeblich wieder durchscheine. Ausgehend von
der zitierten Stelle fragte auch Herr Ohly, ob der Allegorie der Barockzeit tatsächlich und von vornherein eine entwertete Welt zugrunde liege, und ob nicht
vielmehr die Welt, selbst wenn sie – wie bei Gryphius – auf ihre Vergänglichkeit
und Nichtigkeit hin interpretiert werde, eine sprechende Welt sei. Seit dem Ausgang des Mittelalters seien die folgenden Weltmodelle gebräuchlich gewesen:
die Welt als Buch, als Gebäude, als Stadt, als Gemälde, als Schule, als Sprache,
als Theater, als Leiter und als musikalische Harmonie. Diese Weltmodelle seien
noch im 17. Jahrhundert üblich gewesen und hätten vorausgesetzt, daß das in der
Welt Gegebene einen Sinn habe, der sich durch die je gebrauchte Metapher bestimmen ließe. Im Vergleich zur Neuzeit habe allerdings das Mittelalter möglicherweise den Dingen eine höhere Dignität zugesprochen und sie dadurch gegen
eine allzu willkürliche und zielgerichtete Allegorese geschützt. Im Mittelalter
habe es also weniger Projektion von Sinn in die Welt hinein gegeben als vielmehr
»Schau, Suche und glückliche Findung«. Problematisch an Benjamin erscheine
besonders, daß er dagegen die Vernichtung der Welt und die Entqualifizierung
der Dinge zur Voraussetzung ihrer materialistischen Deutung mache.

Herr Neumeister wandte sich gegen die These, daß die Emblematiker versucht
hätten, »die Bedeutungen durch emblematische Projektion und allegorische
Hypostasierung als gegenständlich existierende zu erweisen« (was einer subjektiven Sinngebung gleichgekommen wäre). Dagegen sei das Selbstverständnis der
Emblematiker zu stellen, wonach Emblematik als Versuch gegolten habe, die
Welt ohne die Methoden der Naturwissenschaften erkennen und beschreiben zu
wollen – mehr fragend als dogmatisch festlegend: Emblematik und Allegorik
seien letztlich nicht als Sinndeutung der Welt und der Dinge verstanden worden,
sondern als »heuristisches Verfahren zur Wirklichkeitserkenntnis«.

Herr Wiedemann kritisierte, daß von Benjamin »den allegorischen und emblematischen Formen des 16. und 17. Jahrhunderts« eine »metaphysische oder ontologische Substanzlosigkeit« zugeschrieben werde. Um seine »dialektisch angestrengte Argumentation« durchhalten zu können, rekurriere Benjamin auf Ausnahmephänomene im Barock, nämlich auf die Vorstellung, daß alles mit allem vergleichbar sei. Diese Vorstellung sei jedoch nur in der barocken Kombinatorik vertreten und allenfalls von Kuhlmann praktiziert worden. Tatsächlich aber seien die Seinsbereiche, zwischen denen in der Praxis Analogien gebildet wurden, sehr eng und sehr scharf voneinander abgegrenzt, schärfer jedenfalls als in der Goethe-Zeit.

Herr Harms stellte fest, die Seite 669 von Herrn Steinhagens Vorlage mit den eben kritisierten Stellen sei zu lesen, »als hätte Benjamin über seine eigene Bildpraxis geschrieben«. Daraus sei möglicherweise zu folgern, daß die spezifische geistige Situation, aus der Benjamin z. B. in ›Berliner Kindheit‹ und in ›Einbahnstraße‹ seine eigenen Sinnprojektionen betrieben habe, nämlich die geistige Situation der Jahre um 1920 mit ihrer Individualitätsproblematik, zur genaueren Definition Benjaminscher Begriffe noch stärker berücksichtigt werden müsse. Herr Hoffmann fügte hinzu, daß auch Benjamins Aufsätze ›Über den Begriff der Geschichte‹ und ›Eduard Fuchs, der Sammler und der Historiker‹[3] erhellend für seinen Allegoriebegriff seien. Allegorie werde in ihnen als Geschichtliches verstanden, als »kollektives Bildgedächtnis der Menschheit«.

Herr Steinhagen versuchte, Benjamins Position zu präzisieren: Benjamins Deutung der vergangenen Dinge geschehe zur Rettung der Dinge selbst und sei geleitet von der Hoffnung, die intentionale Projektion von Bedeutung werde schließlich ihre eigene Gewaltsamkeit transzendieren, könne am Ende doch noch das intentionslose ›schlichte Sein‹ der Dinge jenseits aller Bedeutung treffen und sie dadurch selbst zum Sprechen bringen. Seine Entwertung der Welt habe nichts mit der Deutbarkeit der Welt etwa durch die von Herrn Ohly genannten Weltmodelle zu tun, sondern beziehe sich auf eine geschichtsphilosophische Wirklichkeitskonzeption: Im Gegensatz zur mittelalterlichen Philosophie, wo den Dingen der Welt als von Gott geschaffenen immer auch ein metaphysischer Wert zugekommen sei, habe bei Descartes die Welt als restlos entqualifizierte *res extensa* keine metaphysische Qualität oder Bedeutung mehr. Der Prozeß der Entwertung, mit welcher der Allegoriker nur eine real geschehene nachvollziehe, spiegele sich am deutlichsten in der Theatermetapher, wo die Welt als purer Schein entlarvt werde, ebenso bei Gryphius, wo alle Dinge gleichermaßen wertlos seien und – vom Autor beklagt – nur auf ihre Vergänglichkeit verwiesen.

Herr Haug stellte für die weitere Diskussion über Benjamin zwei Fragen als entscheidend heraus:

1. Ist die Benjaminsche Definition des barocken Trauerspiels haltbar? – Herr Haug meinte dazu, daß der Zusammenbruch der Welt im Barock ganz anders erfahren und ausgedrückt worden sei, als dies bei Benjamin erscheine: Während die Aussicht auf Rettung und Erlösung von Gryphius in einem kon-

kret-utopischen Sinn formuliert worden sei, bleibe gerade dieses Moment bei Benjamin sehr diffus.

2. Kann Benjamins Allegoriedefinition überhaupt noch in Zusammenhang mit dem gebracht werden, was herkömmlicherweise unter Allegorie verstanden wird? – Nach Ansicht von Herrn Haug wird der allegorische Sinn der Dinge bei Benjamin auf die Bedeutung ihrer Nichtigkeit reduziert, womit ein Grenzfall des Allegorischen erreicht sei.

Zur ersten Frage sagte Herr Steinhagen, Benjamins Definition des barocken Trauerspiels sei unhaltbar, wo sie dieses als »Schicksalsdrama« bezeichne; problematisch sei weiterhin, daß Benjamin das deutsche barocke Trauerspiel primär aus der Perspektive Calderóns und des gegenreformatorischen Dramas gesehen habe. Ein klarer Utopiebegriff sei jedoch auch bei Benjamin vorzufinden: in seiner Hoffnung auf eine »Realisierung des Reiches Gottes auf Erden«.

Zur zweiten Frage erklärte Herr Steinhagen, die Bedeutungslosigkeit der Dinge resultiere für Benjamin nicht aus ihrer Nichtigkeit an sich, sondern daraus, daß sie frei verfügbar seien für die Projektion von Bedeutung. Eine Restqualität bleibe den Dingen selbst, insofern sie virtuell doch mehr als bloße Bedeutungsträger seien, und um deren »Rettung« sei es Benjamin gegangen. Dem fügte Herr Barner hinzu, daß »Rettung der Dinge« bei Benjamin für σώζειν τὰ φαινόμενα stehe und also »Bewahrung der Dinge« bedeute. Herr Hillen verwies auf die zentrale Formulierung, mit der Benjamin im ›Trauerspielbuch‹ die willkürliche Sinngebung des Allegorikers gegenüber dem Gegenstand beschreibt: »Er legt's in ihn hinein und langt hinunter: das ist nicht psychologisch sondern ontologisch hier der Sachverhalt« [4]. Danach müsse gefragt werden, wieweit die Qualität der Dinge in die Sinngebung miteinfließe.

Herr von Bormann vertrat die Ansicht, daß bei Benjamin die Dinge zwar nicht an und für sich bedeutungslos seien, wohl aber für den um Sinngebung bemühten Allegoriker. Daran sei als sozialgeschichtliche Fragestellung anzuschließen, warum es zu dem von Benjamin behaupteten Bedeutungsverlust der Dinge für den Allegoriker – und das heiße: für die Intelligenz – gekommen sei.

Da Herr Jauß als Gesprächspartner fehlte, konnte seine Vorlage nicht erschöpfend diskutiert werden.

Herr Haug wandte sich gegen Herrn Jauß' These vom Zusammenbruch der Sinnenwelt im Mittelalter und bezeichnete sie als überzogen, weil sie aus einer Mißachtung der Allegorese resultiere, die doch gerade auf der Anschauung der Dinge beruhe und von den Dingen aus zur Bedeutung hinführe.

Herr Helmich hielt Herrn Jauß' Definition der Allegorie im Mittelalter als »Poesie des Unsichtbaren« für zutreffend, bezweifelte jedoch, daß Baudelaire, der durch Benjamin zum Leitpoeten der Moderne stilisiert worden sei, als Muster für die neue, nachgoethezeitliche Allegorie gelten könne. Als Gründe für seine Bedenken führte Herr Helmich an, daß Baudelaire eine Reihe von Personifikationen verwende, seine Allegorie also wesentlich Personifikationsallegorie sei. Auch gebe es von Baudelaire nur wenige theoretische Aussagen über seine Allegorievorstellung, in denen er überdies zwischen den Begriffen ›Allegorie‹

und ›Symbol‹ nicht klar unterscheide. Baudelaire sei mithin nicht als dezidierter Allegoriker zu betrachten.

Herr Titzmann hielt es für ein spezifisches Problem, daß die bei Baudelaire als allegorisch zu betrachtenden Elemente oft Teilmengen von Strukturen seien, die nicht allegorisch aufgefaßt werden könnten. Wesentliche Teile der ›Fleurs du Mal‹ könnten nicht mit dem Begriff der Allegorie belegt werden; vielmehr seien sie semantisch so komplex, daß sie in der herkömmlichen Terminologie nicht mehr beschrieben werden könnten. Als grundsätzliches Problem bleibe, wie die »Koexistenz« von allegorischen und nichtallegorischen Formen zu interpretieren sei.

Zur Erläuterung seiner Vorlage sagte Herr Reiß, der von ihm verwendete Begriff der »dargestellten Hermeneutik« diene dazu, die »Konstituierung eines Sinnhorizonts im Text selbst zu erfassen«, d. h. der Darstellung und Reflexion von Darstellung und Darstellungsvorgang. Dabei sei er davon ausgegangen, daß in der Rezeption des Textes die Konstituierung der Bedeutung dieses Textes mitgeleistet werde. Die herausgearbeiteten Funktionen des Textes seien dann vor dem Hintergrund der zeitgenössischen Debatte zu betrachten und mit dem eigenen Erkenntnisinteresse zu konfrontieren. Bei Anwendung dieses Verfahrens sei bezüglich Hofmannsthals kritisch hervorzuheben, daß er sich durch seine Rückbesinnung auf die bürgerliche Bildungstradition in eben diese Tradition gestellt und dadurch ein konservatives Element in seine Dichtung gebracht habe: eine »Anlehnung an vorgeformte Sinntraditionen« anstatt eigenständiger Versuche zur Bewältigung der von ihm konstatierten Sprachkrise. Als Gegenbeispiel sei Brechts ›Aufstieg und Fall der Stadt Mahagonny‹ zu nennen, wo – ebenfalls unter dem Eindruck der zwanziger Jahre – ein allegorisches Verfahren zur kritischen Beleuchtung des Bürgertums samt seiner Bildungstraditionen diene. – Zu fragen sei, ob die Verwendung des Allegorischen der formal adäquate Ausdruck der Erkenntnislage in den zwanziger Jahren sei: der Erfahrung der Entfremdung und der Dissoziation des Individuums?

Als Einstieg in die Diskussion fragte Herr Titzmann, auf welche Ebene der Sprache genau sich Hofmannsthals Feststellung einer Sprachkrise beziehe. Mit Verweis auf den ›Chandos-Brief‹ sagte Herr Reiß, Hofmannsthal habe primär die »Krise des poetischen Sprechens« beklagt, d. h. der sprachlichen Abbildbarkeit der Wirklichkeit, wie sie durch die Erfahrung der Selbstentfremdung des Individuums aufgetreten sei. Darin sahen Herr Barner und Herr Steinhagen eine Nähe Hofmannsthals zu Benjamin.

Herr Kleinschmidt vertrat die Ansicht, daß die Sprachkrise für Hofmannsthal eine Perzeptionskrise gewesen sei. Insbesondere die Reisebilder aus ›Griechenland‹ (1922) zeigten, daß es für ihn zum Hauptproblem geworden sei, wie er erlebte Welt, die sich gleichsam verselbständigte, umsetzen könnte. Demgegenüber hielt Herr Reiß eine Akzentuierung für notwendig: Als problematisch habe Hofmannsthal weniger die Wirklichkeitsaneignung als vielmehr die Darstellung gehalten. Daher sei ihm auch die Thematisierung der eigenen künstlerischen Möglichkeiten so dringlich gewesen: als Problematisierung der Kunsttradition, die der Wirklichkeit nicht mehr angemessen zu sein schien. Dennoch habe Hofmannsthal mit der Gattung der Komödie diese Tradition wieder aufgenommen. Dies sei jedoch kritisch zu hinterfragen.

Herr Sørensen gab zu bedenken, ob die Verwendung der Begriffe ›Allegorie‹ und ›Allegorisierung‹ im Zusammenhang mit Hofmannsthals Komödie ›Cristinas Heimreise‹ überhaupt angebracht sei. »Zeichen« und »Winke« für die Verstehensmöglichkeiten eines Textes konstituierten noch keine Allegorie und rechtfertigten auch den Begriff ›Allegorie‹ noch nicht. Komplementär dazu fragte Herr Barner, welche Position Hofmannsthal gegenüber der Tradition der mittelalterlichen und barocken Allegorie eingenommen habe. Herr Reiß räumte ein, daß die Verwendung des Begriffes ›Allegorie‹ im Falle Hofmannsthals problematisch sei, zumal Hofmannsthal selbst in seiner Terminologie sehr unpräzise gewesen sei. Dennoch halte er es für legitim und fruchtbar, zur Analyse von Hofmannsthals Werk auf den Allegoriebegriff und – bedingt durch Hofmannsthals Verwurzelung in der österreichischen Tradition – speziell auf den barocken Allegoriebegriff zu rekurrieren, sowohl in seiner Bedeutung als traditionelle Denkform als auch in seiner Bedeutung als anerkanntes Verfahren der dichterischen Sinnstiftung.

Herr Ziegeler stellte fest, daß in ›Cristinas Heimreise‹ nicht nur Sprachskepsis thematisiert, sondern auch Vertrauen in die Sprache signalisiert werde (Florindo vs. Kapitän). Grundsätzlich werde dadurch ein unterschiedliches Rezeptionsverhalten ermöglicht, und folglich sei zu fragen, ob der von Herrn Reiß verwendete Begriff »Rezeptionsp l a n u n g« angemessen sei. Herr Reiß hielt daran fest, daß der Text durch seine Intentionalität eine ganz bestimmte Rezeption nahelege. Der deutlichste Ausweis adressatenbezogenen Schreibens sei die Figur Florindos, die sozusagen als das »verkörperte hermeneutische Prinzip im Text« fungiere und im Hinblick auf die Lenkung der Leseinteressen prädominiere. Dies werde zwar, wie Herr Barner einwandte, schon durch den ›schwächeren‹ Begriff »Rezeptions l e n k u n g« abgedeckt, doch müsse darüber hinaus auch die Konstituierung des gesamten Sinnhorizonts berücksichtigt werden. Aus diesem Grund empfehle sich die Verwendung des Begriffes »Rezeptionsplanung«.

Abschließend bemerkte Herr Steinhagen, Rezeptionslenkung oder -planung seien allerdings nicht als wesentlich für den (modernen) Allegoriebegriff zu betrachten, da beide Momente auch in nichtallegorischen Texten realisiert sein könnten.

Im Übergang zur Schlußdiskussion wurde festgestellt, daß eine Reihe von Fragen nicht oder nur ungenügend besprochen worden sei. Genannt und für die Schlußdiskussion vorgeschlagen wurden:

Wie ist das Verhältnis von Allegorie und Personifikation? (Herr Helmich)

Welchen Sinn hat die sog. Rehabilitation der Allegorie, die während des Kolloquiums immer nur als Faktum angesprochen und begrüßt worden ist, und welches Interesse liegt ihr zugrunde? (Herr Steinhagen)

Ist eine historisch abgegrenzte Funktionsgeschichte der Allegorie möglich? (Herr Herzog)

Gibt es eine historische Perspektive für den Prozeß, der von der mittelalterlichen Allegorese und Signaturenlehre bis zu der völligen Ichbezogenheit der Weltauslegung führt, wie sie Herr Jauß bei Baudelaire herausgestellt hat? (Herr Ohly)

Eine ausführliche Diskussion dieser Fragen war in der knappen Zeit nicht mehr möglich. Mit Stellungnahmen meldeten sich zu Wort:

Herr Ohly: »Überall im Mittelalter und auch noch im Barock, wo vom *sensus spiritualis* die Rede ist, geht es um die Möglichkeiten des Sprechens vom Unsichtbaren oder Unaussprechbaren anhand des Sichtbaren. Ich meine, daß es sich bei der Signaturenlehre um etwas ganz anderes handelt, und ich möchte diesen Begriff hier noch hereinbringen: Die Signaturenlehre ist im 16. und 17. Jahrhundert sehr kraus formuliert worden, und es ist ungeheuer schwer, das Ganze auf eine klare Formel zu bringen. Ich habe dafür schon auf Foucault verwiesen, der es in seinem Buch ›Die Ordnung der Dinge‹[5] versucht, und ich möchte dazu ein paar Sätze sagen, um deutlich zu machen, worum es mir geht: Das Bedeuten der Signaturen hat nicht eigentlich eine Dimension der theologischen Transzendenz, sondern dient vor allem einem Sich-Selbstauslegen der Welt durch die Entschlüsselung der von Gott in sie eingeschaffenen Zeichen, mit denen ein unendliches System des wechselseitigen Aufeinanderdeutens aller Kreatur in der Welt gegeben ist. Wie die Auslegung der Bibel aus sich selbst durch eine Inbezugsetzung von wechselseitig sich erhellenden Schriftstellen in Gestalt einer Kombinatorik ohne Grenzen sich vollziehen kann, so gibt es eine Auslegung der Welt in Gestalt einer Kombinatorik, die durch Aufdeckung des Systems eines grenzenlosen Aufeinanderzeigens grundsätzlich aller Kreaturen die eine aus der anderen zu einer gesteigerten oder aufgeklärten Evidenz des eigenen Wesens bringt. Das Obere spiegelt sich im Unteren, der Makrokosmos im Mikrokosmos, Pflanzen und Sterne verweisen aufeinander, das Äußere ist ein Anzeigen des Inneren, die Gestalt verkündet die in ihr verborgenen Wirkkräfte, aus der Physiognomik ist der Charakter zu lesen. Es gibt ein *omnia in omnibus*, wie eine immer wiederholte Weltformel der Epoche lautet. Es wäre jetzt zu zeigen, wie dies in den Naturwissenschaften seine Konsequenzen hat, vor allem in der Medizin. Worum es mir geht: Daß es hier ein System des rein intramundanen Verweisens gibt, ohne eine transzendentale Dimension. Und ich möchte darin doch eine ganz wesentliche Einschränkung gegenüber dem sehen, was vom Mittelalter her gegeben ist.

Es gibt dann in der Goethe-Zeit eine ganze Reihe von Äußerungen, die zum Inhalt haben, daß es überhaupt keinen Zeichensinn mehr gibt. So heißt es in Schillers ›Braut von Messina‹:

> Vermauert ist dem Sterblichen die Zukunft,
> Und kein Gebet durchbohrt den ehrnen Himmel.
> Ob rechts die Vögel fliegen oder links,
> Die Sterne so sich oder anders fügen,
> Nicht Sinn ist in dem Buche der Natur,

> Die Traumkunst träume und alle Zeichen trügen.
> (V. 2388–93 [IV/4])

Bei Lenau in der Faustdichtung, wo Faust die Bibel ins Feuer wirft, um sich dem Teufel zu verschreiben, ist ebenfalls besiegelt, daß die Natur nicht mehr spricht:

> Schweigsam verstockt ist alle Kreatur,
> Sie weiset und verschlingt der Wahrheit Spur.[6]

Derartige Äußerungen wären aus Eichendorff und anderen herbeizuziehen; ich verzichte darauf.

Nun Baudelaire: Ich habe aus dem Beitrag von Herrn Jauß herausgelesen, daß es darauf ankommt, aus dem Umgang mit der Welt und der Suche nach einem Sinn, sei es in rauschhafter Steigerung oder auf welchem Weg immer, ein gesteigertes Ich zu erlangen. Und es wäre meine Frage, ob eine Weltdeutung auf eine übernatürliche Steigerung des Ich hin am Ende zu einem absoluten Autozentrismus führt, in dem Sinne, daß die aus der Welt zu vermittelnden Erkenntnisse im Grunde auf das Individuum bezogen sind und in weiten Bezirken keine Allgemeinverbindlichkeit mehr beanspruchen können.«

Herr Sørensen: »Ich glaube, es ist ein sehr wichtiges Phänomen, auf das hier aufmerksam gemacht wurde. Doch verhält es sich damit so, daß die Vorstellung von der Sprache der Natur und von dem Buch der Natur tatsächlich in der Goethezeit, besonders in der Romantik und im französischen Symbolismus eine außerordentlich große Rolle spielt. Die Bedeutung dieser Tradition für die Romantik ist indessen noch nicht geklärt; insbesondere bei Novalis und bei Brentano ist diese Tradition bestimmt wirksam. Auch der junge Schiller hat noch Fühlung mit der theosophischen, naturmystischen Tradition, die er dann aufgibt. Nachdem er Kant und die idealistische Philosophie kennengelernt hat, sind die Natur und die Sprache der Natur für ihn leer und tot, und darüber klagt der Elegiker Schiller.«

Herr Herzog: »Ich rekurriere auf die Leitfrage, die Herr Haug dem Kolloquium gestellt hat: Können historisch umschriebene allegorische Formen nachgewiesen werden? Läßt sich aus ihnen eine sinnvolle Funktionsgeschichte allegorischer Formen entwerfen? Die erste Frage ist zu bejahen; die zweite könnte – da das Kolloquium, wohl zu Recht, nicht von einem theoretischen Entwurf ausging – unter Voranstellung einiger begrifflicher Vergewisserungen in einem Rückblick auf behandelte (und nicht behandelte) Phasen beantwortet werden.

Auszugehen wäre von der Diskussion zur Vorlage Hellgardt: Allegorese kann nicht an der Realität getrieben werden; nicht Wirklichkeiten sind auslegungsfähig, nur die dargestellten Wirklichkeiten (Erzählungen, Texte, Bilder). Anders gewendet: eine ›Auslegung‹ von Wirklichkeit ist nur durch deren Veränderung (Gestaltung) möglich; eine Veränderung (Gestaltung) der Wirklichkeit durch dargestellte Wirklichkeit (Mimesis) ist nur durch Auslegung der Mimesis auf ihre Wahrheit (und deren Durchsetzung) möglich.

Dies würde für eine Funktionsgeschichte allegorischer Formen bedeuten:
1. Das geschichtliche Ordnungsdenken im Vorhof typologischer Formen, wel-

ches vergangene Wirklichkeit mit gegenwärtiger identifiziert, ist älter als die allegorische Relation Mimesis – Wahrheit; und es erreicht, wie die Diskussion der Vorlage Ohly gezeigt hat, die figurale Typologie erst durch das Element der Steigerung, das einen Wahrheitsanspruch an Wirklichkeit bedeutet: die Gegenwart soll die Erfüllung, die ›eigentliche‹ Wirklichkeit einer alten Geschichte sein. Dies setzt voraus, daß die alte Wirklichkeit dargestellt vorliegt, damit auslegungsfähig ist: die Typologie erreicht somit bereits die allegorische Struktur Text – Wahrheit – hierauf beruht die anhaltende (und nicht zufällige) begriffliche Vermischung von Typologie und Allegorie. – Mit der Typologie ist das erste Instrument allegorischer Formen zum Klingen gebracht.

2. In der griechischen Antike, in der Homerdeutung und der stoischen Allegorese, wird zum ersten Mal der auf einen urgeschichtlichen, theoretischen Kosmos zielende Wahrheitsanspruch an die Mimesis durchgesetzt; mit der Relation (kulturell veralteter) Text ~ Wahrheit, die von der Etymologie bis zur Sprachphilosophie fundiert wird, hören wir das zweite Instrument, die eigentliche Allegorese.

3. Das Spiel beider Formen geschieht bis in die spätere Antike gleichsam in benachbarten Räumen; es bleibt vor allem auch deshalb ein Vorspiel, weil die Mimesis der Wirklichkeit kaum durch den Wahrheitsanspruch der Auslegung befrachtet wird.

4. Diese Phase – ein Unisono allegorischer Formen – wird seit dem Frühmittelalter erreicht. Es besteht nun grundsätzlich ein Wahrheitsanspruch an Darstellung der Wirklichkeit; es entfaltet sich mit dem Verdacht gegen eine sich diesem Anspruch entziehende Mimesis (vgl. Vorlage Haubrichs) die Polarität Fiktionalität – Realität in einer der Antike nicht bekannten Schärfe. Das allegorische Unisono des Mittelalters integriert nun auch die bislang unberührten Bestände der Antike (vgl. Vorlage Ohly: Mythentypologese und *liber naturae*); in den Kunstformen ist ein anhaltendes Schwanken zwischen *allegoria pura* und *permixta*, Signal und Verhüllung, Erzählung und Abbreviatur festzustellen (Vorlagen zum höfischen Roman).

5. Mit den Vorlagen zum Spätmittelalter und zur frühen Neuzeit wurden nicht nur die traditionellen Anschauungen vom ›Ende der allegorischen Epoche‹ (Luther; Aristotelesrezeption; Aufkommen des Bürgertums) differenziert; sie alle demonstrierten auch einen Prozeß des Auseinandertretens von Mimesis und Wahrheitsanspruch: keine der allegorischen Formen verstummt, aber das Unisono löst sich in die Synkopen der Ungleichartigkeit gleichzeitiger Formen auf. Es war zu beobachten das Auseinandertreten
   – von Ernsthaftigkeit und Parodie,
   – von allegorischen Großformen und kleineren ›funktionalen‹ Gattungen (u. a. Problem der Sonderstellung des Emblems),
   – von verstehender und nicht-verstehender Allegorierezeption (hier stellte sich das Problem allegorischer Repräsentationskunst und möglicher Pu-

blika vom ›gemeinen Mann‹ – Vorlage Moser – bis zum eingeweihten Zirkel – Vorlage Wiedemann),

– von verschiedenen allegorischen Medien, unter denen eine Zeitversetzung
  (insbesondere zwischen Musik und Literatur) zu konstatieren war.

6. Die Diskussion über das Begriffspaar Symbol – Allegorie in der deutschen
   Klassik, über den Benjaminschen Allegoriebegriff und die allegorischen
   ›Spätformen‹ bei Baudelaire und Hofmannsthal zeigte, daß auch die Wendung des 18. Jh. gegen die allegorischen Einzelformen (in der Diskussion oft
   als ›Zweckformen‹ bezeichnet) des Barock nicht das Ende der Allegorie bedeutete: diese erreicht vielmehr, seit der Romantik, nur mehr auf die Wahrheit und Persistenz der Poesie selbst verweisend, ein Stadium virtueller Un-
   verlierbarkeit (Verweis in der Diskussionseinleitung Barner auf die Formen
   des 20. Jh.).

   Sollte es möglich sein, die allegorische Gestaltung theoretisch in der Spannung zwischen Wirklichkeit, Mimesis und Wahrheit, historisch in dem einzelnen Zueinandertreten der Formen, einer mittelalterlichen Phase der Engfüh-
   rung und ihrem Auseinandertreten seit dem Spätmittelalter zu charakterisieren, so hätte sie ihre Entstehung und ihren (dauernden) Platz in einem anthropologischen Entwurf, wie ihn Vico andeutet: sie ist eine der Ausdrucks-
   möglichkeiten, seit Gott handelt, indem er erzählt.«

Zur Relativierung der Ausführungen von Herrn Herzog wandte Herr Cormeau ein, daß auch der Realitätsbegriff, den Herr Herzog als Konstante gebraucht habe, historisiert werden müsse.

Herr Harms: »Ich verweise auf Anaxagoras: ὄψις ἀδήλων τὰ φαινόμενα: Die
sichtbaren Dinge bilden die Grundlage der Erkenntnis des Unsichtbaren[7].
Aus dieser von mir bekenntnishaft zitierten Formel des Anaxagoras möchte ich
eine Einschränkung für Herrn Herzogs Ausführungen ableiten, sofern sie das
Mittelalter betreffen. Für das Mittelalter nämlich geht der Blick in die Wahrheit
unmittelbar über die Phänomene. Was das Mittelalter als Realitätsgrundlage für
Sinngewinnung ansieht, ist mehr als nur die geschaffene Dinglichkeit. Der Bedeutungsaspekt ist unmittelbar an die Realia anzuknüpfen. – Von der Formel
des Anaxagoras ausgehend ist eine Historisierung der Allegorie möglich: Man
kann das ›Unsichtbare‹ jeweils als Zielbestimmung sehen, die religiös oder pro-
fan gestimmt sein kann und historisch noch weiter aufzufächern wäre; die ›Phänomene‹ können selber wieder ein verschiedenes Angebot an potentiell Erfaß-
barem bieten, können selber wieder der Ort der Verlagerung von Kompetenz
sein; und eventuell ist ὄψις, der ›Blick‹, was in Herrn Herzogs System der Text
ist. Der von Herrn Herzog vorgeführte Dreischritt ›Wirklichkeit – Text – Wahrheit‹ ist faszinierend und für viele Epochen vielleicht zutreffend. Für das Mittelalter aber bezweifle ich, daß dieser Schritt zur Wahrheit hin immer über die
Ästhetisierung des Textes gehen muß.«

Anmerkungen:

1 Vgl. Sørensen, 1972, S. 158.
2 Vgl. Benjamin, 1963, S. 174.
3 Vgl. Benjamin, Ges. Schriften, hgg. R. Tiedemann/H. Schweppenhäuser, Frankfurt
   a. M., Bd. I/2, 1974, S. 691–704, bzw. Bd. II/2, 1977, S. 465–505.
4 Vgl. Benjamin, 1963, S. 205.
5 Vgl. Michel Foucault, Die Ordnung der Dinge. Eine Archäologie der Humanwissenschaften. Frankfurt a. M. 1971 (Titel der Originalausgabe: Les mots et les choses. Aus
   dem Französischen von Ulrich Köppen).
6 Vgl. Lenau, Sämtl. Werke, hg. E. Castle, Leipzig 1911, Bd. 2, S. 11.
7 Vgl. Die Fragmente der Vorsokratiker, hg. H. Diels, 5. Aufl., hg. W. Kranz, Berlin
   1935, Bd. 2, S. 43 (fr. 21 a); dt.: Die Vorsokratiker, übers. von W. Capelle, Stuttgart
   1963, S. 280.

Bibliographie

ADAM, Wolfgang: ›Amintas oder Wald=Gedichte.‹ Bemerkungen zu Klaus Garber ›Der locus amoenus und der locus terribilis‹, Euph. 70 (1976), S. 296–314.

AERS, David: ›Piers Plowman‹ and Christian allegory, London 1975.

ALLEAU, René: La science des symboles (Coll. Bibl. scientifique), Paris 1976.

ALLEN, Don Cameron: Image and meaning. Metaphoric traditions in Renaissance poetry, Baltimore 1960, ²1968.

DERS.: Mysteriously meant. The rediscovery of pagan symbolism and allegorical interpretation in the Renaissance, Baltimore/London 1970.

ALVERNY, Marie-Thérèse d': La Sagesse et ses sept filles. Recherches sur les allégories de la philosophie et des arts libéraux du IXᵉ au XIIᵉ siècle, in: Mél. Félix Grat I, Paris 1946, S. 245–278.

ARTHOS, John: On the poetry of Spenser and the form of romances, London 1956.

ASMUSSEN, Jes P.: Der Manichäismus als Vermittler literarischen Gutes, Temenos 2 (1966), S. 5–21.

AUERBACH, Erich: Figura, ArchR 22 (1939), S. 436–489; = in: E. A.: Neue Dantestudien, Istanbul 1944, S. 11–71; = in: E. A.: Aufsätze, 1967, S. 55–92.

DERS.: Figurative texts illustrating certain passages of Dante's ›Commedia‹, Spec. 21 (1946), S. 474–489; = in: E. A.: Aufsätze, 1967, S. 93–108.

DERS.: Typological symbolism in medieval literature, YFSt 9 (1952), S. 3–10; = in: E. A.: Aufsätze, 1967, S. 109–114.

DERS.: Typologische Motive in der mittelalterlichen Literatur (Schriften u. Vortr. d. Petrarca-Instituts Köln 2), Krefeld 1953, ²1964.

DERS.: Gesammelte Aufsätze zur romanischen Philologie, Bern/München 1967.

AYMARD, Jacques: Essai sur les chasses romaines des origines à la fin du siècle des Antonins (Bibl. des écoles françaises d'Athènes et de Rome), Paris 1951.

BAES, Edgard: Le symbole et l'allégorie (Mémoires de l'Acad. Royale des Sciences, des Lettres et des Beaux-Arts de Belgique 59/8), Brüssel 1899–1900.

BALZER, Bernd: Bürgerliche Reformationspropaganda. Die Flugschriften des Hans Sachs in den Jahren 1523–1525 (Germ. Abh. 42), Stuttgart 1973.

BAMBECK, Manfred: ›Göttliche Komödie‹ und Exegese, Berlin/New York 1975.

BANDMANN, Günter: Mittelalterliche Architektur als Bedeutungsträger, Berlin 1951, Nachdr. Darmstadt 1969, Berlin ⁵1978.

DERS.: Die vorgotische Kirche als Himmelsstadt, FMSt 6 (1972), S. 67–93.

BARON, Edith: Das Symbol des Wanderers in Goethes Jugend. Erlebnis, Begriff, Wort, Dt. Beitr. z. geistigen Überlieferung 5 (1965), S. 73–107.

BARR, James: Old and new in interpretation. A study of the two Testaments, London 1966, dt.: Alt und Neu in der biblischen Überlieferung. Eine Studie zu den beiden Testamenten, München 1967.

BATAILLON, Marcel: Essai d'explication de l'auto sacramental, Bull. Hispanique 42 (1940), S. 93–212.

BATLLORI, Miguel: Allegoria y símbolo en Baltasar Gracián, Arch. di filosofia 2/3 (1958), S. 247–250.

BATTLES, Ford Lewis: Bernard of Clairvaux and the moral allegorical tradition, in: D. Radcliff-Umstead, (Hg.): Innovation in medieval literature. Essays to the memory of Alan Markman, Pittsburgh, Pa. 1971. S. 1–19.

740   Bibliographie

BATTS, Michael S.: Numbers and number symbolism in medieval German poetry, MLQ 24 (1963), S. 342–349.

DERS.: The origins of numerical symbolism and numerical patterns in medieval German literature, Traditio 20 (1964), S. 462–471.

BAUER, Gerhard: Claustrum Animae. Untersuchungen zur Geschichte der Metapher vom Herzen als Kloster, Bd. 1: Entstehungsgeschichte, München 1973.

BAUER, Johannes B.: Lepusculus Domini. Zum altchristlichen Hasensymbol, Zs. f. kath. Theologie 79 (1957), S. 457–466.

BAYRAV, Süheylâ: Symbole et allégorie, Dialogues 4 (février 1956), S. 31–60.

BEHRMANN, Inge: Darstellungen der vier Jahreszeiten auf Objekten der Volkskunst. Untersuchungen zur Ikonographie und Geschichte eines Motivs, Diss. Freiburg i. Br., Bern/Frankfurt a. M. 1976.

BEICHNER, Paul E.: The allegorical interpretation of medieval literature, PMLA 82 (1967), S. 33–38.

BEIERWALTES, Werner: Negati Affirmatio: Welt als Metapher. Zur Grundlegung einer mittelalterlichen Ästhetik durch Johannes Scotus Eriugena, Philosophisches Jb. 83 (1976), S. 237–265.

DERS.: Melancholie und Musik. Ikonographische Studien, Köln/Opladen 1960.

BEIRNAERT, Louis: Le symbolisme ascensionnel dans la liturgie et la mystique chrétiennes, Eranos-Jb. 19 (1950), S. 41–63.

BENJAMIN, Walter: Ursprung des deutschen Trauerspiels, Frankfurt a. M. 1928, 1963, 1972, = in: B. W.: Schriften, hgg. Th. W. Adorno / Gretel Adorno unter Mitwirkung von Friedrich Podszus, Frankfurt a. M. 1955.

DERS.: Zentralpark, in: W. B.: Ges. Schriften I, 2, hgg. Rolf Tiedemann / Hermann Schweppenhäuser, Frankfurt a. M. 1974, S. 655–690.

BENNHOLT-THOMSEN, Anke: Die allegorischen *kleit* im ›Gregorius‹-Prolog, Euph. 56 (1962), S. 174–184; = in: H. Kuhn/Ch. Cormeau (Hgg.): Hartmann von Aue (WdF 359), Darmstadt 1973, S. 195–216.

BEREFELT, Gunnar: On symbol and allegory, JAAC 28 (1969), S. 201–212.

BEREK, Peter: The transformation of allegory from Spenser to Hawthorne, Amherst, Mass. 1962.

BERGER jr., Harry: The allegorical temper. Vision and reality in book II of Spenser's ›Faerie Queene‹, New Haven 1957.

BERGER, Kurt: Barock und Aufklärung im geistlichen Lied, Marburg 1951 (Die Allegorien der geistlichen Lyrik: S. 41–77).

BERGMANN, Fritz: Allegorie und Welt. Studien zum Allegoriebegriff und zu den Determinationen von ›Welt‹ in frühmittelhochdeutscher Literatur, Diss. Berlin 1973.

BERGWEILER, Ulrike: Die Allegorie im Werk von Jean Lemaire de Belges (Kölner rom. Arbeiten NF 47), Genf 1976.

BERKELEY, David S.: Some misapprehensions of Christian typology in recent literary scholarship, Studies in English Literature 1500–1900, 18 (1978), S. 3–12.

BERNARDELLI, Giuseppe: Sulle personificazioni di Baudelaire, StF 17 (1973), S. 422–437.

BERCOVICH, Sacvan (Hg.): Typology and early American literature, Amherst, Mass. 1972 [mit reicher Bibliographie].

BETHURUM, Dorothy (Hg.): Critical approaches to medieval literature. Selected papers from the English Institute, 1958–1959, New York/London 1960, ²1961.

BEZOLD, Friedrich von: Das Fortleben der antiken Götter im mittelalterlichen Humanismus, Bonn/Leipzig 1922, Nachdr. 1962.

BEZZOLA, Reto R.: Le sens de l'aventure et de l'amour, Paris 1947, dt. [gekürzt]: Liebe und Abenteuer im höfischen Roman (rde 117/118), Reinbek 1961.

BIAŁOSTOCKI, Jan: Stil und Ikonographie. Studien zur Kunstwissenschaft (Fundus-Bücher 18), Dresden 1966.

BIEHL, Jürgen: Der Wilde Alexander. Untersuchungen zur literarischen Technik eines Autors im 13. Jahrhundert, Diss. Hamburg 1970 (Lied [V]: Hie vor dô wir kinder wâren: S. 142–158).

BIENERT, Wolfgang A.: ›Allegoria‹ und ›Anagoge‹ bei Didymos dem Blinden von Alexandria (Patristische Texte u. Studien 13), Berlin/New York 1972.

BIRCHER, Martin/HAAS, Alois M. (Hgg.): Deutsche Barocklyrik. Gedichtinterpretationen von Spee bis Haller, Bern/München 1973.

BIRKNER, Gerd: Heilsgewißheit und Literatur. Metapher, Allegorie und Autobiographie im Puritanismus (Theorie u. Gesch. d. Lit. u. d. schönen Künste. Texte u. Abh. 18), München 1972.

BISCHOFF, Bernhard: Wendepunkte in der Geschichte der lateinischen Exegese im Frühmittelalter, Sacris Erudiri, Jaarboek voor Godsdienstwetenschappen 6 (1954), S. 189–281; = in: B. B.: Mittelalterliche Studien I, Stuttgart 1966, S. 205–273.

BLACK, Matthew: The parables as allegory, Bull. of the John Ryland's Library 42 (1959/60), S. 273–287.

BLANK, Walter: Die deutsche Minneallegorie. Gestaltung und Funktion einer spätmittelalterlichen Dichtungsform (Germ. Abh. 34), Stuttgart 1970.

DERS.: Zur Entstehung des Grotesken, in: Deutsche Literatur des späten Mittelalters, Hamburger Colloquium 1973, hgg. Wolfgang Harms / L. Peter Johnson, Berlin 1975, S. 35–46.

DERS.: Kultische Ästhetisierung. Zu Hermanns von Sachsenheim Architektur-Allegorese im ›Goldenen Tempel‹, in: Verbum et Signum I, Fs. Friedrich Ohly, München 1975, S. 355–383.

BLANKENBURG, Wera von: Heilige und dämonische Tiere. Die Symbolsprache der deutschen Ornamentik im frühen Mittelalter, Leipzig 1943.

BLOCH, Ernst: Über Gleichnis, Allegorie, Symbol in der Welt, in: E. B.: Tübinger Einleitung in die Philosophie, Gesamtausg. Bd. 13, Frankfurt a. M. 1970, S. 334–344.

DERS.: Experimentum mundi, Gesamtausg. Bd. 15, Frankfurt a. M. 1975, S. 202f.

BLOCH, Peter: Typologische Kunst, in: Lex et sacramentum im Mittelalter (Misc. Med. 6), Berlin 1969, S. 127–142.

DERS.: Art. ›Typologie‹, LCI 4 (1972), 395–404.

BLOOM, Edward A.: The allegorical principle, ELH 18 (1951), S. 163–190.

BLOOMFIELD, Morton W.: The seven deadly sins. An introduction to the history of a religious concept, with special reference to medieval English literature, Michigan 1952, Nachdr. 1967.

DERS.: Symbolism in medieval literature, MPh 56 (1958), S. 73–81; = in: M. W. B.: Essays and explorations. Studies in ideas, language, and literature, Cambridge, Mass. 1970, S. 82–95.

DERS.: A grammatical approach to personification allegory, MPh 60 (1963), S. 161–171; = in: M. W. B.: Essays and explorations. Studies in ideas, language, and literature, Cambridge, Mass. 1970, S. 242–260.

DERS.: Allegory as interpretation, NLH 3 (1971/72), S. 301–317.

BLUMENBERG, Hans: Paradigmen zu einer Metaphorologie, Arch. f. Begriffsgesch. 6 (1960), S. 7–142, 301–305.

DERS.: Die kopernikanische Wende, Frankfurt a. M. 1965 [bes. S. 122–164].

DERS.: Beobachtungen an Metaphern, Arch. f. Begriffsgesch. 15 (1970–71), S. 161–214.

BOBLITZ, Hartmut: Die Allegorese der Arche Noah in der frühen Bibelauslegung, FMSt 6 (1972), S. 159–170.

Böckmann, Paul: Formgeschichte der deutschen Dichtung, Bd. 1: Von der Sinnbildsprache zur Ausdruckssprache, Hamburg 1949.

Ders.: Goethes naturwissenschaftliches Denken als Bedingung der Symbolik seiner Altersdichtung, in: Literature and Science, Proceedings of the Sixth Triennial Congress, Oxford 1954, S. 228–236.

Boer, Willem den: De allegorese in het werk van Clemens Alexandrinus, Diss. Leiden 1940.

Ders.: Allegory and history, in: Romanitas et Christianitas. Studia Jano Henrico Waszink, Amsterdam/London 1973, S. 15–27.

Boletta, William L.: Earthly and spiritual sustenance in ›La Queste del Saint Graal‹, Romance Notes 10 (1968/69), S. 384–388.

Bollacher, Martin: Lessing: Vernunft und Geschichte, Untersuchungen zum Problem religiöser Aufklärung in den Spätschriften (Studien z. dt. Lit. 56), Tübingen 1978.

Borges, Jorge Luis/Guerrero, Margarita: Einhorn, Sphinx und Salamander. Ein Handbuch der phantastischen Zoologie (aus d. Span. übertr. v. Ulla de Herrera), München 1964.

Bormann, Alexander v.: Natura loquitur. Naturpoesie und emblematische Formel bei Joseph von Eichendorff (Studien z. dt. Lit. 12), Tübingen 1968.

Born, Lester K.: Ovid and allegory, Spec. 9 (1934), S. 362–379.

Bornemann, Wilhelm: Die Allegorie in Kunst, Wissenschaft und Kirche, Freiburg i. Br. 1899.

Bosse, Heinrich: Theorie und Praxis bei Jean Paul. § 74 der ›Vorschule der Ästhetik‹ und Jean Pauls erzählerische Technik, bes. im ›Titan‹. (Abh. z. Kunst-, Musik- u. Lit.wiss. 87) Bonn 1970.

Bourdieu, Pierre: Zur Soziologie der symbolischen Formen, Frankfurt a. M. 1970.

Bowen, Lee: The tropology of mediaeval dedication rites, Spec. 16 (1941), S. 469–479.

Boyancé, Pierre: La symbolique funéraire des Romans, REA 45 (1943), S. 291–298.

Brackert, Helmut: Eine romantische Parzival-Allegorese, in: Fs. Gottfried Weber, Bad Homburg v. d. H./Berlin/Zürich 1967, S. 237–254.

Bréhier, Emile: Origine des images symboliques, Rev. philosophique de la France et de l'Étranger 75 (1913), S. 135–155.

Breuer, Dieter: Der ›Philotheus‹ des Laurentius von Schnüffis. Zum Typus des geistlichen Romans im 17. Jahrhundert, Meisenheim a. Glan 1969.

Breuer, Wilhelm: Die lateinische Eucharistiedichtung des Mittelalters von ihren Anfängen bis zum Ausgang des 13. Jahrhunderts. Ein Beispiel religiöser Rede (Beih. z. Mlat. Jb. 2), Wuppertal/Kastellaun/Düsseldorf 1970.

Brinkmann, Hennig: Die ›zweite Sprache‹ und die Dichtung des Mittelalters, in: Methoden in Wissenschaft und Kunst des Mittelalters (Misc. med. 7), Berlin 1970, S. 155–171.

Ders.: Verhüllung (›integumentum‹) als literarische Darstellungsform im Mittelalter, in: Der Begriff der Repraesentatio im Mittelalter. Stellvertretung, Symbol, Zeichen, Bild (Misc. med. 8), Berlin 1971, S. 314–339.

Ders.: Die Zeichenhaftigkeit der Sprache, des Schrifttums und der Welt im Mittelalter, ZfdPh 93 (1974), S. 1–11.

Ders.: Die Sprache als Zeichen im Mittelalter, in: Gedenkschr. Jost Trier, Köln/Wien 1975, S. 23–44.

Broek, R. van den: The myth of the phoenix, according to classical and early Christian traditions, Leiden 1971.

Bronder, Barbara: Das Bild der Schöpfung und Neuschöpfung der Welt als orbis quadratus, FMSt 6 (1972), S. 188–210.

Bronson, Bertrand H.: Personification reconsidered, ELH 14 (1947), S. 163–177; = in:

Frederick W. Hilles (Hg.): New light on Dr. Johnson; essays on the occasion of his 250th birthday, New Haven, Conn. 1959, S. 189–231.

BRÜCKNER, Peter: Zur Psychologie und Anthropologie des Symbols, Die pädagogische Provinz 12 (1958), S. 354–359.

BRÜGGEMANN, Diethelm: Fontanes Allegorien, Neue Rundschau 82 (1971), S. 290–310; S. 486–505.

BRUMM, Ursula: Die religiöse Typologie im amerikanischen Denken. Ihre Bedeutung für die amerikanische Literatur- und Geistesgeschichte, Leiden 1963.

BRUYNE, Edgar de: Études d'esthétique médiévale, Bruges 1946, Nachdr. 1975.

BRYAN-KINNS, Merrick: Philippe Habert's ›Temple de la mort‹. Probable source of a German Baroque allegory, arcadia 8 (1973), S. 296–299.

BUCH, Hans Christoph: Ut pictura poesis. Die Beschreibungsliteratur und ihre Kritiker von Lessing bis Lukács, München 1972.

BUCK, August: Renaissance und Barock. – Die Emblematik. 2 Essays, Beitr. z. Handb. d. Lit.wiss., Frankfurt a. M. 1971.

BÜCHLER, Hansjörg: Studien zu Grimmelshausens ›Landstörtzerin Courasche‹ (Vorlagen/Struktur und Sprache/Moral) (Europäische Hochschulschriften Reihe I, 51), Bern/Frankfurt a. M. 1971.

BÜRGER, Peter: Theorie der Avantgarde (ed. suhrk. 727), Frankfurt a. M. 1974.

BUKOFZER, Manfred: Allegory in baroque music, JWCI 3 (1939/40), S. 1–21.

BULTMANN, Rudolf: Ursprung und Sinn der Typologie als hermeneutischer Methode, Theol. Lit.zeitg. 75 (1950), S. 205–212.

BURCKHARDT, Jacob: Die Allegorie in den Künsten (1887), = in: J. B.: Vorträge 1844–1887 (hg. Emil Dürr), Basel 1918, S. 300–316; = in: J. B.: Gesamtausg. Bd. 16, Stuttgart 1933, S. 419–438; = in: J. B.: Kulturgeschichtliche Vorträge (hg. Rudolf Marx), Stuttgart 1959, S. 318–342.

BURGER, Harald: Jakob Bidermanns ›Belisarius‹. Edition und Versuch einer Deutung, (Quellen u. Forschungen z. Sprach- u. Lit.gesch. d. germ. Völker NF 19 [143]), Berlin 1966.

BURKE, Kenneth: The rhetoric of religion. Studies in logology, Boston 1961.

DERS.: Dichtung als symbolische Handlung. Eine Theorie der Literatur (ed. suhrk. 153), Frankfurt a. M. 1966.

BUSCH, Werner/LÜTZELER, Heinrich/TRIER, Eduard (Hgg.): In memoriam Günter Bandmann, Berlin 1978.

CALDWELL, Mark L.: Allegory: The Renaissance mode, ELH 44 (1977), S. 580–600.

CALI, Pietro: Allegory and vision in Dante and Langland. A comparative study, Cork 1971.

CALIN, Vera: Auferstehung der Allegorie. Weltliteratur im Wandel. Von Homer bis Beckett, Wien/Zürich/München 1975.

CAMES, Gérard: Allégories et symboles dans l'Hortus Deliciarum, Leiden 1971.

CAMP, Leo Leonard: Studies in the rationale of medieval allegory, Diss. Washington 1943.

CANNON, Ch. K.: William Whitaker's ›Disputatio de Sacra Scriptura‹. A sixteenth-century theory of allegory, HLQ 25 (1962), S. 129–138.

CAPLAN, Harry: The four senses of scriptural interpretation and the mediaeval theory of preaching, Spec. 4 (1929), S. 282–290; = in: H. C.: Of eloquence. Studies in ancient and mediaeval rhetoric (hgg. Anne King/Helen North), Ithaca/London 1970, S. 93–104.

CARMAN, Justice Neale: The relationship of the ›Perlesvaus‹ and the ›Queste del Saint Graal‹, Lawrence 1936.

DERS.: The symbolism of the ›Perlesvaus‹, PMLA 61 (1946), S. 42–83.

CASEL, Odo: Vom Spiegel als Symbol (Aus nachgelassenen Schriften zusammengestellt v. Julia Platz), Maria Laach 1961.

CASSIRER, Ernst: Philosophie der symbolischen Formen, Berlin 1923–1929, Oxford ²1954, Nachdr. Darmstadt ⁶1973–1975.

DERS.: Wesen und Wirkung des Symbolbegriffs, Oxford 1956, Nachdr. Darmstadt ⁵1976.

CHAMPEAUX, Gérard de/STERCKX, Sébastien: Introduction au monde des symboles, Paris 1966.

CHARITY, A. C.: Events and their afterlife. The dialectics of Christian typology in the Bible and Dante, Cambridge 1966.

CHENU, Marie-Dominique: Théologie symbolique et exégèse scolastique aux XIIᵉ–XIIIᵉ siècles, in: Mél. J. de Ghellinck II, Gembloux 1951, S. 509–526.

DERS.: Les deux âges de l'allégorisme scripturaire au moyen âge, Recherches de théologie ancienne et médiévale 18 (1951), S. 19–28.

DERS.: Histoire et allégorie au XIIᵉ siècle, in: Fs. J. Lortz II, Baden-Baden 1958, S. 59–71.

CHEVALIER, Jean/GHEERBRANDT, Alain: Dictionnaire des symboles, Paris 1969, ²1977.

CHEW, Samuel Claggett: The pilgrimage of life, New Haven/London 1962.

CHRISTIANSEN, Irmgard: Die Technik der allegorischen Auslegungswissenschaft bei Philon von Alexandrien (Beitr. z. Gesch. d. biblischen Hermeneutik 7), Tübingen 1969.

CHYDENIUS, Johan: The typological problem in Dante. A study in the history of medieval ideas, Societas Scientiarum Fennica, Commentationes Humanarum Litterarum 25, 1 (1958), S. 11–159.

DERS.: The theory of medieval symbolism, Societas Scientiarum Fennica, Commentationes Humanarum Litterarum 27, 2 (1960), S. 3–42.

DERS.: La théorie du symbolisme médiéval, Poétique 23 (1975), S. 322–341.

CINQUEMANI, A. M.: Henry Reynolds' ›Mythomystes‹ and the continuity of ancient modes of allegoresis in seventeenth-century England, PMLA 85 (1970), S. 1041–1049.

CLEMENTS, Robert J.: Picta Poesis. Literary and humanistic theory in Renaissance emblem books, Rom 1960.

CLIFFORD, Gay: The transformations of allegory, London/Boston 1974.

CLIFTON-EVEREST, J. M.: Christian allegory in Hartmann's ›Iwein‹, GR 48 (1973), S. 247–259.

COLISH, Marcia L.: Medieval allegory: A historiographical consideration, Clio (Kenosha, Wisc.) 4 (1975), S. 341–355.

COLLINS, Mary Emmanuel: Allegory in the early English moral plays, Yale 1936.

CORNELIUS, Roberta D.: The figurative castle. A study in the mediaeval allegory of the edifice with especial reference to religious writings, Bryn Mawr, Pa., 1930.

COTOGNI, Laura: Sovrapposizione di visioni e di allegorie nella ›Psychomachia‹ di Prudenzio, Rendiconti della R. Accademia Nazionale dei Lincei, classe di scienze morali, storiche e filologiche, ser. 6, 12 (1936), S. 441–461.

COUPE, William A.: The German illustrated broadsheet in the seventeenth century. Historical and iconographical studies, I: Text, II: Bibliographical Index (Bibliotheca Aureliana 17; 20), Baden-Baden 1966; 1967.

COURCELLE, Pierre: Quelques symboles funéraires du néoplatonisme latin. Le vol de Dédale. – Ulysse et les sirènes, REA 46 (1944), S. 65–93.

DERS.: Les exégèses Chrétiennes de la quatrième eglogue, REA 59 (1957), S. 294–319.

CROCE, Benedetto: Sulla natura dell'allegoria, in: B. C.: Nuovi saggi di estetica, Bari ³1948, S. 329–338.

CROSS, James: On the allegory in ›The Seafarer‹ – illustrative notes, Med. Aev. 28 (1959), S. 104–106.

CULLER, J.: Literary history, allegory, and semiology, NLH 7 (1975/76), S. 259–270.

CURTIUS, Ernst Robert: Europäische Literatur und lateinisches Mittelalter, Bern ¹1948, ⁸1973 [cf. Index s. v. ›Allegorie‹].

DAHLHAUS-BERG, Elisabeth: Nova antiquitas et antiqua novitas. Typologische Exegese und isidorianisches Geschichtsbild bei Theodulf von Orleans (Kölner hist. Abh. 23), Köln/Wien 1975.

DALY, Peter M.: Trends and problems in the study of emblematic literature, Mosaic 5/4 (1971/72), S. 53–68.

DERS.: Zu den Denkformen des Emblems, in: Akten des V. Internationalen Germanisten-Kongresses, Cambridge 1975, Jb. f. Internationale Germanistik, Reihe A, Bd. 2, 3, S. 90–101.

DERS.: Goethe and the emblematic tradition, JEGPh 74 (1975), S. 388–412.

DERS.: Dichtung und Emblematik bei Catharina Regina von Greiffenberg, Bonn 1976.

DAMON, Phillip: The two modes of allegory in Dante's ›Convivio‹, PhQ 40 (1961), S. 144–149.

DANCKERT, Werner: Symbol, Metapher, Allegorie im Lied der Völker (hg. Hannelore Vogel), Teil 1: Natursymbole, Bonn-Bad Godesberg 1976.

DANIÉLOU, Jean: Sacramentum futuri. Études sur les origines de la typologie biblique, Paris 1950.

DERS.: Typologie et allégorie chez Clément d'Alexandrie, in: Studia Patristica IV. Papers presented to the third international conference on patristic studies held at Christ Church, Oxford 1959 (Texte u. Untersuchungen z. Gesch. d. altchristlichen Lit. 79), Berlin 1961, S. 50–57.

DAVY, Marie-Madeleine: Initiation à la symbolique romane (XIIᵉ siècle). Nouvelle édition de l'›Essai sur la symbolique romane‹ 1955, Paris 1964.

DEGEN, H.: Die Tropen der Vergleichung bei Johannes Chrysostomus. Beitrag zur Geschichte von Metapher, Allegorie und Gleichnis in der griechischen Prosaliteratur, Olten 1921.

DEITMARING, Ursula: Die Bedeutung von Rechts und Links in theologischen und literarischen Texten bis um 1200, ZfdA 98 (1969), S. 265–292.

DELASANTA, Rodney: Chaucer and the exegetes, StLI 4 (1971), S. 1–10.

DEMATS, Paule: Fabula. Trois études de mythographie antique et médiévale (Publications rom. et françaises 122), Genève 1973.

DEONNA, Waldemar: Quelques réflexions sur le symbolisme en particulier dans l'art préhistorique, Rev. de l'Histoire des Religions 89 (1924), S. 1–60.

DERBOLAV, Josef: Das Metaphorische in der Sprache. Beitrag zu einer dialektisch-grenzbegrifflichen Sprachphilosophie, in: Philosophie der Wirklichkeitsnähe, Fs. Robert Reininger, Wien 1949, S. 80–113.

DEUGD, C. de: Het symbol in de literatuur, in: Handelingen van het zevenentvintigste Nederlands Filologencongres, Groningen 1962, S. 68–76.

DIECKMANN, Liselotte: Hieroglyphics. The history of a literary symbol, St. Louis 1970.

DITTRICH, Marie-Luise: Die ›Eneide‹ Heinrichs von Veldeke, I. Quellenkritischer Vergleich mit dem ›Roman d'Eneas‹ und Vergils ›Aeneis‹, Wiesbaden 1966 [S. 565 ff.].

DOBSCHÜTZ, Ernst von: Vom vierfachen Schriftsinn, in: Harnack-Ehrung. Beiträge zur Kirchengeschichte. Adolf v. Harnack zum 70. Geburtstag, Leipzig 1921, S. 1–13.

DÖLGER, Franz Joseph: Die Sonne der Gerechtigkeit und der Schwarze. Eine religionsgeschichtliche Studie zum Taufgelöbnis (Liturgiegesch. Forschungen 2), Münster 1918.

DERS.: Sol Salutis. Gebet und Gesang im christlichen Altertum (Liturgiegesch. Forschungen 4/5) Münster 1920, ²1925.

DÖRRIE, Heinrich: Spätantike Symbolik und Allegorese, FMSt 3 (1969), S. 1–12.

DERS.: Zur Methodik antiker Exegese, Zs. f. d. neutestamentl. Wiss. u. d. Kunde d. älteren Kirche 65 (1974), S. 121–138.

DOREN, Alfred Jakob: Fortuna im Mittelalter und in der Renaissance (Vortr. d. Bibl. Warburg II, 1922/23, 1. Teil), Leipzig/Berlin 1924, S. 71–144.

DRONKE, Peter: Fabula: Explorations into the uses of myth in medieval platonism (Mlat. Studien u. Texte 9), Leiden/Köln 1974.

DROULERS, Eugène: Dictionnaire des attributs, allégories, emblèmes et symboles, Turnhout 1950.

DRUX, Rudolf: Martin Opitz und sein poetisches Regelsystem (Lit.u. Wirklichkeit 18), Bonn 1976 (Die Tropen der Opitzschen Dichtung, S. 115–139).

DUCHROW, Ulrich: Sprachverständnis und biblisches Hören bei Augustin (Hermeneutische Untersuchungen z. Theologie 5), Tübingen 1965.

DUNBAR, Helen Flanders: Symbolism in mediaeval thought and its consummation in the ›Divine Comedy‹, New Haven/London 1929, New York ²1961.

DUNDAS, Judith: Allegory as a form of wit, Studies in the Renaissance 11 (1964), S. 223–233.

DUNLAP, Rhodes: The allegorical interpretation of Renaissance literature, PMLA 82 (1967), S. 39–43.

EARL, James W.: Typology and iconographic style in early medieval hagiography, StLI 8/1 (1975), S. 15–46.

EBEL, Uda: Die literarischen Formen der Jenseits- und Endzeitvisionen, GRLMA VI/1, Heidelberg 1968, S. 181–215.

EBELING, Gerhard: Art. ›Geist und Buchstabe‹, ³RGG 2, Sp. 1290–1296.

DERS.: Art. ›Hermeneutik‹, ³RGG 3, Sp. 242–262.

ECKERT, Willehad: Geehrte und geschändete Synagoge. Das kirchliche Mittelalter vor der Judenfrage, in: Wolf-Dieter Marsch/Karl Thieme (Hgg.): Christen und Juden. Ihr Gegenüber vom Apostelkonzil bis heute, Mainz/Göttingen 1961, S. 67–114.

ECONOMOU, George D.: The goddess Natura in medieval literature, Cambridge, Mass., 1972.

EDER, Alois: Rez.: Calin, Vera: Auferstehung der Allegorie. Weltliteratur im Wandel. Von Homer bis Beckett, Wien 1975, Sprachkunst 7 (1976), S. 341–346.

EGLI, Emil: Die »göttliche Mühle«, Zwingliana 2 (1910), S. 363–366 u. Nachtrag von W. Köhler, S. 366–370.

EHLERS, Joachim: ›Historia‹, ›allegoria‹, ›tropologia‹. Exegetische Grundlagen der Geschichtskonzeption Hugos von St. Viktor, Mlat. Jb. 7 (1972), S. 153–160.

DERS.: Arca significat ecclesiam. Ein theologisches Weltmodell aus der ersten Hälfte des 12. Jahrhunderts, FMSt 6 (1972), S. 171–187.

EINEM, Herbert von: Das Bild des Schlußsteins bei Goethe, in: H. v. E.: Goethe-Studien (Collectanea Artis Historiae 1), München 1972, S. 166–178.

EINHORN, Jürgen Werinhard: Spiritalis Unicornis. Das Einhorn als Bedeutungsträger in Literatur und Kunst des Mittelalters (MMS 13), München 1976.

ELIADE, Mircea: Ewige Bilder und Sinnbilder, Olten/Freiburg 1958.

ELLSPERMANN, Gerard L.: The attitude of the early Christian Latin writers toward pagan literature and learning (The Catholic Univ. of America Patristic Studies 82), Washington, D.C., 1949.

EMBLEMATA: Stift Göttweig. Emblemata. Zur barocken Symbolsprache. 26. Ausstellung des Graphischen Kabinetts und der Stiftsbibliothek. Jahresausstellung 1977, 15. Mai bis 26. Oktober. Mit einem Beitrag von Grete Lesky, Krems [1977].

EMRICH, Wilhelm: Die Symbolik von Faust II. Sinn und Vorformen, Berlin 1943, Bonn ²1957, Frankfurt a. M. ³1964.

DERS.: Das Problem der Symbolinterpretation im Hinblick auf Goethes ›Wanderjahre‹, DVjs 26 (1952), S. 331–352; = in: W. E.: Protest und Verheißung. Studien zur klassischen und modernen Dichtung, Frankfurt a. M./Bonn 1960, ³1968, S. 48–66.

DERS.: Symbolinterpretation und Mythenforschung. Möglichkeiten und Grenzen eines neuen Goetheverständnisses, Euph. 47 (1953), S. 38–67; = in: W. E.: Protest und Verheißung. Studien zur klassischen und modernen Dichtung, Frankfurt a. M./Bonn 1960, ³1968, S. 67–94.

ENGELEN, Ulrich: Die Edelsteine im ›Rheinischen Marienlob‹, FMSt 7 (1973), S. 353–376.

DERS.: Die Edelsteine in der deutschen Dichtung des 12. und 13. Jahrhunderts (MMS 27), München 1978 (Zur Allegorese und Metaphorik S. 221–387).

ENGELS, Herbert: ›Piers Plowman‹. Eine Untersuchung der Textstruktur mit einer Einleitung zur mittelalterlichen Allegorie, Diss. Köln 1968.

ENGELS, Joseph: Études sur l'Ovide moralisé, Diss. Groningen 1945.

ERNST, Ulrich: Die Magiergeschichte in Otfrids ›Liber Evangeliorum‹, Annali Istituto Orientale di Napoli XV, 2 (1972), S. 81–138.

DERS.: Der ›Liber Evangeliorum‹ Otfrids von Weißenburg. Literarästhetik und Verstechnik im Lichte der Tradition, Köln/Wien 1975.

DERS.: Gottfried von Straßburg in komparatistischer Sicht. Form und Funktion der Allegorese im Tristanepos, Euph. 70 (1976), S. 1–72.

ETTELT, Wilhelm: Der Mythos als symbolische Form. Zu Ernst Cassirers Mythosinterpretation, Philosophische Perspektiven 4 (1972), S. 59–73.

FECHTER, Werner: Galle und Honig. Eine Kontrastformel in der mittelhochdeutschen Literatur, PBB 80 (Tüb. 1958), S. 107–142.

FELDGES, Mathias: Grimmelshausens »Landstörtzerin Courasche«. Eine Interpretation nach der Methode des vierfachen Schriftsinnes (Basler Studien z. dt. Sprache u. Lit. 38), Bern 1969.

FERGUSSON, Francis: Trope and allegory. Themes common to Dante and Shakespeare, The Univ. Press of Georgia, Athens 1977.

FINGESTEN, Peter: Symbolism and allegory, in: Fs. Helen Adolf, New York 1968, S. 126–137.

FISCHER, Ursula: Karolingische Denkart. Allegorese und ›Aufklärung‹, dargestellt an den Schriften Amalars von Metz und Agobards von Lyon, Diss. Göttingen 1953.

FLASCHE, Hans: Similitudo templi (Zur Geschichte einer Metapher), DVjs 23 (1949), S. 81–125.

FLECNIAKOSKA, Jean-Louis: La formation de l'»auto« religieux en Espagne avant Calderón (1550–1635), Montpellier 1961.

FLEISCHER, Wolfgang: Untersuchungen zur Palmbaumallegorese im Mittelalter (Münchener Germ. Beitr. 20), München 1976.

FLEISCHHUT, Ulrich: Die Allegorie bei Jean Paul, Diss. Bonn 1977.

FLEMING, John V.: The ›Roman de la Rose‹. A study in allegory and iconography, Princeton 1969.

FLETCHER, Angus: Allegory. The theory of a symbolic mode, Ithaca, N. Y., 1964, ³1967, Nachdr. 1970.

DERS.: Allegory in literary history, in: Philip P. Wiener (Hg.): Dictionary of the History of Ideas, Studies of Selected Pivotal Ideas, Bd. I, New York 1968, ²1973, S. 41–48.

FOERSTE, William: Bild. Ein etymologischer Versuch, in: Fs. Jost Trier, Köln 1964, S. 112–145.

FORSTNER, Dorothea: Die Welt der Symbole, Innsbruck/Wien/München 1961, ²1967.

FOTHERGILL-PAYNE, Louise: La alegoría en los autos y farsas anteriores a Calderón (Colección Támesis A, LXVI), London 1977.

FOUCAULT, Michel: Les mots et les choses. Une archéologie des sciences humaines, Paris 1966, dt.: Die Ordnung der Dinge. Eine Archäologie der Humanwissenschaften, Frankfurt a. M. 1971.

FRANK jr., Robert Worth: The art of reading medieval personification allegory, ELH 20 (1953), S. 237–250.

FRAPPIER, Jean: ›Le Conte du Graal‹ est-il une allégorie judéo-chrétienne? RPh 16 (1962–63), S. 179–213; 20 (1966), S. 1–31.

DERS.: Histoire, mythes et symboles, Genève 1976.

FREEMAN, Rosemary: English emblem books, London 1948, Nachdr. New York 1966.

FREGLY, M. S.: From allegory to realistic illusion in Renaissance drama. A study of mimetic and logical-rhetorical devices in dramatic expression with special reference to Shakespeare's plays, Gainesville, Fla., 1967.

FREY-SALLMANN, Alma: Aus dem Nachleben antiker Göttergestalten. Die antiken Gottheiten in der Bildbeschreibung des Mittelalters und der italienischen Frührenaissance. (Das Erbe d. Alten. Schriften über Wesen u. Wirkung d. Antike, Reihe 2, 19), Leipzig 1931.

FREYTAG, Hartmut: Die Bedeutung der Himmelsrichtungen im ›Himmlischen Jerusalem‹, PBB 93 (Tüb. 1971), S. 139–150.

DERS.: Quae sunt per allegoriam dicta. Das theologische Verständnis der Allegorie in der frühchristlichen und mittelalterlichen Exegese von Galater 4, 21–31, in: Verbum et Signum I, Fs. Friedrich Ohly, München 1975, S. 27–43.

DERS.: Die Embleme in Ludwigsburg und Gaarz vor dem Hintergrund zeitgenössischer Emblemtheorie, in: W. Harms/H. Freytag (Hgg.): Außerliterarische Wirkungen barocker Emblembücher, München 1975, S. 19–39.

FREYTAG, Wiebke/DERS.: Zum Natureingang von Wolframs von Eschenbach Blutstropfenszene, StM 3. Ser., 14, 1 (1973), S. 301–334.

FRICKE, Gerhard: Die Bildlichkeit in der Dichtung des Andreas Gryphius. Materialien und Studien zum Formproblem des deutschen Literaturbarocks, Berlin 1933, Nachdr. Darmstadt 1967.

FRIEDRICH, Hugo: Epochen der italienischen Lyrik, Frankfurt a. M. 1964.

FROEBE, Hans A.: ›Ulmbaum und Rebe‹. Naturwissenschaft, Alchymie und Emblematik in Goethes Aufsatz ›Über die Spiraltendenz‹, (1830–1831), Jb. d. freien dt. Hochstifts 1969, S. 164–193, = in: Sibylle Penkert (Hg.): Emblem und Emblematikrezeption, Darmstadt 1978, S. 386–413.

FRUTOS, Eugenio: La filosofía de Calderón en sus Autos sacramentales, Zaragoza 1952.

FRYE, Northrop: Anatomy of criticism. Four essays, Princeton 1957, dt.: Analyse der Literaturkritik (Sprache u. Lit. 13), Stuttgart 1964.

GADAMER, Hans-Georg: Symbol und Allegorie, Arch. di Filosofia 1958, N. 2–3, Umanesimo e Simbolismo, S. 23–28, [ital.:] S. 29–33.

DERS.: Wahrheit und Methode. Grundzüge einer philosophischen Hermeneutik, Tübingen 1960, ²1965, ³1972, ⁴1975.

DERS.: Rhetorik und Hermeneutik, Göttingen 1976.

GALINSKY, Hans: Naturae Cursus. Der Weg einer antiken kosmologischen Metapher von der Alten in die Neue Welt. Ein Beitrag zu einer historischen Metaphorik der Weltliteratur, Heidelberg 1968.

GÁLLEGO, Julián: Vision et symboles dans la peinture espagnole au siècle d'or, Paris 1968.

GANZ, Peter F.: ›Die Hochzeit‹: Fabula und Significatio, in: Studien zur frühmittelhochdeutschen Literatur, Cambridger Colloquium 1971, hgg. L. Peter Johnson/H.-H. Steinhoff/R. A. Wisbey, Berlin 1974, S. 58–73.

GANZENMÜLLER, W.: Das Buch der heiligen Dreifaltigkeit. Eine deutsche Alchimie des 15. Jahrhunderts, ArchK 29 (1939), S. 93–146.

GARBER, Klaus: Der locus amoenus und der locus terribilis. Bild und Funktion der Natur in der deutschen Schäfer- und Landlebendichtung des 17. Jahrhunderts, Köln/Wien 1974.

GARDNER, Thomas: Zum Problem der Metapher, DVjs 44 (1970), S. 727–737.

GERHARDT, Christoph: Wolframs Adlerbild ›Willehalm‹ 189, 2–24, ZfdA 99 (1970), S. 213–222.

DERS.: Die Kriegslist des Pelikans, ZfdA 103 (1974), S. 115–118.

DERS.: Perseus kristallîner schilt, GRM 57 (1976), S. 91–113.

DERS.: Die Metamorphosen des Pelikans. Exempel und Auslegung in mittelalterlicher Literatur (Trierer Studien z. Lit. 1), Frankfurt a.M./Bern/Las Vegas 1979

GERSCH, Hubert: Geheimpoetik. Die ›Continuatio des abentheurlichen Simplicissimi‹ interpretiert als Grimmelshausens verschlüsselter Kommentar zu seinem Roman (Studien z. dt. Lit. 35), Tübingen 1973.

GEWECKE, Frauke: Thematische Untersuchungen zu dem vor-calderonianischen ›auto sacramental‹ (Kölner rom. Arbeiten NF 42), Genf 1974.

GIANNANTONIO, Pompeo: Dante e l'allegorismo (Bibl. dell'Arch. rom. I, 100), Florenz 1969.

GIEHLOW, Karl: Die Hieroglyphenkunde des Humanismus in der Allegorie der Renaissance, Jb. d. kunsthist. Sammlungen d. allerhöchsten Kaiserhauses 32, 1 (1915), S. 1–233.

GINZBERG, Louis: Art. ›Allegorical Interpretation‹, The Jewish Encyclopedia 1, New York o. J., S. 403–411.

GLASSER, Richard: Abstractum agens und Allegorie im älteren Französisch, ZfrPh 69 (1953), S. 43–122.

GLIER, Ingeborg: Personifikationen im deutschen Fastnachtsspiel des Spätmittelalters, DVjs 39 (1965), S. 542–587.

DIES.: Artes amandi. Untersuchung zu Geschichte, Überlieferung und Typologie der deutschen Minnereden (MTU 34), München 1970 [insbes. S. 410 ff.].

GLUNZ, Hans H.: Die Literarästhetik des europäischen Mittelalters. Wolfram – Rosenroman – Chaucer – Dante, Bochum-Langendreer 1937, Frankfurt ²1963.

GNILKA, Christian: Studien zur ›Psychomachie‹ des Prudentius (Klassisch-philol. Studien 27), Wiesbaden 1963.

GOEBEL, Gerhard: Poeta Faber. Erdichtete Architektur in der italienischen Literatur der Renaissance und des Barock, Heidelberg 1971.

GOEBEL, Klaus Dieter: Hartmanns ›Gregorius-Allegorie‹, ZfdA 100 (1971), S. 213–226.

GOETZ, Oswald: Der Feigenbaum in der religiösen Kunst des Abendlandes, Berlin 1965.

GOMBRICH, Ernst Hans Josef: Icones Symbolicae. The visual image in neoplatonic thought, JWCI 11 (1948), S. 163–192, erw. Nachdr.: Icones Symbolicae. Philosophies of symbolism and their bearing on art, = in: E. G.: Symbolic images. Studies in the art of the Renaissance 2, London 1972, S. 123–195, 228–235, ²1975.

DERS.: Art and illusion. A study in the psychology of pictorial representation, New York 1960, dt.: Kunst und Illusion. Zur Psychologie der bildlichen Darstellung, Köln ³1967, Stuttgart/Zürich ⁵1978.

GOMPF, Ludwig: Figmenta poetarum, in: Literatur und Sprache im europäischen Mittelalter, in: Fs. Karl Langosch, Darmstadt 1973, S. 53–62.

GOPPELT, Leonhard: Typos. Die typologische Deutung des Alten Testaments im Neuen, Gütersloh 1939, Nachdr. Darmstadt 1969, 1973.

GRANT, Robert: The letter and the spirit, London 1957.

GRASSI, Ernesto: Macht des Bildes: Ohnmacht der rationalen Sprache. Zur Rettung des Rhetorischen, Köln 1970.

GREEN, Dennis H.: The ›Millstätter Exodus‹. A crusading epic, Cambridge 1966.

GREEN, Herbert E.: The allegory as employed by Spenser, Bunyan and Swift, PMLA 4 (1888/89), S. 145–193.

GREEN, Richard Hamilton: Alan of Lille's ›De planctu naturae‹, Spec. 31 (1956), S. 649–674.

DERS.: Dante's ›Allegory of Poets‹ and the mediaeval theory of poetic fiction, Comparative Lit. 9 (1957), S. 118–128.

GREENLAW, Edwin: Studies in Spenser's historical allegory, Baltimore 1932, New York ²1967.

GRESCHAT, Martin: Die Funktion des Emblems in Johann Arnds ›Wahrem Christentum‹, ZRGG 20 (1968), S. 154–174; = in: Sibylle Penkert (Hg.): Emblem und Emblematikrezeption, Darmstadt 1978, S. 207–229.

GRIMM, Reinhold: Marxistische Emblematik. Zu Bertolt Brechts ›Kriegsfibel‹, in: R. von Heydebrand/K. G. Just (Hgg.): Wissenschaft als Dialog. Studien zur Literatur und Kunst seit der Jahrhundertwende, Stuttgart 1969, S. 351–379, 518–524; = in: Sibylle Penkert (Hg.): Emblem und Emblematikrezeption, Darmstadt 1978, S. 502–542.

DERS.: Bild und Bildlichkeit im Barock. Zu einigen neueren Arbeiten, GRM 50 (1969), S. 379–412.

GRIMM, Reinhold R.: Paradisus coelestis – paradisus terrestris. Zur Auslegungsgeschichte des Paradieses im Abendland bis um 1200, (Medium Aevum, Philol. Studien 33), München 1977.

GRIMMINGER Rolf: Poetik des frühen Minnesangs (MTU 27), München 1969.

GROOS, Arthur B.: ›Sigune auf der Linde‹ and the turtledove in ›Parzival‹, JEGPh 67 (1968), S. 631–646.

GROSECLOSE, John Sidney: Typological structure in twelfth-century German poetry, GR 48 (1973), S. 163–174.

DERS.: Passion prefigurations: Typological style and the problem of genre in German romanesque poetry, Monatsh. f. dt. Unterricht, dt. Sprache u.d Lit. 67 (1975), 5–15.

DERS.: Discrete and progressive narration: Typology and the architectonics of the Verdun Altar, ›Auslegung des Paternosters‹ and ›Di vier Schiven‹, StLI 8/1 (1975), S. 105–121.

GRUBMÜLLER, Klaus: Etymologie als Schlüssel zur Welt? Bemerkungen zur Sprachtheorie des Mittelalters, in: Verbum et Signum I, Fs. Friedrich Ohly, München 1975, S. 209–230.

DERS.: Meister Esopus. Untersuchungen zu Geschichte und Funktion der Fabel im Mittelalter (MTU 56), Zürich/München 1977.

DERS.: Zum Wahrheitsanspruch des Physiologus im Mittelalter, FMSt 12 (1978), S. 160–177.

GRÜNDER, Karlfried: Figur und Geschichte. Johann Georg Hamanns ›Biblische Betrachtungen‹ als Ansatz einer Geschichtsphilosophie (Symposion 3), Freiburg/München 1958.

GRUENTER, Rainer: Der paradisus der ›Wiener Genesis‹, Euph. 49 (1955), S. 121–144.

DERS.: Der vremede hirz, ZfdA 86 (1955/56), S. 231–237.

DERS.: Bemerkungen zum Problem des Allegorischen in der deutschen ›Minneallegorie‹, Euph. 51 (1957), S. 2–22.

DERS.: Bauformen der Waldleben-Episode in Gotfrids ›Tristan und Isold‹, in: Gestaltprobleme der Dichtung, Fs. Günther Müller, Bonn 1957, S. 21–48.

DERS.: Das wunnecliche tal, Euph. 55 (1961), S. 341–404.

DERS.: Das Schiff. Ein Beitrag zur historischen Metaphorik, in: Tradition und Ursprünglichkeit, Akten d. III. Internationalen Germanistenkongresses 1965 in Amsterdam, Bern/München 1966, S. 86–101.

DERS.: Ein ›Schritt vom Wege‹. Geistliche Lokalsymbolik in Wilhelm Raabes ›Unruhige Gäste‹, Euph. 60 (1966), S. 209–221.

GSCHWANTLER, Otto: Christus, Thor und die Midgardschlange, in: Fs. Otto Höfler, Wien 1968, S. 145–168.

GÜLICH, Elisabeth: Die Bedeutung der Tropologia in der ›Ecbasis cuisdam captivi‹, Mlat. Jb. 4 (1967), S. 72–90.

GUIETTE, Robert: Symbolisme et ›Senefiance‹ au moyen-âge, CAIEF 6 (1954), S. 107–122.

GULDAN, Ernst: Eva und Maria. Eine Antithese als Bildmotiv, Graz/Köln 1966.

GUTH, Hans P.: Allegorical implications of artifice in Spenser's ›Fairie Queene‹, PMLA 76 (1961), S. 474–479.

HABERKAMM, Klaus: ›Sensus astrologicus‹. Zum Verhältnis von Literatur und Astrologie in Renaissance und Barock (Abh. z. Kunst-, Musik- und Lit.-wiss. 124), Bonn 1972.

DERS.: »Fußpfad« oder »Fahrweg«? Zur Allegorese der Wegewahl bei Grimmelshausen, in: W. Rasch/H. Geulen/K. Haberkamm (Hgg.): Rezeption und Produktion zwischen 1570 und 1730, Fs. Günther Weydt, Bern/München 1972, S. 285–317.

HÄNTZSCHEL, Günter: Tradition und Originalität. Allegorische Darstellung im Werk Annette von Droste-Hülshoffs (Studien z. Poetik u. Gesch. d. Lit. 9), Stuttgart/Berlin 1968.

HÄUSSERMANN, Friedrich: Theologia Emblematica. Kabbalistische und alchemistische Symbolik bei Fr. Chr. Oetinger und deren Analogien bei Jakob Boehme, Blätter f. württ. Kirchengesch. 68/69 (1968/69), S. 207–346; 72 (1972), S. 71–112.

HAHN, Reinhart: Die Allegorie in der antiken Rhetorik, Diss. Tübingen 1967.

HAIDU, Peter: Aesthetic distance in Chrétien de Troyes: Irony and comedy in ›Cligès‹ and ›Perceval‹, Genève 1968.

DERS.: Lion-Queue-Coupée. L'écart symbolique chez Chrétien de Troyes (Histoire des Idées et Critique Littéraire 123), Genève 1972.

HAMBROER, Johannes: Der Hahn als Löwenschreck im Mittelalter, ZRGG 18 (1966), S. 237–254.

HAMDORF, Friedrich Wilhelm: Griechische Kultpersonifikationen der vorhellenistischen Zeit, Mainz 1964.

HAMILTON, A. C.: The structure of allegory in ›The Faerie Queene‹, Oxford 1961.

HANKAMER, Paul: Die Sprache, ihr Begriff und ihre Bedeutung im 16. und 17. Jahrhundert. Ein Beitrag zur Frage der literarhistorischen Gliederung des Zeitraums, Bonn 1927, Nachdr.: Hildesheim 1965.

HANKINS, John Erskine: Source and meaning in Spenser's allegory. A study of ›The Faerie Queene‹, Oxford 1971.

HANSON, R. P. C.: Moses in the typology of St. Paul, Theology 48 (1945), 174–177.

HANSON, Richard P. C.: Allegory and event. A study of the sources and the significance of Origen's interpretation of Scripture, London 1959.

HARMS, Wolfgang: Homo viator in bivio. Studien zur Bildlichkeit des Weges (Medium Aevum, Philol. Studien 21), München 1970.

DERS.: Reinhart Fuchs als Papst und Antichrist auf dem Rad der Fortuna, FMSt 6 (1972), S. 418–440.

DERS.: Mundus imago Dei est. Zum Entstehungsprozeß zweier Emblembücher Jean Jacques Boissards, DVjs 47 (1973), S. 223–244.

DERS.: Der Fragmentcharakter emblematischer Auslegung und die Rolle des Lesers. Gabriel Rollenhagens Epigramme, in: M. Bircher/A. M. Haas (Hgg.): Deutsche Barocklyrik, Gedichtinterpretationen von Spee bis Haller, Bern/München 1973, S. 49–64.

DERS.: Zu Ulrich Füetrers Auffassung vom Erzählen und von der Historie, ZfdPh 93 (1974), Sonderh., S. 185–197.

DERS.: Eine mittelalterliche Ritterlehre in Achim von Arnims ›Dichtung in Bildern‹, Jb. d. freien dt. Hochstifts (1974), S. 281–290.

DERS.: Allegorie und Empirie bei Konrad Gesner. Naturkundliche Werke unter literaturwissenschaftlichen Aspekten, in: Akten d. V. Internationalen Germanisten-Kongresses, Cambridge 1975, Jb. f. Internationale Germanistik, Reihe A, Kongreßberichte 2, 3 (1976), S. 119–123.

DERS.: Der Eisvogel und die halkyonischen Tage. Zum Verhältnis von naturkundlicher Beschreibung und allegorischer Naturdeutung, in: Verbum et Signum I, Fs. Friedrich Ohly, München 1975, S. 477–515.

DERS./FREYTAG, Harmut (Hgg.): Außerliterarische Wirkungen barocker Emblembücher, München 1975, S. 135–154.

HARMS, Wolfgang: Die emblematische Selbstdarstellung des Auftraggebers in Pommersfelden, in: W. Harms/H. Freytag (Hgg.): Außerliterarische Wirkungen barocker Emblembücher, München 1975, S. 135–154.

DERS.: Rezeption des Mittelalters im Barock, in: M. Bircher/E. Mannack (Hgg.): Deutsche Barockliteratur und europäische Kultur (Dokumente des Internationalen Arbeitskreises f. dt. Barockliteratur, Bd. 3), Hamburg 1977, S. 23–52.

DERS.: Programmatisches auf Titelblättern naturkundlicher Werke der frühen Neuzeit, FMSt 12 (1978), S. 326–355.

HARRIS, V.: Allegory to analogy in the interpretation of the Scriptures, PhQ 45 (1966), S. 1–23.

HARRISON, A. T.: Charles d'Orléans and the allegorical mode, Chapel Hill 1975.

HARTMANN, Reinildis: Die sprachliche Form der Allegorese in Otfrieds von Weißenburg ›Evangelienbuch‹, in: Verbum et Signum I, Fs. Friedrich Ohly, München 1975, S. 103–141.

DIES.: Allegorisches Wörterbuch zu Otfrieds von Weißenburg Evangeliendichtung (MMS 26), München 1975.

HASSELROT, Bengt: Les vertus devraient être sœurs, ainsi que les vices sont frères. Accord genre – sexe dans les figures généalogiques, in: Actes du 4ᵉ Congrès des Romanistes Scandinaves (Rev. rom., num. spéc. 1), Kopenhagen 1967, S. 35–44.

HAUBRICHS, Wolfgang: Ordo als Form. Strukturstudien zur Zahlenkomposition bei Otfrid von Weißenburg und in karolingischer Literatur (Hermaea. Germ. Forschungen NF 27), Tübingen 1969.

DERS.: Veriloquium nominis. Zur Namensexegese im frühen Mittelalter. Nebst einer Hypothese über die Identität des ›Heliand‹-Autors, in: Verbum et Signum I, Fs. Friedrich Ohly, München 1975, S. 231–266.

HAUG, Walter: Die Symbolstruktur des höfischen Epos und ihre Auflösung bei Wolfram von Eschenbach, DVjs 45 (1971), S. 668–705.

DERS.: Das Mosaik von Otranto. Darstellung, Deutung und Bilddokumentation, Wiesbaden 1977.

DERS.: Gebet und Hieroglyphe, ZfdA 106 (1977), S. 163–183.

HAVERKAMP, Anselm: Topik und Politik im Annolied. Zum Konflikt der Interpretationen im Mittelalter, Stuttgart 1979.

HAYES, Charles: Symbol and allegory. A problem in literary theory, GR 44 (1969), S. 273–288.

HECKMANN, Herbert: Elemente des barocken Trauerspiels. Am Beispiel des ›Papinian‹ von Andreas Gryphius, München 1959.

HECKSCHER, William S.: Goethe im Banne der Sinnbilder. Ein Beitrag zur Emblematik, Jb. d. Hamburger Kunstsammlungen 7 (1962), S. 35–54, = in: Sibylle Penkert (Hg.): Emblem und Emblematikrezeption, Darmstadt 1978, S. 355–385.

DERS./WIRTH, Karl-August: Art. ›Emblem, Emblembuch‹, RDK 5, Sp. 85–228.

HEGENER, Eckhard: Studien zur »zweiten Sprache« in der religiösen Lyrik des 12. Jahrhunderts. Adam von St. Viktor. Walter von Châtillon (Beih. z. Mlat. Jb. 6), Ratingen/Kastellaun/Wuppertal 1971.

DERS.: Politik und Heilsgeschichte: ›Carmen ad Robertum regem‹. Zur »zweiten Sprache« in der politischen Dichtung des Mittelalters, Mlat. Jb. 9 (1973), S. 31–38.

HEIDER, Gustav: Beiträge zur christlichen Typologie aus Bilderhandschriften des Mittelalters, Jb. d. k. u. k. Central-Commission z. Erforschung u. Erhaltung d. Baudenkmale 5 (1861), S. 3–128.

HEIN, Wolfgang-Hagen: Christus als Apotheker. Frankfurt a. M. 1974.

HEINEMANN, Isaak: Altjüdische Allegoristik. Bericht des jüdisch-theologischen Seminars, Hochschule für jüdische Theologie, Breslau 1936.

DERS.: Die wissenschaftliche Allegoristik der Griechen, Mnemosyne 4. 2 (1949), S. 5–18.

DERS.: Die Allegoristik der hellenistischen Juden außer Philon, Mnemosyne 4. 5 (1952), S. 130–138.

HEINISCH, Paul: Der Einfluß Philos auf die älteste christliche Exegese (Barnabas, Justin und Clemens von Alexandria). Ein Beitrag zur Geschichte der allegorisch-mythischen Schriftauslegung im christlichen Altertum (Alttestamentl. Abh. 1. 1/2), Münster 1908.

HELD, Julius: Art. ›Allegorie‹, RDK 1, Sp. 346–365.

HELLGARDT, Ernst: Zum Problem symbolbestimmter und formalästhetischer Zahlenkomposition in mittelalterlicher Literatur. Mit Studien zum Quadrivium und zur Vorgeschichte des mittelalterlichen Zahlendenkens (MTU 45), München 1973.

DERS.: Grundsätzliches zum Problem symbolbestimmter und formalästhetischer Zahlenkomposition, in: Studien zur frühmhd. Literatur, Cambridger Colloquium 1971,hgg. L. Peter Johnson/H.-H. Steinhoff/R. A. Wisbey, Berlin 1974, S. 11–27.

DERS.: Victorinisch-zisterziensische Zahlenallegorese. Bemerkungen zu Theorie und Praxis der mittelalterlichen Zahlendeutung, PBB 98 (Tüb. 1976), S. 331–350.

HELM, Albert: Symbole, profane Sinnbilder, Embleme und Allegorien. Eine Motiv- und Formensammlung, München 1952.

HELMICH, Werner: Die Allegorie im französischen Theater des 15. und 16. Jahrhunderts. 1. Das religiöse Theater (Beih. z. ZfrPh 156), Tübingen 1976.

HENEL, Heinrich: Erlebnisdichtung und Symbolismus, DVjs 32 (1958), S. 71–98.

HENINGER jr., S. K.: Metaphor as cosmic correspondence, in: John M. Headley (Hg.): Medieval and Renaissance studies, Chapel Hill 1968, S. 3–22.

HENKEL, Arthur: ›Wandrers Sturmlied‹, Frankfurt a.M. 1962.

DERS./SCHÖNE, Albrecht (Hgg.): Emblemata. Handbuch zur Sinnbildkunst des XVI. und XVII. Jahrhunderts, Stuttgart 1967, ²1976.

HENKEL, Nikolaus: Studien zum Physiologus im Mittelalter (Hermaea. Germ. Forschungen NF 38), Tübingen 1976.

HENNESSY, Helen: The uniting of romance and allegory in ›La Queste del Saint Graal‹, Boston Univ. Studies in English 4 (1960), S. 189–201.

HENZE, Helene: Die Allegorie bei Hans Sachs. Mit besonderer Berücksichtigung ihrer Beziehungen zur graphischen Kunst (Hermaea 11), Halle 1912, Nachdr. Walluf 1973.

HERMEREN, Göran: Representation and meaning in the visual arts. A Study in the methodology of iconography and iconology (Lund Studies in Philosophy 1), Lund 1969.

HERRON, Dale: The focus of allegory in the Renaissance epic, Genre 3 (1970), S. 176–186.

HERSMAN, Anne Bates: Studies in Greek allegorical interpretation, Chicago 1906.

HERTEL, Gerhard: Die Allegorie von Reichtum und Armut. Ein aristophanisches Motiv und seine Abwandlungen in der abendländischen Literatur (Erlanger Beitr. z. Sprach- u. Kunstwiss. 33), Nürnberg 1969.

HERZOG, Reinhart: Die allegorische Dichtkunst des Prudentius (Zetemata 42), München 1966.

DERS.: Metapher – Exegese – Mythos. Interpretationen zur Entstehung eines biblischen Mythos in der Literatur der Spätantike, in: Manfred Fuhrmann (Hg.): Terror und Spiel (Poetik u. Hermeneutik IV), München 1971, S. 157–185.

DERS.: Bibelepik I. Die Bibelepik der lateinischen Spätantike: Formgeschichte einer erbaulichen Gattung, Bd. 1 (Theorie u. Gesch. d. Lit. u. d. schönen Künste 37), München 1975.

HERZOG, Urs: Divina Poesis. Studien zu Jacob Baldes geistlicher Odendichtung (Hermaea. Germ. Forschungen NF 36), Tübingen 1976.

HESE, Eva E.: Die ›Jagd‹ Hadamars von Laber. Beiträge zu ihrer Erklärung (Deutschkundliche Arbeiten A 3), Breslau 1936.

HESELHAUS, Clemens: Auslegung und Erkenntnis. Zur Methode der Interpretationskunde und der Strukturanalyse mit einer Einführung in Dantes Selbstauslegung, in: Richard Alewyn/Hans Egon Hass/Clemens Heselhaus (Hgg.): Gestaltprobleme der Dichtung, Fs. Günther Müller, Bonn 1957, S. 259–282.

HESS, Günter: Allegorie und Historismus. Zum ›Bildgedächtnis‹ des späten 19. Jahrhunderts, in: Verbum et Signum I, Fs. Friedrich Ohly, München 1975, S. 555–591.

DERS.: Spectator-Lector-Actor. Zum Publikum von Jacob Bidermanns ›Cenodoxus‹. Mit Materialien zum literarischen und sozialgeschichtlichen Kontext der Handschriften von Ursula Hess, Internationales Arch. f. Sozialgesch. d. dt. Lit. 1 (1976), S. 30–106.

HILL, R. F.: Spenser's allegorical ›Houses‹, MLR 65 (1970), S. 721–733.

HILLACH, Ansgar: Allegorie, Bildraum, Montage. Versuch, einen Begriff avantgardistischer Montage aus Benjamins Schriften zu begründen, in: W. Martin Lüdke (Hg.): Theorie der Avantgarde. Antworten auf Peter Bürgers Bestimmung von Kunst und bürgerlicher Gesellschaft, Frankfurt a. M. 1976, S. 105–142.

DERS.: Dramatische Theologie und christliche Romantik. Zur geschichtlichen Differenz von calderonianischer Allegorik und Eichendorffscher Emblematik, GRM 58 (1977), S. 144–168.

DERS.: Sakramentale Emblematik bei Calderón, in: Sibylle Penkert (Hg.): Emblem und Emblematikrezeption. Darmstadt 1978, S. 194–206.

HILLEN, Gerd: Andreas Gryphius' ›Cardenio und Celinde‹. Zur Erscheinungsform und Funktion der Allegorie in den Gryphischen Trauerspielen, Diss. Stanford Univ. 1966, The Hague/Paris 1971.

HINKS, Roger: Myth and allegory in ancient art, London 1939.

HOCKE, Gustav René: Manierismus in der Literatur. Sprach-Alchimie und esoterische Kombinationskunst (rde 82/83), Reinbek 1959.

HOEFER, Hartmut: Typologie im Mittelalter. Zur Übertragbarkeit typologischer Interpretation auf weltliche Dichtung (GAG 54), Göppingen 1971.

HÖLSCHER-LOHMEYER, Dorothea: Die Einheit von Naturwissenschaft und poetischer Aussage bei Goethe. Anmerkungen zu seinem Gedichtzyklus ›Die Weissagungen des Bakis‹, FMSt 12 (1978), S. 356–389.

HOFMANN, D.: Die geistige Auslegung der Schrift bei Gregor dem Großen (Münsterschwarzacher Studien 6), Münsterschwarzach 1968.

HOFFMANN, Konrad: Typologie, Exemplarik und reformatorische Bildsatire, in: Spätmittelalter und Frühe Neuzeit (Tübinger Beitr. z. Geschichtsforschung 2), Kontinuität und Umbruch, Stuttgart 1977, S. 189–210.

HOLLANDER, Robert: Allegory in Dante's ›Commedia‹, Princeton 1969.

HOLSTEN, Siegmar: Allegorische Darstellungen des Krieges 1870–1918. Ikonologische und ideologiekritische Studien (Studien z. Kunst d. 19. Jhs. 27), München 1976.

HOMANN, Holger: Studien zur Emblematik des 16. Jahrhunderts. Sebastian Brant, Andrea Alciati, Johannes Sambucus, Mathias Holtzwart, Nicolaus Taurellus (Bibliotheca Emblematica IV), Utrecht/Leiden 1971.

HONIG, Edwin: In defense of allegory, The Kenyon Review 20 (1958), S. 1–19.

DERS.: Dark conceit. The making of allegory, Evanston 1959, Nachdr. New York 1966.

HOPPER, Vincent Foster: Medieval number symbolism. Its sources, meaning, and influence on thought and expression, New York 1938.

HOPSTER, Norbert: Allegorie und Allegorisieren, DU 23/6 (1971), S. 132–148.

HORN, Hans Jürgen: Zur Motivation der allegorischen Schriftexegese bei Clemens Alexandrinus, Hermes 97 (1969), S. 489–496.

HOUGH, Graham: The allegorical circle, CrQ 3 (1961), S. 199–209.

DERS.: A preface to ›The Faerie Queene‹, London 1962.

HÜBNER, Jürgen: Die Theologie Johannes Keplers zwischen Orthodoxie und Naturwissenschaft (Beitr. z. hist. Theologie 50), Tübingen 1975.

HUECK, Monika: Textstruktur und Gattungssystem. Studien zum Verhältnis von Emblem und Fabel im 16. und 17. Jahrhundert, Kronberg/Ts. 1975.

HÜNEMÖRDER, Christian: ›Phasianus‹. Studien zur Kulturgeschichte des Fasans, Diss. Bonn 1970.

DERS.: Die Ikonographie des Fasans in der abendländisch-christlichen Buchmalerei, in: Fs. Claus Nissen, Wiesbaden 1973, S. 380–414.

DERS. (Hg.): Isidor versificatus. Ein anonymes Lehrgedicht über Monstra und Tiere aus dem 12. Jahrhundert, Vivarium 13 (1975), S. 103–118.

DERS.: Das Lehrgedicht ›De monstris Indie‹ (12. Jh.). Ein Beitrag zur Wirkungsgeschichte des Solinus und Honorius Augustodunensis, Rhein. Museum f. Philol. NF 119 (1976), S. 267–284.

HUIZINGA, Johan: Herbst des Mittelalters, Stuttgart ⁹1965.

DERS.: Über die Verknüpfung des Poetischen mit dem Theologischen bei Alanus de Insulis, Mededeelingen Akad. v. Wet., afd. Letterk., Deel 74, Ser. B, No. 6, 1932; = in: J. H.: Verzamelde Werken 4, Haarlem 1949, S. 3–73.

HUNGER, Herbert: Allegorische Mythendeutung in der Antike und bei Johannes Tzetzes, Jb. d. österreich. byzantin. Ges. 3 (1954), S. 35–54.

HUNTER, J. Paul: The reluctant pilgrim. Defoe's emblematic method and quest for form in ›Robinson Crusoe‹, Baltimore 1966.

INGEN, Ferdinand van: Vanitas und Memento mori in der deutschen Barocklyrik, Groningen 1966.

DERS.: Philipp von Zesens ›Adriatische Rosemund‹: Kunst und Leben, in: F. v. I.: Philipp von Zesen 1619–1969. Beiträge zu seinem Leben und Werk (Beitr. z. Lit. d. 15. bis 18. Jh.s 1) Wiesbaden 1972, S. 47–122.

INGENDAHL, Werner: Der metaphorische Prozeß. Methodologie zu seiner Erforschung und Systematisierung (Sprache d. Gegenwart 14), Diss. Bonn 1970.

JACKSON, W. T. H.: Allegory and allegorization, Research Studies 32 (1964), S. 161–175.

JANSON, Horst W.: Apes and ape lore in the Middle Ages and Renaissance (StWI 20), London 1952.

JACOBSEN, Eric: Die Metamorphosen der Liebe und Friedrich Spees ›Trutznachtigall‹, Studien zum Fortleben der Antike I, Kopenhagen 1954.

JANTSCH, Heinz G.: Studien zum Symbolischen in frühmittelhochdeutscher Literatur, Tübingen 1959.

JAUMANN, Herbert: Die deutsche Barockliteratur. Wertung – Umwertung. Eine wertungsgeschichtliche Studie in systematischer Absicht, Bonn 1975.

JAUSS, Hans Robert: Form und Auffassung der Allegorie in der Tradition der ›Psychomachia‹, in: Medium Aevum Vivum, Fs. Walther Bulst, Heidelberg 1960, S. 179–206.

DERS.: Brunetto Latini als allegorischer Dichter, in: Formenwandel, Fs. Paul Böckmann, Hamburg 1964, S. 47–92; = in: H. R. J.: Alterität und Modernität, 1977, S. 239–284.

DERS.: Entstehung und Strukturwandel der allegorischen Dichtung, GRLMA VI/1, Heidelberg 1968, S. 146–244; GRLMA VI/2, Heidelberg 1970, S. 203–280.

DERS.: Ernst und Scherz in mittelalterlicher Literatur, in: Mél. Jean Frappier I, Genève 1970, S. 433–451; = in: H. R. J.: Alterität und Modernität, 1977, S. 219–237.

DERS.: Allegorese, Remythisierung und neuer Mythos. Bemerkungen zur christlichen Gefangenschaft der Mythologie im Mittelalter, in: Manfred Fuhrmann (Hg.): Terror und Spiel (Poetik u. Hermeneutik IV), München 1971, S. 187–209; = in: H. R. J.: Alterität und Modernität, 1977, S. 285–307.

DERS.: Alterität und Modernität der mittelalterlichen Literatur. Ges. Aufsätze 1956–1976, München 1977.

DERS.: Ästhetische Erfahrung und literarische Hermeneutik 1: Versuche im Feld der ästhetischen Erfahrung, München 1977 [S. 106 ff.].

JAVITCH, Daniel: Rescuing Ovid from the allegorizers, Comparative Lit. 30 (1978), S. 97–107.

JEAUNEAU, Edouard: L'usage de la notion d'integumentum à travers les gloses de Guillaume de Conches, Arch. d'histoire doctrinale et littéraire du moyen âge 24 (1949), S. 35–100; = in: E. J.: Lectio Philosophorum. Recherches sur l'École de Chartres, Amsterdam 1973, S. 127–192.

JENTZMIK, Peter: Zu Möglichkeiten und Grenzen typologischer Exegese in mittelalterlicher Predigt und Dichtung (GAG 112), Göppingen 1973.

JÖNS, Dietrich Walter: Das ›Sinnen-Bild‹. Studien zur allegorischen Bildlichkeit bei Andreas Gryphius, Stuttgart 1966.

JONEN, Gerda Anita: Allegorie und späthöfische Dichtung in Frankreich (Beitr. z. rom. Philol. d. Mittelalters 9), München 1974.

JONTES, Günther: Johann Adam Weissenkirchers Programm für die Gestaltung der Dekkengemälde des Großen Festsaals im Schloß Eggenberg, Mitt. d. Steiermärkischen Landesarch. 18 (1968), S. 141–149.

JÜLICHER, Adolf: Die Gleichnisreden Jesu, Tübingen 1888, 1899, 1910, Nachdr. 1976.

JUNG, Marc-René: Etudes sur le poème allégorique en France au moyen âge, Bern 1971.

DERS.: Jean de Meun et l'allégorie, CAIEF 18 (1976), S. 21–36.

KAHLER, E. v.: The nature of the symbol, in: R. R. May (Hg.): Symbolism in religion and literature, New York 1961, S. 50–73.

KAHRL, Stanley J.: Allegory in practice: A study of narrative styles in medieval exempla, MPh 63 (1965), S. 105–110.

KAISER, Gerhard (Hg.): Die Dramen des Andreas Gryphius. Eine Sammlung von Einzelinterpretationen, Stuttgart 1968.

KANTROWITZ, Joanne Spencer: Dramatic allegory. Lindsay's ›Ane Satyre of the Thrie Estaitis‹, Lincoln, Neb., 1975.

KAPPLER, Helmut: Der barocke Geschichtsbegriff bei Andreas Gryphius (Frankfurter Quellen u. Forschungen 13), Frankfurt a. M. 1936.

KASKE, R. E.: Chaucer and mediaeval allegory, ELH 30 (1963), S. 175–192.

KATZENELLENBOGEN, Adolf: Die Psychomachia in der Kunst des Mittelalters von den Anfängen bis zum 13. Jahrhundert, Hamburg 1933.

DERS.: Allegories of the virtues and vices in mediaeval art from early Christian times to the thirteenth century (StWI 10), London 1939, Nachdr. Nendeln 1968.

KEENAN, Hugh T.: A check-list on typology and English medieval literature through 1972, StLI 8/1 (1975), S. 159–166.

KELLER, Ulrich: Der allegorische Ort und die Funktion der Allegorie in Spensers ›Faerie Queene‹, GRM 54 (1973), S. 285–302.

KELLER, Werner: »Die antwortenden Gegenbilder«. Eine Studie zu Goethes Wolkendichtung, Jb. d. freien dt. Hochstifts 1968, S. 191–236.

DERS.: Goethes dichterische Bildlichkeit. Eine Grundlegung, München 1972.

KERMODE, Frank: Spenser and the allegorists, Proceedings of the British Acad. 1962, London 1963, S. 261–279.

KETELSEN, Uwe-K.: Die Naturpoesie der norddeutschen Frühaufklärung. Poesie als Sprache der Versöhnung: alter Universalismus und neues Weltbild, Stuttgart 1974.

KEUCHEN, Rolf: Typologische Strukturen im ›Tristan‹. Ein Beitrag zur Erzähltechnik Gottfrieds von Straßburg, Diss. Köln 1975.

KIBELKA, Johannes: Der ware meister. Denkstile und Bauformen in der Dichtung Heinrichs von Mügeln (Philol. Studien u. Quellen 13), Berlin 1963 [insbes. S. 272 ff.].

KILLY, Walther: Elemente der Lyrik, München ²1972 [S. 94 ff.].

KIRCHGÄSSNER, Alfons: Welt als Symbol, Würzburg 1968.

KIRCHNER, Gottfried: Fortuna in Dichtung und Emblematik des Barock. Tradition und Bedeutungswandel eines Motivs, Stuttgart 1970.

KLAUCK, Hans-Josef: Allegorie und Allegorese in synoptischen Gleichnistexten (Neutestamentl. Abh. NF 13), Münster 1978.

KLIEWER, Heinz-Jürgen: Die mittelalterliche Schachallegorie und die deutschen Schachzabelbücher in der Nachfolge des Jacobus de Cessolis, Diss. Heidelberg 1966.

KLINCK, Roswitha: Die lateinische Etymologie des Mittelalters (Medium Aevum. Philol. Studien 17), München 1970.

KNAUTH, K. A.: Racines ›Phèdre‹ auf dem Hintergrund von Emblematik und Mythenallegorese, GRM 56 (1975), S. 12–31.

KNOWLTON, E. C.: Notes on early allegory, JEGPh 29 (1930), S. 159–181.

KODOLITSCH, Georg: Drei steirische Mausoleen – Seckau, Graz und Ehrenhausen, in: Innerösterreich 1564–1619 (Joannea 3), Graz 1964, S. 325–370.

KÖHLER, W.: Briefe vom Himmel und Briefe aus der Hölle. Zur vergleichenden Religionsgeschichte, Die Geisteswiss. 1 (1914), S. 588–593, 619–623.

KÖLLER, Wilhelm: Semiotik und Metapher. Untersuchungen zur grammatischen Struktur und kommunikativen Funktion von Metaphern (Studien zur Allgemeinen und Vergleichenden Lit.wiss. 10), Stuttgart 1975.

KÖSTER, Wolfgang: Die Zahlensymbolik im ›St. Trudperter Hohen Lied‹ und in theologischen Denkmälern der Zeit, Diss. Kiel 1964 [Masch.].

KOLB, Herbert: Der Minnen hus. Zur Allegorie der Minnegrotte in Gottfrieds ›Tristan‹, Euph. 56 (1962), S. 229–247.

DERS.: Der ware Elicon. Zu Gottfrieds ›Tristan‹ vv. 4862–4907, DVjs 41 (1967), S. 1–26.

DERS.: Isidorsche ›Etymologien‹ im ›Parzival‹, Wolfram-Studien [1] (1970), S. 117–135.

DERS.: Der Hirsch, der Schlangen frißt. Bemerkungen zum Verhältnis von Naturkunde und Theologie in der mittelalterlichen Literatur, in: Mediaevalia litteraria, Fs. Helmut de Boor, München 1971, S. 583–610.

KOPPE, F.: Sprache und Bedürfnis. Zur sprachphilosophischen Grundlage der Geisteswissenschaften (problemata 56), Stuttgart-Bad Cannstatt 1977.

KRANZ, Gisbert: Das Bildgedicht in Europa. Zur Theorie und Geschichte einer literarischen Gattung, Paderborn 1973.

KRAYER, Rudolf: Frauenlob und die Natur-Allegorese. Motivgeschichtliche Untersuchungen: Ein Beitrag zur Geschichte des antiken Traditionsgutes, Heidelberg 1960.

KREISSELMEIER, Hermann: Der Sturm der Minne auf die Burg. Beiträge zur Interpretation der mittelhochdeutschen Allegorie ›Die Minneburg‹, Meisenheim 1957

KREWITT, Ulrich: Metapher und tropische Rede in der Auffassung des Mittelalters (Beih. z. Mlat. Jb. 7), Ratingen/Kastellaun/Wuppertal 1971.

DERS.: Art. ›Allegorese außerchristlicher Texte: II Mittelalter‹, Theologische Realenzyklopädie 2, Berlin 1978, S. 284–290.

KÜHNE, Erich: Emblematik und Allegorie in G. Ph. Harsdörffers ›Gesprächsspielen‹, 1644–49, Diss. Wien 1932.

KUHN, Hugo: ›Erec‹, in: Fs. Paul Kluckhohn u. Hermann Schneider, Tübingen 1948, S. 122–147; = in: H. K.: Dichtung und Welt im Mittelalter, Stuttgart 1959, ²1969, S. 133–150; = in: H. K. / Ch. Cormeau (Hgg.): Hartmann von Aue (WdF 359), Darmstadt 1973, S. 17–48.

KURZ, Gerhard/PELSTER, Theodor: Metapher. Theorie und Unterrichtsmodell, Düsseldorf 1976.

LAMPE, Geoffrey W. H./WOLLCOMBE, K. J.: Essays on typology (Studies in Biblical Theology 22), London 1957.

LANDMANN, Michael: Gnoseologische und ästhetische Valenz der Metapher, in: M. L.: Die absolute Dichtung. Essays zur philosophischen Poetik, Stuttgart 1963, S. 119–144.

LANDWEHR, John: German emblem books 1531–1888. A bibliography, Utrecht 1972.

LANGE, Conrad: Der Papstesel. Ein Beitrag zur Kultur- und Kunstgeschichte des Reformationszeitalters, Göttingen 1891.

LANGE, Klaus: Geistliche Speise. Untersuchungen zur Metaphorik der Bibelhermeneutik, ZfdA 95 (1966), S. 81–122.

LANGEN, August: Karl Philipp Moritz' Weg zur symbolischen Dichtung, ZfdPh 81 (1962), S. 169–218, 402–440.

LÅNGFORS, Arthur: Le thème des quatre filles de Dieu. Excursus bibliographique. Textes français de l'allégorie des quatre filles de Dieu, in: Notices et extraits de la B. N. et autres bibliothèques, p.p. Acad. des Inscriptions et Belles Lettres 42 (1933), S. 172–282.

LARSEN, Lawrence Stilo: A critical edition and an appreciation of Aegidius Albertinus' emblematic work ›Hirnschleiffer‹, Diss. Univ. of Texas, Austin 1971.

LAUCHERT, Friedrich: Geschichte des Physiologus, Straßburg 1889.

LAUF, Detlef-Ingo: Symbole. Verschiedenheit und Einheit in östlicher und westlicher Kultur, Frankfurt a. M. 1976.

LAUFFER, Otto: Frau Minne in Schrifttum und bildender Kunst des deutschen Mittelalters, Hamburg 1947.

LAUSBERG, Heinrich: Handbuch der literarischen Rhetorik. Eine Grundlegung der Literaturwissenschaft, München 1960.

LE BOULLUEC, Alain: L'allégorie chez les stoïciens, Poétique 23 (1975) S. 301–321.

LECKIE jr., R. William: Psychological allegory in Middle High German translations of Old French romances, Colloquia Germanica 1968, S. 258–271.

LENTZEN, Manfred: Der »Aucto de los triunfos de Petrarca, a lo divino«. Zur Rezeption Petrarcas in Spanien, in: Fritz Schalk (Hg.): Petrarca 1304–1374. Beiträge zu Werk und Wirkung, Frankfurt a. M. 1975, S. 139–155.

LESKY, Grete: Barocke Embleme in Vorau und anderen Stiften Österreichs, Graz 1963.

DIES.: Barocke Embleme der Chorherrenkirche in Ranshofen, Jb. d. Stiftes Klosterneuburg NF 6 (1966), S. 179–219.

DIES.: Die Bibliotheksembleme der Benediktinerabtei St. Lambrecht in Steiermark, Graz 1970.

DIES.: Die Marienembleme der Prunkstiege im Grazer Priesterhaus, Graz 1970.

DIES.: Schloß Eggenberg. Das Programm für den Bildschmuck, Graz/Wien/Köln 1970.

DIES.: Frühe Embleme aus der Steiermark, Graz 1973.

DIES.: Vogel Strauß, der Eisenfresser. Ein Beitrag zur Ergänzung von Arbeiten über den Vogel Strauß als Leobener Stadtwappen, Der Leobener Strauß, Beitr. z. Gesch., Kunstgesch. u. Volkskunde d. Stadt u. ihres Bezirkes 1 (1973), S. 9–20.

DIES.: Das Leben des heiligen Leopold in einem Emblembuch, Jb. d. Stiftes Klosterneuburg NF 10 (1976), S. 117–212.

DIES.: Ein Salzburger Emblembuch im Museum der Stadt Leoben, Der Leobener Strauß, Beitr. z. Gesch., Kunstgesch. u. Volkskunde d. Stadt u. ihres Bezirkes 4 (1976), S. 9–69.

LÉVÊQUE, Pierre: Aurea catena Homeri. Une étude sur l'allégorie grecque (Ann. litt. Univ. de Besançon 27), Paris 1959.

LEWALSKI, Barbara Kiefer: Typologie and poetry: A consideration of Herbert, Vaughan and Marvell, in: Earl Miner (Hg.): Illustrious evidence: Approaches to English literature of the early seventeenth century, Berkeley/Los Angeles 1975.

LEWIS, C. S.: The allegory of love. A study in medieval tradition, Oxford 1936, 1938, 1946, 1948, 1958, 1963, 1965 u. ö.

DERS.: The discarded image. An introduction to medieval and Renaissance literature, Cambridge 1964.

LEWIS, Robert E.: Symbolism in Hartmann's ›Iwein‹ (GAG 154), Göppingen 1975.

LEYBURN, Ellen Douglas: Satiric allegory, mirror of man (Yale Studies in English 130), New Haven, Conn., 1956.

LIEB, Hans-Heinrich: Der Umfang des historischen Metaphernbegriffs, Diss. Köln 1964.

LIEBESCHÜTZ, Hans: Das allegorische Weltbild der heiligen Hildegard von Bingen, Berlin/Leipzig 1930 (Studien d. Bibl. Warburg), Nachdr. Darmstadt 1964.

LINDNER, Burghardt: Satire und Allegorie in Jean Pauls Werk. Zur Konstitution des Allegorischen, Jb. d. Jean-Paul-Ges. 5 (1970), S. 7–61.

LINK, Jürgen: Literaturwissenschaftliche Grundbegriffe. Eine programmierte Einführung auf strukturalistischer Basis (UTB 305), München 1974 [S. 165–194].

DERS.: Die Struktur des literarischen Symbols. Theoretische Beiträge am Beispiel der späten Lyrik Brechts, München 1975.

LOCKE, Frederick W.: The quest for the Holy Grail. A literary study of a thirteenth-century French romance (Stanford Studies in Language and Lit. 21), Stanford, Cal. 1960.

LODGE, David: The modes of modern writing. Metaphor, metonymy and the typology of modern literature. London 1977.

LOOMIS, Roger Sherman: The Grail. From Celtic myth to Christian symbol, Cardiff 1963.

LOT-BORODINE, Myrrha: L'Ève pécheresse et la rédemption de la femme dans la ›Quête du

Graal‹, in: F. Lot: Etude sur le ›Lancelot en prose‹, Paris 1918, ²1954, S. 418–442; = in: M. L.-B.: Trois essais sur le Roman de Lancelot du Lac et ›La Quête du Saint Graal‹, Paris 1921, S. 40–64; leicht überarb. auch in: M. L.-B.: De l'amour profane à l'amour sacré, Paris 1961, S. 134–158.

LOUIS, René: Le Roman de la Rose. Essai d'interprétation de l'allégorisme érotique (Nouvelle Bibl. du Moyen Age 1) Paris 1974.

LOWINSKY, Edward E.: The goddess Fortuna in music. With a special study of ›Gosquin's Fortuna dun gran tempo‹, The Musical Quarterly 29 (1943), S. 45–77.

LUBAC, Henri de: ›Typologie‹ et ›allégorisme‹, Recherches de science religieuse 34 (1947), S. 180–226.

DERS.: Sur un vieux distique. La doctrine du ›quadruple sens‹, in: Mél. Ferdinand Cavallera, Toulouse 1948, S. 347–366.

DERS.: Der geistige Sinn der Schrift (Christ heute, II. Reihe, 5), Einsiedeln 1952.

DERS.: A propos de l'allégorie Chrétienne, Recherches de science religieuse 47 (1959), S. 5–43.

DERS.: Exégèse médiévale. Les quatres sens de l'Écriture (Théologie 41, 1.2; 42; 59). 4 Bde., Paris 1959–1964.

LUKÁCS, Georg: Ästhetik I, 2, Werke Bd. 12, Neuwied/Berlin 1963 (Allegorie und Symbol: S. 727–775).

DERS.: Die Gegenwartsbedeutung des kritischen Realismus, 1957; = in: G. L.: Essays über Realismus, Werke Bd. 4, Neuwied/Berlin 1971, S. 457–603.

LUNDBERG, P.: La Typologie baptismale dans l'ancienne église, Leipzig/Uppsala 1942.

LURKER, Manfred: Bibliographie zur Symbolkunde, Bd. 1 ff., Baden-Baden 1964 ff.

DERS.: Wörterbuch biblischer Bilder und Symbole, München 1973.

MACCAFFREY, I. G.: Spenser's allegory: The anatomy of imagination, Princeton 1976.

McCLENNEN, Joshua: On the meaning and function of allegory in the English Renaissance, Univ. of Michigan Contributions in Modern Philol. 6 (1947), S. 1–38.

McCULLOCH, Florence: Mediaeval Latin and French bestiaries (Univ. of North Carolina, Studies in the Romance Languages and Literatures 33), Chapel Hill 1960, ²1962.

MACKENZIE, William Roy: The English moralities from the point of view of allegory (Harvard Studies in English 2), Boston/London 1914.

MACQUEEN, John: Allegory (The critical idiom 14), London 1970.

McVEIGH, Terrence Anthony: The allegory of the poets: A study of classical tradition in the medieval interpretation of Virgil, Diss. Fordham 1964 [DA XXV (1964), S. 1894].

MADSEN, William G.: From shadowy types to truth. Studies in Milton's symbolism, New Haven, Conn. 1968.

MÄDER, Eduard Johann: Der Streit der Töchter Gottes. Zur Geschichte eines allegorischen Motivs (Europäische Hochschulschriften, Reihe I, 41), Bern/Frankfurt 1971.

MALICH, Burkhard: Die spätmittelalterlichen deutschen Spielallegorien als sozialgeschichtliche Quelle, Halle 1971 [Masch.].

MALMBERG, Bertil: Signes et symboles. Les bases du langage humain (Coll. connaissance des langues), Paris 1977.

MAN, Paul de: Allegorie und Symbol in der europäischen Frühromantik, in: Typologia litterarum, Fs. Max Wehrli, Zürich 1969, S. 403–425.

DERS.: The rhetoric of temporality, in: Charles Southward Singleton (Hg.): Interpretation: Theory and practice, Baltimore 1969, S. 173–208.

MANDOWSKY, Erna: Untersuchungen zur Iconologie des Cesare Ripa, Diss. Hamburg 1934.

MARNI, Archimede: Allegory in the French heroic poem of the 17th century, Princeton 1936.

MARTENS, Wolfgang: Über die Tabakspfeife und andere erbauliche Materien. Zum Verfall geistlicher Allegorese im frühen 18. Jahrhundert, in: Verbum et Signum I, Fs. Friedrich Ohly, München 1975, S. 517–538.

MATTHAEI, Kurt: Das ›weltliche Klösterlein‹ und die deutsche Minneallegorie, Diss. Marburg 1907.

MAURMANN-BRONDER, Barbara: Tempora significant. Zur Allegorese der vier Jahreszeiten, in: Verbum et Signum I, Fs. Friedrich Ohly, München 1975, S. 69–101.

MAURMANN, Barbara: Die Himmelsrichtungen im Weltbild des Mittelalters. Hildegard von Bingen, Honorius Augustodunensis und andere Autoren (MMS 33), München 1976.

MAYER, Cornelius Petrus: Die Zeichen in der geistigen Entwicklung und in der Theologie Augustins I/II (Cassiciacum XXIV, 1, 2), Würzburg 1969/74.

MEIER, Christel: Die Bedeutung der Farben im Werk Hildegards von Bingen, FMSt 6 (1972), S. 245–355.

DIES.: Das Problem der Qualitätenallegorese, FMSt 8 (1974), S. 385–435.

DIES.: Vergessen, Erinnern, Gedächtnis im Gott-Mensch-Bezug. Zu einem Grenzbereich der Allegorese bei Hildegard von Bingen und anderen Autoren des Mittelalters, in: Verbum et Signum I, Fs. Friedrich Ohly, München 1975, S. 143–194.

DIES.: Überlegungen zum gegenwärtigen Stand der Allegorie-Forschung. Mit besonderer Berücksichtigung der Mischformen, FMSt 10 (1976), S. 1–69.

DIES.: Gemma spiritalis. Methode und Gebrauch der Edelsteinallegorese vom frühen Christentum bis ins 18. Jahrhundert 1 (MMS 34/1), München 1977.

DIES.: Zum Problem der allegorischen Interpretation mittelalterlicher Dichtung. Über ein neues Buch zum ›Anticlaudianus‹ des Alan von Lille, PBB 99 (Tüb. 1977), S. 250–296.

DIES.: Argumentationsformen kritischer Reflexion zwischen Naturwissenschaft und Allegorese, FMSt 12 (1978) S. 116–159.

MENHARDT, Hermann: Die Mandragora im ›Millstätter Physiologus‹, bei Honorius Augustodunensis und im ›St. Trudperter Hohenliede‹, in: Fs. Ludwig Wolff, Neumünster 1962, S. 173–194.

MERCKER, Hans: Schriftauslegung als Weltauslegung. Untersuchungen zur Stellung der Schrift in der Theologie Bonaventuras (Münchener Universitätsschriften NF 15), München/Paderborn/Wien 1971.

MESSELKEN, Hans: Die Signifikanz von Rabe und Taube in der mittelalterlichen deutschen Literatur. Ein stoffgeschichtlicher Beitrag zum Verweisungscharakter der altdeutschen Dichtung, Diss. Köln 1965.

MEYER, Heinrich: Der deutsche Schäferroman des 17. Jahrhunderts, Diss. Freiburg i. Br. 1928.

MEYER, Heinz: Die allegorische Deutung der Zahlenkomposition des Psalters, FMSt 6 (1972), S. 211–231.

DERS.: Die Zahlenallegorese im Mittelalter. Methode und Gebrauch (MMS 25), München 1975.

DERS.: Mos Romanorum. Zum typologischen Grund der Triumphmetapher im ›Speculum Ecclesiae‹ des Honorius Augustodunensis, in: Verbum et Signum I, Fs. Friedrich Ohly, München 1975, S. 45–58.

DERS./SUNTRUP, Rudolf: Zum Lexikon der Zahlenbedeutungen im Mittelalter. Einführung in die Methode und Probeartikel: Die Zahl Sieben, FMSt 11 (1977), S. 1–73.

MEYERS, Walter E.: Typology and the audience of the English cycle plays, StLI 8/1 (1975), S. 145–158.

MICHEL, Paul: Formosa deformitas. Bewältigungsformen des Häßlichen in mittelalterlicher Literatur (Studien z. Germanistik, Anglistik und Komparatistik 57), Bonn 1976.

MIELERT, Harry: Der paracelsische Anteil an der Mummelsee-Allegorie in Grimmelshausens ›Simplicissimus‹, DVjs 20 (1942), S. 435–451.

MINER, Earl: Literary uses of typology from the late Middle Ages to the present, Princeton, N.J., 1977.

MISCH, Manfred: Apis est animal – apis est ecclesia. Ein Beitrag zum Verständnis von Naturkunde und Theologie in spätantiker und mittelalterlicher Literatur (Europäische Hochschulschriften, Reihe I, 107), Bern/Frankfurt a.M. 1974.

MISRAHI, Jean: Symbolism and allegory in Arthurian romance, RPh 17 (1963/64), S. 555–569.

MÖLK, Ulrich: Trobar clus – trobar leu. Studien zur Dichtungstheorie der Trobadors, München 1968.

MOHR, Wolfgang: Tanhusers Kreuzlied, DVjs 34 (1960), S. 338–355.

MOLSDORF, Wilhelm: Christliche Symbolik in der mittelalterlichen Kunst, Leipzig 1926, Nachdr. Graz 1968.

MONTGOMERY, Robert L.: Allegory and the incredible fable: The Italian view from Dante to Tasso, PMLA 81 (1966), S. 45–55.

MOOS, Peter von: Poeta und Historicus im Mittelalter. Zum Mimesis-Problem am Beispiel einiger Urteile über Lucan, PBB 98 (Tüb. 1976), S. 93–130.

MORIER, Henri: Dictionnaire de poétique et de rhétorique, Paris 1961, ²1975.

MOSER, Dietz-Rüdiger: Verkündigung durch Volksgesang. Studien zur Liedkatechese der Gegenreformation, Phil. Habil. Freiburg i.Br. 1977 (1978) [Darin: Der Rückgriff auf die Sinnbildsprache, S. 486–577].

DERS.: Veritas und fictio als Problem volkstümlicher Bibeldichtung. Zs. f. Volkskunde 75 (1979), S. 181–200.

MRAZEK, Wilhelm: Metaphorische Denkform und ikonologische Stilform. Zur Grammatik und Syntax bildlicher Formelemente der Barockkunst, Alte und moderne Kunst 9 (1964), Nr. 73, S. 15–23.

MÜHLHER, Robert: Der Poetenmantel, in: Paul Stöcklein (Hg.): Eichendorff heute, München 1960, Nachdr. 1966, S. 180–203.

MÜLLER, Curt: Die geschichtlichen Voraussetzungen des Symbolbegriffs in Goethes Kunstanschauung (Palaestra 211), Leipzig 1937.

MÜLLER-BOCHAT, Eberhard: Der allegorische Triumphzug. Ein Motiv Petrarcas bei Lope de Vega und Rubens (Schriften u. Vortr. d. Petrarca-Instituts Köln 11), Krefeld 1957.

DERS.: Allegorese und Allegorie. Zu Petrarcas Vergildeutung (Seniles IV, 5), in: Fritz Schalk (Hg.): Petrarca 1304–1374, Beiträge zu Werk und Wirkung, Frankfurt a.M. 1975, S. 198–208.

MÜLLER-SEIDEL, Walter: Die Allegorie des Paradieses in Grimmelshausens ›Simplizissimus‹, in: Medium Aevum Vivum, Fs. Walter Bulst, Heidelberg 1960, S. 253–278.

MULLER, Gari R.: Theatre of folly. Allegory and satire in the sottie, Yale 1975.

MURRIN, Michael: The veil of allegory. Some notes toward a theory of allegorical rhetoric in the English Renaissance, Chicago/London 1969.

MUSCATINE, Charles: The emergence of psychological allegory in Old French romance, PMLA 68 (1953), S. 1160–1182.

NAEHER, Jürgen: Walter Benjamins Allegorie-Begriff als Modell. Zur Konstitution philosophischer Literaturwissenschaft, Stuttgart 1977.

NEILSON, William Allen: The origins and sources of the Court of Love (Harvard Studies and Notes in Philol. and Lit. 6), Boston 1899, Nachdr. New York 1967.

NEMETZ, Anthony: Literalness and the sensus litteralis, Spec. 34 (1959), S. 76–89.

NEUMANN, Hans: Die Schiffsallegorie im Ezzolied, Nachr. Akad. Wiss. Göttingen, Philol.-hist. Kl. 1960, Nr. 1.

NEUMAYR, Maximilian: Die Schriftpredigt im Barock. Auf Grund der Theorie der katholischen Barockhomiletik, Diss. Münster, Paderborn 1938.

NEUMEISTER, Sebastian: Mythos und Repräsentation. Die mythologischen Festspiele Calderóns (Theorie u. Gesch. d. Lit. u. d. schönen Künste 41), München 1978.

NEWIGER, Hans-Joachim: Metapher und Allegorie. Studien zu Aristophanes (Zetemata 16), München 1957.

NIERAAD, Jürgen: »Bildgesegnet und Bildverflucht«. Forschungen zur sprachlichen Metaphorik (EdF 63), Darmstadt 1977.

NICOLAISEN, Peter: Die Bildlichkeit in der Dichtung Edward Taylors, Neumünster 1966, S. 110–132.

NOHRNBERG, James: The analogy of ›The Faerie Queene‹, Princeton 1976.

NOWOTNY, Karl A.: Wandlungen der Typologie in der Renaissance (ante legem – sub lege – sub gratia), in: Lex et sacramentum im Mittelalter (Misc. Med. 6), Berlin 1969, S. 143–156.

NUTTAL, Antony David: Two concepts of allegory. A study of Shakespeare's ›The Tempest‹ and the logic of allegorical expression, London 1967.

OCHSENBEIN, Peter: Studien zum ›Anticlaudianus‹ des Alanus ab Insulis (Europäische Hochschulschriften, Reihe I, 114), Frankfurt a. M./Bern 1975.

OHL, Hubert: Bild und Wirklichkeit. Studien zur Romankunst Raabes und Fontanes, Heidelberg 1968.

OHLY, Friedrich: Sage und Legende in der ›Kaiserchronik‹ (Forschungen z. dt. Sprache u. Dichtung 10), Münster 1940, Nachdr. Darmstadt 1968.

DERS.: Der Prolog des ›St. Trudperter Hohenliedes‹, ZfdA 84 (1952/53), S. 198–232.

DERS.: Geist und Formen der Hoheliedauslegung im 12. Jahrhundert, ZfdA 85 (1954), S. 181–197.

DERS.: Hohelied-Studien. Grundzüge einer Geschichte der Hohelied-Auslegung des Abendlandes bis um 1200 (Schriften d. Wiss. Ges. a. d. J. W. Goethe-Univ. Frankfurt, Geisteswiss. Reihe 1), Wiesbaden 1958.

DERS.: Vom geistigen Sinn des Wortes im Mittelalter, ZfdA 89 (1958/59), S. 1–23, Sonderausg. Darmstadt 1966; = in: F. O.: Schriften, 1977, S. 1–31.

DERS.: Synagoge und Ecclesia. Typologisches in mittelalterlicher Dichtung, in: Judentum im Mittelalter (Misc. med. 4) Berlin 1966, S. 350–369; = in: F. O.: Schriften, 1977, S. 312–337.

DERS.: Probleme der mittelalterlichen Bedeutungsforschung und das Taubenbild des Hugo de Folieto, FMSt 2 (1968), S. 162–201; = in: F. O.: Schriften, 1977, S. 32–92.

DERS.: Geistige Süße bei Otfried, in: Typologia litterarum, Fs. Max Wehrli, Zürich 1969, S. 95–124; = in: F. O.: Schriften, 1977, S. 93–127.

DERS.: Cor amantis non angustum. Vom Wohnen im Herzen, in: Gedenkschr. William Foerste (Niederdt. Studien 18), Köln/Wien 1970, S. 454–476; = in: F. O.: Schriften, 1977, S. 128–155.

DERS.: Einleitung zu des Hieronymus Lauretus ›Silva Allegoriarum totius Sacrae Scripturae‹, in: Nachdr. d. 10. Ausg., München 1971, S. 5–12; = in: F. O.: Schriften, 1977, S. 156–170.

DERS.: Die Kathedrale als Zeitenraum. Zum Dom von Siena, FMSt 6 (1972), S. 94–158; = in: F. O.: Schriften, 1977, S. 171–273.

DERS.: Tau und Perle. Ein Vortrag. PBB 95, Sonderh., Fs. Ingeborg Schröbler (Tüb. 1973), S. 406–423; = in: F. O.: Schriften, 1977, S. 274–292.

DERS.: Die Legende von Karl und Roland, in: Studien zur frühmittelhochdeutschen Lite-

764   Bibliographie

ratur, Cambridger Colloquium 1971, hgg. L. Peter Johnson/ H.-H. Steinhoff/R. A.
   Wisbey, Berlin 1974, S. 292–343.
DERS.: Die Geburt der Perle aus dem Blitz, in: Strukturen und Interpretationen. Studien
   zur deutschen Philologie, Fs. Blanka Horacek (Philologica Germanica 1), Wien/Stutt-
   gart 1974, S. 263–278; = in: F. O.: Schriften, 1977, S. 293–311.
DERS.: Halbbiblische und außerbiblische Typologie, in: Simboli e simbologia nell'alto me-
   dioevo. Ventitreesima settimana di studio. Centro Italiano di studi sull'alto medioevo,
   Spoleto 1975; = in: F. O.: Schriften, 1977, S. 361–400.
DERS.: Diamant und Bocksblut. Zur Traditions- und Auslegungsgeschichte eines Natur-
   vorgangs von der Antike bis in die Moderne, Wolfram-Studien 3 (1975), S. 72–188; =
   Berlin 1976.
DERS.: Außerbiblisch Typologisches zwischen Cicero, Ambrosius und Aelred von Rie-
   vaulx, in: ›Sagen mit sinne‹, Fs. Marie-Luise Dittrich (GAG 180), Göppingen 1976,
   S. 19–37; = in: F. O.: Schriften, 1977, S. 338–360.
DERS.: Schriften zur mittelalterlichen Bedeutungsforschung, Darmstadt 1977.
OHLY, Walter: Die heilsgeschichtliche Struktur der Epen Hartmanns von Aue, Diss. Berlin
   1958.
ONG, Walter J.: Wit and mystery: A revaluation in medieval Latin hymnody, Spec. 22
   (1947), S. 310–341.
DERS.: From allegory to diagram in the Renaissance mind. A study in the significance of the
   allegorical tableau, JAAC 17 (1959), S. 423–440.
OTTE, Klaus: Das Sprachverständnis bei Philo von Alexandrien. Sprache als Mittel der
   Hermeneutik (Beitr. z. Gesch. d. biblischen Exegese 7), Tübingen 1968.

PAGELS, Elaine H.: The hermeneutical debate between Origen and Heracleon in Origen's
   Commentary on the Gospel of John, Diss. Faculty of Divinity, Harvard 1970.
PAGLIARO, Antonio: Simbolo e allegoria, in: A. P.: Ulisse. Ricerche semantiche sulla Di-
   vina Commedia, Messina/Florenz 1966, Bd. 2, S. 467–527.
PANOFSKY, Erwin: Herkules am Scheideweg und andere antike Bildstoffe in der neueren
   Kunst (Studien d. Bibl. Warburg 18), Leipzig/Berlin 1930.
DERS.: Studies in iconology. Humanistic themes in the art of the Renaissance, New
   York/Oxford 1939, ²1962.
DERS.: Aufsätze zu Grundfragen der Kunstwissenschaft, Berlin 1964, ²1974.
DERS.: Et in Arcadia ego. Poussin und die Tradition des Elegischen, in: E. P.: Sinn und
   Deutung, 1975, S. 351–377.
DERS.: Sinn und Deutung in der bildenden Kunst (Meaning in the Visual Arts) (dumont
   kunst-taschenbücher 33), Köln 1975.
PARKER, Alexander A.: The allegorical drama of Calderón. An introduction to the Autos
   sacramentales, Oxford/London 1943, Nachdr. 1962, 1968.
PARKER, M. Pauline: The allegory of the ›Faerie Queene‹, Oxford 1960.
PATCH, Howard Rollin: The goddess Fortuna in medieval literature, Cambridge, Mass.,
   1927, Nachdr. 1967.
PAUPHILET, Albert: Étude sur la ›Queste del Saint Graal‹, Paris 1921 [bes. S. 33 ff., 144 ff.].
PAUSCH, Holger A.: Die Metapher (Forschungsbericht), WW 24 (1976), S. 56–69.
DERS. (Hg.): Kommunikative Metaphorik. Studien zur Funktion des literarischen Bildes in
   der deutschen Literatur von den Anfängen bis zur Gegenwart, Bonn 1976.
PEIL, Dietmar: Emblematisches, Allegorisches und Metaphorisches im ›Patrioten‹, Euph.
   69 (1975), S. 229–266.
DERS.: Die Gebärde bei Chrétien, Hartmann und Wolfram. Erec – Iwein – Parzival (Me-
   dium Aevum, Philol. Studien 28), München 1975.

DERS.: Zur Illustrationsgeschichte von Johann Arndts ›Vom wahren Christentum‹. Mit einer Bibliographie, Arch. f. Gesch. d. Buchwesens 18 (1977), S. 963–1066.

DERS.: Allegorische Gemälde im ›Patrioten‹ (1724–1726), FMSt 11 (1977), S. 370–395.

DERS.: Zur angewandten Emblematik in protestantischen Erbauungsbüchern (Dilherr – Arndt – Francisci – Scriver) (Beih. z. Zs. Euph.), Heidelberg 1978.

PELC, Janusz: Obraz-słowo-znak. Studium o emblematach w literaturze staropolskiej, Wrocław/Warszawa/Kraków/Gdańsk 1973.

PENKERT, Sibylle (Hg.): Emblem und Emblematikrezeption, Darmstadt 1978.

PÉPIN, Jean: A propos de l'histoire de l'exégèse allégorique: l'absurdité, signe de l'allégorie, Studia Patristica 1 (1957), S. 395–441.

DERS.: Saint Augustin et la fonction protreptique de l'allégorie, Recherches augustiniennes 1 (1958), S. 243–286.

DERS.: Mythe et allégorie. Les origines grecques et les contestations judéo-chrétiennes (Philosophie de l'esprit), Paris 1958.

DERS.: Dante et la tradition de l'allégorie. Conférence Albert-le-Grand 1969, Montréal/Paris 1970.

PFEIFFER, K. Ludwig: Struktur- und Funktionsprobleme der Allegorie, DVjs 51 (1977), S. 575–606.

PFLAUM, Hiram: Der allegorische Streit zwischen Synagoge und Kirche in der europäischen Dichtung des Mittelalters, ArchR 18 (1934), S. 243–340.

PICKERING, Frederick P.: Literatur und darstellende Kunst im Mittelalter (Grundlagen der Germanistik 4), Berlin 1966.

PICKREL, Paul Murphy: Religious allegory in medieval England. An introductory study based on the vernacular sermon before 1250, Yale 1944.

PICOZZI, Rosemary: Allegory and symbol in Hartmann's ›Gregorius‹, in: Essays on German literature, Fs. G. Joyce Hallamore, Toronto 1968, S. 19–33.

PIEHLER, Paul: The visionary landscape. A study in medieval allegory, London 1971.

PIGLER, Andor: Barockthemen. Eine Auswahl von Verzeichnissen zur Ikonographie des 17. und 18. Jahrhunderts, 2 Bde., Budapest 1956, ²1974; Bd. 3, 1974.

PIROT, Jean: Paraboles et allégories évangéliques. La pensée de Jesus. Les commentaires patristiques, Paris 1949.

PÖSCHL, Viktor u. a. (Hgg.): Bibliographie zur antiken Bildersprache (Bibl. d. klassischen Altertumswiss., NF, Reihe 1, Akad. Wiss. Heidelberg), Heidelberg 1964.

PORTEMAN, K.: Inleiding tot de Nederlandse emblemataliteratuur, Groningen 1977.

POST, Chandler Rathfon: Mediaeval Spanish allegory (Harvard Studies in Comparative Lit. 4), Cambridge, Mass., 1915, Nachdr. Hildesheim/New York 1971, Westport 1974.

PRAZ, Mario: Studies in seventeenth-century imagery, Bd. 1, (Sussidi eruditi 16), London 1939, Rom ²1964.

DERS./SAYLES, H. M. J.: Addenda et corrigenda – Chronological list of emblem books (Sussidi eruditi 17), Rom 1974.

PUTSCHER, Marielene: Omne vivum ex ovo, Sudhoffs Arch. 54 (1970), S. 355–372.

QUINN, Esther Casier: The quest of Seth, Solomon's ship and the Grail, Traditio 21 (1965), S. 185–222.

DIES.: Beyond courtly love: Religious elements in ›Tristan‹ and ›La Queste del Saint Graal‹, in: Joan M. Ferrante/George D. Economou (Hgg.): In pursuit of perfection: Courtly love in medieval literature, Port Washington/London 1975, S. 179–219.

RAD, Gerhard von: Typologische Auslegung des Alten Testaments, in: G. v. R.: Vergegenwärtigung. Aufsätze zur Auslegung des Alten Testaments (Kirche in dieser Zeit 14), Berlin (1955), S. 47–65.

RAHNER, Hugo: Griechische Mythen in christlicher Deutung, Zürich 1957, ³1966.

DERS.: Symbole der Kirche. Die Ekklesiologie der Väter, Salzburg 1964.

RANKE, Friedrich: Die Allegorie der Minnegrotte in Gottfrieds ›Tristan‹, Schriften der Königsberger Gel.Ges., geisteswiss. Kl. 2, Berlin 1925; = in: F. R.: Kleinere Schriften (Bibliotheca Germanica 12), Bern/München 1971, S. 13–30.

DERS.: Zur Rolle der Minneallegorie in der deutschen Dichtung des ausgehenden Mittelalters, in: Fs. Theodor Siebs (Germ. Abh. 67), Breslau 1933, S. 199–212; = in: F. R.: Kleinere Schriften (Bibliotheca Germanica 12), Bern/München 1971, S. 36–45.

RASMUSSEN, David M.: Symbol and interpretation, The Hague 1974.

RAST, Elisabeth: Vergleich, Gleichnis, Metapher und Allegorie bei Konrad von Würzburg, Diss. Würzburg 1936.

RATHOFER, Johannes: Der ›Heliand‹. Theologischer Sinn als tektonische Form: Vorbereitung und Grundlegung der Interpretation (Niederdt. Studien 9), Köln/Graz 1962.

DERS.: Der ›wunderbare Hirsch‹ der Minnegrotte, ZfdA 95 (1966), S. 27–42.

RAUSCH, Hans-Henning: Methoden und Bedeutung naturkundlicher Rezeption und Kompilation im ›Jüngeren Titurel‹ (Mikrokosmos. Beitr. z. Lit.wiss. u. Bedeutungsforschung 2), Frankfurt a. M./Bern/Las Vegas 1977.

REHDER, Helmut: Das Symbol der Hütte bei Goethe, DVjs 15 (1937), S. 403–423.

DERS.: Ursprünge dichterischer Emblematik in Eichendorffs Prosawerken, JEGPh 56 (1957), S. 528–541.

REICHENBERGER, Kurt: Das Schlangensymbol als Sinnbild von Zeit und Ewigkeit. Ein Beitrag zur Emblematik in der Literatur des 16. Jahrhunderts, ZfrPh 81 (1965), S. 346–351.

REINHARDT, Karl: Personifikation und Allegorie, in: K. R.: Vermächtnis der Antike. Gesammelte Essays zur Philosophie und Geschichtsschreibung, hg. Carl Becker, Göttingen 1960, ²1966, S. 7–40.

REINITZER, Heimo: Über Beispielfiguren im ›Erec‹, DVjs 50 (1976), S. 597–639.

REISS, Gunter: ›Allegorisierung‹ und moderne Erzählkunst. Eine Studie zum Werk Thomas Manns, München 1970.

REQUADT, Paul: Das Sinnbild der Rosen in Stifters Dichtung, Akad. Wiss. Mainz, Abh. d. Klasse d. dt. Lit. 1952/2, S. 15–54.

RESKE, Hans-Friedrich: Typus und Postfiguration. Zu der mittelalterlichen Bilderpredigt von St. Arbogast in Oberwinterthur, Zs. f. schweiz. Archäologie u. Kunstgesch. 29 (1972), S. 23–39.

DERS.: Jerusalem caelestis – Bildformeln und Gestaltungsmuster. Darbietungsformen eines christlichen Zentralgedankens in der deutschen geistlichen Dichtung des 11. und 12. Jahrhunderts. Mit besonderer Berücksichtigung des ›Himmlischen Jerusalem‹ und der ›Hochzeit‹ (v. 379–508) (GAG 95), Göppingen 1973.

RIBARD, Jacques: ›Le Chevalier de la Charrette‹ est-il une allégorie du Salut? Bull. Bibliographique de la Société Internationale Arthurienne 24 (1972), S. 211 f.

RICHTER, Georg: Beiträge zur Interpretation und Textrekonstruktion des mittelhochdeutschen Gedichtes ›Kloster der Minne‹, Diss. Berlin 1895.

RICHTER, Karl: Literatur und Naturwissenschaft. Eine Studie zur Lyrik der Aufklärung (Theorie u. Gesch. d. Lit. u. d. schönen Künste 19), München 1972.

RICOEUR, Paul: Le conflit des interprétations. Essais d'herméneutique, Paris 1969; dt.: Hermeneutik und Strukturalismus. Der Konflikt der Interpretationen I, München 1973.

DERS.: Stellung und Funktion der Metapher in der biblischen Sprache, in: P. R./E. Jüngel (Hgg.): Metapher. Zur Hermeneutik religiöser Sprache (Evangelische Theologie, Sonderh.), München 1976.

RIEDINGER, Rudolf: Der typologische Gehalt der Fresken in der Schloßkapelle zu Neuburg an der Donau (1543), Zs. f. bayerische Landesgesch. 38 (1975), S. 900–944.

RILEY, Thomas A.: An allegorical interpretation of Eichendorff's ›Ahnung und Gegenwart‹, MLR 54 (1959), S. 204–213.

DERS.: Joseph Görres und die Allegorie in ›Ahnung und Gegenwart‹, Aurora 21 (1961), S. 57–63.

RIPANTI, Graziano: L'allegoria o l'»intellectus figuratus« nel ›De doctrina christiana‹ di Agostino, Rev. des Études Augustiniennes 18 (1972), S. 219–232.

RIZZO, T. Lucrezio: Allegoria, allegorismo e poesia nella ›Divina Commedia‹, Milano 1941.

ROBERTSON jr., D. W.: Marie de France, Lais, Prologue, 13–16, MLN 64 (1949), S. 336–338.

DERS.: The doctrine of charity in medieval literary gardens: A topical approach through symbolism and allegory, Spec. 26 (1951), S. 24–49.

DERS.: Some medieval literary terminology with special reference to Chrétien de Troyes, StPh 48 (1951), S. 669–692.

DERS./HUPPÉ, Bernard F.: ›Piers Plowman‹ and scriptural tradition, Princeton 1951, ²1969.

DIESS.: Fruyt and Chaf. Studies in Chaucer's allegories, Princeton 1963.

ROBERTSON jr., D. W.: A preface to Chaucer. Studies in medieval perspectives, Princeton 1963.

DERS.: The Question of ›Typology‹ and the Wakefield Mactatio Abel, American Benedictine Rev. 25 (1974), 157–173.

RÖHRIG, Floridus: Rota in medio rotae. Ein typologischer Zyklus aus Österreich, Jb. d. Stiftes Klosterneuburg NF 5 (1965), S. 7–113.

ROSENFELD, Hellmut: Nordische Schilddichtung und mittelalterliche Wappendichtung. Ihre Beziehung zum griechischen Schildgedicht und ihre literarische Auswirkung, ZfdPh 61 (1936), S. 232–269.

ROUSSE, Michel: L'allégorie dans la farce de la Pipée, CAIEF 28 (1976), S. 37–50.

RUBERG, Uwe: Die Suche im ›Prosa-Lancelot‹, ZfdA 92 (1963), S. 122–157.

DERS.: Raum und Zeit im ›Prosa-Lancelot‹ (Medium Aevum. Philol. Studien 9), München 1965.

DERS.: Verfahren und Funktionen des Etymologisierens in der mittelhochdeutschen Literatur, in: Verbum et Signum I, Fs. Friedrich Ohly, München 1975, S. 295–330.

DERS.: Beredtes Schweigen in lehrhafter und erzählender deutscher Literatur des Mittelalters. Mit kommentierter Erstedition spätmittelalterlicher Lehrtexte über das Schweigen (MMS 32), München 1978.

DERS.: Allegorisches im ›Buch der Natur‹ des Konrad von Megenberg, FMSt 12 (1978), S. 310–325.

RUHE, Doris: Le dieu d'amours avec son paradis. Untersuchungen zur Mythenbildung um Amor in Spätantike und Mittelalter (Beitr. z. rom. Philol. d. Mittelalters 6), München 1974.

RUSTERHOLZ, Sibylle: Rostra, Sarg und Predigtstuhl. Studien zu Form und Funktion der Totenrede bei Andreas Gryphius (Studien z. Germanistik, Anglistik u. Komparatistik 16), Bonn 1974.

SALZER, Anselm: Die Sinnbilder und Beiworte Mariens in der deutschen Literatur und lateinischen Hymnenpoesie des Mittelalters. Mit Berücksichtigung der patristischen Literatur. Eine literar-historische Studie, Linz 1893, Nachdr. Darmstadt 1967.

SANDERS, Willy: Die unheile Welt. Zu einer christlichen Etymologie des Mittelalters, in: Verbum et Signum I, Fs. Friedrich Ohly, München 1975, S. 331–340.

SAUER, Joseph: Symbolik des Kirchengebäudes und seiner Ausstattung in der Auffassung des Mittelalters, Freiburg i. Br. ²1924, Nachdr. Münster 1964.

SAXL, Fritz: Frühes Christentum und spätes Heidentum in ihren künstlerischen Ausdrucksformen, Wiener Jb. f. Kunstgesch. NF 2 (1923), S. 63–121.

SCHÄFER, Eckart: Das Staatsschiff. Zur Präzision eines Topos, in: P. Jehn (Hg.): Toposforschung. Eine Dokumentation, Frankfurt a. M. 1972, S. 259–292.

SCHAPIRO, Meyer: Muscipula diaboli. The symbolism of the Mérode altarpiece, Art Bull. 27 (1945), S. 182–187; = in: Creighton Gilbert (Hg.): Renaissance art, New York 1970, S. 21–42.

SCHAUERTE, H.: Das Symbol, in: Fg. A. Fuchs, Paderborn 1950, S. 319–336.

SCHELUDKO, Dimitri: Klagen über den Verfall der Welt bei den Trobadors. Allegorische Darstellungen des Kampfes der Tugenden und Laster, Neuphilol. Mitt. 44 (1943), S. 22–45.

SCHEPER, George L.: Reformation attitudes toward allegory and the ›Song of Songs‹, PMLA 89 (1974), S. 551–562.

SCHILLING, Michael: Rota Fortunae. Beziehungen zwischen Bild und Text in mittelalterlichen Handschriften, in: Deutsche Literatur des späten Mittelalters, Hamburger Colloquium 1973, hgg. Wolfgang Harms/L. Peter Johnson, Berlin 1975, S. 293–313.

SCHINDLER, Marvin S.: Structure and allegory in Der Wilde Alexander's ›Hie vor dô wir kinder wâren‹, The German Quarterly 46 (1973), S. 1–11.

SCHINGS, Hans-Jürgen: Die patristische und stoische Tradition bei Andreas Gryphius. Untersuchungen zu den Dissertationes funebres und Trauerspielen, Köln/Graz 1966.

SCHLAUCH, Margaret: The allegory of Church and Synagogue, Spec. 14 (1939), S. 448–464.

SCHLEIER, Reinhart: Tabula Cebetis oder »Spiegel des Menschlichen Lebens: darin Tugent und untugent abgemalet ist«. Studien zur Rezeption einer antiken Bildbeschreibung im 16. und 17. Jahrhundert, Berlin 1974.

SCHLESINGER, Max: Geschichte des Symbols. Ein Versuch, Berlin 1912, Nachdr. 1967.

SCHLEUSENER-EICHHOLZ, Gudrun: Die Bedeutung des Auges bei Jakob Böhme, FMSt 6 (1972), S. 461–492.

DIES.: Biblische Namen und ihre Etymologien in ihrer Beziehung zur Allegorese in lateinischen und mittelhochdeutschen Texten, in: Verbum et Signum I, Fs. Friedrich Ohly, München 1975, S. 267–294.

DIES.: Naturwissenschaft und Allegorese. Ein Tractatus de oculo, FMSt 12 (1978), S. 258–309.

SCHLIEBEN, Reinhard: Christliche Theologie und Philologie in der Spätantike. Die schulwissenschaftlichen Methoden der Psalmenexegese Cassiodors (Arbeiten z. Kirchengesch. 46), Berlin/New York 1974.

SCHMIDTKE, Dietrich: Geistliche Tierinterpretation in der deutschsprachigen Literatur des Mittelalters (1100–1500), Diss. FU Berlin 1968.

DERS.: Geistliche Schiffahrt. Zum Thema des Schiffes der Buße im Spätmittelalter, PBB 91 (Tüb. 1969), S. 357–385; PBB 92 (Tüb. 1970), S. 115–177.

DERS.: Lastervögelserien. Ein Beitrag zur spätmittelalterlichen Tiersymbolik, ASNS 212 (127. Jg., 1975), S. 241–264.

SCHNYDER, Hans: Sir Gawain and the Green Knight. An essay in interpretation (The Cooper monographs 6), Bern 1961.

SCHÖBERL, Joachim: ›Liljen-milch und rosen-purpur‹. Die Metaphorik in der galanten Lyrik des Spätbarock. Untersuchungen zur Neukirchschen Sammlung, Frankfurt a. M. 1972.

SCHÖNE, Albrecht: Emblematik und Drama im Zeitalter des Barock, München 1964, 2. erw. Aufl. 1968.

SCHOLEM, Gershom: Ursprung und Anfänge der Kabbala (Studia Iudaica III), Berlin 1962.

DERS.: Zur Kabbala und ihrer Symbolik, Zürich 1960, Nachdr. Darmstadt 1965.

SCHRAMM, Percy Ernst: Herrschaftszeichen und Staatssymbolik. Beiträge zu ihrer Geschichte vom 3. bis zum 16. Jahrhundert. 3 Bde. (Schriften d. MGH 13/1–3), Stuttgart 1954–56.

SCHRÖBLER, Ingeborg: Interpretatio christiana in Notkers Bearbeitung von Boethius' ›Trost der Philosophie‹, ZfdA 83 (1951/52), S. 40–57.

SCHRÖDER, Gerhart: Baltasar Graciáns ›Criticón‹. Eine Untersuchung zur Beziehung zwischen Manierismus und Moralistik (Freiburger Schriften z. rom. Philol. 2), München 1966.

SCHRÖDER, Werner: Zum Typologie-Begriff und Typologie-Verständnis in der mediävistischen Literaturwissenschaft, in: Scholler, Harald (Hg.): The epic in medieval society. Aesthetic and moral values, Tübingen 1977, S. 64–85.

SCHULTE, Günter: Das Auge der Urania. Bilder und Gedanken zur Einführung in Erkenntnistheorie, Frankfurt a. M. 1975.

SCHUSTER-SCHIRMER, Ingrid: Traumbilder von 1770–1900: Von der Traumallegorie zur traumhaften Darstellung, Diss. Bonn 1975.

SCHWAB, Ute: Eva reicht den Todesbecher. Zur Trinkmetaphorik in altenglischen Darstellungen des Sündenfalles, Atti dell'Accad. Peloritana, Classe di Lettere, Filosofia e Belle Arti, vol. 51, Messina 1973/74, S. 7–108.

SCHWENCKE, Olaf: Zur Ovid-Rezeption im Mittelalter. Metamorphosen-Exempel in biblisch-exegetischem Volksschrifttum, ZfdPh 89 (1970), S. 336–346.

SCHWIETERING, Julius: Typologisches in mittelalterlicher Dichtung, in: Fs. Gustav Ehrismann, Berlin/Leipzig 1925, S. 40–55, = in: J. Sch.: Philologische Schriften, München 1969, S. 269–281.

SEDLMAYR, Hans: Allegorie und Architektur, in: H. S.: Epochen und Werke. Gesammelte Schriften zur Kunstgeschichte Bd. 2, Wien/München 1960, S. 235–248.

SEEL, Otto: Antike und frühchristliche Allegorik, in: Fs. Peter Metz, Berlin 1965, S. 11–45.

SEIFERTH, Wolfgang: Synagoge und Kirche im Mittelalter, München 1964.

SENGLE, Friedrich: Symbol. Begriffsallegorie. Naturpersonifikation. Mythologie, in: F. S.: Biedermeierzeit, Bd. 1, Stuttgart 1971, 4. Kap. S. 292–367.

SEZNEC, Jean: La survivance des dieux antiques. Essai sur le rôle de la tradition mythologique dans l'Humanisme et dans l'art de la Renaissance (StWI 11), London 1940; engl.: The survival of the pagan gods. The mythological tradition and its place in Renaissance humanism and art (Bollingen Series XXXVIII), New York 1953, ²1961.

SHACHAR, Isaiah: The Judensau. A medieval anti-Jewish motif and its history (Warburg Institute Surveys 5), London 1974.

SIEPMANN, H.: Die allegorische Tradition im Werke Clément Marots, Diss. Bonn 1968.

SILVERSTEIN, Theodore: The fabulous cosmogony of Bernardus Silvestris, MPh 46 (1948/49), S. 92–116.

DERS.: Allegory and literary form, PMLA 82 (1967), S. 28–32.

SINGLETON, Charles Southward: Dante's allegory, Spec. 25 (1950), S. 78–86.

DERS.: Dante Studies I: Commedia: Elements of structure, Cambridge, Mass., 1954, ³1965, Nachdr. = Dantes Commedia. Elements of structure, Baltimore/London 1977.

DERS.: In exitu Israel de Aegypto, in: 77th Annual Report of the Dante Society of America, Cambridge, Mass., 1960, S. 1–24.

SKOWRONEK, Marianne: Fortuna und Frau Welt. Zwei allegorische Doppelgängerinnen des Mittelalters, Diss. Berlin 1964.

SKRINE, Peter: The destination of the ship of fools: religious allegory in Brant's ›Narrenschiff‹, MLR 64 (1969), S. 576–596.

SMALLEY, Beryl: The study of the Bible in the Middle Ages, Oxford ²1952, Nachdr. Notre Dame, Indiana, 1964.

SMITHERS, G. V.: The meaning of ›The Seafarer‹ and ›The Wanderer‹, Med. Aev. 26 (1957), S. 137–153; 28 (1959), S. 1–22, 99–104.

SNELL, Bruno: Gleichnis, Vergleich, Metapher, Analogie. Die Entwicklung vom mythischen zum logischen Denken, in: B. S.: Die Entdeckung des Geistes. Studien zur Entstehung des europäischen Denkens bei den Griechen, Hamburg ³1955, S. 258–298.

SÖHNGEN, Gottlieb: Analogie und Metapher. Kleine Philosophie und Theologie der Sprache (Studium Generale), Freiburg/München 1962.

SØRENSEN, Bengt Algot: Symbol und Symbolismus in den ästhetischen Theorien des 18. Jahrhunderts und der deutschen Romantik (Scandinavian Univ. Books), Kopenhagen 1963.

DERS.: Zum Problem des Symbolischen und Allegorischen in Eichendorffs epischem Bilderstil, ZfdPh 85 (1966), S. 598–606; = Aurora 26 (1966), S. 50–56.

DERS. (Hg.): Allegorie und Symbol. Texte zur Theorie des dichterischen Bildes im 18. und im frühen 19. Jahrhundert (Ars Poetica 16), Frankfurt a. M. 1972.

DERS.: Altersstil und Symboltheorie. Zum Problem des Symbols und der Allegorie bei Goethe, Goethe-Jb. 94 (1977), S. 69–85.

SPAHR, Blake L.: Tristan versus Morolt: Allegory against reality? in: Fs. Helen Adolf, New York 1968, S. 72–85.

SPECKENBACH, Klaus: Der Eber in der deutschen Literatur des Mittelalters, in: Verbum et Signum I, Fs. Friedrich Ohly, München 1975, S. 425–476.

DERS.: Von den troimen. Über den Traum in Theorie und Dichtung, in: ›Sagen mit sinne‹. Fs. Marie-Luise Dittrich (GAG 180), Göppingen 1976, S. 169–204.

DERS.: Die Fabel von der Fabel. Zur Überlieferungsgeschichte der Fabel von Hahn und Perle, FMSt 12 (1978), S. 178–229.

SPERBER, Dan: Le symbolisme en général, Paris 1974; dt.: Allgemeine Symboltheorie, Frankfurt a. M. 1975.

SPICQ, Ceslaus: Esquisse d'une histoire de l'exégèse latine au moyen âge (Bibl. thomiste 26), Paris 1944.

SPITZ, Hans-Jörg: Metaphern für spirituelle Schriftauslegung, in: Lex et Sacramentum (Misc. Med. 6), Berlin 1969, S. 99–112.

DERS.: Die Metaphorik des geistigen Schriftsinns. Ein Beitrag zur allegorischen Bibelauslegung des ersten christlichen Jahrtausends (MMS 12), München 1972.

DERS.: Wolframs Bogengleichnis: ein typologisches Signal, in: Verbum et Signum II, Fs. Friedrich Ohly, München 1975, S. 247–276.

DERS.: Schilfrohr und Binse als Sinnträger in der lateinischen Bibelexegese. FMSt 12 (1978), S. 230–257.

SPIVACK, Bernhard: Shakespeare and the allegory of evil. The history of a metaphor in relation to his major villains, New York/London 1958.

SPIVAK, G.: Allégorie et histoire de la poesie, Poétique 2 (1971), S. 427–441.

Die Sprache der Bilder. Realität und Bedeutung in der niederländischen Malerei des 17. Jahrhunderts. Ausstellung im Herzog Anton Ulrich-Museum Braunschweig vom 6. September bis 5. November 1978 [Katalog].

STACKMANN, Karl: Die Auslegung des Gerhard Lorichius zur ›Metamorphosen‹-Nachdichtung Jörg Wickrams. Beschreibung eines deutschen Ovid-Kommentars aus der Reformationszeit, ZfdPh 86 (1967), Sonderh. ›Spätes Mittelalter‹. Wolfgang Stammler zum Gedenken, S. 120–160.

STÄHLIN, Wilhelm: Das Problem von Bild, Zeichen, Symbol und Allegorie, in: W. S.: Symbolon. Vom gleichnishaften Denken, Stuttgart 1958, S. 318–344.

STAMMLER, Wolfgang: Allegorische Studien, DVjs 17 (1939), S. 1–25.

DERS.: Frau Welt. Eine mittelalterliche Allegorie (Freiburger Universitätsreden NF 23), Freiburg/Schweiz 1959.

DERS.: Der allegorische Garten, in: Hart, warr nich mööd, Fs. Christian Boeck, Hamburg-Wellingsbüttel 1960, S. 260–269; = in: W. St.: Wort und Bild. Studien zu den Wechselbeziehungen zwischen Schrifttum und Bildkunst im Mittelalter, Berlin 1962, S. 106–116.

STANGE, Alfred: Das frühchristliche Kirchengebäude als Bild des Himmels, Köln 1950.

STEADMAN, John M.: Allegory and verisimilitude in ›Paradise Lost‹: The problem of the ›Impossible Credible‹, PMLA 78 (1963), S. 36–39.

DERS.: The lamb and the elephant. Ideal imitation and the context of Renaissance allegory, San Marino, Cal., 1974.

STEBBINS, Sara: Studien zur Tradition und Rezeption der Bildlichkeit in der ›Eneide‹ Heinrichs von Veldeke (Mikrokosmos. Beitr. z. Lit.wiss. u. Bedeutungsforschung 3), Frankfurt/Bern/Las Vegas 1977.

STEFFEN, Hans: Lichtsymbolik und Figuration in Arnims erzählender Dichtung, in: H. St. (Hg.): Die deutsche Romantik. Poetik, Formen und Motive, Göttingen 1967, S. 180–199.

STEIN, Edmund: Die allegorische Exegese des Philo aus Alexandria, Gießen 1929.

STEINMANN, Ulrich: Das mittelniederdeutsche Mühlenlied, Jb. d. Vereins f. niederdt. Sprachforschung 56/57 (1930/31), S. 60–110.

STEINMEYER, Karl-Josef: Untersuchungen zur allegorischen Bedeutung der Träume im altfranzösischen Rolandslied (Langue et parole. Sprach- u. literaturstrukturelle Studien 5), München 1963.

STEMMLER, Theo: Typological transfer in liturgical offices and religious plays of the Middle Ages, StLI 8/1 (1975), S. 123–143.

STOPP, Frederick John: The emblems of the Altdorf Academy. Medals and medal orations 1577–1626 (Publications of the Modern Humanities Research Association 6), London 1974.

STRELLER, Siegfried: Grimmelshausens Simplicianische Schriften. Allegorie, Zahl und Wirklichkeitsdarstellung (Neue Beitr. z. Lit.wiss. 7), Berlin 1957.

STRUBEL, Armand: »Allegoria in factis« et »allegoria in verbis«, Poétique 23 (1975), S. 342–357.

STRUNK, Gerhard: Kunst und Glaube in der lateinischen Heiligenlegende. Zu ihrem Selbstverständnis in den Prologen (Medium Aevum, Philol. Studien 12), München 1970.

SULZER, Dieter: Zu einer Geschichte der Emblemtheorien, Euph. 64 (1970), S. 23–50.

DERS.: Poetik synthetisierender Künste und Interpretation der Emblematik, in: Geist und Zeichen, Fs. Arthur Henkel, Heidelberg 1977, S. 401–426.

SUNTRUP, Rudolf: Die Bedeutung der liturgischen Gebärden und Bewegungen in lateinischen und deutschen Auslegungen des 9. bis 13. Jahrhunderts (MMS 37), München 1978.

SUTHERLAND, Raymond Carter: Theological notes on the origin of types, »Shadows of things to be«, StLI 8/1 (1975), 1–13.

Szarota, Elida Maria: Lessings ›Laokoon‹. Eine Kampfschrift für eine realistische Kunst und Poesie (Beitr. z. dt. Klassik 9), Weimar 1959.

Taeger, Burkhard: Zahlensymbolik bei Hraban, bei Hincmar – und im ›Heliand‹? (MTU 30), München 1970.

Talon, Henri A.: Space and the hero in ›The Pilgrim's Progress‹. A study of the meaning of the allegorical universe, Études anglaises 14 (1961), S. 124–130.

Tate, J.: Plato and allegorical interpretation, Classical Quarterly 23 (1929), S. 142–154.

Tax, Petrus W.: Studien zum Symbolischen in Hartmanns ›Erec‹, ZfdPh 82 (1963), S. 29–44.

Ders.: Studien zum Symbolischen in Hartmanns ›Erec‹. Erecs ritterliche Erhöhung, WW 13 (1963), S. 277–288; = in: H. Kuhn/Ch. Cormeau (Hgg.): Hartmann von Aue (WdF 359), Darmstadt 1973, S. 287–310.

Ders.: Tristans Kampf mit Urgan in Gottfrieds Werk: Eine Psychomachie der Liebe? Michigan Germanic Studies 3/1 (1977), S. 44–53.

Ter-Nedden, Gisbert: Allegorie und Geschichte. Zeit- und Sozialkritik als Formproblem des deutschen Romans der Gegenwart, in: Heinz Ludwig Arnold/Theo Buck (Hgg.): Positionen des Erzählens. Analysen und Theorien zur deutschen Gegenwartsliteratur, München 1976, S. 86–115.

Tervarent, Guy de: Attributs et symboles dans l'art profane 1450–1600, Dictionnaire d'un langage perdu, Bd. 1, 2 und Suppl., Genf 1958–1964.

Theiss, Winfried: Exemplarische Allegorik. Untersuchungen zu einem literarhistorischen Phänomen bei Hans Sachs, München 1968.

Thiel, Gisela: Das Frau-Welt-Motiv in der Literatur des Mittelalters, Diss. Saarbrücken 1957 [masch.].

Tiemann, Barbara: Fabel und Emblem. Gilles Corrozet und die französische Renaissance-Fabel (Humanistische Bibl., Reihe 1, 18), München 1974.

Tietze-Conrat, Erika: Zur höfischen Allegorie der Renaissance, Jb. d. Kunsthist. Sammlungen d. Allerhöchst. Kaiserhauses 34/1 (1917), S. 25–32.

Tillich, Paul: Symbol und Wirklichkeit (Kleine Vandenhoeck-Reihe 151), Göttingen 1962.

Tindall, William York: The literary symbol, New York 1955, Bloomington/London ⁵1967.

Titzmann, Michael: Strukturwandel der philosophischen Ästhetik 1800–1880. Der Symbolbegriff als Paradigma, München 1978.

Todorov, Tzvetan: La quête du récit, Critique 25 (1969), S. 195–214; = in: Tz. T.: Poétique de la Prose, Paris 1971, S. 129–150, dt.: Poetik der Prosa, Frankfurt a. M. 1972, S. 126–145.

Ders.: Introduction à la symbolique, Poétique 11 (1972), S. 273–308.

Ders.: Théories du symbole, Paris 1977.

Traver, Hope: The four daughters of God. A study of the versions of this allegory with especial reference to those in Latin, French, and English (Bryn Mawr College Monograph Ser. 6), Bryn Mawr 1907.

Treu, Ursula: Etymologie und Allegorie bei Klemens von Alexandrien, in: Studia Patristica. Papers presented to the third international conference on patristic studies held at Christ Church, Oxford 1959, Bd. 4, Berlin 1961, S. 191–211.

Tschirch, Fritz: Der heilige Georg als figura Christi. Über den typologischen Sinn der altdeutschen Georgsdichtungen, in: Fs. Helmut de Boor, Tübingen 1966, S. 1–19.

Tsermoulas, Jannis M.: Die Bildersprache des Klemens von Alexandrien, Diss. Würzburg 1923, Kairo 1934.

Tuve, Rosemond: Allegorical imagery. Some mediaeval books and their posterity, Princeton, N.J. 1966.

Valentin, Veit: Kunst, Symbolik und Allegorie, in: V. V.: Über Kunst, Künstler und Kunstwerke, Frankfurt a.M. 1889, S. 28–60.

Valesio, Paolo: Esquisse pour une étude des personifications, Lingua e Stile 4 (1969), S. 1–21.

Vallone, Aldo: Personificazione simbolo e allegoria del Medio Evo dinanzi a Dante, Filologia e Letteratura 10 (1964), S. 189–224.

Verweyen, Theodor: Daphnes Metamorphosen. Zur Problematik der Tradition·mittelalterlicher Denkformen im 17. Jahrhundert am Beispiel des ›Programma Poeticum‹ Sigmund von Birkens, in: W. Rasch/H. Geulen/K. Haberkamm (Hgg.): Rezeption und Produktion zwischen 1570 und 1730, Fs. Günther Weydt, Bern/München 1972, S. 319–379.

Via, D. O.: Die Gleichnisse Jesu, München 1970.

Vinaver, Eugène: From epic to romance, Bull. of the John Rylands Library 46 (1963/64), S. 476–503.

Ders.: The rise of romance, Oxford 1971 (The discovery of meaning: S. 15–32).

Vodosek, Peter: Das Emblem in der deutschen Literatur der Renaissance und des Barock, Jb. d. Wiener Goethevereins 68 (1964), S. 5–40.

Vogel, Jane: Allegory in David Copperfield (Studies in the Humanities 17), Alabama 1976.

Volkmann, Ludwig: Bilderschriften der Renaissance. Hieroglyphik und Emblematik in ihren Beziehungen und Fortwirkungen, Leipzig 1923, Nachdr. Nieuwkoop 1962.

Vonessen, Franz: Die ontologische Struktur der Metapher, Zs. f. philosophische Forschung 13 (1959), S. 397–418.

Voss, Rudolf: Der ›Prosa-Lancelot‹. Eine strukturanalytische und strukturvergleichende Studie auf der Grundlage des deutschen Textes (Dt. Studien 12), Meisenheim 1970.

Wachinger Burghart: Rätsel, Frage und Allegorie im Mittelalter, in: Werk – Typ – Situation, Fs. Hugo Kuhn, hgg. Ingeborg Glier/Gerhard Hahn/Walter Haug/Burghart Wachinger, Stuttgart 1969, S. 137–160.

Waites, Margarete Coleman: Some features of the allegorical debate in Greek literature, Harvard Studies in Classical Philol. 23 (1912), S. 1–46.

Walzel, Oskar: »Der Dichtung Schleier aus der Hand der Wahrheit«, Euph. 33 (1932), S. 83–105.

Wang, Andreas: Der ›Miles Christianus‹ im 16. und 17. Jahrhundert und seine mittelalterliche Tradition. Ein Beitrag zum Verhältnis von sprachlicher und graphischer Bildlichkeit (Mikrokosmos. Beitr. z. Lit.wiss. u. Bedeutungsforschung 1), Bern/Frankfurt a.M. 1975.

Ders.: Illustrierte Flugblätter im 17. Jahrhundert, Philobiblon NF 21 (1977), S. 184–210.

Wanner, Irene: Die Allegorie im bayerischen Barockdrama des 17. Jahrhunderts, Diss. München 1941.

Wardropper, Bruce W.: Historia de la poesía lírica a lo divino en la cristiandad occidental, Madrid 1958.

Ders.: Introducción al teatro religioso del Siglo de Oro; evolución del Auto Sacramental antes de Calderón 1500–1648, Salamanca ²1967.

Waszink, Jan Hendrik: Biene und Honig als Symbol des Dichters und der Dichtung in der griechisch-römischen Antike (Rheinisch-Westfälische Akad. d. Wiss. Vortr. G 196), Opladen 1974.

WEBSTER, Thomas Bertram: Personification as a mode of Greek thought, JWCI 17 (1954), S. 10–21.

WEDER, Hans: Die Gleichnisse Jesu als Metaphern, Göttingen 1978.

WEHRLI, Fritz: Zur Geschichte der allegorischen Deutung Homers im Altertum, Diss. Basel, Borna-Leipzig 1928.

WEHRLI, Max: Sacra Poesis. Bibelepik als europäische Tradition, in: Fs. Friedrich Maurer, Stuttgart 1963, S. 262–283.

DERS.: Mehrfacher Schriftsinn. Interpretationsprobleme höfischer Dichtung des Mittelalters, Orbis litterarum 19 (1964), S. 77–89.

DERS.: Iweins Erwachen, in: Geschichte – Deutung – Kritik, Literaturwissenschaftliche Beiträge, Fs. Werner Kohlschmidt, Bern 1969, S. 64–78; = in: M. W.: Formen mittelalterlicher Erzählung, Aufsätze, Zürich 1969, S. 177–193; = in: Hugo Kuhn/Christoph Cormeau (Hgg.): Hartmann von Aue (WdF 359), Darmstadt 1973, S. 491–510.

WEIMAR-KLUSER, Silvia: Die höfische Dichtung Georg Rudolf Weckherlins, (Europäische Hochschulschriften, Reihe I, 59), Bern/Frankfurt a. M. 1971.

WEINRICH, Harald: Semantik der kühnen Metapher, DVjs 37 (1963), S. 325–344.

DERS.: Sprache in Texten, Stuttgart 1976 [Kap. XVIII–XXII, S. 276–341].

WELLMANN, Max: Der Physiologus. Eine religionsgeschichtlich-naturwissenschaftliche Untersuchung (Philologus, Supplementsbd. 22, 1), Leipzig 1930.

WENZELBURGER, Dietmar: Motivation und Menschenbild der ›Eneide‹ Heinrichs von Veldeke als Ausdruck der geschichtlichen Kräfte ihrer Zeit (GAG 135), Göppingen 1974 [S. 270 ff.].

WERNLE, Hans: Allegorie und Erlebnis bei Luther, Bern 1960.

WESTFALL, Carrol William: Biblical Typology in the Vita Nicolai V by Giannozzo Manetti, in: Acta Conventus Neo-Latini Lovaniensis. Proceedings of the First International Congress of Neo-Latin Studies Louvain 23–28 August 1971, hgg. J. Ijsewijn/E. Kessler (Humanistische Bibl. Reihe 1, 20), Leuven/München 1973, S. 701–709.

WETHERBEE, Winthrop: The literal and the allegorical: Jean de Meun and the ›De Planctu naturae‹, Med. St. 33 (1971), S. 264–291.

DERS.: Platonism and poetry in the twelfth century. The literary influence of the School of Chartres, Princeton 1972.

WETTER, Max: Der weise ins riches krone, in: Geistesgeschichtliche Perspektiven. Rückblick – Augenblick – Ausblick. Fg. Rudolf Fahrner, Bonn 1969, S. 61–111.

WIDMER, Berthe: Eine Geschichte des Physiologus auf einem Madonnenbild der Brera, ZRGG 15 (1963), S. 313–330.

WIEDEMANN, Conrad: Barockdichtung in Deutschland, in: Neues Handb. d. Literaturwiss., Bd. 10: Renaissance und Barock II, hg. August Buck, Frankfurt a. M. 1972, S. 177–201.

WIEGAND, Wilfried: Ruisdael-Studien. Ein Versuch zur Ikonologie der Landschaftsmalerei, Diss. Hamburg 1971.

WIESE, Benno von: Bildsymbole in der deutschen Novelle, Publications of the English Goethe-Society NS 24 (1955), S. 131–158.

WILLOUGHBY, Leonard A.: The image of the horse and charioteer in Goethe's poetry, Publications of the English Goethe-Society NS 15 (1946), S. 47–70.

DERS.: The image of the »Wanderer« and the »Hut« in Goethe's poetry, Études germaniques 6 (1951), S. 207–219.

WIMSATT, James I.: Allegory and mirror. Tradition and structure in Middle English literature, New York 1970.

WINDFUHR, Manfred: Allegorie und Mythos in Hölderlins Lyrik, Hölderlin-Jb. 10 (1957), S. 160–181.

DERS.: Die barocke Bildlichkeit und ihre Kritiker, Stuttgart 1966.

WINNER, Matthias: Die Quellen der Pictura-Allegorien in gemalten Bildergalerien des 17. Jahrhunderts zu Antwerpen, Diss. Köln 1957.

WISNIEWSKI, Roswitha: Significatio des Verses, in: Fs. Hans Eggers, Tübingen 1972, S. 694–702.

WITTE, Bernd: Der εἰκώς λόγος in Platos ›Timaios‹. Beitrag zur Wissenschaftsmethode und Erkenntnistheorie des späten Plato, Arch. f. Gesch. d. Philosophie 46 (1964), S. 1–16.

DERS.: Walter Benjamin – Der Intellektuelle als Kritiker. Untersuchungen zu seinem Frühwerk, Stuttgart 1976.

WITTKOWER, Rudolf: Eagle and serpent. A study in the migration of symbols, JWCI (1938/39), S. 293–325.

WODTKE, Friedrich Wilhelm: Die Allegorie des ›Inneren Paradieses‹ bei Bernhard von Clairvaux, Honorius Augustodunensis, Gottfried von Straßburg und in der deutschen Mystik, in: Fs. Josef Quint, Bern 1964, S. 277–290.

WOHLENBERG, G.: Mittelalterliche Typologie im Dienste der Predigt, Zs. f. Kirchengesch. 36 (1916), S. 319–349.

WOLF, Alois: Erzählkunst und verborgener Schriftsinn. Zur Diskussion um Chrétiens ›Yvain‹ und Hartmanns ›Iwein‹, Sprachkunst 2 (1971), S. 1–42.

DERS.: Diu wâre wirtinne – der wâre Elicon. Zur Frage des typologischen Denkens in volkssprachlicher Dichtung des Hochmittelalters, Amsterdamer Beitr. z. älteren Germanistik 6 (1974), S. 93–131.

WOLFF, Max J.: Zur Allegorie in der Dichtung, ArchR 21 (1937), S. 124–145.

WÜNSCH, Marianne: Allegorie und Sinnstruktur in ›Erec‹ und ›Tristan‹, DVjs 46 (1972), S. 513–538.

DIES.: Der Strukturwandel in der Lyrik Goethes. Die systemimmanente Relation der Kategorien ›Literatur‹ und ›Realität‹: Probleme und Lösungen (Studien z. Poetik u. Gesch. d. Lit. 37), Stuttgart 1975.

WUTTKE, Dieter: Die Histori Herculis des Nürnberger Humanisten und Freundes der Gebrüder Vischer, Pangratz Bernhaupt gen. Schwenter. Materialien zur Erforschung des deutschen Humanismus um 1500 (Beih. z. ArchK 7), Köln/Graz 1964.

ZIOLKOWSKI, Theodore: Der Karfunkelstein, Euph. 55 (1961), S. 297–326.

ZUMTHOR, Paul: Charles d'Orléans et le langage de l'allégorie, in: Mél. Rita Lejeune II, Gembloux 1969, S. 1481–1502.

Abkürzungen

AASS	Acta Sanctorum
An. Rom.	Analecta Romanica
ArchK	Archiv für Kulturgeschichte
ArchR	Archivum Romanicum
ASNS	Archiv für das Studium der neueren Sprachen und Literaturen
ATB	Altdeutsche Textbibliothek
CAIEF	Cahiers de l'Association Internationale des Études Françaises
CCL	Corpus Christianorum. Series Latina
CCL CM	– Continuatio Mediaevalis
CrQ	Critical Quarterly
CSEL	Corpus Scriptorum Ecclesiasticorum Latinorum
DA	Dissertation Abstracts
DACL	Dictionnaire d'archéologie chrétienne et de liturgie
DTM	Deutsche Texte des Mittelalters
DU	Der Deutschunterricht
DVA	Deutsches Volksliedarchiv
DVjs	Deutsche Vierteljahrsschrift für Literaturwissenschaft und Geistesgeschichte
EdF	Erträge der Forschung
ELH	English Literary History
Euph.	Euphorion
FMSt	Frühmittelalterliche Studien
FSt	French Studies
GAG	Göppinger Arbeiten zur Germanistik
GrimmDWB	Grimm: Deutsches Wörterbuch
GR	Germanic Review
GRM	Germanisch-romanische Monatsschrift
GRLMA	Grundriß der romanischen Literaturen des Mittelalters
HLQ	Huntington Library Quarterly
JAAC	Journal of Aesthetics and Art Criticism
JEGPh	Journal of English and Germanic Philology
JWCI	Journal of the Warburg and Courtauld Institutes
LCI	Lexikon der christlichen Ikonographie
LiLi	Zeitschrift für Literaturwissenschaft und Linguistik
LThK	Lexikon für Theologie und Kirche
Med. Aev.	Medium Aevum
Med. St.	Medieval Studies
MGH	Monumenta Germaniae Historica
Misc. med.	Miscellanea mediaevalia
Mlat. Jb.	Mittellateinisches Jahrbuch
MLN	Modern Language Notes
MLQ	Modern Language Quarterly
MLR	Modern Language Review
MMS	Münstersche Mittelalter-Schriften
MPh	Modern Philology
MTU	Münchener Texte und Untersuchungen zur deutschen Literatur des Mittelalters

Neoph.	Neophilologus
NLH	New Literary History
PBB	Beiträge zur Geschichte der deutschen Sprache und Literatur
PG	J. P. Migne: Patrologia Graeca
PhQ	Philological Quarterly
PL	J. P. Migne: Patrologia Latina
PMLA	Publications of the Modern Language Association of America
R	Romania
RAC	Reallexikon für Antike und Christentum
RDK	Reallexikon zur deutschen Kunstgeschichte
RE	Pauly/Wissowa: Realenzyklopädie der classischen Altertumswissenschaft
REA	Revue des Études Anciennes
RGG	Die Religion in Geschichte und Gegenwart
RPh	Romance Philology
RL	Reallexikon der deutschen Literaturgeschichte
RQ	Renaissance Quarterly
SATF	Société des Anciens Textes Français
Spec.	Speculum. Journal of Mediaeval Studies
StF	Studi francesi (Turin)
StLI	Studies in the Literary Imagination
StM	Studi Medievali
StPh	Studies in Philology
StWI	Studies of the Warburg Institute
TrübnerDWB	Trübner: Deutsches Wörterbuch
UTB	Universitäts Taschenbücher
VL	Verfasserlexikon
WA	Martin Luther: Werke. Kritische Gesamtausgabe, Weimar 1883 ff.
WBN	Wolfenbütteler Barock-Nachrichten
WdF	Wege der Forschung
WW	Wirkendes Wort
YFSt	Yale French Studies
ZfdA	Zeitschrift für deutsches Altertum und deutsche Literatur
ZfdPh	Zeitschrift für deutsche Philologie
ZfrPh	Zeitschrift für romanische Philologie
ZRGG	Zeitschrift für Religions- und Geistesgeschichte

Register

zusammengestellt von Susanne Held

In das nachstehende Personen- und Sachregister sind sämtliche Personen aufgenommen abgesehen von Autoren von Sekundärliteratur ab ca. 1900; an Sachen wurde berücksichtigt, was von der Thematik des Symposions her von Interesse sein könnte. Nicht registriert wurden Personen und Sachen der in den Anmerkungen zitierten Titel; die dazugehörigen Autoren wurden jedoch dann verzeichnet, wenn sie nicht an der Textstelle, von wo aus auf die betreffende Anmerkung verwiesen wird, genannt und damit dort schon erfaßt worden sind.